中国社会科学院创新工程学术出版资助项目

历代令考

【上】

杨一凡 朱 腾

主编

社会科学文献出版社
SOCIAL SCIENCES ACADEMIC PRESS (CHINA)

撰稿人

（以本书目次为序）

目　录

·上·

《历代令考》各研究专题学术见解提要

在中国古代，令是君主或以君主名义发布的各类命令的统称。其称谓、形式纷杂，内容多变。检阅现存古代法律文献，令的存在形态大体可分为三种情况：一是君主以诏、敕等形式发布的命令；二是"著为令"的单行法令；三是令典。此外，历代之令还存在于通过编纂敕令形成的具有独立法律形式的立法成果中，如唐代的格是编修君主敕令而来，宋代的编敕是删集君主的敕令而成。

中国古代法律体系从形成到不断完善，经历了五个历史发展阶段：战国是法律体系的生成时期；秦汉是以律令为主的法律体系的初建时期；魏晋至唐宋是以律令为主的法律体系进一步发展和完善时期；元代是律令法律体系向典例法律体系的过渡时期；明清是典例法律体系的确立和不断完善的时期。在明清法律体系中，《会典》是规范国家政务和各项基本制度、经久常行、在法律体系中居于"纲"的地位的"大经大法"，刑律是《会典》的有机组成部分，例是广泛适用的法律形式和立法的核心内容，故我们把这一法律体系简称为"典例法律体系"。从秦汉至明代，令在古代中国法律体系中居于重要地位。

早在先秦时期，令已成为最高统治者发布命令的法律用语。西周以前的最高统治者，曾以誓、诰等形式，发布具有强制性的命令。西周到战国末期，周王和各诸侯国国王都发布过大量政令、军令等，令在古代法律体系生成时期发挥了重大作用。秦始皇统一六国后，改命为制，改令为诏，给作为规范制度的令的独立发展开辟了道路。秦汉时期，律是最重要的法律形式，令是仅次于律的法律形式，然两者在内容和规范性上尚无明确的区分。西晋制定泰始律、令时，实现了律、令内容和功能的分野，"律以正罪名，令以存事制"（《太平御览》卷六三八《律令下》）。两晋至宋代，各朝都形成了比较完善的令的体系，令典、律典成为国家最高层级的大法。明清时期，从表面看，令似乎逐渐淡出法律舞台，其实是令的称谓由"事例"或"上谕"所替换，其功能并未减弱，可谓名异而实同。

令在古代国家法制建设中，有其他法律形式不可替代的独特功能。令典规范国家的各项基本行政制度，具有较强的稳定性，是法律体系中的"大经大法"。各类单行令具有针对性、灵活性强的特点，统治者可针对时势的变化和出现的新问题，及时制令变通或补充原有的法律，调整纷杂多变的社会经济关系。令是典、律、条例的法律渊源，无论是国家大法，还是常法，都是在编纂令的基础上形成的。就历代颁布的法律法令的数量而言，令远远超过其他形式的法律。令在国家行政和社会管理的各个方面都发挥着重大的作用，其在法律体系中的地位并不亚于律。

明朝以前各代的法律大多失传，现存于世的古令散见于浩瀚的传世文献或出土文物中，非经艰辛、细致的辑佚，难以窥其概貌。明清两代颁布的诏令、事例、上谕，非多年功力难以穷尽。加之不同朝代令的称谓、表述形式、内容、功能繁杂，故长期以来，古代令的研究一直是法史研究的难点，研究者寥寥，有见解的成果不多。

中国法律史学正处在一个重要的转折时期。重新认识中国法律史，推动这门学科走向科学，是当代法史学者肩负的重大历史使命。要全面地揭示中国古代法制的面貌，科学地阐述中国法律史，必须注重令的研究。

本书是近百年来首次出版的系统考证古代令的著作，也是中国大陆、台湾省和日本学者研究古代令代表性成果的汇集。全书分为秦汉令考、魏晋南北朝令考、唐令考、宋令考、元明令考五大部分，下设29个有关考证古代令的专题。现将各研究专题的内容摘要述后。

秦汉律令的历史考察　张忠炜

国内学界对秦汉律令的考察，大致以睡虎地秦简出土为界，分为两个不同的阶段。第一阶段主要是辑佚律令遗文，以期复原秦汉律的历史概貌，第二阶段则直接以律令文本为基础进行研究。但如何看待简牍律令文本的实际形态与传世文献记载存在的重大差异，则成为一个棘手的问题。《秦汉律令的历史考察》以秦汉简牍所见律令材料为据，并参照后代正史所载之《刑法志》，研究了秦汉律的编纂，讨论了律、令及文本特征，对律令关系进行了解说，并阐述了律本与律学，在一定程度上纠正了以往认知的偏差，弥补或丰富了旧有认知。

通往晋泰始律令之路（Ⅰ）：秦汉的律与令 〔日〕冨谷至，朱腾译、徐世虹校

本专题在回顾中田薰及大庭脩等前辈学人的研究结论后指出，先秦至秦汉的律与令在内容上有着相似性。这一时期律的发展是由具备"篇章之义"的正律和追加律共同促成的，汉《九章律》与《傍章律》的关系即如此。律的这种双重模式也体现在令的复杂化过程中。作者对秦改令为诏和汉的著令文辞进行了深入考察，并由此厘清了秦汉令的存在形态。随后，作者又从追加关系上论述了汉令的三种样态，并认为所谓干支令、掣令和事项别令的分类其实与汉令的编纂和保管技术相关。作者进一步指出，正因为汉令也可以编纂和保管之故而不断追加，所以如唐令那样的令典在汉代尚未出现。

秦令考 〔日〕广濑薰雄，朱腾译

本专题试图以岳麓书院藏秦简等新出简牍为基本资料并结合传世文献的记载，从秦令的制定、保管、整理等一系列流程中考察秦令的形成和传达方式。作者认为，秦令的文本化实乃各官署出于行政的方便而分别整理中央之令的结果，若干官署间的共令则推动了各部分分别保管的令的同一化。因此，日本学界长期争论的所谓"令典"说，无非是以唐令来反观秦汉令得出的论断，秦令从其行政功能出发本就不存在典籍化的倾向。所谓"追加法"、"律令二分"等观点在秦汉律令的研究中应予摒弃。

汉代的令与诏 赵晓磊

本专题的主要观点是：汉令的原初存在形态是单一诏书令，具有令和诏的双重身份。令篇或令典通常是由较多的各类诏书令所组成。"著令"是汉代国家律令立法的基本程序，通过这一立法程序，一部分诏书成为具有普遍适用的法律效力的令，同时也将数不清的诏书排除在国家正式法律渊源之外。颁布单一诏书令是汉代经常使用的立法方式，这种立法方式导

致律、令在内容上无法明确划分。汉代诏书作为补充性法律渊源，不仅在令的立法中发挥了重要作用，而且一部分被反复援引适用的诏书比和诏书故事，通过新颁布的诏书获得许可适用的正当性。诏书与律令之间的冲突不是法律体系内部的冲突。汉代并未通过立法来确定二者的效力层级，也没有制定解决冲突的明确规则，这是造成汉代司法混乱的原因之一。

通往晋泰始律令之路（Ⅱ）：魏晋的律与令　〔日〕富谷至，朱腾译、徐世虹校

本专题为《秦汉的律与令》的姊妹篇。作者认为，魏《新律》18篇的出现实现了纳《傍章》于正律的目的，魏令的整理也是基于同样的目的。至晋泰始律令制定之时，律典和令典无论在内容还是在形式上都实现了真正意义上的分流。作者认为，推动这一变化的原因，一方面在于儒家思想影响的扩大使具有典籍形式的《周官》等文献成为立法的形式目标，另一方面则由于书写材料从简牍向纸的变化使法律的典籍化成为可能。

魏《官品令》考　梁健

《新唐书·艺文志》职官类著录有"《魏官品令》一卷"，列于晋、宋之书后，齐、梁、陈之书前。不少学者认为此令是曹魏所定，实有可商榷之处。魏有《官品令》，史存确证。它作为官品制度（九品中正制）在律令中的反映，其制定时间不应在魏末，而是在魏明帝修律令时，惜浅井虎夫、沈家本、程树德考魏令皆不及此。本专题先是关于《新唐书·艺文志》所见魏《官品令》非魏令的考辨，次析魏《官品令》、魏官品、魏百官名、魏《甲辰令》、魏甲辰仪注诸者关系，复辑魏《官品令》令文、相关规定、术语等。从三个方面考证，以求魏《官品令》之大概。

晋令制订考　李俊强

晋令确立了中国古代令制的基本规模和体例结构，实现了秦汉以来律令的分野。因出土资料和传世文献所记晋令甚少，不少学者把晋令研究视为畏途，有创见的成果凤毛麟角。作者在广泛辑佚传世文献中散藏晋令的基础上，对晋令的制定过程、修订情况进行了深入考证，并将其与之前、之后的令制进行比较研究，对魏晋时期律、令分野的形成及晋令在中国古

代令制发展中的作用等，作了较为客观的阐述和评价。

北魏天兴律令的性质和形态　楼劲

本专题从"天兴及五胡时期律令的含义"、"天兴律令深受汉制影响"、"天兴律令应均是科条诏令集"、"北魏律令体制的起点"四方面考论，认为北魏开国建制之际所定天兴律令，是北魏一代律令体制发展演变的起点。无论是从当时立法的中心任务、现实基础，还是从历史传统及其遗痕流绪等方面看，天兴律令的性质和形态均深受汉代律令体制和律令观的影响，与魏晋以来定型的律、令有很大不同。天兴律令很可能均为科条诏令集，而并不具有制定法形态，其律当是取汉"旁章"之体以为"正律"，令则补充律文和规范各项制度。天兴以来律、令的发展演变，是一个逐渐向魏晋以来定型的律令体制靠拢的过程。

梁令考论　吕志兴

本专题从"梁令内容考"、"梁令的渊源及变化"、"梁令的历史地位"三方面考论。史籍中保留有梁令之《官品令》、《服制令》、《祠令》、《狱官令》、《鞭杖令》、《官班令》的部分内容，经考证可以将其复原。作者认为，梁令以晋令为蓝本制成，但在篇目上有一些改制，有关内容也较晋令完备。梁令对陈令、北周令、隋令、唐令都有重要影响，是隋唐令的渊源之一，而在篇目上，梁令则是隋唐令的主要渊源。梁令是汉魏晋令向隋唐令发展过程中极为重要的环节之一。

《唐令拾遗》序说　〔日〕仁井田陞，周东平译

本专题原为《唐令拾遗》的绪论，主要介绍唐令的历史渊源、唐令本身及唐代之后令的发展变化，阐述唐令体系的初建与重建、删定与变更的具体情况，并兼论《唐令拾遗》所征引的主要中日典籍及日唐令之比较研究。作者认为，就唐令之溯源而言，令本起源于汉代，但唐令内容的渊源却可直溯到先秦。就唐令自身而言，虽以隋《开皇令》为基础，但至少在篇目上，是集前代各令之大成；就唐令对后世之影响而言，不仅五代、两宋直接取用，其后的金元明令无不与唐令有着千丝万缕的联系，可谓影响深远。

《新唐书·选举志》中的唐令　〔日〕榎本淳一，何东译

作者认为，《新唐书》诸志对唐令复原研究的意义是毋庸置疑的，以往的研究基本都集中于《刑法志》，对《选举志》的分析则相对较弱。但是，《选举志》记载的制度实际上都是以唐令为基础的，故对《选举志》详加考证十分必要。作者对《选举志》、《唐令拾遗》与《养老令》作了详尽的比较研究，认为《选举志》吸纳了开元二十五年至长庆二年的令。本专题还对《选举志》所引唐令的篇目予以复原。

永徽二年东宫诸府《职员令》的复原　〔日〕土肥义和，周东平、关晖译

本专题主要关注敦煌文献S11446这一东亚现存最古老的令文残卷，并结合残卷保存及对形制等的分析，复原永徽二年东宫诸府《职员令》。作者首先对永徽《职员令》残卷的命名提出质疑，指出残卷原有"令卷第六"诸字，但"令卷第六"并不足以涵盖《职员令》的全部内容，宜改为"东宫王府职员"。紧接着，作者又依据改名后的《职员令》残卷，考察了"三师三公府"与"三师三公"之制在唐代的变化以及S3375的读经规定。最后，作者概括指出，《职员令》残卷仍有不少问题，值得逐条解析。

唐《职员令》复原与研究　唐雯

本专题从"唐《职员令》复原再审视"、"《类要》中的唐《职员令》"、"唐《职员令》复原——以北宋前期文献中新见佚文为中心"、"北宋文献所引《职员令》佚文来源推测"四个方面，对唐《职员令》作了复原与研究。认为北宋类书《类要》保存了46条唐《职员令》佚文，为唐代《职员令》的复原提供了重要的新材料。其中出现的唐代不同时期的制度，提示北宋前期可能通过各种方式保存了唐代各个时期的令文。因此唐令复原应充分注意辨别令文的时代性，而不应着眼于与传世文献在文字上的相似，也不应仅仅局限于某些年度的令文。

唐《开元二十五年令·田令》考　戴建国

宋《天圣令》保存了大量的已佚唐《开元二十五年令》原文。本专

题从五方面考论：一是从《天圣令》中辑录了唐《开元二十五年令》令文 49 条；二是运用《通典》、《唐令拾遗》、《日本养老令·田令》等多种文献，从 7 条宋代行令中复原了唐《田令》；三是对史籍记载的唐《田令》中的不确之处进行了厘正；四是探讨了唐《田令》的完整性问题；五是论述了《田令》在法律体系中的地位。认为唐《田令》虽然只有 56 条，但它是唐土地法基本的组成部分，大体反映了唐代《田令》的面貌。

唐朝的《丧葬令》与丧葬礼　吴丽娱

天一阁藏明钞本《天圣令》的发现，使唐朝《丧葬令》得以复原。本专题将所复原的《丧葬令》与《大唐开元礼》中的凶礼相对照，比较了两者在内容和等级划分上的异同，揭示了各自的来源，由此对礼令之作用及关系进行了考证和分析。从中可以看出，《丧葬令》与《开元礼》都有继承古周制和汉魏以降礼令的内容，也有适合唐朝现实的新创造，两者相辅相成，互有交叉。因此可以认为，唐前期的丧葬礼制，一方面仍带有贵族社会的遗存，并具有相当的传统性，但另一方面也反映了官僚社会以官品为等级标准的新特征。礼令相互依赖支撑，充分展现了时代的要求和变化。

诏敕入令与唐令复原　牛来颖

天一阁藏明钞本《天圣令》包括宋令和唐令，在从宋令向唐令的复原研究中，传统史籍相关材料的不确定性和不同时代内容的差异，使得复原中对具体文字的选择以及令文年代的判定都存在诸多问题。本专题从"《天圣令》令文与敕文关系例证"、"著于令：敕文法律效力的确立"、"'永为常式'与唐后期刊著令文"三方面考论。与令文相关的诏敕在复原中有重要的作用。借助对皇帝诏敕的爬梳与比对，获得了时间上的参照坐标，明确了诏敕与令文内容上的关系，判定复原了文字，实现了文本的回归。通过对诸多"著于令"记载的考证，阐明了《天圣令》中现存令文之间的关系，及敕文纳入令典的过程以及不同时期制度的变化更替。通过唐后期令典刊著活动的点滴记录，揭示了令典编定的延续和变化。

天一阁藏明抄本《官品令》考　戴建国

本专题对宁波天一阁所藏明抄本《官品令》进行了考证，认为此书正是久已湮没的宋代法律典籍《天圣令》。作者详细考证了这部残存令典的体例、篇目以及它所保存的唐《开元二十五年令》原文，并对《天圣令》残本反映的北宋前期法律制度作了考析，指出这个残本的发现不仅对了解北宋的典章制度和人口等问题具有重要参考价值，而且对于唐史研究，尤其是唐令的研究和复原工作具有极为重要的意义。

关于《天圣令》所依据唐令的年代　〔日〕冈野诚，李力译

本专题指出，《天圣令》的编纂是以唐令为蓝本，从中选出必要的条文，按照符合宋代的要求进行变通而成的，并将未直接采纳的唐令附于各篇宋令之后。所以，如果以《天圣令》所附唐令中提到的地名、官名为线索展开研究，或将有助于确定《天圣令》所附唐令的年代。遵循这一思路，作者对益州大都督府、京兆河南府等地名及弘文馆、太史局等官僚机构详加考察，指出《天圣令》所附唐令乃玄宗《开元二十五年令》的抄本。

《天圣令》中的律令格式敕　黄正建

本专题在辑佚《天圣令》所设律令格式条文的基础上，对令与律、格、式、敕的相互关系进行了考析，并分别对唐令、宋令、日本令进行了比较研究，阐述了三者的异同及与法律制度、社会制度的异同。对《天圣令》中的 14 条令文作了详细考证，论述了三种不同类型的令的作用。认为令与式的关系特别密切，式是令的配套法律，是对令的补充，令依靠式在断事范围内发挥法律效力。

唐宋《仓库令》比较研究　赵晶

本专题对两部令典中的《仓库令》进行了比勘和考证。认为若以北宋《元丰令》为分水岭，北宋《天圣令》和南宋《庆元令》可分别被视为唐令谱系和宋令谱系的代表。《天圣令》中关于粮禄支出、仓窖税、运盐和储盐折耗以及赐给时服和绢布杂彩等条文被《庆元令》所减省，

《庆元令》则增加了有关仓库管理主体选任、职责义务厘定，以及上供、封桩、点磨、鼓铸、场务、籴买粮草等方面的条文。而且《庆元令》在继承天圣《仓库令》某些条文所定行为模式的基础上，增加了若干新条文以扩大该行为模式的适用对象，许多条文突破了《仓库令》的范围，被分别厘入《辇运令》、《场务令》、《给赐令》、《理欠令》等宋代新出令篇。只不过这些条文未必是宋代新制，唐式之中已存在类似规范。这些差别体现了唐宋之际法律形式、立法技术、行政官制、食盐运输、"时服"概念、货币经济、瓷器烧造技术等诸多方面的发展变化。

《庆元条法事类》与《天圣令》 〔日〕稻田奈津子

到目前为止，复原唐令的主要方法是收集残存在典籍中的令逸文。具体做法是先收集明确标识为"令"的逸文，然后进行复原；对未标明是"令"的内容依据与日本令相对应的文字，也判断其为唐令进行复原。这种做法导致很多未被日本令传承的唐令被遗漏。《天圣令》的出现有望填补这种缺漏，为此，应尝试通过《庆元条法事类》与其对比复原唐令。作者就以当时变化较小的《假宁令》及《丧葬令》为例，论证通过这种方式复原唐令的有效性，为今后进一步依托《庆元条法事类》复原唐令开辟了道路。

"天圣令学"与唐宋变革 高明士

本专题借《天圣令》等材料，旨在更深入地探讨唐宋变革的下限，而将其设定于《天圣令》、《天圣编敕》、《附令敕》颁行之时，即宋仁宗天圣十年（1032年）。作者认为，就法制而言，其重要性体现在正式全面宣告终结唐制，在唐制基础上重新建立宋制，并从中央集权到君主独裁、身份制社会到庶民社会、实物经济到货币经济三个方面展开论述。作者期望学界注重"天圣令学"的研究，从而产生"一时代之学术"。

宋令演变考 〔日〕川村康，赵晶译

本专题从"宋令谱系的演变"、"宋令的性质"、"《天圣令》与《庆元条法事类》的比较"三个方面考论，以《天圣令》及《庆元条法事类》

为基本资料，梳理了梅原郁、滋贺秀三、仁井田陞等学者的观点，考察了元丰、元祐、元符、政和、绍兴、乾道、淳熙、庆元、淳祐等各时期令的变化，认为唐《开元二十五年令》为宋初非刑罚领域的基本法典，《天圣令》的出现代替了《开元二十五年令》的地位。元丰以后，宋令与敕、格、式一起继承了唐令的性质，并成为居于律或《刑统》之下的副法典的一部分。

宋令篇名考　胡兴东

宋代时，令在发展中形成了令典和单行令两类基本形式。宋朝令的篇名结构是了解宋令的结构的重要前提。本专题对《庆元条法事类》、《宋会要辑稿》、《续资治通鉴长编》、《宋史》和《吏部条法》所记宋令篇名作了辑佚和诠释。宋令的篇名可以分为综合令典篇名、部类令典篇名和单行令篇名三种。宋令的篇名至少有 193 个，令典中的篇名至少有 50 个，可能使用过的达 65 个，机构类令的篇名有 73 个，其他令的篇名有 54 个。宋神宗元丰年间是宋令篇名发展的重要转折时期，以此为分界线，后期令的篇名与内容发生了新变化。宋朝的法律形式中，敕令格式是基础形式，宋神宗朝后令格成为整个法律形式的主体。

元令考　胡兴东

元朝令在令的变迁史上具有较为特殊的意义。研究元令首先要区分它与条格的关系。条格和断例是元朝重要的法律形式。条格在篇目和结构上全面继承了唐宋金时期令的篇名和结构，在体系结构上继承和发展了唐宋时期形成的事类分类体系，在内容上继承和融合了唐宋金时期敕、令、格、式和申明中非刑事的内容，即设制类法律，让中国古代法律形式从细化分类转向整合分类。元朝断例是把宋朝时敕、申明中与刑事有关的内容和断例类刑事判例融合，构成新的刑事法律形式。元朝条格和断例的分类让中国古代法律形式分类从繁杂走向简约，同时保留了魏晋以来把法律规范区分为刑名（刑事）与设制（非刑事）两类的基本分类体系。元朝条格在全面吸收令的内容和形式的同时，也保留了令的基本特征，即内容以非刑事的设制为对象。

元"田令"形式构成考析　吴海航

本专题对散见于《至元新格》、《通制条格》、《至正条格》及《元典章》中的田令进行了辑考，从"元代的令与'田令'"、"圣旨条画、诏书、条格形式的'田令'"、"省部、台、院呈形式的'田令'"三方面展开论证。认为元代田令的形式构成复杂多样，其形式来源于皇帝圣旨条画、诏书、条格及中书省、御史台、枢密院各系统呈文等。元田令的形式构成几乎都是以朝廷官署所管辖事务为依据，形式的分散性和内容的临时性是其基本特征。立法技术不够成熟和各地自然地理条件的千差万别，是元田令未能系统编纂的根本原因。

明代典例法律体系的确立与令的变迁　杨一凡

明王朝于洪武元年正月颁行《大明令》后，制定的成法不再以令命名，据此形成的"明代无令"说，既成定论，流传至今。本专题考证了明代典例法律体系形成、完善过程中令的变迁，认为《大明令》不仅在明开国后百余年间被奉为必须遵行的成法，即使正德、万历两朝《明会典》融《大明令》入典后，其有效条款仍在行用；明朝以诏令形式发布国家重大事项的传统始终未变。作者对明代法律文献中大量"著为令"的记载作了考察，认为明朝的事例，实为令的代称。令虽不再是明代最重要的法律形式，然从未退出法律舞台，那种认为"明代无令"的观点不能成立。

明令新探　万明

作者在近年从事明代诏令文书整理工作基础上，以文书学与法制史的双重研究视角，运用翔实的史料，对明令的概念、立法程序和诏、制、诰、敕、册、手诏、榜文、令等明代诏令的形式及其功能，对诏令与典、例的关系等进行了深入的探讨。认为明令的概念有广义和狭义之分，诏令作为明令的重要组成部分，形式多样，在明代法律体系中占有重要的地位。作者指出，明代基本的法律形式是典、律、令、例，从而纠正了明清无令说。

以《大明令》为枢纽看中国古代律令制体系　霍存福　张靖翊　冯学伟

本专题从"中国古代律令制体系与法典编纂之大略"、"明户令与清例在内容上的对应关系"、"明礼令与清例在内容上的对应关系"、"明刑令与清例在内容上的对应关系"四方面考论。运用丰富的资料，进行清例、晋令、唐令、宋令、元条格、明令条目的比较研究，揭示了明代令制的去向。通过对明令转化为清例的基本事实的分析，厘清了律令制发展的线索以及晋唐宋令、元条格与明令、清例的沿袭关系。

《历代令考》是为本书提供研究成果的各位学者在长期研究的基础上精心写成，书中所述，均系作者的独立见解。本书的编辑得到了日本学者宫宅洁、辻正博先生的大力支持，他们为选择研究中国古代令的高质量日文论文供译介，耗费了不少精力，在此向他们表示诚挚的谢意。我们期盼本书的出版，有助于推动古代令的研究。深信经过学界同仁的不懈探索，一定能够实现科学重述中国法律史的崇高目标。

一

秦汉令考

秦汉律令的历史考察[*]

国内学界对秦汉律令的考察，大致可以睡虎地秦简出土为界，分为两个不同的阶段。第一阶段主要是辑佚律令遗文，^① 尤以复原汉律令的概貌为重心，心得体会则多见于"按语"。比较有代表性的学者及成果，是沈家本的《历代刑法考》、程树德的《九朝律考》。随着秦汉律令简牍抄本的整理、公布，秦汉律令法系的研究进入第二阶段——直接以律令文本为基础的研究时代。此阶段研究，虽然也有辑佚简牍法律文献的成果，^② 但全方位的研究展开已成为主流趋势。以简牍律令为据进行研究，是今人的莫大幸运，但棘手问题也随之而来：如何对待简牍律令文本的实际形态与传世文献记载间存在的重大差异。

在拥有相当数量秦汉律令文本的今天，究竟是从文献记载出发来论证、信守其合理性、准确性，还是以律令文本为基础再审视并构建起律令

---

* 本文从《秦汉律令法系研究初编》中抽出，原是博士学位论文之一章，初稿完成于 2007 年初。"律令分论三题"系 2007 年后陆续完成，全篇结构因之而略有调整，其余一仍其旧。2012 年学位论文由社会科学文献出版社正式出版。讨论汉律章句的部分，以《汉代律章句学探源》为题，发表于《史学月刊》2010 年第 4 期，第 36～45 页；讨论律令关系的部分，以《秦汉律令关系试探》为题，发表于《文史哲》2011 年第 6 期，第 90～102 页；讨论《奏谳书》中所谓"春秋案例"的部分，以《读〈奏谳书〉"春秋案例"三题》为题，发表于《中国古代法律文献研究》（第三辑），中国政法大学出版社，2007，第 236～253 页；补充讨论"春秋案例"的部分，以《读〈张家山 247 号墓汉简法律文献研究及其述评（1985.1～2008.12）〉》为题，发表于《中国古代法律文献研究》（第四辑），法律出版社，2010，第 376～377 页。时至今日，语句略有修改，基本观点未变。近年来，有不少研究文章陆续发表，也有些成果是笔者此前未注意到的，例证、观点与本文或同或异，有些是补充新知。今以补注形式，择要列举于下，其间亦有论辩，感兴趣不妨互参。2015 年 3 月 15 日。

① 除《汉制考》、《汉律摭遗》、《九朝律考》外，汉律令辑佚成果主要有汪之昌的《汉律逸文》、孙传凤的《集汉律逸文》、杜贵墀的《汉律辑证》、薛允升的《汉律辑存》、张鹏一的《汉律类纂》等。这些资料较分散，且难以寻见，《汉律辑存》则为手稿。这些材料比较集中地收录于杨家骆总主编、岛田正郎主编《中国史料系编》之《中国法制史料》第二辑第一册，鼎文书局，1982，第 325～716 页。

② 详见刘海年、杨一凡总主编，李均明、刘军主编《中国珍稀法律典籍集成》甲编第二册《汉代屯成遗简法律志》，科学出版社，1994；李均明《秦汉简牍文书分类辑解》，文物出版社，2009。

法体系渊源的新叙述？这样说并不是意味着应忽略、否定典籍的叙述，而是强调面对实质差异时究竟应采取何种态度。固然，可以简牍律令文本为基础建构起新说，但新说能否成立并非仅取决于律令文本自身，实际上也取决于能否合理解释典籍记载的成因。所以，本文结合简牍与文献所载，对秦汉律令进行历史考察：首先，研究了秦汉律的编纂；其次，讨论律令及文本特征；再次，对律令关系进行解说；最后，阐述律本与律学。

（一）秦汉律的编纂

所谓律的编纂，实际讨论的是"法典"问题：能否将"法经"、"九章律"视为法典？通常都是如此称谓，但这并非多余的讨论。"法典"的说法仅是近代以来的产物，以之称谓古代法律是否切合实际，是需要研究者审慎思考的问题。在可接触秦汉律令文本的今日，对律的编纂进行考察，不仅会纠正以往认知的偏差，还可揭示出律令的编纂形态，显然是很有意义的、必要的研究；而且，唯有考察清楚秦汉律的编纂形态，方能认识魏"新律"及晋"泰始律"颁行之意义。

1. "法典范式"的考察

中国古代确实也有"法典"一词，但与法学意义上的"法典"不同。早期文献记载中，如《孔子家语》中"尚必明其法典"等语，意指法度典章。① 南朝至隋唐时代，"法典"多与佛教有关，似多指佛教经典。比如，《方等陀罗尼斋忏文》中就有"今谨于法典，本之经教"等语，② 隋文帝《遗释慧则》书中有"朕尊崇圣教，重兴法典"等语。③ 隋唐以后，"法典"多为律令或法律的同义语。比如，明人杨一清《关中奏议》中就有

---

① 杨朝明主编《孔子家语通解》卷第七《五刑解第三十》，万卷楼图书股份有限公司，2005，第352页。

② 严可均辑，史建桥审订《全陈文》卷二《方等陀罗尼斋忏文》，商务印书馆，1999，第301页。

③ 严可均辑，史建桥审订《全隋文》卷三《遗释慧则》，商务印书馆，1999，第38页。

"臣误事贻患之人，诚宜早正法典，罢归田里"等语，① 意思是说应按照法律规定惩处、罢免还乡。因为法字可被训为典则，有规则、规定等法律意义，故多为法律典章的代称。近代以来所说的"法典"，是指现行法（亦即成文法）系统化的表现形式之一种，其系统化方法主要有法典编纂与法规汇编。法律史上所说的"法典"，主要针对前者（亦即法典编纂）而言：重新审定某一法律部门的全部现行法律规范，废除陈旧的，修改相互抵触的部分，弥补其缺陷或空白，使之成为基于某些共同原则、内容协调一致、有机联系的统一法律。这种法律就称为法典。法典较单行法规更为系统、完备，是一种新的立法文件。随着法典的颁布，相应的单行法规即被废除。② 如果说晚清法律变革是近代意义的"法典"称谓引入的重要契机的话，③ 那么，从那时以来中国法史著作中普遍采用并加以推广此说法，则从根本上确立了中国古代法史的"法典范式"叙述。

所以，对"法典范式"的考察，固然应围绕其立论基础之文献典籍展开分析，另一方面也需要对晚清修律时的"法典"思潮稍做探讨。对于文献记载下文会有专门分析，此处主要着眼于修律中的"法典"思潮。

十八、十九世纪的西方世界，是近代法典编纂的起源地；《法国民法典》的出现，是法典编纂的根本标志。近代法典编纂与资本主义世界的兴起有密切关联，而且又是西方国家民主文明进步的重要标尺，故而也成为东方国度向"现代化"西方学习的重要内容。清帝国自门户开放以来，特别是洋务运动兴起后，翻译西方法律就已起步。例如，京师同文馆教习法国人毕利干翻译的法国法律《法国律例》，其中的《民律》亦即通常所说

① 杨一清：《关中奏议》卷六《乞恩认罪罢黜以谢地方事》，文渊阁四库全书本，第428册，史部诏令奏议类，第167～168页。按：其中尚有"重加法典"、"明正法典"等语。除"重加法典"有加重刑罚之意外，其余都是指按法律规定惩处。

② 参见《中国大百科全书》总编委会编《中国大百科全书》（精粹本），中国大百科全书出版社，2002，第347页。

③ 光绪二十八年（1902年），清政府设修订法律馆，沈家本、伍廷芳奉命都总其事，陆续修订、颁行《钦定大清商律》、《大清刑事民事诉讼法》等"大清帝国新编法典"。《钦定大清商律》、《大清刑事民事诉讼法》奏请批准时间是光绪二十九年（1903年）。详见沈云龙主编，伍廷芳等编纂《近代中国史料丛刊》三编第二十七辑之《大清新编法典》，文海出版社，1987。

的《法国民法典》。① 译者可能是考虑到受众对象及习惯问题，故并未直译"法典"而是改译为"律"。起初的法律翻译多以西方国家为主，清末法律变革之时则有日本倾向：对日本创制的法学新名词完全采取"拿来主义"，修订法律馆翻译的法律中，日本居总数之半，沈家本聘请的法律专家全部为日本学者，学生出洋留学接受法学教育又以日本为主。② 如此，日本对晚清法律变革的影响，可以说具有决定性意义。

那么，日本是如何看待"法典"问题呢？明治时期的日本效仿西方编纂法典，堪称亚洲国家法典编纂的先行者。以法典编纂中的论争为契机，学者们对法典问题进行了系统的考察，穗积陈重的名著《法典论》应运而生。正如著者所言：

> 夫使本书立案者，著者学理上之研究也。促本书公刊者，国家现时之状势也。而绍介此芜稿于公众者，学友诸氏之厚谊也。此书与法典编纂论者相矛乎？抑与非法典编纂论者相盾乎？著者非欲步武楚人，售双方之议论。所希望读者诸氏，征诸历史上之事迹，对于今日国家之重要问题之法典编纂论，下一公平无私之断案而已。③

在对法典编纂的考察之中，难免会论及古代的法律。这恐怕是古代"法典范式"叙述出现的根本原因。例如，在第二编"法典编纂之目的"之"守成策之法典编纂"名下，穗积陈重这样泛泛说道：

> 中国法典编纂之目的，亦概出于守成策。秦汉以来历朝之创业者，不为法典编纂之事业实鲜。汉丞相萧何作律九篇，隋一统天下而

---

① 李贵连：《晚清的法典翻译：〈法国民法典〉三个中文译本的比较研究》，载氏著《近代中国法制与法学》，北京大学出版社，2002，第 50～51 页。

② 李贵连：《二十世纪初期的中国法学》，载氏编《二十世纪的中国法学》，北京大学出版社，1998，第 1～65 页；李贵连：《近代中国法律的变革与日本影响》，载氏著《近代中国法制与法学》，第 69～89 页；熊月之：《西学东渐与晚清社会》，上海人民出版社，1994，第 638～641、672～678 页。

③ 穗积陈重：《法典论》，樊树勋译，上海昌明公司，1907，"序"第 2 页。按：日文版发表于 1890 年，约在明治二十三年。此前一年，日本民法、商法等四法典正式发布。

作隋律，唐太宗敕长孙无忌、房玄龄等，作唐律十二篇。明太祖命刑部尚书刘惟谦等编纂明律三十篇，其最著者也。①

十九世纪的法典编纂论争，② 对古代法律价值认定产生了重要影响，以"法典"称谓中国古代法律似由此而来。当然，此时的"法典"说，其意大致同于成文法，别似无他意。

近代以来，最早专门论述中国法制史的论著，似乎是浅井虎夫的《中国历代法制史》与《中国法典编纂沿革史》。③ 前者综论古代中国法制，在"法源"名目下叙述成文法的沿革；后者专论法典沿革史，以法典概称一朝一代之法律载体。这两本书多取材于正史《刑法志》、王朝典章会要，旁及诸子文集。从某种程度上说，浅井虎夫的著作是"新瓶装旧酒"，即大部分内容系对典籍记载的梳理，但以"近代"意识观念为指导思想罢了。浏览《中国法典编纂沿革史》之目录，就会明白著者心中的法典为何物。例如，第三章"汉之法典"的目录如下：

---

① 穗积陈重又在"整理策之法典编纂"部分说道："中国帝尧制五刑，三代已有律令之端绪。征诸书体而可明也。然其规定，极形简单。其后郑子产、晋范宣公所称鼎铭之律，其条项虽不能详，要之铭于其鼎，则必为简短之法令可知。战国之时，魏文侯之臣李悝，始作法经六篇。汉萧何增补之，作律九篇。三国时有魏律十八篇，晋律二十篇。次由南北朝至隋唐明清，虽各有增损，而其条项，要渐趋于精密矣。"参见穗积陈重《法典论》，第35、57页。

② 封丽霞：《法典编纂论：一个比较法的视角》，清华大学出版社，2002，第83～107、191～201页。

③ 浅井虎夫编《中国历代法制史》，邵修文、王用宾合译，古今图书局，1906。按：正文前有刘縠训《叙言》，写作年代是在"丙午"（1906年）。此书原名《支那法制史》，译者易名为《中国历代法制史》，详见《译本例言》第1页。此书日文本由博文馆出版于明治三十七年（1904年）。又，浅井虎夫：《中国法典编纂沿革史》，陈重民编译，内务部编译处，1919。按：著者在《序》中叙述写作缘起，时间是在明治四十四年（1911年）六月，由京都法学会出版。

　　从上引两汉法典目录来看，浅井虎夫著作所言之法典，实为成文法规的代名词，泛称中国古代的法律载体。中国古代的律令等法律载体，可以被近人称为"法典"，但这并非说它们一开始就被称作"法典"，其原有题名载诸史书而均与"法典"无涉。所以，《中国法典编纂沿革史》中的"法典"，实则同于《中国历代法制史》中的"法源"。② 著者认为法典编纂之始，"起于简单之笔录记忆，遂至于汇集各种法令，组织为一法典"；虽然春秋之刑鼎、竹书已开中国法典之先河，但因其名称无传而以法经六篇为法典编纂之始。③

　　日本学者的古代中国"法典范式"叙述，无疑深深影响了中国学者的认知世界。从梁启超的相关论著及国人撰写的法史专著中，便可窥其一斑。1904 年梁启超发表《论中国成文法编制之沿革得失》长文，文中这样说道：

　　　　我国自黄帝尧舜时代，即已有国家法。而虞夏之间，成文法之痕迹，见于故书雅记者，渐可考见。迨夫周代，成文法之公布，遂认为政府之一义务。及春秋战国，而集合多数单行法，以编制法典之事业，蚤已萌芽。后汉魏晋之交，法典之资料益富，而编纂之体裁亦益

---

① 浅井虎夫：《中国法典编纂沿革史》，"目录"第 1 页。按："约法三章"前的"欵"字，原书写作"款"，其余均写作"欵"。疑为手民之误，今改为"款"字。

② 如著者所言："关于中国法典编纂之沿革，余尝于旧著中国法制史略述之矣。今补其缺略，勒成一书。先是，余拟著中国法典论。内容分为总论各论。总论中述法典编纂之沿革、编纂之方法，法典之体裁及法典之特色。各论中就现存之法典，一一解说之。岁月忽忽，未克藏事，仅成法典编纂之沿革。"浅井虎夫：《中国法典编纂沿革史》，"序"第 1 页。按：这里所说的"尝于旧著中国法制史略述之矣"，即指《中国历代法制史》中的"法源"部分。故而，《中国历代法制史》中的"法源"，亦即《中国法典编纂沿革史》的"法典"。

③ 浅井虎夫：《中国法典编纂沿革史》，第 1~6 页。

讲，有组织之大法典，先于世界万国而见其成立。①

在这段引文中，"法典"竟出现三次，不能不引人注意。而著者写作此文的缘由，更值得注意。

> 盖编纂新法典之论，渐入全国有识者之脑中，促政府当道以实行。而政府当道，外迫于时势，内鉴于舆论，其实行之机，抑已渐动。今后最重要问题，即编纂新法典之问题。申言之，即新法典当以何等方法从事编纂之问题也。②

叙述以往法律之得失，含有经世致用的心意。清末编纂新法典之论既嚣然于世，则此时的法典恐已超出法律典章的本义，开始逐渐向近代意义上的涵义靠拢。梁文中动辄所言的"法典"恐非旧义，这从《自叙》中罗列的参考书目便可窥见一二。当时日本学者论述中国法制的重要论著，如浅井虎夫的《中国历代法制史》、穗积陈重的《法典论》等，均在梁氏参考范围之内；加之梁氏所论并未超出上述论著的范围，据此称其深受"法典范式"影响应属可信。

再来看国内法史著作。国内法学教育所使用的法史教材，起初是

---

① 梁启超：《论中国成文法编制之沿革得失》，载范忠信选编《梁启超法学文集》，中国政法大学出版社，2000，第 123 页。

② 梁启超：《论中国成文法编制之沿革得失》，载《梁启超法学文集》，第 123 页。与梁启超论调一致者，又见前引《法典论》的"译者识"："夫国家维新事业不一端，法律改革实为纲领；而欲法律之完成，又在法典之编纂。虽然法典者使法律结集合为一具体形式，非能应社会之进化而为变迁者也。关于编纂之可否，为东西学者之战场。彼号称法治国之英、德、法、美及日本，当夫编纂法典，大促世间之注意。经历几岁月，更稿又数次，尚不能公然发布。况吾国自古崇尚礼治，无所谓法治之说。其于法也，有因沿惯习之律例，无严正明确之典章。今一旦欲采法治主义从事法典编纂，固不可不采他人之长，以补我之短；又不可不曲体吾国民之心理，而惟适是求；更不可不深察吾国之民情风俗，是否达于编典之时机。取资借鉴，则东西各国之成绩，必有研究之价值无疑也。是编为日本法学博士穗积陈重所著。综述各国编纂法典之事迹，并辨明利害，评定得失，其可供吾国编典之参考也，洵足多已。往岁法政杂志曾译载之，未及完璧。兹因不避骈枝，移译付梓，以为吾国立法者及研究法学者之一助。"参见穗积陈重《法典论》，第 1～2 页。

"每多译自东瀛之作"。① 国人自己撰述的法史教材，固然有不以"法典"来称谓古代成文法的，比如程树德的《中国法制史》就以"律令"来命名，② 但影响最深远的《中国法律发达史》亦如此。此书被中外学者誉为"扛鼎之作"、"最好的中文专著"，③ 虽然其基本框架、体系可视为对浅井虎夫著作的延续、扩充，但在某些方面仍有较大发展，容纳进新的内容。概言之，以近代法学体系来框定、研究法史，代表着近代以来法史编纂的主要趋向，也是今日国内法史教材的根本范式。法典沿革作为杨书的重要组成部分，具体论述此处不赘引，仅从《导言》概述就可见一斑：

　　这项（按：指沿革的研究）即以研究中国法律演进的历史为目的。如中国最古的成文法典是战国李悝作的《法经》六篇，往后西汉萧何曾为六（九）章，到了三国时的魏竟加多一倍以上成《魏律》十八篇，经过晋南北朝，就有《梁律》二十篇，这种突飞的进步，是任何读史的人都要惊讶的。隋唐以后竟保存下几部完整的法典，使我们读过之后也觉得中国法律并非停滞不进步，如《宋刑统》虽全然抄袭《唐律》，《大清律》又抄袭明太祖洪武三十年的《改定大明律》，但《宋刑统》引当时的"敕""令"和臣下的"参详"很多，《大清律》的"条例"尤繁多得不可胜数，再加上蒙古朝廷颁布的《大元通制》《元典章》，明太祖洪武三十年根本改造那部《唐律》而另成一部篇目增多、条理精密为中国自（古）以来最成熟的法典《大明律》。再如清代光绪末年沈家本等删节《大清律例》而成的那部《大清现行刑律》，即受罗马欧美法系的影响而铲除比较不合时宜的野蛮刑名，打破《元典章》《大明律》以来的六曹总目的旧体制，很能适

---

① 陈顾远：《中国法制史》，商务印书馆，1935，"序"第 1 页。
② 程树德著，方兆鳌校订《中国法制史》，相关版本信息不详。按：程书初版于 1931 年，由上海华通书局印行。初版前三篇"综论"、"律令"、"刑制"，与方兆鳌校订本基本相同，第四篇"关于中国法制之研究"八章不见于校订本中。依据"校订者识"中的"庚辰"等记载，可知校订本出版于二十世纪四十年代。
③ 刘广安：《二十世纪中国法史学论纲》，载李贵连主编《二十世纪的中国法学》，第 69 页、第 86 页"注释 2"。

应新环境，而又不失中国法典的本来面目；直到民国七年王宠惠等经过一番精细的研究日本法学者冈田所代我国起草的《新刑律》之后，便能批评其阙失，从新参考各国刑法，斟酌本国情势，定出一部最完备最科学的《刑法第二次修正案》，这样就使我们深信中国法典是进步的，其内容并不如一般人所想像的那样"陈陈相因"而却是各朝代有各朝代的特色。①

从这段引文来看，杨氏的法典说与浅井虎夫并无二致，只是用来泛称古代成文法律。直至今天，法典说仍被多数法史教材所重复、袭用，为学者所津津乐道而成不刊之论，却很少有学者会考虑法典具体内涵之所指。甚至睡虎地秦律、张家山汉律等，近来也被称为"法典"。当然，从梁启超、杨鸿烈以来的法典说，某种心理意识始终若隐若现。与西方《十二铜表法》等"法典"相比，即便是将"法经"视为最早的中国法典，中国法典的出现也要落后西方约百年的时间；如将《汉谟拉比法典》算在内，则要落后 1500 年左右。② 除非甘心承认这一事实，否则"法典"的起始时间仍会被上溯，溯至上古时代亦未可知。

对"法典范式"叙述形成的考察，大致可以得出这样的结论：近代以来的中国，法典涵义发生变化——由原有的法律典章之意，逐渐蜕变为法典编纂。西方世界的法典编纂运动及相关论辩，影响了法学界对古代法律的价值判定，古代法律"法典说"的认知论也渐以形成。以此法典编纂及法典认知论为背景，"法典范式"的叙述也逐渐形成、固定。所以，法典

---

① 杨鸿烈：《中国法律发达史》，商务印书馆，1930，"导言"第 8~9 页。按：引文中的萧何曾为"六章"之语，似是"九章"之误；"条理精密为中国自（古）以来"一句似脱漏"古"字。

② 《十二铜表法》等古代法律被视为法典，实际上也是近代以来才出现的说法，是法典编纂思潮及运动影响的结果。从某种情况而言，西方世界将古代法律为"法典"，是"价值"认定而非"事实"叙述（借用徐世虹语）。正如陶安所言，"其实，'法典'是一个很暧昧的概念，它至少有两个不同的涵义。一方面法典是一部法律，一方面它又是一部学术著作。从法律的角度来看，'法典'也仅仅是一部法律，其效力和形式与其他法律并无差异。也可以说，现实的法律中不存在任何叫'法典'的法律形式。法典只是学者对某些法律的特称。能把某一部法律称为'法典'，这是因为这部法律经过学者日积月累的整理工作，形成综合性的体系。"参见陶安《法典与法律之间——近代法学给中国法律史带来的影响》，《法制史研究》第 5 期（2004 年 6 月）。

涵义的蜕变、演化，实为晚清改良、革新缩影之一斑。最初的"法典说"，仅仅是古代成文法的代称。问题在于，法典是否等同于成文法？如果说成文法有单行与集合（即法典）之区别，① 则法史中泛称的"法典"系指何种呢？对此问题，国内学界似很少注意，欧美学者反倒注意界定。② 而且，当以"法典"来称谓古代成文法时，无形中也就忽略了这样的问题：既然法律系统化方法有法典编纂与法规汇编的区分，那么，中国古代的法典是采用何种方法呢？唐及其以后朝代律典多存，将之归为法典编纂尚可；唐以前律令多归于亡佚，它们是否也属于法典编纂？如唐前律令不属于法典编纂，究竟是以何种编纂形式出现？

实际上，早在半个多世纪前，滋贺秀三就以唐律令为典型，剖析法典编纂技术所应具有的特征：（1）法规根据刑罚、非刑罚的观点分类编纂；（2）全部律或者令，作为单一不可分的法典（律典、令典）编纂。具体地说，又分两点。第一，律典、令典在一个时期分别只存在一部，而且不存在该律典、令典不包含的以律令为名的法规。因此，以律令为名的全部法规，同时制定、同时废止。第二，一旦制定出来的律典、令典，即使被废止，也不加以部分变更。如确有改正的必要，也要采取编纂新律典、令典而废除旧律典、令典的形式。③

在可以接触秦汉律令文本的今天，很难说秦汉律符合法典编纂之特

---

① 梁启超：《论中国成文法编制之沿革得失》，载《梁启超法学文集》，第 120、122 页。

② John W. Head，"Codes, Cultures, Chaos, and Champions: Common Features of Legal Codification Experiences in China, Europe, and North America", *Duke Journal of Comparative & International Law*, Volume 13: 1（2003），pp. 1 - 38；Geoffrey MacCormack（马若斐），"The Transmission of Penal Law（lü）from the Han to the T'ang: A Contribution to the Study of the Early History of Codification of in China", *Revue Internationale des droits de I' antiquité*, *Tome LI*（2004），pp. 47 - 83. 按：John W. Head 认为"法典"是指在一定法律体系内，用以涵盖民法、刑法或程序法等全部或多数领域的法律集合体。马若斐认为法典有广义、狭义及编纂技术之分别：广义指在特定时期或某个朝代，统治者所有立法的集合物，未必有特别的组织原则，内容亦未必有特别置置；狭义指王朝全部法律的一部分，尽管不同朝代会有不同立法；编纂意义上的法典是现代学者的产物，依据一定主题而被划分的部门法律，除非在结构上有连贯的逻辑性，否则便不能被称为法典。

③ 滋贺秀三：《关于曹魏〈新律〉十八篇篇目》，载杨一凡总主编《中国法制史考证》丙编第二卷《日本学者考证中国法制史重要成果选译·魏晋南北朝隋唐卷》（本卷主编冈野诚），程维荣等译，中国社会科学出版社，2003，第 263～266 页。按：滋贺认为"九章律"不符合第二个特征，但仍认为"九章律"属于法典。这主要是考虑到"九章律"的重要意义。那么，渐进形成的法典"九章律"，似与律典"统一制定说"相矛盾。

征。张家山汉简诸律制作年代不一，① 也未按刑罚与非刑罚的观点分类（详下）。现今所见秦汉律篇的数量，早已超出"法经"或"九章律"；涉及之领域、内容，亦非"法经"或"九章律"所能涵盖。而且，与魏晋以来律典篇次固定不同，出土文献所见秦汉律篇篇次有一定的随意性。譬如，玉门花海所出《晋律注》有"诸侯律注第廿"之记载，正与《晋书·刑法志》所载篇次吻合。② 然而，睡虎地《秦律十八种》中《田律》居于篇首，张家山汉简《二年律令》中《贼律》置于最前，这或许是抄手抄录时的随机安排，由此似可知：标识次第的序列号在律篇中尚未出现（除以序列号标识篇次外，是否还有其他标识方法，有待进一步研究）。③ "同律不同篇"的情形似透露出某种端倪：由朝廷统一颁行而供地方官府使用的律令编纂物似未出现。

如此，若继续以法典来称谓"法经"、"九章律"，实际上会遮蔽对律令编纂形制的探讨。这也是我们否认"法经"、"九章律"为"法典"，对其编纂形制进行考察的根本所在。④

2. "九章律" 研究辨析

如果说对"法典范式"的考察是我们质疑"法典"说的原因之一，那么，对正史记载的秦汉、魏晋法律史料的考察则是质疑"法典"说的原

① 张忠炜：《〈二年律令〉年代问题研究》，《历史研究》2008 年第 3 期；张忠炜：《秦汉律令法系研究初编》，社会科学文献出版社，2012，第 26 ~ 43 页。

② 张俊民、曹旅宁：《毕家滩〈晋律注〉相关问题研究》（修订稿），简帛网，http://www.bsm.org.cn/show_ article.php? id =1410，最后访问日期：2011 年 3 月 7 日。

③ 补注：简册"序连"，即在竹木简书写前或书写后对其顺序进行排列与标记，近年来有不少新发现，简续码与背划线无疑是"新知识"。参见何晋《浅议简册制度中的"序连"——以出土战国秦汉简为例》，载武汉大学简帛研究中心主办《简帛》（第八辑），上海古籍出版社，2013，第 451 ~ 469 页。

④ 补注：笔者对"法典"概念的辨析，概要性的表述见《〈二年律令〉年代问题研究》，《历史研究》2008 年第 3 期；全面考察见《秦汉律令法系研究初编》，第 78 ~ 86 页。刘广安撰有《法典概念在晚清论著中的运用》一文，发表于《华东政法大学学报》2009 年第 6 期。其文论旨与笔者相同，"晚清时期受西方法律思想影响的近代法典概念，与中国古代法典概念在性质和形式方面都很不相同"；不过，他认为"在《法经》基础之上发展演变形成的律典，具有贯穿律文的总则，是组织严密的系统性的立法文件"，显然又与拙见有别，即晋泰始律及此前之律，是否具有刘氏所言说的那种形态，笔者以为不无可疑。

因之二。若前者是对"法典"说立论理论的分析，后者则是对"法典"说立论史料的探讨。

通常，对先秦、秦汉法律变迁的叙述，是以正史《刑法志》记载为根本依据的。然而，当从"史源学"的角度出发，排比"法经"、"九章律"的相关史料，一个令人深思的问题出现了：同时代的文献未提及或简略含混的提及，时代靠后的却有愈发详尽全面的叙述。比如，关于李悝及其"法经"，《史记》、《汉书》不载，《魏书》仅提及"法经"，《晋书·刑法志》、《唐律疏议》中却有较细致的叙述。再如，关于萧何"九章律"，《史记》仅言"次律令"，《汉书》言"作律九章"，《晋书》则言"益事律"三篇以成"九章"。东汉时人已不清楚"九章"为谁所作、不言"法经"，后人缘何会比汉人更清楚当时及此前的事情呢？当然可将此归因于古书的亡而复出，但这终究不过是可能性猜测之一种，而非说明问题的有力证据。李悝及其"法经"的记载，虽因史料有限而无法详细论述，①但如能考察清楚汉"九章律"的原委，未尝不是重新审视"法经"的切入点：正史所载古法系谱是以"法经"为源头，一旦汉律"九章"的说法不能成立，"法经"叙述的可信度自是大打折扣。

与《晋书·刑法志》记载的律令法系系谱不同，近现代学者或从史源学角度提出"层累"说，质疑正史之记载。何四维似是最早进行系统考察的学者。今天学者讨论"法经"、"九章律"的所有史料，何氏几乎全部注意到了。对于法经，他多认同小川茂树《李悝法经考》之观点，并补充例证：李悝及其法经属于传说（the realm of myth），（作

---

① 或是质疑，或是认可，不一而论，参见张警《〈七国考〉、〈法经〉引文真伪析疑》、李力《从几条未引人注意的史料辨析〈法经〉》、何勤华《〈法经〉论考》、殷啸虎《〈法经〉考辨》、张传汉《〈法经〉非法典辨》、马小红《战国秦汉法制史考证综述》等文章，载《中国法制史考证》甲编第二卷《历代法制考·战国秦法制考》（本卷主编马小红）、乙编第一卷《法史考证重要论文选编·律令考》（本卷主编杨一凡、刘笃才），第15~48、490~503、210~221页；杜正胜《编户齐民：传统政治社会结构之形成》，联经出版事业公司，1990，第229~260页。与论述李悝及其"法经"的文章不同（主要是从文献学的角度进行考察），杜氏是从"封建之法与刑与春秋末期成文法典之公布，配合社会发展，再参证云梦睡虎地秦简的法律文书，对汉魏时人传述的《法经》要义是能合理说明的"，故"旧说（指李悝及其'法经'）尚有可信之处"。

为事实）缺乏有力证据支持，且所见汉及汉以前的文献，特别是"盐铁论"中极力反对法家的贤良文学未提及李悝或法经，亦极有力支持小川之说。[1] 对小川及何氏的上述论断，西方学界亦有分歧，Timoteus Pokora（国内或译鲍格洛）对此论述较详。他一方面对小川及何氏之说表示认同，又质疑董说《七国考》所引李悝及法经等记述，并且指出：李悝法经之说兴起甚晚，相关文献又高度值得怀疑，故不足以作为考察中国法律起源及战国政治史的立论基础。[2] 史源考察如此，《七国考》所引李悝及法经之记载又为孤证，则孰为客观、可信，自然分明。如此，萧何以法经六篇为基础而益事律三篇之叙述，自然值得怀疑。

时至今日，亡佚数千年的秦汉律令抄本重见天日，为检验典籍记载之可信度提供了第一手资料。就简牍所见秦汉律篇名而言，早已远远超出"六篇"或"九章"的范围：姑且不论"六篇"、"九章"的说法是否属实，仅就秦汉律抄本的篇章序次来说，"六篇"或"九章"也只是其中一篇而已；它们与"非六篇"或"非九章"之间，并不存在高下轻重之别。从这个角度来说，"六篇"、"九章"的说法，并不符合秦及西汉初期的状况。《晋书》中用以划分汉律的"正律"、"旁章"等概念，不仅在汉代的文献典籍中找不出可资印证的记载，而且在汉代简牍律令文本中也没有相关例证存在。如此，魏人对汉律的这种价值判断而非事实叙述，[3] 能否成为汉律有正、旁之分的依据亦值得推敲。

以典籍记载及出土律令资料为依据，学界对"九章律"的分歧也日渐明显。除少数彻底否认"九章律"提法的学者外，不论是质疑者，还是诠

---

[1] A. F. P. Hulsewé, *Remnants of Han Law：Introductory Studies and an Annotated Translation of Chapters 22 and 23 of the History of the Former Han Dynasty*，Leiden：E. J. Brill，1955，pp. 26 – 30.

[2] Timoteus Pokora，"The Canon of Laws by Li K'uei—A Double Falsification？"*Archiv Orientální* 27（1959），pp. 96 – 121；又，守屋美都雄较为详尽地介绍过 Pokora 的论说要旨，参见守屋美都雄《中国古代的家族与国家》，钱杭、杨晓芬译，上海古籍出版社，2010，第 414～441 页；后，又有学者进行诸如此类之质疑，参见 Yongping Liu, *Origin of Chinese Law：Penal and Administrative Law in its Early Development*，Hong Kong：Oxford University Press & Oxford New York，1998，pp. 253 – 266。

[3] 徐世虹：《说"正律"与"旁章"》，载孙家洲、刘后滨主编《汉唐盛世的历史解读——汉唐盛世学术研讨会论文集》，中国人民大学出版社，2009，第 293 页。

释者，认同"九章律"者大有人在，但彼此的观点多有出入，对"九章律"内涵的解释也不尽相同。从某种情况而言，学界对萧何制律之事实多表示肯定，但所定之律是否自名"九章律"，若非自名则"九章律"何时出现，缘何出现，则产生了不同看法。

质疑派的学者，国内主要有胡银康、孟彦弘、李振宏等人，① 国外学者则以何四维、陶安、滋贺秀三等为代表。② 他们以典籍记载的详略或抵牾为切入点，以出土简牍所见的秦汉律为旁证来考察问题。例如，孟彦弘所质疑的"九章"主要是针对律篇只有九章的说法，他认为"九章律"最初是指律学的分类，后来受汉人以"九"虚指篇章之影响，因汉律篇章之多而成汉律代称；"九章"并非汉律的法定名称，更非实指汉律只有九章。又如，李振宏认为班固创设的"九章律"说没有事实根据，充其量是一种理想化的说法；同时，他对典籍记载的"正律"、"旁章"等说法，也提出疑问。对于"九章律"这一提法为何出现、出现时间等问题，胡银康认为其出现于汉武帝之后，出自儒家手笔。日本学者在持否定说的同时，对"九章律"出现的原因、产生时代，多进行推论。滋贺秀三、陶安等学者认为，"九章律"的成立与律学的发展有密切关系，只是在具体产生时间方面存在差异：滋贺秀三推测"九章律"或许与法律学的建立是同时的，即在汉宣帝"小杜律"出现的时期，是法律之家所作成的"经书"（亦即"九章律的成立与法律之学作为儒学的一个分支而构筑其地位有关"）；陶安则认为"九章律"是律学初次孵化的结果，是东汉学者们从无以数计的律令条文中划分出来的。

诠释派重在解释"九章律"的内容，并对其内涵进行再发掘，主要代

---

① 胡银康：《萧何作律九章的质疑》，《学术月刊》1984 年第 7 期；孟彦弘：《秦汉法典体系的演变》，《历史研究》2005 年第 3 期；李振宏：《萧何"作律九章"说质疑》，《历史研究》2005 年第 3 期。

② A. F. P. Hulsewé, *Remnants of Han Law*, pp. 26 – 30；陶安：《法典与法律之间——近代法学给中国法律史带来的影响》，《法制史研究》第 5 期（2004 年 6 月）；滋贺的最新观点，参见宫宅潔《近 50 年日本的秦汉时代法制史研究》，载黄留珠、魏全瑞主编《周秦汉唐文化研究》（第三辑），田旭东译，三秦出版社，2004，第 270 页。按：滋贺对"九章律"表示怀疑，主要依据是：（1）《二年律令》中所见多种律名中，部分包含"九章律"的律名，但没有对这些律名特别对待的迹象；（2）"九章律"不见于《史记》正文，于《汉书》中首见。

表人物是徐世虹、杨振红。① 徐文在认可"九章律"提法的前提下，对萧何定律的形态进行新的考察。她认为萧何"攓摭秦法"的做法有二，一种是不作改动、原样移植，另一种则是有所改动；户、兴、厩等三篇"事律"，多是袭秦之制而非萧何新创。所谓的"作律九章"是就秦律增减轻重，而非重新编纂法典并复加三篇。杨文也是在认同"九章律"提法的前提下，从"九章律"的形成过程，逆推战国秦汉律典的形成轨迹，认为李悝、商鞅、萧何编纂法典时，将法典分为六个或九个一级律篇，一级律篇下又包含数量不等的二级律篇。作为一家之说，"二级分类说"试图解答传世与出土文献记载之分歧，颇为新颖，有赞同者，② 不过仍存在一些问题。除去学者所提质疑外，③ 我们认为尚有以下几点：其一，从史料的角度来看，在没有当代或时代接近的史料支持下，似不能轻易相信后代史书对"法经"、"九章律"的记述；其二，以魏晋以后律（主要是《唐律疏议》）为参照来归类秦汉律，这种"带有一定的风险"的逆推到底能在多大程度上说明一、二级分类的合理性，值得考虑；其三，从秦汉律一、二级律篇分类表来看，有的一级律篇不含或仅含少量的二级律，而有的一级律篇却含有四五种或更多的二级律，秦汉律典篇章体系如此不平衡，不无可疑；其四，"集类为篇，结事为章"等记载，通常被认为是魏晋时人对

---

① 徐世虹：《九章律再认识》，载马志冰等编《沈家本与中国法律文化国际学术研讨会论文集》，中国法制出版社，2005，第 683~698 页；杨振红：《秦汉律篇二级分类说——论〈二年律令〉二十七种律均属九章》，《历史研究》2005 年第 6 期；杨振红：《从〈二年律令〉的性质看汉代法典的编纂修订与律令关系》，《中国史研究》2005 年第 4 期。按：吴树平在讨论睡虎地秦律时，认为秦律未超出商鞅旧律，并进行将律文归入"六律"的尝试。他的论断及做法，被孟彦弘理解为秦汉律的分类存在不同等级，至少是"两级分类"：总体分六篇或九篇，其下再分为若干篇。孟彦弘对吴氏"两级分类"说提出的质疑，未尝不是杨文中存在的问题。参见孟彦弘《秦汉法典体系的演变》，《历史研究》2005 年第 3 期；吴树平《从竹简本〈秦律〉看秦律律篇的历史源流》，载氏著《秦汉文献研究》，齐鲁书社，1988，第 58~74 页。

② 于振波：《浅谈出土律令名目与"九章律"的关系》，《湖南大学学报》2010 年第 4 期。

③ 徐世虹：《近年来二年律令与秦汉法律体系研究述评》，载中国政法大学法律古籍整理研究所编《中国古代法律文献研究》（第三辑），中国政法大学出版社，2007，第 231~232 页。按：徐文指出杨文中需要考虑的问题有：（1）如萧何确实制定过如此整齐篇目体系的法典，为何惠帝乃至吕后时官吏会不知情而随意连引所有法律呢？（2）如果曹魏放弃"二级分类"原则，为何《魏律序》中不置一词呢？这样的法典结构在魏晋律中毫无反映，似乎亦不合一般规律。（3）从司法实践来说，如汉律在法律结构上存在着二级之分，在司法实务中又当如何操作呢？

汉律编纂方式的说明及对其内容错糅芜杂的指责，能否据此说明汉律典是二级分类，可再斟酌。①

质疑派、诠释派观点已如上述。前文已从法典概念的演变、编纂技术的特征等出发，并以秦汉律令文本为证说明秦汉律令不符合法典编纂。问题在于，持汉律为"法典"说者仍有人在，这可从诸篇文章标题及行文中窥见一二。近现代法学概念引入法史所带来的混乱由此可见一斑。滋贺秀三在二十世纪五十年代发表观点时，所掌握的秦汉律令文献过于有限，对萧何及"九章律"等事尚未产生怀疑。如今面对睡虎地秦律、张家山汉律，当滋贺秀三对"九章律"提法亦产生怀疑时，视汉律为"法典"的论断似更难成立。

汉律"法典"说既然无法成立，"九章律"又非汉初固有提法，"法经"是否可信就需慎重了。简言之，如不能解释清楚以下诸问题，"法经"及相关记载恐难信从。一则，秦汉律令篇目早已超出"六篇"的范围，则"法经"六篇渊源的叙说似未必可信。二则，商鞅及稍早时期并不存在"改法为律"②，《具律》、《杂律》等记载怎能出现于战国中前期？三则，如《新论》所引"法经"确系战国文字，为何在内容上会自相冲突，职官为何会与战国魏制不符？③ 四则，从典籍记载多将"法经"、"九章律"视为刑律来看，其与秦汉律内容包含广泛的实际现状相冲突。因为有上述诸多疑惑不解处存在，李悝及其"法经"恐非信史记载。虽说我们在这里否认"法经"记载的可信性，但并不否认春秋以来成文法发展的事实，这是商鞅变法及睡虎地秦律出现的基础。"法经"大概是在律令学传

---

① 补注：王伟认为"二级分类说"是"一个大胆但却错误的假设，相关疑难问题对解决只有'试错'的意义"，参见氏著《辩汉律》，《史学月刊》2013年第6期。

② 祝总斌：《关于我国古代的"改法为律"问题》，载氏著《材不材斋文集——祝总斌学术研究论文集》（上），三秦出版社，2006，第323～347页。

③ 杨宽：《战国史料编年辑证》，上海人民出版社，2001，第17～19、184～190页；杨宽：《战国史》，上海人民出版社，1998，第34～35、191～192页。按：杨氏起初相信董说《七国考》引桓谭《新论》"法经"，随着海外对"法经"真伪的讨论（鲍格洛、守屋美都雄），渐倾向于《七国考》所引"法经"条文伪造说。然而，杨氏仍相信《晋书·刑法志》、《唐律疏议》对"法经"的叙述，并认为"法经"为秦汉以后法典之所本，李悝为法家始祖。故而，《战国会要》仅简略提及《新论》，却大段引用《晋书》、《唐律疏议》的记载。详见杨宽、吴浩坤主编《战国会要》，上海古籍出版社，2005，第1331～1332页。

习中逐渐形成的，恐也是律令学"系谱"构建的产物。没有例证，暂置毋论。

3. 秦汉律单行说

在辨析"九章律"的提法、质疑"法经"为信史后，紧接着我们不得不面对这样的拷问：汉律既然不是法典编纂，那么它究竟是以何种面目出现的？我们认同徐世虹的提法，"汉代立法并无统一的法典，而是由单篇律与令共同构成律令体系"①。实际上，不仅汉代律令如此，秦恐怕也概莫能外。只是此论点还有进一步申说的必要，方能解释《二年律令》之类的"律令集合体"。也就是说，一方面要申说"单行律"的观点，② 另一方面要阐述"律令集合体"的概念。前者重在说明秦汉律个体的存在实态，后者意在说明"律令集合体"的出现意义。

我们从古书角度来考察秦汉律的编纂，以"编次"方面的"单篇别行"为切入点。③ 所谓"单篇别行"，是说古人著书起初并无专集，往往写作数篇就公布流传于世。有抄集数篇为一种的，又有以一两篇单行的。之所以如此，或同个人读书习惯有关联，而受制于书写材料则是直接因素。简牍的繁重、缣帛的昂贵，抄写、阅读实属不易。以"单篇别行"为据，固然会为认识秦汉律令形制提供理论上的支持，然而论断是否成立还需史料方面的进一步佐证。此时，出土简牍所见秦汉律令资料，哪怕是那些残篇断简资料，对认识问题也是有重要意义的。

---

① 徐世虹：《说"正律"与"旁章"》，《汉唐盛世的历史解读——汉唐盛世学术研讨会论文集》，第 287 页。

② 补注：王伟认为单行法之说主要源自程树德的《九朝律考》，主张在讨论汉律结构时，应摒弃"单行律"（或单行法）的概念，参见氏著《续辩汉律》，载复旦大学"出土文献与古文字研究网"，http：//www.gwz.fudan.edu.cn/SrcShow.asp? Src_ ID = 2159，最后访问日期：2013 年 10 月 29 日。按：程氏早年留学日本，毕业于日本法政大学法学科，回国后任职于法政部门，或讲学于法政院系。从张忠炜文所引"法典"概念可知，单行法是相对于法典而言的，程氏对此大概并不陌生，或因此而将溢于正律、旁章之外的律篇称为单行律或单行之律。既然我们对"法典"说提出质疑，自然会以单行法来叙述秦汉时代律令的存在状态。其实，彼此关注的问题相同，即秦汉律令究竟以何种形态存在。此问题短期内未必有结果，不妨继续论争下去。

③ 参见张忠炜《〈二年律令〉年代问题研究》，《历史研究》2008 年第 3 期；张忠炜《秦汉律令法系研究初编》，第 11～12、24～25 页。

先来看秦简中的律令资料。参照《法律答问》、《秦律杂抄》等资料可知，睡虎地《秦律十八种》并非秦律全部，它仅是选择性地抄录部分内容，其中《效律》简约有 17 枚，而在尸骨腹下发现由 60 枚简组成的《效律》全篇。① 无独有偶，龙岗秦简及王家台秦简，均有与其相同或相近的律篇。整理者认为龙岗秦简以"厩苑"为核心，② 但其中似也有《盗律》遗文。③ 江陵王家台秦简内容丰富，其中《效律》简无一枚完简。与睡虎地《效律》相比，王家台简残缺太多，内容方面基本相同；排列顺序则多有差异，文字也略有不同。④

再来看汉简中的律令资料。江陵张家山 247 号汉墓，出土一卷 500余枚的律令简；题名为《二年律令》，包含二十余种汉律及《津关令》一种。⑤ 张家山 336 号汉墓，有律令简约 556 枚，律简与令简形制不尽同。其中，"汉律十五种"约 372 枚。内容与《二年律令》大致相同，各篇均有篇名，但缺简较多且内容不全。336 号墓还有《朝律》简，内容与叔孙通所定朝见礼仪相近；另有《功令》简约 184 枚。⑥ 睡虎地 77号汉墓律令简，一卷为律令十六种，一卷为律令二十四种，律名多同于张家山汉简及睡虎地秦简。⑦

仔细阅读这些资料并结合此前所做的考察，大致可得出以下认识。一是，秦汉律令虽由朝廷颁行，但统一的法律编纂物尚未出现。当时似乎并不存在诸如魏"新律"、晋"泰始律"之类的国家编纂物，虽然那时已有《二年律令》之类的"律令集合体"出现。细细想来，假如说

---

① 睡虎地秦墓竹简整理小组：《睡虎地秦墓竹简》，文物出版社，1990，第 19、69 页。

② 中国文物研究所、湖北省文物考古研究所：《龙岗秦简》，中华书局，2001，第 4~7 页；胡平生、李天虹：《长江流域出土简牍与研究》，湖北教育出版社，2004，第 289~291 页。

③ 参见张忠炜《读〈奏谳书〉"春秋案例"三题》，载《中国古代法律文献研究》（第三辑），第 241~242 页。

④ 荆州地区博物馆：《江陵王家台 15 号秦墓》，《文物》1995 年第 1 期；王明钦：《王家台秦墓竹简概述》，载艾兰、邢文编《新出简帛研究》，文物出版社，2004，第 39 页。

⑤ 荆州地区博物馆：《江陵张家山三座汉墓出土大批竹简》，《文物》1985 年第 1 期。

⑥ 荆州地区博物馆：《江陵张家山两座汉墓出土大批竹简》，《文物》1992 年第 9 期；彭浩：《湖北江陵出土西汉简牍概说》，载大庭脩编《汉简研究的现状与展望》，关西大学出版部，1993，第 171~172 页。

⑦ 湖北省文物考古研究所、云梦县博物馆：《湖北云梦睡虎地 M77 发掘简报》，《江汉考古》2008 年第 4 期。

当时存在着由国家统一颁行的编纂物，该如何解释张家山汉律令会有近三十篇与十五篇的区别？难道国家统一颁行的编纂物，会在短期内改定如此之多，律令篇目会如此不固定？当时不存在国家统一颁行的律令编纂物，恐是此现象出现的根本原因。二是，诸律篇颁行年代不尽相同，以单篇别行的方式行世。《二年律令》诸律并不是短期内统一颁行的结果，而是不同时间内逐渐制定的产物。诸律既然不是统一颁行于某时间，则"随时所作，即以行世"也就成为常态了。① 因此缘故，不同"律令集合体"收录律篇变化很大，多者近三十种，中者或十余种，少者仅一两种。"同律不同篇"的现象，应引起研究者的注意。秦汉律令篇目不固定的情形，似可映现出统一编纂物的不存在。（抄本是据国家律令抄录而来，当然，抄录过程中有可能改变序次。）如果说一个墓葬中出土的律令尚不足以下如此断语，但是不同墓葬中的或多或少都反映出此种趋势。秦汉时没有国家统一颁行的、篇目固定的法律编纂物，而是由单篇律与令篇构成的律令法体系，在我们看来是符合当时的实际情形。②

① 余嘉锡：《古书通例》（《目录学发微》、《古书通例》合订本），中国人民大学出版社，2004，第 249 页。

② 补注：在日本学界既有研究的基础上，广濑薰雄更进一步指出，"秦汉时代的律也和令同样是一条一条制定的单行法令，并不是法典"。他着眼于秦汉时代律的制定程序，以秦始皇时的禁挟书诏、汉文帝时的废除肉刑诏等为证，从而得出秦、两汉时代"律"一贯是通过皇帝"诏（令）"一条一条地制定这一结论。参见广濑薰雄《秦汉时代律令辨》，载中国政法大学法律古籍整理研究所编《中国古代法律文献研究》（第七辑），社会科学文献出版社，2013，第 111～126 页。按：其说与我们所论，貌同而实异。我们所说的单行法或单行律，行文中已有明确界定，形式如《二年律令》所见《贼律》、《盗律》之篇；广濑所言的"单行法令"，确切地说，是指一条条的律文，形式如文献所言之"挟书律"，极可能是某律篇中的一个条文，但也不排除可能是命名为《挟书律》的律篇。两者不容混淆。我们从古书角度看待律令之制定，不成于一时，也不成于一人，则律令自然具有孟彦弘所言的特征：相较于魏晋以来律令体系之封闭性而言，秦汉时代的律令体系具有开放性的特征。《二年律令》中所见"县道官有请而当为律令者，各请属所二千石官，二千石官上相国、御史，相国、御史案致，当请，请之，毋得径请。径请者，罚金四两"（简 219～220），毋庸置疑地证实了此点。不过，今所见《二年律令》有不少篇章、语句与睡虎地秦简所见相同或相近，承袭秦律大概是不容否定之事实。如此，汉初律令之制定是否需另起炉灶，一条一条地制定出来，我们对此持怀疑态度。若考虑到此点，即便部分律文是后来增删进入或剔除于律篇的，但似仍是以既存的律篇或令篇为前提的。

"单篇别行"，不仅仅是先秦、秦汉古书"通例"，即便是在汉以后乃至唐宋时代，这种现象也仍然见诸社会。例如，《三国志》赵宋刻本或有仅刻《吴志》者；① 再如，晋"泰始律"制定、颁行后，张华等人表请"抄《新律》诸死罪条目，悬之亭传，以示兆庶"。② 敦煌、吐鲁番文书所见唐律残卷，不论是名例残卷（如俄藏 1391 号），还是职制、户婚（如 P.3608、3252 号），③ 即便被视为单独抄录的律篇（如张华等人的奏请抄律示民一样），也无法得出单行法的结论。因为自魏晋以降情况开始发生根本变化，国家统一颁行的律令编纂物已经出现：一方面，律的篇章数目已经固定，律典之外无单行律；④ 另一方面，令的大规模整理、编纂已启动，律令法体系的发展渐趋完善。就律的篇目来说，滋贺秀三剔除《囚律》而确定魏律篇目（单行律已不复存在），⑤ 律目固定成为各代律典的基本特征之一；就令的编纂来说，令被赋予不同于律的功能、价值，律令分途已成为律令体系发展的标志之一。此时，如以前引法典编纂技术特征来衡量，真正符合近代法典涵义的编纂物，可以魏"新律"的制定为标志。考虑到魏"新律"虽制定但未颁行的事实，⑥ 将晋"泰始律"视为中国"法典"之始，恐怕才是真正名副其实的"法典"。那么，"创造律令体系最初形态的是晋律令"（滋贺秀三语），在律令法系发展史中的意义也就不言而喻了。此时此刻，重新审视滋贺秀三在六十多年前的论说，不能不敬佩其敏锐的洞察力。虽

---

① 余嘉锡：《古书通例》（《目录学发微》、《古书通例》合订本），第 252 页。

② 《晋书》卷三〇《刑法志》，中华书局，1974，第 931 页。

③ 刘海年、杨一凡总主编，唐耕耕主编《中国珍稀法律典籍集成》甲编第三册《敦煌法制文书》，科学出版社，1994，第 6～7、11～23 页。

④ 滋贺秀三：《关于曹魏〈新律〉十八篇篇目》，载《中国法制史考证》丙编第二卷《日本学者考证中国法制史重要成果选译·魏晋南北朝隋唐卷》（本卷主编冈野诚），程维荣等译，中国社会科学出版社，2003，第 266 页。

⑤ 补注：滋贺秀三认为曹魏《新律》中无《囚律》，对此学界基本持认可态度。富谷至虽认可滋贺秀三说，但认为从现阶段的史料解读中，仍不能获得决定性的解答。曹魏修订《新律》时已不存在《囚律》，缘何晋制定《泰始律》时仍列《囚律》之名？留此疑问，以待将来之解答。参见富谷至《通往晋泰始律令之路（Ⅱ）：魏晋的律与令》，朱腾译，徐世虹校译，载《日本学者中国法论著选译》，中国政法大学出版社，2012，第 166～170 页。

⑥ 潘武肃：《西晋泰始颁律的历史意义》，《香港中文大学中国文化研究所学报》第 22 卷（1991）。

如此，以丰富的秦简简牍律令抄本为依据，不论是检验旧说，还是提出新见解，终究是研究中不可或缺的一环。毕竟，审视秦汉律令的真实存在状态，依然是探究秦汉律令法体系的关键。

4. 律令集合体

上文提到秦汉并无国家统一律令编纂物，虽然当时已经出现了"律令集合体"。何谓"律令集合体"？"律令集合体"这一提法，最早似由李力提出，但未进行具体解释。[①] 我们沿用他的提法，并尝试进行界定。所谓"律令集合体"，主要是指《秦律十八种》、《二年律令》等律令汇编物，张家山336号墓"汉律十五种"也应是其一种。这些律令编纂物篇目、篇次不定，与魏晋时代的律典（此时的律典同于"法典"）不同。若视后者为封闭性编纂物，借用孟彦弘的话说，[②] 前者则是一个开放性的体系。此类"集合体"，既有律令混合汇编物，如《二年律令》等；也有仅是律的汇编物，如《秦律十八种》等；似还有令的再分类汇编，如通常所说的"挈令"（详后）。它们的共通之处在于，是把国家颁行的法律有选择地抄录、汇为一编（卷）。选择抄录的依据，或许是着眼于一时所需，或许是常备手边使用，或许是基于个人喜好，或许是种种情形兼有之。

即便同一时间段内颁行的律令，因选择抄录而呈现出不同的状态，收录篇目也不尽相同。这些"律令集合体"篇目不固定，似乎有一定的随意性。例如，叔孙通参与制定的《朝律》应不晚于惠帝，但并未收录于年代下限约为吕后二年的《二年律令》。这大概不是因为当时不存在《朝律》，似与抄录时的主观选择有关。当然，选择的对象是国家颁行的律令。诸如此类的"律令集合体"出自何人之手？是郡县官府部门，抑或是法吏之手？到底有何种用途？是法吏判案定罪所需，还是律令传习的教本？这些问题都很难给出确切答复。我们倾向于认为"律令集合体"可能是法吏决狱定罪、法家传习律令之结果。

---

① 李力：《关于〈二年律令〉题名之再研究》，载卜宪群、杨振红主编《简帛研究》（2004），广西师范大学出版社，2006，第157页。

② 孟彦弘：《秦汉法典体系的演变》，《历史研究》2005年第3期。

在这里，似需注意一种可能的现象：律令条款的重新分类汇编。《汉书·艺文志》有如下记载：

> 太史试学童，能讽书九千字以上，乃得为史。又以六体试之，课最者以为尚书御史、史书令史。吏民上书，字或不正，辄举劾。①

《说文解字·叙》中也引用类似律文：

> 尉律：学童十七已上始试。讽籀书九千字，乃得为吏。又以八体试之，郡移太史。并课最者，以为尚书史。书或不正，辄举劾之。②

《汉书·艺文志》并未记载所引律文之篇名，故而很容易将《尉律》视为律文正称，比如，程树德《九朝律考》即如此。③ 参照张家山《二年律令》，就会发现情况并非如此。《史律》中与之相关条文有二（简474、475～476）：

> [1] 史、卜子年十七岁学。史、卜、祝学童学三岁，学佴将诣大史、大卜、大祝，郡史学童诣其守，皆会八月朔日试之。
>
> [2] 试史学童以十五篇，能风（讽）书五千字以上，乃得为史。有（又）以八膛（体）试之，郡移其八膛（体）课大史，大史诵课，取冣（最）一人以为其县令史，殿者勿以为史。三岁壹并课，取冣（最）一人以为尚书卒史。④

① 《汉书》卷三〇《艺文志》，中华书局，1962，第1721页。
② 段玉裁：《说文解字注》十五卷上，上海古籍出版社，1988，第758～759页。
③ 程树德：《九朝律考》，中华书局，2003，第19页。又，程氏曾引徐锴"汉律篇名"的说法，而段玉裁以为是"汉廷尉所守律令也"。
④ 张家山二四七号汉墓竹简整理小组：《张家山汉墓竹简［二四七号墓］》，文物出版社，2001，第203页。

[1]、[2] 简主要规定"畴官"史、卜、祝学童的学习、考核及升迁问题，[2] 简更进一步明确史学童的考课、升迁。从某种情况而言，《汉书·艺文志》及《说文解字·叙》所载律文，应该是《史律》律文 [1]、[2] 的糅合，这在《说文·叙》中表现得尤为突出。将《艺文志》、《说文·叙》与简文相比，可知彼此间确实存在差异。① 我们感兴趣的是，为何一处称《尉律》，一处却称《史律》？上引律文的正式律名究竟是什么？

依据对《二年律令》文本的理解，可以判定《史律》是引文正名。问题在于，为什么又被称为《尉律》呢？很久以来，《尉律》或被视为律篇名，或以为廷尉治狱之律，《史律》之名已不为人所知。或许是《史律》被废弃或改定的缘故，或许是基于某种分类标准而被收录于《尉律》。我们以为，《尉律》可能并不是汉律篇名，似是"律集合体"的产物：汇总与卫尉职能相关的律令条款，然后才有汇总之命名《尉律》。也就是说，《尉律》似非新制之律篇，而是旧有律条重新分类的结果。从秦简"写其官之用律"来看，② 确实存在这种可能。本来，与卜、史、祝畴官关系密切的，应是职掌祭祀礼仪的太常（奉常）官。但因卫尉属官有公车司马令一人，"掌宫南阙门，凡吏民上章，四方贡献，及征诣公车者"。其下又有丞、尉各一人，"丞选晓讳，掌知非法。尉主阙门兵禁，戒非常"。③ 那么，当吏民上书朝廷时，卫尉属官似要注意奏书中是否触及皇帝名讳，恐怕也要注意奏书中的字体是否工整、符合要求等问题。④ 这恐

① 李学勤：《试说张家山简〈史律〉》，《文物》2002 年第 4 期；对之进行较详细的讨论，参见邢义田《汉代〈仓颉〉、〈急就〉、八体和"史书"问题——再论秦汉官吏如何学习文字》，载氏著《治国安邦：法制、行政与军事》，中华书局，2011，第 595～654 页。

② "县各告都官在其县者，写其官之用律。"也就是说，都官各有所遵行的法律，故而需要抄写相关律令。参见睡虎地秦墓竹简整理小组编《睡虎地秦墓竹简》，文物出版社，1990，第 61 页。

③ 《续汉书志》第二十五《百官志二》，中华书局，1965，第 3579 页。

④ 宣帝鉴于"今百姓多上书触讳以犯罪"的事实，故变更自己的姓名，系针对名讳而言。《二年律令》规定，"诸上书及有言也而谩，完为城旦舂。其误不审，罚金四两"，是针对上书而言。参见《汉书》卷八《宣帝纪》，第 256 页；张家山二四七号汉墓竹简整理小组《张家山汉墓竹简 [二四七号墓]》，第 135 页。

怕是《史律》此文编入《尉律》的原因吧。①

上述论说能否成立，尚需更多例证支持。从"絜令"的编纂看，似乎存在这种可能。对"絜令"的详细讨论，详下，此处仅概括言之。我们认为"絜令"的实质，如中田薰、大庭脩、冨谷至所论，是已有令文的再编纂。结合文献所见"廷尉絜令"、"卫尉絜令"、"光禄絜令"，以及"兰台絜令"、"乐浪絜令"、"北边絜令"，我们以为它们与《津关令》、《功令》等诸令不同，并非针对某一情形而专门颁行之令。"王杖简"中"令在兰台第卌三"与"在御史絜令第廿三"，以及武威旱滩坡汉简中的"坐臧为盗，在《公令》第十九，丞相常用第三"等资料，似可证明同一国家法令可分别编入不同官署之法规。② 之所以如此，恐出于实用考虑。汉武帝以来律令种类、数量不断增多，如何在律令中选择各部门或地区所需法律，是现实中不得不面对的问题。依据一定标准将之重新分类，似乎也就是很自然的事情了。张汤"著谳决法廷尉絜令"，是将典型谳决案例编入"廷尉絜令"，这样做确实有"扬主之名"的用意；但供同类案件之裁决参考，也是情理中事。所以，颜师古说："著谓明书之也。絜，狱讼之要也。书于谳法絜令以为后式也。"③ 其余"絜令"的情况虽未必与此同，供部门或地区行用之便则似无不同。"絜令"编纂是政府行为，还是私人行为呢？我们倾向于前者。若是私人行为，流播传布应不会那么广泛，也就不会出现于不同地区；大概因其出自官府之手，甚至可能是由朝廷直接颁行，故相同"絜令"可见于不同

---

① 补注：关于《说文解字》所引"尉律"，究竟是指代律篇，还是一个泛称，以及"尉"字之所指，争议素来不绝；随着《史律》的公布，问题更趋复杂化。广濑薰雄认为此条系《尉律》之文，并据《汉书·昭帝纪》如淳注引"后从尉律"等语，进一步坐实当时存在《尉律》之说。参见广濑薰雄《〈二年律令·史律〉札记》，载丁四新编《楚地简帛文献思想研究（二）》，湖北教育出版社，2005，第428～433页。按：我们当初未注意此文，现就如淳所引略加说明。秦汉之役，除力役外，尚有兵役。或充当地方常备兵，或屯戍于边地或京师。在京师者，编入南北军，负责京师、皇宫的警卫宿备，由卫尉、中尉统帅，仍与卫尉发生关联。如此，汇总与卫尉相关的律令而成《尉律》的论断，未必就不能成立。不过，揣测太多，论证勉强，暂存己说，且示存疑。

② 张晋藩总主编，徐世虹主编《中国法制通史》第二卷《战国秦汉》，法律出版社，1999，第271～272页；武威地区博物馆：《甘肃武威旱滩坡东汉墓》，《文物》1993年第10期。

③ 《汉书》卷五九《张汤传》，及"颜师古注"，第2639～2640页。

地区。

"律令集合体"的出现，到底有什么意义呢？孤立地审视这样的"律令集合体"，似无法意识到它可能所具有的意义。此时，如接续前文关于法典讨论的话题，考虑问题的思路或许会洞开、通畅。法典编纂并非一蹴而就，而是有自身发展的历程。对古代中国而言，上古太过遥远可暂勿论，至春秋战国时成文法已然出现。子产的刑鼎、邓析的竹刑，究竟以何种面貌呈现，早已无从窥见。① 不过，从其书写载体的材质及秦汉律令篇章来看，篇幅可能不会很长。以目前所见的秦及西汉简本律令来看，当时的律令是以单行法的形式颁行，篇目固定、统一颁行的法律编纂物尚未出现。那么，此类"律令集合体"的出现，虽仅是简单地将朝廷颁行的律令汇为一编，或许各篇章的顺序并不统一、固定，或许各条款的内容也不协调一致，但终究是单行法向法典编纂迈进的关键一步。若上述关于《尉律》引文的讨论成立的话，或者说是对"挈令"的讨论可成立的话，或可表明源自官方的律令汇编物业已出现。如此，这种"集合体"出现的意义似不容低估。毕竟，通常所说的成文法典是重新审定现行全部法规，废除陈旧、修改抵触、弥补缺陷，从而使之成为基于某些共同原则、内容协调一致、有机联系的统一法律。那么，将不同种类的律令抄汇为一编，不仅容易发现各篇内容是否存在矛盾冲突，② 而且也容易提炼、概括出某些共同的原则、精神。所以，从法典编纂的历程来看，"律令集合体"的出现，有着不可忽略的意义。如将汉魏之际的《魏科》、《蜀科》等法律

① 补注：或据曾国墓地出土的曾伯陭钺，证明铸刑于鼎不晚于春秋早期。对此论断，李力认为证据薄弱而经不起推敲。参见李力《"𢿐""殴""历"三字的疑难与困惑：枣阳曾伯陭钺铭文之再研读》，载中国政法大学法律古籍整理研究所编《中国古代法律文献整理研究》（第八辑），社会科学文献出版社，2014，第 1～21 页。

② 因为秦律律篇为单行律，且部分律篇是相互关联的，所以，为表达清楚、意思明白，某些文字反复出现，恐怕是不可避免的。比如，《秦律十八种·效律》有言："入禾，万【石一积而】比黎之为户，籍之曰：'廥禾若干石，仓啬夫某、佐某、史某、稟人某。'是县人之，县啬夫若丞及仓、乡相杂以封印之，而遗仓啬夫及离邑仓佐主稟者各一户，以气（饩）人。"（简 168～169）此条律文与《仓律》条文的几乎相同的："入禾仓，万石一积而比黎之为户。县啬夫若丞及仓、乡相杂以印之，而遗仓啬夫及离邑啬仓佐主稟者各一户以气（饩），自封印，皆辄出，徐之索而更为发户。"（简 21～22）实际上，诸如此类的情况还会发现不少。这似乎并不能简单地归咎于抄录之误。大概是《仓律》、《效律》内容有相近处，故而才会有重复的内容出现。参见睡虎地秦墓竹简整理小组编《睡虎地秦墓竹简》，第 58、25 页。

"集合体"考虑在内，则更意味着由官府统一颁行的法律编纂物已然出现，而这又开启了曹魏以降国家统一编纂新律之先声。①

（二）律令分论三题

律令作为律令法系最基础的载体，一向是前辈先贤关注的对象，研究成果丰硕，且多为经典之作。譬如，沈家本、程树德对汉律令的辑佚、考证，中田薰对汉律令性质的认识，大庭脩对汉令立法形态的考察，等等。尤其是中田薰、大庭脩所持观点，不断为秦汉出土法律文献证实，使人不得不敬佩其睿智与学识。虽如此，有些问题仍或有探讨之余地，或者素来关注不多，故本部分分论律令诸问题，并就律令文本特征，展开论述，以期弥补或丰富旧有认知。

1. 律目辨析

前辈先行对秦汉律令篇目之研究，南宋人王应麟似为开先河者，以沈家本、程树德两人最为知名。受文献史料记载之限，他们的研究多集中于汉律，对秦律关注不多或未关注。他们将文献所见汉律篇目或"类似"律篇目的记载，汇为一编，兼有考论，分别见于《玉海》、《历代刑法考》、《九朝律考》。② 尤其是沈、程两位，收集尤为全面，堪称网罗殆尽。西陲屯戍遗简中的律令资料，数量有限，散见于学者的论著之中，集中反映于李均明、刘军的《汉代屯戍遗简法律志》。③ 睡虎地秦简及张家山汉简，是秦汉律令文献的渊薮。这两批律令文献及其他散见法律资料，系统、全面地汇集于李均明《秦汉简牍文书分类辑解》一书。④ 从史料角度看，秦汉律令篇目的基本资料，不论是传世典籍，抑或是出土文献，大

---

① 详见张忠炜《秦汉律令法系研究初编》，第206～213页。
② 王应麟：《汉制考》（《玉海》附），江苏古籍出版社，1987，第53～54页；沈家本撰，邓经元、骈宇骞点校《历代刑法考》，中华书局，1985，第1367～1381、1659～1717页；程树德：《九朝律考》，第14～23页。
③ 大庭脩：《秦汉法制史研究》，林剑鸣等译，上海人民出版社，1991，第69～77页；刘海年、杨一凡总主编，李均明、刘军主编《汉代屯戍遗简法律志》，第92～167页。
④ 李均明：《秦汉简牍文书分类辑解》，文物出版社，2009，第145～222页。

体齐备；但从研究角度看，依据只言片语而做判断，终究是不得不审慎之事。

我们认为：传世及出土文献中所见，有些是律篇名无疑，但有些也未必尽然。譬如，张家山汉简《二年律令》中，律、令篇名均单独书写，不难判定。睡虎地秦简《秦律十八种》中，每条文字末尾均记有篇名或篇名简称，或认为未必都可称之为"律"，但从岳麓书院秦简、《二年律令》同名或近乎同名的篇题看，① 如田律、金布律、行书律、传食律，又如关市与□市律、军爵律与爵律，等等，判定睡虎地《秦律十八种》多数为律篇名似无大碍。张家山汉简所见，如"蛮夷律"、"奴婢律"、"匿罪人律"、"舍亡人律"等，仅是律条援引时的省称，而非如有些学者所言的律篇名。早在五十多年以前，滋贺秀三就注意到律令名称可在三种意义上使用，一种情况便是"指各条文乃至其中的一个事项（律条）"。他的说法仅是针对传世典籍而言，长久以来也未受到国内学术界的关注，② 但以前认为在出土法律文献研究中也仍适用，实际上，日本学者大庭脩很早已经在文章中指出此点。③ 研究中既然存在认识误区，即将律条名误视为律篇名，自然要进行辨析。

考察秦汉律篇目问题的核心，是要区别律篇名与律条名，如此则需从"篇题"入手。学术界对简牍帛书标题或篇题的研究，多以《目录学发微》、《古书通例》为基础。余嘉锡据传世文献概括的两个基本原则，即"以事与义题篇"、"摘其首简之数字以题篇"，④ 为今人普遍认可且又有所发展。⑤ "篇题"有大小之别，大题、小题亦非绝对：篇题相对章题而言，

---

① 陈松长：《岳麓书院所藏秦简综述》，《文物》2009 年第 3 期；陈松长：《岳麓书院藏秦简中的行书律初论》，《中国史研究》2009 年第 3 期。按：本部分凡言及岳麓秦简，如未特别注明，均源自陈文。

② 新近情况有所改变，王伟在讨论汉律时，就注意到滋贺秀三的提法。他所言"律"一词的不同意义，正是据滋贺秀三上述论点展开。他还指出"尉律"、"酎金律"、"上计律"、"左官律"、"大乐律"、"尚方律"、"挟书律"之类，可能是律名，但也可能仅是指某一类律条文、某一律条文甚至某一类条文中的某一款。参见王伟《论汉律》，《历史研究》2007 年第 3 期。

③ 大庭脩：《秦汉法制史研究》，第 54 页。

④ 余嘉锡：《目录学发微》（《目录学发微》、《古书通例》合订本），第 30 页。

⑤ 林清源：《简牍帛书标题格式研究》，艺文印书馆，2004，第 52～67 页。

无疑可称为大题；相对书名而言，也只能算作小题。证以出土简帛所见篇题，① 余氏所言依然可信。具体到秦汉律令，如田律、效律、亡律、贼律等，较之章题或"小题"（即律条名），则是大题，亦即律篇名。

古人堤汉律目简是考察章题或"小题"的重要资料。古人堤遗址位于湖南省张家界市，1987 年考古人员对之进行发掘，出土汉代简牍共计 90 片。整理者依据其中的纪年简（汉和帝永元、汉安帝永初），并参照书写内容及简文书法，大致判定其为东汉时期遗物。两方残缺严重的木牍，整理者认为是汉律（编号 14）及汉律目录（编号 29）。其中，汉律目录木牍分栏书写，第一、二、三栏大都残破，第四、五、六栏墨迹尚存。今选择性地列出保存比较完好的《贼律》律目：

揄封	□□□	□奴□□
毁封	□子贼杀	殴决□□
为□□	□子（？）贼杀	贼燔烧宫
诸食□肉	父母告子	失火
贼杀人	奴婢贼杀	贼伐燔□
斗杀以刀	□□偷	贼杀伤人
人杀戏（逆序插入）	殴父母	犬杀伤人
谋杀人已杀	奴婢悍	船人□人
怀子而……	父母殴笞子	诸□弓弩
□蛊人（第四栏）	诸入食官（第五栏）	奴婢射人
		诸坐伤（？）人（第六栏）②

之所以判定为《贼律》律目，《二年律令·贼律》是重要依据。可能是因为《二年律令》本身抄录不全，也可能是因为《贼律》后来有所改

① 李零·《〈孙子〉篇题木牍初论》，《〈孙子〉十三篇综合研究》，中华书局，2006，第 371～383 页；胡平生、李天虹：《长江流域出土简牍与研究》，第 540～548 页。

② 湖南省文物考古研究、中国文物研究所：《湖南张家界古人堤遗址与出土简牍概述》，《中国历史文物》2003 年第 2 期；湖南省文物考古研究、中国文物研究所：《湖南张家界古人堤简牍释文与简注》，《中国历史文物》2003 年第 2 期。按：古人堤简资料出自两文，不另行出注。

变，一些律目并不一定能找到完全对应的律条。"毁封"、"贼燔烧宫"、"船人□人"、"贼杀伤人"、"失火"、"父母殴笞子"等条，基本上都可从《二年律令·贼律》中找到对应律条，整理者的研究已揭示此点。此处为说明律条称引及律条名问题，仍引《二年律令·贼律》相关律条赘言之（简39、23、21、35）：

> ［3］父母殴笞子及奴婢，子及奴婢以殴笞辜死，令赎死。
>
> ［4］贼杀人，及与谋者，皆弃市；未杀，黥为城旦舂。
>
> ［5］贼杀人、斗而杀人，弃市。其过失及戏而杀人，赎死；伤人，除。
>
> ［6］子牧杀父母，殴詈泰父母、父母、叚（假）大母、主母、后母，及父母告子不孝，皆弃市。①

［3］简完全与"父母殴笞子"律目契合；［4］简与"贼杀人"律目大体亦契合。它们属一种类型，取首句数字以题名。［5］简的情况稍复杂些。首先，如按取首简数字以题篇之通例，［4］、［5］律条称谓恐近似，律目中的"贼杀人"、"贼杀伤人"，可能就是这种现象的反映。"贼杀人"的文字见诸［4］、［5］简，"伤人"不见于［4］中。或许，如整理人员所言，"伤"字或为衍文。只是《二年律令·贼律》中有"贼伤人"条文（简25），"贼伤人及自贼伤以避事者，皆黥为城旦舂"，② 则律目中的"贼杀伤人"之"贼伤人"可能亦有所指。其次，律目中的逆序插入的"戏杀人"，似源自［5］简的后半部分，系取句中关键字题名。那么，"一条律文、两个律目"该如何解释呢？③ 我们猜测原因可能有二：［5］简律文有所改变，故杀、斗杀与过失杀、戏杀律文析分，如《唐律

---

① 张家山二四七号汉墓竹简整理小组：《张家山汉墓竹简［二四七号墓］》，第137、139页。

② 张家山二四七号汉墓竹简整理小组：《张家山汉墓竹简［二四七号墓］》，第137页。

③ 一律两目之事例，似还可举出一例。律目简中的"贼燔烧宫"、"失火"之目，似对应《二年律令·贼律》中的此条（简4~5），"贼燔城、官府及县官积眔（聚），弃市。贼燔市舍，民室 屋 庐 舍 、积眔（聚），黥 为城旦舂。其失火延燔之，罚金四两，责 （债）所燔。乡部、官啬夫、吏主者弗得，罚金各二。"张家山二四七号汉墓竹简整理小组：《张家山汉墓竹简［二四七号墓］》，第134页。

疏议》一般将杀伤人分为故、过失、戏及误四种情形并列;① 书手抄写《二年律令》时将两条独立律文合而为一似亦有可能（详下），今所见毕竟为抄本而非朝廷正式文本。[6] 简情况更为特殊，似仅此一例，"父母告子"律目可能对应此律文，可能是取律文中关键字为题名。从古人堤汉律目简的情况看，那些可找到对应律文的律目，其题名多数如［3］、［6］，多取自首句数字。

律目命名如此，律条文称引省称亦如此。援引律文固然有多种方式，②但使用代称的方式也是很普遍的。试看《二年律令·亡律》中的"匿罪人律"（简168）：

> ［7］取（娶）人妻及亡人以为妻，及为亡人妻，取（娶）及所取（娶），为谋（媒）者，智（知）其请（情），皆黥以为城旦舂。其真罪重，以匿罪人律论。③

看到［7］中的"匿罪人律"，确实有不知所云之感觉。不过，反复阅读相关律文的话，问题就会迎刃而解。即，这里所说的"匿罪人律"，并非说有此律篇存在，而是针对"匿罪人律"条文（简167）：

> ［8］匿罪人，死罪，黥为城旦舂，它各与同罪。其所匿未去而告之，除。诸舍匿罪人，罪人自出，若先自告，罪减，亦减舍匿者罪。④

所谓"匿罪人律"，仅是取律文首句数字为题，作为此律条的代称而已。不仅如此，通常所说的"证不言情律"，也是律条名而非律篇名。试看《二年律令·具律》条文（简110）：

---

① 刘俊文：《唐律疏议笺解》，中华书局，1996，第1478、1602、1597、1589～1590页。
② 秦汉时，援引律文一般有四种情况：一是直接点出篇名；二是不引篇名而云"律曰"；三是只引"律"字；四是既不点明篇名，也不说"律曰"或"律"，而是直接引用条文。参见徐世虹《说"正律"与"旁章"》，载《汉唐盛世的历史解读——汉唐盛世学术研讨会论文集》，第288～289页。
③ 张家山二四七号汉墓竹简整理小组：《张家山汉墓竹简［二四七号墓]》，第156页。
④ 张家山二四七号汉墓竹简整理小组：《张家山汉墓竹简［二四七号墓]》，第155页。

[9] 证不言请（情），以出入罪人者，死罪，黥为城旦舂；它各以其所出入罪反罪之。狱未鞫而更言请（情）者，除。吏谨先以辨告证。①

律文大意是说，一旦证人证词不实、有诬告的话，依据诬告他人罪行的轻重进行惩处，如陷他人于死罪，证人将受黥城旦舂刑；如是他罪，即诬告他人什么罪，自己要受相应惩罚，亦即简文中所说的"它各以其所出入罪反罪之"。之所以要在鞫狱前向证人宣示，仍然是源于律文的规定："吏谨先以辨告证"，以防止诬告行为的发生。

《二年律令》及《奏谳书》中所谓的律篇名，如"私自叚（假）律"、"舍亡人律"、"蛮夷律"、"儋乏不斗律"，② 等等，从所见对应的律条文看，均是取律文首句数字以为题名，作为律条省称（亦即章题）出现罢了，并非律篇名是可以断言的。整理小组在早期发掘报告中提到，"在简文中还见有奴婢律、变（蛮）夷律等律名"，③ 系将律条名误称为律篇名；张家山247号汉简最终公布时，整理小组看法的改变也从侧面印证了这一论断。从某种程度而言，使用律条简称或律条名，凸显了律文之间的关联性，也使律文显得简练一些。毕竟，当律文中涉及其他律条时，重复性抄录似乎并无必要，用其简称自然是选项之一。

然而，《二年律令·亡律》所见"奴婢律"（简 162～163），较之以上诸例，情况有所不同：

[10] 奴婢为善而主欲免者，许之，奴命曰私属，婢为庶人，皆复使及筭（算），事之如奴婢。主死若有罪，以私属为庶人，刑者以为隐官。所免不善，身免者得复入奴婢之。其亡，有它罪，以奴婢律论之。④

此处所见"奴婢律"，如整理小组所言，指有关奴婢的律文，而非特

---

① 张家山二四七号汉墓竹简整理小组：《张家山汉墓竹简［二四七号墓］》，第149页。
② 张家山二四七号汉墓竹简整理小组：《张家山汉墓竹简［二四七号墓］》，第145、156、213、224页。
③ 张家山汉墓竹简整理小组：《江陵张家山汉简概述》，《文物》1985年第1期。
④ 张家山二四七号汉墓竹简整理小组：《张家山汉墓竹简［二四七号墓］》，第155页。

指某一条文：《二年律令》中关于奴婢犯罪的有多条，如奴婢贼伤主人及主父母妻子、奴婢殴庶人以上等。此类情况，即"以奴婢律论"、"以匿罪人律论"等，或被学者概括为"以某某律论"。从立法技术角度讲，"具有避免文烦、简约律文、扩充罪状的功能"，因此一直为后世所沿用。①《二年律令》中的"购如律"、"赎如律"、"赏如律"等，似也有类似功能。

以上是在律名与律条文对应的情况下，判定所谓"某某律"并非律篇名，只是对此不宜绝对化。睡虎地秦简中的"齎律"或"以齎律论"，情况类似，很容易将之视为律条名而非律篇名。睡虎地77号墓汉律令简中有《齎律》篇名，②如逆推秦律中所见"齎律"或"以齎律论"，则或许如整理小组及彭浩所言其为律篇名。③由此可知，判定"某某律"究竟是不是律篇名，不能一概而论，需有证据才可靠。

律目及律文命名如此，即取首句数字以题名，那么，睡虎地《秦律杂抄》中的部分"篇题"，亦即通常被学术界所惯称的律篇名，实际情况又如何呢？先看以下诸例（简4~5、6~7、16）：

[11] 游士在，亡符，居县赀一甲；卒岁，责之。·有为故秦人出，削籍，上造以上为鬼薪，公士以下刑为城旦。·游士律。

[12] 当除弟子籍不得，置任不审，皆耐为侯（候）。使其弟子赢律，及治（笞）之，赀一甲；决革，二甲。除弟子律。

[13] 臧（藏）皮革橐（蠹）突，赀啬夫一甲，令、丞一盾。·臧（藏）律。④

---

① 徐世虹：《秦汉法律的编纂》，韩国《中国古中世史研究》第二十四辑，2010年8月，第233页。

② 湖北省文物考古研究、云梦县博物馆：《湖北云梦睡虎地M77发掘简报》，《江汉考古》2008年第4期，彩版15。

③ 整理小组最初提出"齎律"为律篇名的观点，彭浩又详加论证，参见睡虎地秦墓竹简整理小组编《睡虎地秦墓竹简》，第44页；彭浩《睡虎地秦简"王室祠"与〈齎律〉考辨》，武汉大学简帛研究中心主办《简帛》（第一辑），上海古籍出版社，2006，第243~248页。按：睡虎地秦简整理小组认为"齎"读为"资"，若将此字简化为"赀"，与其意思不符，故仍保留原字。

④ 睡虎地秦墓竹简整理小组编《睡虎地秦墓竹简》，第80、83页。

[11]、[12]、[13] 三个所谓的律篇目，"游士律"、"除弟子律" 及 "臧（藏）律"，其共同特征是取律文前几字以为题。虽说篇题、章题多取首句数字为题名，但大题或篇题要具有包容性，指代对象或内容要具有广泛性，这显然是小题或章题所不具备的。譬如，《贼律》作为律篇名，固然包括贼杀等具体行为，但就"贼"的内涵来说，如张斐所言，"无变斩击谓之贼"；①《告律》作为律篇名，包括多种"告"的行为，如自告、诬告、他告，涉及不同的行为对象，篇题、章题之内容所指，区分显然是很明白的。虽无直接证据证明它们是律条名，但从其命名特征来看更像律条名。从一个旁证间接看《秦律杂抄》中部分律篇名（简 1~4），似乎也能深化我们对它们性质的认识：

> [14] 任法（废）官者为吏，赀二甲。•有兴，除守啬夫、叚（假）佐居守者，上造以上不从令，赀二甲。•除士吏、发弩啬夫不如律，及发弩射不中，尉赀二甲。•发弩啬夫射不中，赀二甲，免，啬夫任之。•驾驺除四岁，不能驾御，赀教者一盾；免，赏（偿）四岁（繇）戍。除吏律。②

条文后缀有"除吏律"，故被视为《秦律》篇名。问题在于，如其果真是律篇名的话，《秦律》关于官吏任免的律篇，将有三种之多："除弟子律"、"除吏律" 及 "置吏律"。虽然对秦时立法水平尚无较清晰的认识，但这难免让人生疑：《秦律》果真存在性质类似或内容相近的律篇？从睡虎地秦简、岳麓秦简及张家山汉简来看，"置吏律"作为官吏任免的律篇从秦至汉初一直都存在；"除弟子律"、"除吏律"却仅此一见。从证据上，将它们视为律篇名显得薄弱些。如将学者质

---

① 《晋书》卷三〇《刑法志》，中华书局，1974，第 928 页。
② 睡虎地秦简竹简整理小组编《睡虎地秦墓竹简》，第 79 页。按："除吏律"中律文间多有"•"符号，可能是作分条分段的标识出现。律条间是否衔接，似还不能下结论。各条大体上与"除吏"相关，但每条（或段）内容似各有侧重。我们认为它们原来可能并不是接续书写的，似乎是分条书写而被抄汇成这个样子的。"除吏律"可能是因"•除士吏"句而得名的，但能否概括其他条文就不得而知了。

疑的"公车司马猎律"剔除在外，① 《秦律杂抄》中可能是律篇名的则仅有"捕盗律"、"戍律"（符合学者所论的律文称引方式，直接点出篇名）及"傅律"（缀于文末。《二年律令》中有"傅律"，或是承秦律而来）；至于"中劳律"、"牛羊课"、"傅律"、"敦（屯）表律"，如同"游士律"、"臧（藏）律"、"除弟子律"、"除吏律"，是否真是律篇名，需要更多的证据，当下似不宜断言它们就是《秦律》篇名。

如果上述对秦汉律篇名的辨析大体无误，或许可以保守估计出秦及汉律的律篇数。之所以称保守，原因有三。其一，出土文献所见《秦律》，及前人辑佚之汉律，限于资料，难以判定其到底是篇名还是章题，如上述所辨《秦律杂抄》之部分存疑题名；又如《汉律摭遗》、《九朝律考》所言"朝律"、"金布律"确为出土文献证实，诸如"酎金律"、"大乐律"、"上计律"等尚无法确定是否为律篇名。其二，部分题名尚存有争议，如《秦律十八种》中是否应析出"兴律"，不同学者之间的认识分歧相当大；② 即便岳麓书院秦简中有"兴律"篇名，但也未必能证明睡虎地秦简可析出"兴律"。其三，部分题名似过于随意。仅据里耶祠先农秦简中的"律曰祠"，便断言秦存在"祠律"。目前所见祠先农秦简数量有限，内容亦简略，属祠祀记录，我们认为尚难下其即为"祠律"之结论。

将这些存疑律篇名剔除在外，综合传世及出土文献所见，《秦律》篇目如下："田律、厩苑律、仓律、金布律、工律、徭律、司空律、军爵律、置吏律、效律、传食律、行书律、内史杂律，岳麓书院秦简中尚有贼律、杂律、尉卒律、狱校律、奔警律、兴律及具律"（如整理者所言无误），③计二十篇；《秦律杂抄》中疑似律篇名的有"戍律、捕盗律及傅律"，计三篇；"均工、工人程、尉杂、属邦"四篇，《法律答问》涉及刑律（如

① 林清源：《简牍帛书标题格式研究》，第 125～129 页。
② 王伟：《秦律十八种〈徭律〉应析出一条〈兴律〉说》，《文物》2005 年第 10 期；李力：《秦律十八种〈徭律〉析出〈兴律〉说质疑》，《中国文字》新三十三期（2007）。
③ 陈伟：《"奔警律"小考》，简帛网，http：//www. bsm. org. cn/show_ article. php? id = 1036，2009 年 4 月 22 日。

盗、贼、捕等），及《秦律杂抄》中的其余律"篇名"，均存疑；① 十八篇中的"关市律"，陈松长据岳麓秦简所载，认为其为金布律文，关市之名系误抄，今亦剔除在外。② 另外，龙岗秦简中可能还存在盗律条文，③ 今亦存疑。《汉律》篇目如下（限于资料，此处多就西汉而论）："贼律、盗律、具律、告律、捕律、亡律、收律、杂律、钱律、置吏律、均输律、传食律、田律、□市律、行书律、复律、赐律、户律、效律、傅律、置后律、爵律、兴律、徭律、金布律、秩律、史律"，张家山 336 号汉墓有"朝律"，④ 睡虎地 77 号汉墓有"祠律、葬律、齎律"，西北汉简中有"囚

① 或认为"关市"、"工人程"、"均工"、"司空"、"行书"、"内史杂"、"尉杂"、"属邦"等名称，也许根本不是律名，而是其他法律形式的名称，且不排除是秦令的可能；标示为"厩苑律"、"仓律"、"金布律"、"工律"、"军爵律"的那些条文，也有写成不带"律"字的情况存在，究竟是竹简主人抄写时的省略，还是没带"律"字的条文本非律文，都是值得继续探讨的。参见张建国《秦令与睡虎地秦墓竹简相关问题略析》，载《帝制时代的中国法》，法律出版社，1999，第 32 页。按：仅从"工人程"、"尉杂"等名称来看，实难判定其是否为律篇名，存疑。"厩苑律"、"仓律"等篇，条文末尾或带"律"字，或不带"律"字，我们认为是抄写时省略所致。竹简的出土位置确定，书写内容也大致相关，性质应不会有太大差别吧。

② 陈松长：《睡虎地秦简"关市律"辨正》，《史学集刊》2010 年第 4 期。按：张家山汉墓竹简整理小组及冨谷至，均注意到《二年律令·金布律》的部分条文，在睡虎地秦简中载入《关市》，受限于材料而未能给出解释。参见冨谷至《江陵张家山二四七号墓出土竹简——特别是关于〈二年律令〉》，载卜宪群、杨振红主编《简帛研究》（2008），李力译，第 307～308 页。
补注：对秦汉律篇目，我们有保守估计。之所以称保守是因为，其一律名、章名难辨，其二部分题名有争议，其三剔除较随意之题名。任仲赫对此提出异议，认为最近可见的律名数目超过我们的推算数。参见任仲赫《汉、魏晋律的篇章变化——以贼律为中心》，戴卫红译，载卜宪群、杨振红主编《简帛研究》（2013），广西师范大学出版社，2014，第 270～273 页。按：任仲赫氏言说的新近可见律名，主要是就岳麓秦简、睡虎地 77 号汉墓简而言。不过，这些材料在我们的论著中均有论及，所谓的"新见"不知所云为何。可能是此处行文中未提及陈松长《岳麓书院所藏秦简综述》文，故其误以为我们有所遗漏？实则，我们在此节起始处就已说明，"本节凡言及岳麓秦简，如未特别注明，均源自陈文"，即上所引《综述》及《岳麓书院藏秦简中的行书律初论》。对此，我们在脚注中清楚地予以了说明，任氏未注意到尚情有可原。至于睡虎地 77 号汉墓简，我们在正文中清楚地进行了引注。任氏文中统计的秦汉律篇目较我们为多，是将我们存疑除外的律篇亦统计在内，仅此而已。

③ 参见张忠炜《读〈秦谳书〉"春秋案例"三题》，载《中国古代法律文献研究》（第三辑），第 241～242 页。

④ 荆州地区博物馆：《江陵张家山两座汉墓出土大批竹简》，《文物》1992 年第 9 期；彭浩：《湖北江陵出土西汉简牍概说》，载《漢簡研究の現状と展望》，第 171～172 页。按：功令简的内容均出自这两篇文章，以下不另行出注。

律"，传世典籍中记有"厩律"，计三十三种；"越宫律"无从考证，"旁章"又备受质疑，"尉律"恐是律篇名，"酎金律"、"左官律"等，均存疑而被剔除在外。

以上仅仅是对秦汉律篇目进行的保守估计，当时实际律篇数应多于此处所论。以"汉律"为例，睡虎地77号汉墓年代在文帝末至景帝时期。墓中出土法律简两种：一种含盗、告、具、捕、亡律等十六种，另一种含金布、户、田、工作课、祠、葬律等二十四种。用整理小组的话说："律名前均有墨块作为标记。这40种律名多见于张家山汉简《二年律令》和云梦睡虎地秦墓竹简法律文献，但也有少数篇名为首次出现，如《葬律》等。"① 如整理者所言无误，西汉前期律篇多过四十种，自是无可辩驳的事实。如此，《晋书·刑法志》对汉律篇的记载，即"萧何汉律"九篇、"叔孙通旁章"十八篇、"张汤越宫律"二十七篇、"赵禹朝律"六篇，"汉律篇"总计达六十篇之多，即便是有明确出处，也不能不令人生疑："武帝前律"篇已超过四十种，这四十余种律篇经过了怎样的淘汰，才能与《晋书·刑法志》记载吻合呢？在这个问题没有解释清楚前，《晋书》此处的记载恐怕不能轻信吧。

2. 令的编纂

学界对秦汉令的研究大体围绕以下几点展开：令文的辑佚、研究，令的立法程序，秦令的有无及其性质，汉令的分类及编纂，等等。在令文的辑佚、考证方面，沈家本、程树德多关注传世文献，大庭脩、高恒、李均明集中于出土简牍；② 在令的立法程序方面，沈家本、中田薰、大庭脩均有论及，其中以大庭脩的研究最具代表性；③ 秦令之有无及性质，似由大

---

① 湖北省文物考古研究所、云梦县博物馆：《湖北云梦睡虎地 M77 发掘简报》，《江汉考古》2008 年第 4 期。

② 沈家本撰，邓经元、骈宇骞点校《历代刑法考》，第 865～869、1719～1734 页；程树德：《九朝律考》，第 23～30 页；大庭脩：《秦汉法制史研究》，第 74～77 页；高恒：《汉简牍中所见令文辑考》，载氏著《秦汉简牍中法制文书辑考》，社会科学文献出版社，2008，第 163～215 页；李均明：《秦汉简牍文书分类辑解》，文物出版社，2009，第 202～222 页。

③ 沈家本撰，邓经元、骈宇骞点校《历代刑法考》，第 879 页；中田薰：《汉律令》，载《中国古代法律文献研究》（第三辑），第 101～124 页；大庭脩：《秦汉法制史研究》，第 165～192 页。

庭脩最早提出，虽然国内学者对此有争议，[①] 但从里耶秦简、岳麓秦简及张家山汉简《奏谳书》所载来看，[②] 秦令存在不容置疑，且此时的令与汉令性质相同，其也是以补充法的面貌出现。以上三点的研究情况，短期内恐不会有大改变，可深入探究的余地不大。故而，我们拟充分结合新见简牍资料，对争议较多的第四点展开集中讨论。

提及秦汉的令尤其是汉令，学界一般感叹其种类之多：以甲、乙、丙命名的干支令，以事类命名的事类令，以地区或衙署命名的挈令，以及所谓的"单行令"。随之而来的疑问便是，皇帝制诏经过立法程序成为令之后，究竟是以何种标准，被分类、编纂入不同的令集或令典呢？为何有的令被归入令集或令典，而有的仍为"单行令"呢？从某种程度而言，这种令研究者困惑局面的出现，似源于对两个不同问题的混淆：令的分类与令的编纂。我们认为事类令和单行令，是令的两种基本分类；干支令及挈令，则属于令的编纂；干支令、挈令似与单行令有密切关系，干支令多侧重于对前帝单行诏令的编纂，挈令则多出于实用而对令进行再编纂。

所谓单行令，通常是人君就某一具体事况而颁行的具有法律效力的单一法规。譬如，文帝时颁行的"养老令"，景帝时颁行的"箠令"，等等。前者是针对年老者优待的规定，后者规定"箠"的形制及笞打之法。所谓事类令，是具有令文汇编或编纂性质的令典或令集。比如，张家山汉简所见"津关令"，是津关通行的令文，目前所见竹简三十八枚，令文二十条，只是令文编号已过二十；张家山336号墓的"功令"，是嘉奖、考课的令文，有竹简一百八十四枚，具体条文数尚不知晓，但汉简已见"功令第卅五"。借用孟彦弘的话说，[③] 这些事类令性质的令典具有开放性。令条或令文数并不固定，可根据情况进行增补。增补的基础是单行令。换言之，

---

① 大庭脩：《秦汉法制史研究》，第10、84页；张建国：《秦令与睡虎地秦墓竹简相关问题略析》，载《帝制时代的中国法》，第18~32页；南玉泉：《论秦汉的律与令》，《内蒙古大学学报》2004年第5期。按：大庭脩对秦令提出质疑的原因在于，睡虎地秦简所见二十七种律是对商鞅改法为律的补充或追加法；故而，与汉代令作为律的补充或追加法不同的是，秦代尚不存在将补充法称为令的制度。

② 湖南省文物考古研究所：《里耶发掘报告》，岳麓书社，2007，第192页；张家山二四七号汉墓竹简整理小组：《张家山汉墓竹简 [二四七号墓]》，第223、229页。

③ 孟彦弘：《秦汉法典体系的演变》，《历史研究》2005年第3期。按：他说汉律是开放性体系。

是先以单行令进行某方面的规定，然后再将这些单行令编入令典中。假如学者关于津关令颁行年代的说法无误，① 则津关诸令颁行年代有先后之别自是事实，这意味着是以单行令的形式增补令典吧。

对此，还有一典型事例可为证明。汉武帝时重儒学，先立五经博士，后兴立太学，确立博士弟子员制度。《汉书·儒林列传》中，详载丞相公孙弘奏请之事，文字虽繁但极能说明问题。

A、弘为学官，悼道之郁滞，乃请曰：

B、"丞相、御史言：

C、制曰'盖闻导民以礼，风之以乐。婚姻者，居室之大伦也。今礼废乐崩，朕甚愍焉，故详延天下方闻之士，咸登诸朝。其令礼官劝学，讲议洽闻，举遗兴礼，以为天下先。太常议，予博士弟子，崇乡里之化，以厉贤材焉。'

D、谨与太常臧、博士平等议，曰：闻三代之道，乡里有教，夏曰校，殷曰庠，周曰序。其劝善也，显之朝廷。其惩恶也，加之刑罚。故教化之行也，建首善自京师始，繇内及外。今陛下昭至德，开大明，配天地，本人伦，劝学兴礼，崇化厉贤，以风四方，太平之原也。古者政教未洽，不备其礼，请因旧官而兴焉。为博士官置弟子五十人，复其身。太常择民年十八以上仪状端正者，补博士弟子。郡国县官有好文学，敬长上，肃政教，顺乡里，出入不悖，所闻，令相长丞上属所二千石。二千石谨察可者，常与计偕，诣太常，得受业如弟子。一岁皆辄课，能通一艺以上，补文学掌故缺。其高第可以为郎中，太常籍奏。即有秀才异等，辄以名闻。其不事学若下材，及不能通一艺，辄罢之，而请诸能称者。臣谨案诏书律令下者，明天人分

---

① 彭浩：《〈津关令〉的颁行年代与文书格式》，《郑州大学学报》2002 年第 3 期；宫宅洁：《张家山汉简〈二年律令〉解题》，载曾宪义主编《法律文化研究》（第六辑），李力译，中国人民大学出版社，2011，第 355 页。按：彭浩认为《津关令》中凡有相国称谓的令是在高帝九年至惠帝六年十月间颁布的，有丞相称谓的令可能是刘邦即皇帝位后至九年改丞相为相国的一段时间内或是在惠帝六年十月以后至吕后二年间颁布的。《津关令》廿一的形成时间大约是在惠帝时期，至迟不会晚过高后元年鲁元公主去世之时。《津关令》廿二所云鲁侯应是高后外孙张偃。鲁国置于高后元年，文帝元年废为侯。鲁王享受的种种特权也只有在吕后时期才有可能。宫宅论断与彭浩相近。

际，通古今之谊，文章尔雅，训辞深厚，恩施甚美。小吏浅闻，弗能究宣，亡以明布谕下。以治礼掌故以文学礼义为官，迁留滞。请选择其秩比二百石以上及吏百石通一艺以上补左右内史、大行卒史，比百石以下补郡太守卒史，皆各二人，边郡一人。先用诵多者，不足，择掌故以补中二千石属，文学掌故补郡属，备员。请著功令。它如律令。"

E、制曰："可。"

为了凸显单行令的立法过程，大庭脩对公孙弘奏书格式进行调整，内容保持原样。[①] 此例属于大庭脩所言皇帝制诏的第三类，即结合皇帝的立法意志（C），由臣下拟出具体内容（D），呈报并经皇帝批准（E），定令，从而完成令的立法程序。当然，由臣下奏请到最终定令，制诏文字与令文文字恐有别，但核心内容应该不会有变动。此条令文最初系单行令，以博士置弟子员事为中心；其内容属嘉奖、考课，因与功令性质相近，故著录于功令之中（汉初已有功令）。我们认为此例进一步证实上文所言：事类令的编纂基础是单行令，事类令的体系具有开放性质。可明确为事类令的汉令典有"津关令、功令、金布令（文献中有金布令甲）、公令（汉简有公令第十九）、算令（汉简有算令十三）"，[②]青海大通上孙家寨简被冠以军令之名，可能也属此类事类令性质；"田令"、"祠令"、"秩禄令"、"任子令"、"胎养令"，等等，因令文不多而无法判定其性质（可能属于单行令，也可能是事类令），阙疑不论。岳麓秦简所见秦令名众多，整理者言令名有二十余种，[③]但具体公布的令文数量有限，亦阙疑不论。

有些单行令确实可归入事类令中，已如上述。但那些无法归入事类令

---

① 大庭脩：《秦汉法制史研究》，第177～178页。

② 参见王伟《悬泉汉简札记一则》，简帛网，http://www.bsm.org.cn/show_article.php?id=995，2009年2月24日。按："算"字原释为"兵"，王伟改释为"算"，今从。

③ 整理者列举的令名有：内史郡二千石共令、内史官共令、内史仓曹令、内史户曹令、内史旁金布令、四谒者令、四司空共令、四司空卒令、安□居室居室共令、□□□又它祠令、辞式令、郡尉卒令、郡卒令、廷卒令、卒令、县官田令、食官共令、给共令、赎令、迁吏令、捕盗贼令、挟兵令、稗官令。

的单行令，又该如何？原则上可能的情况是：或以单行令的形式存在，或被著录于其他令典中。当然，不论是以单行令形式存在，或是被著录于其他令典中，都可能面临这种情形：随着律令厘定的展开，令文有可能被删定、废弃。从目前的情况来看，很难明白确定何者为单行令，相关资料记载实在太过有限。但被著录于其他令典中，则有据可循，干支令就是典型。

干支令是以甲、乙、丙命名的令典或令集，且此类令集仅有令甲、令乙、令丙三类，这三类干支令或又写作"甲令"、"乙令"、"丙令"。干支令的材料学界辑佚较全，① 今仅引述干支令材料若干，并增补松柏汉简所见令丙条文，略述我们对干支令的若干看法。

令甲：

> 《汉书》卷三四《吴芮传》："初，文王芮，高祖贤之，制诏御史：'长沙王忠，其定著令。'"《赞》曰："唯吴芮之起，不失正道……著于甲令而称忠也。"
>
> 《汉书》卷一〇〇《叙传下》："孝景莅政……务在农桑，著于甲令，民用宁康。述《景纪》第五。"
>
> 《汉书》卷一一《哀帝纪》如淳注："令甲，诸侯在国，名田他县，罚金二两。"

令乙：

> 《汉书》卷四五《江充传》如淳注："令乙，骑乘车马行驰道中，已论者，没入车马被具。"
>
> 《汉书》卷五〇《张释之传》如淳注："乙令，跸先至而犯者，罚金四两。"

---

① 陈梦家：《西汉施行诏书目录》，载《汉简缀述》，中华书局，1980，第 279～280 页；张晋藩总主编、徐世虹主编《中国法制通史》第二卷《战国秦汉》，第 263～269 页。按：本处涉及既往研究情况，如不特别出注，均源自后者。

［15］民作原蚕，罚金二两，令在乙第廿三①

令丙：

《后汉书》卷三《章帝纪》："律云'掠者唯得榜、笞、立'。又令丙：箠长短有数。"

松柏汉简所见令丙第九：

［16］·丞相言：请令西成、成固、南郑献枇杷各十，至不足，令相补（？）不足，尽所得。先告过所县用人数，以邮、亭次传，人少者财助献。起所为檄，及界，邮吏皆各署起、过日时，日夜走，诣行在所司马门，司马门更诣（？）大官，大官上檄御史。御史课县留释（迟）者。御史奏，请许。

制曰可。孝文皇帝十年六月甲申下。②

学界对干支令的研究，多集中于此类令的性质：编纂甲、乙、丙令的依据为何。概括以往诸说，有年代先后、篇目次第、诸令各有甲乙丙及集类为篇四种意见，并倾向于认同前两种提法而否定后两者。我们认为否定诸令各有甲乙丙说，于理有据；但此说肯綮指出令的序列问题，有益思考。年代先后说"令甲者，前帝第一令也"，似未必可信。令甲除收录高帝时的令文外，尚收录汉景帝时的"劝农令"；令丙中除收录

---

① 李均明、刘军：《武威旱滩坡出土汉简考述——兼论"挈令"》，《文物》1993 年第 10 期。按：此简编号为简 6。
  补注：悬泉简中尚见有令乙（ⅠT0112④），"令乙第十五：丞相请诏所赐县所以'衣物诸祠费及'大农官属所发而非徒衣"。文字残泐，亦无图版，姑存之。参见张俊民《悬泉汉简诏书资料分类研究》，载中国社会科学院历史研究所编《2014 年中国社会科学院国学研究论坛暨中国古文书学国际学术研讨会资料汇编》，2014 年 10 月 30 ~ 31 日，第 57 页。
② 荆州博物馆：《荆州重要考古发现》，文物出版社，2009，第 209 ~ 212 页；彭浩：《读松柏出土的四枚西汉木牍》，武汉大学简帛研究中心主编《简帛》（第四辑），上海古籍出版社，2009，第 334 ~ 336 页；胡平生：《松柏汉简"令丙九"解释》，简帛网，http：//www.bsm.org.cn/show_ article.php？id=1014，2009 年 4 月 4 日。按：松柏汉简仅公布有图版，释文、断句据彭浩、胡平生释读录入。

文帝时的"枇杷令"外，也收录景帝时的"箠令"。干支令所载显然不尽是前帝第一令，而是先帝诸令有次序的分类编纂。若贾谊"天子之言曰令，令甲令乙是也"可信，① 则文帝时已有令甲、令乙之名，更可证令甲收录为前帝第一令之谬误。我们倾向于篇目次第说，"令有先后，故有令甲、令乙、令丙"，"甲乙者，若今之第一、第二篇耳"。② 换言之，干支令中的令甲、令乙、令丙之别，即如颜师古所说令的一、二、三篇，实际上是三个不同的令典或令集。如同事类令，干支令的体系似也具开放性，故诸帝著令诏被收入不同的令典或令集中。但如何对先帝著令诏进行分类，已难以察知。今所见干支令的内容比较芜杂，似不能因其芜杂而否定分类：事类令著录的是与内容相关者，那些无法归入事类令的令文，或许正是因为其内容的多样性，故造成干支令内容芜杂的特点。"率皆集类为篇"的编纂原则，③ 我们认为普遍适用于秦汉律令，尤其是令典或令集。干支令篇目次第之别，即令甲、令乙、令丙，或许如论者所言，有等次轻重之意，④ 但今亦难以详察。干支令的令文有编次序号，后有专论，不赘言。

讨论干支令无法回避的问题，是西汉施行诏书目录残简（5.3，10.1，13.8，126.12）：

[17] 县置三老二　行水兼兴船十二　置孝弟力田廿二　征吏二千石以符卅二　郡国调列侯兵卌二　年八十及孕朱需颂系五十二⑤

大庭脩、陈梦家对此简均有精到研究，⑥ 观点大同小异：推断其为令甲或甲令目录。我们认为：他们判定此简为施行诏书目录，对诏书目录与对应诏令的考察，均为不刊之论；但此施行诏书目录是否即为令甲目录，

① 贾谊撰，阎振益等校注《新书校注》卷第一《等齐》，中华书局，2000，第47页。
② 《汉书》卷八《宣帝纪》，文颖、如淳、颜师古注，第252页。
③ 《晋书》卷三十《刑法志》，第922页。
④ 宫宅潔：《近50年日本的秦汉时代法制史研究》，载《周秦汉唐文化研究》（第三辑），第270页。
⑤ 谢桂华、李均明、朱国炤：《居延汉简释文合校》，文物出版社，1987，第7页。
⑥ 大庭脩：《秦汉法制史研究》，第226~232页；陈梦家：《西汉施行诏书目录》，载《汉简缀述》，第275~284页。

我们持审慎怀疑态度。

陈梦家所以言其为施行诏书目录与如淳注有关。"高皇帝所述书天子常服第八"一句，如淳注曰"第八，天子衣服之制也，于施行诏书第八"。[1] 将施行诏书目录与令甲联系起来的依据是，"官所施漏法令甲第六常符漏品，孝宣皇帝三年十二月乙酉下，建武十年二月壬午诏书施行"。[2] 但能否据这两个关键例证而建立起施行诏书与令甲的联系呢？与施行诏书目录中编号为五十二的那条呼应，陈梦家确实在《汉书·刑法志》中找到了诏书原文，原文带有著令语。可能是《史记》、《汉书》所载诏书多有节略，施行诏书目录的其余诸条未见著令语，但不能排除其最初是以著令诏书的形式出现。从这个角度看，施行诏书似与带著令语的诏书有相同性质，但并无法据此将施行诏书完全等同于令甲或甲令，大庭脩、陈梦家似乎忽略了可能存在的情形：既然干支令有甲、乙、丙之分别，则施行诏书目录未必是令甲目录。大庭脩指出"天子常服第八"并非令甲之目，将其列入诏书目录简第八，是不恰当的。同样，"漏法令甲第六"是令甲的第六条，但将其等同于施行诏书目录第六，似乎没有直接而充足的证据。"漏法令甲第六"被陈梦家列为施行诏书目录第六，并推断其年代在高帝六年之后，但大庭脩指出"如何解释'孝宣皇帝三年十二月乙酉下'的记载"。其与令丙第九中的用语极相近，视其为宣帝时著令似无大碍。如此，则与施行诏书目录是按年代先后编次的说法相悖；显然，"按时代顺序排列的假说是有问题的"。[3] 但如将施行诏书目录不视同为令甲目录，则陈梦家的年代先后编次说法似仍可成立。此外，从施行诏书目录简记载的内容看，此类目录简册恐怕不会只有一册；未载入施行诏书目录的令文还有不少，可能将来仍会发现诸如此类的简册吧。

絜令也是令的编纂物，但与干支令不同的是，它更像令的再分类编纂。换言之，絜令所载令文，取自既有的单行令、事类令或干支令，并基于一定标准进行再编纂。

絜令之絜，或写作"絜"，但理解颇有分歧。或将絜理解为契刻，絜

① 《汉书》卷七四《魏相传》，如淳注，第3139页。
② 《续汉书志》第二《律历志中》，第3032页。
③ 大庭脩：《汉简研究》，徐世虹译，广西师范大学出版社，2001，第153、154页。

令是在木板上书写或挈刻的法令。此说源于《汉书》韦昭注。① 大庭脩以《方言》"挈，特也"为据，将挈令理解为仅适用于一个机关、地区的特殊法令。② 或将之解释为提起、摘起，认为挈令实质上是中央根据需要从国家法令中提起与自己有关的部分，以地域命名的挈令是根据地域需要提起。③ 或将之理解为悬挂，挈令即悬挂在机关墙上的法令；并认为挈令的本质不在于摘录、编纂，而在于揭示、布告。④ 以上诸说着眼点不尽相同，或关注挈令的存在形式，或关注挈令的适用范围，或关注挈令的本质。按：将挈字理解为契刻，挈令为刻写于木板之令，从书写习惯来说似无法成立。汉代时，为使吏民知晓国家大政，官文书重要者如皇帝诏书、国家律令，多明白扁书于乡亭市里显见处。从实物遗存看，即以扁书或大扁书的形制，⑤ 或以简册告示天下，或书写于泥墙之上；若不以扁书形制出现，则为铭石刻誓。廷尉挈令即使很重要，尤其是对廷尉决狱谳疑之吏，但为何不书于编联简册，而要契刻于木板之上呢？前者不更符合当时的书写习惯吗？大庭脩认为从简牍实际形态看，契刻说难免有望文生义之嫌，的确如此。从挈令的适用范围来说，大庭脩与李均明、刘军并无实质上的不同，只是后者更关注挈令的编纂，即基于使用需要而对现有令文进行"提起"。这一点也为大庭脩后来的研究所认可。籾山明将挈令理解为悬挂之令，问题是：作为书写形式之一种的扁书，本来就可以用来悬挂于厅壁，不也具有揭示、布告的功能吗？当挈令、扁书具有近似作用时，挈令的本质或特征又将何存？从这个角度看，李均明、刘军的提法似乎更接近挈令的实质。虽然如此，正如籾山明指出的那样：李、刘"挈"为提起之说，"较为适当"，但他们未说明提起是何种行为，说法无疑具有

---

① 《汉书》卷五九《张汤传》，韦昭注，第 2639 页；沈家本撰，邓经元、骈宇骞点校《历代刑法考》，第 1381～1382 页。

② 大庭脩：《秦汉法制史研究》，第 76 页。

③ 李均明、刘军：《武威旱滩坡出土汉简考述——兼论"挈令"》，《文物》1993 年第 10 期。

④ 籾山明：《王杖木简再考》，庄小霞译，载中国政法大学法律古籍研究所编《中国古代法律文献研究》（第五辑），社会科学文献出版社，2011，第 36～44 页。

⑤ 学界对"扁书"多有讨论，比较有代表性的参见胡平生《"扁书"、"大扁书"考》，载中国文物研究所、甘肃省文物考古研究所编《敦煌悬泉月令诏条》，中华书局，2001，第 48～54 页；马怡《扁书试探》，载《简帛》（第一辑），第 415～428 页。

"抽象"的意味。显然，如不证明挈令具有令的再编纂性质，挈令问题就不可能有一个根本的解决。

对此，中田薰、冨谷至均曾论及，[①] 但大庭脩所论似最精详。大庭脩在讨论武威旱滩坡王杖简时，认同党寿山对王杖诏书令册的看法，即皇帝制诏同时被编入《御史令》、《兰台令》；他还结合旱滩坡王杖简所见提出，王杖诏书令册中的《御史令》、《兰台令》，实际上是《御史挈令》、《兰台挈令》的略称罢了。由此，大庭脩指出，"既然它（按：指'挈令'）是为了适应需要而二次以上被编录，那么在最初是否作为《御史令》、《兰台令》而被立法公布的呢?"对此疑问，他援引旱滩坡王杖简"坐臧为盗在公令第十九　丞相常用第三"为例（简7），说道，"其作为公令而被立法，随之被编入丞相常用之中，因此恐怕不能认为最初是作为常用而立法的"。[②] 此例虽不能直接说明挈令的性质，但至少给这一问题提供了一些启示：令条有可能进行再次编纂。对此问题，《北边挈令》在一定程度上似亦可证明之。

西陲汉简屡见《北边挈令》令文，多为《北边挈令》第四（10.28）：

[18]　·北边挈令第四：候长、候史日迹及将军吏劳二日皆当三日。

其内容所载为功劳制度，从性质上说与功令较为相近：张家山336号墓功令简涉及汉初戍边杀敌立功的具体记功方式、详细规定以及官序的递

---

① 中田薰：《汉律令》，载《中国古代法律文献研究》（第三辑），第110页；冨谷至：《通往晋泰始律令之路：（I）秦汉的律与令》，朱腾译、徐世虹校，载中国政法大学法律史学研究院编《日本学者论中国法论著选译》，中国政法大学出版社，2012，第149~154页。按：中田薰认为"挈令"是集录与自己职务相关的诏令，并可携带用的"令集板"；冨谷至认为从各官署中摘录并附上新收录编号的，即为"挈令"，故"同一种令在干支令和挈令中具有不同的编号，同一种令为多个挈令所收入并加以各不相同的令编号"。又，冨谷至文以《晋泰始律令への道 - 第一部　秦漢の律と令》（2000）、《晋泰始律令への道 - 第二部　魏晋の律と令》（2001）为题，发表于《东方学报》第72、73册。

② 大庭脩：《武威旱滩坡出土的王杖简》，载中国社会科学院简帛研究中心编《简帛研究译丛》（第一辑），徐世虹、郗仲平译，湖南出版社，1996，第302~303页。

补序列。① 实际上，西汉中后期以来所见西陲汉简中，频见《功令》第卅五条（285.17），其内容亦与功劳有关：

> [19] ·功令第卅五：士吏、候长、烽燧长常以令秋试射，以六为程，过六，赐劳矢十五日。

令文规定秋射考核，中靶六次为合格，赐劳十五日。此条令文似抄录不全，从其他汉简记载看，若不足六次，每枚各夺劳十五日。② 同样是功劳制度的条文，一载于挈令，一载于功令，难免使人产生疑问：是否存在两篇或更多的类似法规呢？我们认为恐非如此。新见敦煌汉简中亦有挈令条文（98DXT4：5），③ 其序次与《北边挈令》第四较接近：

> [20] ·北边挈令第六从卫尉博德行丞相事郎中令自为行从御史大夫。

从残存简文及李岩云的研究看，与北部边境（包括西北）有关，因残断而难以窥知其内容。此简为《北边挈令》第六，与上述《北边挈令》第四，尽管令文序次极相近，且似均与北边事务相关，只是从现有记载看彼此间的关联性不大。从这个事例看，我们认为《北边挈令》第四似源自功令，是对功令条文进行选择、再编纂的产物。

随之而来的问题是，挈令出自何人或何机构之手？加以选择、编纂的依据是什么？为何要进行令的再编纂呢？从史书对张汤的相关记载

---

① 籾山明针对《北边挈令》第四说道："像这样以特定地区为对象的法令，首先是对该地区的官署直接公布是很自然的，难以想象是从一些现有的令中摘录、编集而成。如果按照挈令的本质在于'挑选'、'编集'这一通说的理解，这恐怕是不能解释的一个例子。"按：此令文如果不是直接颁行之文，而是功令条文的再编纂，则中田薰、大庭脩及富谷至所论，似仍可成立吧。参见籾山明《王杖木简再考》，载《中国古代法律文献研究》（第五辑），第39页。

② 李均明：《秦汉简牍文书分类辑解》，文物出版社，2009，第209~211页。按：此部分简文均引自此书，不另行出注。

③ 李岩云：《1998年敦煌小方盘城出土的一批简牍涉及的相关问题》，《敦煌学辑刊》2009年第2期。

看，"奏谳疑，必奏先为上分别其原，上所是，受而著谳法廷尉挈令，扬主之明"，挈令似是朝廷官署或机构自行编订的产物；今所见挈令名，如《大鸿胪挈令》、《太尉挈令》、《御史挈令》、《光禄挈令》、《兰台挈令》，似多属于此类。朝廷是否认可这些部门类的挈令编纂，已不可知；但从适用于某一区域或郡县的挈令看，即《北边挈令》、《乐浪挈令》，特别是《北边挈令》，似可推知：挈令编纂可能获得朝廷的认可，或者是在朝廷授意下编纂的。道理如大庭脩所言：北边地区或郡县不可能置朝廷于不顾，而擅自决定边塞吏卒的功劳日数；它们毕竟是皇帝或朝廷的下属，作为地区或官署内的独立性规定，在立法上应该得到（上级的）认可。① 而且，从王杖十简、王杖诏书令册及旱滩坡王杖简看，挈令之名可光明正大地出现于官方重要文书中，似亦可显见官方的认可态度。挈令编纂的依据，从上引张汤事例看，固然是为了颂扬人君，但也有另外一重用意，"书于谳法挈令以为后式也"。② 换言之，是以之为谳疑决狱的典范，以便为后世后人所效法。此外，是不是还有其他原因呢？自汉武帝以来律令的种类、数量不断膨胀，在此格局下如何选择各部门或地区所需法律，也就成为现实中不得不面对的问题。挈令的出现（目前尚不见于秦及汉初），一定程度上似乎可解决此问题：以实用或常用为选择标准，选取各部门或地区适用的律令。明乎此，似也可晓知：功令条文数量多，但内容所见有限，应是人为选择之结果。简牍所见"丞相常用第三"，似乎指出了问题的实质。

3. 文本特征

简牍帛书作为秦汉时代主要的书写载体，自然有着不同于其他书写载体的特征；与之同时，法律作为当时社会中重要的典制类文献，其自身也有着不同于其他类文献的特征。在这种情况下，结合传世文献及出土简牍的记载，考察秦汉法律文献的文本特征，不仅必要，而且可行。此处就律令类文献的载体形制、篇章结构、书写格式、条文编号等方面，简述秦汉律令的文本特征。

---

① 大庭脩：《秦汉法制史研究》，第 77 页。
② 《汉书》卷五九《张汤传》，颜师古注，第 2639 页。

律令文献的载体形制，是就书写简牍而言的。从文献记载看，律书为三尺之简，皇帝诏则为尺一。[①] 武帝时，廷尉杜周被人指责，"君为天下决平，不循三尺法"；成帝时，琅邪太守朱博主张，"如太守汉吏，奉三尺律令以从事"，任廷尉后亦曾言"三尺律令，人事出其中"。[②] 两处所言三尺，到底针对律或令，或者是律令兼指，已不清楚。《盐铁论》中大夫、文学均言"二尺四寸之律"。[③] 但是，一处言为三尺，一处言二尺四寸，该如何解释呢？或以为是尺度标准有别：前者指周尺，后者为汉尺。但是，不少学者认为此说法似不足信。陈梦家据施行诏书目录简指出：两处所指均为汉尺，与周尺并无关系。此施行诏书目录简，简长 67.5 厘米，近乎汉尺三尺，一定程度上倒印证汉法"三尺"说可信。悬泉汉简中的"·告县、置食传马皆为□札，三尺廷令齐壹三封之"，[④] 似也可旁证三尺法的说法可信。汉人常言"三尺法"，且言者均任廷尉职，我们认为这能反映出当时律令简的形制，至少武帝时至西汉末期存在这样的制度；"二尺四寸之律"的提法，似与尊法为经有关。[⑤]

对出土法律简册及诏书实物进行考察，绝大多数情况下实物都与文献记载不符。譬如，睡虎地秦简所见秦律十八种，简长 27～27.5 厘米；龙岗秦简所见厩苑等律，简长 28 厘米；张家山 247 号墓"二年律令"，简长 31 厘米；张家山 336 号墓"汉律十五种"，简长 30 厘米；睡虎地 77 号墓汉律简，简长 27～27.9 厘米。秦及西汉时的一尺，按一般说法，大约合今 23.1 厘米。按此折算，以上诸简长为一尺一寸至一尺三寸。或就此认

① 王国维著，胡平生、马月华校注《简牍检署考校注》，上海古籍出版社，2004，第 53～57 页；陈梦家：《由实物所见汉代简册》，《汉简缀述》，第 294 页。
② 《汉书》卷六〇《杜周传》、卷八三《朱博传》，第 2659、3400、3403 页。
③ 桓宽撰，王利器校注《盐铁论校注（定本）》卷第十《诏圣第五十八》，中华书局，1992，第 595～596、602 页。
④ 胡平生、张德芳：《敦煌悬泉汉简释粹》，上海古籍出版社，2001，第 18 页。
⑤ 邢义田：《秦汉的律令学——兼论曹魏律博士的出现》，载氏著《秦汉史论稿》，东大图书公司，1987，第 295 页及注释 207；滋贺秀三：《中国法制史論集：法典と刑罰》，創文社，2003，第 38 页；徐世虹：《说"正律"与"旁章"》，《汉唐盛世的历史解读——汉唐盛世学术研讨会论文集》，第 297 页。滋贺秀三观点转引自徐世虹《近年来二年律令与秦汉法律体系研究述评》，载《中国古代法律文献研究》（第三辑），第 229 页。又，对尺一诏书及三尺律令的最近讨论，参见冨谷至《文書行政の漢帝国：木簡·竹簡の時代》，名古屋大学出版会，2010，第 32～45 页。

定法律简册并无固定形制，或认为是不同行政级别的文本所致。① 实际上，从出土简牍来验证文献所载不同典籍之形制，从方法论的角度看似乎存在问题，即如文献所指仅就朝廷正式颁行文书或典籍收藏而言，那么，以今天所见各式各样的随葬抄本来证明之，怎么可能会得出一致的结论？如简牍形制只是特定阶段形成的产物（如武帝以来），以秦及西汉前期的出土资料来衡量之，又怎能吻合？如文献对不同典籍简形制的记载为虚构，为何又能看到不少与之相合的事例呢？似乎没有理由将契合的例子视为例外，而将不相符的事例视为一般情况。《简牍检署考》中的一些论断确实不一定正确，如释三尺法之尺为周制以弥合二尺四寸的记载；但在上述疑问没有得到正式解答之前，似不宜轻易否定文献对典籍形制的叙述。

律令文本的篇章结构，用《晋书》的话来说就是"集类为篇，结事为章"。② 张家山汉简《奏谳书》中记载有"女子甲与丙和奸"案，邢义田据"致之不孝、敖悍之律二章"指出，"律乃以'章'分"。③ 律条也可以被称为"章"，这不仅是秦汉时期的历史事实，似乎也沿用至后代的法律。比如，唐《名例律》"八议者"条被称为"议章"，"官爵五品以上"条被称为"请章"，还有"减章"、"赎章"等等，④ 可能就是延续律条可称为"章"的惯例。实际上，《奏谳书》中所见"未有以捕章捕论"等记载（简 156 ～ 157），如整理小组"捕章"即"捕律"的说法无误，⑤ 那么，或可说"章"不仅可用来称律条，也可用来指代、称谓律篇。"九章律"中的"章"，大概就是指代律篇的。由若干不等的句子构成"章句"，这些"章句"又组成一个大的"章"，从而形成一个意义相对完整的"篇"。东汉人王充曰：

---

① 胡平生：《〈简牍检署考〉导言》，载《简牍检署考校注》，第 33 ～ 36 页；程鹏万：《简牍帛书格式研究》，吉林大学博士学位论文（指导教师吴振武），2006，第 55 ～ 56 页；刘洪：《从东海尹湾汉墓新出土简牍看我国古代书籍制度》，载连云港市博物馆、中国文物研究所编《尹湾汉墓简牍综论》，科学出版社，1999，第 163 ～ 164 页。

② 《晋书》卷三十《刑法志》，第 923 页。

③ 邢义田：《秦或西汉初和奸案中所见的亲属伦理关系——江陵张家山二四七号墓〈奏谳书〉简 180 ～ 196 考论》，载氏著《天下一家：皇帝、官僚与社会》，中华书局，2011，第 497 页。

④ 刘俊文：《唐律疏议笺解》，第 113、118、127 ～ 128、133 页。

⑤ 张家山二四七号汉墓竹简整理小组：《张家山汉墓竹简［二四七号墓］》，第 225 页。

夫经之有篇也，犹有章句；有章句也，犹有文字也。文字有意以立句，句有数以连章，章有体以成篇，篇则章句之大者也。①

　　"章"既可指小的意义单位，如作为律条称谓的"章"；也可作为大的意义单位，如作为律篇称谓的"章"。通常，作为"篇"意义的"章"，都表示一个较长（相对而言）的意义单位，表达一个相对较完整的意思。作为大的意义单位的"章"，有时与"篇"可能是等同的，正如《九章算术》之得名，是"以篇言之，故曰九章"。② 律令简多是分条（章）书写的，一条（章）律或由一句话构成，也可能由多句话构成。"一章之中或事过数十"，大概是律条（章）中的特例。典籍中在记载律令文献时，如汉法"律令凡三百五十九章，大辟四百九条"，③ 又如晋泰始律"合二十篇，六百二十条"，等等，均揭示出章与条的关系似较复杂。汉时，条似是章的构成，等同于"句"，故或认为汉律有篇、章、条三个层次。④ 若某章中仅规定一个事条，则此种情况下章亦即条，条亦即章。从秦或汉初的奏谳案例看，当时人似乎称章而不称条。魏新律修订时，说"多其篇

---

① 北京大学历史系《论衡》注释小组：《论衡注释》，中华书局，1979，第1589页。
② 参见郭书春译注《九章算术译注》，上海古籍出版社，2009，第13页，注释13。
　　补注："作为大的意义单位的'章'，有时与'篇'可能是等同的"，对此论断，我们坚持不变。但"《急就章》又称《急就篇》可为例证"，举证未必妥当，任仲赫指出此点，恐是，故删处此句。参见任仲赫《汉、魏晋律的篇章变化——以贼律为中心》，载《简帛研究》（2013），第258页。按：《急就章》之"章"，一般认为是指章草而非篇章之"章"，我们写作时未注意此点；任仲赫据此以为"《急就章》的'章'与'篇章'的意义完全没有关系"，则似嫌武断。《汉书·艺文志》载有"《急就》一篇"（亦即《急就篇》），今本共有三十一章，故又被人称为《急就章》。显然，其得名未必与篇章没有关系，虽然此名在汉代似乎尚未出现。一般认为，约从东晋时起，为了跟当时的新体草书相区分，称汉代的草书为章草，新体相对而言称今草。今所见敦煌、居延简中的《急就篇》残简，以汉隶书写，与章草有别。裘锡圭认为"章草决不会是史游作《急就篇》时所创造的字体"，并引唐兰的话说道，"为编一种书而创造一种字体，实际上也是不可能有的事"。如此，《急就篇》之所以又名《急就章》，在史游的时代未必是因为章草，尽管此时是草书形成的年代。关于《急就篇》、章草的论述，参见裘锡圭《文字学概要》，商务印书馆，2007，第85~86页。
③ 《汉书》卷二三《刑法志》，第1101页。
④ 张建国：《再析晋修泰始律时对两项重要法制的省减》，载《帝制时代的中国法》，第106页。

条"，① 此处所言条，如泰始律所言"实同于章"。

律令文本的书写格式，与篇章结构关系密切。一般来说，律令篇目较好厘定，难在章的认定上。不论是睡虎地秦律十八种，还是张家山二年律令，诸律、令篇名基本保存完好，依据篇题就可确定其归类。学界在判定律令条文是否属于同章时，会不约而同地以书写格式为切入点。前简尚未足行而另起一简书写，基本上可确定为一条新的律文。从现在所见律令简来看，这一判定似乎未必尽然。如何确定前后律条的书写，即到底是接续书写（属于同一律章），还是分条独立书写（属于不同的章条），也就成为较棘手的问题。②

对此，除后文将要提及的律章句外，还有两个外在的判定依据：一是通过特殊字起例判定，一是通过特殊的符号标识。

所谓特殊字起例，指以"凡"、"诸"等字发语。李零指出，《孙子兵法》、《司马法》等古书及数术、方技之书，经常以"凡"字发语，这对了解古书体例非常重要。譬如，《性自命出》一篇，郭店楚简、上博楚简均有，但章句结构并不一样。李零对郭店简《性自命出》篇的分章并非参考上博简，而是依据其自身所包含的二十多个"凡"字，由此可知特殊字起例之意义。③ 古书如此，律令亦如此。从今天所见秦汉法律简看，以"凡"字为发语的极少见，多数是以"诸"字起头。以"凡"字为发语的律文，似仅见于《秦律十八种·司空》"凡不能自衣者"条律文，此条律文之上尚有圆点标识，具有分章性质。④ 以"诸"字为发语的律文，粗略

---

① 《晋书》卷三十《刑法志》，第 923、927、924 页。

② 补注：任仲赫在批评我们关于篇、章、句论断的基础上，根据"郊祀歌十九章"、"安世房中歌十七章"等材料，得出与陈梦家"前简的最后若留有空白的话，为一章的结束，新的一章另简开始"一致的结论，并据此推定《二年律令》27 篇律有 296 章。参见氏著《汉、魏晋律的篇章变化——以贼律为中心》，载《简帛研究》（2013），第 264 页。按：陈梦家是据武威汉简立论，没有问题；但能否据此将之适用于律令简，我们以为应当审慎。行文中已清楚表明此点，并用不少篇幅去论证。遗憾的是，任氏并未注意到；反据不确论断推衍，失误恐在所难免。

③ 李零：《郭店楚简校读记》（增订本），中国人民大学出版社，2007，第 149~150 页；李零：《上博楚简三篇校读记》，中国人民大学出版社，2007，第 121~122 页。

④ 睡虎地秦墓竹简整理小组编《睡虎地秦墓竹简》，第 51 页。按："凡不能自衣者条"律文之上，接续抄写有其他法律条文。不过，从"凡"字发语及标识符号，判定其为一条独立条文，似无大碍。

统计张家山汉律简中有近二十条，如"诸食脯肉"、"诸当坐劫人以论者"、"诸舍亡人及罪人亡者"等，① 且每条律文均是独立书写，视为独立条文或无不可。虽说秦汉时特殊字起例的律条数量并不算多，但反观魏晋以来诸律尤其是唐律的面貌，即绝大多数条文以"诸"字发语而界定彼此关系，可知特殊字起例对理解律篇之内部结构大有裨益。

所谓特殊的符号标识，即通常所说之简牍符号。不同的简牍符号可能有相同的功能，相同的简牍符号可能有不同的意义。在此，仅举一例加以说明。睡虎地秦简尚属于分条书写的形制，王家台秦简则是自始至终接续书写的。为了区别不同律条，"每条目之间"（整理者语）皆以"⌣"符号隔开。例如（简443＋218、498）：

[21] 过二千二百钱以上，赀官啬夫一盾⌣☐
[22] 为都官及县效律：其有赢、不备物直之☐　☐以其贾多者皐之，勿赢☐
[23] ☐⌣官啬夫☐　☐冗吏皆共赏不备之货而入赢☐②

[21] 对应睡虎地单篇《效律》简的"县料而不备其见（现）数五分一以上"条（简12～16），[22] 对应"为都官及县效律"条（简1），[23] 对应"官啬夫、冗吏皆共赏（偿）不备之货而入赢"条（简2）。③ [22]、[23] 均从中间折断。一般来说这会影响文义，但这两枚简却是个例外，文字依然可衔接通顺，难免令人生疑其接续。从 [21]、[23] 两简看，王家台《效律》简中凡标有"⌣"者，确实是律条的起始或结束处。实际上，用特殊符号来标识律条，秦汉律如此，敦煌文书中所见唐律亦如此。编号为P3608、P3252的两个残卷，书写唐律《职制》、《户婚》及《厩库》等

① 张家山二四七号汉墓竹简整理小组：《张家山汉墓竹简［二四七号墓］》，第136、144、156页。
② 刘德银：《江陵王家台15号秦墓》，《文物》1995年第1期；王明钦：《王家台秦墓竹简概述》，载〔美〕艾兰、邢文编《新出简帛研究》，第39页。按：发掘简报中"⌣"作"🌙"，王明钦文中则作"⌣"，今统一规范为"⌣"。王家台秦简均见于这两篇论文，不再出注。
③ 睡虎地秦墓竹简整理小组编《睡虎地秦墓竹简》，第71、69页。

律。绝大多数情况下，每条律文前有"朱笔圆点"，且律文前均有"诸"字起头，很容易判定律条与律条间的关系，不会因接续书写而产生误解。[1] 唐律抄本中的这种外在特征，在经学文献中也有突出反映。点校本《四书章句集注》，按今人习惯析分段节。事实是，"原书章节之间用圆圈隔开"。[2] 不论经学，还是律学，以特殊符号区分章节，看来是通用之例。

以上多针对律简而言，令简的情况稍有不同。令篇内部的结构区分，似较律简容易一些。张家山汉简津关令中，部分令有编号书于简首，通过编号可知其为一条完整令文。有少数令文虽无编号，但简首有圆点"·"，亦即所谓的章句符号，具有分条分段之意义。换言之，令篇内部的结构区分，既可着眼于章句符号，也可从条文编号入手，且后者更加值得关注。

大庭脩很早就关注到令的编号问题，[3] 但结合今天我们所能见到的资料，无疑可深化对此问题的认识。从张家山汉简、武威王杖简及其他文献看，我们对条文编号大致有几点认识：编号似仅见于令而不见于律，以数字或干支为标识，可记于条文前亦可缀后。这几点无须过多解释，唯有第二点以干支为条文编号者，很容易与上文所说干支令相混淆。譬如，或将金布令甲视为干支令，但此处所见"令甲"，未尝不可读为金布令、甲，将甲视为金布令的条文编号。毕竟，以干支为令文编号，也见于岳麓书院秦简。

岳麓秦简中涉及令简编号的情形有四：一是在令文后书写令的编号，如"卒令丙五"；二是在令名后按干支编序，如"内史郡二千石共令"按干支编为"第甲"至"第庚"；三是在法律条文后书写编号，不载令名或律名，如"官府及券书它不可封闭者，财，令人谨守卫，须其官自请报，到，乃以从事。·十八"；四是在抄完令文后，仅录"廷"、"廷卒"和干支或数字编号，如"律·谨布令，令黔首明智（知）。·廷一"。（按：岳麓秦简令文的编号，较之汉令，给人以杂乱无章之感。具体内容尚未公布，存而不论。）

令的条文编号，是立法时就具有，还是编纂时增加，已不清楚。从所见带有著令语的著令诏，以及出土文献所见令的资料来看，我们倾向

① 刘海年、杨一凡总主编，唐耕耦主编《中国珍稀法律典籍集成》甲编第三册《敦煌法制文书》，科学出版社，1994，第 11～23 页。
② 朱熹：《四书章句集注》，中华书局，1983，"点校说明"第 3 页。
③ 大庭脩：《秦汉法制史研究》，第 77～78 页。

于认为：条文编号是令典或令集编纂时所增，而且这些条文编号似经朝廷正式认可。反观上文所见《功令》第卅五，《北边挈令》第四、第六，可知这些带有条文编号的令文，如未经朝廷认可，不可能被冠以同样的条文编号，似乎也不可能出现在边塞的不同地区。王杖简所见令的编号，即同样的制书内容，一属《御史令》册三，一属《御史挈令》廿三，看起来与此推论相悖。我们认为大庭脩的解释似可信从：《御史令》即《御史挈令》，廿三恐为册三之误。此外，一些律令简正面书写内容，背面写有简的序列。这些背面简的序列，用李零的话说，应该称之为"叶"，亦即所谓的叶号，① 相当于今天所说的页码，与条文编号是不相同的。

（三）律令关系三论

长期以来，学界对律令多是分而论之，很少考虑律令的关系问题；即使论及律与令之关系，多数情况下也是只言片语带过，② 而专门讨论此问题的论述则少之又少。③ 随着秦汉律令文献的不断公布，学界对此问题的考察日渐增多。④ 学界对秦汉律令关系的考察，主要是基于与魏晋律令的

---

① 李零：《视日、日书和叶书：三种简帛文献的区别和定名》，《文物》2008 年第 12 期。
② 比较有代表性的论著，多为中国法制史教本，参见徐道邻《中国法制史论略》，正中书局，1953，第 136 页；戴炎辉《中国法制史》，三民书局，1966，第 3 页；陈顾远《中国法制史概要》，三民书局，1966，第 68 页。按：部分论著要多次提及，如无特殊情况，仅标识著者名，不再出注。
③ 比较有代表性的论著，参见贝塚茂树《汉律略考》，载《贝塚茂樹著作集》第三卷《殷周古代史の再構成》，中央公论社，1977，第 300~301 页；中田薰《〈中国律令法系の発達について〉补考》，《法制史研究》第 3 号，中译本，蔡玫译《汉律令》，载《中国古代法律文献研究》（第三辑），第 101~124 页。
④ 冨谷至：《通往晋泰始律令之路：（Ⅰ）秦汉的律与令、（Ⅱ）魏晋的律与令》，载《日本学者论中国法论著选译》，第 124~189 页；高明士：《从律令制的演变看唐宋间的变革》（2003），《台大历史学报》第 32 期，后收入氏著《中国中古政治的探索》，五南图书出版公司，2006，第 230~238 页；孟彦弘：《秦汉法典体系的演变》，《历史研究》2005 年第 3 期；杨振红：《从〈二年律令〉的性质看汉代法典的编纂修订与律令关系》，《中国史研究》2005 年第 4 期，后收入氏著《出土简牍与秦汉社会》，广西师范大学出版社，2009，第 56~57 页。

比较；① 以魏晋以来的律令特征来泛论秦汉，是现有研究中多少存在的问题之一。本部分拟充分结合文献及简牍所见，从"律令转化"、"律主令辅"、"律令分途"三方面，或是检验旧说，或是补充例证，或是提出新知，以期推动秦汉律令关系之研究。

1. 律令转化

律令转化，② 有三层涵义：第一，秦及汉初的律文中，留存有令的痕迹，律是由令转化而来的；第二，以律的主旨为基础，以令的形式进行阐发，令作为律的细化出现；第三，随着律、令内涵价值的新界定，许多律篇内容都归入令篇，以令篇的形式重新出现。第一层含义主要在早期律令发展过程中留有痕迹。第二层含义可视为两汉时代的通行惯例，在魏晋以来尤其是唐代的律典、令典中有突出表现。③ 第三层含义在魏晋律令分途发展中表现突出。这是问题的三个层面，第三层含义后文有专论。此处围绕前两层含义（第二层含义下文兼有论及），展开论述。

先看第一点，即律中留存令的痕迹，律是由令转化而来的。④

先秦时期，各国成文法名称并不统一，或称"刑"，或称"法"，或

---

① 比较有代表性的论著，参见堀敏一《晋泰始律令的制定》，载《中国法制史考证》丙编第二卷《日本学者考证中国法制史重要成果选译·魏晋南北朝隋唐卷》（本卷主编冈野诚），程维荣等译，第282～301页；张建国《魏晋律令法典比较研究》，载《帝制时代的中国法》，第113～126页。

② 中田薰曾论述过"律令的转换"问题，他认为律令转换就是"令变为律"，典型事例是《金布令》变为《金布律》。"律令的转换"的这一提法，与我们所说的"律令转化"，在名称上有相近之处，但在内涵上却有根本差异。对《金布令》与《金布律》，我们认为是同名律篇、令篇，两者同时并存而非由令转换为律。

③ 戴建国据天一阁藏明钞本宋《天圣令》复原唐《田令》，并据此个案讨论唐代的律令关系，且不论其令是唐代法律主体的论断是否成立，但令作为律的具体化或铺陈是可以确定的，且这种铺陈关系在令与式中也可见到。参见戴建国《唐〈开元二十五年令·田令〉考》，《历史研究》2000年第2期；霍存福：《唐式辑佚》，杨一凡主编《中国法制史考证续编》，社会科学文献出版社，2009，第33～54页。

④ 孟彦弘指出："由诏令变为令、令变为律，或诏令直接变为律条，表现在司法实践上，反映的就是律、令之间的关系，即'令'是对'律'的补充、修订或说明。这是汉代律、令关系的实质所在。"又，杨振红也说道，"律本来就是作为编辑加工后的稳定的令而出现的，它来源于令，这才是律的本质。"就律、令转化而言，所论有一定相似处，论证详略、重点有别。有兴趣的读者，不妨两相参看。

称"宪"；用以表达法律意义的，或以"法"、"令"，或以"法令"、"号令"，或以"诏令"、"宪令"。这其中又以"令"的使用最为普遍。"令"字的本意是"集众人而命令之"，① 亦即《说文》"令，发号也"。② 沈家本汇总古书对"令"的记载，说道："令者，上敕下之词，命令、教令、号令，其义同。法令则著之书策，奉而行之，令甲、令乙是也。"③ 正因如此，"令"不一定是王者之命，上命下亦可称为"令"。从法律意义上来说，王者之令才是法律的渊源之一，故《管子》曰："令者，人主之大宝也。"又言，"凡君国之重器，莫重于令"。④ 与其他国家成文法或常法相比，"令"具有极大的随意性、灵活性，它既可以作为一时之政而宣告、颁行，也可作为国家常制而载入典章之中。但无论如何，其或多或少都带有以下特征：口语色彩严重，训告意味甚浓，篇幅也不是很长。与"令"相比，"律"作为法律载体的称谓，出现年代是比较晚的。"律"字在先秦典籍中频繁出现，多指音律、约束、纪律、效法，而非通常意义上所说的法律之律。⑤ 战国中后期以降，"律"字凭借自身的优越性，逐渐取代其他而成为通用的称谓。然而，法律意义上的"律"虽出现，却是以"令"为其表达形式。换言之，早期"律"所表达的是"令"的内容。这听起来怪异，仔细想来似也不难理解。当"律"取代其他词汇而成为法律称谓时，表达或叙述的是此前其他词汇所应涵盖的内容，其中又以王者之命（或令）形式出现的法律为主。所以，与汉代以后的"律"不同，秦

---

① 于省吾主编，姚孝遂按语编撰《甲骨文字诂林》"令"条引罗振玉语，中华书局，1996，第366页。按：姚孝遂说道，"令孳乳从口为命，古本同源。西周以后，始出现从口之命字。"

② 许慎撰，段玉裁注《说文解字注》九篇上，"令"条，上海古籍出版社，1988，第430页。

③ 沈家本撰，邓经元、骈宇骞点校《历代刑法考》，第812页。

④ 黎翔凤撰，梁运华整理《管子校注》卷六《法法第十六》、卷五《重令第十五》，中华书局，2004，第309、284页。按：《管子校注》卷五《重令第十五》中说道，"令重则君尊，君尊则国安。令轻则君卑，君卑则国危。故安国在乎尊君，尊君在乎行令，行令在乎严罚。罚严令行，则百吏皆恐。罚不严，令不行，则百吏皆喜。故明君察于治民之本，本莫要于令。"

⑤ 祝总斌：《"律"字新释》、《关于我国古代的"改法为律"问题》，载《材不材斋文集：祝总斌学术研究论文集》（上），第405~412、326~327页。按：祝氏认为律可能是聿的繁文，演化或引申出规矩、行列等意，但本义与法律意义上的"律"不同。高明士对此表达了不同看法。详见高明士《法文化的定型：礼主刑辅原理的确立》，载柳立言主编《中国史新论：法律史分册》，中研院、联经出版事业公司，2008，第60~63页。

及汉初的"律"所表达的，并非都是相对稳定少变的内容，可能也包含诏令性质的规定。

睡虎地简所附"魏户律"就是如此（简165、175、185、195、205、215）：

[24] ·廿五年闰再十二月丙午朔辛亥，○告相邦：民或弃邑居壄（野），入人孤寡，徼人妇女，非邦之故也。自今以来，叚（假）门逆吕（旅），赘壻后父，勿令为户，勿鼠（予）田宇。三枼（世）之后，欲士（仕）士（仕）之，乃（仍）署其籍曰：故某虑赘壻某叟之乃（仍）孙。 魏户律①

律文后缀有"魏户律"字样，故视之为律应无大碍。这是战国魏安釐王发布的"律"，以上告下的"令"（或"命"）的形式出现，② 与秦汉以后"律"的面貌不尽相同。此条律文与"魏奔命律"，以及青川木牍秦"为田律"，都可视为早期"律"的雏形。对此，祝总斌一语中的地指出，"这当是一种'律'的原始形式，或最早的单行律文，名虽为'律'，实和殷周以来君主发布的诰令、单行法令在形式上颇为相似。"③ 故而，与其否认"魏户律"等这些"律"作为律文出现，倒不如说它们是以"王命"的形式表达"律"的内容。

情况很快就发生了变化。睡虎地《秦律十八种》及单篇《效律》简，不论从形式上，还是从语言上，抑或从内容上，与"魏户律"等早期的"律"相比，可以说已经有了质的不同。尽管如此，还是要承认：《秦律》乃至汉初的律篇中，多少仍留存有"令"的痕迹。譬如，《睡虎地秦墓竹

---

① 睡虎地秦墓竹简整理小组编《睡虎地秦墓竹简》，第174页。
② 大庭脩：《秦汉法制史研究》，第10页。按：大庭脩据"魏户律"说道，"王命原封不动地成为律文"；指出"魏户律"及"奔命律"，"具有教令的性质"。戴炎辉论及先秦法源时，也说周末秦初，除刑书外，又有令或教，即所谓教命书。虽仅据传世典籍立论，但青川木牍及睡虎地秦简证明其所言不误。
③ 祝总斌：《关于我国古代的"改法为律"问题》，载《材不材斋文集：祝总斌学术研究论文集》（上），第333页。按：祝氏认为作为法律、成文法意义上的"律"字，其使用不可能始于比商鞅变法略晚的公元前四世纪末三世纪初，而应当始于更晚的公元前260年前后，大概比魏户律或奔命律早一点。

简·效律》简的"某廥禾若干石，仓啬夫某、佐某、史某、稟人某"、"某廥出禾若干石，其余禾若干石"等记载，① 正如同"魏户律"的"乃（仍）署其籍曰"一样，也是以口语的形式表达出来的。这无疑说明早期的"律"，不仅是战国末期的秦律文，甚至是在汉初的律文中，仍然留存有"令"的教导意义。这与后代的"律"明显不同。

以令来表达律的内容，律中难免存有令的痕迹。早期律及秦律的情形已如上述，现在来看一下张家山汉简《二年律令》。《具律》中有这样的律文（简85、82）。

[25] 吕宣王内孙、外孙、内耳孙玄孙，诸侯王子、内孙耳孙，徹侯子、内孙有罪，如上造、上造妻以上。

[26] 上造、上造妻以上，及内公孙、外公孙、内公耳玄孙有罪，其当刑及当为城旦舂者，耐以为鬼薪白粲。②

简 [25] 是对吕氏外戚宗族以及对诸侯王、徹侯子孙的优待，这些人一旦犯罪，比照"上造、上造妻以上"处置，亦即按简 [26] 律文规定处置：拥有上造、上造以上爵位的人及其妻子，以及宗室、外戚孙辈等阶层的人犯罪，应当受刑罚或处以城旦舂刑时，都会被减轻刑罚而耐为鬼薪白粲。简 [25] 是吕后时特意增加的条文。之所以这样说，是基于对《二年律令》年代的认识。③ 此条律文明显是以王命或王命之诏颁布，④ 稍加修饰或者根本不加修饰而直接入律。实际上，不仅这条律文如此，简 [26] 律文亦如

---

① 睡虎地秦墓竹简整理小组编《睡虎地秦墓竹简》，第73页。按："某廥禾若干石"，《秦律十八种》写作"其廥禾若干石"。
② 张家山二四七号汉墓竹简整理小组：《张家山汉墓竹简 [二四七号墓]》，第145、146页。
③ 参见张忠炜《〈二年律令〉年代问题研究》，《历史研究》2008年第3期；张忠炜《秦汉律令法系研究初编》，第26~43页。
④ 古人对王命或王命之诏的解说，文繁不赘引。综观古人之论，秦汉"命"有策书、制书、诏书、戒敕之别，但本质上仍是"令"（或"命"）的延续，故此处仍笼统称为"令"或"王命"。参见《史记》卷六《秦始皇本纪》，裴骃集解，第236~237页；徐师曾撰，罗根泽校点《文体明辨叙说》（《文章辨体序说》、《文体明辨序说》合订本），人民文学出版社，1962，第112页；刘勰撰，杨明照校注拾遗《文心雕龙校注》卷四《诏策第十九》，中华书局，1959，第140页。

此。惠帝即位之初颁行的诏书中，就有与之相似的文字记载：

> 上造以上及内外公孙耳孙有罪当刑及当为城旦舂者，皆耐为鬼薪白粲。民年七十以上若不满十岁有罪当刑者，皆完之。①

其中，"上造"至"鬼薪白粲"句，内容基本同于简［26］。"民年七十以上"句，与《具律》他条律文对应（简83）：

> ［27］公士、公士妻及□□行年七十以上，若年不盈十七岁，有罪当刑者，皆完之。②

［27］是对行为及责任年龄的规定，公士、公士妻及年龄在七十岁以上的，或者是未到责任年龄的，一旦有罪免除肉刑但要受完刑。［27］、［26］两简文字，与《惠帝纪》记载存在差异，很难判定对错；③ 但从整体来看，律文内容与《惠帝纪》记载无实质差异。显然，惠帝即位诏书颁行在先，后被收录于律文之中。因为汉律篇中不存在此类条文，故作为新主登基之仁政而颁行天下。

问题随之而来，因为令或诏的内容，存在被载入律的可能，又加之早期律表达令的内容，故律、令的称谓并不是很严格，至少在秦及汉初时期如此。对此，先来看以下简文：

> ［28］金布律曰：官府为作务市，受钱及受贳租、质它稍入钱，皆官为缿，婴毋令钱能出，以令若丞印封缿而入，与人钱者参辨券之，辄入钱缿中，令入钱者见其入。月壹输缿钱，及上券中辨其县廷；月未尽而缿盈之，辄输入。<u>不如律，赀一甲</u>。
>
> ［29］为作务及官府市，受钱必辄入其钱缿中，令市者见其入，<u>不从令者赀一甲</u>。

———————

① 《汉书》卷二《惠帝纪》，第85页。
② 张家山二四七号汉墓竹简整理小组：《张家山汉墓竹简［二四七号墓］》，第146页。
③ 徐世虹：《汉律中有关行为及责任年龄用语考述》，载卜宪群、杨振红主编《简帛研究》（2004），第215～216页。

［29］在《秦律十八种》中（简97），归于"关市"名下；① ［28］
为岳麓秦简"金布律"条文（简1411、1309、1403），其内容与［29］大
同小异，故陈松长认为睡虎地秦简所见"关市"名误，其律名本为"金
布律"。② 对我们来说，最值得注意的，便是画横线之处：一为不如律，
一为不从令。如此，似可印证上述话语：早期律、令称谓似不严。再来看
以下简文：

　　［30］百姓居田舍者毋敢酤（酤）酉（酒），田啬夫、部佐谨禁
御之，有<u>不从令者有罪</u>。

　　［31］入顷刍稾，顷入刍三石；上郡地恶，顷入二石；稾皆二石。
令各入其岁所有，毋入陈，<u>不从令者罚黄金四两</u>。收入刍稾，县各度
一岁用刍稾，足其县用，其余令顷入五十五钱以当刍稾。刍一石当十
五钱，稾一石当五钱。③

　　［30］见于《秦律十八种》（简12），［31］见于汉初《二年律令》
（简240~241）。［29］、［30］、［31］三条简文的共同特征，即下划线处
"不从令者"之字样。针对［29］、［30］"不从令者"的记载，有学者或
提出这样的观点：它们不是律文而是令文，其后所缀的"田律"、"关市"
等字样，可能是表示其归属的部门法属性。④ 结合《二年律令》来看，这
种看法似乎有问题。［31］所见汉《田律》之文，与睡虎地秦律大致相近
（简8~9）："入顷刍稾，以其受田之数，无狼（垦）不狼（垦），顷入刍
三石，稾二石。"⑤ 仔细对比两条律文，承袭关系是很明显的：汉初仅针
对上郡的情形，对律文稍加变通而已。睡虎地此简缀有"田律"字样，与
［31］归属"田律"相同。显然，简［31］不是作为补充律的令或其他法

---

① 睡虎地秦墓竹简整理小组编《睡虎地秦墓竹简》，第42页。
② 陈松长：《睡虎地秦简"关市律"辨正》，《史学集刊》2010年第4期。
③ 睡虎地秦墓竹简整理小组编《睡虎地秦墓竹简》，第22页；张家山二四七号汉墓竹简整
　理小组：《张家山汉墓竹简［二四七号墓］》，第165页。
④ 张建国：《秦令与睡虎地秦墓竹简相关问题略析》，载《帝制时代的中国法》，第18~
　32页。
⑤ 睡虎地秦墓竹简整理小组编《睡虎地秦墓竹简》，第21页。

规。秦简中含"不从令"或"不如令"的条文，虽未必能在汉律中找出对应律条，但将它们视为令文恐需更多例证支持。

既然说它们是律文而非令文，则这样的质疑也就无法回避了，即为什么律文中会出现"不从令"的记载呢？

对此，还要从律文分析入手。[29] 是说从事手工业及为官府卖物品，收钱后必须投入钱缿中，并且一定要让买者看到，"不从令者赀一甲"。这恐怕是秦汉时期的常制之一，《二年律令》中也有类似条文。① [30] 是说严禁在田舍居住的百姓卖酒，田啬夫等官吏应严加禁止，"不从令者有罪"。② [31] 是缴纳刍稾的规定。各地情况不同，缴纳数量也不相同。收入刍稾时，县官要预算官府一年使用刍稾的数量，在征收足够的刍稾实物后，其余刍稾均折算成货币，要百姓上缴货币以当刍稾税。"令各入其岁所有，毋入陈，不从令者罚黄金四两"句，大概是说各地都要缴纳刍稾税，因地域差异而缴纳其他也是可以的，不缴纳者要罚金四两。这三条简文的表述方式基本相同：先作出必须遵守的规定或要求，一旦违犯则受到相应的惩罚。凡是出现"不从令者"，都是对触犯律文规定的惩罚，亦即对违反律文规定的惩处。所谓的"不从令者"，实际同于"不从律者"，正如 [28]、[29] 所揭示的那样。从这个角度看，律与令的称谓虽不同，但起初两者间的分别并不是很严格的。这似源于早期律、令的性质，即律中留存有令的遗迹。③

---

① "官为作务、市及受租、质钱，皆为缿，封以令、丞印而入，与参辨券之，辄入钱缿中，上中辨其廷。质者勿与券。"（简429）参见张家山二四七号汉墓竹简整理小组《张家山汉墓竹简［二四七号墓］》，第190页。

② 补注：秦简中的"不从令者有罪"之语，徐世虹以为与秦律罪行对等的律文结构相比，表现出一定异质，在现实中不具有操作性，故结合文本的摘录性质，提出"秦律抄本中有无利用者的过滤成分或曰律文在流布过程中有无变异"的问题。这确实是值得注意的问题，且也涉及对墓葬出土律令文献性质的认知。对此，我们在《读〈张家山247号墓汉简法律文献研究及其述评（1985.1～2008.12）〉》文中有所考虑，新近会对此问题进行再考察，不赘。参见徐世虹《〈秦律十八种〉中对"有罪"蠡测》，载《中国古代法律文献研究》（第七辑），第103～110页。

③ 补注：秦简所见"不从令"、"不如令"、"不从律"等语，通常是考察秦代律令是否有别的例证。或主张无别，或主张有别，不一而论。前者，广濑薰雄文章所揭有堀敏一、冨谷至，其未提及祝总斌及拙见；后者，主要是广濑。按：堀敏一的论断，与祝总斌相近，不赘。冨谷至的观点，广濑理解似有误。冨谷以为睡虎地秦简中，令确实是以一种与律性质相异的特定规范的形态浮现出来。其立论前提是：秦统一天下 （转下页注）

以上主要围绕律令转化说的第一层含义展开，下面来简单看一下律令转化的第二层含义，即以律的主旨为基础，令作为律的具体化出现。如论者所言，令作为律的补充，扩大其调整对象与范围；令作为比律更灵活甚至随意的法律载体，统治者的意志可随时通过不定时的令得以实现，故相对于律的稳定性而言，汉代对法律的补充大量是在令的范畴中进行的。①简言之，亦即上引杜周的那句话，"前主所是著为律，后主所是疏为令"。对此，可以月令时忌类律文为例，观察令的细化是如何实现的（简249）。

[32] 禁诸民吏徒隶，春夏毋敢伐材木山林，及进〈雍〉隄水泉，燔草为灰，取产麛（麛）𣪠卵（卵）；毋杀其绳重者，毋毒鱼。②

[32] 简是说在春夏时节，禁止民众伐木，雍塞水泉，燔烧草木为灰，猎取幼兽，猎杀待产的野兽，以及不要毒杀鱼。此条律文与月令时忌有关，与睡虎地秦简《田律》文字相类（简4～5）：

[33] 春二月，毋敢伐材木山林及雍（壅）隄水。不夏月，毋敢夜草为灰，取生荔、麛𪊨（卵）𣪠，毋□□□□□□毒鱼鳖，置阱罔（网），到七月而纵之。唯不幸死而伐绾（棺）享（椁）者，是不用时。③

（接上页注③）之前的"令"，不是汉以降与"律"相对的"令"，而是一个意指王者命令的词汇，统一后则被"诏"所代替。所以，秦律条文中所指示的"令"，并非单行法令保留在律文中的遗痕，是律已将当为、禁止这一命令作为自身的属性而包容在内了。冨谷论说的问题似乎在于，律与令密切相关，若重视令而忽略律，恐难圆满解答问题。广濑之说是以律令制定程序为依据，认为律的制定程序也就是令的制定程序本身；"不从令"虽然记录律文，不过是保留着皇帝诏（或秦王令）的格式，"这些规定的格式可以说是'律'和'令'的中间形态"，这种规定该称为"律"或"令"，取决于每个人的理解。今按：广濑之说与祝说及拙见，即"以'王命'形式表达'律'的内容"。参见冨谷至《通向晋泰始律令之路（I）：秦汉的律与令》，载《日本学者中国法论著选译》，第139～141页；广濑薰雄《秦汉时代律令辨》，载《中国古代法律文献研究》（第七辑），第120～123页。

① 张晋藩总主编，徐世虹主编《中国法制通史》第二卷《战国秦汉》，第258页。
② 张家山二四七号汉墓竹简整理小组：《张家山汉墓竹简［二四七号墓]》，第167页。
③ 睡虎地秦墓竹简整理小组编《睡虎地秦墓竹简》，第20页。

对比上引秦、汉简《田律》律文，可知汉简《田律》亦源自秦律，月令时忌入律的时间似可追溯至秦。那么，张家山汉简《田律》此条内容，是否在被文帝、景帝以后的皇帝延续呢？

事实上，这条律文不仅被延续，而且以令的形式被具体化。宣帝元康三年（前63年），颁行过这样的诏书：

> 前年夏，神爵集雍。今春，五色鸟以万数飞过属县，翱翔而舞，欲集未下。其令三辅毋得以春夏摘巢探卵，弹射飞鸟。具为令。①

因有祥瑞出现，故宣帝诏禁三辅在春夏时节毁坏鸟巢、拾取鸟卵，不准用弓箭等工具射杀飞鸟。这条令未超出律文［32］的规定，但"具为令"使其亦具法律效力（详前）。从某种程度而言，此诏书更多的是重复律文规定，而不是对律文的进一步细化。对上引月令律文的细化，敦煌悬泉诏条最具代表性：

- 敬授民时，曰：扬谷，咸趋南亩。
- 禁止伐木。 ·谓大小之木皆不得伐也，尽八月。草木零落，乃得伐其当伐者。
- 毋摘勤。 ·谓勤空实皆不得摘也。空勤尽夏，实者四时常禁。
- 毋杀□蟲。 ·谓幼少之蟲、不为人害者，尽九［月］。
- 毋杀殆。 ·谓禽兽、六畜怀任有殆者也，尽十二月常禁。
- 毋夭蜚鸟。 ·谓夭蜚鸟不得使长大也，尽十二月常禁。
- 毋麑。 ·谓四足……及畜幼少未安者也，尽九月。
- 毋卵。 ·谓蜚鸟及鸡□卵之属也，尽九月。
- 毋聚大众。 ·谓聚民缮治也，尤急事若（？）追索□捕盗贼之属也，□下……
  追捕盗贼，尽夏。其城郭宫室坏败尤甚者，得缮补□。

---

① 《汉书》卷八《宣帝纪》，第258页。

　　·毋筑城郭。·谓毋筑起城郭也，……三月得筑，从四月尽七月
　　　　　不得筑城郭。

　　·瘗骼貍骴。·骼谓鸟兽之□也，其有肉者为骴，尽夏。

　　·右孟春月令十一条。①

　　这里引用的《悬泉月令》诏条《孟春月令》十一条（本质上仍是令，不过是以分条列举的形式出现），各条月令文字对应的律文内容基本清楚。如将中春、季春、孟夏及中夏的条文亦引出，则令作为律的具体化观点更可形象说明，但似乎没必要再占用大量篇幅引述了。这些诏条如同律令一般，具有同等的法律效力。汉简中常见的"犯四时禁"等记载，可证明此类法律规定的实际效用。② 从月令时忌类的律文与诏条的例证可看出，律文尽可以简练、浓缩，但令作为律的细化，则相当详尽、细密。作为杜周话语的例证之一，此例显然是具有说服力的。这也在无形中为律主令辅说提供了一重要例证。

2. 律主令辅

　　顾名思义，"律主令辅"是说：律比令更重要，令是律的辅助。陈顾远虽提到秦汉时"令以辅律"，但并没有充分的论证或史料支持；从堀敏一的研究看，晋律令至少是这样的（张建国所论与堀敏一不同）。不过，综览秦汉之律令文献，情况大体亦如此。除去上述考察外（即令作为律的细化出现），还可从以下角度进行观察。

　　第一，从律、令规范范围及内容来看，律所规定的内容涉及社会各个方面；至于令，如中田薰、大庭脩所言，③ 主要是作为律的补充或"副法"出现。

　　以《津关令》为例，稍加说明。张家山汉简《津关令》抄有二十条令文，令文以"津关"为主题而涉及诸多方面。不论是日常出入关，还是马匹、禁物出入关，令文都会针对具体情形作出规定，追捕盗贼出入

---

① 中国文物研究所、甘肃省文物考古研究所编《敦煌悬泉月令诏条》，《释文》第 4～5 页、《注释》第 13～16 页。
② 李均明、刘军主编《汉代屯戍遗简法律志》，第 223～224 页。
③ 大庭脩：《秦汉法制史研究》，第 10 页。

关塞就是其中一项重要内容。比如，有令文规定（简 494 ~ 495、488 ~ 491）：

[34]□、相国、御史请缘关塞县道群盗、盗贼及亡人越关、垣离（篱）、格堑、封刊，出入塞界，吏卒追逐者得随出入服迹穷追捕。令将吏为吏卒出入者名籍，伍人阅具，上籍副县廷。事已，得道出入所。出入盈五日不反（返），伍人弗言将吏，将吏弗劾，皆以越塞令论之。

[35]一、御史言，越塞阑关，论未有□，请阑出入塞之津关，黥为城旦舂；越塞，斩左止（趾）为城旦；吏卒主者弗得，赎耐；令、丞、令史罚金四两。智（知）其请（情）而出入之，及假予人符传，令以阑出入者，与同罪。非其所□为□而擅为传出入津关，以□传令阑令论，及所为传者。县邑传塞，及备塞都尉、关吏、官属、军吏卒乘塞者□其□□□□□日□□牧□□塞邮、门亭行书者得以符出入。·制曰：可。①

[34]是对追捕盗贼越塞的规定，[35]是对越塞阑关的规定。一般情况下，不能随意出入关塞，这不仅见诸令文，而且在律文中也有规定（简 182、183）：

[36]越邑里、官市院垣，若故坏决道出入，及盗启门户，皆赎黥。其垣坏高不盈五尺者，除。

[37]捕罪人及县官事征召人，所征召、捕越邑里、官市院垣，追捕、微者得随迹出入。②

[36]、[37]两简，是律文对翻越邑里、官市院垣的一般规定：前者是禁止随意翻越院墙，后者是对追捕罪人时的特许。《杂律》中的这两条律文，若权且将之视为原则性规定（汉律中或许有关于越塞阑关的律文），

---

① 张家山二四七号汉墓竹简整理小组：《张家山汉墓竹简［二四七号墓]》，第 206、205 页。
② 张家山二四七号汉墓竹简整理小组：《张家山汉墓竹简［二四七号墓]》，第 157 页。

则令文可被视为针对越塞阑关的具体规定。

简［34］的令文，不仅是对［35］越塞阑关令文的补充规定，何尝又不是对［36］、［37］两律文的补充呢？追捕罪人时可能翻越的不仅是邑里、关市院垣，还有可能穿越边塞地区的塞口关隘。至少，边塞地区官府追捕罪人时，越塞阑关是相当常见的。① 那么，追捕罪人出关是不是要有些限制？一旦以追捕为借口而出关，可能会随之产生诸多变故，或是出入关人数不符，或是长时间出入关塞。如此，作出一些具体的约束性规定，应会有利于对此类行为的控制。如此，令文不仅可弥补简［36］律文规定之不详，也可以弥补［37］简律文的粗疏之处（即可能会生发诸多变故）。所以，令的功能之一是弥补律的不足或缺陷，作为律的副法或补充法出现（中田薰、大庭脩），我们认为是可以成立的论断。

第二，从司法实践及司法文书的角度来看，定罪量刑的依据多为律而非令，此点与上述所言令的属性有关。《奏谳书》中有这样一个案例（简60）：

［38］··河东守谳（谳）：邮人官大夫内留书八日，诈（诈）更其徼（檄）书辟（避）留，疑罪。·廷报：内当以为伪书论。②

这是河东太守上奏的谳狱。邮人官大夫内将公文书滞留八日，为了逃避罪责而更改檄书日期。一般的滞留文书罪，律文中有规定的，按规定行事即可。③ 此处将之视为疑狱，关键在于官大夫内不仅仅滞留文书，且为逃避罪责而篡改文书日期。所以，上级认定官大夫内犯伪书罪（简13）：

［39］为伪书者，黥为城旦舂。④

---

① 参见李均明、刘军主编《汉代屯戍遗简法律志》，第 228～234 页。
② 张家山二四七号汉墓竹简整理小组：《张家山汉墓竹简［二四七号墓］》，第 218 页。
③ 张家山二四七号汉墓竹简整理小组：《张家山汉墓竹简［二四七号墓］》，第 170 页。按：律文规定（简269～270），"发致及有传送，若诸有期会而失期，乏事，罚金二两。非乏事也，及书已具，留弗行，行书而留过旬，皆盈一日罚金二两。"
④ 张家山二四七号汉墓竹简整理小组：《张家山汉墓竹简［二四七号墓］》，第 135 页。

[39] 是汉《贼律》律文，规定"为伪书论"的刑罚。定罪判刑是以律文为据，正可显见律的重要性。《奏谳书》"为伪书"罪案例还有三个，定罪判刑的依据均是律文 [39]。而且，《奏谳书》中其他疑狱定罪量刑的依据，大多可在《二年律令》中找出对应律文。[①]

与令相比，律还有这样的特征：律不仅可规定制度、礼仪，而且还是罪名、刑制的渊薮。通常习见的那些法律用语，如贼伤、斗伤等，又如过失、斗殴等，都可从《二年律令》中找出对应律条。这些内容载之于律而非令，古人的训释或可说明，"律，常也，法也"。[②] 所以，与冨谷至所论稍有不同（律、令只是形式上的不同，内容上并不存在刑罚法规与非刑罚法规的不同），我们更倾向于认为在内容上，令更多的是事类性的具体规定，虽然部分令文具有刑罚性质。

或言，此例之所以以律文定罪，或许是没有令文的缘故。当意识到没有相应的令文时，是否可窥见律、令内容的差异？为进一步说明该问题，再来看一条令文（简 157～158）：

[40] 令：所取荆新地多群盗，吏所兴与群盗遇，去北，以儋乏不斗律论。[③]

[40] 是《奏谳书》收录秦国案例的令文。荆州等新占领地区多有群盗发生，官吏所征发的人员如与群盗相遇而败北逃亡，则要按照"儋乏不斗律"论处。显然，令文的刑罚性规定，是比附律文而来（简 158），"律：儋乏不斗，斩。"由此来看，令文虽也与刑罚相关，但系比附律文来制裁，这恐怕才是问题的核心。这似亦可旁证定罪量刑之依据多为律而非令。

律主令辅定罪典型的例证，是高帝七年（前 200 年）醴阳令恢盗县官米案。醴阳令恢伙同属下盗卖官米得金六斤三两、钱万五千五十。法吏一

---

① 参见拙篇《〈二年律令〉年代问题研究》，《历史研究》2008 年第 3 期；拙著《秦汉律令法系研究初编》，第 50～52 页。

② 郝懿行：《尔雅义疏·释诂》，载郝懿行、王念孙、钱绎、王先谦等著《〈尔雅〉、〈广雅〉、〈方言〉、〈释名〉清疏四种合刊》，上海古籍出版社，1989，第 12 页。

③ 张家山二四七号汉墓竹简整理小组：《张家山汉墓竹简 [二四七号墓]》，第 224 页。

方面据《盗律》"盗臧（赃）直（值）过六百六十钱"律文（简 72 ~
73），一方面又据"吏盗，当刑者刑，毋得以爵减、免、赎"令文（简
73），"以此当恢"。① "律"是定罪的根本依凭，"令"则是量刑时的参
照，两者结合来确立醴阳令的罪与刑。从这个例子来看，当律与令同时存
在时，仍是以律为主、以令为辅，令作为律的补充性规定。此时，睡虎地
秦简《语书》"举劾不从令者，致以律"句（简 7），② 似可从官方角度进
一步确认此原则。③ 故而，说律是定罪量刑的根本，与司法实践是比较契
合的。

以上从不同角度来审视律与令的主次关系，以说明律主令辅的观点大
体可以成立。这仅仅是针对普遍情况而言的，当然不能忽略那些特殊事
例。之所以说是普遍情况，就是因为某些令文也带有刑罚性质，④ 而且谁
也无法否认这种情况，即某些定罪量刑的依据，确实是令而非律。陈宠
"今律令死刑六百一十"之语，⑤ 虽说是泛论律令，但将令与刑联系起来，
看来也是基于事实："令"并非全然与刑无涉。《奏谳书》所载高帝八年
（前 199 年）"狱史平舍匿无名数大男子种"一案，法吏们判罪的依据就
是一条令文（简 65 ~ 67）：

[41] 令曰：诸无名数者，皆令自占书名数，令到县道官，盈卅
日，不自占书名数，皆耐为隶臣妾，锢，勿令以爵、赏免，舍匿者与
同罪。⑥

[41] 令文是对自占名数（即户口登记）的规定，是说没有自占名数

---

① 张家山二四七号汉墓竹简整理小组：《张家山汉墓竹简 [二四七号墓]》，第 219 页。按：
此案引用的律文，见于《盗律》（简 55 ~ 56），"盗臧（赃）直（值）过六百六十钱，黥
为城旦舂。六百六十到二百廿钱，完为城旦舂。不盈二百廿到百一十钱，耐为隶臣妾。
不盈百一十到廿二钱，罚金四两。不盈廿二钱到一钱，罚金一两。"参见张家山二四七
号汉墓竹简整理小组《张家山汉墓竹简 [二四七号墓]》，第 141 页。
② 睡虎地秦墓竹简整理小组编《睡虎地秦墓竹简》，第 13 页。
③ 唐律规定，"律、令义殊，不可破律从令。"参见刘俊文《唐律疏议笺解》，第 516 页。
④ 张家山二四七号汉墓竹简整理小组：《张家山汉墓竹简 [二四七号墓]》，第 205 ~ 206 页。
⑤ 《后汉书》卷四六《陈宠传》，第 1554 页。
⑥ 张家山二四七号汉墓竹简整理小组：《张家山汉墓竹简 [二四七号墓]》，第 218 ~ 219 页。

的亡人，要在三十日内到官府自书名数，否则将被耐为隶臣妾，大概不能出仕做官，也不能以爵位、购赏抵偿免罪，藏匿无名数者将被处以同样的刑罚。法吏以此令文为据而定狱史平应受之刑。这个例子是比较有代表性的。当律文中不存在相关规定时，令文可以独立面貌出现。

这些带有刑罚性质的令文例证，似不足以驳倒律主令辅的观点。毕竟，此类令文不占多数。从对张家山汉简《津关令》的观察可知，虽有极少数条文带有刑罚性质，但多数与刑罚无关是可以断定的。因此，高明士所言"汉'令'具有刑法性质，也就是相当于律的性质"，"汉代的律、令，基本上可说是现行的刑法"，似与现今所见汉律、令不合。当然，某些时代也有例外，不论是程树德辑佚的汉令遗文，① 抑或是出土简牍所见秦汉令，② 还是魏晋时代所修订的令典中，令也并非完全与刑罚无关，③有些令条依然附带着刑罚规定。但从整体上看，令中不含刑罚已成为魏晋及以后令典的一个根本特征（堀敏一、高明士）。这种趋势在汉代似已显现出来。《九朝律考》中所辑佚的汉令文遗文，约有四分之三的令文与刑罚无涉，显然不能作为定罪量刑的直接依据。律与令显然有各自的约束对象，虽然有时约束对象是相同的，但在性质方面有本质不同，这在唐律、令中表现尤为突出。④ 如从断罪量刑看，似更可断定令在多数情况下次于律。实际上，汉令本身呈现出驳杂的特点，刑罚与非刑罚的规定杂糅，以至于律、令的区别不甚清晰（相对于魏晋以后的令而言）。⑤ 故而，才会有魏晋时代令的"纯化"，律令分途发展之历史大趋势。

---

① 程树德：《九朝律考》，第23～30页。

② 李均明：《秦汉简牍文书分类辑解》，文物出版社，2009，第202～222页。

③ 张建国：《魏晋律令法典比较研究》，载《帝制时代的中国法》，第119～122页。

④ 黄正建：《〈天圣令〉中的律令格式敕》，《唐研究》第十四卷，北京大学出版社，2008，第41～67页。按：黄氏所言可视为对杜预之语的阐释，"从《令》与《律》的关系看，二者是两种各自独立的法律体系。《令》的重点在'事'；《律》的重点在'罪'。在《令》中很少有'依律'如何处理的表现。在《律》中也很少有'依令'如何处理的条文。《律》、《令》各有其发挥效力的范围，是唐代法律体系的主体"。

⑤ 沈家本认为秦汉律、令有时混淆难辨，"诸书所引律、令往往相淆，盖由各律中本各有令，引之者遂不尽别白"，难以详加区别。程树德所论大体同于沈家本，认为秦汉时律、令分别不严，难以分辨。按：沈、程之所以有此种认识，既有文献记载亡佚不全的缘故，似亦源于秦汉律、令之特殊性，即并未如同魏晋及此后律令一般，内容、功能及性质方面有明确分工。参见沈家本撰，邓经元、骈宇骞点校《历代刑法考》，第1366页；程树德：《九朝律考》，第13页。

3. 律令分途

律令分途，或称律令分野，或称律令分离。概言之，是说律、令价值内涵的新界定。"律"与刑罚挂钩，成为"刑"的同义语，"令"则专门或主要作为事制规定出现；与之相呼应，是律、令在形式上实现单一化，律典、令典的约束对象更为明确。对此问题，中外学者观点较相近。譬如，程树德就说"魏晋以后，律令之别极严，而汉则否"，指出汉律令与魏晋（及以后）律令的不同，[1] 从侧面反映出律、令在秦汉、魏晋时代之别；中田薰亦曾专门讨论，指出晋时"惩正法"与"教喻法"全然独立（指律与令的全然分离），具有大书特书的划时代意义；堀敏一、高明士对晋泰始律令予以高度评价，原因之一便是律、令对等分工关系的确立及律、令内涵性质的转化。尤其是中田薰，以其开阔的研究视野，动态审视律令的发展，深入把握问题的根本，精辟之论充溢于其间。

然而，如从"刑"的内涵剖析入手，或仍可提出不同的新见解。长久以来，对律的性质认定是与"刑"联系起来的，古代中国的法律也是以"刑"为核心的。[2] 这种观念的产生与正史所见《刑法志》或《刑罚志》有关，但更多的是近代以来以西方法律为背景参照的产物。梅因关于文明国家民法发达、落后国家刑法发达的论断，经过演绎，几乎成为定性中国古代法律的理论依据。近年来也有学者，基于某种方法或现实认知的考虑，时常以此为论调而不断加以阐发。问题在于，基于中西差异而勾勒出的法律影像，似带有先入之见。那么，这种对比研究的结果，能否正确叙述古代法律，是需要审慎考虑的。隋唐以前的法律典籍虽多亡佚，学者却依然会通过相关文献记载，对之做出诸如刑律的主观定性。后代如此，以流溯源，此前当无二异。时至今日，这种论断仍不绝于耳。

实则，章太炎很早就针对"西京之时，刑律而外，遂无制度法式之书邪"的疑问，依据汉律遗文提出"汉律有官制"、"汉律有驿传法式"、

---

① 程树德：《九朝律考》，第 13 页。按：程氏所据事例有二，一是"钱律"与"盗铸钱令"，二是"金布律"与"金布令"。程氏似仅着眼于表面，亦即名称上的混用不分，对律、令内涵的差别关注不多。对程氏所列举的例证，中田薰提出了不同看法。虽如此，程氏的上述仍然值得注意。

② 梁治平：《寻求自然秩序中的和谐》，中国政法大学出版社，2002，第 35~61 页。

"汉律有度数章程"等观点，并据此说道，"汉律之所包络，国典官令无所不具，非独刑法而已也"。① 在面对、接触秦汉律令篇章的今天，"律"即"刑"的认识观念更是要彻底破除。

从律字本意看，律本身与刑罚并无甚关系，前引祝总斌文对此有叙说。从目前所掌握的律令材料看，不仅早期律如此，秦及汉初亦如此：

[42] 二年十一月己酉朔朔日，王命丞相戌、内史匽，民臂（僻），更修为《田律》：田广一步，袤八，则为畛。亩二畛，一百（陌）道；百亩为顷，一千（阡）道，道广三步。封高四尺，大称其高；（埒）高尺，下厚二尺。以秋八月，修封埒（埒），正彊（疆）畔，及发千（阡）百（陌）之大草；九月，大除道及阪险；十月，为桥，修波（陂）隄，利津□，鲜草离。非除道之时而有陷败不可行，辄为之。②

[43] 县、都官、十二郡免除吏及佐、群官属，以十二月朔日免除，尽三月而止之。其有死亡及故有央（缺）者，为补之，毋须时。

[44] 御史卒人使者，食粺米半斗，酱驷（四）分升一，采（菜）羹，给之韭葱。其有爵者，自官大夫以上，爵食之。使者之从者，食糯（糲）米半斗；仆，少半斗。③

[45] 赐衣者六丈四尺、缘五尺、絮三斤，襦二丈二尺、缘丈、絮二斤，绔（袴）二丈一尺、絮一斤半，裘五丈二尺、缘二丈六尺、絮十一斤。五大夫以上锦表，公乘以下缦表，皆帛里；司寇以下布表、里。二月尽八月赐衣、襦，勿予里、絮。二千石吏不起病者，赐衣襦、棺及官衣常（裳）。郡尉，赐衣、棺及官常（裳）。千石至六百石吏死官者，居县赐棺及官衣。五百石以下至丞、尉死官者，居县赐棺。

[46] 一邮十二室。长安广邮廿四室，敬（警）事邮十八室。有

① 章炳麟：《检论》卷三《原法》"附汉律考"，上海人民出版社编《章太炎全集》（三），上海人民出版社，1984，第437~438页。
② 李均明、何双全：《散见简牍合辑》，文物出版社，1990，第51页。
③ 睡虎地秦墓竹简整理小组编《睡虎地秦墓竹简》，第56、60页。

物故、去，辄代者有其田宅。有息，户勿减。令邮人行制书、急书，复，勿令为它事。畏害及近边不可置邮者，令门亭卒、捕盗行之。北地、上、陇西，卅里一邮；地险陜不可邮者，得进退就便处。邮各具席，设井磨。吏有县官事而无仆者，邮为炊；有仆者，叚（假）器，皆给水浆。①

上引五条简文中，[42] 简是秦武公二年（前 309）的记载，主要是对田制及除道修桥的规定；[43]、[44] 两简，是睡虎地秦简《秦律十八种》的律文，前者是《置吏律》律文（简 157～158），后者是《传食律》（简 179～180）；[45]、[46] 两简，是张家山汉简《二年律令》的律文，前者是《赐律》条文（简 282～284），后者是《行书律》（简 265～267）。除 [42] 简属于王命形式的规定（或单行律）外，其余均为秦汉律篇条文之一。这些律文规定的内容不同，但都有一个明显的共同特征：与刑罚无任何关系。而且，此特征的延续时间是相当长的，至少在汉初律令中仍是如此。

实际上，在睡虎地秦简、张家山汉简等律篇中，完全或基本不以刑罚为主的律篇，数量相当可观，内容亦相当驳杂。虽然睡虎地秦简、张家山汉简均属抄录性质，所摘录律文多数不是国家律令的原貌，但正如富谷至、徐世虹所言，② 秦及汉初的律篇不能简单称为刑律，当时律篇的内容可以说相当驳杂，"律"也还没有魏晋时"正罪名"的价值界定。

对于早期律篇为何驳杂，确有深入探讨的必要。学者对古代中国法律的叙述，动辄围绕《法经》等展开，很少注意其他方面。李悝《法经》的真伪及存在与否可暂毋论，萧何是否作律"九章"也暂且毋论，但这"六篇"、"九章"的内容是不是太过粗疏？固然，《盗律》、《贼律》等律

① 张家山二四七号汉墓竹简整理小组：《张家山汉墓竹简［二四七号墓］》，第 172、169 页。
② 徐世虹，《汉代社会中的非刑罚法律机制》，载柳立言主编《传统中国法律的理念与实践》，中研院历史语言研究所，2008，第 320 页。按：徐氏在文中依据刑罚与非刑罚规定归类，将《二年律令》分为三类：一是基本属于刑罚规定，二是刑罚与非刑罚兼有，三是基本不涉刑罚。并且，其还据《二年律令》说道："就律的机能而言，在汉代并非仅限于刑罚，我们今天所理解的民事法规的相关内容，在当时也通过'律'来规范。换言之，'律'既可以是刑罚的载体，也可以是民事、行政、经济法规的表现形式。"

篇意义重大，但《行书律》、《效律》等律篇，似也并非没有意义。它们对维系国家统治及运作，同样是不可或缺的。从这个角度来说，将"律"视为"刑"的观念，显然忽略了法律的其他方面。律也可以作为事类性的法律规定出现。唐代是律令法体系最发达、最典型的阶段，"律"、"令"、"格"、"式"等法律形式齐备。但这些法律载体所记录的内容在秦汉（甚者是先秦）时代，亦即律令法体系发展的早期阶段，实际上是以"律"的面貌出现。不仅是后代的典制体史书（如"典"、"会要"等），即便是那些礼仪性质的规定，在秦汉时也多载录于"律"中。换言之，秦汉时代的"律"是以广义的形式出现的，它不仅包括狭义上的刑律内容，还包括事类性、礼仪性的律篇；随着历史的发展，当"律"渐成为狭义的"刑"律时，早期律的许多内容被其他法律载体所收容、包含了。对此变化之大趋势，章太炎精辟地说道：

> 周世书籍既广，六典举其凡目，礼与刑书次之，而通号以《周礼》。汉世一切箸之于律。后世复以官制仪法与律分治，故晋有《新定仪注》、《百官阶次》诸书，而诸书仪杂礼，公私闲作。讫唐，有《六典》、《开元礼》。由是律始专为刑书，不统宪典之纲矣。上稽皇汉，则不然也。[①]

中田薰也切中肯綮地指出，"汉律本身蕴藏着在以后发展为非刑罚法——令的诸多种子"。

考察清楚早期"律"包含的内容后，也就为认识律令分途问题提供了便利。我们认为律令分途问题，一方面是律的转化问题，以令或其他形式出现；[②] 一方面是令的纯化问题，令成为制度性或规范性的法律，刑罚性的内容基本被剔除。《隋书·经籍志》中所语，似道出了真相：

---

① 章炳麟：《检论》卷三《原法》"附汉律考"，《章太炎全集》（三），上海人民出版社，1984，第438页。
② 在律令分途发展中，"令"并不是"律"转化的唯一形式，还存在转化为其他形式的可能。东汉末，应劭"删定律令为《汉仪》"，揭示出律令有向礼嬗变之一面。此问题值得进一步研究。见《后汉书》卷四八《应劭传》，第1612页；《晋书》卷三十《刑法志》，第920页。

> 晋初，甲令已下，至九百余卷，晋武帝命车骑将军贾充，博引群儒，删采其要，增律十篇。其余不足经远者为法令，施行制度者为令，品式章程者为故事，各还其官府。①

晋初律令庞杂，取经远者为律，故增律十篇（《晋书·刑法志》为“十一”篇），不足经远者为法令，如令、故事等。若分析无误，似可知唐人已指出律令分途这一现象。隋唐以前诸令篇多残损不全（汉令辑佚见于沈家本、程树德，晋令见张鹏一《晋令辑存》）。故为说明问题起见，以秦汉律与唐宋令为对比，来看一下律与令的转变。

例一：

> 诸杂畜有孕，皆不得杀。仲春不得采捕鸟兽雏卵之类。
>
> 春夏不得伐木。必临时要须，不可废阙者，不用此令。②

“诸杂畜有孕”及“春夏不得伐木”条，是宋天圣令《营缮令》的令文，可与［32］、［31］秦、汉《田律》律文相参照。它们的律令主题相同，文字表达也相似，属于月令时忌类。

例二：

> 诸窖底皆铺稾（稾），厚五尺。次铺大稕，两重，又週迴看（着）稕。凡大用稕，皆以小稕揜缝。着稕讫，并加苫覆，然后贮粟。凿塼铭，记斛数、年月及同受官人姓名，置之粟上，以苫覆之。加稾（稾）五尺，大稕两重。筑土高七尺，并竖木牌，长三尺，方四寸，书记如塼铭。仓屋户上，以版题牓如牌式。其麦窖用稾（稾）及籧［篨］。
>
> 诸出仓窖，稕、草、苫、橛等物仍堪用者，还依旧用。③

① 《隋书》卷三三《经籍志二》，中华书局，1973，第967页。

② 天一阁博物馆、中国社会科学院历史所天圣令整理课题组校证《天一阁藏明钞本天圣令校证（附唐令复原研究）》，中华书局，2006，第343、369页。

③ 天一阁博物馆、中国社会科学院历史所天圣令整理课题组校证《天一阁藏明钞本天圣令校证（附唐令复原研究）》，第277、279页。

[47] 禾、刍稾徹（撤）木、荐，辄上石数县廷。勿用，复以荐蓋。

[48] 入禾，万【石一积而】比黎之为户，籍之曰："其廥禾若干石，仓啬夫某、佐某、史某、稟人某。"是县入之，县啬夫若丞及仓、乡相杂以封印之，而遗仓啬夫及离邑仓佐主稟者各一户，以气（饩）人。其出禾，有（又）书其出者，如入禾然。①

第一、二条是天圣令《仓库令》令文。第一条是对窑藏仓储制度的规定：既有对仓窑基础设施的规定，又有对贮藏粮粟数量、经手人等的规定。第二条令文是对仓窑杂物的处理，可以继续使用者则使用。令文的内容及精神，可与 [47] 简睡虎地《田律》（简10）、[48] 简睡虎地《效律》相参照（简167～170）。[48] 简是对禾出入仓的规定，[47] 简可从侧面反映出仓窑的基础设施，主要有储藏粮草的仓所用的木材、草垫。② 不论是对仓窑基础设施的规定，还是对出入禾粟粮食的规定，我们以为唐宋的令文内容，与秦汉律文的内容是相吻合的，虽说文字表述不尽同。

例三：

诸田广一步、长二百四十步为亩，亩百为顷。

诸津桥道路，每年起九月半，当界修理，十月使讫。若有阬、渠、井、穴，并立标记。其要路陷坏、停水，交废行旅者，不拘时月，量差人夫修理。非当司能办者，申请。③

[49] 田广一步，袤二百卌步，为畛，亩二畛，一佰（陌）道；百亩为顷，十顷一千（阡）道，道广二丈。恒以秋七月除千（阡）

---

① 睡虎地秦墓竹简整理小组编《睡虎地秦墓竹简》，第21、58页。
② 睡虎地秦简整理者认为"荐"是垫在粮草下面的草垫，但从宋令需用苫覆盖在粮储上的记载来看，整理小组的这个解释似有不妥之处：荐可以用来垫在粮草之下，也可用来覆盖于粮粟之上，"荐蓋"一词似能说明问题。参见睡虎地秦墓竹简整理小组编《睡虎地秦墓竹简》，第21页。
③ 天一阁博物馆、中国社会科学院历史所天圣令整理课题组校证《天一阁藏明钞本天圣令校证（附唐令复原研究）》，第253、348页。

佰（陌）之大草；九月大除道□阪险；十月为桥，脩波（陂）堤，利津梁。虽非除道之时而有陷败不可行，辄为之。①

第一条是天圣令《田令》条文，规定亩、顷之制；第二条是天圣令《营缮令》令文，是对修理道路津桥的法律规定。[49] 简是汉《田律》律文（简246~248），规定有二：第一句规定田制，涉及畛、亩、顷及阡陌之制；第二、三句是对修理道路津陂的规定，修整时间大体上都是在九、十月，非除道时间而道路陷败者，则可随时修整以便行人。汉律中此项规定仍是延续秦律，[42] 简中就有类似规定。秦汉律与唐宋令的关系，也可由此窥其一斑。

从以上三个例子中可以看出：同类内容在后代是以"令"的形式出现，在秦汉时期却是以"律"为表述载体。诸如此类律与令可对照的例子，从目前资料看并不多见；如充分关注到内容的话，则此类例子还可以找到许多。比如，汉《秩律》所反映的内容，晋时多见于《官品令》、《俸廪令》及《吏员令》，唐则见于《官品令》、《职员令》；汉《葬律》所反映的内容，②晋时多见于《丧葬令》，唐则见于《丧葬令》及礼典中。一旦张家山336号汉墓竹简、睡虎地77号汉墓竹简被整理出版，汉律的种类和数量肯定会有一个大的飞跃，这将会大有益于秦汉律与唐宋令的对比研究。

之所以会有律令分途发展，大致与以下因素有关联。第一，与律、令在司法实践中的地位、作用有关。律所规范的范围及其在定罪量刑中的作用，是主要以事制规定为主的令所不能比拟的。故而，在司法实践中倚重律而非令，使律、令的分别日渐趋于明显。第二，与汉代人对律、令的价值认识有关。如前所述，秦汉律所涵盖的范围是后代无法想象的。随着律令学的兴起，以刑律为主的"九章律"出现，律的含义缩小，被锁定为刑律。与之同时，对律、令价值内涵的新界定已显露端倪。这应该说是重新认识律、令价值的观念变化因素（详律令之学）。第三，社会中已然存在

---

① 张家山二四七号汉墓竹简整理小组：《张家山汉墓竹简［二四七号墓］》，第166页。
② 彭浩：《读云梦睡虎地M77汉简〈葬律〉》，《江汉考古》2009年第4期。按：彭氏据睡虎地M77发掘简报所附《葬律》图版，做出释文，并推论汉《葬律》是按爵位高低分别规定用礼的隆、杀。

的同名律篇、令篇，一方面说明律的内容可以转化为令，一方面又可表明律令分类编纂、并存的事实。虽然同名律篇、令篇的内容已不详，但这种同名或名近的对应关系，很可能意味着律、令的转化及功能的区分。

律令分途发展始于汉代或西汉中后期。上文对第一、二点多少都有提及，这里试以《秩律》为例，针对第三点做些说明。

张家山汉简《秩律》主要规定各级官吏的秩禄。与之相类的材料，主要有《汉官六种》与《品令》、《秩禄令》。叙述汉代官制仪典的《汉官六种》，除应劭《汉仪》（又称《汉官仪》）曾奏上朝廷外，其余著作多出于私人之手，或作为童蒙之书出现（如《汉官解诂》，又称《小学汉官篇》），或是后来人追记汉制（如吴太史令丁孚的《汉仪》），似不能视为朝廷官方的记载。① 唯一可视为汉官秩禄的官方文书，大概只有史注所见《品令》、《秩禄令》。如淳注《汉书·百官公卿表》"若卢"时，说道，"若卢，官名也，藏兵器。《品令》曰：若卢郎中二十人，主弩射"。② 臣瓒在注"薄姬"时，说道，"《汉秩禄令》及《茂陵书》：姬，并内官也，秩比二千石，位次婕好下，在八子上"。③

这里所见的《品令》、《秩禄令》令篇，似同《津关令》等令篇，是由朝廷颁行的法令。两汉时代官品尚未出现，《品令》之名比较特别。"品"作为汉代法律载体之一种，有法式的义项，也有划分等级标准的功能。④ 那么，如《品令》真是汉令之一种的话，则它的出现似乎也不足为奇。它的内容恐与魏晋官品有异，可能更强调等级划分，似与叔孙通"制作仪品"相类。⑤《秩禄令》似容易理解。从《秩禄令》引文来看，它大概是规定官职秩禄的令文，与《秩律》记载的内容性质最吻合。从《汉书》所载后宫嫔妃来看，⑥ 姬秩比二千石、位低于婕好，《秩禄令》反映的汉代情形应可信。两者的出现时间虽有先后之别，但在内容方面相类。

---

① 孙星衍等辑，周天游点校《汉官六种》，中华书局，1990，《点校说明》第1~6页。

② 《汉书》卷十九《百官公卿表上》，如淳注，第732页。

③ 《汉书》卷四《文帝纪》，臣瓒注，第105页。

④ 徐世虹：《汉代法律载体考述》，载《中国法制史考证》甲编第三卷《历代刑制考·两汉魏晋南北朝法制考》（本卷主编高旭晨），第171~175页；又见张晋藩总主编，徐世虹主编《中国法制通史》第二卷《战国秦汉》，第282~287页。

⑤ 《汉书》卷六七《梅福传》，第2917页。

⑥ 《汉书》卷九七《外戚传》，第3935页。

那么，《秩禄令》与《秩律》的关系，也就需要好好考虑了。

除《秩禄令》与《秩律》外，汉代还有《田令》与《田律》、《户律》与《户令》、《祠律》与《祠令》、《金布律》与《金布令》，[①] 岳麓书院秦简中的《行书律》与令，[②] 同名律篇与令篇的出现，或可说明这样的问题：当律或令的约束对象相同或相近时，大概是基于某种分类标准划分的产物，故各自从不同方面分别加以规定。如果说此现象在汉代已显露头角的话，那么，到魏晋修订律令时已然蔚为大观。晋律令中，《户律》与《户令》、《宫卫律》与《宫卫令》、《关市律》与《关市令》、《杂律》与《杂令》，均为篇名相同的律篇与令篇；《捕律》、《毁亡律》可能与《捕亡令》相对应，《断狱律》、《系讯律》似与《狱官令》、《鞭杖令》相对应。考虑到"律以正罪名，令以存事制"的话语，[③] 或是"律以正刑定罪，令以设范立制"之语，[④] 似可对同名律篇、令篇做如下断语：同名律篇、令篇的出现，是律令分途的表现，也是分途发展的结果，但分途之初则始于汉律令。不仅律、令价值界定始于汉，而且在实际中也存在此现象。这一分途发展的重要推动力，如前所述，与汉代律学之兴盛有莫大关系。

（四）律令之学

沈家本言"法学之兴，于斯为盛"，程树德亦言"汉世律学最盛"，[⑤] 对汉代律令学的发达有高度共识。律令作为秦汉行政的重要依据，极受重视。秦政任法，以吏为师，专以法令为尚；汉政不专任法，也以经义为据，形成汉人律令、经义兼修之特色。汉时，律令学的发达，除有大量律家涌现外，还表现在：形成以律令为家学，世代传习教

---

① 关于同名律篇与令篇的资料，参见徐世虹《汉代社会中的非刑罚法律机制》，载《传统中国法律的理念与实践》，第 321 页。

② 陈松长：《岳麓书院藏秦简中的行书律令初论》，《中国史研究》2009 年第 4 期。

③ 李昉等撰《太平御览》卷六三八《刑法部》，中华书局，1960，第 2859 页。

④ 李林甫撰，陈仲夫点校《唐六典》，中华书局，1992，第 185 页。

⑤ 沈家本撰，邓经元、骈宇骞点校《历代刑法考》，第 2142 页；程树德：《九朝律考》，《汉律考序》第 1 页。

授的局面；而且，诸家分门别派，各为章句，十有余家，家数十万言。①
若结合现今所见各类文献，或亦可发掘律令学的未知领域，深化对秦汉
律令学的认识。

1. 律令学教本

秦汉时，刀笔吏或文法吏极受重视，是政务得以运作的核心阶层。他
们在入仕前，或学于官府，或学于私家，从而具备为吏的基本素质。他们
学习的内容，用当时人的话说，是能书、会计、知律令，不出文书写作、
运筹计算、晓知律令三大范围。对当时的学吏制度，劳榦、张金光等学者
均有论述，后者并详论秦汉时代的学吏教材。② 居延新简出版以来，学者
就边塞地区，吏卒识字、书写、算术及讽诵法规，以及识字、算术教本的
一般情形，也有较细致的考察。③ 但我们想知道的是，学僮如何学习律令。
固然如邢义田指出的那样，早期的蒙读字书中，如《仓颉篇》、《急就
篇》，就包含初步的律令治狱知识，但这对讲求实务的法律事务来说是不
够的。

汉武帝以来，当律令数量越发膨胀、典者都不能遍睹时，学僮怎能遍
学律令？而且，学僮在学习律令或者进行"实习"之时，是否也会学习如
何治狱、写作治狱文书，甚至还学习些为官、治民、用法之道呢？这些问
题，除上举少数学者外，学界或未曾关注，或语带提及而欠详。甚者，这
些问题或被视为"无中生有"，因在传世文献中多不见此类记载。我们承
认传世典籍中的此类记载不多或没有，但不多或没有是否就说明现实中不
存在？恐不能如此断言。以往对律令学的讨论，多关注于"学"，即形而
上的内容；对形而下的教本，关注不多。但律令学之所以被称为学，自然
不能缺少学的载体——教本。今天我们能见到种类多、内容新的简牍材

① 邢义田：《秦汉的律令学——兼论曹魏律博士的出现》，载《秦汉史论稿》，第 247～
316 页。按：行文中如提及此文，仅标识作者名及观点，不再出注。
② 劳榦：《史记项羽本纪中"学书"和"学剑"的解释》，载氏著《劳榦学术论文集甲
编》，艺文印书馆，1976，第 895～906 页；张金光：《论秦汉的学吏制度》，《文史哲》
1984 年第 1 期；张金光：《论秦汉的学吏教材——睡虎地秦简为训吏教材说》，《文史哲》
2003 年第 6 期。
③ 邢义田：《汉代边塞吏卒的军中教育——读〈居延新简〉札记之三》，载李学勤主编《简
帛研究》（第二辑），法律出版社，1996，第 273～278 页。

料，正可结合此类材料来考察律令学的教本问题。

律令学的教本，可粗分为四类：蒙学字书，律令教本，治狱文书及为吏之道。第一类蒙学字书，如《仓颉篇》、《急就篇》等，多为识字学书之用，邢义田、张金光在其论著中均有论及，且后者论之较详，不赘言；睡虎地秦简《为吏之道》中的"除害兴利"以下四十九句，学者或视之为宦学识字教材，① 亦可备一说。第二类律令教本，将睡虎地秦简及张家山汉律令简，视为律令教本；当律令数量日渐膨胀，律章句学日渐兴起后，律令教本问题会更凸显，后文有专论。第三类治狱文书，今所见以《封诊式》、《奏谳书》最为典型，可在学界现有研究成果的基础上稍做扩充。这第二、三类教本似是律令学传习的核心，也是今后应关注的重心所在。第四类为吏之道，睡虎地秦简、王家台秦简及岳麓秦简均有相关内容。② 此处仅就第三类展开论述。

睡虎地秦简《封诊式》的性质，学界多认可整理小组的提法。整理小组认为《封诊式》是对案件进行调查、检验、审讯等程序的文书程式，其中包括了各类案例，以供有关官吏学习，并在处理案件时参照执行。③ 邢义田进一步指出《封诊式》简文的一个共通特色在于，各节记载中大量使用不定代名词，如"某"、"甲、乙、丙、丁……"，这与汉简文书范本"式"的情形一模一样。④ 张金光也得出与之相近的认知，说它是供吏员学徒研习狱事及治作文书之用。⑤（按：《封诊式》所见文书程式，确切地说是"爰书"，亦即大庭脩所言"口述的笔录"，⑥ 只不过内容集中于治狱

---

① 吴福助：《〈为吏之道〉宦学识字教材论考》，载氏著《睡虎地秦简论考》，文津出版社，1994，第139～174页。
② 邢义田：《云梦秦简简介——附：对〈为吏之道〉及墓主喜职务性质的臆测》，载《秦汉史论稿》，第494～503页；王明钦：《王家台秦墓竹简概述》，载《新出简帛研究》，第39～42页；陈松长：《秦代宦学读本的又一个版本——岳麓书院藏秦简〈为吏治官及黔首〉略说》，中国文化遗产研究院编《出土文献研究》（第九辑），中华书局，2010，第30～36页。
③ 睡虎地秦墓竹简整理小组编《睡虎地秦墓竹简》，文物出版社，1990，第147页。
④ 邢义田：《从简牍看汉代的行政文书范本——"式"》，载李学勤、谢桂华主编《简帛研究》（第三辑），广西教育出版社，1998，第304页；高恒：《汉简牍中所见的"式"》，载《秦汉简牍中法制文书辑考》，第230～238页。
⑤ 张金光：《论秦汉的学吏教材——睡虎地秦简为训吏教材说》，《文史哲》2003年第6期。
⑥ 大庭脩：《秦汉法制史研究》，第50、502～541页。

罢了。）这与《封诊式》前两节——治狱、讯狱的主题正相契合。从这个角度看，《封诊式》作为治狱文书程式或范本，更多的是具有样本或示范意义，以为学习之用，能否将其视为实际行用的司法文书似需慎重。

张家山汉简《奏谳书》的性质，整理小组认为是议罪案例的汇编，部分案例是完整的司法文书，是当时司法诉讼程序和文书格式的具体记录。① 这一看法是学界的主流，尽管它并未解答此类文书编纂的作用或意义。有学者认为其本质为判例集，亦即汉代所说的"决事比"，是审理类似案件的依据。② 对此问题及此类文书编纂的意义，我们拟从两个特殊"案例"入手，提出并论证我们的基本看法。《奏谳书》中，载有定性为"春秋时期"或"东周时期"的"案例"二则。整理小组将《奏谳书》的"异时鲁法"、"异时卫法"，③ 断定为"春秋"或"东周"案例，但并未给出任何解释。或许，简文所见人物，如柳下季、史猷，均为春秋时人；而"异时鲁法"、"异时卫法"等记载，无疑会更进一步坚定、支持"春秋案例"

---

① 张家山二四七号汉墓竹简整理小组：《张家山汉墓竹简［二四七号墓］》，第 213 页。

② 李均明：《张家山汉简〈奏谳书〉是一部判例集》，载张伯元主编《法律文献整理与研究》，北京大学出版社，2005，第 21 页；Mark Csikszenmihaiyi（齐思敏），*Reading in Han China thought*，Indiannapolis：Hackett Publishing Company，Inc.，2006，p.29；李均明：《秦汉简牍文书分类辑解》，文物出版社，2009，第 102～103 页。按：齐思敏认为《奏谳书》为判例（precedent），可能是司法判决的参考资料。原文写作：Written in black ink on 228 bamboo slips，the "Legal Precedents" consist of records of 22 actual cases perhaps intended as a guide to legal decision making.

补注：广濑薰雄认为《奏谳书》、《法律答问》、王杖简与《太平御览》所见《廷尉决事》相类，认为它们是由"廷尉府不断地收集、整理廷尉决事，并传给全国各地，全国各地也在廷尉决事的基础上附加各地的判例，编纂自己的决事"；对于《廷尉决事》，广濑认为是收集汉代廷尉的判例（决事比）的书。参见广濑薰雄《出土文献中的廷尉决事》，载黎明钊编《汉帝国的制度与社会秩序》，牛津大学出版社，2012，第 409～424 页。按：广濑之言，可备一说。问题在于，其一，若其对《廷尉决事》的界定无误，是否意味着郡县均有制定判例的权限？若如此，是否与其所言它们是由"廷尉府不断地收集、整理廷尉决事"矛盾？从这个角度看，将《奏谳书》等同于《廷尉决事》，恐不妥当。其二，该如何解释《奏谳书》中的两个"春秋案例"？可以对其置之不理，可以"基本上都是全国各地向中央奏谳的案件"为说，也可以"不能否认《奏谳书》也有南郡自己整理的案例记载"为说，但终觉欠妥。

③ 张家山二四七号汉墓竹简整理小组：《张家山汉墓竹简［二四七号墓］》，第 225～227 页。按：本部分考察的两个"案例"，如无特殊情况，均不再出注。《奏谳书》原释文"卫"作"狱"，邬文玲据图版认为"狱"是"卫"的误释；比照"异时鲁法"，则所缺字似可补作"法"。参见"张家山汉简研读班"《〈奏谳书〉校读记》，未刊稿。

说。只是此论断恐经不起仔细推敲。

在"异时鲁法"中，记载了柳下季为鲁君断决"佐丁盗粟"案。佐丁"盗粟一斗，直（值）三钱"，按法令规定，判处佐丁"罚金一两"，但柳下季以"完为倡"论之。鲁君认为惩处过重。柳下季说，佐丁"盗粟"罪确应"罚金一两"，但他的"上功牒"中"署能治礼"，被抓获时又头戴"鈌（鹬）冠"（儒者之冠）。如此，则佐丁罪行有二：一是本为小人，有盗赃、盗名的"盗窃"行为；二是"上功牒"中有弄虚作假的欺诈行为。依据"有白徒罪二者，驾（加）其罪一等"的法令规定，理应二罪并罚，故判处佐丁"完为倡"。

此案中引用的法律条文有二。其一，盗一钱到廿，罚金一两；过廿到百，罚金二两；过百到二百，为白徒；过二百到千，完为倡。其二，诸以县官事詑（訑）其上者，以白徒罪论之。有白徒罪二者，驾（加）其罪一等。从法律条文所反映的币制看，条文规定与当时鲁国币制不符，故裘锡圭据此推断其为托名，反映的恐是战国较晚期的情况；[①] 经与今所见秦汉律条文比对，大体可知其是比附秦汉律而来（略有差别），而非所谓的春秋鲁国时的法规。[②] 从"佐丁"之名来看，恐非真实姓名，似是不定代名词；[③] 而"白徒者，当今隶臣妾；倡，当城旦"一句，看来是秦汉时人的解释话语。综合来看，似可断言其并非真实发生的鲁国案例，恐亦不能将之视为文书"式"的起源。

"异时卫法"中，称引律文有限，特征又不明显，故不能如上分析问题。但依据其内容及典籍记载的"故事"，分析此案例素材的来源，实际上还是有可能认识其特性的。典籍记载不存在"异时卫□"中婢女媚事，此处只能存而毋论。不过，只要将"烤炙案"分析清楚，婢女媚事虽不中恐亦不远矣。"异时卫法"主要内容如下：

---

① 裘锡圭：《先秦古书中的钱币名称》，载中国钱币学会主编《中国钱币论文集》（第四辑），中国金融出版社，2002，第20页。

② 张家山二四七号汉墓竹简整理小组：《张家山汉墓竹简［二四七号墓]》，第141页；中国文物研究所、湖北省考古文物研究所：《龙岗秦简》，第90页。

③ 邢义田：《从简牍看汉代的行政文书范本——"式"》，载《简帛研究》（第三辑），第306页。

宰人大夫说（宰人名）为国君进呈烤肉中有三寸长的头发，婢女媚为夫人进食的饭中有半寸长的草棒。依据"为君、夫人治食不谨，罪死"的规定，二人应被处死。但负责此案的史猷认为：宰人说无罪，婢女媚应当被赐衣裳。（卫）君以为史猷判处有误。史猷说：我检查过宰人说的切肉刀，刚磨过，很锋利，切肉肉断而发不断，不像是切肉者的过错。烤肉的器具，炭材优质，铁炉坚固，肉都被烤焦而头发不焦，不像是烤肉者的过错。我又看过给夫人准备食物的"食室"，里面也没有杂草。但媚的住处，席子残破，她的衣服被划破，衣絮露出来，破席的草棒也附在媚的衣絮上，给夫人煮饭时可能会落入饭中。烤肉的头发，史猷猜测是卫君自己的。经对比及实验，果如史猷所言。

整理小组很早就发现"烤炙案"所载与《韩非子》中"文公发绕炙"相近。[1] 为更好地说明问题，现将《韩非子》中的相关文字移录于下：

文公之时，宰臣上炙而发绕之。文公召宰人而谯之曰："女欲寡人之哽邪？奚为以发绕炙？"宰人顿首再拜请曰："臣有死罪三：援砺砥刀，利犹干将也，切肉肉断而发不断，臣之罪一也。援锥贯脔，而不见发，臣之罪二也。奉炽炉炭，肉尽赤红，炙热而发不焦，臣之罪三也。堂下得微有疾臣者乎？"公曰："善。"乃召其下而谯之，果然，乃诛之。一曰：晋平公觞客，少庶子进炙而发绕之，平公趣杀炮人，毋有反令。炮人呼天曰："嗟乎！臣有三罪，死而不自知乎！"平公曰："何谓也？"对曰："臣之刀利，风靡骨断而发不断，是臣之一死也。桑炭炙之，肉红白而发不焦，是臣之二死也。炙熟，又重睫而视之，发绕炙而目不见，是臣之三死也。意者堂下其有翳憎臣者乎？杀臣不亦蚤乎！"[2]

① 张家山汉墓竹简整理小组：《江陵张家山汉简概述》，《文物》1985 年第 1 期；李学勤：《〈奏谳书〉解说（下）》，《文物》1995 年第 3 期；彭浩：《谈〈奏谳书〉中秦代和东周时期的案例》，《文物》1995 年第 3 期。

② 王先慎撰《韩非子集解》卷第十《内储说下六微第三十一》，钟哲点校，中华书局，1998，第 253 ~ 254 页。

《韩非子》中记载的这个故事，似有着不同的流传"版本"：一说为
"文公发绕炙"，一说为"平公发绕炙"。《艺文类聚》与《太平御览》中
称引"发绕炙"的故事时，彼此各取其一。前者仅录"文公之时"部分，
后者唯取"晋平公时"部分。① 正因为这个缘故，同样的故事在某些细节
方面也存在着细微不同。一旦撇开这些细枝末节的差异，我们不得不承认
故事记载又是相同的，即故事的主人公，因为烤肉中有发而为自己辩护；
辩护的内容，不外乎围绕切刀锋利、炊器完坚等展开；经过一番分析，得
出为人陷害的结论。②

邢义田后来指出（2008 年 10 月 8 日通信），③ 汪文台辑《七家后汉书谢
承书》卷六《陈正传》也有发贯炙事，只是故事的主角变成东汉初的陈正
与光武帝。这个故事也见于《艺文类聚》卷五十五"读书条"引北周薛寘
撰《西京记》。今校以周天游的《八家后汉书辑注》，移录相关文字如下：

> 　鲁国陈正字叔方，为太官令。时黄门郎宿于正有隙，因进御食，
> 以发穿贯炙。光武见发〔怒〕，敕斩正。正已陛见，曰："臣有当死
> 罪三：黑山出炭，增冶吐炎，燋肤烂肉，而发不销，臣罪一也。拔出
> 佩刀，砥砺五石，亏肥截骨，不能断发，臣罪二也。臣〔朗月书奏
> 章，侧光读五经，旦临食〕，与丞及庖人六目齐观，不如黄门一人，
> 臣罪三也。"诏〔赦之〕，敕收黄门。④

《艺文类聚》所载与上引文字相类，但叙述简略不少，不赘引。如此，
结合《韩非子》、《奏谳书》及谢承《后汉书》的记载，便会发现，故事
内容大同小异，故事人物却屡有改变：主角分别是宰人→史獸→陈正，配

---

① 欧阳询撰《艺文类聚》卷十七《人部一·发》，汪绍楹校，上海古籍出版社，1982，第
319 页；李昉等撰《太平御览》卷八六三《饮食部二二》，第 3836 页。

② 又，《风俗通义佚文》中载有这样的事例："昭帝时，大官上食，羹中有发，切中有土，
令承坐不谨敬，皆论。"与此例所载相似，"治食不谨"应有法律依据。参见应劭撰，吴
树平校释《风俗通义校释》，天津人民出版社，1980，第 420 页；曹旅宁《〈奏谳书〉考
述》，载氏著《张家山汉律研究》，中华书局，2005，第 272 页。

③ 又见邢义田《貃炙小考——汉代流行烤肉串，还是烤全羊？》，载氏著《画为心声：画像
石、画像砖与壁画》，中华书局，2011，注释 24，第 455 页。

④ 周天游辑注《八家后汉书辑注》，上海古籍出版社，1986，第 196 页。

角是晋文公（或晋平公）→卫君→光武帝。当然，依托旧有的"故事"
加以"改编"，在《奏谳书》中似遵循一定的"规则"进行——"改编"
似带有使传说中的"故事"与历史上的"人物"、"故实"相吻合的意图。
史献角色的确定，故事发生地自然由晋国变为卫国，文公或平公则为卫君
所取代；柳下季作为审判者，符合其曾为"士师"或"理官"的身份；
特重儒服之事，也符合其讲究"礼节"的特性。随之而来的，就是叠加上
原先未曾有过的、具有明显"时代"特征的司法程序。

张建国认为《奏谳书》的最大价值是展现秦汉刑事诉讼程序，并据此
总结秦汉刑事诉讼的基本程序是告劾、讯、鞫、论、报。[①] "烤炙案"中
显现出来的司法程序，显然比较符合秦汉时的状况。虽然不排除"案例"
中所见"故事"的真实性，但因"案例"中附加的秦汉司法程序，使我
们不得不怀疑由"故事"改编而来的"案例"的真实性。实际上，正如
邢义田指出的那样，同一个故事套用在不同的时代和不同人身上，就不会
真有其事。依据其中称引的律文及司法程序的时代性，我们认为《奏谳
书》"异时鲁法"、"异时卫法"等"案例"，并非"春秋案例"。它们可
能是在流传"故事"的基础上，加以"改编"而大致形成于秦汉时期，
似可将之定性为"虚构"的"故事"而非真实"发生"的"案例"。

敦煌文书中编号为 P. 3813 的"唐判集"中的一道"判"词，[②] 亦可
旁证上述论点。李膺、郭泰，本为汉末名士，却成为"判"词中的争讼小
人。二人乘船时遭遇风浪而落水，危急中他们发现了一块曲木，彼此都没
有"相让之心"，以至于身强力壮的郭泰"推膺取桡"获生，故李膺妻子
"阿宋"喧讼县官，控告郭泰是导致丈夫死亡的主因。李膺、郭泰虽为涉
案的主要人物，但没有人会将此案当作曾经真实发生过的案例，因为依据
正史记载很容易确定"判"词为不实之词。结合"判集"中的其他判词，
我们有理由相信池田温所言：

> 所引用案件大多不是原样照搬现实中的，而夹杂着虚构。这充分
> 体现在举出以李陵作为勇士、以宋玉作为奸通夫、贫穷的原宪被富裕

① 张建国：《汉简〈奏谳书〉和秦汉刑事诉讼程序初探》，《中外法学》1997 年第 2 期。
② 刘俊文：《敦煌吐鲁番唐代法制文书考释》，中华书局，1989，第 445～446 页。

的石崇所雇、郭泰李膺争夺桡等，都是把史上的著名人物拉来充当有趣的角色。因此，这些案件基本上都应该认为是根据当代观念而创作的，不能认为完全现实案件的原样。①

如此以来，假托"名人"编造"案件"的做法，不仅是有传承的，且可以追溯其源头。这恰可旁证"异时鲁法"等并非所谓的春秋"案例"。

问题是，《奏谳书》中为什么要收录"异时鲁法"等"虚构案例"呢？余嘉锡尝言："若夫诸子短书，百家杂说，皆以立意为宗，不以叙事为主；意主于达，故譬喻以致其思；事为之宾，故附会以圆其说；本出荒唐，难与庄论。"正因为"古书多造作故事"，"若必为之训诂，务为穿凿，不惟事等刻舟，亦且味同嚼蜡。夫引古不必皆虚，而设喻自难尽实，彼原假此为波澜，何须加之以考据？"② 这一点尤其重要。当围绕"春秋案例"进行求证时，固然应注意到外在的、表面的因素，但更应注意挖掘其背后可能潜含的意义。因为依托改编旧有的"故事"，甚至虚构造作，从根本上来说，都是为了要达到某种"目的"。《韩非子》中"文公发绕炙"显然是"经"文的注脚、例证；③《奏谳书》及所谓的"春秋案例"，又都与律令、治狱等法律事务密切相关，那么，将之放置在秦汉时代的律令学及"以吏为师"律令传习的背景下，对认识问题或许不无裨益。

《奏谳书》中奏谳性质的案例较好地保存了奏谳文书的格式，④ 无须多言；那些审讯记录性质的案例（包含所谓的"春秋案例"），实则亦属于典型的"治狱"案例。将审讯记录性质的案例视为典型，还可举秦王六年"狱史断𤶠"案为例。此案为"微难狱"。新任狱史以物证"券"为突破口，抓获嫌疑人"公士孔"，并以"鞘"（鞘）为破案线索，繁复诘讯，"孔"才认罪。新任狱史"以智訮（研）詗求得，其所以得者甚微巧，卑（俾）令盗贼不敢发"，故受到官府表彰。后世与之相似的案件，同样被

---

① 池田温：《敦煌本判集三种》，载杨一凡总主编《中国法制史考证》内编第二卷《日本学者考证中国法制史重要成果选译·魏晋南北朝隋唐卷》（本卷主编冈野诚），程维荣等译，第 526 页。
② 余嘉锡：《古书通例》（《目录学发微》、《古书通例》合订本），第 238 页。
③ 王先慎撰，钟哲点校《韩非子集解》卷第十《内储说下六微第三十一》，第 242 页。
④ 张家山汉墓竹简整理小组：《江陵张家山汉简概述》，《文物》1985 年第 1 期。

视为典型案例。《魏书》中记载司马悦以"鞘"决狱事，[①] 与《奏谳书》所见极为类似，正因为极具典型性，故又被郑克收录于《折狱龟鉴》。[②] 就某种情况而言，此类典型案例被收录乃至载录正史，似与当时的制度规定有一定关联性。天一阁藏《天圣令》中有宋《狱官令》一条，"诸州有疑狱不决者，奏谳刑法之司。仍疑者，亦奏下尚书省议。有众议异常，堪为典则者，录送史馆"，[③] 似可与《奏谳书》"令曰：狱史能得微难狱，上"之秦令相参照（简227）。[④] 从这两条令文可知，秦汉至唐宋，疑狱奏谳的程序大致相同，或亦可解释正史中记录的司法案例之来源。

诸如《疑狱集》、《折狱龟鉴》、《棠阴比事》等书的意义，如四库馆臣所言，"俾司宪者触类旁通，以资启发。虽人情万变，事势靡恒，不可限以成法。而推寻故迹，举一反三，师其意而通之，于治狱亦不无裨益也"。[⑤] 反过来看，今所见《奏谳书》似是这类书比较早的源头，只是这类书的编纂时间可能会更早，岳麓书院秦简即有此方面的内容。[⑥] 与《封诊式》着眼于司法文书"爰书"程式不同，《奏谳书》书题刻意凸显"奏谳"应有其特别用意。《奏谳书》基本取材于当时的司法审讯记录，较好地留存了奏谳、审讯等治狱过程，这对于学习"奏谳"乃至讯狱之人来说，具有不可替代的意义。《奏谳书》中收录虚构的"春秋案例"，恐是因为它们在教导小吏如何侦察、推理、断案等方面比较有代表性。"异时鲁法"，有凸显柳下季依法治狱、注重名实的用意；"异时卫□"，亦有表彰史猷的明察善断的睿智在其中。再三反味由"故事"改编的"案例"

---

① 《魏书》卷三七《司马悦传》，中华书局，1974，第858页。"时有汝南上蔡董毛奴，赍钱五千，死在道路。郡县疑民张堤为劫，又于堤家得钱五千。堤惧拷掠，自诬言杀。狱既至州，悦观色察言，疑其不实。引见毛奴兄灵之，谓曰：'杀人取钱，当时狼狈，应有所遗，此贼竟遗何物？'灵之云：'唯得一刀鞘而已。'悦取鞘视之，曰：'此非里巷所为也。'乃召州城刀匠示之，有郭门者前曰：'此刀鞘门手所作，去岁卖与郭民董及祖。'悦收及祖，诘之曰：'汝何故杀人取钱而遗刀鞘？'及祖款引，灵之又于及祖身上得毛奴所著皂襦，及祖伏法。悦之察狱，多此类也。豫州于今称之。"
② 郑克撰，杨奉琨校注《折狱龟鉴校释》，复旦大学出版社，1988，第71页。
③ 天一阁博物馆、中国社会科学院历史所天圣令整理课题组校证《天一阁藏明钞本天圣令校证（附唐令复原研究）》，第418页。
④ 张家山二四七号汉墓竹简整理小组：《张家山汉墓竹简［二四七号墓］》，第229页。
⑤ 永瑢等撰《四库全书总目》，中华书局，1965，第849页。
⑥ 陈松长：《岳麓书院所藏秦简综述》，《文物》2009年第3期。

及刻意附加的具有秦汉时代特征的司法诉讼程序，我们认为着眼于柳下季、史猷二人，其根本用意恐怕仍在于教导小吏如何学习法令及其在司法实践中的具体运用。如此，视《奏谳书》为律令学教本应无不可吧。正如敦煌所见的"判集"、白居易的"百道判"及《龙筋凤髓判》，其出现乃至流行一时，与唐朝选人例须试判的铨选制度密切相关；① 为官学吏所需自然成为催生治狱、判例之类文本的重要推动力。

2. 律章句本意

对律令学文本的考察，暂且先告一段落。紧接着要考察的，是习见的律章句。尽管律章句是古人称谓，但今人对其本意未必清楚。古人所说章句本意，以陈梦家说最为简明，分篇、析章、句读。② 律章句既带有章句之名，自然与其本意有相通之处。如前文所言，秦汉律令文本的篇章结构，是集类为篇、结事为章，律令条文也可称为章。一般来说，律令文本不存在分篇问题，依据篇题就可确定其归属。同一律篇内律条的书写格式，恐是与章句直接关联的问题。通常，学界在判定律令条文是否属于同一条款时，会不约而同地以书写格式为切入点，即前简尚未足行而另起一简书写，基本上可确定为一条新的律文。从现在所见的律令简来看，这一判定似乎未必尽然。

简牍所见的秦汉律令，并不是国家颁行律令的原貌，而是以之为据，有选择地抄录。抄录过程中，错简及增、漏字的情况，恐无法避免，③ 是否按原有格式抄写就更无从知晓了。睡虎地、王家台秦简中有不同"版

---

① 黄源盛：《唐律与龙筋凤髓判》，载氏著《汉唐法制与儒家传统》，元照出版有限公司，2009，第 339～383 页；陈登武：《白居易"百道判"试析——兼论经义折狱的影响》，载《传统中国法律的理念与实践》，第 343～346 页。

② 甘肃省博物馆、中国科学院考古研究所：《武威汉简》，文物出版社，1964，第 36 页。

③ 比如，《法律答问》中"可（何）谓'家罪'"等条（简 108、109、110）；再如，张家山《金布律》"不幸流"等条（简 430～432）。正因为抄录过程可能存在问题，故而，方有睡虎地秦简"岁雠辟律于御史"之类的规定（简 199）；新见里耶秦简中亦有相关记载（简 173 正），"卅一年六月壬午朔庚戌库武敢言之：廷书曰'令史操律诣廷雠，署书到吏，起时有追。'·令以庚戌遣佐雠。敢言之。"参见睡虎地秦墓竹简整理小组编《睡虎地秦墓竹简》，第 119、64 页；张家山二四七号汉墓竹简整理小组《张家山汉墓竹简［二四七号墓］》，第 190～191 页；湖南省文物考古研究所编《里耶秦简（壹）》，"释文"第 21 页。

本"的《效律》简，正可以之为例来说明问题。①

《秦律十八种》的《效律》简有这样三条律文（简168～176）：

[50] 入禾，万【石一积而】比黎之为户，籍之曰："其廥禾若干石，仓啬夫某、佐某、史某、稟人某。"是县入之，县啬夫若丞及仓、乡相杂以封印之，而遗仓啬夫及离邑仓佐主稟者各一户，以气（饩）人。其出禾，有（又）书其出者，如入禾然。

[51] 啬夫免而效，效者见其封及隄（题），以效之，勿度县，唯仓所自封印是度县。终岁而为出凡曰："某廥出禾若干石，其余禾若干石。"仓啬夫及佐、史，其有免去者，新仓啬夫，新佐、史主廥者，必以廥籍度之，其有所疑，谒县啬夫，县啬夫令人复度及与杂出之。禾赢，入之，而以律论不备者。

[52] 禾、刍稾积廥，有赢、不备而匽弗谒，及者（诸）移赢以赏（偿）不备，群它物当负赏（偿）而伪出之以彼（贩）赏（偿），皆与盗同法。大啬夫、丞智（知）而弗罪，以平罪人律论之，有（又）与主廥者共赏（偿）不备。<u>至计而上廥籍内史。</u>入禾、发屚（漏）仓，必令长吏相杂以见之。刍稾如禾。

单篇《效律》简中与之类似的内容如下（简27～37）：

[53] 入禾，万石一积而比黎之为户，及籍之曰："某廥禾若干石，仓啬夫某、佐某、史某、稟人某。"是县入之，县啬夫若丞及仓、乡相杂以封印之，而遗仓啬夫及离邑仓佐主稟者各一户，以气（饩）

---

① 补注：对睡虎地、王家台秦简《效律》的比较研究，始于佐佐木研太，当初我们遗漏此文，实在不该。不过，考察对象虽相近，但侧重点有别，观点亦不尽同。他认为"·"符号很可能不是用来标志条文分节点的东西，至少，它不是同一法律中连续条文之分节符号；"·"符号之前的是律文，后面的内容不会是律文的正文，而是（墓主人执行职务时）附加于律文之后的类似备忘录的东西，"·"符号起到提示下面有补充内容之作用。参见佐佐木研太《出土秦律书写形态之异同》，曹峰、张毅译，《清华大学学报》（哲学社会科学版）2004年第4期。按：若考虑到抄写者与使用者未必是同一人的话，则佐佐木此说能否成立，可再考虑。虽如此，他对不同《效律》的比较研究，及其对"·"符号功能的揭示，仍有重要的参考价值。

人。其出禾，有（又）书其出者，如入禾然。啬夫免而效，效者见其封及隥（题）以效之，勿度县，唯仓所自封印是度县。终岁而为出凡曰："某廥出禾若干石，其余禾若干石。"

[54] 仓啬夫及佐、史，其有免去者，新仓啬夫、新佐、史主廥者，必以廥籍度之。其有所疑，谒县啬夫，县啬夫令人复度及与杂出之。禾赢，入之；而以律论不备者。禾、刍稟积廥，有赢不备，而匿弗谒，及者（诸）移赢以赏（偿）不备，群它物当负赏（偿）而伪出之以彼（皴）赏（偿），皆与盗同法。大啬夫、丞智（知）而弗罪，以平罪人律论之，有（又）与主廥者共赏（偿）不备。

[55] 入禾及发扁（漏）仓，必令长吏相杂以见之。刍稟如禾。①

仔细比较 [50]、[51]、[52] 简与 [53]、[54]、[55] 简就会发现画波浪线者是彼此文字差异之所在，画直线者是律文接续格式之不同，至于标点断句之别尚不包含在内。整理小组认为单篇《效律》是首尾完具的律文，但"至计而上廥籍内史"一句揭示出事实并非如此。律条接续之异更揭示出问题所在：不同律条是否可以接续书写，可能并没有严格的要求或标准，故不能仅以书写格式判定律文是否属同一条款。换言之，今天所见的秦汉律令抄本多是分条书写（律文从十余字到数十字、百字不等），但这种"分条"未必是"原本"面貌的客观反映。有些律文虽然是接续书写在一起，如睡虎地秦律"有罪以赀赎及有责（债）于公"条（简133～140），②该条有三百余字，但这种"接续"未必是"原本"面貌的客观反映。

因此，王家台《效律》简的排序，与睡虎地简有重大差异，也就不足为奇了。③王家台"为都官及县效律"、"☐ ﹀官啬夫☐☐冗吏"两条，睡虎地简后接"衡石不正"条，而王家台"衡石不正"条则在"甲旅札赢

———————————————

① 睡虎地秦墓竹简整理小组编《睡虎地秦墓竹简》，第 58～59、73 页。

② 睡虎地秦墓竹简整理小组编《睡虎地秦墓竹简》，第 51 页。

③ 荆州地区博物馆：《江陵王家台 15 号秦墓》，《文物》1995 年第 1 期；王明钦：《王家台秦墓竹简概述》，载《新出简帛研究》，第 39 页。按：本段所说王家台秦简，均见于这两篇论文，不再出注。

其籍"条后；睡虎地简"甲旅札嬴其籍"在"公器不久刻者"后（按：整理者误写为"效公器"，今已改正），而王家台则在"器哉耳不当籍者"之后；"计用律不审而嬴不备"条，睡虎地简接在"上节发委输"条后，而王家台秦简则在"同官而各有主殿"之后；"叟戟弩"条，睡虎地简接在"马牛误识"条后，而王家台简则在"仓扁殳禾"条后；"度禾刍稾"条睡虎地简在"仓扁殳禾"条后，而王家台简则接在"县料而不备者"条后。整理者认为可据王家台《效律》简校定睡虎地《效律》简的排列顺序。显然，是将王家台《效律》简视为定本或足本，亦即不做任何改动的国家律令"摹本"。但就目前的材料看，并不能得出此结论。能否以之校定睡虎地《效律》简序次，我们认为还是采取审慎态度为好。

既然如此，难免会产生这样的疑问：不同律条之间的分合书写，是否会影响对律文的理解呢？或以为，［52］简中"至计而上廥籍内史"条在单篇《效律》中省去，但［54］、［55］两简的文意似乎并未受什么影响，就认为律条的分合书写乃至省略，对律文没有什么影响。然而这仅是问题的一方面，还必须注意到另一面。此时，可以［53］简为例。"啬夫免而效"句之前的律文，规定围绕谷物入仓的手续，其后则是说官吏任免、权力交接时要核验仓储，两者在意思上并没有什么直接关联。与"啬夫免而效"后简文意思可衔接的，应是［54］简"禾、刍稾积廥"句之前的律文，如此方能表达出一个比较完整的意思。这样的理解如无误的话，再来审视［53］、［54］两简，必须承认以下结论：这两枚简前后所表达的意思不同，从根本上来说，是因为律条接续有别导致的。从意思表达明白的角度看，《秦律十八种》中的《效律》接续似胜单篇《效律》一筹。

当律条的分合书写影响到对律文意义的理解时，如何克服这种障碍，就成为律令运用、传习中不得不注意的问题。如此，除判定律令条款关系的两点外在依据，即通过特殊字起例及符号标识外，以"章句"来确定律条的分合，恐怕也就不是生硬、牵强的比附了。我们认为这才是律章句得名的根本原因。所谓"律章句学"，是以自然章句为基础，确定某些律条的分合（亦即次生章句），构成一个"意义"相对完整的"单位"，亦即"章"；并进行文字方面的断句，以及为疏通律文所做的注说。这里所说的

"自然章句"，借用韩禄伯的话说，就是读者能够识别原文各意义单位（章）的不同，即使早期版本没有句读、章数。① 这可以睡虎地不同"版本"《效律》简中接续一致的律条为证，也可以《二年律令》中那些自然存在的律章为例。② "次生章句"，借用宁镇疆的话说，就是以这些自然章序为基础，出于"条理"、"逻辑"甚至是篇幅等方面的需要，对它们进行重新的分合独立组合。③ 上述秦《效律》简律条的不同序次，似可视为"次生章句"的典型例证。

之所以要进行序次条理，似与早期文本特质相关。早期文本，如简帛本、传世《老子》，又如简本、传世本《淄衣》，并非围绕一个中心议题而写作的系列文章，而是有着共同议题的章节段落的松散结合。律令简的情况与书籍简略有不同。作为文书的律令简，多是分条颁行，譬如《津关令》即为不同时期令文之汇编。如果李零对古代牒书的解释无误，④ 即越是文件才越是一条条书写，"编辑的问题比写作的问题更突出"（2009 年 8 月 25 日通信），那么，对律令条文进行条理恐怕也就在所难免了。

《说文解字》中的"、"、"↓"，普遍被视为句读符号。⑤ 汉代以降，用于标识章句（主要是断句）的符号，学界已有专论，⑥ 此不赘言。律章句符号，与一般章句符号，似无大差异。睡虎地秦简中，整理小组仅保留表示分条分段的圆点"·"和横线"一"，表示句读的钩识"∟"符号则在释文中省去。一般来说，《秦律十八种》、单篇《效律》中多

---

① 韩禄伯：《论〈老子〉的分章》，载中国社会科学院简帛研究中心编《简帛研究译丛》（第二辑），郭沂、温少霞译，湖南人民出版社，1998，第 49 页。

② 例如"实官佐、史柀免、徙"条（简 162～163），《秦律十八种·效律》与单篇《效律》接续相同。《二年律令》中第 349 简"实官史免、徙"条虽残断不全，但形制与睡虎地《效律》简格式相同：上一简虽留有书写余地，但仍然是另起一简、单独书写。参见睡虎地秦墓竹简整理小组编《睡虎地秦墓竹简》，图版第 28、57 页；张家山二四七号汉墓竹简整理小组《张家山汉墓竹简［二四七号墓］》，图版第 36 页。

③ 宁镇疆：《〈老子〉"早期传本"结构及其流变研究》，学林出版社，2006，第 86～88 页。

④ 李零：《视日、日书和叶书：三种简帛文献的区别和定名》，《文物》2008 年第 12 期。

⑤ 黄以周：《群经说》，载《续修四库全书》编委会编《续修四库全书》，上海古籍出版社，2002，第 128～129 页；吕思勉：《章句论》，《文字学四种》，上海教育出版社，1985，第 5 页。

⑥ 参见管锡华《中国古代标点符号发展史》，巴蜀书社，2002。

见圆点、钩识符号，《法律答问》等内容中圆点、横线等出现频度较高。
譬如：

> ［56］"臣妾牧杀主。"·可（何）谓牧？·欲贼杀主，未杀而
> 得，为牧。
>
> ［57］"辞者辞廷。"·今郡守为廷不为？为殹（也）。｜"辞者
> 不先辞官长、啬夫。"｜可（何）谓"官长"？可（何）谓"啬夫"？
> 命都官曰"长"，县曰"啬夫"。①

实际上，睡虎地秦简中常见的"·"、"━"，不一定总是表示分条分
段，有时候也可起到句读功能，有时两者又可互用、无别，［56］、［57］
即如此（简76、95）。② 只是在大多数情况下，律令条文中是不见此类标
识的。王家台《效律》简中用来标识章句的，不仅有位于简中（多见）、
简端（少见）的"﹀"符号，还有置于简中某字右下角的"▲"符号。
从目前披露的资料来看，"☐上赀一甲▲人户马牛一☐赀一盾……"条中
的"▲"，显然是属于句读性质的符号；"☐赀官啬夫一盾﹀斤不正三朱以
上☐"条中的"﹀"，则是属于分章性质的符号。虽说此种章句符号并不
常见，③ 但分章断句的功能并无不同。

秦简如是，张家山汉简《二年律令》呢？除去表示重文或合文的符号
"=‌"外，《二年律令》中的符号主要有三种。一是"■"，用在书名或律
篇名之前，有强调提示的意思。《二年律令》属于"律令集合体"之一
种，共抄录不同的律令近三十种。大概是为了区别前后律条分别属于不同
律篇，所以在抄录一定数量的律条之后，以"■×律"的形式抄录其所属
律的篇名。二是"·"，主要见于《津关令》中。《津关令》中诸令大多

---

① 睡虎地秦墓竹简整理小组编《睡虎地秦墓竹简》，第111、115～116页。
② 对睡虎地秦简中符号的探讨，台湾学者徐富昌研究较精详，详见徐富昌《睡虎地秦简研
　究》，文史哲出版社，1993，第194～208页。按：徐富昌所论未与律章句学结合起来，
　故为说明问题而重新加以讨论。
③ 对简帛符号标识的一般论述，参见张显成著《简帛文献学通论》，中华书局，2004，第
　179～214页；又见程鹏万《简牍帛书格式研究》，吉林大学博士学位论文，2006，第
　109～139页。

数有编号，没有编号的则在简首用"·"标出，大概起到区别不同令条的作用，应该与王家台简"乚"章号作用相同。三是"·"，形制与第二种相似，稍微小些，主要出现在律、令文字中。也有出现在简首的例子，但此种情况是极其少见的，可能是书写不规范造成的。用于律、令文字之中的"·"，大概有句读功能；用在简首的，性质与"·"相近，也应是用来分段、分条（章）的章号。

可能是受睡虎地秦简整理的影响，张家山汉简中的钩识符也被省去。那么，此做法是否可取呢？

先来看下面的睡虎地秦简（简5~7）、张家山汉简（简5）及武威汉简的部分引文（为突出原有符号的断句功能，将整理小组所加标点删除）：

[58] 斗不正半升以上赀一甲不盈半升到少半升赀一盾乚半石不正八两以上钧不正四两以上乚斤不正三朱（铢）以上半斗不正少半升以上乚参不正六分升一以上乚升不正廿分升一以上乚黄金衡蠃（累）不正半朱（铢）【以】上赀各一盾①

[59] 贼燔城官府及县官积冣（聚）弃市贼燔市舍乚民 室 屋 庐 舍 积冣（聚） 黥 为城旦舂乚其失火延燔之罚金四两 责 （债）所燔乚乡部官啬夫吏主者弗得罚金各二两②

[60] ·宾三献如初乚燔从如初乚爵止③

以上三条简文内容各异，用钩识来表示断句则如一。这些钩识符出现在盾、上、舍、舂、初等字的右下角。对比相关图版可知，自秦朝及汉代

---

① 睡虎地秦墓竹简整理小组编《睡虎地秦墓竹简》，第70页、图版第35页。

② 张家山二四七号汉墓竹简整理小组：《张家山汉墓竹简［二四七号墓］》，第134页，图版第7页。按："贼燔市舍"之"贼"，原释文中漏，今据"校读记"增。参见张家山汉简研读班《张家山汉简〈二年律令〉校读记》，载李学勤、谢桂华主编《简帛研究》（2002、2003），广西师范大学出版社，2005，第178页。

③ 甘肃省博物馆、中国科学院考古研究所：《武威汉简》，《释文》第97页、《摹本四·甲本特牲一》、《图版四·甲本特牲一》。按：仔细翻看摹本及图版，可知钩识符写作"∠"。睡虎地秦简及张家山汉简中，均写作此形制。陈梦家在释文中将之统一写作"乚"，今从。对于钩识符之意义，《流沙坠简》认为"如后世之施句读"，陈槃对此也有所论。陈槃：《汉晋遗简识小七种》，上海古籍出版社，2009，第8b页。

以来，钩识符的形制完全不变地被延续下来。虽然有时也会出现某些替代符号，如"·"、"·"、"▲"（如前引王家台简）等，但钩识符的功能并未发生根本改变。凡是出现钩识符的地方，都是需要标示句读之处。上引三例简文如此，今人断句亦是如此。

关于句读与文义的关系，陈槃引述汪之昌之说，所论最为中肯，最有指导意义：

> 句绝之别，即如此读，则为一义；如彼读，又别为一义。上属下属，祇一二字之间，义遂之而不同，所谓心意所趣向者此耳。①

钩识符如少见倒也罢了，但在睡虎地、张家山简中，此类符号的数量并不少，甚至比所见的"·"更为普遍。一旦在释文中省去这些钩识符，虽然其功能会被现代标点符号所体现，但古人曾经断句的事实将被掩盖，"律章句"的本意也将长久湮没无闻了。

承认秦及汉初就存在律令分章断句的情形，并不意味着这种分章断句就是合理的。实际上，汉律篇的分章原本就不那么合理，故唐人撰修《晋书·刑法志》时指责道：

> 世有增损，率皆集类为篇，结事为章。一章之中或事过数十，事类虽同，轻重乖异。而通条连句，上下相蒙，虽大体异篇，实相采入。《盗律》有贼伤之例，《贼律》有盗章之文，《兴律》有上狱之法，《厩律》有逮捕之事，若此之比，错糅无常。②

这段话大意是说汉律篇章不合理，一章本来该围绕同一中心展开，但汉律分章并非如此而是错糅无常。《二年律令》的某些条文恰可与上述记载相印证（简396~397）：

> ［61］诸食脯肉，脯肉毒杀、伤、病人者，亟尽孰（熟）燔其

---

① 陈槃：《汉晋遗简识小七种》，第101a页。
② 《晋书》卷三十《刑法志》，第923页。

余。其县官脯肉者，亦燔之。当燔弗燔，及吏主者，皆坐脯肉臧
（赃），与盗同法。

［62］县道官所治死罪及过失、戏而杀人，狱已具，勿庸论，上
狱属所二千石官。二千石官令毋害都吏复案，问（闻）二千石官，二
千石官丞谨录，当论，乃告县道官以从事。徼候邑上在所郡守。①

［61］简是说干肉如毒害、毒伤人的话，应将剩余的尽快全部烧掉，
官府所藏纳者亦如此。应该焚烧而不焚烧，以及负责干肉的官吏，将被视
为盗赃而以盗律论处。此简大概可与"《贼律》有盗章之文"相对。更典
型的例子应是［62］简的条文。《兴律》本来是兴法徭戍的律篇，却有治
狱的条文。［62］简律文确实是治狱的条文，也确实出现于《二年律
令·兴律》之中。那么，这似乎只能说明上面的观点：汉律篇分章原本就
不是那么合理，各律篇中可能杂糅有性质不同的律文。

此点对考察《二年律令》编序问题尤为重要。《二年律令》的现有编
序确实不尽合理，但目前调整编序的思路似也存在问题。学界对《二年律
令》编序的调整，多少都存有以下倾向在其中，即同类、类似的行为或规
定，应该处在同一律篇之中。比如，或将《钱律》中的"捕盗铸钱及佐
者"条归入《捕律》，"毋论是从文义还是从出土位置来看，这两简（即
'捕盗铸钱及佐者'条）归入《捕律》都比归入《钱律》稍优"。② 然而，
我们并不认为如此调整的编联会比整理小组的旧编联合理。也就是说，
《钱律》的内容并不仅仅限于规范货币的使用，为确保《钱律》相关规定
的贯彻、执行，涉及一些刑事行为也并不是不可能的。除非有相同或类似
汉律文献出土，否则很难从整体上调整《二年律令》的编联，虽然局部的
调整确实是有可能实现的。

就某种情况而言，与确定律令的分章、句读相比，对其进行注疏、阐
发更为重要。在此过程中，作为离章析句、解故注疏的载体——"律本"
由此产生，"九章律"即是"律本"之一种。

---

① 张家山二四七号汉墓竹简整理小组：《张家山汉墓竹简［二四七号墓]》，第 136、186 页。
② 王伟：《张家山汉简〈二年律令〉编联初探》，《简帛》（第一辑），第 353～367 页。按：
此文最初发表于简帛研究网，http：//www.jianbo.org/admin3/html/wangwei01.htm，2003
年 12 月 22 日。

3. 律本与律学

律令学的核心是律令，问题是，师之所传与学僮所习是朝廷颁行律令的全部吗？

在回答此问题之前，先来看一下汉人对当时律令繁多的批评。在"盐铁论"辩论中，儒生们说道，"方今律令百有余篇，文章繁，罪名重，郡国用之疑惑，或浅或深，自吏明习者不知所处，而况愚民！律令尘蠹于栈阁，吏不能遍睹，而况于愚民乎"。① 再如，班固说道："文书盈于几阁，典者不能遍睹。是以郡国承用者駮，或罪同而论异。奸吏因缘为市，所欲活则傅生议，所欲陷则予死比，议者咸冤伤之。"② 又如，东汉陈宠也说道："汉兴以来，三百二年，宪令稍增，科条无限。"③ 甚者，皇帝本人也认为律令太过于繁多，不便行用。元帝诏书有言，"夫法令者，所以抑暴扶弱，欲其难犯而易避也。今律令繁多而不约，自典文者不能分明，而欲罗元元之不逮，斯岂刑中之意哉"。成帝亦言，"今大辟之刑千有余条，律令繁多，百有余万言，奇请它比，日以益滋，自明习者不知所由，欲以晓喻众庶，不亦难乎"。④ 上述言论是否因袭已不可知，即便是其中有夸张的成分，但异口同声说汉律令繁多，看来应是事实。那么，也就无法回避这样的问题：汉律令内容庞杂，典者尚且不易，学者怎能习其全部？如此，汉简中常见的"颇知律令"，恐怕不是指所有的律令吧？⑤

最可能的猜测是，选取那些关键、常用的律令，作为传习、考核的内容。这就逐渐触及核心问题——选择"律本"篇目。

此处所说的"律本"，同于经学中的经文（或"本子"）。经学中欲自成家法的，需持三事：一是承受于师的经文，二是所自创家法的章句，三

---

① 桓宽撰，王利器校注《盐铁论校注（定本）》卷第十《刑德第五十五》，第 566、570～571 页。

② 《汉书》卷二三《刑法志》，第 1101 页。

③ 《后汉书》卷四六《陈宠传》，第 1554 页。

④ 《汉书》卷二三《刑法志》，第 1103 页。

⑤ 汉简中有"不知烽火品"、"品不知半"、"读烽火品未习"等语，显然是针对守塞吏卒而言的。从这些记载中可知：汉简中的"颇知律令"，看来在不同地域侧重有别——除通行全国的律令外，边塞地区习用的"烽火品约"，似也在考核、检查范围内。

是根据章句所做的解故。① 上文对律章句有专门所述，此处着重考察的是
"经文"，亦即律章句中的"本子"。不论是律令家学，还是律章句学，须
以国家颁行律令为本，这是毫无疑问的。这可称为广义的"律本"。汉武
帝之前，律令数量似乎相对有限，并没有什么大的变动，似尚能遍习全部
律令。但武帝以来，一方面律令篇目有较多的增加，另一方面"决事比"
数量急遽增长。而且，当时的法律体系是由单篇律与令构成，并没有国家
统一颁行的法律编纂物，想要收集、遍习全部律令，恐非易事。那么，在
律令学出现、发展的过程中，应该会选择那些比较重要、实用的律令篇
目，作为传习的本子、章句的载体、解故的对象。如此，单篇律、令被选
择性地汇为一编，也就意味着新的"律令集合体"的产生。这些人为选择
的律令篇目，似可称为狭义的"律本"。今所见睡虎地《秦律十八种》、
张家山汉简《二年律令》，如二者确实是律令学传授之教本的话，也不妨
称之为"律本"。因家法、章句不同的缘故，"律本"篇目也可能不同。
"律有三家，其说各异"的记载，② 或考证三家指代郭躬、陈宠及杜林，③
但三家之别或许是基于律本不同。

　　"盐铁论"辩论中，不论是大夫，还是文学，都称言"二尺四寸之
律"。称律为二尺四寸，亦即尊法为经，可能是其原因所在。现已不清楚
尊何法为经，是全部律令，抑或是部分。基于某种认识对律令性质的判
定，其中不乏被普遍认可的律篇。萧何所作律令被称为"律经"，④ 似是
源于对其重要性的肯定，似乎也是尊法为经的表现。当班固、王充几乎同
时提到"九章"时，⑤ 汉末崔寔也说"昔高祖令萧何作九章之律"，⑥ 可
能都是受到律令传习中"九章"律本的影响。这或许可视为"九章律"
出现的标志。"九章"提法被固定而成为不刊之论，约在三国曹魏设律博

① 甘肃省博物馆、中国科学院考古研究所编《武威汉简》，第 35 页。
② 《后汉书》卷四六《陈宠传》，第 1554 页；《晋书》卷三〇《刑法志》，第 920 页。
③ 龙大轩：《汉代律家与律章句学》，载杨一凡主编《中国法制史考证续编》，社会科学文
　 献出版社，2009，第 222～239 页。
④ 《汉书》卷八《宣帝纪》，文颖注，第 253 页。文颖曰："萧何承秦法所作为律令，律经
　 是也。"
⑤ 《汉书》卷二三《刑法志》，第 1096 页；北京大学历史系《论衡》注释小组：《论衡注
　 释·谢短篇》，第 725 页。
⑥ 《后汉书》卷五二《崔寔传》，第 1729 页。

士及修律之时。卫觊请置律博士时有"九章之律，自古所传"等语，而魏《新律序》中隐然是以汉"九章律"为比照对象。从这个角度看，"九章律"诸篇虽可能是汉初以来就存在的律篇，却是在繁多的律篇中逐渐筛选、确定的结果。

作为"律集合体"或律本的"九章律"，虽没有任何公权起源的因素在其中（滋贺秀三），但无疑包含了当时律令中最重要、最实用的律篇——刑律。卫觊在奏置律博士时说道：

> 九章之律，自古所传，断定刑罪，其意微妙。百里长吏，皆宜知律。刑法者，国家之所贵重，而私议之所轻贱；狱吏者，百姓之所县命，而选用者之所卑也。①

然而，从《秦律十八种》及《二年律令》来看，秦汉律令篇目远已超出典籍的记载，也并非通常所说的"刑律"所能涵盖。其中一些律篇，如《传食律》、《赐律》、《秩律》、《仓律》等，多属于制度规定而与"刑罚"无涉。那么，对于重实务、讲操作的法律活动来说，这些制度性规定律篇的作用，自然逊色于决狱定罪的律篇。或言《户律》、《兴律》、《厩律》虽为"事律"，②但仍然被归入"九章律"中，或可揭示制度规定并未被排除在外。这确实是无法忽略的问题。长久以来，《户律》、《兴律》、《厩律》亡佚不存，虽有学者辑佚疑文残句，却无法从根本上认识其内容。《二年律令》载有《户律》、《兴律》二律，《秦律十八种》中载有《厩苑律》。仔细阅读这些被抄录的条款及其立意，或许会为理解其被纳入"九章律"提供认识便利。《户律》涉及田宅、占年、立户等制度，意在有效掌握人力资源，控制民众；《兴律》涉及治

---

① 《三国志》卷二一《魏书·卫觊传》，中华书局，1982，第611页。
② 所谓"事律"，冨谷至认为是以行政或制度为主的法规，当它们作为九章律而被汇总为法典后，新增了刑事规定，成为具有刑罚性质的法律。徐世虹从"事"字"役使"之意出发，认为赋役征发与户口、军兴、库厩相关，出于此种可能而将《晋志》概言为"事律"。详见冨谷至《通向晋泰始律令之路》，载《日本学者中国法论著选译》，第135页；徐世虹《九章律再认识》，载马志冰等编《沈家本与中国法律文化国际学术研讨会论文集》，中国法制出版社，2005，第695页。按：冨谷至观点亦可见于徐文。

狱、徭戍、烽燧等规定，重在兵役、徭役的征发。这两者是传统政治社会结构得以确立的根本保障。① 从秦《厩苑律》来看，内容多与《金布律》相近，主要涉及对官府马、牛等财物的规定，其可能意在保护官府财产不受损失。这可能是因为《户律》、《兴律》、《厩律》关系重大，故才受到当时人及律学家的普遍重视。而且，这些律篇虽被称为"事律"，但许多条文也与刑罚相关。②

对"九章律"是最重要、最实用的律篇——《刑律》的观点，还有必要对其进行专门的说明。这就牵涉选择"律本"篇目的指导思想问题。为什么要舍弃其他而选定这九个律篇？其背后到底蕴含什么样的指导思想？

正式解答这些问题前，先看《急就篇》中的记载：

> 皋陶造狱法律存，诛罚诈伪劾罪人，廷尉正监承古先，总领烦乱决疑文，变斗杀伤捕伍邻，亭长游徼共杂诊，盗贼系囚榜笞臀，朋党谋败相引牵，欺诬诘状还反真。
>
> 坐生患害不足怜，辞穷情得具狱坚，藉受证验记问年，同里乡县趋辟论，鬼薪白粲钳钛髡，不肯谨慎自令然，输属诏作豀谷山，菆萩起居课后先，斩伐材木斫株根。
>
> 犯祸事危置对曹，谩訑首匿愁勿聊，缚束脱漏亡命流，攻击劫夺槛车胶，啬夫假佐扶致牢，疵痏保辜啼呼号，乏兴猥逮词讼求，聊觉没入檄报留，受赇枉法忿怒仇。③

这是《急就篇》第二十七至二十九章的内容，主要涉及律令中的治狱定罪之事。邢义田曾论及其包括最初的律令知识，但这部分史料似仍有待发掘的价值。《急就篇》作为启蒙教育的识字书，传播面之广、影响之大不容低估。书中所选择、叙说的内容，想必都是经过深思熟虑的。上引三章内容，或追溯法律起源，或是盗贼囚捕，或是治狱验问，或是乏兴受

---

① 杜正胜：《编户齐民：传统政治社会结构之形成》，第 22 ~ 34 页。
② 张家山二四七号汉墓竹简整理小组：《张家山汉墓竹简［二四七号墓]》，第 176、186 页。
③ 史游撰，王应麟补注《急就篇》，中华书局，1985，第 299 ~ 313 页。

赎，不一而论。但有一点则完全可以确定：均与治狱定罪的"刑律"有关。那些制度性律篇，不见丝毫踪迹。那么，汉人对律令篇章重要与否的认识，似乎由此可见一斑。对决狱定罪等常用性、实务性律篇的关注程度，要超出那些以行政或制度规定为主的律篇。从目前的资料来看，这并不是汉人所独有的观念，而是延续先秦以来的（特别是战国）重刑罚思想。① 秦及汉初的启蒙书《苍颉篇》中也有此类记载；阜阳双古堆《苍颉篇》残简中，就有"诛罚赎耐"、"殴伐疻痏"、"杀捕狱问"、"逃捕隐匿"等内容。②

这种主观取舍律篇的背后，凸显的是"实用理性"精神。武威旱滩坡汉简中的"丞相常用第三"等语，可以说是汉人重实用的最明显例证。③受司法实践及实用观念的制约，同样是国家颁行的法令，也会被人为地衡定轻重主次。那些制度或行政性的律篇，与一般吏民并无直接关系。例如，《秩律》主要规定朝廷及县道官吏的俸禄。当某人担任某一职位时，俸禄多少已经是固定的，并不随升迁调动而改变（汉初情形如此，后来情况发生变化。出于对官吏的奖励，有"增秩"、"贬秩"的出现）。对普通民众或官吏来说，这些不需要刻意去了解。当制度性规定被付诸实践时，亦即根据规定确立相关制度时，这些规定就很少发生变化，自然会拉开与普通民众的距离。民众间时常发生的纠纷，多是与杀伤、斗殴、盗窃、立户、析产等有关。官民间的法律关系，基本是单向的服从关系，如百姓应安顺守法、交纳赋税、承担徭役，等等；不同行政级别官吏的职权，如审判权、奏请律令之权，等等，法律也有规定。一旦违反这些规定而涉及定刑量罪时，刑律的作用不言而喻。更何况，秦汉吏治颇重治狱，故路温舒有十失一存之语。④ 既然如此，不精习相关律令、不知晓验问程序，自是无法审判、定罪。今所见的带有教本性质的法律简，如上述《封诊式》、《奏谳书》等，或是调查取证"爰书"的范式，或是关系疑难案

---

① 萧公权：《中国政治思想史》，联经出版社事业公司，1982，第 211～218、252～257、279～305 页。
② 阜阳汉简整理组：《阜阳汉简〈苍颉篇〉》，《文物》1983 年第 2 期；胡平生、韩自强：《〈苍颉篇〉的初步研究》，《文物》1983 年第 2 期。
③ 武威地区博物馆：《甘肃武威旱滩坡东汉墓》，《文物》1993 年第 10 期。
④ 《汉书》卷五一《路温舒传》，第 2369 页。

件的议狱、奏谳，内容虽然各有侧重而不尽相同，但与法律实务相关却无一例外。

对律篇价值重要与否的衡定，也导致了对律、令内涵的新界定。早期律与令的区分并不那么严密，内涵上也并没有什么特殊之处。受上述“实用理性”的影响，以及对律篇价值的再衡定，从西汉中后期以降，律、令被逐渐赋予新的内涵。对此，《盐铁论》中是有明显反映的。《盐铁论》卷十《刑德》、《诏圣》等篇中，大夫、御史与文学就“礼治”、“法治”展开辩论。双方在阐述各自观点、相互辩驳的过程中，往往就“法令”、“刑罚”等展开论说：

> 令者所以教民也，法者所以督奸也。令严而民慎，法设而奸禁。网疏则兽失，法疏则罪漏。罪漏则民放佚而轻犯禁。故禁不必，怯夫徼幸；诛诚，蹠、蹻不犯。是以古者作五刑，刻肌肤而民不踰矩。
>
> 春夏生长，圣人象而为令。秋冬杀藏，圣人则而为法。故令者教也，所以导民人；法者刑罚也，所以禁强暴也。二者，治乱之具，存亡之效也，在上所任。①

如果说大夫所言“令”、“法”指代内容相同且作为“法令”泛称出现的话，那么，文学所言的“法”与“令”则是分别指代某些内容。否则，“二者，治乱之具”等语，也就无从理解了。显然，“令”更多地带有教导意义，“律”更多地指代刑罚，两者各有侧重而不同。这种区分反映了当时人对律、令的认识，恐是以律、令内容为据而作此区分，而非以随意之语或泛泛之论出现。当法成为“刑罚”的指代语时，与法字互训的“律”也受影响（详前），律令似乎也成为刑罚的代称。② 如此，不仅“律”的内涵被人为地界定为刑罚（实同于刑律），而且也成为“律以正

① 桓宽撰，王利器校注《盐铁论校注（定本）》卷第十《刑德第五十五》、《诏圣第五十八》，第565、599页。

② 文学说道，“道径众，人不知所由；法令众，民不知所辟。（中略）是以法令不犯，而狱犴不用也。”接着，就提到汉律令之繁杂，即上引“方今律令百有余篇”等语。从这个例子看，“法令”、“律令”是同义语，均可作为刑罚的代称。参见桓宽撰，王利器校注《盐铁论校注（定本）》卷第十《刑德第五十五》，第565页。

罪名，令以存事制"观念的前奏。①

律本选定及律令内涵的再界定，似乎可视为律学发展的表征之一：选定律本篇目时，会在特定思想指引下衡量其与法律实务操作的关系，作为律本的"九章律"恐即因此而出现；其后再界定律令内涵，使彼此性质得以区分并确立各自的约束范围，进而奠定魏晋以来律令分途发展之轨迹。如此，也就没有理由将它们排除于律学之外。

结　语

律令作为律令法体系的核心，是考察中国古代法律的根本。前辈学者为此付出了巨大辛劳，也取得了诸多成果，为后来学者继续推动此领域的研究奠定了坚实基础。在有幸接触亡佚数千年的秦汉律令的今日，难免会发现此前研究中存在的种种问题。那么，以秦汉简牍所见律令材料为据，并参照后代正史所载之《刑法志》，审视旧说，建立新论，是本专题的根本主旨所在。

"秦汉律的编纂"部分，围绕秦汉律而非"法典"说展开。"法典"这一提法的普遍使用，是以近代法典编纂论争为契机，是后人观念施加于古代法律的结果。若以之称谓"法经"或"九章"，就会发现其与法典撰修所具有的特征不符。又通过对"九章律"研究成果的辨析，以及相关史料记载中存在的问题，从实证角度进一步质疑汉律"法典"说。在承继"单篇律"说的基础上，依据相关简牍资料，进一步说明秦汉时代并无国家统一颁行、篇目固定的律令编纂物，真正符合近代意义的"法典"是以魏新律为标志；并以"律令集合体"为题，考察从律令汇编走向法典编纂之历程。

---

① 潘武肃：《"春秋决狱"论略》，《香港中文大学中国文化研究所学报》第21卷（1990）；潘武肃：《西晋泰始颁律的历史意义》，《香港中文大学中国文化研究所学报》第22卷（1991）。按：《盐铁论》中的这句话，学界注意到者不少。潘武肃说道，"此一观念之提出，于近二百年后才开花结果"；堀敏一也据此说道，"这与杜预的话（指"律以正罪名"一句）如出一辙"，但他可能意在强调重视律的思想盛行，与潘武肃及本文申述的观点不尽同。参见堀敏一《晋泰始律令的制定》，载《中国法制史考证》丙编第二卷《日本学者考证中国法制史重要成果选译·魏晋南北朝隋唐卷》（本卷主编冈野诚），程维荣等译，第297页。

"律令分论三题"部分，对律的篇目、令的编纂、文本特征三个问题进行研究。以律文称引及命名为中心，辨析部分所谓的律篇名实为律条名，保守地梳理出现今所见秦汉律的基本篇目，再次揭示了出土文献与传世典籍记载之差异。区分令的分类与令的编纂这两个迥异的问题，对秦汉令研究中存在的问题进行细致辨析，指出，事类令和单行令是令的基本分类，干支令、挈令则属于令的再编纂。又对律令文献的载体形制、篇章结构、书写格式、条文编号诸方面，进行考察，对深入认识秦汉律令的文本特征不无裨益。

"律令关系三论"部分，围绕秦汉律令的关系展开。律令转化，首先是说早期律表达的是令的内容，是由王者之令转化过来的，留存有令的痕迹在其中；其次是说以律的表达内容为主旨，令作为律的阐发或细化规定出现。"律主令辅"，主要就律与令孰轻孰重展开探讨。律普遍是定罪量刑的根本依据，令在多数情况下是作为律的补充法出现的。律令分途，是律令转化说的延伸。秦及汉初的律并不限于刑律，也包括一些制度性、事务性的律篇，而这些律篇在后代多是以令的形式出现；同名（或相近）汉律篇、令篇的出现，是律、令价值内涵界定之表现，也揭示着律令分途发展之态势。

"律令之学"部分，对律令学教本、律章句本意及律本与律学三个问题展开论述。前者以《奏谳书》"春秋案例"为切入点，剖析文献的表现形式，以及此类文书的意义。律章句本意，从文本的书写格式入手，着重考察律章句的得名缘由。后者以律令学发展之核心律本为关注点，指出在繁多的汉律令中选取、编纂传习的"律本"，也是重新衡定各单行律篇价值、作用的过程，律本与律学之互动关系似亦可借此窥见一斑。所谓"九章律"，各篇虽可能是汉初以来就存在的律篇，但似乎是律本篇目选择、固定之结果，其中似也凝聚着当时人的一些共识吧。

如将唐王朝视为律令法系的典型或发达时代，那么，秦汉时代无疑是律令法系的起源、发展阶段。律、令作为律令法系的核心部分，虽说从秦汉至魏晋一直存续，但具体内容方面却不尽相同。从律的编纂看，秦汉仍是单行律或单行令的年代，国家统一颁行的律令编纂物出现在魏晋，符合近代法学意义上的法典编纂亦始于魏晋。从律、令的内涵看，秦汉时期的律与令有区分，尽管这种区别并不是很严格；魏晋时期，律的内涵缩小而成为刑律的代称，制度性的规定以令的面貌出现，分途发展成为律令体系发展的大趋势。

拓宽历史研究的视野，在延续中审视变化、发展，自会有益于对历史的理解。研究要着眼于发展的历史表象，但探求变化、发展的深层原因，肯定是更有意义的。

通往晋泰始律令之路（I）：秦汉的律与令

汉时，萧何定律令，张苍制章程，叔孙通定仪法，条流派别，制度渐广。晋初，甲令已下，至九百余卷，晋武帝命车骑将军贾充，博引群儒，删采其要，增律十篇。其余不足经远者为法令，施行制度者为令，品式章程者为故事，各还其官府。①

汉初，其后渐更增益，令甲已下，盈溢架藏。晋初，贾充、杜预，删而定之。有律，有令，有故事。梁时，又取故事之宜于时者为梁科。②

以上两段叙述分别为《隋书·经籍志·史部》之"旧事"、"刑法"序文的一部分。

《隋书·经籍志》划出了"旧事"、"职官"、"仪注"、"刑法"等各篇目，它列举并类分了所谓与刑罚或行政相关的法律书籍。"旧事篇"与"刑法篇"所共同记载的内容是，汉时萧何制定律令——正确地说，"旧事篇"云"萧何定律令"，"刑法篇"云"萧何定律九章"，二者间仍存在着若干不同。至晋时，贾充、杜预对令甲（甲令）等增加的法规予以重新编纂，并制定了律、令、故事。

笔者可能会面临这样的责难：《晋书·刑法志》已详细记载了汉时萧何所制定的法典演化为晋律、晋令的过程，所以此处没有必要再引用《隋书·经籍志》的论述。但是，笔者之所以特意做这种尝试，是因为在《隋书·经籍志》各篇的解说及"刑法篇"中有令笔者不解之处。

"旧事篇"及"刑法篇"所提及的法典编纂的经过是，"至晋时，'令甲以下，盈溢架藏'，因此它们被重新编纂"。如果是这样的话，似乎可以说，直至晋时，汉的法令（若以之为令甲）一直处于一种未被整理、未经

---

① 《隋书·经籍志·史部》。
② 《隋书·经籍志·史部》。

人手的状态，而萧何所制定的"九章律"也是在晋时才开始被重新编纂的，因此至少"令甲"、"九章律"都直接与晋联系在一起。然而，实际上，曹魏在黄初年间就编纂了汉的法规（汉律）并制定了其十八篇的魏律。笔者不明白为何这一事实被忽视。

进一步说，至今为止另有一个不怎么引人注意的问题，即《隋书·经籍志·史部》"刑法篇"列举了"律本二十一卷　杜预撰"、"晋令四十卷"、"梁律二十卷　梁义兴太守蔡法度撰"、"梁令三十卷"等晋以降的律与令，[①] 但此前的魏及汉的律与令却无从得见。诚然，《隋书·经籍志》"刑法篇"的序文明确写道"汉律久亡……"，因此如下解释可能会自然产生：至少在晋泰始律令编纂之时，晋以前的法令确实存在，但在晋律及晋令形成之后，前代的法令已成为无用之物而消亡。

但是，《汉书·艺文志》同样未提及"汉律"、"汉令"。在此种情况下，所谓"散佚"这种由《隋书·经籍志》提出的理由就无法成立。然而，因为泰始四年所编纂的晋律及晋令修正了汉律、汉令，所以从那时开始汉代的法规就不复存在了，这是不可能的。[②]

破解《汉书·艺文志》未能著录律、令典籍之理由的关键在于，《汉书·艺文志》著录典籍之时，律、令被视为一种什么样的书籍。另外，《汉书》认为不值得著录的法令的性格在《晋书》中也许已经发生改变。这不正指明，晋泰始律、泰始令以前的法规与其后的法规、法典之间产生了某些重要的包含内容及形态的变化吗？本文将携此疑问，对从秦汉至晋的中国古代法的变迁做出考察。

到目前为止，有关汉唐间法典编纂的研究一直都是绝不可等闲视之的学术领域。从既有研究的质和量上来说，本文甚至必须专辟一节以整理这

① 有关晋律的卷数，《旧唐书·经籍志》记载："刑法律本二十一卷　贾充等撰。"《新唐书·艺文志》则曰："贾充、杜预　刑法律本二十一卷。"《通志·艺文略》又说："律本二十一卷　贾充、杜预撰。"可见，在晋律的卷数及撰者问题上，这些史料的叙述与通说之间存在若干异同。就卷数来说，或许，只有二十卷的晋律在加上序文之后就变成了二十一卷。再则，就撰者而言，贾充、杜预为共同编纂者当无疑义。详参兴膳宏、川合康三《〈隋书·经籍志〉详考》，汲古书院，1995。

② 虽然清人姚振宗所著《汉书艺文志拾补录目·诸子略·法家》曾载"汉律六十篇"、"汉令三百余篇"，但这本来就不过是一种推测，其拾补的正确性是令人怀疑的。

方面的学说史。而且，晋泰始律令的诞生是中国法律史上的划时期事件，这也已经得到数位先贤的强调。但是，即使面对丰富的既往研究成果，却仍无法得到对上文疑问之心悦诚服的解答者。

问题恐怕导源于这一点，即当论道汉律、汉令表现为一种什么样的面貌时，这不仅仅涉及法规的内容，而且似乎也关系对如下疑点的思考方式：在法规形态上，作为典籍的晋律与汉律是否拥有相同的样态。

带着以上疑问，笔者试图在先贤的汉晋法典编纂史研究的基础上继续推进，并在此过程中提出与先贤之说有所不同的个人见解。

（一） 有关汉律的诸问题

从秦汉至唐的法典编纂来说，律与令这两个系统的并存或许是毋庸多言的。但是，对于律与令起源于何时或哪个王朝、所谓律为何物、所谓令又为何物——学界至今尚未达成一致见解。

作为定义律与令而被引用的史料有以下几条。

> 天子诏所增损，不在律上者为令。（《汉书·宣帝纪》）
>
> 前主所是著为律，后主所是疏为令。（《史记·酷吏列传》、《汉书·杜周传》）
>
> 春夏生长，圣人象而为令。秋冬杀藏，圣人则而为法。故令者教也……法者刑罚也。（《盐铁论·诏德》）
>
> 令者所以教民也，法者所以督奸也。（《盐铁论·刑德》）
>
> 凡律以正刑定罪，令以设范立制。（《唐六典·尚书刑部》）
>
> 律以正罪名，令以存事制。（《太平御览》卷六四一《杜预律序》）

尽管对比解说律与令、法与令的这些论述，其定义未必是确定的，但在大体上，它们揭示了两个方向：其一，律＝基本法（正法），令＝单行、追加法；其二，律＝刑罚法规，令＝非刑罚、行政法规。

无论我们依从何种有关律令的定义，所谓例外这样的对定义予以否定的事例都为数众多。再则，换个角度来说，我们又不能抛开另一个问题来探讨律令的定义：律与令作为法典是在什么时代出现的。因为，在将令视为单行、追加法的场合，它与作为当然前提的基本法之间的时间差是必须要考虑的；如果转向所谓刑罚与非刑罚的区分，又不得不考虑这样一个问题，即此种区分是否在法典成立之初就已存在。

在明确律与令究竟各为何物这一点上应当如何是好呢？笔者姑且先从考察秦至唐的律典编纂开始。其理由是，尽管这一方法已为先学所考证，所引用的史料又非令人耳目一新之物，但是在个别解释上，笔者仍提出了若干私见，而且直至后文又对令做出考察，这是一个不可或缺的过程。

1. 汉九章律——篇章之义

对战国魏李悝法经至汉萧何九章律的发展经过，解说最为详细的是《晋书·刑法志》的如下记载：

> 是时承用秦汉旧律，其文起自魏文侯师李悝。悝撰次诸国法，著法经。以为王者之政，莫急于盗贼，故其律始于盗、贼。盗贼须劾捕，故著网、捕二篇。其轻狡、越城、博戏、借假不廉、淫侈、逾制以为杂律一篇，又以具律具其加减。是故所著六篇而已，然皆罪名之制也。商君受之以相秦。汉承秦制，萧何定律，除参夷连坐之罪，增部主见知之条，益事律兴、厩、户三篇，合为九篇。叔孙通益律所不及，旁章十八篇，张汤越宫律二十七篇，赵禹朝律六篇，合六十篇。

这里所提及的"盗、贼、网、捕、杂、具"六篇法规是李悝的法经，萧何在此基础上增加"兴"、"厩"、"户"三篇并制成由下列九篇组成的法典：

盗律　贼律　网律　捕律　杂律　具律　兴律　厩律　户律

现在，笔者想对此众所周知的事实特别再补充一点，即李悝法经与萧何九章律均以盗律为第一篇，盗律以下则排列以贼律与网律；法经将具律置于末尾，而九章律则以户律为最后，篇的顺序遂呈固定状态。

这点正是上列引文中"以为王者之政，莫急于盗贼"之下的文字所欲表达的内容。又，《晋书·刑法志》对魏律十八篇的篇章顺序作如下解释：

> （魏新律）序略曰……旧律因秦法经，就增三篇，而具律不移，因在第六。罪条例既不在始，又不在终，非篇章之义，故集罪例以为刑名，冠于律首。盗律……凡所定增十三篇，就故五篇，合十八篇，于正律九篇为增，于旁章科令为省矣。

《晋书·刑法志》所说的"篇"，是盗律、贼律那样的单个法规的单位；所谓"章"则指单个法规所具有的条文。这一点可以从论述东汉末律之实态的《晋书·刑法志》的下列记载中获得明证：

> 集类为篇，结事为章。一章之中或事过数十，事类虽同，轻重乖异。而通条连句，上下相蒙，虽大体异篇，实相采入。盗律有贼伤之例，贼律有盗章之文……

这里的"篇"显然是盗律、贼律等律的编目，而《刑法志》所述"萧何律九篇"即由来于此。"贼律有盗章之文"，则是说贼律中混入了本该属于盗律的条文。可以说，篇＝构成法典的编目，章＝法规条文是毫无疑义的。循此立论，这里所见的"篇章之义"是指渗透于各篇顺序中的含义、理念，而"篇章之义"的有无之所以会变成一个问题，就是因为九章律、法经及魏律的篇章顺序固定，即所谓自身完结、拥有封闭体系的法典。

进一步说，《晋书·刑法志》曾提到萧何九章律直接传承自秦律——商鞅六律，这一点不容置疑。既然如此，我们不妨认为秦律也有固定的篇次。在此，笔者想引用《睡虎地竹简·法律答问》的一个

条文：①

> 盗及者它罪，同居所当坐（下略）

"盗及者它罪"一语所揭示的是以盗为代表性罪名的背景。它无疑表明，即便在秦律中，盗律同样被置于篇首。

所谓秦律→汉律→魏律，即从六篇至九篇并增加为十八篇的律典，至晋泰始律而成二十篇。从《唐六典》的叙述来看，这二十篇的篇名是这样的：

> 刑名　法例　盗　贼　诈伪　请赇　告劾　捕　系讯　断狱
> 杂　户　擅兴　毁亡　卫宫　水火　厩　关市　违制　诸侯

2. 单行、追加律

在秦汉律中，除了六篇、九篇之律外，还存在为数众多的律。《九朝律考·律名考》列举了越宫律、朝律、尉律、大乐律、左官律、钱律、田律、挟书律等文献史料中所能见到的律名。近年来，出土于秦墓、汉墓的简牍则使颇多文献所未载的律名得以确认。比如，睡虎地竹简就记录了这样一些律名：

> 田律　厩苑律　仓律　金布律　关市律　工律　工人程　均工律
> 徭律　司空律　军爵律　置吏律　效律　传食律　行书律　内史杂律
> 尉杂律　属邦律　除吏律　游士律　除弟子律　中劳律　藏律　公事司
> 马猎律　傅律　屯表律　戍律

睡虎地秦简是公元前 211 年秦始皇统一全国之前的记录。严格地说，它所记录的法规并非秦帝国的法律，但在比睡虎地秦简晚出土并为秦统一

---

① 下文在引用《睡虎地秦简》时将提到的简的序号，均为《云梦睡虎地秦墓》（文物出版社 1981 年）图版所列简的序号。

后之记录的云梦龙岗秦简中，完全一致的田律得以确认。这一点不能证明秦统一后曾编纂新律。毋宁说，以商鞅六律为基础的战国秦律也被适用到了秦新占领的地域中，所以可以认为，睡虎地秦律所记载的律名由此而成为统一秦的法律。

又，1984 年湖北省江陵张家山二四七号汉墓出土了汉律竹简五百余枚。① 这批汉简所属年代为汉初吕后时期，因此据竹简可确认的下述律篇名自然是西汉时代的律名：

賊律　盜律　具律　告律　捕律　亡律　收律　雜律　錢律
置吏律　均輸律　傳食律　田律　市律　行書律　復律　賜律　戶律
效律　傅律　置後律　爵律　興律　徭律　金布律　秩律　史律

这二十七种律名是作为律的题简被单独记在一支简上的，它们不与条文系联。另外，报告书又提到，简文还记录了"奴婢律"、"蛮夷律"等律名。②

除了题简所列二十七种律之外，二四七号墓出土的汉律竹简还包含名为"津关令"的令名简，第一简的背面则写有"二年律令"四字。这个既包含了九章律中的七种律，又存有与睡虎地秦律相同的七种律名的"二年律令"，究竟具有什么样的性质呢？

正如已经指出的那样，不只是"二年律令"，包括从张家山汉墓出土的"奏谳书"在内，它们都不过是出于需要而抄录的条文。如果我们要问"二年律令"是否为依照一定的基准或方针而编纂的法典，答案是否定的。原因在于，九章律具备始于盗律并终于户律的"篇章之义"。尽管我们无法确定在其背面写有"二年律令"四字的简为何种律的条文，但不能认为它是按九章律以盗律为先、续以贼律等顺序排列，进而又接续其他不能列入九章律中的律的。在笔者看来，二十七种律文不过是权宜性地汇集和收

---

① 《江陵张家山汉简概述》，《文物》1985 年第 1 期；《江陵张家山汉简"奏谳书"释文（一）》，《文物》1993 年第 8 期；《江陵张家山汉简"奏谳书"释文（二）》，《文物》1995 年第 3 期；《江陵张家山二四七号墓》，载大庭脩编《汉简研究的现状与展望：汉简研究国际学术会议'92 报告书》，关西大学出版部，1993。

② 院文清：《江陵张家山两座汉墓出土大批竹简》，《文物》1992 年第 9 期。

录了吕后二年时期的法规，它不能被视为编纂而成的法典，"二年律令"亦非具有普遍性的法典名称。

除了二四七号墓以外，江陵张家山三三六号墓也出土了汉律，已获得确认的律名则有十五种。据报告书所述，该墓还出土了文帝前元七年的历法，因此可以据此推定，三三六号墓的墓葬年代为文帝时期。

可以说，在吕后及文帝时期，除了高祖时代萧何所编纂的九章律之外，至少还存在具有二十多种篇名的汉律。这其中既有如景帝四年所废止的挟书律①那样从秦律继承而来的法规，又有九章律编纂后新追加或制定的法规，如以下律文所体现的"酎金律"即为一例：

> 侯王岁以户口酎黄金，献于汉庙。大祠曰饮酎，饮酎受金，小不如斤两，色恶，王夺户，侯免国。（《汉旧仪》）

"酎金律"规定，每年八月举行尝酒之祭时，诸侯王当提供一定基准的资助金，如若不从或者未达规定数额，那么诸侯王的县或侯国将被削夺。这一法律是武帝时期作为财政重建政策的一环而被制定出来的。②

同样，武帝时期还制定了名为"左官律"的汉律。该律以抑制诸侯为目的，它禁止朝廷官员与诸侯建立直接的君臣关系：

> 景遭七国之难，抑损诸侯，减黜其官。武有衡山淮南之谋，作左官之律。（《汉书·诸侯王表》）

---

① 《汉书·惠帝纪》曰："（惠帝）四年……省法令妨吏民者，除挟书律。"被废止的挟书律与秦以来的挟书律并无不同，可以说是汉从秦律继承而来的法规。参见大庭脩《秦汉法制史研究》，创文社，1982，第80页。

② 有关此处所说的"酎金律"，虽然丁孚所著《汉仪》指出"酎金律，文帝所加"，即"酎金律"为文帝时代制定的法律，但是《史记·孝文本纪》"集解"所引"张晏注"认为，"酎金律"始创于武帝时代："至武帝时，因八月尝酎会诸侯庙中，出金助祭，所谓酎金也。"尽管在《高祖功臣年表》等年表中频出"坐酎金，国除"数字，但这些情况全部集中于武帝时期尤其是元鼎五年间，据此或可将"酎金律"解释为武帝时代作为财政重建政策之一环而制定的法律。

目前还可追加一点，即上文已介绍过的史料《晋书·刑法志》所提及的"张汤越宫律二十七篇，赵禹朝律六篇，合六十篇"中的越宫律、朝律。这些由张汤、赵禹起草的律同样是后来追加的法规。①

总结上文从秦至晋的诸律的概观，可以得出以下几个论断：

（1）秦六律、汉九章律、魏律十八篇、晋律二十篇，均为篇目顺序固定的整全性法典。因此，这类法典可以被视为基本法。

（2）在秦汉时代，除六律、九章律之外，还有为数众多的律。

（3）在此诸律中，也有后来追加制定的单行法规。

应当说，作为律与令的定义，律＝基本法（正法），令＝单行、追加法的观点并不能由上述（1）（2）（3）三个结论的出现而成立，因为在律中也明显存在追加法。大庭脩氏已指出"秦时，正法之'法'为'律'，追加的法律也称为'律'"。② 事实上，不仅在秦代，在汉代恐怕也存在同

---

① 有关越宫律二十七篇、朝律六篇，张建国氏曾提出一些重要观点：因为像法经六篇、九章律等名称成为法典的总称，所以才会包括复数的篇数。然而，像"越宫律"、"朝律"这样的名称只是个别或具体的律的篇名，它们定然与九章律不同。朝律、越宫律各为一篇无疑是可以理解的，但它们各含数篇却显得较为奇妙。本来，一律一篇是一种原则，一律数篇的情形除了《晋书·刑法志》所提及的越宫律和朝律以外无从得见。进一步说，越宫律居然达到了二十余篇，但与越宫律类似的晋律中的卫宫律却只有一篇，因此在汉代如此众多篇数的越宫律的存在终究是不可想象的。［张建国：《叔孙通定〈旁章〉质疑》，《北京大学学报》（哲学社会科学版）1997 年第 6 期］这里，张氏提出越宫律、朝律问题的意图在于证明《晋书·刑法志》的此处论述并未正确传达事实。张氏的目标首先对准了朝律、越宫律的篇数——六篇、二十七篇，这一构思不能不令人称妙。在此种情况下，可以想见的可能性结论有：（1）如张氏所言，《晋书》的记载有误。（2）朝律、越宫律与九章律一样也是律的总称。（3）意为以"朝律"所代表的二十七篇律。目前可作为（4）的一种设想，即所谓"朝律"、"越宫律"等名称并非律之固有或正式名称，这一观点或许也可成立。《太平御览》卷六三八引用了《张斐律序》"张汤制越宫律，赵禹作朝会正见律"，此处又提到"朝会正见律"这样的名称，由此出现了"朝律"并非正式律名的可能性，所以朝律二十七篇也可被解释为与"新律十八篇"、"州郡令四十五篇"同样的表现方式。以私见来看，（1）缺乏证明此一结论的决定性材料；（2）所提到的总称云云也可质疑，因为"越宫"一词显得过于具体；虽然我在考虑（3）或（4）也许为目前情形下最为妥当的结论，但包括新出土资料在内，今后仍有继续探讨的余地。

② 大庭脩：《秦汉法制史研究》，第 17 页。大庭脩氏还主张"汉代后的追加法也是对律的追加，却被称为令"。有关这一点，笔者将在本文考察令的部分中加以探讨。

样的情形。

又，另一种定义为律＝刑罚法规。确实，如果论及晋律二十篇六百二十条及自晋律沿袭而来的唐律十二篇五百零二条，就可以肯定，它们都是由当为、禁止条款及违反此类条款的罚则规定所构成的刑罚法规。然而，不得不承认的是，在出土的睡虎地秦律中也可见到未必附有罚则规定的法规，如有关谷物计量（仓律）、作业标准（工人程）、爵位授受（军爵律）、官吏任用（置吏律）等，它们都是不直接与禁止、罚则相关联的行政法规。

对既包含追加法又保有非刑罚法规的秦汉律，究竟应如何理解才能不致产生龃龉呢？

《晋书·刑法志》所引《魏律序略》记述了制定新律十八篇的经过，其文最后总结如下：

> 凡所定增十三篇，就故五篇，合十八篇，于正律九篇为增，于旁章科令为省矣。[①]

毋庸赘言，"正律九篇"就是指汉九章律。所谓"正律"可以被视为基本法，亦即正法。它不是具有追加法那种属性的单行法，因此这九篇具有一个整体且篇目顺序固定的已完成法典的形态。

与所谓基本法相对的单行、追加法被称为什么呢？此应为"于旁章科令为省"所说的"旁章"。

"旁章"一语在《晋书·刑法志》记述秦汉法典编纂时也被提及：

> 汉承秦制，萧何定律，除参夷连坐之罪，增部主见知之条，益事

---

① 滋贺秀三氏将这句话释读为"凡そ定增するところ十三篇、故に就ける五篇［凡所定增十三篇，（因此）就于五篇］"。（滋贺秀三：《再论魏律的编目——答内田智雄教授的批判》，载《法制史研究》十一，第173页，注10）这可能并不正确。《晋书·刑法志》的他处还提到"旧律因秦法经，就增三篇"，所以此处释读为"凡そ定めるところ，十三篇を增し，故の五篇に就けて，合して十八篇（凡所定，增十三篇，就故五篇，合十八篇）"似乎是自然的。（滋贺与富谷二位先生的句读差异主要源于对"故"的理解。滋贺先生将"故"解为"故に"，即"因此、所以"，而富谷先生则将"故"解为"故の"这一修饰语。因此，译者对原文的注释略作调整以示区别。——译者注）

律兴、厩、户三篇，合为九篇。叔孙通益律所不及，旁章十八篇。张汤越宫律二十七篇。赵禹朝律六篇。合六十篇。

如果"六十篇"以汉律之九章律九篇、旁章十八篇、越宫律二十七篇、朝律六篇来算，那么旁章当然已被纳入律之中。似乎可以推定，与"九章律"相对的"旁章"的意思是指置于"正律（九章律）之外侧（旁）"的法规（旁章）。有关这一点，张建国氏已做出明晰的论述，[①] 笔者本人则全面认同张氏的观点，即汉代存在着正律与旁章这种正副二律的区分。

叔孙通是否为旁章的制定者尚不能确定。如果认为旁章十八篇在萧何制律时即已存在，那么从秦律继受而来的汉律，就是在秦律六篇之上添加了三篇律以为基本法，而且具有很强的单行法性质的副法也已被制定。汉律就是从这两个系统衍生开来的，因此，正确地说，"旁章"并非汉时的追加法。相对来说，越宫律、朝律明显为追加法，因此旁章十八篇不包含这二者。

在汉律中既有作为基本法（正法）的九章律，又有作为单行法的旁章，还有随时代演进而制定的追加法。既然如此，从所谓刑罚法规的视角出发又如何呢？

前面曾提及《晋书·刑法志》的一句话"是故所著六篇而已，然皆罪名之制也"，它明确指出，盗、贼、网、捕、杂、具六篇是地地道道的刑事法。中田薰以来的通说认为，中国法的基础始于刑书，刑书是与刑罚有关的恒久性法典。《晋书·刑法志》的陈述可谓与通说完全相合。[②]

九章律在此六篇之上添加了被总称为"事律"的户、厩、兴三篇。虽然这三篇的具体内容不得而知，但笔者认为，既然"事律"也包含非刑罚法规，这不正说明它是具有浓厚行政法规性质的法律吗？

确实，作为刑法的晋律包含了"厩律"、"兴律"、"户律"，而且"新律序"明确提到"厩律有告反逮受"、"厩律有乏军之兴"、"兴律有上狱

---

① 张建国：《叔孙通定〈旁章〉质疑》。

② 中田薰：《中国律令法系的发达》、《〈中国律令法系的发达〉补考》，载《法制史论集》（四），岩波书店，1964。

之事"，即它们含有刑法规定。然而，对无所谓行政法规与刑事法规之别的秦汉律来说，恐怕"事律"中非刑法条文应该较多吧。之所以作此考虑，无非是注意到了《晋书》缘何将"厩律"、"兴律"、"户律"三篇概称为"事律"。所谓"事"，恐怕应该是与"罪"及"罚"相对应，意指"制度、行政"的词汇吧。

> 律以正罪名，令以存事制。（《太平御览》卷六四一《杜预律序》）

即使从杜预的解说来看，与"罪名"相对的"事制"亦为"制度、行政"的代称。所谓"事律"则是以行政、制度为主的法规。只不过笔者推测，在这些法规作为九章律被统于法典后，新刑事法规也被附加其上，它们遂表现为具有刑法性质的"厩律"、"兴律"、"户律"。

上文是对从秦汉六律、九章律至晋律的演进概观，并就诸律的性质做出了考察。所谓"律"是基本法、正法，是刑罚法规，又是具备了"篇章之义"的法典。这一定义对秦六律、汉九章律、魏律十八篇及晋律二十篇均可成立。这些律应可以视为法典——刑罚法规。不过自秦以来，作为非刑罚法规、单行追加法的律也存在于正法的外围，如果立足于法典为篇次固定的典籍这一观点，律就不能被纳入法典的范畴。或许可以说，从秦至晋律篇的增加就是这种单行、追加法被逐次纳入法典之中的过程。

不过，倘若要问本部分的叙述是否已经将律为何物这一问题解释清楚，答案或许是否定的。因为，通常在与律相对的令的含义尚不明晰的情况下，有关律性质的分析也很难取得充分的成果。在下一部分中，笔者将对令展开考察并再度思考律的问题。

（二）令典的成立

1. 既有学说的介绍

有关秦汉时代令的复原、性质及其编纂，程树德的《九朝律考·汉律考》与沈家本的《历代刑法考·律令》均广泛引用了文献史料并做出考证。对令典的性质及其编纂予以详细且体系性论述的，是中田薰的"中国律令法系的发达"、"'中国律令法系的发达'补考"（二文均收入《法制史论集》第四卷）。尽管二文所示的方向可加以若干修正，但是直至今日，其说仍然是探讨该领域时应当参照的见解：

> 律与令这两个用以实施统治的根本性法典，始于汉萧何立法。说到律，是将传承而来的各篇次予以再编纂和整理；关于令，则是将一直以来仅表现为不过一个个单行法令的令，分类汇集成一部可与律相当的法典。①

中田氏将令典的成立与汉初的萧何联系起来，并认为所谓令典被划分为甲、乙、丙等数编，各编按照如祠令、胎养令、养老令等规定事项收入被称为某令的众多法律条文。然而，此类汉令尚未成为像律典一样有序化的法典，它仅停留于这样一个阶段，即在前帝死后，将其诏令依事情的轻重予以分类汇集并做成诏令集，它最终只是作为补充律典的副法。当然，天子的命令并非全部被编入和追加至令典中。被编入令典中的，为附有著令用语（如"定令"、"著令"、"具为令"、"著于令"等）的命令。

依循中田氏的学说并导入古文字学的视角，进而做出更精致考察的，是大庭脩氏对令及制诏的系列论考。② 大庭氏复原了汉代制诏的形式并对制诏予以分类，阐明了汉代的立法手续，又通过作为诏令的令的形态、样式与书写格式论述了令文的详情及其整理。有关大庭氏所提出的诸多见解，下面的论述将时时有所涉及和介绍。

堀敏一氏的二、三论考，基于中田氏之说，论述了直至晋泰始律令的中国法史的演进。③ 有关作为晋律令前提的秦汉律令，他首先就秦律和秦令作出解释。他认为，在秦代，令作为单行法令出现，被略加法典化之后则成为律。至汉代，令已非单纯的单行法令，而是作为法典而成立。它将同类条文汇集为一书，因而也可称为是从原来的令典中独立出来的"特别

---

① 中田薰：《法制史论集》（四），第74页。
② 大庭脩：《秦汉法制史研究》。
③ 堀敏一：《晋泰始律令的成立》，载《东洋文化》六十，1980。此后，氏著有关律令的诸文全部被收入《律令制与东亚世界——我的中国史学（二）》，汲古选书，1994。

令书"。只不过，虽然令典已经成立，但是律与令之间并无实质性区别，这一现象一直延续至魏律令时代。魏时，律十八篇被一体化，而在令，尽管依据行政处理机关的差异从繁杂的汉令中分类整理出了州郡令、尚书官令、军中令，但令本身并未完全体系化。将律典与令典分别视为刑罚法规和行政法规并改造成体系性法典的是晋泰始律令，晋律与晋令的划时代意义即在于此，它是由汉以降官僚制行政机构的发展所带来的影响。以上就是堀氏诸论的概观。

上列既有研究成果均认为令典的编纂始于汉代。然而，近年来发表的宫宅洁的《汉令的起源与编纂》将令典的起源从汉上溯至秦代甚至始皇帝统一秦以前。宫宅氏使用了睡虎地秦简、江陵张家山汉简、居延汉简等近年来出土的简牍史料并就令典的起源做出如下结论：

> 所谓令典的出现，是"将个别命令积累起来予以分类而形成法典，而此法典则以'令'的形式为世人所认识"，即"对诸命令加以分类整理"是其条件所在。在睡虎地秦简中，不用说律典，即便是与律性质相异的"令"这样的规范也是可见的，并且它们以按事项而被归类的诏令集的形式存在。汉时的令典编纂则包括两个程序：首先根据事项将令区分开来，然后对每类事项的令从头到尾标明编号。这种编纂程序，无非反映了令典的特质——因时时追加成为法源而持续增加，而在各官署，令典被独立形成。①

除了宫宅氏，同样利用睡虎地秦简和张家山汉简对秦汉律令作出概观性论考的，还有池田雄一的《论秦汉的律令》（《中央大学文学部纪要》史学科四二，1997 年）。池田氏的研究主要聚焦于秦令，认为"令意指王令、皇帝之诏等一般命令，但同时亦为律之运用的补充。虽然必要之时，人们会谋求令与律一体化以获得适用的方便，但是令不可能为律所吸收。律与令的区别是模糊的，令典的存在方式如何，尚缺乏确证"。与宫宅说相比，池田说对秦令典的认识是消极的。

上文所介绍的各种学说，在令典之成立是始于秦还是始于汉这一问题

---

① 宫宅洁：《汉令的起源与编纂》，载《中国史学》第五卷，1995，第 122～124 页。

上存在分歧，但是无论从哪种主张来看，均非故弄玄虚、过于奇异的立论，而是合理的考证。

然而，各种学说相互间确实有若干不同点，而笔者无论考察何种学说，却总感觉其中有难以认同之处。这究竟缘何而起呢？恐怕是在思考"令"、"令典"为何物、令的编纂具体如何等问题上，诸家所理解的令的实态与令的编纂存在不一致之处；再则，笔者所秉持的理解汉令、令典的方式，与诸家的认识有所悬隔。

因此，从下文开始，笔者试图以秦令的存在为问题的出发点，并就汉令的实态与编纂以及令典的存在提出自己的观点。

2. 关于秦令的存在

秦的令典究竟是否存在？睡虎地秦简确实记录了"令"、"不从令"、"犯令"、"法（废）令"等惯用语：

> 日食城旦、尽月而以其余益为后九月廪所。城旦为安事而益其食、以犯令律论吏主者。　减舂城旦　　　　　　　一二四
>
> 月不盈之廪。　仓　　　　　　　　　　　　　　　一二五
>
> 令赦史毋从事官府。非史子殹、毋敢学学室、犯令者有罪。　内史杂　　　　　　　　　　　　　　　　　　　　二五八
>
> 伤乘舆马，夬革一寸、赀一盾，二寸、赀二盾，过二寸、赀一甲。●课驶騠，卒岁　　　　　　　　　　　　　三五五
>
> 六匹以下到一匹，赀一盾。●志马舍乘车马后、毋敢炊饭、犯令、赀一盾。已驰马不去车　　　　　　　　　三五六
>
> 赀一盾……　　　　　　　　　　　　　　　　　　三五七
>
> 百姓居田舍者毋敢酤酉，田啬夫、部佐谨禁御之，有不从令者有罪。　田律　　　　　　　　　　　　　　　七九
>
> 为作务及官府市，受钱必辄入其钱缿中，令市者见其入，不从令者赀一甲。　关市　　　　　　　　　　　　一六四
>
> 官啬夫免，□□□□□□□其官巫置啬夫。过二月弗置啬夫，令、丞为不从令。内史杂　　　　　　　　　　二五六

关于"不从令"、"犯令"，秦简"法律答问"给出了明确的定义：

> 可如为犯令、法令？律所谓者，令曰勿为而为之，是谓犯令；令曰为之，弗为，是谓法令殹。（下略）　　　　　　　　五一二

所谓"犯令"可指违反禁止行为，而所谓"法（废）令"则可解释为不履行作为义务。就此而言，秦简所提及的"令"是否可理解为与律相对的令或单行法令，所谓犯令又能否被视为对既存单行法令的违反行为呢？现在，就上文已引用的关市律、田律试加探讨。

这里所说的"不从令"亦即不履行作为义务的行为，是"为作务及官府市，受钱必辄入其钱缿中，令市者见其入"，"居田舍者毋敢酤酉，田啬夫、部佐谨禁御之"，也指向了田啬夫、部佐不禁止酒的贩卖、不履行监督之职的行为。堀敏一氏据此认为这"明显反映了这些律原是单行法令的状况"。[①] 堀说以律与令应是被对置的法规为思考前提。确实，在晋律令以降，律与令已成为隶属于不同范畴的两类法典。但是在秦时，情况又如何呢？至少，对律被称为令→律的前身表现出令的遗痕→令最初是单行法令这样一套逻辑的展开而言，秦代的这一条文能够说是充分的资料吗？

"法律答问"五一二所提及的"令曰勿为而为之"、"令曰为之，弗为"中的"令曰"，并不是指"令之中"或"在令里"这样的意思，而是意指"尽管具有'勿为'、'为之'这一命令形式"，命令（禁止命令、履行命令）的履行、不履行则称为"不从令"、"犯令"。另外，因为所谓律是当为、禁止性规定，所以在此意义上的律就具有命令的形态。也就是说，秦律条文中所指示的"令"，并非单行法令保留在律文中的遗痕，是律已将当为、禁止这一命令作为自身的属性而包容在内了。

又，"语书"中也有"不从令"这一词汇：

> 今且令人案行之，举劾不从令者，致以律，论及令、丞。有且课县官，独多犯令而令、丞弗得者，以令、丞闻。　　　六〇、六一

---

① 堀敏一：《律令制的展开》，收入氏著《律令制与东亚世界》，第 11 页。

这里所见的"令"同样未包含律的意思，其意思是命令，即"检举不遵从命令者，并以律作出处断"。

不过，在《语书》中也有一处暗示着存在作为法典的秦令。此段文字较长，引文见下：

> 廿年四月丙戌朔丁亥，南郡守腾谓县、道啬夫：古者，民各有乡俗，其所利及好恶不同，或不便于民，害于邦。是以圣王作为法度，以矫端民心，去其邪避，除其恶俗。法律未足，民多诈巧，故后有间令下者。凡法律令者，以教道民，去其淫避，除其恶俗，而使之之于为善殹。今法律令已具矣，而吏民莫用，乡俗淫失之民不止，是即法主之明法殹，而长邪避淫失之民，甚害于邦，不便于民。故腾为是而修法律令、田令及为间私方而下之，令吏明布，令吏民皆明智之，毋巨于罪。今法律令已布，闻吏民犯法为间私者不止，私好、乡俗之心不变，自从令、丞以下智而弗举论，是即明避主之明法殹，而养匿邪避之民。
>
> 五四—六七

此处，从"法律令"与"田令"的并列关系来看，"令"与"律"是两种性质相异的特定规范，而且从"田令"这一根据事项分类的编目来看，又能导出令典确实存在的见解。

那么，"法律令"三字究竟为何会在此处出现呢？原因无非在于此三字前的一段文字：

> 是以圣王作为法度，以矫端民心，去其邪避，除其恶俗。法律未足，民多诈巧，故后有间令下者。

这句话揭示了三个阶段的规范，即圣王所做的"法"、承法而来的"律"，为弥补法律不足并应对民众的诈巧行为而下达的"令"。

从这句话对法、律、令的论述来看，令确实是以一种与律性质相异的特定规范的形态浮现出来的。但是，倘若要问这是否属于"令典"范畴的规范，情况就并非如此简单了。

在此，有关"令"这一语词不能忘记一个事实，那就是，公元前221

年秦统一以前的"令"，不是汉以降与"律"相对的"令"，而是一个意指王者命令的词汇。秦统一以后，这个词汇被"诏"所代替。在始皇二十六年统一之际下达的王命中，著名的"皇帝"称号被确定下来，此前称为"令"者在称谓上也变更为"诏"。

> 臣等谨与博士议曰："……臣等昧死上尊号，王为'泰皇'。命为'制'，令为'诏'，天子自称曰'朕'。"王曰："去'泰'，著'皇'，采上古'帝'位号，号曰'皇帝'。他如议。"制曰："可。"（《史记·秦始皇本纪》）

睡虎地秦简为秦统一以前的遗存，因此秦简所见之"令"相当于后来的"诏"，自然不能视同为汉令、晋令中的"令"。换句话说，以秦简所见之"令"直接解释律令之"令"，是必须慎之又慎的。

由此引出了下一个问题，即主权者（王）的命令（诏）是否也经过了分类、整理的程序。"诸命令经分类整理后，可视为令典出现"，[1] 这是宫宅氏的见解。他关注"语书"中的"田令"，并从中得出了切实的令典出现的结论：

> "故腾为是而修法律令、田令及为间私方而下之"，正是"语书"中的"田令"这一名称证明了令典——将王命依事项分类的单行法令的存在。[2]

诚然，在关注田令及其前面所见的间令时，宫宅氏的见解是可以理解的。但是在出发点上，笔者的想法与宫宅氏略有不同。这就是，无论是田令还是间令，这些名称是否为将规范依据事项分类的特定的法令名呢。现在，假设田令并非特定的确定性令名，而仅仅意指"有关土地的王的命令"，那么它就只是一个表示诏令内容的普通名词，立法者恐怕并无依据事项分类的意识。因此，用"田令"、"间令"这样的用语，是不能求证

---

① 宫宅洁：《汉令的起源与编纂》，第116页。
② 宫宅洁：《汉令的起源与编纂》，第116、117页。

法典成立的。

"某令"这样的用语是何时作为令名而被确立、固定下来并成为特定名词的，在这一问题上，仅仅确认"某令"这种用语的存在应当说是不充分的。这一问题也涉及入汉后的汉令，对此有必要再做考察，所以笔者将在下一章考察汉令结束后再提出结论。

有关秦令，还遗有一些信息。江陵出土的汉简"奏谳书"引用了两条有可能是秦令的条文：[①]

　　令：所取荆新地多群盗，吏所兴与群盗遇，去北，以儋乏不斗律论；律：儋乏不斗，斩……　　　　　　　　　　　　　一八
　　六年八月丙子朔壬辰，咸阳丞毅、礼敢言之。令曰：狱史能得微难狱，上。今狱史举闚得微难狱　　　　　　　　　　二二

一八所引之令规定："遇到盗贼时，官吏不仅未能捕获，而且还逃亡，那么将按照'儋乏不斗'律处于死刑。"二二中的令则说："狱史在处理疑难审判时应当报告。"对这两条令文，都难以断定为是依事项进行分类整理的令典，而将它们视为诏令之一则并无不适宜之处。因此，可以说，出土于江陵的这些资料也不能充分证明秦令的存在。[②]

3. 汉令的诸问题

上一节对所谓秦令典究竟是否存在做出了探讨。皇帝诏令经分类、整理后被加上某令的特定令篇名——对此结论，无论从哪个方面来说，笔者都持怀疑态度。毋宁说，这暗示着否定秦令存在的走向。本节将关注被称为沿袭秦法律制度的汉令、令典，并就秦令存在与否的问题给出结论。

下面的考察大体上将从三个方向出发。第一，汉令具有什么样的具体形态；第二，汉令的立法化；第三，关于汉令的编纂及其篇名。

---

① 《江陵张家山汉简"奏谳书"释文（一）》，《文物》1993 年第 8 期；《江陵张家山汉简"奏谳书"释文（二）》，《文物》1995 年第 3 期。文中所列"奏谳书"的简序号为《文物》释文所附的案件序号。

② 池田雄一：《关于秦代的律令》，《中央大学文学部纪要》史学科篇四二，1997。

（1）汉令的实态

如上一节所述，在秦始皇即位之时，此前的"令"这一名称被改成了"诏"。在此意义上，汉令是指皇帝特别以"令"的形式公布的"诏文"，将"诏文"分类而形成的诏令集就是令典，这是中田薫氏的观点。

在中田薫之后，大庭脩氏更为详细地考证了汉令具有诏的形式这一观点，而如实表现汉令形式的第一手资料则为近年来出土的若干简牍。比如，1959 年从武威县磨嘴子十六号汉墓出土的被称为"王杖十简"的十枚木简，就记录了被命名为兰台令第卅三、御史令第卌三的汉令。[①]

兰台令第卅三、御史令第卌三尚书令灭受在金

制诏御史曰年七十受王杖者比六百石入宫廷不趋犯罪耐以上毋二尺告劾有敢征召侵辱

者比大逆不道建始二年九月甲辰下

制诏丞相御史高皇帝以来至本二年朕甚哀老小高年受王杖上有鸠使百姓望见之

比于节有敢妄骂詈殴之者比逆不道得出入官府郎第行驰道旁道市买复毋所与

如山东复有旁人养谨者常养扶持复除之明在兰台石室之中王杖不鲜明

得更缮治之

这里所出现的兰台令、御史令这两种令确实是制诏。据报告，同样作为出土资料而从江陵张家山二四七号汉墓发现的津关令、功令的令文也具有诏敕的形态，而且令的正文还以"制曰可"三字收尾。[②]

除了出土资料，文献史料也能说明这一点。如大庭氏已经分析过文帝十三年颁布的废止肉刑制诏，[③] 而制诏正文中的"下令"、"不用此令"明确表示制诏即为汉令。

———————

① 有关武威磨嘴子出土的王杖十简，参见冨谷至《王杖十简》，《东方学报》京都六四，1992 年。对以下兰台令及御史令的释读和解说，文中并未涉及。

② 《江陵张家山汉简概述》，《文物》1985 年第 1 期。

③ 大庭脩：《汉代制诏的形态》，载《秦汉法制史研究》，第 201～234 页。

（遂下令曰）："制诏御史：盖闻有虞氏之时，画衣冠、异章服以为戮，而民弗犯，何治之至也！今法有肉刑三，而奸不止，其咎安在？非乃朕德之薄而教不明与？吾甚自愧。故夫训道不纯而愚民陷焉，《诗》曰：'恺弟君子，民之父母。'今人有过，教未施而刑已加焉，或欲改行为善，而道亡繇至，朕甚怜之。夫刑至断支体，刻肌肤，终身不息，何其刑之痛而不德也！岂为民父母之意哉！其除肉刑，有以易之；及令罪人各以轻重，不亡逃，有年而免。具为令。"

丞相张仓、御史大夫冯敬奏言："肉刑所以禁奸，所由来者久矣。陛下下明诏，怜万民之一有过被刑者终身不息，及罪人欲改行为善而道亡繇至，于盛德，臣等所不及也。臣谨议请定律曰：诸当完者，完为城旦舂；当黥者，髡钳为城旦舂；当劓者，笞三百；当斩左止者，笞五百；当斩右止，及杀人先自告，及吏坐受赇枉法，守县官财物而即盗之，已论命复有笞罪者，皆弃市。罪人狱已决，完为城旦舂，满三岁为鬼薪、白粲。鬼薪、白粲一岁，为隶臣妾。隶臣妾一岁，免为庶人。隶臣妾满二岁，为司寇。司寇一岁，及作如司寇二岁，皆免为庶人。其亡逃及有罪耐以上，不用此令。前令之刑城旦舂岁而非禁锢者，完为城旦舂岁数以免。臣昧死请。"制曰："可。"①

这是有关废止肉刑并制定其代替刑的令——该令究竟以何令为名则无从得知。上述全部引文即为其令文。可以说，汉令的形态为皇帝的诏敕，这一点业已成为难以动摇的事实。

然而，如王杖十简的令文所反映的，令文本身还包含了适用于大逆不道罪的罚则规定。又如废止肉刑令所展示出来的那样，追加制定的单行法规也被称为"令"。那么，存有刑罚法规，另一方面也有追加性单行法令的汉令究竟是在何处不同于本文第一部分所考察的汉律，或者说两者的区别何在？对此问题的考察将在后面的总括部分中展开。这里需要指出的是，虽然汉令、晋令及唐令均为令，但汉令异于此二者。其差别在于令文的形式：汉令所具有的诏文体在唐令中完全看不到。

---

① 有关文帝废止肉刑诏的释读和解说，此处不再展开。详参冨谷至《秦汉刑罚制度研究》（同朋舍 1998 年）第Ⅱ编第三章"汉代的劳役刑"。

这一直是先学的主要倡导之所在。但是在笔者看来，其中的某些说明产生了误解，而误解本身不正导致对汉令的理解产生了混乱吗？

一般来说，即使与律相对的令这种法律形式以皇帝命令（王言）为来源，它作为成文法条文也会对皇帝命令有所修正，因此它已不是皇帝诏敕本身。但是，汉令却不同。在汉令的情况下，皇帝的诏自身被称为"令"，汉令表现为皇帝诏敕的形式，不，汉令自身即为诏敕。因此，"令包含着诏"或者"残存有诏"的说明就是不适当的。制书、策书、诏书等名称都是表示皇帝颁布的下行文书种类的词汇，以它们为法源（这里是在行政、司法应准据、援用之法律形式的意义上使用该语）并成为执行样态或规范的种类可被命名为"令"。

概言之，皇帝命令即为"令"。这与继承秦统一前"诏＝令"这一关系无任何矛盾。

从诏即为令的视角出发，汉令包含刑罚规定且追加性法规也被称为令的现象就是极为自然的了。进一步说，汉令中还存在特殊的限定性内容，如封吴芮为长沙王诏：

> 长沙王者，著令甲，称其忠焉。（《史记·惠景间侯者年表》）
> 制诏御史："长沙王忠，其定著令。"（《汉书·韩彭英卢吴传》）

上面所引用的史料提到"长沙王忠，其定著令"及该诏被编入"令甲"。其具体内容据大庭氏考证为，高祖五年二月，为了回报吴芮拥戴自己为帝的忠心，刘邦将长沙、豫章、象郡、桂林、南海等地封给吴芮以为长沙王。[①]

对大庭氏的结论，笔者没有异议。不过，"长沙王吴芮忠"毕竟是用以表彰吴芮的功绩的，它等同于个人性的论功行赏。也就是说，这是一种特殊的限定性文辞，恐怕不能视为具有普遍性的规范。"著令"与其说是法令的公布，还不如说是忠义的彰显，所以与后世令典的内容相比，此处"著令"的性质有所不同。

---

① 大庭脩：《有关"制诏御史长沙王忠其定著令"》，载《秦汉法制史研究》，第311～331页。

此外，还有宣帝元康三年六月所颁布的令：

> 诏曰："前年夏，神爵集雍。今春，五色鸟以万数飞过属县，翱翔而舞，欲集末下。其令三辅毋得以春夏摘巢探卵，弹射飞鸟。具为令。"（《汉书·宣帝纪》）

以"具为令"结尾的事实表明，这份诏也是作为汉令被公布的。其内容是："去年夏，象征祥瑞的鸟聚集于雍。今年春天，数以万计的五色鸟飞过三辅的属县，它们在高空中飞翔但没有落地。因此，命令三辅禁止在春夏时节摘巢取卵和弹射飞鸟。"正如"其令三辅"一语所揭示出来的那样，该令为仅适用于长安地区的限定性命令。如果说法令在一般情况下以全国为适用范围且拥有普遍性，那么可以说，此宣帝元康三年六月的汉令也给人以一种不适宜感。

此种以特殊地域为适用范围的情形在已经提到过的秦令中同样存在：

> 令：所取荆新地多群盗，吏所兴与群盗遇，去北，以儋乏不斗律论；律：儋乏不斗，斩⋯⋯
>
> 一八

可见，这也是以所谓荆州这一新占领地为适用范围的法令，而非全国性、普遍性规范。

自中田薰以来，人们认为"具为令"、"定著令"等词汇可被称为著令用语，附有这种用语的诏则作为令典而被追加编纂。在此意义上可以说，前面所列出的若干作为例子的诏均为具备著令用语的诏，所以它们毫无疑问都作为汉令本身被公布出来。然而与后世的令相比，不仅仅是形态，即便在内容上，汉令也会令人感到不适，原因何在呢？笔者认为，解释这一问题的线索大概能通过分析"具为令"、"定著令"等词汇的含义来获得？

（2）著令用语

赋予皇帝命令（诏）以令之性质的法制用语包括"定令"、"著令"、"具为令"、"著于令"、"著以为令"、"议为令"等。尽管它们都通过制诏的形式被分别使用，但它们均为具有立法化意义的文辞则是不可动摇的。这里所提及的立法化无非是说"为令"，那么所谓"为令"具体指什么，"著"又意味着什么呢？

有关"具令"、"著令"的意思，沈家本已从两个方面做出解说。[①] 其一，他引用了《汉书·杜周传》注"著谓明表也"、《汉书·张汤传》注"著谓明书之也"、《汉书·张良传》注"著谓书之于史"等，并凭借《汉书·张良传》注"著令者，明书之于令也"一语，指出著等同于明；其二，他又援引《国语·晋语》注、《一切经音义》及《字书》等提到的"著，附也"，认为"凡新定之令必先具而后著之，必明书而附于旧令之内"。但是，如果将"著令"解释为"附加于令之上"，那么在其他用例中，错误就出现了。如在《汉书·平帝纪》中有这样一份诏书：

> 诏曰："夫赦令者，将与天下更始，诚欲令百姓改行洁己，全其性命也……自今以来，有司无得陈赦前事置奏上。有不如诏书为亏恩，以不道论。定著令，布告天下，使明知之。"

"定著令，布告天下，使明知之"一语，基本是指"作为令而使它明确化，向天下人公布并使他们熟知和奉行该令"。《后汉书·张敏传》所记载的"著为定法"，也可以说具有同类含义：

> 夫轻侮之法，先帝一切之恩，不有成科班之律令也……若开相容恕，著为定法者，则是故设奸萌，生长罪隙。

"著为定法"并不是指"附加于既有的成文法之上"，而是"将此前的判例轻侮法通过成文法的形式予以明确"。"布告天下，使明知之"可看作对"定著令"、"著令"的进一步说明。

从另一方面可明确"著＝明"的例子，是"王杖十简"令文末尾的"明在兰台石室之中"一语。这句话同样是著令用语，其意大概是"作为令而被明确并保管于兰台石室的文书库中"。《后汉书·蔡邕传》"明设禁令"、《三国志·魏书·苏则传》"明为禁令"及《三国志·魏书·郑浑

---

① 沈家本：《律令二·具令·著令》，载氏著《历代刑法考》，中华书局，1985。

传》"明禁令"，也同此。可以说，"著令"的含义是"作为令而被明确、令人周知"。那么，明确、周知什么呢？毋庸赘言，它当然是指诏的主旨，即皇帝的意思。

大体上说，皇帝的诏可分为两种：其一为暂时性或一时性命令，因此没必要履行废止等程序；其二为作为命令发出的行政或司法规定，它具有长远的持续性，其效果在再次采取改废措施之前是一直存在的。

所谓官吏和民众当遵守之规范的"令"，是指此二者中的后者。与暂时性命令相比，它必须要彻底周知，必须以其应有的方法公布并作为公文书而被保管起来。笔者认为，暂时性诏令本来也有传达和保存的必要，但是两种令的处理方法不同，其区别就在于在令文中加入某些用语，而这些用语即为"著为令"等著令用语。

不过，此种著令用语的目的在于给予命令以重要性，即使附带有命令之普遍性、持续性的效果，它们也不是首要目标，所以著令用语本身并不直接包含普遍性、持续性的意义。正因为此，在通过"著为令"公布的汉令中就会存在余地，来包容对长沙王个人的论功行赏和以三辅这一特殊限定地域为适用范围的命令。在此意义上可以认为，汉令还不是如后世法典一般具有普遍性的规范，它作为成文法规的成熟度是比较低的。

尽管与唐令相比，汉令在若干方面表现出了异质，而且还是未成熟的法规，但是倘若汉令采取了令篇名下为分类整理而成的诏令集这一形式，那么它就形成了令典。究竟如何呢？这里，我们必须考察前章在探讨秦令时已指出的"被立法规范的编纂"问题。

（3）汉令的编纂与篇名

思考汉令之分类整理亦即汉令之编纂问题的线索应在于令的名称或篇名。在前面所提及的秦令的场合，仅有"田令"、"间令"等名称可以确认，但对汉令来说，现在所知晓的情形比秦令要稍微详细一些。

在汉代，有关令的名称可以被分为三种。第一，冠以甲、乙、丙等干支的令，如甲令（令甲）等，此可称之为干支令；第二，"挈令"，被冠以官署、郡县名而称为廷尉挈令、乐浪挈令等；第三，拥有类似于后世唐令的编目、具有事项名称的令，简单地说可称之为事项令。具有干支令、挈令及事项令这三种令名的汉令一直都是为人所知的，但是三种令名相互间的关系如何，目前尚未出现定论。

　　比如中田薫认为，将皇帝诏令依其规定事项的种类编纂而成的，是这里所说的事项令；将前帝诏令根据其重要程度而分为甲乙丙类的，是干支令；将收录的诏令加以整理，官吏把与其职务相关的诏令汇集起来的，是挈令。①

　　宫宅洁氏在更详细考察了令之编纂顺序的基础上提出，应收入令典的诏令，首先被区分为事项令，其后又划分出作为事项令上位概念的甲、乙、丙三种。②

　　始于甲令的干支令是以什么为标准的？又是在哪个阶段被分类为甲、乙、丙三者的？对这些问题，由于事实不明之处较多，因此，在资料缺乏的现阶段可以说尚不能得出结论。在《汉书·宣帝纪》中可见下述诏文："令甲，死者不可生，刑者不可息。此先帝之所重，而吏未称。今系者或以掠辜若饥寒瘐死狱中……"对诏中的"令甲"，诸家都给出了自己的解释：

　　　　文颖曰："……令甲者，前帝第一令也。"
　　　　如淳曰："令有先后，故有令甲、令乙、令丙。"
　　　　师古曰："如说是也。甲乙者，如今之第一、第二篇耳。"③

　　但是，无论采取何种注释，干支令的实态都难以明确。如果甲、乙、丙是指令的序号，而甲令为"前帝第一令"，那么中田氏所解释的"依据重要程度将前帝的诏令分为甲、乙、丙"、宫宅氏所说的"依据重要程度区分诏令"的意义，以及将这种分类法作为早期编纂令典之方针的意义，乃至实际中利用令典的便利性等，都会变得模糊不清。更根本的问题是，令的重要程度是以什么为标准的。对此，即使对下列残存的少量干支令断

---

① 参见中田薫《中国律令法系的发达》。中田氏还认为，干支令中的诏令被编集并制成了特别令书。但是，甲令、乙令等干支令与依事项而分别的斋令、篝令之间有何种关系？干支令中是否有特别令？干支令中的特别令的编纂顺序如何？有关特别令书，他罗列了"公令"、"品令"、"水令"、"宫卫令"、"狱令"，却未提及"祠令"、"斋令"、"马复令"、"胎养令"，那么这些令之间的区别又在哪里？这些都不清楚。

② 宫宅洁：《汉令的起源与编纂》。

③ 文颖曰："……令甲者，前帝第一令也。"如淳曰："令有先后，故有令甲、令乙、令丙。"师古曰："如说是也。甲乙者，如今之第一、第二篇耳。"（《汉书·宣帝纪》注）

片做出考察，笔者仍无法给出答案。

令甲

①长沙王忠（《汉书·吴芮传》）

②女子犯罪，作入徒六月，顾山遣归。（《汉书·平帝纪》"如淳注"）

女子犯徒遣归家，每月出钱雇人于山伐木，名曰雇山。（《后汉书·光武帝纪》注）

③死者不可生，刑者不可息。（《汉书·宣帝纪》）

④诸侯在国，名田他县，罚金二两。（《汉书·哀帝纪》"如淳注"）

诸王、列侯得名田国中，列侯在长安及公主名田县道，关内侯、吏民名田，皆无得过三十顷。诸侯王奴婢二百人，列侯、公主百人，关内侯、吏民三十人。年六十以上，十岁以下，不在数中。贾人皆不得名田、为吏，犯者以律论。诸名田、畜、奴婢过品，皆没入县官。（《汉书·哀帝纪》及《汉书·食货志》）

令乙

⑤骑乘车马行驰道中，已论者，没入车马被具。（《汉书·江充传》"如淳注"）

令丙

⑥箠长短有数。（《后汉书·肃宗孝章帝纪》）

令甲①的内容是上文已提及的长沙王的分封；②为平帝元始元年五月公布的替代女性劳役刑的规定；③是引发文帝十三年肉刑改革之起因的缇萦上书中的言辞；[1] ④为有关名田的规定。这四项全部为令甲所收入。令乙⑤是有关在驰道中行走的令，《汉书·鲍宣传》所引如淳注可能也是类似的内容：

---

[1] 后文将会论证，甲令引用了"死者不可生，刑者不可息"这句话。尽管此句为废止肉刑之际上奏文中的言辞，但是不能认为这里甲令所说的是文帝十三年的上奏文。（大庭脩：《试论汉代的决事比》，第353页）然而，所谓"死者不可生，刑者不可息"一语，可以在相当于诏或上奏文的序言之处看到，因此不能说它是为构成法令正文的具体规定所包含的语句。这一点也可说明当时的令即为诏文。

令诸使有制得行驰道中者，行旁道，无得行中央三丈也。

令丙⑥是有关实施笞刑之际，箠的尺寸和形状的令。景帝元年（公元前159年）曾颁布相关诏令，中元六年又有所修正。不过，⑥是元年之令还是此后修正之令，无法确定。

从上面所列①至⑥这些条文断片来看，在令以何为基准划分为甲、乙、丙三者这一问题上，可凭借的依据目前一个都不清楚。即便所谓依据重要程度做出区分，那么为何①至④的规定就比⑤更为重要，而⑥又不如⑤重要呢？再则，即使将时间因素考虑在内，甲令本身就包含了从高祖时期的①至平帝时期的②，可见依时间差将令划分为三个阶段似乎也是不合适的。

除此之外，文颖说"令甲者，前帝第一令也"，中田氏袭此说论道"前帝诏令……"，但是干支令为前帝诏令之编纂物，并没有明确的证据。《新书·等齐》曰"天子之言曰令，令甲、令乙是也；诸侯之言曰令，令仪、令言是也"，①但是这句话也无法推导出前帝云云之意。

我们所知晓的以甲、乙、丙等干支实施分类的，是在目录学中可称为最初四部分类的晋荀勖的《中经新簿》，及在此之前已经存在的魏郑默的《中经》。《中经新簿》采取了甲部、乙部、丙部、丁部的分类方法。如果说这是在"具有不能以某一分类中的名称加以称谓的因素，难以给予恰当名称时"②所使用的分类方法，那么尽管法令与书籍有所不同，但从它们都被收藏于宫中的石室、兰台这一点上看，③它们相互间可能存在某些共通之处。只不过此种共通性具体如何，不得而知。

1989年出土于武威旱滩坡东汉墓的十七枚木简为当下情况不明的干支令实态投下了些许光束。④下面列出相关的八枚简：

---

① 《新书·等齐》曰："天子之言曰令，令甲、令乙是也；诸侯之言曰令，令仪、令言是也。"
② 清水茂：《中国目录学》，筑摩书房，1991，第31页。
③ 《隋书·经籍志》曰："光武中兴，笃好文雅。明章继轨，尤重经术。四方鸿生巨儒，负袠自远而至者，不可胜算。石室、兰台，弥以充积。"
④ 武威地区博物馆：《甘肃武威旱滩坡东汉墓》，《文物》1993年第10期。大庭脩氏已就这十七枚简牍撰写了论文，参见大庭脩《武威旱滩坡出土的王杖简》，载《史泉》八二，1995。

制　诏御史奏年七十以上比吏六　百石出入官府不趋毋二尺告劾
吏擅征召☑　　　　　　　　　　　　　　　　　　　　〈武一〉

　　吏金二两在田律民作原蚕　罚金二两令在乙第廿三　　〈武六〉

　　坐藏为盗在公令第十九　丞相常用第三　　　　　　　〈武七〉

　　不道在御史挈令第廿三　　　　　　　　　　　　　　〈武八〉

　　赦不得赦下蚕室在兰　台挈令第☑　　　　　　　　〈武九A〉

　　□法在卫尉挈令☑　　　　　　　　　　　　　　　〈武九B〉

　　代户父不当为正夺户在　尉令第五十五行事大原武乡啬夫〈武十〉

　　建武十九年正月十四日己亥下　　　　　　　　　　　〈武十六〉

　　据报告书所说，〈武十六〉标有建武十九年（公元43年）的年号，
因此从出土器物的特征来看，墓葬时期为东汉中期以后。

　　十七枚木简似可分为类似王杖十简的王杖授受简〈武一〉数简和有关
其他法令的数简，但是由于这些简仅为断简，因此多有不明之处。然而，
这些简却为我们提供了有关令的新知识。

　　首先令人关注的是，这些简同时记录了干支令、挈令及事项令且均附
有编号。

　　其次需要注意的是，〈武六〉记载"吏罚金二两的规定在田律中，而
民罚金二两的规定在令乙中"，可见"田律"和"令乙"对置。据此可
知，与律相对的令是干支令，而且律并未编号。

　　第三点是明确了挈令为何物。这些简记载了"御史挈令"〈武八〉、
"卫尉挈令"〈武九〉、"兰台挈令"〈武九〉，而前文已提到王杖十简中的
"御史令第卅三"、"兰台令第卌三"，其正式令名无疑是"御史挈令"、
"兰台挈令"。我们或许可以认为，冠以官署名的令均属于挈令的范畴。
又，〈武十〉中的"尉令第五十五"也是冠以官署、官职名的挈令，而
"尉挈令"肯定是其缩略语。

　　在王杖十简中，有关王杖的规定被命之以兰台令、御史令。这不是
说"因从兰台发布下来"或"因对御史制诏"，故采取了这样的名称。
如果在"被兰台摘抄并收录"、"为御史所使用"的意义上理解，那么
一切都能毫无矛盾地获得解释。沿此思路，〈武七〉中的"丞相常用"，

也可视为丞相府所常备的挈令的名称。① 再则，〈武七〉之记载表明，包含"坐藏为盗"条的令同时隶属于"公令"和"丞相常用"这两种令的编目。对属于事项令的"公令"，后面将做出考察。我们于此处所了解到的是，同一种令附有复数的收录编号，这表明多个官署出于各自的需要保管有该令。王杖十简中的令文也是以不同的收录编号表明为多个官署所保管。

概言之，所谓挈令或许可以视为，为各官署或郡县、特定地域所持有和保管的相关法令。② 不过，在这种情况下应当留意的是，各官署出于需要而持有、收录挈令是私人行为，还是收录挈令本身就是具有义务性的公的行为？③

应收录令的选择，是由各官署、地方任意而为呢，还是作为应保管的挈令而由有关机关散发？这点并不明确。但是，如果要问挈令是否仅在持有它们的官署、官吏间通用，回答就是否定的。武威旱滩坡木简所记录的冠以中央官署名的挈令，是从西北河西走廊的武威郡出土的，而在敦煌T15 遗址、D21 马圈湾遗址也出现了记有"大鸿胪挈令"、"大尉挈令"令文的简。

☑龙勒写大鸿胪挈令　津关　　　　　　　　　　　疏勒河四九六

大尉挈令盗县官县　　　　　　　　　　　　　　　马圈湾九八二

可见，在河西走廊的武威和汉代敦煌烽燧旧址均出现了冠以中央官署名的挈令。尤其值得注意的是，大鸿胪挈令是由龙勒县移写并发送至玉门都尉府治下的 T15 遗址的，所以挈令并非仅在内部使用并被加以编号，而是包含了令编号并具有普遍性的规范。

---

① 总而言之，有关王杖十简所见之二令的认识似乎应当是这样的：它们都是挈令；二者拥有两种挈令序号，其一为兰台之卅三，其二为御史挈令之册三（参见大庭脩《武威旱滩坡出土的王杖简》）。这里，我想对《王杖十简》的观点做出修正。

② 李均明、刘军：《武威旱滩坡出土汉简考述——兼论"挈令"》，《文物》1993 年第 10 期。

③ 中田薰氏就指出"究竟是官撰还是私撰尚不明确"。（参见《〈中国律令法系的发达〉补考》，第 193 页）不过，由于不是编纂典籍，因此所谓"官撰"、"私撰"之别不适用于此种情形。

那么，为各机关所摘录并附以整理编号的挈令是从何处摘抄出来的呢？如果说皇帝所公布的诏令被各官署作为挈令而直接分类和散发，这是难以想象的。毋宁说，将问题的答案推测为从诏令中摘取出来的令的汇编，这似乎更为自然。这里，考察将再次转向干支令。

也就是说，以附有著令用语这一令的形式公布的诏被划分成甲、乙、丙，并附上甲令第某某、乙令第某某等整理编号保管起来。各官署从中摘录并附上新收录编号的，无非就是挈令。因此，如下的情形自然就会出现：同一种令在干支令和挈令中具有不同的编号，同一种令为多个挈令所收入并加以各不相同的令编号。

以上就是笔者对干支令和挈令的个人见解。那么，对于以具体事项为名的所谓"事项令"又应给予一种什么样的位置？

如果要先给出结论，那么笔者认为，像金布令、宫卫令那样冠以规定内容的事项令名，作为固有篇名还是一种不成熟的名称。在《史记》、《汉书》等文献史料及出土文字资料中确实存在众多事项令。沈家本的《历代刑法考·律令》列举了任子令、田令、戍卒令、水令、公令、功令、养老令、马复令、禄秩令、宫卫令、金布令、斋令、卖爵令、品令、胎养令、祀令、祠令等令名，程树德的《九朝律考》又加上了狱令、箠令、缗钱令，而在出土简牍资料中还有"津关令"、"符令"及"箠令"等令名。

这其中也有后面试图做出考证的以"某某之令"这一形式表现的令。如果说此亦为单个的令，那么妖言令、察举令、推恩令、夷三族令及告缗令等也应当作为固有之令而被收录吧。至少，没有根据可以明确区分"某某令"是固有名称，"某某之令"是抽象表现。通过皇帝颁诏而在已确定的事项令中加入内容，这一推测也不能成立。

现在，尝试以几个事项令为对象展开探讨。

程树德和沈家本都提到了"胎养令"这一汉令篇名，具体令文见《后汉书·肃宗孝章帝纪》元和二年（公元85年）正月乙酉公布的诏：

> 诏曰："令云'人有产子者复，勿算三岁'。今诸怀妊者，赐胎养谷，人三斛，复其夫，勿算一岁，著以为令。"

这里，必须注意的是高祖七年（公元前200年）春所发布的诏令，它规定民众在生产时可免两年税役。

> 春，令郎中有罪耐以上，请之。民产子，复勿事二岁。（《汉书·高帝纪》）

《后汉书·肃宗孝章帝纪》所说的"令云"是否指高帝七年春之令，无法确定。从复除期限从两年变成三年来看，在三百年间有可能颁布过变更复除期限的令。然而，这两个令所涉及的内容都是与生产相关的复除。如果有事项编目存在，这两个令当然会被收入同一种事项令中。尽管此种事项令的名称可被推测为"胎养令"，但是在上面所引用的这两份诏中，却并无把名为"胎养令"的令立法化的证明。

在此，人们之所以会推想出"胎养令"这个名称，是因为《后汉书·肃宗孝章帝纪》所列的诏中有"赐胎养谷"一语，而其论赞又记载了这样一句话：

> 章帝素知人厌明帝苛切，事从宽厚。感陈宠之义，除惨狱之科。深元元之爱，著胎养之令。

这里的"胎养之令"是与"惨狱之科"相对出现的，因此不能被视为表示单个令名的法律用语。论赞的作者肯定是意识到了正文所提及的"胎养谷"，遂写下"胎养之令"数字，所以从高祖七年以来，所谓"胎养令"这种单个的事项令恐怕并不存在。据此，《汉书》中并不能确认"胎养令"这一令名。

被称为"马复令"的令则是存在的。"马复令"一语见《汉书·西域传》中的武帝诏：

> 当今务在禁苛暴，止擅赋，力本农，修马复令，以补缺，毋乏武备而已。

此马复令果真是当时已确定的令的固有篇名吗？对此至少可以说，在后世注释家那里，"马复令"并非当然的令名，其证据在于孟康与颜师古所作出的不同解释。

> 孟康曰："先是令长吏各以秩养马，亭有牝马，民养马皆复不事。后马多绝乏，至此复修之也。"

与孟康提出的修正有关养马之规定的解释相对，颜师古将"复"视为徭役的免除。

> 师古曰："此说非也。马复，因养马以免徭赋也。复音方目反。"

本来，所谓"马复令"的令名未见于《汉书·西域传》之外。不过在文帝时代，晁错曾提议民间有车骑马一匹者可免三人的徭役，[①] 武帝时期的"马复令"与此相关，所以颜师古注解释为有关养马的复免规定，这恐怕是无可非议的。也就是说，"修马复令"一语，意指"因为马匹数量不足，所以要重新认识和整理文帝时所制定的对马匹所有者给予税役优待的政策（此称"马复之令"）。笔者不认为它意为"修改马复令这一固有的令"。

这里再举出一个令。这就是王杖十简中所说的"兰台令第卅三"和"御史令第卌三"。尽管它们是已经附有编号的挈令，但是如果从事项令具有确定的固有名称这一点上看，它们属于沈家本等人所提及的"养老令"则自不待言。

有关对七十岁以上的老人给予几杖和优遇始于何时，笔者已在另文中做出论述。[②] 可以推测相关法令是在西汉时发布的，此姑且不论，而下列章帝章和元年诏则为涉及养老的正式法令。

> 秋，令是月养衰老，授几杖，行糜粥饮食。其赐高年二人共布帛各一匹，以为醴酪。（《后汉书·肃宗孝章帝纪》）

---

① 《汉书·食货志》载："今令民有车骑马一匹者，复卒三人。"
② 冨谷至：《王杖十简》，第93～96页。

此令是否如王杖十简一般为兰台挈令、御史挈令所收录，尚不可知。至于它们被列入干支令的何处，处于甲、乙、丙中的哪个令之下，亦不得而知。不过，章帝章和元年诏确实为具有持续性效力的令，因为在此后三十年发布的安帝元初四年诏引用了章帝诏的诏文，所谓"甚违诏书养老之意"即指章帝诏未必获得遵行。

> 诏曰："……月令'仲秋养衰老，授几杖，行糜粥'。方今案比之时，郡县多不奉行。虽有糜粥，糠秕相半，长吏怠事，莫有躬亲，甚违诏书养老之意。其务崇仁恕，赈护寡独，称朕意焉。"（《后汉书·孝安帝纪》）

这里，笔者所关注的在于违反"诏书养老之意"这一措辞。不用说，"诏书养老之意"是指"诏书所提出的优待老人的规定"，但从汉令为法典的意识出发，它还只停留于作为皇帝命令诏书的阶段，违反法令的行为——犯令这一概念并不清晰。其原因恐怕是，尽管皇帝的诏作为"诏令"而被收录，但它尚未升华为具有事项固有令名的法典。所以即使提到了"诏书之意"，也不是举出单个的令名，"养老令"这样的令名不能从资料上得到确证。

对以上具有"胎养令"、"马复令"及"养老令"三种事项名的令，可以指出，这三者均非当时特定的法令名，而是出于方便的所谓通称，因此冠以事项令名的法令并未被制定出来。当然，此处所探讨的令名只有三种，因此可能会面临责难。但是，即使考察本文前述沈家本、程树德所列的其他数种汉令的事项名称，也可以说与上述三令相同。因此在汉令的名称问题上，以"某某令"事项令名为基础的立法，笔者认为是不存在的。①

从其他方面也可以作同样的思考。

---

① "金布令"、"金布律"及"金布令甲"等与"金布"相关的法规名称的混乱，一直都是问题的所在。（中田前揭论文，第196~197页）对此，如果认为"金布令"不是正式令名而只是通称，其意为"与金布相关之令"，那么矛盾就消失了。也就是说，"金布律"自秦律以来一直存在。之后，有关金布的诏令被公布，而进入甲令中的，其表现形式无非是"甲令中的有关金布的诏"亦即"金布令甲"。

在出土于居延的汉简中存在着被视为令文目录的简。A33 遗址出土了依汉尺全长为三尺的断片，其中提到了六种令。[①]

　　县置三老二　　行水兼兴船十二　　置孝弟力田廿三
征吏二千石以符卅二　郡国调列侯兵卌二　年八十及乳朱需颂系五十二

5. 3 + 10. 1 + 13. 8 + 126. 12

此简记载了已成为令的诏令目录，这一点已经是考证过的。然而，笔者思考的是"县置三老二"以下诸名称所包含的意思。它们都是从诏书正文的一部分中摘取出来的。显然，此类命名最终都是从文中选出适当的言辞并被任意附加的，从中读不出这是普遍性和确定性令的意图。不过，这些名称都显示了令的内容，它们相当于所谓的事项令名，那么养老令、胎养令等名称理当在此有一定位置。然而，所谓确定的事项令名未被使用，其原因何在？此别无其他，原因恐怕正在于事项令名尚未确立吧。[②]

　　那么，此目录简记载的是何种令的目录呢？大庭氏将它视为甲令的目录，但是如果考虑到令的诸多内容与地方行政有关，以及目录简从 A33 即肩水候官遗址出土的原因，那么笔者认为，这些令是由郡国等特定地域所持有和保管的挈令。即，某挈令的第二，是高祖二年二月所发布的诏，其内容为在县乡设置三老云云。"县置三老二"的意思无非如此，事项令名在这一时期尚未出现。

---

① 有关此简，在大庭脩所著《居延出土的诏书断简》及《居延出土的令甲目录》（均载氏著《汉简研究》，日本同朋舍，1992）中有详细介绍。

② 在敦煌酥油土简中可以看到"击匈奴降者赏令"（一三五七简）这一令名。该令究竟是"对匈奴有战功者的赏赐规定"，还是"对已投降匈奴的赏赐规定"，又或是"对攻击匈奴的降者予以赏赐的规定"呢？对此有数种解说。笔者认为，该令名也不是已确立的固有名称，而是出于方便附在令上的虚名，其意为"对攻击匈奴而立有战功者和降者予以赏赐的规定"。设想"赏令"这一事项令名的确立是没有理由的。亦即，将"击匈奴降者赏令"七字解释为具有特定意义的一句话，会招致误解的危险。参见敦煌县文化馆《敦煌酥油土汉代烽燧遗址出土的木简》，载《汉简研究文集》，甘肃人民出版社，1984；大庭脩《与汉爵有关的汉简》（收入《汉简研究》）；藤田高夫《汉简所见军功赏赐》，载《古代文化》四五－七，1993；滨田耕作《西汉对匈奴降者的处置》，载《早稻田大学大学院文学研究科纪要　别册》十二（哲学·史学篇），1985。

如果是这样的话，可能会出现如下反驳："功令第某某"、"公令"当作何解呢？从附有编号的令名可视为通称出发，它们不正是更具官方性质的法令的名称吗？下面，笔者将总结包含对"功令"的解释在内的汉代的法典编纂。

（三）小结：汉律、汉令的编纂

汉令是以皇帝下达的诏敕为法源而被执行的规范，所以其形式无非就是诏。秦统一以前，"诏"这一词汇并未被使用，诏敕全部被称为"令"。从这一点上说，秦统一以后的秦令即为皇帝的诏敕，所以承袭秦令而来的汉令亦为诏敕，恐怕是极为自然的解释。

诏敕包括具有持续效力的规范和暂时性、一次性的命令。所谓令是指前者，亦即令主要是恒常性规范。在持续性的意义上，它必须清晰与广为人知，强调命令的重要性。如果诏的末尾附有"作为令而明确化、彻底周知——著为令"这样的常用语，那么诏就具有了令的执行样态。

在具有持续性效力的诏即汉令被不断公布后，必须要将它们按顺序收录，于是诏被加上了编号。这些诏还被分为甲、乙、丙三类，遗憾的是这三类究竟以何为标准划分，尚无定论。

甲令等干支令，换言之就是加上编号而被整理出来的诏敕，自然是随时代而追加的事物。它们并非如汉律尤其是九章律一般是具有"篇章之义"的一部已完成的法典，而是将已发布的诏按顺序缀连而成的文件，这就是干支令。

尽管作为汉令而公布出来的诏应当全部为干支令所收录，但各官署、郡县从干支令中抽取出相关的诏并予以抄录的，就是挈令。因此，挈令也会像兰台挈令第某某（略称兰台令某某）一样在官署名下附上编号。易言之，由于诏令可以为干支令和挈令或多个挈令收录为同一种令，因此诏令就会具有三种以上的整理编号。

现在，还有一种事项令名有待探讨。正如前一节所述，笔者认为，此种令名最终只是出于方便而采用的通称，而不是因立法确定下来的法典名或法令名。可以说，附有著令用语的诏没有固有名称，它所有的是其整理编号。作为新令而制定的诏不是以分属于事项令名的形式进行追加和整理的。这同样可以推及至秦令：睡虎地秦简所见"田令"也不是固有的法令名。

不过，被称为"功令"、"公令"的事项令在此是无法忽视的。确实，居延出土的记有"功令第卅五"的木简数量很多，而且"功令"二字的后面又附有编号，因此"功令"也许是具备普遍性的事项令的名称。再则，《史记·儒林列传》所载设置博士弟子员的诏说道"'请著功令，它如律令'。制曰：'可。'"《汉书·刑法志》所载景帝中元六年诏又说"其定箠令"。那么初看起来，难道不是指定令名并在该令之下展开立法吗？

然而，这里必须注意到的是著令用语所蕴含的意思。"著功令"并不是说"著于功令——在功令中添加"，而是指"作为功令而被明确、彻底周知"。现在假设是前者，那么已可以证明存在有确定为"功令"的这一事项令。但是在后者的意义上，将它解释成"有关功（官吏的任用、晋升）的令"即所谓一般普通名词，那也是没有任何问题的。即，"功令"、"箠令"和养老令一样，大概都可被解释成出于方便而附加的名称。

那么，为何木简所记"功令"二字的后面会有编号呢？对出于方便而附加的令名加以编号，就像前述居延出土木简中的"县置三老二"、"置孝弟力田廿三"所揭示的，也可见于属于挈令之下的令目录。因此，居延汉简所见"功令第卅五"（45.21，45.25，285.17，351.1，EPT5.68，EPT51.466，EPT53.34，EPT56.93）也不是指被称为功令的令以第一至第四十五的顺序存在，而是意指一个挈令中的第四十五令为有关功的令吧。至少，这里所见到的功令的编号仅仅是指第"四十五"而已。①

在汉代的法令中，事项令尚不能反映确切的市民权。晋令、唐令是以内容为依据进行分类和编纂的，而像此种令的编纂在汉代尚不能获得确

———————

① 即使是公令，笔者认为它与功令一样是因为方便而附加的名称。旱滩坡木简〈武七〉载"坐藏为盗在公令第十九"。如果用它来比照〈武六〉所说"罚金二两令在乙第廿三"，那么，公令就可以被当作干支令或挈令来看待。考虑到"公"所包含的语义，"公令"就带有"共通于各官署的挈令"的意思，所以它可能是挈令的一种。又，必须承认，与"县置三老"、"置孝弟力田"等确因方便而附加的名称相比，"功令"、"箠令"等名称是具有普遍性的令名。可以认为，它们皆为不久将出现的事项令名的前身。易言之，出于方便而被附加的名称（如"县置三老令"、"置孝弟力田令"等）逐渐向抽象且内含普遍性的名称转化，不久这种名称就被一般化，事项令名成为令的正式名称。不过，笔者认为，到这一阶段尚需一定的时间，在汉代，即使存在着这一变化的缓流，事项令也还是没有确立。

证。即使存在诏称为令而被整理的情形，它也只不过是作为干支令被编号收录的文件集，而不是具有法令篇名、尤其是具有如九章律一般的"篇章之义"的法典，不能将令看作与律相对的事物。

池田雄一氏指出，有关秦令，"能说明令典存在的确凿证据无从得见。其原因一方面来自于史料上的制约，另一方面则在于法典编纂的历史尚浅，形式化原则尚未确立"。[1] 这意味着在秦代，作为法典的令还没有成熟，但此种情形在汉令也是如此。令在成为与律等同的法典前，尚需时间。将诏令分类、整理并加上固有篇名以作为法典的令，在汉乃至秦尚未成立，这就是笔者的结论。

那么，律与令二者的关系如何呢？两种法源之间又存在怎样的交叉呢？是否存在诏很快被整理为律的情况吗？

东汉和帝时，围绕着"轻侮法"的制定出现了一连串的议论。就了解当时的成文法制定过程而言，这可以说是一份颇有意义的史料。

东汉章帝建初年间（76～83 年）发生了儿子因其父受到侮辱而杀害施辱者的事件。此子本应被判处死刑，但章帝却施以减刑的恩赦。之后，此事成为判例并延续下来。在此后的和帝时代，这一判例又作为"轻侮法"而趋于成文法化。对此，尚书张敏提出了反对意见：

> 夫轻侮之法，先帝一切之恩，不有成科班之律令也……若开相容恕，著为定法者，则是故设奸萌，生长罪隙……又轻侮之比，浸以繁滋，至有四五百科，转相顾望，弥复增甚，难以垂之万载……故高帝去烦苛之法，为三章之约。建初诏书有改于古者，可下三公、廷尉蠲除其敝。

在章帝建初年间，发布了对为父复仇而犯有杀人罪的儿子予以减刑的诏令。虽然此诏为暂时性命令，但它已成为先例（比）而被适用于同类案件中并产生了相同的判决，这已经是确定的事实（轻侮之比，浸以繁滋，至有四五百科）。不久，就出现了成文法化的动向（著为定法）。

虽然"著为定法"的前文提到了"班之律令"或者说"律令"等语

---

[1] 池田雄一：《关于秦代的律令》，第70页。

词，但实际上它应当是作为律而被制定出来的。如果是所谓的"令"，采取这种程序的情形是不存在的，而且"令"说到底就是诏敕，因此"定法"相当于"律"。

此处，我们所了解到的是诏书不久被成文法化（尽管事实上轻侮法遭到了反对）的程序。那么可以想象，附有著令用语的诏书——"令"，也是以相同的程序被编入律之中的，或者说它被附上新的名称之后成为律。

如此整理法令的情形首见于萧何的律令删定。此后，这种删定和整理法令的情形屡屡出现。

> 景帝即位，以错为内史。错数请间言事，辄听，幸倾九卿，法令多所更定。（《汉书·晁错传》）
>
> 张汤以更定律令为廷尉。（《汉书·汲黯传》）
>
> 及至孝武即位，外事四夷之功，内盛耳目之好，征发烦数，百姓贫耗，穷民犯法，酷吏击断，奸轨不胜。于是招进张汤、赵禹之属，条定法令，作见知故纵、监临部主之法。（《汉书·刑法志》）
>
> （宣帝本始四年）诏曰："……律令有可蠲除以安百姓，条奏。"（《汉书·宣帝纪》）
>
> 宣帝时，于定国又删定律令科条。（《唐六典》）
>
> 至元帝初立，乃下诏曰："夫法令者，所以抑暴扶弱，欲其难犯而易避也。今律令烦多而不约，自典文者不能分明，而欲罗元元之不逮，斯岂刑中之意哉！其议律令可蠲除轻减者，条奏。"（《汉书·刑法志》）
>
> 成帝河平中，复下诏曰："……律令烦多，百有余万言，奇请它比，日以益滋，自明习者不知所由……其与中二千石、二千石、博士及明习律令者议减死刑及可蠲除约省者，令较然易知，条奏。"（《汉书·刑法志》）
>
> 又见法令决事，轻重不齐，或一事殊法，同罪异论，奸吏得因缘为市，所欲活则出生议，所欲陷则与死比，是为刑开二门也。今可令通义理明习法律者，校定科比，一其法度，班下郡国，蠲除故条。（《后汉书·桓谭列传》）

　　需要再次说明的是，在汉代没有与律并列的令典，只有蓄积诏令的令，为顺因时宜而以编入律的方式被按事项分类。至此，它开始被赋予按事项、内容划分的篇名，被作为法典编纂。然而在这一阶段，它已不是令，而是最终已升华至律典的事物。律与令这两种法典的成立须等到晋泰始四年（268 年）泰始律和泰始令的诞生。

秦令考

（一）问题所在

迄今为止，有关秦令的研究几近空白。究其原因，就在于过去学界一直认为秦令根本不存在。

否定秦令之存在的学说源于中田薰的研究。[①] 中田氏指出："汉代的萧何立法继承了春秋以来的传统法律体系，将现行法分为刑书与令两类，并通过赋予其前所未有的新形态，使二者成为国家统治的两个根本法典。所谓新形态为何？就'律'而言，重新编排传统的律之篇次，并重修其法律条文；就'令'而言，把一直以来只不过是各个单行令的令法分类汇集成一部与律相对的法典。"（着重号为著者所加）中田氏尽管并未直接否定秦令的存在，但其将萧何制定律令视为律令法系的起始。反过来说，其意是，秦代以前，虽然存在作为单行令的令，但作为法典的令是不存在的。

大庭脩通过基本法典及追加法的视角，对秦令之存在提出了否定性见解。[②] 大庭氏论曰："魏编纂法典《法经六篇》，其正文被称为'法'，其追加法则被称为'律'。秦把作为正文的'法'改为'律'，追加法则仍以'律'为名。汉继承了秦六律及作为追加法的诸'律'，又筛选作为追加法的诸'律'，编纂出三篇以为'九章律'，并附加于正律之上，而残留的诸'律'亦被继承下来。入汉以后的追加法尽管也是附加于律之上的，但大多转而被称作'令'。不过，秦令存否目前尚不明确。"如对大庭氏的观点予以图示化，则大致如下：

基本法：法（魏）→律（秦）→律（汉）

---

① 中田薰：《中国律令法系的发达》，载氏著《法制史论集》第四卷，岩波书店，1964，第68~90页。

② 大庭脩：《律令法体系的变迁与秦汉法典》，载氏著《秦汉法制史研究》，日本创文社，1982，第5~19页。

　　追加法：律（魏）→律（秦）→令（汉）

　　此说是从对睡虎地秦简的研究中推导出来的，其主要根据为：《为吏之道》引用了魏"律"（大庭氏将其视为《法经六篇》的追加法）；睡虎地秦简中不见秦"令"的条文。

　　中田、大庭两氏之说虽然存在不同，但对律令的认识却近乎相同。其共同之处主要有以下三点，①认为李悝《法经》→商鞅《法经》→萧何九章律这一法典编纂故事是史实，律作为法典是在战国时代出现的（不过，对于李悝的《法经》，中田氏将其视为"可信度有缺的传述"）。②令典直至汉代才首次被编纂。③"律令制"中的律与令是作为法典而被编纂的存在，这一点是不可动摇的前提。以上三个认识限定了其后研究的框架。

　　其实，指出秦令之存在本身并不那么困难。在大庭氏的研究成果发表出来后，很多受其影响的研究者都提到了秦令的存在。比如，纸屋正和在其对《秦汉法制史研究》的书评中说道："以前，关于秦令之有无，笔者简单地认为，吕后元年妖言令被废止……妖言令为秦令，因此在秦代，令之存在的可能性很大。"① 宫宅洁注意到了睡虎地秦简《语书》中的"田令"，并认为"至少在始皇二十年时，与'律'性质不同的'令'这种规范是存在的，且可以确认，它们已按照事项之别而被分类"。② 另，池田雄一以张家山汉简《奏谳书》所引用的秦令为线索指出："秦代的令未必是与律一体化，为律所吸收者。"③ 在中国，张建国指出，在睡虎地秦简中见到了大量的令；④ 南玉泉则广泛搜集了通行文献和睡虎地秦简、张家

---

① 《史学杂志》第 92 编第 4 号，1983 年 4 月，第 95～101 页。

② 宫宅洁：《汉令的起源与编纂》，《中国史学》第五卷，1995，109～129 页。本文所引用的宫宅氏之说，除特别注明者，均出自《汉令的起源与编纂》一文。

③ 池田雄一：《关于秦代的令》，《中央大学文学部纪要》第 168 号（史学科第 42 号），1997 年 3 月，第 49～85 页；《秦代的令》，载氏著《中国古代的律令与社会》，汲古书院，2008，第 301～355 页。本文所引用的为后者。又，在本文中，除特别注明者，所引用的池田氏之说均出自于《秦代的令》一文。

④ 张建国：《秦令与睡虎地秦墓竹简相关问题略析》，《中外法学》1998 年第 6 期；载氏著《帝制时代的中国法》，法律出版社，1999，第 18～32 页。

山汉简《奏谳书》、里耶秦简等出土资料中的秦令。①

然而，仅指出秦令的存在并不能解决任何问题，因为一直以来，被否定存在的是作为法典的令。因此，尽管学者们列举了关于秦令的不少实例，但"这些难道不就是单行令吗"的疑问一被抛出，争论就要再次回到起点。比如，堀敏一就将睡虎地秦简中所见的"令"视作单行法令，并对大庭氏之说表示赞同。② 冨谷至亦对睡虎地秦简和张家山汉简《奏谳书》中的"令"予以详细考察，并对诸"令"是否为作为法典的"令"这一问题做出了否定性回答。③ 他们使用的同样是肯定秦令之存在的学者们引以为据的史料，却否定了秦令的存在。

综览诸说，问题的关键就在于单行令与法典之别。也就是说，迄今为止的各种研究都认同秦代有"令"，但也都从此类"令"究竟是单行令还是法典这一问题出发，争论此类"令"是否为"律令制"之下的"令"。

但是，法典真的在汉代以前被编纂过吗？先前，笔者曾论及，法典编纂故事乃后代创作的虚构之说。④ 如果这一观点没有严重错误，那么，作为基本法典的律典在三国魏以前就是不存在的（对认识①的否定）。汉令并非法典已为冨谷氏所详细论证（对认识②的否定）。概言之，无论是律还是令，在汉代以前都不是作为法典而存在的。可是，秦代就已有律和令，因此"律令制"之下的律和令乃法典这一认识本身就不能适用于秦汉时代（对认识③的否定）。所以，我们认为，首先应承认秦汉时代的律与令皆非法典，然后再在此基础上思考律与令以何种形态存在，这才是秦汉律令研究所应当采取的立论方式。

正是因为"律令制之下的律与令均为法典"这一认识，过去的研究把秦令和秦律、汉律、汉令分别开来，不把秦汉律令当作研究对象。这使得秦汉律令的研究出现了很大的谬误。本文为了修正此种谬误，将对秦令的

---

① 南玉泉：《秦令的演化及其法律形式中的地位》，《考古与文物》2005年第2期。

② 堀敏一：《晋泰始律令的成立》，收入氏著《律令制与东亚世界——我的中国史学（二）》，汲古书院，1994，第33~60页。

③ 冨谷至：《通往晋泰始律令之路（Ⅰ）：秦汉的律与令》，载《东方学报》第72册，2000年3月，第79~131页。本文所引用的冨谷氏之说，除特别注明者，均出自《通往晋泰始律令之路（Ⅰ）：秦汉的律与令》一文。

④ 本书（即本文所节译的《秦汉律令研究》一书——译者注）第二章"《晋书·刑法志》所见法典编纂故事"。

存在、形式、制定程序、整理方法等秦令的基本问题展开探讨。

（二）秦令的存在证明

本文的考察将首先从确认秦令的存在开始。为了证明秦令的存在，最直接的方法是举出秦令的实例。此处，将从先行研究已提及的诸例中选取若干作为秦令之存在明证的例子并加以介绍。

1.《史记·秦始皇本纪》

A　秦初并天下，令丞相、御史曰："异日韩王纳地效玺，请为藩臣，已而倍约，与赵、魏合从畔秦，故兴兵诛之，虏其王。寡人以为善，庶几息兵革。赵王使其相李牧来约盟，故归其质子，已而倍盟，反我太原，故兴兵诛之，得其王。赵公子嘉乃自立为代王，故举兵击灭之。魏王始约服入秦，已而与韩、赵谋袭秦，秦兵吏诛，遂破之。荆王献青阳以西，已而畔约，击我南郡，故发兵诛，得其王，遂定其荆地。燕王昏乱，其太子丹乃阴令荆轲为贼，兵吏诛，灭其国。齐王用后胜计，绝秦使，欲为乱，兵吏诛，虏其王，平齐地。寡人以眇眇之身，兴兵诛暴乱，赖宗庙之灵，六王咸伏其辜，天下大定。今名号不更，无以称成功，传后世。其议帝号。"

B　丞相绾、御史大夫劫、廷尉斯等皆曰："昔者五帝地方千里，其外侯服夷服，诸侯或朝或否，天子不能制。今陛下兴义兵，诛残贼，平定天下，海内为郡县，法令由一统，自上古以来未尝有，五帝所不及。臣等谨与博士议曰：'古有天皇，有地皇，有泰皇，泰皇最贵。'臣等昧死上尊号，王为泰皇，命为制，令为诏，天子自称曰朕。"

C　王曰："去泰著皇，采上古帝位号，号曰皇帝。他如议。"

D　制曰："可。"

此为有关秦王政改帝号之事的记载，其中内隐含着与汉代制诏相类似的制定程序与文章形式。以文章形式论，这或许就是改帝号之命令书的原封不动的摘录。

丞相王绾、御史大夫冯劫、廷尉李斯等议曰"命为制，令为诏"，秦王对此表示同意。之后，在秦，被称为"命"者就成了"制"，被称为"令"者则转变为"诏"。反过来说，在战国秦时，秦王的命令有"命"与"令"两种。①

2. 逐客令、夷三族令、妖言令

仅据《史记·秦始皇本纪》所载"令"的用例，只能确认在秦代某种命令被称为"令"，并不能说明该"令"是一般性与持续性强制效力的法令之存在的明证。因此，下文将指出史书中作为法令且其名称被流传下来的秦令的存在。

第一为秦王政十年的逐客令：

> 大索逐客。李斯上书说，乃止逐客令。（《史记·秦始皇本纪》）

有关逐客令，《李斯列传》有略为详细的记载，云："秦王乃除逐客之令。"也就是说，《李斯列传》也将其称为"令"。易言之，此逐客"令"并非单纯的命令，而是适用于所有从他国来秦国出仕的客的法令。

第二为夷三族令：

> 汉兴之初，虽有约法三章，网漏吞舟之鱼，然其大辟，尚有夷三族之令。令曰："当三族者，皆先黥，劓，斩左右止，笞杀之，枭其首，菹其骨肉于市。其诽谤詈诅者，又先断舌。"故谓之具五刑。彭越、韩信之属皆受此诛。（《汉书·刑法志》）

这段史料提到了"夷三族之令"，而且引用了该令的令文。此令文亦非单纯的命令，而是法律规定。以"汉兴之初……尚有夷三族之令"一语观之，夷三族令实为秦令，而并非汉代制定的令。

---

① 里耶秦简⑧455 收入了秦统一天下后的名称变更的一览表，其中有"以王令曰以皇帝诏"、"承令曰承制"的记载。参见张春龙、龙京沙《湘西里耶秦简 8～455 号》，《简帛》第四辑，2009；胡平生《里耶秦简 8～455 号木方性质刍议》，《简帛》第四辑，2009。

第三为妖言令：

> 元年春正月，诏曰："前日孝惠皇帝言欲除三族罪、妖言令，议未决而崩。今除之。"（《汉书·高后纪》）

妖言令的具体内容已不传。大致上说，该令为对制造妖言者予以处死的规定。秦时有妖言罪这一点可证于《汉书·贾谊传》（贾谊《新书·保傅篇》几乎收入了同样的文字）、《汉书·路温舒传》、《论衡·语增篇》等的记载。同时，以除秦苛法为其政治方针之一的高祖、意欲废除妖言令的惠帝自不会制定妖言令，所以上述史料所提及的被废除的妖言令当为秦令。①

3. 张家山汉简《奏谳书》

在张家山汉简《奏谳书》中，有两处引用了秦令文。以下将按照令文的时代而非简号顺序罗列之。

第一处用例为秦王政六年（前241年）的案例（案例22）：

> 六年八月丙子朔壬辰，咸阳丞毂礼敢言之。令曰："御史能得微难狱，上。"今御史举闖得微【难】狱，为奏廿二牒。举闖毋害，谦（廉）絜（洁）敦愨（愨），守吏也，平端。谒以补卒史，劝它吏。敢言之。（简227~228）

此处所引用的是有关本案之记录的结尾部分。本案为有关伤害、窃盗的案件，虽然对犯人的追捕几乎没有特定线索可循，但一个名叫举闖的狱吏却通过扎实的调查，最终捕获了犯人。于是，咸阳县丞据"令"向内史上奏以示应对其加以表彰。如此看来，这里的"令"似当为有关官吏之升进的规定。

第二处用例为秦始皇二十七年（前220年），以"南郡卒史盖庐、

---

① 有关妖言罪，大庭脩在其《汉律中的"不道"概念》（载氏著《秦汉法制史研究》，创文社，1982）一文的第114~122页已有详细探讨。

挚、朔，叚（假）卒史鼂复收□等狱簿"（简124）为标题的案例（案例18）：

> 令："所取荆新地多群盗。吏所兴与群盗遇，去北，以儓（仪）①
> 乏不斗律论。""儓（仪）乏不斗，斩。""篡遂纵囚，死罪囚，黥为
> 城旦。""上造以上，耐为鬼薪。"以此当□。（简157~159）

此为有关本案之记载的判决部分。被问罪的庳为攸的县令。在赴任伊始，其上司苍梧郡郡守与尉告诉他一件没有解决的案件。他们说，攸县的利乡发生了叛乱，攸县曾征发新占黔首去讨伐，结果很多人逃亡，逃亡者未能被逮捕。然而，□没有立即开始逮捕那些逃亡者，反而上书说苍梧郡尚处于刚被占领后的不稳定状态，人心亦为不安所笼罩，所以希望宽免逃亡者的罪责。结果，其行为被认为等同于放纵死刑囚，□由此而遭受处罚。

本案的判决是通过引用一条令和四条律来论罪的。从律与令并举这一点上看，此处的令无疑是作为法令而发挥其功能的。

4. 里耶秦简

在现在已公布的里耶秦简简文中，引用令文的文书有三例。以下将同样按照时间而非简号顺序罗列之。②

第一个用例是秦始皇帝二十七年（前220年）的两件文书（J1⑯5与J1⑯6）。这两件文书的文字几乎相同，所以此处仅引用J1⑯5。

> 廿七年二月丙子朔庚寅，洞庭守礼谓县啬夫、卒史嘉、叚（假）

---

① 整理者的释文将"儓"写作"儋"，但此字在字形上与"儋"明显不同。这里，遵从郭永秉所著《读张家山汉简〈奏谳书〉释文小记》（复旦大学出土文献与古文字研究中心网，2008年3月19日）及《张家山汉简〈二年律令〉和〈奏谳书〉释文校读记》（《语言研究集刊》第六辑，2009，第266~267页）二文而将此字释为"儓"，读作"仪"，且解其意为"惰"。

② 里耶秦简的现代语言翻译，可参照里耶秦简讲读会《里耶秦简译注》，《中国出土资料研究》第8号，2004，第88~137页。

卒史穀、属尉。令曰："传送委输，必先悉行城旦舂、隶臣妾、居赀赎责。急事不可留，乃兴繇（徭）。"今洞庭兵输内史及巴、南郡、苍梧，输甲兵当传者多。节（即）传之，必先悉行乘城卒、隶臣妾、城旦舂、鬼薪白粲、居赀赎责、司寇、隐官、践更县者。田时殹，不欲兴黔首。嘉、穀、尉各谨案所部县卒、徒隶、居赀赎责（债）、司寇、隐官、践更县者簿，有可令传兵甲，县弗令传之而兴黔首，兴黔首可省少，弗省少而多兴者，辄劾移县，县亟以律令具论当坐者，言名史泰守府。嘉、穀、尉在所县上书。嘉、穀、尉令人日夜端行。它如律令。

在这件文书中，洞庭郡的郡守首先引用了令文，并根据其规定向自己的部下指定了为输送武器而征发劳动力的方法。从文书的叙述逻辑来看，郡守所引用的"令"似乎亦为皇帝下达的法令。该文书提到"县亟以律令具论当坐者"、"它如律令"，"律令"一词的出现（对这一推测而言）同样有其重要性。

第二个用例是秦始皇帝三十三年（前214年）的文书（J1⑧154）。

卅三年二月壬寅朔朔日，迁陵守丞都敢言之。令曰："恒以朔日上所买徒隶数"。●问之，毋当令者。敢言之。

这里，迁陵县的守丞也先引用令文，并根据其规定向上级报告。在引用令文的方式上，第二个用例可谓与第一个用例完全相同。

第三个用例是一件年代不详的文书（J1⑯8）。

☑仓八人　司空三人
☑少内七人　　　　　（正面）
☑之。令曰："上。"敢言之。（背面）

由于以上为断简，且简文所引用的令文仅有"上"一字，因此令文之意难以获知。不过，简的正面记载了各种官署所辖的人数，再根据《奏谳书》案例22所言"御史能得微难狱，上"及前引里耶秦简第二例所言"令曰，恒以朔日上所买徒隶数"中的"上"字之用例来推测，第三个用例中的令或许涉及对官署中符合某些条件者的人数予以"上"（报告）一事。

此外，在里耶秦简中，"律"、"令"并记为"律令"的用例并不少见。仅以现在已公布的简文论，除了前引第一例中的"县亟以律令具论当坐者"、"它如律令"之外，还有"何律令应（以何种律令来应对）"（J1⑧157）、"以律令（据律令而行）"（J1⑧157）、"以律令从事（据律令履行职务）"（J1⑨1～12、J1⑨984、J1⑯9）等。这种律、令并记的写法与汉代公文书完全一致，因此可以认为，在律与令的功能上，秦代与汉代相同。

5. 岳麓书院藏秦简

岳麓书院藏秦简包含大量秦令。[①] 在现在已公布的图版中并无令文，而只有下列七枚标题简。

■内史郡二千石官共令　　第甲
■内史郡二千石官共令　　第乙
■内史郡二千石官共令　　第丙
■内史郡二千石官共令　　第丁
■内史郡二千石官共令　　第戊
■内史郡二千石官共令　　第己
■内史郡二千石官共令　　第庚

"内史郡二千石官共令"大概意指内史与郡二千石官共同使用的令。以这些标题论，当时的"内史郡二千石官共令"至少有第甲至第庚七个分册是可以明确的，该令具有相当的分量也是可以推测出来的。

据整理者陈松长所说，岳麓秦简收入了内史郡二千石官共令、内史官共令、内史仓曹令、内史户曹令、内史旁金布令、四谒者令、四司空共令、安□居室居室共令、□□□又它祠令、辞式令、郡尉卒令、郡卒令、廷卒令、卒令、县官田令、食官共令、给共令、赎令、迁吏令、捕盗贼

---

① 参见陈松长《岳麓书院所藏秦简综述》，《文物》2009 年第 3 期；陈松长《岳麓书院藏秦简中的郡名考略》，《湖南大学学报》（社会科学版）2009 年第 2 期。

令、挟兵令、稗官令等二十三种令名。如此大量的秦令实物的出土应该能够证明秦令的存在，这似乎已是不可动摇的事实。

（三）秦令的形式与制定程序

1. 秦令的形式

从第二部分所列举的若干令的用例，尤其是从岳麓书院藏秦简的发现来看，作为法令的"令"在秦代即存在这一点可以说是确定的。但是，此类用例都仅提及令的名称，或只不过引用令的一部分，因此不能据之明确秦令的形式。而要实现此目标，必须展示完整的秦令令文。

秦王政定帝号的命令书提到"命为制，令为诏"。这就是说，秦令在统一秦时期被称为"诏"。如此，既然秦令与秦诏为同一物，那么只要能见到毫无省略的秦诏全文，就能了解秦令的法律形式。《史记·秦始皇本纪》记载了可断定为诏全文的命令：

> A　春，二世东行郡县，李斯从。到碣石，并海，南至会稽，而尽刻始皇所立刻石，石旁著大臣从者名，以章先帝成功盛德焉。
> B　皇帝曰："金石刻尽始皇帝所为也。今袭号而金石刻辞不称始皇帝，其于久远也，如后嗣为之者，不称成功盛德。"
> C　丞相臣斯、臣去疾、御史大夫臣德昧死言："臣请具刻诏书刻石，因明白矣。臣昧死请。"
> D　制曰："可。"

此为二世皇帝元年巡行东方时的记事。A 是实际陈述二世皇帝之事迹的文字，B、C、D 则为引文，其内容是"刻始皇所立刻石"的刻辞，亦即李斯等奏请"具刻"的"诏书"。由于在残留至今的始皇帝刻石的拓本、摹本中能见到与《史记》所引用的这段文字相同的记载，[1] 而且刻有

---

[1]　有关始皇帝刻石，参见容庚《秦始皇刻石考》，《燕京学报》第 17 期，1935；后收入氏著《容庚文集》，中山大学出版社，2004，第 181~231 页。

此诏的青铜器也大量残存,① 因此此诏为毫无省略的"诏"的全文应形无疑义。

根据以上的例子，统一秦之诏书的形式已明确。如果尝试从战国秦的命令中搜集与诏之形式相同者，就可发现，《史记·秦始皇本纪》几乎以完整的形态保存了秦令。

A 秦初并天下，令丞相、御史曰："异日韩王纳地效玺，请为藩臣，已而倍约，与赵、魏合从畔秦，故兴兵诛之，虏其王。寡人以为善，庶几息兵革。赵王使其相李牧来约盟，故归其质子，已而倍盟，反我太原，故兴兵诛之，得其王。赵公子嘉乃自立为代王，故举兵击灭之。魏王始约服入秦，已而与韩、赵谋袭秦，秦兵吏诛，遂破之。荆王献青阳以西，已而畔约，击我南郡，故发兵诛，得其王，遂定其荆地。燕王昏乱，其太子丹乃阴令荆轲为贼，兵吏诛，灭其国。齐王用后胜计，绝秦使，欲为乱，兵吏诛，虏其王，平齐地。寡人以眇眇之身，兴兵诛暴乱，赖宗庙之灵，六王咸伏其辜，天下大定。今名号不更，无以称成功，传后世。其议帝号。"

B 丞相绾、御史大夫劫、廷尉斯等皆曰："昔者五帝地方千里，其外侯服夷服，诸侯或朝或否，天子不能制。今陛下兴义兵，诛残贼，平定天下，海内为郡县，法令由一统，自上古以来未尝有，五帝所不及。臣等谨与博士议曰：'古有天皇，有地皇，有泰皇，泰皇最贵。'臣等昧死上尊号，王为泰皇，命为制，令为诏，天子自称曰朕。"

C 王曰："去泰著皇，采上古帝位号，号曰皇帝。他如议。"

D 制曰："可。"

此为先前已引用的定帝号命令。这一命令尽管采取了与诏相同的形

---

① 青铜器铭文为："元年，制诏丞相斯、去疾，法度量，尽始皇帝为之，皆有刻辞焉。今袭号而刻辞不称始皇帝，其于久远也，如后嗣为之者，不称成功盛德。刻此诏故刻左，使毋疑。"王辉所著《秦铜器编年集释》（三秦出版社，1990）收集了刻有秦二世皇帝诏的青铜器。其第113~116页为量，第126~139页为版，第15页及第140~147页为权。

式，但在当时绝不会被称为"诏"，因为正是通过此命令，作为此种概念的命令才首次被改称为"诏"。所以，定帝号命令不是皇帝的"诏"，而是秦王的"令"。

需要注意的是 A 部分开头所提及的"令丞相、御史曰"数字。如果这是有关汉代皇帝之事迹的叙述，那么其用语当作"诏丞相、御史曰"。① 但是，此处的文字是"令丞相、御史曰"。之所以如此，其原因大概就在于《史记》原封不动地摘录了作为其参照的原始资料的记载"令丞相、御史曰"。从这一点也可以清晰地看出，定帝号命令实为秦王的"令"。

饶有趣味的是 D 的"制曰可"三字。由这一秦令确定的"命为制"居然已经出现于此秦令中。我们推测，这道命令可能在 C 所载的"王曰……"这个阶段就作为秦王之"令"成立了，秦始皇接着作为皇帝附加了"制曰可"三字，以使此"令"作为"诏"而获得新生。倘若确为如此，则此令既是秦王国最后一道"令"，又是秦帝国第一道"诏"。

2. 秦令的制定程序

战国秦的"令"至统一秦时期即为"诏"，汉承秦制，所以汉的"令"亦为"诏"，汉诏在法律形式上与秦诏完全相同。②

如此，秦令的制定程序也必定与汉令的制定程序相同。因此，在考察秦令的制定程序时，大庭脩对汉代制诏的研究结论同样可以适用。在大庭氏看来，汉代制诏可分为以下三种形态：③

---

① 如，《汉书·刑法志》："孝文二年，又诏丞相、太尉、御史……"；《武帝纪》："建元元年冬十月，诏丞相、御史、列侯、中二千石、二千石、诸侯相……"；《元帝纪》："二月，诏丞相、御史……"；等等。

② 有关这一点，先前富谷至已经指出："汉令是以皇帝下达的诏敕为法源而被执行的规范，所以其形式无非就是诏。秦统一以前，'诏'这一词汇并未被使用，诏敕全部被称为'令'。从这一点上说，秦统一以后的秦令即为皇帝的诏敕，所以承袭秦令而来的汉令亦为诏敕，恐怕是极为自然的解释。"（第 121 页）

③ 大庭脩：《汉代制诏的形态》，载氏著《秦汉法制史研究》，创文社，1982，第 201～234 页。

第一种形式："皇帝凭自己的意志下达命令"。

第二种形式："官僚在被委任的权限内为执行自己的职务而提议和献策，皇帝加以认可，作为皇帝的命令而发布"。

第三种形式："皇帝以自己的意志下达命令，其对象仅限于一部分特定的官僚，而且需要这些官僚进行答申"。此类行为可进一步划分为两种情形，即"向官僚征求关于政策的意见"与"指示政策的大纲或皇帝的意向，把促成其实现的详细的立法程序委托给官僚"。

在张家山汉简《二年律令·置吏律》中有一条有关律令之制定程序的规定：

> 县道官有请而当为律令者，各请属所二千石官，二千石官上相国、御史，相国、御史案致，当请，请之，毋得径请。径请者（者），罚金四两。（简 219 ~ 220）

律文起始提到的"县道官有请而当为律令者"是指，地方官吏在其日常业务遇到某些困难时，向皇帝请求改善这些情况；在此种场合，官吏要先向二千石官请求，二千石官则将其请求递送至相国、御史大夫处；相国、御史大夫将对其展开审查，如认为应把意见上奏给皇帝，就向皇帝上奏。这正是大庭脩所说的第二种形式的制定程序。

《二年律令·津关令》第二十二条（简 520）又可谓第二种形式的制定程序的具体实例：

> 廿二、丞相上鲁御史书言，鲁侯居长安，请得买马关中。●丞相、御史以闻，制曰：可。

正如简文起始的"丞相上鲁御史书言"数字所示，简文所载内容源于鲁御史的提议，丞相则将其奏报给皇帝。这一程序就是从二千石官至丞相，再从丞相至皇帝的"请"。然后，对丞相奏报之提议，皇帝通过制可的下达使其作为"令"而得以成立。

秦令的制定程序与汉令（诏）完全相同这一点在今日已能经由实例而证明。在岳麓书院藏秦简中，有一支简载有如下文字：①

> ●丞相上庐江叚（假）守书言："庐江庄道时败绝不补。即庄道败绝不遹（补），而行水道，水道异远。庄道者……"（0556）

简文开头的"丞相上庐江假守书言"在形式上可谓与《二年律令·津关令》中的"丞相上鲁御史书言"完全相同。以下，介绍岳麓书院藏秦简所载令文中与汉令形式相同的另一条令文。

> 绾请许，而令郡有罪罚当戍者，泰原署四川郡，东郡、参（三）川、颍川署江胡（湖）郡，南阳、河内署九江郡。（0706）

此令文就如下问题做出规定：如果有人犯罪被处以戍刑，去戍守边境，何郡的刑徒应被派遣至何处。令文起始的"绾"或许是丞相王绾。此引文之前应该还有丞相王绾所引用的其他官吏的上书，此后则为"敬请皇帝许可此上书"的意愿表达，再后即为涉及相关事项之详细规定的提案。《二年律令·津关令》第十二条（简509、508）是与此形式相同的令文：

> 十二、相国议，……。御史以闻，请许，及诸乘私马出，马当复入而死亡，自言在县官，县官诊及狱讯审死亡，皆【告】津关。制曰：可。

这里的"请许，及……"在形式上与上引岳麓书院藏秦简所载令文中的"请许，而……"并无差别。

过去，无论对秦令的存在予以肯定还是否定，学界一般都认为汉令的形式从汉代开始。然而，从上引实例可以明确，所谓令的形式、制定程序

---

① 参见陈松长《岳麓书院藏秦简中的郡名考略》，《湖南大学学报》（社会科学版）2009年第2期。有关简文的释文，除了"●丞相上庐江叚（假）守书言"数字是笔者以《湖南大学学报（社会科学版）》2009年第2期所公布的简的照片为根据抄写下来的之外，其余均遵照陈松长的释文。下引岳麓书院藏秦简的释文亦遵照陈松长的释文。

在秦时本就已经出现，汉无非继承了秦的遗制而已。

应当注意，秦汉时代的令是逐条制定的。尽管中田氏以来，秦令被视作单行令，汉令被视作法典，但秦令与汉令因为在制定程序上完全一致，所以本来皆为单行令。那么秦汉时代会不会有这种情况：秦代，一条条的令在被制定出来后，一直作为单行令而存续；到了汉时，将这些单行令编纂为一部法典？下文将探讨这个问题。

（四）秦汉时代令的保管与整理

秦令、汉令无论是在形式上还是在制定程序上均相同，且为被逐条制定者，但它们被制定出来后是否又作为法典而被编纂呢？在第一节"问题所在"的论述中，笔者已给出结论，即所谓编纂是可予以否定的。这一点若从秦汉时代令的保管与整理方法来看实乃自然之事。

汉令与秦令相比，其实态较为清楚。因为有关汉令的整理方法，现有冨谷至的卓越研究，而且目前出土的汉令数量较多，有些令的格式比较完整。即便是在秦令的整理方法上，岳麓书院藏秦简的发现也已使其渐趋明晰化。职是之故，本节将首先对汉令加以观察，并在此基础上参考有关汉令的研究成果来尝试着探讨秦令。

1. 汉令的三种整理形态

一般来说，汉令可分为三种。在这一点上，笔者将遵从冨谷氏赋予此三种汉令的名称及定义。

　　①干支令：被冠以甲、乙、丙等干支的令。
　　【例】令甲、令乙、令丙
　　②挈令：被冠以官署或郡县名的令。
　　【例】廷尉挈令、光禄挈令、乐浪挈领、大鸿胪挈令、北边挈令、御史挈令、兰台挈令、卫尉挈令
　　③事项别令：具有类似于后世唐令之编目的事项名称以为区别的令。
　　【例】任子令、田令、戍卒令、水令、公令、功令、养老令、马

复令、禄秩令、宫卫令、金布令、斋令、卖爵令、品令、胎养令、祀令、祠令、狱令、簦令、缗钱令、符令、津关令

不过，以鄙见观之，事项别令可以进一步划分为两种。一种是像《津关令》那样内含诸多条文的令的泛称，另一种则如《缗钱令》一般仅为一条令文的略称。事实上，不能将此二者相当明确地区别开来的场合颇多，但在关于令的探讨中对这两个概念加以区分是有其便利之处的。此处把前者称为事项别令（泛称），而对后者名之以事项别令（略称）。

近年来，张家山汉简《二年律令》的公布对汉令研究带来了巨大冲击。由于《二年律令》中收入了所谓《津关令》这一事项别令，所以事项别令的形态就变得清晰了。津关令每一条的开头都附有编号，最高编号为二十三，但经整理者复原的令文只有十八条。以下即为《津关令》的全部释文①及笔者以现代语对第一条令文的尝试性翻译：

　　一、御史言，越塞阑关，论未有令。●请阑出入塞之津关，黥为城旦舂。越塞，斩左止为城旦。吏卒主者弗得，赎耐。令、　　简488

丞、令史罚金四两。智其请而出入之，及假予人符传，令以阑出入者，与同罪。非其所【当】为【传】而擅为传出入津关，以简489

传令阑令论，及所为传者。县邑传塞，及备塞都尉、关吏、官属、军吏卒乘塞者，禁其【奴婢、马之出田、汲】□牧。缮治简490

塞、邮门亭行书者，得以符出入。●制曰：可。　　　简491

　　二、制诏御史，其令扜关、郧关、武关、函谷关、临晋关，及诸其塞之河津，禁毋出黄金，诸奠黄金器及铜，有犯令　　简492

---

① 有关简文的排列顺序，以彭浩、陈伟、工藤元男主编《〈二年律令与奏谳书〉——张家山二四七号汉墓出土法律文献释读》（上海古籍出版社，2007）为基准。不过，该书的排列顺序最初又建基于王伟所著《张家山汉简〈二年律令〉编联初探》（武汉大学简帛研究中心主办《简帛》第一辑，上海古籍出版社，2006，第353～367页）的观点之上。所不同者在于，该书以简502～503所载令文为第九条（王伟氏则以此条令文为第十九条），又将简504～505所载令置于第九条之后（王伟氏则以此条为第二十条）。

□、制诏御史，其令诸关，禁毋出私金器、铁。其以金器入者，关谨籍书。出，复以阅，出之。籍器、饰及所服者不用此令。

简 493

□、相国、御史请，缘关塞县道群盗、盗贼及亡人越关垣、离格、堑、封、刊，出入塞界，吏卒追逐者，得随出入，服迹，穷追捕。令

简 494

将吏为吏卒出入者名籍，伍人阅具，上籍副县廷。事已，得道出入所出人。盈五日不反，伍人弗言将吏，将吏弗劾，皆以越塞令论之。

简 495

□、相国上内史书言，请诸诈袭人符传出入塞之津关，未出入而得，皆赎城旦舂。将吏智其请，与同罪。●御史以闻。●制

简 496

曰：可。以阑论之。

简 497

□、御史请，诸出入津关者，皆入传【书郡、县】、里、【年】、长、物色、【疵】瑕见外者及马职物。关舍人占者，津关谨阅，出入之。县官马勿职物

简 498

者，与出同罪。●制曰：可。

简 499

□、制诏相国、御史，诸不幸死家在关外者，关发索之，不宜。其令勿索，具为令。相国、御史请，关外人官为吏若縣使，有事关中，

简 500

【不幸死】，县道若属所官谨视收敛，毋禁物，以令若丞印封椟槥，以印章告关。关完封出，勿索。椟槥中有禁物，视收敛及封

简 501

九、相国上内史书言，函谷关上女子扁传，从子虽不封二千石官，内史奏，诏曰：入，令吏以县次送至徙所县。县问，审有引书，毋怪，

简 502

□□□等比。●相国、御史复请。制曰：可。

简 503

□、相国中大夫书，请中大夫谒者、郎中执盾、执戟家在关外者，得私买马关中。有县官致上中大夫、郎中，中大夫、郎中为书告津关，来，复传，

简 504

津关谨阅，出入。马当复入不入，以令论。●相国、御史以闻。制曰：可。

简 505

☑议，禁民毋得私买马以扞关、郧关、函谷、武关及诸河塞律关。其买骑、轻车马、吏乘、置传马者，县各以所买　　　　简506

名、匹数告买所内史、郡守，内史、郡守各以马所补名为久久马，为致告津关，津关谨以籍、久案阅，出。诸乘私马入而复以出，若出而当复入者，　　　　简507

津关谨以传案，出入之。诈伪出马，马当复入不复入，皆以马贾讹过平令论，及赏捕告者。津关吏卒、吏卒乘塞者智，弗告劾，　　　　简510

与同罪。弗智，皆赎耐。●御史以闻。制曰：可。　　　　简511

十二、相国议，关外郡买计献马者，守各以匹数告买所内史、郡守。内史、郡守谨籍马职物、齿、高，移其守，及为致告津关。津关案阅，　　　　简509

出。它如律令。御史以闻，请许，及诸乘私马出，马当复入而死亡，自言在县官，县官诊及狱讯审死亡，皆津关。制曰：可。　简508

十三、相国上内史书言，诸以传出入津关而行，产子驹未盈一岁，与其母偕者，津关谨案实籍书出入。●御史以闻。制曰：可。　　　　简512

十五、相国、御史请，郎骑家在关外，骑马节死，得买马关中人一匹以补。郎中为致告买所县道，县道官听，为质告居县，受数而籍书　　　　简513

马职物、齿、高，上郎中。节归休、繇使，郎中为传出津关，马死，死所县道官诊上。其诈贸易马及伪诊，皆以诈伪出马令论。其　　　　简514

不得买及马老病不可用，自言郎中，郎中案视，为致告关中县道官，卖更买。●制曰：可。　　　　简515

十六、相国上长沙丞相书言，长沙地卑湿，不宜马，置缺不备一驷，未有传马。请得买马中，给置传，以为恒。相国、御史以闻，请　　　　简516

许给置马。●制曰：可。　　　　简517

☑、相国上南郡守书言，云梦附窬园一所在朐忍界中，任徒治园者出入扞关，故巫为传，今不得，请以园印为传，扞关听。　　　　简518

廿一、丞相上长信詹事书，请汤沐邑在诸侯属长信詹事者，得买骑、轻车、吏乘、置传马关中，比关外县。丞相、御史以闻。●制

简 519

廿二、丞相上鲁御史书言，鲁侯居长安，请得买马关中。●丞相、御史以闻。制曰：可。

简 520

● 丞相上鲁御史书，请鲁中大夫谒者得私买马关中，鲁御史为书告津关，它如令。●丞相、御史以闻。制曰：可。

简 521

● 丞相上鲁御史书，请鲁郎中自给马骑，得买马关中，鲁御史为传，它如令。●丞相、御史以闻。制曰：可。

简 522

廿三、丞相上备塞都尉书，请为夹溪河置关，诸漕上下河中者，皆发传，及令河北县为亭，与夹溪关相直。阑出入，越之，及吏

简 523

卒主者，皆比越塞阑关令。●丞相、御史以闻。制曰：可。

简 524

以下被视作对第 1 条令文的白话文翻译：

御史上奏：关于擅自越过边塞或随意出入关卡的行为应受何种处罚，尚无令加以规定。因此呈上如下提议：对擅自出入边塞的渡口、关卡者，处以黥城旦舂；对擅自越过边塞者，处以斩左趾城旦；对负有管理之责却未能捕获此类人等的官吏、兵卒，处以赎耐；对令、丞、令史，处以罚金四两；知情而任人出入及非法借他人符、传以至其出入关者与出入者同罪；对不应制作传而妄为之并据之出入渡口、关卡者，依照"传令阑令"处罚，并罚及为其制作传者；① 附属于县邑的边塞及备塞都尉、关吏、官属、守卫边塞的军吏和卒，要禁止其

---

① "以传令阑令论，及所为传者"之断句一语或许当以"以传令阑令，论及所为传者"为佳。类似的句型可见睡虎地秦简《语书》简 7 ~ 8 中的"举劾不从令者，致以律，论及令、丞"。不管怎样，其意是不仅处罚非法制作传的人，亦处罚请该人制作传者。

私人奴婢及马逃离田、汲□、牧场；① 在修缮边塞时，及邮或门亭在传送文书时，可以依凭符出入。●皇帝制曰：可。

第1条令开头提到"越塞阑关，论未有令"，可见该令是津关方面最早的令文。令文引用了名之以"传令阑令"的令，但此令应理解为"关于用传让人擅自出入边塞这一行为的令"，可视作事项别令（略称），其所指大概就是"传令阑令"四字之前的"及假予人符传，令以阑出入者，与同罪"。② 也就是说，对制作符传出入关者与借他人符传以至其出入关者处以同样的处罚。

在内容上值得注意的是第九条。尽管该条文的意思尚无法正确理解，但若勉强尝试这条令文的白话文译，大致如下：

> 相国所奏上的内史文书请示如下："函谷关呈来女子厕的传。此女子之从子的传并未加盖二千石官之印，但先前内史曾就这种情况上奏，诏书则答复曰，'此人可入关。当令官吏将其逐县移送直至作为其目的地的县'。本县对从子询问后发现他确实持有引书（许可引见之文书？），因此并无可疑之处。□□□等比。"●相国、御史再次请求。皇帝制曰：可。

按照上述理解，这位叫厕的女子因某事从外地来到内史，但至函谷关

---

① 有关从"县邑传塞"至"牧"一句，因句中有些字无法辨认，故难以确知其意。笔者暂时将该简文理解为：有必要经常出入边塞之津关者应禁止其私属的跟从者或动物从其工作地逃离。又，所谓"县邑传塞"中的"传"当是"傅"字，读为"附"（参见《〈二年律令与奏谳书〉——张家山二四七号汉墓出土法律文献释读》，上海古籍出版社，2007，第306页）。"县邑傅塞"的句式与简518中的"云梦附窦园"相同，似是"附属于县邑的塞口"的意思。

② 参见杨建《张家山汉简〈二年律令·津关令〉简释》，载《楚地出土简帛思想研究（一）》，2002，第316～341页。该文的第319页指出："'以……论'为法律术语，意为'以某罪判处'。此处的'传令阑令'所指不详，或即指'及假予人符传，令以阑出入者，与同罪'。"又，张家山汉简研读班所著《张家山汉简〈二年律令〉校读记》（载《简帛研究》（二〇〇二 二〇〇三），2005，第177～195页）将"以传令阑令论"的释文与断句改为"以□传、阑令论"。虽然其断句令人无法认同，但"以"之下缺一字的可能性却相当大。如果确为如此，那么，此令或许就是"假传令阑令"。

时，其从子的传似乎出了问题。函谷关遂将女子厕的传送至内史，确认此女子是否确实可以入关。此诏是为一个极为特殊的案件制定的，缺乏法令应该具备的一般性，却仍为《津关令》所收入。以此观之，所谓《津关令》或许对任何有关津关的诏均予以收入，而不问它们有无法令应有的一般性。

在《津关令》中，从第 1 条至第 16 条，"相国"二字频频出现。与此相对，第 21 条以降，"相国"变成了"丞相"。这一名称的变化清晰地表明，记有"相国"者为高祖十一年至惠帝五年的令，提及"丞相"者则为惠帝六年以降的令。[①] 第一条是《津关令》中最先被制定出来的规定，而如第 23 条将第 1 条视作"越塞阑关令"来引用这一点所示，后续条文中存在着以前面已出现的条文为前提而加以制定者，因此可以认为令文的编号是根据其发布顺序附加上去的。这样看来，所谓"事项别令"（泛称）是有关特定事项的诏在依照其发布顺序被附加编号后排列而成的。

接下来，对挈令进行考察。王杖诏书册引用了两条兰台《挈令》。[②]

> 制诏御史，年七十以上，人所尊敬也。非首杀伤人，毋告劾也，毋所坐。年八十以上，生日久乎。年六十以上无子男为鲲，女子年六十以上无子男为寡，贾市无租，比山东复。复人有养谨者，扶持。名著令。兰台令第卌二。

> 制诏御史，年七十以上，杖王杖，比六百石。入官府不趋。吏民有敢殴辱者，逆不道，弃市。令在兰台第卌三。

从上引简文来看，《挈令》显然也是在按照发布顺序被附上编号后加以整理的。尽管此处是分别引用的兰台《挈令》中的第 42 条与第 43 条，

---

① 参见大庭脩《关于张家山二四七号汉墓出土的津关令》，《大阪府立近飞鸟博物馆馆报》，2002. 其第 2 页论道："据《百官公卿表》，高祖即位后置丞相一员，十一年改其名为相国；惠帝时又改名为丞相，置左右丞相二人。据《表》可知，惠帝六年十月，王陵为右丞相，陈平为左丞相。五年八月相国曹参薨，相国这一名称似是这个时候被改回旧称的。若如此，则概括来说，载有相国二字的简文当为高祖十一年至惠帝五年之物，而载有丞相二字的简文则为惠帝六年以降之物。"

② 有关王杖诏书册，参见本书（即本文所节译的《秦汉律令研究》一书——译者注）第九章《王杖木简新考》。

但以其编号之连续性论，这两条令文作为有关王杖的制诏或许是不间隔地被制定出来的。

以上对"事项别令"与《挈令》进行了探讨，剩下的就是《干支令》了。武威旱滩坡汉简（简6）载有"令在乙第廿三"数字，① 在2009年公布的松柏汉代木牍中也出现了文帝时代发布的令丙第九：②

●令丙第九

丞相言：请令西成（城）、成固、南郑献枇杷各十。至，不足，令相备不足，尽所得。先告过所县用人数，以邮、亭次传。人少者，财助献。起所为檄，及界，邮吏皆各署起、过日时，日夜走，诣行在所司马门，司马门更诣大官，大官上檄御史，御史课县留檋（迟）者。御史奏：请许。

可见，《干支令》与"事项别令"、《挈令》一样是在被附上编号后加以整理的。若如此，则《干支令》或许也是按照发布顺序而被附上编号的。

上文的论述已明确，在按照发布顺序附上编号后加以整理乃汉令的基本特征。汉令并非特定时期的编纂物，其持续不断地增加是可预见的。冨谷至遂称其为"文件集式的编纂物"：

依次下达并发布的制诏即令被附上编号后加以保管。各官署、各郡县分别将相关的令摘取出来并予以分类、保管。皇帝的制诏随着时间的推移不断增加，也就是说汉令是不断追加上去的，因此令的积聚与整理方法也是将追加的制诏持续缀连。因此，被收录的令文所构成的并非无法追加或变更的典籍，而只是未完成的文件集式的编纂物。③

---

① 武威地区博物馆：《甘肃武威旱滩坡东汉墓》，《文物》1993年第10期。
② 参见陈松长《罕见的松柏汉代木牍》，载荆州博物馆编《荆州重要考古发现》，文物出版社，2009，第209~212页。
③ 冨谷至：《竹简、木简述说的古代中国：书写的文化史》，岩波书店，2003，第221页。

此论诚可谓卓识，但若循此说，称汉令为"编纂物"似乎不妥。易言之，汉令并非编纂物，而纯粹是诏的累积。

2. 汉代诏书的传达与保管

汉令尚未进入编纂物的层次，其只不过是按照发布顺序被予以排列的诏的累积物。然而，即便如此，也一定有整理者将依次制定出来的诏作为文件集而持续地加以缀连。那么，此整理者为何人？其人又是如何整理诏的？

诏在被制定出来后作为诏书而被发布，经由各种各样的官署传达至地方的末端。收到诏书的各官署在做成诏书的副本后将诏书继续传送至下一级官署。对这一点，此处引用由大庭脩复原的元康五年诏书册以为具体的确认之例：①

> A　御史大夫吉昧死言，丞相相上大常昌书言："大史丞定言，元康五年五月二日壬子日夏至，宜寝兵，大官抒井，更水火，进鸣鸡。谒以闻，布当用者。"●臣谨案，比原宗御者，水衡抒大官御井，中二千石、二千石令官各抒。别火_一〇.二七官，先夏至一日以除隧（燧）取火，授中二千石、二千石官在长安、云阳者，其民皆受。以日至易故火，庚戌寝兵，不听事，尽甲寅五日。臣请布。臣昧死以闻。五.一〇
>
> B　制曰：可。三三二.二六
>
> C　元康五年二月癸丑朔癸亥，御史大夫吉下丞相。承书从事，下当用者，如诏书一〇.三三
>
> 二月丁卯，丞相相下车骑将军、将军、中二千石、二千石、郡大守、诸侯相。承书从事，下当用者，如诏书。少史庆、令史宜王、始长一〇.三〇
>
> 三月丙午，张掖长史延行大守事、肩水仓长汤兼行丞事下属国、

---

① 参见大庭脩《居延出土的诏书册》，载氏著《秦汉法制史研究》，创文社，1982，第235～258页。此外，藤田胜久氏也使用了元康五年诏书册来探讨诏书的传达。参见《中国古代国家与社会体系——长江流域出土资料研究》，汲古书院，2009，第335～341页。

农、部都尉、小府、县官。承书从事，下当用者，如诏书。/守属宗，助府佐定_一〇.三二

　　闰月丁巳，张掖肩水城尉谊以近次兼行都尉事下候、城尉。承书从事，下当用者，如诏书。/守卒史义_一〇.二九

　　闰月庚申，肩水士吏横以私印行候事下尉、候长。承书从事，下当用者，如诏书。/令史得_一〇.三一

　　A 为上奏文，B 为皇帝的制可，C 为记载诏书之传达的"诏书后行下之辞"。此诏作为令决定，因元康五年五月二日乃夏至，故停止战争且更改水火。

　　在此需要注意的是 C 的"诏书后行下之辞"。它揭示了此令是在皇帝制定之后经过御史大夫（丙吉）→丞相（魏相）→郡太守（张掖郡太守）→部都尉（肩水都尉）→候（肩水候）→尉、候长之手传过来的。此诏书是从可视作肩水候官址的 A33 出土的，出土地点正与"诏书后行下之辞"所示相合。也就是说，此诏书册实为保管于肩水候官的诏书副本。连这样有关每年例行之事的诏都要用很规整的文字抄写下来并予以保存，各官署对每一次接到的诏书都要郑重地保管也就可想而知了。

　　可以说，所有诏书正像上文所述的那样从皇帝下达至全国，所到之处皆制作其副本并保存起来。这也意味着令为诏书因下达而经过的各官署所保管。反过来说，在诏书所到达的各官署之外得到诏书是肯定不可能的。

　　尽管诏大概也应为广大民众所知悉，[①] 但是载有"诏书后行下之辞"中的"下当用者"数字的诏书只传达至相关各官署。武威旱滩坡汉简（简 13）提到：

　　　　流槐丞彭祖，坐辞讼以诏书示之众，▢

　　可见，在汉代，将诏书示于无关者似乎有时候要受到处罚。[②]

[①]　在这一场合，诏书文本将写入"布告天下，使明知朕意"，如《史记·孝文本纪》所收入的后七年遗诏等即如此。

[②]　参见李均明、刘军《武威旱滩坡出土汉简考述——兼论"挈令"》，《文物》1993 年第 10 期；收入李均明《初学集》，兰台出版社，1999，第 196～209 页。

如果诏书仅传达至相关官署，那么就会因诏书内容的不同而产生传达范围的差异，由各官署保存的令的数量之多寡亦随之而生。如此，能得到全部诏书的官署又为何者？那就是所有诏书都会通过的官署，在秦和西汉时期即为丞相府、御史府。在刘邦先于项羽进入咸阳城时，萧何得到了秦丞相府、御史府所藏的律令和图书。尽管此叙事可在多大程度上反映史实尚不明朗，但其背景可能有丞相府、御史府保管全部诏书这一当时的实际情况。

从西汉末至东汉，尚书作为皇帝的秘书逐渐涉及国家政治中枢，并大致掌握了之前为御史之职权①的诏书起草权。如此一来，保管全部诏书的职任就从御史转变为尚书。东汉献帝建安元年（196 年），应劭删定律令以为《汉仪》，其表奏曰："撰具律本章句、尚书旧事、廷尉板令、决事比例、司徒都目、五曹诏书及春秋折狱，凡二百五十篇"（《晋书·刑法志》）。此处，尽管可以从尚书旧事、廷尉板令、司徒都目、五曹诏书等冠以官署名者占据应劭所撰内容的多数这一点推知，汉代各官署单独保管和整理法令、判例，但应予以注意的是五曹诏书。五曹乃尚书的五个组成部分，即常侍曹、二千石曹、民曹、主客曹、三公曹，② 所以五曹诏书即为尚书所保管的诏书。这样看来，应劭撰具五曹诏书等以为《汉仪》的叙事与萧何搜集秦丞相府、御史府所藏律令、图书的叙事在本质上似可画等号。

虽然西汉前期与西汉后期、东汉的诏书起草机关各不相同，但诏书之发布、传达、保管、整理的过程却基本如一地贯穿两汉时代。各官署各自收集并整理与其自身执掌相关的诏书。

---

① 大庭脩指出："概言之，御史本为侍御于王之周围的书记官，亦即所谓的'草制之官'，所以就承担起文书起草之责。御史大夫统辖御史，并在扩大御史府的基础上将御史分成侍于殿中的侍御史和居于府中履行其固有之职能的御史二者。在侍于殿中的侍御史兼任监察之后，其作为御史中丞所率领之监察官的性能趋于强化，而一般御史的职责则似由尚书代行。"大庭脩：《秦汉法制史研究》，创文社，1982，第46页。

② 卫宏撰（孙星衍校）《汉旧仪》（卷上）曰："尚书四人，为四曹。常侍曹尚书，主丞相、御史事；二千石曹尚书，主刺史、二千石事；民曹尚书，主庶民上书事；主客曹尚书，主外国四夷事。成帝初置尚书，员五人，有三公曹，主断狱事。"又，有关汉代尚书制度的变迁，镰田重雄所著《汉代的尚书官——以领尚书事与录尚书事为中心》（载《东洋史研究》第 26 卷第 4 号，1968，第 113 ~ 137 页）有详细论述。

3. 诏书之传达、保管与汉令之整理形态的关系

对汉令而言，无论是干支令、挈令还是事项别令，皆在依照发布顺序附上编号后被整理。对令（诏）予以如此整理只能在获得诏书的处所进行，此类处所就是拜受诏书的各官署。若以上理解大致不误，世上流传的所有汉令应该都源自官署保管的诏书集。

从汉令之保管的角度看，最容易理解的是挈令。如果挈令乃"各官署为履行其职务而保管起来的法令集"这一通说正确，① 那么挈令本身就与秦汉时代诏书的保管形态相符合。不过，挈令未必为各官署所保管的诏书集本身，也可能是各官署仅将诏书集中经常使用的令抽取出来而做成的诏书集的摘要版。

事项别令也是从各官署所保管的诏书集中派生出来的。由于各官署被进一步划分为若干部门以分管不同事务，因此各部门、诸官吏挑选仅与其职务密切相关的诏书而加以整理亦可谓理所当然。对这一点有所揭示的是王杖诏书册。王杖诏书册是从兰台挈令中抽取出仅与王杖相关的令制作而成的，所以自然也就是挈令的一种；换个角度来看，则可被视为应以"王杖令"为名的事项别令的一种。

对干支令，由于其内容、名称等方面均有诸多不明之处，因此目前很难提出一种有说服力的观点。倘若允许臆测，或可认为，干支令的名称与官署或职务事项无关，它仅根据甲、乙、丙……或一、二、三……这样的编号构建而成。易言之，在干支令中无从得见官署对诏书予以传达、整理这一过程的痕迹，其展现出来的似乎纯为机械的整理。由此推测，所谓干支令或许是在皇帝名下（比如由尚书这样具有皇帝秘书身份的官员）保管起来的诏书集。

4. 秦代令的整理方法

以上文所得有关汉令之整理方法的知识为基础，以下将尝试管窥秦令的整理方法。依据岳麓书院藏秦简中的发现，对秦令的整理方法展开具体

---

① 有关对挈令的解释，籾山明所著的《王杖木简再考》（载《东洋史研究》第 65 卷第 1 号，2006 年 6 月，第 1～36 页）介绍了各种学说。

的考察已成为可能。尽管目前全部简文的内容尚未公布，既有介绍仅限于二十三种秦令的名称与极少部分的令文，但通过这些内容能够获知一些信息。

岳麓书院藏秦简所见秦令，根据其名称的形式，可以分为如下几类：

①官名＋令：内史仓曹令、内史户曹令、四谒者令。

②事项别令：（官名＋事项）内史旁金布令、四司空卒令、尉郡卒令、郡卒令、廷卒令、县官田令；（事项）□□□又它祠令、辞式令、卒令、赎令、迁吏令、捕盗贼令、挟兵令、稗官令。

③共令：（官名＋共令）内史郡二千石官共令、内史官共令、四司空共令、食官共令；（事项＋共令）安□居室共令、给共令。

①官名＋令似乎是汉代挈令的同类物。不过值得注意的是，这类令比汉代挈令分得更细，是按照内史之下的机构之别再细分，如"内史的仓曹的令"、"内史的户曹的令"等。此类称呼在目前已知的汉代挈令中尚未见到。

②事项别令与汉代的情形基本相同，但在事项之前附加官署名的实例在目前已知的汉代事项别令中也尚未见到。这些实例所揭示的是，此类令乃某官署将仅与其特定政务相关的令加以收集并制作而成。若确乎如此，则诸实例适可为论说事项别令乃"各部门挑选仅与其职务密切相关的诏书而加以整理"者这一前文之假设的正确性的旁证。

③"共令"为迄今已知之汉令中未见的称呼，其意或许是复数官署或事项所共通的令。比如，"内史郡二千石官共令"意指内史与郡二千石官共同使用的令，"内史官共令"则为内史所属的全部管理者共同使用的令。依据每一个官署对此种令予以进一步划分而得者为①中的"内史仓曹令"、"内史户曹令"，亦即仅供内史所属仓曹或户曹使用的令。如果这一解说无误，就可认为，③共令中的官名＋共令为①的一种，事项＋共令为②的一种。

附带说明，作为事项别令之一的"内史旁金布令"中的"旁令"似与"共令"同义。如《说文》上部所言，"旁，溥也"，"旁"是"普遍"的意思。由此可知，所谓"内史旁金布令"即内史属官都要使用的金布令。

据介绍，这些令名后再用干支和数字一起编号，如"内史仓曹令甲卅"（1921）、"内史旁金布令乙四"（1768）、"县官田令甲十六"（1105）、"迁吏令甲廿八"（1775）。据此可知，秦令与汉令一样也是在按照发布顺序被附上十干、编号后加以整理的。且，在添附十干这一点上，秦令与汉令或有不同，但从《汉书·萧望之传》所引"金布令甲"来看，汉令有时候也在令名后添附十干加以整理。①

此处所见三种秦令的形态均可对应着诏书的传达过程来理解。比如，"内史郡二千石官共令"大概是以对内史和郡二千石官同时下达的诏书为基础做成的。前文所引用的居延汉简元康五年诏书册"诏书后行下之辞"曾提到：

> 二月丁卯，丞相相下车骑将军、将军、中二千石、二千石、郡大守、诸侯相。承书从事，下当用者，如诏书。少史庆、令史宜王、始长 _一O·三O_

据此可知，诏书在经天子、御史大夫、丞相而下达至内史、郡二千石官后就被整理成了"内史郡二千石官共令"。从这一结论出发，如进一步将考察对象仅锁定在内史上，则整理而成的就是"内史官共令"；如再将考察对象进一步缩小至内史的下属机构，则整理而成的即为"内史仓曹令"、"内史户曹令"。

倘若这种解释无误，那么郡二千石官也将遇到同样的情境，即首先出现的是"郡二千石官共令"，位于其下的则似为如"郡卒令"一般的事项别令。"县官共令"也单独存在，"县官田令"又是处于"县官共令"之下位的事项别令。而岳麓简所见令名中的未附加官署名的令则可能是墓主

---

① 有关"金布令甲"，程树德所著《九朝律考》引明陈继儒《群碎录》曰："《萧望之传》引金布令甲，是金布令亦自由甲乙。"（《九朝律考》，中华书局，1963，第23页）与之相对，中田薰氏将"金布令甲"断句为"金布、令甲"，并解其意为被令甲收入的金布令（《〈中国律令法系的发达〉补考》，载《法制史论集》第4卷，岩波书店，1964，第195~196页）。然而，以岳麓书院藏秦简所见，对"金布令甲"的解释以陈继儒之说为正确似已明了。

所属之官署使用的令，或是所有官员共同使用的令。上述解说大致可以归结为图1：

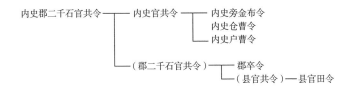

图1 秦令分化过程推测（括号中的内容是根据推测补充的）

概言之，若参照汉令的整理方法来观察岳麓书院藏秦简中的秦令，可确认其中存有相当于挈令与事项别令的两种令，而与干支令相当者则无从得见。不过，以"内史郡二千石官共令"根据第甲、乙、丙……加以划分这一点论之，推测秦令中干支令的存在或不至于过度牵强。另外，秦令在令名后附加编号，这一点与汉令相同。也就是说，秦令的整理方法几乎与汉令一致。

然而，与汉令的干支令、挈令、事项别令相比，秦令的分类方法更加细致，我们据此推测其形成过程也比较容易。例如，目前所知的汉代挈令大都冠有中央的高级机构名，如御史挈令、廷尉挈令、光禄挈令、大鸿胪挈令等。但岳麓书院藏秦简所载的秦令却是以内史的下属机构为基础被分别开来的，如内史仓曹令、内史户曹令等。在编号的附加方法上，岳麓书院藏秦简中的秦令多使用十干与数字的组合，这就使秦令的分类比仅使用数字的做法显得更为复杂与细致。分类的细化让令变得更加烦琐，导致对令的概括性理解变得困难。我们推测，如此烦琐的令集经渐次统合，到了汉代出现干支令、挈令、事项别令这些更简明的整理方法。如果上述解说不致过误，就可认为，秦代令的整理方法比汉代更为原始，而至汉代，令的整理方法则进一步简化了。

5. 修令

前文曾指出，各官署在拜受诏书后制作诏书的副本并对副本予以整理、保管，如此而成的诏书集又发展成了干支令、挈令、事项别令。在睡虎地秦简《语书》中就确实存在对各郡整理令之事的暗示。

《语书》是在秦王政二十年四月由南郡守腾下达给县、道的。其主旨为，对南郡的官吏或民众中任何不遵守秦之法令者予以非难，并命令对不遵守秦的法令的官吏施加处罚。《语书》的开头提到：

> 古者民各有乡俗，其所利及好恶不同，或不便于民，害于邦。是以圣王作为法度，以矫端民心，去其邪避（僻），除其恶俗。法律未足，民多诈巧，故后有间令下者。凡法律、令者，以教道（导）民，去其淫避（僻），除其恶俗，而使之之于为善殹。今法律、令已具矣，而吏民莫用，乡俗淫失之民不止。是即法（废）主之明法殹，而长邪避（僻）淫失之民，甚害于邦，不便于民。故腾为是而修法律令、田令及为间私方而下之，令吏明布，令吏民皆明智（知）之，毋巨（距）于辠。（简1～5）

以上引文记述了各种法令的形成过程。大意是：在古代，圣王创设"法度"，但由于"法律"不够完备，老百姓多行诈巧，因此至近代，有时下"令"。① 现在，尽管"法律、令"已然完备，但官吏和民却不遵用。南郡守腾遂修明"法律令、田令、为间私方"而下达之。

此处，各种法令的制定者、制定时代、制定方式被明确地区别开来。即，"法度"、"法律"是圣王（古代）"作为"的，"令"为秦王（近代）所"下"，"法律令、田令、为间私方"则为南郡守腾（现代）所"修"。

那么，所谓的"修"具体来说究竟是指一种什么样的行为呢？在《史记·秦本纪》"孝公元年"条中可见"修穆公之政令"的用例：

> 孝公于是布惠，振孤寡，招战士，明功赏。下令国中曰："昔我穆公自岐雍之间，修德行武，东平晋乱，以河为界，西霸戎翟，广地千里，天子致伯，诸侯毕贺，为后世开业，甚光美。会往者

---

① 整理者把"间"释读为"干"，并将"间"所在的一句话翻译为"所以后来有干扰法令的"。但是，如果按照这个解释，似乎无法解释"间令下"之"下"。今按，"间"似可理解为时间副词，意为"近"。参见杨树达《词诠》"间"字（二）。

厉、躁、简公、出子之不宁，国家内忧，未遑外事，三晋攻夺我先
君河西地，诸侯卑秦，丑莫大焉。献公即位，镇抚边境，徙治栎
阳，且欲东伐，复穆公之故地，修穆公之政令。寡人思念先君之
意，常痛于心。宾客群臣有能出奇计强秦者，吾且尊官，与之
分土。"

此为孝公即位后不久发布的意欲恢复穆公时之强秦的令。可见，秦在
穆公后已历数代的衰退，至孝公之父献公才开始再兴。"修穆公之政令"
与"复穆公之故地"相对应，因此"修"与"复"在字义上应该相近。
所谓"修穆公之政令"当指重新修整穆公所下达的政令。

除此之外，在青川县战国墓出土的木牍中又见"修为田律"数字：

二年十一月己酉朔朔日，王命丞相戊、内史匽、民臂更修为
田律。

这里提到的已"修"的为田律大概是指《秦本纪》"孝公十二年"条
所见作为商鞅改革措施之一的"为田开阡陌"。若确为如此，则"修为田
律"之"修"意指对曾经存在的律予以重修。

又，《汉书·西域传下》"渠犁"条载有"修马复令"一语：

上乃下诏，深陈既往之悔，曰："……当今务在禁苛暴，止擅赋，
力本农，修马复令，以补缺，毋乏武备而已。郡国二千石各上进畜马
方略补边状，与计对。"

此为武帝对因长年向西域派遣军队以致国家疲弊表示忏悔而下达的
诏。其中的马复令应当是指文帝时晁错的奏议，即"今令民有车骑马一匹
者，复卒三人。车骑者，天下武备也，故为复卒"（《汉书·食货志上》）。
冨谷氏则指出，所谓"修马复令"可解释为"因为马匹数量不足，所以
要重新认识和整理文帝时所制定的对马匹所有者给予税役优待的政策（此
称'马复之令'）"。

可见，以上所说的"修政令"、"修律"、"修令"均为重修既往发布

的法令之意。根据以上的讨论，《语书》的记述也就好理解了。也就是说，历代王者制定的法令如今已不能得到任何人的遵守，为了确保法令被遵行，就需再次修整这些法令。这就是"修法律令、田令及为间私方"的含义。在重修"法律令、田令及为间私方"之时，南郡守腾无疑要利用南郡府所保管的法令。易言之，《语书》的记述表明，南郡守是以郡府所保管的法令为基础而对主要规定予以整理并颁布的。

在岳麓书院藏秦简中还有如下令文：

> 同罪。其繇使而不敬，① 唯大啬夫得答之，如律。新地守时修其令，都吏分部乡邑间。不从令者，论之。●十九 （0485）

此处有"新地守时修其令"一语。据陈松长所说，所谓"新地守"乃秦统一六国时期设置的地方临时政府，其职权或与郡一级相当。也就是说，秦国下令让"新地守"随时收集整理王令集。

《语书》的叙述向我们传达了这样一个信息，即南郡守腾以保管于郡府中的王令集为基础制作了重要法令的摘要版，并将其颁布至南郡全域；而岳麓书院藏秦简中的"新地守时修其令"一句又揭示，新占领地有义务随时制作法令的摘要版。由此可见，在秦汉时代，各地、各官署不断地"修令"。今日我们得以见到的秦汉时代的令可能是各地、各官署如此"修令"的产物。

（五）结论

本文的主要结论可归结为如下六点。

第一，秦令是存在的。

---

① "繇（徭）使"在通行文献中亦可见数例，其意为官吏临时出差。比如：1.《史记·项羽本纪》："诸侯吏卒异时故繇使屯戍过秦中，秦中吏卒遇之多无状"；2.《汉书·盖宽饶传》："先是时，卫司马在部，见卫尉拜谒，常为卫官繇使市买"；3.《汉书·盖宽饶传》："公卿贵戚及郡国吏繇使至长安，皆恐惧莫敢犯禁，京师为清"。有关官吏的"繇（徭）"，参见邢义田《尹湾汉墓木牍文书的名称和性质》，《大陆杂志》第95期第3卷，1997年5月。

第二，秦令为秦王的单行令，至秦帝国阶段则改称为"诏"。

第三，汉代的"令"是皇帝下发的单行令"诏"，这是因为汉代的"令"是从改"令"为"诏"的秦制传承而来的，因此秦与汉在令的形式、制定程序等方面完全相同。

第四，秦令与汉令是在令书（诏书）所达至的各官署中被保管和整理的。各官署以各种各样的形式制作自己拥有之令书集（诏书集）的摘要，并将其运用于统治事务中。

第五，目前已知的秦令名称可分为①官名＋令、②事项别令、③共令等三种。这些令按照其层次加以细分，如内史郡二千石官共令→内史官共令→内史仓曹令、内史户曹令。这种分类法与诏书之传达过程相对应。

第六，尽管秦令的整理方法与汉令基本相同，但是与汉令的干支令、挈令、事项别令相比，秦令的整理方法显得更加细致和烦琐。其原因或许在于，秦代令的整理方法尚处于原始阶段，至汉代其整理方法则更为简练。

迄今为止的秦令研究皆止于有关其存否的争论。换言之，此乃围绕秦令是否为法典而展开的争论。其中内含着"律令制"之下的律与令皆为法典的认识。本文指出此种认识在秦汉律令研究中不成立，并认为秦汉时代的律令本来不是以法典的形式存在的。只有如此，才能把秦令作为研究对象。而我们分析秦令的结论是，秦令在形式、制定程序、整理方法等方面均与汉令基本相同，汉令仅为秦制之继承者。

本文的一个创新之处在于，从制定、传达、保管、整理这一系列过程去试图了解令。尽管有关令的制定已有大庭脩的研究成果，有关令的整理已有冨谷至的研究成果，但这二者都只把握住了令的一个侧面，本文则在制定与整理之间插入所谓传达、保管这两个步骤，并借此将大庭脩与冨谷至的研究连接起来，以尝试全面地了解令。笔者相信，通过本文的讨论，或能对所谓干支令、挈令、事项别令这三种汉令的形成原因予以一定程度的合理说明。

《语书》说南郡守腾"修法律令、田令及为间私方而下之"。过去似乎没有人注意这个记载，但笔者认为它为秦汉令之研究提供了一个非常重要的启示。据此论述，这些法令已颁至南郡全域。也就是说，南郡守所整理的这些法令成为南郡全域流传的统一文本。

同样的情况在其他官署中也必然存在。各官署将皇帝不断下发的诏书逐一加以保管，长官则有时整理这些诏书并颁布至其下辖的官署中。官吏们从各种途径搜集这种文书并对其予以整理，利用它们执行自身的职务，希望凭此官途得意。这种情形在整个秦汉时代经历了多次重复，在这个过程中逐渐形成了一种超越官署、地域而流传的文本。以我们这些后代人的眼光看，此文本像是一部法典。不过，它并非不允许其他律令存在的排他性统一法典，这是它与晋泰始律令之后的律令间的根本性差异。

秦汉时代的律令是作为单行令而被渐次制定出来的，持续无限增加可谓其宿命。秦汉时代既然没有排他性之统一法典，也不可能对法典未予规定的事项以追加法的方式来补充。因此，大庭脩所倡导的由基本法典与追加法典所构成的框架是应该从根本上加以否定的。所谓基本法与追加法这一构想本来就不过是因受到以格来补充律令之不足的唐代律令的束缚而提出的先入之见罢了。

那么，秦汉时代律与令的关系究竟如何？这就是下一问题了。

汉代的令与诏

令在汉代（前206～220年）是重要的法律形式之一，历来是海内外学者们研究的热点。伴随着汉简在20世纪末期的不断出土，汉令的研究也出现了新局面，关于秦汉时期有无令典，以及干支令、挈令和事项令的性质及其关系的研究等方面，出现了大量研究成果。然而在汉令的编纂物或者汇编物成为研究重点时，人们却忽视了以单个皇帝命令颁布时汉令形态的研究。出土史料向我们展现了汉令的特殊性，即汉令的令条均是以完整的皇帝命令形态存在的。汉代皇帝命令在汉令立法中的重要作用，早已为学术界所重视，但是关于这方面的研究还很薄弱。

在研究汉令时，从史料中搜集汉令逸文是首要任务，这项工作是相当有难度的。首先，令这一称谓在汉代广泛使用，史料中所记载的令并不全都是我们今天所谈的汉令;[1] 其次，汉代令、诏以及诏令等称谓在史料中常混杂在一起，有的诏书被称为令，而有的令被称为诏书。[2] 即使是今天，学者们在研究中对有关皇帝命令的称谓的使用也极不统一，尤其是对"诏令"一词的使用，有的学者用来指代皇帝命令，而有的学者用来指代皇帝以命令形式颁布的令条。如何清晰地辨别属于法律形式的汉令，如何将令和诏的关系澄清，对汉令的研究有着重要意义。

汉代皇帝命令分为制书、诏书、册书和戒书等四种，在西汉（前206～8年）前期，"诏"一词专指四种命令中的诏书,[3] 但到了西汉中后期，"诏"一词的含义开始发生转变，"诏"或"诏书"成为皇帝命令的泛称，

---

[1] 关于令一词的含义，沈家本进行了非常全面的总结："令者，上敕下之词，命令、教令、号令，其义同。法令则著之书策，奉而行之，令甲、令乙是也。"这种泛指意义的令的内涵包括诏书和汉令，参见沈家本撰《历代刑法考》（下册），商务印书馆，2011，第24页。

[2] 令和诏称谓的混杂在汉代史料中是很常见的现象，本文在第一部分探讨单一诏书令时对此现象的原因进行了分析。

[3] 汉代皇帝命令文书种类在传世文献中多处记载，最为详细的记载是汉代蔡邕《独断》中的记载。参见蔡邕撰《独断》卷上，《四库全书》，上海古籍出版社，1989年影印文渊阁本，第850册，第76～78页。

皇帝的下行文书皆称为诏。① 由于史料中文字节略较多，根据蔡邕《独断》记载的情形，今天我们很难将史料记载的皇帝命令准确划分。因此，本文在研究汉代皇帝命令时，采用皇帝命令的泛称，即以"诏"或"诏书"一词来指代皇帝命令的各种文书。

日本学者大庭脩及中国学者徐世虹、彭浩等在研究汉代立法时，将诏书或者汉令的出台程序总结为三种方式（见表1）。② 在依据文体特征来分析诏书较为困难的情形下，诏书的出台程序显得非常有意义，不仅有助于理解诏书在汉令立法中的作用，而且有助于认识诏书和汉令令条的完整性。

关于汉代诏书与令的关系的研究，不仅是汉令众多课题中较为基础的研究，而且与汉令的编纂及编纂物性质的研究密切相关。本文将从汉代诏书的研究出发，重新审视汉代诏书在立法和法律适用方面发挥的作用，澄清其与律令的关系，进一步揭示汉令的特质。

表1　诏书或汉令出台的三种方式

种类	出台程序
第一种方式	皇帝以自己的意志单方面下达命令
第二种方式	官僚在被委任的权限内提出献策，然后得到皇帝的认可，作为命令而公布
第三种方式	皇帝向一部分官僚指示政策的大纲或自己的意向，委托他们制定详细的细则，然后还需皇帝的认可

（一）诏书与汉令的生成

以诏书形态存在的汉令令条表明，汉代皇帝完全掌握着立法权，汉代诏书在立法中发挥着极为重要的作用。它不仅对汉令的立法及存在形态有

---

① 东汉（25～220年）时期班固撰写《汉书》，基本上不再用四种文书形式来区分皇帝命令，而是使用诏或诏书来泛指四种文书。

② 根据学者们的研究，本文将汉代诏书或汉令的出台方式进行了总结，见本文第一部分第二节的表1，具体论著参见大庭脩《秦汉法制史研究》，林剑鸣等译，上海人民出版社，1991，第165～185页；徐世虹《汉代法律载体考述》，载于杨一凡总主编《中国法制史考证》甲编《两汉魏晋南北朝法制考》，中国社会科学出版社，2003，第127～189页；彭浩《〈津关令〉的颁行年代与文书格式》，《郑州大学学报》（哲学社会科学版）2002年第3期。

着深刻的影响，而且与汉律的立法也密切相关。汉令的存在形态、立法用语及立法程序等都需要重新探讨。

1. 汉令的原初存在形态：单一诏书令

汉令是否只有令篇或者令典的存在形态？许多学者对此提出了疑问，但这些疑问并没有受到足够的重视。最早提出疑问的是日本学者中田薫，他在研究挈令时指出，"现在若探讨臣瓒、如淳等作为汉书注释资料而引用汉令的引用方法，我们就会发现，有两种方法：一是举出有甲令、乙令、丙令这样的干支命令；二是举出单是公令、品令、田令这样的特称令名。此等特称令中无疑有被收录在甲乙丙干支令中的单行诏令。其中最明显的一例便是'令丙'中的《箠令》，这是汉景帝时规定箠之长短的单行令，属于被编在丙令中的单行诏令。此外，如《祠令》、《斋令》、《马复令》、《胎养令》、《养老令》等，恐怕也是干支名令中的单行令。"① 中田薫推测，《公令》、《品令》、《田令》、《祠令》、《斋令》、《马复令》、《胎养令》、《养老令》等，有可能像《箠令》一样，是编在干支令中的单行令。中田薫指出，某些带有名称的令或许不是令篇或者令典的形态，它们有可能是单行诏令。

张伯元先生在研究《津关令》时指出："'津关令'令名的称呼有大类、细目的不同。总称'津关令'，在'津关令'中又有各种名称，如第一条有称'越塞令'或'越塞阑关令'；第十五条中有'诈伪出马令'这一名称。从这一点看，令名的确定及分目是有不同的层次的，并不是都并列在同一个层面上。这就给我们以启示，在上面提到的三四十种传存汉令的令名中，也可能并不都是在同一层面上的并列关系，也有可能是属种关系的。而这种属种关系在传存的汉令中从未做过区分，也无从确定。"② 张伯元先生同样提出了各种带有名称的汉令，推测它们有可能不在同一层面上，或许其中有些汉令之间是属种关系，如《津关令》与《越塞令》，这无疑是对令篇中的某些令条性

---

① 中田薫：《汉律令》，蔡玫译，载中国政法大学法律古籍整理研究所编《中国古代法律文献研究》（第三辑），中国政法大学出版社，2007，第110页。

② 张伯元：《出土法律文献研究》，商务印书馆，2005，第55~56页。

质的重新认定。

杨振红也指出，"《津关令》令条中出现了一些以事项命名的令的名称，如简 489～490 的'传令阑令'、简 495 的'越塞令'、简 510 的'马贾（价）讹过平令'。这些令名显然不同于《津关令》的令名，即它们是单一的令条，而不是令篇。""它们被命名的方式应该是为了方便起见，但国家在正式的令条中用这些事项名指代其令条，即可证明它们是由立法确定的立法名，用以标记其身份。也就是说，汉代存在着两种形式的带有事项名的令，一种是单一的令条，一种是令篇目。在研究汉令时必须加以区分。"① 杨振红更加明确地将诸如《传令阑令》、《越塞令》、《马贾（价）讹过平令》等单一令条视为带有事项名的令，并且认为这些名称是由国家立法确定的。

《津关令》令条中出现的以事项命名的令的名称，有《传令阑令》、《越塞令》、《马贾（价）讹过平令》、《诈伪出马令》、《越塞阑关令》等，其中，《越塞令》、《诈伪出马令》，《越塞阑关令》等可以在《津关令》中找到令条。② 《越塞令》和《越塞阑关令》，③ 指的应该是《津关令》的第 1 条，《诈伪出马令》指的是《津关令》的第 12 条，令条分别如下：

一、御史言，越塞阑关，论未有□，请阑出入塞之津关，黥为城旦春；越塞，斩左止（趾）为城旦；吏卒主者弗得，赎耐；令（简488）丞、令史罚金四两。智（知）其请（情）而出入之，及假予人符传，令以阑出入者，与同罪。非其所□为□而擅为传出入津关，以（简489）传令阑令论，及所为传者。县邑传塞，及备塞都尉、关吏、官属人、军吏卒乘塞者□其□□□□□日□□牧□□（简490）塞邮、门亭行书者得以符出入。·制曰：可。（简491）

---

① 杨振红：《从〈二年律令〉的性质看汉代法典的编纂修订与律令关系》，《中国史研究》2005 年第 4 期。

② 本文所引出土史料《二年律令》中的《津关令》令条，见张家山汉简二四七号汉墓竹简整理小组整理《张家山汉墓竹简［二四七号墓］》，文物出版社，2001，第205～210 页。

③ 或许是同一令名，是《二年律令》的抄录者在抄写时漏掉"阑关"二字所致。

十二、相国议，关外郡买计献马者，守各以匹数告买所内史、郡守，内史、郡守谨籍马职（识）物、齿、高，移其守，及为致告津关，津关案阅，（简 509）津关谨以传案出入之。诈伪出马，马当复入不复入，皆以马贾（价）讹过平令，及赏捕告者。津关吏卒、吏卒乘塞者智（知），弗告劾，（简 510）与同罪；弗智（知），皆赎耐。·御史以闻，制曰：可。（简 511）

尽管学界目前对《津关令》的形成时间存在争议，但可以肯定的是，《津关令》中的各个令条的出台时间并不一致，它们是以诏书形式颁布的，在《津关令》形成之前，它们已经颁布实施了一段时间，并且颁布的时间是有先后的。比如，第廿三令条，其中出现了《越塞阑关令》的令名：

廿三、丞相上备塞都尉书，请为夹溪河置关，诸漕上下河中者，皆发传，及令河北县为亭，与夹溪关相直。·阑出入、越之，及吏（简 523）卒主者，皆比越塞阑关令。·丞相、御史以闻，制曰：可。（简 524）

可以明确地讲，在第廿三令条颁布之前，《越塞阑关令》早已存在，并正在实施中。因此，在《津关令》形成之前，《传令阑令》、《越塞令》、《马贾（价）讹过平令》、《诈伪出马令》、《越塞阑关令》等这些令条都已经颁布并处于实施之中。这些令条在编入令篇形态的《津关令》之前，它们都是以诏书的形态存在的，但它们本身却都是作为令来实施的，并且有自己的名称，这些名称都是在国家正式的法律条文中出现的，它们是在国家正式立法过程中产生的。这种诏书形态的令，正是学术界长久以来忽视的一种特殊的汉令。

目前对这种诏书形态的特殊的令的称谓，学术界没有统一，有称之为"单行令"、"单行诏令"、"单一令条"等的，也有继续称之为令的。单行一词是相对于法典而言的其他法律法规，诏令一词是对皇帝命令的笼统称谓，单一令条是针对令篇中的令条而言的，用这些词语来描述以诏书形态存在的令并不合适，本文称之为单一诏书令。

其实在《津关令》中还有一部分令条和上面列举的令条是同类性质的，它们都是单一诏书令，只是其名称未出现于令篇中，今天无从得知。出土史料中，不仅在《津关令》中存在单一诏书令，《王杖诏书令》中也存在这种特殊的令：

> 制诏御史：年七十以上，人所尊敬也，非首杀伤人，毋告劾也，毋所坐。年八十以上，生日久乎？年六十以上毋子男为鳏，女子年六十以上毋子男为寡，贾市毋租，比山东复。复人有养谨者扶持，明著令。兰台令第卌二
>
> 制诏御史：年七十以上杖王杖，比六百石，入官府不趋，吏民有敢殴辱者，逆不道，弃市。令兰台第卌三。①

以上两条令条在被编入《王杖诏书令》之前，是典型的单一诏书令，被保存在国家的兰台石室，并且还被编了号码。不仅出土史料中存在单一诏书令，史籍中大量出现的带有著令用语的诏书，也是单一诏书令，因为它们同样是以诏书形式发布的令。但在史籍中，单一诏书令也常常被称为诏书，因为在文书形式上，它们属于诏书，这种特殊的令具有双重身份，比较明显的史料是《后汉书·左雄传》中的记载：

> 雄又上言："郡国孝廉，古之贡士，出则宰民，宣协风教。若其面墙，则无所施用。孔子曰'四十不惑'，《礼》称'强仕'。请自今孝廉年不满四十，不得察举，皆先诣公府，诸生试家法，文吏课笺奏，副之端门，练其虚实，以观异能，以美风俗。有不承科令者，正其罪法。若有茂才异行，自可不拘年齿。"帝从之，于是班下郡国。明年，有广陵孝廉徐淑，年未及举，台郎疑而诘之。对曰："诏书曰'有如颜回、子奇，不拘年齿'，是故本郡以臣充选。"郎不能屈。雄诘之曰："昔颜回闻一知十，孝廉闻一知几邪？"淑无以对，乃谴

---

① 武威县博物馆：《武威新出土王杖诏令册》，载甘肃省文物工作队、甘肃博物馆合编《汉简研究文集》，甘肃人民出版社，1984，第34~61页。

却郡。①

单一诏书令具有令和诏的双重身份，这也是造成史料中令和诏称谓混杂的重要原因之一，史籍中还有很多这样的例子，比如《汉书·平帝纪》中的诏书：

> 诏曰："盖夫妇正则父子亲，人伦定矣。前诏有司复贞妇，归女徒，诚欲以防邪辟，全贞信。及眊掉之人刑罚所不加，圣王之所制也。惟苛暴吏多拘系犯法者亲属，妇女老弱，构怨伤化，百姓苦之。其明敕百僚，妇女非身犯法，及男子年八十以上七岁以下，家非坐不道，诏所名捕，它皆无得系。其当验者，即验问。定著令。"②

关于"归女徒"的诏书，亦记在《汉书·平帝纪》中："天下女徒已论，归家，顾（雇）山钱月三百。"③ 其实这是一份被著于令甲的单一诏书令，《后汉书·光武帝纪上》载："女徒雇山归家。"李贤注引《前书音义》："《令甲》：女子犯徒遣归家，每月出钱雇人于山伐木，名曰雇山。"④ 虽然两份单一诏书令在性质上属于令的范畴，但是史籍中一般以诏书来称谓。

单一诏书令在颁布实施时，是以诏书和令的双重身份出现，它是汉令的原初存在形态。待新的立法时机成熟，它们会被编入令篇中，或者某些单一诏书令的内容被编入律文中，这一点下文将具体探讨。即使成为律文或令篇中的令条之后，这些单一诏书令仍然单独存在，作为单个的法律文本而被国家编号保存。单一诏书令是具有实质法律内容的令，它的立法是借助诏书来完成的，是简单而又灵活的单行立法，所产生的新令都会被编号、命名和保存。从单一诏书令的角度来看，诏书不仅是令的立法所使用的文书形式——令的外在形态，而且也是这种特殊的令无法抹去的身份，正是这些单一诏书令的存在，令在存在形态上与诏书的界限才有了重合与

---

① 《后汉书》卷六一《左雄传》，中华书局，1982，第2020页。
② 《汉书》卷一二《平帝纪》，中华书局，1962，第356页。
③ 《汉书》卷一二《平帝纪》，中华书局，1962，第351页。
④ 《后汉书》卷一上《光武帝纪上》，中华书局，1982，第35页。

交叉。

从《津关令》的令条中可以看出，一部分令条属于单一诏书令，在令篇中居于重要位置，而另一部分令条是在单一诏书令实施过程中针对具体的人或事产生的诏书，它们与单一诏书令的实施有密切的关系，发挥着补充性作用，因此在《津关令》成篇时，它们被同时编入令中。这些后来被编入令篇中的诏书与单一诏书令有着明显的区别，它们有些可能是被赋予了普遍适用效力的特例，也有些可能不只有普适性或规范性，甚至有些在令篇公布之时只有告知或公告的作用。本文将这两部分令条分别称为既成令条和后定令条，它们对分析汉令的整理工作有着重要的意义。

2. 著令用语和著令程序

在汉令的立法研究中，著令用语是指史料中出现的"著为令"、"著于令"、"具为令"、"议为令"、"定著令"、"定令"等立法用语，其一直是立法研究关注的重点，因为带有著令用语的诏书是确切无疑地作为单一诏书令颁布的。在大批的出土史料问世之前，已有很多学者对著令用语发表了见解。首先是中田薰认识到，"在将来应长期遵行的具有永久性效力的重要诏令中，不能忽略在文中或结尾特别附加的'定令'、'著令'、'具为令'、'著于令'、'定著令'、'定著于令'、'著以为令'等著令用语（暂称）。"① 陈梦家认为，"诏书是天子的命令，以特定的官文书形式发布，皆针对当时之事与人，是临时的施政方针。但诏书所颁布新制或新例，或补充旧律的，可以成为'令'，即具有法律条文的约束力。""凡诏书而编著为'令'者，有时在诏书中明白著出。"② 大庭修认为，新产生的"令"均带有著令用语，由于史书采录的诏文有节略、分载的情形，无法看到部分诏文中的著令用语。③ 在《津关令》问世之前，大多数学者认为编入汉令中的诏书必定带有著令用语，其实这种见解是错误的，因为《津关令》中的令条大多数是不带有著令用语的，关于著令用语的一系列认识需要从以下几个方面进行重新审视和探讨。

---

① 中田薰：《汉律令》，蔡玫译，载徐世虹编《中国古代法律文献研究》（第三辑），中国政法大学出版社，2007，第107页。

② 陈梦家：《西汉施行诏书目录》，载《汉简缀述》，中华书局，1980，第278页。

③ 大庭脩：《秦汉法制史研究》，林剑鸣等译，上海人民出版社，1991，第189～190页。

（1）著令用语不是必须使用的立法用语。从《津关令》来看，其中的令条大多是不都带有著令用语的，而且这些令条也不存在抄录者节略的问题，因为依据诏书出台的三种方式，可以判断出土史料中的诏文是否完整。尤其是以第二种出台方式颁布的令条，在《津关令》中占很大比重，基本上不存在节略情形，然而这样的令条均不带有著令用语。

在史籍记载中，带有著令用语的诏书多是以第一类和第三类立法程序出台的，但在《津关令》中用于立法的诏书出台程序多为第二类型。以诏书的第二类出台程序颁布的令条，其主体内容是官僚的上奏文，这决定了它们大多是不带著令用语的，但它们被著于令却是事实。对于史料中的诏书，不能因其未带有著令用语，就确定它不是令，因此要从史料中辑佚汉令令条，难度是很大的。

（2）虽然著令用语不是必须使用的立法用语，但是"著令"这种立法行为却是一种客观存在，"著令"是一种立法程序。沈家本很早就注意到了著令程序的存在，他认为，"著令者，明书之于令也。""凡新定之令，必先具而后著之，必明书而附于旧令之内。"① 通过对"著令"一词含义的解释，他指出了新令产生的特殊程序及其与旧令的关系，沈家本并没有将"著令"简单视为诏书中的用语，而是将其视为汉令产生的特殊程序。史籍中有大量关于著令程序的记载，现列举数条如下：

> 《汉书·成帝纪》：孝成皇帝，元帝太子也。……初居桂宫，上尝急召，太子出龙楼门，不敢绝驰道，西至直城门，得绝乃度，还入作室门。上迟之，问其故，以状对。上大说，乃著令，令太子得绝驰道云。②
>
> 《汉书·食货志下》：车骑马乏，县官钱少，买马难得，乃著令，令封君以下至三百石吏以上差出（牡）［牝］马天下亭，亭有畜字马，岁课息。③
>
> 《后汉书·郭躬传》：躬家世掌法，务在宽平。及典理官，决狱断

---

① 沈家本撰《历代刑法考》（下册），商务印书馆，2011，第 89 页。
② 《汉书》卷一《成帝纪》，中华书局，1962，第 301 页。
③ 《汉书》卷二四下《食货志下》，中华书局，1962，第 1173 页。

刑，多依矜恕。乃条诸重文可从轻者四十一事奏之，事皆施行，著
于令。①

《后汉书·陈忠传》：至建光中，尚书令祝讽、尚书孟布等奏，以
为："孝文皇帝定约礼之制，光武皇帝绝告宁之典，贻则万世，诚不
可改。宜复建武故事。"忠上疏曰："臣闻之《孝经》，始于爱亲，终
于哀戚。……臣愿陛下登高北望，以甘陵之思，揆度臣子之心，则海
内咸得其所。"宦竖不便之，竟寝忠奏而从讽、布议，遂著于令。②

前两则材料中的诏书出台程序属于第一类，皇帝直接单方面颁布单一
诏书令，诏文中可能会带有著令用语的，著令用语和著令程序并存。而后
两则材料中的诏书出台程序属于第二类，大臣向皇帝奏请，皇帝批示"制
曰：可"，此类诏书的诏文中一般是不带有著令用语的，和《津关令》中
大多数令条一样，但是在史料的记载中，著令程序确实是存在的。也就是
说，以第二类诏书出台程序进行的立法，虽然臣下的奏请中不带有著令用
语，但在奏请的事项经皇帝批准之后，还会伴随着著令程序同时发生的事
实。著令程序是汉令出台的专有程序，是诏书转化为汉令的必经立法程
序，普通诏书的出台并不会伴随有这种特殊的程序，汉令的立法是将诏书
的出台程序和著令程序结合来完成的。

汉令的立法首先是借助诏书的出台程序，使得令条附带有诏书的属性
和身份，其次它还必须经历著令程序，以"令"的身份颁布实施，这些都
是单一诏书令颁布之前的立法程序。单一诏书令这种特殊的令，它的颁布
既经历了诏书的出台程序，又经历了汉令立法的著令程序。当然，带有著
令用语的单一诏书令，在立法刚一开始，就明确表达了皇帝的立法意向，
且表明其令的身份，并指示有关立法部门将其著为令，但是汉令的立法却
并不以这种明确的著令用语为必要条件。不仅单一诏书令必须经历著令程
序，汉令中的大量后定令条也都是由诏书经历了著令程序后产生的。《津
关令》中许多针对具体的人或事下达的诏书，在被编入令条之前，它们仅
是普通的诏书，只有经历了著令程序，它们才能成为《津关令》令条。总

---

① 《后汉书》卷四六《郭躬传》，中华书局，1982，第 1544 页。
② 《后汉书》卷四六《陈忠传》，中华书局，1982，第 1560 页。

之，作为令来颁布的诏书，在颁布时都要经历著令程序，而且还要以某种方式标明其为令，以区别普通的诏书。尤其是不带有著令用语的诏书，以某种方式标明其为令更显得重要。至于编入何种令篇中，令条处于何种位置，如何编号保存，是有关立法部门接下来要做的具体事情，而这是在汉令颁布之后进行的。

（3）著令用语和著令程序并非为汉令的立法所特有，它是汉代国家使用诏书立法时常用的立法用语和程序。史籍中有一些带有"具为令"用语的修律诏书，此类诏书应当属于单一诏书令的立法，但是令的内容却是律文的修订，最典型的是汉文帝十三年（公元前 168 年）废除肉刑的诏书：

> 即位十三年……书奏天子，天子怜悲其意，遂下令曰："制诏御史：盖闻有虞氏之时，画衣冠异章服以为戮，而民弗犯，何治之至也！今法有肉刑三，而奸不止，其咎安在？非乃朕德之薄而教不明与！吾甚自愧。故夫训道不纯而愚民陷焉，《诗》曰：'恺弟君子，民之父母。'今人有过，教未施而刑已加焉，或欲改行为善，而道亡繇至，朕甚怜之。夫刑至断支体，刻肌肤，终身不息，何其刑之痛而不德也！岂为民父母之意哉！其除肉刑，有以易之；及令罪人各以轻重，不亡逃，有年而免。具为令。"
>
> 丞相张仓、御史大夫冯敬奏言："肉刑所以禁奸，所由来者久矣。陛下下明诏，怜万民之一有过被刑者终身不息，及罪人欲改行为善而道亡繇至，于盛德，臣等所不及也。臣谨议请定律曰：诸当完者，完为城旦舂；当黥者，髡钳为城旦舂；当劓者，笞三百；当斩左止者，笞五百；当斩右止，及杀人先自告，及吏坐受赇枉法，守县官财物而即盗之，已论命复有笞罪者，皆弃市。罪人狱已决，完为城旦舂，满三岁为鬼薪白粲。鬼薪白粲一岁，为隶臣妾。隶臣妾一岁，免为庶人。隶臣妾满二岁，为司寇。司寇一岁，及作如司寇二岁，皆免为庶人。其亡逃及有罪耐以上，不用此令。前令之刑城旦舂岁而非禁锢者，如完为城旦舂岁数以免。臣昧死请。"制曰："可。"①

---

① 《汉书》卷二三《刑法志》，中华书局，1962，第 1097~1099 页。

　　上述史料中的诏书为单一诏书令，但是此令的令文，丞相和御史认为应当放入汉律之中，自"臣谨议请定律曰"至"臣昧死请"之间的内容，均被载于律文中，而且非常有可能的是，这些内容会被载入汉律中的《具律》之中。比较典型的诏书还有文帝元年（公元前 180 年）三月诏书："'老者非帛不暖，非肉不饱。今岁首，不时使人存问长老，又无布帛酒肉之赐，将何以佐天下子孙孝养其亲？今闻吏禀当受鬻者，或以陈粟，岂称养老之意哉！具为令。'有司请令县道，年八十已上，赐米人月一石，肉二十斤，酒五斗。其九十已上，又赐帛人二匹，絮三斤。赐物及当禀鬻米者，长吏阅视，丞若尉致。不满九十，啬夫、令史致。二千石遣都吏循行，不称者督之。刑者及有罪耐以上，不用此令。"[1] 上述令文中"有司请"之后的内容有可能被完整地载入《傅律》之中。

　　这种以著令用语和著令程序展开的汉律的立法，其特点是，皇帝首先下诏指示有关部门立法，并依照第三类诏书出台程序实施的，因此诏书中常有"具为令"、"议为令"等词语。至于新制定的内容是否修订入律，由有关部门酌定后上奏，然后再经皇帝批准，以单一诏书令的形式颁布实施。

　　某些情形下，皇帝下诏立法具有非常明确的针对性，诏文中一般带有"定律"等词语，用以强调或明示针对律文的立法，诏书中直接展示了修订的律文，省去了由臣下来拟定律文草案的程序。这种情形的立法是使用第一类诏书出台程序来完成的，此类诏书在史籍中也是非常常见的，现列举两条如下：

　　　　《汉书·刑法志》：景帝元年，下诏曰："加笞与重罪无异，幸而不死，不可为人。其定律：笞五百曰三百，笞三百曰二百。"[2]
　　　　《后汉书·章帝纪》：秋七月庚子，诏曰："《春秋》于春每月书'王'者，重三正，慎三微也。律十二月立春，不以报囚。《月令》冬至之后，有顺阳助生之文，而无鞠狱断刑之政。朕咨访儒雅，稽之

---

① 《汉书》卷四《文帝纪》，中华书局，1962，第 113 页。
② 《汉书》卷二三《刑法志》，中华书局，1962，第 1100 页。

典籍，以为王者生杀，宜顺时气。其定律，无以十一月、十二月报囚。"①

　　相对于上文提到的带有"具为令"、"议为令"等立法用语的律文修订情形，这是一类比较简单而明确的律文立法，简单和明确到无须由臣下来拟定律文或令文的草案，故而省去了臣下拟定草案的中间环节。这些不带有"具为令"、"议为令"等立法用语的修律诏书，同前面那些带有"具为令"、"议为令"等立法用语的诏书一样，都会以"令"的形式来颁布实施，但它们的内容会被载入律中。它们在性质上不是普通的诏书，均属于单一诏书令。上面两种汉律律文的立法方式表明，汉律律文的制定也是借助于单一诏书令来完成的。著令程序是汉代立法的必经程序，立法内容既是单一诏书令的内容，又是汉律的律文。从某种意义上来说，单一诏书令不仅是一种法律形式，而且也是汉律律文的一种立法方式。

　　汉代国家的立法活动有两种情形，一种是规模化的定期立法，一种是灵活的随时立法。汉初萧何制定律令，汉武帝时期张汤、赵禹等制定各种律令，这些立法活动属于前者。关于后者，灵活的随时立法，它是通过皇帝颁布诏书来实现的，这种立法方式在整个汉代都是普遍存在而且被频繁使用的，律和令的立法都是通过此种立法方式来实现的。通过前面对汉代诏书立法的考察，可以发现，颁布单一诏书令是汉代最为根本的立法方式，是汉代律令条文产生的基本途径。

　　在出土的史料中，汉律律文带有"令"的字眼，是较为常见的现象。《二年律令》中就有一些律文带有"令"的字眼：

　　　　丞相、御史及诸二千石官使人，若遣吏、新为官及属尉、佐以上征若迁徙者，及军吏、县道有尤急（简232）言变事，皆得为传食。车大夫粺米半斗，参食，从者粝米，皆给草具。车大夫酱四分升一，盐及从者人各廿二分升一（简223）。食马如律，禾之比乘传者马。使者非有事，其县道中界也，皆毋过再食；其有事焉，留过十日者，禀米令自（简234）炊。以诏使及乘置传，不用此律。县各署食尽

———————————

① 《后汉书》卷三《章帝纪》，中华书局，1982，第152～153页。

日，前县以谁（推）续食。食从者，二千石毋过十人，千石到六百石
毋（简235）过五人，五百石以下到二百石毋过二人，二百石以下一
人。使非吏，食从者，卿以上比千石，五大夫以下到官大夫比五百
石，（简236）大夫以下比二百石，吏皆以实从者食之。诸吏乘车以
上及宦皇帝者，归休若罢官而有传者，县舍食人马如令。（简237）
（传食律）①

　　入顷刍槀，顷入刍三石；上郡地恶，顷入二石，槀皆二石。令各
入其岁所有，毋入陈，不从令者罚黄金四两。收（简240）入刍槀，
县各度一岁用刍槀，足其县用，其余令顷入五十五钱以当刍槀。刍一
石当十五钱，槀一石当五钱。（简241）（田律）②

　　在考察汉律律文中出现的"令"一词时，不能武断地认为"令"是
特指某种令篇，③ 因为还有可能是由于使用单一诏书令立法而残留的令条
用语。令是指该律文本身的立法载体，即单一诏书令。这种以单一诏书令
方式修定律文的诏书，其形式是单一诏书令，其内容既是令文，又是律
文，而且律文的最初实施是以单一诏书令的颁布实施来实现的。律文修订
之后，与之相关的单一诏书令有可能单独保存，也有可能被编入汉令的令
篇或令典之中，那么就会出现多种相关的名称，即单一诏书令的名称、令
篇的名称以及律文和律篇的名称。因此，史籍中出现相同或相关的律令的
名称，比如《金布令》和《金布律》，《盗铸钱令》和《钱律》等。这些
名称所指为何种形态的律令，它们在内容上有何关系，尚需考证。

　　日本学者广濑薰雄认为，汉律是通过诏书逐条制定的，其制定程序与令
是完全相同的；诏令中的"其定律"以下或"臣请"以下的规定是律，律
文中出现的"令"是皇帝诏书本身，律则是皇帝诏书制定的规定。④ 本文与

---

① 张家山汉简二四七号汉墓竹简整理小组整理《张家山汉墓竹简［二四七号墓］》，文物出
　版社，2001，第164页。
② 张家山汉简二四七号汉墓竹简整理小组整理《张家山汉墓竹简［二四七号墓］》，文物出
　版社，2001，第165页。
③ 晋（266～420年）令和唐（618～907年）令的名称有不少是和律篇名相同或对应的，
　但其内容是完全不同的，汉代的情形未必是这样的。
④ 广濑薰雄：《秦汉时代律令辨》，载《中国古代法律文献研究》（第七辑），社会科学文献
　出版社，2013，第111～126页。

其观点相类似，有所不同的是，本文在研究中明确了著令程序和单一诏书令的作用。汉代律令的灵活立法是通过单一诏书令的颁布和实施来实现的，单一诏书令成为律文的载体；但并不是所有的律文中都带有"令"字，律文中的"令"字是单一诏书令的令文在修订为律文时残留下来的。

以皇帝的诏书来颁布法律在汉代立法中占有重要的位置。随着时间的推移，这种立法方式产生了大量的单一诏书令。其中一些修订律文的单一诏书令，根据立法初衷，需要被改编入于律中，还有一些单一诏书令已经不合时宜须明示废止，其他大量的单一诏书令虽然已经颁布实施，但处于零落的状态，这样是不利于执法和司法的适用的，因此，汉令的整理是汉代国家立法必须定期开展的工作。

汉代整体上的立法是以随时颁布与定期整理相结合的方式来完成的。除了单一诏书令是以随时颁布的方式产生外，还有大量的令条是在定期整理过程中经过著令被编入令中，《津关令》中的后定令条即属此类。汉令的定期整理工作又可以分为两部分，一部分是单一诏书令的收录，即既成令条的整理，另一部分是后定令条的补充整理。从汉令中大量的后定令条来看，汉令令条一部分来源于诏书，诏书为汉令的编纂提供了大量的可供选择的立法基础材料。汉令的整理工作虽然是以单一诏书令为基础的收录编排，但是令篇或令典的形成绝不是简单的令条追加工作，而是经历了著令的立法程序形成的，它们是二次立法的产物，并非法律汇编或法律整理的产物。

（二）诏书与律令的适用

汉代诏书不仅在立法领域发挥着重要作用，而且还在司法、军事及外交等领域广泛应用，几乎所有的国家重要事务的处理，都离不开诏书的颁布和实施。诏书是皇帝和臣僚处理国家事务的下行文书，同时它也是一种重要的载体，记载着各种国家事务的处理方法。与汉代律令的实施密切相关的，是诏书在司法领域和国家行政事务中的大量援引使用。

1. 汉代的补充性法律渊源

前面已经指出，汉代诏书在立法、司法及行政事务中大量使用，为汉令的形成提供了条件，不仅产生了大量的单一诏书令，而且许多在律令实施中产生的诏书也被著于令中。但同时仍有众多的诏书未被著于令中，这些未被著于令的诏书并未完全从此沉寂于历史文件中。从史料记载可知，至少他们之中有一部分，是以比或者故事的方式重新出现，并继续在立法、司法及行政领域发挥作用。

（1）诏书比和诏书故事。以诏书形式出现的故事，在史料的记载中，有汉武帝封丞相公孙弘为侯的故事、"韩福故事"、"孝文故事"等，① 它们都是以诏书为载体而存在，有的在后来被多次援引适用。在此类诏书援引适用时，新的诏书中常以"如某某故事"的用语来表示援引以前的诏书，而且不再在新的诏书中显示以前诏书所记载的处理具体事务的细节。这些处理具体事务的细节，都规定在此前的诏书中。在执行时，有关部门需要根据以前诏书中的规定，来办理新的事务。

以诏书形式存在的比，史料中的记载有"腹诽之法比"、"轻侮之比"、"光比"等，有的以案件的情节来称呼，有的以人名来称呼，"光比"即是以叔孙光的名称来称呼，这些案例都是以皇帝下达诏书的形式进行判决的。此外，还有在行政事务中发挥作用的诏书形式的比，它们是由皇帝处理政事而形成的先例或特例。② 以诏书形式存在的比主要是由皇帝直接或者参与司法案件的审理而产生，在此后类似案件的审理中被援引适用的情形也较多，其中"轻侮之比"被援引适用的案件多达四五百件，它们与故事的适用方式大致相同。

关于汉代的比或故事，目前有较多的研究，而且也存在颇多争论。研究较多地关注比和故事的性质，其中对比和故事的含义及内容研究较多，对比和故事的存在形式不太重视。比的存在形式是司法判决或者某种特例，较为容易理解，诏书形式的比即是以诏书形式下达的判决或特例。而

① 目前有关汉代"故事"的研究较多，不乏真知灼见，这些故事的史料在相关研究中也均有出现，参见闫晓君《两汉"故事"考》，《中国史研究》2000 年第 1 期；吕丽《汉魏晋"故事"辨析》，《法学研究》2002 年第 6 期；吕丽《故事与汉魏晋的法律——兼谈对于〈唐六典〉注和〈晋书·刑法志〉中相关内容的理解》，《当代法学》2004 年第 3 期；杨一凡、刘笃才《历代例考》，社会科学文献出版社，2012，第 34 ~ 52 页。

② 史料中的这些"比"常出现于学者们的研究当中，本文不再列举，有关研究参见吕丽、王侃《汉魏晋"比"辨析》，《法学研究》2000 年第 4 期；杨一凡、刘笃才《历代例考》，社会科学文献出版社，2012，第 16 ~ 34 页。

故事的情形比较复杂，有些故事是指以前某人的行为，它可能记载于书籍中，也可能存在于人们的记忆中，它是不存在特定载体的，但也有些故事是具有特定载体的，而且与特定载体是无法分离的，以诏书形式存在的故事就是这种情形。以诏书形式存在的故事是如何产生的呢？下面举两条史料来说明以诏书为载体的故事的产生方式：

《后汉书·郑弘传》：四迁，建初初，为尚书令。旧制，尚书郎限满补县长令史丞尉。弘奏以为台职虽尊，而酬赏甚薄，至于开选，多无乐者，请使郎补千石令，令史为长。帝从其议。弘前后所陈有补益王政者，皆著之南宫，以为故事。①

《后汉书·左雄传》：自雄掌纳言，多所匡肃，每有章表奏议，台阁以为故事。②

上述两则史料中，郑弘和左雄二人向皇帝的奏请，经皇帝认可后，成为诏书，诏书是以第二类出台程序生成的。材料中的故事并不是指二人的事迹，而是指二人上奏的内容，这些内容也就是诏书的内容，由二人上奏形成的诸多诏书均成为故事，当然这些故事在以后常常被援引适用于处理同类事务。

诏书形式的故事在汉代被称为"故事诏书"或者"诏书故事"。据《汉书·魏相传》记载："（魏相）好观汉故事及便宜章奏，以为古今异制，方今务在奉行故事而已。数条汉兴已来国家便宜行事，及贤臣贾谊、晁错、董仲舒等所言，奏请施行之，曰：'……窃伏观先帝圣德仁恩之厚，勤劳天下，垂意黎庶……臣相不能悉陈，昧死奏故事诏书凡二十三事。……'上施行其策。"③魏相在奏请中，列举了先帝实施的各种有利于百姓的举措，总结了二十三事，显然这些举措都是以诏书形式下达的，魏相将这些先帝的诏书称为"故事诏书"。《后汉书·律历志中》中有"宜如甲寅诏书故事"的情形：（顺帝汉安二年，即 143 年）"诏书下三

① 《后汉书》卷三三《郑弘传》，中华书局，1982，第 1155 页。
② 《后汉书》卷六一《左雄传》，中华书局，1982，第 2022 页。
③ 《汉书》卷七四《魏相传》，中华书局，1962，第 3137 页。

公、百官杂议。太史令虞恭、治历宗䜣等议：'……及光武皇帝数下诏书，草创其端，孝明皇帝课校其实，孝章皇帝宣行其法。君更三圣，年历数十，信而征之，举而行之。其元则上统开辟，其数则复古《四分》。宜如甲寅诏书故事。'奏可。"① 此处史料的记载更为精确地指出了某日所下诏书中的故事。汉代人们以"故事诏书"或者"诏书故事"等词语来表明故事的来源和载体，更为明确地肯定了以诏书形式存在的故事。有鉴于以诏书形式存在的比和故事的载体的特殊性，本文特称它们为诏书比和诏书故事。这些比和故事以诏书为载体，但它们在汉代只是比和故事的一部分，大量的比和故事并不是以诏书为载体而存在的，比和故事与诏书不是对等的关系。

（2）诏书的可援引适用特性。以比和故事的方式被重新援引适用的诏书，它们的内容具有一定的特殊性，此类诏书的内容针对具体的人或特定的事，具有个别性和具体性，其中蕴含了某种规则、原则，或者为解决某类问题提供了较妥当的方法，或者为某类事务开创了一种先例或特例。这些被援引适用的诏书的内容，有些在律令之中有相关规定，有些在律令中是没有相关规定的，同律令相比，这些诏书的内容更适用于具体的案件或事务。在后来处理类似案件或事务时，不管正式的律令是否提供明确的解决办法，此前的诏书都是有可能被提出援引适用的，它可以破坏律令的实施。

据《后汉书·刘恺传》中记载："恺字伯豫，以当袭般爵，让与弟宪，遁逃避封。久之，章和中，有司奏请绝恺国，肃宗美其义，特优假之，恺犹不出。积十余岁，至永元十年，有司复奏之，侍中贾逵因上书曰：'……今恺景仰前修，有伯夷之节，宜蒙矜宥，全其先功，以增圣朝尚德之美。'和帝纳之，下诏曰：'故居巢侯刘般嗣子恺，当袭般爵，而称父遗意，致国弟宪，遁亡七年，所守弥笃。盖王法崇善，成人之美。其听宪嗣爵。遭事之宜，后不得以为比。'"② 依照国家律令的规定，应当是长子刘恺继承爵位，然而他却将爵位让给弟弟刘宪。在充分考虑了刘恺的谦让品德后，和帝下诏书准许刘宪继承爵位，但是和帝为何要在诏书结尾处

---

① 《后汉书》：《律历志中》，中华书局，1982，第 3036 ~ 3037 页。
② 《后汉书》卷三九《刘恺传》，中华书局，1982，第 1306 页。

明示"后不得以为比"呢？做出这种特别限制又反映了一种什么样的潜在规则呢？首先，和帝认为，这种违背律令的做法，是不足以为后世所援引适用的。其次，和帝在诏书中专门做出这种特别限制，直接目的就是防止后世援引适用。假如不做特别限制，即使与律令有违，该诏书中的做法也还是可以被人提出而援引适用的。专门做出特别的限制，恰恰说明了如果不做限制就可以援引适用，这正是诏书所具有的一项特性。在汉代，诏书都有被援引适用的潜在可能性，人们根本无法预先断定它是否会被援引适用，它的援引适用取决于后来类似案件或国家事务的发生。

（3）诏书的非直接适用特性。虽然诏书可以被援引适用来处理有关案件或事务，提出者对它的适用寄予了很大希望，但它仅仅是作为一种具有权威性的根据被提出，它是参考性的，并非必然适用，其最终适用必须以某种权威的许可为条件。这种权威的许可在汉代是以皇帝下诏书重新启用为表现形式的，汉代诏书中常出现的"依某某比"、"如某某故事"等字眼，就属于皇帝下诏书许可适用的情形。

据《汉书·陈汤传》记载："后皇太后同母弟苟参为水衡都尉，死，子伋为侍中，参妻欲为伋求封，汤受其金五十斤，许为求比上奏。"① 陈汤对苟参妻子许诺的"求比上奏"是怎样的一种方式呢？这在《汉书·元后传》中有记载："太后母李亲，苟氏妻，生一男名参，寡居。……太后怜参，欲以田蚡为比而封之。上曰：'封田氏，非正也。'以参为侍中水衡都尉。"注解李奇曰："田蚡与孝景王后同母异父，得封故也。"② 田蚡被封侯的事情见《汉书·田蚡传》，"田蚡，孝景王皇后同母弟也，生长陵……辩有口，学《盘盂》诸书，王皇后贤之。孝景崩，武帝初即位，蚡以舅封为武安侯，弟胜为周阳侯。"③ 田蚡被封侯之事既是诏书故事，皇太后"以田蚡为比"请求封苟参为侯，就是援引诏书故事，但愿望未能实现。"求比上奏"折射出了诏书被援引适用的方式：请求者首先寻找以前相类似的特例或者先例，以此为根据上奏皇帝，请求皇帝适用

---

① 《汉书》卷七《陈汤传》，中华书局，1962，第3025页。
② 《汉书》卷九八《元后传》，中华书局，1962，第4018页。
③ 《汉书》卷五二《田蚡传》，中华书局，1962，第2377～2378页。

此特例或先例。苟参死后，其妻子找到"明法令"的陈汤，① 希望他"求比上奏"，实现儿子苟伋被封侯的愿望。"求比上奏"反映了诏书类比和故事的援引适用规则，即在国家层面的许多事务中，其适用必须有皇帝的许可，因为这些国家层面的事务只有皇帝有权限进行决断，各级官僚必须上奏皇帝。

在司法方面，诏书比亦不能直接适用，其适用也必须有皇帝的许可。据《后汉书·张敏传》："建初中，有人侮辱人父者，而其子杀之，肃宗贳其死刑而降宥之，自后因以为比。是时遂定其议，以为《轻侮法》。敏驳议曰：'夫轻侮之法，先帝一切之恩，不有成科班之律令也。……'"② 虽然轻侮之比在后来大量适用，但自汉章帝建初（75～83 年）时起，一直未将轻侮之比纳入国家正式的律令之中，而且根据张敏所说的"先帝一切之恩"可知，轻侮之比在此后的大量适用，都是章帝的恩宥，即经过章帝的许可而适用的，并非各级司法官吏直接适用的结果，各级司法官吏仅可以建议适用。这些皇帝诏书形式的判决，只要没有成为国家正式法律，各级司法官吏就不得擅自适用，这在汉代的法律中亦有明文规定。据《汉书·孔光传》："时定陵侯淳于长坐大逆诛，长小妻乃始等六人皆以长事未发觉时弃去，或更嫁。及长事发，丞相方进、大司空武议，以为：'令，犯法者各以法时律令论之，明有所讫也……'"③ 该条汉令将司法定罪适用的依据进行了严格的限定，即只有犯法之时的律令才是论罪的依据，诏书类比和故事并非国家正式的律令，它们不能在司法中直接适用，只有经过皇帝的许可才能适用。

根据以上分析可知，诏书的援引适用有两种情形：①皇帝根据自己的判断直接下诏书确定适用；②有关部门奏请援引适用。第二种情形，既有可能是经由皇帝咨询或者指示，而后公卿大臣上奏建议适用，也有可能是各级官府或部门逐级向上请示适用，由中央有关部门（比如廷尉）上奏皇帝。上奏皇帝之后，还可能出现"议"或者"驳议"的程

---

① 《汉书》卷七《陈汤传》，中华书局，1962，第 3023 页。
② 《后汉书》卷四四《张敏传》，中华书局，1982，第 1502～1503 页。
③ 《汉书》卷八一《孔光传》，中华书局，1962，第 3355 页。

序，① 最终由皇帝来裁定，如果被许可适用，将会有皇帝"制曰：可"这样的批示，并以诏书来颁布。相对于国家正式法律渊源的律令来说，诏书在各级执法司法部门的适用是非直接的。

法律的表现形式是多样的，就汉代的法律而言，律令是国家正式法律渊源，其名称和载体皆为律和令，名称和载体是统一的，故而容易为人知悉和理解。汉代的诏书与律令不同，它们以比或故事的独特方式，在司法审判和行政事务中被援引适用，它们不是经过立法形成的正式法律，故而没有正式的法律名称。同时汉代诏书与其他的非正式法律渊源也不同，诏书在形式上具有非常大的权威，它是皇帝或国家意志的体现。诏书之所以能够在司法和行政事务中被广泛援引适用，也正因如此。诏书的权威性不仅体现在形式上，而且体现在内容上，这一点与汉代人们对诏书的认识有关。公孙弘在他的奏请中概括总结了诏书的内在权威性："臣谨案诏书律令下者，明天人分际，通古今之谊，文章尔雅，训辞深厚，恩施甚美。小吏浅闻，弗能究宣，亡以明布谕下。"② 在汉代人们的观念中，诏书与律令处于并列的地位，诏书不仅拥有其作为皇帝命令的外在权威，而且也拥有"明天人分际，通古今之谊"的内在权威。虽然如此，诏书仍然不是正式的法律渊源，因为它不是国家正式的、明文的立法产物，但是它在汉代国家行政事务和司法的适用中占有重要地位，如果将汉代的律令视为正式法律渊源的话，诏书应该是补充性法律渊源。

2. 诏书与律令在适用中的冲突

诏书类比和故事的援引适用在西汉后期已成为常态，它们对解决汉代的国家事务及特殊案件发挥了一定的积极作用。虽然诏书类比和故事不是正式的法律渊源，但是它们作为解决具体行政事务和司法案件的依据之一，与律令的适用发生了明显的冲突，甚至在诏书类比和故事与律令适用的选择上，诏书类比和故事更容易为部分皇帝和官员

---

① "议"和"驳议"的程序经常出现于汉代由皇帝主持的立法和司法中，前面张敏关于"轻侮法"的驳议，以及下文提到的居延都尉范邠犯臧罪案中的议，就是此类程序。

② 《汉书》卷八八《儒林传》，中华书局，1962，第3594页。

所接受。

（1）诏书故事与律令在适用中的冲突。首先，诏书故事在某种情况下取代律令的适用。在《汉书·谷永传》中，"永所居任职，为北地太守岁余，卫将军商蘙，曲阳侯根为票骑将军，荐永，征入为大司农。岁余，永病，三月，有司奏请免。故事，公卿病，辄赐告，至永独即时免。"① 《史记·高祖本纪》："高祖为亭长时，常告归之田。"孟康注引汉律："吏二千石有予告、赐告；予告者，在官有功最，法所当得者也。赐告者，病满三月当免，天子优赐，复其告，使得带印绶，将官属，归家治疾也。"② 《汉书·冯野王传》中杜钦所说："夫三最予告，令也；病满三月赐告，诏恩也。"③ 依律令的规定，官员生病，三个月满而未病愈的，就要免去官职，而对于公卿这类重要官员，皇帝一般都是下诏书恩赐归家养病，并不免官，这在汉代形成了一种惯例。根据"至永独即时免"可知，对于公卿类官员病满三月的情况下，几乎适用的都是故事，律令几乎成为具文，到谷永时为止，只有谷永除外，适用的是律令。

有些故事针对具体的人援引适用，可能仅仅适用一次，以后默默无闻；而有些故事属于制度性规定，虽然被援引适用了一次，却形成了一种长久性的制度；还有一些故事的援引适用是多次的，上面所引史料中的诏书故事"赐告"即是这种情形。在汉代中前期已有赐告的记载，如《汉书·汲黯传》："黯多病，病且满三月，上常赐告者数，终不瘳。"④ 究竟是哪位皇帝在位时开创了赐告的先例，史料中已无法查明。最初赐告原本是一种特例，针对某个重臣颁布的诏书，但是它却从此经常取代律令的适用，两千石的官员不再因病满三个月不愈而被罢免。据《汉书·谷永传》中所述，"赐告"的多次适用，最终形成了"故事，公卿病，辄赐告"的效果，赐告的适用演变成了惯例。⑤ 也就是说，后来新颁布的诏书在不断

---

① 《汉书》卷八五《谷永传》，中华书局，1962，第 3473 页。
② 《史记》卷八《高祖本纪》，中华书局，1959，第 346 页。
③ 《汉书》卷七九《冯野王传》，中华书局，1962，第 3304 页。
④ 《汉书》卷五《汲黯传》，中华书局，1962，第 2317 页。
⑤ 闫晓君先生对这类故事发表过妥当的见解，认为它们"大多是通过对具体行事先例的长期遵循、仿效和类比而形成的一种惯例和定制"，并称之为"惯例性故事"。参见其文章《两汉"故事"考》，《中国史研究》2000 年第 1 期。

地援引适用旧的诏书故事的同时，也不断地确立了它适用的正当性，以至于从"赐告"的特例产生起，到谷永时为止，只有谷永一人没有适用"赐告"的故事。赐告的多次援引适用，也使国家正式的令条不得不对其做出规定。据《汉书·冯野王传》中杜钦所说："窃见令曰，吏二千石告，过长安谒，不分别予赐。"有关赐告的规定虽然没有上升为国家的正式法律，但是它的地位得到了汉代正式法律的肯定，杜钦还认为："今释令与故事而假不敬之法，甚违阙疑从去之意。"① 依杜钦的看法，故事与令一样，均是正当的法律根据，由此看来故事的地位非同一般。

其次，诏书故事在取代律令适用时，虽然没有得以完全适用，但是故事发挥了很强的作用。《汉书·陈汤传》中记载的事例即此种情形：于是天子下诏曰："匈奴郅支单于背畔礼义，留杀汉使者、吏士，甚逆道理，朕岂忘之哉！所以优游而不征者，重劳师众，劳将帅，故隐忍而未有云也。今延寿、汤睹便宜，乘时利，结城郭诸国，擅兴师矫制而征之。赖天地宗庙之灵，诛讨郅支单于，斩获其首，及阏氏、贵人、名王以下千数。虽逾义干法，内不烦一夫之役，不开府库之臧，因敌之粮以赡军用，立功万里之外，威震百蛮，名显四海。为国除残，兵革之原息，边竟得以安。然犹不免死亡之患，罪当在于奉宪，朕甚闵之！其赦延寿、汤罪，勿治。诏公卿议封焉。"议者皆以为宜如军法捕斩单于令。匡衡、石显以为"郅支本亡逃失国，窃号绝域，非真单于"。元帝取安远侯郑吉故事，封千户，衡、显复争。乃封延寿为义成侯。赐汤爵关内侯，食邑各三百户，加赐黄金百斤。② 皇帝想封赏韩延寿和陈汤二人为侯，遭到大臣反对，原因是郅支不是真单于，不能适用军法捕斩单于令，而依照其他捕斩普通匈奴虏的相关律令，二人将无法得到理想的封赏，因此，汉元帝便援引适用郑吉故事。郑吉故事是指郑吉被封为安远侯及食邑千户的事情。"神爵中，匈奴乖乱，日逐王先贤掸欲降汉，使人与吉相闻。吉发渠黎、龟兹诸国五万人迎日逐王，口万二千人、小王将十二人随吉至河曲，颇有亡者，吉追斩之，遂将诣京师。汉封日逐王为归德侯。吉既破车师，降日逐，威震西域，遂并护车师以西北道，故号都护。都护之置自吉始焉。上嘉其功效，

---

① 《汉书》卷七九《冯野王传》，中华书局，1962，第3303~3304页。

② 《汉书》卷七《陈汤传》，中华书局，1962，第3019~3020页。

乃下诏曰:'都护西域骑都尉郑吉,拊循外蛮,宣明威信,迎匈奴单于从兄日逐王众,击破车师兜訾城,功效茂著。其封吉为安远侯,食邑千户。'"① 虽然皇帝适用了郑吉故事,但还是遭到匡衡和石显二人的反对,最后只能折中一下,封二人为侯,食邑各三百户,如果不援引郑吉故事,二人封侯的可能性是比较小的。

(2)诏书比与律令在适用中的冲突。首先,某方面的诏书比取代律令而大量被援引适用,使得该方面的律令不再成为基本依据。在西汉后期,尤其是东汉时期,诏书比已在案件中被频繁援引适用,据《后汉书·张敏传》记载:

> 建初中,有人侮辱人父者,而其子杀之,肃宗贳其死刑而降宥之,自后因以为比。是时遂定其议,以为《轻侮法》。敏驳议曰:"夫轻侮之法,先帝一切之恩,不有成科班之律令也。夫死生之决,宜从上下,犹天之四时,有生有杀。若开相容恕,著为定法者,则是故设奸萌,生长罪隙。孔子曰:'民可使由之,不可使知之。'《春秋》之义,子不报仇,非子也。而法令不为之减者,以相杀之路不可开故也。今托义者得减,妄杀者有差,使执宪之吏得设巧诈,非所以导'在丑不争'之义。又轻侮之比,浸以繁滋,至有四五百科,转相顾望,弥复增甚,难以垂之万载。臣闻师言:'救文莫如质。'故高帝去烦苛之法,为三章之约。建初诏书,有改于古者,可下三公、廷尉蠲除其敝。"议寝不省。敏复上疏曰:"……臣愚以为天地之性,唯人为贵,杀人者死,三代通制。今欲趣生,反开杀路,一人不死,天下受敝。记曰:'利一害百,人去城郭。'夫春生秋杀,天道之常。春一物枯即为灾,秋一物华即为异。王者承天地,顺四时,法圣人,从经律。愿陛下留意下民,考寻利害,广令平议,天下幸甚。"和帝从之。②

在章帝建初(75~83年)时期,某人因父亲被侮辱而杀人,本该被

---

① 《汉书》卷七《郑吉传》,中华书局,1962,第3005~3006页。
② 《后汉书》卷四四《张敏传》,中华书局,1982,第1502~1503页。

处以死刑，但章帝下诏书特别宽宥，使犯人免于死刑，"轻侮之比"因此产生。从材料中可以看出，"夫轻侮之法，先帝一切之恩，不有成科班之律令也"，因侮辱造成杀人案件的宽宥做法，属于章帝时的特别恩宥，该诏书比并没有被著于令，没有成为国家正式的法律。虽然该诏书比不具有正式法律的效力，却可以参照使用，一旦开了先例，后世的援引效应便一发不可收拾，从此律令的适用被弃置一旁，如张敏所说，"轻侮之比，浸以繁滋，至有四五百科，转相顾望，弥复增甚"，从建初中到和帝时，短短时期内，已有四五百个适用轻侮之比的案件。张敏建议"建初诏书，有改于古者，可下三公、廷尉蠲除其敝"，即将章帝建初时宽宥的诏书修正，避免以后再援引适用。张敏进而指出"杀人者死，三代通制"，这也是汉代律令的基本规定，对待此类案件抛开律令的适用，而援引"轻侮之比"，属于"更开相杀之路"。最终和帝采纳了张敏的建议，终止了"轻侮之比"的适用。从这里我们可以看出，四五百个案件被许可适用轻侮之比，实际上是新的诏书多次加强了"轻侮之比"许可适用的明确指引，以至于引发了正式法律《轻侮法》的制定。

其次，诏书比形成之后，有着极强的可援引适用特性，即使某些方面的律令已经被修改，而此前所形成的诏书比，仍然在该律令修改后得以适用。这方面明确的史料记载不多，较为典型的是东汉（25～220年）时期的叔孙光案形成的"光比"，《后汉书·刘恺传》记载了此案形成的诏书比适用的情形：

> 安帝初，清河相叔孙光坐臧抵罪，遂增锢二世，衅及其子。是时居延都尉范邠复犯臧罪，诏下三公、廷尉议。司徒杨震、司空陈褒、廷尉张皓议依光比。恺独以为"《春秋》之义，'善善及子孙，恶恶止其身'，所以进人于善也。《尚书》曰：'上刑挟轻，下刑挟重。'如今使臧吏禁锢子孙，以轻从重，惧及善人，非先王详刑之意也"。有诏："太尉议是。"①

东汉时期，官员贪污犯罪被判决后，本人和其子孙都不得再做官，所

---

① 《后汉书》卷三九《刘恺传》，中华书局，1982，第1308～1309页。

谓"臧吏三世禁锢"。叔孙光案发生在安帝初，即永初（107～113 年）初年。据《后汉书·陈忠传》："司徒刘恺举忠明习法律，宜备机密，于是擢拜尚书，使居三公曹。忠自以世典刑法，用心务在宽详……又上除蚕室刑、解臧吏三世禁锢；狂易杀人，得减重论；母子兄弟相代死，听，赦所代者。事皆施行。"① 陈忠在任尚书期间奏请解除臧吏三世禁锢，得到皇帝的批准，自此以后，官吏犯臧罪后，只禁锢官吏本人，不再牵连子孙。据《后汉书·刘恺传》："元初二年，（刘恺）代夏勤为司徒。"② 陈忠奏请解除臧吏三世禁锢是在元初二年（114 年）之后的事情，因此，叔孙光案发生在陈忠奏请解除臧吏三世禁锢之前。关于此事，沈家本亦进行了考证："刘恺于建光元年（121 年）为太尉，其议范邠事，系在陈忠解三世禁锢之后。叔孙光事，《刘恺传》称安帝初，则在前。三世之制未解，而二世即称增锢者，殆当日定罪于情节亦分轻重，或终身，或三世，律有明文，光罪本止终身，加为二世，故曰增也。"③ 沈家本不仅解释了叔孙光案中的"增锢二世"的情形，而且还解释了叔孙光案（发生在 106～112 年）、陈忠奏请（发生在 114 年之后）和范邠案（发生在 121 年之后）三者的发生先后次序。叔孙光案发生在陈忠奏请解除臧吏三世禁锢之前，而在该方面的律令修改之后的范邠案中，由叔孙光案形成的诏书比依然由司徒杨震、司空陈褒、廷尉张皓提出适用，相当于变相适用旧有律令，这充分表明了当时人们更倾向于适用旧有的诏书比，而不是适用修改后的律令。三公和廷尉之中，只有太尉刘恺不同意适用，在刘恺将《春秋》和《尚书》中的经义作为理论依据的情形下，皇帝最后才采纳了他的建议。

以前的诏书在首次被援引适用时，其作为比或者故事的身份将会在新的诏书中被正式确认，并且这些诏书类比或故事还会被新的诏书赋予许可适用的正当性。据史料所见，有不少诏书是被多次援引适用的，这些多次被援引适用的诏书类比和故事，被新颁布的诏书不断赋予许可适用的正当性，使得它们逐渐发展成为司法和行政事务中的实际法律依据。它们已经从作为补充性法律渊源的诏书中分离出来，向正式的法律渊源靠近，几乎

---

① 《后汉书》卷四六《陈忠传》，中华书局，1982，第 1555～1556 页。
② 《后汉书》卷三九《刘恺传》，中华书局，1982，第 1307 页。
③ 沈家本：《历代刑法考》（下册），商务印书馆，2011，第 571 页。

成为正式的法律渊源，"轻侮之比"通向正式的"轻侮法"的情形即是如此。被反复援引适用的诏书类比和故事虽然没有被国家明文规定为法律，但它们在实际适用中与律令处于同等位置，与国家的正式法律渊源仅差半步之遥，有其实而无其名。诏书类比和故事的反复援引适用如同隐性的诏书立法，它们在汉代属于隐性的正式法律渊源。

再回顾一下前面第一部分所探讨的著令程序，我们可以发现，汉代的诏书立法有两种方式，一种是明确的、直接的诏书立法，直接通过著令程序形成单一诏书令，以单一诏书令来颁布新的律令或者修改旧有律令；另一种是较为隐晦的诏书立法，发生在法律的适用当中，一些诏书类比和故事被反复援引适用，通过新的诏书不断加强其许可适用的正当性，使它们成为隐性的正式法律渊源，如果时机成熟，一部分会经过著令程序成为正式的律令。关于汉代诏书立法的两种方式，见图1：

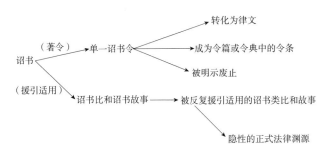

图1　汉代的诏书立法

（3）诏书与律令在适用中的冲突解决。诏书类的比和故事在汉代大量适用，对处理国家事务及特殊案件发挥着积极作用，但由于诏书的内容多是针对具体的人或事，属于特殊事情的处理，这样就会形成一些特例，特例是不适合普遍援引适用的。在西汉中后期，诏书类比和故事的适用已经出现了很多弊端，据《汉书·刑法志》记载："奸吏因缘为市，所欲活则傅（附）生议，所欲陷则予死比，议者咸冤伤之。"① 司法官员可以很灵活地建议适用不同种类的比，将律令弃置一旁。东汉时期，司法官员援引比的情形比西汉时期更为盛行，上文所讲的"光比"和"轻侮之比"，前

---

① 《汉书》卷二三《刑法志》，中华书局，1962，第1101页。

一个加重了刑罚，后一个则减轻了刑罚。陈宠的曾祖父陈咸曾告诫子孙："为人议法，当依于轻，虽有百金之利，慎无与人重比。"①

西汉中后期，皇帝本人也常担心诏书形成的特例被后世援引适用，从而尽量避免形成特例。据《汉书·冯野王传》记载："数年，御史大夫李延寿病卒，在位多举野王。上使尚书选第中二千石，而野王行能第一。上曰：'吾用野王为三公，后世必谓我私后宫亲属，以野王为比。'乃下诏曰：'刚强坚固，确然亡欲，大鸿胪野王是也。心辨善辞，可使四方，少府五鹿充宗是也。廉洁节俭，太子少傅张谭是也。其以少傅为御史大夫。'"② 皇帝担心后世仿效此种做法，故而有意避开，在任命的诏书中只赞扬了冯野王，却没有将野王封为御史大夫。即使有春秋经义为根据，皇帝也不愿意形成特例的情形也是有的，比如《汉书·冯奉世传》："上甚说，下议封奉世。丞相、将军皆曰：'《春秋》之义，大夫出疆，有可以安国家，则颛之可也。奉世功效尤著，宜加爵土之赏。'少府萧望之独以奉世奉使有指，而擅矫制违命，发诸国兵，虽有功效，不可以为后法。即封奉世，开后奉使者利，以奉世为比，争逐发兵，要功万里之外，为国家生事于夷狄。渐不可长，奉世不宜受封。上善望之议，以奉世为光禄大夫、水衡都尉。"③ 如果下诏书封赏冯奉世，那么就会造成一种坏的后果，后世的使者就会争着在外发兵，以取得冯奉世这样的封赏，不利于边境安定。此外，皇帝为了禁止后世援引适用，以诏书明文规定"后不得以为比"，仅此一例，后世不得援引适用，如前面所举《后汉书·刘恺传》中的事例。

在适用中与律令产生冲突的，主要是那些被反复援引适用的诏书类比和故事，它们不是国家正式的法律渊源，它们与律令之间的冲突不属于法律体系内部的冲突，究竟何者优先适用，完全取决于皇帝的裁定。由于国家没有通过正式立法来明确规定二者的效力等级，仅仅在个别诏书中规定了不得援引适用，然而大量的其他诏书没有作此限制，官员们可以随意援引，奏请皇帝裁定，这是汉代诏书与律令产生冲突的根本原因。

① 《后汉书》卷四六《陈宠传》，中华书局，1982，第1548页。
② 《汉书》卷七九《冯野王传》，中华书局，1962，第3302~3303页。
③ 《汉书》卷七九《冯奉世传》，中华书局，1962，第3294~3295页。

（三）汉代令与诏之关系

此前有关汉代的令与诏书关系的研究，多是针对内容而言，其他方面较少涉及，但是二者并非简单的内容上的关系。本文前面探讨了诏书在汉代发挥的重要作用，诏书不仅在立法中与汉令有着密切的联系，而且它本身作为法律渊源在适用中也与律令发生相互作用，使得汉代令与诏书的关系呈现复杂化。

1. 令、诏在内容上的关系

在此前的研究中，陈梦家、南玉泉和孟彦弘等学者曾经较为具体地指出了令与诏书在内容上的关系。① 由于汉令的令条全部来自于诏书，一部分是既成令条，也就是单一诏书令，其中存在一些用来修律的单一诏书令；另一部分是后定令条，是在单一诏书令的实施中产生的诏书，因此，诏书和汉令在内容上的关系较为明确，属于包含关系，如图 2：

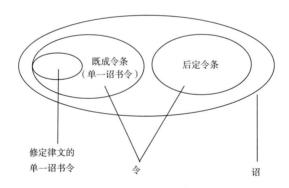

图 2 律、令和诏书在内容上的关系

---

① 陈梦家：《西汉施行诏书目录》，载《汉简缀述》，中华书局，1980，第 278 页；南玉泉：《论秦汉的律与令》，《内蒙古大学学报》（人文社会科学版）2004 年第 3 期；孟彦弘：《秦汉法典体系的演变》，《历史研究》2005 年第 3 期。

2. 令、诏在存在形态上的关系

汉令在其形成过程中，经历了单一诏书令、令篇或者令典等形态，在某个特定时期内，这些形态是共存的，汉令一直处于编纂的动态过程之中。一部分诏书被著于令中之后，便成为令篇中的令条，而未著于令的大量诏书始终是以单个的命令形态存在。同一时期内，皇帝命令及其编纂物仅存在单个的诏书、单一诏书令、令篇或者令典，不存在其他形态。① 单一诏书令既是令，又是诏书，这是令和诏书在存在形态上的混同之处。令和诏书在存在形态上的关系如图3：

图 3　令和诏书在存在形态上的关系

3. 令、诏在法律渊源上的关系

汉令是国家正式立法的产物，是执法和司法中可直接适用的最具正当性和权威性的根据，属于国家正式法律渊源，而汉令的令条全部是诏书的形态。诏书是皇帝的命令文书，由于汉代的立法程序完全使用了诏书的出台程序，因而汉令令条最初都具有诏书的身份。从转化关系上看，一部分诏书在颁布之时被著于令中，成为单一诏书令，后来转化为汉律的律文或汉令的既成令条，还有一部分诏书产生于单一诏书令的实施过程中，在后来定期整理时与单一诏书令一起被编入汉令之中，成为汉令的后定令条。但是大量没有被编入汉令的诏书，仍然有可能以比或者故事的方式，在司法审判或国家行政事务中被援引适用。依史料中大量援引适用的记载来看，诏书已经成为补充性法律渊源。还有一部分诏书类比和故事被反复援引适用，它们逐渐通过新诏书的权威获得了许可适用的正当性，成为隐性

---

① 东汉中后期还存在单独成篇的比，其中的内容是否为诏书比尚不能确定。

的正式法律渊源。关于诏书与汉令的转化关系及二者在法律渊源上的关系，见图4：

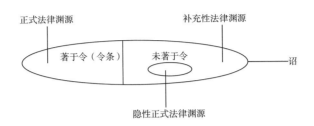

图4　令和诏书在法律渊源上的关系

4. 令、诏在效力等级上的关系

汉代的令与诏书是否存在效力等级上的差异，这是一个比较晦涩的问题，汉代国家没有明文规定，亦很少有学者探讨。一般来说，作为皇帝命令而下达的诏书，它与单一诏书令同样出自皇帝，二者不存在效力等级上的差异，许多针对具体的人或事颁布的诏书，作为特例，即使与律令有违，在实施中完全可以得以有效执行。但作为法律渊源的诏书与此不同，比如前面所讲的那些被援引适用的诏书类比和故事，它们是在后来处理同类行政事务或案件时被重新赋予效力，它们与律令是否存在效力等级上的差异？事实上，当这些被援引适用的诏书类比或故事在与律令发生适用的冲突时，汉代的执法和司法官吏，包括皇帝本人并没有留意二者的效力等级差异，或者说不需要考虑二者的效力等级。在具体的案件或事务中，该问题是通过皇帝最终裁定何种法律渊源优先适用来解决的，而且在裁定时皇帝也没有依据二者之间的效力等级。但作为补充性法律渊源的诏书与汉令的效力等级问题仍是一个悬念，有待将来解决，或者它根本不是一个需要解决的问题。

（四）汉令的特质

长期以来，学界对汉令的理解存在较多的不足之处，常常将一些问题的原因简单化，将汉令视为令的发展阶段上的初级状态。与后世的令相比，汉令是具有时代特色的法律形式，理解汉令不能脱离汉代的特殊背景、汉代特色的立法方式以及律、令和诏书三者之间的密切联系，这些因素是理解汉令的特殊性所不能忽视的。

1. 汉令令条的诏书形态

汉令在传世文献中出现的时候，大多情形下是以单一诏书令的面貌出现的，但有时候它还以另外一种方式出现，即规范样态的法律条文。依史料记载，汉代人们在引用汉令时，并不引用整个令条，而是只引用其中的法律规定，前面所引《汉书·冯野王传》材料中的"令曰，吏二千石告，过长安谒，不分别予赐"就是这种情形。而且在后人为汉书所做的注解中出现的令文，亦是如此，如《汉书·哀帝纪》如淳注："令甲，诸侯在国，名田他县，罚金二两。"[1]《汉书·江充传》如淳注："令乙，骑乘车马行驰道中，已论者，没入车马被具。"[2] 其实汉令的这种改写工作并不是很困难的事情，那么汉令的令篇或令典为何不以规范样态的法律条文来撰写呢？对于汉令的令条以诏书形态存在的现象，常被学界简单地归结为令在发展阶段上的初级状态，其实这是对汉令的误解。

从出土史料来看，汉令除了其令条是诏书形态之外，令条被编上号码也是事实，与初期的《津关令》相比，后来的《王杖诏书令》和松柏汉简中"令丙苐（第）九"的令条则稍有不同，后者的令条还附有具体的颁布时间。[3] 前文第一部分在探讨单一诏书令时已经列举了《王杖诏书令》中的令条，松柏汉简中"令丙苐（第）九"的令条如下：

令丙苐（第）九

丞相言：请令西成、成固、南郑献枇杷各十，至，不足，令相补不足，尽所得。先告过所县用人数，以邮、亭次传。人少者财助献。起所为檄，及界，邮吏皆各署起、过日时，日夜走，诣行在所司马门，司马门更诣大（太）官，大（太）官上檄御史。御史课县留穉

---

[1] 《汉书》卷一一《哀帝纪》，中华书局，1962，第 337 页。
[2] 《汉书》卷四五《江充传》，中华书局，1962，第 2177 页。
[3] 或许有学者认为，《二年律令》的抄录者在抄录时有意或者因疏忽而未将令条的颁布时间附上。

（迟）者。御史奏，请许。

　　制曰：可。孝文皇帝十年六月甲申下。①

　　这些令条是当时人们对国家律令的抄录似无疑问，对于令条附有的具体颁布时间，有些学者认为是抄录者添加进去的。本文认为这些附加的信息不是抄录者添加进去的，而是汉令令条的构成部分。它们是在汉令定期整理时所更正或者补充的重要信息，与初期的《津关令》的编录相比，这是汉令整理工作的进一步完善。传世文献中也有汉令令条后面附有具体颁布日期的情形，据《后汉书·律历志中》记载："永元十四年，待诏太史霍融上言：'官漏刻率九日增减一刻，不与天相应，或时差至二刻半，不如夏历密。'诏书下太常，令史官与融以仪校天，课度远近。太史令舒、承、梵等对：'案官所施漏法《令甲》第六《常符漏品》，孝宣皇帝三年十二月乙酉下，建武十年二月壬午诏书施行。……"② 如果该令条在编入《令甲》时未附上日期，很难想象太史令舒等人在找到该令条时，还需专门查找令条的具体颁行日期和再次施行日期，况且他们也没有必要指出是宣帝时期颁布及光武帝时再次施行，只需指出是令甲中的第六条即可。

　　为何汉令的令条结尾要附上具体的颁布日期？因为附有具体颁布日期的令条是以皇帝诏书形式颁布的单一诏书令，在颁布之时就附带有颁布日期，它们在编入令篇或令典之前，已经是在社会生活中实施的令，其结尾附上具体的颁布日期是单一诏书令颁布实施的必备要素。令条结尾的附加信息表明了单一诏书令的颁布者及颁布时间，它能够反映令的颁布及施行状况，是单一诏书令作为"令"存在的重要信息，因此在它们被编入令篇或者令典中时，这些信息被重新更正或补充完整，附在令条的结尾处。

　　将汉令与后世的晋令或唐令相比，后世的令是在某个时期通过集中制定的方式来完成的，令中的条文样态与律典是一样的，而汉令的立法与此大不相同。汉令令条的产生是一个持续不断的过程，它首先不是以令篇的形态出现的，而是以单一诏书令的形态出现的。单一诏书令的产生是汉令

---

① 荆州博物馆：《罕见的松柏汉代木牍》，《荆州重要考古发现》，文物出版社，2009，第209～212页。

② 《后汉书》卷十二《律历志中》，中华书局，1982，第3032页。

立法的重要阶段，这些单一诏书令本身就是汉令的原初存在形态，并且是非常重要而且特殊的存在形态。在大量的单一诏书令产生之后，然后再以单一诏书令为基础整理成令篇或令典。令篇或令典本身是由大量的"令"构成的，其中令条的原初存在形态就是诏书形态，这是后世的令所不具有的特征，后世的令文本身并不具有单独作为令的资格。事实上，我们今天所谓的汉令令条，在汉代是真实存在并且是处于施行中的令，相对于令篇或令典来说，单一诏书令更具有问题的针对性和实施的及时性。汉令是以单一诏书令为基本构成单元的编纂物，而非通过整理普通的诏书而形成的。

以皇帝诏书形态的单一诏书令源源不断地产生，是汉代最具特色的立法方式，使得汉令的立法具有灵活性、权威性和开放性等特征，而且一部分律文的制定也是伴随着令的立法进行的。一种新的法律形式在形成的初级阶段，它的颁布和实施不能与后世的规模化立法相提并论。汉令的随时颁布和定期整理是特定历史时期的立法现象，不仅仅是令，也是法律发展的初级阶段的最佳处理方式。

2. 汉令内容上的杂糅

汉代的律与令在形式上已经有了明确的区别，二者的存在形态和名称都是不同的。汉令作为一种新的法律形式已经形成，但是汉代的律与令并没有在内容上划分严格的界限。学术界大多认为中国古代的律和令在内容上的正式分野是在魏晋时期，律令内容的划分标准是"律以正罪名，令以存事制"，[①] 这种后世的划分标准在汉代是不存在的。汉代律令在内容上的杂糅是不容争辩的事实，律令的分别仅仅是形式上的，在内容上二者没有严格区别。《二年律令》中的一些律篇很明显属于后世所说的事制类规定，而汉令中亦存在大量的正刑定罪的规定。

汉律内容上的繁杂是汉代继承秦代法律造成的。汉代初期萧何等制定律令采取的做法是"捃摭秦法"，据《汉书·刑法志》："三章之法不足以御奸，于是相国萧何捃摭秦法，取其宜于时者，作律九章。"[②] 从云梦秦

---

① 李昉等修《太平御览》卷六三八《刑法部》，中华书局，1960 年影印本，第 2859 页。
② 《汉书》卷二三《刑法志》，中华书局，1962，第 1096 页。

简中的史料来看，秦律内容极为繁杂，而且秦律与《二年律令》中的一些律篇名是相同的。汉律沿袭秦律是很明显的，汉律内容上的杂糅和秦律是一脉相承的。

西汉初期的立法为汉律的内容定下了包容性很强的框架，而此后汉代所采取的立法方式也对这种律令内容杂糅的情形产生了很重要的影响。汉代的基本立法方式是诏书立法，这种立法方式不仅用于汉令的制定，而且也用于汉律的制定。规模化的律令修订并不是汉代律令产生的根本方式，律令的修订在很多情况下是以单一诏书令的随时颁布和定期整理来实现的。在前文第一部分探讨单一诏书令时，已经指出律文的修订也是通过汉令的颁布和实施来完成的，这些律文不仅被载入律中，而且也作为汉令被编入令篇之中，它们既是律文，又是令条。从所列举的材料可以看出，文帝废除肉刑的单一诏书令的律文内容是刑罚适用方面的规定，而同样是文帝时期的关于养老的单一诏书令中的律文内容是后世所说的事制类规定。采取这样的立法方式，使得汉令的内容和新修订的律文混杂在一起，阻碍了律令在内容上进行划分的可能性。在汉代的特殊立法方式下，汉代的律令内容在当时是没有可能依后世的标准进行划分的，汉令也与汉律一样成为包容一切的法律载体。

汉代国家的立法由两部分构成，一部分是西汉初期沿袭秦代的继受立法，另一部分是汉代自身的特色立法。继受立法由西汉初期萧何等人制定律令完成，此后汉代自身的特色立法便以单一诏书令的方式全面展开。单一诏书令不仅用于汉令的立法，而且也用于汉律的立法，它几乎承载了汉代的全部立法。目前将汉令视为汉律的"补充法"或者"追加法"的看法，几乎成为学术界的定论。[①] 本文不赞同这种观点，同律相比，汉令才是汉代的主要立法产物，大量新制定的律文和令条是以单一诏书令的形式颁布实施的，令在律令的实施中发挥着主要作用，而且汉令所调整的很多社会领域是汉律所不及的。东汉时期，"宪令"一词多次出现，用该词语指称法律，不是偶然的现象。如《后汉书·陈宠传》中陈宠在上书皇帝时

---

① 目前这种看法在学术界较为盛行，主要是使用"追加法"、"补充法"、"补充副法"等词语来描述汉代的律令关系，也有学者使用"律主令辅"、"律正令副"等词语来描述。

所说："汉兴以来，三百二年，宪令稍增，科条无限。"① 稍后陈忠在上书时言："故亡逃之科，宪令所急，至于通行饮食，罪致大辟。"② 令在汉代作为法律形式，由于稳定性不如汉律，常被误解为次要的法律渊源。正是因为汉令承担着重要的灵活立法职能，所以其稳定性较差，而这是任何时代法律发展都无法避免的现象。但是，令在立法和法律实施中发挥的作用是律所不具有的，二者的功能也是不能相互替代的。

3. 著令程序的意义

汉令中包含许多非规范性令条和非普适性令条，比如《津关令》的第九、十六、廿一、廿二、廿三等令条，它们的存在降低了汉令作为法律形式的纯粹性，使得不少学者认为汉代令和诏缺乏严格的区别，也有不少学者认为这种现象是汉令作为法律所表现出来的初级状态。

虽然今天我们很难将非规范性（或非普适性）的单一令条与诏书区分开来，但是二者在汉代的区别是较为明显的。著令程序在汉代是律和令共同使用的立法程序，是诏书转化为汉令的必经程序。著令程序赋予了诏书新的身份——令，使得令与诏书在身份上具有了显著差异。著令程序肯定了一部分诏书的令的身份，同时也将其他数不清的诏书（包括诏书比和诏书故事）排除在令之外，使得汉代正式法律渊源成为较刚性的体系。这与传统观念对皇帝命令的认识是不一样的，传统观念认为，皇帝命令即是法律，或者皇帝命令高于法律。其实在汉代的情形并非如此，国家正式法律渊源与皇帝命令之间具有明确的界限。

在汉代人的观念中，律令是处理行政事务或者司法案例的最根本依据，其他有关规定如果与之相冲突，则应当以律令为准绳，它是我们今天所谓的宪法或者法律。关于汉代人对律令地位的看法，史料中不乏记载，如前文第三部分所引《汉书·冯野王传》中杜钦的话："又二千石病赐告得归有故事，不得去郡亡著令。传曰：'赏疑从予，所以广恩劝功也；罚疑从去，所以慎刑，阙难知也。'今释令与故事而假不敬之法，甚违阙疑从去之意。即以二千石守千里之地，任兵马之重，不宜去郡，将以制刑为

---

① 《后汉书》卷四六《陈宠传》，中华书局，1982，第 1554 页。

② 《后汉书》卷四六《陈忠传》，中华书局，1982，第 1559 页。

后法者，则野王之罪，在未制令前也。刑赏大信，不可不慎。"有关部门要定冯野王"奉诏不敬"的罪名，其根据就是两千石官员"不得去郡"。然而在杜钦看来，"不得去郡"的规定并没有著为（于）令，因此，它不是定冯野王罪名的正当根据。即使当时将"不得去郡"著为（于）令，然而冯野王的案件发生在著令之前，仍然不应当治罪，这与前文第二部分提到的《汉书·孔光传》中"令，犯法者各以法时律令论之"是一致的。再者比如《汉书·薛宣传》的记载：

> 久之，哀帝初即位，博士申咸给事中，亦东海人也，毁宣不供养行丧服，薄于骨肉，前以不忠孝免，不宜复列封侯在朝省。宣子况为右曹侍郎，数闻其语，赇客杨明，欲令创咸面目，使不居位。会司隶缺，况恐咸为之，遂令明遮斫咸宫门外，断鼻唇，身八创。

> 事下有司，御史中丞众等奏："况朝臣，父故宰相，再封列侯，不相敕丞化，而骨肉相疑，疑咸受修言以谤毁宣。咸所言皆宣行迹，众人所共见，公家所宜闻。况知咸给事中，恐为司隶举奏宣，而公令明等迫切宫阙，要遮创戮近臣于大道人众中，欲以隔塞聪明，杜绝论议之端。桀黠无所畏忌，万众讙哗，流闻四方，不与凡民忿怒争斗者同。臣闻敬近臣，为近主也。礼，下公门，式路马，君畜产且犹敬之。《春秋》之义，意恶功遂，不免于诛，上浸之源不可长也，况首为恶，明手伤，功意俱恶，皆大不敬。明当以重论，及况皆弃市。"廷尉直以为："律曰'斗以刃伤人，完为城旦，其贼加罪一等，与谋者同罪。'诏书无以诋欺成罪。……加诋欺，辑小过成大辟，陷死刑，违明诏，恐非法意，不可施行。圣王不以怒增刑。明当以贼伤人不直，况与谋者皆爵减完为城旦。"上以问公卿议臣。丞相孔光、大司空师丹以中丞议是，自将军以下至博士议郎皆是廷尉。况竟减罪一等，徙敦煌。[①]

此处所讲的事情大概是这样的，西汉哀帝初即位，薛宣之子薛况指使凶手在宫门前将给事中申咸砍伤，御史中丞众等认为薛况在宫门前杀伤皇

---

① 《汉书》卷八三《薛宣传》，中华书局，1962，第3394~3396页。

帝的近臣，应当以大不敬论处，而廷尉直以为，不应当以大不敬论罪，因为"诏书无以诋欺成罪"，皇帝最终处理的结果是，薛况未以大不敬的罪名论处。廷尉直的依据是"诏书无以诋欺成罪"，如果定大不敬的罪名，那么就属于"加诋欺，辑小过成大辟，陷死刑，违明诏，恐非法意，不可施行"。据《汉书·哀帝纪》记载，建平元年（公元前7年）六月，哀帝下诏书"除任子令及诽谤诋欺法"，①《薛宣传》中廷尉直的根据即源于此，"诽谤诋欺法"原本属于律令的内容，但是皇帝已经下诏书将其废除，已经为诏书所废除的"诽谤诋欺法"不是律令的规定，那么就不应当以"诋欺"来定薛况大不敬的罪名。其实廷尉直所强调的是，定罪须严格以正式的法律渊源——律令为根据，而不应当以其他依据来定罪。

著令程序赋予一部分诏书"令"的身份，使它们成为处理案件时定罪的最根本依据，成为可以反复直接适用的法律规范。这部分特殊的诏书与普通的诏书相比，二者均具有权威性和正当性，诏书亦具有可援引适用的特性，但是二者依然存在极大的区别。本文前面第二部分已经谈到，诏书在行政事务及司法案件中被援引适用时，是以比和故事的方式重新适用的，在其适用的两种情形中，有一点是相同的，即它们的适用都在皇帝的掌控之中，只有皇帝可以直接适用，其他各级机构和官员均不得直接适用，而汉令则不同，只要令中的规定与事实相符合，各级机构或官员均可以直接适用，而不必向皇帝奏请。

除了展示皇帝对立法权掌控的象征意义外，著令程序折射出来的信息是：汉代国家将皇帝对一些诏书的直接适用权力下放给各级执法和司法机构，使它们可以被直接适用于执法和司法当中，无须再向皇帝奏请，那么汉令也相应地成为应当积极推广实施的新出台法律。因此，汉令与诏书相比，它所具有的特质是适用的积极性，而诏书的援引适用必须向皇帝奏请，所展示的是适用的消极性，二者形成鲜明的对比。

令在汉代作为一种独立的法律形式，对中国古代法律的发展和形成发挥了重要作用，但后人对汉令的理解和认识并不客观公正。班固在撰写《汉书·刑法志》时，带着偏见叙述了汉代律令繁多的事实及其造成的司

---

① 《汉书》卷一一《哀帝纪》，中华书局，1962，第336页。

法混乱问题。① 由于《汉书》是理解汉代法制的重要史料，这极大地影响了后人对汉代律令的看法和印象。汉代国家严格地划分了正式法律渊源与非正式法律渊源之间的界限，对非正式法律渊源的适用也进行了严格的限制，官吏们随意地直接适用比的情形在汉代是不存在的，"傅生议，予死比"仅仅是建议适用，而非直接适用。但是造成汉代司法混乱的原因正是官员们大量地奏请适用诏书比的行为，在皇帝的裁定以及"议"和"驳议"程序中，并不存在可依据的明确的冲突解决规则，这使得判决结果带有一定的偶然性，很容易造成"罪同而论异"的现象。虽然汉令和诏书在一定时期内为国家的法制带来了某种问题，但是它们所发挥的作用要比带来的问题更重要。它们不仅在汉代立法中发挥着不可替代的特殊作用，而且它们分别作为正式法律渊源和补充性法律渊源共同为汉代的行政和司法提供了重要的法律依据。

---

① 《汉书》卷二三《刑法志》，中华书局，1962，第1101页。

魏晋南北朝令考

通往晋泰始律令之路（Ⅱ）：魏晋的律与令

秦汉的律是以作为正法（基本法）的秦六律或汉九章律为核心的，其内容是刑罚法规。此类法令以盗律为首并继以贼律、网律，因此它们是具有所谓"篇章之义"这种固定顺序的整全性法典。另外，被称为"旁章"的追加法、单行法之律位于正律的外部，它们可以被视为秦代以后制定和追加的法规。

从所谓刑罚或非刑罚的视角出发，作为正律的九章律是忠实传承自刑书这一中国法基本性质的刑事法规；或许亦可认为，汉时追加的九章律中的三篇即户、厩、兴三律包含了具有行政法规性质的条文，但至少可以说，当时将刑事法规与行政法规二者明确区分开来的界线尚未形成。

汉律的结构具有二重性，即以作为法典的九章律为核心，以单行追加法的旁章律为外围，而各条文则是以法令或法规的形式被分类、整理出来的成文法。这里之所以要提到"整理"、"分类"等用语，无非是因为已涉及了与律相对的"令"。

关于汉代的令，曾被称为"令典"的法典，即经过某种分类整理并附有令的名称，且以"令典"名篇的法令集，笔者对此甚为怀疑。汉代"令"的形态，是指皇帝的诏被称为"令"，即被称为"令"的，是以皇帝下达的命令为法源并应当执行的样态或规范。以皇帝的命令为"令"，与秦创始统一帝国时将此前使用的"令"这一称呼改为诏有着共通之处。

但是，在皇帝命令中既有普遍性或永续性的命令，又有限定个别的或暂时性、时限性的命令。因此，如果将只不过是皇帝诏令的汉令视同后世具有永续性、普遍性的晋令与唐令，那么不适感就会出现。换句话说，汉令作为成文法规的成熟度是比较低的。

问题在于，即使是所谓的不成熟的法令，又即使就是皇帝的命令，那么能否确认它们经历了分类与整理即编纂这一程序了呢。

在"汉令的诸问题"中，笔者对皇帝的诏敕（令）在发布后是被如何处理、整理的这一问题予以探讨，结论大致如下。

皇帝的诏发布后，为了按顺序予以收录，首先要做的就是对其进行编号并分为甲、乙、丙三类。这就像甲令第〇〇那样的干支令。尽管发布出来的令全部被编号收入干支令，但是各官署又会从其中采录相关的诏令。在这种情况下，诏令又会被冠以官署名或郡县名，官署名或郡县名之下则附加有别于干支令的整理编号，即所谓兰台令第〇〇、乐浪令第〇〇，这无非就是被称为挈令的令的分类形态。也就是说，这里所提及的编号，恐怕是按照令的发布时间随机附加的。

在汉代，令的分类和整理止步于干支令及挈令这一阶段，后世唐令中所能见到的事项令名则尚不存在。确实，史料中载有"田令"、"养老令"、"任子令"等带有具体名称的令，但这些名称终究不过是出于方便而被附于令之上的，它们至少不是在事项令名下被立法化的法令。可见，作为新令而制定出来的诏的追加、整理形式并非是将其类分至已经确定好的事项令的某处。

事项令在汉代的法令中尚未获得确切的市民权，法令的分类、编纂不具有如后世唐令一般的样态。皇帝发布的诏敕虽然成为令，但这些诏敕无非是按照发布顺序的先后附上编号并被划分为甲、乙、丙三类，令的收录也只不过是采取了所谓文件集的形式。

作为法令，尚未成熟的汉令在魏晋时代是如何发展的呢？记载了晋泰始四年（268 年）发布新律之事的《晋书·刑法志》将其详细情况论述如下：

凡律令，合二千九百二十六条，十二万六千三百言，六十卷。

所谓"六十卷"是律二十卷及令四十卷的总和。这里出现了总计四十卷的法典。

本文将在下面的论述中考察汉律和汉令在魏晋时期经历了怎样的发展过程而致律与令这两种法典的形成。

（一）曹魏的法令

1. 魏律十八篇

魏明帝太和三年（229 年），被视为受汉禅让而创立的曹魏制定了新律以取代汉律。但是，有关新律的制定，不知何故在《三国志·魏书·明帝纪》中没有清晰的记载，而基本史料则为下文所列《晋书·刑法志》及《唐六典》中的记载，其含义将留待后文详述，这里先仅引用原文：

> 其后，天子又下诏改定刑制，命司空陈群、散骑常侍刘邵、给事黄门侍郎韩逊、议郎庚嶷、中郎黄休、荀诜等删约旧科，傍采汉律，定为魏法，制新律十八篇，州郡令四十五篇，尚书官令、军中令，合百八十余篇。其序略曰……凡所定增十三篇，就故五篇，合十八篇，于正律九篇为增，于旁章科令为省矣。（《晋书·刑法志》）

> 魏氏受命，参议复肉刑，属军国多故，竟寝之。乃命陈群等采汉律，为魏律十八篇，增汉萧何律劫掠、诈伪、告劾、系讯、断狱、请赇、惊事、偿赃等九篇也。（《唐六典·卷六·刑部》）

有关取代汉律而新制定出来的由十八篇组成的魏律，从《晋书》的叙述来看，是在此前的五篇之上追加了十三篇律而成十八篇，所以相对于正律九篇来说，篇数是增加了。这意味着单行律（旁章律）被编入正律之中，增加了律典的篇数；根据魏新律的成立，单行律可视为全部被整理并与正律统合在一起了。十八篇之律因此具有了"篇章之义"。

> 今制新律，宜都总事类，多其篇条。旧律因秦法经，就增三篇，而具律不移，因在第六。罪条例既不在始，又不在终，非篇章之义。故集罪例，以为刑名，冠于律首。（《晋书·刑法志》）

虽然上篇在思考"篇章之义"的意思时曾引用过这一史料，但若讨论制定魏律时以刑名律为首的意义，笔者想再次确认的是，魏律是以刑名律为首篇并按规定顺序排列十八篇律的律典。

那么，所谓的魏律是如何对汉九章律予以改造和追加而成为十八篇的呢？由于记载其经过的《晋书·刑法志》所引用之"序略"的叙述并不清晰，因此尚无定论。比如，滋贺秀三氏就认为十八篇包括：①

---

① 滋贺秀三：《有关曹魏新律十八篇的篇目》，载《国家学会杂志》六九－七·八，1955。

刑名、盗、劫掠、贼、诈伪、毁亡、告劾、捕、系讯、
断狱、请赇、杂、户、兴擅、乏留、惊事、偿赃、免坐

汉九章律指盗律、贼律、囚律、捕律、杂律、具律、户律、兴律、厩律等九种律，而"序略"列出的包含了这些篇名的新律篇名为：

盗律、贼律、囚律、捕律、杂律、具律、户律、兴律、厩律、
刑名、劫掠、诈伪、毁亡、告劾、系讯、断狱、请赇、兴擅、
乏留、惊事、偿赃、免坐　　　　　　　　　　（总计二十二种）

其中，具律改名为刑名，兴律与厩律被废止，所以还有十九种律。可是，从十八篇这一数量上说，必定还要有一篇律被删除。那么，没有名称者为何律呢？这里，问题来源于前文已引用过的《晋书·刑法志》中有关魏律的下列记载：

所定增十三篇，就故五篇，合十八篇，于正律九篇为增，于旁章科令为省矣。

这句话当如何训读，存在着若干不同的观点。比如，滋贺氏把"就故"视为两个字并解释为"沿用原有的"，所以就把这句话训读为"凡そ定むる所、十三篇を增し、故に就ける五篇"。[①] 但是，这样的解释似乎有些勉强。

（贾充）所定新律既班于天下，百姓便之。（《晋书·贾充列传》）
（程）邈所定乃隶字也。（《晋书·卫恒列传》）
华恒所定之礼，依汉旧及晋已行之制。（《晋书·礼志》）
旧律因秦法经，就增三篇。（《晋书·刑法志》）
就汉九章，增十一篇。（《晋书·刑法志》）

---

① 滋贺秀三：《再论魏律的篇目——答内田智雄教授的批判》，载《法制史研究》11 号，1961，第 173 页，注 10。

祈社稷山林川泽，就故地处大雩。（《隋书·礼仪志》）

明宗时就故陵置园邑。（《旧唐书·哀帝本纪》）

如果依循以上用例来训读《晋书·刑法志》中的那句话，那么，一般应将其释读为"定むる所、十三篇を增し、故の五篇に就きて、合して十八篇"。这样，"就故五篇"中的"就"是指"添加"、"附加"之意（《孟子·告子》"所就三，所去三"一语中的"就"的意思与此相同），因此"就故五篇"当被释读为"在此前存在的五篇上追加"，而整句话的意思则是："作为法典而被制定出来的律，十三篇为新追加者，又加上旧有的五篇，合计十八篇。""所定增十三篇，就故五篇，合十八篇"的含义无非如此。

进一步的问题在于，此处的"旧有五篇"一语揭示了什么。可以想象的可能性答案为，盗律、囚律、贼律、捕律、杂律、户律六律，去一为五。如果明确了去除者，那么十八篇的内容也就随之明了了。

这里要再次折回到文句的解释中。内田智雄氏主张，"故五篇"是指秦法经五篇（盗、囚、贼、捕、杂），这可从"故五篇"之"故"字的语义中获得证明。[①] 但是，即使五篇的内容最终演化成了五种律（盗、囚、贼、捕、杂），内田氏的论证过程也是不能获得首肯的。

内田氏认为，晋志记载中存在着与"正律九篇"的"正律"区别开来的意识，所以回避了"旧律"这一表达方式，而说"就故五篇"；"故（原来的）"、"就（附加）"这种表达方式，是将相对于"正律"的"法经"纳入了视野。但是，这里所说的"故"毕竟只是与"增"相对应，只是"新增（增）十三与"与"原有的（故）五篇"的对举，因此语句的意思不应被扩大至更广的范围。再则，即使论及"正律"与"法经"的对应性，由于作为基本法的"正律"与作为追加、单行法的"旁章"是以"于正律九篇为增"和"于旁章科令为省"这两个完全对仗的语句表现的，因此必须承认，将此句的语义扩展至其他语句中是错误的。对这里所指出的语句解释不能超出这一范围："在原有的五篇之上新加十三篇"。

---

① 内田智雄：《有关魏律〈序略〉的两三个问题》，载《同志社法学》五五、五七，1957、1960；《再论魏律〈序略〉》，载《同志社法学》六二，1960。

那么，这"五篇"是什么呢？是"盗、贼、捕、杂、户"，还是"盗、贼、囚、捕、杂"呢？滋贺秀三的主张为前者并认为"囚律"被吸收了，其立论根据为：

（1）从《晋书·刑法志》的说明来看，囚律原来所包含的内容被全部移入他律，这表明它并不只是分出，而且是自身的分解。

（2）在魏律之后，由二十篇组成的晋律中不存在囚律。[①]

有关晋律二十篇的制定经过，《晋书·刑法志》作出如下说明：

> 就汉九章，增十一篇，仍其族类，正其体号，改旧律为刑名、法例，辨囚律为告劾、系讯、断狱，分盗律为请赇、诈伪、水火、毁亡，因事类为卫宫、违制，撰周官为诸侯律，合二十篇。

又，《唐六典》也列举了上面所论及的二十篇：

> 刑名、法例、盗律、贼律、诈伪、请赇、告劾、捕律、系讯、断狱
> 杂律、户律、擅兴、毁亡、卫宫、水火、厩律、关市、违制、诸侯

上面两种史料所确认的二十篇或新增之十一篇的细目并不一致。仅以囚律论，它在《唐六典》中确实无从得见。然而，《晋书·刑法志》说"辨囚律为告劾、系讯、断狱……"，由此可见囚律已完全消失，但是在制定晋律二十篇时，却列出了"囚律"这一律名，对此问题应作何思考呢？诚然，晋律是直接从汉律改造而来，而非魏律的延伸。但即使如此，这里所说的囚律云云却暗示着在晋律制定之时囚律是存在的，如果囚律在魏律制定之时很快消亡，这里就不会含有"囚律"这一名称了。这一想法应可以成立吧。

虽然上文用较长的篇幅探讨了十八篇的详细情况，但遗憾的是，笔者在推进如上考证后仍无法得出结论。就私见而言，在现阶段的史料解读

[①] 参见滋贺秀三《再论魏律的篇目——答内田智雄教授的批判》。

中，对魏律十八篇的确切内容尚不能获得确定性的解答。

不过，魏律十八篇所蕴藏的重要含义在于对由正律（九章律）与单行律（旁章律）这一双重构造形成的汉律，通过将其单行追加律吸纳入正律的方法，形成了新的由十八篇构成的正律。这一点是由滋贺秀三提出的，笔者认可其卓见。

2. 魏令与魏科

（1）魏令

有关魏令，《晋书·刑法志》载，魏制定了共计百八十余篇的州郡令、尚书官令和军中令。

> 删约旧科，傍采汉律，定为魏法，制新律十八篇，州郡令四十五篇，尚书官令、军中令，合百八十余篇。

笔者先前已经指出，汉令不是采用了依事项分类编纂的令典形式的产物，而是将皇帝的诏编以顺序番号、予以文件汇编化的产物。此种令的样态，即使在魏时也基本未发生改变。诚然，我们能看到所谓"罚金令"、"减鞭杖令"、"邮驿令"等应被称为事项令的令名，但如果说这是基于这一名称而被立法的法令，却不能得到确证。说到底，它与汉令的情形相同，也是出于方便而附加的。

与汉令不同的是，所谓州郡令、尚书官令及军中令等令的分类名称，应该是新出现的。虽然这三种名称并不是以此为基础而立法的个别令名，而仅仅是把已制定出来的令划归成三类的分类名，但这种名称的由来又是什么呢？① 这里，笔者想指出的是州郡令等三种令与汉挈令之间的关系。

阶段性地发布出来的令被类别化而且是被划分成了三种，这别无其他，就是汉的干支令。现在，笔者想再次确认"秦汉的律与令"中的

---

① 堀敏一氏将《唐六典》所列从户令至杂法的四十篇令大致划分为三类，并推测这三类大概可以和州郡令、尚书官令及军中令相对应（堀敏一：《晋泰始律令的成立》，载《东洋文化》六十，1980）。

论述。

作为附有著令用语的令而被公布出来的皇帝的诏，被划分成甲、乙、丙并附上了整理编号。各官署或郡县又从其中选取出相关法令，另加上整理编号保管起来，此即为挈令。如果要问这些挈令是否在官署或郡县中具有独立的整理编号，答案是否定的。由于令的编号是共通的且具有普遍性，所以要由中央统一和掌握。

关于挈令还有更值得注意的问题，即在汉的挈令中，如"兰台挈令"、"廷尉挈令"、"大尉挈令"，是将官署、官职名置于挈令之前；而像"乐浪挈令"、"北边挈令"这样的挈令，则把地名、郡县名冠于其首。那么，作为魏新令的"尚书官令"和"州郡令"，不正是对汉代冠以官署名之挈令与冠以地方名之挈令这二者的继承吗？

（1）在汉代，令被分类整理成甲、乙、丙三种；

（2）另外，中央官署与地方郡县又对相关法令予以汇集和整理。

笔者认为，此二者的合流使魏的尚书官令、州郡令和军中令这三种分类成为可能。

且说作为三令之一的军中令，这是在东汉末至三国鼎立时期，魏曹操于战时状态下发布的令，所以又有"魏武军令"、"魏武军策令"、"魏武战船令"等名称，而此后依然有效的令则在"军中令"的名下被汇集起来。比如：

吾将士无张弓弩于军中。其随大军行，其欲试张弓弩者，得张之，不得著箭。犯者，鞭二百，没入吏。（《通典》卷一四九引"魏武军令"）

不得于营中屠杀卖之。犯令，没所卖皮。都督不纠白，杖五十。（《通典》卷一四九引"魏武军令"）

始出营，竖矛戟，舒幡旗，鸣鼓。行三里，辟矛戟，结幡旗，止鼓。将至营，舒幡旗，鸣鼓。至营讫，复结幡旗，止鼓。违令者，髡减以徇。（《通典》卷一四九引"魏武军令"）

军行，不得斫伐田中五果、桑、柘、棘、枣。（《通典》卷一四九引"魏武军令"）

兵欲作阵对敌，营先白表，乃引兵就表。而临阵，皆无欢哗，明听鼓音，旗幡麾前则前，麾后则后，麾左则左，麾右则右。不闻令而擅前后左右者，斩。伍中有不进者，伍长杀之。伍长不进，什长杀之。什长不进，都伯杀之。督战部曲将拔刃在后，察违令不进者，斩之。一部受敌，余部不进救者，斩之。（《太平御览》卷二九六引"魏武库令"、《太平御览》卷三四一引"军令"）

闻雷鼓音，举白幢绛旗，大小船皆进战，不进者斩。闻金音，举青旗，船皆止，不止者斩。（《太平御览》卷三四○引"军令"）

可以肯定，正是因为汉的挈令中没有这种针对战时状态的令，所以魏就单独设计了被称为"军中令"的分类整理名目。

魏时设立的军中令、尚书官令、州郡令等令的三种类别，是汉代的干支令与挈令合二为一，其中又加入了战时曹操时期的军中令的产物。尽管魏令从汉令阶段往前迈出了一步，接近了晋令与唐令，但它尚未形成法典的样态，与汉令一样仍然是对皇帝之诏予以文件汇编的命令。

（2）魏科

有学说认为，作为律与令这一法源分类的内容之一，具有所谓科之固有名称的法律形式或法典是存在的，它是汉以来的一种副法。

考汉法之名，有律，有令，有科。（沈家本《历代刑法考·汉律摭遗·卷一》）

但是，滋贺秀三主张，在汉代不存在这种特别的法律形式，即与汉律相同的汉科。[1]

笔者同意滋贺氏的说法。在汉令尚未形成法律形式或法典，只不过是在将诏就此收录的情况下，另存有汉科这种统一的固有法典，这终究是不可想象的。

———————

[1] 滋贺秀三：《对汉唐间法典的二三考证》，载《东方学》一七，1958。

不仅仅是汉代，即使是在曹魏，笔者对"魏科"这一"大型法律"①的存在也同样持怀疑态度。作为"魏科"之存在的明证而被提起的是下列三条史料：

（1）是时太祖始制新科下州郡，又收租税绵绢。（《三国志·魏书·何夔传》）

（2）昔魏武帝建安中已曾表上，汉朝依古为制，事与古异，皆不施行，施行者著在魏科。大晋采以著令，宜定新礼皆如旧。（《通典》卷九十三、《晋书·礼志》）

（3）天子又下诏改定刑制，命司空陈群……删约旧科，傍采汉律，定为魏法，制新律十八篇，州郡令四十五篇，尚书官令、军中令，合百八十余篇。（《晋书·刑法志》）

此处所见到的"科"、"魏科"、"旧科"被理解为：它们是在魏受禅前、东汉王朝在名义上依然延续之时期，与魏国、与令有所区别且具有特殊称呼的法典；魏王朝成立后，它们为新制定的魏律令所吸收。

然而，这三条史料是否足够证明"魏科"的存在呢？（1）所记载的，是东汉建安年间曹操向郡县下达新条例之事，而在这条史料之后又接有何夔反对这一措施的建言：

（何夔）以郡初立，近以师旅之后，不可卒绳以法，乃上言曰："自丧乱已来，民人失所，今虽小安，然服教日浅。所下新科，皆以明罚敕法，齐一大化也。所领六县，疆域初定，加以饥馑，若一切齐以科禁，恐或有不从教者。有不从教者不得不诛，则非观民设教随时之意也。"

从这段记载来看，具体地说，曹操确实试图在"所领六县"施行新科，而且"所下新科"、"一切齐之科禁"等语词也是在同一层面的意义上被使用。那么，"科"果真含有"特别的、大型的固有法"这一语

---

① 滋贺氏论文，第3页。

义吗？

大体上说，在魏之前，"科禁"一语的一般用法如"科谓事条"（《后汉书·桓谭列传》注）所言意指"法令"、"法的条文"。

> 五月丙辰……有司其申明科禁，宜于今者，宣下郡国。（《后汉书·显宗孝明帝纪》）
>
> （建武）十四年，群臣上言："古者肉刑严重，则人畏法令；今宪律轻薄，故奸轨不胜。宜增科禁，以防其源。"（《后汉书·杜林列传》）

就此而言，即使曹操意欲发布新的条例，我们也没有确切根据来证明此时的"科"被赋予了有别于光武、明帝时期语义的特殊含义。

又，在笔者看来，即便是（2）所列的《通典》与《晋书·礼志》中的"魏科"，也难以推断有特殊的意思。

（2）这段话是关于晋之礼制的记载。提案的意思是说：尽管晋对五等诸侯的丧服之制沿袭了魏制，但在制定新礼之际，应恢复旧有的制度（汉的制度）。

诚如滋贺秀三所指出的，这里所说的"魏科"不是作为汉令被立法的，而是在魏国或在魏王朝初期确定的法令；这一"魏科"为晋令所吸收。但是，用这一史料，能够从中证明"魏科"是"与对一事下达命令的诏有所区别"的"大型法律"吗？毋宁说，从"著在魏科"、"大晋采以著令"等语词中，我们似乎很难看出这一点，即它们与以往的将诏令作为法令而明文化的汉令立法程序有所不同。

这一点对（3）中所说的"删约旧科，傍采汉律，定为魏法，制新律十八篇"同样适用。所谓"旧科"，将它解释成此前的法令、单纯的法令条文，不会产生任何不适之处。

《晋书·刑法志》在叙述魏律十八篇的制定之后，又有魏明帝时期修改魏时已不适用的汉旧律的记载：

> 改汉旧律不行于魏者皆除之……除异子之科，使父子无异财也……改投书弃市之科，所以轻刑也。正篡囚弃市之罪，断凶强为义

之踪也……斯皆魏世所改，其大略如是。

此处所提及的"异子之科"、"投书弃市之科"，是魏律成立之前既已存在的法律。不难推测，"异子之科"是关于异居、分财的规定，"投书弃市之科"则为"如投书诽谤则处弃市"的法规，它们在魏新律制定之时被废止，那么这里所说的"某某之科"应是指有关异子、投书的单个条文，而非所谓"魏科"这种统一的大型法典吧。

魏新律成立之后，意指个别条文的"科"、"科律"仍然在使用。比如，魏王朝末期司马师掌握政权之时，此前一直沿用的一条法规被改定，即在犯有大逆不道罪的场合，缘坐对象牵连至已出嫁的女性。此事的缘起，无非就是与司马师有姻亲关系的荀芝受到了牵连。

> 是时魏法，犯大逆者诛及已出之女。（《晋书·刑法志》）

《晋书·刑法志》引用了提出改定魏法建议的主簿程咸的上奏文，该文的最后如此总结：

> 臣以为在室之女，从父母之诛；既醮之妇，从夫家之罚。宜改旧科，以为永制。（于是有诏改定律令）

这表明，所谓应予修改的旧科就是"犯大逆者诛及已出之女"这一缘坐规定。

另外，廷尉钟毓在处断魏末曹爽一族谋反案的上奏文中，也涉及了这一问题：

> （李）丰等谋迫胁至尊，擅诛冢宰，大逆不道，请论如法。（《三国志·魏书·诸夏侯曹传》）

随后就是持同一论调的朝臣们的言论：

> 丰等各受殊宠，典综机密……将以倾覆京室，颠危社稷。毓所正

皆如科律，报毓施行。

"毓所正皆如科律"中的"科律"无非是指规定大逆不道罪刑罚的条文。在其他案件中，如《魏书·三少帝纪》大将军司马文王的上奏中所见的"科律"，同样是指关于大逆不道罪的刑罚规定，由此可以证明上说。

> 科律大逆无道，父母妻子同产皆斩。济凶庶悖逆，干国乱纪……
> 廷尉，结正其罪。

以上考察了从汉末至魏末的史料中所能见到的"科"、"科律"的含义。在魏受禅之际尤其是曹操魏国时代，所制定的法律称为"科（魏科）"，它意味着是临时性的大型法典。对此，不仅从文献史料中无法证明，即使是在汉代及受禅以后的魏王朝之间，也不能认为"科"具有特殊的意义之别。因此，笔者认为，不存在可称为"魏科"的这一特定法律形式。

确实，在魏为东汉王朝藩国的阶段，曹操所下达的命令不称"诏"，而仅仅是"令"。后来，在拥戴常道乡公以为明帝之后继者时，臣下向皇太后作了如下表述：

> 殿下圣德光隆，宁济六合，而犹称令，与藩国同。请自今殿下令书，皆称诏制，如先代故事。（《三国志·魏书·高贵乡公传》）

可见，藩国下达的命令称"令"而非"诏制"，即使是在东汉末的魏国也没有发生改变。但是，"令"同样可作为法源而发挥机能，不必采用"诏"的形式，因此"科"并不是一种特殊的法律形式。史料中见到的"科"一语，无论是在汉代、魏国还是在魏王朝，都只是表示法规、法令及条文等一般意义。

存有"魏科"这种特别的法律形式或法典的想法，虽然无法从史料中获得证明，但是可以从法典的形成经过得出推论：从汉令的形式看，即如上篇已探讨过的，汉令尚未形成法典，它只不过是将诏收录为文件集而已。在笔者看来，在令典尚处于不成熟、未完成的阶段，却另存有有别于律、令的新的法律形式，这是不合情理的。无论是皇帝所下达的"诏"，还是藩国内的"令"，它们都不过是以主权者的命令为法源并将其收录的产物，即使曹操时代的军中令也同样如此。在魏的曹操时代，令典与前代一样仍处于未形成状态，尚书官令、军中令、州郡令等分类，只不过是向令典接近了一步。

（二）晋泰始律令的成立

晋泰始四年（268年）正月，公布了去年奏上的新律令。在上一节已不止一次地引用过，《晋书·刑法志》对泰始律令的解释是：在九章律之上增加了十一篇新律，律为二十篇，六百二十条，二万七千六百五十七字；令为四十篇，二千三零六条。

根据《唐六典》的记载，二十篇晋律为：

> 刑名、法例、盗、贼、诈伪、请赇、告劾、捕、系讯、断狱、
> 杂、户、擅兴、毁亡、卫宫、水火、厩、关市、违制、诸侯

这与以囚律取代关市律的《晋书·刑法志》的论述有所不同。

对晋令，《唐六典》（卷六）则说"晋命贾充等撰令四十篇"，其内容就是下面的三十三种、四十篇令：

> 户、学、贡士、官品、吏员、俸廪、服制、祠、户调、佃、
> 复除、关市、捕亡、狱官、鞭杖、医药疾病、丧葬、杂、
> 门下、散骑中书、尚书、三台秘书、王公侯、军吏员、选吏、
> 选将令、选杂士、宫卫、赎、军战、军水、军法、杂法

这四十篇令为具有事项名称的所谓事项令，是可以确定的，而且也是晋以降的梁令（503年）、隋开皇令（581年）及唐永徽令（651年）等后续令典的最初形态。[①]

───────────

① 详参《唐令拾遗补》之"历代令篇目一览"。

这里，笔者最想强调的是，晋泰始令是具有从第一至第四十（尽管有关这一顺序的认识只能以《唐六典》记载的次序为线索）固定令篇目的典籍（令典），因此《隋书·经籍志·史部》"刑法篇"列举了"晋令四十卷"。晋泰始律与泰始令的形成，无疑表明律与令这两种法典首次在中国法制史上诞生了。①

那么，使这两种法典得以在三世纪中旬成立的背景是什么，又是何种力量于此间发挥作用而使未成熟的汉、魏令完成了令典的样态转变呢？

笔者认为这里存在外因和内因这两个原因。前者即所谓的外因涉及法令的编纂、典籍的样态和书写材料；而后者即所谓的内因，则关系如何看待律与令，即对法规内容与法典的认识。

1. 外因——法典的形式

汉代的令是以皇帝下达的诏敕为法源而加以执行的规范，其形式即为诏。诏具有若干形式，比如上篇已引用过的文帝十三年废止肉刑的汉令：

  A："制诏御史"，是文帝向臣下发出的有关废止肉刑立法的命令用语。

  B：接到命令的臣下（丞相张苍等）所奏上的具体的修正方案。

  C："制曰可"，表示认可的王者之言。

以上就是由 A、B、C 三部分组成的诏。这三部分以时间差而形成阶段，就此构成了令的条文。如此形成和发布的汉令，又被划分为甲、乙、丙三类并加以编号保管起来，而确立编号的依据，恐怕就是令被立法的时间顺序。

除了因方便而被称为甲令、乙令即所谓干支令的令文汇编之外，各官署、各郡县还会从干支令中选取出相关的令予以单独的分类、整理和保管，这些被汇集起来的令文的总称就是挈令。挈令也同样附有编号，而编号的依据恐怕也是以时间顺序为原则。

汉令的此种形式及整理方式为其后的魏令所继承。尽管魏令的分类项目已从汉时的挈令转变为尚书令、州郡令、军中令，但令的基本形式并未

---

① 参见堀敏一《晋泰始律令的成立》，载《东洋文化》六十，1980。

发生改变，即皇帝的诏就是令，令又依据立法和发布的时间顺序而依次编号并追加。

可以说，汉令及魏令采用的形式是将令文的构成、蓄积整理各令的方法及其追加组合起来。所以，被收录的令文不是不能追加与变更已完成了的典籍，毋宁说它是以追加为前提的未完成的文件集式的编纂物。笔者认为，这里所说的"文件集式"的性质，实际上是当时的书写材料即简牍的特有机能，正是书写材料的特征对令的条文及收录这二者产生了较大影响。

众所周知，与单独使用的检、楬、符等不同，简牍在书写内容形成长文的情况下，会采取缀成册书的形式，其编缀方法则有两种。①

第一种为从末简往首简编绳，收卷也是将末简卷在里面。这意味着册书是以从首简开始翻和阅为前提的，而且编绳从末简开始编联，表明书写分量是从最初就已经确定了的。也就是说，这样收卷的册书无非是在典籍的情况下采用。

与此不同的另一种册书的编缀方法，是将首简置于内并向末简编绳，收卷也从首简开始卷。与最初就已确定书写分量的书籍不同，这种收卷方法用于依次追加简牍的场合，其适用对象为所谓的账簿、名籍类的书写物。换言之，后者即可被视为具有文件集性质的册书。

在前文中，笔者指出，汉令文的形式及其编纂样态与当时书写材料的特征密切相关。这种册书简的收卷方式，意味着君主与臣下的往复文书直接转化为诏并成为令，这个令（诏）又作为文件而被收录。汉令的这种特征，在使用简牍的情况下得以有效的显现。可以说，它正是简牍这一书写材料的产物。

既然汉令为简牍这种书写材料所限定，那么在书写材料本身发生变化时，令文的形式及令的编纂样态当然也会被改变。书写材料的变化对汉令的形式产生了无法忽视的影响。

有关书写材料的变化，笔者的另一篇文章《三世纪至四世纪的书写材料的变迁——以楼兰出土文字资料为中心》② 已就东汉末至西晋的简牍及

---

① 冨谷至：《二十一世纪的秦汉史研究》，载《岩波讲座世界历史》第三卷《中华世界的行程与东方世界》，岩波书店，1998；冨谷至：《从三世纪至四世纪书写材料的变迁》，载《流沙出土的文字资料》，京都大学学术出版会，2001。

② 《流沙出土的文字资料》，京都大学学术出版会，2001。

纸质文书做出探讨。详细内容可以参见该文，现在，笔者仅就与令典编纂有关的内容特意做出介绍。

在中国，纸的制造早在西汉时代就已出现，但它并非作为书写材料而被使用，其主要用途为包装。东汉元兴元年（公元105年），著名的蔡侯纸被献于朝廷，作为书写材料的纸就登场了，但如果说木简、竹简因此而不再被使用，则绝非如此。在简牍向纸的过渡中，可以发现由书写内容引发的变迁，变迁是渐次地、阶段性地发生的，所以即使是在三世纪的魏晋时代，简牍依然与纸并用。楼兰出土的纸与木简如实地反映了这种情形，而且从出土的纸为废纸或练习后被废弃的纸这一点也可明确，纸在当时为贵重物，木简也不是作为纸的代替物而被使用的。

从与行政有关的簿籍来看，楼兰遗址出土有晋泰始年间的账簿、名籍，可以明确这是并用纸木的两种簿籍。不过，全国共通的正式户籍，在晋泰始令户令的条文规定中，明确记载要书写于简牍之上。

> 郡国诸户口黄籍，籍皆用一尺二寸札。（《太平御览》卷六〇六所引晋令）

这里的"一尺二寸札"，也有说法主张是短册状的黄纸，但笔者认为，它还是指木简或竹简。又如：

> 札长尺二寸当三篇　　　　　　　　　　　　　　　EPT4·58

在汉简中也可见到这样的记载。1996年出土的长沙走马楼吴简，是大约早泰始令三十年的三国吴嘉禾年间（232～238年）之物。其中也有平民的名籍，它们被书写在一尺有余的简牍之上。再则，在"正式户籍"意义上，"黄簿"这一词语同样可在走马楼出土的木牍中获得确认。①

因西晋末期之乱致使西晋户籍遭受毁坏，所以需户籍记载从简牍到纸的变化必须有待于要重新编制户籍的东晋王朝来实现。户籍如此，那么公

---

① 王素、宋少华、罗新的《长沙走马楼简牍整理的收获》和胡平生的《长沙走马楼三国孙吴简牍三文书考证》，均载于《文物》1999年第5期。

文书尤其是诏令又如何呢？

在楼兰 LA 遗址中确实出土了木简公文书：①

> 泰始五年七月廿六日从掾位张钧言敦煌太守　　　　　一八九
>
> 未欲讫官谷至重　不可远离当　须治大麦讫乃得　　　一九〇
>
> 要急请　曹　假日须后会谨表言白会月十二日　　　　一九二
>
> 西域长史营写鸿驴书到如书罗捕言会十一月廿日如诏书律令
>
> 　　　　　　　　　　　　　　　　　　　　　　　　六七九
>
> 写下　诏书到罗捕言会三月卅日如诏书　　　　　　　七一〇
>
> 将敕　□□兵张远马始今当上堤敕到具粮食作物
>
> 诣部会被敕时不得稽留谷斛　　　　　　　　　　五四九 A
>
> 五月三日末时起　　　　　　　　　　　　　　　　五四九 B

〈一九〇〉等简设有一字空格，这应该是出于编缀之用。又，〈六七九〉、〈七一〇〉是以"如诏书"这样的常用套语结尾的下行文书；〈五四九〉也可见于其他楼兰简，如"八月谨案文书今受敕□□"（〈三四二〉），是属于"敕"的下行文书。

这里所说的上行文书、下行文书，在居延汉简、敦煌汉简中大量存在，而同样的常用套语、同样的形式在晋代的楼兰简中也得以确认。就楼兰出土的简而言，公文书应该就是简牍吧。

从出土文字资料来看是如此。但是，如果依据文献史料，那么在三国魏时代诏令已书写在纸上是可以获得确证的。

景初二年（238 年），弥留之际的魏明帝欲向燕王曹宇嘱托后事，但是，围绕着实力派曹爽及司马懿的待遇问题，臣下间的对立不久就发展成了政变，而在此过程中，屡次颁发了内容各不相同的诏：

> 帝曰："曹爽可代宇不？"放、资因赞成之。又深陈宜速召太尉司马宣王，以纲维皇室。帝纳其言，即以黄纸授放作诏。放、资既出，帝意复变，诏止宣王勿使来。寻更见放、资曰："我自召太尉，而曹

① 以下所列楼兰简的编号为林梅村之《楼兰尼雅出土文书》（文物出版社，1985）中的编号。

肇等反使吾止之，几败吾事！"命更为诏，帝独召爽与放、资俱受诏命。（《三国志·魏书·刘放传》）

数诏之中有"黄纸""作诏"，表明这是写在纸上的诏命。

另一个事例发生在晋惠帝时期：

> ［晋惠帝元康九年（公元 299 年）］十二月，贾后将废太子，诈称上不和，呼太子入朝……逼饮醉之。使黄门侍郎潘岳作书草，若祷神之文，有如太子素意，因醉而书之，令小婢承福以纸笔及书草使太子书之……太子醉迷不觉，遂依而写之，其字半不成。既而补成之，后以呈帝。帝幸式乾殿，召公卿入，使黄门令董猛以太子书及青纸诏曰："遹书如此，今赐死。"……贾后使董猛矫以长广公主辞白帝曰："事宜速决，而群臣各有不同，若有不从诏，宜以军法从事。"……后惧事变，乃表免太子为庶人，诏许之……初，太子之废也，妃父王衍表请离婚。太子至许，遗妃书曰："……逼迫不得已，更饮一升。饮已，体中荒迷，不复自觉。须臾有一小婢持封箱来，云：'诏使写此文书。'遹便惊起，视之，有一白纸，一青纸。催促云：'陛下停待。'又小婢承福持笔研墨黄纸来，使写。"（《晋书·愍怀太子传》）

在这段史料中，除黄纸之外还出现了青纸、白纸等颜色各异的三种纸。这里先不追问黄纸、青纸因何而区分颜色。[①] 现在可以充分确认的是，在西晋元康九年（公元 299 年）时，诏书已经写在纸上了。

自上可见，从三国至晋的确是简牍向纸转变的过渡期。尽管公文书仍会记载于简牍之上，但在朝廷中，皇帝公布的诏书已在使用纸。

现在将话题再转回到令。皇帝诏所采用的形式，是直接保留了这样一个阶段的往返文书，即命令对案件做出审议和奏报的下行文书、回应该命令的上奏文及表示认可的王者之言"制曰可"。诏中附有著令用语的，无非就是令。令在汉代被称为干支令、挈令等，魏时虽然被分类为尚书官令、州郡

---

① 参见富谷至《从三世纪至四世纪书写材料的变迁》。

令、军中令，但不过是附加编号收录而已。诏文的形式、收录所具有的共通之处是阶段性地附加，即所谓具有文件集的性质，而此种特征的形成又与记载令文的简牍这一书写材料的性质、文件集性能的有效性密切相关。在这种情况下，使诏的书写材料从简牍向纸的变化成为可能，且带来形式上的变化，最终必定会对令的集录样态产生影响。如果诏写在纸上而且是作为令被整理和集录的，那么，由于原来简牍所具备的机能难以直接被纸继承，因此即使有连缀纸张的"纸连"、"缝印"，① 也与简牍的文件集式的机能迥然不同。最后，作为书写材料的纸成为书籍的构成材料。

在书写材料的变化中，发生了泰始四年（公元 268 年）新律、新令的制定。在诏已被写在纸上、书籍全面转向纸本的时期，成为典籍的律自不待言，就是新制定的令也被书于纸上，至此诞生了作为典籍的令典——晋令四十卷。

此为令典成立的外因。然而，仅有外因，还无法明确作为刑罚法规的律和与之对置的作为行政法规的令的区别。虽说书写材料的变化带来了令的典籍化、法典化，但是令典为何会作为行政法规而系统化，对此还必须思考书写材料之外的原因。令是被视为什么样的法规并作为法典的，这才是它立法化的内因。

2. 内因——礼与令

在晋武帝泰始四年（268 年）新律令制定前四年的咸熙元年（264年）七月，晋王司马昭（之后的晋文帝）提出了法律改革的上奏，但是其中不仅仅涉及律令，也包含了礼仪及官制的改定：

> 秋七月，帝奏司空荀顗定礼仪，中护军贾充正法律，尚书仆射裴秀议官制，太保郑冲总而裁焉。（《晋书》卷二《文帝纪》）

---

① 在《通典·卷三·食货三》中有这样的记载："梁武帝时，所司奏南徐、江郢遄两年黄籍不上。尚书令沈约上言曰：'晋咸和初，苏峻作乱，版籍焚烧。此后起咸和三年以至乎宋，并皆详实，朱笔隐注，纸连缝缀，而尚书上省库籍。唯有宋元嘉中以来，以为宜检之日，即事所须故也，近代旧籍，并在下生左人曹，谓之晋籍，有东西二库。既不系寻检，主者不复经怀，狗牵鼠齧，雨湿沾燭，解散于地，又无肩滕。'"

一国的制度改革，当然不限于司法制度，还应包括行政、官制、礼制等在内的整体制度；而且，毋庸赘言，礼制伴随着法的整理，是与汉萧何制九章律与叔孙通制礼同时的传统政策的延续：

> 天下既定，命萧何次律令，韩信申军法，张苍定章程，叔孙通制礼仪。（《汉书·高帝纪》）

然而，与礼、法初创、儒学尚未为汉王朝所接纳的汉律制定时期相比，在历经四百年岁月之后的晋泰始律令的制定时期，其礼律关系所处的环境完全不同。其礼与律紧密结合，理念性的礼影响着现实性的法，礼的规定被作为法源而使用。

比如，在《晋书》卷五十中就有下列表示礼与律交叉关系的记载：

> 纯父老不求供养，使据礼典正其臧否。太傅何曾、太尉荀顗、骠骑将军齐王攸议曰："凡断正臧否，宜先稽之礼、律。八十者，一子不从政；九十者，其家不从政。新令亦如之。按纯父年八十一，兄弟六人，三人在家，不废侍养。纯不求供养，其于礼、律未有违也……。"……司徒西曹掾刘斌议以为："……礼，年八十，一子不从政。纯有二弟在家，不为违礼。又令，年九十，乃听悉归。今纯父实未九十，不为犯令。"

一个名为庾纯的人怠于抚养自己的父亲，于是盯着其错误的贾充就此提出了控诉，引文就是其他人评议贾充之控诉的部分内容。这里所说的"新令"是指新制定的泰始令的规定，而予以遵照的"礼"即"八十者，一子不从政；九十者，其家不从政"一语，则见于《礼记·王制》及《内则》的记载"内三王养老皆引年，八十者，一子不从政；九十者，其家不从政"。可见，礼典的条文成为法源而且为新令所采用。

儒家及礼的思想对晋律的影响已为祝总斌所指出。[①] 在《略论晋律之"儒家化"》一文中，祝氏以前文所引庾纯之事为始，列举了官吏的三年

---

① 祝总斌：《略论晋律之"儒家化"》，《中国史研究》1985 年第 2 期。

服丧、围绕复仇礼与律的折中、继母如母（《仪礼·丧服》中的规定）、父子分家异财（《仪礼·典礼》）等礼典理念为晋律条文所吸收的七个方面的例子论证了这一点。

不难想象，礼与法的这种结合，是伴随西汉武帝时期儒学被官学化、儒家所倡导的礼的理念向社会渗透而逐渐强化的。至东汉时期，在忠实遵行礼的规定的风潮中，儒家学徒应遵守的戒律，也在社会的整体法规中产生了影响。

比如，《周礼》中明文可见的八辟为魏律所立法，[1]《礼记·月令·仲秋之月》所载"是月也，养衰老，授几杖，行糜粥饮食"，则通过西汉末至东汉的授予王杖的汉令，即御史挈令第四十三、兰台挈令第三十三而法制化。[2] 可见，礼的规定成为现实中应遵守的法源并非始于晋律令，而是在东汉至魏晋的时代变迁中已切实进行。于此潮流中，晋泰始年间新法律的制定被提上议程。

此时，诏令被书于纸上，新定法规的编纂和集录也以纸为材料。在典籍方面，纸作为书写材料是具有优越性的，而魏律十八篇就是典籍性的法规即法典。由于令的编辑与集录也同样以纸为书写材料，于是两种法典就出现了。在此情况下，在两者间予以内容上的区别也是必然的。

作为主权者命令的中国法规，是包含禁止或罚则性规定的刑罚法规。所谓法经六篇、萧何九章律等正律自然如此，而在皇帝诏令即令的规定中也同样包含罚则规定。但是，在主权者的命令中并非只有刑法，其中当然也有行政法规，而且这种行政法令随时代而增加也是当然的。此种倾向可见于九章律的事律，这是前文业已提出的见解。礼的规定随着时代的演进进入律与令之中，其原因不外乎这是理想的行政方式。

笔者认为，与刑罚典不同的非刑罚、行政法典的产生，正是因为已成为典籍的礼典的存在，对人们的意识产生了很大的影响。而且，需要指出的是，在礼典中依然存在《周官》（《周礼》）。

关于礼典的注释和编纂，《后汉书·儒林列传》中有如下记载：

---

[1] 安田二郎：《"八议"的基础研究》，收入《有关前近代中国官僚之法律身份与特权的历史研究》［平成七·八·九年度科学研究费补助金（一般基盘 B）研究成果报告（代表者：安田二郎）］。

[2] 《王杖十简》，载《东方学报》六四，1992。

前书鲁高堂生，汉兴传礼十七篇。后瑕丘萧奋以授同郡后苍，苍授梁人戴德及德兄子圣、沛人庆普。于是德为大戴礼，圣为小戴礼，普为庆氏礼，三家皆立博士。孔安国所献礼古经五十六篇及周官经六篇，前世传其书，未有名家。中兴已后，亦有大、小戴博士，虽相传不绝，然未有显于儒林者。建武中，曹充习庆氏学，传其子褒，遂撰汉礼，事在褒传……中兴，郑众传周官经，后马融作周官传，授郑玄，玄作周官注。玄本习小戴礼，后以古经校之，取其义长者，故为郑氏学。玄又注小戴所传礼记四十九篇，通为三礼焉。

作为兴盛于东汉时代的典籍，礼典包括礼书、礼注和礼解等，它们很快被视作现实的行政典籍。

这里将引用司马彪所著《续汉书·百官志》的序文：

昔周公作周官，分职著明，法度相持，王室虽微，犹能久存。今其遗书，所以观周室牧民之德既至，又其有益来事之范，殆未有所穷也。故新汲令王隆作小学汉官篇，诸文偶说，较略不究。唯班固著百官公卿表，记汉承秦置官本末，讫于王莽，差有条贯；然皆孝武奢广之事，又职分未悉。世祖节约之制，宜为常宪，故依其官簿，粗注职分，以为百官志。

其中言及的王隆《小学汉官篇》的胡广注，也谈到了《周礼》与汉礼制、行政的关系：

前安帝时，越骑校尉刘千秋校书东观。好事者樊长孙与书曰："汉家礼仪，叔孙等所草创，皆随律令在理官，藏于几阁，无记录者，久令二代之业闇而不彰。诚宜撰次，依拟周礼，定位分职，各有条序，令人无愚知，入朝不惑。"……至顺帝时，平子为侍中典校书，方作周官解说，乃欲以渐次述汉事……顾见故新汲令王文山小学为汉官篇，略道公卿外内之职，旁及四夷，博物条畅，多所发明，足以知旧制仪品，盖法有成易，而道有因革，是以聊集所宜，为作诂解。

意即安帝时期的樊长孙指出，叔孙通所定的汉王朝礼仪制度与律令一起在司法官员处藏于几阁而无所记录，因此应模仿《周礼》的体裁来明确官位和职责，并按顺序使之条文化，使其广为人知。从中可见，《周官》的解释、注释书籍产生后，又与堪比《周官》的汉官发生了联系。在王隆之《汉官篇》、卫宏之《汉官旧仪》及《汉官仪》等系列书籍的背景中，应可透视《周官》的存在。

大致上说，《周官》并非仅记录周时理想官制的典籍。如同"王建国，辨正方位，体国经野，设官分职"这一著名序文所指出的那样，它是对整体行政体系做出广泛解说的著作，可以说《周官》是被理想化了的周的行政法规。在礼法交叉、令典这一新法典与刑法典对置的阶段，在以《周官》为礼典的意识下，令典得以产生，并具有了现实的行政法典的性质。由于晋律二十篇之一的"诸侯律"可视为以《周官》为参考的刑罚法规（撰周官，为诸侯律，合二十篇），而先前提及的《续汉书·百官志》的作者司马彪，在晋泰始令成立时任秘书郎，他所说的"《周官》并不只是反映了一种周室牧民的理想，而是在未来成为重要参考对象的规范"，如果将它当作晋泰始律令成立时已意识到《周礼》之有效性的史家之言，则具有更深的重要性。

以上就是笔者对礼与令、作为行政理念典籍的礼典＝周官对于新的非刑罚法典＝泰始令的产生，亦即行政法规令典的产生内因①所做的思考。

结　语

本部分论述了晋泰始律令的成立。

---

① 有关《周礼》与晋律令的关系及刑罚与非刑罚的区别，曾我部静雄氏已有论及［曾我部静雄：《中国律令史研究》（吉川弘文馆，1971）之《井田法与均田法》、《以律令为中心的日中关系史研究》（吉川弘文馆，1968）之第一章第一节《周礼的施舍制度及其对日唐的影响》］对《周礼》具有法典性内容且晋律令受到了《周礼》的影响这一点，笔者完全同意；但是，笔者不赞成曾我部静雄氏的另一个观点，即在《周礼》中存在着刑罚与非刑罚之别，而《周礼·秋官》则为刑罚法规。事实上，《周礼》应全部被视作记载理想行政状态的行政类书籍。

　　以秦六经、汉萧何九章律为基本法典的秦汉律，它的外围存在着为数众多的单行律和追加律，但在制定魏新律时，它们被编纂为由十八篇构成的正律，又为晋律二十篇所继承。

　　仅以正律来说，它是具备从第一篇至最后一篇的固定"篇章之义"的典籍，也就是法典。

　　然而，如果就令而言，那么汉令不仅不是以令典为目的并已经完成了的法律典籍，而且令的条文也只是直接采用了皇帝诏令的形态，即使经过编纂和整理也只不过是单纯地作为文件集而加上编号，就此追加、集录。再则，令也没有被赋予独立的事项类名称。也就是说，汉令是尚未成熟的法令、法规。

　　令很快就变为律并被整理。如果换个视角来看令的内容向律文的转化，无非意味着令与律只有法律形式上的差异，它们在内容上亦即在刑罚法规或非刑罚法规上是不存在差异的。至少，唐令是不能为唐律所吸纳的。

　　汉令成为典籍性的令典且在内容上变成行政法规，是以晋泰始四年的晋令为嚆矢的，此时形成了律典（刑罚法规）与令典（非刑罚、行政法规）这两种法典。在笔者看来，促成这两种法典诞生的原因之一，是书写材料从简牍向纸的变化。其结果是，晋令的书写从长于文件集性能的简牍转向已经用于书籍的纸，由此产生了令典这种法典。

　　除了上面所说的物理性外因之外，内在的思想性原因也值得注意。这就是，隆盛于东汉时期之礼教主义的礼的理念被采用为现实的法令，即原来是理念性的礼的规定成为法源而从礼向令转变；而且以《周礼》为代表的礼典只不过是记载了理想统治方式的经书。但是在应当制定以典籍形式表现出来的令典时，《周礼》等礼典推动了行政法规典籍的诞生。在内因与外因的双重推动下，诞生了晋泰始律令，这就是本文的结论。

　　在前文开端的"序言"中，笔者在引用了《隋书·经籍志》之后提出了这样的困惑：《史部·刑法篇》虽然列举了晋以降的律与令，却未著录汉与魏的法典，《汉书·艺文志》也没有列出律与令。

　　《隋书·经籍志》之所以只见晋以降的律令法典，无非是因为晋以前并不存在具有完成形态的律典及令典。确实，九章律是法典，但其外围又存在着文件集性质的单行、追加律，因此从律的整体来看，它尚未成为完整的典籍。再就令典而言，在晋之前也不存在这样的典籍。《隋书·经籍志》毕竟要著录法律类书籍的，而在魏征等《隋书》编纂者的头脑中，所意识到的是唐的律典与令典，在此意义上，作为法典的律令只能从晋律和晋令开始。

魏《官品令》考

关于魏官品制度的创立年代及具体内容，《三国志》载之甚略，如《三国志·夏侯玄传》引夏侯玄正始初年所作《时事议》云："自州郡中正品度官才之来，有年载矣，缅缅纷纷，未闻整齐，岂非分叙参错，各失其要之所由哉！"① 此一可证魏官品施行，二可知其制并非尽善。魏置九品，史不乏述，如《通典》云："周官九命。汉自中二千石至百石，凡十六等，后汉自中二千石至斗食，凡十三等。魏秩次多因汉制，更置九品。晋、宋、齐并因之。"② 此不赘言。晋有官品令，晋令四十篇之一，浅井虎夫《中国法典编纂沿革史》有举，③ 程树德《九朝律考》有辑，④ 张鹏一《晋令辑存》亦考。⑤ 自晋以迄宋、齐、梁，各朝令篇目皆有《官品令》，求其本源则是曹魏所定《官品令》。

《晋书·职官志》（以下简称《晋志》）云："殿中侍御史，案魏兰台遣二御史居殿中，伺察非法，即其始也。及晋，置四人，江左置二人。又案魏晋官品令又有禁防御史第七品，孝武太元中有检校御史吴琨，则此二职亦兰台之职也。"⑥《晋志》所述"魏晋官品令"，应为唐人以魏晋同制，故汇两朝官品令文，总而言之。⑦ 丁国钧《补晋书艺文志》著录有《魏晋

---

① 《三国志》卷九《魏书·夏侯玄传》，中华书局，2006，第180页。杜佑撰，王文锦等点校《通典》卷一九《职官一·要略·官品》，中华书局，1988，第481页。

② 《文献通考·职官考》亦云："成周之命数，两汉之石禄，皆所以辨官位之高卑也。自魏以后，始有九品之制。"又云"官品之制，即周之所谓九命，汉之所谓禄石，皆所以辨高卑之等级，其法始于魏，而后世卒不能易。"

③ 浅井虎夫著，陈重民译，李孝猛点校《中国法典编纂沿革史》，中国政法大学出版社，2007，第45～52页。

④ 程树德：《九朝律考》，中华书局，2003，第272～291页。

⑤ 张鹏一编著，徐清廉校补《晋令辑存》，三秦出版社，1989，第51～68页

⑥ 《晋书》卷二四《职官志》，中华书局，1974，第739页。

⑦ 《册府元龟·宪官部·总序》云："殿中侍御史四人（魏制：兰台遣二御史居殿中伺察非法，即其始也。）……又有禁防御史（魏晋官品有此，亦兰台之职）。"所据亦本《晋志》，此"魏晋官品"当为"魏晋官品令"。

官品令），云"本书《职官志》、《礼志》均引"。① 吴士鉴《补晋书经籍志》著录有"魏晋官品令"，云"见本书《职官志》、《礼志》"。② 检《晋书·礼志》不见有引"魏晋官品令"者，丁、吴说有误。魏有官品令，史有确证，惜浅井、程氏考魏令皆不及于此。③ 官品令者当施之于官，用之于国，故其从属魏令之尚书官令，而非州郡令和军中令。

（一）《新唐书·艺文志》所见《魏官品令》辨

《隋书·经籍志》（以下简称《隋志》）、《旧唐书·经籍志》（以下简称《旧唐志》）皆无"魏官品令"一目。《新唐书·艺文志》（以下简称《新唐志》）职官类有"《魏官品令》一卷"，系在晋、宋之书后，齐、梁、陈之书前。④《通志·艺文略》职官类有"《魏官品令》一卷"，所系与《新唐志》同，亦袭其文。⑤ 承《新唐志》、《通志》之说，不少学者皆以此"魏官品令"为曹魏所定。如章宗源《隋书经籍志考证》卷一○职官类列之，置"晋《官品令》"后，并云："魏《官品令》一卷，不著录，见《唐志》"。⑥ 杨晨《三国会要》引《新唐志》所云以证曹魏职官之制，并附小注云《晋志》，是以新《唐志》、《晋志》所指皆同。⑦ 清佚名《新

---

① 丁国钧撰《补晋书艺文志》附录，商务印书馆，1939，第 153 页。又，文廷式撰《补晋书艺文志》卷二《史部·职官类》、秦荣光撰《补晋书艺文志》卷二《史部·职官类》皆收录有"晋官令"，但所据未及《晋志》、新旧《唐志》资料。（载二十五史刊行委员会编《二十五史补编》第 3 册，开明书店，1936，第 3726、3823 页）。另，黄逢元撰《补晋书艺文志》卷二"职官类"未收"晋官令"。

② 吴士鉴撰《补晋书经籍志》卷二《职官类》，载二十五史刊行委员会编《二十五史补编》第 3 册，开明书店，1936，第 3865 页。

③ 浅井考魏令极略，未有辑文，仅指出有"《通考》、《初学记》、《北堂书钞》、《艺文类聚》、《太平御览》"等"备考"之书。参氏著，陈重民译，李孝猛点校《中国法典编纂沿革史》，中国政法大学出版社，2007，第 35～36 页。程氏钩考详于浅井，其考魏令分州郡令、尚书官令、军中令三类，唯未见有官品令；辑有《甲辰令》资料两则，但未对其官品内容进行讨论。详见程树德《九朝律考》，中华书局，2003，第 208～215 页。

④ 《新唐书》卷五八《艺文志二》，中华书局，1975，第 1476 页。

⑤ 郑樵撰，王树民点校《通志二十略·艺文略第三·职官》，中华书局，1995，第 1550 页。

⑥ 章宗源撰《隋书经籍志考证》，载二十五史刊行委员会编《二十五史补编》第 4 册，开明书店，1936，第 5013 页。

⑦ 杨晨撰《三国会要》卷九《职官上·公卿庶职》，中华书局，1956，第 131 页。

唐书艺文志注》"《魏官品令》一卷"条注云："《唐六典》：'魏命陈群等撰尚书官令、军中令，合百八十余篇。'疑魏令别行者。"① 贺昌群以之证曹魏官品。② 祝总斌亦以新《唐志》所言论曹魏官制，③ 阎步克则多承祝说。④ 张旭华以新《唐志》、《通志》所引"魏官品令"为曹魏所制，与《晋志》所言同一。⑤ 另，沈家本《历代刑法考》未考曹魏有官品令，其列北魏有"狱官令"、"官品令"，云"并见《魏志》"、"魏令篇名，此其仅见者"，⑥ 似其未察新《唐志》资料。程树德考曹魏令、北魏令皆不及新《唐志》资料，故不知其论。⑦ 今人所编《两唐书辞典》"魏"字条收录"魏官品令"，但云"书名。作者不详。一卷，已佚"，亦未考其详。⑧

　　新《唐志》所言"《魏官品令》一卷"为北魏官品令，陈寅恪已辨之："北魏在孝文帝太和制定官制以前，其官职名号华夷杂糅，不易详考，自太和改制以后，始得较详之记载，今见于魏收《官氏志》所叙列者是也。《新唐书》五八《艺文志》史部职官类有《魏官品令》一卷，其书谅

① 佚名撰《新唐书艺文志注》卷二，载徐蜀选编《二十四史订补》第 9 册，书目文献出版社，1996，影印本，第 677 页。

② 贺昌群：《魏晋南北朝史初稿》，载贺龄华编《贺昌群文集》第 2 卷，商务印书馆，2003，第 208 页，注释 5。贺云"魏官品名制，今已佚亡……《唐书·艺文志》有《魏官品令》一卷。"

③ 祝谓："《晋书·职官志》引有《魏晋官品令》，《唐书·艺文志》载有《魏晋官品令》一卷，如杜佑依据的是这些法令，则这些法令的颁布时间亦当在咸熙元年以后。"参见张旭华《两汉魏晋南北朝宰相制度研究》，中国社会科学出版社，1990，第 148 页。

④ 阎步克：《品位与职位——秦汉魏晋南北朝官阶制度研究》，中华书局，2002，第 233 ~ 234 页。

⑤ 张谓："《晋书》卷二四《职官志》'殿中侍御史'条：'案魏兰台遣二御史居殿中，伺察非法，即其始也。及晋，置四人，江左置二人。又案魏、晋《官品令》，又有禁防御史，第七品。'据此，《晋书·职官志》明确提到魏、晋二代均有《官品令》。又《新唐书》卷五八《艺文志》乙部史录职官类载有'《魏官品令》一卷'，《通志》卷六五《艺文略》史类职官类亦载'《魏官品令》一卷'，当即《晋志》所引之魏《官品令》。"参见张旭华《〈魏官品〉产生时间及相关问题试释——兼论官品制度创立于曹魏初年》，《郑州大学学报》（哲学社会科学版）2006 年第 5 期。

⑥ 沈家本撰《历代刑法考》，中华书局，1985，第 913 页。所言《魏志》是指《魏书·刑罚志》。

⑦ 程树德：《九朝律考》，中华书局，2003，第 208 ~ 215、387 ~ 389 页。

⑧ 赵文润、赵吉惠主编《两唐书辞典》，山东教育出版社，2004，第 1433 页。

与（北魏）太和十九年十二月朔宣示群臣之品令有关也。"① 若新《唐志》
所引为曹魏之书，当在晋、宋书前而非其后，晋、宋书之前曹魏书目仅得
"荀攸等《魏官仪》一卷"，别无其他。曹魏虽有官品令，但确定其存在
的直接依据实非新《唐志》所记，而是上引《晋志》。

又，姚振宗《三国艺文志》职官类有"魏《官品令》一卷"，其考
云："《唐书·艺文志》魏《官品令》一卷。《通志·艺文略》魏《官品
令》一卷。章宗源《隋志考证》曰'魏《官品令》一卷，不著录，见
《唐志》。'案《唐六典·刑部》注晋令、梁令列《官品令》第四，隋令、
唐令列《官品令》第一。疑是书乃魏令二百余篇之别行者。《刑法志》、
《文选》注引《魏晋官品令》，则又有合晋代以为一编者。"② 同书刑法类
著列"魏令一百八十余篇"，并考云："案《唐艺文志》职官类有魏《官
品令》一卷，疑即此书之残本。"③ 姚说有误且前后矛盾，言"魏令二百
余篇"，此误一。其二，魏有官令，但非姚说所据《唐志》、《通志》之
官品令。其三，晋改魏令一百六十余篇为四十篇，则魏令包罗甚广，绝无
再设"别行"者之必要，故魏官品令应在魏令三大篇目之尚书官令中，非
"魏令二百余篇之别行者"。姚氏又疑新《唐志》所言《官品令》为曹魏
令"残本"，既与其"别行"之说矛盾，亦对史料存世年代失察。检廿四
史，引"魏晋官品令"者唯《晋书·职官志》，姚言《晋书·刑法志》

---

① 陈寅恪：《隋唐制度渊源略论稿》，三联书店，2001，第 92 页。按：《魏书·临淮王谭
  传》引《官品令》："第一、第二品有四妾，第三、第四有三妾，第五、第六有二妾，第
  七、第八有一妾。"《魏书·礼志》云："案晋《官品令》所制九品，皆正无从，故以第
  八品准古下士。今皇朝《官令》皆有正从，若以其员外之资，为第十六品也，岂得为正
  八品之士哉？"《魏书·刑罚志》云："《法例律》：五等列爵及在官令从第五，以阶当
  刑二岁。免官者，三载之后听仕，降先阶一等。"此皆北魏有官品令之证。楼劲亦持此
  观点："《刑罚志》载世宗延昌时议爵级当刑之制时引《法例律》文：五等列爵及在
  《官令》从第五，以阶当刑二岁此《法例律》必正始所定律篇，则至迟自正始以来，
  《官令》已是官品位序之令的法定篇名。《新唐书·艺文志》史部职官类著录《魏官品
  令》一卷，可与参证。"见氏著《关于北魏后期令的班行问题》，《中国史研究》2001 年
  第 2 期。
② 姚振宗撰《三国艺文志》，载二十五史补编委员会编《三国志补编》，北京图书馆出版
  社，2005，第 651~652 页。张旭华认为"姚氏以《魏官品令》为一书，《魏晋官品令》
  又为一书，后者乃合前者及《晋官品令》而来，其说是。"
③ 姚振宗撰《三国艺文志》，载二十五史补编委员会编《三国志补编》，北京图书馆出版
  社，2005，第 655~656 页。

"注引《魏晋官品令》"云云，亦失察。检《文选》注，无"魏晋官品令"之文，仅有"魏晋官品"之例，① 此又误。

　　和前引章氏《隋书经籍志考证》一样，姚氏所考亦意图证明曹魏有官品令，是为程树德详考曹魏律令之前的创见，② 但值得"称奇"的是这种创见是建立在忽略《晋志》这一条最直接、最原始的资料基础上的。遗憾的是沈家本、程树德两位大家都对曹魏官品令缺乏关注，原因之一或许是忽略了《晋志》乃至新《唐志》的记载，但就算他们在对北魏令进行考察时，也依然如此。资料忽略的"反面"则是将《晋志》和新《唐志》两则资料"混误"——在讨论到曹魏官品令的存在时，以新《唐志》资料为证，这其实是以北魏事证曹魏事。当然，如果没有新《唐志》这则资料，对于不少讨论曹魏官品制度的学者而言，也并不能构成绝对障碍，《晋志》的记载足资发挥，如祝总斌、阎步克、张旭华等对曹魏官品的讨论即据此。相反，《晋志》和新《唐志》两则资料他们都关注到了。但若认为《晋志》所见"魏晋官品令"和新《唐志》所列"《魏官品令》一卷"所指皆同，特别以后者是曹魏官品令的确证（事实上，对《晋志》之"魏晋官品令"，若阅读到此则资料的学者是不会对其产生是北魏令之误解的），无疑是资料的"穿越"。论证的"混误"，也难免继承了前人对此资料的误读。如张旭华说："姚氏认为《新唐书·艺文志》等所载之《魏官品令》一卷，或是《魏令》一百八十余篇之'残本'，或是《魏令》一百八十余篇之'别行者'，皆出自陈群等人修订之《魏令》。其说切中肯綮，极具见地。"姚说自相矛盾之处，前文已揭。如此"混误"同样不限于新《唐志》这则资料，如阎步克在对曹魏官品令进行讨论时，同样征引了姚、祝之说并以为确；③ 对曹魏官品性质进行讨论时征引了两条"郭演《魏职品令》"佚文④，并谓程树德《魏律考》曹魏令部分失收。⑤

---

① 《文选·（任昉）齐竟陵文宣王行状》注引《魏晋官品》曰：相国丞相绿綟绶。
② 实际上，程氏《魏律考》部分并未钩考出"官品令"一目，但反观其《晋律考》对晋"官品令"考证之详，或可认为程氏在考察魏晋之制时，官品令也是一个共同的视角。
③ 阎步克：《品位与职位——秦汉魏晋南北朝官阶制度研究》，中华书局，2002，第233～234页。
④ 出自孙逢吉《职官分纪》卷十四《治书侍御史》、《侍御史》。
⑤ 阎步克：《乡品与官品关系之再探讨》，载阎步克著《阎步克自选集》，广西师范大学出版社，1997，第131页。

按，此"魏职品令"应为《唐六典》所存"后魏职员令"佚文，是北魏所制，程树德《后魏律考》北魏令部分已有所考得，[①] 而孙、阎皆"混误"为曹魏所制。[②]

综上，新《唐志》所见"《魏官品令》一卷"在目前来说，仍是一条值得"怀疑"的资料。首先，我们无法确认《晋志》所提到的"禁防御史第七品"魏官品令令文就是出现在新《唐志》所见"《魏官品令》一卷"中，除了"魏官品令"四字的重合，无法判断二者之间存在某种对应关系。其次，"魏官品令"在《隋志》、旧《唐志》中皆未著录，其在新《唐志》职官类中的著录顺序并不在曹魏，而系在晋、宋之书后，齐、梁、陈之书前。如所周知，新《唐志》补旧《唐志》之漏逾两万卷，"《魏官品令》一卷"只其一，如此详瞻的著录，其分门别类皆示人以规矩，其体例亦为后世称道；若非史家著录失误，则很难解释这种时代前后错置的编排，所以最后就存在一种可能性，也就是陈寅恪、楼劲所认为的新《唐志》所见"《魏官品令》一卷"为北魏所制，与《晋志》所见"魏官品令"是风马牛不相及之书。以上也即本文观点倾向的原因，要之，新《唐志》所见"《魏官品令》一卷"因其有可商之处，尚不应成为认定曹魏官品令的材料，唯《晋志》所记方为曹魏官品令的确证。在曹魏官品令存在确证的前提下，在论证中添入新《唐志》这则资料，对增加论证的"砝码"无益，反而容易造成资料"混误"。[③]

---

① 程树德：《九朝律考》，中华书局，2003，第387~388页。程氏所考者为《唐六典》卷四《尚书礼部》注引："《后魏职品令》：太和中改定百官，都官尚书管左士郎。""太和中，吏部管南主客、北主客，祠部管左主客、右主客。"但其未及此孙逢吉《职官分纪》的两条资料。

② 楼劲曾详考《职官分纪》所引者非曹魏之制，本文赞同其说，详见氏著《关于北魏后期令的班行问题》，《中国史研究》2001年第1期。《职官分纪》所引《魏职品令》文为："乘舆临朝堂及诸处视事，则治书侍御史协律、令于阶侧以备顾问。""侍御史无曹别，所主唯参署台内文案，与殿中侍御史昼则分台视事，夜则番直在台。"

③ 在论证中，研究者对资料的引用是有选择性的，其实从《新唐书·艺文志》这则资料的引用上我们也可以看到，以之论证曹魏官品令的正是专注于曹魏制度的学者；以之论证北魏官品令的正是专注于北魏制度的学者，而专注于曹魏制度的学者"混误"北魏的资料更多，或许也是这种资料的选择性造成的。但也有未辨史料而错引的情况，如《容斋随笔·四笔》卷八《历代史本末》云："三国杂史至多，有王沈《魏书》、元行冲《魏典》、鱼豢《典略》、张勃《吴录》、韦昭《吴书》、孙盛《魏春秋》、司马彪《九州春秋》、丘悦《三国典略》、员半千《三国春秋》、虞溥《江表传》，今唯以 （转下页注）

　　不管是曹魏令还是北魏令，"《魏官品令》一卷"的另一"可疑"之处还在于：此前的《隋志》、旧《唐志》等大抵反映魏晋南北朝时期著述的书志目录皆不见著录此书，反而等到数百年后宋人修史时才"突然"面世，这无疑让人困惑。在此，本文想附带讨论一下新《唐志》所见"《魏官品令》一卷"的史料来源问题。如所周知，《隋志》、旧《唐志》、新《唐志》是考察隋前文献的重要史料。《隋志》主要依据六朝遗书和《汉书·艺文志》、《七录》、《七志》、《隋大业正御书目录》等藏书目录。唐开元年间曾编修《群书四部录》二百卷，后被毋煚节略为《古今书录》四十卷，这成为旧《唐志》编修的重要参考。新《唐志》则以旧《唐志》为基础，并参照宋代尚存世的《古今书录》和《开元四库书目》等书目进行订补，增加了旧《唐志》所不著录的唐人著述两万余卷。就史料来源而言，三《志》有一定的继承性和同源性。但值得注意的是，新《唐志》的著录体例与《隋志》、旧《唐志》有所不同。新《唐志》每类所见书目有"著录"与"不著录"之别，一般认为"著录"者是指著录于修志所据之书目，如《古今书录》；"不著录"者是指宋人新增见存于宋的唐人著作，其中自然包括那些《古今书录》成书之后的唐人著作（其时代主要是唐开元年以后）。基于此，再回看新《唐志》职官类所列书目及相关记载："职官类十九家，二十六部，二百六十二卷"，其注云："《六典》以下不著录二十九家，二百八十卷。"①"《魏官品令》一卷"在新《唐志》的排序正是在《六典》之前，则属"著录"部分书目，也就是说新《唐志》关于"《魏官品令》一卷"的记载，存在着来源于书目史料的可能性。为更好地阐述此问题，现将新《唐志》职官类"著录"部分书目与《隋志》、旧《唐志》职官类书目对比如下（●表示某《志》无此书，○表示某书所在类别或书名、作者、卷数有异但实同）：

（接上页注③）陈寿书为定，是为《三国志》。"这里所列举的曹魏史书竟然掺入了"元行冲《魏典》"，查《旧唐书·元行冲传》云："行冲以本族出于后魏，而未有编年之史，乃撰《魏典》三十卷，事详文简，为学者所称。初魏明帝时，河西柳谷瑞石有牛继马后之象，魏收旧史以为晋元帝是牛氏之子，冒姓司马，以应石文。行冲推寻事迹，以后魏昭成帝名犍，继晋受命，考校谣谶，著论以明之。"元氏所撰非曹魏史书，不辨自明。丘悦《三国典略》、员半千《三国春秋》虽有"三国"之名，所述为"后三国"之史而非"前三国"，此不赘论。

① 《新唐书》卷五八《艺文志二》，中华书局，1975，第1478页。

表1

《新唐书·艺文志》	《隋书·经籍志》	《旧唐书·经籍志》
王隆《汉官解诂》三卷胡广注	《汉官解诂》三篇汉新汲令王隆撰，胡广注。	○《汉官解故》三卷
应劭《汉官》五卷	《汉官》五卷应劭注	●
《汉官仪》十卷	《汉官仪》十卷应劭撰	《汉官仪》十卷应劭志
蔡质《汉官典仪》一卷	○《汉官典职仪式选用》二卷汉卫尉蔡质撰	●
丁孚《汉官仪式选用》一卷	●	●
荀攸等《魏官仪》一卷	梁有荀攸《魏官仪》一卷，亡。	《魏官仪》一卷荀攸撰
傅畅《晋公卿礼秩故事》九卷	《晋公卿礼秩故事》九卷傅畅撰	○《晋公卿礼秩》九卷傅畅撰
《百官名》十四卷	●	《百官名》四十卷
干宝《司徒仪注》五卷	○梁有干宝《司徒仪》一卷，亡。	○《司徒仪注》五卷干宝撰。按：此书在仪注类
陆机《晋惠帝百官名》三卷	●	《晋惠帝百官名》三卷陆机撰。
《晋官属名》四卷	《晋官属名》四卷	《晋官属名》四卷
《晋过江人士目》一卷	●	《晋过江人士目》一卷
卫禹《晋永嘉流士》二卷	●	○《晋永嘉流士》十三卷卫禹撰
《登城三战簿》三卷	●	《登城三战簿》三卷
范晔《百官阶次》一卷	《百官阶次》一卷	《百官阶次》一卷范晔撰
荀钦明《宋百官阶次》三卷	○《百官阶次》三卷	《宋百官阶次》三卷荀钦明撰
《宋百官春秋》六卷	●	●
《魏官品令》一卷	●	●
王珪之《齐职官仪》五十卷	○《齐职仪》五十卷齐长水校尉王珪之撰	○《齐职仪》五十卷范晔撰
徐勉《梁选簿》三卷	《梁选簿》三卷徐勉撰	《梁选簿》三卷徐勉撰
沈约《梁新定官品》十六卷	○《新定官品》二十卷梁沈约撰	●

续表

《新唐书·艺文志》	《隋书·经籍志》	《旧唐书·经籍志》
《梁百官人名》十五卷	●	●
《陈将军簿》一卷	《陈将军簿》一卷	《陈将军簿》一卷
《太建十一年百官簿状》二卷	○《陈百官簿状》二卷。按：太建十一年为陈宣帝陈顼的年号，《陈百官簿状》即《太建十一年百官簿状》	《太建十一年百官簿状》二卷
郎楚之《隋官序录》十二卷	●	●
王道秀《百官春秋》十三卷	○《百官春秋》五十卷王秀道撰	《百官春秋》十三卷王道秀撰
郭演《职令古今百官注》十卷	《职令古今百官注》十卷郭演撰	○《职令百官古今注》十卷郭演之撰
陶彦藻《职官要录》三十六卷	○《职官要录》三十卷陶藻撰	《职官要录》三十卷陶藻撰
《职员旧事》三十卷	●	《职员旧事》三十卷
王方庆《宫卿旧事》一卷	●	○《公卿故事》二卷王方庆撰

如表 1 所示，新《唐志》职官类著录的书目，绝大部分也著录在《隋志》、旧《唐志》职官类或仪注类中，这说明新《唐志》确实参考了旧《唐志》。有个别书目是两《唐志》有而《隋志》无，这种情况是可以解释的。我们知道《隋志》虽然著录了大量的隋前书籍，但绝非尽录，有些书早已亡于南北朝战乱，如《隋志》就经常出现"梁有"（指梁阮孝绪的《七录》。——笔者注）的某某书目已"亡"的记述。这说明《隋志》不仅著录隋代实有藏书，也著录隋前亡书，出现的某些书在修史时并非完整存世，就算著录也只是目录上的反映，表 1 所见《魏官仪》一书就是例证。更何况《隋志》撰成之后唐人才编撰《群书四部录》、《古今书录》这些目录宏著，势必有一些书目是《隋志》编修时未曾参阅而有所脱漏的。有个别书目是新《唐志》、《隋志》有而旧《唐志》无，之所以如此，是因为旧《唐志》节略了《古今书录》，删繁化简之后自然省略了一些书目。除去以上三《志》或两《志》并录的情况，只存录在新《唐志》而未收于《隋志》、旧《唐志》的就只剩"《魏官品令》一卷"等五部书。

按照通说，新《唐志》"著录"部分是依据旧《唐志》和《古今书录》，那么新《唐志》"著录"部分书目应重合于旧《唐志》。但"《魏官品令》一卷"的面世，说明这样的逻辑是难以成立的。前面提到唐《群书四部录》被节略为《古今书录》，旧《唐志》采用时再次删减，至宋修新《唐志》时又参之，这或许可以指正旧《唐志》删减《古今书录》的一部分书目被新《唐志》所重新采用了，因为《古今书录》毕竟是流传于北宋的。因此，像"《魏官品令》一卷"这些书在某一时期是存世的，但后世散佚，并不妨碍它们被某一目录学书籍著录。① 我们也知道隋前的很多律令在《隋志》编修时已亡，但在书志目录中还是有所记载的，因此，和其他隋前律令一样，"《魏官品令》一卷"只是来源于书志目录的记载，这种可能性并非臆想。② "《魏官品令》一卷"在宋"突然"面世的另一种可能性则更近乎猜想，即其一直藏于秘府馆阁或民间不为人知，至编修新《唐志》时被重新发现而增补。须知修旧《唐志》时正值国家分裂动荡，客观上降低了收集齐全书目的可能性，而修新《唐志》时的社会政治环境相对稳定，公私藏书大增，目录学也较为兴盛发达，这些都为新《唐志》的编撰提供了便利条件，这或许是"《魏官品令》一卷"等书目未著录在《隋志》、旧《唐志》，而始见于新《唐志》的原因。佚失千年的北宋《天

---

① 王重民先生认为新《唐志》取材于《古今书录》和《崇文总目》，并怀疑欧阳修所据的《古今书录》是一个经过增订的本子。见氏著《中国目录学史论丛》，中华书局，1984，第107页。按：新《唐志》修于《崇文总目》成书十余年之后，主持新《唐志》编修的欧阳修也曾参与《崇文总目》的修撰，当熟知目录学或查阅过相关藏书。但查《崇文总目》职官类并无"《魏官品令》一卷"，那么欧阳修收录此书必然参考来自《崇文总目》之外的其他书目。又，有些学者也赞同新《唐志》取材于《古今书录》，但并不认同王氏关于宋存《古今书录》为增订本之说，他们认为新《唐志》除《古今书录》之外，也参考了唐开元时另一部官藏书目，即韦述的《集贤书目》。参见张固也《唐代目录考》，《古籍整理研究学刊》2001年第4期；武秀成《〈旧唐书·经籍志〉"增补〈古今书录〉"说辨误》，《中国典籍与文化》2006年第3期。

② 按《隋书·经籍志》职官类云："古之仕者，名书于所臣之策，各有分职，以相统治。《周官》：冢宰掌建邦之六典，而御史数凡从正者。然则冢宰总六卿之属，以治其政，御史掌其在位名数，先后之次焉。今《汉书·百官表》列众职之事，记在位之次，盖亦古之制也。汉末，王隆、应劭等，以《百官表》不具，乃作《汉官解诂》、《汉官仪》等书。是后相因，正史表志，无复百僚在官之名矣。搢绅之徒，或取官曹名品之书，撰而录之，别行于世。宋、齐已后，其书益繁，而篇卷零叠，易为亡散；又多琐细，不足可纪，故删。其见存可观者，编为职。"据此知，唐人在编修《隋志》职官类时也确实删略了很多书目。

圣令》被戴建国先生发现而重新面世，观今而鉴古，或非偶然。以上讨论，似有偏题，对于新《唐志》所见"《魏官品令》一卷"的史料来源也仅仅是猜测其存于书志目录记载或宋人重新发现两种可能而已。作为可能，似无助于解决"《魏官品令》一卷"的年代性质，因为就目前所掌握的资料来看，并无相关内容能与之印证。但问题的提出或有其他意义：其一，若能明确"《魏官品令》一卷"的史料来源，或有助于解决其年代性质，但这要依赖于进一步挖掘资料；其二，与"《魏官品令》一卷"一样，唐前和唐代很多法律形式早亡，在没有具体内容传世的情况下，历朝书籍目录甚至包括域外汉籍目录都可以成为一个钩沉的方向。目前笔者正对《日本国见在书目录》"刑法家"部分书目进行补充研究。此《日本国见在书目录》成书时间介于《隋志》和旧《唐志》之间，体例仿《隋志》，著录了大量隋唐间舶载至日本的汉籍，有重要的文献价值。其"刑法家"所见隋唐律令格式甚多，有不少是域内汉籍所未见载，限于篇幅和本书的宗旨，就不在此进行讨论了。①

（二）魏官品令与魏官品

按《通典·职官·秩品》云："自魏以下，并为九品，其禄秩差次大约亦汉制。"② 今据其文列魏官制九品（见表2）：③

表 2

品级	官（爵）
第一品	黄钺大将军；三公；诸国王公侯伯子男（爵）；大丞相。
第二品	诸四征、四镇、车骑、骠骑将军；诸大将军。

---

① 笔者目前的补充研究是基于池田温《关于〈日本国见在书目录〉刑法家》一文（收入《中国法律史国际学术讨论会论文集》，陕西人民出版社，1990），因其考证尚有一些商榷之处，笔者另有专文讨论。

② 杜佑撰，王文锦等点校《通典》卷三六《职官十八·秩品一·魏》，中华书局，1988，第991页。

③ 杜佑撰，王文锦等点校《通典》卷三六《职官十八·秩品一·魏》，中华书局，1988，第991～994页。

品级	官（爵）
第三品	侍中；散骑常侍；中常侍；尚书令；左右仆射；尚书；中书监、令；秘书监；诸征、镇、安、平将军，光禄大夫；九卿；司隶校尉；京兆、河南尹；太子保、傅；大长秋；太子詹事；中领军；诸县侯（爵）；龙骧将军；征虏将军；辅国将军。
第四品	城门校尉；武卫、左右卫、中坚、中垒、骁骑、游骑、前军、左军、右军、后军、宁朔、建威、建武、振威、振武、奋威、奋武、扬武、广威、广武、左右积弩、积射、强弩等将军；护军监军；五营校尉；南北东西中郎将；御史中丞；都水使者；州领兵刺史；越骑、乌丸、诸匈奴、护羌蛮夷等校尉；诸乡侯（爵）。
第五品	给事中；给事黄门侍郎；散骑侍郎；中书侍郎；谒者仆射；虎贲中郎将；符节令；冗从仆射；羽林监；太子中庶子；太子庶子；太子家令；太子率更令、仆；卫率；诸军司北军中候；都督护军；西域校尉；西戎校尉；礼见诸将军；鹰扬、折冲、轻车、虎烈、宣威、威远、宁远、伏波、虎威、凌江等将军；太学博士；将兵都尉；牙门将；骑督；安夷抚夷护军；郡国太守、相、内史；州郡国都尉；国子祭酒；诸亭侯（爵）；州单车刺史。
第六品	尚书左右丞；尚书郎中；秘书郎；著作丞郎；治书侍御史；部曹侍御史；诸督军奉车、驸马都尉；诸博士；公府长史、司马；骠骑车骑长史、司马；廷尉正、监、评；将兵助郡尉置司马史卒者；诸护军；太子侍讲门大夫；太子中舍人；太子常从虎贲督、司马督；水衡、典虞、牧官都尉；司盐都尉；度支中郎将校尉；司竹都尉；材官校尉；骠骑、车骑、卫将军府从事中郎；四征镇公府从事中郎；公车令；诸县署令千石者；千人督校尉；督守殿内将军；殿内典兵；黄门冗从仆射；诸关内名号侯（爵）；诸王公友。
第七品	期门郎；诸国公谒者；殿中监；诸卿尹丞；诸狱丞；太子保傅丞；詹事丞；诸军长史司马秩六百石者；护羌戎蛮夷越乌丸校尉长史、司马；诸军诸大将军正行参军；诸持节督正行参军；二品将军正行参军；门下督；中书通事舍人；尚书曹典事；中书佐著作；太子洗马；北军候丞；城门五营校尉司马；宜禾伊吾都尉；度支都尉；典农都尉；诸封公保、傅、相、郎中令及中尉、大农；监淮海津都尉；诸国文学；太子食官令、舍人；单于率正；都水参军；诸县令相秩六百石以上者；左右都尉；武卫左右卫长史、司马；京城门候；诸门候副；散牙门将；部曲督；殿中中郎将校尉；尚药监；尚食监；太官食监；中署监；南北军；中廷御史；禁防御史；小黄门诸署长仆谒者；药长寺人监；灵芝园监；黄门署丞；中黄门；太中、中散、谏议三大夫；议郎；三台五都侍御史；太庙令；诸公府掾属；诸府记室；督主督受除遣者；符玺郎；门下郎；中书主事通事；散骑集书；公主及诸国丞万户以上典书令及家令。

品级	官（爵）
第八品	尚书中书秘书著作及主书主图主谱史；太常斋郎；京城门郎；四平四安长史司马；三品四品将军正行参军；郡国太守相内史中丞长史；西域戎部译长；诸县署令千石以上者丞；州郡国都尉司马；司盐、司竹监丞；水衡典虞牧材官都尉司马；秘书校书郎；东宫摘句郎；诸杂署长史；关谷长；王公妃公主家令；诸部护军司马；王郡公诸杂署令；国子太学助教；诸京城四门学博士；诸国常侍侍郎；殿中都尉司马；诸部护军司马；殿中羽林郎；左右度支中郎将司马；黄门从官；寺人中郎郎中；诸杂号宣威将军以下五品将军长史、司马；兰台谒者；都水使者令史；门下禁防；金鼓幢麾城门令史；校尉部司马、军司马、假司马；诸乡有秩、三老；司马史从掾；诸州郡防门；尚书中书秘书令史。
第九品	兰台殿中兰台谒者及都水使者书令史；诸县长令相；关谷塞尉；仓簟河津督监；殿中监典事；左右太官督监内者；总章戏马监；诸纸署监；王郡公郡诸署长；司理治书；异族封公世子庶子诸王友国谒者大夫诸署丞；诸王太妃及公主家仆丞；公主行夜督郎；太庙令行夜督郎；太子掌固；主事候郎；王官舍人；副散部曲将；武猛中郎将校尉部司马、军司马、假司马；诸乡有秩；司徒史从掾；诸州郡防门。

按《隋志》职官类 "《晋新定仪注》十四卷" 条注云："梁有徐宣瑜《晋官品》一卷，荀绰《百官表注》十六卷，干宝《司徒仪》一卷，宋《职官记》九卷，晋《百官仪服录》五卷，大兴二年《定官品事》五卷，《百官品》九卷，亡。"[1] 这里提到的 "官品" 应是魏、晋、宋制定官品令时所形成的配套资料，或者是后人据官品令对官品所进行的汇编整理。

就《通典》所列魏官品而言，其只是唐人根据前世资料的汇编，虽不能直接将之视为魏官品令，但可以肯定它们是以魏官品令中的九品秩等为依据编制的。而《通典》所列魏九品各官爵名号，又成为它们在魏官品令中出现的佐证。[2]

又，《文选·（任昉）齐竟陵文宣王行状》注引《魏晋官品》："相国、丞相，绿綟绶。"《白氏六帖事类集》卷二一《中郎将第六六》"银章青绶" 条引《魏晋官品》："冠服如将军。" 以上所称《魏晋官品》者，张

---

① 《隋书》卷三三《经籍志二》，中华书局，1973，第968页。
② 根据《通典》所述官品考证魏晋南北朝时期的官品令，是为学界所掌握、认可的考据之法。如程树德、俞鹿年、楼劲、阎步克、张旭华等都据此考证出不同时期的官品制度。

旭华疑为"魏晋官品令"的简称。① 但也可能是后人汇集魏晋官品制度之书（如前述《魏晋官品令》也是后人将魏晋官品令汇编成书）。从《经籍志》、《艺文志》归类的性质言，魏官品令（魏晋官品令）应属刑法类，而魏晋官品应属职官类。但不管《文选》注、《白帖》所引《魏晋官品》是魏晋官品令的集合（简称），还是将魏晋官品制度杂糅汇编，其所引内容都与魏晋官品令密切相关。如"相国、丞相，绿綟绶"此条，程树德将其归入晋官品令第一品中。②《宋书·礼志》云："领军、护军、城门五营校尉、东南西北中郎将，银印，青绶。给五时朝服，武冠，佩水苍玉。"③晋宋制同，程氏亦将此条归入晋官品令第四品中。④ 也就是说"相国、丞相，绿綟绶"与"中郎将，银印青绶，冠服如将军"都是魏晋官品令之内容，与《通典》所记曹魏相国、丞相在第一品、中郎将在第四品相对应。这也证明了笔者所言杜佑著录魏官品的依据是魏官品令，而《通典》所述也是考证魏官品令的有力证据。

（三）魏官品令与魏百官名

《晋书·裴秀传》云："魏咸熙初，厘革宪司。时荀颉定礼仪……秀改官制焉。"⑤ 魏有《咸熙元年百官名》："邵悌字元伯，阳平人。"⑥《唐六典·秘书省·著作局》："著作佐郎四人，从六品上。"注云："著作佐郎修国史。《宋百官春秋》云：'《常道乡公咸熙百官名》有著作佐郎三人。'晋定员八人；哀帝兴宁二年，大司马桓温表省四人；孝武帝宁康元年复置八人。《晋令》：'著作佐郎品第六，进贤一梁冠，绛朝服。'"⑦ 据以上资料知魏尚有"百官名"之类书目，《咸熙元年百官名》亦《常道乡

① 张旭华：《〈魏官品〉产生时间及相关问题试释——兼论官品制度创立于曹魏初年》，《郑州大学学报》（哲学社会科学版）2006 年第 5 期。
② 程树德：《九朝律考》，中华书局，2003，第 272 页。
③ 《宋书》卷一八《礼志五》，中华书局，1974，第 509 页。
④ 程树德：《九朝律考》，中华书局，2003，第 280 页。
⑤ 《晋书》卷三五《裴秀传》，中华书局，1974，第 1038 页。
⑥ 《三国志》卷二八《魏书·钟会传》注引，中华书局，2006，第 473 页。
⑦ 李林甫等撰，陈仲夫点校《唐六典》卷一《秘书省·著作局》，中华书局，1992，第 301 页。

公咸熙百官名》别称，或为裴秀改制时所定。《通典》所引魏官品，著作佐郎亦在第六品，与晋令同，此晋官品令本曹魏之证。

按：《文选·（王仲宣）赠蔡子笃诗一首（四言）》注引《晋官名》："蔡睦，字子笃，为尚书。"王仲宣即王粲，《晋书·蔡谟传》云：蔡谟"曾祖睦，魏尚书"。知蔡睦为魏人，与王粲为友，魏时为尚书，亦未入晋。故所引《晋官名》或为"魏晋百官名"之误。《三国志》裴注亦多引《百官名》、《武帝百官名》、《晋百官名》等。《隋志》职官类有"《魏晋百官名》五卷"、"《晋百官名》三十卷"、"《晋官属名》四卷"等目，不明著者。旧《唐志》职官类有"《百官名》四十卷"，不明著者；有"《晋惠帝百官名》三卷（陆机撰）"、"《晋官属名》四卷"。新《唐志》职官类有"《百官名》十四卷"、"陆机《晋惠帝百官名》三卷"、"《晋官属名》四卷"。这些"百官名"与前论"官品"一样都应是魏晋制定官品令时所形成的配套资料，或是后人据官品令对官品进行的整理。

《太平御览》引有若干《魏百官名》，多涉舆服赏赐，今辑之。

表 3

序号	内容	出处
1	三公拜赐鹑尾、鹊尾、骹箭十二枚。	《御览·兵部·箭》
2	三公拜赐鱼皮步叉一，貗皮鞬一，琢蓻金校步叉一，金校豹皮鞬一。	《御览·兵部·氅鞬》
3	紫茸题头高桥鞍一具	《御览·兵部·鞍》
4	黄地金镂织成万岁障泥一具，又织成彰汗一具。	《御览·兵部·防汗》
5	赤茸珂石鞘尾一具。	《御览·兵部·鞘尾》
6	驼马鞭二枚。	《御览·兵部·鞭》
7	三公朔赐青杯文绮长袖一方裤褶，道盛此。	《御览·服章部·裤褶》

姚振宗认为"百官名"这类书"大抵皆叙爵里人品，或取时君举主褒美之词，或录舆论乡评中正之说，其体略如山公启事，为当时中正选曹之簿籍，好事者裒录成编"。[①] 侯旭东不赞同姚说，其从"策名委质"角

———————

① 姚振宗撰《隋书经籍志考证》，载二十五史刊行委员会编《二十五史补编》第 4 册，开明书店，1936，第 5317 页。

度认为"百官名"源自宫门口所悬挂的用来核对是否有资格出入宫廷的"门籍"。① 窃谓二说皆非确论，从上引魏晋"百官名"的内容来看，有官员身世、官职员数、赏赐舆服，这些都非姚、侯二人对"百官名"的定性所能涵盖的。"百官名"一般理解为魏晋间官府记载各种官员出身的名籍册簿，若再宏观视之，在魏晋官制之下催生了官品令作为制度保证，这些"百官名"不也是魏晋官品令体系下所催生的"副产品"吗？就此意义而言，"百官名"与上述魏晋官品也有类似之处，既是魏晋官品令实施过程中的产物，也是佐证官品令的材料。

（四）魏官品令与魏甲辰令

按：《唐六典·尚书兵部》注："魏《甲辰令》、晋《官品令》、梁《官品令》辅国将军并第三品，后魏从第三品，后周七命，隋从六品下，皇朝改焉。"注："魏《甲辰令》：'游骑将军，第四品。'"② 侯康《补三国艺文志》职官类"韦昭《官仪职训》一卷"条考云："案《唐六典》卷五引魏《甲辰令》辅国将军第三品，游骑将军第四品。卷十引魏《甲辰仪》秘书令史品第八。其次序皆在《晋官品》以前，则曹魏时书也。然他别无所见，又未知是专记官制之书否，故不著录而附志其名于此。"③《甲辰令》属曹魏无疑，《唐六典》以其与晋、梁《官品令》并列，当与官品相涉，也是魏令的重要资料，程树德考魏令虽有辑入，惜未详论。④

对于魏甲辰令，史学界颇有精论。如阎步克认为："由《甲辰令》之冠以'甲辰'之颁布时日，知其为王朝正式法令。《甲辰令》或《甲辰仪》为诸官职规定官品，它很可能就是魏的《官品令》。"⑤ 又谓魏《官品令》、

---

① 侯旭东：《中国古代人"名"的使用及其意义——尊卑、统属与责任》，《历史研究》2005 年第 5 期。

② 李林甫等撰，陈仲夫点校《唐六典》卷五《尚书兵部》，中华书局，1992，第 152～153 页。

③ 侯康：《补三国艺文志》，载二十五史补编委员会编《三国志补编》，北京图书馆出版社，2005，第 599 页。

④ 程树德：《九朝律考》，中华书局，2003，第 212 页。

⑤ 阎步克：《〈魏官品〉产生时间考》，载阎步克著《阎步克自选集》，广西师范大学出版社，1997，第 94～95 页。

《甲辰令》都产生于咸熙年间。① 对于甲辰令是否与魏官品令同一，阎氏仅认为"可能"；又将官品令、甲辰令并列，可见其并未做断然结论，或态度欠明；但不难看出其认为甲辰令也与魏官品制度，特别是官品令密切相关。熊德基也主张此令制于咸熙三年，但魏晋变革之际，其已非魏制，"实际上是为晋开国而立的新制。"② 张旭华谓《通典·魏官品》所本者除太和三年（公元229年）颁布的魏官品令外，还有时间上略晚于其的甲辰令。又谓晋令本自魏令，但晋令并无干支命名，若魏甲辰令即官品令，那么《唐六典》注在罗列魏晋梁关于官品的令时，为何弃魏官品令不言，而取甲辰令？故魏甲辰令非太和三年所制，其颁行与司马氏掌控魏政有关。③ 这对阎氏所认为的甲辰令有可能是官品令提出了质疑，其认为该令与咸熙变革有关又与阎、熊说略同。张氏同样认为魏甲辰令是杜佑编撰《通典》"魏官品"资料所本。

《甲辰令》有官品制度的属性已无异议。问题是其是否与《官品令》同一，"甲辰"是为关键。就目前资料言，此"甲辰"是纪年或纪月、纪日，都不得而知。按魏世干支为甲辰者仅得黄初五年（公元224年），因之该令会否为魏文帝所修，故以甲辰纪年命名，在魏明帝修律时移入官品令中呢？若如此，甲辰令反而成了官品令制定时的参照物，而非阎、熊、张所论该令与咸熙变革有关，对这个疑点阎、熊、张似乎并无太多关注。此外，若甲辰令不是官品令的话，是否意味着魏尚存在以干支为编纂体例的令篇？其命名和分类的标准又是什么？这些也是需要解决的问题。但《晋书·刑法志》提到魏改汉律时"都总事类"，编纂魏令恐怕也会遵循此原则，魏令三大篇目的划分应该就是体现。既如此，甲辰令与官品令的并存是否破坏这一修律原则呢？或可做出如此判断：甲辰令之类的干支令并不符合魏修律"都总事类"原则，改革之是必然，官品令即改革产物。但这只是基于甲辰令为纪年令的推断，若是纪月、纪日，则又是迥然不同的结论，在没有充分证据之下只能阙考了。最后要重申的是，搁置甲辰令与官品令是否同一不论，甲辰令的性质决定了其内容会与官品令重合或互证，这对探讨魏官品令是有积极意义的。

---

① 阎步克：《品位与职位——秦汉魏晋南北朝官阶制度研究》，中华书局，2002，第235页。
② 熊德基：《九品中正制考实》，载熊德基著《六朝史考实》，中华书局，2000，第212页。
③ 张旭华：《〈魏官品〉产生时间及相关问题试释——兼论官品制度创立于曹魏初年》，《郑州大学学报》（哲学社会科学版）2006年第5期。

（五）魏官品令与魏甲辰仪

史籍中有若干涉及魏甲辰仪的材料，今按史籍成书时代列之（见表4）：

表4

序号	资料	出处
1	《甲辰仪》：皇太子妃、公主、夫人逢持节使者，皆住车相揖。	《北堂书钞·礼仪部·拜揖》"皆住相揖"条引。
2	《甲辰仪》：皇太子妃、公主、夫人逢持节使者、高车使者，住车相揖。	《艺文类聚·储宫部·太子妃》引。
3	《甲辰仪》五卷，江左撰。	《隋书·经籍志》仪注类，系在晋、宋书之间。
4	《魏甲辰仪》：秘书令史品第八。	《唐六典·秘书省·秘书郎》"令史四人，书令史九人"注引。
5	《甲辰仪注》五卷。	《旧唐书·经籍志》仪注类，系在"《丧服志》一卷董巴撰"、"《晋尚书仪曹新定仪注》四十一卷徐广撰"后，"《车服杂注》一卷徐广撰"、"《司徒仪注》五卷干宝撰"前。
6	《魏甲辰仪》：皇太子妃、公妃夫人逢持节使者、高车使者，皆住车，相揖。妃、主皆住车，不揖。	《太平御览·皇亲部·太子妃》引。
7	《甲辰仪注》五卷。	《新唐书·艺文志》仪注类，系在"萧子云《古今舆服杂事》二十卷"后，"挚虞《决疑要注》一卷"前。

章宗源《隋书经籍志考证》卷一一"仪注"类云："《艺文类聚·储宫部》'皇太子妃、公主夫人逢持节使者、高车使者住车，相揖。'《北堂书钞·礼仪部》、《太平御览·皇亲部》语同，并引《甲辰仪》。《唐志》作《甲辰仪注》。《唐六典》注'秘书令史品第八'，引魏《甲辰仪》；辅国将军品第三、游击将军品第四，引魏《甲辰令》。'"① 章氏将《甲辰

① 章宗源撰《隋书经籍志考证》，载二十五史刊行委员会编《二十五史补编》第4册，开明书店，1936，第5013页。

仪》、《甲辰仪注》、《甲辰令》并列，或以为三者同书异名。

侯康《补三国艺文志》职官类"韦昭《官仪职训》一卷"条考云："案《唐六典》卷五引魏《甲辰令》辅国将军第三品，游骑将军第四品。卷十引魏《甲辰仪》秘书令史品第八。其次序皆在《晋官品》以前，则曹魏时书也。然他别无所见，又未知是专记官制之书否，故不著录而附志其名于此。"① 侯氏未辨其详。

姚振宗《三国艺文志》仪制类列"《魏甲辰仪》五卷"，知其视《隋志》"《甲辰仪》五卷，江左撰"即"《魏甲辰仪》"。其云："此书疑即魏故事中佚本，或首篇有甲辰字遂以甲辰名书。《旧唐志》次董巴《舆服志》之后，盖亦以为曹魏时书，江左不知何人，两唐《志》皆无撰人。"② 其《隋书经籍志考证》"《甲辰仪》五卷江左撰"条又考："按《唐六典》注有《魏甲辰仪》，又有《甲辰令》。《魏志·武纪》注引魏武庚申令、庚戌令、丙戌令、丁亥令皆以干支标目。此云'江左撰'，则大抵东晋人钞录魏令中之涉于仪品者为是书，首一卷从《甲辰令》中钞出，故曰《甲辰仪》。其后数卷当以庚申仪、庚戌仪、丙戌仪、丁亥仪等为目，未必五卷皆是《甲辰仪》也。"③ 姚认为甲辰仪是晋人据魏甲辰令所整理，其内容只是甲辰令中关于仪品的部分。姚说破绽之处在于曹魏虽出现过干支令，但是否在魏明帝修律时已改革呢？就算干支令终行曹魏一朝，这也并不能推断出每一种干支令都有一种干支仪与之相对应的结论。而姚说言"首篇有甲辰字遂以甲辰名书"，《甲辰仪》尚有庚申仪等目，则明显缺乏证据了。

丁国钧《补晋书艺文志》卷二仪制类录"《甲辰仪》五卷，江左撰"，并云"见《隋志》。此书当即本书《礼志》所谓江左时刁协、荀崧、蔡谟所踵修者"。④ 按《晋书·礼志》云："晋初司空荀𫖮因魏代前事，撰为《晋礼》，参考今古，更其节文，羊祜、任恺、庾峻、应贞并共删集，成百

① 侯康撰《补三国艺文志》，载二十五史补编委员会编《三国志补编》，北京图书馆出版社，2005，第599页。
② 姚振宗撰《三国艺文志》，载二十五史补编委员会编《三国志补编》，北京图书馆出版社，2005，第654页。
③ 姚振宗撰《隋书经籍志考证》，载二十五史刊行委员会编《二十五史补编》第4册，开明书店，1936，第5321页。
④ 丁国钧撰《补晋书艺文志》，商务印书馆，1939，第51页。

六十五篇。后挚虞、傅咸缵续此制，未及成功，中原覆没，今虞之《决疑注》，是遗事也。江左仆射刁协、太常荀崧，补缉旧文，光禄大夫蔡谟又踵修辑朝故。"据此知刁、荀、蔡所踵修者是挚虞《决疑注》，此即于氏所认为的《甲辰仪》，其本源为晋礼，虽也承魏制，但性质已属晋书。《隋志》仪注类将《决疑要注》与《甲辰仪》并录，若刁协等人整理的《决疑要注》就是《甲辰仪》的话，显然《甲辰仪》要成为重出之书与《隋志》相驳。故于说未为确论。

阎步克谓"《甲辰仪》的内容也是魏之官品记载，与《甲辰令》当为一事"；《唐六典》所引《甲辰令》或《甲辰仪》中关于魏官品的记载也与《通典·魏官品》相合，故《甲辰令》或《甲辰仪》既是《通典》所本，也可能是魏官品令。① 阎氏所指的"与《甲辰令》当为一事"，可能就是官品令的《甲辰仪》仅是《唐六典》注所引者，是否等同于《隋志》、两《唐志》所言《甲辰仪》、《甲辰仪注》，其也并无确论："隋唐《志》之所录，或别是一书，非《唐六典》所引之魏《甲辰令》；或是江左时有人对魏《甲辰令》重加整理编辑，遂被题为'江左撰'。"② 其意为文献中所见《甲辰仪（注）》可能与《甲辰令》有别，但又不排除二者重合。

张旭华谓《隋志》和新旧《唐志》所见《甲辰仪》是《通典·魏官品》所本，但其本身恐怕是晋人对魏甲辰令整理的结果。③

杨果霖云《甲辰仪》在旧《唐志》中有"注"字，是"标示性质"，又云所标示之性质者"往往为书写之中所常遗漏或省异之字"。④ 揣其意，以为《甲辰仪》本是注解之书，唐人加"注"字为《甲辰仪注》只是对其性质的确认，非《甲辰仪》为一书，后人做注又成一书，二者实同。

囿于资料，学者对甲辰仪（注）的讨论也只及于此，但仍有不少问题是尚未真正解决的，如：

① 阎步克：《〈魏官品〉产生时间考》，载阎步克著《阎步克自选集》，广西师范大学出版社，1997，第94～95页。
② 阎步克：《〈魏官品〉产生时间考》，载阎步克著《阎步克自选集》，广西师范大学出版社，1997，第94页。
③ 张旭华：《〈魏官品〉产生时间及相关问题试释——兼论官品制度创立于曹魏初年》，《郑州大学学报》（哲学社会科学版）2006年第5期。
④ 杨果霖：《新旧唐书艺文志研究》，（台北）花木兰工作坊，2005，第91～92页。

第一，《甲辰仪》、《甲辰仪注》、《魏甲辰仪》、《甲辰令》之间有何关系？《甲辰仪》是否为《魏甲辰仪》或《甲辰仪注》的简称？

第二，《甲辰仪注》标"注"字，是否意味因后人对《甲辰仪》作注释而单独成书？

第三，《隋志》云《甲辰仪》为"江左撰"，究竟何解？

第四，《魏甲辰仪》与魏官品令有何关系？

对此，笔者也提出陋见：按《唐六典·秘书省》云秘书郎"令史四人，书令史九人"，注云："《魏甲辰仪》'秘书令史品第八。'晋品第九，宋品第八。齐秘书令史品勋位第六，梁、陈品第九。后魏秘书令史从第九品下，北齐正第九品上，隋开皇初始降为流外行署。"① 观此注文，言"魏"又言"后魏"，北魏述在后且改前世之制，与曹魏制异，故所引《魏甲辰仪》所记必为曹魏之制无疑。其命名规则不应是姚氏所说的有干支令则有干支仪与之相对应，因为这违背了魏修律令的原则，故不会存在庚申仪、庚戌仪、丙戌仪、丁亥仪之类。《甲辰仪》应是《魏甲辰仪》的简称，《甲辰仪注》是其别称，②《甲辰令》是其异称，四者实为一书。《魏甲辰仪（注）》、《甲辰令》、《官品令》之间的关系，笔者更倾向于《魏甲辰仪（注）》、《甲辰令》产生在前，《官品令》是对它们的修正。也就是说在魏修律令没有"都总事类"之前，涉及官品秩仪的一些制度是通过令的形式颁布的，从内容上看，涉及大量的官品仪式，因此不排除时人称其为"仪"或"仪注"；而从其产生过程看，是通过令颁布的，故称之"令"。至于为何称"甲辰"，前已有论，魏干支纪年甲辰者唯黄初五年（224 年）。魏修律令后，这些内容都应由官品令所统领。但作为广义的著作，就算甲辰仪的内容为官品令所吸收、变革，也不妨碍其作为一种仪注类或职官类的著作传世。《隋志》已不见著

---

① 李林甫等撰，陈仲夫点校《唐六典》卷一《秘书省》，中华书局，1992，第298页。

② "仪"与"仪注"皆礼仪制度，其汇编成书汉已有之，如《汉仪注》，《隋书·经籍志》也保留了不少魏晋南北朝时期的"仪注"。但《甲辰仪注》会不会是《甲辰仪》的注解之书，类似陈寅恪所提出的佛经"合本子注"形式呢？魏晋南北朝时期，注释之风仍盛，有人整理魏《甲辰仪》（正如有人将魏晋官品制度合成《魏晋官品令》、《魏晋官品》、《魏晋百官名》），又对其进行研究、注释，将子本（《甲辰仪》）与注本合一刊印，通称《甲辰仪注》，恐怕也在情理之中。

列魏律、魏令，知其早亡。但经过后人整理，① 或参杂在其他书籍中的曹魏《官品令》、《甲辰仪》尚存世，故隋唐人著书时得以引之，如《北堂书钞》、《唐六典》等，这些残存成了《通典》"魏官品"的资料来源。以上诸多谜团，由于书目混杂不能一一尽解，但从合理的范围内推测，这些零散的征引也成了今人考察曹魏官品令的直接依据。

对于甲辰仪，尚有一条资料存疑：《太平御览·礼仪部二十一·拜》引江统《谒拜议》云："以为诸郡吏，都无太守伯叔兄敬者，近臣君服斯服，然则朝干佐以下，左右者可从君而拜，君所拜统士。古者见宾主皆拜，今自非君臣上下则不拜，君之新亲者，唯干佐小吏，则可君拜斯拜矣。君之诸父无道谓之事甲辰仪臣见诸王直恭敬而已无鞭板拜揖。虽于皇帝为诸祖诸父，其义皆同，又河南、河内诸郡吏，前后亦为太守伯叔兄谒拜者，其比甚众矣。"② 文字加线部分是值得关注的资料，今人标点本断作"君之诸父无道，谓之事甲辰。仪：臣见诸王，直恭敬而已，无鞭板拜揖。"③ 严可均《全晋文》收此文，今人标点本断作"君之诸父，无道谓之事，甲辰议。臣见诸王，直恭敬而已，无鞭板拜揖。"④ 此本"仪"误作"议"，检中华书局影印宋版《御览》作"仪"字，实清晰可见。观江文，是对谒拜礼仪的讨论，故《御览》亦如是归类。"臣见诸王，直恭敬而已，无鞭板拜揖"之"臣"非江统谦称，而是概指一切大臣见诸王之礼仪；"虽于皇帝为诸祖诸父，其义皆同"一句也是指皇帝为诸祖诸父行礼同于臣见诸王。在此，江统引述了当时的礼仪制度，即"臣见诸王，直恭敬而已，无鞭板拜揖"。此"仪"应该就是《甲辰仪》。故"君之诸父无道谓之事甲辰仪臣见诸王直恭敬而已无鞭板拜揖"应断如"君之诸父，无道谓之事【父】。《甲辰仪》：臣见诸王，直恭敬而已，无鞭板拜揖。"诸父如父，视之皆同，故"事"后或脱"父"字。如此，又可辑出一条

---

① 《隋志》言"江左撰"即证明，江左一词很容易让人联想到东晋，特别是该书又恰好处于魏晋南北朝时期，但也不能排除是人名的可能性。

② 李昉等撰《太平御览》卷五四二《礼仪部二十一·拜》，中华书局，1960，影印本，第2460 页。

③ 李昉等撰，任明等点校《太平御览》（第5卷）卷五四二《礼仪部二十一·拜》，河北教育出版社，1999，第299 页。

④ 严可均辑，何宛屏等审订《全晋文》（中册）卷一〇六《江统·谒拜议》，商务印书馆，1999，第1119 页。

《甲辰仪》，此内容性质也正与前引《魏甲辰仪》所涉及的皇太子妃等人遇使者相揖礼互证。又，江统亡于永嘉四年，严氏《全晋文》将《谒拜议》系在"《太子母丧废乐议》（永宁元年冬）"文前，则江统征引《甲辰仪》也应在晋惠帝永宁元年冬前，即《甲辰仪》并非出自东晋人手，不排除其是《魏甲辰仪》的可能。

（六）关于魏官品令的制定时间

魏官品令制定的时间，[①] 有主张咸熙年间者，视其为司马氏专权的产物，如祝总斌、阎步克、王晓毅等。[②] 有主张太和三年（公元 229 年）者，如张旭华认为魏官品令颁在是年。[③] 主张魏官品令制于咸熙年间者显然不认同魏官品令是魏明帝修律令的产物，即官品令不在州郡令、尚书官令、军中令三大篇目中，也否认了官品令是尚书官令的一篇，而这恰恰是笔者所主张的。官品令是魏九品中正制度在法律上的保障，其重要性决定了它必须是尚书官令不可或缺的篇目，尚书官令舍此一篇，必然让整个尚书官令乃至魏令体系都陷入不完整的状态，这不禁让人怀疑魏修律令的成功所在。设想晋令缺少官品令，则与之联系甚紧的服制、吏员、俸廪、丧葬诸令，恐怕都难以实施了。就算官品令成于咸熙年间，明帝修律令也没有一篇名曰官品的令，那么魏令关于官品的篇目会如何称呼呢？恐怕不会有比官品更合适的词汇，至少从目前的资料来看也找不到相同性质的篇名来代替官品令。因此，认为官品令迟至魏末，甚至是咸熙变革的产物，未免轻视了魏人对律令体系的构建成果与重要意义。正如张旭华所论，司马氏改革魏制，自然针对的是明帝所修律令，若官品令、甲辰令是咸熙年间所制，显然多此一举。故咸熙年间裴秀"议官制"，也只能是改革明帝所

[①] 在此讨论的并非魏官品制定的时间，但由于魏官品令与魏官品有莫大的关系，因此学者对官品令制定时间的讨论也涉及魏官品，本文观点是魏先确立了官品制度，后制定官品令，而魏官品是官品令的副产品。

[②] 祝总斌：《两汉魏晋南北朝宰相制度研究》，中国社会科学出版社，1990，第 148 页。阎步克：《〈魏官品〉产生时间考》，载阎步克著《阎步克自选集》，广西师范大学出版社，1997，第 92 页。王晓毅：《曹魏九品中正制的历史真相》，《文史哲》2007 年第 6 期。

[③] 张旭华：《〈魏官品〉产生时间及相关问题试释——兼论官品制度创立于曹魏初年》，《郑州大学学报》（哲学社会科学版）2006 年第 5 期。

修之魏官品令及其他职官制度。

祝总斌、阎步克等对《通典》所载"魏官品"制定时间、性质的讨论，实际上对论证魏官品令起到了很好的旁证。虽然祝总斌等人依《通典》所载个别"魏官品"名号晚出（与《三国志》所载曹魏前期制度不合），认为其制定时间在魏末，至少是魏中后期。即便如此，也不能构成论证魏官品令也在魏末制定的证据。若魏令——准确地说是尚书官令——在制定时缺少此篇，则很难圆通；再者魏令一百六十余篇，恐怕是要包括此篇的。作为一部官品官职汇编"著作"而言，笔者以为祝、阎言之有据；但作为制度而言，某些官品的晚出并不影响那些没有晚出的官品作为制度提前存在，更不能排除后人对魏官品进行汇编整理，因此晚出也是有可能的。总之，魏官品令作为官品制度（九品中正制）在律令中的反映，其制定时间不应在魏末，而应在魏明帝修律令时。

附：魏官品令辑佚表

本部分所辑非必魏官品令原文，而是根据以上史料所见魏官品令、甲辰令、甲辰仪、魏官品、魏百官名等辨析得之，故也包含相关规定甚至是一些零散术语。如《通典》"魏官品"中各官爵将号，在官品令中自当有所体现，其品级是为规定，而各官爵将号变为术语。所辑者凡29条（见表5）。

表 5

序号	令文与相关规定、术语	出处（不言出处者皆据晋宋史料推之，故阙）	备注
1	第一品：黄钺大将军；三公；诸国王公侯伯子男（爵）；大丞相。	《通典·职官·秩品》"魏官品"	
2	第二品：诸四征、四镇、车骑、骠骑将军；诸大将军。	同上	
3	第三品：侍中；散骑常侍；中常侍；尚书令；左右仆射；尚书；中书监、令；秘书监；诸征、镇、安、平将军；光禄大夫；九卿；司隶校尉；京兆、河南尹；太子保、傅；大长秋；太子詹事；中领军；诸县侯（爵）；龙骧将军；征虏将军；辅国将军。	同上	

序号	令文与相关规定、术语	出处（不言出处者皆据晋宋史料推之，故阙）	备注
4	第四品：城门校尉；武卫、左右卫、中坚、中垒、骁骑、游骑、前军、左军、右军、后军、宁朔、建威、建武、振威、振武、奋威、奋武、扬武、广威、广武、左右积弩、积射、强弩等将军；护军监军；五营校尉；南北东西中郎将；御史中丞；都水使者；州领兵刺史；越骑、乌丸、诸匈奴、护羌蛮夷等校尉；诸乡侯（爵）。	同上	
5	第五品：给事中；给事黄门侍郎；散骑侍郎；中书侍郎；谒者仆射；虎贲中郎将；符节令；冗从仆射；羽林监；太子中庶子；太子庶子；太子家令；太子率更令、仆；卫率；诸军司北军中候；都督护军；西域校尉；西戎校尉；礼见诸将军；鹰扬、折冲、轻车、虎烈、宣威、威远、宁远、伏波、虎威、凌江等将军；太学博士；将兵都尉；牙门将；骑督；安夷抚夷护军；郡国太守、相、内史；州郡国都尉；国子祭酒；诸亭侯（爵）；州单车刺史。	同上	
6	第六品：尚书左右丞；尚书郎中；秘书郎；著作丞郎；治书侍御史；部曹侍御史；诸督军奉车、驸马都尉；诸博士；公府长史、司马；骠骑车骑长史、司马；廷尉正、监、评；将兵助郡尉置司马史卒者；诸护军；太子侍讲门大夫；太子中舍人；太子常从虎贲督、司马督；水衡、典虞、牧官都尉；司盐都尉；度支中郎将校尉；司竹都尉；材官校尉；骠骑、车骑、卫将军府从事中郎；四征镇公府从事中郎；公车令；诸县署令千石者；千人督校尉；督守殿内将军；殿内典兵；黄门冗从仆射；诸关内名号侯（爵）；诸王公友。	同上	

序号	令文与相关规定、术语	出处（不言出处者皆据晋宋史料推之，故阙）	备注
7	第七品：期门郎；诸国公谒者；殿中监；诸卿尹丞；诸狱丞；太子保傅丞；詹事丞；诸军长史司马秩六百石者；护羌戎蛮夷越乌丸校尉长史、司马；诸军诸大将军正行参军；诸持节督正行参军；二品将军正行参军；门下督；中书通事舍人；尚书曹典事；中书佐著作；太子洗马；北军候丞；城门五营校尉司马；宜禾伊吾都尉；度支都尉；典农都尉；诸封公保、傅、相、郎中令及中尉、大农、监淮海津都尉；诸国文学；太子食官令、舍人；单于率正；都水参军；诸县令相秩六百石以上者；左右都尉；武卫左右卫长史、司马；京城门候；诸门候副；散牙门将；部曲督；殿中中郎将校尉；尚药监；尚食监；太官食监；中署监；南北军监；中廷御史；禁防御史；小黄门诸署长仆谒者；药长寺人监；灵芝园监；黄门署丞；中黄门；太中、中散、谏议三大夫；议郎；三台五都侍御史；太庙令；诸公府掾属；诸府记室；督主督受除遣者；符玺郎；门下郎；中书主事通事；散骑集书；公主及诸国丞万户以上典书令及家令。	同上	

序号	令文与相关规定、术语	出处（不言出处者皆据晋宋史料推之，故阙）	备注
8	第八品：尚书中书秘书著作及主书主图主谱史；太常斋郎；京城门郎；四平四安长史司马；三品四品将军正行参军；郡国太守相内史中丞长史；西域戎部译长；诸县署令千石以上者丞；州郡国都尉司马、司盐、司竹监丞；水衡典虞牧材官都尉司马；秘书校郎；东宫摘句郎；诸杂署长史；关谷长；王公妃公主家令；诸部护军司马；王郡公诸杂署令；国子太学助教；诸京城四门学博士；诸国常侍侍郎；殿中都尉司马；诸部护军司马；殿中羽林郎；左右度支中郎将司马；黄门从官；寺人中郎郎中；诸杂号宣威将军以下五品将军长史、司马；兰台谒者；都水使者令史；门下禁防；金鼓幢麾城门令史；校尉部司马、军司马、假司马；诸乡有秩、三老；司马史从掾；诸州郡防门；尚书中书秘书令史。	同上	
9	第九品：兰台殿中兰台谒者及都水使者书令史；诸县长令相；关谷塞尉；仓簟河津督监；殿中监典事；左右太官督监内者；总章戏马监；诸纸署监；王郡公郡诸署长；司理治书；异族封公世子庶子诸王友国谒者大夫诸署丞；诸王太妃及公主家仆丞；公主行夜督郎；太庙令行夜督郎；太子掌固；主事候郎；王官舍人；副散部曲将；武猛中郎将校尉部司马、军司马、假司马；诸乡有秩；司徒史从掾；诸州郡防门。	同上	

序号	令文与相关规定、术语	出处（不言出处者皆据晋宋史料推之，故阙）	备注
10	相国、丞相，绿綟绶。	《文选·（任昉）齐竟陵文宣王行状》注引《魏晋官品》	按《晋书·文帝纪》记：魏景元五年"进公位为相国，加绿綟绶。"此可旁证。《后汉书·舆服志》"绿绶条"云："诸国贵人、相国皆绿绶。"知魏承汉制。《宋书·武帝纪》云晋加刘裕"相国绿綟绶"，知魏晋制同。品与《通典》所言合。
11	贵人位为贵人，金印蓝绂。	《北堂书钞·仪饰部·绶》"蓝绂"条引《内诫令》	此虽出《内诫令》，但"金印蓝绂"可证。按《说文》"绂，绂维也"；《尔雅》"绂谓之绶"，蓝绂亦蓝绶。《三国志·武帝纪》注引《魏书》："置名号侯爵十八级，关中侯爵十七级，皆金印紫绶。又置关内外侯十六级，铜印龟纽墨绶。五大夫十五级，铜印环纽，亦墨绶，皆不食租，与旧列侯关内侯凡六等。"晋官品令亦有某官铜印墨绶云云，魏令所云"金印蓝绂"亦属此类。
12	辅国将军，第三品。	《唐六典》注引《甲辰令》	品与《通典》所言合。
13	辅国大将军开府者皆为位从公。		按《晋书·职官志》："骠骑……辅国等大将军，左右光禄、光禄三大夫，开府者皆为位从公。"据《唐六典》注云魏《甲辰令》、晋《官品令》"辅国将军并第三品"，可知魏晋辅国将军秩品同。
14	辅国大将军不置司马，不给官骑。		《晋书·王濬传》云灭吴后，晋拜王濬辅国大将军，领步兵校尉。时有司奏"辅国依比，未为达官，不置司马，不给官骑。"依比即依制也。

序号	令文与相关规定、术语	出处（不言出处者皆据晋宋史料推之，故阙）	备注
15	骠骑将军、车骑将军、前将军、后将军、左将军、右将军、镇军将军辅国将军、冠军将军、征虏将军；征（东、西、南、北）将军；镇（东、西、南、北）将军；安（东、南、西、北）；平（东、南、西、北）将军金章紫绶。给五时朝服，武冠。佩水苍玉。		按：《宋书·礼志》载"骠骑、车骑将军，凡诸将军加大者，征、镇、安、平、中军、镇军、抚军、前、左、右、后将军，征虏、冠军、辅国、龙骧将军，金章、紫绶。给五时朝服，武冠。佩水苍玉。"以上将军之号宋承魏晋。又，《通典·职官·武散官》云晋"镇军将军，金章紫绶。给五时朝服，武冠。佩水苍玉。"《唐六典·兵部尚书》注引《晋令》"冠军大将军，金章紫绶。给五时朝服，武冠。佩水苍玉。"知《宋志》所言亦魏晋之制。
16	游骑将军，第四品。	《唐六典》注引《甲辰令》	品与《通典》所言合。
17	中郎将，银印青绶，冠服如将军。给五时朝服，武冠，佩水苍玉。	《白氏六帖事类集》卷二一《中郎将第六六》"银章青绶"条引《魏晋官品》	《宋书·礼志》云"东南西北中郎将，银印，青绶。给五时朝服，武冠，佩水苍玉。"晋宋制同，程树德亦以此条归入晋官品令第四品中。
18	禁防御史，第七品。	《晋书·职官志》引《魏晋官品令》	按《晋志》云，其与殿中侍御史为兰台之职。品与《通典》所言合。
19	殿中侍御史，第七品。	《晋书·职官志》	按上引《晋志》，魏殿中侍御史、禁防侍御皆兰台所遣以察非法。又述"《魏晋官品令》又有禁防御史第七品，孝武太元中有检校御史吴琨，则此二职亦兰台之职也"云云，故魏官品令中有禁防御史必有殿中侍御史，品当同。即上引《通典》所云第七品"中廷御史"。

序号	令文与相关规定、术语	出处（不言出处者皆据晋宋史料推之，故阙）	备注
20	秘书令史品第八。	《唐六典·秘书省·秘书郎》注引《魏甲辰仪》	品与《通典》所言合。
21	①皇太子妃、公主、夫人逢持节使者，皆住车相揖。 ②皇太子妃、公主、夫人逢持节使者、高车使者，住车相揖。 ③皇太子妃、公妃夫人逢持节使者、高车使者，皆住车，相揖。妃、主皆住车，不揖。	①《北堂书钞·礼仪部·拜揖》"皆住相揖"条引《甲辰仪》 ②《艺文类聚·储宫部·太子妃》引《甲辰仪》 ③《太平御览·皇亲部·太子妃》引《魏甲辰仪》	《御览》所引较全，或《魏甲辰仪》一书宋时尚存。
22	臣见诸王，直恭敬而已，无鞭板拜揖。	《太平御览·礼仪部·拜》引江统《谒拜议》引《甲辰仪》	
23	①三公拜，赐鹑尾、骹箭十二枚。 ②三公拜，赐鹑尾、鹊尾、骹箭十二枚。	①《初学记·武部·箭·叙事》引《魏百官志》[①]。 ②《太平御览·兵部·箭》引《魏百官名》	按：《三国志》无《志》类；北魏史书《魏书》本有《官氏志》，检之无此文，则《初学记》所引当不出此二书。唯所引与《御览》同，则"百官志"当"百官名"之误。又，《汉书·匈奴传》载单于朝天子，"汉宠以殊礼，位在诸侯王上，赞谒称臣而不名。赐以冠带衣裳，黄金玺盭绶，玉具剑，佩刀，弓一张，矢四发。"服虔注"发，十二矢也。"韦昭注"射礼三而止，每射四矢，故以十二为一发也。"是魏三公得赐骹箭十二枚者，射礼也，此亦礼制入令之表现。陈槃亦据居延汉简考证"发十二矢服、韦之说"皆本汉秋射礼之制，魏赐臣下亦十二，"与射礼同，则其义必有所本。"[②]
24	三公拜，赐鱼皮步叉一，獧皮鞬一，琢皷金校步叉一，金校豹皮鞬一。	《太平御览·兵部·囊鞬》引《魏百官名》	

续表

序号	令文与相关规定、术语	出处（不言出处者皆据晋宋史料推之，故阙）	备注
25	①魏百官各有紫茸题头高桥鞍一具。②紫茸题头高桥鞍一具。	①《初学记·武部·鞍》③ ②《太平御览·兵部·鞍》引《魏百官名》	左2条资料所引同，故《初学记》"魏百官各"为"魏百官名"之误，中华书局司义祖点校本《初学记》未出校，而在序号28所引则为"魏百官名"，知序号25、26、27之"各"本为"名"。④
26	①百官各有织成障泥一具。②黄地金镂织成万岁障泥一具，又织成彰汗一具。	①《初学记·武部·鞍》⑤ ②《太平御览·兵部·防汗》引《魏百官名》	
27	①魏百官各有赤茸珂石鞘尾一具。②赤茸珂石鞘尾一具。	①《初学记·武部·鞍》⑥ ②《太平御览·兵部·鞘尾》引《魏百官名》	
28	①《魏百官名》曰：驼马鞭二枚。②驼马鞭二枚。	①《初学记·武部·鞭》⑦ ②《太平御览·兵部·鞭》引《魏百官名》	凡序号25～28，皆言赐物种类、数限，其例当与23、24、29同，唯不知受赐者。
29	三公朔，赐青杯文绮长袖一方裤褶，道盛此。	《太平御览·服章部·裤褶》引《魏百官名》	疑"道盛此"为衍文，意魏兴此制，或后人追述语。

注：①徐坚等撰，司义祖点校《初学记》，中华书局，1962，第534～535页。

②陈槃：《汉晋遗简识小七种》（下册）"发十二矢、一束矢"条，中研院历史语言研究所，第76～79页。

③徐坚等撰，司义祖点校《初学记》，中华书局，1962，第537页。

④检日本金泽文库藏宋刻本《初学记》皆作"名"。

⑤徐坚等撰，司义祖点校《初学记》，中华书局，1962，第537页。

⑥徐坚等撰，司义祖点校《初学记》，中华书局，1962，第537页。

⑦徐坚等撰，司义祖点校《初学记》，中华书局，1962，第540页。

晋令制订考

（一）晋令之制定

司马氏牢牢掌握曹氏政权以后，对蜀、吴两国采取攻势并乘势攻灭蜀国，对内则杀伐异己，篡夺之心昭然若揭，并开始大修律令为改朝换代做准备。①《晋书·刑法志》载："令贾充定法律，令与太傅郑冲②、司徒荀颛、中书监荀勖③、中军将军羊祜、中护军王业、廷尉杜友，守河南尹杜预、散骑侍郎裴楷、颍川太守周雄、齐相郭颀、骑都尉成公绥、尚书郎柳轨及吏部令史荣邵④等十四人典其事"，进一步删定律令，最终"合二十篇，六百二十条⑤，二万七千六百五十七言……其余未宜除者，若军事、田农、酤酒，未得皆从人心，权设其法，太平当除，故不入律，悉以为令。施行制度，以此设教，违令有罪则入律。其常事品式章程，各还其府，为故事……凡律令合二千九百二十六条，十二万六千三百言，六十卷，故事三十卷。"⑥

---

① 《晋书》卷四十《贾充传》载贾充妻郭氏言："刊定律令，为佐命之功，我有其分。"中华书局，1974，第1171页。

② 《晋书》卷三二《郑冲传》："时文帝辅政，平蜀之后，命贾充、羊祜等分定礼仪、律令，皆先谘于冲，然后施行。"中华书局，1974，第992页。

③ 荀氏一门，在相隔不长的时间内，魏晋间两次参与修律的竟然有四人：荀诜与弟荀颛及荀勖、荀煇。可见，荀氏门资之盛。

④ 《晋书》卷四十《贾充传》列举修律参与者，有"荀煇"，无"荣邵"。据此，日本学者堀敏一指出，"荣邵"应是"荀煇"之讹。查《三国志·荀彧传》引《荀氏家传》载荀彧有兄荀闳，荀闳从孙荀煇，"字景文，太子中庶子，亦知名，与贾充共定音律，又作《易集解》。""音律"，应是"晋律"错讹所致。详见堀敏一《晋泰始律令之路》，载杨一凡总主编、冈野诚主编《中国法制史考证》丙编第二卷《日本学者考证中国法制史重要成果选译——魏晋南北朝隋唐卷》，中国社会科学出版社，2003，第295页。

⑤ 笔者按：《通典》一六三、《通志》六十、《文献通考》一六四都作"六百三十条"；更奇怪的是，《唐六典》卷六"刑部郎中"条注则作"一千五百三十条"。晋律令早佚，疑《唐六典注》误引，前一种说法是对的，即晋律应为"六百三十条"，晋令则为"二千二百九十六条"。

⑥ 《晋书》卷三十《刑法志》。中华书局，1974，第927页。

晋律令之修定始于司马昭为晋王，此事，《晋书·文帝纪》系于咸熙元年七月，即 264 年。《晋书·武帝纪》，泰始四年，即 268 年，律令成。前后共耗时 5 年时间。而修律群臣之中，多精通法律者，据学者考证，此乃时代风气使然。而且，与曹魏重刑名学相承续，晋代人逐渐玄学化，在法律思想上，更重视理论辨析和抽象思维。修律大臣们多集名理学与律学于一身。① 玄学之于律学，类于逻辑之于西方法学，乃方法论层面的物事。正因此，晋律令方能取精用宏，理论水平更胜一等，成为中华法典不祧之正宗。当然，律学因名理学、玄学而显，亦因二者被虚名化而衰落，依附性的事物，总是其兴也忽，其衰也速。

从前文所言后汉诸大儒为律做章句，至"魏武好法术，而天下贵刑名"，魏明帝下令设"律博士"，再到主修魏《新律》之刘劭精通刑名学，直至修晋律诸臣多精于论辩、法理，最终出现张斐《注律表》这篇代表中国古代法学理论最高水平的论文。② 这些事实在在说明，汉末至晋初，曾经出现过一个逐渐重视法律并因之催生律学繁荣的时代。随着"累世仕宦为特征，具有共同文化特征，分享一个带有封闭性的通婚、交游网络的大族群体已日渐成型"③，世家大族子弟平流进取已成为常态，清议评定成为仕宦之重要凭据，名士做派成为终南捷径，律学逐渐被边缘化甚或不耻，衰落自是必然。我们不能因之昙花一现，即轻视其重大意义。汉末魏晋之际，是思想、制度嬗变激烈的时代，值得我们深入探究。

经过这次大规模的厘定，律令条文较之汉代的几百万言精练了很多，律令分野大局也最终完成。曾对晋律做过注解的杜预说："律以正罪名，令以存事制，两者相须为用"④；又说："凡令以教喻为宗，律以惩正为本"⑤，

---

① 韩树峰：《汉魏法律与社会》，社会科学文献出版社，2011，第 82 ~ 91 页。

② 韩树峰：《汉魏法律与社会》，社会科学文献出版社，2011，第 91 页。

③ 仇鹿鸣：《魏晋之际的政治权力与家族网络》，上海古籍出版社，2012，第 297 页。

④ 《北堂书钞》卷四五《律令》引；《太平御览》卷六三八《律令下》；《官位令集解》，转引自堀敏一《晋泰始律令之路》，载杨一凡总主编，冈野诚主编《中国法制史考证》丙编第二卷《日本学者考证中国法制史重要成果选译——魏晋南北朝隋唐卷》，中国社会科学出版社，2003，第 297 页。

⑤ 此乃杜预预奏事之言，出自《官位令集解》所引。转引自堀敏一《晋泰始律令之路》，载杨一凡总主编，冈野诚主编《中国法制史考证》丙编第二卷《日本学者考证中国法制史重要成果选译——魏晋南北朝隋唐卷》，中国社会科学出版社，2003，第 297 页。

清楚地阐明了律令之别，是对晋代实现的律与令对等分工关系的确定。陈寅恪先生曾言："律令性质本极近似，不过一偏于消极方面，一偏于积极方面而已。"① 黄正健《〈天圣令〉中的律令格式敕》一文也说："从《令》与《律》的关系看，二者是两种各自独立的法律体系。《令》的重点在'事'，《律》的重点在'罪'。在《令》中很少有'依律'如何处理的表现。在《律》中也很少有'依令'如何处理的条文。《律》、《令》各有其发挥效力的范围，是唐代法律体系的主体。"② 这句话正好为之做了注脚。至此，律令由秦汉时的混淆难清过渡到了截然有别。至唐代，"律以正刑定罪，令以设范立制，格以禁违止邪，式以轨物程事"③ 或"唐之刑书有四，曰：律、令、格、式。令者，尊卑贵贱之等数，国家之制度也；格者，百官有司之所常行之事也；式者，其所常守之法也"④。从唐代始，律令的区分更加明晰。

曹魏在律令制定方面取得的伟大成就，却因其律令文本无传与可资佐证材料极少的缘故，学界对曹魏律令的研究与评价仍大多停留在推测层面。与曹魏律令相比，晋代的律令资料则相对要多，尤其是《唐六典》中保留了晋律 20 篇及晋令 40 篇的名称，加之各种正史及类书中所散见的律令条文，故对晋律令的研究则更有章可循。表 1 乃从曹魏至宋令的对照表，从中可以直观地看出晋令在令制发展中的重要作用。

表 1　曹魏令至宋天圣令对照表

魏令	晋令	梁令	北齐令①	隋令	唐令	宋天圣令②
州郡	户	户	吏部	官品上	官品上	官品上
尚书官	学	学	考功	官品下	官品下	官品下
军中	贡士	贡士赠官	主爵	诸省台职员	三师三公台省职员	三师三公台省职员
邮驿	官品	官品	殿中	诸寺职员	寺监职员	寺监职员
变事	吏员	吏员	仪曹	诸卫职员	卫府职员	卫府职员

① 陈寅恪：《隋唐制度渊源略论稿》，上海古籍出版社，1982，第 100 页。

② 载荣新江主编《唐研究》第 14 卷，北京大学出版社，2008。

③ 《唐六典》卷六《刑部郎中员外郎》，中华书局，2014，第 185 页。

④ 《新唐书》卷五六《刑法志》，中华书局，1975，第 1407 页。

续表

魏令	晋令	梁令	北齐令	隋令	唐令	宋天圣令
	俸廪	服制	三公	东宫职员	东宫王府职员	东宫王府职员
	服制	祠	驾部	行台诸监职员	州县镇戍岳渎关津职员	州县镇戍岳渎关津职员
	祠	户调	祠部	诸州郡县镇戍职员	内外命妇职员	内外命妇职员
	户调	公田公用仪迎	主客	命妇品员	祠	户
	佃	医药疾病	虞曹	祠	户	祠
	复除	复除	屯田	户	选举	选举
	关市	关市	起部	学	考课	考课
	捕亡	劫贼水火	左中兵	选举	宫卫	宫卫
	狱官	捕亡	右中兵	封爵俸廪	军防	军防
	鞭杖	狱官	左外兵	考课	衣服	衣服
	医药疾病	鞭杖	右外兵	宫卫军防	仪制	仪制
	丧葬	丧葬	都兵	衣服	卤簿上	卤簿上
	杂上	杂上	都官	卤簿上	卤簿下	卤簿下
	杂中	杂中	二千石	卤簿下	公式上	公式上
	杂下	杂下	比部	仪制	公式下	公式下
	门下散骑中书	宫卫	水部	公式上	田	田
	尚书	门下散骑中书	膳部	公式下	赋役	赋役
	三台秘书	尚书	度支	田	仓库	仓库
	王公侯	三台秘书	仓部	赋役	厩牧	厩牧
	军吏员	王公侯	左户	仓库厩牧	关市	关市（捕亡令附）
	选吏	选吏	右户③	关市	医疾	医疾（假宁令附）
	选将	选将	金部	假宁④	狱官	狱官
	选杂士	选杂士	库部	狱官	营缮	营缮
	宫卫	军吏		丧葬	丧葬	丧葬（丧服年月附）

续表

魏令	晋令	梁令	北齐令	隋令	唐令	宋天圣令
	赎	军赏		杂	杂令	杂令
	军战					
	军水战					
	军法					
	军法					
	军法					
	军法					
	军法					
	军法					
	杂法					
	杂法					
	共40篇 2296/2306⑤条	共30篇	40⑥卷，权令2卷：共30篇	30卷	30卷 1546条	
						《天圣令》残卷、《郡斋读书志》
《晋志》	《唐六典》	《唐六典》	《隋志》	《唐六典》	《唐六典》	

注：①北齐令的具体名称难知，据《唐六典》卷六《刑部郎中》注有言："北齐令赵郡王叡等撰律令五十卷，取尚书二十八曹为其篇名，又撰《权令》二卷，两令并行。"所以，此处表中所列的北齐令名，皆依照北齐二十八曹名罗列于此，而北齐二十八曹曹名则取自《隋书·百官志》所列。

②《玉海》卷六十六曰："（天圣）七年五月己巳，诏以《新修令》三十卷，又附《令敕》颁行（注：《志令文》三十卷，附《令敕》一卷）。乃下两制看详，既上，颁行之。"（注：先是诏参政吕夷简等参定令文，乃命庞籍、宋郊〔即宋庠，宋祁的哥哥。日人浅井虎夫《中国法典编纂沿革史》误为"宋祁"〕为修令官，取《唐令》为本，参以新制。七年五月十八日，上删修《令》三十卷。）《郡斋读书后志》卷一曰："《天圣编敕》三十卷，右天圣中，宋庠、庞籍，受诏修改《唐令》，参以令制而成。凡二十一门：《官品》一、《户》二、《祠》三、《选举》四、《考课》五、《军防》六、《衣服》七、《仪制》八、《卤簿》九、《公式》十、《田》十一、《赋》十二、《仓库》十三、《厩牧》十四、《关市》十五、《捕亡》十六、《医疾》十七、《狱官》十八、《营缮》十九、《丧葬》二十、《杂》二十一。"日人浅井虎夫《中国法典编纂沿革史》（陈重民译，李孝猛点校，中国政法大学出版社，2007，第178页）已经指出，《郡斋读书志》作《天圣编敕》，非也。这些明显是《天圣令》的篇目。对比新近发现的《天圣令》残卷，我们可知，《郡斋读书志》尚有一处错误，即《捕亡》十六其实附于《关市》之后，并未单独成篇，如此总数又少1篇，比对可知，应讹脱了《宫卫》1篇。另外，21门并不代表即为21篇。看《天圣令》

残卷，21 篇以后的田令至杂令，跟《唐令》顺序篇目名全同。所以，笔者认为，《官品》应该包括唐令中《官品上》至《内外命妇职员》共 8 篇令。《天圣令》跟《唐令》在篇目上唯一的区别，就是《户》与《祠》调换了次序而已。

③《通典》卷二三《户部尚书》北齐有"左户、右户"。霍存福译池田温著《唐令与日本令——〈唐令拾遗补编纂集议〉》（《比较法研究》1994 年第 1 期）列表做"左民、右民"。不确。

④唐令篇目中未见《假宁令》，按新发现的《天圣令》的记载，应该是附在了《医疾令》之后。

⑤《晋书》卷三十《刑法志》载晋"律令合二千九百二十六条，十二万六千三百言，六十卷。"又言晋律"二十篇，六百二十条，二万七千六百五十七言。"另据《通典》一六三、《通志》六十、《文献通考》一六四，皆言晋律是"六百三十条"。如此，晋令条数与字数就有两个版本：一、二千三百零六条，九万八千六百四十三言；二、二千二百九十六条，九万八千六百四十三言。

⑥《唐六典》卷六《刑部郎中》条以为"五十"卷。

《唐六典》"刑部郎中"条注云："后魏命崔浩定令，后命游雅等成之，史失篇目；后周命赵肃、拓跋迪定令，史失篇目。"因文献缺失，我们对北魏与北周的令典情况无从知晓。

结合史实与表 1 我们可知，曹魏、西晋是令由诏令集到令典的质变时期。曹魏对律令做了初步系统的整理，厥功至伟。但曹魏时期的令不论是令篇分布还是令篇内容，都还比较笼统庞杂；西晋时，继踵曹魏，使律令分野最终定型。曹魏的令很庞杂，有 225 篇之多，估计还附带着不少自秦汉遗留下来的许多尚未来得及清理的诏令。而晋令则仅有 40 篇，且已细化为事项令。"张家山汉简"中的《津关令》已是事项令之属，说明其起源较早。但纵观整个汉代，令的称法在事项令之外尚有干支令、挈令等。而把令篇名统一依照"事项"来指称，也许在曹魏时已如此，因材料所限，我们只好把劳绩归于晋代。从此，令名定于一尊，不再有干支令、挈令、事项令之纷杂。若把晋令与魏令细加比较就会发现，晋时所做的工作中最重要的即是细化魏令。但总体上还是能看出受"州郡令、尚书官令、军中令"三分法影响的痕迹。只因国家尚未统一，行政部门正需高效运转，以尚书、中书、门下三省为核心的全新的行政体系正在形成完善之中，诸多事务因有了令典的规范而走上了正规化的道路。平定蜀国以后，晋朝实力远超吴国，自信心日强，政局也更为稳定，军事行动自然也减少了不少，日常行政事务变成了国家各级机构最重要的职责。此时的行政行为则需要法律化、体系化、高效化，因此，一些过时或闲置的令条被删掉了，最明显的是军法，由曹魏时期《尚书官令》的 180 余篇减到西晋的 10 多篇①，再到梁代的 5 篇，到唐时，仅存"军防"1 篇而已。各代可知的令条总数，晋令 2306 条抑或 2296 条，唐令 1546 条抑或 1590 条，唐令比晋令要少 700 余条。究其原因，固然有令条过期作废的因素，但删减的大宗，应是军令。由此反推，晋令中的军令应还有很多，魏令中的军令理应更多，其数量可能与《州郡令》、《尚书官令》的总数相匹敌。

再就晋令的具体篇目做一分析。与后世令篇的布局相较，晋令显得有点凌乱；但究其实，晋令如此编排有自己的逻辑。"九品官人法"确立以后，选官成为国家行政工作的第一步，而培养官人之基础自是户口的繁殖与知识的训练，故"户"、"学"居令典之首。"贡士"至"服制"的内容，关涉所有官员。"祠"至"杂下"的内容，规定的是各级官员的职掌问题。"捕亡、狱官、鞭杖"三篇，是各级司法官员的职掌。门下、尚书、御史台等乃国家的核心政制机构，故对其职掌予以单列，凸显出其地位与作用的重要。西晋时大封诸侯，虽然律典中有《诸侯》一篇，细则部分则需由令来补充，故有"王公侯"之篇。军法方面，因国家尚未统一，军事行为时有发生，修令之时虽已删削甚多，然如何处置，尚无良法，故权作保留。以今人之"后见之明"，当然会发觉晋令有诸多不合理、不完善之处。比如，令篇一开始就有"户令"，后面却又有"户调令"及"佃令"，这三者之间又两两相交叉——"户令"与"户调令"有交叉，"户调令"又与"佃令"有交叉——的关系。所以，后世立法者对这三者作了调整，整合为"户令"、"田令"与"赋役令"，使其眉目清楚，内容明晰。"杂令"之设也有问题，把后世包罗前面令所未涵括的事项集中于一篇，由于魏令过于庞杂，晋令在继受时分为"杂令"、"杂法"。总之，无论魏晋令如何变化，晋令为事项令的令典是可以确定的，它也是晋以降的梁令（503 年）、隋开皇令（581 年）及唐永徽令（651 年）等后续令典的最初

---

① 笔者认为，从"军吏员"以下的篇目，除"宫卫"、"赎"以外，都是军法；而且，在战争年代，"宫卫"跟军法的牵涉很多，而"赎"之所以被编排在这附近，未必不是作为战争时期的一种变通易行的刑罚执行方法的缘故。

形态。①

《唐六典》记载的《晋律》20 篇篇目是："刑名、法例、盗、贼、诈伪、请赇、告劾、捕、系讯、断狱、杂、户、擅兴、毁亡、卫宫、水火、厩、关市、违制、诸侯"；记载的《晋令》40 篇篇目是："户、学、贡士、官品、吏员、俸廪、服制、祠、户调、佃、复除、关市、捕亡、狱官、鞭杖、医药疾病、丧葬、杂、门下散骑中书、尚书、三台秘书、王公侯、军吏员、选吏、选将、选杂士、宫卫、赎、军战、军水战、军法、杂法。"日本学者冨谷至先生说晋律有 35 种②，不知何意？晋律、令之中，"杂"除外，重复的仅有"关市"与"捕"（"捕亡"）及"户"3 篇。冨谷至认为，《晋书·刑法志》记载的《晋律》20 篇应该是"刑名、法例、盗、贼、诈伪、请赇、告劾、囚、捕、系讯、断狱、杂、户、擅兴、毁亡、卫宫、水火、厩、违制、诸侯。"即用"囚律"取代了"关市律"。③《晋书·刑法志》记晋律修定情况时曾言："就汉九章，增十一篇，仍其族类，正其体号，改旧④律为《刑名》、《法例》，辨《囚律》为《告劾》、《系讯》、《断狱》，分《盗律》为《请赇》、《诈伪》、《水火》、《毁亡》，因事类为《卫宫》、《违制》，撰《周官》为《诸侯律》，合二十篇。""分"《盗律》为《请赇》、《诈伪》、《水火》、《毁亡》，而《盗律》仍在，为什么"辨"《囚律》为《告劾》、《系讯》、《断狱》，就一定要废掉《囚律》呢？对于"分"、"辨"二字的解释不同，正是后人对晋律篇目产生争议的重要原因。前引《晋书·刑法志》说"就汉九章，增十一篇，仍其族

---

① 冨谷至：《通往晋泰始律令之路（Ⅱ）：魏晋的律与令》，朱腾译、徐世虹校译，载中国政法大学法律史学研究院《日本学者中国法论著选译》，中国政法大学出版社，2012，第 178 页。

② 冨谷至：《通往晋泰始律令之路（Ⅱ）：魏晋的律与令》，朱腾译、徐世虹校译，载中国政法大学法律史学研究院编《日本学者中国法论著选译》，中国政法大学出版社，2012，第 177 页。

③ 详见冨谷至《通往晋泰始律令之路（Ⅱ）：魏晋的律与令》，朱腾译、徐世虹校译，载中国政法大学法律史学研究院编《日本学者中国法论著选译》，中国政法大学出版社，2012，第 169~170、177 页。

④ 日本学者滋贺秀三及中国学者刘俊文皆认为"旧"乃"具"之讹。见滋贺秀三《西汉文帝的刑法改革和曹魏新律十八篇篇目考》，载刘俊文主编《日本学者研究中国史论著选译》（第 8 卷），中华书局，1992，第 91 页；刘俊文《唐律疏义笺解》，中华书局，1996，第 9 页注 28。

类，正其体号"，若严格推导的话，就是：《九章律》的"九"［盗、贼、囚、捕、杂、具（刑名）、户、兴（擅兴）、厩］加新增加的"十一"［法例、告劾、系讯、断狱、请赇、诈伪、水火、毁亡、卫宫、违制、诸侯律］篇恰好成了《晋律》20篇。似乎没有必要再加上令中已有的《关市律》。《唐六典》记载的《梁律》篇目中有《关市律》而无《囚律》，《梁令》中亦有《关市令》。唐律令是沿袭晋律令而来，我们不能因此反推晋律令的格局就应该雷同于梁律令。笔者推测，晋律可能确实保留了《囚律》，这是为了标榜自己远踪汉律，但由于《囚律》的内容基本已被别的律篇分割代替，故至迟到梁代修律时，用日渐重要的《关市令》中的通则性规定提炼整合为《关市律》，取代了《囚律》，把《关市令》中的一些具体规定仍保留在了《令典》之中。从表1所列《周大律》与《隋大业律》一再恢复《关津律》与《关市律》的设置可知，《关市律》（或者《关津律》）的地位有多么重要。在令典中，尚有户、断狱、狱官等篇目应该与律中的相关篇目有重复，只是令中的规定比律的规定可能更细化，这从《唐律疏议·断狱》与《唐令拾遗·狱官令》的规定一比对即可发现端倪。

在新律令颁下之后，晋武帝司马炎曾亲自临讲，并大赦天下。律令分野已成，大局已定。东晋、南朝基本是在遵习西晋律令，故各代的朝臣们论及法律问题时争论最多的是如何遵守法令。两汉朝臣们最头疼的律令繁杂问题，在西晋修律令之后则甚少被提及①，执法者最烦心的是古代司法领域最头疼的问题——有法不依。可见晋律令制定有多么地成功，确实做到了"实曰轻平，称为简易"②的地步。北朝历代统治者提倡修订律令之事则不少，可修律之时，晋律令早已成了他们绕不过去的圭臬之作。在此意义上，陈寅恪先生所言"（晋律）既为南朝历代所因袭，北魏改律，复

---

① 《晋书》卷三十《刑法志》中所载刘颂上疏极具代表意义，除一次是倡言恢复肉刑者外，他基本是在阐述依法司法的问题："每有疑狱，各立私情，刑法不定，狱讼繁滋"；"法渐多门，令甚不一"；"宜立格为限，使主者守文，死生以之，不敢错思于成制之外，以差轻重，则法恒全。事无正据，名例不及，大臣论当，以释不滞，则事无阂"；"又律法断罪，皆得以法律令正文，若无正文，依附名例断之，其正文名例所不及，皆勿论"；"至于法律之内，所见不同，乃得为异议也……不得援求诸外，论随时之宜，以明法官守局之分。"

② 《隋书》卷二五《刑法志》，中华书局，1973，第696页。

采用之，辗转嬗蜕，经由（北）齐隋，以至于唐，实为华夏刑律不祧之正统"，一点不为过！但必须指出的是，晋律之功亦包括晋令在内。

（二）律令分野之生成

李玉生先生曾言："中国古代律令法系的形成，实肇始于中国古代法律发展史上的一个划时代的事件——魏晋律令分野。"[①] 又说："在秦汉，律与令处于混同状态，两者既没有成为各自独立的法典，在内容和规范性质上也没有明确区分。"[②] 笔者不赞同李先生的观点。其实，早在秦汉之时，律令已经有必要的区分，只是令典尚未出现，且令中一般还附有罚则，后人因此说它尚是律或谓律令不分。细考史实，则知此说不甚准确，何况《张家山汉简·二年律令》中已有《津关令》存在。

至魏晋时，尤其是晋代修律令之时，律令之间才有严格区分。"晋令"来源不少是"旧律"之"未宜除者，若军事、田农、酤酒"，于是就"权设其法，太平当除，故不入律，悉以为令。"若是"施行制度，以此设教"时，出现了违反令的行为的，"违令有罪则入律"[③]，是只能用刑罚来处罚的。关于晋令，留存的资料较多，而且《唐六典》还保留了其具体的篇目。近人张鹏一先生所辑《晋令辑存》与程树德先生所编《九朝律考·晋律考》中，都曾辑佚、整理了不少晋令令条。通过这些资料，可以了解晋令的大概情况。但是，魏令的研究却没这么容易，无论是其篇目，还是其具体条文内容，都十分模糊、凌乱，需要继续认真研究。

魏晋时能够产生令典，主要是官僚制度发展到一定程度的结果，亦与当时律学理论尤其是早已存在的对律令进行粗疏区分的理论之推演关系紧密。为什么令典会选择类似于今天不附带罚则的行政法规的性质与模式呢？日本学者冨谷至先生在前辈学人曾我部静雄观点的基础上提出，应是

---

① 李玉生：《魏晋律令分野的几个问题》，《法学研究》2003 年第 5 期。
② 李玉生：《魏晋律令分野的几个问题》，《法学研究》2003 年第 5 期。
③ 《晋书》卷三十《刑法志》，中华书局，1974，第 927 页。

受了礼典，尤其是《周礼》的影响所致。① 他指出："大致上说，《周官》并非仅记录周时理想官制的典籍。如同'王建国，辨正方位，体国经野，设官分职'这一著名序言所指出的那样，它是对整体行政体系做出广泛解说的著作，可说《周官》是被理想化了的周的行政法规。在礼法交叉、令典这一新法典与刑法典对置的阶段，在以《周官》为礼典的意识下，令典得以产生，并具有了现实的行政法典的性质。由于晋律二十篇之一的'诸侯律'可视为是以《周官》为参考的刑罚法规（撰周官，为诸侯律，合二十篇），《续汉书·百官志》的作者司马彪，在晋泰始令成立时任秘书郎，他所说的'《周官》并不只是反映了一种周室牧民的理想，而是在未来成为重要参考对象的规范'，如果将它当作晋泰始律令成立时已意识到《周礼》之有效性的史家之言，则具有更深的重要性。"② 其实，曹魏的刘邵在制定"都官考课"时，仿效的也是《周礼》。类似的观点，仁井田陞先生也曾提及，他说："唐令和古代典章制度，特别是和《周礼》也有很深的联系。与前述仪制令同样的制度，可见于地官鼓人、夏官大朴、秋官庭氏等。"此外，他还列举了周代的"五听"制度是如何在后世的《狱官令》中体现的。他还特别指出，唐令与礼的关系很深，像祠、仪制、衣服、卤簿、假宁、丧葬各令的规定大多取材于礼；还有不少依令修礼或不修礼而对令加以修改的资料。③ 另一位日本学者堀敏一先生的观点亦具启发性，他指出，《法经》六篇，"可知其主要是有关君主权力下维持治安的部分，显示出君主对人民的公法统治的建立，却未见专为统治人民的国家机构运作的法律分支。而睡虎地秦简中所谓'秦律十八种'的部分，显然是关于国家机构运作的行政法规。其中的每一条，原先都以被称作'令'的单行法令的形式出现，其令文都是经搜集、分类，并冠以田律、

---

① 有关《周礼》与晋律令的关系及刑罚与非刑罚的区别，曾我部静雄已有论及，见曾我部静雄《中国法律史之研究》，吉川弘文馆，1971，转引自富谷至撰《通往晋泰始律令之路（Ⅱ）：魏晋的律与令》，朱腾译、徐世虹校译，载中国政法大学法律史学研究院编《日本学者中国法论著选译》，中国政法大学出版社，2012，第187页。

② 富谷至：《通往晋泰始律令之路（Ⅱ）：魏晋的律与令》，朱腾译、徐世虹校译，载中国政法大学法律史学研究院编《日本学者中国法论著选译》，中国政法大学出版社，2012，第187页。

③ 见仁井田陞《〈唐令拾遗〉序论》，载氏著《唐令拾遗》，栗劲、霍存福等编译，长春出版社，1989，第841～842页。

厩苑律、仓律等名称的东西。于是秦代这个时期，作为单行法令颁布的有'令'，其中多少被法典化的则是'律'。当然正如本文开头所说，在被视作行政法规的法律中，许多内容都伴随有刑罚，尚未形成后世那种律与令的分野。"①

若要探究魏令，我们就必须精读传世文献，看能否从中发现吉光片羽。《晋书·刑法志》载："制《新律》十八篇，《州郡令》四十五篇，《尚书官令》、《军中令》合百八十篇。"《唐六典·刑部郎中》注言："魏命陈群等撰州郡令四十五篇，《尚书官令》、《军中令》合百八十余篇。"这说明，后人对魏令的篇名与篇数无异议，共225篇。至于令名是否仅此3种，则应审慎态度。《晋书·刑法志》言："除《厩律》，取其可用合科者，以为《邮驿令》。其告反逮验，别入《告劾律》。上言变事，以为《变事令》。"这里又出现了两种令名——《邮驿令》、《变事令》，不知其是两种单行令，抑或前面提及的三类令（州郡令、尚书官令、军中令）中的一种子令呢？若按学界通说，令典应该是封闭性的，不能随意增删内容。那么，以之为单行令的说法就难以站得住脚了。我们再拿州郡令、尚书官令、军中令这三种令的名称与晋令篇目做比较，就知它们应为令种类名而非具体令篇名。魏令只是大致地把令分成了三大类，并不代表这三种类名之下就不存在其他子令了。

冨谷至先生曾提出：魏时设立的军中令、尚书官令、州郡令等令的三种类别，是汉代的干支令与挈令合二为一并加入战时曹操时期的军中令的产物。② 这种推测自然不错，但是，仅止于此，怕是过于低估了魏令的划时代意义。魏令应该已经对令做了较细密的划分。笔者还赞同堀敏一先生的另一观点："晋令的顺序，与后世的隋唐令大相径庭。晋令以户令开端，至杂上中下有个中断，然后从中央官职的门下散骑中书开始，至赎令再一次中断，最后是军战以下的十篇。这种三分法，大约是以魏令的州郡令、

---

① 堀敏一：《晋泰始律令的制定》，载杨一凡总主编，冈野诚主编《中国法制史考证》丙编第二卷《日本学者考证中国法制史重要成果选译——魏晋南北朝隋唐卷》，中国社会科学出版社，2003，第283页。

② 冨谷至：《通往晋泰始律令之路（Ⅱ）：魏晋的律与令》，朱腾译、徐世虹校译，载中国政法大学法律史学研究院编《日本学者中国法论著选译》，中国政法大学出版社，2012，第172页。

尚书官令、军中令为样板的，特别是晋令的第二组和第三组，完全与魏令的尚书官令和军中令相对应。第三组的十篇，在基本沿袭晋令的梁令那里，几乎被删削殆尽，梁令总数减为三十篇。"①

以《军中令》为例，程树德先生在《九朝律考》中曾经收罗了现今尚可见的一些《魏武军令》与《军令》：

1. 吾将士无张弓弩于军中。其随大军行，其欲试张②弓弩者，得张之，不得著箭。犯者，鞭二百，没入吏。（《通典》卷一四九引"魏武军令"）

2. 不得于营中屠杀卖之。犯令，没所卖皮。都督不纠白，杖五十。（《通典》卷一四九引"魏武军令"）

3. 始出营，竖矛戟，舒幡旗，鸣鼓。行三里，辟矛戟，结幡旗，止鼓。将至营，舒幡旗，鸣鼓。至营讫，复结幡旗，止鼓。违令者，髡减③以徇。（《通典》卷一四九引"魏武军令"）

4. 军行，不得斫伐田中五果、桑、柘、棘、枣。（《通典》卷一四九引"魏武军令"）

5. 兵欲作针对敌，营先白表，乃引兵就表。而临阵，皆无欢哗，明听鼓音，旗幡麾前则前，麾后则后，麾左则左，麾右则右。不闻令而擅前后左右者，斩。伍中有不进者，伍长杀之。伍长不进，什长杀之。什长不进，都伯杀之。督战部曲将拔刃在后，察违令不进者，斩之。一部受敌，余部不进救者，斩之。（《太平御览》卷二九六引"魏武军令"、《太平御览》卷三四一引"军令"）

6. 闻雷鼓音，举白幢绛旗，大小船皆进战，不进者斩。闻金音，举青旗，船皆止，不止者斩。（《太平御览》卷三四〇引"军令"）

这些令规定得都很细密，可能就是魏《军中令》之存世者。这些令条

---

① 堀敏一：《泰始律令的制定》，载杨一凡总主编、冈野诚主编《中国法制史考证》丙编第2卷《日本学者考证中国法制史重要成果选译——魏晋南北朝隋唐卷》，中国社会科学出版社，2003，第292页

② "张"，《通典》作"调"。

③ "减"，《通典》作"剪"。

皆附有罚则。若依有无罚则来界定律令是否分野，令典是否出现的话，则
魏令似乎还不能被称为令典。

让我们再看《九朝律考》中所辑佚的《晋令》之"军令"情况。

军战令

1. 弓弩士习弓（《太平御览》引"习"下无"弓"字）射者，给竹弓角弓，皆二人一张。（《初学记》卷二十二引《晋令》；《太平御览》卷三百四十七引《晋令》）

2. 两头进战，视麾所指，闻三金音止，二金音还。（《太平御览》卷三百四十一引《晋令》）

3. 军列营，步骑士以下皆著兜鍪。（《太平御览》卷三百五十六引《晋令》）

军水战令

1. 水战有飞云船、苍隼船、先登船、飞鸟船。（《初学记》卷二十五引《晋令》）

2. 水战飞云船，相去五十步；苍隼船，相去四十步。（《北堂书钞》卷一百三十七引《晋令》）

3. 水战飞云船，相去五十步；苍隼船，相去四十步；金船，相去三十步；小儿先登飞鸟船，相去五十步。（《太平御览》卷七百六十九引《晋令》）

4. 水战有飞苍隼船。（《太平御览》卷七百七十引《晋令》）

军法令

1. 误举烽燧，罚金一斤八两，故不举者，弃市。（《太平御览》卷七百三十四引《晋令》）

这些晋军令无疑是受了魏军令的影响，与魏军令基本都附带罚则相比，晋军令则基本没有附带罚则，仅有一条"军法令"除外，即"误举烽燧，罚金一斤八两，故不举者，弃市"。当然，这仅是我们今天可看到的晋军令的情况，这可能正是晋令与罚则分离的倾向在军令中的体现。只是作为军令，若没有罚则做后盾如何得以确保其被遵从呢？又如何来体现它的权威呢？笔者推测，正如上引晋军令所体现的那样，很可能一般的军

令中未设罚则，而是把罚则都集中到《军法令》中去了。作为军法，若没罚则存在的话，军人触犯军规怎么办？难不成都"违令有罪则入律"吗？这种处罚方法，针对一般令条而言已经可以了，但于军令如此则非，尤其在战争期间是会因滞后处罚而误事的，当然也不能如《唐律疏议·杂律》"违令"条所言："诸违令者，笞五十；别式，减一等。"如此轻微的处罚，怕是再没人遵从军法了！所以晋令中的军法令尚保留了罚则，后世军令可能单列①，不在令典中了。从此后，"违令有罪则入律"，"诸违令者，笞五十；别式，减一等"等规定才真正有意义。既然晋令尚有如此多的附带有罚则的军令存在，说明晋时形成的"律令分野"，并不如前人所说的那样干净、彻底。军令并非简单的行政法规，最终被从令典中分出单列亦是必然之事。如此，前引堀敏一先生的观点就有进一步申述的必要：晋令确实"大约是以魏令的州郡令、尚书官令、军中令为样板的"，但这一论点还不够完善。只有到了梁令的时候，军令"几乎被删削殆尽，梁令总数减为三十篇"以后，令典才真正成型。令典的成熟完备，应该是隋唐时才最终完成的。李玉生先生在滋贺秀三先生观点的基础上提出："由于犯罪和刑罚问题都已经被《新律》'都总'了，因而除了律，就不应再有什么刑法规范了。因此，如果说秦汉尚有所谓非刑法的行政律的话，那么从《新律》开始，律就成为刑法典的专称。既然如此，与《新律》同时制定的'魏令'当然也就不会或基本不会包括刑法规范，律令界限自然区别得非常清楚了！怎么能断言魏律令没有明确区分或者晋以前律令区别不清晰呢？"② 笔者认为这一观点有修正的必要。我们在理性上总是不赞成倏忽而至的质变，感性上却又最惦记划时代的大事件、大发现及对其伟大意义的总结与归纳，从而易于走入理性、感性交错的盲区里。笔者认为，晋令绝非横空出世之物，与前朝法律不可能是截然不同的。它的成就更多的应是延续了魏令荣光之故，而它的不足则又有待于后世的梁令、隋唐令来进

---

① 晋时，已有这种苗头存在了。《晋书》卷五三《愍怀太子传》载贾后欲谋害太子，"贾后使董猛矫以长广公主辞白帝曰：'事宜速决，而群臣各有不同，若有不从诏，宜以军法从事。'""以军法从事"，显然是军法快于、重于常法的缘故，常法是什么，当然是律令了。故笔者推测，到晋惠帝时，军法可能已有单列的趋势了。梁时的令中仅有《军吏》、《军赏》两篇，似乎跟严格的军令已无多大关系。

② 李玉生：《魏晋律令分野的几个问题》，《法学研究》2003 年第 5 期。

一步调适与完善。我们主张晋令具有划时代的意义，并非指晋令的超拔不群，唯我独尊，而是说晋令是由初步做出律令分野、粗略分出诸多令篇的魏令走向成熟完备的唐令这一过程中最关键的一环。它对具体篇名的称法、分法、结构、罚则的设置与否以及语言的简易平和等都定下了可资效仿的范本，为国家官僚体制的正常运行铺平了道路，为新的选官制度"九品官人法"① 的推行、发展保驾护航，并不断促使这一历史时期各种国家制度发展蜕变。经由南北朝，抵达隋唐，科举制度、三省六部制度、考课制度、赋税制度、监狱管理制度等重要的政治制度，哪个还能离得开被令典规范而存在呢？

笔者对《三国志·魏书》作了些许梳理，认为如下记载也许跟某些令篇存在关联性，故罗列如下：

> 《文帝纪》载：（东汉）延康元年二月，"宦人为官者不得过诸署令，为金策著令，藏之石室。"

当时，曹丕尚非皇帝，就"金策著令"，篡位之举早著。

> 《明帝纪》载："（太和三年）秋七月，诏曰：'礼，王后无嗣，择建支子以继大宗，则当纂正统而奉公义，何得复顾私亲哉！……其令公卿有司，深以前世行事为戒。后嗣万一有由诸侯入奉大统，则当明为人后之义；敢有佞邪导谀时君，妄建非正之号以干正统，谓考为皇，称妣为后，则股肱大臣，诛之无赦。其书之金策，藏之宗庙，著于令典。'"②

---

① "九品官人法"在宋以后习惯被称为"九品中正制度"，其实，在创造此制度的曹魏陈群本传里，提法是"九品官人之法"。日本学者宫崎市定先生认为"九品中正制"的称法要慎用，人们往往更注意"中正"制度而忘记了"九品"的真实意味。详见宫崎市定《九品官人法研究——科举前史》，韩昇、刘建英译，中华书局，2008，第55～56页；陈长琦《魏晋南朝的资品与官品》，《历史研究》1990年第6期。

② 《三国志·魏书》卷四《三少帝纪》引《魏略》说，司马师谋废齐王曹芳时，本意想立彭城王曹据。但是征求太后意见时，太后以为曹据比自己的辈分还高，不妥。又说"吾以为高贵乡公者，文皇帝之长孙，明皇帝之弟子，于礼，小宗有后大宗之义，其详议之。"最终，高贵乡公曹髦得立。

太和五年八月，诏曰："古者诸侯朝聘，所以敦睦亲亲协和万国也。先帝著令，不欲使诸王在京都者，谓幼主在位，母后摄政，防微以渐，关诸盛衰也。朕惟不见诸王十有二载，悠悠之怀，能不兴思！其令诸王及宗室公侯各将嫡子一人朝。后有少主、母后在宫者，自如先帝令①，申明著于令。"

以上三令，既是国家的根本国策，故藏之石室；又是政制性法规的核心，故著之于令。令典制定之后，应是属于《尚书官令》的部分。

《文帝纪》载黄初五年十二月，诏曰："先王制礼，所以昭孝事祖，大则郊社，其次宗庙，三辰五行，名山大川，非此族也，不在祀典。叔世衰乱，崇信巫史，至乃宫殿之内，户牖之间，无不沃酹，甚矣其惑也。自今，其敢设非祀之祭，巫祝之言，皆以执左道论，著于令典。"

《崔林传》载："鲁相上言：'汉旧立孔子庙，褒成侯岁时奉祠，辟雍行礼，必祭先师，王家出谷，春秋祭祀。今宗圣侯奉嗣，未有命祭之礼，宜给牲牢，长吏奉祀，尊为贵神。'"

《三少帝纪》载正始二年春二月，"帝初通《论语》，使太常以太牢祭孔子于辟雍，以颜渊配。"

正始五年五月癸巳，"讲《尚书》经通，使太常以太牢祀孔子于辟雍，以颜渊配。"②

正始七年冬十二月，"讲《礼记》通，使太常以太牢祀孔子于辟雍，以颜渊配。"

《唐令拾遗·祠令》："春秋二分之月上丁，释奠于先圣孔宣父，以先师颜回配（子骞、伯牛、仲弓、子有、子路、宰我、子贡、子游、子夏及左丘明、公羊高、谷梁赤、伏胜、高堂生、戴圣、毛苌、

---

① 《三国志·魏书》卷二《文帝纪》载黄初三年九月甲午，诏曰："夫妇人与政，乱之本也。自今以后，群臣不得奏事太后，后族之家不得当辅政之任，又不得横受茅土之爵；以此诏传后世，若有背违，天下共诛之。"

② 《三国志·魏书》卷四《三少帝纪》，正元元年九月，高贵乡公曹髦"讲《尚书》业终，赐执经亲授者司空郑冲、侍中郑小同等各有差"，并没有去"释奠"孔子。

孔安国、刘向、郑众、杜子春、马融、卢植、郑玄、服虔、贾逵、何休、王肃、王弼、杜预、范宁等从祀），祭以太牢，乐用登歌轩县六佾之舞，若与大祭祀相遇，则改用中丁。"

上列几则材料，关联性很强，易于看出其中的相承性。晋有《祠令》，依后世祠典，国家祭祀都有严格规定，禁绝淫祀；《祠令》中对祭祀孔子有详细的规定，也许这些规定在曹魏时已入令典，而晋制定《祠令》时，多依此。

> 《明帝纪》载：青龙二年春二月癸酉，诏曰："鞭作官刑，所以纠慢怠也，而顷多以无辜死。其减鞭杖之制，著于令。"
> 《晋书·刑法志》载："魏明帝改士庶罚金之令，男听以罚金，妇人加笞还从鞭督之例，以其形体裸露故也。"

笔者以为，这两处记载有重叠之处，体现到令典中，就是对《鞭杖令》的修改问题。《晋书·刑法志》所载很可能有讹脱或舛误，遂使整句话有了逻辑错误。依沈家本的说法，是魏明帝恢复了女人鞭督的刑罚[1]，即在此之前文中言"以其形体裸露故也"，自然说明以前笞刑笞臀部，女人下体裸露故有伤风化，今改为"鞭背"，只露出背部。笔者认为，这一看法值得商榷。汉代有"女徒顾山"之刑，是为了照顾女性而用实际上的罚金刑变通而成的处罚方法。我们循着优待妇女这条逻辑就会觉察到，此处"'男'听以罚金"，妇人反而"加笞还从鞭督之例"，甚不合情理与逻辑。也许本句调整为"男加笞还从鞭督之例，妇人听以罚金，以其形体裸露故也"，方能读通。纯属揣测，以就教于方家。

> 《高柔传》载，魏明帝时，高柔为廷尉，"时制，吏遭大丧者，百日后皆给役。"

此"制"可能正是《丧葬令》之制，也可能是当时的"故事"之制。

---

① 沈家本：《历代刑法考》，张全民点校，中国检察出版社，2003，第394页。

（三）晋令之修订

正像后世的唐宋令一样，随着一些重要的官职名称及其职掌的变化，或者都城的改变，抑或礼仪制度、赋役制度等的变更等原因，由于事关国体民生，故都需要对令进行修订①。从这个角度，我们可看出，对国家机构及其执政者们而言，令比律的使用性更普遍更日常。古代诸正史的《礼志》中规定的"五礼"——吉、凶、军、宾、嘉，多为帝王之礼与国家主导之下的礼仪规定，臣下之礼大多定于礼典之中；但一些事关身份、待遇，又需要官员们恪守本分不得违背的礼仪则都规定于令典中，以宣告其不得僭越、偏废。

古代政治范围不外乎礼、乐、政、刑四字。乐的制度先秦时已缺失严重②，后世多流于附庸之地位，聊胜于无；礼、政、刑制度秦后之任何朝代都概莫能弃。作为国家施政保障的法典，晋律令中之规定也逃不脱这四者。令典更注重积极的引导，律典则侧重消极的惩罚③。

以唐代多次重订令典的经历来比照现今可见的晋令条文，笔者认为，晋令的篇章及内容在颁布之后曾有过修订，但由于文献缺载，详细之处难以确知。最主要的改变是，罚则性的令条被逐渐排除在外——如军法令。程树德先生《晋律考》所辑的"杀人父母，徙之于二千里外"④这一规定，至唐代已成为"律"的条文。《唐律疏议·贼盗律》"杀人移乡"条言："诸杀人应死会赦免者，移乡千里外。其工、乐、杂户及官户、奴，并太常音声人，虽移乡，各从本色。若群党共杀，止移下手者及头首之人。若死家无期以上亲，或先相去千里外，即习天文业已成，若妇人有犯及杀他人部曲、奴婢，并不在移限，违者徒二年。"反观《晋令》的规定，《南史》所引应该是截取条文的部分而成，杀人父母乃死罪，

---

① 详见仁井田陞《〈唐令拾遗〉序论》，载氏著《唐令拾遗》，栗劲、霍存福等编译，长春出版社，1989，第809～835页。
② 杨伯峻先生曾说："'乐'的亡佚，或许是时代潮流的自然淘汰，《乐经》的失传是有它的必然性。"见文史知识编辑部编《经书浅谈》，中华书局，1984，第4页。
③ 参见陈寅恪《隋唐制度渊源略论稿》，上海古籍出版社，1982，第100页。
④ 《南史》卷十五《傅隆传》引旧令。

若没有赦免绝无徙刑可言，故"徙之于二千里外"应该是遇赦而减轻后的刑罚。

晋惠帝元康中就曾重新修订过令，《通典》卷三四《职官十六·特进》上有这样的记载："晋惠帝元康中定令：特进位次诸公，在开府骠骑上；冠进贤两梁冠，黑介帻，五时朝服，佩水苍玉。"① 而据《晋书·职官志》记载，"特进"，本来是汉朝官职，仅是附加在原官上的一种虚荣，至晋初依然如此，具体品位待遇都因人而异，太康时期，逐渐有了较为固定的待遇，至元康时才最终确定为二品及相关的待遇。

笔者梳理了《晋书》诸本纪及《礼》、《职官》、《舆服》、《食货》、《刑法》诸志及后世类书相关资料，又参考了张鹏一、程树德两先生所辑《晋令》，就晋泰始令②制定以后，认为有可能导致晋令修订的情况罗列如下：

> 晋武帝泰始四年二月，罢中军将军，置北军中候官。泰始七年十二月，罢中领军，并北军中候。（《晋书·武帝纪》）。

今见之《晋令》有北军中候无中军将军。说明此令条已非泰始原令。

> 泰始四年四月，罢振威、扬威护军官，置左右积弩将军。（《晋书·武帝纪》）。

今见之《晋令》有左右积弩将军，无振威、扬威护军官。说明此令条已非泰始原令。

> 泰始五年六月，罢镇军将军，复置左右将军官。（《晋书·武帝纪》）。

---

① 《唐六典》卷二"吏部郎中"条注及《晋书·职官志》有相类似的记载。仁井田陞以之为晋代修订令典的事件。见仁井田陞《〈唐令拾遗〉序论》，载氏著《唐令拾遗》，栗劲、霍存福等编译，长春出版社，1989，第804页。

② 据《晋书》卷三《武帝纪》，泰始律令颁布在晋武帝泰始四年正月丙戌，那么，在此之后的一些令内容的大变更都可能导致令典的重新修订。

今见之《晋令》有镇军将军，无左右将军官，应该是后世又有改回之令。

> 泰始八年四月，置后将军，以备四军。

今见之《晋令》有后将军。说明此令条已非泰始原令。

> 泰始九年，罢五官左右中郎将、弘训太仆、卫尉、大长秋等官。

今见之《晋令》确实没有五官左右中郎将、弘训太仆。但卫尉存在，据《晋书·职官志》："大长秋有后则置，无后则省"。说明此令设置有反复。

> 晋武帝咸宁元年六月，置太子詹事官。

今见之《晋令》有太子詹事官。说明此令条已非泰始原令。

> 咸宁二年五月，立国子学。

今见之《晋令》有国子博士、国子祭酒及国子生的称谓。说明此令条亦非泰始原令。

> 太康五年六月，初置黄沙狱。而《通典》卷三十四载晋《官品令》第六品中有"黄沙治书侍御史"。《晋书·职官志》载有"黄沙狱治书侍御史"一人，掌诏狱及廷尉不当者，皆治之。《宋书·百官志》载有"黄沙治书侍御史"，银印墨绶，朝服法冠。

今见之《晋令》有黄沙治书侍御史。说明此令条亦非泰始原令。

> 诸博士的设置。（《晋书·职官志》：晋初承魏制，置博士十九人。咸宁四年，置国子祭酒博士各一人，又有太常博士，掌引导乘

舆；王公以下应追谥者，则博士议定之。《宋书·百官志》：诸博士给皂朝服，进贤两梁冠，佩水苍玉。）

今见之《晋令》有黄沙治书侍御史。说明此令条亦非泰始原令。

尚书之设（《晋书·职官志》：晋置吏部、三公、客曹、驾部、屯田、度支六曹。太康中，有吏部、殿中、及五兵、田曹、度支、左民为六曹。又无驾部三公客曹。）

这明显说明太康中此令条有改动，已非泰始原令。

太康十年十一月，改诸王国相为内史。

今见之《晋令》有黄沙治书侍御史。说明此令条亦非泰始原令。

太康十年，皇子三人为郡王，领四郡，为城皆五万户。（《晋书·武帝纪》；《书钞》七十引晋《官品令》）

说明此令条定非泰始原令。

《晋书·武帝纪》载：太康五年秋七月，减天下户课三分之一。太康六年八月，减百姓绵帛三分之一。

这理应是《户调令》的规定。

《晋书·礼志上》：东晋"明帝太宁三年七月，始诏立北郊，未及建而帝崩。及成帝咸和八年正月，追述前旨，于覆舟山南立之。天郊则五帝之佐、日月、五星、二十八宿、文昌、北斗、三台、司命、轩辕、后土、太一、天一、太微、句陈、北极、雨师、雷电、司空、风伯、老人、凡六十二神也。地郊则五岳、四望、四海、四渎、五湖、五帝之佐、沂山、岳山、白山、霍山、医无闾山、蒋山、松江、会稽山、钱塘江、先农，凡四十四神也。江南诸小山，盖江左所立，犹如汉西京关中小水皆有祭秩也。"

这是晋代在祠制方面一次大的变动，我们拿《唐令拾遗·祠令》与上文相比对，会发现唐令不少令条明显应是晋代礼制、祠令的细化。

《晋书·礼志中》："汉魏故事无五等诸侯之制，公卿朝士服丧，亲疏各如其亲。新礼王公五等诸侯成国置卿者，及朝廷公孤之爵，皆傍亲绝期，而傍亲为之服斩衰，卿校位从大夫者皆绝缌。挚虞以为：'古者诸侯君临其国，臣诸父兄，今之诸侯未同于古。未同于古，则其尊未全，不宜便从绝期之制，而令傍亲服斩衰之重也。诸侯既然，则公孤之爵亦宜如旧。昔魏武帝建安中已曾表上，汉朝依古为制，事与古异，皆不施行，施行者著在魏科。大晋采以著令，宜定新礼皆如旧。'诏从之。"

上文说明，下级为诸侯及长官服丧之制，在魏科中有定制，被晋初定令时所采纳。新礼（估计是荀𫖯等人所定者）服制偏重，故挚虞觉得应该恢复原制，也就是晋令采纳的魏科之制。

《晋书·食货志》："又制户调之式：丁男之户，岁输绢三匹，绵三斤。女及次丁男为户者半输。其诸边郡或三分之二，远者三分之一。夷人输賨布，户一匹，远者或一丈。男子一人占田七十亩，女子三十亩，其外丁男课田五十亩，丁女二十亩，次丁男半之，女则不课。男女年十六已上至六十为正丁，十五已下至十三、六十一已上至六十五为次丁，十二已下六十六已上为老小，不事。远夷不课田者输义米，户三斛，远者五斗，极远者输算钱，人二十八文。① 其官品第一至于第九，各以贵贱占田，品第一者占五十顷，第二品四十五顷，第三品四十顷，第四品三十五顷，第五品三十顷，第六品二十五顷，第七品二十顷，第八品十五顷，第九品十顷。"

_____

① 程树德《晋令考》以此上部分入《户调令》。

这显然是《户调令》之令文，而且是平吴以后颁布的，显然不是晋泰始令原令文。

> 《食货志》又曰："又各以品之高卑荫其亲属，多者及九族，少者三世。宗室、国宾、先贤之后及士人子孙亦如之。而又得荫人以为衣食客及佃客，品第六已上得衣食客三人，第七第八品二人，第九品及举辇、迹禽、前驱、由基、强弩、司马、羽林郎、殿中冗从武贲、殿中武贲、持椎斧武骑武贲、持钑冗从武贲、命中武贲武骑一人。其应有佃客者，官品第一第二者佃客无过五十户，第三品十户，第四品七户，第五品五户，第六品三户，第七品二户，第八品第九品一户。"

这显然是《佃令》的令文，亦非晋泰始令原文可知。

> 《晋书·食货志》：及平吴之后，有司又奏："诏书'王公以国为家，京城不宜复有田宅。今未暇作诸国邸，当使城中有往来处，近郊有刍藁之田'。今可限之，国王公侯，京城得有一宅之处。近郊田，大国田十五顷，次国十顷，小国七顷。城内无宅城外有者，皆听留之。"

这条似乎应是《王公侯令》的令文，亦非晋泰始令之旧。

综上所述，如此多且涉及很多令的变动，晋令不可能不进行修订。正如上文及引用资料中所言，晋令肯定修订过，且不少可见的晋令已非泰始四年颁布的晋令原条文。

表 2　两晋令典修订事项详表

在位皇帝	事发年份	事由	应属令篇	泰始四年令	属令见晋令否
晋武帝	泰始四年	罢中军将军，置北军中候官	官品令	否	是
晋武帝	泰始四年	罢振威、扬威护军，置左右积弩将军	官品令	否	是
晋武帝	泰始五年	罢镇军将军，复置左右将军	官品令	否	否
晋武帝	泰始七年	罢中领军，并北军中候	官品令	否	否

续表

在位皇帝	事发年份	事由	应属令篇	泰始四年令	属令见晋令否
晋武帝	泰始八年	置后将军，以备四军	官品令	否	是
晋武帝	泰始九年	罢五官左右中郎将、弘训太仆、卫尉、大长秋等官	官品令	否	前两者否，后两者是
晋武帝	咸宁元年	置太子詹事	官品令	否	是
晋武帝	咸宁二年	立国子学	学令	否	是
晋武帝	咸宁四年	置国子祭酒博士各一人，太常博士，掌引导乘舆；王公以下追谥者，博士议定之		否	是
晋武帝	太康五年	初置黄沙狱（黄沙治书侍御史）	官品令	否	是
晋武帝	太康中	有吏部、殿中、及五兵、田曹、度支、左民六曹。无驾部三公客曹	官品令	否	未见。晋尚书设置变动大①
晋武帝	太康十年	皇子三人为郡王，领四郡，为城皆五万户	官品令或王公侯令②	否	《书钞》引晋《官品令》
晋武帝	太康五年	减天下户课三分之一	户调令	否	
晋武帝	太康六年	减百姓绵帛三分之一	户调令	否	
晋惠帝	元康中	特进位次诸公，在开府骠骑上	官品令	否	是
晋成帝	咸和八年	天郊、地郊祭祀诸神祇	祠令	否	
晋惠帝		下级为诸侯及长官服衰之制	丧葬令	否	
晋武帝	平吴之后	制户调之式	户调令	否	是
晋武帝	平吴之后	以品之高卑荫亲属及荫人为衣食客及佃客	佃令	否	是
晋武帝	平吴之后	王公侯营宅	王公侯令	否	推测是

注：①《晋书》卷二四《职官志》载：晋置吏部、三公、客曹、驾部、屯田、度支六曹，而无五兵。咸宁二年，省驾部尚书。四年，省一仆射，又置驾部尚书。太康中，有吏部、殿中及五兵、田曹、度支、左民为六曹尚书，又无驾部、三公、客曹。惠帝世又有右民尚书，止于六曹，不知此时省何曹也。及渡江，有吏部、祠部、五兵、左民、度支五尚书。祠部尚书常与右仆射通职，不恒置，以右仆射摄之，若右仆射阙，则以祠部尚书摄知右事。

②《北堂书钞》卷七十说这是晋《官品令》的条文，笔者认为，封诸侯土之事似乎属于"王公侯令"更宜。不知孰是，存疑。

　　从《晋书》诸志看，东晋时，官品及官职设置等仍时有变动，因此，《晋令》应还有修订的必要与可能。近人所收集的《晋令》佚文原本属于泰始四年令者，不知能有几何？

北魏天兴律令的性质和形态

北魏一朝律令体制的发展，包括其修订与形态、作用与地位及其演变过程，可以说是认识北朝法制和考虑唐法系渊源的首要问题。在这一问题的研究上，特别是在抉发、勾稽北魏律令的内容及其源流脉络上，法制史界长期以来已获得了可观成果，[①] 但也还存在着若干悬疑。其中一个突出的难点，在于其究竟是否存在从汉代样式的律令，向魏晋定型的那种《律》、《令》的发展历程。[②] 而溯其源头，问题又势必归结到道武帝天兴定制之时的"律令"形态和性质上，包括其究竟是取本于汉魏，还是取本于晋制等一系列问题。可以认为，如果这个问题不清楚、不解决，就无法真正说明北魏律令体制的发展起点及其后来的转折变迁，也会极大地限制北朝法制其他问题的讨论。[③]

本文即拟考察天兴元年所定"律令"的形态和性质，希望能澄清某些史实，消解相关的歧误纷纭，有助于建立北魏律令研究的可靠起点。

---

① 程树德《九朝律考》卷五《后魏律考》可称得上近现代研究北魏法律的奠基之作，此后中外学者的相关研究，均在其基础上展开。《九朝律考》，中华书局，1963，第 341～392 页。近年以来的研究成果，则可举出李书吉《北朝礼制法系研究》，人民出版社，2002，此书对孝文帝以来法的精神和《太和律》做了系统探讨。邓奕琦：《北朝法制研究》（中华书局，2005）一书则侧重于刑律体系，对北魏各朝刑律均有所涉。薛菁：《魏晋南北朝刑法体制研究》（福建人民出版社，2006）一书则对北魏法律思想、刑法制度的相关问题做了讨论。

② 陈寅恪：《隋唐制度渊源略论稿》四《刑律》："拓跋部落入主中原，初期议定刑律诸人多为中原士族，其家世所传之律学乃汉代之旧，与南朝之颛守晋律者大异也……至宣武帝正始定律，河西与江左二因子俱关重要，于是元魏之律遂汇集中原、河西、江左三大文化因子于一炉而冶之，取精用宏，宜其经由北齐，至于隋唐，成为二千年来东亚刑律之准则也。"实际已提出了这一问题。《隋唐制度渊源略论稿》，三联书店，1957，第 107 页。

③ 如邓奕琦《北朝法制研究》第一章"北朝法制研究之回顾"第一节"北朝法制研究之概况"二"对北朝法律源流（系统）之研究"列举了"北魏律源出汉律"、"北魏律因于魏晋律"、"北魏律承袭汉律参酌魏晋南朝律"、"北魏律源出晋律"四说，第 2～4 页。其实凡强调汉律影响者皆侧重于北魏前期而言，强调魏晋律影响者皆侧重于北魏后期而言，这些说法及邓氏的概括都不甚准确。

（一）天兴及五胡时期“律令”的涵义

《魏书》卷二《太祖纪》天兴元年十一月辛亥：

> 诏尚书吏部郎中邓渊典官制，立爵品，定律吕，协音乐；仪曹郎中董谧撰郊庙、社稷、朝觐、飨宴之仪；三公郎中王德定律令，申科禁；太史令晁崇造浑仪，考天象；吏部尚书崔玄伯总而裁之。

这次定制可称是道武帝开国建制的关键一步，《魏书》对此多有记载。如卷二十四《崔玄伯传》载其时道武帝“命有司制官爵，撰朝仪，协音乐，定律令，申科禁，玄伯总而裁之，以为永式”。同卷《邓渊传》载其当时为吏部郎，“与尚书崔玄伯参定朝仪、律令、音乐”。这些记载都表明当时制订了“律令”，但卷一一一《刑罚志》的记载却与之有异：

> 既定中原，患前代刑网峻密，乃命三公郎中王德除其法之酷切于民者，约定科令，大崇简易。

其中并没有提到“律令”，而所谓的“科令”，魏晋以来常指《律》、《令》之外随时随事形成的科条诏令，一般并不以此来指代《律》、《令》。① 考虑到《刑罚志》后文记太武帝以来屡次立法，必一一明确其是

---

① 《三国志》卷三十五《蜀书·诸葛亮传》载陈寿编定的《诸葛氏集目录》，内有《科令上第二十》、《科令下第二十一》两篇（《三国志》，中华书局，1971，第929页）。同书卷五十九《吴书·孙登传》载嘉禾三年孙权出征，命登留守，“时年谷不丰，颇有盗贼，乃表定科令，所以防御，甚得止奸之要”（第1364页）。《晋书》卷四〇《贾充传》载其入仕初拜尚书郎，“典定科令，兼度支考课，辩章节度，事皆施行”（《晋书》，中华书局，1974，第1165页）皆为“科令”指称有关科条诏令之例。必须注意的是，汉魏《令》篇如《令甲》、《令乙》或《津关令》之类，无非是某些制诏的汇编，故当时“科令”也可以兼指这类《令》篇中的制诏，与《律》则判若有别。像《晋书·刑法志》节录曹魏《新律序》文，述其《请赎律》归并了以往《盗律》、《杂律》和《令乙》、《甲子科》的有关规定，后文又述《新律》“凡所定增十三篇，就故五篇，合十八篇，于正律九篇为增，于旁章科令为省矣”（第925页）。其“旁章科令”显即汉代以来“正《律》”九章之外“旁章”各篇所收的科条诏令，实际上是各种制诏或　　（转下页注）

否涉及律令，① 则其载天兴元年王德仅云其"约定科令"，就显得异乎寻常了。另可一提的是，后来《通典》述及天兴立法时，也只据《刑罚志》说王德"定科令"，而舍弃了《太祖纪》的"定律令"之说。② 以此联系《唐六典》卷六《刑部》原注把北魏律令起点定在太武帝而非道武帝时期的说法，《通典》的这种取舍就不能视为偶然，而是代表了对天兴元年"定律令"之事的怀疑。也就是说，《太祖纪》等处所载道武帝天兴元年十一月"定律令"，有可能只是以"律令"一词来表示某些法令；当时王德及崔玄伯、邓渊诸人所从事的，也许本来就不是魏晋时期定型的那种《律》、《令》。从种种迹象来看，这样理解当更合乎天兴开国之际的史实。

如所周知，自曹魏至西晋泰始四年定型的《律》、《令》，作为两部经纬举国政务的法典，具有体例严谨、行文简洁和各篇各条之间"相须而成，若一体焉"的性质和形态，③ 可以说是华夏法律文化长期发展的结晶。那么道武帝初定中原之时，是否也已具备了制定这种《律》、《令》的可能和条件呢？

这个问题显然就是《唐六典》和《通典》把北魏律令之始定在太武帝时期的部分原因，其在根本上可归结为对北魏开国之初"文明程度"的怀疑。《南齐书》卷五七《魏虏传》说道武帝时虽都平城而"犹逐水草，无城郭"，明元帝时"始土著居处"，太武帝时其国方成气候，然仍"妃

（接上页注①）"补充法"的合称。到西晋《律》、《令》体制确定以后，"科令"或"科制"之类基本上已只指《律》、《令》以外不断滋生的科条诏令。

① 如其载太武帝"神䴥中，诏司徒崔浩定律令"（《魏书》，中华书局，1974，第2874页）；正平元年，命"游雅与中书侍郎胡方回等改定律制"（第2875页）。又载文成帝太安时"增律七十九条，门房之诛十有三，大辟三十五，刑六十二"（第2875页）。又载孝文帝登位后，"以律令不具，奸吏用法，致有轻重，诏中书令高闾集中秘官等修改旧文，随例增减。又敕群官参议厥中，经御刊定。五年冬讫"（第2877页）。太和十一年又诏议律文，且命"详案律条，诸有此类，更一刊定"（第2878页）。又载宣武帝正始元年冬，诏"尚书门下可于中书外省论律令，诸有疑事，斟酌新旧，更加思理……庶于循变协时，永作通制"（第2878页）。事实上，法制史界正是根据这些记载来统计天兴以后修订律令的次数的。

② 《通典》卷一六四《刑二·刑制中》："道武既平定中原，患旧制太峻，命三公郎中王德除其酷法，约定科令。至太武帝神䴥中，诏崔浩定律令。"《通典》，中华书局，1988，第4225页。

③ 《晋书》卷三十四《杜预传》载其《上律注表》节文及《晋书》卷三○《刑法志》载张斐《上律注表》节文，第1026、928～934页。

妾住皆土屋"。这种情况下的朝章国典，自亦难脱粗放鄙陋，故按南朝国史系统的记录，北魏不少制度一直要到宋、齐易代之际王肃北投为之筹划润饰后，才算像个样子了。^① 这里面当然充满了傲慢和偏见，不过在法律领域，其说却与北朝国史系统所载存在着若干合拍处。《魏书·刑罚志》所载道武帝以前的法制：

> 魏初礼俗纯朴，刑禁疏简。宣帝南迁，复置四部大人，坐王庭决辞讼，以言语约束，刻契记事，无囹圄考讯之法，诸犯罪者，皆临时决遣。神元因循，亡所革易。穆帝时，刘聪、石勒倾覆晋室，帝将平其乱，乃峻刑法，每以军令从事……昭成建国二年，当死者，听其家献金马以赎；犯大逆者，亲族男妇女无少长，皆斩；男女不以礼交，皆死；民相杀者，听与死家马牛四十九头，及送葬器物，以平之；无系讯连逮之坐；盗官物，一备五，私则备十。

这段记载简要勾勒了神元帝至道武帝时期拓跋部的法制传统，其总的特点，显然是部落习惯法加上严酷的"军令"，还有昭成帝以来积累的若干法令^②，这也就是道武帝天兴元年"患前代刑网峻密"，而命王德"约定科令，大崇简易"的主要背景。

事情很清楚，道武帝所患的"刑网峻密"，一方面是指拓跋部以往每以军令从事的严刑峻法，另一方面也是指华夏法律系统相较于北族的繁多细密；因而其"大崇简易"的涵义，自亦须一方面改变部落制及其军令约束之况，另一方面则要大幅度简化华夏之法以便于统治。也正是在此背景

---

① 其典型如《陈书》卷二十六《徐陵传》载其梁末出使东魏，对主客魏收说："昔王肃至此，为魏始制礼仪；今我来聘，使卿复知寒暑。"《陈书》，中华书局，1972，第326页。然《魏书》卷六十三《王肃传》惟载肃深得孝文帝器重，共论"为国之道"（第1407页），时亦及于礼制礼事，而于王肃参定其他制度之事则甚少着笔。《魏书》卷一一三《官氏志》载太和十五年官品与二十三年官品，两者差别亦不算大（第2976～2933、2933～3003页）；卷五五《刘芳传》更载芳与肃共论礼经文字，令肃有"祛惑"之感（第1220页），陈寅恪先生以此证明当时北方礼学已长于南，然则王肃对北魏礼制所起作用，亦当不如南朝人想象之大。

② 《魏书》卷一《序纪》载穆帝被晋愍帝进为代王，"先是，国俗宽简，民未知禁。至是，明刑峻法，诸部民多以违命得罪。凡后期者皆举部戮之，或有室家相携而赴死所"（第9页），"后期者举部戮之"，这显然是部落兵制之下的"军令"。

下，道武帝与一班汉臣的合理选择，似乎也应像当时其他领域那样杂糅胡汉，总结以往的各种科条诏令，围绕道武帝本人的制诏来构筑其法律系统，而无必要一下子把"律令"弄得像西晋那样，以两部形态严整的法典来规范其刑法和各项行政制度。更何况，在道武帝艰难坎坷的创业复国历程中，最大的助力和阻力都来自诸部落大人，当其完成复国伟业进取中原时，自须继续纵横捭阖于诸部落大人之间，更须厉行专制集权，强化自身的君王地位，同时采取多种方式来削弱部落大人的权力。① 这样的形势自然又决定了道武帝天兴建制更需要的是强化其所下诏令的绝对权威，而不是以法典来规范和约束其诏令的效力。因此，对道武帝开国之际的立法，对王德诸人所定"律令"的形态，的确存在着不宜高估的理由。

另有一个问题亦颇值得注意：道武帝所平定的"中原"，本在后燕治下，此前经历了前秦和前、后赵，共六十多年的统治，这几个胡族建立的王朝似均未制定过《律》、《令》，② 其时所称的"律令"，除仍在某种程度上流播或被沿用的汉、魏、西晋旧物外，主要是指时君随宜下达或制定的诏令科条。这也就是天兴定制之际"中原"的法律传统，北魏早期文献之所以把天兴立法称为"定律令"，当是承此传统而来。③

《晋书》卷一二八《慕容超载记》载其义熙元年称帝改元后，议复肉刑、九等之选：

乃下书于境内曰："……自北都倾陷，典章沦灭，律令法宪，靡有存者……先帝季兴，大业草创，兵革尚繁，未遑修制……今四境无

---

① 参见田余庆《北魏后宫子贵母死之制的形成与演变》，载所著《拓跋史探（修订本）》，三联书店，2011；楼劲《道武帝所立庙制与拓跋氏早期世系》，《文史》2006年第4辑。

② 前赵与前秦俱未留下"律"、"令"的记载，然其自有法制。如《晋书》卷一一三《苻坚载记》述其登位五年后，广修学官，人思劝励，盗贼止息，田畴修辟，"典章法物，靡不毕备"（第2888页）。所谓"法物"自是御用仪仗之类，"典章"犹同慕容氏所称的"律令法宪"，盖仅泛指法制等典章制度。《晋书》卷一一四《苻坚载记下》记王猛辞司徒之位，称"上亏宪典，臣何颜处之"（第2932页）。此处"宪典"亦是泛指诸制度法令。

③ 附于中华书局点校本《魏书》之末的范祖禹等撰《旧本魏书目录叙》，称拓跋"虽享国百余年，典章制度、内外风俗，大抵与刘、石、慕容、苻、姚略同"（第3065页）。即强调了北魏继承五胡以来传统的一面。

事，所宜修定。尚书可召集公卿，至如不忠不孝若封嵩之辈，枭斩不
足以痛之，宜致烹轘之法，亦可附之《律》条，纳以大辟之科。肉刑
者，乃先圣之经，不刊之典……光寿、建熙中，二祖已议复之，未及
而晏驾。其令博士巳上，参考旧事，依《吕刑》及汉、魏、晋律令，
消息增损，议成《燕律》……周汉有贡士之条，魏立九品之选，二者
孰愈，亦可详闻。"群下议多不同，乃止。

上引文反映了前、后燕至南燕的立法和法律状态。说北都倾陷而"律
令法宪，靡有存者"，则前、后燕是有"律令法宪"的。因封嵩之罪而别
设"烹轘之法"①，将其"附之《律》条，纳以大辟之科"；此"律"应
是指《晋律》，由此可见当时仍在以诏令附著于《律》。②然其后文又称
慕容儁、慕容暐分别于光寿和建熙中议复肉刑而其事未成，遂命博士等
官"参考旧事，依《吕刑》及汉、魏、晋律令"来制定《燕律》；这说
明前、后燕在刑法领域只有"旧事"，也就是由诸诏令科条构成的故事，
而肯定未曾制定过《律》、《令》，否则其所参考的自应首先是本朝
《律》、《令》。由此可见，前燕以来仍在相当程度上沿用了西晋《律》、
《令》，再以本朝诏令科条修正或替代其有关规定；但与此同时，汉、魏
"律令"也仍存世而有其影响，遂须在立法时加以参鉴。是故慕容超说
的"律令法宪"，并非只指前燕以来沿用的西晋《律》、《令》，而已把
本朝随宜增补的诏令科条包括在内。且其明令制定《燕律》先须参考前
燕以来"旧事"，至于《吕刑》及汉、魏、晋"律令"则起"消息增
损"的辅助作用，使本朝诏令科条在其"律令法宪"中又明显居于主导
地位。这应当也是汉魏"律令"对当时的影响之一，因为其所体现的，
正是汉代以来在那种"制诏著令"和"令可称律"的局面中孕育出来

---

① 封嵩为尚书左仆射，因预于慕容法等谋反案而被车裂，事见《十六国春秋》卷六十五
《南燕录三·封嵩传》，文渊阁《四库全书》本，第四百六十三册，第 860 页。
② 《十六国春秋》卷四十七《后燕录五·慕容盛》长乐元年七月辛酉下诏曰："《法例律》
公侯有罪，得以金帛赎。此不足以惩恶，而利于王府，甚无谓也。自今皆令立功以自赎，
勿复输金帛"，第四百六十三册，第 732 页。劲案：《法例律》是西晋《泰始律》才创立
的《律》篇，据此可知后燕以来沿用了《晋律》，也都随时以科条诏令修正或替代了其
相关规定，慕容超此书说的"附之《律》条"，自然也应是指《晋律》。

的独特"律令观"。①

这种原出"前主所是著为律，后主所是疏为令"体制的"律令观"，显然与五胡开国均尤须强调君王诏令权威的主题合拍；而把诏令科条归在"律令"名下的做法，又甚符当时借用名义来润饰其制的需要；故其在十六国时期应当有其普遍性。后赵之况即足与燕相证，《晋书》卷一〇四《石勒载记上》载勒称赵王前夕：

> 下书曰："今大乱之后，律令滋烦，其采集律令之要，为施行条制。"于是命法曹令史贯志造《辛亥制度》五千文。施行十余岁，乃用律令。

其开头既说"大乱之后，律令滋烦"，则其"律令"自然是指西晋末年以来特别是石勒所推出的诏令科条。而"采集律令之要"，固然可指其时仍在一定程度上沿用的西晋《律》、《令》②，但据其前文应同时包括以往各种诏令科条在内。至于"施行十余岁，乃用律令"，似表明《辛亥制度》至石勒称帝后业已停废，却不能同时理解为当时石勒已制定了新的《律》、《令》。③ 这倒不仅是因为文献中全无后赵制定律令的任何踪迹，更

---

① 程树德：《九朝律考》卷一《汉律考》述汉代"律、令之分不严"，又举《金布令》与《金布律》异名同实为例，即已指出了这一点，第11页。前面解释《新律序》文所说的"旁章科令"，也反映了汉代律令体制和律令观的这种特点。

② 《晋书》卷一〇五《石勒载记下》载赵王元年"署从事中郎裴宪、参军傅畅、杜嘏并领经学祭酒，参军续咸、庾景为律学祭酒，任播、崔濬为史学祭酒"（第2735页）。其后文载勒子石弘事迹，述其"受经于杜嘏，诵《律》于续咸"（第2752页）。石勒在法制上实行的是胡汉双轨制，"律学祭酒"当是承袭魏晋"律博士"之官，所教学的自应是汉人的律令，《晋书》卷九十一《续咸传》载其师事《泰始律》起草者和注者杜预，明言其"修陈《杜律》，明达刑书"（第2355页），为石勒之"理曹参加，持法平详"（第2355页）。是知后赵律学所教主要是《晋律》杜注本。

③ 邓奕琦《北朝法制研究》第二章《五胡十六国对封建法律文化的鉴取》第一节《引用汉族封建王朝律令进行统治》以为"乃用律令"是指"重新恢复行用晋律令"（第17页）。这样推测的前提是晋《律》、《令》在《辛亥制度》行用期间已被废止，而其实不然。一是因为后赵律学是在《辛亥制度》施行稍后建立的，如果晋《律》已废止不行，又何用精于《杜律》的续咸来做律学祭酒？二是因为《辛亥制度》仅"五千文"，断难涵盖《晋书》卷三〇《刑法志》载《泰始律》、《令》合共"二千九百二十六条，十二万六千三百言"的主要内容，第927页。合理的解释是《辛亥制度》作为本朝"施行条制"部分替代了晋《律》、《令》的作用，而"乃用律令"则指勒称帝后诸事以制诏科令为准。其以制诏科令为"律令"乃是汉来"律令观"使然。

是因为当时所称的"律令"，其实无非是科条诏令之类。① 而可以说明
"乃用律令"的真实内涵的，是《晋书》卷一〇五《石勒载记下》记其称
帝改元，大赦境内，既而下书曰：

> 自今诸有处法，悉依科令。吾所忿戮怒发中旨者，若德位已高不
> 宜训罚，或服勤死事之孤，邂逅罹谴，门下皆各列奏之，吾当思择而
> 行也。

故所谓"乃用律令"，固然也可包括继续在一定程度上沿用西晋
《律》、《令》的意思，但其更为真切的内涵却是"悉依科令"，并且特别
点明了"科令"必合符既定程序的属性。因而"乃用律令"所寓意涵，
是勒称帝后所下制诏即为"律令"或附著于律令；其着力强调的是石勒所
下制诏的至上效力，以此明确本朝"科令"高于前朝《律》、《令》的法
律地位。② 由此看来，《魏书·刑罚志》把《太祖纪》所载的"定律令"
记作"约定科令"，恐怕正体现了天兴立法承五胡政权有关传统而展开的
特征，同时也是汉代以来的"律令"体制和"律令观"仍有较大影响的
反映。

（二）天兴"律令"深受汉制影响

从种种事实来看，天兴定制确实在不少地方呈现了直承汉魏的一面，
北魏前期律令受汉代"律令体制"和"律令观"的影响实际上是相当突
出的，是为天兴"律令"形态和性质有别于西晋所定《律》、《令》的又

---

① 《晋书》卷一〇五《石勒载记下》记其称赵王后，"制法令甚严，讳胡尤峻"（第2737
页），其后文又载勒参军樊坦当勒面失口而称"羯贼"，勒曰"孤律自防俗士，不关卿辈
老书生也"（第2741页）。其时勒未称帝，所"制法令"或即《辛亥制度》，勒把"讳
胡尤峻"的法令称为"律"，尤可证当时"律令"常以指称诏令科条。
② 其各地司法参用晋《律》、《令》和前、后赵制诏令书的状况，至勒称帝后确有必
要统一到本朝制诏上来。又《晋书》卷一〇六《石季龙载记上》记其杀尚书朱轨，
"立私论之条、偶语之律，听吏告其君，奴告其主，威刑日滥"（第2778页）。石
虎所立的"私论之条"和"偶语之律"，显然皆为《杜律》所无之条，而亦以制诏
的形式出现。

一重背景。

上文已提到汉、魏、晋律令在南燕的影响，这种影响在五胡时期各地区、各统治集团那里应当是有差异的。从中原王朝自身的文化辐射或渗透来看，西晋立国未久即告灭亡，也未与北族打过很深的交道。倒是曹魏，自曹操起长期经营北方各族，对乌桓、鲜卑影响尤大，故五胡时期多有以"魏"为国号者。[1] 汉朝四百余年的统治对各族影响更是至深且巨，汉代声教文明在各族社会生活、思想文化等方面的渗透不容低估，[2] 且汉与晋末相距非远，北魏时人尚称之为"近世"，[3] 尤其是在官方意识形态上，北方经学承汉的一面较为突出，可谓经学史上的定论。[4] 因而北族政权的建制，并非一定要更多地采取晋制，其各项制度取鉴乎晋或汉、魏的孰多孰少，当视其条件和需要及其历史传统来具体分析。事实上，道武帝开国建制即兼采了汉魏的相关制度。如其"从土德，服色尚黄，数用五，牺牲

---

① 如《晋书》卷一○五《石勒载记下》载勒死后石弘继位而石虎不臣，命弘拜己魏王，封魏郡等十三郡为邑，后又"讽弘命己建魏台，一如魏辅汉故事"（第 2755 页）。其后冉闵、翟辽、拓跋珪亦俱以"魏"为国号，其原因当是汉末"当涂高"之谶发展到十六国时期，又出现了五胡乱定于魏的变种。《晋书》卷八十七《凉武昭王李玄盛传》载其义熙元年改元建初，遣舍人黄始、梁兴间行奉表诣阙曰，"自戎狄华，已涉百龄，五胡僭袭，期运将杪，四海颙颙，悬心象魏"（第 2260 页）。"象魏"即"当涂高"也，当然这一谣谶的传播变种，仍与曹魏的影响分不开。故《魏书》卷二四《崔玄伯传》载其在天兴元年六月议定国号时曰："夫魏者大名，神州之上国，斯乃革命之征验，利见之玄符也"（第 621 页）。所谓"魏者大名，神州之上国"即指历代国号为魏者，而首先是指曹魏；"革命之征验，利见之玄符"即"当涂高"之谶预示的易代革命之徵。

② 即以内蒙古地区鲜卑墓葬的情况而言，札赉诺尔鲜卑墓葬中有早至东汉初年的规矩镜，拉布达林鲜卑墓葬中有"大泉五十"币；孟根楚鲁——东大井组鲜卑墓葬中有汉五铢钱及"四乳四禽"和"长宜子孙"铜镜，皮条沟鲜卑墓葬中有东汉中晚期"长宜子孙"铜镜，六家子鲜卑墓葬中有年代约在东汉晚期至西晋的"位至三公"铜镜，二兰虎沟鲜卑墓葬中有剪轮五铢钱及较多的汉代铜镜和陶器。参见魏坚主编《内蒙古地区鲜卑墓葬的发现与研究》第十一章《内蒙古地区鲜卑墓葬的初步研究》，科学出版社，2004，第 211～278 页。

③ 蜀汉之灭在曹魏末年，三十年后晋尚未亡而首建割据政权的巴人李氏和匈奴刘氏俱以"汉"为国号。《魏书》卷一一一《刑罚志》载太武帝太平真君五年游雅论政，引汉武帝和宣帝徙民实边之举为据，称为"近世之事"，第 2875 页。

④ 皮锡瑞：《经学历史》六《经学分立时代》，周予同注释，中华书局，1959，第 170～192 页。

用白"，① 即取于曹魏之制，② 可说是其定国号为"魏"的副产品；③ 然其"未祖辰腊"，即祖祭于未日，腊祭于辰日，则与曹魏的"未祖丑腊"之制有别，其依据的当是东汉光和时刘洪及蔡邕所撰，后由郑玄做注的《乾象历》"五行用事"之法。④

北魏法律承用汉制的一面尤为突出。《唐六典》卷六《刑部》原注：

> 太武帝始命崔浩定刑名，于汉、魏以来《律》，除髡钳五岁、四岁刑，增二岁刑，大辟有轘、腰斩、殊死、弃市四等。⑤

北魏刑名自应始于道武帝时期，太武帝定刑名取"汉、魏以来《律》"加以增损，这种做法当在崔浩之父崔玄伯主持天兴立法时就已开始。程树德《九朝律考》卷五《后魏律考序》曾从两个方面点出了"元魏大率承用汉律，不尽袭魏晋之制"的史实。一是在律的构成和特色上，北魏律中"严不道之诛"，"重诬罔之辟"，"断狱报重常竟季冬"和"疑狱以经义量决"诸端，皆属汉代所有而为直承魏晋的江左刑律所无。⑥ 二

---

① 《魏书》卷二《太祖纪》天兴元年十二月，第 34 页。
② 《宋书》卷一四《礼志一》载魏受禅于汉，黄初元年诏曰："……当随土德之数。每四时之季月，服黄十八日，腊以丑，牲用白……"又载当时尚书令桓阶等奏："据三正周复之义，国家承汉氏人正之后，当受之以地正，牺牲宜用白……"（《宋书》，中华书局，1974，第 328 页）是北魏从土德，服色尚黄，数用五，牺牲用白皆袭曹魏，尤其"服色尚黄"而"牺牲用白"，是因"三正周复之义"，魏承汉火德、人正、赤统而为土德，地正、白统之故。
③ 参见何德章《北魏国号与正统问题》，《历史研究》1992 年第 3 期。
④ 程荣辑《汉魏丛书》本蔡邕《独断》卷上："青帝以未腊卯祖，赤帝以戌腊午祖，白帝以丑腊酉祖，黑帝以辰腊子祖，黄帝以辰腊未祖。"（《汉魏丛书》，吉林大学出版社，1992，第 183 页）此说当撰入《乾象历》中，而北魏既自承为黄帝之后，故不依曹魏而行"未祖辰腊"之制。参见楼劲《〈周礼〉与北魏开国建制》，载《唐研究》第十三卷，北京大学出版社，2007。
⑤ 《魏书》卷一一一《刑罚志》载此为"神麚中，诏司徒崔浩定律令，除五岁、四岁刑，增一年刑……"，第 2874 页。
⑥ 其后文《斩》、《不道》、《大不敬、不敬》、《诬罔》、《自告》、《马度关》诸条案语，皆述其承自汉律。第 361～362、373～374、374、374～375、378、380 页。

是就定律诸人的法律文化背景而言，崔浩曾为汉律作序，[①] 高允长于汉儒之经义决狱，其后律学又代有名家，[②] 孝文帝以来定律亦以综鉴古今、考订精密著称，从而成为当时立法、司法多有汉制印记的原因。陈寅恪《隋唐制度渊源略论稿》四《刑律》则进一步指出："拓跋部落入主中原，初期议定刑律诸人多为中原士族，其家世所传之律学，乃汉代之旧，与南朝之颛守晋律者大异也。"其所强调的便是天兴立法以来的情况。[③] 总体看来，北魏刑律取鉴和承用汉制的特色，在现存文献中虽多体现在太武帝以及孝文帝以来的事例和记载中，却应当是从道武帝天兴定制延续下来的一个传统；[④] 而西晋《泰始律》、《令》对北魏一代法制的影响，则要到孝文帝改制以后才真正开始明显起来。然则天兴所定"律令"的形态和性质，更近于汉魏而非西晋，由此直到孝文帝改制以来的《律》、《令》，律令的制度和律令的观念均经历了长达百年之久的发展过渡期。

正因如此，自太武帝直至孝文帝改制以来的律令，都还带有不符合西晋《律》、《令》形态和性质的某些痕迹。这些痕迹应当都承自天兴以来，其所反映的是北魏开国时期取仿汉代律令体制所形成的立法传统及其影响。

《魏书》卷五《高宗纪》和平四年十二月辛丑诏曰：

---

① 沈家本：《历代刑法考·汉律摭遗》卷一《崔浩汉律序》条，邓经元、骈宇骞点校，中华书局，1985，第1390~1391页。

② 其后文《魏律家》条所举，惟羊祉及其弟灵引二人（第392页）。不过孝文帝以来议定律令者如常景诸人，不少亦可视为"律学名家"；而当时所定《律》中既然仍有汉律印记，又可反映这些律家中仍有精通和维护汉律原则者。关于当时定律令诸人的学术背景，陈寅恪《隋唐制度渊源略论稿》四《刑律》中有较为详尽的讨论（第100~115页），可以参看。

③ 邓奕琦：《北朝法制研究》第四章"北魏前期的法制建设"第二节"立法司法概况"一《天兴律》亦"推测天兴律极可能在内容、形式上效纳汉律魏律"，第49页。

④ 具体如《魏书》卷三〇《安同传》载同太宗时与贺护出使巡察并、定二州及诸山居杂胡、西零，至钜鹿而发众欲治大岭山，护使人"告同筑城聚众，欲图大事。太宗以同擅征发于外，槛车徵还，召群官议其罪……以同虽受命，而本在为公，意无不善，释之"（第713页）。由此可见天兴《律》中并无公坐或公事免坐的规定。而据《晋书·刑法志》载曹魏《新律》十八篇中设《免坐律》而一一辨其"由例"（第925页），西晋《泰始律》的《法例篇》则区分"犯罪为公为私"而"随事轻重取法"（第930页）。故安同之事正好表明：取仿汉《律》精神的天兴《律》并未继承魏晋《律》的这种区分公坐及公事免坐的传统。

名位不同，礼亦异数，所以殊等级，示轨仪。今丧葬嫁娶，大礼未备，贵势豪富，越度奢靡，非所谓式昭典宪者也。有司可为之条格，使贵贱有章，上下咸序，著之于令。

婚丧礼仪的奢靡越度在太武帝时已有禁限，[①] 文成帝此诏则要求为之制订较为详尽的等级规定，并且"著之于令"，即编附于太武帝以来的现行《令》中。这种下诏制定规章而"著之于令"的做法，多见于汉代，[②] 未见于两晋南朝，北魏至孝文帝以来仍常用之，[③] 最早则可溯至道武帝天兴二年八月辛亥"诏礼官备撰众仪，著于新令"之举，[④] 其可称为当时继承汉代律令传统的一个标志性现象。这是因为汉代的《令》篇，无论是《津关令》、《功令》等按其针对事项来命名的，[⑤] 还是《廷尉挈令》、《光禄挈令》等以官府部门来命名的，或者是《令甲》、《令乙》这种按时间先后来编排的，[⑥] 其实都是特定制诏的汇编，[⑦] 故可不断编附后续下达的

---

① 《魏书》卷四下《世祖纪下》太平真君九年十月："以婚姻奢靡，丧葬过度，诏有司更为科限"，第 103 页。此处"科限"显然具有刑事规范的性质；且其既是"更为科限"，则此前应已有所规定。

② 《后汉书》卷四十六《陈宠传》载其章帝时为尚书，上疏奏请宽法轻刑，"帝敬纳宠言，每事务于宽厚，其后遂诏有司绝钻鑽诸惨酷之科，解妖恶之禁，除文致之请，谳五十余事，定著于令"（《后汉书》，中华书局，1965，第 1949 页）可见一斑。参见大庭脩《秦汉法制史研究》第三篇"关于令的研究——汉代的立法手续和令"第一章"汉代制诏的形态"第四节"著令用语与具、议令用语"、第五节"结论"，林剑鸣等译，上海人民出版社，1991，第 185~192 页。

③ 见《魏书》卷七上《高祖纪上》延兴二年十二月庚戌诏、太和二年五月诏、卷一一一《刑罚志》太和十二年诏、卷一〇八之一《礼志一》太和十三年议禘祫与六宗祀制之事、卷一一四《释老志》太和十六年诏，第 138、145、2878、2741、3039 页。

④ 《魏书》卷二《太祖纪》，第 35~36 页。

⑤ 以所涉事项命名的汉代《令》篇形态，现已有张家山 247 号汉墓所出《二年律令》中的《津关令》和 336 号汉墓出土的《功令》简可证。

⑥ 参见陈梦家《汉简缀述·西汉施行诏书目录》，中华书局，1980，第 275~284 页；冨谷至《晋泰始律令への道——第一部　秦漢の律と令》，载《東方學報》第 72 册，京都，2000 年。

⑦ 张家山汉简《二年律令》之《津关令》即缀编有关制诏而成。冨谷至上引文认为"挈令"之"挈"当作"摘编"解，即从诏令簿档中摘取具有某种共性的诏令编为一帙。"令甲"、"令乙"之类，如《后汉书》卷志第二《律历志中》载永元十四年太史令奏对，曰"案官所施漏法，《令甲》第六常符漏品，孝宣皇帝三年十二月乙酉下，建武十年二月壬午诏书施行"（第 3032 页）云云。这说明当时《令甲》第六条为宣帝三年十二月乙酉诏书所做的漏法规定，其之所以列于《令甲》第六，或因建武十年 （转下页注）

同类制诏，也就是补充、修正《律》文或规定某项制度而诏文特书"著于令"、"具为令"的制诏。到西晋泰始四年确立《律》、《令》、《故事》并行之制，《律》、《令》都已是通盘制定的法典，其中条文皆为内涵周延和相互关系严密的"法条"，即便其内容基于某份制诏，亦被重新斟酌起草而除去了原诏痕迹。《故事》则仍为制诏汇编，用以容纳不便收入《律》、《令》的制诏规定。故从汉代的律令体制到西晋定型的《律》、《令》体制的转折，其重要标志之一，就是后续补充或修正《律》、《令》内容的制诏，实际上其只能编附于《故事》之类的制诏集中，而不能再随时编附于《律》、《令》了，否则就会破坏《律》、《令》的制定法体例，且必有碍其条文的严密和统一。这也就是两晋南朝有关制诏不再有"著于令"之文的原因所在。①正因如此，北魏道武帝以来的那些"著之于令"的诏文，足以说明其《令》的形态和性质与汉相类，说明当时的律令体制与西晋定型的《律》、《令》体制还有较大的距离。

再如"令"的名称，《魏书》卷一一三《官氏志》出现了太和十六年和二十三年两次修订"职令"的记载，从其前后文可知"职令"事关百官品阶。又《魏书》卷七下《高祖纪下》太和十九年十二月乙未：

> 引见群臣于光极堂，宣示品令，为大选之始。

这次大选极为孝文帝所重，从《魏书》对此的诸多记载中，可以推知这篇"品令"主要关系到官职的选任，旨在建立官职清浊与门第出身的等级对应关系。②而在西晋的《泰始令》中，规定百官品阶的是《官品令》，

（接上页注⑦）二月下诏确认，此诏在后汉《令甲》中排序第六的缘故。由此亦可看出《令甲》之类所收皆为有关制诏，且有可能是不断被删定重编的。这一点应当有助于澄清法制史界长期以来围绕《令甲》、《令乙》性质或体例而发生的不少分歧。

① 至唐代复又出现的"著于令"之例均发生于修订《律》、《令》之时，其义为"撰入《令》"这与汉魏"著于令"是指随时"附于《令》"的情况截然不同。特别是唐后期出现的"著于令"之例，则与"定《格》（长行《格》或《格》后敕）相关，适为《令》体再变的某种表现，亟待引起史界的注意。

② 参《魏书》卷五十九《刘昶传》、卷六〇《韩麒麟传》附《韩显宗传》、卷六十三《宋弁传》，第1310～1311、1343～1344、1415页。

有关文武官吏选举的则主要有《选吏》、《选将》、《选杂士》三篇。① 从这种《令》篇名称上的差异，也可体会到直至北魏孝文帝时期的 "令"，与西晋《泰始令》所代表的《令》，并不是前后沿革的变种关系，而应当是分属两种不同律令系统的产物。

就 "职令" 而言，其在很多时候更像是对有关官制诸令的一种泛称。《魏书》卷一四《神元平文诸帝子孙传·高凉王孤传》附《元子思传》载其孝庄帝时奏论尚书与御史台关系有曰：

> 案御史令云：中尉督司百僚，治书侍御史纠察禁内。又云：中尉出行，车辐前驱，除道一里。时经四帝，前后中尉二十许人奉以周旋，未曾暂废，府寺台省，并从此令……又寻职令云：朝会失时，即加弹纠。则百官簿帐应送上台灼然明矣……
>
> 案尚书郎中臣裴献伯、王元旭等，望班士流，早参清宫，轻弄短札，斐然若斯，苟执异端，忽焉至此，此而不纲，将隳朝令。请以见事免献伯等所居官，付法科处。

子思此奏引据的 "御史令"，在晋《泰始令》中并无此篇，应是北魏特有的 "令" 名②。其既经历了 "四帝"，必为孝文帝时所定，其内容则有关御史中尉职掌和出行仪制。然其下文又引 "朝会失时，即加弹纠" 的 "职令" 文，所规定的显然也是御史职掌。这似乎说明《官氏志》所说的 "职令"，除百官品阶外也规范了其职掌，其涵盖内容相当广泛，似乎 "御史令" 乃是 "职令" 中关于御史的部分。可与之印证的，如孝文帝太和十六年四月班新《律》、《令》前，曾制定了《祀令》，③ 但到孝明帝神龟初年议胡国珍庙制时，清河王怿奏称 "先朝《祀堂令》云：庙皆四栿五架，北厢设坐，东昭西穆。是以相国构庙，

---

① 《唐六典》卷六《刑部》原注。《唐六典》，中华书局，1992，第 184 页。
② 1959 年甘肃武威磨咀子东汉墓出土的 "王杖十简"，其第十简书有 "兰台令第卅三御史令第册三" 之文，此 "御史令" 当是指御史台存档之令，而非 "令" 篇名。
③ 《魏书》卷一〇八之一《礼志一》太和十六年二月诏定崇圣祀德之制，称相关问题 "比于《祀令》，已为决之……凡在《祀令》者，其数有五" 云云。第 2750 页。

唯制一室，同祭祖考"。① 怿所引据的"祀堂令"文，应当就是孝文帝以来所定《祀令》中关于宗庙的规制。这说明直至魏末，"令"篇名称仍不被人们所认真对待。同一篇"令"可有不同称谓，② 其局部的规定亦可按其内容称为"御史令"及"祀堂令"之类，其随意性显而易见。这种"一令多称"的随意性在两晋南朝未见史载，却与汉代"令"名的错杂细碎极相类似。如汉有"祀令"，③ 又有"祠令"，④ 皆涉祭祀诸制；另有"斋令"，亦与祭祀相关。⑤ 前二"令"内容显然有所重合，应属同令异名，其与"斋令"或者也是祭祀制度与其局部规定的关系。由此不难

---

① 《魏书》卷一〇八之二《礼志二》，第 2771 页。

② 元子思此奏最后说"此而不纲，将隳朝令"（《魏书》卷十四《元子思传》，第 354 页），似乎是把各种朝廷规制包括"御史令"和"职令"都归到了"朝令"名下。《魏书·礼志一》载太和十三年高祖与群臣议祀典时曰："详定朝令，祀为事首，疑以从疑，何所取正？"（第 2743 页）是《祀令》亦上属于"朝令"。《礼志二》载清河王怿之奏，末述"相国之庙，已造一室，实合朝令"（第 2772 页），也把"祀堂令"归到了"朝令"名下。然《魏书》卷八二《常景传》载"太常刘芳与景等撰朝令"（第 1802 页），而卷五五《刘芳传》载为"世宗以朝仪多阙，其一切诸议，悉委芳修正"（第 1222 页）。似"朝令"亦可专指"朝仪"。此外，《唐六典》卷四《礼部》膳部郎中条、同卷主客郎中条、卷五《兵部》明威将军条原注皆引有"后魏职品令"文（第 127、129、153 页），内容涉及官员品阶与属官，与《官氏志》所称"职令"和《高祖纪》所载太和十七年《职员令》内容重合或交叉。

③ 《汉书》卷二十五下《郊祀志下》汉末平帝时王莽奏改祭祀，称"圣汉兴，礼仪稍定，已有官社，未立官稷"。颜师古注引"臣瓒曰：'高帝除奏社稷，立汉社稷，《礼》所谓太社也。时又立官社，配以夏禹，所谓王社也。见汉祀令。'"《汉书》，中华书局，1962，第 1269 页。《续汉祭祀志上》载建武三十年三月"上幸鲁"。刘昭补注引"汉祀令曰：'天子行有所之，出河，沈用白马、珪、璧各一，衣以缯缇五尺，祠用脯二束，酒六升，盐一升。涉渭、灞、泾、洛佗名水如此者，沈珪、璧各一。'"（第 3161～3162 页）。

④ 《汉书》卷四《文帝纪》载陈平、周勃等"请阴安侯、顷王后、琅邪王、列侯、吏二千石议：大王高皇帝子，宜为嗣，愿大王即天子位"。颜师古注引如淳曰："……案汉祠令，阴安侯，高帝嫂也。"（第 108、109 页）。

⑤ 《续汉祭祀志下》载明帝为光武帝起庙，尊号曰世祖庙。刘昭补注引蔡邕《表志》曰："孝明立世祖庙，以明再受命、祖有功之义，后嗣遵俭，不复改立，皆藏主其中。圣明所制，一王之法也。自执事之吏，下至学士，莫能知其所以两庙之意，诚宜具录本事。建武乙未、元和丙寅诏书，下宗庙仪及斋令，宜入《郊祀志》，永为典式"（第 3196 页）。蔡邕这里所说的"斋令"，指的显然是光武帝建武乙未诏书或章帝元和丙寅诏书所作有关斋祀的规定，可与《续汉舆服志下》刘昭补注引"蔡邕《表志》曰：'永平初，诏书下车服制度……'"（第 3678 页）相证。此"斋令"若从属于《祀令》，无非是其中的一两份诏书而已。

推想，北魏一代"职令"、"御史令"和"祀令"、"祀堂令"等错杂不一的"令"名，实际上也是天兴元年以来取仿汉代律令体制的标志性现象，是汉代"制诏著令"和"缀令成篇"习惯在北魏的延续①，同时又是孝文帝以来律令形态和性质仍在向魏晋所定型的《律》、《令》体制曲折过渡的反映。

（三）天兴"律"、"令"应均是科条诏令集

综上诸端，对于道武帝天兴元年王德、邓渊、崔玄伯诸人所定的"律令"，显然不宜贸然视之为当时制定了类于西晋《泰始律》、《令》的两部制定法。如果从汉魏律令观尚有较大影响的史实出发，再把天兴律令放入北魏前、后期法律系统的演变脉络来加以观察，那么当时"定律令"一事的真相，恐怕正是"约定科令"而非制定魏晋定型的那种《律》章和《令》篇。也就是以昭成帝和道武帝时期的诏令科条为核心，兼采拓跋早期的习惯法和汉、魏、晋乃至前秦、后赵和后燕法律的相关内容，按宽简原则将之删定为集加以施用，并循五胡时期的习惯称之为"律令"。不过要弄清此中曲折，可以凭借的记载实在太少，今仍可知的北魏律、令资料大都出现于孝文帝以来，此前的律令在太和中已多遗佚，从而使研究面临了困难和易致疑团。以下将分析有限的史料，希望借此能建立比较可靠的研究起点，以有助于对北魏法制及天兴律令形态和性质的认识：

《魏书》卷三〇《安同传》载明元帝登位之初：

命同与南平公长孙嵩并理民讼，又诏与肥如侯贺护持节循察并、定二州及诸山居杂胡丁零，宣诏抚慰，问其疾苦，纠举守宰不法。同至并州，表曰："窃见并州所部，守宰多不奉法，又刺史擅用御府针工古彤为晋阳令，交通财贿，共为奸利。请案律治罪。"太宗从之，

---

① 汉代"斋令"、"马复令"、"任子令"、"胎养令"，其实都是规定某个制度的制诏，进一步缀集这类制诏即《令甲》、《津关令》、《廷尉挈令》之类的《令》篇。参见程树德《九朝律考》卷一《汉律考》一《律名考·令》，第21~28页。

于是郡国肃然。①

安同既与长孙嵩"并理民讼"，因而是了解当时的法律的，故其要求对并州郡县长官"多不奉法"，刺史"擅用"县令和"交通财贿"等项事情"案律治罪"，并且收到了"郡国肃然"的不错效果，说明当时的确存在着统一规范诸种罪行和罚则的"律"。由于明元帝时并无定律之举，②故其应当就是指道武帝天兴元年所定的"律"。因此，这是一条证明天兴所定"律令"中包括了"律"的重要资料。

不过安同所说"案律治罪"的"律"，是否也像前引石勒把自己所定之法称为"孤律"那样，只是对当时刑法的一种统称，还是确指一部业已编修成帙的《律》呢？对此问题，安同所称之"律"包括诸多罪名和罚则，其已提供了一定的线索。另可确定的是天兴所定"律"中已有曹魏方始入《律》的"八议"之条。《魏书》卷二十四《张衮传》载其佐道武帝屡有功，"既克中山，听入八议"。此外，来大千因助道武"创业之功"亦入八议③。两者均为"议功"之例，也都说明天兴定制之前的"科令"中已确定了有关司法原则，故至天兴元年十一月王德诸人"约定科令"之时，必已编之入"律"。《魏书》卷三〇《阏大肥传》载其天赐元年与弟大堨倍颐"率宗族归国……并为上宾，入八议"，④ 即可为证。

---

① 《魏书》卷三《太宗纪》载永兴三年二月己亥，"诏北新侯安同等循行并、定二州及诸山居杂胡、丁零"，第 51 页。其时上距天兴元年不到 13 年。

② 《魏书》卷三十五《崔浩传》载太武帝诏浩修史有曰："我太祖道武皇帝协顺天人，以征不服，应期拨乱，奄有区夏。太宗承统，光隆前绪，厘正刑典，大业惟新"，第 823 页，此处"厘正刑典"，应当不是指太宗有修定律令之举，而是指太宗对太祖晚年刑罚酷滥局面的调整，即《刑罚志》记载的"太祖不豫，纲纪褫顿，刑罚颇为滥酷。太宗即位，修废官，恤民隐，命南平公长孙嵩、北新侯安同对理民讼，庶政复有叙焉"，第 2874 页。从中也可以看出，长孙嵩和安同"对理民讼"的任务，是要解决道武帝晚年滥刑的遗留问题，让法制恢复到天兴律令的"宽简"轨道上来。

③ 《魏书》卷三〇《来大千传》，第 725 页。

④ 《魏书》卷二《太祖纪》天赐元年四月，"蠕蠕社崙从弟悦伐大那等谋杀社崙而立大那，发觉，来奔"，第 41 页。姚薇元：《北朝胡姓考》修订本外篇第一《东胡诸姓》一三《阏氏》认为"悦伐大那"即阏大肥，其说可从。中华书局，2007，第 284 页。然《魏书·阏大肥传》载其与弟率宗族来归而"太祖善之，尚华阴公主，赐爵其思子"（第 728 页）。《魏书》卷一〇三《蠕蠕传》则载天赐中，"社崙从弟悦代、大那等谋杀社崙而立大那，发觉，大那等来奔。以大那为冠军将军、西平侯，悦代为越骑校尉、易阳子"（第 2291 页）。两处记载不合，《蠕蠕传》所记明显有误。

关于天兴"律"包括的内容,更重要的记载是《魏书》卷一一一《刑罚志》载太武帝神䴥中诏司徒崔浩"改定律令"之事:①

> 除五岁、四岁刑,增一年刑。分大辟为二科:死斩,死入绞。大逆、不道腰斩,诛其同籍;年十四以下腐刑,女子没县官;害其亲者,轘之。为蛊毒者,男女皆斩,而焚其家;巫蛊者,负羖杀羊抱犬沉诸渊……

神䴥四年改定律令,被公认为是道武帝天兴定制以后的首次大规模立法。这段记载择要说明了当时对天兴以来法律的修改,且可看出其首先是对刑名的修改。其中提到的"五岁、四岁刑",乃是汉至魏晋《律》共有的内容,"腰斩"、"腐刑"则汉律有之而为魏晋以来所无,② 唯有"轘"刑汉及魏晋皆罕见,却广泛地出现于十六国时期,③ 故特别值得注意。"轘"即车裂,典出《周礼》,前引南燕慕容超诏修《燕律》,称"至如不忠不孝若封嵩之辈,枭斩不足以痛之,宜致烹轘之法,亦可附之律条,纳以大辟之科"。是其有意将"轘"刑修入《燕律》,也说明当时存在着把"轘"刑纳入"大辟之科"的立法主张。由此不难推想,天兴元年定律令时,应当也存在着"轘"刑入律的可能。《魏书》卷二《太祖纪》载天兴三年正月戊午,"和突破卢溥于辽西,生获溥及其子焕,传送京师,轘之"。④ 大略与此同时,长孙肥讨擒作乱于赵郡、常山等地的赵准,也

---

① 《魏书》卷四上《世祖纪上》载为:神䴥四年十月戊寅,"诏司徒崔浩改定律令",第79页。
② 《晋书》卷七《成帝纪》咸和元年十月庚辰,"赦百里内五岁以下刑",第170页。同书卷一〇五《石勒载记下》记勒称帝改元后,"南郊,有白气自坛属天,勒大悦,还宫,赦四岁刑"(第2748页)。此亦后赵部分循用晋《律》刑名之证。参见沈家本《历代刑法考·刑法分考》卷三《要斩》、卷六《宫》条,第115~118、183~191页。
③ 沈家本:《历代刑法考·刑法分考》卷二《轘》条,其所举有前凉一例、前秦二例、南燕、西秦各一例,第106页。又《魏书》卷一五《昭成子孙传·寔君传》载其与拓跋斤共弑昭成帝及诸皇子,苻坚闻之而称"天下之恶一也。乃执寔君及斤,轘之于长安西市"(第369页)。此又一例。
④ 其前文载天兴二年八月,"范阳人卢溥聚众海滨……攻掠郡县,杀幽州刺史封沓干"(第36页);十二月辛亥,"诏材官将军和突讨卢溥"(第36页)。

是"传送京师，辗之"的。① 这两次辗刑或者也是案律治罪的实例，因为《刑罚志》上引文已表明神䴥四年改定律令之时，辗刑被确定为死刑四等中最重的一种，② 适用于大逆、不道罪中的"害其亲者"，从而对道武帝以此惩处作乱谋反罪的规定做了调整。因而可断"辗"刑入律，当不始于神䴥四年，而应在天兴定制之时。此外，神䴥四年对"蛊毒"和"巫蛊"二罪的惩处，本旨似都是要厉禁巫觋作恶，"焚其家"针对的是北族巫觋家传世承的职业特点，"负羖羊抱犬沉诸渊"或含厌胜之意，更可直接归为部落习惯法。③ 这类习惯法在天兴律中自当更多，至于规范和限制巫觋作用的"祛魅"进程，在汉律中早有体现，④ 在北魏显然也不始于太武帝时，⑤ 故其也应是对天兴律有关蛊毒或巫蛊之法的一种调整。也就是说，类似的罪名当亦出现在天兴"律"中。

总之，如果天兴所定"律令"确如《安同传》所示，包括了统一规范各种罪名和罚则的"律"；那么《闾大肥传》所记可证其中含有"八议"之条，而《刑罚志》载神䴥四年的上述修改内容，则不仅补充了若干罪名和罚则，更十分清楚地表明其中规定了"五岁、四岁

---

① 《魏书》卷二十六《长孙肥传》载国初赵准作乱于赵郡、常山、钜鹿、广平诸郡，道武帝遣肥讨擒，"准传送京师，辗之"，第 652 页。据《太祖纪》，遣肥讨准在天兴二年三月。故其与卢溥、卢焕被辗约略同期。

② 即辗、腰斩、斩、绞，亦即《唐六典》卷六《刑部》原注述崔浩定刑名时，"大辟有辗、腰斩、殊死、弃市四等"，第 182 页。自此直至孝文帝以来及北齐和北周《律》中皆保留了辗刑，构成了北朝法律的特点之一。《南齐书》卷四十七《王融传》载"虏使遣求书，朝议欲不与，融上疏曰：'……前中原士庶，虽沦慑殊俗，至于婚葬之晨，犹巾褥为礼，而禁令苛刻，动加诛辗……。'"《南齐书》，中华书局，1972，第 818 页，可见南朝已把辗刑看作针对汉族士人的酷刑。

③ 要瑞芬《北魏前期法律制度的特征及其实质》即以此为"鲜卑旧法"；文载《中央民族大学学报》1997 年第 3 期。邓奕琦《北朝法制研究》第四章"北魏前期的法制建设"第二节"立法司法概况"二"神䴥律"认为"负羖羊抱犬沉渊"是要"达到厌胜目的"（第 51 页）。

④ 参见《九朝律考》卷一《汉律考》四《律令杂考》上《祝诅》条，第 102 页。

⑤ 《魏书》卷一〇八之一《礼志一》载道武帝时祀制常以女巫行事，既反映了当时巫风之盛，也体现了对女巫参与皇家仪制的一种规范，第 2735 页。又《魏书》卷一〇五之三《天象志三》载道武帝天赐三年五月"荧惑犯氐，氐，宿宫也，天戒若曰：是时蛊惑人主兴内乱之萌矣，亦视我天视而修省焉"，第 2392 页。此史官占语表明"蛊惑"在当时亦为重罪。

刑"及"大辟"、"轘"之类的刑名。而这样一部统一规范了诸多罪名和罚则，又包括了"八议"等司法原则和各种刑名的"律"，自然只能是一部业已编集成帙的《律》本，而不是对各种陆续下达的刑事诏令的统称。

讨论至此，天兴所定"律令"中包括了《律》，其《律》中含有"八议"之条及各种刑名、罪名和罚则，[①] 其内容兼取汉魏晋律中的"五岁、四岁刑"等规定，包括十六国以来的"轘"刑等法令和拓跋对自身部落习惯法而加以损益的状况，应当都已可以断论。既然如此，《刑罚志》又何以不出"律"名，而只说天兴元年是"约定科令"呢？《唐六典》又为何还是要把北魏《律》的起点划在崔浩改定律令之时呢？问题恐怕正出在天兴所定《律》的形态和性质上。无论如何，天兴立法的中心，是要删定和编撰各种科条诏令。《魏书》卷三十五《崔浩传》载其才干颇受明元帝器重：

> 朝廷礼仪，优文策诏，军国书记，尽关于浩。浩能为杂说，不长属文，而留心于制度、科律及经术之言。

此处"科律"与"制度"、"经术"并举，当特指刑法而言，"科"自是指"科禁"之类，"律"则涵盖了汉魏晋及天兴所定之律。崔浩治学既特重当世之用，故其留心"科律"，至少可以说明各种科条诏令在当时刑法中的重要地位，且可进而理解为天兴《律》与诸科条诏令乃是一而二、二而一的关系，这显然是与《太祖纪》载王德"定律令，申科禁"，《刑罚志》载天兴定律令事为"约定科令，大崇简易"之义完全吻合的。由此出发考虑，天兴元年所定之《律》，在形式上应类似于汉代的"旁章律"。据《晋书》卷三〇《刑法志》关于汉代《律》篇的记

---

① 《九朝律考》卷五《后魏律考》上《徒刑》条，据《魏书·太祖纪》天赐元年五月"发州郡徒谪"之事，认为"道武帝时已有徒刑"（第363页）。同卷《后魏律考》下《魏禁图谶》条又据《世祖纪》、《高祖纪》等处诛私藏图谶者的记载，认为"魏盖沿石赵之制"（第385页）。劲案："沿石赵之制"，依理推想亦当在天兴时。又《魏书》卷四十八《高允传》："魏初法严，朝士多见杖罚，允历事五帝，出入三省，五十余年，初无谴咎"（第1089页）。据此则道武帝时亦已有杖刑。

载，所谓"旁章律"，无非就是《九章律》外不断补充衍生和陆续编纂成篇的"科令"。① 而天兴《律》既然依仿汉制"约定科令"而成，其实也就是取汉代的"旁章"之体以为本朝"正《律》"，其形态和性质皆非汉、魏《九章律》《新律》以及西晋的《泰始律》可比。如果这样理解大体不误的话，那么天兴元年王德、崔玄伯诸人无非是删定和编撰了刑事领域的科条诏令而冠名为《律》，且有可能像汉代"旁章律"那样区分了篇章，却未将其制定为《九章律》或《新律》那样的刑法典，而仍是一部刑事科令的汇编，② 故凡后续形成和补充其内容的科条诏令，也仍与《律》具有同等的效力和地位，这也就是崔浩之所以留心"科律"的原因。

因此，《刑罚志》载天兴立法之所以不出"律"名，《唐六典》之所以不认为天兴元年制定了《律》，实际上是由于当时虽有刑法而并无"正《律》"，由于天兴《律》在形态和性质上还只是刑事科令集而尚未进化为

---

① 《晋书》卷三〇《刑法志》载萧何定《律》九篇后，"叔孙通益《律》所不及，旁章十八篇，张汤《越宫律》二十七篇，赵禹《朝律》六篇，合六十篇。又汉时决事，集为《令甲》以下三百余篇"（第923页）。后文载《新律序》文述其分篇之况，称《新律》共"合十八篇，于正《律》九篇为增，于旁章科令为省矣"（第925页）。是叔孙通、张汤、赵禹诸人所定各篇，包括作为"决事比"的《令甲》之类，皆为"旁章科令"之篇。《汉书》卷二三《刑法志》载汉武帝"招进张汤、赵禹之属，条定法令，作见知故纵、监临部主之法，缓深故之罪，急纵出之诛……文书盈于几阁，典者不能遍睹"（第1101页）。也说明张汤《越宫律》和赵禹《朝律》各篇亦皆"条定法令"而成。《隋书》卷三十三《经籍志二》史部刑法类后叙述"萧何定《律》九章，其后渐更增益，《令甲》已下，盈溢架藏"。（《隋书》，中华书局，1973，第974页）将之与《汉书·刑法志》所载相参，这里所说的"《令甲》已下，盈溢架藏"，也就是张汤、赵禹以来渐更增益而盈于几阁的"旁章科令"之类。这当然是汉代《律》《令》之分不严，著"令"制诏事关刑事者亦可称"律"的缘故。

② 在此之前，曹操所定《甲子科》或石赵《辛亥故事》也是这类作品。《辛亥制度》编集"施行条制"而成前已述，《甲子科》则是曹操时期制订的刑事科条集，《晋书》卷三〇《刑法志》载曹操时议改刑制，"于是乃定甲子科，犯钺左右趾者，易以木械。是时乏铁，故易以木焉。又嫌汉《律》太重，故令依《律》论者，听得科半，使从半减也"（第922页）。其中显然规定了刑制、罪名和罚则。《刑法志》后文节载曹魏《新律序》引有数条"科"文，可与参证，第924～925页。又《三国志》卷一二《魏书·何夔传》载其建安中为长广太守，"是时太祖始制新科，下州郡，夔上言曰：'所下新科，皆以明罚饬法……'"（第380页）。同书卷九《魏书·曹仁传》载其"及长为将，严整奉法令，常置科于左右，案以从事"（第276页）。指的都是《甲子科》，可见其在当时实际起着取代汉《律》的作用。

《九章律》和《新律》那样的刑法典，所以其怎么都不像是魏晋以来所公认的《律》而导致的。而《律》的这种状态所反映的，正是当时尤须强化专制君权，强调制诏权威而并不急于推出煌煌法典的现实。天兴立法之所以更多地接受了汉律的影响，归根到底也应是受汉代的那种"三尺安在？制诏即法"和前主之律、后主之令皆应以"当时为是"的律令观的影响，甚符天兴开国建制之需的结果。[①] 对天兴元年以来的"令"，自然也应依此视之方得其要。

有关天兴"令"的资料更为稀缺，前已征引的《魏书》卷二《太祖纪》天兴二年八月辛亥诏，即是其最为重要的记载，而全文仅有10字：

> 诏礼官备撰众仪，著于新《令》。

此处所谓的"新《令》"，自然就是天兴元年十一月以来新定之《令》。至于其究竟是像汉代《令甲》那样把若干诏令按时间先后编纂到一起的《令》，还是已按事类编目，业已区分为官制爵品、郊社祭祀等不同事类的《令》篇，现在已很难得知。不过无论如何，其既可供后续下诏所定之制编附，也就证明天兴所定之《令》业已编纂成帙，是可以加上书名号的。大概董谧所定仪制之《令》并不完整，至此则命礼官"备撰"而编附于中，从而说明天兴元年立法既编纂了《律》来规范刑事，也的确出现了可以用来规范有关制度的《令》，且以后所下有关制诏规定可以附著于同类《令》后，这又透露了其并非法典而是某种制诏汇编的形态和性质。由此再看《太祖纪》前文载天兴二年三月甲子：

> 初令五经群书各置博士，增国子太学生员三千人。

既然是"初令"，则北魏学制始定于此，从而说明天兴元年定律令时，

---

① 《魏书》卷二十四《崔玄伯传》载其明元帝时与长孙嵩等坐朝堂决刑狱有曰："王者治天下，以安民为本，何能顾小曲直也。譬琴瑟不调，必改而更张。法度不平，亦须荡而更制"（第622页）。崔玄伯以王者治道为"本"，而以"法度"为可以"荡而更制"的"小曲直"，这种见解必然也会贯穿在其与道武帝反复讨论开国建制的过程中，天兴律令以"约定科令"为中心而不汲汲于法典制作的状态，此亦为重要的思想背景。

并未像《晋令》那样立有《学令》之篇。① 事实上，道武帝时许多制度尚付阙如，② 天兴《令》的覆盖范围更是有限。③ 即以《唐六典》卷六《刑部》原注所列《晋令》篇目，对照《魏书·太祖纪》等处载天兴元年定律令时所列举的邓渊"典官制、立爵品、定律吕、协音乐"，董谧"撰郊庙、社稷、朝觐、飨宴之仪"，晁崇"造浑仪、考天象"诸事，便可推知其所定之《令》还缺少很多重要的内容，诸如"计口授田"等重要的制度，似乎都还没有入《令》。这也表明当时无意仿照《晋令》之体，使之成为一部比较完整地规定各种重要制度和与《律》相辅而行的法典。对于天兴元年以来还未入《令》，或应当由《令》来规定的制度，朝廷的选择显然不是求全于一时或不断重新定《令》，而是随时随事下诏筹划和推出施用。天兴二年三月"初令五经群书各置博士"，并规定国子太学生员为三千人，便是属于学制方面的此类举措。

类似的例子在《魏书》中还有不少。如《太祖纪》载天赐元年十一月"大选朝臣"之事：

> 令各辨宗党，保举才行；诸部子孙失业赐爵者二千余人。

这是要给"诸部子孙"授官赐爵，以安抚天兴建制以来地位飘摇的部落贵族，随之便须做出"宗党"辨别、"才行"鉴定、官爵铨衡等方面的规定。另须注意的是，这条记载与上条一样都是道武帝之诏，却都不是记为"诏各置博士"、"诏各辨宗党"，而是径书"令"云云。《魏书》中这

---

① 《唐六典》卷六《刑部》原注载《晋令》篇目，其第二篇即为《学令》，第184页。

② 《魏书》卷四上《世祖纪上》神麚三年七月己亥诏："昔太祖拨乱，制度草创，太宗因循，未遑改作，军国官属，至乃阙然。今诸征、镇将军、王公仗节边远者，听开府辟召；其次，增置吏员"（第76页），即可证此。

③ 《魏书》卷一〇八之四《礼志四》载"太祖天兴二年，命礼官捃采古事，制三驾卤簿"（第2813页）。是天兴元年所定《令》中并无三驾卤簿之制。其后文又载"天兴元年冬，诏仪曹郎董谧撰朝觐、飨宴、郊庙、社稷之仪。六年，又诏有司制冠服，随品秩各有差，时事未暇，多失古礼"（第2817页）。是天兴元年所定《令》中并无冠服之制，而六年所定则被史官视为董谧定令的后续。又《魏书》卷一〇九《乐志》载"天兴元年冬，诏尚书吏部郎邓渊定律吕，协音乐，及追尊皇曾祖、皇祖、皇考诸帝，乐用八佾，舞《皇始》之舞……六年冬，诏太乐、总章、鼓吹增修杂伎……大飨设之于殿庭，如汉晋之旧也"（第2827~2828页），是六年"增修杂伎"亦为邓渊协音乐之后续。

类"称诏为令"的例子还有不少，^① 其"令"虽亦可在"命曰令"的意义上作动词解，但由于"命曰令"正是汉代律令体制中"后主所是疏为令"的本义，天兴立法又的确具有取本汉制的特征，故这种笔法是否意味着相关制诏同时也被编著于《令》，说明这类制诏与其他制诏存在着区别，恐怕是一种值得考虑的可能。^② 如果是这样的话，那么天兴二年三月"令五经群书各置博士"和天赐元年十一月"令各辨宗党"二诏，也就是推出了有关学制之《令》，又在有关官制爵品的《令》中充实了部落子孙授官赐爵的内容。又《魏书》卷三《太宗纪》永兴五年二月庚午：

> 诏分遣使者巡求俊逸，其豪门强族为州间所推者，及有文武才干临疑能决，或有先贤世胄德行清美、学优义博，可为人师者，各令诣京师，当随才叙用，以赞庶政。

诏遣使者巡行各地，本是常见的政治举措，^③ 但这次遣使的任务是要"求俊逸"，并且特别规定了需要巡求的三类人员，从中可以体会到当时明

---

① "称诏为令"在《三国志》及二史八书中一般都是承制行事之例，用来表示权臣称帝之前的命令。《魏书》中亦用于称帝后，其中绝大部分"称诏为令"之例，都包括了某种制度规定，但亦有例外。如《魏书》卷三《太宗纪》泰常八年正月，司空奚斤围虎牢，刘宋将毛德祖距守。四月丁卯，帝"幸成皋城，观虎牢"。而城内乏水，悬绠汲河，帝令连舰，上施轒輼，绝其汲路，又穿地道以夺其井"（第63页）。这条记载并非记诏而是记事，所述"帝令连舰"云云即谓发号施令而已。《太宗纪》乃宋人取魏澹书补之，《旧本魏书目录叙》称魏收书"三十五例、二十五序、九十四论、前后二表一启，咸出于收"（第3063页）；至隋文帝时又命魏澹等更撰《魏书》九十二卷而"义例简要"。说明魏收书三十五义例之细远过魏澹书，《魏书》中"称诏为令"的例外多出后人所补篇卷，恐非偶然。

② 张家山汉简《二年律令》不少《律》文以"令毋得以爵偿、免除及赎"（简38），"若丞缺，令一尉为守丞，皆得断狱、谳狱"（简102）等形式出现。韩树峰：《汉魏法律与社会——以简牍、文书为中心的考察》上篇"法律篇"第二章"西汉前期赎刑的发展"在分析"附属赎刑"时，认为《二年律令》中"赎"前冠以"令"字者当是其原为补充性诏令之故。《汉魏法律与社会——以简牍、文书为中心的考察》，社会科学文献出版社，2011，第25~48页。其实非止赎刑之条，其他《律》文曰"令"云云者皆可如此解释，《魏书》中的"称诏为令"之例，似亦可归入此类。

③ 如《魏书·太祖纪》载天兴元年八月"遣使循行郡国，举奏守宰不法者，亲览察黜陟之"（第33页）；三年正月癸亥，"分命诸官循行州郡，观民风俗，察举不法"（第36页）；四年二月丁亥，"分命使者循行州郡，听察辞讼，纠劾不法"（第38页）。都是普通的遣使诏书，其中不出现"令"字，不称"各令"而述"分命"诸官使者，当是诏文并不含有足供取法的制度规定而不能构成"令"的缘故。

元帝是要吸收有才望的汉族豪强和士人为官，为此做出了一系列相应规定。且《魏书》记此诏文不书"皆诣京师"，而是书"各令诣京师，当随才叙用，以赞庶政"，则可视为"称诏为令"的又一种类型，因为原诏或有此"令"字，并有可能像天赐元年十一月"令各辨宗党"一样补充了事关官员选举的《令》文规定。上面这三个"称诏为令"的例子，其实都有关官制、爵品及其授受，《魏书》也都没有明示其是否"著令"，[1] 故其究竟是不是律令之"令"，及其有没有被编附于邓渊所定官制爵品的《令》后，都只能推测而无确凿的证据可供判断。不过其至少可以证明一个事实：天兴元年所定之《令》在官制爵品及其选举授受等规定上非常粗疏，因而也就必须像天兴二年八月"诏礼官备撰众仪，著于新《令》"那样，由随时随事下诏撰定的后续之"令"来加以补充和完善。

由此看来，道武帝和明元帝时期的《令》，除天兴元年十一月所定者外，其余都是此后因事下诏"著《令》"而形成的。因而当这些制诏所做的规定与天兴元年所定之《令》属于同类时，便会各被附于其中；但若其无法归入以往之《令》，那自然就须另立名目别成一《令》，以供今后增补其制的同类制诏附丽。这也就解释了前面所说北魏"令"名与汉代"令"名同其称谓飘忽而错杂细碎的原因，印证了当时《令》篇并非法典而是制诏集的形态。在这样的体制下，所谓《令》，实际上不能不是"著《令》"制诏的集合，而"定《令》"过程则不外乎是对这些制诏的删定和选编。其况当与汉代按时间先后编排的"令甲"、"令乙"或以事类称名的"祀令"、"斋令"之类大体不异，也与前面所述天兴"《律》"和"定《律》"之态略同。也就是说，天兴元年"定律令"之所以不被后世视为北魏《律》、《令》之始，《魏书·刑罚志》之所以把当时"定律令"说成是"约定科令"，不仅是因为天兴所定之《律》，也是因为当时所定之

---

① 《魏书》中还有一些例子是虽然下诏规定了某些制度，其中却没有出现"令"字。如卷四上《世祖纪上》神䴥三年七月己亥诏曰："昔太祖拨乱，制度草创；太宗因循，未遑改作，军国官属，至乃阙然。今诸征、镇将军、王公仗节边远者，听开府辟召；其次，增置吏员。"第76页。此诏允许征、镇将军和王公仗节边远者开府自辟僚属，位在其下而情况相类者则可增置下属吏员，其显然包括了各种可能的规定，且以往官制做了重要补充。如果这条记载不是讹"令"为"今"，那就说明这是一份条制，即规定了制度而并不著令的制诏。

《令》同样是删定和编撰科条诏令而成的缘故，它们的形态和性质都还与孝文帝以后及北齐以来的《律》、《令》存在着很大的距离。

最后还需明确的是，天兴元年所定之《律》既然主要是刑事规范，则当时所定之《令》自当较少刑事内容而多涉正面的制度规定。天兴二年八月"诏礼官备撰众仪，著于新《令》"，也从一个侧面说明了这一点。那么能否据此认为，从此北魏已确立了"《律》正罪名，《令》定事制"之体呢？答案是否定的，因为后续之"令"既可规定积极性的行政制度，也可包括消极性的刑事规范。如《魏书》卷三《太宗纪》神瑞元年十一月壬午：

> 诏使者巡行诸州，校阅守宰资财，非自家所赍，悉簿为赃。诏守宰不如法，听民诣阙告言之。

这段记载包括了二诏，针对的都是郡县长官，也都可视为对天兴《律》有关"赃罪"和守宰贪贿不法之文的补充。其中"听民诣阙告"守宰不法的规定，显然未被太武帝神䴥四年立法时修入《律》文，故太延三年五月下诏："其令天下吏民，得举告守令不如法者。"[1] 这也是"称诏为令"之例，说明其从此可能是作为一条《令》文而生效的。《魏书》中这类补律之诏甚多，绝大多数都难以判断其究竟是作为一般制诏成例，还是被编著于《令》发挥作用的，但也有少量事例明确了这一点，如《魏书》卷七上《高祖纪上》延兴二年十二月庚戌诏曰：

> 自今牧守温仁清俭，克己奉公者，可久于其任，岁积有成，迁位一级。其有贪残非道，侵削黎庶者，虽在官甫尔，必加黜罚。著之于《令》，永为彝准。

---

[1] 《魏书》卷四上《世祖纪上》，《刑罚志》亦载此事，第 88、2874 页。又《晋书》卷一〇六《石季龙载记上》记其"立私论之条、偶语之律，听吏告其君，奴告其主，威刑日滥"（第 2778 页）。是后赵已有此类法令，听民告官或奴告主显然有违汉代以来的法律传统，当是五胡时期的创制。

此诏规定牧守克己奉公者可久任，满岁有成可"迁位一级"；贪残非道者，则虽上任未几，亦当黜罚。其前半部分是有关考绩制度的正面规范，后半部分显然是补充《律》文的刑事规范。诏文明定将此"著之于《令》"，说明经太武帝以来一再修订的《令》，也还是可以编附后续下诏制定的刑事规范的。然则天兴元年以来的《令》亦当如此，除可确定积极性的行政制度外，也可包括消极性的刑事规范，起补充或修正《律》的作用。也就是说，天兴元年所选择的《律》、《令》关系，实际上还是汉代以来的那种《律》正罪名而《令》为补充的体制，这种补充作用既表现为对行政制度包括司法诸制的规范，也表现为直接对《律》的补充和调整。① 《魏书》所载制诏之所以鲜有"著律"而多"著令"之文，原因即在于此。②

（四）结论和余论：北魏律令体制的起点

综上所述，关于天兴元年所定《律》、《令》的性质和形态，大略可得如下结论。

其一，北魏开国之际所称的"律令"，在五胡时期的称谓习惯下，可以兼指各种科条诏令。从当时立法的中心任务、现实基础、历史传统及北魏律令的总体发展脉络来看，天兴所定"律令"明显贯穿了汉代律令体制的精神，体现了其强调今上制诏权威及其法律地位的原则，故其形态和性质并未取仿魏晋时期所定型的《律》、《令》法典，也不被后世认为是北

---

① 《晋书》卷三〇《刑法志》述泰始三年奏上《律》二十篇，"蠲其苛秽，存其清约，事从中典，归于益时。其余未宜除者，若军事、田农、酤酒，未得皆从人心，权设其法，太平当除，故不入《律》，悉以为《令》。施行制度，以此设教，违《令》有罪则入《律》"（第927页）。可见即便是贾充等人制定《律》、《令》时，初意仍是认同汉代律令观，以《令》为"太平当除"的"权法"和辅《律》而行的补充法。天兴立法诸人的认识应当也未超越这种水平。

② 唯一的例外是《魏书》卷七上《高祖纪上》太和二年五月诏以婚丧过礼，"先帝亲发明诏，为之科禁，而百姓习常，仍不肃改。朕今宪章旧典，祗案先制，著之律令，永为定准。犯者以违制论"（第145页）。这里的"著之律令"，首先是因为其前文已载太和元年九月乙酉"诏群臣定律令于太华殿"（第144页），因而要求将之撰入新《律》、《令》。至于新《律》、《令》班行前，此诏及其所提到的"先帝明诏"也不可能分别著于太武帝以来的现行《律》、《令》，而当著之于《令》一并补充有关制度和《律》文。

魏一代《律》、《令》法典的开端。

其二，天兴定《律》的过程，综取了汉、魏、晋律令、五胡时期立法及其昭成帝以来有关科令和北族部落习惯法等相关内容。其所定之《律》确已编纂成帙，并且包括各种罪名、罚则、刑名和"八议"等司法原则；但目前尚无证据表明当时修成了一部像《九章律》或魏晋《新律》、《泰始律》那样区分篇章和内容严整的刑事法典，其更有可能是用汉代"旁章"之体以为"正律"，乃是一部刑事科令集，又不断被后续形成的科条诏令所补充或修正。

其三，天兴元年所定之《令》则是编纂成帙的诏令集，其中规范了官制爵品、郊社祭祀、朝觐飨宴等项制度，而未全面规定各项可能的制度，其内容的缺略或粗疏极为明显，分篇及名称如何俱已不得而知。从以后"著令"制诏不断对之加以补充，及其《令》名常为泛称且又错杂不定等情况来判断，天兴元年以来的《令》，显然存在着内容续有增益，分支不断繁衍的过程，其形态和性质显然更近于汉"令"，而与西晋《泰始令》存在着较大距离。

其四，天兴《律》和天兴《令》之间，也非《泰始律》、《令》所代表的律正罪名、令定事制的互辅关系。天兴元年的《律》主要规范刑事领域，《令》主要规范官制爵品等行政制度，而这只是一种暂时形成的局面。由于"著令"制诏补充或修正的不仅是各项正面的制度，也包括各种刑事规范，因而随着《令》的不断膨胀，《律》、《令》关系很快就显示了其类同于汉代律、令关系的性质，呈现了《律》以正刑定罪，《令》则规范各项制度同时又不断补充和修正《律》的格局。

其五，从魏收书所据文本的传承关系来看，《太祖纪》等之所以把天兴立法记为"定律令"，除史官记事体例方面的因素外，[①] 更重要的是在

---

① 《魏书》中对太祖朝史事的记载，当本自邓渊所撰《国书》及太武帝时崔浩、高允等人编纂的《太祖纪》，他们都面临着如何用汉字来表述拓跋早期及其开国史事的问题，对相近现象用汉语习称来表示，可以说是必然的选择，由此便造成了《魏书》与其他文献所载拓跋早期制度名物上的许多纠葛。《崔玄伯传》及《邓渊传》所记的"定律令"皆当以《太祖纪》为准，而之所以记为"定律令"自必经过一番推敲，且当有鉴于石赵、后燕的称谓习惯。

其早期文本形成之时，① 法律领域尚深受汉代律令观影响的现实使然；而《刑罚志》之所以把天兴立法记为"约定科令"，则是太和十一年后国史开始分立《纪》、《传》、《表》、《志》之时，②　《律》、《令》形态和《律》、《令》观俱在逐渐趋近于魏晋江左一脉的反映。

自程树德《九朝律考》卷五《后魏律考》从刑法特色和律家背景两个方面出发，提出北魏《律》"大率承用汉《律》，不尽袭魏晋之制"的命题；到陈寅恪《隋唐制度渊源略论稿》四《刑律》着眼于"中原"、"河西"和"江左"三因子，揭示北魏前、后期刑律继承和发展的渊源所在，及其汇聚和影响孝文帝以来刑律的状况；北魏律令从一开始更近于汉制向后来更近于晋制的发展脉络，应当说已被勾勒出来了。令人遗憾的是，相关学术史的发展却并未循此轨道大步前行。今天回头总结，学界目前在认识北朝律令发展史上的诸多缺略、悬疑和分歧，大都与研究起点不明，断代不清，并未把相关现象放入北魏前后期律令发展脉络中加以考察相关。因而推进研究的关键之一，首先就是要进一步勾勒程、陈两位先生相继提出和揭示的北魏律令发展脉络，特别是要正面考虑当时律令内容和形式的沿革和发展问题，使两位先生业已拉出的线索，得以具体地验证和充实于天兴元年"定律令"到太武帝时期"改定律制"，再到孝文帝太和十五年前后陆续制订律令，直至宣武帝正始元年再定《律》、《令》的发展历程。如果说程、陈二位先生因论题所限，不可能对北魏一代律令的各个方面，特别是对令的状况做多少讨论的话，那么这种局面到现在就再也不应继续下去了。

必须强调的是"起点"问题事关全局。天兴《律》、《令》的形态和性质，直接关系太武帝神䴥四年由崔浩主持再定律令和正平元年命游雅、胡方回等"改定律制"的内涵和要害所在，也就必然影响对孝文帝以来律令体制发展方向和总体格局的认识。其具体进程和相关问题，自非区区本文所可详论，但这里无妨述其大要以为结语。

---

① 《魏书》卷四十八《高允传》载太武帝治"国史之狱"时，允对曰："《太祖纪》，前著作郎邓渊所撰，《先帝纪》及《今纪》，臣与浩同作"（第1070页）。

② 《魏书》卷七上《高祖纪上》太和十一年十二月"诏秘书丞李彪、著作郎崔光改析《国纪》，依纪、传之体"。卷六二《李彪传》载其时"彪与秘书令高（佑）始奏从迁、固之体，创为纪、传、表、志之目焉"（第163、1381页）。

　　据现有资料并从上面对天兴《律》、《令》的几点结论出发，大致可以认为太武帝时期所定《律》、《令》，仍像天兴《律》、《令》那样贯穿了汉代律令体制的精神，其变化主要体现在《律》开始成为类于汉代《九章律》或曹魏《新律》的法典，《令》体则基本照旧，仍是补充、修正《律》和规范各项制度的诏令集。在此基础上，孝文帝时期《律》、《令》体制的发展，表现为对《律》的进一步调整和更多糅入了西晋江左的因子，但其重心似已转移至《令》的演变。无论是太和十五年前制定的《祀令》，还是其后陆续推出的《职员令》、《品令》直至太和二十三年的"复次职令"，都呈现了若干不同于汉代而接近于西晋江左《令》体的特征。也正是到了这个时期，太武帝太延末年平定河西和献文帝皇兴三年收取青齐的后续影响才真正凸显，并且切实体现到了《律》、《令》形态和性质的演化之中。太和十五年前后诸新旧《律》、《令》篇章条文的错杂并陈，以及与之相关的一系列现象，正反映了从北魏前期类于汉代样式的《律》、《令》体制，向北魏后期取仿魏晋江左而调整发展的《律》、《令》体制的曲折过渡。迨至宣武帝《正始律》、《令》对此加以总结，魏晋以后北方一系《律》、《令》的发展演变，也就进入了与南朝一脉《律》、《令》在形态和性质上大致趋同，而其精详笃实则有过之的新阶段。

梁令考论

南朝萧梁于天监二年（503年）四月颁布了《令》30卷，以后又制定了一些单行令，这在《隋书》和《唐六典》等史料中都曾提及，但梁令（包括令典和单行令）的令文却未能完整地保存下来，只有少数夹杂于有关史料中，以致后人对梁令的情况及内容知之甚少。近代法律史学家程树德编著的《九朝律考》对自汉至隋九朝的法制史料进行了爬梳钩陈和考证，但对梁令也只是寥寥数语。受史料等因素的制约，到目前为止，学界对梁令的研究成果极少。① 从现有史料看，梁令无论是篇目结构还是内容都有一定的创制，对陈令、北周令、隋唐令也有重要的影响，有深入、专门研究的必要。因此，本文拟对梁令的内容、渊源及创新进行考证，并在此基础上对梁令的影响及历史地位加以分析。不当之处，敬请教正。

（一）梁令内容考

梁令的令文虽然没有完整地保存下来，但在《隋书》及《唐六典》中仍有一些记载。程树德就此指出："《唐六典》注尚引其《官品令》数条，然《官品令》全目，已见《通典》及《百官志》，其《服制令》则全载于《礼仪志》，此皆梁令佚文之尚可考者。"② 这为我们指出了搜寻和考证梁令的路径，本文对梁令内容的考证主要按照该路径进行。

《唐六典》有梁《令》30篇篇目及其顺序的记载（详见表1），本文对梁令内容的考证和还原亦按照该顺序进行。

---

① 就笔者阅读所及，至今未见对梁令进行专门研究的论文，只有吕志兴的《梁〈律〉〈令〉的修订及其历史地位》（《西南大学学报》2007年第5期）对梁朝令典的篇目、内容及影响有所论及，另一些论文只在就梁朝有关政治制度的研究中对梁令有所涉及，如杨恩玉《萧梁官班制渊源考辨》，《历史研究》2013年第4期，等等。

② 程树德：《九朝律考》，中华书局，2003，第321页。

1. 《官品令》

《官品令》是关于各级官员品级、职责、待遇等方面规定的总汇。《唐六典》注文对梁朝官品有一些记载，如：

> 尚书左丞、右丞，并第四品，秩六百石。（卷一）
> 吏部郎中，品第四。（卷二）
> 辅国大将军，梁《官品令》："辅国将军并第三品。"冠军大将军，《梁令》："第三品。"宁远将军，梁《官品令》："宁远将军，正五品。"（卷五）
> 门下侍中，品第三（与给事黄门侍郎一人对掌禁令）；黄门侍郎，品第五（与侍中同掌侍从左右，候相威仪，尽规献纳，纠正违阙，监合尝御药，封玺书；高功者一人，与侍中祭酒对掌禁令）。门下给事中，品第七（与诸散骑常侍侍从左右，献纳得失，省诸奏闻）。（卷八）
> 中书监，品第二；中书令，品第二；中书舍人，品第八；中书主事二人，品第八；中书令史八人、书令史十二人，品皆第九。（卷九）
> 秘书监，品第三；秘书丞，品第五；秘书令史，品第九；著作郎，品第六。（卷十）

上述内容，说的都是梁朝有关官员的品级，内容清晰；特别是第五卷更直接提到梁令，如梁《官品令》：辅国将军并第三品；冠军大将军，《梁令》：第三品；梁《官品令》："宁远将军，正五品"，无疑就是梁《官品令》的令文。①

2. 《服制令》

《服制令》是关于皇帝至各级官员服装、冠带、佩饰等的规格、颜色等方面规定的总汇。《隋书·礼仪六》对梁朝服制的内容有较多的记载，

---

① 因内容较多，为免烦冗及保持文章结构的大致均衡，《唐六典》中梁《官品令》的内容详见附录。

其范围自篇首的"梁制"开始，至"綷是羽葆毦鼓吹，悉改著进贤冠，外给系毦……"条止，因为其下面一条"诸将军、使持节、都督执节史，朱衣，进贤一梁冠"后有小注注明"自此条已下皆陈制，梁所无"，其中"诸四品将兵都尉、牙门将……"条至"武猛中郎将、校尉、都尉，铜印环钮，硃服，武冠……"条之间的内容应当除开，因为在前条后有小注注明"此条已下，皆陈制，与梁不同"，后一条后又有小注注明"已上陈制，梁所无及不同者"。① 其内容如：

> 乘舆郊天、祀地、礼明堂、祠宗庙、元会临轩，则黑介帻，通天冠平冕。其制，玄表，硃绿里，广七寸，长尺二寸，加于通天冠上。前垂四寸，后垂三寸，前圆而后方。垂白玉珠，十有二旒，其长齐肩。以组为缨，各如其绶色，傍垂黈纩，琓珠以玉填。其衣，皁上绛下，前三幅，后四幅。衣画而裳绣。衣则日、月、星辰、山、龙、华虫、火、宗彝，画以为缋。裳则藻、粉、米、黼黻，以为绣。凡十二章。素带，广四寸，硃里，以硃绣褙饰其侧。中衣以绛缘领袖。赤皮为韨。绛袴袜，赤舄。佩白玉，垂硃黄大绶，黄赤缥绀四采，革带，带剑，绲带以组为之，如绶色。黄金辟邪首为带镖，而饰以白玉珠。郊天、祀地、礼明堂、祠宗庙、元会临轩，则服之。②
>
> 太宰、太傅、太保、司徒、司空服。金章龟钮，紫绶，八十首。朝服，进贤三梁冠，佩山玄玉，兽头鞶，腰剑。③

《隋书·礼仪六》中上述内容应当是梁《服制令》的令文，依据有三。

第一，其开篇标明为"梁制"。按照晋杜预的"令以存事制"的解释及《唐六典》"令以设范立制"的记载，涉及官员职责（皇帝及其近亲属、王、公的服饰的制作和使用是有关官员的职责）和身份等级管理的服饰制度，应当是令的内容。

① 《隋书》卷十一《礼仪六》，中华书局，1973，第215～231页。
② 《隋书》卷十一《礼仪六》，中华书局，1973，第215～216页。
③ 《隋书》卷十一《礼仪六》，中华书局，1973，第220页。

第二，有相应的"陈令"的内容做比照。《隋书·礼仪六》在述及梁朝服制制度的内容时，顺便也在介绍陈朝的服制制度。遇陈制与梁制不同时，则以小注的形式对两者的区别加以说明，而小注中的内容大多注明是"陈令"的内容，如在"骠骑、车骑、卫将军、中军、冠军、辅国将军、四方中郎将服。金章紫绶，中郎将则青绶。朝服，武冠，佩水苍玉"条后加有小注，其内容为"《陈令》：镇、卫、骠骑、车骑、中军、中卫、中抚军、中权、四征、四镇、四安、四翊、四平将军，金章兽钮。其冠军、四方中郎将，金章豹钮，并紫绶，八十首，兽头鞶，朝服，武冠，佩水苍玉。自中军已下诸将军及冠军、四方中郎将，并官不给佩"。[1] 小注中陈令的内容应当是陈朝的《服制令》的令文，以陈《服制令》的内容与梁朝相关制度对比，说明梁朝用以与陈《服制令》对比的制度亦是《服制令》的内容，因为对比必须有可比性，否则就是风马牛不相及，陈令的内容放在后面则没有意义。

第三，其内容与唐《衣服令》相似。如关于皇帝服饰，《隋书·礼仪六》载有"单衣、白帢，以代古之疑衰、皮弁为吊服，为群臣举哀临丧则服之"，而唐《衣服令》中关于皇帝服饰中有"白帢，临大臣丧，则服之"。[2] 两者内容相近，语言表述方式相同，若后者为令文，前者亦应是令文。

据上述分析可知，《隋书·礼仪六》的上述内容，应当是梁《服制令》的令文（梁《服制令》令文请见附录）。

3. 《祠令》

《祠令》是关于祭祀上帝、神灵、先贤等方面规定的总汇。《通典·礼六·吉礼五·山川》载有一条梁朝祭祀方面的规定：

> 梁令：郡国有五岳者，置宰祀三人，及有四渎若海应祀者，皆以孟春仲冬祀之。

---

① 《隋书》卷十一《礼仪六》，中华书局，1973，第221页。
② 仁井田陞：《唐令拾遗》，栗劲、霍存福、王占通、郭延德编译，长春出版社，1989，第328页。

该条记载应当是梁《祠令》的令文，理由为，该条前面有"梁令"二字，其后的内容应当是梁令的内容，是梁令的令文。考虑到古文不加标点，还有一种可能，即"梁令"和后面的内容是连在一起的，为"梁令郡国有五岳者，置宰祝三人，及有四渎若海应祀者，皆以孟春仲冬祀之"，"梁"指梁朝，"令"为动词，指"命令"、"规定"。然而即使如此，将"命令"、"规定"后面的内容视为令文，亦无不可。

4. 《狱官令》

《狱官令》是关于司法机关设置、诉讼审判程序、刑罚执行、监狱管理等方面规定的总汇。《隋书·刑法志》对梁朝司法方面的内容有一些记载：

> 凡系狱者，不即答款，应加测罚，不得以人士为隔。若人士犯罚，违捍不款，宜测罚者，先参议牒启，然后科行。断食三日，听家人进粥二升。女及老小，一百五十刻乃与粥，满千刻而止。
>
> 耐罪囚八十已上，十岁已下，及孕者、盲者、侏儒当械系去者，及郡国太守相、都尉、关中侯已上，亭侯已上之父母妻子，及所生坐非死罪除名之罪，二千石已上非槛征者，并颂系之。
>
> 丹阳尹月一诣建康县，令三官参共录狱，察断枉直。其尚书当录人之月者，与尚书参共录之。

上列史料中第一段为梁朝的刑讯方式"测罚"制度，第二段为老幼孕疾及官贵和家属犯罪被囚免戴刑具的"颂系"制度，第三段是有关官员定期审录罪囚的"录囚"制度。该三段史料应当是梁《狱官令》的令文，其依据如下。

第一，内容与《狱官令》的性质相符。该三段史料中没有刑罚的规定，不是刑法"律"的律文，它们都是有关司法审判制度和监狱管理方面的规定，与《狱官令》的性质相符。

第二，它们与唐《狱官令》的内容相近。比如关于"颂系"，唐令规定："诸若禁囚有推决未尽、留系未决者，五日一虑。若淹延久系，不被推诘，或其状可知而推证未尽，或讼一人数事及被讼人有数事，重事实而轻事未决者，咸虑而决之"，"诸禁囚，死罪枷杻，妇人及流罪以下去杻，其杖罪散禁。年八十及十岁，并废疾、怀孕、侏儒之类，亦散禁"。① 关于"录囚"制度，唐令规定："诸应议、请、减者……公罪徒并散禁，不脱巾带。款定，皆听在外参对"。② 上列史料与唐《狱官令》相比，虽然具体内容有区别，但两者属于类似规定，性质相同当无疑问。

据上述分析可知，《隋书·刑法志》的上述内容，应当是梁《狱官令》的令文（梁《狱官令》令文请见附录）。

5.《鞭杖令》

《鞭杖令》是关于鞭、杖刑具的种类、规格、执行方法等方面规定的总汇。《隋书·刑法志》对梁朝鞭、杖方面的内容有一些记载：

> 其鞭，有制鞭、法鞭、常鞭，凡三等之差。制鞭，生革廉成；法鞭，生革去廉；常鞭，熟靼不去廉。皆作鹤头纽，长一尺一寸。梢长二尺七寸，广三分，靶长二尺五寸。杖皆用生荆，长六尺。有大杖、法杖、小杖三等之差。大杖，大头围一寸三分，小头围八分半。法杖，围一寸三分，小头五分。小杖，围一寸一分，小头极杪。
>
> 诸督罚，大罪无过五十、三十，小者二十。当笞二百以上者，皆半，余半后决，中分鞭杖。老小于令当得鞭杖罚者，皆半之。其应得法鞭、杖者，以熟靼鞭、小杖。过五十者，稍行之。将吏已上及女人应有罚者，以罚金代之。其以职员应罚，及令指名制罚者，不用此令。诏鞭杖在京师者，皆于云龙门行。女子怀孕者，勿得决罚。③

上列史料应当是梁《鞭杖令》令文，其依据有三。

第一，内容与鞭杖令的性质相符。该两段史料中没有刑罚的规定，不

---

① 仁井田陞：《唐令拾遗》，栗劲、霍存福、王占通、郭延德编译，长春出版社，1989，第716～717、713 页。

② 仁井田陞：《唐令拾遗》，栗劲、霍存福、王占通、郭延德编译，长春出版社，1989，第719 页。

③ 《隋书》卷二十五《刑法志》，中华书局，1973，第699 页。

是刑法"律"的律文，它们都是关于鞭、杖刑具的种类、规格、执行等方面的规定，与鞭杖令的性质相符。

第二，与晋《鞭杖令》的内容大致相同。程树德在《九朝律考》"晋律考下"部分考证出晋《鞭杖令》的令文（详见本文第二部分），其内容与上引史料大致相同。

第三，与唐《狱官令》的有关内容性质相近。唐《狱官令》规定："诸杖皆削去节目，长三尺五寸。讯囚杖，大头径三分二厘，小头二分二厘；常行杖，大头二分七厘，小头一分七厘；笞杖，大头二分，小头一分半。其决笞者，腿、臀分受；决杖者，背、腿、臀分受，须数等"，"行决罚者，皆不得中易人"。① 唐朝令典中没有《鞭杖令》，其内容融入《狱官令》之中。虽然唐朝关于刑具杖的规定及执行方法与上引史料区别较大，但二者相比较，性质相近。

6. 《官班令》

《隋书·百官上》对梁朝的官班制有较多的记载，如关于官班制度的制定完善过程："天监初，武帝命尚书删定郎济阳蔡法度，定令为九品。……至七年，革选，徐勉为吏部尚书，定为十八班。以班多者为贵，同班者，则以居下者为劣。"同年，梁武帝"又诏以将军之名，高卑舛杂，命更加厘定。于是有司奏置一百二十五号将军"，定为二十四班。大通三年（529年），有司奏曰："天监七年，改定将军之名，有因有革。普通六年，又置百号将军，更加刊正，杂号之中，微有移异。大通三年，奏移宁远班中明威将军进轻车班中，以轻车班中征远度入宁远班中。又置安远将军代贞武，宣远代明烈。其戎夷之号，亦加附拟，选序则依此承用。"② 而关于官班制的内容，则记载得更为详细，如：

> 丞相、太宰、太傅、太保、大司马、大将军、太尉、司徒、司空，为十八班。

---

① 仁井田陞：《唐令拾遗》，栗劲、霍存福、王占通、郭延德编译，长春出版社，1989，第727、714页。

② 《隋书》卷二十六《百官上》，中华书局，1973，第729、736、738页。

诸将军开府仪同三司、左右光禄开府仪同三司，为十七班。

尚书令、太子太傅、左右光禄大夫，为十六班。

尚书左仆射，太子少傅，尚书仆射、右仆射，中书监，特进，领、护军将军，为十五班。

太常中领、护军，吏部尚书，太子詹事，金紫光禄大夫，太常卿，为十四班。

中书令，列曹尚书，国子祭酒，宗正、太府卿，光禄大夫，为十三班。

侍中，散骑常侍，左、右卫将军，司徒左长史，卫尉卿，为十二班。①

《隋书·百官上》记载的梁朝官班制的内容应当是梁令的令文，其理由有二。

第一，史料称其为"梁制"。《隋书·百官上》在述完梁官班制的内容后说："陈承梁，皆循其制官，而又置相国，位列丞相上。并丞相、太宰、太傅、太保、大司马、大将军，并以为赠官。定令，尚书置五员，郎二十一员。其余并遵梁制，为十八班。"按照晋杜预的"令以存事制"的解释及《唐六典》"令以设范立制"的记载，梁朝关于官班制度的规定应当属于令的令文。

第二，该内容常与官品制度并称。如上引史料中"天监初年，尚书删定郎济阳蔡法度定令为九品。至七年革选，徐勉为吏部尚书，又定为十八班"。《通典·职官一》："魏秩次多因汉制，更置九品。晋、宋、齐并因之。梁因之，更置十八班，班多为贵。"《通典·职官十九》："天监初年，尚书删定郎济阳蔡法度定令为九品。至七年革选，徐勉为吏部尚书，又定为十八班。班多者为贵，同班者则以居下者为劣。又置诸将军之号为二十四班，亦以班多者为贵，而九品之制不废。"《唐六典》在述及梁朝官员品级时，亦称其班序，如"尚书左丞，班第九；右丞，班第八。并第四品，秩六百石"，"门下侍中，秩二千石，品第三，班第十二，与给事黄门

---

① 《隋书》卷二十六《百官上》，中华书局，1973，第729~730页。

侍郎一人对掌禁令"。^① 可见，官班制度是与官品制度内容及性质相近、相类似的制度。如上文所述，关于官员品级的规定，属于《官品令》的内容，那么，梁朝关于士庶起家与官员官职迁转的官阶制度规定，亦应当属于令的性质。

梁初蔡法度制定的令典中没有《官班令》篇目，该令是梁天监七年（508 年）后陆续制定和完善的单行令。

（二）梁令的渊源及变化

关于梁令的渊源，程树德指出，"梁令大抵因晋令而增损之"^②，意即梁令渊源于晋令。对此观点，学界没有异议，但无论是程氏，还是近现代的其他学者都没有进行相应的论证。而关于梁令的变化，学界亦少有研究。本文以相关史料为据，对该问题进行论证和叙述。

1. 梁令的渊源

梁令渊源于晋令，表现在两者的篇目和有关内容的相似性上。

（1）梁令与晋令篇目结构比较。为便于比较和分析，根据《唐六典》、《九朝律考》等资料，将晋、梁令的篇目列表如下（见表1）。

表 1

朝代	令名	颁行时间	篇数	篇目
晋	晋令	晋武帝泰始四年（268 年）	40	一户，二学，三贡士，四官品，五吏员，六俸廪，七服制，八祠，九户调，十佃，十一复除，十二关市，十三捕亡，十四狱官，十五鞭杖，十六医药疾病，十七丧葬，十八杂上，十九杂中，二十杂下，二十一门下散骑中书，二十二尚书，二十三三台秘书，二十四王公侯，二十五军吏员，二十六选吏，二十七选将，二十八选杂士，二十九宫卫，三十赎，三十一军战，三十二军水战，三十三至三十八皆军法，三十九四十皆杂法。

① 李林甫等：《唐六典》，陈仲夫点校，中华书局，1992，第 7、241 页。
② 程树德：《九朝律考》，商务印书馆，2010，第 321 页。

朝代	令名	颁行时间	篇数	篇目
梁	梁令	梁武帝天监二年（503年）	30	一户，二学，三贡士赠官，四官品，五吏员，六服制，七祠，八户调，九公田公用仪迎，十医药疾病，十一复除，十二关市，十三劫贼水火，十四捕亡，十五狱官，十六鞭杖，十七丧葬，十八杂上，十九杂中，二十杂下，二十一宫卫，二十二门下散骑中书，二十三尚书，二十四三台秘书，二十五王公侯，二十六选吏，二十七选将，二十八选杂士，二十九军吏，三十军赏。

从表1内容看，梁令与晋令有户、学、官品、吏员、服制、祠、户调、复除、关市、捕亡、狱官、鞭杖、医药疾病、丧葬、杂上、杂中、杂下、门下散骑中书、尚书、三台秘书、王公侯、军吏员、选吏、选将、选杂士、宫卫26篇篇名完全相同，除医药疾病外，其他各篇的排序都相同或相近；而晋令中的"贡士"、"佃"与梁令中的"贡士赠官"、"公田公用仪迎"虽略有区别，但仍然相近。由此可见，梁令在篇目上是"因晋令而增损之"，晋令是梁令的渊源。

（2）梁令与晋令有关内容的比较。由于晋、梁令的文本都已佚失，本文只能选择晋、梁令中内容相当的部分加以比较。根据程树德的考证，晋令中《鞭杖令》的内容为：

"应得法杖者，以小杖过五寸者稍行之，应杖而髀有疮者，臀也，""杖皆用荆，长六尺，制杖大头围一寸，尾三分半，""鞭皆用牛皮生革廉成，法鞭生革去四廉。"

"应得法鞭者，执以鞭过五十稍行之，有所督罪，皆随过大小。大过五十，小过二十。鞭皆用牛皮革廉成。法鞭生革去四廉，常鞭用熟靼，不去廉，作鹊头纫，长一尺一寸，梢长二尺二寸，广三分，厚一分，柄皆长二尺五寸。""应受杖而体有疮者，督之也。"①

---

① 程树德：《九朝律考》，商务印书馆，2010，第295页。

以此处的内容与上文中梁《鞭杖令》的内容比较，可以看出很多相同之处，比如都区分了"法杖"、"法鞭"、"常鞭"，都规定了"杖皆用生荆，长六尺"，"法鞭，生革去廉；常鞭，熟靶不去廉。皆作鹤头纽，长一尺一寸。广三分，靶长二尺五寸"。两者相似度较高。

晋令中的《服制令》（程树德在《九朝律考》中将其标为《官品令》，但其内容是官员冠服佩饰的规定，应是《服制令》）的内容较多，其中有：

> "尚书令，假铜印墨绶，冠进贤两梁冠，纳言帻，五时朝服，佩水苍玉。""尚书仆射六人，皆铜印墨绶，进贤两梁冠，纳言帻，绛朝服，佩水苍玉。""中书监、中书令，铜印墨绶，进贤两梁冠，绛朝服，佩水苍玉。"①

《隋书·礼仪六》中记载的梁《服制令》关于尚书令、尚书仆射、中书监、中书令的服制规定为："尚书令、仆射、尚书，铜印墨绶，朝服，纳言帻、进贤冠，佩水苍玉，尚书则无印绶。腰剑，紫荷，执笏。""中书监、令、秘书监，铜印墨绶，朝服，进贤两梁冠，佩水苍玉，腰剑，兽头鞶。"与上述晋之《服制令》的内容比较，两者相似度也较高。

通过比较梁令与晋令有关内容，两者比较相近，可见晋令是梁令的渊源。

2. 梁令的发展变化

梁令以晋令为蓝本制成，但为适应时势的需要，也有一些重要的改作与创新，其篇目和内容都有一定的变化。

（1）篇目结构的发展变化

从表 1 的内容看出，梁令对晋令的改动有：删去晋令中的"军法"6篇，"杂法"2 篇，"军水战"、"军战"、"俸廪"、"赎"各 1 篇，共 12篇，增设"劫贼水火"、"军赏"2 篇，总篇目由 40 篇减为 30 篇；部分篇目的名称也有所调整，如将晋令中的"佃"改为"公田公用仪迎"，新设

---

① 程树德：《九朝律考》，商务印书馆，2010，第 275 页。

"劫贼水火"篇。梁令篇目较晋令简约。从梁令 30 篇目结构被后世隋唐令继承看，其 30 篇结构具有更多的合理性。

（2）内容的发展变化

梁令文本资料已佚失，对其内容也已不能全面了解，但从上文提及的梁《鞭杖令》看，其在晋《鞭杖令》的基础上有所发展，内容更为详尽完备，表现在以下几个方面。

第一，对鞭杖的刑具规格规定更为详尽。梁《鞭杖令》将鞭分为制鞭、法鞭、常鞭三等，将杖分为大杖、法杖、小杖三等，对其规格作了详细的规定。因此晋《鞭杖令》对鞭杖刑具规格的规定，明显不如梁令详细明确。

第二，对鞭、杖行刑方法的规定更为详尽。梁《鞭杖令》规定："诸督罚，大罪无过五十、三十，小者二十。当笞二百以上者，皆半，余半后决，中分鞭杖。老小于令当得鞭杖罚者，皆半之。其应得法鞭、杖者，以熟靻鞭、小杖。过五十者，稍行之。将吏已上及女人应有罚者，以罚金代之。其以职员应罚，及令指名制罚者，不用此令。诏鞭杖在京师者，皆于云龙门行。女子怀孕者，勿得决罚。"其中鞭杖刑的"中分"，意为鞭杖刑施鞭杖各一半，如鞭杖二百，当施鞭一百，施杖一百。而对"当笞二百以上者"，分两次执行，对女人以罚金代鞭杖刑，对怀孕女子不得执行鞭杖刑的规定，以及"其问事诸罚，皆用熟靻鞭、小杖。其制鞭制杖，法鞭法杖，自非特诏，皆不得用"的规定，具有相当的合理性和进步性。晋令关于鞭杖行刑的规定，不如梁令详细、合理与文明。

梁令的主要发展变化，在于《官班令》的制定。梁朝于天监七年以后陆续制定和完善了《官班令》，确立了官班制度，其内容包括流内 18 班，流外 7 班，三品蕴位及勋位、州职 6 班，郡职 10 班，县职 7 班，125 号将军十品 24 班，不登二品将军 14 号 8 班，施于外国的 109 号将军十品 24 班。官班制是一项与官品制并列的制度，两者既有区别又有联系。两者的区别是：官班制是士庶起家与官员官职迁转的官阶制度，"以班多者为贵，同班者，则以居下者为劣"。官品制则是关于官员地位高低、权力大小与政治经济待遇优劣的制度，同品级的官员其地位、权力和待遇相同。官班制的内容较官品制更加详细和复杂；两者的联系在于官班制与官品制在内容上有一定的对应性，官品相同的官员其官班绝大多数也是相同的。

官班制滥觞于西晋初年，为适应该时期士族官僚"居职希迁"、"仕者欲速"和"迁补转徙如流"需求，经两晋、刘宋、南齐的发展，至萧梁形成完备的制度。①

（二）梁令的历史地位

梁令作为南朝最主要的立法成果之一，对后世有重要影响，在中国古代令的发展中上有重要的历史地位。

1. 梁令对后世的影响

就目前的史料来看，受梁令影响最大最直接的是陈令。据《隋书·刑法志》载，陈朝立国不久，陈武帝即下诏"删改科令"，"于是稍求得梁时明法吏，令与尚书删定郎范泉，参定律令……制律三十卷，令四十卷……其制唯重清议禁锢之科。若缙绅之族，犯亏名教，不教及内乱者，发诏弃之，终身不齿。先与士人为婚者，许妻家夺之……自余篇目条纲，轻重繁简，一用梁法。"从该条记载看，陈初制定律令人员中，有梁朝的明法吏，而主持者范泉也是梁朝官员转任。陈律令自然会受梁律令的影响。而从内容看，陈律令除有少数改制外，"篇目条纲，轻重繁简，一用梁法"，全面继承了梁律令的篇目和内容。

除陈朝外，还有哪些政权的律令受梁律令的影响呢？《隋书·裴政传》为此提供了重要线索。《裴政传》载，"裴政，字德表，河东闻喜人也。高祖寿孙，从宋武帝徙家于寿阳，历前军长史、庐江太守。祖邃，梁侍中、左卫将军、豫州大都督。父之礼，廷尉卿。政幼明敏，博闻强记，达于时政，为当时所称。年十五，辟邵陵王府法曹参军事，转起部郎、枝江令。湘东王之临荆州也，召为宣惠府记室，寻除通直散骑侍郎。——会江陵陷，与城中朝士俱送于京师。周文帝闻其忠，授员外散骑侍郎，引事相

---

① 杨恩玉：《萧梁官班制渊源考辨》，《历史研究》2013 年第 4 期。另可参见张旭华《萧梁官品、官班制度考略》，《中国史研究》1995 年第 2 期；阎步克《品位与职位》，中华书局，第 360～409 页；杨恩玉《萧梁官班制的形成考论——以流外七班、三品勋位及蕴位为中心》，《南京师范大学报》2012 年第 4 期。

府。命与卢辩依《周礼》建六卿，设公卿大夫士，并撰次朝仪，车服器用，多遵古礼，革汉、魏之法，事并施行。寻授刑部下大夫，转少司宪。政明习故事，又参定周律……开皇元年，转率更令，加位上仪司三司。诏与苏威等修定律令。政采魏、晋刑典，下至齐、梁，沿革轻重，取其折衷。同撰著者十有馀人，凡疑滞不通，皆取决于政"。

裴政出生于梁朝律学世家，又担任过法职，熟知梁朝律令，入北周后参与周礼与律的修订。因礼与令的密切关系，北周令中含有梁令的因子是必然的。

开皇元年（581 年），裴政又参与了隋初律令的修订，而且从"同撰著者十有馀人，凡疑滞不通，皆取决于政"，裴政是隋开皇律令修订班子中的决定性人物。由于裴政的桥梁作用，隋令受梁令的影响便不可避免。

又从两唐书《刑法志》看，唐朝律令深受隋律令的影响。下面即从令的篇目和内容来分析梁令对南陈、北周、隋、唐令的影响。

（1）梁令篇目对后世的影响。史料对陈令的篇目没有记载，但从《隋书·刑法志》关于陈朝律令"篇目条纲，轻重繁简，一用梁法"的记载看，陈令的篇目应当与梁令完全相同。史料对北齐、隋、唐令的篇目都有记载，为了便于比较，根据《唐六典》、《九朝律考》等资料，将梁、北齐、隋、唐令的篇目列表如下（见表 2）：

表 2

朝代	令名	颁行时间	篇数	篇目
梁	梁令	梁武帝天监二年（503 年）	30 卷（篇）	户 学 贡士赠官 官品 吏员 服制 祠 户调 公田公用仪迎 医药疾病 复除 关市 劫贼 水火 捕亡 狱官 鞭杖 丧葬 杂上 杂中 杂下 宫卫 门下散骑中书 尚书 三台秘书 王公侯 选吏 选将 选杂士 军吏 军赏
北齐	北齐令	武成帝河清三年（564 年）	40 卷28 篇	吏部 考功 主爵 殿中 仪曹 三公 驾部 祠部 主客 虞曹 屯田 起部 左中兵 右中兵 左外兵 右外兵 都兵 都官 二千石 比部 水部 膳部 度支 仓部 左户 右户 金部 库部

续表

朝代	令名	颁行时间	篇数	篇目
隋	开皇令	隋文帝开皇二年（582 年）	30卷（篇）	官品上　官品下　诸省台职员　诸寺职员　诸卫职员　东宫职员行台诸监职员　诸州郡县镇戍职员　命妇品员　祠　户　学　选举　封爵俸廪　考课　宫卫军防　衣服　卤簿上　卤簿下　仪制　公式上　公式下　田　赋役　仓库厩牧　关市　假宁　狱官　丧葬　杂
唐	贞观令	唐太宗贞观十一年（637 年）	30卷（篇）	官品上　官品下　三师三公台省职员　寺监职员　卫府职员　东宫王府职员州县镇戍岳渎关津职员　内外命妇职员　祠　户　选举　考课　宫卫　军防　衣服　仪制　卤簿上　卤簿下　公式上　公式下　田　赋役　仓库　厩牧　关市　医疾　狱官　营缮　丧葬　杂

从表 2 所列令的篇目表看，隋《开皇令》与唐《贞观令》的篇名大多数相同，只有少数篇名略有区别。梁令与隋《开皇令》有官品、户、学、祠、关市、狱官、丧葬、杂 8 篇篇名完全相同；梁令中的"选吏"、"选将"、"选杂士"、"宫卫"与隋《开皇令》中的"选举"、"宫卫军防"内容应当有部分相同。梁令与唐《贞观令》有官品、户、祠、关市、狱官、丧葬、杂、宫卫 8 篇篇名完全相同，梁令中的"医药疾病"与唐《贞观令》中的"医疾"在内容上应该区别不大。隋、唐令受梁令的影响较为明显，而与《北齐令》在篇目上全无相同之处。由此可见，隋、唐令在篇目上的主要渊源是梁令，而不是北朝之令。

（2）梁令内容对后世的影响。梁、陈、北周令的文本资料均已佚失，但从其他资料中仍可以看出梁令的内容对后世的影响。

第一，对陈朝的影响。梁令的内容对陈朝的影响，除上文的论述外，从令的具体内容如《服制令》、《官班令》、《狱官令》也可以加以说明。

《隋书·百官上》在叙完梁《官班令》的内容后说："陈承梁，皆循其制官，而又置相国，位列丞相上。并丞相、太宰、太傅、太保、大司马、大将军，并以为赠官。定令，尚书置五员，郎二十一员。其余并遵梁

制，为十八班，而官有清浊。"其中"陈承梁，皆循其制官"，"其余并遵
梁制，为十八班"足见梁《官班令》对陈令的影响。

《隋书·礼仪六》在叙及梁《服制令》的内容时，同时也在叙述陈
《服制令》的内容，在梁令与陈令不同之处才用正文和小注的方式加以说
明，除上文所述，又如在"领、护军，中领、护军，五营校尉，银印青
绶，朝服，武冠，佩水苍玉，兽头鞶。其屯骑，夹御日，假给佩，余校不
给"条后用小注说明："《陈令》：领、护，金章龟钮，紫绶，八十首。中
领、护，银章龟钮，青绶，八十首。其五营校尉，银印珪钮，青绶，八十
首。官不给佩。余并同梁。"① 这种用小注加以说明的共有 16 处，没有说
明的都与梁制相同。

据上文考证，《隋书·刑法志》记载的梁朝讯囚的"测罚"制度，应
系《狱官令》的内容。据《陈书·沈洙传》载，陈废帝时，针对梁朝
"测囚之法，日一上，起自晡鼓，尽于二更。及比部郎范泉删定律令，以
旧法测立时久，非人所堪，分其刻数，日再上"的情形，"廷尉以为新制
过轻，请集八座丞郎并祭酒孔奂、行事沈洙五舍人会尚书省详议"。② 经
过详议，决定对梁"测罚"制度进行改革，改革后称"立测"制度，其
内容为："以土为埭，高一尺，上圆劣，容囚两足立。鞭二十，笞三十讫，
著两械及杻，上埭。一上测七刻，日再上。三七日上测，七日一行鞭。凡
经杖，合一百五十，得度不承者，免死。"③ 虽与梁制有一定的不同，但
上埭测立部分则是相同的，可见其受梁《狱官令》内容的影响。

第二，对北周的影响。梁令内容对北周的影响主要表现在梁《官班
令》对北周"九命"制度的影响上。

北周的九命制度系北周太祖命尚书令卢辩创制，《隋书·百官中》载
其内容为："内命，谓王朝之臣。三公九命，三孤八命，六卿七命，上大
夫六命，中大夫五命，下大夫四命，上士三命，中士再命，下士一命。外
命，谓诸侯及其臣。诸公九命，诸侯八命，诸伯七命，诸子六命，诸男五
命，诸公之孤卿四命，侯之孤卿、公之大夫三命，子男之孤卿、侯伯之大

---

① 《隋书》卷十一《礼仪六》，中华书局，1973，第 221 页。
② 程树德：《九朝律考》，商务印书馆，2010，第 324～325 页。
③ 《隋书》卷二十六《百官上》，中华书局，1973，第 703 页。

夫、公之上士再命，子男之大夫、公之中士、侯伯之上士一命，公之下士、侯伯之中士下士、子男之士不命。"①

一定程度上，九命制度在名称上或许受周朝五命制度的影响，据《周礼·春官宗伯·典命》载："典命掌诸侯之五仪诸臣之五等之命。上公九命为伯，其国家、宫室、车旗、衣服、礼仪，皆以九为节。侯伯七命，其国家、宫室、车旗、衣服、礼仪，皆以七为节。子男五命，其国家、宫室、车旗、衣服、礼仪，皆以五为节。王之三公八命，其卿六命，其大夫四命，及其出封，皆加一等，其国家、宫室、车旗、衣服、礼仪，亦如之。凡诸侯之适子誓於天子，摄奇牟，则下其君之礼一等。未誓，则以皮帛继子男。公之孤四命，以皮帛，眡小国之君。其卿三命，其大夫再命，其士壹命，其宫室、车旗、衣服、礼仪，各目氏其命之数。侯伯之聊、大夫、士，亦如之。子男之卿再命，其大夫壹命，其士不命，其宫室、车旗、衣服、礼仪，各眡其命之数。"② 两相比较，北周九命与《周礼》中的五命在名称上有少许相似，在内容上则完全不同。

从《隋书》的记载看，除"命多为贵"与梁官班制"以班多者为贵"相同外，九命制度与十八官班制度似乎没有什么关联。但据《通典·职官二十一》记载，北周在"九命之中"，又分"正命"和"命"两等，因此，北周官制是九命十八等，以命多者为贵，这与梁朝的九品十八班制度极为相似。研究魏晋南北朝政治制度史的黄惠贤指出："曹魏始分职官为九品；萧梁再开九品十八班，陈依梁制……北周作九命之典，九命均分'正命'与'命'两等，仍然是九品十八班制之变名。"③ 故北周的九命十八等制度应是受梁朝九品十八班制度的影响而创制。

2. 梁令的历史地位

综上所述，梁令在晋令的基础上进行了一些改制和创新，使梁令的篇目较晋令更为简略，并开隋、唐、宋等朝代令典 30 篇体例之先河。梁令的内容也较晋令更为完备、进步，并对陈、北周、隋、唐令都产生了一定

---

① 《隋书》卷二十七《百官中》，中华书局，1973，第 771 页。
② 《十三经注疏》（清嘉庆刊本），中华书局，2009，第 1684 ~ 1685 页。
③ 白钢主编《中国政治制度通史》第四卷《魏晋南北朝》，人民出版社，1996，第 419 ~ 420 页。

的影响。梁令是隋、唐令的渊源之一，其中在篇目结构上，梁令则是隋、唐令的主要渊源。梁令是汉、魏、晋令向隋、唐令发展过程中极为重要的环节。隋、唐令系在综合吸收北朝令及以梁令为代表的南朝令的内容和篇目结构的成果的基础上而制成，因此，如果要将隋、唐以前令的发展轨迹用流程图来表达，该示意图如下所示（见图1）。

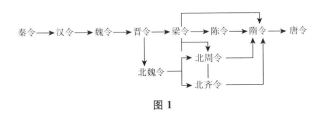

图 1

附录：梁令令文

根据正文中的考证，为避免正文内容之繁冗，现将《唐六典》、《隋书·礼仪志》、《通典》、《隋书·刑法志》、《隋书·百官志》中记载的梁令的内容汇录于此。因前述史料对梁令内容的表述与令文有一定的不同，本文于此按唐令的表述方式对之略作调整。

一 官品令

太师，十八班，秩万石。（《唐六典》卷一，以下同书只注明卷次）

太子通事舍人，视南台御史，并一班，从九品。（卷二十六）

皇弟、皇子府友，班第八，正六品。（卷二十九）

皇弟、皇子府文学员，班第五，从七品。（卷二十九）

尚书令，秩中二千石，班第十六。（卷一）

尚书左丞，班第九；右丞，班第八。并第四品，秩六百石。（卷一）

三公，秩万石，班第十八。（卷一）

吏部尚书，秩中二千石，班第十四，诸曹尚书班第十三。（卷二）

吏部郎中，品第四，班第十一。诸曹郎班第十。（卷二）

梁《官品令》：辅国将军并第三品。（卷五）

冠军大将军，《梁令》：第三品。（卷五）

梁《官品令》：宁远将军，正五品。（卷五）

门下侍中，秩二千石，品第三，班第十二，与给事黄门侍郎一人对掌

禁令。（卷八）

黄门侍郎，秩二千石，品第五，班第十（与侍中同掌侍从左右，傧相威仪，尽规献纳，纠正违阙，监合尝御药，封玺书；高功者一人，与侍中祭酒对掌禁令）。（卷八）

门下给事中，秩六百石，品第七，（与诸散骑常侍侍从左右，献纳得失，省诸奏闻）。

左散骑常侍，秩中二千石，班第十二（高功一人为祭酒，与散骑侍郎一人对掌禁令）。（卷八）

中书监，秩中二千石，品第二，班第十五。（卷九）

中书令，秩二千石，品第二，班第十三。（卷九）

中书侍郎，功高者一人主直内事，秩千石，班第九。（卷九）

中书舍人，秩四百石，品第八。（卷九）

中书主事二人，品第八。（卷九）

中书令史八人、书令史十二人，品皆第九。（卷九）

秘书监，秩中二千石，品第三，班第十一。（卷十）

秘书丞，品第五，秩六百石，铜印、黄绶。（卷十）

秘书郎，秩六百石。（卷十）

秘书令史，品第九。（卷十）

著作郎，秩六百石，品第六。（卷十）

御史中丞，品第四，班第十一。（卷十三）

太常统陵令，班第二，品正第九。（卷十四）

大理卿，班第十一，第三品。（卷十八）

大理正，第六品。（卷十八）

大理丞，第七品。（卷十八）

狱丞，第七品。（卷十八）

太府丞，品从第七。（卷二十）

少府卿，统材官将军、左中右尚方、甄官、平水、南塘、邸税库、东西冶、中黄、细作、炭库、纸官、柴署等令、丞，班第十一，品从第四。（卷二十二）

少府丞，班第四。（卷二十二）

左中右尚方三令、丞，其令并从九品。（卷二十二）

左尚署令，班第一，从九品。（卷二十二）

东冶令、西冶令，从九品下。（卷二十二）

大匠卿，班第十，品正第五。（卷二十三）

太子詹事，秩中二千石，品第三，班第十四。（卷二十六）

太子丞，品第八。（卷二十六）

太子中庶子、庶子，（中庶子功高者一人为祭酒，行则负玺，前、后部护驾，与高功中舍人一人共掌其坊之禁令），班第十一，从四品；庶子班第九，从五品。（卷二十六）

太子中舍人，（高功一人与中庶子祭酒共掌其坊之禁令），班第八，正六品。（卷二十六）

太子舍人，班第三，从八品。（卷二十六）

二　服制令

乘舆服。黑介帻，通天冠平冕。其制，玄表，硃绿里，广七寸，长尺二寸，加于通天冠上。前垂四寸，后垂三寸，前圆而后方。垂白玉珠，十有二旒，其长齐肩。以组为缨，各如其绶色，傍垂黈纩，琭珠以玉填。其衣，皂上绛下，前三幅，后四幅。衣画而裳绣。衣则日、月、星辰、山、龙、华虫、火、宗彝，画以为绩。裳则藻、粉、米、黼黻，以为绣。凡十二章。素带，广四寸，硃里，以硃绣褗饰其侧。中衣以绛缘领袖。赤皮为韨。绛袴袜，赤舄。佩白玉，垂硃黄大绶，黄赤缥绀四采，革带，带剑，绲带以组为之，如绶色。黄金辟邪首为带鐍，而饰以白玉珠。郊天、祀地、礼明堂、祠宗庙、元会临轩，则服之。

又有通天冠，高九寸，前加金博山、述，黑介帻，绛纱袍，皂缘中衣，黑舄，是为朝服。元正贺毕，还储更衣，出所服也。其释奠先圣，则皂纱袍，绛缘中衣，绛袴袜，黑舄。临轩亦服衮冕，未加元服，则空顶介帻。拜陵则笺布单衣，介帻。

又有五梁进贤冠、远游、平上帻武冠。单衣，黑介帻，宴会则服之。

单衣、白帢，以代古之疑衰、皮弁为吊服，为群臣举哀临丧则服之。

皇太子，金玺龟钮，硃绶，三百二十首。朝服，远游冠，金博山，佩瑜玉翠绥，垂组，硃衣，绛纱袍，皂缘白纱中衣，白曲领，带鹿卢剑，火珠首，素革带，玉钩䚢，兽头鞶囊。其大小会、祠庙、朔望、五日还朝，皆朝服，常还上宫则硃服。若释奠，则远游冠，玄朝服，绛缘中单，绛袴袜，玄舄。讲，则著介帻。

又有三梁进贤冠。其侍祀则平冕九旒，衮衣九章，白纱绛缘中单，绛
缯韠，赤舄，绛袜。若加元服，则中舍执冕从。

诸王，金玺龟钮，纁朱绶，一百六十首。朝服，远游冠，介帻，朱
衣，绛纱袍，皂缘中衣，素带，黑舄。佩山玄玉，垂组，大带，兽头鞶，
腰剑。若加余官，则服其加官之服。

开国公，金章龟钮，玄朱绶，一百四十首。朝服，纱朱衣，进贤三梁
冠，佩水苍玉，兽头鞶，腰剑。

开国侯、伯，金章龟钮，青朱绶，一百二十首。朝服，纱朱衣，进贤
三梁冠，佩水苍玉，善头鞶，腰剑。

开国子、男，金章龟钮，青绶，一百首。朝服，纱朱衣，进贤三梁
冠，佩水苍玉，兽头鞶，腰剑。

县、乡、亭、关内、关中及名号侯，金印龟钮，紫绶，朝服，进贤二
梁冠，兽头鞶，腰剑。关内、关中及名号侯则珪钮。

关外侯，银印珪钮，青绶，朝服，进贤二梁冠，兽头鞶，腰剑。

诸王嗣子，金印珪钮，紫绶，八十首。朝服，进贤二梁冠，佩山玄
玉，兽头鞶，腰剑。开国公、侯嗣子，银印珪钮，青绶，八十首。朝服，
进贤二梁冠，佩水苍玉，兽头鞶，腰剑。

太宰、太傅、太保、司徒、司空服。金章龟钮，紫绶，八十首。朝
服，进贤三梁冠，佩山玄玉，兽头鞶，腰剑。主大司马、大将军、太尉、
诸位从公者服。金章龟钮，紫绶，八十首。朝服，武冠，佩山玄玉，兽头
鞶，腰剑。直将军则不带剑。

其凡公及位从公、言以将军及以左右光禄、开府仪同者，各随本位
号。其文则曰"某位号仪同之章"。五等诸侯，助祭郊庙，皆平冕九旒，
青玉为珠，有前无后。各以其绶色为组缨，旁垂黈纩。衣，玄上纁下，画
山龙巳下九章，备五采，大佩，赤舄，絇履。录尚书无章绶品秩，悉以余
官总司其任，服则余官之服，犹执笏紫荷。其在都坐，则东面最上。

尚书令、仆射、尚书，铜印墨绶，朝服，纳言帻、进贤冠，佩水苍
玉，尚书则无印绶。腰剑，紫荷，执笏。

侍中散骑常侍、通直常侍、员外常侍，朝服，武冠貂蝉，侍中左插，
常侍右插。皆腰剑，佩水苍玉。其员外常侍不给佩。旧至尊朝会登殿，侍

中常侍夹御，御下舆，则扶左右。侍中骖乘，则不带剑。

中书监、令、秘书监，铜印墨绶，朝服，进贤两梁冠，佩水苍玉，腰剑，兽头鞶。

左、右光禄大夫，皆与加金章紫绶同。其但加金紫者，谓之金紫光禄，但加银青者，谓之光禄大夫。

光禄、太中、中散大夫，太常、光禄、弘训太仆、太仆、廷尉、宗正、大鸿胪、大司农、少府、大匠诸卿，丹阳尹，太子保、傅，大长秋，太子詹事，银章龟钮，青绶，兽头鞶，朝服，进贤冠二梁，佩水苍玉。卿大夫助祭，则冠平，冕五旒，黑玉为珠，有前无后。各以其绶采为组缨，旁垂黈纩。衣，玄上纁下，画华虫七章，皆佩五采大佩，赤舄，绚履。

骠骑、车骑、卫将军、中军、冠军、辅国将军、四方中郎将服。金章紫绶，中郎将则青绶。朝服，武冠，佩水苍玉。

领、护军，中领、护军，五营校尉服。银印青绶，朝服，武冠，佩水苍玉，兽头鞶。其屯骑，夹御日，假给佩，余校不给。

弘训卫尉，卫尉，司隶校尉，左右卫、骁骑、游击、前、左、右、后军将军，龙骧、宁朔、建威、振威、奋威、扬威、广威、武威、建武、振武、奋武、扬武、广武等将军，积弩、积射、强弩将军，监军，银章青绶，朝服，武冠，佩水苍玉，兽头珪。骁、游已下，并不给佩。骁、游夹侍日，假给。

国子祭酒，皁朝服，进贤二梁冠，佩水苍玉。

御史中丞、都水使者，银印，墨绶，朝服，进贤二梁冠，兽头鞶，腰剑，佩水苍玉。

谒者仆射，铜印环钮，墨绶，八十首。朝服，高山冠，兽头鞶，佩水苍玉，腰剑。兽头诸军司，银章龟钮，青绶，朝服，武冠，兽头鞶。

给事中、黄门侍郎、散骑通直员外、散骑侍郎、奉朝请、太子中庶子、庶子、武卫将军、武骑常侍，朝服，武冠，腰剑。

中书侍郎，朝服，进贤一梁冠，腰剑。冗从仆射、太子卫率，铜印，墨绶，兽头鞶，朝服，武冠。

武贲中郎将、羽林监，铜印环钮，墨绶，朝服，武冠，兽头鞶，腰剑。其在陛牙及备卤簿，著鹖尾，绛纱縠单衣。

护匈奴中郎将，护羌、戎、夷、蛮、越、乌丸、西域校尉，银印珪钮，青绶，朝服，武冠，兽头鞶。

安夷、抚夷护军，州郡国都尉，奉车、驸马、骑都尉，诸护军，银印珪钮，青绶，兽头鞶，朝服，武冠。

州刺史，铜印，墨绶，兽头鞶，腰剑，绛朝服，进贤二梁冠。

郡国太守、相、内史，银章龟钮，青绶，兽头鞶，单衣，介帻。加中二千石，依卿尹冠服剑佩。

尚书左、右丞，秘书丞，铜印环钮，黄绶，兽爪鞶，朝服，进贤一梁冠。

尚书，秘书著作郎，太子中舍人、洗马、舍人，朝服，进贤一梁冠，腰剑。

诸王友、文学，祩服，进贤一梁冠。

治书侍御史、侍御史，朝服，腰剑，法冠。治书侍御史，则有铜印环钮，墨绶。

诸博士，给皁朝服，进贤两梁冠，佩水苍玉。

太学博士，正限八人，著佩，限外六人不给。

廷尉律博士，无佩。并簪笔。

国子助教，皁朝服，进贤一梁冠，簪笔。

公府长史，兽头鞶。诸卿尹丞，黄绶，兽爪鞶，簪笔。

诸县署令、秩千石者，兽爪鞶，铜印环钮，墨绶，朝服，进贤两梁冠。长史祩服，诸卿尹丞、建康令，玄服。

公府掾属、主簿、祭酒，祩服，进贤一梁冠。公府令史亦同。

领、护军长史，祩服，兽头鞶。诸军长史，单衣，介帻，兽头鞶。

诸卿部丞、狱丞，并皁朝服，一梁冠，黄绶，兽爪鞶，簪笔。

太子保、傅、詹事、丞，皁朝服，一梁冠，簪笔，兽爪鞶，黄绶。

郡国相、内史丞、长史，单衣，介帻。长史，兽头鞶，其丞，黄绶，兽爪鞶。

诸县署令、长、相，单衣，介帻，兽头鞶，铜印环钮，墨绶，朝服，进贤一梁冠。诸署令，祩衣，武冠。州都大中正、郡中正，单衣，介帻。

太子门大夫，兽头鞶，陵令、长，兽爪鞶，铜印环钮，墨绶，朝服，进贤一梁冠。令、长祩服，率更、家令、仆，朝服，两梁冠，兽头鞶，腰剑。

黄门诸署令、仆、长丞，袸服，进贤一梁冠，铜印环钮，墨绶。丞，黄绶。黄门冗从仆射监、太子寺人监，铜印环钮，墨绶，朝服，武冠，兽头般。

公府司马，领、护军司马，诸军司马，护匈奴中郎将，护羌、戎、夷、蛮、越、乌丸、戊己校尉长史、司马，铜印环钮，墨绶，兽头鞶，朝服，武冠。诸军司马，单衣，平巾帻。长史，介帻。

公府从事中郎，袸服，进贤一梁冠。诸将军开府功曹、主簿，单衣，介帻，革带。廷尉，建康正、监平，铜印环钮，墨绶，皁零辟，朝服，法冠，兽爪鞶。

左、右卫司马，铜印环钮，墨绶，单衣，带，平巾帻，兽头鞶。

诸府参军，单衣，平巾帻。

诸州别驾、治中、从事、主簿、西曹从事，玄朝服，进贤一梁冠，簪笔。常公事，单衣，介帻，袸衣。

直阁将军，袸服，武冠，铜印珪钮，青绶，兽头鞶。

直阁将军、诸殿主帅，袸服，武冠。正直绛衫，从则衤雨裆衫。

诸开国郎中令、大农，公、傅中尉，铜印环钮，青绶，朝服，进贤两梁冠，中尉武冠，皆兽头鞶。

诸开国三将军，铜印环钮，青绶，朝服，武冠。限外者不给印。

开国掌书中尉、司马，陵庙食官，厩牧长，典医典府丞，铜印。

常侍、侍郎、世子、庶子、谒者、中大夫、舍人，不给印。典书、典祠、学官令，典膳丞、长，铜印。限外者不给印。

左右常侍、侍郎，典卫中尉司马，朝服，武冠。典书、典祠、学官令，朝服，进贤一梁冠。余悉袸服，一梁冠。常侍、侍郎、典书、典祠、学官令，簪笔，腰剑。

太子卫率、率更、家令丞，铜印环钮，黄绶，皁朝服，进贤一梁冠，兽爪鞶。

太子常从武贲督，铜印环钮，墨绶，朝服，武冠，兽爪鞶。

殿中将军、员外将军，袸服，武冠。

州郡国都尉司马，铜印环钮，墨绶，袸服，武冠，兽头鞶。

诸谒者，朝服，高山冠。

中书通事舍人门下令史、主书典书令史、门下朝廷局书令史、太子门下通事守舍人、主书典守舍人、二宫斋内职左右职局斋干已上，硃服，武冠。

殿中内外局监、太子内外监、殿中守舍人，铜印环钮，硃服，武冠。

内外监典事书吏，硃服，进贤一梁冠。内监朝廷人领局典事、外监统军队谘详发遣局典事，武冠。外监及典事书吏，悉著硃衣，唯正直及斋监并受使，不在例。其东宫内外监、殿典事书吏，依台格。五校、三将将军主事，内监主事，外监主事，三校主事，硃服，武冠。尚书都令史，都水参事，门下书令史，集书、中书、尚书、秘书著作掌书主书主图主谱典客令史书令史，监、令、仆射省事，兰台、殿中兰台、谒、都水令史，公府令史书令史，太子导客、次客守舍人及诸省典事，硃衣，进贤一梁冠。

尚书都算、度支算、左右校吏，硃服，进贤一梁冠。

诸县署丞、太子诸署丞、王公侯诸署及公主家令丞、仆，铜印环钮，黄绶，硃服，进贤一梁冠。太官、太医丞，武冠。

诸县尉，铜印环钮，单衣，介帻，黄绶，兽爪鞶。节骑郎，硃服，武冠。其在陛列及备卤簿者，黼尾，绛纱縠单衣。御节郎、黄钺郎，朝服，赤介帻，簪笔。典仪、唱警、唱奏事、持兵、主麾等诸职，公事及备卤簿，硃服，武冠。

殿中中郎将、校尉、都尉，银印珪钮，青绶，硃服，武冠，兽头鞶。

城门侯，铜印环钮，墨绶，硃服，武冠，兽头鞶。

部曲督、司马吏、部曲将，铜印环钮，硃服，武冠。司马吏，假墨绶，兽爪鞶。

太中、中散、谏议大夫，议郎、中郎、郎中、舍人，硃服，进贤一梁冠。

诸门郎、仆射、佐吏，东宫门吏，其郎硃服，仆射皁零辟，朝服，进贤冠，吏却非冠，佐吏著进贤冠。

总章协律，铜印环钮，艾绶，兽爪鞶，硃服，武冠。

黄门后阁舍人、主书、斋帅、监食、主食、主客、扶侍、鼓吹，硃服，武冠。鼓吹进贤冠，斋帅墨绶，兽头鞶。

殿中司马，铜印环钮，墨绶，硃服，武冠，兽头鞶。

总章监、鼓吹监，铜印环钮，艾绶，硃服，武冠。

诸四品将兵都尉、牙门将、崇毅、材官、折难、轻骑、扬烈、威远、宁远、宣威、光威、骧威、威烈、威房、平戎、绥远、绥狄、绥边、绥戎、兽威、威武、烈武、毅武、奋武、讨寇、讨房、殄难、讨难、讨夷、厉武、横野、陵江、鹰扬、执讯、荡寇、荡房、荡难、荡逆、殄房、扫房、扫难、扫逆、扫寇、厉锋、武奋、武牙、广野，领兵满五十人，给银章，不满五十，除板而已，不给章，祼服，武冠。以此官为刺史、太守，皆青绶。

陛长、甲仆射、主事吏将骑、廷上五牛旗假吏武贲，在陛列及备卤簿，服锦文衣，武冠，鶡尾。陛长者，假铜印环钮，墨绶，兽头鞶。

假旄头羽林，在陛列及备卤簿，服绛单衣，上著韦画腰襦，假旄头。舆辇、迹禽、前驱、由基强弩司马，给绛科单衣，武冠。其本位佩武猛都尉已上印者，假墨绶，别部司马已下假墨绶，并兽头鞶。

殿中冗从武贲、殿中武贲、持铍戟冗从武贲，假青绶，绛科单衣，武冠。

持椎斧武骑武贲、五骑传诏武贲、殿中羽林、太官尚食武贲、称饭宰人、诸宫尚食武贲，假墨绶，给绛褠，武冠。其佩武猛、都尉等位印，皆依上条假鞶绶之例。

其在陛列及备卤簿，五骑武贲，服锦文衣，鶡尾。宰人服离支衣。领军捉刀人，乌总帽，袴褶，皮带。

絓是羽葆耗鼓吹，悉改著进贤冠，外给系耗。鼓吹著武冠。诸官鼓吹，尚书廊下都坐门下使守藏守阁、殿中威仪骑，武贲常直殿门云龙门者、门下左右部武贲羽林骑，给传事者诸导骑，门下中书守阁、尚书门下武贲羽林骑，兰台五曹节藏仆射廊下守阁、威仪发符骑，都水使者廊下守给骑，谒者威仪骑，诸宫谒者骑，绛褠，武冠，衣服如旧。大谁、天门士，皁科单衣，樊哙冠。卫士，涅布瞳，却敌冠。（《隋书》卷十一《礼仪六》）

三　祠令

梁令：郡国有五岳者，置宰祀三人，及有四渎若海应祀者，皆以孟春仲冬祀之。（《通典·礼六·吉礼五·山川》）

四　狱官令

凡系狱者，不即答款，应加测罚，不得以人士为隔。若人士犯罚，违捍不款，宜测罚者，先参议牒启，然后科行。断食三日，听家人进粥二升。女及老小，一百五十刻乃与粥，满千刻而止。

耐罪囚八十巳上，十岁巳下，及孕者、盲者、侏儒当械系击者，及郡国太守相、都尉、关中侯巳上，亭侯巳上之父母妻子，及所生坐非死罪除名之罪，二千石巳上非槛征者，并颂系之。

丹阳尹月一诣建康县，令三官参共录狱，察断枉直。其尚书当录人之月者，与尚书参共录之。（《隋书》卷二十五《刑法志》）

五　鞭杖令

其鞭有制鞭、法鞭、常鞭，凡三等之差。制鞭，生革廉成；法鞭，生革去廉；常鞭，熟靼不去廉。皆作鹤头纽，长一尺一寸。梢长二尺七寸，广三分，靼长二尺五寸。杖皆用生荆，长六尺。有大杖、法杖、小杖三等之差。大杖，大头围一寸三分，小头围八分半。法杖，围一寸三分，小头五分。小杖，围一寸一分，小头极杪。

诸督罚，大罪无过五十、三十，小者二十。当笞二百以上者，笞半，余半后决，中分鞭杖。老小于律令当得鞭杖罚者，皆半之。其应得法鞭、杖者，以熟靼鞭、小杖。过五十者，稍行之。将吏巳上及女应有罚者，以罚金代之。其以职员应罚，及律令指名制罚者，不用此令。其问事诸罚，皆用熟靼鞭、小杖。其制鞭制杖，法鞭法杖，自非特诏，皆不得用。诏鞭杖在京师者，皆于云龙门行。女子怀孕者，勿得决罚。（《隋书》卷二十五《刑法志》）

六　官班令

丞相、太宰、太傅、太保、大司马、大将军、太尉、司徒、司空，为十八班。

诸将军开府仪同三司、左右光禄开府仪同三司，为十七班。

尚书令、太子太傅、左右光禄大夫，为十六班。

尚书左仆射，太子少傅，尚书仆射、右仆射，中书监，特进，领、护军将军，为十五班。知　中领、护军，吏部尚书，太子詹事，金紫光禄大夫，太常卿，为十四班。

中书令，列曹尚书，国子祭酒，宗正、太府卿，光禄大夫，为十三班。

侍中，散骑常侍，左、右卫将军，司徒左长史，卫尉卿，为十二班。

御史中丞，尚书吏部郎，秘书监，通直散骑常侍，太子左、右二卫率，左、右骁骑，左、右游击，太中大夫，皇弟皇子师，司农，少府，廷尉卿，太子中庶子，光禄卿，为十一班。给事黄门侍郎，员外散骑常侍，皇弟皇子府长史，太仆、大匠卿，太子家令、率更令、仆，扬州别驾，中散大夫，司徒右长史，云骑，游骑，皇弟皇子府司马，硃衣直阁将军，为十班。

尚书左丞，鸿胪卿，中书侍郎，国子博士，太子庶子，扬州中从事，皇弟皇子公府从事中郎，太舟卿，大长秋，皇弟皇子府谘议，嗣王府长史，前左右后四军、嗣王府司马，庶姓公府长史，司马，为九班。

秘书丞，太子中舍人，司徒左西掾，司徒属，皇弟皇子友，散骑侍郎，尚书右丞，南徐州别驾，皇弟皇子公府掾属，皇弟皇子单为二卫司马，嗣王庶姓公府从事中郎，左、右中郎将，嗣王庶姓公府谘议，皇弟皇子之庶子府长史、司马，蕃王府长史、司马，庶姓持节府长史、司马，为八班。

五校，东宫三校，皇弟皇子之庶子府中录事、中记室、中直兵参军，南徐州中从事，皇弟皇子之庶子府、蕃王府谘议，为七班。

太子洗马，通直散骑侍郎，司徒主簿，尚书侍郎，著作郎，皇弟皇子府功曹史，五经博士，皇弟皇子府录事、记室、中兵参军，皇弟皇子荆江雍郢南兖五州别驾，领、护军长史、司马，嗣王庶姓公府掾属，南台治书侍御史，廷尉三官，谒者仆射，太子门大夫，嗣王庶姓公府中录事、中记室、中直兵参军，庶姓府谘议，为六班。

尚书郎中，皇弟皇子文学及府主簿，太子太傅、少傅丞，皇弟皇子湘豫司益广青衡七州别驾，皇弟皇子荆江雍郢南兖五州中从事，嗣王庶姓荆江雍郢南兖五州别驾，太常丞，皇弟皇子国郎中令、三将，东宫二将，嗣王府功曹史，庶姓公府录事、记室、中兵参军，皇弟皇子之庶子府、蕃王府中录事、中记室、中直兵参军，为五班。

给事中，皇弟皇子府正参军，中书舍人，建康三官，皇弟皇子北徐北兖梁交南梁五州别驾，皇弟皇子湘豫司益广青衡七州别驾、中从事，嗣王庶姓湘豫司益广青衡七州别驾，嗣王庶姓荆江雍郢南兖五州中从事，宗正、太府、卫尉、司农、少府、廷尉、太子詹事等丞，积射、强弩将军，太子左右积弩将军，皇弟皇子国大农，嗣王国郎中令，嗣王庶姓公府主簿，皇弟皇子之庶子府蕃王府功曹史，皇弟皇子之庶子府蕃王府录事、记室、中兵参军，为四班。太子舍人，司徒祭酒，皇弟皇子公府祭酒，员外散骑侍郎，皇弟皇子府行参军，太子太傅少傅五官功曹主簿，二卫司马，公车令，胄子律博士，皇弟皇子越桂宁霍四州别驾，皇弟皇子北徐北兖梁交南梁五州中从事，嗣王庶姓北徐北兖梁交南梁五州别驾，湘豫司益广青衡七州中从事，嗣王庶姓公府正参军，皇弟皇子之庶子府蕃王府曹主簿，武卫将军，光禄丞，皇弟皇子国中尉，太仆大匠丞，嗣王国大农，蕃王国郎中令，庶姓持节府中录事、中记室、中直兵参军，北馆令，为三班。

秘书郎，著作佐郎，扬、南徐州主簿，嗣王庶姓公府祭酒，皇弟皇子单为领护詹事二卫等五官、功曹、主簿，太学博士，皇弟皇子国常侍，奉朝请，国子助教，皇弟皇子越桂宁霍四州中从事，皇弟皇子荆江雍郢南兖五州主簿，嗣王庶姓越桂宁霍四州别驾，嗣王庶姓北徐北兖梁交南梁五州中从事，鸿胪丞，尚书五都令史，武骑常侍，材官将军，明堂二庙帝陵令，嗣王府庶姓公府行参军，皇弟皇子之庶子府正参军，蕃王国大农，庶姓持节府录事、记室、中兵参军，庶姓持节府功曹史，为二班。

扬南徐州西曹祭酒从事，皇弟皇子国侍郎，嗣王国常侍，扬南徐州议曹从事，东宫通事舍人，南台侍御史，太舟丞，二卫殿中将军，太子二率殿中将军，皇弟皇子之庶子府蕃王府行参军，蕃王国中尉，皇弟皇子湘豫司益广青衡七州主簿，皇弟皇子荆雍郢南兖四州西曹祭酒议曹从事，皇弟皇子江州西曹从事、祭酒议曹祭酒部传从事，嗣王庶姓越桂宁霍四州中从事，嗣王庶姓荆江雍郢南兖五州主簿，庶姓持节府主簿，汝阴巴陵二国郎中令，太官、太乐、太市、太史、太医、太祝、东西冶、左右尚方、南北武库、车府等令，为一班。

位不登二品者，又为七班。皇弟皇子府长兼参军，皇弟皇子国三军、嗣王国侍郎、蕃王国常侍、扬南徐州文学从事，殿中御史、庶姓持节府除正参军、太子家令丞、二卫殿中员外将军、太子二率殿中员外将军、镇蛮安远护军度支校尉等司马，皇弟皇子北徐北兖梁交南梁五州主簿、皇弟皇子湘豫司益广青衡七州西曹祭酒议曹从事，皇弟皇子荆雍郢三州从事史，江州议曹从事，南兖州文学从事，嗣王庶姓湘豫司益广青衡七州主簿、嗣王庶姓荆雍郢南兖四州西曹祭酒议曹从事，嗣王庶姓江州西曹从事、祭酒部传从事、劝农谒者，汝阴巴陵二王国大农，郡公国郎中令，为七班。

皇弟皇子国典书令，嗣王国三军，蕃王国侍郎，领护詹事五官功曹，皇弟皇子府参军督护，嗣王府长兼参军，庶姓公府长兼参军，庶姓持节府板正参军，皇弟皇子越桂宁霍四州主簿，皇弟皇子北徐北兖梁交南梁五州西曹祭酒议曹从事，嗣王庶姓北徐北兖梁交南梁五州主簿，嗣王庶姓湘豫司益广青衡七州西曹祭酒议曹从事，皇弟皇子豫司益广青五州文学从事，湘衡二州从事，嗣王庶姓荆霍郢三州从事史，江州议曹从事，南兖州文学从事，汝阴巴陵二王国中尉，皇弟皇子之庶子县侯国郎中令，郡公国大农，县公国郎中令，为六班。

皇弟皇子国三令，嗣王国典书令，蕃王国三军，皇弟皇子公府东曹督护，嗣王府庶姓公府参军督护，皇弟皇子之庶子长兼参军，蕃王府长兼参军，二卫正员司马督，太子二率正员司马督，领护主簿，詹事主簿，二卫功曹，太常五官功曹，石头戍军功曹，庶姓持节府行参军，皇弟皇子越桂宁霍四州西曹祭酒议曹从事，皇弟皇子北徐北兖梁交南梁五州文学从事，嗣王庶姓越桂宁霍四州主簿，嗣王庶姓北徐北兖梁交南梁五州西曹祭酒议曹从事，嗣王庶姓豫司益广青五州文学从事，湘衡二州从事，汝阴巴陵二王国常侍，郡公国中尉，县侯国郎中令，皇弟皇子府功曹督护，为五班。

嗣王国三令，蕃王国典书令，嗣王府功曹督护，庶姓公府东曹督护，皇弟皇子之庶子府参军督护，蕃王府参军督护，二卫员外司马督，太子二率员外司马督，二卫主簿，太常主簿，宗正等十一卿五官功曹，石头戍军主簿，庶姓持节府板行参军，皇弟皇子越桂宁霍四州文学从事，嗣王庶姓越桂宁霍四州西曹祭酒议曹从事，嗣王庶姓北徐北兖梁交南梁五州文学从事，汝阴巴陵二王国侍郎，县公国中尉，为四班。

蕃王国三令，皇弟皇子之庶子府蕃王府功曹督护，宗正等十一卿主簿，庶姓持节府长兼参军，嗣王庶姓越桂宁霍四州文学从事，郡公国侍郎，为三班。

庶姓持节府参军督护，汝阴巴陵二王国典书令，县公国侍郎，为二班。

庶姓持节府功曹督护，汝阴巴陵二王国三令，郡公国典书令，为一班。

著作正令史，集书正令史，尚书度支三公正令史，函典书、殿中外监、斋监、东堂监、尚书都官左降正令史，诸州镇监、石头城监、琅邪城监、东宫外监、殿中守舍人，斋临、东宫典经守舍人，上库令，太社令，细作令，导官令，平水令，太官市署丞，正厨丞，酒库丞，柴署丞，太乐库丞，别局校丞，清商丞，太史丞，太医二丞，中药藏丞，东冶小库等三丞，作堂金银局丞，木局丞，北武库二丞，南武库二丞，东宫食官丞，上林丞，湖西砖屯丞，祇箸库丞，纹绢簟席丞，国子典学，材官司马，宣阳等诸门候，东宫导客守舍人，运署谒者，都水左右二装五城谒者，石城宣城阳新屯谒者，南康建安晋安伐船谒者，晋安练葛屯主，为三品蕴位。

门下集书主事通正令史，中书正令史，尚书正令史，尚书监籍正令史，都正令史，殿中内监，题阁监，婚局监，东宫门下通事守舍人，东宫典书守舍人，东宫内监，殿中守舍人，题阁监，乘黄令，右藏令，籍田令，廪牺令，梅根诸冶令，典客馆令，太官四丞，库存丞，太乐丞，东冶太库丞，左尚方五丞，右尚方四丞，东宫卫库丞，司农左右中部仓丞，廷尉律博士，公府舍人，诸州别署监，山阴狱丞，为三品勋位。

镇、卫、骠骑、车骑，为二十四班。内外通用。四征、东南西北，止施外。四中，军、卫、抚、护，止施内。为二十三班。八镇，东南西北，止施在外。左右前后，止施在内。为二十二班。八安东西南北，止施在外。左右前后，止施在内。为二十一班。四平、东南西北。四翊，左右前后。为二十班。凡三十五号，为一品。是为重号将军。忠武、军师，为十九班。武臣、爪牙、龙骑、云麾，为十八班。代旧前后左右四将军。镇兵、翊师、宣惠、宜毅，为十七班。代旧四中郎。十号为一品。智威、仁威、勇威、信威、严威，为十六班。代旧征虏。智武、仁武、勇武、信武、严武，为十五班。代旧冠军。十号为一品，所谓五德将军者也。轻车、征远、镇朔、武旅、贞毅，为十四班。代旧辅国。凡将军加大者，唯至贞毅而已。通进一阶。优者方得比加位从公。凡督府，置长史司马谘议诸曹，有录事记室等十八曹。天监七年，更置中录事、中记室、中直兵参军各一人。宁远、明威、振远、电耀、威耀，为十三班。代旧宁朔。十号为一品。武威、武骑、武猛、武壮、飚武，为十二班。电威、驰锐、追锋、羽骑、突骑，为十一班。十号为一品。折冲、冠武、和戎、安垒、猛烈，为十班。扫狄、雄信、扫虏、武锐、摧锋，为九班。十号为一品。略远、贞威、决胜、开远、光野，为八班。厉锋、轻锐、讨狄、荡虏、荡夷，为七班。十号为一品。武毅、铁骑、楼船、宣猛、树功，为六班。克

狄、平虏、讨夷、平狄、威戎，为五班。十号为一品。伏波、雄戟、长
剑、冲冠、雕骑，为四班 、伏飞、安夷、克戎、绥狄、威虏，为三班。
十号为一品。前锋、武毅、开边、招远、金威，为二班。绥虏、荡寇、殄
虏、横野、驰射，为一班。十号为一品。凡十品，二十四班。亦以班多为
贵。其制品十，取其盈数。班二十四，以法气序。制簿悉以大号居后，以
为选法自小迁大也。前史所记，以位得从公，故将军之名，次于台槐之
下。至是备其班品，叙于百司之外。其不登二品，应须军号者，有牙门、
代旧建威。期门，代旧建武。为八班。候骑、代旧振威。熊渠，代旧振
武。为七班。中坚、代旧奋威。典戎，代旧奋武。为六班。戈船、代旧扬
威。绣衣，代旧扬武。为五班。执讯、代旧广威。行阵，代旧广武。为四
班。鹰扬为三班。陵江为二班。偏将军、裨将军，为一班。凡十四号，别
为八班，以象八风。所施甚轻。又有武安、镇远、雄义，拟车骑。为二十
四班。四抚，东南西北，拟四征。为二十三班。四宁，东南西北，拟四
镇。为二十二班。四威，东南西北，拟四安。为二十一班。四绥，东南西
北，拟四平。为二十班。凡十九号，为一品。安远、安边，拟忠武、军
师。为十九班。辅义、安沙、卫海、抚河，拟武臣等四号。为十八班。平
远、抚朔、宁沙、航海，拟镇兵等四号。为十七班。凡十号，为一品。翊
海、朔野、拓远、威河、龙幕，拟智威等五号。为十六班。威陇、安漠、
绥边、宁寇、梯山，拟智武等五号。为十五班。凡十号，为一品。宁境、
绥河、明信、明义、威漠，拟轻车等五号。为十四班。安陇、向义、宣
节、振朔、候律，拟宁远等五号。为十三班。凡十号，为一品。平寇、定
远、陵海、宁陇、振漠，拟武威等五号。为十二班。驰义、横朔、明节、
执信、怀德，拟电威等五号。为十一班。凡十号，为一品。抚边、定陇、
绥关、立信、奉义，拟折冲等五号。为十班。绥陇、宁边、定朔、立节、
怀威，拟扫狄等五号。为九班。凡十号，为一品。怀关、静朔、扫寇、宁
河、安朔，拟略远等五号。为八班。扬化、超陇、执义、来化、度嶂，拟
厉锋等五号。为七班。凡十号，为一品。平河、振陇、雄边、横沙、宁
关，拟武毅等五号。为六班。怀信、宣义、弘节、浮辽、凿空，拟克狄等
五号。为五班。凡十号，为一品。捍海、款塞、归义、陵河、明信，拟伏
波等五号。为四班。奉忠、守义、弘信、仰化、立义，拟伏飞等五号。为
三班。凡十号，为一品。绥方、奉正、承化、浮海、度河，拟先锋等五

号。为二班。怀义、奉信、归诚、怀泽、伏义，拟绥虏等五号。为一班。凡十号，为一品。大凡一百九号将军，亦为十品，二十四班。正施于外国。(《隋书》卷二十六《百官上》)

三

唐令考

《唐令拾遗》序说

（一）绪言

为了研究的方便，法律史可以划分为研究法规的外史（aussere Rechtsgeschichte），与犹如研究债权法或者亲属法等法律内容的内史（innere Rechtsgeschichte）。以下考究之处，专注于外史，不涉及内史。

耶林曾言："罗马曾三次征服世界。一次是武力，一次是宗教，一次是法律"①，中国应该大体也可以说，一次用武力，一次用儒教，一次用法律支配东亚（然而其武力支配未及于东瀛日本）。中国的法律影响了众多民族乃至地域，东至日本和朝鲜，南至安南，西至所谓的西域，北至契丹以及蒙古。斯坦因博士与伯希和博士分别率领的学术探险队以及我国大谷探险队于敦煌、吐鲁番、和阗、库车等西陲各地发现的残籍以及古文书中，多为根据唐律令格式残卷以及唐宋法律的诉状、户籍残片、家产分割文书或者借款文书等。② 在斯坦因博士收集到的众多木简中，有好像是汉律的东西，③ 敦煌文书中也有西凉建初十二年籍。④ 汉民族曾有受支配于北方民族创建的王朝如辽金元以及清的时代，但这些王朝不仅不能以其从

---

① Jhering, Geist des rom. Rechts. 5 aufl. Bd. IS 1.

② 参见内藤博士《增訂日本文化史研究》，第 277 页以下；中田博士《我古法に於ける保證及連帶債務》，《國家學會雜誌》第 39 卷第 3 号，第 27 页；中田博士《古代法制雜筆》，《國家學會雜誌》第 43 卷第 7 号；滨田博士《スタイン氏發掘品過眼錄》，《東洋學報》第 8 卷第 3 号，第 430 页以下；羽田博士《西域文明史概說》，第 130 页以下；玉井学士《敦煌戶籍殘簡について》，《東洋學報》第 16 卷第 2 号；拙文《唐宋時代に於ける債權の擔保》，《史學雜誌》第 42 编第 10 号；Giles, A Census of Tun-Huang. Toung pao. Vol. XVI. p. 468. 西域考古圖譜；Stein, Ancient khotan 等。关于唐律令，容在后文论述。

③ Stein et Chavannes, Documents, Chinois. p. 109. pl. XIV. "言律曰：畜产相贼杀，参分偿和。令少仲出钱三千及死马骨肉付循，请平"。又，浅井虎夫在《支那に於ける法典編纂の沿革》第 29 页中，列举《说文》及《汉书》所引的《挈令》，但在 Documents Chinois p. 103 所载的木简上，可见"大鸿胪挈令"。张凤：《汉晋西陲木简汇编》第 57 页第 13 行载有"律曰：诸使而传不名取卒甲兵禾稼薄者，皆勿敢擅予。"

④ 滨田博士：《スタイン氏發掘品過眼錄》，《東洋學報》第 8 卷第 3 号。

乡土带来的法律取代汉民族的法律，反而是自己接受了汉民族法律的深刻影响。①

（二）唐前令

中国自进入文明史以来，逐渐发展至春秋战国时代。在该历史时代的初期是否存在公共权威的法典（Geselzbuch）并不明确的解释，应该比较稳妥。周有周官（周礼）、郑及晋有所谓"刑鼎"的说法虽也应予考究，但不必过分迷信所谓的古典。再有，目前通说认为，法典创始于魏文侯（前 403～前 397 年在位）时，李悝编撰流传的《法经》六篇（盗法、贼法、囚法、捕法、杂法、具法）。② 其资料虽然在《晋书·刑法志》、《唐律疏议》（《名例律》篇目疏议及注文）、《唐六典》注以及《通典》中有所记述，但《史记》、前后《汉书》等并无只言片语提及。再者，今日流传的李悝的《法经》，如浅井虎夫所论述的那样显系伪撰。③ 假定李悝的《法经》确实存在，且魏文侯的纪年是正确的，那么法典早在西历纪元前 4 世纪就已经有了。今日世界最古老的法典是由道·毛利格恩氏率领的探险队从苏撒旧址中发现的巴比伦《汉谟拉比法典》（Hammurapi）④，据说其形成于西历纪元前 2000 年前后，因此号称中国最古的法典与之相较是相当新的。还有，出现于纪元前五世纪中叶的著名的罗马《十二铜表法》与之相较也是新的。此外，根据《晋书·刑法志》、《唐六典》注、《唐律疏议》及《通典》等，有秦商鞅修改李悝之法为律的记载，但在《史记》、《汉书》中并没有看到。《史记·商君列传》仅记载"以卫鞅为左庶长，卒定变法之令。令民为什伍，而相牧司连坐，不告奸者腰斩，……"

---

① 参见仁井田、牧野氏《故唐律疏議製作年代考》，《東方學報》东京第 1 册及第 2 册。关于元朝，参见安部学士《大元通制解说》，《東方學報》京都第 1 册。

② 参见服部博士《增訂支那研究》，第 395 页以下；浅井虎夫《支那に於ける法典編纂の沿页》，第 11 页以下；东川德治《支那法制史研究》，第 395 页以下；沈家本《历代刑法考·律令一》，载《沈寄籀先生遗书》；杨鸿烈《中国法律发达史》，第 73 页；等等。

③ 参见浅井虎夫《支那に於ける法典編纂の沿革》，第 14 页；汉学堂丛书《法经》六编。

④ Hammurapi，历来都读成 Hammurabi，但近来的研究表明这是不正确的，参见中田博士《アツシリア法書及ヒツタイツ法典（亚述法典及赫梯法典）》，载《春木先生還歷祝賀論文集》，第 14 页。

根据《史记·萧相国世家》以及《汉书·刑法志》，秦好像有法典（勿论其是否为前述商鞅之律），据说汉之萧何以此为基准制定《律》九章。先秦法典流传的记载如上所述，并且是刑罚法即所谓的律，没有制定与后世律并列的非刑罚法的令。令的起源可以说逐渐形成于汉代。诚如小川学士所言："在汉的律令中，律令二者所包含的法规性质的区别和功能的分化尚不明朗"。原封不动地把唐律令的分类标准援用于汉律令自不稳妥，[①]但唐代的颜师古、司马贞已把在《史记》及《汉书》中能够看到的《功令》，作为相当于唐《学令》或者《选举令》的汉令篇名，把《金布令》解释为相当于唐的《仓库令》的篇名，具体如下：[②]

> 太史公曰："余读《功令》。"《索隐》："谓学者课功著之令，即今之《学令》是也。"（《史记·儒林传》）
>
> "请著《功令》。"注师古曰："新立此条，请以著《功令》。《功令》篇名，若今《选举令》。"（《汉书·儒林传》）
>
> "十一月，令士卒从军死者为槥，……归其县，县给衣衾棺葬具。"（臣瓒曰："……《金布令》曰：'不幸死，死所为椟，传归所居县，赐以衣棺也。……'"师古曰："……金布者，令篇名，若今言《仓库令》也。"）（《汉书·高祖纪》）
>
> 故《金布令甲》曰（师古曰："金布者，令篇名也，其上有府库金钱布帛之事，因以名篇。令甲者，其篇甲乙之次。"）："边郡数被兵，离饥寒（师古曰：'离，遭也。'），夭绝天年，父子相失，令天下共给其费。"（师古曰："同共给之也。自此以上，令甲之文。"）（《汉书·萧望之传》）

又有以下二令被认为大体上规定了相当于后世的《祠令》和《宫卫令》：

---

① 参见小川学士《漢律略考》，载《桑原博士還歷記念東洋史論叢》，第 1075 页以下。正如小川学士所述，以沈家本为首的许多人都认为汉代律令混同。但牧教授认为："律令是在前汉才开始成为并存的法典，……"参见牧教授《日本法制史論》，第 205 页。

② 汉令之后到隋令的条文，很多可以参考浅井氏《支那に於ける法典編纂の沿革》及程树德的《九朝律考》。

臣瓒曰："高帝除秦社稷，立汉社稷，礼所谓太社也。时又立官社，配以夏禹，所谓王社也。见汉《祀令》。"（《汉书·郊祀志下》）。

太子与梁王共车入朝，不下司马门（《集解》，《汉书》无），如淳曰："《宫卫令》，诸出入殿门、公车司马门，乘轺传（乘以下三字，同上无）者皆下。不如令，罚金四两。"于是释之追止。（《史记·张释之列传》、《汉书·张释之传》）[1]

又，如下令文与唐《选举令》相仿佛：

除《任子令》及诽谤诋欺法（应劭曰："《任子令》者，《汉仪注》：吏二千石以上，视事满三年，得任同产若子一人为郎，不以德选，故除之。"）。（《汉书·哀帝纪》）

汉令，诸侯举贤良方正直言极谏之士，秀才茂才，辄以名闻。（《白氏六帖事类集》卷十二《举荐》）

除上述令文之外，在《汉书》以及《后汉书》中，可以看到《祠令》、《秩禄令》、《田令》等名称。当然，即使是史籍中所谓的某令，也未必是指作为令典的篇名。

三国魏明帝时，制定了《州郡令》四十五篇，《尚书官令》、《军中令》合计一百八十余篇，编撰者是陈群、刘劭等人。《北堂书钞》、《艺文类聚》、《初学记》、《通典》及《太平御览》等所引的魏令，一半以上是如《魏武军令》那样有关军制的。[2]

现在，隋以前的令，形式、内容上最明确的当属晋令。晋文帝敕命贾充、杜预等十五人同时编撰晋令与晋律，晋令与晋律到武帝泰始三年完成，翌年即四年（公元264年）正月颁布施行，共四十卷四十篇二千三百

---

① 此《宫衙令》虽规定了罚金，但也属于当时的令。

② 参见《晋书》卷三十《刑法志》；浅井氏《支那に於ける法典编纂の沿革》，第53页；沈家本《历代刑法考》，《律令三》；程氏《九朝律考》；杨氏《中国法律发达史》，第198页。按："陈群"原误为"陈郡"，今改。

余条。① 笔者还认为，晋惠帝元康中也曾刊定过令。在《通典》卷三十四
《职官十六·特进》中可以看到："晋惠帝元康中定令，特进位次诸公，
在开府骠骑上，冠进贤两梁冠，……"晋《泰始令》的卷、篇以及条数
均远比唐令多，如果列举其篇名，与隋唐令还是有很大的差异。

> 一户，二学，三贡士，四官品，五吏员，六俸廪，七服制，八
> 祠，九户调，十佃，十一复除，十二关市，十三捕亡，十四狱官，十
> 五鞭杖，十六医药疾病，十七丧葬，十八杂上，十九杂中，二十杂
> 下，二十一门下散骑中书，二十二尚书，二十三三台秘书，二十四王
> 公侯，二十五军吏员，二十六选吏，二十七选将，二十八选杂士，二
> 十九宫卫，三十赎，三十一军战，三十二军水战，三十三至三十八皆
> 军法，三十九、四十皆杂法。（《唐六典》卷六）

晋令逸文中有很多的规定被看作唐令的前身。例如：

> 男女年十六已上至六十为正丁，十五已下至十三、六十一已上至
> 六十五为次丁。……（《晋书·食货志》）
> 男子一人占田七十亩，女子三十亩。（同上）
> 诸渡关，及乘船筏上下经津者，皆有过（"过"原无）所，写一
> 通付关吏。（《太平御览》卷五百九十八）
> 欲作漆器物卖者，各先移主吏者名，乃得作，皆当淳漆著布骨，
> 器成，以朱题年月姓名。（同上，卷七百五十六）
> 杖皆用荆，长六尺，制杖大头围一寸，尾三分半。（《北堂书钞》
> 卷四十五《杖刑》）

与唐户·田·关市·狱官各令对应比照，特别如晋令"诸渡关……"
与唐《关市令》一致，恰如符节相合。反之，在唐令（逸文）中没能看

---

① 参见《晋书》卷三《武帝纪》、卷三十《刑法志》、卷三十四《杜预传》，《唐六典》卷
六"刑部郎中员外郎"条注。参见浅井氏《支那に於ける法典编纂の沿革》，第63页；
沈家本《历代刑法考》；程氏《九朝律考》；杨氏《中国法律发达史》，第219页。

到的晋令逸文也很多。例如：

> 诸有虎，皆作槛阱篱栅，皆施箱。捕得大虎，赏绢三匹，虎子半
> 之。（《太平御览》卷八百九十二）
>
> 蜜工，收蜜十斛，有能增煎二升者，赏谷十斛。（同上，卷八百
> 五十七）
>
> 奴始（"始"，《太平御览》作"婢"）亡，加铜青若墨黥两眼，后
> （"后"，《酉阳杂俎》作"从"）再亡，黥两颊上，三亡，横黥目下，
> 皆长一寸五分，广五分（"广五分"，同上无）。（《酉阳杂俎》卷八，
> 《太平御览》卷六百四十八。按："黥"，原文均误作"鲸"，今改）

在唐律中未见到对逃亡奴婢处以鲸刑的规定。仅在唐《捕亡律》中见
到"诸官户、官奴婢亡者，一日杖六十，三日加一等，（部曲、私奴婢亦
同）……"，再有，晋令中虽然有被认为是规定职制的《门下散骑中书
令》、《尚书令》、《三台秘书令》等，及规定冠服的《服制令》，但其
《官品令》中也不仅规定官品：

> 侍中，品第三，武冠，绛朝服，佩水苍玉。（《唐六典》卷八
> "侍中条"注）
>
> 大法驾出，则次直侍中护驾，正直侍中负传国玺陪乘。……
> （《北堂书钞》卷五十八《侍中》）

还规定了冠服以及职制，与仅规定表示类似该官品名称的隋唐官品令
相比较，应该说具有其特色。现在综观晋令逸文，大半属于官品令，其他
是关于祭祀、贡赋、关市、逃亡奴婢、军制、刑具的内容，干涉士卒百工
的私生活，如衣服乃至服装诸条的公法性规定甚多。

晋之后，进入所谓南北朝对立的时代，在《唐六典》卷六注中有
"晋令四十篇，宋、齐略同晋氏"的记载，显示南朝宋齐存在令。正如
《唐六典》所云，其与晋令均没有太大的差异。南朝的梁，在武帝天监
元年诏蔡法度等十人共同编撰律和令。令有三十卷二十篇，至翌年

（503 年）完成，① 比著名的罗马优士丁尼安法典核心的学说汇纂（Digesta）还早三十年。另外，这也是日耳曼最古老的法典（部族法 Volksrecht）才刚开始形成的时期——入侵西班牙的西哥特人，在尤里克王（467～485 年）时期，于法国北部地区成立萨利阿·法兰克的国家，其萨利克法典（Lex Salica）形成于公元六世纪初期（如按普鲁恩奈时期，为公元 508～511 年）。② 其成立年代远比中国古法典为迟。梁令的编目如下：

> 一户，二学，三贡士赠官（近卫本注云，"赠"恐当作"赐"），四官品，五吏员，六服制，七祠，八户调，九公田公用仪迎，十医药疾病，十一复除，十二关市，十三劫贼水火，十四捕亡，十五狱官，十六鞭杖，十七丧葬，十八杂上，十九杂中，二十杂下，二十一宫卫，二十二门下散骑中书，二十三尚书，二十四三台秘书，二十五王公侯，二十六选吏，二十七选将，二十八选杂士，二十九军吏，三十军赏。（《唐六典》卷六）

陈令是武帝永定元年（557 年）由范泉等人与律一起撰上，如据《隋书·经籍志》、《唐六典》等可知，有三十卷③，篇目沿袭梁令。

北朝的魏（北魏、后魏）在武帝神麚四年（431 年）由崔浩等人编撰律令，此后文帝太和初年，虽敕令高间等人对旧文加以修订，制定律令凡八百三十二章，但十五年再议改订，于翌年（公元 492）颁布施行。④ 因为著名的均给天下民田诏颁布于太和九年，所以极有可

---

① 参见《梁书》卷二《武帝本纪》、《隋书》卷二十五《刑法志》、《唐六典》卷六"刑部员外郎"条注。浅井氏《支那に於ける法典编纂の沿革》，第 121 页；沈氏《历代刑法考》；程氏《九朝律考》；杨氏《中国法律发达史》，第 305 页。

② 参见 Brunner, Grundzuge. 8. aufl. S. 38. 栗生博士：《蛮人法殊にLex Salicaに就て》，《法學論叢》第 7 卷第 1 号。

③ 参见《陈书》卷二《高祖本纪》、《隋书》卷二十五《刑法志》。浅井氏《支那に於ける法典编纂の沿革》，第 126 页；沈氏《历代刑法考》；程氏《九朝律考》；杨氏《中国法律发达史》，第 319 页。

④ 参见《魏书》卷七《高祖纪》、卷一百一十《刑罚志》；《北史》卷二《魏本纪》。浅井氏《支那に於ける法典编纂の沿革》，第 87 页；沈氏《历代刑法考》；程氏《九朝律考》；杨氏《中国法律发达史》，第 245 页。

能在十六年颁行的令中已加入了该新制。作为魏令的篇目，可以看到在《魏书·刑罚志》中有《狱官令》，《唐六典》有后魏《职品令》，《太平御览》有后魏《职令》。

北齐令是在武帝河清三年（564 年）与律一起由赵郡王叡等撰写的。关于其卷数，《唐六典》为五十卷，《隋书·刑法志》为四十五卷，《通典》为三十卷，《旧唐书·经籍志》与《新唐书·艺文志》并作八卷。尽管各书记载不一，但其卷数当为三十卷至五十卷。其篇目，《唐六典》卷六记有"取尚书二十八曹，为其篇名"。如据《隋书·百官志》，所谓二十八曹是指吏部、考功、主爵、殿中、仪曹、三公、驾部、祠部、主客、虞曹、屯田、起部、左中兵、右中兵、左外兵、右外兵、都兵、都官、二千石、比部、水部、膳部、度支、仓部、左户、右户、金部以及库部，故令的篇目当有这二十八篇。① 虽然隋唐令的篇名从属于晋以及梁陈等令的系统，但唐格的篇名却是根据尚书省二十四曹的名称而定的，式则在尚书省列曹之外，加入秘书、太常等，以此为篇名，应该说与北齐令的篇名如出一辙。然而，不应该忘记隋唐的户、田、赋役等诸令的内容，存在着继受晋开始到北魏北齐北周而来的相关规定。

北周也有赵萧、拓跋迪编撰的令。其篇目、卷数等均不明确，② 可能与律一样，是在武宗保定三年（563 年）前后撰成或者颁行的。

隋开皇八年灭陈，统一了南北。此前的开皇初年曾撰定颁行律十二卷、令三十卷。在综合《隋书·文帝纪》《刑法志》以及《唐六典》等的基础上，文帝于开皇元年（581 年）命令高颎等参酌前代诸法典编撰律令，律在同年完成，十月颁行，开皇三年，更令苏威等重修奏上，但根据《通志》以及《玉海》的记载，令是在开皇二年（582 年）七月颁行的。③《开皇令》有三十卷，其篇名如下：

① 参见《隋书》卷二十五《刑法志》、卷二十七《百官志》；《唐六典》，同上。浅井氏《支那に於ける法典編纂の沿革》，第 101 页；沈氏《历代刑法考》；程氏《九朝律考》；杨氏《中国法律发达史》，第 264 页。

② 参见《隋书》卷二十五《刑法志》；《唐六典》同上。浅井氏《支那に於ける法典編纂の沿革》，第 110 页；程氏《九朝律考》。

③ 参见浅井氏《支那に於ける法典編纂の沿革》，第 132 页；沈氏《历代刑法考》；程氏《九朝律考》；杨氏《中国法律发达史》，第 330 页。

一官品上，二官品下，三诸省台职员，四诸寺职员，五诸卫职员，六东宫职员，七行台诸监职员，八诸州郡县镇戍职员，九命妇品员，十祠，十一户，十二学，十三选举，十四封爵、俸廪，十五考课，十六宫卫、军防，十七衣服，十八卤簿上，十九卤簿下，二十仪制，二十一公式上，二十二公式下，二十三田，二十四赋役，二十五仓库、厩牧，二十六关市，二十七假宁，二十八狱官，二十九丧葬，三十杂。（《唐六典》卷六）

梁令将晋令篇目中的《军战》、《军水战》、《军法》、《杂法》、《俸廪》、《赎》各令删除，增添《军赏》、《劫盗水火》各令，此外，其中两三个名称虽有变更，但二十三个篇目悉数沿袭晋令之旧篇名。陈令亦与梁令相同，但隋令却仅保留晋令旧篇名中的《官品》、《祠》、《户》、《官卫》、《关市》、《狱官》、《丧葬》、《杂》、《学》以及《俸廪》等十篇，其他的或删除，或变更名称，或数篇合并为一篇，或增加新篇，令的结构至此一变。本来，北魏令的篇名流传至今的仅有一两篇，北周令亦不翔实，故一时难以断定此差异是否基于隋的创意，但如前所述，隋令篇目是不能归属于北齐令的系统。再有，如晋令条下所述，晋唐两令内容上的差异也不是始于唐朝，虽然资料不充分，但难道不是在隋令中已经产生了吗？

隋炀帝于大业二年，命令牛弘等人编撰律令，律令于翌年（607 年）夏四月颁布。虽然《大业律》有十一卷（或云十八卷），《大业令》有三十卷，但该令的篇名、条数等并不明确。[①]

（三）唐令

唐代立法的法源至少在形式上是皇帝的命令。在这一层意义上，律令格式和礼以外的制定法，其性质是同一的。又，即便是被学者称为根本法的律令，皇帝也可以自由地根据后来制定的法律即格敕或者新定的律令对其加以

[①] 参见《隋书》卷三《炀帝纪》、卷二十五《刑法志》。浅井氏《支那に於ける法典编纂の沿革》，第 136 页；沈氏《历代刑法考》；程氏《九朝律考》；杨氏《中国法律发达史》，第 331 页。

变更。于是，唐之律令不仅根据格敕不断地修改实质，而且律还被数次删
定，令则被删定达十余次。实际上，如高宗与玄宗，在世时都曾数次删定律
令。现今，见诸史籍的唐律有武德、贞观、永徽、垂拱、神龙、开元七年及
开元二十五年等诸律；唐令则有武德、贞观、永徽、麟德、乾封、仪凤、垂
拱、神龙、太极、开元三年（或云开元初）、开元七年（或云四年）以及开
元二十五年等诸令。① 开元之后的建中年间也曾删定过律令。

高祖武德元年，废除隋大业律令，在隋开皇律令的基础上颁行新格五
十三条。② 据《唐六典》、《唐会要》、《旧唐书》及《册府元龟》等记载，
高祖还命令尚书左仆射裴寂、吏部尚书殷开山、大理卿郎楚之、司门郎中
沈叔安、内史舍人（"内史舍人"，《旧志》、《册府元龟》皆作"大理
卿"）崔善为等删定律令。同年十二月，内史令（"内史令"，《旧志》作
"尚书右仆射"；《册府元龟》作"右仆射"）萧瑀、礼部尚书李纲、国子
博士（"国子博士"，《旧志》、《册府元龟》皆作"太常丞"）丁孝乌等参
与删定。此外，据《旧唐书·刑法志》及《册府元龟》记载，参与此次
删定的还有给事中王敬业、中书舍人刘林甫、颜师古、王孝远、泾州别驾
靖延、大理寺丞（"大"以下四字，《旧唐书》作"隋大理丞"）房轴、
上将府参军李桐客、太常博士徐上机等③；又据《旧唐书·儒学列传》
（郎余令传）记载，大理卿郎余令、侍中陈叔达，据《新唐书》卷一百零

---

① 参见中田博士《唐令と日本令との比較研究》，载《法制史論集》第1卷，第641页以下。
② 参见《旧唐书》卷一《高祖本纪》、卷五十《刑法志》；《唐会要》卷三十九《定格令》
（浅井氏：《支那に於ける法典編纂の沿革》，第142页以下；沈家本《沈寄簃先生遗
书·刑法考·律令四》；杨鸿烈《中国法律发达史》，第346页）。
《唐大诏令集》卷一百二十三《政事·平乱上》"平王世充敕"载有：
诏曰：……大赦天下。自武德四年七月十二日昧爽以前，大辟罪已下，已发露未发
露，悉从原免。……律令格式，且用开皇旧法。孝子顺孙，义夫节妇，所在详列，旌表
门闾。……
表明武德初曾行用过隋开皇旧法。
③ 参见《唐六典》卷六、《旧唐书》卷一《高祖本纪》、卷五十《刑法志》；《唐会要》卷
三十九《定格令》；《资治通鉴》卷一百八十五《高祖纪》；《新唐书》卷五十八《艺文
志》（浅井氏：《支那に於ける法典編纂の沿革》；沈氏《历代刑法考》；杨氏《中国法
律发达史》，第347页）。《旧唐书》卷四十六《经籍志》（中田博士《唐令と日本令と
の比較研究》）。另外可参见《册府元龟》卷六百一十二《刑法部·定律令》、《新唐书》
卷一《高祖本纪》。又，《资治通鉴》卷一百九十《高祖纪》载有"武德……七年……
三月初定令，以太尉、司徒、司空为三公"。"夏四月庚子朔，赦天下。是日颁新律令，
比开皇旧制，增新格五十三条。初定均田租庸调法……"

五《韩瑗传》记载，韩仲良也是删定者。该律令于武德七年（624 年）三月完成，同年四月庚子朔颁行。凡律十二卷、令三十一卷（内有一卷或是目录），① 是为唐代首部律令。作为《武德令》的篇目，《通典》卷六十一、《旧唐书》卷四十三、《唐会要》卷三十一以及《文苑英华》卷七百六十六等，都列举了《衣服令》。

唐令以隋《开皇令》为基础，其篇目也大抵沿用之。只是隋《开皇令》没有唐令中的《乐》、《营缮》、《医疾》、《捕亡》四篇。但因《医疾》、《捕亡》两篇相当于晋、梁、陈各令篇目中的《医药疾病》、《捕亡》篇，故至少在篇目上，唐令可以说是前代各令的集大成者。② 武德七年四月颁律令诏曰：

> 有隋之世，虽云厘革，然而损益不定，疏舛尚多。……屡闻刊改，卒以无成。朕膺期受箓，宁济区宇，永言至治，兴寐为劳。补千年之坠典，拯百王之宿弊，思所以正本澄源，式清流末，永垂宪则，贻范后昆。爰命群才，修定科律。但今古异务，文质不同，丧乱之后，事殊曩代，因机适变，救弊斯在。是以斟酌繁省，取合时宜，矫正差违，务从体要。迄兹历稔，撰次始毕，宜下四方，即令颁行。③

可见唐对隋律令有所改动。若对其令之逸文进行比较研究，可以举出以官制为代表的两令之间诸多细微的差异，但大体上两令的相同点或相似点甚多。按照如上观点，则与以唐令为基准的日本令相一致的隋令可以从唐令拟定。当然，日本令也为参考隋令制作而成，因而不能断言保存于隋令及日本令中的规定必定也存在于唐令中。

---

① 参见《唐六典》卷六、《旧唐书》卷一《高祖本纪》、卷五十《刑法志》；《唐会要》卷三十九《定格令》；《资治通鉴》卷一百八十五《高祖纪》；《新唐书》卷五十八《艺文志》（浅井氏：《支那に於ける法典编纂の沿革》；沈氏《历代刑法考》；杨氏《中国法律发达史》，第 347 页）。《旧唐书》卷四十六《经籍志》（中田博士：《唐令と日本令との比較研究》）。另外可参见《册府元龟》卷六百一十二《刑法部·定律令》、《新唐书》卷一《高祖本纪》。又，《资治通鉴》卷一百九十《高祖纪》载有"武德……七年……三月初定令，以太尉、司徒、司空为三公"。"夏四月庚子朔，赦天下。是日颁新律令，比开皇旧制，增新格五十三条。初定均田租庸调法……"

② 但因隋《大业令》的篇目不明了，故不能断定。

③ 参见《唐大诏令集》卷八十二《政事·刑法》。

　　武德颁行新律令时诏曰："永垂宪则，贻范后昆"，从中可以看出高祖意欲制定永世不变的法典。但于仅数年后的贞观元年，蜀王法曹参军裴弘献上奏律令的缺陷数十条，以此为契机，太宗命中书令房玄龄及相关法司与弘献等人删定律令，历时十年，于贞观十一年（637 年）正月庚子，颁行律十二卷共五百条、令三十卷共一千五百九十条（"千"以下六字，《通鉴》作"千五百九十余条"）。① 李百药也是删定者之一。② 《新唐书·刑法志》记载令的条数为一千五百四十七条，这与《唐六典》所载的《开元令》条数相同，但由于《新唐书·刑法志》中列举了类似《贞观令》的开元时的规定，故该记载难以令人信服。再有，《唐会要》虽记载《贞观令》有二十七篇，但其篇名基本没有流传下来。现在可以看到的只有《旧唐书》卷一百七十七《曹确传》的《官品令》、《唐会要》卷三十五的《学令》。另外，《汉书》颜师古注中的《选举令》及《仓库令》也是今日可以看见的《贞观令》篇名。

　　太宗不仅删定并颁行律令，而且遗命高宗重新刊改律令③。故有高宗永徽元年敕命长孙无忌等人刊改律令之事，律令于永徽二年（651 年）九月颁行。凡律十二卷，令三十卷。④ 《文苑英华》卷四百六十四所载的《详

---

①　参见《唐六典》卷六，《通典》卷一百六十五《刑制下》，《旧唐书》卷三《太宗纪》，《旧唐书》卷五十《刑法志》，《唐会要》卷三十九《定格令》，《通鉴》卷一百九十四，《新唐书》卷五十六《刑法志》、卷五十八《艺文志》（浅井氏：《支那にける法典编纂の沿革》，第 153 页；沈氏：《历代刑法考》；杨氏：《中国法律发达史》，第 348 页）。《册府元龟》卷六百一十二《刑法部·定律令》也载有"太宗贞观十一年正月，颁新律令于天下，……定令一千五百九十条，为三十卷，至是颁下之"。

②　参见《旧唐书》卷七十二《李百药传》："太宗重其方名，贞观元年，召拜中书舍人，赐爵安平县男，受诏修定五礼及律令，……十一年，以撰五礼及律令成，进爵为子。"

③　参见《文苑英华》卷四百六十四《诏敕》。

④　参见《旧唐书》卷四《高宗本纪》、卷四十六《经籍志》、卷五十《刑法志》；《唐会要》卷三十九《定格令》；《资治通鉴》卷一百九十九、《新唐书》卷五十八《艺文志》（中田博士：《唐令と日本令との比较研究》；浅井氏：《支那にける法典编纂の沿革》，第 164 页；沈氏：《历代刑法考》，杨氏：《中国法律发达史》，第 355 页）。又，《旧唐书》卷七十三《令狐德棻传》载有"永徽元年又受诏，撰定律令。"《册府元龟》卷六百一十二《刑法部·定律令》亦载有"高宗永徽元年，敕太尉长孙无忌、司空李勣、左仆射于志宁、右仆射张行成、侍中高季辅、黄门侍郎宇文节、柳奭、左丞段宝玄、太常少卿令狐德棻、吏部侍郎高敬言、刑部侍郎刘燕客、给事中赵文（'文'字下，《唐会要》《唐书》并有'恪'字）、中书舍人李友益、少府丞张行实、大理丞元绍、太府丞王文端、刑部郎中贾敏行等，共撰定律令格式，旧制不便者，皆随而删改。……"《本朝现在书目录·刑法家》载有"唐永徽令卌卷"，然"卌卷"当为"卅卷"之误。

定刑名制》曰:

> 太宗文皇帝，……杜浇弊之余源，削繁苛之峻法，道臻刑措二十余
> 年。耻恪之义斯隆，恻隐之怀犹切。玉几遗训，重令刊改。瞻奉隆规，
> 兴言感咽，……于是仰遵先旨，旁求故实，诏太尉扬州都督监修国史上
> 柱国赵国公无忌、开府仪同三司上柱国英国公勣、尚书左仆射监修国史
> 上柱国燕国公志宁、尚书右仆射监修国史上护军北平县开国公行成、光
> 禄大夫侍中监修国史上护军蓚县开国公高季辅、银青光禄大夫行黄门侍
> 郎平昌县开国公宇文节、中书侍郎柳奭、右丞段（段：译者按，两《唐
> 书》、《唐大诏令集》均作"段"）宝玄、太常少卿令狐德棻、吏部侍郎
> 高敬言、刑部侍郎刘燕客、给事中赵文恪、中书舍人李友益、少府丞张
> 行实、大理丞元绍、太府丞王文端、刑部郎中贾敏行等，爰建朝贤，详
> 定法律，酌前王之令典，考列辟之旧章，适其轻重之宜，采其宽猛之要，
> 使夫画一之制，简而易从，约法之文，疏而不漏。再移期月，方乃撰成。
> 宜班下普天，垂之来叶，庶设而不犯，均被皇恩。凡在群司，逮于列岳，
> 其务在审慎，称朕意焉。（永徽二年闰九月十四日）

《唐大诏令集》卷八十二虽也收有永徽二年颁行的新律诏，但诸多文字
脱落或省略，也未列举受命删定律令的于志宁、宇文节、柳奭、赵文恪、李
友益、贾敏行、张行实、元绍、王文端等人名。学界历来认为，流传至今的
《唐律疏议》是永徽四年长孙无忌等人撰上的《永徽律》的官撰注释书，其
所引用的令格式也被认为是永徽时期的。但这如下文所述那样是错误的，毋
宁将其看作开元二十五年制定的更为妥当些。有关同书中封爵等令的篇名亦
是如此。因此，可以说将我国《继嗣令》"继嗣条"《集解》所引《古记》
中的《封爵令》看作《永徽令》的内容是毫无根据的。① 不过，据《通典》
卷四十三、《大唐郊祀录》卷四、《旧唐书》卷二十一等可知有永徽《祠
令》，据《类聚三代格》卷八可知有永徽《禄令》。

---

① 但是，《古记》中记载的唐令是开元七年及其以前撰成的。若开元七年令（又称四年令）
未规定《封爵令》，则《古记》所引的《封爵令》应该就是开元七年令（又称四年令）之
前的令。这一点与传统的观点无异。

高宗龙朔二年，随着官号的改变，同年命司刑太常伯源直心、少常伯李敬玄、司刑大夫李文礼等人重定格式。麟德二年（665 年）书成奏上。①据记载，此次重定只限于官名的变更。《唐六典》卷六"令"条注所谓"麟德中源直心……刊定"，即指此次重定，而《唐会要》、《册府元龟》及《唐书》等并未提及该令。

高宗时期的令，可参见《旧唐书·职官志》中的乾封令。《唐六典》仅记录了麟德年间令的刊定，而未记载乾封令。但由于"乾封"（666 ~ 668 年）是自麟德三年正月改元开始，至乾封三年二月改元为"总章"为止的仅约二年间的年号，与麟德年代接近，所以容易产生乾封令与麟德令是否属于同一个令的疑问。

仪凤二年官号复旧，高宗又命尚书左仆射刘仁轨、尚书右仆射戴至德、侍中张文瓘、中书令李敬玄、右（"右"字前，《唐会要》有"太子"二字）庶子郝处俊、黄门侍郎来恒、左（"左"字前，《唐会要》有"太子"二字）庶子高智（"智"，《册府元龟》作"志"）周、右庶子李义琰、吏部侍郎裴行俭、马载、兵部侍郎萧德昭、裴炎、工部侍郎李义琛、刑部侍郎张楚金、金部郎中（"金"字以上，《唐会要》作"右司郎中"）卢律司等（《唐会要》的记载无右庶子李义琰、工部侍郎李义琛，而有工部侍郎李义琰）删辑格式，同年（667 年）三月九日撰成奏上。② 虽然

---

① 参见《旧唐书》卷五十《刑法志》，《唐会要》卷三十九《定格令》，《新唐书》卷五十六《刑法志》、卷五十八《艺文志》（浅井氏：《支那に於ける法典编纂の沿革》，第 165页；沈氏：《历代刑法考》；杨氏：《中国法律发达史》，第 356 页）。《旧志》上虽载有永徽中源直心删定及龙朔二年源直心删定，但浅井氏称之为"似重复"。又可参见《册府元龟》卷六百一十二《刑法部·定律令》。

② 参见《旧唐书》卷五十《刑法志》，《唐会要》卷三十九《定格令》，《新唐书》卷五十六《刑法志》、卷五十八《艺文志》（浅井氏：《支那に於ける法典编纂の沿革》；沈氏：《历代刑法考》；杨氏：《中国法律发达史》）。又可参见《册府元龟》卷六百一十二《刑法部·定律令》。
《文苑英华》卷四百六十四《诏敕六》上载有仪凤元年十二月五日的"删定刑书制"，《唐大诏令集》卷八十二《政事刑法》上载有同年月日的"颁行新令制"。兹摘录如下：门下：……故自永徽已来，诏敕总令沙汰，详稽得失，甄别异同，原始要终，捐华摭实，其有在俗非便，事纵省而悉除，于时适宜，文虽烦而必录，随义删定，类别（"类别"，《诏令集》作"以类"）区分，上禀先规，下齐庶政，导生灵之耳目，辟风化之户牖，……仍令所司编次，具为卷帙施行，此外并停。自今已后，诸有表奏，事非要切，并准敕令，各申所司。可颁示普天，使知朕意，主者施行。

《唐会要》及《唐书》等对该令不置一词，但《唐六典》卷六"令"条注所云"仪凤中刘仁轨……刊定"，仍旧是指此次刊定。

至武后垂拱元年（685 年），律令格式再次被删定。《唐六典》卷六"令"条注列举了"垂拱初裴居道……刊定"令。据《册府元龟》及《唐书》可知，当时只变更了 24 条律令（"律令"，《通典》、《唐会要》皆作"律"），余者大抵依旧。而据《旧唐书·职官志》可知，仅《官品令》就能数出变更了 7 条。当时也对格式作了删定，以《通典》为首的诸书对此的记载都比律令的记载更为详细。当时参与删定的人有内史（"内史"，《新唐书·艺文志》作"秋官尚书"）裴居道、夏官尚书（"书"字下，《新唐书·艺文志》有"同凤阁鸾台三品"七字）岑长倩、凤阁侍郎（"郎"字下，《新唐书·艺文志》有"同凤阁鸾台平章事"八字）韦方质、删定官袁（"袁"，《册府元龟》作"安"）智弘，以及咸阳（"阳"字下，《唐会要》有"县"字）尉王守慎等十余人。①

据《文苑英华》及《唐大诏令集》的记载，在垂拱年间删定律令格式的前一年即文明元年（684 年），也曾颁行过律令格式，② 但无其他佐证史料。此外，据前两书，在垂拱之后的载初元年（690 年）也曾删定过律

---

① 参见《通典》卷一百六十五《刑制下》、《旧唐书》卷四十六《经籍志》、卷五十《刑法志》、《唐会要》卷三十九《定格令》、《新唐书》卷四《武后本纪》、卷五十六《刑法志》、卷五十八《艺文志》（浅井氏：《支那に於ける法典编纂の沿革》，第 177 页以下；沈氏：《历代刑法考》；杨氏：《中国法律发达史》，第 357 页）。又可参见《旧唐书》卷七十五《韦云起（孙方直）传》、《册府元龟》卷六百一十二《刑法部·定律令》。

② 参见《文苑英华》卷四百六十四《诏敕六·定刑法制》、《唐大诏令集》卷八十二《政事刑法·颁行律令格式制》：
门下：……朕情在爱育，志切哀矜。疏网恢恢，实素怀之所尚；苛政察察，良凤心之所鄙。方冀化致无为，业先刑措。近见所司进律令格式，一一自观，至于经国成务之规，训俗惩违之范，万目咸举，一事无遗。但能奉以周旋，守而勿失，自可悬诸日月，播之黎庶，何事不理，何化不成？先圣忧勤万务，省念庶绩，或虑须有弛张，所以泛令删定。今既纲维备举，法制弘通，理在不刊，义归无改，岂可更有异同，别加撰削。必年月久远，行时不便，当广延群议，与公卿等谋之。今未有疑，无容措笔。其先律令格式之本，宜早先布，凡厥在职，务须遵奉。辄造异端，妄逾轨躅者，咸禁除之，庶用刑符于画一，守法在于无二。内外察案，知朕意焉！
《唐大诏令集》将此制的年月日记为"文明元年四月二十六日"，《文苑英华》则记为"文明元年四月二十二日"。

令格式,① 但似乎并不被重视，神龙时期即使刊定格式，也不过是围绕垂拱时的格式为修改对象。

神龙令是由中宗复辟的神龙元年（705 年）敕命尚书左仆射唐休璟、中书令韦安石、散骑常侍李怀远、礼部尚书（"书"字下，《新唐书·艺文志》有"同中书门下三品"七字；"尚书"，《旧唐书·刑法志》作"侍郎"）祝钦明、尚书右丞苏瑰、兵部郎中姜师度、户部郎中（"姜"以下七字，据《唐会要》）狄光嗣等人与律格式一起删定的。② 据《旧唐书》记载，韦安石的从祖兄子韦巨源也参与此次删定。③ 虽然《通典》、《唐会要》、《旧唐书·刑法志》、《新唐书·刑法志》及同书《艺文志》皆未言及律令，但依据《唐六典》卷六"令"条注"神龙初苏瑰……刊定"，再征诸《旧唐书·职官志》，神龙令确实存在。《册府元龟》卷四百六十二《台省部·练习》亦记载：

> 苏瑰，中宗时为尚书右丞，以明习法律，多识台阁故事，特命删定律令格式。

睿宗即位的景云元年（710 年），又删定律令格式。删定者是户部尚书（"书"字下，《新唐书·艺文志》有"同中书门下三品"七字）岑

① 参见《文苑英华》卷四百六十三《诏敕五·改正朔制》、《唐大诏令集》卷四《帝王改元中·改元载初敕》：
朕闻，上（"上"，《诏令集》作"元"）皇纂历则，天地以载规；大圣握图法，阴阳以施化。……宜以永昌元年十有一月，为载初元年正月，十有二月改为腊月，来年正月改为一月，载初元年正月一日子时已前大辟罪已下，……皆赦除之。……百姓年二十一，身为户头者，各赐古爵之级。……仍令所司刊正礼乐，删定律令格式不便于时者，……朕以曌（之少切，武后名）为名，……布告遐迩，咸知朕意，主者施行。（载初元年正月一日）

② 参见《通典》卷一百六十五《刑制下》，《旧唐书》卷五十《刑法志》、《唐会要》卷三十九《定格令》，《新唐书》卷五十六《刑法志》、卷五十八《艺文志》（浅井氏：《支那に於ける法典编纂の沿革》，第 180 页；沈氏：《历代刑法考》；杨氏：《中国法律发达史》，第 358 页）。又可参见《册府元龟》卷六百一十二《刑法部·定律令》。

③ 《旧唐书》卷九十二《韦安石传从祖兄子巨源附传》："神龙初，入拜工部尚书，……又迁吏部尚书同中书门下，……是岁，巨源奉制，与唐休璟、李怀远、祝钦明、苏瑰等，定《垂拱格》及格后敕，前后计二十卷，颁下施行。"参考《通典》、《旧唐书·刑法志》及《唐会要》诸书，笔者认为"定《垂拱格》"的"定"字前应有"删"字。

羲、中书侍郎（"郎"字下，《新唐书·艺文志》有"同中书门下三品"七字）陆象先、左（"左"，《旧唐书·刑法志》作"右"）散骑常侍徐坚、右司郎中唐绍、刑部员外郎邵知、大理丞陈义海、左（"左"，《旧唐书·刑法志》、《新唐书·艺文志》均作"右"）卫长史张处斌、大理（"大理"，《新唐书·艺文志》无）评事张名播、左卫率府（"率府"，《唐会要》无）仓曹参军罗思贞、刑部主事阎义颙等，于太极元年（712年）二月撰成奏上。① 《通典》《唐会要》《旧唐书》及《文苑英华》皆称之为《太极格》，而无称为《太极令》的法律。《唐六典》卷六"令"条注曰："太极初岑义（近卫本注云：'义'当作'羲'）刊定"，即指此次的删定。

玄宗开元年间曾三次删定令。第一次是开元初，命兵部尚书兼紫微令姚崇、黄门监卢怀慎、紫微郎中兼（"紫"以下五字，《唐会要》无）刑部尚书李义、紫微侍郎苏颋、紫微舍人吕延祚、给事中魏奉古、大理评事高智静、同州（"同州"，《唐会要》无）韩城县丞侯郢琏、瀛州司法参军阎义颙等人，与格式一起删定，至开元三年（715年）三月撰成。② 第二次敕吏部尚书兼侍中（"吏"以下七字，《旧唐书·刑法志》《新唐书·艺

---

① 参见《通典》卷一百六十五《刑制下》，《旧唐书》卷五十《刑法志》，《唐会要》卷三十九《定格令》，《新唐书》卷五十六《刑法志》、卷五十八《艺文志》（浅井氏：《支那に於ける法典编纂の沿革》，第181页；沈氏：《历代刑法考》；杨氏：《中国法律发达史》）。又可参见《旧唐书》卷七《睿宗本纪》、《册府元龟》卷六百一十二《刑法部·定律令》。《旧唐书》卷七十《岑羲传》载有"睿宗即位，出为陕州刺史，复历刑部、户部二尚书、门下三品、监修国史，删定格令，仍修《氏族录》。"《旧唐书》卷一百〇二《徐坚传》亦载有"坚多识典故，前后修撰格式。"

② 参见《通典》卷一百六十五《刑制下》，《旧唐书》卷五十《刑法志》，《唐会要》卷三十九《定格令》，《新唐书》卷五十六《刑法志》、卷五十八《艺文志》（浅井氏：《支那に於ける法典编纂の沿革》，第185页；沈氏：《历代刑法考》；杨氏：《中国法律发达史》，第358页以下）。又可参见《册府元龟》卷六百一十二《刑法部·定律令》。《旧唐书》卷一百《卢从愿传》载有"又与杨滔及吏部侍郎裴漼、礼部侍郎王邱、中书舍人刘令植，删定开元后格，迁中书侍郎。"
《文苑英华》卷四百三十三《敕书十四》及《唐大诏令集》卷七十九《典礼巡幸》所载"至东都大赦天下制"记有：
黄门，……自开元五年二月三日昧爽已前，大辟已下罪，……咸赦除之。谋反大逆，不在赦限。……简而易从，禁则难犯；令式格敕有不便者，先令尚书省集议刊定。宜详厥衷，合于大体，……主者施行。
该令式格的刊定，若不在开元四年，就是在所谓的开元初。

文志》皆作"吏部侍郎兼侍中"；《唐会要》作"吏部尚书"）宋璟、中书侍郎苏颋、尚书左丞卢从愿、吏部侍郎裴漼（"漼"，《唐会要》作"璀"；《册府元龟》作"灌"）、慕容珣、户部侍郎杨滔（"滔"，《唐会要》作"縚"）、中书舍人列令植、大理司直高智静、幽州司功参军侯郢琎等人，与律格式一起刊定，至开元七年（719 年）撰成，同年三月奏上。①《唐六典》记载了令的两个刊定年份，即开元初与开元四年，正如浅井虎夫所述，两者均指下令删定令的年份。而《旧唐书·刑法志》则把开元时期发布第二次删定之敕的时间记为开元六年。再有，《通典》《旧唐书》《唐会要》《册府元龟》都把开元三年及开元七年删定而成的称为《开元前格》《开元后格》，而不称为令。存在删定令的情况，可以依据《旧唐书》及《令集解》等种种资料推定出来。开元七年令（又称四年令）共 30 卷，分 27 篇（《官品》、《卤簿》、《公式》三篇各两卷，其他篇各一卷），计一千五百四十六条。其篇目及篇次如下：

（一）官品令（分为上下），（二）三师三公台省职员令，（三）寺监职员令，（四）卫府职员令，（五）东宫王府职员令，（六）州县镇戍岳渎关津职员令；（七）内外命妇职员令，（八）祠令，（九）户令，（十）选举令，（十一）考课令，（十二）宫卫令，（十三）军防令，（十四）衣服令，（十五）仪制令，（十六）卤簿令（分为上下），（十七）公式令（分为上下），（十八）田令，（十九）赋役令，（二十）仓库令，（二十一）厩牧令，（二十二）关市令，（二十三）医疾令，（二十四）狱官令，（二十五）营缮令，（二十六）丧葬令，（二十七）杂令。（参见《唐六典》卷六）

作为贞观、永徽、开元二十五年诸令的篇目，并见于各种资料中的《学令》、《封爵令》、《乐令》、《捕亡令》及《假宁令》等令，但都未出现在上述篇目里。现在看来，如果上述《唐六典》的记载没有错误与脱落

---

① 参见《通典》卷一百六十五《刑制下》，《旧唐书》卷五十《刑法志》，《唐会要》卷三十九《定格令》，《新唐书》卷五十六《刑法志》、卷五十八《艺文志》（浅井氏：《支那に於ける法典编纂の沿革》；沈氏：《历代刑法考》；杨氏：《中国法律发达史》）。

的话，那么令的体系在开元七年令（又称四年令）中肯定被大幅地修改
过。因为同种令即使省略了篇目，其条文也未必被删除，有的会被编入其
他篇目之下。可是，被编入的篇目除一部分外，其余并不明确。

玄宗还曾令李林甫及见于后来发现的《开元律疏残卷》中的牛仙客、
王敬从等人，一起删定令和律格式及律疏，于开元二十五年奏上颁行。①
据《旧唐书·刑法志》记载，命令李林甫删定之事在开元二十二年。这是
开元年间第三次删定令。还有，此处所谓的律疏就是留传至今的《唐律疏
议》。关于其奏上颁行的具体时间，各书记载不一致，《唐会要》记为九
月一日颁行，但《通典》《旧唐书·刑法志》《册府元龟》皆记作九月一
日奏上。然而，九月一日奏上的说法是不能成立的。首先，《旧唐书·玄
宗纪》及《通鉴·唐纪》载有"九月壬申（壬申是否即一日？）颁行"，
此外，还注明与律令格式同时奏上的《律疏》，其奏上的日期是六月二十
七日。敦煌发现的《名例律疏残卷》的卷二末尾载有：

① 《旧唐书》卷九《玄宗本纪》："开元二十五年，……九月，壬申，颁新定令式格及事类
于天下。"（中田博士：《我古法に於ける保證及連帶債務》，《國家學會雜誌》第 39 卷第
3 号，第 643 页）《通典》卷一百六十五《刑制下》："至二十五年，又令删辑。旧格式
律令及敕，总七千四百八十条。其千三百四条，于事非要，并删除之。二千一百五十条，
随文损益。三千五百九十四条，仍旧不改。总成律十二卷，疏三十卷，令三十卷，式二
十卷，开元新格十卷。又撰格式律令事类四十卷，以类相从，便于省览。二十五年九月
奏上之，饬于尚书都省写五十本，发使散于天下。"《旧唐书》卷五十《刑法志》："开
元……二十二年，户部尚书李林甫又受诏改修格令。林甫迁中书令，乃与侍中牛仙客、
御史中丞王敬从，与明法之官前左武卫胄曹参军崔见、卫州司户参军直中书陈承信、酸
枣尉直刑部俞元杞等，共加删缉旧格式律令及勅，总七千二十六条。其一千三百二十四
条，于事非要，并删之。二千一百八十条随文损益，三千五百九十四条仍旧不改。总成
律十二卷，律疏三十卷，令三十卷，式二十卷，开元新格十卷。……二十五年九月奏上，
敕于尚书都省写五十本，发使散于天下。"《唐会要》卷三十九《定格令》："开元……
二十五年九月一日，复删辑旧格式律令。中书李林甫、侍中牛仙客、中丞王敬从、前左
武卫胄曹参军崔冕、卫州司户参军直中书陈承信、酸枣县尉直刑部俞元杞等，共加删缉。
旧格式律令及敕，总七千二十六条。其一千三百二十四条，于事非要，并删除之。二千
一百八十条，随事损益。三千五百九十四条，仍旧不改。总成律十二卷、律疏三十卷、
令三十卷、式二十卷、开元新格十卷。……奉敕，于尚书都省，写五十本，颁于天下。"
（参见浅井氏《支那に於ける法典編纂の沿革》，第 185 页）。《册府元龟》卷六百一十二
《刑法部·定律令》的记载与《旧志》几乎一致，但将《旧志》的"崔见"记为"崔
冕"，将"俞元杞"记为"俞元祀"。后来发现的《开元律疏残卷》，又将《唐会要》及
《册府元龟》的"崔冕"记为"霍晃"，"俞元祀"的记载和《册府元龟》相同。

开元廿五年六月廿七日知刊定中散大夫御史中丞上柱国臣王敬从上

刊定法官宣义郎行滑州酸枣县尉明法直刑部武骑尉臣俞元祀

刊定法官通直郎行卫州司户参军事明法直中书省护军臣陈承信

刊定法官承议郎前行左武卫胄曹参军事飞骑尉臣霍晃

银青光禄大夫守工部尚书同中书门下三品上柱国陇西郡开国公知门下省事臣牛仙客

兵部尚书兼中书令集贤院学士修国史上柱国成纪县开国男臣李林甫

这是最有力的证据。每卷记载着撰上日及撰写者，在我国《延喜式》中也能看得到，揭示了当时敕撰书的形式。根据小岛教授的意见，敦煌发现的《五经正义》唐抄本卷末有"永徽四年二月廿四日"的字样，而且有长孙无忌以下的官衔姓名，所附日期与《五经正义》撰上的日期一致，姓名与奉敕刊定者亦无矛盾。[①] 由于开元二十五年七月，牛仙客的封爵由陇西郡公晋升为豳国公，李林甫也同时晋升为晋国公，故《律疏》残卷上所见二人于六月二十七日封爵并无不当，其官名也与《旧唐书》等的记载相符合。[②] 笔者认为，令的奏上时间恐怕是在七月之前，据《律疏》残卷则是六月二十七日，颁行时间则是九月一日。龙川学士推测，若九月一日

---

① 参见小岛教授《（巴黎國立圖書館藏）敦煌遺書所見錄》，《支那學》第6卷第2号，第106页以下。

② 参见《旧唐书》卷一百零三《牛仙客传》："开元二十四年，……其年十一月，九龄等罢知政事，遂以仙客为工部尚书同中书门下三品，仍知门下事。"《旧唐书》卷一百〇六《李林甫传》："以九龄有党，与裴耀卿俱罢知政事，拜左右丞相，出挺之为洛州刺史，元琰流于岭外。即日林甫代九龄为中书集贤殿大学士，修国史。拜牛仙客工部尚书同中书门下平章事，知门下省事。"《资治通鉴》卷二一四《玄宗纪》："开元……二十四年，十一月戊戌，赐仙客爵陇西县（县，据《新唐书·牛仙客传》当作'郡'）公食实封三百户……壬寅，以耀卿为左丞相，九龄为右丞相，并罢政事。以林甫兼中书令，仙客为工部尚书、同中书门下三品，领朔方节度如故……二十五年……秋七月己卯，大理少卿徐峤……奏，今岁天下断死刑五十八，上归功宰辅。庚辰，赐李林甫爵晋国公，牛仙客豳国公……上命李林甫、牛仙客与法官删修律令格式成，九月壬申颁行之。"亦可参见《旧唐书》卷九《玄宗本纪》开元二十四年十一月、十二月及开元二十五年七月条，《新唐书》卷一百三十三《牛仙客传》、《文苑英华》卷四百一十六"封李林甫晋国公牛仙客豳国公制"。

为奏上日，那么残卷所载的"六月廿七日……上"中的日期应该是增加序言的日期。但笔者认为增加序言之日的说法是不成立的。①关于开元二十五年律令格式的删定，据《通典》、《旧唐书》、《唐会要》及《册府元龟》的记载，当时删缉旧律令格式及敕共七千二十六条（"七千二十六条"，《通典》作"七千四百八十条"），总条数中，未变更的仅有三千五百九十四条，削除千三百二十四条（"千三百二十四条"，《通典》作"二千三百四条"），二千一百八十条（"二千一百八十条"，《通典》作"二千一百五十条"）作了变更，最后形成律十二卷、律疏三十卷、式二十卷、开元新格十卷及令三十卷的格局。由于数字往往有误，故其真实性难以令人信服。不仅《通典》与《旧唐书》等书的记载不相一致，而且即使将削除、变更及未变更的条文数加起来计算，《通典》、《旧唐书》等书的记载均不足三千五百九十四条，可知依从旧条文数的约有一半的说法也是不可靠的。当然，这不意味着只删定律令式条文的一半，而应认为格敕的删除变化更多。开元二十五年令的篇目可列举如下。因篇次不明确，所以下述排列是在参考了开元七年令（又称四年令）和隋《开皇令》后做出的；因《乐令》在前述两令、金令及日本令等令中均无记载，在此姑且把它置于《卤簿令》之下。

（一）官品令（《唐律疏议》、《宋刑统》卷二）

（二）州县职员令（《唐会要》卷八十六）

（三）祠令（《唐律疏议》，《宋刑统》卷一、卷九，《白氏六帖》卷二十三，《大唐郊祀禄》卷三，《太常因革礼》卷八十等）

（四）户令（《唐律疏议》，《宋刑统》卷六、卷十二、卷十七、卷二十二，《通典》卷七，《白氏六帖》卷九、卷二十二等）

（五）学令（《白氏六帖》卷二十六，《唐会要》卷三十五、卷六十六，《册府元龟》卷六百零四）

（六）选举令（《唐律疏议》卷三、卷二十五，《宋刑统》卷二、卷二十五，《白氏六帖》卷十二）

---

① 参见仁井田、牧野《故唐律疏議製作年代考（上）》，《東方學報》東京第2册，第145页。龙川学士的主张，参见《律令の研究》，第55页。

（七）封爵令（《唐律疏议》、《宋刑统》卷二十五、《白氏六帖》卷十四）

（八）禄令（《唐律疏议》、《宋刑统》卷十一、敦煌发现的唐《职官表》）

（九）考课令（《白氏六帖》卷十二，《唐会要》卷八十一、卷八十二，《册府元龟》卷六百三十六，《宋刑统》卷九，《五代会要》卷十五等）

（十）宫卫令（《唐律疏议》、《宋刑统》卷二十六）

（十一）军防令（《唐律疏议》，《宋刑统》卷十六、卷二十六）

（十二）衣服令（《唐律疏议》、《宋刑统》卷二十六、《太常因革礼》卷二十三、《倭名抄》[那波本卷十二、狩谷本卷四]）

（十三）仪制令（《唐律疏议》，《宋刑统》卷十、卷二十六，《通典》卷二十五、卷七十五，《唐会要》卷二十五、卷二十九，《册府元龟》卷六十五、卷五百九十一，《续资治通鉴长编》卷二十四，《皇朝类苑》卷二十一，《倭名抄》[那波本卷十三、狩谷本卷五]等）

（十四）卤簿令（《唐律疏议》、《宋刑统》卷二十四、《白氏六帖》卷十六、《唐会要》卷三十一、《册府元龟》卷六十一、《倭名抄》[那波本卷四、狩谷本卷二]等）

（十五）乐令（《白氏六帖》卷十六、《倭名抄》[那波本卷十二、狩谷本卷四]）

（十六）公式令（《唐律疏议》，《宋刑统》卷六、卷十、卷十六、卷十九、卷二十五、卷二十七，《通典》卷七十五，敦煌发现的唐《职官表》，《唐会要》卷五十八、卷六十一，《白氏六帖》卷十二）

（十七）田令（《唐律疏议》、《宋刑统》卷十三、敦煌发现的唐《职官表》、《通典》卷二、《唐会要》卷九十二、《册府元龟》卷五百零六）

（十八）赋役令（《唐律疏议》、《宋刑统》卷十三、《唐会要》卷五十八、《册府元龟》卷六百三十六）

（十九）仓库令（《唐会要》卷八十二、《册府元龟》卷六百三十六）

（二十）厩牧令（《唐律疏议》，《宋刑统》卷十、卷十五、卷二十六，《倭名抄》[那波本卷十一、狩谷本卷七]）

（二十一）关市令（《唐律疏议》，《宋刑统》卷八、卷二十六，《白氏六帖》卷二十四，《唐会要》卷六十六）

（二十二）医疾令（《五代会要》卷十二、《册府元龟》卷五百五十三）

（二十三）捕亡令（《唐律疏议》、《宋刑统》卷二十八）

（二十四）假宁令（敦煌发现的唐《职官表》、《唐会要》卷六十一、《太平御览》卷六百四十三、《册府元龟》卷五百一十六）

（二十五）狱官令（《唐律疏议》卷三十，《宋刑统》卷三、卷二十九、卷三十，《唐会要》卷三十九、卷六十二，《册府元龟》卷六百一十三，《五代会要》卷十，《续资治通鉴长编》卷四）

（二十六）营缮令（《唐律疏议》，《宋刑统》卷十六、卷二十六、卷二十七，《唐会要》卷三十一）

（二十七）丧葬令（敦煌发现的《律疏》残卷，《唐律疏议》，《宋刑统》卷十二、卷二十六、卷二十七，《通典》卷八十六，《白氏六帖》卷十五）

（二十八）杂令（《唐律疏议》卷二十六，《宋刑统》卷十三、卷二十六、卷二十七，《白氏六帖》卷六、卷十一、卷十六）

上述中的《州县职员令》，可能是开元七年令（又称四年令）中所谓《州县镇戍等职员令》的简称，但由于在隋《开皇令》中有《诸州郡县职员令》，故也未必如此。此外，虽也有只称职员令的，但这肯定是简称。在开元七年令（又称四年令）中，虽未发现与所谓《三师三公台省职员令》等诸种职员令相当的篇名，但笔者认为，其他职员令恐怕在开元七年令中已全部被发现。开元二十五年令的篇目，若加上诸种职员令，有三十多篇。此外，龙川学士依据《唐律疏议》列举出礼令的篇目，[①] 但并不认为唐令中有该篇目。如上所述，如果认为开元七年令（又称四年令）省略

---

① 明令中有《礼令》的篇目，但在唐前诸令及金《泰和令》等当中都没有。龙川学士的主张见《律令の研究》，第349页。

了《学令》、《封爵令》等篇目的话，那么开元二十五年令又重新恢复了这些篇目，这同时也意味着恢复了令体系。

开元二十五年律令格式撰成后，除了肃宗时曾删定律令格式中有矛盾的条目外，[①] 直至德宗即位的 40 余年间不见有删定的记载。并且，肃宗时删定的仅限于律令及式，变化不是很大。参照其逸文来看，与旧律令式也没有什么差异。德宗于大历十四年（翌年改元为建中）六月的即位诏书中载有：至德以来的制敕并堪行用者均应编入格内，同时要删定律令格式中未能折衷的条目。[②] 于建中二年或其后才删定终了。虽在建中后的资料中存在与开元二十五年令相矛盾的《官品令》等令逸文，但其中有些就是当时的删定令，不过，其删定的程度估计不大。因此，在复原唐令上，除与开元二十五年令相矛盾者外，都可作为开元二十五年令的复原资料，这大概无大过误吧。建中以后，虽以开元二十五年格为基准屡次删定格敕，但并未对律令进行删定。[③] 此外，《唐大诏令集》卷八十二载有天宝四年七月敕与贞元八年十一月敕之间的"颁行新定律令格式敕"，却没有记录该敕的颁布年月。有关这个问题留待后续研究。

历经十多次删定的令，在现存的唐令残卷及令逸文中是如何表现的呢？在此试就《官品令》以下予以概述。至于详细情况，请参阅唐令本文。

──────────────

① 在《唐大诏令集》卷一百二十三《政事·平乱上》所载"收复两京大赦"上有如下内容可供参考：

其律令格式，未折衷者，委中书门下，简择通明识事官三两人，并法官两三人删定。近日所改百司额，及郡名、官名，一切依故事。顷以上皇在蜀，亦居岐属郡，宜改南京，凤翔郡为西京，西京为中京，蜀郡改为成都府，凤翔郡府尹以下官寮，并依三京名号。

② 参见《旧唐书》卷五十《刑法志》："大历十四年六月一日，德宗御丹凤楼大赦。赦书节文，律令格式条目有未折衷者，委中书门下，简择理识通明官共删定。自至德以来制敕，或因人奏请，或临事颁行，差互不同，使人疑惑。中书门下，与删定官，详决取堪久长行用者，编入格。三司使准式，以御史中丞、中书舍人、给事中各一人为之，每日于朝堂受词，推勘处分。建中二年，罢删定格令使并三司使。先是以中书门下，充删定格令使，又以给事中、中书舍人、御史中丞，为三司使。至是，中书门下奏请，复旧，以刑部、御史台、大理寺为之。其格令，委刑部删定。"（杨氏：《中国法律发达史》，第363页）又可参见《旧唐书》卷十二《德宗本纪》、《册府元龟》卷六百一十二《刑法部·定律令》。仁井田、牧野：《故唐律疏议製作年代考（上）》，《東方学報》東京第1册，第157页。

③ 参见仁井田、牧野《故唐律疏議製作年代考（上）》，第146页以下。

1. 官品令

太宗于贞观六年下诏，始置与三公并列的三师，故贞观以后诸令均规定三师及其官品；武德九年之《武德令》规定废除天策上将军，故贞观以后诸令均削除天策上将军及其官品。再有，《贞观令》改《武德令》中左光禄大夫从一品、右光禄大夫正二品为光禄大夫从二品、金紫光禄大夫正三品、银青光禄大夫从三品，新定骠骑大将军从一品，改《武德令》辅国大将军正二品为从二品，还变更了其他文武散官的名称及官品。当然，贞观时期对《官品令》的删定不限于此。如果再加上永徽、垂拱、神龙、开元七年及开元二十五年诸令对官品的改称及官品的升降，则《官品令》涉及流内官的数十条中无一条没有变化。特别是《唐会要》卷二十五《辍朝》太和元年七月中书门下奏章中，可见的《官品令》有：

> 侍中、中书令以上，正二品；左右仆射、……从二品；门下、中书侍郎、……左右散骑常侍、……宗正卿、……左右神策神武龙武……大将军、内侍监以上，正三品；……将作监、……从三品。

与开元二十五年《官品令》在官名与官品上存在的差异，佐证了开元以后对《官品令》也进行过删定。笔者认为该删定令大概就是建中令。

2. 三师三公台省职员令以下诸职员令

《贞观令》伴随着三师三公并置，而规定了三师三公府及其属官；《武德令》在废除天策上将军的同时，也削除了天策上将府及其属官。再有，开元诸令还削除了被认为存在于贞观、永徽诸令的三师三公府、嗣王府、郡王府、开府仪同三司府、上柱国以下带文武职事府。此外，诸多台省寺监等职员的名称及其职掌多有更改，如左右丞相就是始见于《开元令》的官名。

3. 祠令

武德、贞观、永徽各令不采王肃等诸儒之说，而从郑玄六天之义，冬至、孟夏于圆丘祭祀昊天上帝、孟春于南郊祭祀太微感帝、季秋于明堂祭祀太微五帝。然此法与式相矛盾，故于显庆二年弃郑玄六天之义，从王肃等人之说。因此，开元七年令（又称四年令）及开元二十五年令只规定，冬至、孟春及孟夏于圆丘，季秋于明堂祭祀昊天上帝。《武德令》规定郊祀时以景帝配祀，而开元七年令（又称四年令）及开元二十五年令又规定以高祖神尧皇帝或太宗文圣皇帝配座。另外，《武德令》规定，明堂之祀以元帝配祀，而《永徽令》规定以高祖大武皇帝及太宗文皇帝配祀，开元七年令又规定以睿宗配祀。《贞观令》规定褅祫均以功臣配享，而其后之令似未沿袭此制。

4. 户令

在用以区别州之大小的标准户数的规定上，《武德令》与《永徽令》之间存在差异：《武德令》中，三万户以上为上州；而《永徽令》中，两万户以上即为上州。想必在区别县之大小的标准方面，《武德令》与开元二十五年令当也有不同。

5. 学令

贞观及开元二十五年《学令》所规定的孔宣父释奠条，在开元七年（又称四年）祠令中可以看到，但在《唐六典》所列举的开元七年令（又称四年令）的篇目中却未见学令，这一点值得我们注意。又，释奠条本身也历经数次变迁，即：贞观时修改《武德令》，以孔子为先圣、以颜回及左丘明等二十二贤士为先师从祀；《永徽令》则以周公为先圣，罢黜孔子为先师，以颜回、左丘明从祀。但到显庆年间，议者请改，又恢复贞观之旧。在这点上，日本《养老令》与贞观及显庆以后之制相一致，但要注意的是日本令未必仅依照《永徽令》而成。另外，笔者估计根据开元二十五年令，基于开元八年敕，十哲及曾参等七十二弟子也被列为从祀。

6. 选举令

《武德令》规定，职事高于散官者，解除散官；卑于散官者，保留散官。但《贞观令》改为：职事高者称守，职事卑者称行，职事虽高也不解除散官。另外，《永徽令》规定，因犯罪被戮者之父祖或子孙不得任侍卫之官。由于《宫卫令》中也有同类条文，《开元令》为避免重复，遂削除

《选举令》中相关的规定。

7. 衣服令

开元七年令（又称四年令）及开元二十五年令中的翼善冠条（天子衣服的规定）来源于太宗之制，因而《武德令》当无此规定。还有，估计《武德令》与《开元令》对于群臣衣服之鷩冕、毳冕、绣冕、玄冕的旒数的规定不一致。此外，前述两令中官名的差异也有不少体现在《衣服令》中。

8. 仪制令

《仪制令》逸文中虽有所谓的文昌都事，但它只是除《垂拱令》外并不存在的官名。据记载，垂拱律令被修改的仅有二十四条，故对律令全体的官号是否都进行变更，颇值得怀疑。

9. 卤簿令

《卤簿令》逸文中也有金吾卫、京兆尹等官名，前者是龙朔二年以后的官名，相当于武德、贞观、永徽三令的武候卫；后者是开元时始出现的，相当于《永徽令》、《神龙令》等的雍州长史。

10. 乐令

《通典》及《旧唐书》中只可见"贞观中作'景云河清歌'，名曰'宴乐'"的记载。《宋史》卷一百四十二《乐志》曰："燕乐，古者燕乐，自周以来用之。唐贞观增隋九部为十部，以张文收所制歌，名燕乐。"准此，令中规定宴乐等十部伎是在贞观以后。

11. 公式令

与诏书式并列的皇太子令的形式被规定在令中的是永徽以后的事。又，武德、贞观、永徽诸令的诏，是《开元令》之制；前揭诸令中皇帝之八玺，太皇太后以下之玺，在《开元令》中分别是皇帝之八宝，太皇太后以下之宝。北都留守麟符的规定被编入《公式令》的也是开元二十五年令，在其他令中还没有。

12. 田令

开元二十五年令规定，给予老男口分田四十亩，黄小中丁男女及老男笃疾废疾、寡妻妾为户主时，均给予永业田二十亩、口分田二十亩。而《旧唐书》等所引《武德令》中不存在此规定。开元二十五年令规定，上、中、下折冲都尉分别给予职分田六顷、五顷五十亩及五顷；此外，上、中、下府果毅都尉、长史、别将，按其等级也给予相应的职分田。依据《旧唐书·职官志》之注，令首次规定折冲府分上中下是在垂拱时期，那么，武德、贞观、永徽诸令就不存在如上所述的给田制。另外，开元田令中有诸多旧令中没有的官名。

13. 赋役令

《武德令》规定，丁男一人应输调布的长度为二尺四寸，而开元二十五年令则规定为二尺五寸。

14. 假宁令

按《永徽令》，凡遇已改嫁的继母之丧，无须解官。龙朔二年下诏，嫡母、慈母、养母之丧也适用该制。开元七年令（又称四年令）还是沿袭旧令，而开元二十五年令则修改前令，增加了与前述之诏同样的规定。《唐六典》所引开元七年令（又称四年令）的篇目中，没有开元二十五年令中所谓的假宁令，但有相应的逸文。《册府元龟》卷五十四《帝王部·尚黄老》及《五代会要》卷十二《杂录》载有：

> 后唐……天成三年正月，中书门下（"门下"，《册府元龟》无）奏：准（"准"，《册府元龟》无）《假宁令》，玄元皇帝降圣节，休假三日。据《续会要》（"据"以下四字，《册府元龟》无），准会昌元年二月敕，休假一日，伏请准近敕，从之。

由于后唐一直沿用唐令，故上述《假宁令》与唐令不相抵牾。但是，该令之规定未见载于《唐六典》及敦煌发现的唐《职官表》的开元二十五年令中。现在，《册府元龟》卷五十四《帝王部·尚黄老》及《唐会要》卷五十《杂记》（也可参见同书卷八十二《休假》）载有：

> 天宝五载二月十三日（"十三日"，《册府元龟》无），太清宫使
> 门下侍郎陈希烈奏曰：谨案高上本纪（"曰"以下七字，《唐会要》
> 无），大圣祖玄元皇帝，以二月十五日降生，既是吉辰，即大斋之日
> （"即"以下五字，《唐会要》无）。请同（"同"，《唐会要》无）四
> 月八日（译者按："四月八日"，原文无，但《唐会要》、《册府元龟》
> 均有。今补）佛生日，准令，休假一日。从之。

由此可知，天宝五年，规定老子的生日与佛生日等同，皆"休假一
日"。该规定未载于开元二十五年令中，直至天宝五年后才被编入令文中。
然而，天宝之制是"休假一日"，与此处所谓《假宁令》的"休假三日"
相异，但会昌元年敕的规定也是"休假一日"。《册府元龟》卷五十四
《帝王部·尚黄老》及《唐会要》卷八十二《休假》所记述的，即指此。

> 会昌元年（"会昌元年"，《册府元龟》作"武宗以开成五年正月
> 即位"），二月敕：二（"二"，《册府元龟》误作"三"）月十五日，
> 玄元皇帝降生日，宜为降生节，休假一（"一"，《册府元龟》误作
> "三"）日。

然而，与《假宁令》相对，后唐天成三年敕将会昌元年敕称为"近
敕"，由于有"伏请准近敕"，所以《假宁令》应是天宝五年后、会昌元
年前制定的。这表明它是肃宗或德宗所删定，或是在天宝时期的记录未被
编写传下来的令之变更。

15. 狱官令

见于元二十五年令中的京兆府，是开元二十五年后的官署名称，由此
可以窥令删改之一斑。

诸书在引述唐令时往往取其大意，或略其为文，因而文字的差异未必
就是各年度令的差异。例如，《通典》所引大唐令"三年一造户籍，凡三
本，一留县，一送州，一送户部"，就是取户令之意为文的；再如敦煌发

现的唐《职官表》田令中的"职田"就是职分田的简称，在日本及中国的古籍中，有不少就是单用职田。① 现在看来，除了字句问题外，还曾对唐令整体屡次进行过修改，如：

①官号地名等的改称

②条文的新修增补

③条文的删除

当时，不仅对这些令的内容，而且对

④条文的改编

即有时还变更法典形式。唐令逸文中，保留删定痕迹最多的是贞观、永徽、开元七年（又称四年）及开元二十五年诸令。但逸文明显表明唐令之删定并未终止于开元二十五年令。

唐令的删定并不如后述的无一定标准，是依格修令，抑或是直接删定令文，这一方面可以理解为是个权衡上的问题。如据开元二十五年《假宁令》可知，当时是根据颁发于七十余年前的龙朔诏书来修改令的。另一方面，不直接对令做任何更改，而是将诏（敕）编入格中。《唐会要》卷八十八《杂录》及《册府元龟》卷一百五十九《帝王部·革弊》所载的限制利息法：

开元……十六年二月十六日（"十六日"，《册府元龟》作"癸未"）诏：比来公私举放，取利颇深，有损贫下，事须厘革。自今已后，天下负（"负"，《册府元龟》作"私"）举，祇宜四分收利，官本五分取（"取"，《册府元龟》作"收"）利。

就被编入开元二十五年格。《宋刑统》卷二十六载有：

<hr>

① 关于日本，可参见仁井田陞《古代支那·日本の土地私有制（四 完）》，载《國家學會雜誌》第 44 卷第 8 号，第 92 页以下。

户部格敕，天下私举质，宜四分收利，官本五分生利。

而开元二十五年杂令载有：

诸公私以财物出举者，任依私契，官不为理。每月取利，不得过六分。积日虽多，不得过一倍。

而令文无丝毫改动。但是，比起直接更改令文，依据格敕而作变更的比例要大。仅存在于唐令规定中而不行用的，随格敕数量的增多而增加。因而令就走向徒留其表的威容。然虽空洞，其威容尚存，所谓"令之善者，虽寝亦书"[1]，这是删定唐令的一个原则，也可以说是令、格并存的一个理由。再有，即使不积极改废令，也有自行停止行用的条文。如开元二十五年《衣服令》关于天子衣服的规定，虽有十数条，但其中开元时期实际适用的，仅衮冕与通天冠2条（如：同令中大裘的条文，已于显庆元年停止行用）。又，《通典》及《旧唐书》均将见于《乐令》中的乐器——都云鼓、竖箜篌、毛员鼓等记为"今亡"。我们可以理解为，这些乐器在最初被规定于令之时曾被使用过，但到了德宗时已经消亡了。史学家还论述，如《田令》、《赋役令》及《军防令》等各令中的某些条文，到开元天宝以后就不再行用。尽管如此，当时并未停废所有的唐令。比如《户令》中关于废疾、笃疾的条文或养子法，《学令》中关于孔子释奠的规定，《杂令》中的债权担保法，不仅在唐末，而且直到遥远的后世，其规定没有发生实质变化，皆仍被行用。尽管令受到来自格敕的部分修正的影响，但对《宋刑统》的研究表明，令的生命力直到宋初也未减弱。[2]

（四）唐后令

继唐而起的所谓五代（后梁、后唐、后晋、后汉、后周）并非原封不动地沿用唐令，但也不能据此认为与唐令有很大的差异。特别是有修改令

---

[1] 参见李东杨《进正德会典表》（浅井氏：《支那に於ける法典编纂の沿革》，第392页）。
[2] 参见仁井田、牧野《故唐律疏议制作年代考（上）》，第138页以下。

记录的，只是后梁和后周而已。

后梁太祖开平三年十月，敕命太常卿李燕、御史司宪（"司宪"，《旧五代史》无）肖顷、中书舍人张衮尚、尚书（"尚书"，《旧五代史》无，以下同此）户部侍郎崔沂、大理寺（"寺"，《旧五代史》无）卿王鄯、尚书刑部郎中崔诰等删定律令格式，至四年（910年）撰成。十二月，敕命中书舍人李仁俭奏进令三十卷，以及律十三卷（内含目录一卷）、格十卷、式二十卷、律疏三十卷，旋即颁下施行。①

继后梁而起的后唐，以唐的后继者自居。故庄宗天成元年废止梁的法典不再行用，而使用唐的法典。② 按《旧五代史》记载，后梁焚毁了唐代法典，再加上兵燹，致使除定州敕库所存法典外别无完本。故后唐同光元年十二月，基于御史台奏请，令定州节度使抄写副本以进纳。此后，定州进纳唐律令格式等共二百八十六卷。③ 天成以后，取代梁法典而使用唐法典的有这般沿革。不过，后唐令是沿用唐代哪年的令呢？能够具体说明这个问题的是行用于当时的令遗文。见于《唐会要》卷二十五《辍朝》太和元年七月中书门下奏章中的《官品令》：

> 侍中、中书令以上，正二品；……左右仆射、……从二品；门下，中书侍郎、……左右散骑常侍、……宗正卿、……左右神策神武龙武……大将军、内侍监以上，正三品；……将作监、……从三品。

---

① 参见《五代会要》卷九《定格令》、《旧五代史》卷一百四十七《刑法志》、《五代史记》卷二《梁本纪》、《宋史》卷一百零二《艺文志》（浅井氏：《支那に於ける法典编纂の沿革》，第214页；沈氏：《沈寄簃先生遗书·刑法考·律令五》；杨氏：《中国法律发达史》，第527页）。

② 参见《五代会要》卷九《定格令》（浅井氏：《支那に於ける法典编纂の沿革》，第215页；沈氏：《沈寄簃先生遗书·刑法考·律令五》；杨氏：《中国法律发达史》，第528页）。

③ 参见《旧五代史》卷一百四十七《刑法志》："唐庄宗同光元年十二月，御史台奏：当司刑部大理寺，本朝法书，自朱温僭逆，删改事条，或重货财，轻人命，或自徇枉过，滥加刑罚。今见在三司，收贮刑书，并是伪廷删改者，兼伪廷先下诸道，追取本朝法书焚毁，或经兵火，所遗皆无旧本节目，只定州敕库，有本朝法书具在。请敕定州节度使，速写副本进纳，庶刑法令式，并如本朝旧制。从之。未几，定州王都，进纳唐朝格式律令凡二百八十六卷。"（仁井田、牧野：《故唐律疏議製作年代考》，《東方学報》東京第2册，第136页；杨氏：《中国法律发达史》，第528页）。

笔者在上文中已指出官品及官名与开元二十五年《官品令》不一致。但是，《旧五代史》卷一百四十九《职官志》两省中载有：

> 晋天福……七年五月，中书门下上言："有司检寻长兴四年八月二十一日敕，准《官品令》，侍中，中书令正三品，按《会要》，大历二年十一月，升为正二品；左右常侍从三品，按《会要》，广德二年五月，升为正三品。门下中书侍郎正四品，大历二年十一月，升为正三品；谏议大夫正五品，按《续会要》，会昌二年十二月升为正四品，以备中书门下四品之阙；御史大夫从三品，会昌二年十二月升为正三品；御史中丞正五品，亦与大夫同时升为正四品。敕：宜各准元敕处分，仍添入令文，永为定制。"

行用至后唐及后晋天福七年五月的唐令，竟与开元二十五年令相符合，却与开元二十五年后删定的《官品令》不一致。另外，即便从《旧五代史》的字面上也不难看出，其所引的前述唐令，是在唐大历、广德之前颁行的唐令中最接近开元二十五年令的。不过，据《旧五代史》，后晋天福七年五月，将修改的唐大历、广德、会昌中颁下的官品之敕添入令文。所以，此后实行的是与开元二十五年后删定的《官品令》相同的制度。① 另外，在此还值得思考的是，《五代会要》卷十二《杂录》后唐天成三年正月条所引《假宁令》中"玄元皇帝降圣节，休假三日"的记载，因其与开元二十五年令不一致，故不能断言后唐行用的唐令就一定是开元二十五年令。

后晋及后汉虽有区别编敕、杂敕，而无删定律令格式的记录，但行用以唐开元二十五年律令格式为基准的法典当无疑问。后周亦是如此。《旧五代史》卷一百四十七虽载有"朝廷之所行用者，律一十二卷，律疏三十卷，式二十卷，令三十卷，开成格一十卷，大中统类一十二卷，……"但后周对法典作了如下变更。总的来说，后唐恢复的唐之律令格式，虽由于后汉末的纷乱再次亡逸，但后周太祖于广顺元年六月，敕命侍御史卢忆、

---

① 《太常因革礼》及《宋史·舆服志》所载的康定元年诏中也有关于《官品令》（恐为天圣令）的规定，但与开元后的删定令近似。从而，也与晋天福中以大历以后诸敕添入的旧令近似。不过，该宋《官品令》属于前述二系统中的何者，有俟后考。

刑部员外郎曹匪躬及大理正段涛等重写。当时为了适应新都城开封的情况，还修改了法典的地名及京城皇城宫城宫门等名称，因庙讳书不成文，更正了点画、义理的错误。① 还有，《册府元龟》卷五百九十四《掌礼部·奏议》周太祖广顺元年十月条曰：

> 正月一日，皇帝有事于南郊，合祭天地于圆丘，准礼，以祖庙祖（译者按："祖"误，就作"配"，见《册府》）祭；依《祠令》，以信祖睿和皇帝配。

据《五代史记·周本纪》，信祖是后周高祖璟的庙号，睿和是其谥号。这表明，后周更改了唐令中有关皇帝的庙号及谥号。

如上所述，后梁及后周对令进行了修改。虽说后来出现的《陈直斋书录解题》中载有"同光天福校定"，但因五代资料中的令遗文与唐令一致之处极多，所以在唐令复原方面，只要没有反证，就可将其作为资料。

保存在宋令记录中的，有北宋的淳化、天圣、元丰、元祐、元符、政和诸令，和南宋的绍兴、乾道、淳熙、庆元、淳祐诸令。下面，就本书采用较多的淳化、天圣、元丰、淳熙及庆元各令加以论述。

宋初行用与五代同样的令，都以开元二十五年令为基础。《玉海》卷六十六《诏令·律令下》载有：

> 太宗以开元二十六（"六"，当作"五"）年所定令式，修为淳化令式。

倘若把《玉海》此语与"国初用唐律令格式……"联系起来加以考

---

① 参见《宋史》卷二百六十四《卢多逊传》："多逊……父亿……，周初为侍御史，汉末兵乱，法书亡失，至是，大理奏重写律令格式统类编敕，乃诏亿，与刑部员外郎曹匪躬、大理正段涛，同加议定。旧本以京兆府改同五府，开封大名府改同河南府，长安万年改为次赤县，开封浚仪、大名元城，改为赤县。又定东京诸门，熏风等为京城门，明德等为皇城门，启运等为宫城门，升龙等为宫门，崇元等为殿门。庙讳书不成文，凡改点画及义理之误字二百一十四。"（仁井田、牧野：《故唐律疏議製作年代考》，第136页）又，《旧五代史》卷一百四十七《刑法志》（沈氏：《沈寄簃先生遗书·刑法考·律令五》书；杨氏：《中国法律发达史》，第530页）。

虑，则宋在淳化之前的大约三十年间，行用的是唐开元二十五年令（或者说是以其为基础），这一点很清楚。

再据《陈直斋书录解题》卷七《法令类》记载：

> 唐令三十卷，式二十卷。
>
> 唐开元中，宋璟、苏颋、卢从愿等所删定。考《艺文志》，卷数同。更同光、天福校定，至本朝淳化中，右赞大夫潘宪、著作郎王泗校勘，其篇目条例，颇与今见行令式有不同者。

宋代第一次令即《淳化令》，只不过是由右赞大夫潘宪、著作郎王泗校勘唐令而成的。据此可知，这两令的差异不大。[1] 由于《陈直斋书录解题》载有唐令式"宋璟……等删定"，所以乍一看，其似乎是开元七年令式。但参考《玉海》卷六十六所引《中兴书目》的记载：

> 唐式二十卷，开元七年上，二十六（"六"当作"五"）年李林甫刊定，皇朝淳化三年校勘。

由此可知它仍应是开元二十五年令式。另，《淳化令》亦与式同样，均是淳化三年（992年）校勘唐令而成的。《淳化令》的篇目，按诸资料所载，可列举如下：

> 祠令（《太常因革礼》卷三）、户令（《宋会要·食货》）、衣服令（《太常因革礼》卷八十二）、仪制令（《续资治通鉴长编》卷六十九）、卤簿令（《太常因革礼》卷二十五、二十八，《宋史》卷一百五十）、乐令（《太常因革礼》卷二十七）、公式令（《续资治通鉴长编》卷八十六）、假宁令（《续资治通鉴长编》卷一百一十七、《宋史》卷一百二十五）、丧葬令（《宋史》卷一百二十四）。

宋代第二次令是《天圣令》。它是仁宗命参政吕夷简、庞籍、宋祁、

---

[1] 参见仁井田、牧野《故唐律疏议製作年代考（上）》，《東方学报》东京第1册，第150页。

夏竦等删定的，以唐令为基准，同时也增加了新制度，凡三十卷，于天圣七年（1029 年）撰成奏上。① 对此，《玉海》所引书目有"天圣十年行之"，《续资治通鉴长编》卷一百零八"天圣七年五月己巳"条亦有"诏以新令及附令，颁天下"。宋代刊行（镂板）的法典不少，《天圣令》就是其一。关于《天圣令》的篇目列举如下：

> 官品令（《太常因革礼》卷二十六、《宋史》卷一百五十二）、祠令（《太常因革礼》卷五，《续资治通鉴长编》卷三百零八、三百一十一）、户令（《欧阳文忠公文集》卷一百一十七、《续资治通鉴长编》卷二百五十四）、封爵令（《温国文正司马公文集》卷四十二，《续资治通鉴长编》卷二百一十二、二百五十六，《仪礼经传通解续》卷十六）、考课令（《温国文正司马公文集》卷十六）、衣服令（《太常因革礼》卷二十六，《续资治通鉴长编》卷二百九十九、三百零八，《文献通考》卷一百一十三，《宋史》卷一百五十二）、仪制令（《春明退朝录》卷中，《续资治通鉴长编》卷三百二十九、三百三十二，《宋史》卷一百二十五）、卤簿令（《文献通考》卷一百一十八、《宋史》卷一百四十四）、丧葬令（《司马氏书仪》卷五、七、八，《宋史》卷一百二十四）。

又，《郡斋读书志》卷八及《文献通考·经籍考》有：

> 《天圣编敕》三十卷。
> 右天圣中，宋庠、庞籍受诏改修唐令，参以今制而成。凡二十一门，官品一，户二，祠三，选举四，考课五，军防六，衣服七，仪制八，卤簿九，公式十，田十一，赋十二，仓库十三，厩牧十四，关市十五，补（"补"，当作"捕"）亡十六，疾医十七，狱官十八，营缮十九，丧葬二十，杂二十一。

---

① 参见《玉海》卷六十六，《崇文总目》；浅井氏《支那に於ける法典编纂の沿革》，第 267 页；沈氏《沈寄簃先生遗书·刑法考·律令五》，《律令六》；杨氏《中国法律发达史》，第 563 页；仁井田、牧野《故唐律疏議製作年代考》，第 151 页。

《天圣编敕》十二卷（此外还有目录一卷），故浅井虎夫氏将其作为《天圣令》之误。不过，既然其非《天圣令》，有人就怀疑其是否亦非天圣附令。[①] 但不管是哪个，将《郡斋读书志》所举篇目看作《天圣令》之篇目谅亦无妨。若将前述的《封爵令》并入天圣令中，则它至少有二十二篇。此外，与开元二十五年令一样，其亦包含《职员令》、《宫卫令》、《学令》、《乐令》、《假宁令》诸篇。其中《乐令》、《假宁令》在《天圣令》的前身即《淳化令》中就有。还有，《郡斋读书志》及《通考》中的"赋十二"，是否为"赋役十二"之误，有俟后考。

宋初行用的令及淳化、天圣两令，与开元二十五年令无显著差别，这不单体现在记录上，征诸逸文亦可得知。[②] 且不说官名、地名等是为了符合宋代情况而作的更改，皇帝的庙号及谥号等也是如此。只是，作为《天圣令》的逸文，《太常因革礼》卷二十六《舆服六》"康定二年十月少府监奏"上载有：

> 准《官品令》，诸司三品、诸卫上将军、六军统军、诸卫大将军、神武龙武大将军、太常宗正卿、秘书监、……将作司天监、诸卫将军、神武龙武将军、……御史台三品四品、御史大夫、御史中丞、两省三品四品五品、左右散骑常侍、门下中书侍郎……

正如《续资治通鉴长编》卷二百九十九"元丰二年八月甲子"条上载有的：

> 本朝《衣服令》，通天冠二十四梁，为乘舆服。盖二十四梁，以应冕旒前后之数。若人臣之冠，则自五梁以下，……一品、二品冠五梁，中书门下加笼巾貂蝉；诸司三品三梁，四品、五品二梁；御史台四品、两省五品亦三梁；……隋唐冠服，皆以品为定。盖其时，官与品轻重相准故也。今之令式，尚或用品，虽因袭旧文，然以官言之，颇为舛谬。

---

① 参见仁井田、牧野《故唐律疏議製作年代考》，《東方学報》东京第 2 册，第 152 页以下。

② 参见中田博士《養老户令應分條の研究》，《法制史論集》第 1 卷，第 44 页。宋初行用的令和唐令基本相同的问题，已由中田博士在其《〈宋刑統〉の研究》中予以明确。亦可参见仁井田、牧野《故唐律疏議製作年代考》，第 121 页以下。

可见，虽然也有与开元二十五年令相差甚大之处，但共同之处仍有许多。现举数例于如下：

隋唐并宋《天圣令》，太子内官除妃外，有良娣三人，……（《大金集礼》卷八）

准《封爵令》，王公侯伯子男，皆子孙承嫡者传袭。若无嫡子及有罪疾，立嫡孙。无嫡孙，以次立嫡子同母弟。无母弟，立庶子。无庶子，立嫡孙同母弟。无母弟，立庶孙。曾孙以下准此。（《仪礼经传通解续》卷十六《丧服图》"熙宁八年闰四月"条）

天圣《公式令》，皇太子妃宝，注云：以金为之。（《续资治通鉴长编》卷三百九十三）

天圣《丧葬令》，皇帝临臣之丧，一品服锡衰，三品已上緦衰，四品已下（译者按："下"原文作"上"，误，今据《宋史》改）疑衰。（《宋史》卷一百二十四《礼志》）

上述淳化、天圣两令，是以唐开元二十五年令为基准撰成的，所以，即便找不到唐令逸文，但只要与前述两令之遗文及日本令一致，我们就有理由把它作为复原唐令的资料。例如，《司马氏书仪》卷上所引的关于婚姻年龄的规定：

今令文，凡男年十五，女年十三以上，并听婚嫁。

由于与日本养老《户令》的规定一致，故不妨据此推知唐令亦有此规定。

神宗时再次刊定令，即所谓的《元丰令》。据《玉海》卷六十六所引书目，它是在元丰七年（1084 年）由刑部侍郎崔台符等人所撰定的。[1] 对此，《续资治通鉴长编》记载："元丰敕十有三卷，令五十卷。"《宋文鉴》所载刘挚《请修敕令》[2] 曰：

---

[1] 参见《玉海》卷六十六，《宋史·艺文志》。浅井氏：《支那に於ける法典编纂の沿革》，第 237 页；沈氏：《沈寄簃先生遗书·刑法考·律学五》；杨氏：《中国法律发达史》，第 564 页；仁井田、牧野：《故唐律疏議製作年代考》，第 151 页。

[2] 参见《宋文鉴》卷五十八《奏疏》。

神宗皇帝，达因革之妙，慎重宪禁。元丰中，命有司编修敕令，凡旧载于敕者，多移之于令。盖违敕之法重，违令之罪轻。此足以见神宗皇帝仁厚之德。

移敕载录于令的结果是，《元丰令》比《天圣令》增加了 20 卷。[①] 此外，由于元丰时对《天圣令》的旧条也进行修改，故有诸多逸文不见于唐以后至宋天圣的诸令中。略举几例如下：

《元丰令》，惟崇奉三圣祖及祖宗神御陵寝寺观，不输役钱。（《宋会要·食货·免役钱》"大观四年五月十四日"条）

《元丰令》，诸私忌给假一日，逮事祖父母者准此。（《文昌杂录》卷五）〇旧法，祖父母私忌，不为假，元丰编敕，修《假宁令》，于父母私忌下，添入逮事忌父母者准此。（《石林燕语》卷二）

元丰以后，随王安石、司马光两党势力的消长，作为两党派别之争工具的法典被制定出来。哲宗时的《元祐令》则与《元丰令》相反，省简了先前编入令中的敕，共二十五卷一千零二十条。[②] 该令的卷数、条数均比唐令稍少一些。此外，《宋史·刑法志》上载有：

哲宗亲政，不专用元祐近例，稍复熙宁元丰之制。自是，用法以后冲前，改更纷然，而刑制紊矣。

以上内容揭示了当时的立法状况。[③]

南宋时，孝宗淳熙三年对绍兴、乾道二令重新刊修，至四年（1177

---

① 参见仁井田、牧野《故唐律疏議製作年代考》，第 154 页。
② 参见《玉海》卷六十六。浅井氏：《支那に於ける法典編纂の沿革》，第 238 页；沈氏：《沈寄簃先生遗书·刑法考·律令五》；杨氏：《中国法律发达史》，第 565 页；仁井田、牧野：《故唐律疏議製作年代考》。
③ 参见仁井田、牧野《故唐律疏議製作年代考》。

年）八月三日，与敕格式一起奏上。所谓淳熙重修敕令格式，即指此。①

现今，留有最多逸文的宋令，是南宋时的《庆元令》。该令是以《淳熙令》尚不完备为理由，由丞相豫章京镗（字仲远）等人，与敕十二卷、格三十卷一起改修而成，凡五十卷，于庆元四年（1198 年）九月奏上。②《庆元条法事类》蒐录其篇目如下（顺序不同)③：

> 一官品令、二职员令、三祀令、四户令、五荐举令、六考课令、七军防令、八仪制令、九田令、十赋役令、十一仓库令、十二厩牧令、十三关市令、十四疾医令、十五捕亡令、十六假宁令、十七断狱令、十八营缮令、十九杂令（以上与唐令略同）；二十封赠令、二十一赏令、二十二道释令、二十三河渠令、二十四服制令、二十五驿令、二十六选试令、二十七给赐令、二十八文书令、二十九公用令、三十吏卒令、三十一场务令、三十二辇运令、三十三军器令、三十四时令、三十五进贡令、三十六理欠令、三十七辞讼令。

单看其篇目，可能会觉得《庆元令》与唐令及宋《淳化令》、《天圣令》相差甚大。但保留在《庆元条法事类》中的《庆元令》之遗文两千多条，现在若对其内容作些细致考察，就容易发现其来源与唐令相似之处甚多。再者，条文字句相同的即可列举如下：

> 《户令》，诸壹目盲、两耳聋、手无贰指、足无大拇指、秃疮无发、久漏下重、大瘿瘇之类，为残疾。痴痖、侏儒、腰脊折、壹支废之类，为废疾。恶疾、癫狂、贰支废、两目盲之类，为笃疾。（《庆元条法事类》卷七十四《刑狱门》）
>
> 《军器令》，诸从军，甲仗不经战阵损失者，叁分理贰分。经战阵

---

① 参见《玉海》卷六十六。浅井氏：《支那に於ける法典編纂の沿革》，第 243 页；沈氏：《沈寄簃先生遗书·刑法考·律令五》；杨氏：《中国法律发达史》，第 568 页。

② 参见《陈直斋书录解题》卷七《法令》，《玉海》卷六十六，《宋史·艺文志》。浅井氏：《支那に於ける法典編纂の沿革》，第 249 页；沈氏：《沈寄簃先生遗书·刑法考·律令五》；杨氏：《中国法律发达史》，第 569 页。

③ 参见仁井田、牧野《故唐律疏議製作年代考》，第 75 页。

失者勿理，损者官修。（同上书卷八十《杂门》）

然而，其中大多数在唐以后至宋天圣的诸令中均查找不到。《庆元令》中，如《军防令》、《军器令》、《杂令》及《河防令》，虽可看作将前述诸令中所谓的《军防令》、《杂令》的各一篇分为两篇，但在吏卒、场务、辇运、道释、时、进贡等令的篇目及其收入的条文中，则看不出来。需要特别注意的是，《庆元条法事类》中属于所谓"财用门""榷禁门"的条文，大多数在唐令以后的前述诸令中已不存在。① 另外，唐令和《庆元令》关于令、式的分类标准也不一样。例如，前者规定官公文书形式的诸条保存于《公式令》中；而后者则见于《文书式》。（因云：唐格式的篇目异于令，是依尚书二十四曹命名；而宋庆元格式则使用与令同一的篇名。）如此，在唐宋两令之间划一界限的绝非始于庆元，而是由于对宋《天圣令》进行大修改而成的《元丰令》以及属于该系统的诸令之变化。庆元以后，有成于理宗淳祐二年之令。

唐律令也被辽所沿用，现存有辽太祖神册六年（相当于五代后梁龙德元年，即公元 1010 年），对汉人适用唐律令的记录。② 又，夺取宋江北地区并在那建国的金，也开始行用唐及宋令，据以下记载即可知：

大定二年八月，检讨左右司奏事典故，……唐令，中书令（正三品）、中书侍郎（正四品）、中书舍人（正五品），并掌敷奏。（《大金集礼》卷三十一）

大定五年八月十二日，……检讨到……唐宋公式令，若亲王任卑官职事者，仍依王品……（同上）

天会十三年，讲究到太皇太后有玺绶。……又，令文，太皇太后、皇太后、皇后、皇太子、皇太子妃宝（以上实金为之），并不行用。其封令书，太皇太后、皇太后，各用宫官印。……谨案汉晋以

---

① 陈振孙《直斋书录解题》卷七"唐令 30 卷式 20 卷"的解题："其篇目条例，颇与今见行令式有不同者"，这大概是必然的。

② 参见《辽史》卷六十一《刑法志》。沈氏：《沈寄簃先生遗书·刑法考·律令五》，《律令七》；杨氏：《中国法律发达史》，第 647 页；仁井田、牧野：《故唐律疏議製作年代考》，第 87 页。

来，太皇太后，皆有玺绶。其玺，别不载用之与否。至唐令，明著其
宝，并不行用。其封令书，用宫官印。今即宜奉太皇太后之宝，仍置
宫官，其宝备而不用，凡有令书，于正封外，别置重封，用宫官
印。……（《大金集礼》卷三十）

据此还可以推定金行用的唐令是《开元令》，但从唐令传承下来的资
料来看，它大概是开元二十五年令。在以唐令为基础的金《泰和令》中，
存有《封爵令》、《假宁令》，亦可作为旁证。

金直至章宗即位的明昌元年，依平章政事张汝霖之奏，才设置详定
所，开始律令的删定工作。然而，书虽撰成，最终却未颁行。承安五年，
更命司空襄等人撰定，泰和元年（1201 年）十二月基本完成，至翌年五
月颁行。[1] 凡律十二篇，其篇名与唐律一致。虽然《金史》卷四十五《刑
法志》记有"所修律成，有十有二篇，……实唐律也"，但令绝非仅以唐
令为基础。现将金令的篇目及篇次列举如下：

> 自官品令、职员令之下，曰祠令四十八条、户令六十六条、学令
> 十一条、选举令八十三条、封爵令九条、封赠令十条、宫卫令十条、
> 军防令二十五条、仪制令二十三条、衣服令十条、公式令五十八条、
> 禄令十七条、仓库令七条、厩牧令十二条、田令十七条、赋役令二十
> 三条、关市令十三条、捕亡令二十条、赏令二十五条、医疾令五条、
> 假宁令十四条、狱官令百有六条、杂令四十九条、释道令十条、营缮
> 令十三条、河防令十一条、服制令十一条。附以年月之制，曰律令二
> 十卷。（《金史》卷四十五《刑法志》）

可见，金律令是依唐令及宋令撰成的。即封赠、赏、释道、河防、服
制诸令，在唐令及属于其系统的宋令中虽没有，却与宋《庆元令》的篇目
相通。由于宋《庆元令》仅比金《泰和令》早三年撰成，故金令未必依

---

[1] 参见《金史》卷四十五《刑法志》。浅井氏：《支那に於ける法典编纂の沿革》，第294
页以下；沈氏：《沈寄簃先生遗书·刑法考·律令五》；杨氏：《中国法律发达史》，第
663 页；仁井田、牧野：《故唐律疏议制作年代考》，第88 页以下。

其而成，但肯定参考了《庆元令》及以前的宋令。特别是从金令的内容来看：

> 《服制令》云：父母斩衰三年；祖父伯叔父母姑兄弟周年；同堂兄弟大功九月；再从伯叔父母姑兄姊小功五月；三从伯叔父母姑兄姊缌麻三月（《刑统赋解》卷下）[1]。

上述内容存在于宋令而唐令却无。不过，令篇目的大部分同于唐令。除后记的旧例（金令）外，金令逸文：

> 《户令》云：若无子，听养同宗昭穆相当者。（《刑统赋解》卷下）

这几乎与唐令相同。这样，我们就不难推测出金令中的诸多令文是来源于唐令。此外，关于金律令，可参看《元史·艺文志》上记载的"泰和新定律令敕条格式五十二卷（泰和律令二十卷、新定敕条三卷、六部格式三十卷，泰和元年司空襄进）"。

元初，也曾使用与金《泰和律》一样的金令。《元典章》及《通制条格》常常举如下旧例：

> 旧例，弃妻须七出之状有之，一无子；二淫泆；三不事公姑；四口舌；五盗窃；六妒嫉；七恶疾。虽有弃状而有三不去，一经持公姑之丧；二娶时贱后贵；三有所受无所归，即不得弃。其犯奸者（"其犯"以下四字，《元典章》作"其犯者奸也"），不用此律。（《元典章》卷十八《户部四·休弃》、《通制条格》卷四《户令·嫁娶》）
>
> 旧例，诸应争田产及财物者，妻之子各肆分，妾之子各叁分，奸良人、及幸婢子各壹分。（《通制条格》卷四《户令·亲属分财》）
>
> 旧例，应分家财，若因官，及随军，或妻所得财物，不在分分（下"分"字恐衍）之限。（同上）

---

[1] 关于《刑统赋解》中的律令是金律令这点，详见仁井田、牧野《故唐律疏議製作年代考》，第85页。

可见，以上所引旧例都是金泰和《户令》或以其为基础的内容。① 另外，虽未必与以上旧例完全一致，但弃妻以及分财的规定也存在于唐《户令》中。元于至元八年，停止行用金泰和律令，但并未颁行与唐宋及金的所谓律令形式相同的法典。即便如此，元法律的实质未必就与唐宋相异。《大元通制·条格》的篇目如下：②

> 一祭祀、二户令、三学令、四选举、五宫卫、六军防（"防"，原作"房"）、七仪制、八衣服、九公式、十禄令、十一仓库、十二厩牧、十三关市、十四捕亡、十五赏令、十六医药、十七田令、十八赋役、十九假宁、二十狱官、二十一杂令、二十二僧道、二十三营缮、二十四河防、二十五服制、二十六站赤、二十七榷货。

可见，与唐宋令有诸多一致点。而且正如安部学士所论，与金令亦有诸多共同点。③ 另外，关于金令中没有的站赤，笔者认为其应该是与宋《驿令》相对应的篇名吧。

明太祖在讨伐元的兵马倥偬之际，即吴元年（元至正二十七年）十月，任命左丞相李善长为律令总裁官，参知政事杨宪、傅瓛、御史中丞刘基、翰林学士陶安等二十人为议律官，共同撰定律令。至同年（1367 年）十二月撰成，翌年即洪武元年正月颁行。凡令一卷一百四十五条（律二百八十五条）。④ 正如洪武元年正月十八日圣旨所云"今所定律令，芟繁就简，使之归一，直言其事"，可见明令颇为简要，条数约为唐令的十分之一。其令的篇名如下：

---

① 关于《元典章》《通制条格》中的"旧例"，可参见仁井田、牧野《故唐律疏议制作年代考》，第 83、85 页。
② 参见《刑统赋疏》；安部学士《大元通制解说》，载《東方学報》京都第 1 册，第 253 页。
③ 关于金令与《大元通制》篇目的对照，可参见安部学士《大元通制解說》，第 263 页。
④ 参见《明史》卷一《太祖本纪》、卷九十三《刑法志》、卷一百二十七《李善长传》，《大学衍义补》卷一百零三。浅井氏：《支那に於ける法典编纂の沿革》，第 313 页；沈氏：《沈寄簃先生遗书·刑法考·律令五》，《律令九》；杨氏：《中国法律发达史》，第 748 页以下。

一吏令、二户令、三礼令、四兵令、五刑令、六工令。

《元典章》中可见上述内容，其与唐宋令颇异其趣。而且，正如浅井虎夫所论："时值创业之际，明令显系以元制为本，虽从中难以找出《元典章》的普通原则，但本令可给我们提供概括性的知识。"① 只是，我们难以断言明令是仅依元制而成，实际上，我们不能否定明令中存在着与唐宋令相同的规定。

余　言

本节想概括一下前节中未论及的诸问题。首先，一言以蔽之，令起源于汉代。但若要探寻唐令内容的渊源，则可往上追溯到先秦。唐《祠令》中所见的上帝之祀由来已久，自不待言。在此先引《诗经》的一段文字以供参考：

> 卬盛于豆，于豆于登，其香始升，上帝居歆，胡臭亶时，后稷肇祀，庶无罪悔，以迄于今。（《大雅·生民》）

再有，在唐《衣服令》中，有作为御史之冠的法冠，又名獬豸冠。法令条文对此描述为"以铁为柱，其上施珠两枚，为獬豸之形"，或"一角为獬豸之形"。②《后汉书·舆服志》记为，獬豸（与廌同）是神羊，能辨明曲直，故楚王依其外形制作法冠。一般说来，法的古文是灋。③ 据《积古斋钟鼎款识》，周代型金文能列举（一）（二）等如下：④

（一）　　（二）　　（以上并师酉敦）　　（三）　　（两诏权）——缺金文

---

① 参见浅井氏《支那に於ける法典編纂の沿革》，第 316 页。
② 参见原田学士《支那唐代の服飾》，载《東京帝國大學文學部紀要》第四，第 40 页。
③ 关于该古文，具体可参见后藤学士《支那古代に於ける法制經濟關係文字の解剖》，《國家學会雜誌》第 27 卷第 12 号，第 30 页以下。
④ 参见《积古斋钟鼎彝器款识》卷六。周敦将前述金文读作"废"，但无疑是法的古文。

还有，作为秦代的文字，在考古学者也认可的秦权中，亦存在该古文（三）。① 故该古文的制作年代显然应在先秦。《说文》解释"灋"为"刑也，平之如水，从水，廌所以触不直者去之，从廌去"，把"廌"解释为"兽也，似山羊一角，古者决讼，令触不直者，从矛省"。《论衡》则解释"廌"为"一角羊也，性识有罪。皋陶治狱，有罪者，令羊触之"。这或许表明，在古文"灋"出现前，是依据所谓的"廌"进行神判的。② 并且，它也构为古文"灋"的组成部分，作为后世御史的象征而加于其冠上。另外，在《仪制令》上载有"太阳亏，……其日置五鼓五兵于大社，……月蚀奏击鼓于所司救之"，而《春秋·庄公二十五年》条则可见到"六月辛未朔日有食之，鼓用牲于社"的记载。（还可参看《谷梁传》）

此外，唐令与古代经典特别是与《周礼》有着很深的联系。与前述《仪制令》同样的制度，可见于《地官·鼓人》、《夏官·大仆》、《秋官·庭氏》等。另外，例如《旧唐书·职官志》正三品条载有：

> 吏部尚书……户部、礼部、兵部、刑部、工部尚书。（《武德令》，礼部次吏部，兵部次之，民部次之。贞观年，以民部次礼部，兵部次之。则天初，又改以户部次吏部，礼部次之，兵部次之。）

又，《唐会要》卷五十七《尚书省分行次第》载有：

> 《武德令》，吏礼兵民刑工等部；《贞观令》，吏礼民兵刑工等部；光宅元年九月五日，改为六官，准《周礼》分，即今之次第乃是也。

可见，六官及其顺序受到《周礼》的影响，这点自不待言。唐《狱官令》的"诸察狱之官，先备五听，又验诸证信，……"（《唐律疏议》卷二十九、《通典》卷一百六十八等）与其相当的文字也可以在北魏《狱官令》中看到，即"谨案《狱官令》，诸察狱，先备五听之理，尽求情之

---

① 参见《秦金文存》卷一"两诏权"。另外，在二十六年诏权等也可以看到同样的古文。
② 关于亚洲神判的详细情况，参见中田博士《古代亞細亞诸邦に行われたる神判》，《法學協會雜誌》第22卷第3号；或《古代亞細亞に行われたる神判補考》，《法學協會雜誌》第25卷第9号、第10号。

意……"（《魏书》卷一百十一《刑罚志》）。再往上追溯的话，则与《周礼·小司寇》的记载相照应：

> 以五声听狱讼，求民情。一曰辞听；二曰色听；三曰气听；四曰耳听；五曰目听。

特别是《唐六典》卷六"五听"注曰"一曰辞听……"（与《周礼》同文）。

唐令还与礼即贞观、显庆、开元礼（隋令与隋五礼，宋令与开宝通礼、政和礼等）有很深的联系。在上述礼中也有相当于祠、仪制、衣服、卤簿、假宁、丧葬各令的规定。但由于礼和令相矛盾，当时经常引起纷争，故不乏依令修礼，或不改礼而修令的资料。

最后，为了方便起见，暂先把隋、唐、宋、金各令以及元《通制条格》的篇名列出来。只是，由于浅井氏在其所著《支那に於ける法典编纂の沿革》一书中，已对晋令以下至唐的诸令进行列表说明，故在此将隋以前的诸令略去。但因笔者对唐令的观点与浅井氏有较大出入，故决定对该部分重加列表。此外，为了参考起见，也将日本令附载于后。

隋开皇令、唐开元七年令、金泰和令、大元通制的条格，均依据《隋书》、《唐六典》、《金史》以及《刑统赋疏》的记载。带有＊号的是从保存于诸资料中蒐录的，其中也有应加以补充说明之处。

《新唐书·选举志》中的唐令

　　《新唐书》的各志的记载对唐令复原十分有益，这一点笔者在别的论文里已作论述。但该论文主要是针对刑法志，① 对于其他"志"却未能作充分论述，所以，下面就《选举志》中的唐令复原史料②进行分析。

　　《选举令》分为上、下两个部分，上篇学校和贡举，下篇铨选，分别记述了唐代的制度变迁。虽然上下篇记载制度都是以唐令为基础，按理说对上下篇都需要进行分析，但上篇特别注有"其教人取士著于令者，大略如此"，注明是依据唐令作的制度记载。故此，本文仅就注明依据唐令《选举令》的上篇的制度作为探讨的对象。

（一）内容概述

　　作为分析对象的制度，记载在《选举志》上篇开头的总序与后半部分制度变革的中间，共列记了30条左右的规定。表1就这些规定与《唐令拾遗》的复原唐令以及日本养老令的条文作了比较。本文拟在表1的基础上进行分析。

　　《选举志》记载的制度大体可以一分为二，前半部分序号1至16是学校制度；后半部分17至30是有关贡举制度。这也正对应了《选举志》"教人"、"取士"相关令文之大略这一说法。以上这些规定在复原唐令和养老令中大都有对应条文，因此可以确定是唐令的规定。③

---

① 榎本淳一：《律令贱民制的构造和特质附有关〈新唐书〉刑法志中的贞观的刑狱记事》，收入池田温编《中国礼法与日本律令制》，东方书店，1992。

② 《律令贱民制的构造和特质附有关〈新唐书〉刑法志中的贞观的刑狱记事》中指出《选举志》、《百官志》中共有7条唐令取意文的存在，粗略地认为其年代是《开元七年令》或者《开元二十五年令》。

③ 关于《新唐书》编者是以什么样的唐令史料为依据，在下面令的年代考中将阐述本文的见解，由于出现了许多其他的唐代史料中未见的规定，至少不是从《唐六典》等编纂书籍中转引的，可能利用了独有的史料。《新唐书》的其他志的记载的制度不一定是以唐令为根据，因此编者没有必要对唐令作特别说明，本志特别地提到"著于令者，大略如此"，所以更值得信赖。作者是直接采用了某唐令的文本。

表 1

	《新唐书·选举志上》记载的法制	唐令拾遗	日本养老令	备考
1	凡学六，皆隶于国子监：国子学，生三百人，以文武三品以上子孙若从二品以上曾孙及勋官二品、县公、京官四品带三品勋封之子为之。太学，生五百人，以五品以上子孙、职事官五品期亲若三品曾孙及勋官三品以上有封之子为之。四门学，生千三百人，其五百人以勋官三品以上无封、四品有封及文武七品以上子为之。八百人以庶人之俊异者为之。律学，生五十人，书学，生三十人，算学，生三十人，以八品以下子及庶人之通其学者为之。			
2	京都学生八十人，大都督、中都督府、上州各六十人，下都督府、中州各五十人，下州四十人，京县五十人，上县四十人，中县、中下县各三十五人，下县二十人。		学2	1~4 的规定可能集中为一条
3	国子监生，尚书省补，祭酒统焉。		学2	
4	州县学生，州县长官补，长史主焉。			
5	凡馆二。门下省有弘文馆，生三十人；东宫有崇文馆，生二十人。以皇缌麻以上亲，皇太后、皇后大功以上亲，宰相及散官一品、功臣身食实封者、京官职事从三品、中书黄门侍郎之子为之。		学2	开元二十一年五月敕（《唐会要》卷三五，《唐摭言》卷一）
6	凡博士、助教，分经授诸生，未终经者无易业。	学八		同上
7	凡生，限年十四以上，十九以下；律学十八以上，二十五以下。	学九		

《新唐书·选举志上》记载的法制	唐令拾遗	日本养老令	备考
8	凡《礼记》、《春秋左氏传》为大经，《诗》、《周礼》、《仪礼》为中经，《易》、《尚书》、《春秋公羊传》、《谷梁传》为小经。通二经者，大经、小经各一，若中经二。通三经者，大经、中经、小经各一。通五经者，大经皆通，余经各一，《孝经》、《论语》皆兼通之。	学七	学2	
9	凡治《孝经》、《论语》共限一岁，《尚书》、《公羊传》、《谷梁传》各一岁半，《易》、《诗》、《周礼》、《仪礼》各二岁，《礼记》、《左氏传》各三岁。学书，日纸一幅，间习时务策，读《国语》、《说文》、《字林》、《三苍》、《尔雅》。	学七	学7	复原唐学令第七条是取意句，按原内容可分为四条
10	凡书学，石经三体限三岁，《说文》二岁，《字林》一岁。	学七		
11	凡算学，《孙子》、《五曹》共限一岁，《九章》、《海岛》共三岁，《张丘建》、《夏侯阳》各一岁，《周髀》、《五经算》共一岁，《缀术》四岁，《缉古》三岁，《记遗》、《三等数》皆兼习之。	学七		
12	旬给假一日。前假，博士考试，读者千言试一帖，帖三言，讲者二千言问大义一条，总三条通二为第，不及者有罚。岁终，通一年之业，口问大义十条，通八为上，六为中，五为下。并三下与在学九岁，律生六岁不堪贡者罢归。	学六	学8	
13	诸学生通二经、俊士通三经已及第而愿留者，四门学生补太学，太学生补国子学。	学十	学11	

	《新唐书·选举志上》记载的法制	唐令拾遗	日本养老令	备考
14	每岁五月有田假，九月有授衣假，二百里外给程。		学20	
15	其不帅教及岁中违程满三十日，事故百日，缘亲病二百日，皆罢归。	学十一	学18	
16	既罢，条其状下之属所，五品以上子孙送兵部，准荫配色。		学21	
17	每岁仲冬，州、县、馆、监举其成者送之尚书省；而举选不繇馆、学者，谓之乡贡，皆怀牒自列于州、县。试已，长吏以乡饮酒礼，会属僚，设宾主，陈俎豆，备管弦，牲用少牢，歌《鹿鸣》之诗，因与耆艾叙长少焉。	选举二十	考课75	《册府元龟》卷六三九贡举部，条制1。《通典》卷一五选举3，历代制下
18	既至省，皆疏名列到，结款通保及所居，始由户部集阅，而关于考功员外郎试之。		考课75	《册府元龟》卷六三九贡举部，条制1。《通典》卷一五选举3，历代制下
19	凡秀才，试方略策五道，以文理通粗为上上、上中、上下、中上，凡四等为及第。	考课四九	考课70	
20	凡明经，先帖文，然后口试，经问大义十条，答时务策三道，亦为四等。			开元二十五年敕（《唐六典》卷四礼部尚书）
21	凡《开元礼》，通大义百条、策三道者，超资与官；义通七十、策通二者，及第。散、试官能通者，依正员。			贞元二年六月11日敕（《唐会要》卷七六，《通典》卷一五选举3等）
22	凡三传科，《左氏传》问大义五十条，《公羊》、《谷梁传》三十条，策皆三道，义通七以上、策通二以上为第，白身视五经，有出身及前资官视学究一经。			长庆二年二月谏议大夫殷侑（《册府元龟》卷六四〇贡举部，《唐会要》卷七六等）
23	凡史科，每史问大义百条、策三道，义通七、策通二以上为第。能通一史者，白身视五经、三传，有出身及前资官视学究一经；三史皆通者，奖擢之。		考课71	同上

续表

	《新唐书·选举志上》记载的法制	唐令拾遗	日本养老令	备考
24	凡童子科，十岁以下能通一经及《孝经》、《论语》，卷诵文十，通者予官；通七，予出身。	考课五一		大历三年四月25日敕（《唐会要》卷七六等）
25	凡进士，试时务策五道、帖一大经，经、策全通为甲第；策通四、帖过四以上为乙第。	考课五二	考课72	开元二十五年（敕？）（《唐六典》卷四礼部尚书）
26	凡明法，试律七条、令三条，全通为甲第，通八为乙第。	学十一	考课73	
27	凡书学，先口试，通，乃墨试《说文》、《字林》二十条，通十八为第。	学十一	学15	
28	凡算学，录大义本条为问答，明数造术，详明术理，然后为通。试《九章》三条、《海岛》《孙子》《五曹》《张丘建》《夏侯阳》《周髀》《五经算》各一条，十通六，《记遗》、《三等数》帖读十得九，为第。试《缀术》、《辑古》，录大义为问答者，明数造术，详明术理，无注者合数造术，不失义理，然后为通。《缀术》七条、《辑古》三条，十通六，《记遗》、《三等数》帖读十得九，为第。落经者，虽通六，不第。		学15	27、28，在唐令中应该属于考课令。另外，复原唐学令十一条规定是取意文可以分为两条
29	凡弘文、崇文生，试一大经、一小经，或二中经，或《史记》、《前后汉书》、《三国志》各一，或时务策五道。经史皆试策十道。经通六，史及时务策通三，皆帖《孝经》、《论语》共十条通六，为第。	学附录		《唐六典》卷二吏部尚书，卷四礼部尚书
30	凡贡举非其人者、废举者、校试不以实者，皆有罚。			与《唐律疏议》卷九，2贡举非其人条对应
	其教人取士著于令者，大略如此。			

注：①《唐令拾遗》一栏是仁井田陞《唐令拾遗》（东方文化学院，1933。后1964、1983年东京大学出版社再版）的复原唐令的篇目和条文序号。篇目名下标有下划线的是复原史料的唐令逸文的篇名。

②日本养老令一栏是井上光贞等著《律令》（岩波书店，1976）的养老令篇目和序号。

③《唐律疏议》的条文序号是根据律令研究会编《译注日本律令》二·三（律本文篇）（东京堂出版，1975）。

从规定来看，1~5 条应该就是唐令原文，而 14~16 条显然是对原文进行了较大省略的节略文、取意文，总体来看，存在性质不均的现象。即便如此，对应日本令，明显出自唐令的是 1~4、7、14、16 条，而且是《唐令拾遗》未收录在内。① 另外还有复原唐令中没有的第 13 条、第 15 条规定，这对唐令复原整理有着极为重要的意义。但是要用以上诸规定来复原唐令的话，就必须先理清楚史料的性质。下面就简单地谈谈新唐书依据的唐令的年代和篇目。

（二）令的年代

首先是《新唐书》编者作为依据的唐令的年代问题。首先，需要关注的是 21~24 条。21 条是关于开元礼举的规定，表备考栏有备注，是贞元二年（786 年）六月十一日敕规定的。② 22、23 条的三传科、史科的规定，是长庆二年（822 年）二月谏议大夫殷侑上奏的敕许。③ 还有 24 条的

---

① 关于 3、4 条的规定，坂上康俊认为开元二十一年五月敕（《唐会要》卷三五，《唐摭言》卷一所收）中有"国子监所管学生，尚书省补，州县学生，州县长间补。州县学生，取郭下县县人替"的规定是开元二十五年学令的逸文。收入池田温《有关〈唐令拾遗补〉编纂》，唐代史研究会编《律令制——中国朝鲜的法与国家》，汲古书院，1986。不过，该志 3、4 条的规定和坂上氏指出的逸文在细微处存在差异，可以互补参照。

② 《唐会要》卷七十六《开元礼举》"贞元二年六月十一日敕"："开元礼，国家盛典，列圣增修。今则不列学，藏在书府，使效官者昧于郊庙之仪，治家者不达冠婚之义。移风固本，合正其源。自今已后，其诸色举人中。有能习开元礼者，举人同一经例，选人不限选数许习。但问大义一百条，试策三道，全通者超资与官，义通七十条，策通两道已上者，放及第。已下不在放限。其有散官能通者，亦依正官例处分。"

③ 《唐会要》卷七十六《三传（三史附）》："长庆二年二月，谏议大夫殷侑奏。谨按春秋二百四十二年行事，王道之正，人伦之纪备矣。故先师仲尼志在春秋，历代立学，莫不崇尚其教，伏以左传卷轴文字，比礼记多校一倍。公羊谷梁，与尚书周易多校五倍。是以国朝旧制，明经授散，若大经中能习一传，即放冬集，然明经为传学者，犹十不一二。今明经一例冬集，人之常情，趋少就易，三传无复学者。伏恐周公之微旨，仲尼之新意，史官之旧章，将坠于地，伏请置三传科，以劝学者。左传问大义五十条，公羊谷梁各问大义三十条，策三道。义通七以上，策通二以上，与及第，其自身应者，请同五经例处分，其先有出身及前资官应者，请准学究一经例处分。又奏。历代史书，皆记当时善恶，系以褒贬，垂裕劝戒。其司马迁史记，班固范煜两汉书，音义详明，惩恶劝善，亚于六经，堪为世教。伏惟国朝故事，国子学有文史直者，宏文馆宏文生，并试以史记两汉书三国志，又有一史科。近日以来，史学都废，至于有身处班列，朝廷旧章，昧而莫知。况乎前代之载，焉能知之。伏请置前件史科。每史问大义一百条，（转下页注）

童子科自唐初就已存在，① 这条规定本身来源于大历三年（768 年）四月二十五日的敕。② 也就是说，该《选举志》的制度显然包含了开元二十五年（737 年）令以后的改制。虽然这对《选举志》以外的其他志所记载的制度不能一概而论，但至少《百官志》中是符合这一特征的。下面就以《百官志》为例来进行说明。

《百官志》记载的官制依据了官品令、职员令等，显然包含了开元二十五年令以后的改制。例如，门下侍中和中书令的官品是正二品，这是大历二年（767 年）改制。③ 还有门下侍郎，中书侍郎正三品的官品也是根据同年九月的敕升格。这些改制，根据的是仁井田陞氏论述过的建中年间（780～783 年）进行的令的删定。④ 御史大夫的正三品，同中丞的正四品下的官员改制，是建中删定令，还包括了颁布年月不明的《颁行新定律令格式敕》［仁井田陞认为是从天宝四年（745 年）七月到贞元八年（792 年）十一月颁布］以后的内容。御史大夫、中丞的官品改制，是根据如下所示的会昌二年（842 考）十二月的敕。

    A 会昌二年十二月敕。大夫，秦为正卿，汉为副相，汉末改为大司空，与丞相俱为三公。掌邦国刑宪，肃正朝廷。其任既重，品秩宜峻。准六尚书例，升为正三品，著之于令。（《旧唐书》卷四十四《职官志》"御史台条"）

    B 会昌二年十二月敕。中丞为大夫之二，缘大夫秩崇，官不常置，中丞为宪台长。今九寺少卿及诸少监，国子司业，京兆少尹，并

（接上页注③）第三道，义通七，策通二以上，为及第。能通一史者，请同五经三传例处分。其有出身及前资官应者，请同学究一经例处分。有出身及前资官，优稍与处分。其三史皆通者，请录奏闻，特加奖擢。仍请颁下两都国子监，任生徒习读。敕旨。宜依仍付所司。"

① 《玉海》卷一百十五《选举》"唐童子科"。另参见刘伯骥《贡举考试制度》，载《唐代政教史》，台湾中华书局，1973。

② 《唐会要》卷七十六《童子》"大历三年四月二十五日敕"："童子举人，取十岁以下者，习一经兼论语、孝经，每卷诵文十科全通者，与出身。仍每年冬本贯申送礼部，同明经举人例孝试，讫闻奏。"

③ 《旧唐书》卷四十三《职官志》，中华书局，1975，"门下省条"、"中书省条"。

④ 仁井田陞：《唐令的历史研究》（注③，《唐令拾遗》所收）。亦可参见池田温《唐令》，收入滋贺秀三编《中国法制史：基本资料的研究》，东京大学出版社，1993。

府寺省监之二，皆为四品，唯中丞官重，品秩未崇，可升为正四品下，与丞郎出入迭用，著之于令。（同上）

A、B 有可能是同一敕，但并不确定。① 值得注意的是它们都有"著之于令"② 的用语。"著之于令"也有写作"著令"或"著於（于）令"，③ 这是制定新令或修改现令的诏敕类里常见的语句，大概就同要求在现行的令文本中抄录新制或者改制的令条文。④ 如果这个判断准确的话，那么即便政府不直接进行令条删定，只要在新制制定和改制时要求"著令"，那么官府或个人都会对其各自所有的令文本做相应的修改。只是，如果是各自修改的话，总体上来讲，肯定会又不一样，事实上百官制和选举制记载的制度存在前后不一致的情况。

C 七学生不率教者，举而免之。（《新唐书》卷四十八《百官志》"国子监条"）

这条规定与复原唐学令十二条相当，在复原的开元七年令里"六学生"改成了"七学生"。这项修改是根据天宝九年（750 年）国子监下新设弘文馆、原先国子学、太学、四门馆、律学、书学、算学七学。⑤ 可是，在同百官志的国子监条，还有该《选举志》的规定里却仍是"六学"。如果是令本身的删定或是《新唐书》编纂时修改，那肯定会充分考虑到前后的整合性，⑥ 这样前后差异，显然只能是刚才推测的那样，是各自单独修改造成的。

---

① 《唐会要》卷六十《御史大夫》"御史中丞"所收的该记事中，不能确定是否为同一敕。
② 《唐会要》卷六十《御史大夫》所收的会昌二年十二月的牛僧孺等的奏章："著于典章，永为定制。"
③ 对于"著令"，笔者参考了丸山裕美子氏的报告。丸山裕美子："围绕令的继受——假宁令第一条的周边"，第八十九届史学会大会，1991 年 11 月于东京大学。另外，报告的摘要刊登在大会当日的日程表《史学杂志》第一百十二号，1991 年 12 月。
④ 作为参考，虽然不是令却有律的例子，在"职制·户婚·厩库律残卷"中户婚律里出现的订正的内容。
⑤ 参照《玉海》卷一一二《学校下》"唐六学"。
⑥ 消除由改制、新制导致的各规定间的不统一，谋求令全体的整合性也是令删定的目的之一。

那么，问题是《选举志》21～24 条的各项规定，是否也能认为是官府或个人对其所有令文本做的修改呢？但是，由于颁布这些规定的法令里没有"著令"的语句，所以，就其是不是令文也值得怀疑。《新唐书》编者将其作为令文是因为虽然这些规定被添注在令文本里，但不能保证这些添注全部都是令文。但是，唐令颁布新制、改制时是否都有"著令"的语句这一点并不明确，另外，丸山裕美子介绍的郑余庆《大唐新定吉凶书仪》中的假宁令〔丸山把它作为元和七年（812 年）间的令文进行了复原〕中也有改制法令中不能确认"著令"语句的令文，① 因此，实际上，即使没有要求"著令"，也有不通过删定而是通过添注的方式对令进行新制、改制。另外，还有可能是现存史料无法确认的长庆以后删定的令文。总之，21～24 条是令文的可能性也很大。但是，由于现阶段没有其他有力的旁证，所以仅作为复原的参考史料，暂不作为令文复原。

根据以上分析，《新唐书》选举志、百官志记载的制度，是依据了开元二十五年到至少长庆二年间改制的唐令文本。② 从"六学"的用语推测，没有经历天宝九载后删定的可能性很大。③ 也就是说，该文本的基础是开元二十五年令，那些没有受其后改制影响的令文可以认为就是开元二十五年的令文。顺带补充一下，20、25 条就如表格备考栏注明的那样，与开元二十五年令实施时颁布的同年的敕的内容一致。④

问题是 18 条的规定，由于贡举的职掌在开元二十四年（736 年）从吏部转到礼部，⑤ 此处的考功员外郎举试未免会有问题。但是，制度改了

① 丸山裕美子："假宁令与节日——古代社会的习俗与文化"，收入池田温编《中国礼法与日本律令制》，东方书店，1992。另外，要求变更令文的法令在本论文注〔6〕、〔7〕中也有提及，这些法令里没有提到"著令"。

② 这种情况下，文本不仅包括写本，也有必要包括被写在官府墙壁上的内容。官府墙壁上抄录律令格式的情况，参照《唐会要》卷三十九定格式。顺带说一下，宋代的书目类里著录有《唐令三十卷》，关于编者的记录的仅有《直斋书录解题》，从有"宋环，苏通，卢从愿等所删定"推断是开元七年令。包括对《直斋书录解题》的记述的正确与否的探讨，以及宋代残存的唐令文本的状况和具体的形态，作为今后的研究课题。

③ 考虑到注令删定的作用，从"六学"与"七学"不统一说明没有进行令的删定。

④ 《唐六典》卷四"礼部尚书侍郎条"所收的"开元二十五年敕"、《通典》卷十五《选举三》所收"开元二十五年二月制"、《册府元龟》卷六三九《贡举部·条制一》所收的"开元二十五年正月诏"。

⑤ 七野敏光：《关于唐开元二十四年礼部贡举》，载《关西大学法学论集》第三十六卷第二号，1986 年 6 月。

并不一定马上就着手修改令文，这一点仁井田陞也已经证明过，所以这不能成为该规定不是开元二十五年令的积极证据。或许这项改制是通过格来规定的，并未修改令文本身。

（三）令的篇目

汤浅幸孙氏认为唐令不存在学令的篇目，学令类的规定包含在选举令中，其根据就是选举志的记述。① 按照该学说，选举志中的令条全是选举令的规定。这一错误观点早已遭到古畑徹先生有力的批驳。② 至少作为该记载依据的开元二十五年令，就如仁井田陞先生所言，确切存在学令的篇目。即便对照日本养老令，1～16 条有关学校的规定也应是学令。

17、18 条是有关贡举的程序性规定，17 条规定的一部分与复原唐选举令 20 条对应，应该属于选举令，但可能是复数条文合并归纳的取意文。18 条规定了举试的负责人，与日本令考课令对应，因此属于考课令。

19～29 条是各个举试科目的规定，其中 19 条秀才、20 条明经、25 条进士、26 条明法、27 条书学、28 条算学，分别是贡举的六科。③ 另外 29 条规定，弘文、崇文生随明经、进士例，④ 因此这些规定是在同一篇目。顺便补充一下，21～24 条是不是令文暂且不提，既然都是举试的规定，理应也在同一篇目。19、25 条对应的显然是复原唐令的考课令，⑤ 那么 19 条、20 条、25～29 条也应是考课令。与 27 条书学、28 条算学对应的日本令规定在学令中，但日本与唐朝的制度不同，书、算学

---

① 汤浅幸孙：《唐令与养老令》，载《中国—社会与文化》第六号，1991 年 6 月。

② 古畑徹：《1991 年的历史学界—回顾与展望—东亚·隋唐》，载《史学杂志》第百一编第五号，1992 年 5 月。

③ 《唐六典》卷二《尚书吏部》"考功员外郎条"、《唐六典》卷四《尚书礼部》"礼部侍郎条"。

④ 《唐六典》卷二《尚书吏部》"考功员外郎条"："其弘文，崇文生各依其所习业随明经、进士例。"

⑤ 复旧史料之一的《白氏六贴事类集》卷十二明确记载了"考课令，进士试时务策五条……"和篇目名称。

并不作为贡举的对象，① 这些考试规定不属于举试，被改为仅具有学校内判定成绩的性质。②《唐令拾遗》把 27、28 条相应的唐令复原为学令，这显然是错误的。

最后的 30 条是贡举的惩罚制度，与唐职制律"贡举非其人"条对应。③ 其内容涉及选举令与考课令，从官吏犯罪的立场来看，是关于官吏考课的规定，很有可能属于考课令。或者作为一系列令规定的总结，是职制律第 2 条的取意文。但在现阶段还很难判断。

通过以上对诸规定的篇目的大致分析，可以发现《新唐书》编者是按照学令、选举令、考课令的篇目顺序摘录令文，④ 也正因为如此引用了唐令的令文，才注明"著于令者，大略如此"。

结　论

以上只是极其粗略的分析，论述了《新唐书》选举志上篇的制度记事可以作为唐令复原的史料，摘录的是开元二十五年令原文为蓝本，并加入了其后的改制，此外还论述了该记载是摘录了学令、选举令、考课令中的相关条文。

就此，1 ~ 16 条学令，18 ~ 20 条，25 ~ 29 条考课令可以作为开元二十五年令的复原条文。只是其中的 12 条、19 条、25 条已经被复原，所以作为复原史料的增补。另外 1 ~ 4 条所对应的日本令是作为一条，因此有整合在一条的可能性。但是，日本令包含了第 7 条规定，所以也有另一种日本令是将唐令的数条合并在一起的可能，因此暂且按照现状分

---

① 《养老令·叙令二十九》"秀才进士条"："凡秀才，取博学高才者。明经、取学通二经以上者。进士，取明经闲时务，并读文选、尔雅者。明法，取通达律令者。皆须方正清循，名行相副。"

② 《律令》（参照表凡例 2）的《学令十五》"书学生条"的头注："书、算生的成绩判定相关规定。"

③ "诸贡举非其人，及应贡举而不贡举者，一人徒一年。二人加一等。罪止徒三年。若考校课试，而不以实，及选官乖于举状，以故不称职者，减一等。失者，各减三等，承言不觉，又减一等。知而听行，与同罪。"（本注、疏议省略）引用的唐律以及条文序号请参照凡例 3。

④ 《新唐书》编者利用唐令文本本身就有是令文摘录的可能。另外关于选举志规定的配列顺序是不是唐令本来的条文顺序，留作今后的研究课题。

别作为 1～4 条复原。

序号 17 的条文，如前文所述是数条内容的概述的取意文，和《唐令拾遗》一样仅把它作为选举令的参考史料，由于 21～24 条、30 条属于考课令的可能性很大，作为增补的参考史料留作日后进一步的研究。

永徽二年东宫诸府《职员令》的复原

——以大英图书馆藏同职员令残卷（S——四四六）的发现为契机

笔者于 1981 年 1 月调查大英图书馆所藏敦煌文献（抄本、文书类）时，从迄今仍未完成修补整理的未整理文献中，发现了被视为现存中国最古老令文的永徽二年（651 年）东宫诸府《职员令》中的一部分的两张小残卷，被贴合在厚纸的纸片中（高 20.5 厘米，宽约 3.5 厘米）。在笔者的要求下，这些残卷被全权担负敦煌文献的阅览、修补整理、管理之责的中国资料室主任霍华德·尼尔森（Howard Nelson）迅速贴上 S——四四六的新文献编号。

新发现的该《职员令》残卷，特别是 1981 年 6 月 6 日，笔者在面向本校历史学科教员、学生的归国报告会中，以及同年 7 月 18 日的东洋文库内陆亚洲出土古文献研究会中，都做了简单的说明。本文是以这两个报告会中的发言为基础做成的。

（一）永徽二年《职员令》复原的经过

关于敦煌出土的永徽二年《职员令》，最早是由狩野直喜于 1913 年在伦敦手抄的一部分二十八行（由于当时处于未整理的状态，还未被编上 S——八八〇的编号），经王国维于 1919 年 7 月作为《唐写本残职官书跋》（收入《观堂集林》及《敦煌石室碎金》），再经罗振玉于 1925 年题写为《残职官书》（收入《敦煌石室碎金》）向世人介绍。以此为契机，关于该《职员令》的诸论考，依次由泷川政次郎（1929 年、1930 年）、内藤乾吉（1930 年）、仁井田陞（1933 年、1936 年）陆续发表。[①] 与此同时，完成

---

① 泷川政次郎：《关于西域出土的唐职员令残卷》，《法学协会杂志》47—1（1929 年），同杂志 48—6（1930 年）；泷川政次郎：《律令之研究》，1931，第 273～301 页所收。内藤乾吉：《唐之三省》，《史林》15—4，1930。仁井田陞：《唐令拾遗》，1933，第 77～81页；仁井田陞：《斯坦因探险队在敦煌发现数种法律史料》，《国家学会杂志》50—6，1936，第 97 页以下，后收入仁井田陞《中国法制史研究（法与习惯·法与道德）》，1964，第 229～231 页。

了在巴黎主要从事的调查、移录、收集伯希和带来的敦煌文献工作而归国的那波利贞，在伯希和文书中发现由五片残卷所组成的《职员令》（P四六三四），其详细研究发表于1936年至1937年。① 而且，这些残卷的第五残卷所记载的14人的官职姓名，与《文苑英华》卷四六四所收《详定刑名制》中所记载的永徽二年律令格式的编纂者完全一致，由此证明伯希和文书中的该五片残卷是永徽二年《职员令》这一事实。在此基础上，当时日本的前述三位学者研究判断伦敦的《职员令》，同时，也应是一系列《职员令》的划时代的论文已公之于众。

上文所述的该《职员令》，不仅作为中国和东亚现存的最古老的令文残卷，而且也作为日本大宝令的蓝本，为中日比较法制史研究者瞩目，已是众所周知的事实。此后，1954年在由大英博物馆所管理的敦煌文献当中，已经完成修补整理的所有文献的微缩胶卷，在榎一雄的尽力帮助下，以及由India Office Library所收藏的斯坦因带来的非汉文文献的所有微缩胶卷，在同时期的山本达郎的斡旋下，都被东洋文库收入囊中。在此基础上，就在最近（1980年），巴黎国立图书馆所藏的由伯希和带来的敦煌文献的全部微缩胶卷也被上述文库收藏。值此之故，现在的敦煌文献告别了由特殊专家研究个别文献的时代，迎来了由不同领域的人们共同将全部文献进行多角度且综合性研究的时代。与此同时，上述《职员令》残卷的外形复原工作也取得了飞跃式进展。下文将概括介绍迄今为止的《职员令》残卷的复原过程。

话说中国法制史研究领域的权威、已故的仁井田陞，最早对东洋文库收藏的斯坦因敦煌文献的微缩胶卷进行了研究，确认此前经由狩野直喜介绍的二八行的《职员令》，实际上是三二行的残卷的事实，这些残卷在狩野直喜调查后被编为Ｓ一八八○Ａ的编号，但此后又判明了有后续残卷二九行（Ｓ一八八○Ｂ）的存在，以及这些残卷还有后续Ｓ三三七五的残卷二九行的存在的事实。② 还有，仁井田陞注意到在Ｓ一八八○Ｂ以及Ｓ三三七五写有令文的纸面上，多处存有别的令文纸文字反渍粘附的现象（即

---

① 那波利贞：《唐钞本唐令之一遗文（一）—（四）》，《史林》20—3、4（1935年），21—3、4（1936年）。

② 仁井田陞：《斯坦因在敦煌发现唐职员令之一残卷》，《中国法制史研究（法与习惯·法与道德）》第十四章，1964，第229~233页。同氏：《永徽职员令残卷》，同上书，第一章第三节，第272~275页。

反书文字）。将这些文字复原为常体后，发现 S 一八八〇 B 的令文面的首部和 S 三三七五的令文面的尾部是重合的，证明这两张纸原本是贴合在一起的。再有，依据笔者的推断，斯坦因将诸文献带回伦敦的时候，S 一八八〇 A 的令文面在上面，在它下面的 S 一八八〇 B 的残卷，由于顺便粘附着 S 三三七五残卷，在狩野直喜最初调查的时候，最上段的令文残卷以外的部分，处于无法阅读的状态。

仁井田陞还查明，在 S 三三七五残卷的卷末第四行所写的"令卷第六（东宫诸□）"代表令的卷数和篇次、篇名，其下一行写着：

永徽二年闰九月十四日〇〇大夫刑部郎中上柱国判删定臣贾敏行

对其中所记载的"永徽二年闰九月十四日"，是令的删定（编纂）撰上（施行）的年月日，对于该年月日和删定官刑部郎中贾敏行，那波利贞指出在永徽律令删定之诏（前记《文苑英华》卷四六四）中可以看到同样的记载，因此，正如那波氏曾做出的推论，斯坦因文献中的《职员令》残卷与伯希和文献中的《职员令》残卷均为永徽二年所撰上之事实得以确认。[①] 并且，在 S 三三七五残卷之后，与那波氏所介绍的写有 14 名永徽令编纂者的官职、姓名的编号 P 四六三四的第五残卷有关联的事实也得到证明。

基于以上的事实，将永徽二年《职员令》复原成原样所需要的材料都已经齐全，接下去应着手的工作，是查明斯坦因文献与伯希和文献中各自的这些残卷存在怎样的前后关系以及接续状态，或者两个残卷不能直接接续的话，其间还存在多大纸幅（行数）的欠缺，等等。满足这一期待的成果，近年已在由池田温、冈野诚两氏合著的《敦煌·吐鲁番发现的唐代法制文献》（《法制史研究》二七、一九七八年）中发表。这个论考是对现在国内外我们能够知道的敦煌以及吐鲁番出土的唐代法制关系文献的逐一详细介绍，并概述了约 70 年间的研究史。随后对各法制文献的照片、录文、校勘之处，甚至其外形特征等事项逐一概述，还追补了未公开发表的新资料。对于已经介绍过的先行介绍资料，则补足应当增加的资料。特别是关于永徽二年《职员令》残卷，由于使用了东洋文库近年收藏的伯希和版本的照片，

────────────

① 仁井田陞：《法与习惯·法与道德》，1964，第 277～278 页。

而做出了划时代的残卷整理及其复原。并且，两氏通过其他敦煌版本（北京版本、斯坦因版本、伯希和版本等），几近复原了在该《职员令》纸张背面所写的"二入四行论"（收集禅宗始祖达摩禅师语录的最早文献）的教科书。[①] 由此推算出该《职员令》纸背所写的四行论的欠缺部分的字数和行数。此外，还以四行论和（与其存在表里关系的）《职员令》的行数的平均比例为基准，通过推算《职员令》欠缺部分的行数的方式，明确了残存至今的《职员令》诸残卷之间的前后接续关系。接下来，两氏将现存《职员令》和四行论之间的表里关系进行了详细图解，其中明确了以下事项：纸缝、一张纸的行数、《职员令》的小项目、欠缺《职员令》的行数和记载项目，以及四行论的科段等。这些问题的解决，对今后《职员令》的复原和研究具有非常重要的参考意义。事实上，以这些成果为基础，山本达郎、池田温和冈野诚三位学者，以英文形式发表了以下职员令令文的复原成果。

Tatsuro YAMAMOTO, On IKEDA, Makoto OKANO（Co-ed.）; Tun-huang and Turfan

Documents concerning social and economic history. I Legal Texts（A）, Introduction & Texts, 136pp. 1980, Legal Texts（B）, Plates 100pp. 1978, 2 Vols. Committee for the Studies of the Tun-huang Manuscript, The TOYO BUNKO, Tokyo.

本书在 1978 年发行了图版篇（B），1980 年发行了解说及录文篇（A），但实际上两书的正式出版是在 1981 年 12 月。（A）篇的解说的大部分和录文的一小部分，是已经由池田、冈野两位在已发表的前揭《敦煌、吐鲁番发现的唐代法制文献》的英译或者转载，但是（A）篇录文的大部分和图版篇（B）共同发表还是第一次，这两篇为今后的唐日法制文献的比较研究做出了重大贡献。以此为契机，期待着对永徽二年东宫诸府《职员令》与日本大宝、养老令之间具体令文的比较研究有所促进。

---

① 柳田圣山：《达摩二入四行论》，载《禅家语录 I》（世界古典文学全集 36A），筑摩书房，1972，第 5～66 页。田中良昭：《敦煌禅宗资料分类目录初稿 II（禅法·修道论 3）》，载《驹泽大学佛教学部研究纪要》三四，1976，第 12～15 页。

（二）新发现的《职员令》残卷和其他残卷之间的接续状态

上述是迄今为止有关永徽二年东宫诸府《职员令》残卷①的外观复原和研究的概述，但如果在没有发现新资料的情况下，对现存《职员令》欠损部分的令文进行完全复原是非常困难的。由笔者所发现的令文残卷，仅能作为零散碎片补足欠损令文的很小一部分，但对于该《职员令》的全局性的再编成工作，以及考虑该《职员令》残卷能够残存到今天的理由来说，也是极为珍贵的资料。下文中，将介绍发现之初该残卷的状态，同时，也会阐述该零碎残卷与其他《职员令》残卷存在怎样的接续关系。

图 1 所示的是 S ——四四六残卷的 AB 两面的简图（资料一）。幸运的是，在发现之初，由于外侧的两张有折痕的厚纸之间所贴合部分已经处于可以剥离的状态，可以判明厚纸的内侧还分别贴合着两张上等材质的薄麻纸，被贴合着的这两张薄麻纸后来被判明正是《职员令》残卷的零碎残卷。之后的情况是，将厚纸 A 面的内侧所贴合的薄麻纸（以下简称 A 面第一薄纸）反过来观察后，可以发现记载着两行的文字（反书文字），再将厚纸 B 面的

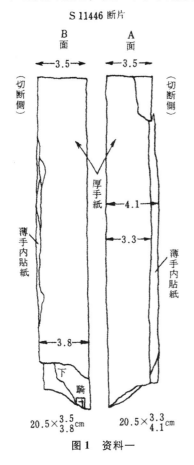

S 11446 断片

图 1　资料一

---

① 将本《职员令》残卷暂拟为《永徽二年东宫诸府〈职员令〉》的依据是后述资料五的第 27 行中可以看到"令卷第六东宫诸府职员"，以及接下来的第 28 行写有"永徽二年"。另外，第 27 行的"东宫诸"之后不易辨认的三个字判读为"府职员"的是池田温与冈野诚二人（参照前揭两氏的论考，《法制史研究》二七，1978，第 212 页）。

内侧所贴合的薄麻纸张（以下简称 B 面第一薄纸）反过来观察，也发现记载着两行中的一行文字。并且，从 A 面第一薄纸所记载的 "参军二人典" 处纸片的前部，可以确认有三个红印反书文字 "□州□"（4.9＋X×1.6＋X 厘米）的痕迹。这应是方格官印的右半部吧。现将 AB 两面的内侧所贴合的第一薄纸的文字还原成常体字后，变成了如图 2 的文字。

图 2 中文字的第四行，[①] 直接连接了 S 一八八○的《职员令》残卷和同是 S 一八八○残卷之间的欠缺部分。关于此，如下面的相关记载（图 3 资料二）所示，可证明此事（还有，资料二中 "□" 或者 "［ ］" 内记录的文字，系笔者推定的文字）。

接下来，如图 3（资料二）的 S 一八八○ A 的第 30 行所写的 "籤二" 两字的左端的笔画的一部分，残留在新发现的 S 一一四四六的第一张薄纸上，另外，薄纸的第一行的 "人记" 二字的右端最后一笔的一部分，残留在 S 一八八○ A 的纸上。还可以确认，第一薄纸的第四行上所盖的方格朱印的右部，与 S 一八八○ B 的第 1～2 行所盖方格印的左部（5.2× 3.4＋X 厘米），是由两张纸的纸缝部所盖的一颗官印，一分为二所产生的。关于在该《职员令》的其他页面上所盖官印，仁井田陞氏曾释读为 "凉州都督府之印"，[②] 与上述官印也是同一官印的意见，是个误读。

图 2 A 面 B 面

并且，在这两张有折痕的厚纸的内部，如前所述，虽然第一薄纸的下面似还贴合着第二薄纸，但即使如此，在笔者发现本残卷之时，两纸的贴合部

---

① A 面的第 2 行之所以是空行，是因为厚纸和第一张薄纸至今都处于贴合状态，并没有剥离开，因此，该处记载的令文无法确定。再有，A 面第 1 行中可以看到的 "者长史" 这三个字，并不是附着在 A 面的里面的反过来（反书文字）的文字，是由于第一张薄纸的下面贴合的另一张纸张上附着而来，因此是常体字。

② 仁井田陞：《伯希和在敦煌发现唐职员令的再检讨》，载《石田博士颂寿纪念东洋史论丛》，1965，第 351～353 页。

分是可以剥离的，因此可以确认这张纸的存在。这张第二薄纸中有两个官职名是分为两行记载的，因此这两行文字如后所述，不仅作为该《职员令》的一部分，并且在检讨永徽令编纂者之构成上，将成为非常贵重的材料。剥离后的第一薄纸和第二薄纸所记载的令文片段的现状，如图4所示。

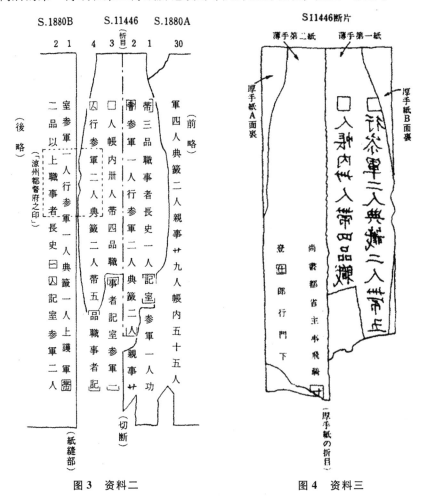

图3　资料二　　　　　　　　　图4　资料三

就现状而言，贴合于厚纸B面内侧的第一薄纸被剥离时，由于令文一面附着于B面内侧之上，两行令文呈现反书状态。同时，该第一薄纸与写有职官名的第二薄纸也贴合在一起。只是依据现状，贴合在厚纸A面内侧的第一薄纸与写有职官名的第二薄纸是否直接贴合这一点还不能确定。但依笔者推测，第二薄纸上写有职官名的前两行的纸片是贴合在两张纸之间的盖然性甚大。

（三）永徽二年《职员令》外形上的特征

毋庸赘言，在对各法典进行比较研究时，当务之急是复原出较为完整的校本。在复原敦煌发现的永徽二年《职员令》残卷时应当注意的是，留存到今天的《职员令》是当初来自大英博物馆或巴黎国立图书馆的各残卷贴合而成。其后由于这些残卷在两馆的修补整理过程中曾被剥离过，因而出现纸面上的文字残缺或者附着其他纸张的反书文字等情况。从山本、池田、冈田三位对前揭（A）篇《职员令》的复原记录中，可以看出他们在复原过程中为了辨明附着在其他纸张上的令文或文字而煞费苦心。只是，之所以现在依然有很多未能填补的文字，恐怕是因为两馆的剥离作业完成得并不完美。为了今后能够更加正确地填补欠缺的文字，有必要具体了解剥离之前这两张纸是以怎样的形态贴合在一起的。池田、冈野两氏的《职员令》复原图（对照纸张背面的二人四行论的《职员令》残卷复原图）之中并没有触及这一点。而且，再次考察被两氏指出的各事项后发现了若干疑问点。因此，如图5所示，笔者将以两氏的复原图为基础制成自己的复原图（资料四），通过该图对包含上述问题在内的《职员令》的外观上的特征再做概述。

（1）关于印章

可以确认现存《职员令》残卷盖有十二枚官印。但是由于残卷纸面起毛污损或者因剥离造成破损等原因，很难解读各个印章上的所有文字。从而不能直接断定这些印章都是同一官印，但就该残卷上能够看到的官印的形式而言，这些官印都是"凉州都督府之印"的这一点应该没错。官印的尺寸是纵横各5.2～5.3厘米的方印。

盖印的地方，是令文的各张纸缝中间略微偏上的部位以及令文勘校中对脱漏文字进行补订之处。这一点可以通过资料四的复原图所示的十一处纸缝各有一枚印章，以及残卷S一八八〇B的第51～52行之间勘校后添写的"食官长一人"处盖有一枚印章得到证明。另外，在残卷S三三七五的第16～17行之间订补处"曰续劳诸府佐"上也盖有一枚印章，但这枚印章由于恰好位于前一行行间纸缝处，且纸缝处与订补处相距不远，只需一枚印章就能全部覆盖，因而这两处只有一枚印章。还有一个极为细微的地方是这个盖印处与其他纸缝印章的盖印处不同，其是以订补处为中心盖

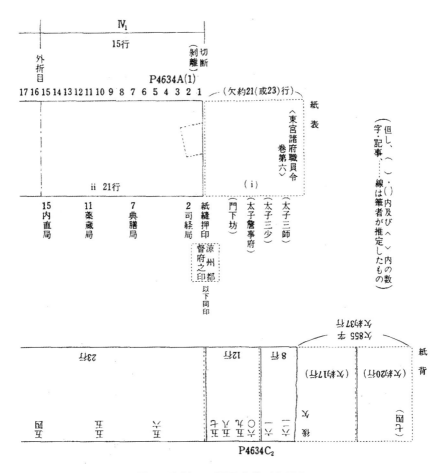

图 5　资料四　职员令外形复原图

在纸上的。由此似乎可以推断纸缝处的印章是在令文校勘订补结束后才盖上的。目前，在东洋文库所藏缩微胶卷照片上，虽然在 P 四六三四 A1［以下简称 A（1）］的第 21～22 行间以及 P 四六三四 A2［以下简称 A（2）］的第 14～15 行间纸缝处能看到盖有官印，右半边官印尚可辨认，但要看到左半边官印的印迹颇为困难。然而，破损的该左半边官印是因为从贴合于其他令文纸张上剥离时，其印章痕迹留在原先贴合的纸张内侧上而导致破损，这一点应该没有问题。这一点也可以通过 A（1）的第 21～22 行间作为官印一部分的左半边颠倒（即反书文字）附着在 A（2）的第 21～22 行间得以证明。另外，虽然无法确认 A（1）的第 42～43 行（43

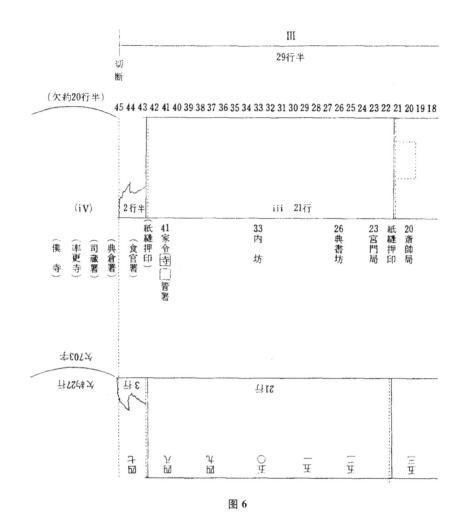

图 6

行上部目前欠缺）之间纸缝部分应有的官印痕迹，但与前面的例子一样，能够在被剥离的另一张纸 A（2）的第 1~5 行上看到颠倒（反书文字）的印章痕迹。也就是说，在剥离之前，从 A（1）的最后一行（第 45 行）开始到第 22 行为止，这 23 行中的各行与 A（2）的首行（第 1 行）起到第 23 行为止的各行几乎重合地贴合在了一起。

这种官印附着在别的纸张上的情况，在 S—八八〇 B 的第 45~49 行之间以及 S 三三七五的第 27~28 行之间也都能看到。前者的情况是盖在纸缝处的印章痕迹反书倒印在 S 三三七五的第 14~18 行间，后者则是纸缝部官印的左半部反书倒印在 S——四四六以及 S—八八〇 B 的第 33~37

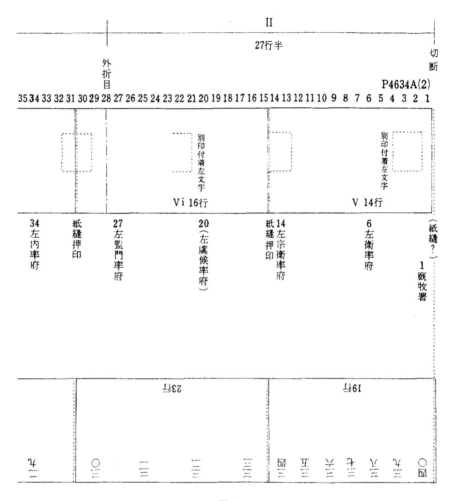

图 7

行之间。也就是说，在伦敦被剥离之前，从 S 一八八○ B 的末行（第 63 行）起到第 31 行为止的共 33 行的每一行都与从 S 三三七五的首行（第 1 行）起到 32 行为止的每一行几乎重合地贴在一起。

（2）关于《职员令》的纸幅及受损部分的行数

现存《职员令》残卷中，P 四六三四 A（1）中有 45 行，A（2）中有 58 行，S 一八八○ A 中有 30 行，S 一一四四六的第一张纸中有 4 行，S 一八八○ B 中有 29 行，S 三三七五中有 29 行，S 一一四四六的第二张纸中有 2 行，P 四六三四 C2 中有 17 行，总计残存下来二一四行的令文。而

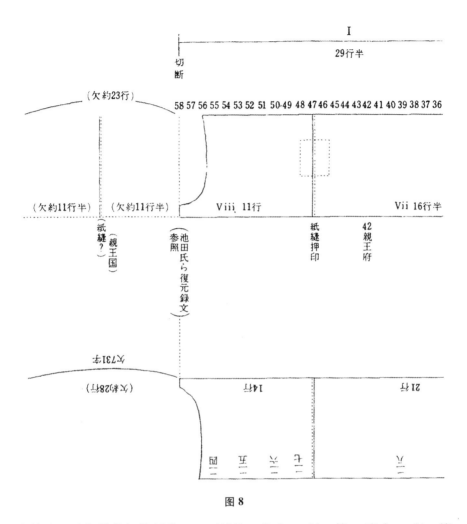

图 8

在将这些重新拼接好的纸张上，可见第 ii 张有 21 行，第 iii 张有 21 行，第 iv 张有 2.5 行，第 v 张有 14 行，第 vi 张有 16 行，第 vii 张有 16.5 行，第 viii 张有 11 行，第 ix 张有 11 行，第 x 张有 23 行，第 xi 张有 23 行，第 xii 张有 6 行，第 xiii 张有 15 行，第 xiv 张有 16 行，第 xv 张有 7 行，第 xvi 张有 10 行。

本卷一张纸的规格大约为 27.5 × 41 厘米。上下界限间高度 22.2 厘米，纵挂线间高度不等，为 16 ~ 19 厘米。因此，一张纸上所写行数有从 21 行到 23 行不等的情况。一行的字数也从 15 字到 19 字不等，以 16 字、17 字的情况为多。

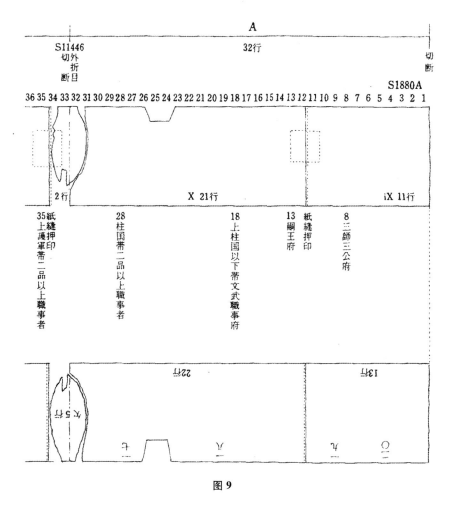

图9

在上揭复原图里标有（i）到 xvi 的各纸中，iv、viii、ix、xii、xiii、xiv、xv 这七张受损部分的行数是以每张纸写有 21 行～23 行令文为前提，且以其为基准推算出的。其中，如池田、冈野两氏复原图所示，根据《大唐六典（开元七年令）》可以推测（i）纸的卷首部记载的是太子三师、太子三少、太子詹事府与门下坊等四条的《职员令》。另外，通过与第 ii 纸以下的一张纸里所书令文条项与行数进行比较，可以推测上述四条令文都写在一张纸［图中的（i）纸］里。而且，如后所述，笔者认为（i）纸背面书写着约 20 行的二入四行论的末行部分。

关于第 xiv 纸（S 三三七五）与第 xv 纸，虽然在池田氏等人的复原图

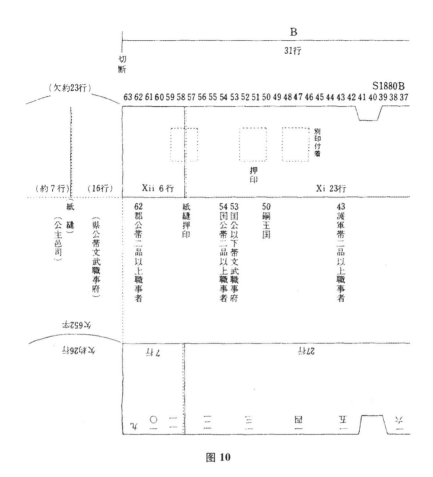

图 10

里这两张纸是直接连续的，但可以推断两者间还欠缺了约 18 行的残卷。就此点而言，笔者的想法如下：首先，关于 xiv 纸的背面书写的二入四行论这部分，可以通过写在第 xiv 纸的四行论的最初一行是在卷首到第 7 行这一点，很容易推断出欠缺部分是四行论的卷首文，也就是昙林的序的部分。其次，从该 xiv 纸（四行论）首部起到 6 行半的纸面被前揭四行论的前文部分（6 行）的纸面向内折叠贴合在一起了。之所以能够确认这一点，是因为 xiv 纸的四行论一面分别反书倒印有前揭 6 行最下部的六个字（朗、寂、能、讥、幸、精）。再次，如复原图所示，除了卷首文这 6 行外，还欠缺近 10 行的四行论，但现在我们能够在新发现的 S ——四四六残卷中看到其中一部分（约 6 行）写在了第二薄纸的背面上。另外，在 xiv 纸上出现四行论的卷首部分，是因为在书写四行论的时候，xiv 纸已经

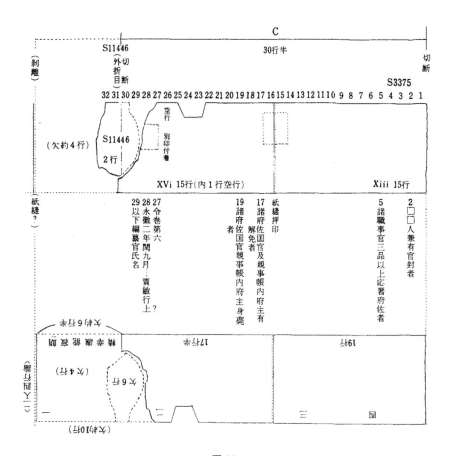

图 11

从下一张即 xv 纸的纸缝部上剥离出来，而且由于从 xiv 纸到 ii 纸之间 13 张纸连续贴合在一起，所以写在背面时，第 xiv 纸就成了第一张纸的缘故。另一方面，从 xiv 纸剥离而来的 xv、xvi 这两张纸还继续贴在第 ii 张纸上，其纸背书写着四行论的后半部分。

最后，关于第 xv 页纸的令文编纂者（7 行）的前面部分的缺损部分，如复原图所示，笔者推定欠缺了大约 15 行的残卷。这是因为，xv 纸背面的四行论的末行（第 8 行）的左端部分的文字有若干处被切断，而认为这些切断部分是纸缝处（参照池田等氏的复原图）的意见难以成立。原因在于笔者认为这张纸上本来应该写有 21 行～23 行的令文。并且，这张 xv 的纸背面估计接续着写有约 37 行（855 字）的四行论（参照池田等氏的复原图）。

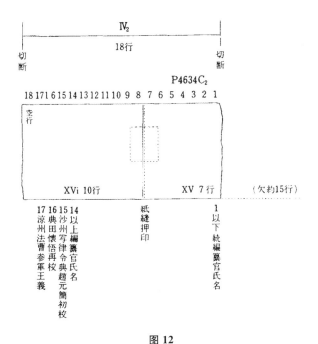

图 12

而后来可以判断，在这些欠缺的约 37 行文字中，xv 纸缺失约 17 行，紧随该张纸后被贴在一起的一张纸上写有四行论的最后 20 行。接下来，可以清楚地看见，相对于这张 xv 纸背面所欠缺的行数约 17 行，在表面书写着约 15 行的令文。再有，记载着四行论最后部分约 20 行文字的那张纸的表面上，如前所述，应该能够推定，记载着约 21 行的该《职员令》的卷首部分。

如果以上考察没有重大错误的话，接下来产生的疑问是，第 v 纸（14 行）、第 vi 纸（16 行），第 vii 纸（16 行半）的各纸张的行数，为何没有达成标准的行数（约 21~23 行）？但是，这个疑问由于以下理由或得以解答。即前述三张纸中，中间的第 vi 纸上所书写的令文的笔势，与其前后紧贴的两张纸以及依次继续贴合的令文间的笔势有着相当程度的差异。① 也

---

① 关于对 vi 纸的令文与 v、vii 二纸的令文的笔迹加以比较，发现二者间笔势有相当程度差异这一点，颇受书法家、宇都宫大学中野永峰教授的教益。在此对中野教授深表谢意。另外，按照中野教授的说法，vi 纸的笔法与其他笔迹相比，属于既慎重又中规中矩，缺乏胆魄且略呈萎缩感的风格。而且，其中存在的这种笔势上的差别，属于同一书写人在不同书写时期因为细微的精神状态的差别所致。以这种程度的笔势差异，难以判断书写者另有其人，可能是同一书写者由于书写时期不同而产生了笔势上的差别。

就是说，vi 纸的笔势和其他各纸的不同，是因为出现了不得不在该《职员令》写成后对 vi 纸部分重写的事由（如脱行、漏字、错字、涂抹等），将重新誊写的部分替换后就成了现在的样子。因此，置换过的 vi 纸自不必多言，其前后的 v 纸与 vii 纸上的行数也不能当作可以表示最初书写时行数的证明。所以，现状就是虽然 v、vi、vii 这三张纸上记载有 46 行令文，这些行数在原来写在 v、vii 两张纸张之上的部分看是很自然。但校勘该《职员令》时，或许是在 v、vii 两纸的纸缝部前后约 16 行这部分发现了脱行、漏字等问题，因而将应该重写的部分像现状这样割离掉，再将重新誊写在 vi 纸的 16 行贴合上去。

另外，虽然目前还不能断言在前述 xi 纸的第 51～52 行间以及 xiv 纸的第 16～17 行间进行补订的书写人与 vi 纸的书写人就是同一人，但正如 xiv 纸中进行补订后在其纸缝部处盖有"凉州都督府印"那样，第 vi 纸的令文在改写更换粘贴后，在其前后纸缝部也盖有都督府印。也就是说，都督府印是在《职员令》全文书写完成后，经由校勘人加以补正与修订之后再盖上的。这样，如前所述，既然可以推断本令最初的书写人与此后改写的 vi 纸的书写人是同一人，那么大约可以认为 xi 纸第 51～52 行间以及 xiv 纸第 16～17 行间的补订部分也都出自最初的书写人之手。继本令最末尾的编纂者书写的部分之后，还有以被认为与令文书写人相同笔迹记载的如下所示的校勘人与本令书写监督人的名字：

沙州写律令典赵元蔺初校

典　田　怀　悟　　再校

凉州法曹参军王　　［义］

由此可见，这里记载着为书写本令从沙州（敦煌）赴凉州都督府的写律令典（职位）赵元蔺为初校人，同来的田怀悟为再校人，但不可思议的是这里没有发现记载本令最初书写人的内容。然而，如果认为本令的最初书写人与 vi 纸的改写人是同一人物的话，那么将上述的校勘人（初校人赵元蔺）推定为本令的最初书写人应该没有问题。也就是说，可以认为书写律令的典（书记员）赵元蔺既书写了该职员令也进行了初校。

（3）本纸的三次利用

如前所述，该《职员令》的用纸在被二次利用时在背面书写了二入四行论。到 9~10 世纪时，其又被第三次利用，且原型发生了很大的变化。亦即该卷子从前述复原图上部写有"切断"处起，有相当于令文 30~31 行长度的部分被切割且对折起来。可以认为作为该职员令的前半部分与卷末部分的纸片在图中上段的 I 之上按照 II、III、VI1、VI2 的顺序以四枚纸片贴上，而后半部的纸片则在图中的 A 之上按 B、C 的顺序以三枚纸片贴合成厚纸，而后被作为经帙（或者说包装纸）而三次利用。以下通过复原图试图说明这两张厚纸是如何被贴合的。首先，关于由四枚纸片贴合而成的厚纸（伯希和所持残卷），在第 vi 纸所写令文的第 28 行处作为分界，将 I、II 的记载有四行论一面相互贴合，又将 IV1、III 的写有四行论一面也以第 iii 纸的第 15~16 行处为界相互贴合，再贴合 II 与 III 的写有令文一面，最后再将 IV2 的首部（第 VX 纸）与 III 的尾部写有四行论的纸面相互贴合。在这一阶段，由于如果将 IV1（15 行）和 IV2（18 行）合为一张纸的话，这 33 行的纸幅就会比一般经帙的纸幅（30~31 行）稍宽的缘故，故将 IV2 末尾部分的四行论 4 行与 IV1 首部的令文面 4 行重合着贴合起来以调整纸幅。接下来，关于由三枚纸片贴合成的厚纸（斯坦因所持残卷），在此特别说明前面已经叙述部分与新发现的 S——四四六残卷的接续关系。

首先，为了以第 X 纸的第 32~33 行间为界将 A 的令文面作为对外一侧，也就是说为了将 A、B 的四行论纸面贴合，遂将 A、B 的折叠分界线与 C 的末尾部的分割线（S——四四六的外折线）相重合，即 B、C 的令文面相互贴合，再将剩下的 xiv 纸的尾部（5~6 行）折返起来使四行论的一面相互贴合。

其次，可以认为这两个折叠分界线重合贴在一起的地方的大半部分（约 20.5×3.5 厘米。请参照前揭资料一）在此后又再次被割断，两次折叠后贴合起来的记载有令文的两张纸又各自剥离回原状后，再和另外的一张纸相贴合。这就是前述的 S——四四六残卷。至于像这样厚厚贴合过的残卷纸为何又被再次利用的原因，有待于今后的调查。

再者，之所以认为该《职员令》被割断后又被贴合到两张厚纸上作为纸帙使用，是因为现在莫高窟出土的纸帙之中发现了和这两张厚纸几乎同样大小的经帙，以及存在着与这两张厚纸同样的方法制成的经帙。像这样制成的两张纸帙，推定纸高 27.4 厘米，纸宽为 55 厘米左右。① 虽然纸帙的大小因变成废纸的卷本大小不同而尺寸各不相同，但法国集美博物馆（Couverture de manuscript）所藏的来自伯希和的纸帙之中也有 27.5×53/55 厘米（EO1207）、31/27×51/46 厘米（EO3663）、27.5/30×46/69.5 厘米（EO1199），这些帙幅在 50 厘米左右的纸帙。② 另外，在大英图书馆的未整理敦煌文献中也可以发现由数枚废纸贴合而成的较厚的纸帙③，而且为使这些纸帙的四边不受破损，还在边缘处正反面用宽 3~4 厘米的其他纸张贴合以补强加固。可以认为用该《职员令》纸张制成的这两张纸帙本来也是这样制成的。也就是说，这两张纸帙分别由斯坦因和伯希和带回，之后在大英图书馆和巴黎国立图书馆的修补整理过程中，纸帙的覆盖物各自被剥去，时至今日才有可能大致复原回最初的《职员令》。而且，现在发现来自伯希和的纸帙的正反两面有如前述那样，在沿着边缘处贴有起补强加固作用的、写有毛诗诂训传（周南·召南④）的废纸（现在编号为 P 四六三四 B 的十余枚纸片组成的残卷）的书写面被粘贴。从而反文书写着印在写有毛诗一面的令文文字附着在复原图所示的 I、Ⅳ1、Ⅳ2 这三张纸的上

(1)	(2)	(3)	(4)
民曹参军二人	民史一人	左监门率	内直局
兼掌仓 事		－－－－－	
		（内折目）	
（第vi纸30行目）	（第vi纸29行目）	（第vi纸28行目）	（第ii纸15行目）

图 13

---

① 做出本纸曾作过纸帙被利用的解释是在回国之后，因此难以对这里提到的作为纸帙的本纸的尺寸加以测量。在此不得不使用其他方法加以推测：由于复原图的第 xi 纸上共有 23 行，纸幅为高 27.4 厘米、宽 41 厘米，若以此纸张的行数与宽度为基准，可以发现贴合在一起的两张厚纸纸帙约有 31 行。那么，41cm÷23（行）=1.78cm，1.78cm×31（行）=55.18cm，即可以推算本纸的宽度约为 55 厘米。

② Mme Krishima Riboud et M Gbriel Vial; Tissus de Touen houang, 1970, p.201, p.221, p.231.

③ 以下所述的四份残卷，都是由数张开元时代的官府文书贴合而成的厚纸帙。这些纸帙边缘正反两面都贴有宽 2~4 厘米的其他纸张：
S11452　27.6×4＋xcm　前后破损，开元九年文书等
S11453　27.8×40.5＋xcm　后部破损，疑为开元时期
S11458　27.8×23＋xcm　前后破损，开元十年文书等
S11459　28.2×40＋xcm　后部破损，疑为开元时期

④ 池田温、冈野诚：《敦煌·吐鲁番发现的唐代法制文献》，《法制史研究》二七，1978，第 213 页。

下或头尾的 2~3 行处。举例而言，在 P 四六三四 B 的毛诗诂训传的残卷之一［旧编号 P 四六三四 pieceA2，山本·池田·冈野共编，参见前揭英文书（B）图版 14，第 53 页］里可以发现约有三行半的令文上段的一部（反文文字）反着附着在上面。如果变为常体字的话则如下所示：

(4) 内直局　　　　　　　　　　　　　　（第 ii 纸第 15 行）

(3) 左监们率——————————（内折痕）　（第 vi 纸第 28 行）

(2) 长史一人　　　　　　　　　　　　　（第 vi 纸第 29 行）

(1) 兵曹参军一人　兼掌仓事　　　　　　（第 vi 纸第 30 行）

上面（1）行位于复原图第 ii 纸第 15 行，（2）、（3）、（4）等三行则在同复原图的第 vi 纸的第 28、29、30 行[1]。第 ii 纸的（1）行和第 vi 纸的（2）行呈颠倒着直接连接起来的样子则是因为如前所述，由于制作纸帙时第 ii 纸的 15~16 行间的折叠处与第 vi 纸的 28 行的折叠处重合着贴在一起的缘故，作为本帙右侧的正反两面的第 vi 纸、第 ii 纸的令文的一部分［即（1）~（4）］与毛诗训诂传贴合在了一起。另外，由来自斯坦因的《职员令》的纸张做成的纸帙，没有像来自伯希和的纸张那样发现有写着毛诗诂训传的其他纸张。狩野直喜在 1913 年手抄该《职员令》时，并没有移录前后部各 2 行和上下各 1 行，这大概是因为当初斯坦因将《职员令》带回时已经配好了纸帙——也就是说和伯希和带回的部分同样四边已经被别的纸张沿着边缘补强加固过的缘故——因此无法看到这部分的文字。如按上述观点来看，前述 S ——四四六残卷的外侧的厚纸，可以认为是作为本帙的右侧边缘补强纸贴合而成的产物，但此点有待于今后剥离修复的结果来证明。

（四）编纂者记载与完成时间

以上抽取永徽二年东宫诸府《职员令》外观上的特征，并在作为复原该《职员令》完本的前提性工作上，对该《职员令》所用纸张在伦敦、巴黎作为残卷剥离以前是以怎样的状态贴合在一起的加以论证，特别是尝

---

① 虽然山本达郎、池田温、冈野诚三位共编的英文书（B），图版篇，第 53 页的图版 14 中记载有本残篇里除内直局（15 行）以外，接下来的 16、17 行的令文也附着在其上，但这里标写的 16、17 的行数应当删去。

试着将令文各行与其他纸张的贴合状态以图解形式表现出来。最后，笔者将在对卷末记载的《职员令》编纂者以及该《职员令》的完成时间加以若干论述的基础上，对永徽二年令的性质阐述自己的见解。首先，该《职员令》的卷末记载如图14（资料五）所示：

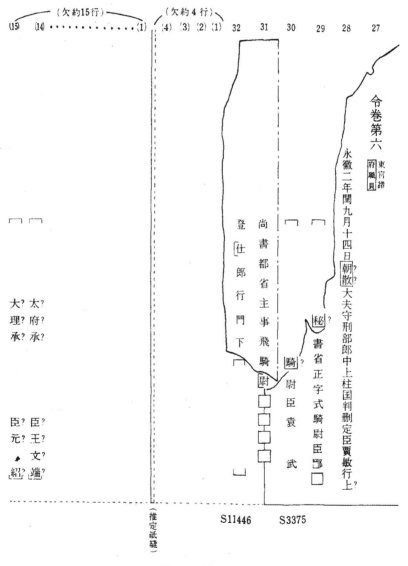

图14 资料五

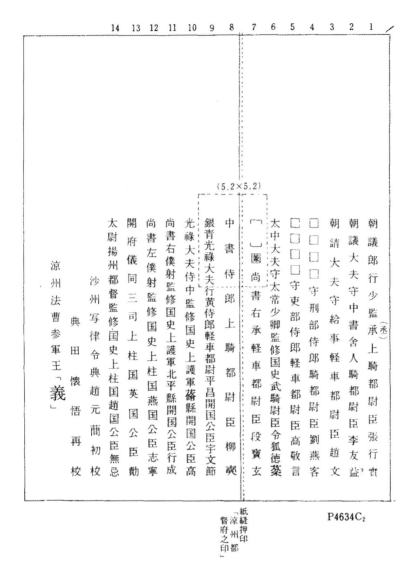

图 15

在该卷末记载上，最值得注意的是，编纂官的构成及其人数。第一，永徽二年令的编纂人数之多是如后所述事例中极其罕见的。也就是说，虽然从现存史料出发，如资料五所示那样，除首部 3 人与新发现的 2 人合计 5 人之外，还有末尾的 14 人，可以确认的一共有 19 名编纂者。但如同上一节对欠缺令文行数的推测（参照之前复原图）那样，首部 5 名之后还有大约 4 名，而末尾 14 名之前还有大约 15 名编纂者也被列记在上面的可能性极高。可以推测包含以上的总计 38 名编纂者参与永徽二年令的删定工作。

资料六《唐代法典修纂者职官与品阶》（表格中的吏、户、礼、兵、刑分别为吏部、户部、礼部、兵部、刑部的简称，尚为尚书的简称）

A. 武德律令式……仍令尚书令左仆射裴寂、吏部尚书殷开山、大理卿郎楚之、司门郎中沈叔安、内史舍人崔善为等，更撰定律令。（武德元年）十二月十二日，又加内史令萧瑀、礼部尚书李纲、国子博士丁孝乌等，同修之。至七年三月二十九日成，诏颁于天下。……（《唐会要》卷三九、《旧唐书》卷五十《刑法志》）

B. 贞观律令格式……蜀王法曹参军裴弘献，驳律令四十余事，乃召房玄龄与弘献等，重加删定。（中略）玄龄等，遂与法司，增损隋律，降大辟为流者九十二，流为徒者七十一，以为律。（《新唐书》卷五六《刑法志》）及太宗即位，又命长孙无忌、房玄龄，与学士法官，更加厘改。（《旧唐书》卷五十《刑法志》）

C. 永徽律令格式……永徽二年闰九月十四日，上新删定律令格式。太尉长孙无忌、开府仪同三司李绩、尚书左仆射于志宁、尚书右仆射张行成、侍中高季辅、黄门侍郎宇文节、（中书侍郎）柳奭、尚书右丞段宝元、吏部侍郎高敬言、刑部侍郎刘燕客、太常少卿令狐德棻、给事中赵文恪、中书舍人李友益、刑部郎中贾敏行、少府监丞张行实、大理丞元绍、太府丞王文端等同修，勒成律十二卷，令三十卷，式四十卷，颁于天下。（《唐会要》卷三九）

诏太尉扬州都督监修国史上柱国赵国公无忌……（中略）……大理丞元绍、太府丞王文端、刑部郎中贾敏行等，爰建朝贤，详定法律。……（永徽二年闰九月十四日）（参见《文苑英华》卷四六四《诏敕 6》，《唐大诏令集》卷八二）

D. 永徽疏律……（永徽三年五月）诏：（中略）仍使中书门下监定参撰《律疏》，成三十卷。太尉长孙无忌、司空李绩、尚书左仆射于志宁、刑部尚书唐绍、大理卿段宝元、尚书右丞刘燕客、御史中丞贾敏行等同撰，四年十月九日上之，诏颁于天下。（《唐会要》卷三九。《旧唐书·刑法志》中，唐绍作唐临，段宝元作段宝玄。又作：贾敏行等，参撰《疏律》，成三十卷，四年十月奏之，颁于天下。）

E. 垂拱律令格式……则天又敕内史裴居道、夏官尚书岑长倩、凤阁侍郎韦方质、与删定官袁智弘等十余人，删改格式，加计帐及勾帐式，通旧式成二十卷。又以武德已来，垂拱已前诏敕，便于时者，编为《新格》二卷，则天自制序。其二卷之外，别编六卷，堪为当司行用，为《垂拱留司格》。时韦方质详练法理，又委其事于咸阳尉王守慎，又有经理之才，故垂拱格式，议者称为详密。其律令惟改二十四条，又有不便者，大抵依旧。（《旧唐书·刑法志》。《唐会要》卷三九，《册府元龟》卷六一二）

F. 太极格……太极元年二月，颁新格式于天下。先是景云初、敕户部尚书岑羲、中书侍郎陆象先、左散骑常侍徐坚、左司郎中唐绍、刑部员外郎邵知与删定官大理寺丞陈义海、左卫长史张处斌、大理评事张名播、左卫率府仓曹参军罗思贞、刑部主事阎义颛凡十人、删定格式律令。至是奏上之，名为《太极格》，诏颁于天下。（《册府元龟》卷六一二《定律令》。《唐会要》卷三九，《旧唐书·刑法志》）

G. 开元格式令……玄宗敕黄门监卢怀慎、紫微侍郎兼刑部尚书李乂、紫微侍郎苏颋、紫微舍人吕延祚、给事中魏奉古、大理评事高智静、同州韩城县丞侯郢琎、瀛州司法参军阎义颛等，删定格式令，至三年三月奏上，名为《开元格》。（《旧唐书》卷五十《刑法志》。参见《唐会要》等）

H. 开元律令式后格……六年，玄宗又敕吏部侍郎兼侍中宋璟、中书侍郎苏颋、尚书左丞卢从愿、吏部侍郎裴漼、慕容珣、户部侍郎杨滔、中书舍人刘令植、大理司直高智静、幽州司功参军侯郢琎等九人，删定律令格式，至七年三月奏上。律、令、式仍旧名，格曰《开元后格》。（《旧唐书·刑法志》。参见《唐会要》、《册府元龟》）

I. 开元二十五年律令格式……二十五年九月一日，复删辑旧格式律令。（《唐会要》卷三九）

林甫迁中书令，乃与侍中牛仙客、御史中丞王敬从，与明法之官前左武卫胄曹参军崔见（《会要》作崔冕，《册府》作霍冕，文书亦作霍冕）、卫州司户参军直中书陈承信、酸枣尉直刑部俞元杞（《册府》、敦煌文书均作祀）等，共加删缉旧格、式、律、令及敕，……

……二十五年九月奏上，敕于尚书都省写五十本，发使散颁于天下。（以上均见《旧唐书·刑法志》。参见《通典》卷一六五、《唐会要》、《册府元龟》）

表1（资料六）是按照年代整理的参加唐代律令格式编纂的官员们的官职、品阶，以及有比较完整记载的事例，表格下所揭示的是制作本表格时所使用的史料 A~I（关于法典修撰者的构成、法典的成立及其颁布等相关记载及其出典）。然而，将表1中可以看到的编纂官之官阶与表格下的诏敕记载一起比较检讨后，可知在法典的纂定或删修之际，一品至二品的官员是享受特殊对待，对担当实务的三品到五品的高级官员下达敕命，接下来任命在他们领导下实际担当修纂实务工作的所谓法司、学士法官、删定官、明法之官的三名乃至数名以上官员。又如敦煌出土的开元二十五年律疏（河一七）的卷末题记中有：

> 律疏卷第二（名例）
>
> 开元廿五年六月廿七日知刊定中散大夫御史中丞上柱国臣王敬从上
>
> 刊定法官宣义郎行滑州酸枣县尉明法直刑部武骑尉臣俞元祀
>
> 刊定法官通直郎行卫州司户参军事明法直中书省护军臣陈承信
>
> 刊定法官承议郎前行左武卫胄曹参事飞骑尉臣霍晃
>
> 银青光禄大夫守工部尚书同中书门下三品上柱国陇西郡开国公知门下省事臣牛仙客
>
> 兵部尚书兼中书令集贤院学士修国史上柱国成纪县开国男臣李林甫
>
> ……………………………………………………………………（纸缝）
>
> （以下空白）

从中可以得知，滑州酸枣县尉（正九品下）俞元祀谙熟法律（明法）疑或成为刑部直属的临时刊定法官；卫州司户参军事（从七品下）陈承信也以明法而成为刊定法官被临时派遣去中书省工作；对于前行左武卫胄曹参军事（正八品下）霍晃，因为《册府元龟》卷六一二记载他曾担任明法之官，所以也和前两人一样被授予同样资格而被任命为刊定法官。而被任命为统管上述刊定法官具体事务的临时职位（知刊定）的应是御史中丞（正五品上）王敬从。并且，从前揭资料五（永徽二年令）的开头部分记载着刑部郎中（从五品上）判删定臣贾敏行中可知，他也与此处的王敬从一样，被任命为统管那些通晓法律的删定官的临时职务（判删定），这些

表 1　资料六　《唐代法典修纂者职官与品阶》

法典名　品阶	A 武德律令式（同年 7 年颁行）（624）	B 贞观律令格式（同年十一年颁行）（637）	C 永徽二年律令（同年颁行）（651）	D 永徽四年律疏（同年颁行）（653）	E 垂拱律令格式（同元年完成）（685）
一品	左仆射 1	左仆射、右仆射 各 1	太尉、开府仪同三司 各 1	太尉、司空 各 1	
二品			左仆射、右仆射 各 1	左仆射 1	
三品	吏尚、礼尚、门下侍中、内史令（中书省）、大理卿 各 1		侍中 1	刑尚、大理卿 各 1	内史令、夏官（兵）尚 各 1
四品	别驾 1		都省右丞、吏侍郎、刑侍郎、黄门侍郎、中书侍郎、太常少卿 各 1	都省右丞 1	凤阁（中书）侍郎 1
五品	刑司门郎中、给事中、太常丞 各 1，中书舍人 3	蜀王法曹参军 1	刑郎中、给事中、中书舍人 各 1	御史中丞 1	
六品	隋大理丞 1		大理丞、大府丞、少府监丞 各 1		
七品	太常博士 1				
八品	上将府参军 1				
九品			都省主事、门下"典仪"、秘书正字、"？" 各 1		咸阳县尉 1
编撰人数总计	16 人以及其他	3 人以及其他	21 人以及其他	7 人以及其他	10 余人

续表

品阶 \ 法典名	F 太极格（同元年颁行）（712）	G 开元格（同三年完成）（715）	H 开元律令式后格（同七年完成）（719）	I 开元二十五年律令格式（同年颁行）（737）
一品				
二品				
三品	吏尚、右散骑常侍各1	黄门监、刑尚各1	吏尚兼侍中1	中书令、侍中各1
四品	中书侍郎1	紫薇（中书）侍郎1	中书侍郎、都省左丞、户侍郎各1 吏侍郎2	
五品	都省右司郎1	紫薇舍人、给事中各1	中书舍人1	御史中丞1
六品	刑员外郎、大理丞、右卫长史各1		大理司直1	
七品		瀛洲司法参军1	幽州司功参军1	卫州司户参军1
八品	左卫率府仓曹参军、大理评事、刑主事各1	大理评事、韩城县丞各1		前左武卫胄曹参军事1
九品				酸枣县尉1
编撰人数总计	10人	8人以及其他	9人	6人以及其他

续表

官衔名　品阶	各官衙编纂者数（人）										总计（人）
	三师·三公	尚书省	门下省	中书省	秘书省	御史台	大常寺	大理寺	大府寺	其他	
一品	3									1	4
二品		6									6
三品		7	5（兼1）	3				4			17
四品		8	1	5			1			1	16
五品		3	3	6		2	1				15
六品		1						4	1	2	8
七品		1	1		1		1			4	5
八品		1	1		1				1	2	2
编纂人数总计	3	27	10	14	1	2	3	8	1	13	82

事实应该没有错误。从这两个事例可以窥知，为统管删定官或刊定法官（明法之官）的临时职位而任命的应是五品官这个等级的高级官员。如同笔者之前的推理，如果永徽二年令的编纂官员大约有三十八名的推测没错的话，以比贾敏行官阶低的少府监丞（从六品下）张实行、大理丞（从六品上）元绍、太府丞（同上）王文端为代表，以至最下级的秘书省正字某、[ ]尉袁武、尚书都省主事某、登仕郎行门下[起居或典仪]某等四人的九品官共约二十四人的编纂官，是所谓的明法之官或删定官等的合适人选，他们总归判删定贾敏行统管，参与永徽二年令的删定的实质审议。①

表1（资料六）中永徽二年的编纂人数及其所属官衙与其他年次（A、B、D～I）比较时，值得关注的是，永徽二年的编纂人数之多是其他类例难以比拟的，同时，他们又是从尚书省，直至中书、门下、秘书等三省，乃至太常寺、大理寺和太府寺等各个官府中选拔出来的。如此之多的编纂官从各个官厅中选拔出来的事实，可以说明唐朝在永徽二年律令格式改删之际，下大力气集结了诸多对法典拥有专门知识的人才。由此而编纂成的永徽二年律令，有异于其前后年次所进行的律令删定之例，对于创业期以来（武德七年至贞观一一年）的律令法典进行了大幅度改删的盖然性应该大大增加。这样的推论是否正确，需要通过本令和其他

----

① 如果本文的考察没有大的错误的话，之后的问题就是相对于判删定官刑部郎中（从五品上）贾敏行品阶更高的门下省长官侍中（正三品）高季辅、次官黄门侍郎（正四品上）宇文节，以及其下的给事中（正五品上）赵文恪，以及中书省的次官中书侍郎（正四品上）柳奭、其下的中书舍人（正五品上）李友益，尚书省次官都省右丞（正四品下）段宝玄，再加上同是尚书省六部次官的吏部侍郎（正四品上）高敬言、刑部侍郎（正四品上）刘燕客，还有太常寺次官太常少卿（正四品上）令狐德棻等本令编纂官，他们与贾敏行在编纂实务上有怎样的职掌分担了。虽然目前还无法加以详细论述，但想来不会仅仅作为有名无实的高官编纂者挂名而已。众所周知，百官有司针对国事为了得到皇帝的裁可的上奏，以及实质审查中书省起草的诏敕的最高机关是门下省，由侍中、黄门侍郎、给事中等组成的。而本《职员令》的编纂官里有任命上述三官（即高季辅、宇文节、赵文恪）一事值得注意。可以推定他们三人是负责对经过判删定官贾敏行等人删定奏上的律令文案做最终审查。而且，负责律令实际施行、运用的六部的吏部侍郎与刑部侍郎，以及对省事及统辖六部百官等的纲纪与仪制的都省右丞，作为编纂者也名列其中。再加上代表皇帝的意志起草诏敕的中书省的侍郎和中书舍人也被任命为编纂官，可以说是当然的拔擢。因此，应当认为他们也是站在各自的立场上承担对贾敏行等人删定奏上的律令的审查与起草任务。

年次之令的诸条项的具体比较才能检验得出。故于此诚望推进令文的比较研究。

仁井田陞认为，在永徽二年《职员令》卷末可以看见的永徽二年闰九月十四日的记载（参考前揭资料五），是删定（编纂）该令之后撰上（施行）的年月日，[①] 即认为撰上和施行是在同一时期发生的。但是，上述两行为是在同一个时点发生的吗？笔者对记载着本令编纂年月日的这一行进行详细的调查后，发现在位于编纂者之首的贾敏行的名字下面，也许仅用肉眼来判断有些困难（因此，有机会的话，务必进行科学的调查），但应该有记载着一个"上"字。从 1981 年 12 月出版的山本、池田、冈野三位学者对于该处的录文来看（前揭书 A 篇，第 27 页），贾敏行名字之下确实记录着"上"字。令笔者有些难以理解的地方是，这个地方没有标示任何的疑问符号。但这说明笔者在 1981 年 7 月将此发现公表，以此为线索断定这个字是"上"字，应该说具有公信力。[②] 那么，律令等领衔编纂者的名字下都会写着"上"的这个惯例，结合前揭开元二十五年疏律卷末有记载"王敬从上"的事实来看，这个存疑文字为"上"的判断，是没有错误的。关于这个"上"字，从前揭资料六的史料中，亦可看到以下关联记录。

A.（武德律令式）至七年三月二十九日成，诏颁于天下。

C.（永徽律令格式）永徽二年闰九月十四日，上新删定律令格式，……颁于天下。

D.（永徽律疏）四年十月九日上之，诏颁于天下。

（仪凤格式）删缉格式，仪凤二年二月九日，撰定奏上。（《旧唐书》卷五《刑法志》，《册府元龟》卷六一二《刑法部·定律令》，

---

① 仁井田陞：《法与习惯·法与道德》，第 277 页。

② 笔者于 1981 年 7 月 18 日，在上述三人以及金冈照光、佐藤道郎、福井文雅、堀敏一、森安孝夫等人出席的东洋文库主办的内陆亚细亚出土古文献研究会上，发表了敦煌文书调查报告，首次公开贾敏行的名字下方写有像是"上"字字样之事。而成为山本、池田、冈野三人的这一录文的基础的，如本文所述，是池田温、冈野诚二人的《敦煌·吐鲁番发现的唐代法制文献》（第 210～214 页）。但其中（第 212 页）并没有记载这个"上"字。因此，笔者认为在三人的这一录文里添加"上"字的，应该是在笔者发表该报告的 7 月 18 日起到校对完成记载有这一录文的 A 篇的 11 月之间的事情。

《唐会要》卷三九）

  F.（太极格）太极元年二月，……删定格式律令，至是奏上之，名为《太极格》，诏颁于天下。

  G.（开元格）删定格式令，至三年三月奏上，名为《开元格》。

  H.（开元律令式·后格）删定律令格式，至七年三月奏上，律令式仍旧，格曰《开元后格》。

  I.（开元二五年律令格式）共加删缉旧格式律令及敕，……二十五年九月奏上，敕于尚书都省写五十本，发使散颁于天下。

  据上述记载及其前后的诸史料来看，"上"字的意义可以解释为，诸法典编纂者根据皇帝的诏敕，将撰定乃至删定的法典奏上或撰上（给皇帝）。除此以外，若只在记载着"上"这个字的情况下，应当注意区别其意味着法典的颁布还是发布之意。换言之，前揭 A、C、D、F、I 的记录中，可以认识到法典的撰上乃至奏上的时期与法典下诏颁行的时点是存在时间间隔的。① 上述开元二十五年律令格式的情况是，九月奏上之后，在尚书部省书写成五十部的律令格式，然后将其散颁天下。但从开元二十三至二十五年前后，全国分为十道三百一十七州的情况来看，② 像上述这样书写并向全国公布的律令格式，实际上应该只散颁到主要的州府、都督府和都护府，此外的中小各州是没有直接散颁到的。那么，稍稍回溯到之前的时代，从该《职员令》的卷末可以看到的凉州都督府治下的职位为沙洲写律令典的两人的情况来看，可知由于需要书写从中央直接颁布到凉州都督府的永徽二年律令，故从沙洲

---

  ① 如下文所示，在我国（译者按：即日本）的《令义解》中，法令制定完成（撰上）与施行的时期也会有较大间隔。另外，下文史料为本大学教授林陆朗氏所提供，在此表示感谢。在《令义解》的卷首部分《令义解序》的末尾部分，除了列有编纂者的官衔姓名外，还写有"天长十年（833 年）二月十五日"。另外，在《续日本后记》卷三《仁明天皇纪》，"承和元年十二月丁丑朔辛巳条"中可见"施下行天长年中所二新撰一令义解"上根据这两个例子，与编纂者写在一起的年月日（天长十年二月十五日）为制定完成的日期，而其施行的日期为翌年的承和元年（834 年）十二月五日。因此，制定与施行之间有着约 21 个月的间隔。

  ② 布目潮渢、大野仁：《唐开元末府州县图作成的尝试——以敦煌所出天宝初年书写地志残卷为中心》，载《唐·宋时代的行政·经济地图的制作》（研究成果报告），大阪大学教养部内发行（非卖品），1981，第 43 页。

前往凉州，在凉州书写、校勘该《职员令》。从中可以窥知，颁布律令法典施行之诏的时期与其法典（写本）得以在全国诸州运用的时期之间，也存有时间间隔。

唐《职员令》复原与研究

——以北宋前期文献中新见佚文为中心

（一）唐《职员令》复原再审视

唐代以律、令、格、式构成完整的法律体系，而"设范立制"的令是关于国家体制和基本制度的规定，① 在四者之中具有纲领作用，是唐代制度最直接最原始的记录，对后世及日本的律令法典有着深刻的影响。因此，唐代各个时期所编撰的令文虽然在宋元时代渐次散佚，② 但现代意义上的唐令研究起步甚早，成果也最为令人瞩目。日本学者在 20 世纪初便致力于唐令的研究与复原，30 年代出版的《唐令拾遗》、③ 90 年代出版的《唐令拾遗补》，④ 集中体现了日本学者对唐令的研究成果。其后中村裕一《唐令逸文の研究》在二书的基础上续有增补。⑤ 至此，日本学者复原唐令 33 篇，大致恢复了唐令的整体结构和半数以上的唐令条文。

1998 年戴建国在宁波天一阁发现的明钞《天圣令》残本，为唐令研究提供了极其重要的新材料。修订于北宋仁宗天圣七年（1029 年）的《天圣令》以唐令为蓝本，⑥ 同时在每篇篇末都附录了当时已不行用的唐令原文，为唐令的整体复原提供了迄今为止最为完整而可靠的材料。⑦ 该钞本原为四册，现存最后一册，存《田令》至《杂令》12 篇。新近出版的《天一阁藏明钞本〈天圣令〉校证》即据此复原了 12 篇开元二十五

---

① 《唐六典》卷六《尚书刑部》，中华书局，1992，第 185 页。

② 参见黄正建《天一阁藏〈天圣令〉的发现与整理研究》，载《唐研究》第 12 卷，北京大学出版社，2006，第 1 页。

③ 仁井田陞：《唐令拾遗》，栗劲等译，长春出版社，1989。

④ 仁井田陞：《唐令拾遗补》，东京大学出版会，1997。

⑤ 中村裕一：《唐令逸文の研究》，汲古书院，2005。

⑥ 学界一般认为《天圣令》所附唐令为开元二十五年令，但黄正建《〈天圣令〉附〈唐令〉是开元二十五年令吗》（刊《中国史研究》2007 年第 4 期）一文，指出其在部分细节上反映了唐代后期的制度，可能是唐后期修改过的一部唐令。

⑦ 参见宋家钰《明钞本北宋〈天圣令〉（附唐开元令）的重要学术价值》，载《天一阁藏明抄本〈天圣令〉校证》，中华书局，2006，第 7~13 页。

年令。

在整个唐令系统中，规定唐代内外官员员数和执掌内容的《职员令》有着举足轻重的地位。《唐六典》所载 27 篇令文之中，《职员令》占了第二卷至第七卷的 6 卷篇幅，① 分别为《三师三公台省职员》、《寺监职员》、《卫府职员》、《东宫王府职员令》、《州县镇戍岳渎关津职员》、《内外命妇职员》。因为唐格与唐式亦"以尚书省诸曹为之目"（式益以秘书省，太常、司农、光禄、太仆、太府诸寺，少府监，监门、宿卫各篇），② 故可以认为《职员令》系唐代除律以外的整个法律体系的纲领。

由于《天圣令》残钞本中的《职员令》部分已佚失，故而《天一阁藏明钞本〈天圣令〉校证》所复原的唐令并未包括这部分内容，而随后一系列对唐令的讨论也并未涉及于此。③ 因此唐《职员令》的复原成果仍主要集中于日本学者的研究之中，而其依据的最重要且最完整的材料是敦煌所出钤有"凉州都督府"官印的《永徽令》卷六《东宫诸④府职员》残卷。该残卷断裂为数片，分别藏于法国与英国，编号为 P. 4634、4634C1、4634C2，S. 1880、3375、11446。⑤ 这一文本自发现以来一直是中日学者讨论的热点。由于当时并未见到所有残卷，《唐令拾遗》仅据 S. 1880 复原了原卷 215 行文字中的 28 行，⑥ 也没有确定该残卷的确切年份。《唐令拾遗补》吸收了其后大量研究成果，完整地呈现了原卷面貌，使该卷大部分内容得以重现。此外，《唐令拾遗》又据中日传世文献中所保存的唐《职员令》佚文复原得《三师三公台省职员令》7 条，《寺监职员令》3 条，《卫府职员令》2 条，《州县镇戍岳渎关津职员令》2 条，《内外命妇职员令》2 条。《唐令拾遗补》则吸收了中村裕一等对《职员令》的研究成果，据万历本《记纂渊海》等文献增补了开元二十五年（737 年）《职员令》7 条。中村裕一在《唐令逸文の研究》中再一次对传

---

① 《唐六典》卷六《尚书刑部》，第 183 ~ 184 页。
② 《唐六典》卷六《尚书刑部》注，第 185 页。
③ 参见黄正建《天一阁藏〈天圣令〉的发现与整理研究》，载《唐研究》第 12 卷，北京大学出版社，2006，第 1 ~ 220 页。
④ 此据敦煌本原卷。
⑤ 参见刘俊文《敦煌吐鲁番唐代法制文书考释》，中华书局，1989，第 180 页。
⑥ 仁井田陞：《唐令拾遗》，第 49 ~ 54 页。原卷行数参见刘俊文《敦煌吐鲁番唐代法制文书考释》，第 180 ~ 197 页。

世文献中所保存的职员令佚文与《通典·职官典》、《唐六典》等唐代职官书作了细密的比对，又增补了一条佚文，同时认为《通典·职官典》的官员执掌部分是职员令佚文的宝库。①

综观日本学者复原《职员令》的方法，是往往将一般认为来源于开元七年及二十五年令的《唐六典》与《通典·职官典》作为直接的引据资料，通过唐令佚文与《通典》及《唐六典》的比对，来整体恢复令文的内容与年代。② 由于《通典·职官典》与《职员令》佚文的高度一致，日本学者甚至认为可以据《通典》复原大部分的开元二十五年职员令。③

但是仔细分析这一方法，似乎值得商榷。首先，《唐六典》所载的官员执掌并非即是开元七年令原文。李锦绣通过《唐六典》与开元二十五年《仓库令》的比读，发现《唐六典》中"金部郎中员外郎"、"仓部员外郎"执掌虽然来源于《职员令》，但并非照录原文。④ 至于《通典》，虽然一般认为《职官典》的官员执掌部分可能完整地抄录了开元二十五年《职员令》原文，⑤ 但实际仍掺杂开元以后的制度，如卷二三注文载司封郎中掌道士、女冠，⑥ 即已是天宝至元和间的制度。⑦ 虽然尚无法坐实《通典·职官典》究竟掺入了多少后代制度，但以此为基准复原开元二十五年令尤须谨慎。

---

① 中村裕一：《唐令逸文の研究》，汲古书院，2005，第27页。

② 仁井田陞在《唐令拾遗·序论》把《唐六典》与《通典》列入选用的资料，并认为《唐六典》"可能是以开元七年（又云四年）令作为基准"（第853页），而《通典》"很多地方依据撰成时施行的开元二十五年令"（第858页）。虽然仁井田氏也注意到《唐六典》中可能包含其他年度的令文（第853页），但在职员令的复原中，仍将与《唐六典》与《通典》相合的条文处理为开元七年与开元二十五年令（如第27页"尚书都省"条，第32页"吏部"条等）。

③ 参见中村裕一《唐令逸文の研究》，汲古书院，2005，第27页。

④ 参见李锦绣《唐开元二十五年〈仓库令〉研究》，载《唐研究》第12卷，北京大学出版社，2006，第11~18页。

⑤ 参见中村裕一《唐令逸文の研究》，汲古书院，2005，第27页。

⑥ 《通典》卷二三《职官五》"司封郎中一人"注，中华书局，1988，第634页。

⑦ 《唐会要》卷四九《僧尼所隶》："延载元年五月十一日，敕：'天下僧尼隶祠部，不须属司宾。'……至（开元）二十五年七月七日，制：'道士女冠宜隶宗正寺，僧尼令祠部检校。'天宝二载三月十三日制：'僧尼隶祠部，道士宜令司封检校，不须隶宗正寺。'元和二年二月，诏僧尼道士同隶左街右街功德使，自是祠部、司封，不复关奏。"（上海古籍出版社，2006，第1006~1007页）故司封掌道士、女冠仅在天宝二年以后，元和二年以前。

其次，高宗龙朔二年（662 年）、仪凤二年（677 年）两次定格令的起因皆是由于官名的变化，其方式"唯改曹局之名，而不易篇第"，① 因此各年度令文虽及时地体现了此前的制度变化，但总体仍保持了文字的相对稳定，这一点在《天圣令》对唐令的修订中也同样得到体现，② 因此唐代不同年份令文之间文字的差异并不很大，故并不能根据佚文与《唐六典》或《通典》在文字上的相似即判断为某年度令。实际上，即使是日本学者认为很可能即是唐《职员令》原文的《通典·职官典》，与其他文献中所存佚文仍有不一致的地方，而某些细微却关键的差别恰恰体现了不同时期唐代制度的变化。仅仅注意到二者的相似之处，不免会造成令文年代的误判。例如《太平御览》卷二一六所引有关司封郎中执掌的《职员令》佚文，较《通典》所载执掌多"国官、邑官告身并选流外、〔视〕（亲）品"一句，③ 实际上反映的是太极以前的制度，④ 而《唐令拾遗》虽然引据《太平御览》此条，却根据《通典》复原为开元二十五年令⑤就值得推敲。又如《唐令拾遗》作为复原开元七年及二十五年令中"左右司郎中"条引据资料的《太平御览》卷二一三所引《职员令》。⑥ 此条载《左右司郎中》执掌有"知台内宿直"一句，⑦ 《通典》卷二二作"省内"。实际上龙朔元年二年及武后光宅元年（684 年），尚书省改称"中台"及"文昌台"以后，"省内"即被称为"台内"。而龙朔二年以后，"左右司郎中"改称"左右承务"，直至咸亨元年（670 年）复旧。故此条文字兼有"左右司郎中"及"台内"，实际上反映的是武后时期的制度，应复原为《垂拱令》，而不应与《通典》一同作为开元七年及二十五年令文的引据资料。同样的情况也存在于中村裕一对《记纂渊海》中 6 条唐《职员令》的复原之中。⑧

① 《唐会要》卷三九《定格令》，第 820 页。
② 参见《天一阁所藏明钞本天圣令校证》所附各篇唐令复原研究，第 437～753 页。
③ 《太平御览》卷二一六，中华书局，1960，第 1031 页下。
④ 参见李锦绣《唐代视品官制初探》，《中国史研究》1998 年第 3 期。
⑤ 仁井田陞：《唐令拾遗》，第 32 页。
⑥ 参见仁井田陞《唐令拾遗》，第 28 页。
⑦ 《太平御览》卷 213，第 1019 页上。
⑧ 参见唐雯《〈《记纂渊海》所引的《唐职员令》逸文〉补证——兼述晏殊〈类要〉所见〈唐职员令〉》，《中国典籍与文化》2005 年第 4 期。

造成这一情况的原因，除了此前对于唐《职员令》的研究较多关注被认为系统保存于传世文献中的唐开元七年与二十五年令文之外，还与《职员令》佚文本身留存过少有关。考《唐令拾遗》据以复原职员令的材料，除了敦煌本以外，真正标明为"唐令"的仅有 6 条，加上中村裕一从万历本《记纂渊海》、《古今事文类聚》、《古今合璧事类备要》、《职官分纪》、《总事始》中增补的 9 条，相对完整的《职员令》遗文不过 15 条，而这些遗文中虽然也透露出唐代各个时期制度变迁的些微讯息（如上引《太平御览》条），但条文数量的有限或许也是限制它们被进一步认识的重要原因。

（二）《类要》中的唐职员令

由于传世文献所提供的《职员令》佚文过于稀少而不成系统，此前对职员令的认识或有所偏差，因此，新材料的发现无疑对唐令的复原有着极其重要的意义。笔者近年来从事对北宋名臣晏殊所编类书《类要》的研究，发现其中保存了大量唐《职员令》佚文，其中绝大部分未经前人注意。这批材料的发现无疑为唐令的复原提供了更为直接的依据。

《类要》原书 74 篇，[①] 76 卷，[②] 是晏殊平素读书心得之总汇，[③] 直至晏公去世，其书仍未最后定稿。南宋初年，其四世孙晏衮将《类要》增补为 100 卷，国内现存的三个残抄本，皆属于这一系统。三本分别藏于西安文物管理委员会、北京大学与中国社科院文学所（以下分别简称"陕本"、"北大本"、"社科院本"）。陕本和社科院本存 37 卷。北大本存 16

---

① 《曾巩集》卷一三《类要序》，陈杏珍、晁继周点校，中华书局，1984，第 210 页。

② 此从《直斋书录解题》卷一四《类书类》（上海古籍出版社，1989，第 426 页）所载，《中兴书目》载 77 卷（见《玉海》卷 54，江苏古籍出版社，1987，第 1033 页），所多一篇或为目录。又《郡斋读书志》卷一四《类书类》（晁公武《郡斋读书志校证》，孙猛校，上海古籍出版社，1990，第 663 页）载 65 卷，应非全本。上述考证参见陈尚君《晏殊〈类要〉研究》，载《陈尚君自选集》，广西师范大学出版社，2000，第 301 页。

③ 叶梦得：《石林避暑录话》卷 2："晏元宪平居书籍及公家文牒未尝弃一纸，皆积以传书，虽封皮亦十百为沓，暇时手自持熨斗，贮火于旁，炙香匙亲熨之，以铁界尺镇案上，每读书得一事，则书以一封皮，后批门类，按书吏传录，盖今《类要》也。"（上海书店，1990，第 9 页右栏）

卷，内容包含在 37 卷本之中。曾巩《类要序》称其书"于六艺、太史、百家之言，骚人墨客之文章，至于地志、族谱、佛老、方伎之众说，旁及九州之外，蛮夷荒忽诡变奇迹之序录，皆披寻绅绎，而于三才万物、变化情伪、是非兴坏之理，显隐细巨之委曲，莫不究尽"。① 撰之今所存 37 卷残本，其引录文献达七百种以上，已佚文献占 80% 左右，内容涉及宋初以前的四部图书，可证曾巩所言不虚。而其引书大约有三分之一注明卷数，尤以唐代文献为多，应是自原书录出，故其价值远非后世辗转抄袭的类书可比。

《类要》中标明出于《职员令》的多达 27 条，皆为中书、门下、尚书及御史台、殿中省官员职掌，一般采用"掌……之事"的格式，与《通典·职官典》相关条目文字极为近似，可以确认为唐令。另有 19 条未标出处，但格式与上述 27 条基本一致，文字也可与《通典》相对应，因此可以肯定也是唐《职员令》佚文。由此《类要》中所保存的唐《职员令》佚文达到 46 条，远远超过此前所知的佚文总数。

其次，比照《唐六典》所载开元七年令之篇目，《类要》所引职员令文字分别属于《三师三公台省职员》与《寺监职员》，其中六部尚书及二十四司郎中执掌基本完整，为整体复原这一部分唐令提供了直接材料。

另外，比对《通典·职官典》，可以发现，这部分佚文，除"中书令"与"侍中"二条外，其他基本未经删略，仍旧保留了唐令中独有的一些语汇。以万历本《记纂渊海》所引五条《职员令》为例。这五条佚文同样见于《类要》，其中"工部郎中"与"刑部尚书"二条与《类要》引文基本一致，但"兵部郎中"、"司门郎中"、"殿中侍御史"三条则省略了"亲事"、"帐内"、"过所"、"非违"等极为重要的文字。考虑到万历本《记纂渊海》引录了《类要》不少内容，这五条《职员令》很可能即转引自《类要》。② 由此可以认为，《类要》中的《职员令》佚文，更接近唐令的原始面貌，或即是唐《职员令》的原文。

最为重要的，这部分佚文中所载录的官称与执掌内容，往往反映了唐

① 《曾巩集》卷一三，第 210 页。
② 参见唐雯《〈《记纂渊海》所引的《唐职员令》逸文〉补证——兼述晏殊〈类要〉所见〈唐职员令〉》，第 27 页。

代不同时期的制度。如卷一五《吏部尚书》引文记其执掌"判天官、司勋、考功等四司事"。① 武后光宅元年九月改吏部为"天官"，至神龙二年（706 年）二月复旧。② 可知此条为武后时所修订的《垂拱令》的遗文。如此例子并非个别。这些佚文的存在提示我们，天宝以前，令文屡经修订，开元七年与二十五年之外的令文虽然未被整体保存，但直至北宋前期仍旧没有完全湮没。因此，在唐令的复原中，仅仅依靠同类文献的比对来确认其时代很可能忽略了佚文本身所反映的制度的真正时代性。

（三）唐职员令复原——以北宋前期
文献中新见佚文为中心

《类要》所保存的这部分不同时期的唐《职员令》佚文也许提示了我们另外一种《职员令》复原思路，即在与《通典》等唐代文献比对的同时，也必须考虑到佚文本身所反映的时代特征。

有唐一代多次撰辑删定令文，《唐会要》卷三九《定格令》详细记录了武德至开元年间的历次改订，计有武德元年（618 年）、贞观十一年（637 年）、永徽二年（651 年）、龙朔二年、仪凤二年、垂拱元年（686 年）、神龙元年（705 年）、景龙元年（707 年）、景云元年（710 年）、开元三年（715 年）10 次，加上开元七年（719 年）和二十五年（737 年）2 次，共有 12 次之多。③ 虽然龙朔、仪凤、垂拱、神龙、景云及开元三年的几次修订似乎仅及于格、式，但《唐六典》卷六《尚书刑部》注文明确指出这些年度都曾修订过令文（第 185 页），而《旧唐书·职官志》也明确引录了《乾封令》（即《麟德令》）、《垂拱令》、《神龙令》，④ 因此可以认为，除景龙年间的修订并未完成以外，其他各年度皆曾修订过令文。

---

① 《类要》卷一五《吏部尚书》，《四库存目丛书》子部第 166 册，齐鲁书社，1997，第 623 页。

② 见《旧唐书》卷四二《职官一》，中华书局，1975，第 1788 页。

③ 《唐会要》卷三九《定格令》，第 819～824 页。另参见仁井田陞《唐令拾遗》"序说"，第 809～821 页。

④ 《旧唐书》卷四二《职官一》，中华书局，1975，第 1793、1794、1796、1797、1798、1799、1801 页等。

正如上文所说，各年度令文在整体上仍保持了文字的稳定性，因此对于唐《职员令》佚文时代的考虑并不应当局限于某一两部唐令，而应根据其本身所包含的制度来确定其时代。

有鉴于此，本文对唐《职员令》的复原在比对以《通典·职官典》为代表的相关文献以确定佚文性质的同时，更注重对佚文时代的考释。

其次，《类要》所保存的46条《职员令》佚文，此前从未引起注意及利用，无疑是本文最重要的复原材料。另外《太平御览》、《职官分纪》中所引录的唐《职员令》，虽然在《唐令拾遗》、《唐令拾遗补》、《唐令逸文の研究》都有过详细的考察，但部分结论似乎仍有斟酌的必要，因此对于这部分内容亦重加考订。又《唐令拾遗补》及《唐令逸文の研究》据《职官分纪》等复原的"太常卿"一条，并非唐《职员令》，今作为附论，另行考察。

所复原的令文直接标注出处，不再另列引据资料。引文误字随文订正，［］内为改正后的文字，（）内为原文。

复原所据文献之版本，现胪列如下：《类要》据《四库存目丛书》子部第166册影印陕本，《太平御览》据中华书局1960年影印北宋本，《职官分纪》据上海古籍出版社2003年影印《文渊阁四库全书》本第923册，《古今事文类聚》据书目文献出版社1991年影印元刻本，《古今合璧事类备要》据上海古籍出版社2003年影印《文渊阁四库全书》本第940册，《翰苑新书》据北京图书馆出版社1989年影印宋刻本，万历本《记纂渊海》据《唐令逸文の研究》转引。以下所注出处中页码皆指这一系列文本，不再逐一说明。

所复原的令文，可考其时代者，则以【】标年号于条目之前，文字与《通典》一致者，姑据之复原为开元二十五年令，但不排除为其他年度令文的可能性。其他不可确考者则以【唐代】泛称。所存佚文一般未录官名，可考得其明确时代者，补入当时官称，否则则据《通典·职官典》补入相应官称，以（）标示。

　　1.【唐代】太师、太傅、太保谓之三师，师范一人，仪型四海。（《类要》卷一四"三师"引《职员令》，第602页上）

【考释】《通典》卷20《职官二》："大唐复置，以师范一人，仪刑四海。"（第 509 页）① 《令集解》卷 2《职员令》："（太政大臣）师范一人，仪形四海"注引"穴云"："《永徽令》'仪形'者，《开元令》'仪刑'也。"② 则本条应是《永徽》、《开元令》以外的令文。

2.【乾封】【垂拱】（左肃机/左丞）管辖诸司，纠正台内。（《类要》卷一四"左右仆射"、"总叙左右丞"引《职员令》，第 611 页下、第 612 页下）

【考释】《通典》卷二二《职官四》："左丞掌管辖诸司，纠正省内，勾吏部、户部、礼部等十二司，通判都省事。"又同卷："龙朔二年，改尚书省为中台，咸亨初复旧。光宅元年，改为文昌台。垂拱元年，又改为都台。长安三年（703 年），又改为中台。神龙初复为尚书省"。又同卷："左右丞……龙朔二年，改为左右肃机，咸亨元年复旧。"③ 本条称"台内"而非"省内"，反映的是龙朔至咸亨，垂拱至神龙的制度，应为《乾封令》或《垂拱令》。

3.【垂拱】左右司郎中掌副左右丞所管诸司事，署抄目，举稽失，知台内宿直。若本司郎中不在，并行之。（《太平御览》卷 213 引《职员令》，第 1019 页上）

【考释】此条《唐令拾遗》复原为开元七年及二十五年令，④ 误。《通典》卷二二《职官四》："（左右司郎中）掌副左右丞所管诸司事，省署钞目，勘稽失，知省内宿直，判都省事。若右司不在，则左并行之；左司不在，右亦如之。"本条称"台内宿直"，反映的是龙朔至咸亨，垂拱至神龙的制度。又同卷："左右司郎中……龙朔二年改为左、右丞务，咸亨元

---

① "刑"，北宋本《通典》作"形"，《北宋本通典》第 1 册，汲古书院，1981，第 508 页。
② 黑板胜美：《令集解》（加注作者或编者）前篇卷 2，《新订增补国史大系》本，第 2 部第 3 册，东京：吉川弘文馆，1964，第 41 页。
③ 《通典》卷二二，第 601、590、600 页。
④ 仁井田陞：《唐令拾遗》，第 28 页。

年复旧。"（第 601 页）故本条为《垂拱令》。

4.【太极】【开元】（员外郎）掌司内簿书孔目，分判曹事，二十四司皆同此。（《类要》卷一五"员外"、"吏部"引《职员令》），第 619 页上、下）

【考释】此条《古今事文类聚》新集卷一〇作"二十四司皆其选也"。① 《翰苑新书》前集卷一四作"司内部书，二十四司皆其选也"。② 《唐令逸文の研究》据二书复原为唐代令文。③《唐六典》卷一"三师三公尚书都省"："左右司郎中、员外郎各掌付十有二司之事，以举正稽违，省署符目。"（第 10 页）《新唐书》卷四六《百官一》："（尚书省）员外郎……掌付诸司之务，举稽违，署符目，知宿直，为丞之贰。"④《唐会要》卷五八"左右司员外郎"："永昌元年（689 年）十月五日置，各一人……神龙元年三月初八日废，二年十二月复置。"（第 1177 页）永昌元年以后，中宗与睿宗皆刊定过格令。神龙格令删定之时，员外郎已废，尚未复置，而景龙元年对神龙格式的改订并未见完成。故本条应为太极或以后诸令。

5.【垂拱】（天官尚书）掌文［官］（员）选举，判天官、［司封］、司勋、考功等四司事。（《类要》卷一五"吏部尚书"引《职员令》，第 622 页上；《古今合璧事类备要》后集卷二七，第 26 页下）

【考释】《唐令逸文の研究》据《古今合璧事类备要》后集复原为开元二十五年令，⑤ 误。《通典》卷二三《职官五》："（吏部尚书）掌文官选举，总判吏部、司封、司勋、考功四曹事。"（第 631 页）《旧唐书》卷四二《职官一》："光宅元年九月，改……吏部为天官……神龙元年二月，

---

① 《古今事文类聚》卷一〇，书目文献出版社，1991，第 1857 页上。
② 《翰苑新书》前集卷一四，书目文献出版社，1989，第 146 页。
③ 中村裕一：《唐令逸文の研究》，汲古书院，2005，第 25 页。
④ 《新唐书》卷四六，中华书局，1975，第 1185 页。
⑤ 中村裕一：《唐令逸文の研究》，汲古书院，2005，第 17 页。

台阁官名并依永淳已前故事。"① 故本条为《垂拱令》。

6.【贞观】（吏部郎中）掌选补流外官及文武官名簿、朝集、禄赐、假故，并文武官告身之事。（《类要》卷一五"吏部郎中"引《职员令》，第 623 页下）

【考释】《通典》卷二三《职官五》注："（吏部郎中）掌选补流外官，谓之小铨。并掌文官名簿、朝集、禄赐、假使，并文官告身，分判曹事。"（第 633 页）《令集解》卷三《职员令·式部省》："卿一人，掌内外文官名帐。"② 《养老令》之蓝本为《永徽令》，则自《永徽令》以来，吏部郎中皆不掌武官名簿及告身。前引《令集解》注引"朱云"："'未知武官杂任名帐，何官可掌乎？式部欤？兵部欤？'何答：'元式部可任耳，但今行事，门部者兵部补任耳。此违令文耳。但兵部官人等名帐式部可掌'。"③ 日本曾有过式部掌武官名帐的制度，而其来源很可能即是唐代制度。又敦煌文书 P.4745："（前缺）长史、司马、司录、上总管从四品，中总管正五品，下总管从五品。随勋官、散官及镇将、副五品以上，并五等爵，在武德九年二月二日以前身亡者，子孙并不得用荫当；虽身在，其年十二月卅日以前不经参集，并不送告身经省勘校奏定者，亦准此。随官文武职事五品以上，在贞观五□□□□□前省司勘定符下者（后缺）。"④ 刘俊文据《唐律疏义》卷二五《伪写前代官文书印》条疏断为《贞观吏部式》断片。⑤ 则贞观时期，文武官员告身皆经吏部勘定，吏部亦当掌武官名籍。故本条应为《贞观令》。

7.【垂拱】司封郎中，掌封爵皇诸宗亲，内外命妇及国［官］（宫）、邑官告身并选流外、视品等事。（《类要》卷一五"司封"引

---

① 《旧唐书》卷四二，中华书局，1975，第 1788 页。
② 《令集解》前篇卷三，第 76 页。
③ 《令集解》前篇卷三，第 77 页。
④ 图版见《法藏敦煌西域文献》第 33 册，上海古籍出版社，1995，第 149 页下。录文参见刘俊文《敦煌吐鲁番唐代法制文书考释》，第 307～308 页。
⑤ 刘俊文：《敦煌吐鲁番唐代法制文书考释》，中华书局，1989，第 308 页。

《职员令》，第 624 页下；《太平御览》卷 216 引《职员令》，第 1031
页下）

【考释】此条《唐令拾遗》据《太平御览》复原为开元七年及二十五
年令，① 误。《通典》卷二三《职官五》注："（司封郎中）掌封爵、皇之
枝族及诸亲、内外命妇告身及道士、女冠等。"（第 634 页）《唐会要》卷
五八"司封郎中"："武德元年因隋旧号为主爵郎中，龙朔二年改为司封
大夫，咸亨元年改为主爵郎中，垂拱元年二月二日改为司封郎中，神龙元
年九月五日改为主爵郎中，开元二十四年九月二十六日复故。"②《御览》
引作"司封郎中"，应为《垂拱令》或《开元二十五年令》。又国官、邑
官即亲王、公主之属官，《旧唐书·职官志》从七品上阶之"亲王国令"
注："旧［视］（规）流内正九品，太极年改。"③ 又"公主家令"条注：
"旧［视］（规）流内正八品，太极年改。"则太极以前，国官、邑官为视
品官，由司封判补并给告身，而在太极年间改为流内官后，亦由吏部给告
身，④ 故本条所载为太极以前的制度，故复原为《垂拱令》。

8.【天宝】司封郎中一人。掌封爵皇帝诸亲、内外命妇告身等，
寺观及道士、女冠等事。（《职官分纪》卷九"司封郎中"引《职员
令》，第 251 页上）⑤

【考释】此条《唐令逸文の研究》据《职官分纪》复原为开元二十五
年令，⑥ 误。《唐会要》卷四九《僧尼所隶》："天宝二载三月十三日制：
'僧尼隶祠部，道士宜令司封检校，不须隶宗正寺。'元和二年二月，诏僧

---

① 仁井田陞：《唐令拾遗》，第 32 页。
② 《唐会要》卷五八，第 1181 页。
③ 《旧唐书》卷四二，中华书局，1975，第 1799 页。其中"规"改为"视"参见李锦绣
《唐代视品官制初探》，《中国史研究》1998 年第 3 期，第 69 页。
④ 李锦绣：《唐代视品官制初探》，《中国史研究》1998 年第 3 期，第 69～70 页。
⑤ 《天宝令》的编撰，史无明确记载，刘俊文考敦煌文书 P.2504 为《天宝令式表》，并认
为天宝四载玄宗曾再次修订律令式。参见刘俊文《敦煌吐鲁番唐代法制文书考释》，
中华书局，1989，第 374 页。
⑥ 中村裕一：《唐令逸文の研究》，汲古书院，2005，第 8～9 页。

尼道士同隶左街右街功德使，自是祠部、司封不复关奏。"① 则本条为天宝至元和制度。

9. 【开元七年及以前】（司勋郎中）掌校定勋绩，论功行赏、勋官及视品、府佐等告身之事。（《类要》卷一五"司勋"引《职员令》，第 624 页下）

【考释】《通典》卷二三《职官五》注："（司勋郎中）掌校定勋绩、论官赏、勋官告身等事。"（第 634 页）《旧唐书》卷八《玄宗纪》："（开元）十年春正月……甲子，省王公已下视品官、参佐及京三品已上官［仗］（伏）身职员。"② 本条尚有"视品、府佐"等官称，当为开元十年以前制度，应为开元七年及以前令文。

10. 【武德】（考功郎中）掌考察内外百司，策试、贡举及功臣家传、碑、颂、诔、谥之事。（《类要》卷一五"考功"引《职员令》，第 624 页下）

【考释】此条《通典》卷二三《职官五》注引《武德令》作"考功郎中监试贡举人。"（第 635 页）《职官分纪》卷九《员外郎》"掌贡举"条注引《武德令》同。③《唐令拾遗》据《通典》复原为武德令，未及其馀职掌。④《通典》卷二三《职官五》注："（考功郎中）掌考察内外百官及功臣家传、碑、颂、诔、谥等事。"（第 634 页）

11. 【垂拱】（地官尚书）掌总判地官、度支、金部、仓部事。（《类要》卷一五"户部尚书"，第 625 页下）

【考释】《通典》卷二三《职官五》："（户部尚书）总判户部、度支、

---

① 《唐会要》卷四九，第 1006 页。
② 《旧唐书》卷八，中华书局，1975，第 183 页。
③ 《职官分纪》卷九，第 254 页。
④ 仁井田陞：《唐令拾遗》，第 31 页。

金部、仓部事。"（第 636 页）《旧唐书》卷四二《职官一》："光宅元年九月，改……户部为地官……神龙元年二月，台阁官名并依永淳已前故事。"（第 1788 页）故本条为《垂拱令》。

12.【开元二十五年】（户部郎中）掌户口、籍帐、赋役、［孝］（礼）义、优复、蠲免、婚姻、继嗣，百官众庶［园］（阛）宅（户）、口分、永业等事。（《类要》卷一五"户部郎中"，第 626 页上）

【考释】此条同《通典》卷二三《职官五》注所载户部郎中执掌。[1]敦煌文书 S.1344 开元户部格所载格文涉及户口管理、赋役管理、蠲免优复、土地管理、土贡管理、朝集使等，[2] 与本条及《通典》所载基本相合，疑为开元令。

13.【开元二十五年】（度支郎中）掌度支国用。（《类要》卷一五"度支"引《职员令》，第 626 页上）

【考释】此条同《通典》卷二三《职官五》注所载度支郎中执掌。（第 637 页）

14.【唐代】（金部郎中）掌库藏金宝、货物、权衡、度量、市易之事。（《类要》卷一五"金部"引《职员令》，第 626 页上）

【考释】《通典》卷二三《职官五》注："（金部郎中）掌库藏金宝货物，权衡度量等事。"（第 638 页）《新唐书》卷四六《百官一》："金部郎中……掌天下库藏出纳、权衡度量之数，两京市、互市、和市、宫市交易之事，百官、军镇、蕃客之赐，及给宫人、王妃、官奴婢衣服。"（第 1193 页）

---

① 《通典》卷二三，第 637 页。
② 图版见《英藏敦煌文献》第 2 册，四川人民出版社，1990 年，第 269~270 页。录文参见刘俊文《敦煌吐鲁番唐代法制文书考释》，中华书局，1989，第 283 页。

15. 【开元二十五年】（仓部郎中）掌诸仓廪之事。（《类要》卷一五"仓部"引《职员令》，第 626 页上）

【考释】此条同《通典》卷二三《职官五》注所载仓部郎中执掌。（第 638 页）

16. 【垂拱】（春官尚书）总判春官、祠［部］、膳［部］、主客事。（《类要》卷一五"礼部尚书"，第 626 页下）

【考释】《通典》卷二三《职官五》："（礼部尚书）总判祠部、礼部、膳部、主客事。"（第 639 页）《旧唐书》卷四二《职官一》："光宅元年九月，改……礼部为春官……神龙元年二月，台阁官名并依永淳已前故事。"（第 1788 页）故本条为《垂拱令》。

17. 【唐代】（礼部郎中）掌礼乐、学校、仪式、制度、衣冠、符印、表疏、图书、策命、祥瑞、铺设、丧葬、赠赙、王及［宫］（官）人之事。（《类要》卷一五"礼部郎中"，第 627 页上）

【考释】《通典》卷二三《职官五》注："（礼部郎中）掌礼乐、学校、仪式、制度、衣冠、符印、表疏、册命、祥瑞、铺设、丧葬、赠赙及宫人等。"（第 639~640 页）

18. 【神龙】【太极】【开元三年】【开元七年】（祠部郎中）掌祠祀、天文、漏刻、国忌、庙讳、卜筮、医药、道士、女冠、僧尼簿书之事。（《类要》卷一五"祠部"，第 627 页上）

【考释】《通典》卷二三《职官五》注："（祠部郎中）掌祠祀、天文、漏刻、国忌、庙讳、卜祝、医药等及僧尼簿籍。"（第 640 页）《唐六典》卷 4"尚书礼部"："祠部郎中、员外郎，掌祠祀享祭，天文漏刻，国忌庙讳，卜筮医药，道、佛之事。"（第 120 页）《唐会要》卷五九"祠部郎中"："延载元年五月十一日，敕：'天下僧尼道士隶祠部，不须属司宾。'……（开元）二十五年正月七日，道士、女道士割隶宗正寺，僧、尼令祠部检校。"（第1207页）则本条为垂拱以后，开元二十五年前令文。

19.【开元二十五年】（膳部郎中）掌饮膳、藏冰及食料之事。（《类要》卷一五"膳部"引《职员令》，第627页下）

【考释】此条同《通典》卷二三《职官五》注所载膳部郎中执掌。（第640页）

20.【开元二十五年】（主客郎中）掌二王后及诸［藩］（蕃）朝［聘］（宾）之事。（《类要》卷一五"主客"，第627页下）

【考释】此条同《通典》卷二三《职官五》注所载主客郎中执掌。（第640页）

21.【垂拱】（夏官尚书）掌武官选举，总判夏官、职［方］、驾［部］、库［部］事。（《类要》卷一五"兵部尚书"，第628页下）

【考释】《通典》卷二三《职官五》："（兵部尚书）掌武官选举，总判兵部、职方、驾部、库部事。"（第641页）《旧唐书》卷四二《职官一》："光宅元年九月，改……兵部为夏官……神龙元年二月，台阁官名并依永淳已前故事。"（第1788页）故本条为《垂拱令》。

22.【开元二十五年】（兵部郎中）掌武职、［武］勋官、三卫［及］（又）兵士簿书、朝集、禄赐、假使、差发、配［亲］事［帐］内考校及给武职告身。（《类要》卷一五"兵部郎中"，第629页上）

【考释】此条《记纂渊海》卷二八"兵部郎中"引《职员令》作"掌武职、勋官、三衙及兵士簿书、朝集、禄赐、假告、差发、武职告身之事"，（第 10 页）中村裕一据以复原为开元二十五年令，[①]《唐令拾遗补》收入，[②] 宜以此条为引据资料。"兵士"下《通典》卷二三《职官五》注所载兵部郎中执掌多"以上"二字，"校"作"覈"，馀同。同卷注："（郎中）掌与侍郎同。"（第 642 页）

23.【开元二十五年】（职方郎中）掌地图、城隍、镇戍、烽候、防人路程远近、归化酋渠之事。（《类要》卷一五"职方"引《职员令》，第 629 页上）

【考释】"酋渠"，《通典》卷二三《职官五》注所载职方郎中执掌作"首渠"，馀同。（第 642 页）

24.【开元二十五年】（驾部郎中）掌舆马、［车］（典）乘、邮驿、厩牧、官私马驴、阑遗杂畜之事。（《类要》卷一五"驾部"，第 629 页下）

【考释】"舆马"，《通典》卷二三《职官五》注所载驾部郎中执掌作"舆辇"，"官私马驴"作"司牛马驴骡"，馀同。（第 642 页）

25.【开元二十五年】（库部郎中）掌军器、仪仗、卤簿、法式及乘舆之事。（《类要》卷一五"库部"，第 629 页下）

【考释】此条同《通典》卷二三《职官五》注所载库部郎中执掌。（第 643 页）

26.【开元二十五年】（刑部尚书）掌总判刑［部］、［都］（部）［官］、比［部］、司［门］事。（《类要》卷一五"刑部尚书"，第 630 页上）

【考释】《记纂渊海》卷二八"刑部尚书"引《职员令》同。（第13页）中村裕一据以复原为开元二十五年令，[1]《唐令拾遗补》收入，[2] 宜以此条为引据资料。此条同《通典》卷二三《职官五》所载刑部尚书执掌。（第644页）

27.【垂拱】（秋官郎中）掌律令、定刑名、按覆司刑及诸州应奏之事。（《类要》卷一五"刑部郎中"，第630页下）

【考释】《通典》卷二三《职官五》注："（刑部侍郎）掌律令、定刑名、案覆大理及诸州应奏之事。"同卷注："（郎中）与侍郎同。"（第644～645页）《旧唐书》卷四二《职官一》："光宅元年九月……改大理为司刑……神龙元年二月，台阁官名并依永淳已前故事。"（第1788页）故本条为《垂拱令》。

28.【开元二十五年】（都官郎中）掌簿敛、配入官户奴婢簿籍、良贱及部曲、客女、俘［囚］（国）之事。（《类要》卷一五"都官"，第630页下）

【考释】"配入"，《通典》卷二三《职官五》注所载都官郎中执掌作"配役"，"官户奴婢"作"官奴婢"，馀同。（第645页）

29.【开元二十五年】（比部郎中）掌内外诸司公廨及公私债负、徒役、工程、赎物帐及勾用度［物］之事。（《类要》卷一五"比部"，第630页下）

【考释】"赎物账"，《通典》卷二三《职官五》注所载比部郎中执掌作"赃物账"，馀同。（第645页）

---

① 中村裕一：《唐令逸文の研究》，汲古书院，2005，第13页。
② 仁井田陞：《唐令拾遗补》，东京大学出版会，1997，第335页。

30.【开元二十五年】（司门郎中）掌门籍，关栈、桥梁及道路、过所、阑遗物之事。（《类要》卷一五"司门"，第 630 页下）

【考释】此条《记纂渊海》卷二八"司门郎中"引《职员令》作"掌门籍、关栈及道路、［过］所、阑遗物之事"，（第 17 页）中村裕一据以复原为开元二十五年令，① 《唐令拾遗补》收入，② 宜以此条为引据资料。"关栈桥梁"，《通典》卷二三《职官五》注所载司门郎中执掌作"关桥"，馀同。（第 646 页）

31.【垂拱】冬官总判［冬官］（工）、屯［田］、虞［部］、水［部］事。（《类要》卷一五"工部尚书"，第 631 页上）

【考释】《通典》卷二三《职官五》："（工部尚书）总判工部、屯田、虞部、水部事。"（第 646 页）《旧唐书》卷四二《职官一》："光宅元年九月，改……工部为冬官……神龙元年二月，台阁官名并依永淳已前故事。"（第 1788 页）本条为《垂拱令》，在抄入《类要》时有所改写。

32.【开元二十五年】（工部郎中）掌兴造、工匠、诸公廨屋宇、五行、纸笔之事。（《类要》卷一五"工部郎中"引《职员令》，第 631 页下；《记纂渊海》卷二八"工部郎中"引《职员令》，第 18 页；《古今事文类聚》新集卷一六"工部郎中"引《职员令》，第 1919 页）

【考释】中村裕一据《记纂渊海》、《古今事文类聚》新集复原为开元二十五年令，③ 《唐令拾遗补》收入，④ 宜以此条为引据资料。"纸笔"，《通典》卷二三《职官五》注所载工部侍郎执掌作"并纸笔墨"，馀同。同卷注："（郎中）所掌与侍郎同。"（第 646～647 页）

---

① 中村裕一：《唐令逸文の研究》，汲古书院，2005，第 17 页。
② 仁井田陞：《唐令拾遗补》，东京大学出版会，1997，第 336 页。
③ 中村裕一：《唐令逸文の研究》，汲古书院，2005，第 19 页。
④ 仁井田陞：《唐令拾遗补》，东京大学出版会，1997，第 336 页。

33.【唐代】（屯田郎中）掌屯田、诸司公廨、官人职分、赐田及官园、官宅之事。（《类要》卷一五"屯田"，第631页下）

【考释】《通典》卷二三《职官五》注："（屯田郎中）掌屯田、官田、诸司公廨、官人职分、赐田及官园宅等事。"（第647页）

34.【开元二十五年】（虞部郎中）掌京城街巷种植、山泽、苑囿、草木薪炭供顿、田猎之事。（《类要》卷一五"虞部"，第631页下）

【考释】此条同《通典》卷二三《职官五》注所载虞部郎中执掌。（第647页）

35.【开元二十五年】（水部郎中）掌川泽、津济、船舻、浮桥、渠堰、陂池、渔捕、运漕、水碾硙之事。（《类要》卷一五"水部"，第631页下~632页上）

【考释】《通典》卷二三《职官五》注："（水部郎中）掌川渎、津济、船舻、浮桥、渠堰、渔捕、运漕、水碾硙等事。"（第648页）敦煌文书P. 2507《开元二十五年水部式》残卷所涉内容大体与此条合，① 当为开元二十五年令。

36.【开元七年】【开元二十五年】（侍中）掌侍从，负宝，献替，赞相礼仪，审署奏抄，驳正违失，监封题，给驿券，监起居注，总判省事。（《通典》卷二一《职官三》"侍中"引《令文》，第549页；《类要》卷一六《侍中》引《职员令》，第633页上）

【考释】此条《唐令拾遗》据《通典》复原为开元七年及开元二十五

---

① 图版见《法藏敦煌西域文献》第15册，上海古籍出版社，1995，第1~4页。录文参见刘俊文《敦煌吐鲁番唐代法制文书考释》，中华书局，1989，第326~354页。

年令，未加论证。① 按本条称玺作"宝"。《通典》卷二一《职官三》：
"符宝郎……隋初有符玺局，置监二人……炀帝改监为郎，大唐因之。长
寿三年，改为符宝郎。神龙初，复为符玺郎，开元初，复为符宝郎。"（第
559页）《旧唐书》卷八《玄宗纪》上："（开元六年十一月）乙巳，传国
八玺依旧改称'宝'，符玺郎为符宝郎。"（第179页）长寿三年（694
年）至神龙初无修订格令之事，故当为开元七年或此后之令。

37.【开元二十五年】（门下侍郎）掌侍从，省署奏抄，驳正违
失。（《类要》卷一六"门下侍郎"引《职员令》，第634页下）

【考释】《通典》卷二一《职官三》："（门下侍郎）掌侍从，署奏抄，
驳正违失，通判省事，若侍中阙，则监封题，给驿券。"（第550～551页）
《唐令拾遗》据以复原为开元七年及二十五年令，② 宜以此条为引据资料。

38.【开元二十五年】（给事中）[掌]（常）侍从，[读]（诸）
署奏抄，驳正违失。（《类要》卷一六"给事中"引《职员令》，第
634页下）

【考释】《通典》卷二一《职官三》："（给事中）[掌]（常）侍从，
读署奏抄，驳正违失，分判省事。若侍中、侍郎并阙，则监封题，给驿
券。"（第551页）《唐令拾遗》据以复原为开元七年及二十五年令。③ 宜
以此条为引据资料。

39.【贞观】【永徽】（散骑常侍）掌侍从赞相。（《类要》卷一
六"散骑常侍"引《职员令》，第635页下）

【考释】《通典》卷二一《职官三》："（散骑常侍）贞观十七年，复

---

① 仁井田陞：《唐令拾遗》，第34页。
② 仁井田陞：《唐令拾遗》，第34页。
③ 仁井田陞：《唐令拾遗》，第34页。

置为职事官，始以刘洎为之。其后定制，置四员，属门下，掌侍从规谏。显庆二年，迁二员，隶中书，遂分为左右。左属门下，右属中书……龙朔二年，改左右散骑常侍为左右侍极，咸亨元年复旧。"（第554页）《类要》置散骑常侍于门下省，且未分左右，疑本条为《贞观令》或《永徽令》。

40.【开元二十五年】（谏议大夫）掌侍从规谏。（《类要》卷一六"谏议大夫"引《职员令》，第637页上）

【考释】此条同《通典》卷二一《职官三》所载谏议大夫执掌。（第555页）

41.【唐代】（起居郎）掌侍从，录起居注。（《类要》卷一六"总叙起居"引《职员令》，第637页下）

【考释】《唐六典》卷八"门下省"："起居郎掌录天子之动作法度，以修记事之史。"（第248页）

42.【开元二十五年】（中书令）掌侍从、献替、制敕、册命、敕奏文表、授册，监起居注，总判省事。（见《通典》卷二一《职官三》引《令文》，第562页、《类要》卷一六"中书令"引《职员令》，第640页上）

【考释】《唐令拾遗》据《通典》复原为开元七年及二十五年令，[1]此条可补为引据资料。

43.【开元二十五年】（中书侍郎）掌侍从、制敕、册命、敕奏文表。（《类要》卷一六"中书侍郎"引《职员令》，第640页下）

---

① 仁井田陞：《唐令拾遗》，第36页。

【考释】《通典》卷二一《职官三》："（中书侍郎）掌侍从、献替、制敕、册命、敷奏文表。通判省事。"（第563页）《唐令拾遗》据以复原为开元七年及二十五年令，[①] 宜以此条为引据资料。

44. 【垂拱】【神龙】（左肃政台/左御史台大夫）掌肃清风俗，纠弹在京非违。（《类要》卷一六"御史大夫"引《职员令》，第647页下）

【考释】《通典》卷二四《职官六》："大唐因隋，亦曰（御史）大夫……掌肃清风俗，弹纠内外，总判台事。"（第666页）《令集解》卷五《职员令·弹正台》："尹一人，掌肃清风俗，弹奏内外非违。"注曰："内者左右两京，外者五畿七道也。"[②]《通典》所谓"弹纠内外"，与此一致，而与本条"纠弹在京非违"显然不同。《唐会要》卷六十《御史台》："武德初，因隋旧制为御史台，龙朔二年四月四日改为宪台，咸亨元年十月二十三日复为御史台，光宅元年九月五日改为左肃政台，专管在京百司及监军旅；更置右肃政台，其职员一准左台，令按察京城外文武官僚……神龙元年二月四日改为左右御史台，景云三年二月二日废右台，先天二年九月一日又置右台，停诸道按察使，其年十月二十五日，又置诸道按察使，废右台。"（第1225页）[③] 则武后、中宗时期，左台纠弹京城，右台按察州县。又《旧唐书》卷七《睿宗纪》："（太极元年二月）辛酉（二十二日），废右御史台官员。己巳（三十日），颁新格式于天下。"（第159页）则太极格令已无右台内容。则本条当为《垂拱令》或《神龙令》。

45. 【开元以前】（殿中侍御史）掌［驾］（届）出于卤簿内纠察非违，馀同侍御史，唯不判事。（《类要》卷一六"殿中侍御史"引《职员令》，第650页上）

---

① 仁井田陞：《唐令拾遗》，第36页。
② 《令集解》前篇卷五，第137~138页。
③ 《唐会要》卷六〇，第1225页。

【考释】此条《记纂渊海》卷三十"殿中侍御史"、《古今合璧事类备要》后集卷二五引《职员令》作"掌驾出于卤簿内纠察，与侍御史同，惟不判事。"① 中村裕一据以复原为开元二十五年令，② 《唐令拾遗补》收入，③ 误。《通典》卷二四《职官六》："（殿中侍御史）初掌驾出于卤簿内纠察非违，馀同侍御史，唯不判事……自开元初以来……兼知库藏出纳及宫门内事，知左右巡，分京畿诸州诸卫兵禁隶焉，弹举违失……"（第673页）则本条应为开元以前令。

46.【垂拱】【神龙】（左肃政台/左御史台监察御史）掌在京纠察、祠祀及诸出使之事。（《类要》卷一六"监察御史"引《职员令》，第650页下）

【考释】《通典》卷二四《职官六》："（监察御史）掌内外纠察并监祭祀及监诸军、出使等。"（第674页）本条作"掌在京纠察"，亦是武后、中宗时制度，当为《垂拱令》或《神龙令》。

47.【垂拱】（尚食局奉御）掌总知御膳，进食先尝，分别判局事。（《类要》卷一九"尚食局"引《具员故事》引《令·职员令》，第698页下）

【考释】《具员故事》，唐梁载言撰，梁载言事迹附见《旧唐书·刘宪传》，著有《具员故事》十卷、《十道志》十六卷，④ 卒于开元前期。⑤ 《类要》卷十九"詹事府"引《具员故事》："宫尹府，即詹事府，宫尹府

---

① 《古今合璧事类备要》后集卷二五，第12页上。
② 中村裕一：《唐令逸文の研究》，汲古书院，2005，第19~20页。
③ 仁井田陞：《唐令拾遗补》，东京大学出版会，1997，第336页。
④ 《旧唐书》卷一九〇《文苑传中·刘宪传》，中华书局，1975，第5017页。
⑤ 张鷟：《朝野佥载》卷六："怀州刺史梁载言昼坐厅事，忽有物如蝙蝠从南飞来，直入口中，翕然似吞一物。腹中遂绞痛，数日而卒。"（赵守俨点校，中华书局，1979，第144页）则张鷟（658—730）（据李剑国《唐五代志怪传奇叙录》第一卷"游仙窟"条，南开大学出版社，1993，第127页）见其卒。

有此名也。"① 《旧唐书》卷四二《职官一》："光宅元年九月，改……詹事府为宫尹府……神龙元年二月，台阁官名并依永淳已前故事。"（第1788 页）则《具员故事》作于武后光宅改官名以后，所引为《垂拱令》。

48.【唐代】（奚官局令）掌［守］宫人、伎乐、导（守）引、宝仗、疾病、罪罚、丧葬之事。（《类要》卷一九"奚官局令"引《令·职员令》，第 700 页下）

【考释】《通典》卷二七《职官九》："（奚官局令）掌守宫人、使药、疾病、罪罚、丧葬等事。"（第 758 页）

附论：

太常卿，位任特隆，学冠儒林，艺通礼乐者可以居之。（《职官分纪》卷一八，第 418 页下；《记纂渊海》卷二三，第 21 页；《古今事文类聚》新集卷二六，第 2036 页上；《翰苑新书》前集卷二一，第 202 页下）

按，此条《唐令逸文の研究》据上述文献复原为开元二十五年令，②《唐令拾遗补》收入，③ 误。此条实为北魏《职员令》佚文。首先，本条在《职官分纪》中列于《齐职仪》与《隋百官志》之间。以《分纪》体例，此条所叙并非唐制度。其次，此条"艺通礼乐者可以居之"，系对任职资格的描述。据敦煌本《东宫诸府职员》可知，一般而言，唐职员令仅载员数与执掌，并不包括任职资格。《唐令拾遗》复原《三师三公职员》虽有任职资格的描述，但由于三公三师皆属虚职，故无员数，亦无执掌，但空论其资格，未必本于《职员令》。而中村裕一认为本条所载的员数与执掌已佚失，并引《通典》二七《职官》九所载"凡祭酒、司业，皆儒重之官，非其人不居"，认为《职员令》原有对任职资格的描述，实

---

① 《类要》卷一九，第 711 页上。
② 中村裕一：《唐令逸文の研究》，汲古书院，2005，第 21～22 页。
③ 仁井田陞：《唐令拾遗补》，东京大学出版会，1997，第 366 页。

无确证。① 再次，北魏孝文帝曾撰《职员令》二一卷，② 《太平御览》、《职官分纪》所引《后魏职令》皆载明任职资格，体例与本条同，例如《职官分纪》卷一八引《后魏职令》："宗正卿第四品上，第三清，选用忠懿清和，识参教典者。先用皇宗，无则用庶姓。"③ 其位置亦在《隋百官志》之前，而体例与此略同。《唐令逸文の研究》及《唐令拾遗补》应剔除此条。

（四）北宋文献所引职员令佚文来源推测

通过对上文的分析，可以发现，《太平御览》、《类要》及《职官分纪》中所保存的令文涉及唐前期所修订的多部令文，④ 显然并非单纯地抄录自某一年度的唐令。那么探究这些佚文的可能来源，对我们认识北宋前期唐令的流传显然有着重要意义。

在追究《类要》及其同时代文献所存佚文的可能来源之前，我们不妨先看一下北宋前期，尚有多少文献可能保存《职员令》佚文。

其一，完整的《唐令》。《新唐书·艺文志》载《唐令》共4部，分别为《武德令》、《贞观令》、《永徽令》、《开元令》，包括了《唐会要·定格令》中明确提及的几部令文。但在记录北宋前期秘阁实际藏书的《崇文总目》中却只提到了《唐令》一部，三十卷，未题撰人。曾巩虽作《唐令目录序》，但仍未指出其年度，⑤ 很可能即是以《天圣令》为蓝本的开元二十五年令。另外《直斋书录解题》卷七《法令类》载《唐令》三十卷，题宋璟撰，为开元七年令，⑥ 则此本在北宋时代亦应有流传。由于《新志》的补史志性质，所载并非为一时实际藏书，⑦ 故北宋前期所能见

① 中村裕一：《唐令逸文の研究》，汲古书院，2005，第21～22页。
② 《魏书》卷七下《孝文帝纪》，中华书局，1974，第172页。
③ 《职官分纪》卷一八，第434页下。
④ 《职官分纪》虽成书于北宋中期，但其书以宋初杨侃《职林》为蓝本，增补了宋代制度（见《职官分纪》卷首秦观序，第3页）故所载唐制犹是杨侃旧本，与《太平御览》、《类要》仍属同一时期文献。
⑤ 《曾巩集》卷一一，第189页。
⑥ 参见《唐会要》卷三九《定格令》，第820页。
⑦ 参见张固也《新唐书艺文志补》"自序"，吉林大学出版社，1996，第3～4页。

到的完整《唐令》，很可能仅有开元七年与开元二十五年令。

其二，律令格式汇编。除了有限的《唐令》以外，北宋前期尚有为数不少的摘录汇编唐代律令格式的文献。《新志》、《崇文总目》刑法类所载包含唐令的法令汇编有李林甫等编《格式律令事类》四十卷、王行先《律令手鉴》二卷、裴光庭《唐开元律令科要》一卷。《宋志》刑法类又载萧昊《开元礼律格令要诀》一卷。这些律令汇编应当包括《职员令》的内容。

其三，职官书。《类要》所引《具员故事》包含《职员令》文字，提示了各年度《职员令》很可能是这类职官书的材料来源之一。除《具员故事》以外，《新志》及《新唐书艺文志补》职官类所载这一类文献尚有杜英师《职该》二卷、任戬《官品纂要》一〇卷、李吉甫《元和百司举要》一卷、韦述《唐职仪》三〇卷、杜佑《唐外典职官纪》一〇卷、无名氏《唐百官职纪》二卷、孔至道《百官要望》一卷。这些著作都记载了唐代各个时期官员的员数与执掌，[①] 而《职员令》无疑是其重要的材料来源之一。

其四，职员令汇编。《太平御览经史纲目》载《唐职员令》一种，《太平御览》所引三条皆出于此书。《唐职员令》不见于史志著录，但太平兴国九年（984 年），日本僧奝然入宋之时，所献之书即有其国《职员令》一卷。[②] 考虑到唐代出现的大量律令汇编及职官书在当时已有不少传入日本的情况，[③] 我们可以认为奝然所献《职员令》很有可能即受到了这一类文献的影响，而将令文之中的《职员令》部分单独汇编成书。《唐职员令》的产生亦当源于相同的背景。《御览》所引《唐职员令》皆为官员执掌，故而可以视为以原始令文为材料的职官书。

综上所述，北宋前期，唐代各年度《职员令》仍或零或整地保存于各类书籍、档案之中，因此《类要》、《太平御览》以及《职官分纪》中这部分内容的来源也并非单一。以下即对其可能来源稍作推论。

---

① 参见张固也《新唐书艺文志补》，吉林大学出版社，1996，第 82~83 页。

② 《宋史》卷四九一《日本国传》作"职员令"，中华书局，1977，第 14131 页，《校勘记》引日成寻《参天台五台山记》延九四年十二月二十九日条引《杨文公谈苑》及黄遵宪《日本国志》作"令"，第 14149 页。

③ 《日本国见在书目录》职官家载李吉甫《百司举要》一卷及《唐六典》；刑法家载《唐令私记》卅卷、《金科类聚》五卷。《古逸丛书》第 4 册，江苏古籍出版社，2002，第 743~744 页。

《职官分纪》所载两条唐《职员令》皆载录员数，而以执掌为注文，与敦煌本《永徽职员令》体例相合，由此可见，其很可能出自完整的唐令。而"司封郎中"一条及于天宝制度，因此，《职官分纪》所引《职员令》或即出自《天宝令》。

《太平御览》所引《职员令》佚文的来源已如上文所示，三条佚文中，"左右司郎中"与"司封郎中"两条可确定为《垂拱令》，由此可知《唐职员令》一书很可能包含了不同年度的《职员令》。

《类要》之中，"尚食局"一条出于梁载言《具员故事》，"奚官局令"一条，由于引录格式与"尚食局"条相同，皆作"令·职员令"，而完全不同于其他各条，其很可能同样转录自《具员故事》。除此以外的44条分属于武德、贞观、垂拱、神龙、开元等不同年度，故并非抄录自某年度的《唐令》。考虑到《类要》所引《职员令》与《太平御览》一样，仅载执掌而不及员数，而且现存的三七卷中除了这46条《职员令》以外，并未见引录唐代律、格、式及《职员令》以外的其他令文，故其来源很可能也出于《唐职员令》或者类似的职员令汇编。

《太平御览》、《类要》及《职官分纪》所引《职员令》佚文的可能来源提示我们，北宋初期，除了不多的几部《唐令》以外，唐代各年度的《职员令》以多种形式保存于律令汇编及职官书中，其中甚至有《唐职员令》这样专门以官员执掌为内容的唐令汇编，其内容不仅仅包括现行之令，还保留了相当一部分废除已久的旧令，因此在北宋前期的文献中仍有可能对其进行引录。进一步来说，《新唐书·百官志》中不见《六典》及《旧唐志》的文字，其来源很可能也是北宋初年尚存的律令汇编或职官书中所保存的各年度《职员令》。

通过本文对以《类要》为代表的在北宋前期文献中所保存的《职员令》佚文的考察，可以发现，唐代令文并不一定随着其本身的废止而失去生命力，实际上，它们仍可能通过各种途径被引用而流传后世。而令文本身文字的稳定性，使各个时期制度的变迁往往体现在细微的文字差别之中，因此唐令的复原，不应当局限于有限的某些年度的令文，也不应当仅仅从与传世文献在文字上的相似来判断佚文的年代，而应当着眼于佚文本身所透露的时代信息，如此，或可稍稍接近唐令的本真面貌。

唐《开元二十五年令·田令》考

不久前，笔者在宁波天一阁博物馆发现了学界原以为失传的宋《天圣令》后十卷。[①] 这部修定于宋仁宗天圣七年（1029 年）的令典保存了大量的已佚唐《开元二十五年令》原文。许多令文，日本学者仁井田陞的《唐令拾遗》未收，过去也从未有记载，其中所附录的唐《田令》，相当完整地保持了唐令原貌，引人注目。中古时期以均田制为主要内容的《田令》，自北魏至唐，先后制定颁布过多部，皆已失传。今本发现的《天圣令》所载唐《田令》，弥足珍贵，对中古时期的土地制度和律令研究有着极为重要的价值。

（一）《天圣令·田令》录文

《天圣令》的修定，"凡取唐令为本，先举见行者，因其旧文参以新制定之。其今不行者亦随存焉"。[②]《天圣令·田令》分前后两个部分，前部分载宋在行之令 7 条，后部分附录唐《开元二十五年令》令文 49 条。兹移录如下。原文俗字，用正字移录。随文校正字用圆括号标明，脱文补出字用方括号标明。另用阿拉伯数码标明条序。

1. 诸田广一步、长二百四十步为亩，亩百为顷。

2. 诸每年课种桑枣树木，以五等分户，第一等一百根，第二等八十根，第三等六十根，第四等四十根，第五等二十根。各以桑枣杂木相半。乡土不宜者，任以所宜树充。内有孤老残疾及女户无男丁者，不在此根（限）。其桑枣滋茂，仍不得非理斫伐。

3. 诸官人、百姓，并不得将田宅舍施及卖易与寺观。违者，钱物及田宅并没官。

4. 诸田为水浸射，不依旧流新出之地，先给被侵之家。若别县界新

① 戴建国：《天一阁藏明抄本〈官品令〉考》，《历史研究》1999 年第 3 期。

② 《宋会要辑稿》刑法一之四。

出亦准此。其两岸异管，从正流为断。

5. 诸竞田，判得已耕种者，后虽改判，苗入种人；耕而未种者，酬其功力。未经断决，强耕种者，苗从地判。

6. 诸职田，三京及大藩镇四十顷，藩镇三十五顷，防、团州三十顷，上、中州二十顷，下州、军、监十五顷，边远小郡户少者一十顷，上、中、下县十顷至七顷为三等给之。给外有剩者，均授。州县兵马监临之官及上佐录事、司理参军、判司等，其给剩田之数（"数"字为衍文）类，在州不得过幕职，在县不得过簿、尉。

7. 诸职分陆田（桑、柘、县〔丝?〕、绢等目）限三月三十日，稻田限四月三十日。以前上者，并入后人；以后上者，入前人。其麦田以九月三十日为限。若前人自耕未种，后人酬其功直；已自种者，准租分法。其限有月闰者，只以所附月为限，不得更理闰月。若非次移任，已施功力，交与见官者，见官亦酬功直，同官均分如法。若罪犯不至去官，虽在禁，其由并同见任；去官者，同阙官例。或本官暂出即还者，其权署之人不在分给。

右并因旧文以新制参定。

1. 诸丁男给永业田二十亩，口分田八十亩，其中男年十八以上亦依丁男给。老男、笃疾、废疾各给口分田四十亩，寡妻妾各给口分田三十亩。先有永业者兼（通）充口分之数。

2. 诸黄、小、中男女及老男、笃疾、废疾、寡妻妾当户者，各给永业田二十亩、口分田三十亩。

3. 诸给田，宽乡并依前条，若狭乡新受者，减宽乡口分之半。

4. 诸给口分田者，易田则倍给［宽乡二（三）易以上者仍依卿（乡）法易给］。

5. 诸永业田，亲王一百顷，职事官正一品六十顷，群（郡）王及职事官从一品各五十顷，国公若职事官正二品各四十顷，郡公若职事官从二品各三十五顷，县公若职事官正三品各二十五顷，职事官从三品二十五（"五"字衍文）顷，若职事官正四品各十四顷，伯若职事官从四品各十一顷，子若职事官［正五品各八顷，男若职事官］从五品各五顷，六品、七品各二顷五十亩，八品、九品各二顷，上柱国三十顷，柱国二十五顷，上护军二十顷，护军十五顷，上轻车都尉一十顷，轻车都尉七顷，上骑都尉六顷，骑都尉四顷，骁骑尉、飞骑尉各八十亩，云骑尉、武骑尉各六十亩，其散官五品以上同职事给。兼有官爵及勋俱应给者，唯从多，不并给。若当家口分之外，先有地非狭乡者，并即回受，有剩追收，不足者更给。

6. 诸永业田，皆传子孙，不在收授之限。即子孙犯徙（除）名者，所承之地亦不追。

7. 诸五品以上永业田，皆不得于狭乡受，任于宽乡隔越射无主荒地充〔即买荫赐田充者，虽狭乡示（亦）听〕。其六品以下，永业田即听本卿（乡）取还公田充。愿于宽卿（乡）取者亦听。

8. 诸赐人田，非指的处所者，不得于狭卿（乡）给。

9. 诸应给永业人若官爵之内有解免者从所解者追（即解免不尽者，随所降品追）。其除名者依口分例给，自外及有赐田者并追。若当家之内有官爵及少口分应受者，并听回给。〔有〕剩追收，不足更给。

10. 诸因官爵应得永业，未请及请未足而身亡者，子孙不合追请。

11. 诸袭爵者，唯得承父祖业（"业"字衍文）永业，不合别请，若父祖未请及请未足而身亡者，减始受封者之半给。

12. 诸请永业者，并于本贯陈牒，勘验告身，并检籍知欠，然后录牒管地州，检勘给讫，具录顷亩四至，报本贯上籍，仍各申省计会附簿。其有先于宽卿（乡）借得无主荒地者，亦听回给。

13. 诸州县界内所部受田，悉足者为宽卿（乡），不足者为狭卿（乡）。

14. 诸狭乡田不足者，听于宽卿（乡）遥授。

15. 诸流内九品以上口分田，虽老不在追收之限，听终其身，其非品官年六十以上，仍为官事驱使者，口分亦不追减，停私（役?）之后，依例追收。

16. 诸给园宅者，良口三口以下，给一亩，每三口加一亩。贱口给一亩，每五口加一亩，并不入永业、口分之限。其京城及州县郭下园宅，不在此例。

17. 诸庶人有身死家贫无以供葬者，听卖永业田。即流移者亦如之。乐迁就宽乡者，并听卖口分田（卖充住宅邸店碾硙者，虽非乐迁，亦斤（听）私卖）。

18. 诸买地者，不得过本制，虽居狭卿（乡），亦听依宽卿（乡）制，其卖者不得更请。凡卖买皆须经所部官司申牒，年终彼此除附。若无文牒辄卖买者，财没不追，地还本主。

19. 诸以工商为业者，永业、口分田各减半给之。在狭卿（乡）者并不给。

20. 诸因王事没落外藩不还，有亲属同居者，其身分之地六年乃追。身还之日随便先给。即身死王事者，其子孙虽未成丁，身分之地勿追。其因战伤入笃疾、废疾者，亦不追减，听［终］其身。

21. 诸田不得贴赁及质，违者，财没不追，地还本主。若从远役外任，无人守业者，听贴任（赁）及质。其官人永业田及赐田欲卖及贴赁、质者，不在禁限。

22. 诸给口分田，务从便近，不得隔越。若因州县改隶，地入他境及犬牙相接者，听依旧受。其城居之人，本县无田者，听隔县受。

23. 诸以身死应退永业、口分地者，若户头限二年追，户内口限一年追。如死在春季者，即以死年统入限内，死在夏季以后者，听计后年为始。其绝后无人供祭及女户死者，皆当年追。

24. 诸应还公田，皆令主自量为一改（段）退，不得零迭割退。先有零者听。其应追者，皆待至收授时，然后追收。

25. 诸应收授之田，每年起十月十（一）日，里正豫校勘造簿，至十一月一日，县令总集应退应授之人，对共给授，十二月三十日内使讫。符下按记，不得辄自请射。其退田户内有合进受者，虽不课役，先听自取，有余收授。乡有余，授比卿（乡），县有余，申州给比县，州有余，附帐申省，量给比近之户。

26. 诸授田，先课役后不课役，先无后少，先贫后富。

27. 诸田有交错两求换者，诣本部申牒，判听手实，以次除附。

28. 诸道士、女冠受老子《道德经》以上，道士给田三十亩，女冠二十亩。僧尼受具戒者，各准此。身死及还俗，依法收授。若当观寺有无地之人，先听自受。

29. 诸官户受田，随卿（乡）宽狭，各减百姓口分之半。其在牧官户、奴，并于牧所各给田十亩，即配成（城）镇者，亦于配所准在牧官户、奴例。

30. 诸公私［田］荒废三年以上，有能佃者，经官司申牒借之，虽隔越亦听（易田于易限内，不在备（倍）限）。私田三年还主，公田九年还官。其私田虽废三年，主欲自佃，先尽其主，限满之日，所借人口分未足者，官田即听充口分（若当县受田悉足者，年限虽满，亦不在追限。应得永业者，听充永业），私田不合。其借而不耕经二年者，任有力者借之，则（即）不自加功转分与人者，其地即回借见佃之人。若佃人虽经熟讫，三年外不能耕种，依式追收改给。

31. 诸田有山岗沙石水卤沟涧之类，不在给限，若人欲佃者听之。

32. 在京诸司公廨田，司农寺给二十六顷，殿中省二十五顷，少府监二十二顷，太常寺二十顷，京兆、河南府各一十七顷，太府寺替十六顷，吏部、户部各一十五顷，兵部、内侍省各一十四顷，中书省、将作监各一十三顷，刑部、大理寺各一十二顷，尚书都省、门下省、太子左春坊各一（"一"字衍文）十一顷，工部十顷，光禄寺、太仆寺、秘书省各九顷，礼部、鸿胪寺、都水监、太子詹事府各八顷，御史台、国子监、京县各七顷，左右卫、太子家令寺各六顷，卫尉寺、左右骁卫、左右武卫、左右威卫、左右领军卫、左右金吾卫、左右监门卫、太子右春坊各五顷（①），太子左右卫率府、太史局各四顷，宋（宗）正寺、左右千牛卫、太子仆寺、左右司御率府、左右情（清）道率府、左右监门率府各三顷，内坊左右内率府、率更寺（府）各二顷（②）〔其有官（管？）置局子、府之类，各准官品人数均配〕。

33. 诸京官文武职事职分田，一品一十二顷，二品一十顷，三品九顷，四品七顷，五品六顷，六品四顷，七品三顷五十亩，八品二顷五十亩，九品二顷，并去京城百里内纳（给）。其京兆、河南府及京县官人职分田亦准此。即百里内地少，欲于百里外给者，亦听。

34. 诸州及都护府、亲王府官人职分田，二品一十二顷，三品一十顷，四品八顷，五品七顷，六品五顷（京畿县亦在此），七品四顷，八品三顷，九品二顷五十亩，镇戍关津岳渎及在外监官五品五顷，六品三顷五十亩，七品三顷，八品二顷，九品一顷五十亩，三卫中郎将、上府折冲都尉六顷，中府五顷五十亩，下府及郎将各五顷，上府课（果）毅都尉四

---

① 按："五顷"二字原误为注文。

② 按："二顷"二字原误为注文。

顷，中府三顷五十亩，下府三顷，上府长史、别将各三顷，中府、下府各二顷五十亩，果毅（"果毅"二字衍）亲王府典军五顷五十亩，副典军四顷，千牛备身左右、太子［千］牛备身各三顷（亲王府文武官随府出藩者，于所在处给）。诸军折冲府兵曹二顷，中府、下府各一顷五十亩，其外军校尉一顷二十亩，旅帅一顷，队正、队副各八十亩，皆于镇（领）侧州县界内给。其校尉以下，在本县及去家百里内镇（领）者，不给。

35. 诸驿封田，皆随近给，每马一匹给地四十亩，驴一头给地二十顷（亩）。若驿侧有牧田处，匹别各减五亩。其传送马，每一匹给田二十亩。

36. 诸公廨、职分田等，并于宽闲及还公田内给。

37. 诸内外官应给职田，无地可充，并别敕合给地子者，率一亩给粟二斗，虽有地而不足者，准所欠之。镇戍官去任处，十里内无地可给，亦准此。王府官若王不任外官，在京者，其职田给粟，减京官之半。应给者，五月给半，九月给半。未给，解伐（代？）者，不却给。剑南、陇右、山南官人不在给限。

38. 诸屯隶司农寺者，每地三十顷以下二十顷以上为一屯；隶州镇诸军者，每五十顷为一屯。其屯应署（置）者，皆从尚书省处分。

39. 诸屯田应用牛之处，山原川泽，土有硬软，至于耕垦，用力不同者，其土软之处，每地一顷五十亩配牛一头，强硬之处，一顷二十亩配牛一头。即当屯之内，有硬有软者，亦准此法。其地皆仰屯官明为图状，所管长官亲自问检，以为定簿，依此支配。其营稻田之所，每地八十亩配牛一头。若蔓（？）草种稻者不在此限。

40. 诸屯应役丁之处，每年所管官司与屯官司准来年所种色目及顷亩多少，依式料功申所司支配。其上役之日，所司仍准役月闲要，量事配遣。

41. 诸屯每年所收杂子杂用之外，皆即随便贮纳。去京近者，送纳司农。三百里外者，纳随近州县。若行水路之处，亦纳司农。其送输斛斗及仓司领纳之数，并依限各申所司。

42. 诸屯隶司农寺者，卿及少卿每至三月以后，分道巡历。有不如法者，监官、屯将，随事推罪。

43. 诸屯每年所收蒭草，饲牛供屯杂用之外，别处依式贮积，具言去州镇及驿路远近，附计帐申所司处分。

44. 诸屯收杂种须以车运纳者，将当处官物勘量市付。其扶车子力，于营田及饲牛丁内均融取充。

45. 诸纳杂子无槁之处，应须簠簋及供窖调度，并于营田丁内随近有处采取造充。

46. 诸屯之处，每收刈时，若有警急者，所管官司与州镇及军府相知，量差管内军人及夫，一千人以下，各役五日功，防授（守）助收。

47. 诸官屯处，百姓田有水陆上次及上熟、次熟，亩别收获多少，仰当界长官勘问，每年具状申上，考校屯官之日，量其虚实，据状褒贬。

48. 诸屯官欠负，皆依本色本处理填。

49. 诸屯课帐，每年与计帐同限申尚书省。

右令不行。

（二）《开元二十五年令·田令》的复原

《天圣令·田令》是在唐《田令》基础上根据宋代的新制稍加改动而修成的，凡未以新制改动的唐田令，便以附录的方式予以保存。由于唐宋两朝的土地制度有着较大的差异，宋"田制不立"，[1] 故《天圣令·田令》对唐令的改动较少，从而为我们全面复原唐《田令》提供了便利。《天圣令·田令》前部分共计有 7 条宋在行令文。所谓复原，主要是指这 7 条宋令而言。我们已经知道《天圣令》所载宋令是"并因（唐）旧文以新制参定"，其中包括沿用未经改动过的唐令。换言之，新定宋令和唐旧令在条数上应是等同的。[2] 因此，复原的关键是把前部分所载的 7 条宋在行之令按唐《田令》原貌逐一恢复之。以下是笔者的复原尝试。

第 1 条，令文内容与《通典·食货二》所载第 1 条唐令同。又，以唐《永徽令》为直接蓝本的日本《养老令·田令》第 1 条"田长条"内容亦与之相当。[3] 据此可知，宋令原文沿用唐令而未加改动，故其为唐《田令》第 1 条令文当无疑问。

---

① 《宋史》卷一七三《食货志·农田》。

② 参见戴建国《天一阁藏明抄本〈官品令〉考》，《历史研究》1999 年第 3 期。

③ 《令集解》卷一二。

　　第 2 条，令文与仁井田陞《唐令拾遗·田令》第 6 条内容相当。其云："诸户内永业田，每亩课种桑五十根以上，榆、枣各十根以上，三年种毕。乡土不宜者，任以所宜树充。"故可将其视为《天圣令·田令》第 2 条的蓝本。因宋天圣时已无永业田授受制。很显然，《天圣令》据宋制做了修改。不过，仁井田陞复原的此条《田令》似乎有问题。其所本《通典·食货二》所载开元二十五年的这条田令云"每亩课种桑五十根以上，榆、枣各十根以上，"而《唐律疏议》卷十三记曰："户内永业田，课植桑五十根以上，榆、枣各十根以上。"[1] 杨际平先生据此认为"每亩"二字为衍文。[2] 池田温教授在新近发表的《〈唐令拾遗补〉的订补》一文中也将"每亩"作衍文处理。[3] 据今本《天圣令》所载宋制来看，是以每户为种植单位，每年课种一定数量的树木。笔者以为，《通典》的"每亩"当为"每户"之讹。或问，《天圣令》载"诸每年课种桑枣树木"中的"每年"是否为"每亩"之误？考宋太祖开宝五年（972 年）颁布的《沿河州县课民种榆柳及所宜之木诏》，云："自今沿黄、汴、清、御等河州县，除准旧制种艺桑枣外，委长吏课民别种榆柳及土地所宜之木，仍按户籍上下定为五等，第一等岁种五十本，第二等以下递减十本。"[4] 所谓"旧制"，是指太祖建隆二年的规定："命课民植树，每县定民籍为五等，第一等种树百，每等减二十为差，桑枣半之。"[5] 这一宋代的制度，正是《天圣令·田令》据以参定的依据。其虽然未提"岁种"，但依此后的开宝五年规定推断，也应是"岁种"无疑。据此可证《天圣令》"每年课种"不误。又，与此唐令相当的日本《养老令》"桑漆条"，即规定以户为单位课种，明显地存有唐田令的痕迹。本条唐令复原似当作："诸永业田，每户课种桑五十根以上，榆、枣各十根以上，三年种毕。乡土不宜者，任以所宜树充。"其条序，在《通典》中，位于"诸永业田皆传子孙"条后。但日本《养老令》与之相当的令文却是排在"应给园宅地者"

---

① 按：中华书局点校本于"课"前误补入《通典》的"每亩"二字。

② 杨际平：《均田制新探》，厦门大学出版社，1991，第 100 页。

③ 《创价大学人文论集》第 11 号，平成十一年（1999 年）3 月发行。

④ 李焘：《续资治通鉴长编》卷一三开宝五年正月己亥，中华书局，2004，《宋大诏令集》卷一八二《政事》。

⑤ 马端临：《文献通考》卷四《田赋考》四。

条后的。从本条内容看，《通典》所载条序于义为胜。当位于《天圣令》所附唐令第 6 条后。

第 3 条，与池田温先生据《元典章》复原的唐令相当，[1] 其作："官人百姓，不得将奴婢田宅舍施典卖与寺观。违者，价钱没官，田宅奴婢还主。"相异之处主要在于后者涉及奴婢。《令集解·田令第九》第 35 条载日本《养老令》："凡官人百姓，并不得将田宅园地捨施及卖易与寺。"其不言奴婢。据此，《天圣令》第三条宋令当是沿用唐旧令而未加变动。其条序，《养老令》列于"诸田有交错"后，但《天圣令·田令》所附唐令第 27 条"诸田有交错"后，是关于僧道授田内容的。于义，此条令文当在第 28 条僧道授田后。

第 4 条，《唐令拾遗·田令》据《唐律疏议》等复原作："诸田为水浸射，不依旧流新出之地，先给被侵之家。若别县界新出，依收授法。其两岸异管，从正流为断。若合隔越受田者，不取此令。"宋令稍有改动。唐令原文应以此《唐律疏议》为准。其条序，据《养老令》载，应在《天圣令·田令》所附唐令第 29 条"诸官户受田"之后。

第 5 条，与《唐令拾遗·田令》复原条同。此乃沿用唐令旧文而未改。其条序，据《养老令》载，当在《天圣令·田令》所附唐令第 30 条后。

第 6 条，是根据宋代的制度参定的。其唐田令原文，《唐令拾遗》第二十二据《唐六典》卷三和《通典》卷三十五复原作："诸在外诸司公廨田，大都督府四十顷，中都督府三十五顷，下都督都护府、上州各三十顷，中州二十顷，宫总监、下州各十五顷，上县十顷，中县八顷，下县六顷，上牧监、上镇各五顷，下县及中下牧司、竹监、中镇、诸军折冲府各四顷，诸冶监、诸仓监、下镇、上关各三顷，互市监、诸屯监、上戍中关及津各二顷（其津隶都水则不别给），下关一顷五十亩，中戍、下戍岳渎各一顷。"其条序，据《通典》，应列于《天圣令·田令》所附唐令第 32 条"在京诸司公廨田"后。

第 7 条，自"诸职分陆田"至"准租分法"，与《通典·食货二》所

① 池田温：《〈唐令拾遗补〉编纂刍议》，栗劲、霍存福等译《唐令拾遗》，长春出版社，1989，第 915 页。

载唐令同，其余内容是据宋制新定的。在新定宋令的同时，修令官删掉了此唐令的后部分内容。此条令文，今参考《通典·食货二》总复原如下："诸职分陆田（桑柘枲？绢等目）限三月三十日，稻田限四月三十日。以前上者，并入后人；以后上者，入前人。其麦田以九月三十日为限。若前人自耕未种，后人酬其功直；已自种者，准租分法。其价六斗以下者，依旧定；以上者，不得过六斗。并取情愿，不得抑配。亲王出藩者，给地一顷作园。若城内无可开拓者，于近城便给。如无官田，取百姓地充，其地给好地替。"其条序，据《养老令》，位于《天圣令·田令》所附唐令第35条"诸驿封田"后。

　　以下是复原后的唐《田令》条序与复原前的《天圣令》及所附唐《田令》条序对照表：

表 1

	前部分宋令							后部分唐令						
复原前条序	1	2	3	4	5	6	7	1	2	3	4	5	6	7
复原后条序	1	8	31	33	35	38	42	2	3	4	5	6	7	9
复原前条序	8	9	10	11	12	13	14	15	16	17	18	19	20	21
复原后条序	10	11	12	13	14	15	16	17	18	19	20	21	22	23
复原前条序	22	23	24	25	26	27	28	29	30	31	32	33	34	35
复原后条序	24	25	26	27	28	29	30	32	34	36	37	39	40	41
复原前条序	36	37	38	39	40	41	42	43	44	45	46	47	48	49
复原后条序	43	44	45	46	47	48	49	50	51	52	53	54	55	56

（三）唐《田令》若干问题的探讨

　　关于唐《田令》，国内外学者已作了不少极有意义的探索。以下将《天圣令·田令》与仁井田陞《唐令拾遗》等书对照，其有他书所不载或虽载而误者，以及《田令》中的一些问题，笔者不揣浅陋，试作一些考释。

第 2 条，其中"诸黄、小、中男女……口分田三十亩"，商务印书馆本《通典·食货二》作"诸黄小中丁男女"（他本作"诸黄小中丁男子"）……口分田二十亩"。据王永兴先生考证，其"丁男子"为衍文。[①]"丁"字衍极是。但未察"男子"，他本又作"男女"，今本《天圣令·田令》可证其"女"字不误。从立法角度言，有"女"字则当有"男"字。据《天圣令·田令》载，除了老男、笃疾、废疾、寡妻妾当户者给田 50 亩外，黄、小、中女当户者，也应给田 50 亩。又，"口分田二十亩"，王先生引池田温《中国古代籍帐研究·录文》辨其为"三十亩"之讹误，今本《天圣令·田令》亦可证其"二十亩"实为"三十亩"之讹误。

第 4 条，其注文"宽乡三易以上者仍依乡法易给"，有学者认为"易给"应作"再倍给"。[②] 其实注文说的"仍依乡法易给"，乃承前正文而言，即三易田以上者仍参照前一易田之乡法执行，亦倍给也。这是立法上的具体技术问题，并不误。我们应结合正文来理解注文。

第 5 条，关于官员永业田授田，"六品、七品各二顷五十亩，八品、九品各二顷"的规定，除《新唐书·食货志》外，《通典》等书皆不载，《唐令拾遗》复原条也付之阙如，可据补。这一段令文的存在，反映出《天圣令》所附唐田令的完整性和可靠性。

第 12 条，此条规定申请永业田的必要手续。这是唐朝政府维护均田制的重要措施。请田人必须向当地官府提出书面申请，由官府检核户籍；请田人须具备受田资格，即属所占永业田尚未超出国家规定的限度的"欠田"人户。若是有官品人，还要查验朝廷颁发的告身。然后报管地州给授，管地州将授田情况及所授田亩资料回报户籍所在地注籍。此令还规定了地方须将授田情况上报尚书户部汇总。其"附簿"之"簿"，应是户部的大簿帐。[③] 从永业田的申请、审核、给授、登记，到上报汇总，规定的程序一环扣一环，不谓不严密。所谓"检籍知欠"、"具录倾亩四至，报

─────────────────

① 王永兴：《唐田令研究——从田令和敦煌文书看唐代土地制度中几个问题》，《纪念陈垣诞辰一百周年史学论文集》，北京师范大学出版社，1981。

② 王永兴：《唐田令研究——从田令和敦煌文书看唐代土地制度中几个问题》，《纪念陈垣诞辰一百周年史学论文集》，北京师范大学出版社，1981。

③ 参见宋家钰《唐代的手实、户籍与计帐》，《历史研究》1981 年第 6 期。

本贯上籍"，说明当时户籍和田籍是一起制作的。宋家钰先生曾指出，为了确保均田法的施行，"就必须在户籍上同时登记民户的土地和户口，以备审核"。① 此条法令有力地支持了这一观点。"检籍知欠"的根据之一可能就是欠田书，这在吐鲁番出土的唐文书中有许多的实例。日本西村元佑先生认为欠田文书和给田文书一样，也是由乡官制作的。② 从本条法令来看，欠田文书的制作是完全有法律依据的。

第 15 条，关于唐代口分田还受问题，以往学者就永业田、职田和公廨田作了深入研究，但有关唐官吏所受口分田问题，似乎未给予充分注意。《新唐书·食货志》曰："流内九品以上口分田，终其身；六十以上停私乃收。"因所记脱漏过多，致前后抵牾而不可解。又《旧唐书·食货志》云："世业之田，身死则承户者便授之，口分则收入官，更以给人。"其所云口分田身死乃还，似乎指所有人，其实不然，只是针对流内官员而言的。今本《天圣令》为我们提供了完整的原文，官员身死乃还口分田；为官府服务的流外官及其他非品官人，年虽 60 以上，作为一种经济补贴，暂不收回，直至停役之后方追还。《唐律疏议》卷十一《职制律》监临之官条曰："即役使非供己者（非供己，谓流外官及杂任应供官事者），计庸坐赃论，罪止杖一百。"《疏议》曰："非供己，谓流外官者，谓诸司令史以下，有流外告身者。'杂任'，谓在官供事，无流外品。为其合在公家驱使，故得罪轻于凡人不合供官人之身。"诸司令史等流外官，据《通典》卷四十《职官二十二》载：有尚书、中书、门下、御史台等司令史，有诸司楷书手、诸司谒者、诸司录事、诸卫羽林军史等。开元二十五年天下流外官"总三十四万九千八百六十三"。杂任，《天圣令·杂令》附唐令第 13 条曰："诸州持刀，州县典狱、问事、白直，总名'杂职'。州县录事、市令、仓督、市丞、府事、史佐、计史、仓史、里正、市史、折冲府录事、府史、两京坊正等非省补者，总名'杂任'。其称'典吏'者，杂任亦是。"这些名目众多的胥史都享有停役后乃归还口分田的优惠，而不是满 60 岁。至于平民及杂户等，无疑，年满 60 自当归还口分田。

---

① 宋家钰：《唐代户籍上的田籍与均田制》，《中国史研究》1983 年第 4 期。
② 西村元佑：《唐代均田制下授田的实际情况》，《敦煌学译文集》，甘肃人民出版社，1985。

第 23 条，此条田令，《唐六典》等诸书皆缺记载。它规定了永业和口分田的退还问题，是了解唐田令实施操作的重要资料。口分田，受人身死后还给国家（本户内受田已足者），这没有什么疑义。但令文涉及永业田的退还，却是与其他唐田令规定的永业田皆传子孙，不在收授之限的条文相矛盾。韩国磐先生曾就吐鲁番文书中的永业田死退之记载，提出过此问题。[①] 这如何解释呢？从这条田令来看，永业田的退还应是针对死绝户而言的。假设某户为老男当户，有永业田 20 亩。其家仅有一女，老男于某年死，属户绝，当退还永业田。依上引田令规定，户头死，限两年内追还永业田。设另有一户，户主曾任九品官，有永业田若干亩。生有两子。后户主身故，依《唐户令》："诸应分田宅者，及财物，兄弟均分……兄弟亡者，子承父分（继绝亦同）。兄弟俱亡，则诸子均分。（其父祖永业田及赐田亦均分，口分田即准丁中老小法。若田少者，亦依此法为分）"[②] 户主身前所受永业田依法令规定，分别由其两子继承，长子为户主，次子年幼，兄弟俩合为一户。此后次子病死，无嗣。按照户令规定，次子所继承的一份永业田产，应当还给国家。依上引田令，死者属户内口，限一年追还永业田。笔者以为，诸如此类的死退田当不少，法令不能一一列举，故以"诸以身死应退永业、口分地者"而概括之。北京国家图书馆藏《开元户部格》残卷载有一条开元廿三年敕，曰：

> 1. 敕，天下百姓口分⌞
>
> 2. 典贴，频有处分。如⌞
>
> 3. 富兼并。自今以后，若⌞
>
> ……
>
> 10. 其百姓买勋荫地，将充⌞
>
> 11. 非死绝，不在收授限。

这条敕文，经日本学者池田温教授考证，与《册府元龟》卷四九五邦

---

① 韩国磐：《根据敦煌和吐鲁番发现的文件略谈有关唐代田制的几个问题》，《历史研究》1962 年第 4 期。

② 窦仪：《宋刑统》卷一二《户婚律》。

计部一三田制、《全唐文》卷三〇玄宗《禁买卖口分永业田诏》同出一源，仅有详简之分。① 其曰"非死绝，不在收授限"，承上文，显然指永业田的继承问题。这与唐《田令》第23条的旨意完全吻合，也印证了本条规定的永业田退还，主要是指死绝户而言。

第24条，令文规定了应还公田的收还方式和时间。其还田事宜统一定了于土地收授期间进行，即十月一日以后，这段时间为农闲期，其主要宗旨在于协调管理，不妨碍农业生产。唐代民事诉讼的受理，也是在十月一日以后。唐《杂令》："谓（诸）诉田宅、婚姻、债负，起十月一日，至三月三十日检校，以外不合。"② 土地收授和民事诉讼的受理放在非农忙季节，充分体现了唐对农业生产的重视。

第27条，此条法令提供了一条重要信息，即手实是记录土地情况的最基本的凭据，凡田亩段块、大小、四至，俱载于上。田亩更动，必须通过除附手续，更改手实，经官府核准。所谓"判听手实"，换言之，手实虽为"人户具其丁口田宅之实"，③ 但必须得到官府认同才能生效。长期以来，中外学者关于唐代手实与户籍、计帐的关系，众说纷纭，分歧较大。④ 手实究竟是计帐编制之本，还是户籍编制之本，抑或是两者的编制之本？本条法令实际上也为解决此问题提供了法律依据。考唐《田令》第12条云："诸请永业者，并于本贯陈牒，勘验告身，并检籍知欠，然后录牒管地州，检勘给讫，具录顷亩四至，报本贯上籍。"既然"诸田有交错，两求换者"，要更改手实备案，而授给永业田后，"具录顷亩四至，报本贯上籍"，其中也必然先经手实的登录或更改手续，然后再"上籍"，于户籍上注明。由此可见，手实是州县编制户籍的原始依据。户籍本于手实。

第28条，自"身死及还俗"以下，他书不载，从上下文规定看，这是一条完整的有关僧、道徒田地收授法。

第29条，此条令文所言"在牧官户奴"，显然是指官户和官奴。在牧

① 池田温：《北京图书馆藏开元户部格残卷简介》，《敦煌吐鲁番学研究集》，书目文献出版社，1996。按：本敕文转引自目前注池田温论文。
② 《宋刑统》卷一三《户婚律》。
③ 《续资治通鉴长编》卷二五四熙宁七年七月癸亥，中华书局，2004。
④ 参见池田温《中国古代籍帐研究》，龚泽铣译，中华书局，1984，第165~221页；宋家钰《唐代的手实、户籍与计帐》，《历史研究》1981年第6期。

官奴及配城镇的官奴可以授田十亩，以前尚未见有文献记载。关于奴婢受田问题，一般都认为隋炀帝在废止奴婢课役的同时，也废除了奴婢受田制。① 现存文献有关唐武德七年令，虽无奴婢受田记载，但不能证明当时奴婢已完全不受田。笔者以为据《天圣令》所载，唐初可能是私家奴婢停止授田，而官奴仍在给田之列。以唐《永徽令》为蓝本的日本《养老令》载："凡官户、奴婢口分田与良人同，家人奴婢，随乡宽狭，并给三分之一。"② 虽然《养老令》并未完全沿袭《永徽令》，但此令反映的官、私奴婢授田数的差别，多少表明了它效仿唐朝，在永徽时期是授田给官奴的。至于官婢，很有可能自隋炀帝废止妇人之课后，便不再授田了。入唐以后，大部分的奴婢确实已转化成依附农民，剩下的奴婢中相当一部分也已退出农业生产领域，主要从事家内劳动。因此，奴婢通常不再授予田地。然而，毕竟还有部分官奴婢在生产领域劳作。据《天圣令》卷三十《杂令》所附唐令第9条云："在京诸司并准官人员数量，配官户、奴婢，供其造食及田园驱使，衣食出当司公廨。"其中就有供田园驱使的奴婢，其衣食由官府供给。新发现的《天圣令》卷二十三《仓库令》所附唐令第20条载："诸牧须猎师之处，简户奴解骑射者，令其采捕。所获虎、狼，依例给赏。"又《唐六典》卷十七载："凡官畜在牧而亡失者，给程以访，过日不获，估而征之（谓给访限百日，不获，准失处当时估价征纳。牧子及长各知其半，若户奴无财者，准铜依加杖例）。"其中涉及的户奴实际上是畜牧业生产者，是唐代官奴的一种。关于户奴，胡三省解释为"掌守门户"的官奴。③ 胡三省的解释并不一定确切，但户奴为官奴的一部分却是可以肯定的。唐《仓库令》："诸官奴婢皆给公粮，其官户上番充役者亦如之。"④ 官奴婢一般不授田，而由官府供给粮。官户有部分口分田，所以只有上番者才给公粮。在牧及配城镇的官奴给十亩田，可能是因他们承担了主要生产者的角色，为了让他们借以维持生活。应注意的是，田仅仅授给男性，不给女性。《唐六典》卷三户部郎中员外郎条但云："凡官户受田，减百姓口分之半。"失之过简。以往我们都说唐代奴婢不再授田，

---

① 堀敏一：《均田制的研究》，韩国磐等译，福建人民出版社，1984，第172～173页。
② 《令集解》卷一二。
③ 司马光：《资治通鉴》卷一九六贞观十六年六月甲辰条胡三省注。
④ 唐玄宗等：《唐六典》卷三仓部郎中员外郎条。

"奴婢受田之制终被废除"，① 现在看来，此说已不能成立，至少不确切。在牧及配城镇官奴给口分田，是一种较特殊的规定。对此，当予以重视，作进一步研究。

第30条，自文首至"私田不合"，诸书皆不载。其可注意者有三。其一，租种荒地，与授地一样，皆须提出申请，经官司同意，并允许隔越州县租种。其二，私田主有自佃的优先权。其三，佃种人租满九年，倘如口分田不足，可充口分之数；倘如永业田不足而当县之人受田已足，可充永业；虽满九年而当县之人受田已足，可继续租种。其宗旨无疑是鼓励耕种荒地，使荒废之地尽可能得到利用。这一法令是将荒芜田地纳入授田系统的重要法律依据。

第31条，此条令文规定了山岗、砂石等不易种植庄稼之地不在给田之限。立法之意在于避免给田中因地好坏不均而可能发生的纠纷。

第35条，"驴一头给地二十顷"，"顷" 当为 "亩" 之误。驿驴给田，现存诸书不见记载，《唐律疏议》卷十五《厩库律》载："依《厩牧令》：府内官马及传送马、驴，每年皆刺史、折冲果毅等检拣。"《天圣令·仓库令》所附唐令第22条："诸州有要路之处应置驿及传送马驴，皆取官马、驴 5 岁以上 10 岁以下筋骨强壮者充。" 以此推测，诸驿有驴，马既给地，则驴给地应不误。

第36条，唐配给官府及官员的公廨和职分田数量极为庞大，如果不分地域，不论宽乡狭乡，势必会影响整个均田制的实施。故唐规定了公廨和职分田的给地范围。

第37条，唐朝的职田，曾因负担太重，有过废罢。而别给地税以代之。太宗贞观十一年敕："内外官职田，恐侵百姓，先令官收，虑其禄薄家贫，所以别给地子。"② 开元十八年，"敕京官职田，将令准令给受，复用旧制"。③ 职田制虽复，但其与百姓争田夺利的矛盾并没有解决。这条定于开元二十五年的田令规定，凡无地可充职田者，一律配给地税，每亩给粟二斗。所给职田不足者，依此比例配给。同时还制定了与此相应的配

---

① 武建国：《均田制研究》，云南人民出版社，1992，第 240 页。
② 王溥：《唐会要》卷九二《内外官料钱下》。关于职田废置时间，史学界有争议，参见李锦绣《唐代财政史稿》，北京大学出版社，1995，第 821 ~ 823 页。
③ 《唐会要》卷九二《内外官料钱下》。

套措施。

第 39 条，此条中"其地皆仰屯官明为图状，所管长官亲自问检，以为定簿，依此支配……若蔓（？）草种稻者不在此限"，《唐令拾遗》据《通典》卷二及《太平御览》卷三三三复原条脱。又"营稻田之所"的"营"字亦脱。此条表明，唐诸屯皆有田簿，由屯田官负责绘制田亩图状，并有一套管理制度。

第 40 条，就令文来看，唐前期屯田所用劳动力，主要靠征发来的丁夫。《通典》卷十《食货十》载《屯田格》："幽州盐屯，每屯配丁五十人，一年收率满二千八百石以上，准营田第二等，二千四百石以上准第三等，二千石以上准第四等。大同横野军盐屯配兵五十人，每屯一年收率千五百石以上准第二等，千二百石以上准第三等，第九等以上准第四等。"此虽云盐屯，然据此知屯田之处，每屯皆配有定额丁夫，大约分为四等，各依收获量多寡而定。《唐六典》卷七屯田郎中员外郎条载：

> 诸屯分田役力，各有程数。（凡营稻一顷，（将）[料？] 单功九百四十八日；禾，二百八十三日；大豆，一百九十二日；小豆，一百九十六日；乌麻，一百九十一日；麻，四百八十九日；黍，二百八十日；麦，一百七十七日；乔麦，一百六十日；蓝，五百七十日；蒜，七百二十日；葱，一千一百五十六日；瓜，八百一十八日；蔓菁，七百一十八日；首蓿，二百二十八日。）

这些具体规定是载于式中的。所以，第 40 条令文说"依式料功，申所司支配"。所谓"式"，就是《屯田式》。依式的规定，视实际情况由所管官司统一安排，调配丁夫。

第 41 条至第 49 条，共 9 条有关屯田的令文，皆为他书所不载，为我们提供了有关唐代屯田制的宝贵资料。从中可以得知：

第一，屯田收获物的解纳，依地理远近分别纳于司农寺和就近州县。输纳者和受纳仓司须在规定的期限内各自申报有关部门。

第二，诸屯田收获物输纳、贮藏所需劳力，是从营田丁和饲牛丁中抽差的。

第三，屯田收获季节，遇有紧急情况，酌情考量差兵士保护助收。

第四，屯田收获物损欠，由屯田官负责理赔。屯田官负有保管收获物的完全责任。

第五，屯田处的百姓田亩，每年按其收成好坏，分三等上报，作为上级考校屯田官业绩的比照参考。

第六，司农寺长官定期巡查所属屯田，各屯定有严格的考校和审计制度。

综观 56 条唐田令，有关均田内容的计 28 条，占整部《田令》的 50%。有关屯田内容的计 12 条，占 21.42%。有关官员职田和公廨田的计 7 条，占 12.5%。有关田亩一般制度的计 7 条，占 12.5%。有关园宅地的配给计 1 条，占 1.78%。有关驿封田的配给计 1 条，占 1.78%。值得注意的是，其中有 12 条令文涉及狭乡、宽乡问题。因人口发展及居住密度而产生的某些地区人多地少的矛盾，自隋朝以来逐渐加剧，严重影响到了均田制的实施效果，成为困扰唐政府的一大问题。解决好这一问题乃是保证均田制得以实施的关键之一。从《田令》看，唐采取了一系列措施，降低狭乡授田比例，严格限制狭乡田地的授受和回受，提高宽乡授田待遇，放宽宽乡授田限制，鼓励官员和百姓迁徙宽乡。应该说这些措施在一定程度上取得了效果。

唐田令规定了一套完整的土地还授制度，它是唐前期均田制得以实施的重要保证。通过这一制度，唐王朝把逃户、绝户的土地以及荒废官田分给无地或少地之人，把他们牢牢地束缚在土地上，不仅获得了稳定的赋税收入，也巩固了唐王朝的统治。

因土地还授等制度的需要，唐代帐簿文书的编制系统也是十分的严密。敦煌吐鲁番出土的大量唐代文书即是最好的例证。虽然学术界对吐鲁番出土的一些文书研究分歧很大。但根据新发现的唐田令，我们可以说，无论唐西州实行何种授田制度，那些出土的给田文书、欠田文书、退田文书的制作，确实是有法律依据的，它们充分反映了唐王朝颁布的均田令在实施过程中取得了一定的实效，而非一纸具文。虽然它们所记载的给、欠田数额与国家的法令规定有所出入，但这并不奇怪。在执行国家统一颁布的土地法原则基础上，各地根据实际情况和历史传统，制定一套适合本地的实施方案，这是完全合情合理的。

（四）关于唐《田令》的完整性问题

我们在复原了 7 条唐田令，并讨论了《天圣令·田令》的录文以后，还需要探讨的一个问题是，今本《天圣令》前后所载的 56 条田令究竟完整否，有无遗漏？这里主要就整条的令文而言。有学者认为《唐六典》卷七屯田郎中员外郎条所载的三段涉及屯田的文字也是《田令》的一部分。① 三段文字转引如下：

（1）"诸屯分（'分'字衍文）田役力各有程数：凡营稻一顷将单功九百四十八日，禾二百八十三日，大豆一百九十二日，小豆一百九十六日，乌麻一百九十一日，麻四百八十九日，黍二百八十日，麦一百七十七日，乔麦一百六十一，蓝五百七十日，蒜七百二十日，葱一千一百五十六日，瓜八百一十八日，蔓菁七百一十八日，苜蓿二百二十六（八）日。"

（2）凡天下诸军州管屯总九百九十有二：河东道一百三十一屯：大同军四十屯，横野军四十二屯，云州三十七屯，朔州三屯，蔚州三屯，岚州一屯，浦州五屯。关内道二百五十屯，百使二（？）屯，盐州监牧四屯，太原一屯，长春一十屯，单元三十一屯，定远四十屯，东城四十五屯，西屯二十五屯，胜州一十四屯，会州五屯，盐池七屯，原州四屯，夏州二屯，丰安二十七屯，中城四十一屯。河南道一百七屯：陈州二十二屯，许州二十二屯，豫州三十五屯，寿州二十七屯。河西道一百五十六屯：赤水三十六屯，甘州一十九屯，大斗一十六屯，建康一十五屯，肃州七屯，玉门五屯，安西二（？）十屯，疏勒七屯，焉耆七屯，北庭二十屯，伊吾一屯，天山一屯。……（以下条文尚有许多，不俱引。）

（3）凡屯皆有屯官屯副。屯官取前资官尝选人文武散官等强干善

---

① 王永兴：《唐田令研究——从田令和敦煌文书看唐代土地制度中几个问题》，《纪念陈垣诞辰一百周年史学论文集》，北京师范大学出版社，1981。按：作者引文出自日本学者广池千九郎、内田智雄据宋本《唐六典》所补近卫本《唐六典》。

农事有书判堪理事者充，屯副取品子及勋官充。六者满加一阶听选，得三上考者又加一等。

这三段文字，新发现的《天圣令》却无记载。这是何因，抑或《天圣令·田令》有遗阙？仔细分析这三段文字，并将其与前引诸田令比较，可以发现这些文字所叙述的内容十分的详尽周备，似乎是屯田法的具体实施细则。《唐六典》卷六刑部郎中员外郎条曰："凡律以正刑定罪，令以设范立制，格以禁违正邪，式以轨物程事。"《新唐书·刑法志》云："令者，尊卑贵贱之等数，国家之制度也；格者，百官有司之所常行之事也；式者，其所常守之法也。"据唐法律体系律令格式的定义，式是一种将百司之事纳入国家所规定的制度中，使之常行遵守的规范。换言之，式是某一法律的具体实施细则。令文规定了国家之制度，其文字特点是要言不烦。而式就不同了，其为"所常守之法也"，详尽而周备。诸如具体的地名、物名，大都一一载明。这一特点，敦煌出土的唐开元《水部式》可以为证。例如其曰："沧、瀛、贝莫、登、莱、海、泗魏、德等州，共差水手五千四百人。三千四百人海运，二千人平河。宜二年与替，不烦更给勋赐，仍折免将役年及正役年课役。兼准屯丁例，每夫一年各贴一丁。其丁取免杂徭人家道稍殷有者，人出二千五百文资助。"又曰："蓝田新开渠，每斗门置长一人，有水槽处置二人。恒令巡行。若渠堰破坏，即用随近人修理。公私材木，并听运下。百姓须溉田处，令造斗门节用，勿令废运。其蓝田以东，先有水磑者，仰磑主作节水斗门，使通水过。"[①]《天圣令·田令》所附唐令第40条云："诸屯应役之处，每年所管官司与屯官司准来年所种色目及顷亩多少，依式料功申所司支配。"其所谓"式"，就是具体的实施细则。关于式，学者多有论述。[②]此不赘言。《唐六典》是一部摘抄唐令格式而成的政书。它的编纂者把摘抄来的唐令格式分入六司，略去了令或式名，以致后人不易辨别哪是令文，哪是式文。上引三段有关屯田的文字，笔者认为其应属式，确切地说，是《屯田式》的遗文，而非

① 唐耕耦、陆宏基编《敦煌社会经济文献真迹释录》，第二辑，全国图书馆文献缩微复制中心，1990。

② 参见冯卓慧《从几件敦煌吐鲁番文书看唐代法律形式——式》，《法学研究》1992 年第 3 期；霍存福《唐式性质考论》，《吉林大学社会科学学报》1992 年第 6 期。

《田令》。

仁井田陞《唐令拾遗·田令》第 35 条据《通典》等书复原："诸亲王出藩者，给地一顷作园。若城内无可开拓者，于近城便给。如无官田，取百姓地充，其地给好地替。"这条令文，在《通典·食货二》里，是位于"诸职分陆田"条后的，笔者以为从《通典》叙述语气（无"诸"、"其"、"凡"字）及此条内容（起进一步补充说明作用）来看，仍是"诸职分陆田"条令文的一部分，而不是单独成条的。宋以此"诸职分陆田"条令文为基础，参照宋制进行了修改，同时把不需要的内容删除了。于是，自"其价六斗以下者依旧定，以上者，不得过六斗，并取情愿，不得抑配"，连同"诸亲王出藩者"以下内容，在《天圣令》里均不见了踪影。

又《唐令拾遗》田令第 25 条据《唐律疏议》卷三《名例律》复原作："杂户者，依令，老免、进丁、受田，依百姓例。"此条，依其所规范的内容看，当属《户令》而非《田令》。《唐律疏议》卷十七《贼盗律》缘坐非同居条载："杂户及太常音声人，各附县贯，受田、进丁、老免与百姓同。"令文意思主要是杂户在年老免除徭役、年满 21 入丁服役以及田地分配方面，有着与百姓同等的权利和义务。令文就杂户的身份地位和权利义务作了界定，与其说是《田令》，不如说是《户令》更为确切。与杂户身份相似的还有太常音声人，有关他们的授田规定，也不见于今本《天圣令》。原因很简单，在《户令》中，唐对官户、杂户及太常音声人等的身份地位已作了界定，例如，《唐律疏议》卷十二《户婚律》载《户令》："杂户、官户皆当色为婚"，不得与其他阶层的人通婚。《户令》规定杂户及太常音声人的权利和义务"与百姓同"。而百姓授田，唐《田令》第 2 条和第 3 条已有十分清晰的规定，杂户与太常音声人授田，自然依令参照执行。令文完全没有必要再行制定相同的款项。但是，官户便不一样了，其授田"各减百姓口分之半"，与百姓授田数异，因此令文不得不另立项加以明确规定。

当然，不排斥《天圣令》偶有脱遗、疏漏的可能。例如，《通典》卷二《食货下·屯田》于《开元二十五年令》下有两段文字云：

其旧屯重置者，一依承前封疆为定。新置者，并取荒闲无籍广占之地。其屯虽料五十顷，易田之处各依乡原量事加数。其屯官取勋官五品以上及武散官并前资边州县府镇戍八品以上文武官内，简堪者充。据所收斛斗等级为功优〔劣〕。

诸营田若五十顷外更有地剩配丁牛者，所收斛斗皆准顷亩折除。其大麦、乔麦、干罗卜等，准粟计折斛斗，以定等级。

这些文字，今本《天圣令》亦不载，依其内容及上下文语气来看，前一段文字似是第38条唐《田令》之一部分，后一部分疑自为一条，这些有可能为《天圣令》刊刻或抄写者所遗漏。这有待于进一步考证。假如今本《天圣令·田令》无遗阙之条的话，那么整篇《开元二十五年令·田令》共计有56条。

（五）唐《田令》在法律体系中的地位

从《天圣令》记载来看，唐代的《田令》并不是一部单行法律规范。《田令》中甚至也没有"均田"这样的名称。有关均田的法令，只是《田令》的一部分。即使是《田令》，也是作为唐《开元二十五年令》的一个篇章而存在的。《开元二十五年令》是一部完整的法律规范，其中的《田令》不可能割裂开来单行于世。

唐《田令》内容简要，条款精练，少的仅有13字。在时隔一千二百多年的今天，人们不禁要问，就凭这56条令文，事关唐国家根本大计的唐代土地制度能否贯彻执行？实际上，《田令》只是唐代土地法的一个部分，唐代法律体系主要是由律、令、格、式四种基本法律形式组成的。唐代土地法涉及多种法律形式。《田令》主要规定了土地法的实施原则和基本方针。除令之外，唐格和唐式中也都载有土地法的内容。例如，《屯田格》、《屯田式》中就有土地法。《田令》的贯彻实施并非单独进行，它还有赖于整部唐令的配合运用，乃至于整个唐代法律体系的实施。拿《田令》与《户令》来说，就有着密不可分的关系，《田令》规定"老男、笃疾、废疾各给口分田四十亩"。但什么人属老男，什么人属笃疾、废疾，《田令》中并无规定，其详细规定是载于《户令》之中的："诸男女三岁以下为黄，……其男年二十一为丁，六十为老。""痴痖、侏儒、腰脊折、一肢废，如此之类，皆为废疾；恶疾癫狂、两肢废，两目盲，如此之类皆为笃疾。"① 因此，《田令》的实施，还须参照《户令》的相关规定才能进行。此外，《田令》与《官品令》、《赋役令》等也有着密切的关系。

按照唐人说法，"律以正刑定罪，令以设范立制，格以禁违正邪，式以轨物程事。"② 令是有关国家制度之规定。律则是保证国家制度实施的手段。"违令有罪则入律"，③ 以下试举几例论证之。唐《田令》载："诸庶人有身死家贫，无以供葬者，听卖永业田，即流移者亦如之。乐迁就宽乡者，并听卖口分田［卖充住宅邸碾者，虽非乐迁，亦（斤）［听］私卖］。"《田令》规定了永业田和口分田买卖的必要条件。这是令从正面对永业田和口分田买卖所做的限制。这是官员和百姓必须遵守的规章。但是，倘若有人不遵守而违犯了这一规章，令本身是无法解决问题的。令的实施通常还需律的辅助，需要律来保证令的实施。《户婚律》规定："诸卖口分田者，一亩笞十，二十亩加一等，罪止杖一百，地还本主，财没不追。即应卖者，不用此律。"④ 律对违令者施以刑罚，既惩治罪犯，又威慑欲效仿者，使令得以贯彻执行，起到了保证令实施的作用。如属合法买卖者，律则无所用之，即律不发生作用。又如《田令》规定官员和百姓所受永业田，各有等数限度，过限即属违法，对此，《户婚律》规定："诸占田过限者，一亩笞十，十亩加一等，过杖六十，二十亩加一等，罪止徒一年。若于宽闲之处者不坐。"⑤ 这里，律与令的关系十分清楚。律用超强制力手段来保证令的贯彻执行。

唐于令外，常用格的法律形式来修补令。格，是由政府各司负责实施的一种优于律、令、式首先适用的法，对常法起补充和修改的作用。敦煌出土的开元《户部格残卷》中有一条关于田制的格，其云："敕：畿内逃

---

① 《宋刑统》卷一二《户婚律》。

② 《唐六典》卷六刑部郎中员外郎条。

③ 李昉：《太平御览》卷六三八《刑法部四·律令下》杜预《律序》。

④ 长孙无忌：《唐律疏议》卷一二。

⑤ 长孙无忌：《唐律疏议》卷一二。

绝户宅地，王公、百官等及外州人，不得辄请射（景龙二年三月二十日）。"① 这是对《田令》的补充规定。

就唐《开元二十五年令·田令》来看，令文内容十分的简练。单靠《田令》本身，有时尚不能解决问题。它还需要具体的实施细则的配合才能得到贯彻执行。如果说，令是对国家制度所做的纵向规定，那么，式则是对国家制度所做的横向规定。例如唐《田令》云："诸屯应役丁之处，每年所管官司与屯官司准来年所种色目及顷亩多少，依式料功申所司支配。其上役之日，所司仍准役月闲要，量事配遣。"其中《田令》仅规定了屯田劳动力的支配原则，至于具体的配法，并没有说，只是要求"依式料功申所司支配"。换言之，具体的实施细则按《屯田式》的规定去做。《唐六典》卷七屯田郎中员外郎条：

> 诸屯分田役力，各有程数。（凡营稻一顷，（将）［料？］单功九百四十八日；禾，二百八十三日；大豆，一百九十二日；小豆，一百九十六日；乌麻，一百九十一日；麻，四百八十九日；黍，二百八十日；麦，一百七十七日；乔麦，一百六十日；蓝，五百七十日；蒜，七百二十日；葱，一千一百五十六日；瓜，八百一十八日；蔓菁，七百一十八日；苜蓿，二百二十八日。）

种稻一顷，需 948 个劳动日，其他禾、豆、麻等农作物耗功日数皆规定得清清楚楚。这些具体的规定无疑便是《屯田式》的内容。没有诸如此类的具体细则的配合，唐《田令》便无从实施。

综上所述，唐《田令》虽然只有 56 条，它却是唐土地法的最基本的部分。然而，《田令》的实施，还有赖于整部唐令的配合运用，一部土地法的实施过程，也就是整个唐代法律体系的综合运用过程。

从唐《田令》实施的个案问题，进而引发出对唐代法的主体问题的探讨。唐代基本法律形式有律、令、格、式四种，其中究竟谁是法的最基本

---

① 唐耕耦、陆宏基编《敦煌社会经济文献真迹释录》，第二辑，全国书馆文献缩微复制中心，1990。

的主体？前辈学者杨廷福先生认为，四者以律为主。① 这种观点代表了相当一部分人的看法。然而这种观点忽视了唐令作为法主体的客观事实。

令的含义有一个演变的过程。秦汉时期，令的作用在于补充律，辅助律的实施，即"前主所是著为律，后主所是疏为令"。② 至晋代时，令的含义发生了变化。"律以正罪名，令以存事制"。③《晋书·刑法志》云："若军事、田农、酤酒，未得皆从人心，权设其法，太平当除，故不入律，悉以为令，施行制度，以此设教，违令有罪则入律。"令的地位从辅律转成为律所服务的本体。令之"设范立制"，即是有关国家制度之规定。它允许或禁止朝廷各府衙及人们做某事，规定团体和个人办事原则和所必须遵守的规章，如唐《开元七年令》有 27 篇正篇，1546 条，规定了唐朝政治、经济制度，各府衙的组织权限以及活动原则。其所涉及的内容远超出 12 篇计 500 条的《唐律》。它在国家日常生活中时时刻刻都发生着直接作用，是指导国家机器运转的基本圭臬。律作为刑法，用"以正刑定罪"，但它在日常生活中起的仅是一种威慑作用，"违令有罪则入律"，只有在其他法无法得到执行时，它才以其所具有的国家超强制力手段加以干预。其本身并未对土地制度做正面规定。式"以轨物程事"，是法的具体实施细则。格"禁违正邪"，是由各朝廷府衙负责实施的法的追加和修改。然而它必须以律、令、式等已有成法为前提才能发生效力。《唐律疏议》卷三十《断狱律》规定："诸断罪皆须具引律、令、格、式正文。"律列其首，易使人产生错觉，似乎在国家政治生活中，律起着主要的作用。其实这仅仅是指刑事活动而言。通过前述田令的实施之例，我们不难看出，唐令是关于国家体制和基本制度的法规，因而也是唐代整个法律体系的主干。以往我们重律而轻令，这固然受现存资料匮乏的影响，但也反映出我们认识上的偏颇和研究不够的现状。

以上是就新发现的唐《田令》所做的初步探讨。相信随着《天圣令》的发现，一定能进一步推动唐令这一东方法律文化遗产的整理和研究工作。

---

① 杨廷福：《唐律初探》，天津人民出版社，1982，第 103 页。
② 司马迁：《史记》卷一二二《杜周传》。
③ 《太平御览》卷六三八《刑法部四·律令下》杜预《律序》。

唐朝的《丧葬令》与丧葬礼

昔人曾认为，礼与法是奠定国家社会的两大基石，为传统纲常中荦荦之大者。陈寅恪先生曾提示，礼与法为稳定社会的因素；① 钱穆先生也指出，"成文之礼，本乎制度，礼、令之类是也"。② 因此，就礼法关系而言，为全社会"设范立制"的令与"安上治民"的礼是两项不可分割的内容：礼为令之基础，而令则为礼之贯彻。礼令互相扶助、互为表里的作用不待辨而明。

唐朝礼、令的关系反映在制作和内容上都是十分突出的。20 世纪 90 年代，中国大陆和台湾学者都开始从不同的方面关注此问题，如姜伯勤在《唐礼与敦煌发现的书仪》一文中，③ 讨论了敦煌书仪中丧服制度与唐"礼及令"的问题。高明士关于《贞观礼》的研究涉及与《开皇礼》和《武德令》的同异；④ 而荣新江、史睿与李锦绣虽然在讨论俄藏 Дx3558 残卷的过程中对它的年代定名持论不一，但都借助了此卷中祠令内容与郊祀礼的对应；⑤ 李玉生讨论礼、令和史睿关于《显庆礼》的文章尤注意礼令或与律令格式之间相互修改协调的关系。⑥ 日本学界关于礼令关系则被纳入律令的研究体系，⑦ 其中丧葬礼、令的问题最为日学者关注。如池田温

① 俞大维：《怀念陈寅恪先生》，钱文忠编《陈寅恪印象》，学林出版社，1997，第 10 页。
② 钱穆：《国学概论》上篇第一章"孔子与六经"，商务印书馆，1997，第 23 页。
③ 姜伯勤：《唐礼与敦煌发现的书仪》，载《敦煌艺术宗教与礼乐文明·礼乐篇》上编《敦煌礼论》，中国社会科学出版社，1996，第 431～434 页。
④ 高明士：《论武德到贞观礼的成立——唐朝立国政策的研究之一》，载台湾唐代学会《第二届国际唐代学术会议论文集》，文津出版社，1993，第 1159～1214 页。
⑤ 李锦绣：《俄藏 Дx3558 唐〈格式律令事类〉残卷试考》，《文史》2002 年第 3 辑。荣新江、史睿：《俄藏敦煌写本〈唐令〉残卷（Дx3558）考释》，《敦煌学集刊》1999 年第 1 期；《俄藏 Дx3558 唐代令式残卷再研究》，《敦煌吐鲁番研究》第 9 卷，中华书局，2006，第 143～167 页。
⑥ 史睿：《〈显庆礼〉所见唐代礼典与法典的关系》，载高田时雄主编《唐代宗教文化与制度》，京都大学人文科学研究所，2007，第 115～132 页；《唐令与礼关系析论》，《陕西师范大学学报》2007 年第 2 期。
⑦ 池田温编《中国礼法と日本律令制》第二部《日唐律令制の比较研究》，东方书店，1992；《日中律令制の诸相》第二部《日唐の律令制と官僚制》，东方书店，2002。

《唐・日喪葬令の一考察——条文排列の相異を中心として——》一文，[1]
在讨论丧葬令复原次序的同时，指出《丧葬令》是《开元礼》、《大唐元
陵仪注》、诏敕等选择采录的重复规定，而《开元礼》卷三《序例下・杂
制》至少有"百官终称"等五条见于《丧葬令》收载，《通典》凶礼沿革
丧制部分"大唐之制"、"大唐制"以及《大唐元陵仪注》也都明确述及
礼和《丧葬令》的关系。稻田奈津子《喪葬令と礼の受容》一文专门讨
论日本《丧葬令》17 条在唐令及《开元礼》的来源。[2] 而探讨丧葬礼、
令问题更为直接的则是石见清裕，他的《唐代凶礼の构造——〈大唐开元
礼〉官僚喪葬仪礼を中心に——》和《唐代官僚の喪葬仪礼について》
两文，[3] 不但对《大唐开元礼》凶礼的篇名其中特别是对官僚葬礼的构成
内容做了检讨，而且就丧葬仪礼和《丧葬令》进行了具体讨论和比较，这
使对丧葬礼、令关系的研究又有了极大的进展。不过在《天圣令》发现
后，某些具体内容还应当补充，其相互对应的关系和作用值得进一步探
索，以下分为两个问题讨论。

（一）唐《丧葬令》的等级、内容与礼的呼应

唐令与礼的关系，大体可以认为是相互渗透，或者说是令中有礼，礼
中有令。不过首先应当明确一点，就是相对《开元礼》而言，《丧葬令》
并不能完全与它的全部凶礼内容对应，因为《大唐开元礼》的凶礼其实是
从病重开始的。其书卷一三一仪目中除了"凶年振抚诸州水旱虫灾"、
"振抚蕃国主水旱"两条不相干外，其余都是帝、后、太子"劳问疾苦"

---

[1] 池田温：《唐・日喪葬令の一考察——条文排列の相異を中心として——》，载《法制史
研究》45，1995。

[2] 稻田奈津子：《喪葬令と礼の受容》，载池田温编《日本律令制の诸相》，東方書店，
2002，283 ~ 309 页。并参同人《日本古代喪葬仪礼の特质——喪葬令からみた天皇と
氏》，《史学杂志》第 109 编第 9 号，2000 年，第 1 ~ 34 页。

[3] 石见清裕：《唐代凶礼の构造——〈大唐开元礼〉官僚喪葬仪礼を中心に——》，载福井
文雅博士古稀纪念论集《アジア文化の思想と仪礼》，春秋社，2005；《唐代官僚の喪葬
仪礼について》，发表于日本东方学会第 51 回国际东方学者会议：《古代东アジアにわ
ける王权和丧葬仪礼》，2006。

的内容。① 如皇帝有劳问诸王、外祖父、皇后父、诸妃主、外祖母、皇后母、大臣、都督刺史、蕃国主疾苦等项，中宫（皇后皇太后）有劳问外祖父、诸王、外祖母、诸王妃和宗戚妇女疾苦等，东宫（太子）劳问疾苦则除了诸王、外祖父母和妃父母、诸妃主外，更增加了师傅保、宗戚和上台贵臣。其仪注中有"若受劳问者疾未闲，不堪受制（或受令），则子弟代受如上仪"的说明，因此劳问疾苦常常是朝廷和最高统治者慰问臣下病重或临终前的关怀。传世史书中常常可以见到皇帝本人或遣使者问疾送药的记载，病重不是已丧，因此不能直接纳入丧葬的范围。但相应的《假宁令》复原第9条是"本服周亲以上，疾病危笃、远行久别及诸急难，并量给假"。② 仁井田陞复原的《选举令》中有本人或父母病重假限和解官的条款，③ 也可以体现这种关怀。

具体到真正的丧葬礼仪，《开元礼》其实包括两部分，一是包括五服和衣制的丧服制度，二是按等级和程序分别叙述的丧礼和葬礼。而根据我们复原的唐《丧葬令》，不少条款在《开元礼》中大都能找到相关的内容，并且《令》后也有可能是同宋《丧葬令》一样附有"服纪"或者"五服制度"的，这说明礼是令的依据。但反过来，包括与丧葬有关的令、式、制敕等法令性内容，在《开元礼》的序例部分也形成指导性的总则。这些内容曾经被作为我们复原令文的依据和参考。它们是礼的某些补充，表明令是礼的实践，也是现实中礼的引导。

1. 等级划分的同异

唐令与礼的关系，首先反映在等级的相适应方面。在唐、宋《丧葬令》的各条中，令人印象深刻的是丧葬制度以方式、数量、品种、式样、名称等的不同为标榜，显示出了鲜明的高下等级。无论是皇帝的举

① 《大唐开元礼》卷一三一，民族出版社影印洪氏公善堂本，2000。
② 赵大莹：《唐假宁令复原研究》，载《天一阁藏明钞本天圣令校证（附唐令复原研究）》，中华书局，2006，第594、601页。
③ 仁井田陞：《唐令拾遗·选举令第十一》第16条："诸职事官身有疾病满百日，若所亲疾病满二百日，及当侍者，并解官，申省以闻（下略）。"东方文化学院东京研究所，1933，第293页。并参池田温编《唐令拾遗补》第三部《唐日两令对照一览》，东京大学出版会，1997，第1072页。

哀，或是朝廷给官员的待遇、各种丧葬器物用品和墓田坟高的规定，都按照等级区分，其中除了皇帝（后、太子在内）举哀和皇家诸亲丧赙物条是以与皇家的血缘亲疏为核心外，基本都以官品定限。且皇家诸亲丧赙物实际也是比照官品实行，所以全部《丧葬令》基本是以官品等级为核心的。体现血缘关系的丧服制度对于《丧葬令》本身反而没有多少直接作用，甚至相比之下，其关系密切的程度不如《假宁令》——这是"丧服年月"所以附载于令后而相对独立，后来又被改移在《假宁令》后的一个原因。

一般而言，《丧葬令》关于等级的规定是相对复杂的，因为其中并不是按照三等或九等一律化。如百官赙物竟是按流内职事官九品区分，由于前三品不计正从，而四品以下不计官阶上下，所以共分为十五等；方相魌头、碑碣、石人石兽却只分成两等。即使是分为三等者，其中的划线也未必相同。这样从总的范围而言，并不是每一种规定的内容九品以上官员都可以有，其享用最多者，无疑是三品以上官员，赐谥、暑月给冰等都是只有三品以上官员才可享受。其次则为五品以上，如丧事奏闻吊祭、营墓夫、立碑等也只是五品以上的待遇。不过，笔者在以往文中也已指出，[1]根据令文其实还有一种更特殊的待遇。这就是皇帝下诏葬事的"诏葬"。唐令"复原7"有如下记载：

> 其诏葬大臣，一品则鸿胪卿监护丧事；二品则少卿，三品丞一人往，皆命司仪令以示礼制。[2]

诏葬是皇帝下诏礼葬，资格仅限三品大臣，但不是所有三品以上都是诏葬，而是一些有特殊地位的亲贵大臣或与皇帝有特殊关系者。条令中的护丧是诏葬者的标志，而诸如举哀、遣使吊祭等也逐渐成为诏葬者的特权，某些待遇如明器等诏葬者也可以超越等级而享有更多。因此，《丧葬令》在官品之上其实是将此由皇帝下旨、破越常制的诏葬融入其中的。这

---

[1] 吴丽娱：《从〈天圣令〉对唐令的修改看唐宋制度之变迁——〈丧葬令〉研读笔记三篇》，载《唐研究》第 12 卷，北京大学出版社，2006，第 161～200 页。

[2] 本文所引唐《丧葬令》复原条目，均采自吴丽娱《唐丧葬令复原研究》，载《天一阁藏明钞本天圣令校证（附唐令复原研究）》，第 709～712 页，下不具述。

说明，唐前期亲贵大臣的丧礼特别受重视，并且令所规定的九品也只限于流内，不涉及流外官吏，而且是以职事官品为主的。另外，除了少数条目（如辒车）之外，也很少有关庶人的条款，这给后来丧葬制度的修订留下了巨大的空间。

虽然一些条令的划分复杂，但有一点还是要承认，即唐前期官品已有"贵"（三品以上）和"通贵"（五品以上）的基本划分，仅就九品以上流内官的层面而言，三等的定限还是一个基本的约束和标准。这是因为，不仅确有一些条目（如铭旌、明器、引、披、铎、翣、挽歌等）是遵照着三品以上、五品以上和六品以下（或九品以上）的限约，而且对照《开元礼》，也是明确分作王公宗戚贵臣蕃国主、三品以上官员、四品五品官员、六品以下官员不同等级的丧礼，而后三者是基本的规定。王公宗戚贵臣蕃国主不过是三品以上地位更加特殊者，得到皇室的致敬和尊礼，享受最高贵的待遇。我们下面将证明，它们在具体的一些内容上，是和诏葬者相对应的。

《开元礼》关于一般九品以上官员按照三等划分的原则比较明晰，所以一直影响到唐后期。《唐会要》卷三八载元和三年（公元818年）五月京兆尹郑元修（按当作郑元）奏："王公士庶丧葬节制，一品、二品、三品为一等，四品、五品为一等，六品至九品为一等（下略）。"而从元和六年十二月及其后颁布的丧葬条文看，都是以这样的划分定限，并增加九品之外的条款，因此官员的三等定限在中唐元和以后得到确立。[1] 这说明，元和以后的丧制等级是参考《开元礼》的。不过开元令文的内容和等级规定在大方向上不但不与礼相矛盾，而且可以分等纳入其中而与之暗合，两者是有具体对应关系的，所以实际上后期的丧制也有参考令的成分，特别是内容。关于这一点已有另文详述，[2] 故不再赘论，这里仍以列表的方式，将复原后的唐令逐一与《开元礼》相应章节内容加以对比，以示区别（详见表1）。

---

[1] 《唐会要》卷三八《葬》，上海古籍出版社，1991，第812～817页；并参见黄正建《王涯奏文与唐后期车服制度的变化》，载《唐研究》第10卷，北京大学出版社，2004，第303页。

[2] 吴丽娱：《唐朝的〈丧葬令〉与唐五代丧葬法式》，《文史》2007年第3辑。

表1 唐《丧葬令》与《开元礼》的等级划分

《丧葬令》	等级	《大唐开元礼》			
		皇亲、贵臣、宗戚、蕃国主、太子师傅保等	三品以上	五品以上	六品以下
皇帝、皇（太）后、太子举哀	皇帝本服周；大功；小功以下及内命妇二品；百官职事二品以上及散官一品丧（皇太后、皇后为内命妇二品以上；皇太子为宫臣三品以上同）	讣奏（卷133）、中宫举哀（卷135）、太子举哀（卷136）			
皇帝、太子临丧	一品、三品、四品以下（太子宫臣二品以上、四品以上、五品以下）	临丧（卷133、卷135、卷136、卷137）、			
奏闻、遣使吊（并参《唐令拾遗》复原《选举令》第6条）	京官及在京三品、四品、在京及身死王事五品以上（外官五品以上）	敕使吊	赴阙、敕使吊	赴阙、敕使吊	
会丧	五品以上	会丧：遣百僚会王公以下丧			
将葬赠祭	京官及在京一品、三品、五品以上	会葬：遣百僚会王公以下葬			
皇家诸亲丧赙物	准一品、二品、三品、正四品、从四品、正五品、从五品	赗赙			

续表

《丧葬令》	等级	《大唐开元礼》			
		皇亲、贵臣、宗戚、蕃国主、太子师傅保等	三品以上	五品以上	六品以下
职事官赙物	一品、二品、三品、正四品、从四品、正五品、从五品、正六品、从六品、正七品、从七品、正八品、从八品、正九品、从九品	赗赙			
使人车舆	爵一品、职事及散官五品以上，其余				
赠官		策赠	赠谥	赠谥	
敛服	依品级		陈小敛衣、陈大敛衣	陈小敛衣、陈大敛衣	小敛、大敛
重鬲	一品、五品以上、六品以下		重	重	重
铭旌	三品以上、五品以上、六品以下		铭	铭	铭
辆车	三品以上、七品以上、八品以下		陈车位	陈车位	陈车位
引、披、铎、翣、挽歌	三品以上、五品以上、九品以上		陈器用、进引	陈器用、进引	陈器用、进引
方相魌头	四品以上、七品以上		陈器用	陈器用	陈器用
纛	五品以上、六品以下		进引	进引	
明器	三品以上、五品以上、九品以上		陈器用、陈明器	陈器用、陈明器	陈器用、陈明器

《丧葬令》	等级	《大唐开元礼》			
		皇亲、贵臣、宗戚、蕃国主、太子师傅保等	三品以上	五品以上	六品以下
官借布深衣、帻、素三梁六柱舆	五品以上				
拟谥	职事官三品、散官二品以上	策赠	赠谥	赠谥	
墓田坟高	一品、二品、三品、四品、五品、六品以下				
墓域门及四隅	四（三?）品以上、五品以上、其余				
营墓夫	职事官一品、二品、三品、四品、五品				
碑碣	五品以上、七品以上				
石人石兽	三品以上、五品以上				
暑月给冰	职事官三品以上、散官二品以上				
死亡称谓	三品以上、五品以上、六品以下达于庶人				

注：表中《大唐开元礼》部分，只列具体有礼仪规定者，序例部分引用令式者未列在内。

2. 尊贵者的特殊待遇与其他一般性规定在礼、令中的对应

接下来，我们再看看礼、令在具体内容方面的一些对应。这种对应，也可以分为皇朝亲贵大臣（其中特别是"诏葬"者）与一般官员待遇两

个层次来说明。前者是关于地位高贵者的特殊优待，后者则是关于一般丧礼等级的种种规定和区分。而这类规定，也显示了丧葬礼令的对应及某些差异。

（1）礼、令关于亲贵大臣及诏葬者的特别优待

唐令中首先涉及的与皇朝亲贵相关的条目是大臣初丧之际的举哀、临丧，唐令"复原4"有曰：

> 皇帝、皇太后、皇后、皇太子为五服之内亲举哀，本服周者，三朝哭而止；大功者，其日朝晡哭而止；小功以下及皇帝为内命妇二品以上、百官职事二品以上及散官一品丧，皇太后、皇后为内命妇二品以上丧，皇太子为三师、三少及宫臣三品以上丧，并一举哀而止。其举哀皆素服。皇帝举哀日，内教坊及太常并停音乐。

举哀是帝、后、太子为死者举行的哭悼仪式。在唐令中对象是帝后太子的五服内亲属，内命妇以及高品的大臣。而《大唐开元礼》卷一三三至卷一三七是帝、后、太子、太子妃参加丧礼的内容，对象即王公贵臣等。其中卷一三三皇帝所行有《讣奏》、《临丧》、《除服》等仪目，"讣奏"一项即包括皇帝为外祖父母、为皇后父母、为诸王妃主、为内命妇、为宗戚、为贵臣、为蕃国主举哀等条。"临丧"是亲临丧者之家参加丧仪，对象中无"为内命妇"及"为蕃国主"，其余全同。其举哀的一些待遇也与令所规定者相应，例如"为贵臣举哀"说明：

> 右与为诸王礼同，其异者，一举哀而止。贵臣谓职事三品以上，散官一品，其余官亦随恩赐之浅深。

这里规定"贵臣"是职事三品以上，但据文渊阁四库本《开元礼》与《通典》卷一三五《开元礼纂类》，"三品"皆作"二品"，一般情况下职事与散官应只差一品，但此处职事三品以下竟是"散官一品"，故当改作"职事二品"更合理。因此，皇帝为之举哀的贵臣品级与令的"官职事二品以上及散官一品丧"规定相同，《唐律疏议》"议贵"的范围乃

"谓职事官三品以上，散官二品以上及爵一品者"，① 前者与之相比似乎略小一些。又《开元礼》本卷"为诸王妃主举哀"称：

> 自后本服周者，凡三朝哭而止；本服大功者，其日晡哭而止；本服小功已下，一举哀而止。

"为内命妇举哀"称：

> 与为诸王妃主礼同。其三夫人以上，其日仍晡哭而止，其九嫔以下，一举哀而止。亦随恩赐之。

据《旧唐书》卷四四《职官》三载内官之制，三夫人即三妃，为正一品；九嫔即六仪，为正二品，两者皆属"内命妇二品以上"。"为宗戚举哀"也大体同"为诸王妃主"，② 此外同书卷一三五中宫太皇太后、皇太后、皇后"为诸王妃主举哀"、"为内命妇举哀"、"为宗戚举哀"都是"一举哀而止"，卷一三六东宫为"诸王妃主举哀"说明"自后本服周者"至"本服小功以下"举哀同皇帝此仪，其"为师傅保举哀"与"为宫臣举哀"也都是"一举哀而止"。因此，《开元礼》举哀制度实施的对象与唐令基本相同，其实施等级也是一致的。

这里唐令和礼都涉及帝、后"亲"的范围，《开元礼》"为宗戚举哀"阙文，但《新唐书·百官志》三宗正寺卿条下于此有规定曰：

> 凡亲有五等，先定于司封：一曰皇帝周亲、皇后父母，视三品；二曰皇帝大功亲、小功尊属，太皇太后、皇太后、皇后周亲，视四品；三曰皇帝小功亲、缌麻尊属，太皇太后、皇太后、皇后大功亲，视五品；四曰皇帝缌麻亲、袒免尊属，太皇太后、皇太后、皇后小功亲；五曰皇帝袒免亲，太皇太后小功卑属，皇太后、皇后缌麻亲，视

---

① 《唐律疏议》卷一《名例》"八议"条，中华书局，1983，第18页。

② 按此条《开元礼》注明"阙文"，参卷一三五中宫"为宗戚举哀"，第637页；《通典》卷一三五《开元礼纂类》"为内命妇宗戚举哀"，中华书局，1988，第3458页。

六品。皇帝亲之夫妇男女，降本亲二等，余亲降三等，尊属进一等，降而过五等者不为亲（下略）。①

从这里可以看出，对于皇家诸亲的等级规定，是以官品做比附的，血缘越近者品级越高。这个等级仍然以官品为主导，只是其范围比"贵臣"要广一些，基本是在五等之内，而最低者按官品甚至低于五品。令的皇帝举哀范围可以包括小功以下，可能有这方面的考虑。不过，不得不承认《开元礼》所言举哀临丧的诸王妃主、宗戚乃至太后皇后之父母祖父母、内命妇、贵臣的身份待遇都是比较特殊的，这些也就是特权阶层。而现实生活中，除了个别戚属，皇帝、太后真正能为举哀者，大都不会低于三品，且其待遇不在一般三品之内。礼之所以专门划出这样一个范围，其真正的含义就是指对着令所谓的"诏葬"。因为就皇帝而言，举哀、临丧的对象并不多，且实施的既是王公亲贵大臣，基本也在令所规定的诏葬范围内。

除举哀、临丧外，我们在《开元礼》这部分还可以发现一些内容，其实亦仅用于地位特殊者，特别是诏葬者。如《开元礼》卷一三四皇帝仪有"策赠"也即"册赠"，对象是诸王、外祖父母、贵臣和蕃国主。关于"册"，《唐六典》卷九中书令之职"凡王言之制有七"的"一曰册书"说明："立后建嫡，封树藩屏，临命尊贤，临轩备礼则用之。"而《开元礼》除了册后立太子之外，属于"册"者在卷一〇八《嘉礼》有"临轩册命诸王大臣"、"朝堂册命诸臣"、"册内命妇"三章。"临轩册命诸王大臣"是"三师、三公、亲王、开府仪同三司、太子三师、骠骑大将军、左右丞相、京兆牧、河南牧"，包括职事官正、从一品，个别二品；爵的正一品，文武散官从一品。"朝堂册命诸臣"乃包括："太子少师、太子少傅、太子少保、特进、辅国大将军、侍中、中书令、诸卫大将军、六尚书、太子詹事、太常卿、都督及上州刺史在京者"，包括职事官二品和正三品，极少数外官正、从三品及文武散官正二品以上，两者相加，略大于《开元礼》所谓"贵臣"范围，而死后"册赠"贵臣应该也不超过这一范

---

① 《新唐书》卷四八《百官志》三，中华书局，1975，第1250～1251页。按此条《唐六典》卷一六《宗正寺》（中华书局，1992，第466页）亦有之，内容略同，文字略异。

围。另外"赠"还有赠谥一层含义。赠谥唐令"复原26"明确规定为三品之内，因此，这里将"册赠"单独提出，其用意实际上也是针对亲贵或者诏葬者的。

唐令关于"赗赙"是规定皇家诸亲和九品以上职事官都按品级发给。但是"赗赙"《开元礼》只在卷一三四"敕使吊"后提到，"其赗赙之礼，与吊使俱行，有司预备物数"，并说明"多少准令"。由于敕使吊一般都持有吊书和赙物簿，所以，这项礼仪要求使者将礼物陈于庭中，"主人迎，受如吊书之仪"，"其赙物簿受如受吊书仪"。这并不是表明"赗赙"只赠亲贵，而是只有亲贵才能由使者特别送至家中，且事实上皇帝对于亲贵的"赗赙"往往在令的规定上加等。这是特别颁赠的一个原因，而这一点也往往是诏葬者的特权。

《开元礼》卷一三四又有"会丧"和"会葬"。"会丧"是"遣百僚会王公以下丧"，"会葬"是"遣百僚会王公以下葬"。就"会丧"而言，应该是在得到官员始死奏报后及举办丧事期间。唐令"复原7"也有"诸百官在职薨卒者，当司分番会丧"的内容，但这里的"在职薨卒"，按规定便只是职事官的五品以上，与《开元礼》亲贵的范围不同。后者说明是"制遣百僚会王公以下丧"，要求"百官应会吊者，并赴集主人第大门外，便次各服素服。司仪以次引入，就班位立定"，在主人"第前寝庭北面"履行"哭十五举声"和"诸官行首一人，升诣主人前席位展慰"的仪节表示哀悼，与令的"当司分番"显然是不同的。"制遣"就是诏葬的一项要求，这说明《开元礼》本身就有着对"诏葬"的回应。

实际上唐朝生活中的"会丧"甚多，如高宗仪凤四年（679年）泉男生薨于安东府，"差京官四品一人摄鸿胪少卿监护……五品一人持节赍玺书吊祭，三日不视事。灵柩到日，仍令五品以上赴宅〔吊哭?〕"。[1] 武则天母卫国夫人杨氏薨，遣"司刑太尝（常）伯卢承庆摄同文正卿充使监护，西台侍郎戴至德持节吊祭。哀（按当作"命"）文武九品以上，及亲戚五等以上并外命妇，并听赴宅吊哭"。玄宗废后父王仁皎"开元七年

---

① 周绍良、赵超主编《唐代墓志汇编》调露〇二三《大唐故特进行右卫大将军兼检校羽林军仗内供奉上柱国卞国公赠并州大都督泉君墓志铭并序》，上海古籍出版社，1992，第668页。

（719 年）卒，帝亲为举哀"，下令"银青光禄大夫、守工部尚书、上柱国、彭城郡开国侯刘知柔摄鸿胪卿监护，通议大夫、行京兆尹、上护军崔琬为副，银青光禄大夫、守太子詹事、上柱国、安南县开国侯麗承宗持节赍书吊祭，左庶子、上护军白知慎为副，在京五品已上官更须就吊"，①都是皇帝在亲自举哀或诏令遣使吊祭的同时命百官赴宅"会丧"。

"会葬"与"会丧"意义有相似之处，只是时间地点不同。《开元礼》"会葬"说明"右与百僚会丧礼同"，也即同样是"制遣百僚会王公以下葬"。但是现实生活中的会葬是于葬日，地点往往是国门或都城之外。所以，"会丧"和"会葬"分别是丧葬礼中两个阶段的内容。前者为始丧，而后者已进入葬事。《开元礼》同书卷一三九《三品以上丧之二》"将葬"有"郭门外亲宾归"，说明"郭门外"是一般送葬应到的场所。唐令"复原 6"有曰：

> 将葬，皆祭以少牢，司仪率斋郎、执俎豆以往。三品以上赠以束帛，一品加乘马。既引，又遣使赠于郭门之外，皆以束帛，一品加璧。

这个"将葬"时的吊祭，应该是与百官"会葬"同时进行的。见于记载如魏征丧太宗不但"亲临恸哭"；且葬日"登苑西楼，望丧而哭，诏百官送出郊外"。李勣高宗时亡，"葬日，帝幸未央古城，登楼望丧车恸哭，并为设祭"，"诏百官送至故城西北"。② 代宗大历五年（770 年）裴冕"葬于京城南毕原，诏京兆尹护葬事"，"葬日并许百僚祖送于国门"。③郭子仪建中二年（781 年）薨，则丧礼超越仪制，为以往大臣丧礼之最，也有"群臣以次赴宅吊哭"的会丧和"及葬，帝御安福门临哭送之，百僚陪位，皆陨哭"的会葬。而由于以上"会丧"与"会葬"都是有着诏葬身份者的特权，并且，久而久之，实行对象又大多是《开元礼》所说职事二品、散官一品的"贵臣"。所以，后来宋令又对此进行了修改。天圣

① 《册府元龟》卷三〇三《外戚部·褒宠》，中华书局影印明本，1960，第 3572、3574 页。

② 《旧唐书》卷七一《魏徵传》，卷六七《李勣传》，中华书局，1975，第 2561、2488。

③ 《文苑英华》卷八八五元载《冀国公赠太尉裴冕碑》，中华书局，1966，第 4665 页；《册府元龟》卷三一九《宰辅部·褒崇》二，第 3774 页。

《丧葬令》“宋 10”曰：

> 诸一品二品丧，敕备本品卤簿送殡者，以少牢赠祭于都城外，加璧，束帛深青三、纁二。

这说明都城外的遣使吊祭与同时应有的百官会葬已成为“敕葬”一、二品大臣专有之一景。可以认为是礼的实践，使令的规定更加明晰化了。

由礼、令中如上一些对特殊地位者的规定，可以得出这样的看法，即礼、令规定丧葬待遇和关注官员丧葬的程度都是以官品等级为基础，而以其中品级最高而身份最特殊的王公贵臣的丧葬礼仪为核心，其余不过按等量减。这对笔者在以往文章中讨论过的唐后期五代格敕关注低级官员丧礼和庶民的丧礼而言，形成鲜明对比，据此也可以对后来在该方面的补充有进一步的理解。

（2）一般性的等级区分

《开元礼》将以上一些皇帝（后、太子）亲身参加或由皇帝特别下诏的特殊仪节规定在王公亲贵、蕃国主的丧葬礼仪部分，说明它们是具有特殊身份才能享受到的，也可以说关系到一些超乎一般情形的特殊待遇。但礼、令的对应并不限于高等级的诏葬，有些礼仪是不同品级都可以享受的，所以就规定在三品以下的各级官吏礼仪中，只是它们的形式、数量依品级高下而有不同。这些礼仪除了上面已说到的按品颁给赙赠之外，主要反映在丧葬的穿着和器物等级上，如敛服、重鬲、铭旌、輀车、引、披、铎、翣、方相魌头、纛、明器。在这些方面，《开元礼》与《丧葬令》也是相对应的。例如“复原 17”重鬲条称：

> 诸重，一品悬鬲六，五品以上四，六品以下二。

“重”的设置是一至九品甚至庶人都有，所以三品以上，四品、五品和六品以下都设有“重”的仪目，《通典》卷一三八《开元礼纂类·三品以上丧上四品以下至庶人附》综合三者略曰：

重木，刊凿之，为悬孔也，长八尺，四品五品长七尺，六品以下六尺，横者长八尺，横者半之，置于庭。三分庭，一在南。以沐之米为粥，实于●（鬲＋瓦，《开元礼》作鬲）。既实，以疏布盖其口，系以竹●（上竹下密），悬于重木。覆用苇席，北向，屈两端交于后，西端在上，缀以竹●（上竹下密）。祝取铭置于重，殡堂前楹下，夹以苇席，帘门以布，又设苇障于庭。

与令不同的是，这里未言鬲数有别，但重的长度三者亦有差。笔者参考《天圣令》，及其他史料和《唐令拾遗》，未将此作为唐令内容复原。但礼的内容可以为令之补充，礼更关注重木的形制及其在丧礼中所放位置及如何使用等。

又如"复原18"铭旌条称：

诸铭旌，三品以上长九尺，五品以上长八尺，六品以下长七尺，皆书云"某官封姓名之柩"。

而《通典·开元礼纂类》三"铭"条（注曰："铭，明旌也。"）。总结三者曰：

为铭（此二字，四库本作"帛"）以绛，广充幅，四品以下广终幅。长九尺，韬杠。杠，铭旌竿也。杠之长准其绛也。公以上杠为龙首，四品五品幅长八尺，龙首，韬杠。六品以下幅长六尺，韬杠。书曰"某官封之柩"。在棺曰柩。妇人其夫有官封云"某官封夫人姓之柩"子有官封者，云"太夫人之柩"，郡县君随其称。若无封者云"某姓官之柩"，六品以下亦如之。置于宇西阶上。

《开元礼》言铭也是分作三等，只是在幅长方面六品以下为六尺，与令所言七尺略不同。另外，关于铭旌形制及其上死者称谓有更详细的说明。

当某些待遇在令的使用时有等级限制时，可以发现在礼中也有反映。只是有时官品等次限制和范围不尽相同，例如，与天圣宋令完全相同的

"复原21"方相魌头条规定说：

> 诸四品以上用方相，七品以上用魌头。方相四目，魌头两目，并玄衣朱裳，执戈扬盾，载于车。

《大唐开元礼》在三品以上和四品五品"陈器用"仪目下均有方相、志石、大棺车，其"方相"下注明："黄金四目为方相"。而"器行序"仪目下也称："先灵车，后次方相车、次志石车、次大棺车，次辒车。"不过在六品以下"陈器用"改作魌头、志石、大棺车，其下注明："六品以下设魌头之车，魌头两〔目〕"。这说明礼的方相魌头之用也是分等级的，不过在礼中是分作五品以上和六品以下。

令与礼在内容和等级划分上的呼应，说明两者的目标是一致的，在其基本意义方面，令是有礼作为依据的。

（3）礼、令的某些差异

不过正像方相魌头的规定一样，令和礼也存在一些具体的差异。有些是在等级和范围的划分上，如"复原26"规定"诸谥，王公及职事官三品以上、散官二品以上身亡者"，也即赐谥必须是三品以上。从《开元礼》反映，除了最高等级的皇亲贵臣有"策赠"，说明"凡册赠应谥者，则文兼谥又致祭焉"，"凡册赠之礼必因其启葬之节而加焉"之外，其三品以上、四品五品也有"赠谥"。其"告赠谥于枢"下注明："无赠者设启奠讫，即告谥。"《通典》卷一三八《开元礼纂类》"赠谥"下注明"六品以下无"，说明五品以上原则上都可以有谥号，这与令似乎有不合之处。但唐朝确有一些特殊人士以及四品五品因赠官三品而得赠谥号的情况，因此礼、令实质上并无矛盾。此外，如"复原20"引、披、铎、翣、挽歌条关于"诸引、披、铎、翣"，与《通典》卷一三九总结《开元礼》"陈器用"的规定即不尽相同。又如"蘴"在《丧葬令》是以五品以上和六品以下划线（九尺和五尺），但是在《开元礼》和《通典·开元礼纂类》，"六品以下无蘴"却是十分明确的。

令与礼的不尽相同，还反映在一些内容上，有些是关系到品级待遇，则《开元礼》不必俱有，如三品以下官员赗赙、与出使者和外官有关的车舆递运等；有些则如上面所说，《开元礼》只是将令、式的内容作为原则抄写在序例部分，如葬墓田、营墓夫、碑碣等，由于与丧葬程序无关，故不再做具体规定。

有些则是礼、令规定仪节确实不一致。《开元礼》中的帝、后、太子各卷中，特别突出了为外祖父母、为后及东宫妃父母的内容。前揭唐令"复原4"关于帝、后、太子为五服之内亲（周以下）举哀，唐、宋令均清楚地标明"其举哀皆素服"，即不用着丧服，其间并无分别。但是在《开元礼》卷一三三皇帝"为外祖父母举哀"和"为皇后父母举哀"，却是要在仪式中分别换服小功五月和缌麻三月服，表示"成服"。卷一三五皇后（或太后）"为父母祖父母成服"、"为外祖父母成服"以及卷一三六太子"为外祖父母举哀"、"为非父母举哀"，卷一三七东宫妃"闻父母祖父母丧"、"闻外祖父母丧"中，都有换穿丧服的记载，这些和令的规定并不完全吻合。这只能说明令所规定的是当时一般的规定和制度，礼却反映对前朝礼仪形式、观念的一些继承和影响，所以后者便逐渐被改变和淘汰了。

但有些不同还是经历了礼、令统一的过程，如"举哀皆素服"中的"素服"本身。《唐会要》卷三一《舆服上·裘冕》记载显庆元年（656年）长孙无忌奏曰："皇帝为诸臣及五服亲举哀，依礼着素服，今《令》乃云白帢。《礼》、《令》乖舛，须归一塗（途）。且白帢出自近代，事非稽古，虽著令文，不可行用。请改素服，以合礼文。"结果"制从之"。史睿和李玉生都注意到内中以礼改令的事实。[①]

以上情况，总的来说反映了礼、令在等级、内容上的呼应和差异。对唐朝丧葬制度而言，两者之同大于异，虽然它们之间并不是所有的条目、仪制都能彼此印证，但这表明两者各有侧重，可以互为补充和参考。

（二）令与礼的作用、性质比较及来源问题

令与礼的性质、内涵有所不同，故两者的作用及所针对和注重的方面

---

① 史睿：《显庆礼所见唐代礼典与法典的关系》，第127页；李玉生：《唐令与礼关系析论》，《陕西师范大学学报》2007年第2期。

也有差异。以下，我们便从礼、令所表达的公、私内涵探讨其应用场合的不同，并从开元丧葬礼的仪目来讨论礼、令的关注点，说明两者在体现官方待遇和私人丧礼程序方面的差别。此外，我们还将从《开元礼》对古礼和前朝礼的吸收与对令式制敕的综合方面，及《丧葬令》对前朝礼令的继承关系，来探讨礼、令的来源问题。

1. 令与礼的公私内涵及注重方面

诚如石见清裕先生前揭文所指出，官员丧礼有公、私两方面的内容。私是本族之内的仪礼，而公则与皇权和朝廷内外的参与行为联系在一起。有关《丧葬令》的规定，正是丧礼中关于"公"的方面。所谓"公"，是指朝廷或者官府必须参与的部分，而由于《丧葬令》是针对官员丧葬而制定的，所以令所规定者，是根据等级可以给官员的待遇和哀荣。但是丧礼的内容却不止这些，例如，就三品以上丧而言，规定的程序在卷一三八至卷一四一，共四卷，其仪目是：

〔丧〕：初终　复　设床　奠　沐浴　袭　唅　赴阙　敕使吊　铭重　陈小敛衣　奠　小敛　敛发　奠　陈大敛衣　奠　大敛　奠　庐次　成服　朝夕哭奠　宾吊亲故同　亲故哭　州县官长吊　刺史遣使吊　亲故遣使致赗　殷奠　卜宅兆　卜葬日　启殡　赠谥　亲宾致奠（以上之一）

〔将葬〕：陈车位　陈器用　进引　引辂　辂在庭位　祖奠　辂出　升车　遣奠　遣车器行序　诸孝从柩车序　郭门外亲宾归　诸孝乘车　宿止　宿处哭位　行次奠　亲宾致赠

〔墓上进止〕：茔次　到墓　陈明器　下柩哭序　入墓　墓中置器序　掩圹　祭后土反哭

〔虞祭（以上之二）〕

〔葬后祭〕：卒哭祭　小祥祭　大祥祭　禫祭　祔庙（以上之三）

〔改葬〕：卜宅　启请　开坟　举柩　奠　升柩车　敛　奠　设灵筵　进引　告迁　哭柩车位　设遣奠　辒车发　宿止　到墓　虞祭（以上之四）

以上仪目包括三品以上官员丧葬的全部内容（属于亲贵的特殊待遇未包括在内），四卷实为四节，除了第四节改葬官员不必俱有之外，其他三节乃丧葬所必经，就丧礼而言是从始死至服丧的全部过程和仪式。其中第一节可名之为"丧"，内容是始死沐浴更衣、复、含、陈设，举行小敛和大敛、祭祀成服，官府及亲宾吊唁，赠谥致赗和卜宅兆、卜葬日，为下葬做好准备。第二节分为"将葬"和"墓上进止"，可总名之为"葬"，内容包括将葬前的器物陈设、祭奠、送葬过程与相应程序，到墓后入葬、掩圹、祭后土和最后的哭别，这个过程是以自墓地返还后举行"虞祭"结束。第三节是服丧三年过程中的几次大祭，按照卒哭、小祥、大祥、禫和祔庙的顺序。由于《开元礼》是遵照古礼，卒哭是放在虞祭之后，所以基本上可以算是葬后的祭事。经小祥、大祥和禫祭完全除服，神主祔庙之后，丧事最后结束。以上自是初次的埋葬，第四节是如果改葬需要的过程和仪式。

虽然上述内容和仪节，大致是官员丧礼和葬礼的全部，但并不是每一程序官方都会干预或参加，除了上述丧葬礼令中关乎等级、待遇的内容，其他只是与丧家有关，由其按照应有的仪则进行。其间虽不是没有等级规定，如三品和四品、五品陈小敛衣是一十九称，大敛衣是三十称，而六品以下分别是一称和三称，但从沐浴饭含到小敛、大敛等毕竟只是丧者私家之事，许多仪式或者过程只是在其亲属友朋的参与下进行，于朝廷无干。虽然以上大多数程序内容在颜真卿所作《大唐元陵仪注》中都有所见，但那只能说明此关乎皇帝的丧礼仪注是参考了《开元礼》的。就一般官员而言，《开元礼》所载相当部分的仪注是属于"私"的场合。

另外，从《开元礼》仪目看，从初终到送葬再到祥禫变除的程序、步骤非常细致，而每一步骤都说明应当用何物，谁来进行及怎样进行，例如，在始死的"奠"仪说："奠以脯、醢、酒，用吉器，无巾栖，升自阼阶，奠于尸东，当隅。内丧，内赞者皆受于户外而设之。既奠，赞者降出设帷堂（注略）"。又如"含"："赞者奉盘水及箅，饭用粱，含用璧，升堂。含者盥手于户外，赞者沃盥，含者洗粱、璧，实于箅，执以入，祝从入，北面。彻枕，去楔，受箅，奠于尸东。含者坐于床东，西面，啬巾，纳饭含于尸口。既含，主人复位。楔齿之栖与浴巾同埋于坎（注略）。"又如"将葬"之下的"诸孝从柩车序"说："主人及诸子俱绖杖衰服，徒跣哭从，诸丈夫、妇人各依服精粗以次从哭。出门，内外尊行者皆乘车马，哭不绝声（注略）。"可见礼所重视的是进行程序即每一步骤的先后，进行方式、参加及实行者以及用物等，和丧者家族、血缘的关系似更密切，这与令重视等级，限制等级下的用物和待遇，主要为朝廷和官府操作制定的标准有所不同。

即使是令与礼都有的内容，两者的注重点也是有所区别。例如，唐令"复原6"：

> 诸京官职事三品以上、散官二品以上，遭祖父母、父母丧；京官四品，遭父母丧；都督刺史并内外职事、若散官、以理去官，五品以上在〔两？〕京薨卒者，及五品之官身死王事者，并奏闻，在京从本司奏，在外及无本司者，从所属州府奏。遣使吊。（下略。按"遣使吊"三字原复原无，为笔者参考《开元礼》及日《养老令》增补。）

这里的"并奏闻，遣使吊"限于京官和少数外官，其他外官的"奏闻"可见《唐令拾遗》复原的《选举令》第6条。就内容而言，《丧葬令》关于死亡的奏报只是按照三品、四品、五品的界限分别其本人及亲属丧的范围，但是《开元礼》三品以上的"赴阙"却是：

> 遣使赴于阙。使者进立于西阶，东面南上。主人诣使者前，北面曰："臣某之父某官臣某薨，若母若妻，各随其称。谨遣某官臣姓某奏闻。"讫，再拜。使者出，主人哭入，复位。

即遣使赴奏的形式、过程及用语。另外《开元礼》的"敕使吊"也是注重描述敕使至死者宅中吊问的仪式，其突出者是宾、主双方所持礼仪，站位，如何宣敕及问答语等，却不像令在提到吊祭时只提到官员品级对象或相应赐物。此外，上面也说到在器物的形制、样式方面，《开元礼》较令更为细致，因此就丧葬仪式和程序而言，《开元礼》更具有参考意义及可操作性。这也是后来的《大唐元陵仪注》在许多方面与《开元礼》有极大相似的原因。

2. 《开元礼》的礼制渊源和对令、式的处理

昔人在讨论《开元礼》的制定和行用时，常常注意到其来自于古礼和南北朝制度的不同方面。《开元礼》对古礼的吸收和改造，以及通过《贞观》、《显庆礼》对汉魏南北朝礼制的继承，形成了丰富而复杂的内容。同样，令对礼的传承也自成系统。而礼与令式格敕的交汇与统合则是更值得深入研究的内容。

（1）《开元礼》对古礼的因袭和改造

《开元礼》虽然具有一定程度的可操作性，但也有一些内容并不实用。这是因为礼的制作主导思想决定了它的来源途径。陈寅恪先生曾指出隋唐礼制上承南北朝三源，[①] 但是隋及唐初礼制与古礼的关系也值得重视。陈戍国先生就曾提出，"寅恪先生说到的三个来源之外，隋朝礼仪还有一个重要来源，这就是南北朝之前的古礼（汉晋礼仪与先秦旧制）"。[②] 高明士先生则认为《贞观礼》是"将李唐的立国政策，超越汉魏，而直追周制。因此，周礼所规定的典章制度，常成为唐制在理论上的一个根源。基于此一背景，至开元时，乃有仿周六官制而编纂成《大唐六典》一书，自不感觉意外"[③]。笔者也曾总结《开元礼》"改撰《礼记》"与《唐六典》模仿《周礼》的共同意义。[④] 事实上《开元礼》即吸收《贞观》、《显庆礼》的"旧仪"，在许多仪注和一些程序上，必然有照抄古礼也即《通典》所谓周制的地方，如始死时的沐浴、复、含、奠、袭，等等。《开元礼》"初终"一条言：

> 有疾，丈夫妇人各斋于正寝北墉下，东首。养者男子妇人皆朝服，斋。亲饮药，子先尝之。疾困，去故衣，加新衣。为人来秽恶也。彻乐，清扫内外，为宾客来问。分祷所祀。尽孝子之情也。五祀及所封境内名山大川之类。侍者四人坐持手足，为不能自屈伸，内丧则妇人持之。遗言则书之，属纩以候绝气。纩，新绵，置于口鼻也。

---

① 陈寅恪：《隋唐制度渊源略论稿》，中华书局，1963，第1、61页。

② 陈戍国：《中国礼制史·隋唐五代卷》，湖南教育出版社，1998，第51页。

③ 高明士：《论武德到贞观礼的成立——唐朝立国政策的研究之一》，载《第二届国际唐代学术会议论文集》，第1206页。

④ 吴丽娱：《营造盛世：〈大唐开元礼〉的撰作缘起》，《中国史研究》2005年第3期。

气绝，废床，寝于地。人始生在地，庶其生气反（下略）。

查《仪礼·既夕》与《礼记》之《曲礼下》、《丧大记》，① 可以知道《开元礼》的文字是三者的结合与简化，其注也多从郑玄。但是，《开元礼》（或者是因袭前礼的内容）并非一味泥古，对于《仪礼》与《礼记》原有的"男子不绝（死）于妇人之手，妇人不绝（死）于男子之手"，就没有照抄而强调。这说明古礼的一些基本条框还为唐礼所延续，包括丧服的服制和衣制，大部分原则和礼条是不改的，但《开元礼》也根据实际情况有所修正，对古礼形式并非完全照搬。

另外，对于古制或者古礼器物，有些虽然仍在沿袭，不过在数量、尺寸、形制等方面，都有唐朝自己的规定，如上述铭旌、重鬲、方相魌头等都是如此。而在一些古礼无记载或不明确之处，《开元礼》则以"今"礼补充之，如将葬未葬和送葬过程中的"陈车位"、"陈器用"、"诸孝从柩车序"、"郭门外亲宾归"、"诸孝乘车"、"宿止"等一系列程序，内容是从丧车与仪仗、明器的陈列直到出丧时孝子与亲属的列队次序、亲宾送至郭门、孝子继续前行，路上宿止过程等，全然是时人送葬的一套程序，《开元礼》将其集中并规范化，可谓现实之唐礼。又如《开元礼》在"卜宅兆"一仪和棺柩入墓、掩圹后，都有所谓"祭后土"的内容。后土在民间是镇墓之神，后土祭乃是祭亡灵之外的一项神祇祭，一般认为来自民间信仰，或认为与道教有关，它在上博藏敦煌《清泰四年〈937 年〉曹元深祭神文》中即有出现。② 以往笔者曾判断"祭后土"是《开元礼》结合宗教与民俗的内容。但《周礼·冢人》有"大丧既有日，请度甫竁，遂为之尸"。注引郑司农曰："既有日，既有葬日也。始竁时，祭以告后土，冢人为之尸。"③ 意思是葬日已定，始穿地为墓穴时，就要祭后土，这可

---

① 参见《仪礼注疏》卷四〇，《礼记正义》卷五、卷四四，中华书局《十三经注疏》本，1980，第 1157～1158、1268、1571 页。

② 《上海博物馆藏敦煌吐鲁番文献》第 2 册，第 46～47 页；录文及研究并参余欣《唐宋敦煌墓葬神煞研究》，《敦煌学辑刊》2003 年第 1 期；刘屹《上博本〈曹元深祭神文〉的几个问题》，载国家图书馆善本特藏部敦煌吐鲁番学资料研究中心编《敦煌学国际研讨会论文集》，2005，第 150～161 页。

③ 《周礼正义》卷二二，中华书局，《十三经注疏》本，1980，第 786 页。

能是葬事祭后土最早的来源。敦煌 P.2622 张敖《新集吉凶书仪·凶仪卷下》也收两则"祭后土文",① 分别用于选定坟地后及"升枢入圹"时,与《开元礼》相合。由此看来"祭后土"这项仪注,既有古礼渊源,也有结合宗教民俗的内容。

(2)《开元礼》对汉魏南北朝礼的吸收和总结

以往的研究已证明,《开元礼》的大部分内容是综合贞观、显庆二礼而成,虽然我们对此二礼尚不能做明确区分,但在一些仪目礼文中,却可以见到通过二礼吸收的汉魏以降礼仪痕迹。例如,《开元礼》凶礼中有多处提到"国君"与"国官"。如卷一三一皇帝遣使"劳问诸王疾苦",设位有"其府国僚属并部列于庭中之左右,国官在东,府僚在西,俱以北为上"。卷一三八《三品以上丧之一·初终》条有:"凡丧,皆以服精粗为序。国官位于门内之东,重行北向,以西为上,俱衰(袭?)巾帕头,舒藁荐坐哭。参佐位于门内之西,重行北向,以东为上,俱素服,舒席坐哭。"而卷一三九送殡开始的"辒在庭位"、"宿处哭位"和棺枢入圹之后的"虞祭"都能够见到国官和僚佐的活动,卷一三二《五服制度》、《斩衰三年·义服》中更有"国官为国君布带绳屦,既葬除之"一条。唐初以后,诸王虽有派出任都督刺史或遥领者,但开府置官属除个别者(如高宗为魏王泰)已经不见,此条实已无意义。但内容显然为承《贞观礼》而来的前朝制度。"臣为君"斩衰本为古制,② 《通典》卷八八《五服年月降杀之一·斩缞三年》载晋《丧葬令》云:

> 王及郡公侯之国者薨,其国相官属长史及内史下令长丞尉,皆服斩缞,居倚庐。妃夫人服齐缞,朝晡诣丧庭临。以丧服视事,葬讫除服。其非国下令长丞尉及不之国者相内史及令长丞尉,其相内史吏,皆素服三日哭临。其虽非近官而亲在丧庭执事者,亦宜制服。其相内史及以列侯为吏令长者无服,皆发哀三日。

可见国官为国君的制度,曾特别为晋令所规定,此乃当时宗室诸王分

---

① 录文见赵和平《敦煌写本书仪研究》,新文丰出版公司,1993,第 568～570 页。
② 参见《仪礼注疏》卷二九《丧服第十一》,中华书局,《十三经注疏》本,第 1100 页。

封制度所由之，经南北朝而由唐初礼制吸收。此乃贵族封君制残余，《开元礼》仍相沿未改。值得注意的是，《天圣令》"五服年月"取消了此条，说明宋代已经将之彻底扫除。

但是有些礼仪却是被完全延续并发展起来，如《续汉书·礼仪志》载"诸侯王、列侯、公主薨，皆令赠印玺、玉柙银缕；大贵人长公主铜缕"，"诸侯王，傅相、中尉、内史典丧事，大鸿胪奏谥，天子使者赠璧帛，载日命谥如礼"，① 此正是后世册赠及敕使吊问等制度之滥觞；而学者已证明，册赠制度也正是在魏晋以后逐渐丰富起来。②

有些礼仪的来源更复杂一些，如皇帝为王公大臣举哀临丧汉代始见，至晋武帝始定三朝举哀及一朝举哀之别。③ 上面已说明《开元礼》"讣奏"中专有皇帝为外祖父母及皇后父母举哀，和为外祖父母服小功、为皇后父母服缌麻的内容，不同于一般皇帝举哀仅素服的记载，同时超过了皇帝对本族王公的礼数。从上述帝后"劳问疾苦"的对象和前揭《新唐书·百官志》关于"皇帝周亲、皇后父母，视三品"之类的记载来看，也看不出外亲与本亲在待遇上有何差别。重视外家甚至超乎本族之上，应该是母系社会的遗俗和影响。今所见皇帝出席后家丧礼汉代已有之。东汉光武帝郭皇后"母郭主薨，帝亲临丧送葬，百官大会"，后兄郭况卒也是明帝亲自临丧。顺帝后父梁商薨，则是"帝亲临丧"，葬以殊礼，"中宫亲送，帝幸宣阳亭，瞻望车骑"。另外和熹邓太后兄、帝舅邓弘卒，竟然有"太后服齐衰，帝丝（缌）麻，并宿幸其第"之事，④ 是太后、皇帝为服丧竟宿止外家。魏晋以后，帝、后仍有为外戚举哀服丧的礼数，魏明帝外祖母，即"（甄）后母薨，帝制缌服临丧，百僚陪位"。⑤ 南朝宋孝武帝孝建三年（456 年）有司提出皇后父王偃丧逝，"至尊为服缌三月"和成服三月竟，是否行除服礼的问题，礼官议论指出"礼，天子止降旁亲，外舅缌

---

① 《续汉书·礼仪志》下《诸侯王列侯始封贵人公主薨》，《后汉书》，中华书局，1965，第 3152 页。

② 参见刘长旭《两晋南朝赠官制度研究》，博士学位论文，北京师范大学，2002；窪添庆文《关于北魏的赠官》，《文史哲》1993 年第 3 期。

③ 《晋书》卷二〇《礼志》中，中华书局，1974，第 630 页。

④ 以上参见《后汉书》卷一〇《皇后纪》，卷一六《邓骘附邓弘传》，卷三四《梁统附梁商传》，第 403、615 页。

⑤ 《三国志》卷五《魏志·后妃传》，中华书局，1959，第 162 页。

麻本在服例"。但对于是否行除服礼持不同意见。① 外舅就是岳父，这说明皇帝对后父的服丧一直以来遵守着女婿为岳父母服三月的规定。北魏文明太后兄冯熙，死时皇帝在淮南，等接到表奏，"还至徐州，乃举哀为制缌服"。而且"柩至洛七里涧，帝服缞往迎，叩灵悲恸而拜焉。葬日，送临墓所，亲作志铭"。还有北魏孝明帝曾为其外祖、灵太后父胡国珍与国珍继夫人梁氏服小功服举哀。② 由这些散见的记载，不难了解到《开元礼》皇帝为外家举哀仪的渊源。

然而，笔者认为，《开元礼》这些明显是从《贞观礼》或者《显庆礼》中继承的内容，其更直接的来源，恐怕还是北朝和唐初以来重视后家和母族的习俗和观念，对此笔者已有过探讨。③ 另外，魏孝文帝曾经下诏要求有关方面议决临丧之礼曰："古者大臣之丧有三临之礼，此盖三公以上。至于卿司已下，故应自汉已降，多无此礼……欲令诸王有朞亲者为之三临，大功之亲者为之再临，小功缌麻为之一临（下略）。"于是中书侍郎高聪等议曰："三临之礼，乃自古礼，爰及汉魏，行之者稀。"④ 这也说明皇帝临丧之礼北朝始重。《贞观礼》以隋礼及"东齐仪注"为基础，因此丧葬礼的帝后等举哀临丧应是主要吸收北朝仪注。它只是存在于皇家礼中，而基本不涉及一般官员，这说明，此礼是为皇帝家族遵守，有其特殊的用意。不过笔者怀疑，它的存在，还可能与在《显庆礼》修订过程中，武则天有意强调皇后家族地位有关，但它的特殊原则显而易见并没有被写入作为法制的令。

《开元礼》吸收北朝礼统比较突出，如丧服与丧期。贞观十四年（640 年），唐太宗下令大臣集议，由颜师古、魏徵、令狐德棻等定议将曾祖父母齐衰三月加为齐衰五月；嫡子妇大功改为朞，众子妇小功改为大功；增嫂叔服小功五月；舅服也从缌麻改服小功。高宗时长孙无忌修《显庆礼》，又将甥服也从缌麻三月改为小功五月以与舅父对等。而武则天又

---

① 《宋书》卷一五《礼志》二，中华书局，1974，第 395～396 页。
② 以上参见《北史》卷八○《外戚传》，中华书局，1974，第 2678～2679、2688～2689 页。
③ 《从〈天圣令〉对唐令的修改看唐宋制度之变迁——〈丧葬令〉研读笔记三篇》，载《唐研究》第 12 卷，北京大学出版社，2006，第 134～140 页。
④ 《魏书》卷二○《文成五王·广川王略附子谐传》，中华书局标点本，1974，第 526 页；并参见陈戍国《中国礼制史·魏晋南北朝卷》，湖南教育出版社，1995，第 421 页。

于上元元年（674年）请求将父在为母服一年改作三年。① 这些服制的改革颠覆了古礼丧服制度，却被《开元礼》完全吸收。因为其中除了曾祖服之外，其他都是偏重于女性服制的增加。虽然高宗、武则天改服制有特殊的政治目的，但事实上还是由于北朝重母族和妻族理念的发展。此外与祥禫变除直接相关的三年丧制汉魏不行，但是晋武帝"泰始元年，诏诸将吏二千石以下遭三年丧，听归终宁，庶人复除徭役"；泰始三年（267年）"三月戊寅，初令二千石得终三年丧"；泰康七年（286年）十二月，"始制大臣听终丧三年"，② 说明大臣服三年丧自两晋始。关于三年的期限，贞观中孔颖达作《五经正义》主郑玄说，批王肃说，而《开元礼》卷一三二《五服制度》"总论节制"中十三月小祥、二十五月大祥、二十七月禫祭的说法，正是遵照郑玄的理论，这一点仍是从《贞观礼》而来。

至于南朝之礼，陈戍国先生已指出刘宋丧葬之仪与古礼相通之处，③《开元礼》与之尚看不出太多联系。但如将上陵礼亦视作丧葬之属，则另当别论。北魏皇帝多有谒陵，但孝文帝以前帝后陵寝多在其老家云州盛乐的金陵（今内蒙古托克托），自文明太后才建于平城（大同）附近，《魏书》不载其制度。齐、周谒陵次数极少而隋无，故此周、隋礼不见载。因而《贞观礼》在隋及唐初礼之外所增二十九条中有"天子上陵朝庙"，即不能与南朝无关。据《宋书·礼志》二"汉仪五供毕则上陵，岁岁以为常，魏则无定礼"，其后遂废。晋初皇帝也很少谒陵。东晋帝、后拜陵始兴，且百僚也有拜陵"元帝崩后，诸公始有谒陵辞陵之事，盖由眷同友执，率情而举，非洛京之旧也"。《晋书》卷六五《王导传》也称自汉魏以来群臣不拜山陵，而因王导"每一崇进皆就拜，不胜哀戚，由是诏百官拜陵，自导始也"。宋"自元嘉以来，每岁正月，舆驾必谒初宁陵，复汉仪也"。因此唐之帝、后拜陵当与南朝有关，只是《开元礼》拜陵置于吉礼，非如晋、宋，置在凶礼也。

以上只是就一般制度条文举例而言。其实，《开元礼》的大多仪目都是以前朝礼仪为依据的，这也是以往实践的反映。对此，我们还将在以后

---

① 《唐会要》卷三七《服纪》上，第785~789页。

② 参见《宋书》卷一五《礼志》二，第391页；《晋书》卷三《武帝纪》，1974，第55、77页。

③ 《中国礼制史·魏晋南北朝卷》，湖南教育出版社，1995，第296~298页。

的研究中继续发掘。因此，从这个意义而言，《开元礼》是对以往朝代礼仪的总结，也可以认为是相关实践的理论化和制度化。

（3）《开元礼》与令式格敕的交汇与统合

唐礼的制作与令式格敕的关系前人多有论述，既然礼的内容可以入令式格敕，那么令式格敕也可以入礼。一些学者注意到，敦煌 S.1725 书仪"礼及令"一栏，在丧服制下载明给假的四种情况。如其中对于"继母改嫁、父为长子"等，规定"右准令齐衰期，给假卅日，葬五日，除服三日"；对于"高祖、曾祖"等规定"右准令齐衰三月、五月，大功九月，并给假廿日，葬三日，除服二日"，以下递减。对照《唐六典》卷二吏部郎中员外郎下"［凡］内外官吏则有假宁之节"条，知所谓"右准令"者实即《假宁令》，内容且与《大唐开元礼》卷三《杂制·序例》下所载《假宁令》完全相同，这说明是唐前期制度。对于书仪将《假宁令》置于礼后的做法，姜伯勤先生提出是《显庆礼》"其文杂以式令"的反映，并指出五服制度是礼与令的一个重要交叉点。[①] 此点从书仪本身尚难完全确认，且天圣宋《丧葬令》后附有丧服服制的形式是否从唐令而来也存在争议，[②] 但毕竟因此透露出礼、令结合的踪迹。那么反过来《显庆礼》是否也曾这样吸收令式，这很值得研究。

《开元礼》与令式制敕的交汇，分在两处，一在序例，二在正文。序例部分的"神位"、"卤簿"、"衣服"、"杂制"等，都直接引入令、式、制敕，作为总纲或对礼的说明，有些是后面仪注所共享的内容，有"通礼"性质；有些则是对后面旧仪注的修改补充，意义颇有些类似《唐律疏议》一书中的《名例律》。所引入令、式、制敕等大都以"凡"字起头，一望而知其是将法制的内容插入。例如《序例》上《杂制》引入的《丧葬令》有"百官庶人终称薨卒死"条、"百官葬墓田"（包括四隅"墓域门及四隅"）条、"立碑碣"条、"方相魌头"条和"蠹杆"条等（池田温先生认为还有"明器"条）。而按广义的丧葬范围，又有《假宁令》斩衰三年以下丧假及私忌日多条，《仪制令》中皇帝为皇亲及大臣丧辍朝不

---

① 姜伯勤：《唐礼与敦煌发现的书仪》，载《敦煌艺术宗教与礼乐文明·礼乐篇》上编，第431～435页。

② 参见皮庆生《唐宋时期五服制度入令过程试探——以〈丧葬令〉所附〈丧服年月〉为中心》，载《唐研究》第14卷，北京大学出版社，2008，第381～411页。

视事的条目。这些内容在凶礼部分，或者完全没有涉及，或者并不明确，令、式的条文为之作了补充。还有一些，是不及写进礼文，故在《杂制》列出。如《开元礼》卷四五有《太常卿行诸陵》，但在《杂制》中却说明"每年二时，遣三公分行诸陵，太常卿为副"。《唐会要》卷二〇《公卿巡陵》载曰：

> 显庆五年（660年）二月二十四日，上以每年二月太常卿、少卿分行二陵，事重人轻，文又不备，卤簿威仪有阙，乃诏三公行事，太常卿、少卿为副，太常造卤簿事毕，则纳于本司。仍著于令。

此条说明，由"公卿巡陵"代替"太常卿行陵"是在显庆五年，而且诏敕要求"仍著于令"，说明是以诏敕附入令文或当作令来执行的，《唐令拾遗》及《唐令拾遗补》将此作为《仪制令》，[1] 但作为祭祀，实当入《祠令》。

与此有关，笔者认为，《杂制》中可能还存在式的条文，如关于朔望上食及日上食有：

> 凡五陵皆朔望上食，岁冬至、寒食日各设一祭。如节祭共朔望日、忌日相逢，依节祭料。若桥陵，除此日外，每日进半口羊食。

按此条《唐令拾遗补》复原为开元七年（719年）祠令第15条。但是《通典》卷五二《上陵》载开元二十三年四月敕令与之略同，疑二十三年或二十年之误。又同卷载大历十四年（779年）九月礼仪使颜真卿奏，具引其内容而称为《祠部式》，疑是以制敕入为"式"而非令，此处存疑。此外"明器"条，《开元礼·杂制》有"凡明器，三品已上不得过九十事；五品已上六十事；九品已上四十事"，以下尽载明器名称尺寸等琐细内容，与《唐六典》卷二三将作监甄官令条注文及《通典》卷八六《丧制·荐车马明器及饰棺》"其百官之制"所载明器条文有很大不同，

---

① 《唐令拾遗·仪制令第十八》第9条，第480页；《唐令拾遗补》第三部，第1218页。

笔者认为其应属式的内容。但由于《天圣令》明器条无，笔者根据司马光《书仪》引令文疑为佚失，故无从定夺，暂存疑。此条在复原文章中已叙，故此处不赘论。

《开元礼》的正文部分同样隐存令式格敕内容或说明，如上述《开元礼》卷一三二《凶礼·五服制度》中吸收有贞观十四年（640年）和显庆二年（657年）两次改定的服制，这些内容最初只是制敕规定，其中个别条目还保存着一些来源痕迹。例如，齐衰五月"为曾祖父母"说明："本三月，以其降杀太多，故新议改从五月。""新议"云何，该处不详，但很可能是指开元定礼时对该条又重新认定。与此相似的还有嫂叔服，嫂叔服小功五月也是贞观十四年所定，《开元礼》同。但《通典》卷九二《嫂叔服》在具引贞观十四年条和开元五年刑部郎中田再思、左常侍元行冲反对之议后说明："至（开元）二十年，中书令萧嵩奏依《贞观礼》为定。"此《贞观礼》应即指贞观十四年所定，很可能这一条是后来补入。不过，"新议"也好，萧嵩奏也好，都必须有诏敕批准，礼的直接来源是制敕。

另外武则天上元元年上表（674年）请定"父在为母服三年"，却显然不曾正式入礼。据《开元礼》齐衰三年正服"子为母"下注曰："旧礼父卒为母周，今改与父服同。"而《唐会要》卷三七《服纪》上开元七年八月二十六日诏称"格令之内，有父在为母齐衰三年"。按此条中"格令"二字，皮庆生指出《册府元龟》和《旧唐书》均作"格条"。[1] 格是继承武则天时代所编《垂拱格》文，而格令其实就是格条。《唐会要》同卷载武则天上表后，高宗"遂下诏依行焉。当时亦未行用，至垂拱年中，始编入格"，《旧唐书》及《册府元龟》亦载开元"二十年，中书令萧嵩与学士改修定五礼，又议请依上元敕父在为母齐衰三年为定，及颁礼，乃一切依行焉"，[2] 说明《开元礼》所吸收的就是上元敕和《垂拱格》。

《开元礼》文对制敕的吸收比较典型而与丧葬多少有关的还有寒食拜扫。《通典》卷五二记开元二十年四月制曰："寒食上墓，礼经无文，近

---

① 参见皮庆生《唐宋时期五服制度入令过程试探——以〈丧葬令〉所附〈丧服年月〉为中心》，第384~387页。

② 《旧唐书》卷二七《礼仪志》七，中华书局，1975，第1031页；《册府元龟》卷五八八《掌礼部·奏议》一六，第7037页。

代相传，浸以成俗，士庶有不合庙享，何以用展孝思？宜许上墓同拜扫，礼于茔南门外，奠祭馔讫，泣辞。食余馔任于他处，不得作乐。仍编入五礼，永为恒式。"寒食上墓的正式规定即此制文。而《开元礼》不仅在《序例·杂制》部分引用了前述寒食皇陵设祭，而且同书卷七八《王公以下拜扫》也称"其寒食上墓如前拜扫仪，惟不卜日"。说明士庶的寒食拜扫确已被增为国家礼仪中非常重要的节目。

《开元礼》卷一三九《三品以上丧之二·陈器用》有"陈吉凶仪仗，方相、志石、大棺车及明器以下陈于柩车前"，卷一四三《四品五品丧之二》略同，卷一四七《六品以下丧之二》将"方相"改作"魌头"，这固然是应和着《丧葬令》对于"方相魌头"等级的规定，不过，令没有志石车和大棺车。查《唐会要》卷三八《葬》元和六年十二月"条流文武官及庶人丧葬"对于以上车的使用划分等级的说明，这一由敕旨批准的条流（实于元和三年已由刑部尚书郑元定制）显然是对唐前期制度的修改补充。笔者曾据元和三年吕温《代郑相公（絪）请删定施行〈六典〉〈开元礼〉状》探讨过贞元、元和对于《开元礼》的落实和对礼制的整顿与改革，认为其中某些变化（如上述方相魌头车等的使用范围）是其时力求恢复和增广大唐盛制《开元礼》的具体表现。① 因此有关上述车的使用虽然在令中没有全部规定，但是开元式文应有之，元和诏敕关于志石车和大棺车的使用应来自礼和式文。

《开元礼》此条中，还有关于引、披、铎、翣的内容。《丧葬令》规定三品以上四引、四披、六铎、六翣，五品以上二引、二披、四铎、四翣，九品以上〔二引、二披〕（？）、二铎、二翣。但是《陈器用》条称："一品引四，披六，铎左右各八，黼翣二，黻翣二，画翣二。二品、三品引二，披四，铎左右各六，黻翣（《通典》卷一三九作'黼翣'）二，画翣二。四品、五品引二，披二，铎左右各四。黼翣二，画翣二，六品以下引二，披二，铎、画翣各二，唯无黼〔翣〕黻翣耳。"其中铎数与令文不同，但有所占位置的说明。且对"黼翣"、"黻翣"、"画翣"的分配也很

---

① 按关于贞元、元和恢复《开元礼》的情况，参见吴丽娱《礼用之辨：〈大唐开元礼〉的行用释疑》，《文史》2005 年第 2 辑；《唐朝的〈丧葬令〉与唐五代的丧葬法式》，第 87 ~123 页。

具体。《唐会要》上述元和六年十二月条流中关于引、披、铎、翣的说法同于《开元礼》，笔者认为这个解释的部分显然亦是式而不是令。

《开元礼》采用如上做法，充分体现了对礼法关系的统合。不过，《开元礼》在正文中引入的令式制敕大都与礼文混合在一起，而不单独分出或标明令、式的法律形式，如不细加分辨，则很难知其来源，所以《开元礼》编撰后并没有像《显庆礼》那样得到"其文杂以式令"的批评。礼与法更自然地结合在一起，这可能是《开元礼》虽继承《显庆礼》，却比之内容、写作方式有变化和更高明的地方。

3. 《丧葬令》中的礼仪继承关系

礼法关系中，礼是基础，所以与令式格敕入礼的情况比较，礼入令更加直接，也更有渊源和继承性。以《丧葬令》而言，即有不少来自古礼或者魏晋南北朝礼的痕迹。例如，唐令"复原5"曰：

> 皇帝临臣之丧，一品服锡衰，三品以上缌衰，四品以下疑衰。皇太子临吊三师三少则锡衰，宫臣四品以上缌衰，五品以下疑衰。

此礼源出《周礼·春官·司服》："王为三公六卿锡衰，为诸侯缌衰，为大夫士疑衰。"锡衰等分别代表不同质地的丧服，这一说法常为历代相沿。又如唐令"复原35"曰：

> 诸职事官三品以上、散官二品以上，暑月薨者，给冰。

藏冰制度源自先秦，历代延之。① 据《续汉书·礼仪志》皇帝葬礼中即有"槃冰如礼"的制度。《宋书》卷一五《礼志》二："孝武帝大明六年（462年）五月，诏立凌室藏冰。"当时规定，"自春分至立秋，有臣妾丧，诏赠秘器。自立夏至立秋，不限称数以周丧失。缯制夷盘，随冰借给"，则官员丧葬给冰至少南朝制度已有之。

---

① 关于藏冰制度及礼之沿革，参见杨梅《唐宋宫廷藏冰制度研究》，载《唐研究》第14卷，北京大学出版社，2008，第481~493页。

天圣《丧葬令》中有"先代帝王陵"（"宋1"）一条："先代帝王陵，并不得耕牧樵采。"笔者据以复原为唐令（"复原1"），是因为唐自显庆以后，即有先代帝王之祀。但是《唐会要》卷二二《前代帝王》载显庆二年七月十一日长孙无忌议，言及先代帝王之祀，"爰及隋世，并尊斯典"，称"新礼及令，无祭先代帝王之文"，此当指《贞观礼》、《令》，但延及永徽，亦不会有。所以要求"今请幸（聿？）遵故实，修附礼、令"。查《隋书》卷七《礼仪志》二，载隋文帝在建宗庙社稷之祀的同时，"使祀先代王公：帝尧于平阳，以契配；帝舜于河东，咎繇配；夏禹于安邑，伯益配；殷汤于汾阴，伊尹配；文王、武王于沣渭之郊，周公、召公配；汉高帝于长陵，萧何配。各以一太牢而无乐。配者飨于庙庭"，是为先代帝王有常祀之开始。高明士先生认为此制"当定于开皇三年（583年）完成之《开皇礼》"。① 这说明显庆礼、令是参考了隋礼的。

不过礼、令在来源方面也有各自不一的途径。唐令更直接的来源是隋令或者北齐令。例如，《隋书》卷一二《礼仪》七载高祖初即位，车服等将改周制，"于是定令，采用东齐之法。"就有"皇帝临臣之丧，三品已上，服锡衰；五等诸侯，缌衰；四品已下，疑衰"，"皇太子临吊三师三少，则锡衰；宫臣四品已上，缌衰；五品已下，疑衰"，② 与唐令临丧几乎相同。

《隋书》卷八《礼仪志》三载。

> 皇帝本服大功已上亲及外祖父母、皇后父母、诸官正一品丧，皇帝不视事三日。皇帝本服五服内亲及嫔、百官正二品已上丧，并一举哀。太阳亏、国忌日，皇帝本服小功缌麻亲、百官三品已上丧，皇帝皆不视事一日。皇太后、皇后为本服五服内诸亲及嫔，一举哀。皇太子为本服五服之内亲及东宫三师、三少、宫臣三品已上，一举哀。

也与唐《丧葬令》"复原4"举哀条对应。所不同的是，《隋书》这

---

① 高明士：《皇帝制度下的庙制系统——以秦汉至隋唐作为考察中心》，台湾大学《文史哲学报》，1993，第24页。

② 《隋书》卷一二《礼仪志》七，中华书局，1973，第255～256页。

里将皇帝辍朝不视事，放到了与举哀一起。而据《唐会要》卷二五《辍朝》(《册府元龟》卷五九一《掌礼部·奏议》同) 载太和元年 (827 年) 七月崔龟从奏，"仅按《仪制令》，百官正一品丧，皇帝不视事一 (三) 日……缘令式旧文，三品以上薨殁，通有辍朝之制"，《唐令拾遗》将此复原在《仪制令》第 10 条。

另外，《隋书》同上卷言隋 "其丧纪，上自王公，下逮庶人，著令皆为定制，无相差越" (按《通典》卷八四《小敛》即直言 "隋开皇初，太常卿牛弘奏著《丧纪令》") 下也载有如下令文：

①正一品薨则鸿胪卿监护丧事，司仪令示礼制；二品已上，则鸿胪丞监护，司仪丞示礼制；五品已上薨、卒，及三品已上有朞亲已上丧，并掌仪一人示礼制。

②官人在职丧，听敛以朝服；有封者，敛以冕服；未有官者，白帢单衣，妇人有官品者亦以其服敛。

③棺内不得置金银珠玉。

④诸重，一品悬鬲六，五品已上四，六品已下二。

⑤辒车，三品已上油憾，朱丝络网，施襈，两箱画龙，憾竿诸末垂六旒苏。七品已上油憾，施襈，两箱画云气，垂四旒苏。八品已下达于庶人，鳖甲车，无憾襈旒苏画饰。

⑥执绋，一品五十人，三品已上四十人，四品三十人，并布帻布深衣。三品已上四引、四披、六铎、六翣，五品已上二引、二披、四铎、四翣，九品已上二铎、二翣。

⑦四品已上用方相，七品已上用魌头。

⑧在京师葬者，去城七里外。

⑨三品已上立碑，螭首龟趺，趺上高不得过九尺；七品已上立碣，高四尺，圭首方趺，若隐沦道素、孝义著闻者，虽无爵，奏，听立碣。

⑩三年及朞丧不数闰，大功已下数之。以闰月亡者，祥及忌日，皆以闰所附之月为正。

⑪凶服不入公门。朞丧已下不解官者，在外曹褊缘纱帽。若重丧被起者，皁绢下裙帽。若入宫殿及须朝见者，冠服依百官例。

⑫齐衰心丧已上，虽有夺情，并终丧不吊、不贺、不预宴。朞丧

未练，大功未葬，不吊不贺，并终丧不预宴。小功已下，假满依例。

⑬居五服之丧，受册及之职，仪卫依常式，唯鼓乐从而不作。若以戎事，不用此制。

以上 13 条中，前 10 条则均能在唐《丧葬令》中找到对应，并且大部分与唐令相当接近，有些如重鬲、方相魌头、在京师葬者、三年及荐丧不数闰等几乎相同。最后 3 条可以与仁井田陞复原唐《仪制令》第 25 至 27 条对应，① 此三条是：

第 25 条　诸齐衰心丧已上，虽有夺情，并终丧不吊、不贺、不预宴。周丧未练，大功未葬，并不得朝贺，仍终丧，不得预宴（《通典》卷七三《元正冬至受朝贺》）。

第 26 条　诸居五服之丧，受册及之职，仪卫依常式，唯鼓乐从而不作。若以戎事，不用此制。（以上隋制及《庆元条法事类》）

第 27 条　诸凶服不入公门，遭丧被起，在朝参处，各依品色，浅色而着本色之浅。周已下惨者，朝参起居，亦依品色，无金玉之饰。在家依其服制，起复者，朝会不预。

与之对应，据《天圣令》新复原的唐《假宁令》第 21 条也有"诸遭丧被起者……朝集、宿直皆听不预"的内容。②

唐令其余条目与隋令的关系显然还值得进一步研究，但是以上条目加上临丧、举哀二条，仅《丧葬令》本身已达 12 条。从这些令文来看，唐令有而未见隋令者，主要是陪陵、赗赙、官借葬具、葬墓田等官员死后的待遇问题。因此虽然不是隋令全部，但就其相似性不妨做这样的推测，即《丧葬令》的格局《开皇令》已基本确定，唐令只是在前朝令文基础上做补充，而且贞观、永徽、神龙、开元定令基本上是以继承为主。所以《丧葬令》本身除了与本朝礼制有直接关系外，还有令本身的承继系统，这才可以解释隋令的相似内容还会出现在开元二十五年令的情况。当然将隋令

---

① 仁井田陞：《唐令拾遗·仪制令一八》，第 505～507 页。
② 赵大莹：《唐假宁令复原研究》，中华书局，2006，第 601 页。

和唐令加以比较，也会发现有一些不同。例如，上述第一条完全可以与唐《丧葬令》"复原7"条对应，然三品以上却没有"诏葬"的说法。结合其他令条，可以认为作为三品以上可以获得的诏葬在隋尚没有形成一种完整的制度。

丧葬令文之间的继承关系到了《天圣令》仍可见到，根据笔者统计，天圣《丧葬令》宋令33条，唐令5条；借此并参以《唐六典》和日本《令集解》等，可以复原的唐令已达到37条，这说明从多数宋令中都能找到唐令的踪影。其中包括附在《丧葬令》后的五服制度，宋令除了"妇为舅姑"从一年改为三年之外，于《开元礼》至《开元二十五年令》并不见有更多变更。虽然，宋代围绕官制、礼制和官僚的丧葬待遇发生了不少变更，如赗赠的颁发方式标准等，有些甚至是关乎社会政治和国计民生方面的重大变化。但是《丧葬令》相关丧葬程序和基本内容格局并没有发生太大的不同。这种继承关系当然并不是在其他所有令文中都如此。而发生这种现象，一个原因固然是"令以设范立制"，令向来是被作为最基本的原则和规范，其作用不在于细节的改变，具体的变化要拿到格式制敕来解决；但更重要的原因是礼的延续。丧葬礼仪的基本程序、基本规则以周礼的原始内容为出发点，总体的基本取向、方式一致，自上古至于中古各代虽万变而不离其宗，其延续性、稳定性决定了历经数百年后，至唐令仍保有相当传统的内容，这不能不说是中国历史上一个非常独特的现象。

不过，从《丧葬令》和礼的沿革中还是可以看到不同朝代礼仪制度在其中留下来的痕迹。总的来说，无论是唐令还是礼，一方面都有吸收汉魏南北朝之都的成分，这使它们仍带有贵族社会重家族重血缘及其他某些特征；但是另一方面，包括帝后太子诸王公主的最高统治者家族在内，血缘关系融入官品，而官品已成为确定等级的最重要标准。这种以官品为中心，并且特别是以职事品级定高低的意识完全渗透于礼、令之中，也使中古制度开始发生质的变化。而因为礼、法两者相互补充，相互依赖的关系始终存在，故不但使得官僚社会的操作规程具体体现于其间，而且方便国家礼制自上而下地贯彻，也使旧有观念与新的时代特征交融并存。当然，具体到丧葬礼法方面的变化还是要等到唐五代甚至宋以后才会显著起来，这也是礼制循序渐进的规律使然。

诏敕入令与唐令复原

——以《天圣令》为切入点

早在 20 世纪 70 年代，日本学者菊池英夫就在《唐代史料における令文と诏敕文との关系について》①中揭示了敕文与令文的相关信息，借助于敕文对唐令进行复原。他从仁井田陞利用日本《养老令》第 18 条 "造计帐条"、第 19 条 "造户籍条" 和唐代相关史籍如《旧唐书·食货志》、《唐六典》户部郎中员外郎条、《通典》食货典乡党条等复原唐令造计帐、造户籍两条入手，着重讨论了先前为仁井田陞所未措意，而后又于《唐宋法律文书の研究》中予以补充的唐开元十八年（730 年）敕文（见《唐会要》卷八五《籍帐》）以探讨日唐令的区别，以及敕文对唐令的重申和相应的改动。提出该敕文所重申的内容包括武德、贞观、永徽令以来的令文，相应的改动则体现在开元二十五年令中。结合对开元十八年敕文所形成的时代背景的分析，提出敕文与宇文融括户政策、裴耀卿上疏及户等的升降直接相关。

除此之外，又以《养老户令》中第 21 条 "籍送条"、第 22 条 "户籍条" 与唐景龙二年（708 年）九月敕文（见《唐会要》卷八五《籍帐》）的一致性，说明其对神龙元年（705 年）等令的重申，而对运送雇脚直和户籍保管年限的改正则包含在开元三年、四年令中。菊池英夫关于敕文与令文承继关系的探讨，为我们研究唐令的形成过程及利用敕文复原唐令提供了启示。此外，丸山裕美子也在研究唐代休假制度中对令式格敕及相关问题做了探讨。②

《宋刑统》在附录中引《宋会要》记述宋初沿用唐律、令、格、式外，又有《元和删定格后敕》、《太和新编后敕》等各类相关格敕，作为对法律条文的补充。戴建国专门讨论了敕文与律、敕与格的承继关系，提

---

① 《北海道大学文学部纪要》第 21 卷第 1 期，1973。
② 丸山裕美子：《唐宋節假制度の变遷——令ヒ式ヒ格·勅じつびこの覺书》，载池田温编《日中律令制の諸相》，东方书店，2002。

出通过立法程序将敕编纂成格，并通过格的外在形式对律令进行修订和补充，而于律令则不宜轻易进行直接改动。① 利用敦煌文书提供的宝贵资料，结合传世文献研究唐代法令也获得新的收获：荣新江、史睿通过对俄藏敦煌写本 Дх. 3558 残卷的研究复原唐令，② 李锦绣也对该文书的性质予以判定，双方就唐代国家祭祀典礼加以考论，并提出了不同看法。③ 之后，前者又撰文重申对文书第二、第三条为显庆年间《祠令》的认定，并对首篇中依据《唐会要》卷二四《二王三恪》开元三年敕文对文书关于二王后四时享庙一条的结论给予新的解说。④ 雷闻关于诸州都督、刺史、上佐分番朝集及录事参军等代替长官上佐朝集的制度的讨论，则借助于俄藏敦煌 Дх. 06521 残卷唐《考课令》与开元八年敕的比对研究，并纠正了《唐会要》在流传过程中的传抄错误。⑤ 随着天一阁藏明钞本《天圣令》的发现及研究的深入，我们今天对唐令的认识已经不再局限于利用间接材料的推测和分析，而保存在《天圣令》中的唐令所呈现的原始形态和凭依宋令进行的更近于原样的复原，都使我们得到更多确切的令文，并以此作为进一步讨论相关问题的基础。而在这些令文的复原和研究过程中，相关的敕文发挥了重要的作用，不仅帮助我们确定令文的内容、时限，还有助于我们了解令文形成的过程及其在不同时期的变化，与此同时，也有助于我们在材料的比勘中就流传中产生的脱漏和讹误加以修正和补充。

（一）《天圣令》令文与敕文关系例证

在依据《天圣令》对唐令的复原工作中，与令文相关的敕文成为重要的复原依据，其不仅是文字复原的参考依据，也是对各个不同时期的令文形成的时间进行界定的依据，皆提供了重要的讯息。

---

① 戴建国：《唐宋时期法律形式的传承与演变》，《法制史研究》7，2005。
② 荣新江、史睿：《俄藏敦煌写本〈唐令〉残卷（Дх. 3558）考释》，《敦煌学辑刊》1999 年第 1 期。
③ 李锦绣：《俄藏 Дх. 3558 唐〈格式律令事类·祠部〉残卷试考》，《文史》2002 年第 3 辑。
④ 荣新江、史睿：《俄藏 Дх. 3558 唐代令式残卷再研究》，《敦煌吐鲁番研究》第 9 卷，中华书局 2006，第 143～167 页。
⑤ 雷闻：《俄藏敦煌 Дх. 06521 考释》，《敦煌学辑刊》2001 年第 1 期。

1. 关于市制的问题

《天圣关市令》唐 8 条：

> 诸非州县之所，不得置市。其市当以午时击鼓三百下而众大会，日入前七刻击钲三百下散。其州县领户少之处，欲不设钲鼓者听之。①

这条保存在天圣宋令之后的唐令中，在《唐六典》、《唐会要》卷八六《市》、《册府元龟》卷五〇四《邦计部》关市等史籍中都有相应的记载，而《唐会要》、《册府元龟》内容最全，且由此得知是景龙元年（707年）十一月敕。《唐会要》对敕文记载如下：

> 诸非州县之所，不得置市。其市当以午时击鼓二（三）百下，而众大会；日入前七刻击钲三百下，散。其州县领务少处，不欲设钲鼓，听之。车驾行幸处，即于顿侧立市，官差一人权检校市事。②

与《天圣令》相比较，令文中的"领户"、"欲不"，敕文作"领务"、"不欲"，令文"设钲鼓者"，敕文少"者"。孟彦弘在复原研究中，根据敕文中的"诸"字与敕文和《天圣令》文字的一致性判定《唐会要》引用的是唐令原文。③所不同的是，敕文中"车驾行幸处，即于顿侧立市，官差一人权检校市事"，不见于令文。这段文字在《册府元龟》中记载略有不同，作"车驾行幸处即于顿侧立市，差三官人权简校市事"。关于"车驾"一段的敕文，有没有可能也同样是令文内容，还是在申明唐此前令文的同时，新增加的规定内容？

结合《新唐书》卷四八《百官志》，我们发现，在记述此段令文中，也有关于车驾行幸的内容：

---

① 《天一阁藏明钞本天圣令校证——附唐令复原研究》，中华书局，2006，第 406 页。
② 王溥：《唐会要》卷八六《市》，上海古籍出版社，1991，第 1874 页。
③ 孟彦弘：《唐关市令复原研究》，载《天一阁藏明钞本天圣令校证》，中华书局，2006，第 538 页。

凡市，日中击鼓三百以会众，日入前七刻，击钲三百而散。有果毅巡逻。① 平货物为三等之直，十日为簿。车驾行幸，则立市于顿侧互市，有卫士五十人，以察非常。②

其中，"三等之直，十日为簿"的内容，也和唐令相契合。《天圣关市令》将其修订为宋 10 条，内容为：

诸市四面不得侵占官道以为贾舍，每肆各标行名，市司每行准平货物时价为三等，③ 旬别一申本司。④

由此，《新唐书》卷四八《百官志》一段，"凡市，日中击鼓三百以会众……击钲三百而散"、"平货物为三等之直，十日为簿"两条都是《关市令》条文。"车驾行幸，则立市于顿侧互市"不易理解，和前引敕文相比，多"互市"二字，应与后文"有卫士五十人，以察非常"连读。因为在行幸侧近所立市并非为了互市，所以，是标点错误妨碍了文句理解。而"互市有卫士五十人，以察非常"作为对边贸互市的管理，其依据是《白氏六帖事类集》卷二四所引唐《关市令》：

诸外蕃与缘边互市，皆令互〔市〕官司检校，其市四面穿堑及立篱院，遣人守门。市易之日卯后，各将货物、畜产，俱赴市所，官司先与蕃人对定物价，然后交易也。⑤

---

① 《御定月令辑要》卷三"货物直簿"注："逃，古列字。"《文渊阁四库全书》，第四六七册，第 153 页。

② 见《太府寺两京诸市署》，中华书局，1975，第 1264 页。

③ 《养老令·关市令》第 12 条"市司准货物时价为三等"（日本思想大系《律令》令卷第十，岩波书店，1994，第 443 页），与《天圣令》宋 10 条仅差一"平"字，孟彦弘复原时谨慎地依据《养老令》没有复原"平"字，上引《新唐书·百官志》与《天圣令》宋 10 条都有"平"字，又见《陆贽集》卷一八《论宣令除裴延龄度支使状》有"今之度支，兼此二柄，准平万货，均节百司"之语，推测《新唐书》引用的唐令中原有此字是可能的。

④ 《天一阁藏明钞本天圣令校证》，中华书局，2006，第 404 页。

⑤ 《白氏六帖事类集》卷二四《市第二·关市令》，文物出版社，1987，第五册，第 92 页。

此条唐令经宋代增删，形成《天圣宋令》第 17 条：

> 诸缘边与外蕃互市者，皆令互市官司检校，各将货物、畜产等
> 俱赴互市所，官司先共蕃人对定物价，然后交易。非互市官司，不
> 得共蕃人言语。其互市所用及市得物数，每年录帐申三司。其蕃人
> 入朝所将羊马杂物等，若到互市所，即令准例交易，不得在道与官
> 司交关。①

《新唐书》互市卫士的内容就是针对唐令"其市四面穿堑及立篱院，
遣人守门"而言的。由此，在《新唐书》这段内容中又有一条为唐令所
证明。和前面两条一样，都是《关市令》的条文。那么，只有和敕文一样
的"车驾行幸"一段，夹在三条《关市令》当中，其最大可能也应该是
一条《关市令》，只是缺乏确凿的证据。现在发现的《天圣关市令》中，
没有对车驾行幸处临时置市的规定。但是，因为有《新唐书》的记载，又
与景龙元年敕文完全一致，是否可以做如下推论：敕文中的内容都是令
文，大部分已经由《关市令》证明，车驾行幸置市的内容，为《新唐书》
唯一所保留者，而《新唐书》对令文的引用并非原文照录，故其原来面目
尚不得知；也可能是另外某一时期的令文，且因不属于《开元令》而未能
入《天圣令》。

2. 将作监桥道营修职掌

《天圣营缮令》宋 18 条：

> 京城内诸桥及道，当城门街者，并分作司修营，自余州县
> 料理。②

《唐会要》卷八六《桥梁》开元十九年（731 年）六月敕文与令文非
常接近，敕文作：

---

① 《天一阁藏明钞本天圣令校证》，中华书局，2006，第 405 页。
② 《天一阁藏明钞本天圣令校证》，中华书局，2006，第 422 页。

两京城内诸桥及当城门街者，并将作修营，余州县料理。①

《唐令拾遗补》据此敕文并参《养老令》复原的开元七年令，除在敕文前加"诸"字，余皆同敕文。对于该条令文的理解和复原细节，拙文《〈营缮令〉桥道营修令文与诸司职掌》② 已做详解。从《养老令》来看，相应的令条是：

> 凡京内大桥，及宫城门前桥者，并木工寮修营，自余役京内人夫。③

从语句用词格式上看，这显然是因袭和套用了唐令，只不过针对不同的机构和对象做了调整，说明《养老令》所依据的《永徽令》中已经有了这一条。唐开元十九年敕文应该是对此前令条，即至迟在《永徽令》中已经存在的令条的重申。而我们现在所看到的《天圣令》该条，说明在唐宋时期对这条令文始终是原样保留，并沿用至《天圣令》颁布时期，只是因为宋代官制的不同而对唐令做了相应的改变。

3. 禁起楼阁规定

《天圣营缮令》宋 5 条、宋 6 条，据《唐会要》卷三一《杂录》、《册府元龟》卷六一《帝王部》立制度、《说郛》卷五一《稽古定制·唐制》所引《营缮令》，并参《养老令》、《唐六典》卷二三《将作监》左校署令条注、《唐律疏议》卷二六《杂律》引《营缮令》，复原唐令为：

> 诸王公以下，舍屋不得施重拱、藻井。三品以上不得过九架，五品以上不得过七架，并厅厦两头。六品以下不得过五架。其门舍，三品以上不得过五架三间，五品以上不得过三间两厦，六品以下及庶人

---

① 王溥：《唐会要》卷八六《市》，上海古籍出版社，1991，卷八六《桥梁》，第 1869 页。

② 参见《中日学者论中国古代城市社会》，三秦出版社，2007，第 175～197 页。

③ 《律令》令卷第七《营缮令》第廿第 11 条，第 361 页。

不得过一间两厦。五品以上仍通作乌头大门。勋官各依本品。非常参官不得造轴心舍，及施悬鱼、对凤、瓦兽，通袱乳梁装饰。父、祖舍宅及门，子孙虽荫尽，仍听依旧居住。其士庶公私第宅，皆不得起楼阁，临视人家。①

《唐会要》卷五九《尚书省诸司》下大历十四年（779 年）六月一日敕文有"诸坊市邸店楼屋，皆不得起楼阁，临市人家"②，与所复原的唐令中"其士庶公私第宅，皆不得起楼阁，临视人家"，两相比较，敕文当源自《营缮令》。只是《营缮令》是对"士庶公私第宅"而言，到了大历敕文则用以针对坊市邸店楼屋。至于敕文以"诸"字开头，是否即是令文的起首字标志，或可作他解，如与《唐会要》同卷前条大历六年十二月十一日敕文"京城内诸坊市宅舍"③ 之"诸"字同义。

关于禁起楼阁的令条，从唐人的观念来看，一般是出于礼仪方面的考虑。比如河间王孝恭次子"晦私第有楼，下临酒肆，其人尝候晦言曰：'微贱之人，虽则礼所不及，然家有长幼，不欲外人窥之。家迫明公之楼，出入非便，请从此辞。'晦即日毁其楼"。④ 由此可知，虽属礼不下庶人的微贱之辈，也以楼阁有窥人隐私之弊。正人君子更为避非礼之嫌，故有李晦毁楼之举，朝廷更有禁断之令。

和令文比对发现，大历十四年敕中"临市人家"的"市"不可解，应是令文中"视"的误写，从敕文与令文所规范的对象的不同来看，可以得知，敕文是在令文的基础之上，对公私住宅以外的邸店等特殊经营类用房制度的补充规定。在令文形成的唐代前期，此类用房或许尚未普遍，问题也不突出。随着经济的发展，商业经营的需要，邸店等类经营用房增多，居高临下的楼屋便构成对毗邻的侵犯，相应地，敕文便在令文之外，增加了对此类用房禁断的规范。

事实上，如同陈寅恪先生所说的："唐律不能只作为空文来研究，而

---

① 《天一阁藏明钞本天圣令校证》，中华书局，2006，第 672 页。
② 《唐会要》卷五九《尚书省诸司》下，第 1220 页。
③ 《唐会要》卷五九《尚书省诸司》下，第 1220 页。
④ 《旧唐书》卷六〇《宗室传》，中华书局，1975，第 2350 页。

应顾及与实际生活的关系。"① 唐令的实施情况也是如此。即使在唐前期，宅第追求豪华气派而违反制度的现象就屡见史端，成为对城市空间格局拓展的标志。武则天时期，长宁公主在长安城原来高士廉的宅第和左金吾卫故营的基础上建造的"三重楼"，"右属都城，左眺大道"；② 许敬宗所建的"连楼"与第舍一样"华僭"，"使诸妓走马其上，纵酒奏乐自娱"。③ 这些权贵对令制的无视，使其约束力大打折扣。同样，当城市商品经济发展对原有的坊市制度和空间结构予以突破时，尽管是以敕文形式颁布的对民居以外的商用房不得起楼的规定，也会遭遇同样的抵触和僭越。从敕文发布后京兆尹严郢"坊市邸店旧楼请不毁"④ 的奏请来看，当时的实际状况是：因为较为普遍地存在此类问题，一时难以一律拆毁，所以只得维持现状。⑤

从上述几条令文与敕文的关系来看，我们既可以两处互校以复原令文，又可以从令敕内容上的增减变化，看出不同时期的制度变迁。

（二）"著于令"：敕文法律效力的确立

自法令形成以来，更改定著即因事增减，"著于令"者随处可见。如《后汉书》卷四六《郭躬传》：

> 元和三年，拜为廷尉。躬家世掌法，务在宽平，及典理官，决狱断刑，多依矜恕，乃条诸重文可从轻者四十一事奏之，事皆施行，著于令。⑥

---

① 石泉、李涵：《听寅恪师唐史课笔记一则》，载《纪念陈寅恪先生百年诞辰学术论文集》，北京大学出版社，1989。
② 《新唐书》卷八三《诸帝公主传》，中华书局，1975，第3653页。
③ 《新唐书》卷二二三上《奸臣传》，中华书局，1975，第6338页。
④ 《唐会要》卷五九《尚书省诸司》下，第1220页。
⑤ 随着经济发展的需要，以往不见于令文的许多同类问题，也都通过敕文的形式予以规范，如对"非三品以上及坊内三绝"向街开门，及街铺被占造屋等现象所作出的约束，都反映了中唐以后城市空间占用上的新问题。拟另文探讨。
⑥ 《后汉书》卷四六《郭躬传》，中华书局，1973，第1544页。

其中以皇帝诏书为准编定为令文的，有如《三国志》卷二《文帝纪》：黄初五年"十二月，诏曰：'先王制礼，所以昭孝事祖，大则郊社，其次宗庙，三辰五行，名山大川，非此族也，不在祀典。叔世衰乱，崇信巫史，至乃宫殿之内，户牖之间，无不沃酹，甚矣其惑也。自今，其敢设非祀之祭，巫祝之言，皆以执左道论，著于令典'"。① 同书卷三《明帝纪》："（青龙）二年春二月乙未，太白犯荧惑。癸酉，诏曰：'鞭作官刑，所以纠慢怠也，而顷多以无辜死。其减鞭杖之制，著于令。'"② 又《魏书》卷一一四《释老志》孝文帝太和十六年（492年）诏："四月八日、七月十五日，听大州度一百人为僧尼，中州五十人，下州二十人，以为常准，著于令。"③ 等等。

敕文、诏制最终以令的形式予以确定并固定下来，在唐代史籍亦呈现为"著于令"或"编于令"。对于这类记载，现在有些被编著入令典的令条已经能够通过《天圣令》的确切令文得到证实。

1. 关于重刑再覆诏书入令的问题

《唐会要》卷四〇《君上慎恤》记载："（贞观）五年八月二十一日诏：'死刑虽令即决，仍三覆奏，在京五覆奏。以决前一日三覆奏，决日三覆奏，惟犯恶逆者，一覆奏。著于令。'"④ 《旧唐书》卷三《太宗纪》下："（贞观五年八月）戊申，初令天下决死刑必三覆奏，在京诸司五覆奏，其日尚食进蔬食，内教坊及太常不举乐。"⑤ 《新唐书》卷二《太宗纪》同年"十二月丁亥，诏：'决死刑，京师五覆奏，诸州三覆奏，其日尚食毋进酒肉。'"⑥ 从时间上看，《旧唐书》在八月，与《唐会要》相同，《新唐书》在十二月。从形式上看，《新唐书》、《唐会要》明确记载其是以太宗诏令为依据编定为令的。

《通典》卷一六八《刑法典》"考讯附大唐"条："诸决大辟罪，在京

---

① 《三国志》卷二《文帝纪》，中华书局，1973，第84页。
② 《三国志》卷三《明帝纪》，中华书局，1973，第101页。
③ 《魏书》卷一一四《释老志》，中华书局，1974，第3039页。
④ 《唐会要》卷四〇《君上慎恤》，第840页。
⑤ 《旧唐书》卷三《太宗纪》下，中华书局，1975，第41页。
⑥ 《新唐书》卷二《太宗纪》，中华书局，1975，第33页。

者，行决之司五覆奏；在外府，刑部三覆奏。（在京者，决前一日二覆奏，决日三覆奏；在外者，初日一覆奏，后日再覆奏。纵临时有敕，不许覆奏，亦准此覆奏。）若犯恶逆以上，及部曲、奴婢杀主者，唯一覆奏。其京城及驾在所，决囚日尚食进蔬食，内教坊及太常寺并停音乐。"① 该条记载的应该是最完整的唐令，复原时仅据《唐六典》卷六、《旧唐书》卷四三《职官志》及本条文义，改"在外府"为"在外者"。前引《唐会要》诏书中"决前一日三覆奏"之"三"应作"二"，属误写。

由此，唐太宗一纸诏书最终写入令文，这条令文在《狱官令》中的存在，今由《天圣令》的保存而得以证明。见《天圣令》卷二七《狱官令》宋5条记载：

> 诸决大辟罪，在京者，行决之司一覆奏，得旨乃决。在外者，决讫六十日录案奏，下刑部详覆，有不当者，得随事举驳。其京城及驾所在，决囚日，内教坊及太常并停音乐。外州决囚日，亦不举乐。②

从《天圣令》与前述唐令比较得知，两条在覆奏的次数上规定有所不同，这反映了唐宋时期死刑覆奏制度的前后变化。征诸史籍，死刑覆奏制度自唐太宗时纳入令典以后，直至《开元令》皆不变，在京五覆奏，在外诸州三覆奏。死者不可复生，尽可能不误判，使之死而无恨。后来则有所改变，以此保障对死刑的慎重。至后唐明宗天成二年（927年），大理少卿王鬱上言"凡决极刑，准敕合三覆奏，近年已来，全隳此法，伏乞今后决前一日许一覆奏"③ 得到皇帝的批准，遂将三覆奏改为一覆奏。至宋天圣四年（1026年）五月，判刑部燕肃又为在外州郡的覆奏问题上奏："京师大辟虽一覆奏，而州郡之狱有疑及情可悯者，至上请，而法寺多所举驳，官吏率得不应奏之罪。故皆增饰事状，移情就法，大失朝廷钦恤之意。望准唐故事，天下死罪皆得一覆奏。"于是仁宗下诏书令天下死罪

① 杜佑：《通典》卷一六八，中华书局，1988，第4349页。
② 《天一阁藏明钞本天圣令校证》，中华书局，2006，第415页。
③ 《旧五代史》卷三八后唐《明宗纪》，中华书局，1976，第524页。

"情理可矜及刑名疑虑者，具案以闻，有司毋得举驳"。① 可见，唐宋令典中关于重罪覆奏记载上的差异正是体现了其间制度上的变化。

2. 关于粟米贮藏年限的令文

《新唐书》卷五一《食货志》记载："其后（贞观时期）洛、相、幽、徐、齐、并、秦、蒲州又置常平仓，粟藏九年，米藏五年，下湿之地，粟藏五年，米藏三年，皆著于令。"② 宋董煟《救荒活民书》卷上记载为隋文帝开皇三年（583 年）。章如愚《群书考索》后集卷五六系年为唐太宗贞观十三年。《玉海》卷一八四《唐常平仓·藏粟米令》也记载："贞观十三年十二月十三日（壬午）诏：于洛、相、幽、徐、齐、并、秦、蒲州置常平仓，粟藏九年，米藏五年，下湿之地粟藏五年，米藏三年，皆著于令"。由此可知，粟米贮藏年限的令文，源于贞观十三年太宗的诏令，其中所说的"皆著于令"，今亦可从《仓库令》中得见，即《天圣令》卷二三《仓库令》中保留的一条唐令（唐 1 条），其为宋制所不取。令文为：

> 诸仓窖贮积者，粟支九年；米及杂种支五年。下湿处，粟支五年；米及杂种支三年。贮经三年以上，一斛听耗一升；五年以上，二升。其下湿处，稻谷及粳米各听加耗一倍。此外不得计年除耗。若下湿处，稻谷不可久贮者，折纳大米及糙米。其折糙米者，计稻谷三斛，折纳糙米一斛四斗。③

《唐六典》卷一九、《通典》卷一二《食货》一二《轻重·开元二十五年定式》仅保存了部分内容。

至于该诏令"著于令"的时间，《养老仓库令》"仓贮积条"有相应的内容："凡仓贮积者，稻、谷、粟支九年；杂种支二年。糯仓贮积支二十年（贮经三年以上，一斛听耗一升；五年以上二升）。"这说明在《永徽令》编纂时，已经将此条编著于令，成为正式的令条。从上引史籍记载

① 《续资治通鉴长编》卷一〇四仁宗"天圣四年五月"条，中华书局，2004，第 2406～2407 页。
② 《新唐书》卷五一《食货志》，中华书局，1975，第 1344 页。
③ 《天一阁藏明钞本天圣令校证》，中华书局，2006，第 395 页。

诏书颁布的时间贞观十三年来看，诏书是在《贞观令》编撰后颁布的，最早入令的时间也应在《永徽令》编纂时。

3. 公卿巡陵制度

陵寝祭祀之礼中，太常卿一直扮演着重要的角色，并在某些时候替代皇帝行拜陵礼。唐显庆五年（660 年）高宗则改以三公与太常卿、少卿共同巡陵，谓之公卿巡陵。以三公为首，太常为副是为了提升主持行陵官的级别，以表示对先皇的敬重。《唐会要》卷二〇《公卿巡陵》记载："显庆五年二月二十四日，上以每年二月，太常卿、少卿分行二陵，事重人轻，文又不备，卤簿威仪有缺，乃诏三公行事，太常卿、少卿为副，太常造卤簿事毕，则纳于本司。仍著于令。"① 按《新唐书》卷一四《礼乐志》："《贞观礼》岁以春、秋仲月巡陵"②，即所谓二时巡陵。又《唐六典》卷四礼部郎中员外郎条"凡二分之月，三公巡行山陵，则太常卿为之副焉。（若献祖、懿祖二陵，令赵州刺史年别一度巡行）"，③ 则《唐会要》"每年二月"应为每年的"二分月"或"二仲月"。

按照《新唐书》卷一一《礼乐志》的记载，唐初，仍沿用前朝礼，太宗贞观朝房玄龄、魏徵和礼官学士编纂礼典时，"增以天子上陵、朝庙、养老、大射、讲武、读时令、纳皇后、皇太子入学、太常行陵、合朔、陈兵太社等"为《贞观礼》。④ 太常行陵始于《贞观礼》，三公巡陵于显庆五年以后入令，此时《显庆礼》也已经完成，所以，三公巡陵没有进入《显庆礼》。从《开元礼》"太常卿行诸陵"条目来看，也没有三公巡陵，但是，在《序例三·杂制下》中有"三公分行诸陵"制度，据推测是由于《开元礼》正文大多数是直接抄自《贞观礼》或《显庆礼》，而公卿巡陵制度制定于《显庆礼》之后，所以《开元礼》正文不改而仅见于《序例》，体现了制度的变化。⑤ 据此，三公巡陵先入令典，而后才入礼典，

---

① 《唐会要》卷二〇《公卿巡陵》，中华书局，2006，第 465 页。
② 《新唐书》卷一四《礼乐志》，中华书局，1975，第 362 页。
③ 李林甫：《唐六典》卷四，中华书局，1992，第 115 页。
④ 《新唐书》卷一一《礼乐志》，中华书局，1975，第 308 页。
⑤ 吴丽娱：《唐宋之际的礼仪新秩序》，载《唐研究》第 11 卷，北京大学出版社，2005，第 236 页。

两者在时间上是不一致的。不像史籍中"附于礼令"那样同时增入礼、令。礼、令之间在某种情况下出现的相互矛盾，如长孙无忌等为皇帝临大臣丧服白帢而奏言称：

> 皇帝为诸臣及五服亲举哀，依礼著素服。今令乃云白帢，礼令乖舛，须归一途。且白帢出自近代，事非稽古，虽著令文，不可行用。请改从素服，以会礼文。①

又文宗朝，王涯进官尚书右仆射，而御史中丞宇文鼎因为王涯兼盐铁使职，耻为屈拜，为此诏尚书省杂议。工部侍郎李固言即提出：

> 按令，凡文武三品拜一品，四品拜二品。《开元礼》，京兆河南牧、州刺史、县令上日，丞以下答拜。此礼、令相戾，不可独据。②

其中也反映出礼与令的相互背离和矛盾。③ 同样，公卿巡陵制度也存在着礼典在一段时间的空缺问题，《开元礼》中记载的不一致恰好说明了这样的过程。

关于公卿巡陵制度的入令问题，仁井田陞《唐令拾遗》将"三公分行诸陵条"系于《仪制令》，为第9条，并依据《开元礼·序例三·杂制下》和《唐六典》卷四礼部郎中员外郎条，定为开元七年令：

> 诸每年二时遣三公分行诸陵，太常卿为副。④

从该令文的时间和定名来看，第一，公卿巡陵制度的入令是在显庆五年之后，至迟应该在《麟德令》中已收入，只是目前无法得到证实；第二，其属于《仪制令》似乎没有材料支持。武则天天授以后，曾改以

---

① 《旧唐书》卷四五《舆服志》，中华书局，1975，第1939页。
② 《新唐书》卷一七九《王涯传》，中华书局，1975，第5318页。
③ 仁井田陞：《唐令拾遗·序论》第二节《〈唐令拾遗〉选用的资料》，就《开元礼》论及依令改礼或改令以从礼，使二者相一致。
④ 池田温：《唐令拾遗补》同。

"四季之月及忌日降诞日，遣使往诸陵起居"。① 为此，中宗时左台御史唐绍以旧制原无诸陵起居之礼，且事生之道，非陵寝之法，上表请求恢复二时巡陵。当时，除乾陵每岁正旦、冬至、寒食及二忌日照旧外，其他诸陵皆取消四时谒陵。随着巡陵礼仪的细化和公卿选充范围的扩大，经常性的陵寝上食制度建立。② 大历十四年（780 年）颜真卿作礼仪使时上奏："又《祠部式》：献、昭、乾、定、桥、恭陵，并朔、望上食，岁及冬至、寒食，各设一祭。唯桥陵除此日外，每日供半口羊充荐。是则玄宗之于亲陵，与诸陵且有异矣。今请元陵除朔、望及节祭外，每日更供半口羊充荐，准《祠部式》供拟，泰陵、建陵，则但朔望及岁冬至、寒食、伏腊、社日，各设一祭，每日更不合上食。"③ 奏言中引用了《祠部式》关于诸陵上食供祭制度。由此，前揭公卿巡陵制度的入令问题，所入之令也应该是《祠令》，而非《仪制令》。

（三）"永为常式"与唐后期刊著令文

除了一部分敕文作为令文修定依据而被编入令以外，还有许多被冠以"永为常式"或"永为恒式"，在文献中经常出现。对于这类标志，一般理解为即依此为定制，常久因循不改。事实上，所谓常式，在当时也是有所限制的。据《唐会要》卷三九《定格令》：

> 景龙三年八月九日敕："应酬功赏，须依格式，格式无文，然始比例。其制敕不言自今以后永为常式者，不得攀引为例。"④

敕文规定了即使符合的敕文也只是作为例来引用的。用例的前提是格式中没有相应的规定。而且，如果用例时与当时的敕文或其他令式相冲突，也不得使用。在不同时期根据需要，这些常式也在做相应的改变，只

---

① 《唐会要》卷二〇《公卿巡陵》，中华书局，2006，第 465 页。
② 吴丽娱：《唐宋之际的礼仪新秩序》，载《唐研究》第 11 卷，北京大学出版社，2005，第 239～244 页。
③ 《唐会要》卷二一《缘陵礼物》，第 474 页。
④ 《唐会要》卷三九《定格令》，第 824 页。

有那些编入令格的常式才真正成为国典而被赋予了永久的法律效力。如《旧唐书》卷四五《舆服志》载："景龙二年七月，皇太子将亲释奠于国学，有司草仪注，令从臣皆乘马著衣冠。"刘知几进言建议省废，于是"皇太子手令付外宣行，仍编入令，以为恒式"。① 至于更多不入格或令而冠以"永为常式"的，"其或恩出一时，便为永式"，往往"前后矛盾，是非不同"，致使"吏缘为奸，人受其屈"。② 所谓常者，恒者，不过依旧为朝令夕改。如《旧唐书》卷一六《穆宗纪》，穆宗即位，七月乙巳，诏曰："皇太后就安长乐，朝夕承颜，慈训所加，庆感兼极。今月六日是朕载诞之辰，奉迎皇太后于宫中上寿。朕既深欢慰，欲与臣下同之。其日，百僚、命妇宜于光顺门进名参贺，朕于光顺门内殿与百僚相见，永为常式。"随后即于"丙午，敕：乙巳诏书载诞受贺仪宜停"，原因在于其"非典也"。③

唐代后期法令修撰编定工作的进行，根据开成元年（836 年）刑部奏文："伏以律令格式，著目虽始于秦、汉，历代增修，皇朝贞观、开元，又重删定，理例精详，难议刊改。自开元二十六年删定格令后，至今九十余年，中外百司，皆有奏请，各司其局，不能一秉大公"，"自贞元已来，累曾别敕，选重臣置院删定，前后数四，徒涉历三十岁，未堪行用"。④ 在此期间，曾经于大历十四年、元和二年至五年，元和十三年删定自开元二十六年修定的《格式律令事类》、《处分长行敕》等，形成格后敕三十卷。至大中年间，又修定《刑法统类》。

虽然唐后期没有像前期那样进行有规模的编定令典的行动，但是，对令文的补充和删定还是在按照不同时期的实际需要而进行。仁井田陞在《唐令拾遗》序论中论及开元二十五年令之后在肃宗和德宗时对律令格式的删定，并把各令中与开元二十五年令的矛盾之处看作当时的删定令，包括建中令中对《官品令》的改动及《假宁令》的新内容等。⑤ "著于令"或"入格令"的记载在唐代后期的史籍中仍不少见，如张茂昭"少子克

---

① 《旧唐书》卷四五《舆服志》，中华书局，1975，第 1949～1951 页。
② 《唐会要》卷三九《定格令》，第 823 页。
③ 《旧唐书》卷一六《穆宗纪》，中华书局，1975，第 479 页。
④ 《唐会要》卷三九《定格令》，第 823～824 页。
⑤ 《〈唐令拾遗〉序论》第一节"唐令历史的研究"，长春出版社，1989，第 820～827 页。

勤，开成中历左武卫大将军。有诏赐一子五品官，克勤以息幼，推与其甥，吏部员外郎裴夷直劾曰：'克勤觖有司法，引庇它族，开后日卖爵之端，不可许。'诏听，遂著于令。"①

《新唐书》卷一六九《裴垍传》载，宪宗元和时，裴垍始为相，"建言：'集贤院官，登朝自五品上为学士，下为直学士，余皆校理，史馆以登朝者为修撰，否者直史馆，以准《六典》。'遂著于令"。②

《唐会要》卷三《杂录》：

> （元和）十五年五月，庄宪皇太后弟故左金吾卫大将军王用妻胡氏进状云："请用姑庄宪皇太后荫，补千牛。申中书门下，称准格无条。伏见贞元中，沈翚用姑睿真皇太后荫；元和中，妾弟二男浩，亦用皇太后荫。伏乞天恩，允妾所奏。"可之，仍入格令。③

《新唐书》卷一六六《杜佑传附悰传》记载杜佑之孙悰娶岐阳公主，为驸马都尉。"会公主薨，悰久不谢，文宗怪之。户部侍郎李珏曰：'比驸马都尉皆为公主服斩衰三年，故悰不得谢。'帝矍然，始诏杖而期，著于令。"④

同书卷一八五《郑畋传》也有记载："故事，两省转对延英，独常侍不与。畋建言宜备顾问，诏可，遂著于令。"⑤ 此事发生在僖宗朝郑畋做右散骑常侍的时候。

《唐会要》卷四〇《定赃估》大中六年闰七月敕："应犯赃人，其平赃定估等，议取所犯处及所犯月上绢之价。假有蒲州盗盐，嶲州事发，盐已费使，依令悬平，即蒲州中估之盐，准蒲州上绢之价。于嶲州决断之类，纵有卖价贵贱，所估不同，亦依估为定。"⑥ 敕文内容即唐律正文及疏议释文，见《唐律疏议》卷四《名例律》平赃及平功庸条。

① 《新唐书》卷一四八《张孝忠传附茂昭传》，中华书局，1975，第4771~4772页。
② 《新唐书》卷一六九《裴垍传》，中华书局，1975，第5150页。
③ 《唐会要》卷三《杂录》，第36页。
④ 《新唐书》卷一六六《杜佑传附悰传》，中华书局，1975，第5091页。
⑤ 《新唐书》卷一八五《郑畋传》，中华书局，1975，第5402页。
⑥ 《唐会要》卷四〇《定赃估》，第852页。

《通典》卷一六五《刑法典》《刑制下·大唐》则仅录唐律律文，与律文相比较，仅个别差异。张鹭《龙筋凤髓判》卷四《导官》中还有惩治利用职权、贪污犯罪、中饱私囊的姚泰的案例。姚泰所任导官署令，以掌管舂碾米面油烛之职，其"盗用进米二十石，上米倍四十五价，次绢估三十价，断绞不伏"。按照制度，定赃统一以上绢估，即判文所称"平赃定律，必依高估"；加之所贪为贡进米，属于"供进所须，宜从极价"，"刑名极峻，法焉可逃，情状难容，死有余谴"。①《通典》、《唐会要》此处都没有提及平赃定估令文，只有《册府元龟》卷六一六《刑法部》议谳三记载最详：

> 宣示（宗）大中六年闰七月奉敕：应犯赃人，其平赃定估等，准名律例（例律），诸平赃者，皆据犯处当时物价及土（上）绢估。律疏议曰：赃谓罪人所取之赃，皆平其价直，准犯处当时土（上）绢之价，依令每月旬别立三等估，其赃平所犯旬估定罪，所取犯月旬土（上）绢之价。假有蒲州盗盐，巂州事发，盐已费使，依令悬平，即取蒲州中估之盐，准蒲州土（上）绢之价。于巂州决断之，纵有卖价贵贱，所估不同，亦依估为定，从之。②

于敕文后又载："十月，中书门下奏，准敕应犯赃人宜平赃定估等，奉闰七月三日敕旨，刑部奏颇叶中道，宜依，仍编入令格者。"③ 这说明敕文对平赃定估有关律条的重申，而"仍编入令格"也是以皇帝名义做的批复确认，再以重刊令文以示强调。因为随着《天圣关市令》的再现，我们看到，其中已经有了该条内容，并非到大中时期才被编入令典，那么此时"仍编入令格"应做何解？或许是因为在这之前制度上已经做了修改，有别于《开元令》，而于此时又重新编入《关市令》。前引各条"著于令"的材料，或许也有类似的情况。唐后期令典刊著活动的记录也只是泛泛而言，这致使关于唐后期令典编撰的具体情况，学界意见颇不统一。上述继

---

① 田涛、郭成伟：《龙筋凤髓判校注》，中国政法大学出版社，1996。
② 《册府元龟》卷六一六《刑法部》议谳三，中华书局，1960，第7410页。
③ 《册府元龟》卷六一六《刑法部》议谳三，中华书局，1960，第7410页。

续编著为令的行动究竟怎样进行，类似柳宗元就陈子昂《复仇议状》而发表《驳复仇议》（分见《陈拾遗集》卷七、《柳宗元集》卷七）中"请下臣议，附于令"的群臣议论，与令典的随事更改有着多大的影响等问题，都尚待进一步研究。

中国社会科学院创新工程学术出版资助项目

历代令考

【下】

杨一凡 朱 腾

主编

社会科学文献出版社
SOCIAL SCIENCES ACADEMIC PRESS (CHINA)

目　录

·上·

·下·

四

宋令考

天一阁藏明抄本《官品令》考

在唐宋六百多年历史中，统治者曾修纂过无数部法律典籍。然而，除了我们今天所能看到的《唐律疏议》、《宋刑统》和《庆元条法事类》外，似乎全都失传无闻。笔者因整理点校《庆元条法事类》而翻阅《中国古籍善本书目》，在史部职官类中见到一条著录曰："《官品令》三十卷，明抄本，存十卷，二十一至三十。"这引起了笔者的兴趣。根据法律史常识判断，此书不会是明代所撰，很有可能是唐宋时期的法律典籍。通过朋友的帮助，笔者在宁波天一阁博物馆翻阅了此书。

（一）

是书仅一册，残本。挂签著录云："官品令三十卷，明□□□撰，存十卷，卷二十一至卷三十。乌丝栏钞本。"书签题"官品令"（脱落）。白口，单黑鱼尾，双边栏，无室名、页码，亦无题识跋语。每半页 10 行，行 18 字，双行小字注，字尚工整。篇目及篇次如下：

> 田令卷第二十一　赋令卷第二十二（卷终云"赋役令卷第二十二"）仓库令卷第二十三　厩牧令卷第二十四　关市令卷第二十五（捕亡令附）　医疾令卷第二十六（假宁令附）　狱官令卷第二十七　营缮令卷第二十八　丧葬令卷第二十九（丧服年月附）　杂令卷第三十

民国二十九年（1940 年），天一阁冯贞群编《鄞范氏天一阁书目·内篇》曰："《官品令》，政书，存十卷，一册。"将其归入政书类。翻检是书，通书所载都是法律令文，毫无疑问，这是部令典。明《大明令》以尚书六部分篇，无《官品令》篇目，因此可以排除是书为《大明令》的可能。在中国法律史上，与《官品令》相关的令典，晋、北魏、南梁、隋、唐、宋、金等朝都编修过。据《唐六典》卷六《尚书刑部》载，隋《开

皇令》第一篇为《官品令》，唐《开元令》首篇亦是《官品令》。其后宋
《天圣令》及金《泰和令》首篇皆为《官品令》。① 然而，历代书目中从
未见三十卷《官品令》之著录。因此可以判定，这部令典的真正名称不应
是《官品令》，《官品令》仅是这部令典的一个篇目。

既然如此，那么它的真正书名是什么呢？我们先考察这部令典的朝代
属性，继之再搞清其书名。为方便行文，以下仍暂称此书为《官品令》。

是书卷二七《狱官令》第 14 条载："诸犯罪应配居作者，在京分送
东西八作司，在外州者，供当处。"考仁井田陞《唐令拾遗·狱官令》第
17 条，同样的内容作："诸犯徒应配居作者，在京送将作监……在外州
者，供当处官役。"天一阁藏《官品令》修改了唐《狱官令》，将"送将
作监"改为"分送东西八作司"。经查，东西八作司是宋代的官署名。
《宋会要辑稿》职官三〇之七载："东西八作司旧分两使，止一司。太平
兴国二年（977 年）分两司。景德四年（1007 年）并一司，监官通掌。
天圣元年（1023 年）始分置官局，东司在安仁坊，西司在安定坊。"其他
朝代不见有东西八作司官署记载。显然《官品令》规定的是宋代的制度。

《官品令》卷二七《狱官令》第 48 条载有关于刑杖的规定：

> 诸杖皆削去节目，官杖长三尺五寸，大头阔不得过二寸，厚及小
> 头径不得［过］九分。小杖长不得过四尺五寸，大头径六分，小头径
> 五分。讯囚杖长同官杖，大头径三分二厘，小头径二分二厘。

令文的规定与《唐六典》、《通典》等书所载唐制不合。唐制：常行
官杖大头阔二分七厘，小头径一分七厘。笞（小）杖长三尺五寸，大头径
二分，小头一分半。② 李焘《续资治通鉴长编》卷四乾德元年三月癸酉条
载北宋制曰：

> 旧据《狱官令》用杖，至是定折杖格，常行官杖长三尺五寸，大
> 头阔不过二寸，厚及小头径不过九分。小杖不过四尺五寸，大头径六

① 晁公武：《郡斋读书志·后志》卷一《天圣编敕》；《金史》卷四五《刑志》。
② 杜佑：《通典》卷一六八《刑法》六。

分，小头径五分……讯〔囚〕杖如旧制。

宋制定这一制度的时间是在建立政权的第四年，其所谓"讯〔囚〕杖如旧制"的"旧制"应该是指唐制。《通典》卷一六八《刑法》六载唐制曰："讯囚杖，大头三分二厘，小头二分二厘。"据此，我们已完全得知宋代常行官杖、小杖和讯囚杖的刑具规度。而天一阁藏《官品令》记载的也正与此制同。这表明此书所规定的刑具规度也是宋代的。

此书卷二六所附《假宁令》有两条令文云：

> 天庆、先天、降圣、乾元、长宁、上元、夏至、中元、下元、腊等，即各给假三日。
>
> 天祺、天贶、人日、中和节、春秋社、三月上巳、重五、三伏、七夕、九月朔授衣，重阳、立春、春分、立秋、秋分、立夏、立冬、诸大忌日及每旬，并给休假一日。

两条令文规定的都是节假日休假之制。证诸史籍，这与宋代制度极为吻合。《宋会要辑稿》职官六〇之一五载：

> 国初休假之制皆按令、式，岁节、寒食、冬至各给假七日，休务五日。圣节、上元、中元各假三日，休务一日。春秋二社、上巳、重午、重阳、立春、人日、中和节、春分、立夏、三伏、立秋、七夕、秋分、授衣、立冬各假一日……其后或因旧制，或增建庆节，旬日赐沐，皆令休务者，并著于令。

宋代的这些休假制度是载入法令的。从中不难看出其与天一阁藏《官品令》所载《假宁令》条文的一致性。《官品令》所谓天庆、先天、降圣、天祺、天贶等节是北宋前期创立的国定假日。宋人赵升《朝野类要》卷一《诸节》载：

> 自唐以二月一日为中和节，国朝因之，以正月三日为天庆节（景德五年正月三日天书降），四日为开基节（周显德七年正月四日太祖

皇帝登位），四月一日为天祺节（大中祥符元年四月一日天书降），六月六日为天贶节（大中祥符三年六月六日天书降），七月一日为先天节（后唐天成元年七月一日圣祖轩辕黄帝降），十月二十四日为降圣节（大中祥符五年十月二十四日天书降）。是日禁屠宰行刑，注为令甲。

《官品令》所载乾元节和长宁节是宋仁宗时所立节日。《宋会要辑稿》礼五七之一六曰："乾兴元年（仁宗已即位，未改元）二月二十六日宰臣丁谓等上言，请以四月十四日为乾元节。从之……十一月九日诏以正月八日皇太后降诞日为长宁节。"

宋仁宗之后制定的圣节尚有许多，如宋英宗即位后设立的寿圣节，以及治平四年（1067 年）设立的同天节等，① 但《官品令》却没有涉及。

某一皇朝所规定的某些节假日，尤其是依据皇帝或皇太后生日以及特殊事件设立的节假日，是这一朝代所特有的制度，其后代之而起的朝代不可能全盘沿用。据此，我们可以初步判定，所谓《官品令》一书为宋仁宗在位时所修之令典。

众所周知，宋代的避讳制度十分严格，下面我们试从避讳角度来验证一下《官品令》的朝代属性。是书卷二二《赋役令》第 32 条："诸春季附者，课、役并理，夏季附者，免课［从］役。（从）秋季以后附者，课、役俱免。其诈冒隐避以免课、役，不限附之早晚，皆理当发年课、役。逃亡者附亦同。"其中"理"字，《通典》卷六《食货·赋役下》载唐令原文作"徵"。显是《官品令》为避宋仁宗赵祯嫌名讳，改"徵"为"理"。② 所避"徵"例，又见于《官品令》卷二五附《捕亡令》第 11条："诸纠捉贼盗者，所［理］倍赃皆赏纠捉之人。家贫无财可理及依法不合理（借）［倍］赃者，并计所得正赃，准为五分，以二分赏纠捉人。"这一令文沿用了唐制。其中的"理"字，《宋刑统》卷二八《捕亡律》将吏追捕罪人条引唐《开元令》作"徵"。《宋刑统》修成于太祖建隆四年（963 年），时尚无避仁宗赵祯嫌名讳"徵"之事。而《官品令》则避

---

① 《宋会要辑稿》礼五七之一七。
② 《庆元条法事类》卷三《名讳·文书式》载宋仁宗赵祯嫌名有"徵"字。

"徵"改为"理"字。

除此之外，《官品令》还避"通"字讳。其卷二二《赋役令》第 31
条："诸田有水旱虫霜不熟之处，据见营之田，州县检实，具帐申省……
其应损免者，兼计麦田为分数。"同卷第 45 条："诸丁匠岁役……兼正役
并不得过五十日。"这两条令文中的"兼"字，唐开元令均作"通"。①
《官品令》改"通"作"兼"，乃避宋真宗刘皇后父刘通之讳。此避讳规
定是在仁宗时定的。《续资治通鉴长编》卷九九乾兴元年（1022 年）十月
己酉条载："礼仪院请避皇太后父、祖讳。诏唯避父彭成郡王讳。仍改通
进司为承进司。"②

《官品令》虽避仁宗讳，但不避英宗讳。此书卷二二《赋役令》第 9
条曰："（谐）［诸］县令须亲知所部富贫、丁中多少、人身强弱。每因外
降户口，即作五等定簿，连署印记。"其中"署"字，并没有因宋英宗赵
曙嫌名讳而改字。《庆元条法事类》卷三《名讳·文书式》列有赵曙嫌名
共 25 字，其首即为"署"字。在宋代，自英宗朝始，签署之"署"皆避
改为"书"。③ 天一阁藏《官品令》并没有改避"署"字。不避"署"字
讳例，还见于是书《田令》第 7 条、《仓库令》第 23 条、《狱官令》第 20
条及第 36 条。

据上述《官品令》避"徵"和"通"字讳而不避"署"字讳例，可
以确知此书修成于宋英宗前的仁宗朝，要无疑义。

接下来我们再考其书名。

仁宗天圣时期曾有过一次修令的立法活动。《宋会要辑稿》刑法一之
四载：

（天圣七年）五月十八日详定编敕所（止）［上］删修令三十卷。
诏与将来新编敕一处颁行。先是诏参知政事吕夷简等参定令文，乃命

---

① 仁井田陞：《唐令拾遗》第二十三《赋役令》第 11 条和第 4 条据《白氏六帖事类集》及
《唐会要》复原。
② 刘皇后父名通，见《宋史》卷二四二《后妃上·章献明肃刘皇后传》。避刘皇后父名讳
制不久便停罢。
③ 如《庆元条法事类》卷六《批书·考课令》条："诸命官批书印纸及取会应报己事者，
听免签书。"

大理寺丞庞籍、大理评事宋郊为修令［官］，判大理寺赵廓、权少卿董希颜充详定官。凡取唐令为本，先举见行者，因其旧文参以新制定之。其今不行者亦随存焉。又取敕文内罪名轻简者五百余条，著于逐卷末，曰"附令敕"。至是上之。

吕夷简等人删修的令，即宋代法律史上的《天圣令》。王应麟《玉海》卷六六《天圣新修令》引《书目》云："《天圣令》文三十卷。时令文尚依唐制，夷简等据唐旧文斟酌众条，益以新制，天圣十年行之。"不过，《天圣令》的颁布却是在天圣七年（1029 年）五月。①

据上述两条史料所载，可以得知，宋天圣七年制定的《天圣令》是以唐旧令为本，参以当时的新制而成。在新定令的同时，对于没有沿用的唐旧令，以附录的方式予以保存。此外，令文后还附有从编敕中移录出来的"附令敕"。我们以此来对照一下天一阁藏本《官品令》。

《官品令》卷二七《狱官令》共收有 68 条令文，在第 56 条令文后有一指令性的说明，云："右并因旧文，以创新制参定。"在此说明之后尚列有 12 条令文，末尾云："右令不行。"纵观是书残存的其他 9 篇令文，体例莫不如此。亦即每一篇令文皆分成两大部分，前一部分令，"并因旧文，以创新制参定"。即《宋会要辑稿》所说的"因其旧文参以新制定之"，是以唐令为本，根据宋代实际情况参以新制修订的。无疑这部分令是当时宋代实际在行的令。后一部分令，所谓"右令不行"，即《宋会要辑稿》所云"其今不行者亦随存焉"，是附录的不用之唐令。两相对照，这一体例与前述宋《天圣令》的体例是相同的。②

以下我们再以《通典》所载的《开元二十五年令》来印证《官品令》。《通典》卷六《食货六·赋税下》摘引的《开元二十五年令》计有 17 条。其中有 4 条《杂令》和 2 条《赋役令》原封不动被《天圣令》所沿用。另有 3 条《赋役令》被参以宋代新制定为《天圣令》。有 8 条《赋役令》与《天圣令》附录的不用之唐令同（仅个别文字有出入）。

---

① 《续资治通鉴长编》卷一〇八，天圣七年五月己巳，《宋史》卷九《仁宗本纪》。
② 原来著于《天圣令》诸卷末的"附令敕"，这次新发现的《天圣令》中却无记载。可能被抄写者或刊刻者所遗弃。

考辨至此，我们可以断言，天一阁藏所谓《官品令》，正是久已湮没无闻的宋《天圣令》，作者为参知政事吕夷简和大理寺丞庞籍等。下面我们径称此书为《天圣令》。

既然此书的真正书名是《天圣令》，何以变成了《官品令》？笔者以为这与《天圣令》制定颁布的方式有关。《宋会要辑稿》刑法一之四载："（天圣七年）五月十八日，详定编敕所（止）［上］删修令三十卷。诏与将来新编敕一处颁行。"至天圣十年，仁宗"诏以《天圣编敕》十三卷、《敕书德音》十二卷、《令》文三十卷付崇文院镂版施行"。《天圣令》是以唐令为本，参以新制修成，即使不用的唐令也以附录方式给予保存。也就是说，令的修定是在唐旧令的框架内进行的。书成之后，在当时即未以正式新名命之，而是直接以笼统的令的法律形式与《天圣编敕》合在一起颁布实施。这对当时人来讲，没有什么不便。然而，到神宗时宋又制定了新的《元丰令》50 卷，颁布实施，取代了《天圣令》。于是《天圣令》废弃不再行用。随着朝代的变迁，后人对当初《天圣令》的颁布实施方式已不甚明了。晁公武《郡斋读书志·后志》云："《天圣编敕》三十卷。右天圣中宋庠、庞籍受诏改修唐令，参以今制而成。凡二十一门：官品一、户二、祠三、选举四、考课五、军防六、衣服七、仪制八、卤簿九、公式十、田十一、赋十二、仓库十三、厩牧十四、关市十五、补（捕）亡十六、疾医十七、狱官十八、营缮十九、丧葬二十、杂二十一。"晁氏著录的书名是《天圣编敕》，但其下所录篇目却非《天圣编敕》所有。《天圣编敕》"依律分门十二"①，包括目录仅 13 卷。故晁氏所录篇目为《天圣令》无疑。晁氏这种张冠李戴的著录错误显然是因不明《天圣编敕》与《天圣令》的区别，将它们混淆在一起而造成的。对后人来说，如果《天圣令》与《天圣编敕》合在一起容易混淆的话，那么当它一旦与《天圣编敕》分离流散开来后，它的书名便成了问题。笔者猜想，早在抄写此书之时，其所借以抄写的本子，或者更早一点的祖本，是单独存在的，抄写或刊刻者无法确知此书书名和作者，只好将此书的第一篇篇目《官品令》充作书名。当时，此书应不止此 10 卷，其前 20 卷是后来佚失的。

---

① 王应麟：《玉海》卷六六《天圣新修令》。

据初步统计，新发现的《天圣令》残本各篇所载令文条数如下：《田令》载行用之令7条，附录不用之唐令49条；《赋役令》载行用之令23条，附录唐令27条；《仓库令》载行用之令23条，附录唐令23条；《厩牧令》载行用之令15条，附录唐令35条；《关市令》载行用之令18条，附录唐令10条；《捕亡令》载行用之令9条，附录唐令7条；《医疾令》载行用之令14条，附录唐令22条；《假宁令》载行用之令23条，附录唐令6条；《狱官令》载行用之令56条，附录唐令12条；《营缮令》载行用之令26条，附录唐令4条；《丧葬令》载行用之令35条，附录唐令6条①；《杂令》载行用之令40条，附录唐令21条。

以上计在行的《天圣令》令文289条，附录唐令222条，总计511条。整部《天圣令》共计30卷，现存残本10卷，占三分之一，如将上述条数依此所占比例推算，《天圣令》令文总计有一千五百条左右。

（二）

新发现的《天圣令》抄本，将卷二二《赋役令》篇名误抄成"《赋令》卷第二十二"，漏一"役"字（其卷终所抄篇名却无遗漏）。这与晁公武《郡斋读书志·后志》同一篇名的误载是一致的。笔者以为这不是巧合，很有可能两者所依据的是同一祖本。如果这一猜测不错的话，这个祖本是《天圣令》颁布后不久的抄本或刻本。其抄、刻时间当不晚于仁宗朝，因为令文中宋英宗赵曙的嫌名讳没有避改。在宋代，法律是严禁私刻印行刑书的。就在《天圣令》颁布后第七年的景祐三年（1036年），宋政府就有规定："禁民间私写编敕、刑书及毋得镂版。"② 加之其后宋又修定《元丰令》50卷，取代了《天圣令》，《天圣令》很快便停止使用了。元丰后，继之又有《元祐令》、《元符令》、《政和令》等。是以《天圣令》颁布后，很少有刻、抄本流传。以至于马端临著《文献通考·经籍考》，在著录《天圣令》时，也只能依据晁公武的《郡斋读书志·后志》的材

---

① 《丧葬令》于不用唐令之后尚附有《丧服年月》，注云："其解官给假，并准《假[宁]令》。令文言礼定刑，即与五服年月新敕兼息。"按：观《丧服年月》内容，其属五服制度。

② 《续资治通鉴长编》卷一一九，景祐三年七月丁亥，中华书局，2004。

料。当然，这个祖本也有可能为元、明人所刊行，最后再被传抄成我们现在所看到的本子。

由于新发现的《天圣令》是个残本，仅存 10 卷，因此《天圣令》究竟有多少正篇篇目，仍是个谜。《郡斋读书志·后志》卷一《天圣编敕》条载《天圣令》计 21 篇，据新发现的《天圣令》所载，笔者以为晁公武把附于《关市令》后的《捕亡令》列出，单独作一篇目，而没有把其他附篇目列出，是个失误。不过问题在于，晁氏所说的《天圣令》21 门（篇）是包括《捕亡令》在内呢，还是《捕亡令》除外，其本身就有 21 门？笔者倾向于前者。残存的《天圣令》计 10 个正篇篇目（不含《捕亡令》和《假宁令》），平均每篇占一卷。此书共 30 卷，如果依据晁氏所云全书有 21 篇的话，那么已佚的 20 卷那部分仅有 11 篇，平均每篇约占两卷。这是在许多正篇篇目之下另有附篇，从而导致卷数增加。我们已经知道《天圣令》是取唐令为本，因其旧文，参以新制修成的。即使不用的唐令也作为附录保存着。《天圣令》与唐令比较，正篇篇目减少了，但卷数却一仍唐旧，便是一个很好的说明。因此，在篇目方面，既不会增加，也不会舍弃。唯一可行的办法是以附篇形式加以合并。据《郡斋读书志·后志》载，《天圣令》中无唐《职员令》篇目。《开元令》中的 6 篇《职员令》可能被作为附篇附于《官品令》之后。此外，晁氏也没有提到《封爵令》、《乐令》和《宫卫令》，其肯定也是作为附篇存于《天圣令》中的。

《天圣令》的令文每篇都分为前后两个部分，前一部分令文"并因旧文，以创新制参定"。换言之，《天圣令》所有新创令文都是在唐旧令基础上制定的。例如《宋刑统》卷一三《户婚律·占盗侵夺公私田》载唐《田令》："诸田为水侵射不依旧流，新出之地，先给被侵之家。若别县界，新出依收授法，其两岸异管，从正流为断。若合隔越受田者，不取此令。"宋初，还来不及制定法令，争田案的处理依据，完全照搬唐令，尽管唐令的一些条款已明显不适用宋代的实际情况。经过六十余年的发展，到宋仁宗天圣时期，宋政府完全有必要和有时间对唐令进行修改。《天圣令·田令》第 4 条就在原来旧令基础上修改为："诸田为水侵射不依旧流，新出之地，先给被侵之家。若别县界，新出亦准此，其两岸异管，从正流为断。"《天圣令》将"依收授法"修改为"亦准此"。同时，删除了

"若合隔越受田者，不取此令"。原因很简单，宋代已不实行均田收授法，是以参照本地法解决。又唐《田令》载："诸户内永业田，每亩课种桑五十根以上，榆、枣各十根以上，三年种毕。乡土不宜者，任以所宜树充。"① 宋代并不行均田制，故《天圣令·田令》第 2 条以此唐令为本，根据宋代的五等户制进行了修改和增补：

> 诸每年课种桑枣树木，以五等分户，第一等一百根，第二等八十根，第三等六十根，第四等四十根，第五等二十根。各以桑枣杂木相半。乡土不宜者，任以所宜树充。内有孤老残疾及女户无男丁者，不在此（根）[限]。其桑枣滋茂，仍不得非理斫伐。

新创的令文，有的对旧文改动较大，有的仅改数字。某些旧令在被改造成新令时，条款中有些内容被裁减掉了。如《天圣令·赋役令》第 1 条，经改造，旧令中租调的具体数额就被删除了。倘若条文未合时宜不能用的，便归入附录的不用之令。当然所定新令中，也有令文并非新创而是全录唐令旧文的。例如卷二一《田令》第 1 条："诸田广一步、长二百四十步为亩，亩百为顷。"此令与《通典》卷二《食货二·田制下》载《开元二十五年令》同。同卷《田令》第 5 条："诸竞田，判得已耕种者，虽改判，苗入种人。耕而未种者，酬其功力。未经断决，强耕种者，苗从地判。"这与《宋刑统》卷一三《户婚律·占盗侵夺公私田》所载唐令同。又卷二七《狱官令》第 11 条："诸流人应配者，若依所配里数，无要重城镇之处，仍逐要配之。唯得就远，不得就近。"第 26 条："诸犯罪事发，有赃状露验者，虽徒伴未尽见获者，先依状断之，自外从后追究。"第 27 条："诸犯罪未发，及已发未断决，逢格改者，若格重，听依犯时，格轻者，听从轻法。"分别与《宋刑统》卷三《名例律·犯流徒罪》、卷三十《断狱律·断罪引律令格式》所载唐令相同。以上数例表明，令文虽非宋代新创，但仍能适用的，《天圣令》即沿用之。从《天圣令》记载来看，北宋前期，宋在许多方面承袭了唐代制度，但在土地制度方面较少沿用唐令，这表明唐宋两朝的土地制度有着很大的差异。

---

① 《唐令拾遗》第二十二《田令》第 6 条据《通典》等复原。

宋代第一次修令是在淳化三年（992 年），实际上只是简单的文字校勘，诸如避讳字的勘正，谈不上是修令。陈振孙《直斋书录解题》卷七云：《唐令》30 卷、《唐式》20 卷，"本朝淳化中，右赞善大夫潘宪、著作郎王泗校勘"。《玉海》卷六六《淳化编敕》云："太宗以开元二十（六）［五］年所定令、式修为淳化令、式。"其后第二次修成的《天圣令》，"以唐令为本"，应是在淳化三年校勘的《开元二十五年令》基础上修定的。因此《天圣令》中所用及不用之唐令应都是开元二十五年所修令。下面以新发现的《天圣令》为例佐证之。

《唐六典》卷三户部郎中员外郎条："凡丁岁役二旬（有闰之年加二日），无事则收其庸，每日三尺（布加五分之一）。有事而加役者，旬有五日免其调，三旬则租调俱免（通正役并不得过五十日）。"其所引《开元七年令》源于唐《武德令》。[1] 这条令文又见于日本《养老令·赋役令》岁役条（文字有出入）。据日本学者研究，《养老令》是以《永徽令》为直接蓝本的。[2] 如此，则此令文自武德七年定后，经《永徽令》到《开元七年令》，一直被沿用。然《开元二十五年令》对其进行了修改。《通典》卷六《食货六·赋税下》记载的这一令文是析成两条分于两处引述的。在新发现的《天圣令》中，上述令文也是分载于两条令文的。《赋役令》附录不用之唐令第 22 条载其一："诸丁匠岁役功（上）［二］十日，有闰之年加二日。须留役者，满十五日免调，三十日租调俱免（从日少者计见役日折免）。兼正役并不得过五十日。"第 24 条不用之唐令载其二："诸丁匠不役者，收庸。无绢之乡，绝三尺（绝、绢各三尺，布则三尺七寸五分）。"令文与《唐六典》所载《开元七年令》有差异，而与《通典》所载的两条《开元二十五年令》相同。可见《天圣令》所本之唐令为《开元二十五年令》无疑。

（三）

在中国古代社会，令是法律体系的一个重要组成部分，是有关国家制

---

① 见《唐令拾遗·赋役令》引《唐会要》卷八三《租税上》和《旧唐书·食货志》。

② 池田温：《唐令与日本令——〈唐令拾遗补〉编纂集议》，霍存福等译，《比较法研究》1994 年第 1 期。

度的法律规范。《唐六典》卷六刑部郎中员外郎条载："令以设范立制。"《新唐书·刑法志》云："令者，尊卑贵贱之等数，国家之制度也。"宋神宗也曾为令下过定义："禁其未然之谓令。"① 《天圣令》残本的发现，为我们提供了研究北宋前期社会的重要资料。

宋代有"官户"之名目。不过宋代官户的内涵已不同于唐代官户，不再是隶属官府的贱民，而是指品官之家。但是宋初制定的法典《宋刑统》依旧承袭了唐律关于官户的法律诠释。有学者指出："估计在仁宗以前，就已经将官户作为品官之家的法定户名，而实际上废除了《宋刑统》中有关官户的法律概念。"② 新发现的《天圣令》完全证实了这个推断。卷三〇《杂令》后部分不用之唐令第 15 条云："诸官户、奴婢男女成长者，先令当司本色（令）相配偶。"又第 17 条载："诸官户皆在本寺分番上下，每十月都官案比。男年十三以上，在外州者十五以上，各取容貌端正者送太乐（其不堪送太乐者，自十五以下皆免入役）。十六以上送鼓吹及少府监教习伎。有工能官奴婢亦准官户例分番（下番日则不给粮）。"而在宋《杂令》前部分当时行用之令中已不见官户名目。又《仓库令》中也有一条涉及官户的令文："诸官奴婢，皆给公粮。其官户上番充役者亦如之。并季别一给，有剩随季折。"附录于不用之唐令第 8 条。这说明，至迟到宋仁宗天圣时期，宋已停止使用唐以来官户的法律属义。这一变化，乃当时社会发展后已不存在官户这种贱民的结果。

北宋前期的司法制度规定，地方州军一级拥有死刑审判和执行权。然而由于《宋史·太祖纪》的误载及法律史料的佚缺，这一规定被曲解为死刑须经刑部审核后才能执行。死刑执行前的审核同执行后的复审，有着质的区别。前者剥夺了地方死刑终审权，而后者则承认这种权力。这是个重要的司法问题，对此，笔者曾有专文考证，厘正了《宋史》的讹误。③ 新发现的《天圣令》则证实了笔者的看法。是书卷二七《狱官令》在行之令第 5 条载："诸决大辟罪，在京者，行决之司一覆奏，得旨乃决。在外者，决讫，六十日录案奏，下刑部详覆，有不当者，得随事举驳。"令文

---

① 《宋会要辑稿》刑法一之一二。
② 朱家源、王曾瑜：《宋朝的官户》，载《宋史研究论文集》，上海古籍出版社，1982。
③ 戴建国：《宋代刑事审判制度研究》，《文史》第 31 辑，中华书局，1988。

说得很明白，在京城之内，死罪执行之前须审报，得批复乃决。而在地方州军，于死罪执行之后的60天之内报中央复查。

宋代的户多口少现象，也是学术界争论的一个问题。其中一个焦点便是宋代的户籍（即五等版簿）是否登记家庭中的每一个成员。以往由于法律资料的缺乏，也因无法找到户籍的实际例证，学者们只能推断其内容。新发现的《天圣令》卷二二《赋役令》在行之令第9条曰：

> （谐）［诸］县令须亲知所部富贫、丁中多少、人身强弱，每因外降户口，即作五等定簿，连署印记。若遭灾蝗旱（劳）［涝］之处，任随贫富为等级，差科赋役，后皆据此簿。凡差科，先富强后贫［弱］，先多丁后少丁。凡丁分番上役者，家［有］兼丁者要月，家贫单身者闲（者）［月］。其赋役轻重、送纳（还）远近皆依此以为等差，豫为次弟，务令均济。簿定以后，依次差科。若有增减，随即注记。里正唯得依符催督，不得干豫差科。若县令不在，佐官亦准此（去）［法］。

从令文可以得知：（1）五等版簿是以县为基准，并由县令负责总其成的；（2）除了财产以外，男口中的丁和中也要登录，但年未满16岁及超出60岁的男口不录；（3）令文未及妇女，自然妇女也不在登记之列。五等版簿造定后便作为差科和缴纳赋税的依据。登录丁很容易理解，为何要登记中呢？笔者想，这是由闰年一造户籍制本身所决定的。我们知道北宋前期成丁与幼丁的年龄划分标准，基本沿袭唐制。建隆四年八月修成的《宋刑统》卷一二《户婚律》载："准《户令》，诸男女三岁以下为黄，十五以下为小，二十以下为中，其男年二十一为丁，六十为老。"于此同一年，宋政府又有"男夫二十为丁"的规定。[①] 但16岁至19岁为中却是没有疑问的。中无须服役，中只是丁的一种预备身份。登录中的意义，在于使官府在不造籍的年月里仍可以确知某户丁的增加数，从而在不造新籍的情况下，仍然可以据五等版簿催科督税。从中上升为丁，有一过渡期，这与宋代闰年一造五等版簿的间隔期大致相适应。我们假设某户，天圣元年

---

① 《续资治通鉴长编》卷四，乾德元年十月庚辰，中华书局，2004。

登录有一 18 岁的中。到天圣三年，这位中满 20 岁升为丁。虽然天圣三年
这一年未造五等新版簿，但依据天圣元年登录的材料，仍可推算出此户已
新增一丁。这就节省了因每年造一次新籍所耗费的人力、物力。由于中的
登录，16 岁以下的人口也就无登录的必要。造户籍是为了差科督税，因
此，不服役的妇女和 60 岁以上老人也无须登录。看来以往学者关于户籍
应登记主户中的所有男性成员的推断并不准确。从《天圣令》所载令文来
看，男口中的黄、小和老是无须登录的。

《天圣令》残本对我们了解北宋前期的户籍制度，以及研究宋代的人
口问题具有重要参考价值。法令的制定，通常滞后于现实生活。《天圣令》
是因唐旧令，参以宋代新制修定的。造五等版簿这一宋代新制必是在天圣
七年修定《天圣令》之前已经有了，《天圣令》只不过以法律形式予以规
范化。宋仁宗明道二年（1033 年）十月诏曰："天下闰年造五等版簿，自
今先录户产、丁推及所更色役，榜示之，不实者听民自言。"①　其中关于
"丁推"的解释，颇有争议。②　南宋人吴曾认为"推者，推排之意，择其
及丁而升之，故至今州县谓之推排，其义甚明"。③　他指出，不能将"推"
当"稚"解。参照《天圣令》，吴曾的解释不无道理。宋规定闰年造五等
版簿，而景祐元年（1034 年）为闰年，就是说在仁宗于明道二年诏天下
录户产、丁推的次年，宋才正式造五等版簿。仁宗诏令实际上是要求先做
好造簿的准备工作。因此诏令中的"推"字，意思应当是依据上一次所定
版簿登录的中数，进行推排（即"择其及丁而升之"）后的丁数。如果
"推"作"稚"解，则稚不仅仅指中，还包括 15 岁以下的小和黄。这意
味着五等版簿登录的对象还包括小和黄。然而，据当时新定的《天圣令》
所载，北宋的五等版簿是不登录小和黄的。这岂不相互矛盾？所以那种因
避唐高宗李治音讳改"稚"为"推"的说法是讲不通的。如果说，宋初
在一些文件中还沿用唐讳，那么到仁宗时，宋人已没有必要再为唐人讳。
《宋会要辑稿》礼三六之一四载天圣五年翰林侍读学士孙奭奏言："《礼》
文作齐衰期，唐避明皇讳，改'周'。圣朝不可仍避。伏请改'周'为

---

① 《续资治通鉴长编》卷一一三，明道二年十月庚子，中华书局，2004。
② 参阅何忠礼《宋代户部人口统计问题的再探讨》，载《宋史论集》，中州书画社，1983。
③ 吴曾：《能改斋漫录》卷五《丁产簿书言丁推》。

'期'。"这点，新发现的《天圣令》是有明证的。如在《赋役令》第 8 条和《杂令》所附唐令第 20 条中，"期亲"的"期"，便没有再避唐玄宗讳改为"周"字。

在宋代，对释道二教定有严格的管理制度，规定三年一造帐籍，此乃沿用唐旧制。这已为学者所指证。① 但关于北宋造帐的令文规定，史册皆缺记载。新发现的《天圣令》卷三〇《杂令》第 39 条则有较为详细的规定："诸道士、女冠、僧尼，州县三年一造籍，具言出家年月、夏腊、学业，随处印署，按留州县，帐申尚书祠部。其身死及数有增减者，（母）[每]年录名及增减因由，状申祠部，具入帐。"令文规定了帐籍的具体登录内容，为研究宋代宗教史提供了十分宝贵的资料。

从《天圣令》所载令文来看，北宋前期的度量衡制是沿用唐制的。如其《杂令》第 1 条："诸度，以北方秬黍中者，一黍之广为分，十分为寸，十寸为尺（一尺二寸为大尺一尺），十尺为丈。"第 2 条："诸量，以秬黍中者，容一千二百黍为龠，十龠为合，十合为升，十升为斗（三斗为大斗一斗），十斗为斛。"第 3 条："诸权衡，以秬黍中者，百黍之重为[铢]，二十四铢为两（三两为大两一两），十六两为斤。"这些皆与《唐令拾遗·杂令》复原条一一吻合。

《天圣令》对于宋史研究的价值远不止于此，这里仅撮其要者略举之。

（四）

唐代的法律体系是由律、令、格、式组成的。除了唐律以外，唐令也对后来的中国社会和周边国家产生过深远影响，与律一起，被誉为"东方法制史枢轴"。② 然而遗憾的是，唐令早已失传。长期以来，中外学者作了不少辑佚补阙工作，并试图恢复它的面貌。其中日本学者用力尤甚。仁井田陞先生所著《唐令拾遗》在这方面取得了举世瞩目的成就。近年来池田温先生又完成了学术界期盼已久的《〈唐令拾遗〉补》工作，取得了又

---

① 汪圣铎：《宋代对释道二教的管理制度》，《中国史研究》1991 年第 2 期。
② 池田温：《唐令拾遗·后跋》，见栗劲、霍存福等编译《唐令拾遗》，长春出版社，1989，第 893 页。

一丰硕成果。

《天圣令》是在唐令基础上制定的，新发现的残本保存了大量的唐《开元二十五年令》原文，仅附录的唐令就有 222 条。这对于唐史研究，对于唐令的研究和复原工作都有着极为重要的意义和参考价值。限于篇幅，这里仅就后者略述一二。

其一，《天圣令》有助于唐令篇目、条数的复原。

唐令复原的第一步工作是必须搞清唐令的篇目及其顺序。我们以往获得的唯一较确切的唐令篇目及篇次为《唐六典》记载的《开元七年令》。仁井田陞的《唐令拾遗》在恢复《开元二十五年令》方面做了许多开创性的工作。然而由于资料的限制，有些问题无法确证。例如《永徽令》中是有《假宁令》的，但《唐六典》记载的《开元七年令》中却没有《假宁令》的篇目。可是有史料证明在后来的《开元二十五年令》中又确实存在。① 又如《封爵令》，据仁井田陞考证，在《开元二十五年令》和此后的《天圣令》中都有。而《唐六典》所云《开元七年令》亦无其篇目记载。为此，仁井田氏猜测说："在《开元七年令》（又云四年令）上肯定有过大的修改。理由是，同令即使简编了篇目，其条文也未必被削除，很可能被编入了其他篇目之下。"② 新发现的《天圣令》证实了此猜测。从《天圣令》所列篇目得知，《捕亡令》附于《关市令》后，《假宁令》则附于《医疾令》后。以此推断，在《开元七年令》和《开元二十五年令》中，《捕亡令》和《假宁令》也一定是分附于《关市令》和《医疾令》后的。《唐六典》所列《开元七年令》篇目仅是正篇篇目，所以我们便看不到这两个附令。此外，《开元二十五年令》中，《封爵令》、《学令》、《禄令》和《乐令》也是附在其他篇目之下的。开元二十二年至开元二十五年，唐对律令格式敕进行了一次大规模整理修改，共删除了 1324 条。就令而言，如果某篇条数删除较多，所剩不足一卷的话，删修官有可能将其附于其他篇章之后。这点，可从《天圣令》得到佐证。《天圣令》卷二五所附《捕亡令》总计仅 16 条，卷二六所附《假宁令》总计 29 条，条数都明显少于其他篇

---

① 参见《唐令拾遗》，第 817～824、815 页。

② 参见《唐令拾遗》，第 817～824、815 页。

章。《开元七年令》和《开元二十五年令》都是在《永徽令》基础上修
改刊定的，条数有增减，但卷数是一脉相承的，并延续至《天圣令》而
无变化。所以笔者推测《开元二十五年令》的正、附篇目总数应与《开
元七年令》相同。

据《唐六典》载，《开元七年令》有1546条，这是总数，各篇的条
数却无记载。后《开元二十五年令》有删节，删定后的总数和各篇条数
无考。《天圣令》残本的发现，为我们提供了部分篇章的确切条数。《天
圣令》是取唐《开元二十五年令》为本，"因其旧文，参以新制"修
成的，换言之，即使是其中的新定令，其条数与唐令也应是对应的。
进而我们可推算出《开元二十五年令》的总条数，即为1500条左右。
这与《唐六典》所载《开元七年令》1546条的数字是大致相近的。

其二，《天圣令》可正《唐令拾遗》之误。

《唐令拾遗·田令》第2条将《通典》卷六《食货六·赋税下》所
载的两条赋役令（"诸租，准州土收获早晚，斟量路程险易远近，次第
分配。本州收获讫发遣，十一月起输，正月三十日内纳毕"及"应贮米
处，折粟一斛，输米六斗。其杂折皆随土毛，准当乡时价"）总做一条
《田令》复原。但《天圣令》却把这条令文做两条，分列于《赋役令》
不用之唐令第3条和行用之令第2条。这两条令文规定的内容虽相近，
毕竟还是有差异的，前者主要谈的是租的输纳时间问题，后者说的是不
同实物租的折输问题。据此，《唐令拾遗》这两条令的复原归类以及条
属显然搞错了。[①]

《唐令拾遗·赋役令》第3条："诸庸调物，每年八月上旬起输，三
十日内毕。九月上旬各发本州。庸调车舟未发间，有身死者，其物却还。
其运脚出庸调之家，任和顾送达。所须裹束调度，折庸调充，随物输纳。
皆州司领送，不得傜勾随便粜输。"这里，仁井田陞把《通典》所引《开
元二十五年令》与日本《养老·赋役令》所引《永徽令》的内容一并合
做《开元二十五年令》复原了。但是，据《天圣令》卷二二《赋役令》
载，"诸庸调物"至"随物输纳"文，属附录的唐令第2条。而"皆州司

---

① 池田温先生在《唐令与日本令——〈唐令拾遗补〉编纂集议》一文中，曾指出此归类错
误，但未发觉这原本是两条令文。见中译本《唐令拾遗》，第908页。

领送，不得僦勾随便糅输"，实为附录唐令第 5 条的内容。这两条令是不能合在一起的。

以新发现的《天圣令》来对照载有唐令的《唐六典》等史书，可得知这些史书引用唐令时，不是完整的抄录，常常将几条令文加以精简后一并引述，或者采用缩略法。这给唐令的复原工作造成了不少障碍，导致《唐令拾遗》出现不少错误，使复原成果与实际情况之间仍有差异。

例如，前引《唐令拾遗·赋役令》第 4 条据《唐六典》等书复原做："诸丁岁役二十日。有闰之年加二日，若不役者收庸，每日绝、绢各三尺，布三尺七寸五分。须留役者，满十五日免调，三十日租调俱免（从日少者，见役日折免）。通正役并不得过五十日。遣部曲代役者听之。"此文实际上是把两条唐令混作一条了。在新发现的《天圣令》中，上述令文则是分别载于所录唐令的第 22 条和第 24 条。

又《唐令拾遗·仓库令》第 3 条引《夏侯阳算经》作："其折糙米者，稻三斛折纳糙米一斛四斗。"第 6 条引《唐六典》作："诸粟支九年，米及杂种三年（贮经三年，斛听耗一升。五年以上二升）。"《天圣令》卷二三《仓库令》所录唐令第 1 条可正其误兼补其不足：

> 诸仓窖贮积者，粟支九年，米及杂种支五年。下湿处，粟支五年，米及杂种支三年。贮经三年以上，一斛听耗一升，五年以上二升。其下湿处，稻谷及粳米各听加耗一倍。此外不得计年除耗。若下湿处，稻谷不可久贮者，折纳火米及糙米。其折糙米者，计稻谷三石折纳糙米一石四斗。

两相对照，可见《唐令拾遗》复原条显得支离破碎，由于脱"下湿处"，复原后的令文走了样。其次，《唐令拾遗》所引第 3 条实际上是第 6 条的一部分。两者原本是一条，应合在一处复原。此类例子尚有许多。

其三，《天圣令》可补《唐令拾遗》之阙。此试举几例。

唐代官员所授永业田，一品官以下，自 60 顷至 60 亩不等。这在《唐六典》等书中都有明确记载，《唐令拾遗》也已复原，但其中六品至九品官的授田数漏阙未备。而这在《天圣令·田令》附录的唐令第 4 条中却有清楚的记载：

诸永业田，亲王一百顷（以下文与《通典》卷二同，中偶有脱漏——笔者按）……六品、七品各二顷五十亩，八品、九品各二顷（以下文与《通典》同）。

《唐令拾遗·捕亡令》第4条："诸捉得逃亡奴婢，五日内合送官司。"此令复原不全，尚有下文。《天圣令》卷二五《捕亡令》附录唐令第4条作：

诸捉获逃亡奴婢，限五日内送随近官司案检，知实评价，依令理赏。其捉人欲径送本主者，任之。若送官司，见无本主，其合赏者，十日内且令捉人送食。若捉人不合酬赏，及十日外承主不至，并官给衣粮。随能锢役。

又《唐令拾遗·杂令》第24条据《唐六典》卷六都官郎中条所载令文复原作："诸官户、奴婢，元日、冬至、寒食放三日假。产后及父母丧婚，放一月。闻亲丧，放七日。"然这一《杂令》并不全，遗漏甚多。《天圣令》卷三〇《杂令》附录唐令第20条作：

诸杂户、官户、奴婢主作者，每十人给一人充火头，不在功（果）［课］之限。每旬放休假一日，元日、冬至、腊、寒食各放三日。产（没）［后］及父母丧，各给假一月。期丧给假七日。即［官］户、奴婢老疾，准杂户例，应侍者，本司每听一人免役扶持，先尽当家男女。其官户妇女及婢，夫、子见执作，生儿女周年并免役（男女三岁以下，仍从轻役）。

此外，也有《唐令拾遗》全未收入的令文。如《天圣令·仓库令》附录唐令第4条："诸仓出给杂种准粟者，稻谷、糯谷一斗五升，大麦一斗二升，乔麦一斗四升，小豆九升，胡麻八升，各当粟一斗；黍谷、穈谷、秫谷、麦饭、小麦、青稞、麦、大豆、麻子，一斗各当粟一斗给；末盐一升六合当颗盐一升。"第6条："诸在京流外官长上者，身外别给两口粮，每季一给；牧尉给五口粮；牧长四口粮（两口准丁。余准中男给）。"

《天圣令》可补《唐令拾遗》处甚多。如《天圣令·田令》仅附录的唐令就有49条，而《唐令拾遗》复原39条。《天圣令·仓库令》附录唐令有23条，《唐令拾遗》复原仅7条。《天圣令·厩牧令》附录唐令有35条，《唐令拾遗》复原23条。《天圣令·医疾令》附录唐令有22条，《唐令拾遗》复原11条。此外，即使《天圣令》所载宋代的在行之令，其中也大有文章可作。此不赘述。

池田温先生在《唐令与日本令——〈唐令拾遗补〉编纂集议》一文中就唐《赋役令》条文排列订正问题提出，按日本学者的研究成果，调整为《赋役令》第1条（租庸调条）之次为第4条（岁役条）、第8条（计帐条），再后为第3条（庸调输纳条）、《田令》第2条（租输纳条）。① 但据《天圣令》，参照《通典·食货六》，将岁役条调整为第2条却是有问题的。《天圣令》把岁役条列为不用之唐令第22条，排列顺序远在庸调输纳条（列不用之唐令第2条）和租输纳条（列不用之唐令第3条）之后。这一排列顺序与《通典》摘引的《开元二十五年令》顺序大致是吻合的。因此不应把岁役条复原为第2条（起码在《开元二十五年令》中是如此）。这是过分依赖《唐六典》而忽略《通典》的参考价值造成的错误。《唐令拾遗》复原的岁役条，在《通典》里原本是分成两条摘引的，却没有受到足够重视。

日本学者已注意到了日本《养老令》和《大宝令》与唐令的关系，对其进行了研究，并将研究成果卓有成效地运用到唐令复原中。《天圣令》残本的发现，为我们提供了唐令与日本令关系研究的新材料。笔者曾将日本《令集解》所载《养老令·赋役令》与《天圣令·赋役令》仔细对照了一下，发现前者38条令文中，有33条可在《天圣令》中找到出处。因此我们可以充分利用这残存的10卷资料做进一步研究，把唐令复原工作做得更好。

本专题的写作旨在介绍《天圣令》残本的存在。这部书的价值尚有待于海内外学者共同来挖掘。

---

① 见中译本《唐令拾遗》，第909页。

关于《天圣令》所依据唐令的年代

序　言

本文是以笔者在第 53 届国际东方学者会议——东京会议（2008 年 5 月 6 日）上所做口头报告"天圣令与唐、五代、宋法制史"的一部分为基础，加以若干修改而成的。①

当天的报告由三部分构成：（1）定州所藏的唐代法典；（2）《天圣令》与所依据的令典；（3）关于开元后的唐令修订。本文专门阐述该报告的第二部分，但根据情况省略了其前半部分。在原报告第二部分的前半部分，曾举出关于《天圣令》所依据唐令年代的先行学说（戴建国及黄正建二氏之说），并阐述了私见，即笔者认为这些讨论未必是充分的。

但是，先行学说中的专论实际上只有一篇，即戴建国氏的论文《〈天圣令〉所附唐令为开元二十五年令考》，② 因此，有关先行学说的讨论始终是围绕该论文进行的。但该论文是在中国的学会发表的，《论文汇编》也不是正式出版发行的论文集。因此，笔者预料戴氏的论文会有部分修订，而自己的报告要等待其正式出版之后再撰写。不久，笔者所期待的论文集即严耀中主编的《唐代国家与地域社会研究——中国唐史学会第十届年会论文集》出版，③ 虽然晚了点，但是笔者也得到了该书。不过令人意外的是，该论文集并没有收入戴氏的论文，而且在学会上报告的很多论文

① 关于包括笔者报告在内的当天的各报告要旨以及大津透氏（东京大学）所做的概述，参见（1）Transactions of the International Conference of Eastern Studies, No. L Ⅲ, 2008（The Toho Gakkai, 2009）, pp. 71 – 78, 122 – 129；（2）大津透《主题报告Ⅱ 天圣令与律令制度比较研究》，《东方学会报》（94），2008，第 12 ~ 14 页。

② 中国唐史学会、上海师范大学人文与传播学院编《中国唐史学会第十届年会论文汇编》，2007。报告当天，作为相关论文，承蒙大会主席大津透氏赐教而得知黄正建氏论文《〈天圣令〉附〈唐令〉是开元二十五年令吗？》已经发表（《中国史研究》2007 年第 4 期，第 90 页），谨记于此，以示谢意。

③ 严耀中主编《唐代国家与地域社会研究——中国唐史学会第十届年会论文集》，上海古籍出版社，2008。

也没有被收载。

于是，笔者向戴氏本人请教其论文没有被收入正式报告集的原因，他回答说预定将其论文略做修改后刊载于《唐研究》第 14 卷。因而，此次就变成等待《唐研究》的出版了。其间在日本国内，山川出版社 2008 年刊行了大津透氏所编的《日唐律令比较研究的新阶段》，其中收入了与本文主题有关的坂上康俊氏的《作为天圣令之蓝本的唐令年代的比定》一文。

《唐研究》第 14 卷的刊行是在 2008 年 12 月，笔者拿到时已是 2009 年 2 月。此次的确收入了戴氏的论文。① 顺便提及一句，该第 14 卷作为《天圣令》特集是极为引人注目的专号，有关《天圣令》的论文与书评占全书的八成多。

如此，笔者的执笔条件已大致具备，但读了《唐研究》中刘后滨（中国人民大学）、荣新江（北京大学）两位的"卷首语"而得知，中国研究者之间对"开元二十五年令说"还存在着根深蒂固的怀疑。② 因此，为了阐述关于《天圣令》所依据唐令的学说，至少有必要再集中几篇论文进行讨论，这是目前应当努力着手的方向。

在这种情况下，笔者决定推迟有关先行学说的讨论（即按照通例应该在阐述己见之前进行的工作），首先根据发表时的形式只集中阐述一下自己的看法。③

在此，想就本文中所使用的用语做些说明。如下节所说的，《天圣令》的各篇目是由现行法（宋令部分）与旧法（唐令部分）构成的。若是旧法，则从唐代法的形式来说是没有收入令典之中；而在该《天圣令》中，则是将已然无效的唐令附加于宋令部分。附加的理由不太清楚，但是笔者认为，因为宋令部分基本上是以唐令为蓝本而进行修改的，所以在区别唐令的意义上就将未曾利用过的、明示无效的唐令予以明确。

---

① 戴建国：《〈天圣令〉所附〈唐令〉为开元二十五年令考》，《唐研究》（第 14 卷），北京大学出版社，2008，第 9～28 页。

② 参见刘后滨、荣新江《卷首语》，《唐研究》（第 14 卷），北京大学出版社，2008，第 2 页。

③ 在本文中，（一）、（二）、（四）与"结语"和发表当时是同样的内容，而"序言"与（三）是新增写的。

因此，在本文中，主张将各篇目的宋令部分称为"宋令"，而将附加在其后的唐令称为"所附唐令"（或者"不行唐令"，再略称为"唐令"）。由于编纂宋令之际所用的唐令可认为是与"所附唐令"同样的令典，所以主张将该令称为"《天圣令》所依据唐令"。不过该用语有这样三种用法：首先，在广义上，是指在《天圣令》完成之际所使用的整个唐令典；其次，是成为宋令部分蓝本的唐令；再次，作为最狭义的用法，则是指成为宋令个别条文蓝本的唐令（有一条或者若干条）。

关于本文所引用《天圣令》的篇目名与条文号码，采取如下的办法来处理。《天圣令》的现存部分是卷二一至卷三〇，共 10 卷，是全部的三分之一。《天圣令》残卷的篇目（12 篇）与略称如下：田令（田）、赋〔役〕令（赋）、仓库令（仓）、厩牧令（厩）、关市令（关）、捕亡令（捕）、医疾令（医）、假宁令（假）、狱官令（狱）、营缮令（营）、丧葬令（丧）、杂令（杂）。另外，《天圣令》的条文号码，从天一阁博物馆、中国社会科学院历史研究所天圣令整理课题组校证《天一阁藏明钞本天圣令校证——附唐令复原研究》（上下 2 册，中华书局，2006）下册的"清本"。其中包括宋令与所附唐令（不行唐令）。关于本文的引用、参考文献，参见以下注释所列。①

①　刘昫等：《旧唐书》（全 16 册），中华书局，1975；欧阳修、宋祁：《新唐书》（全 20 册），中华书局，1975；司马光编著、胡三省音注：《资治通鉴》（全 4 册），中华书局香港分局，1971；广池千九郎训点、内田智雄补订：《大唐六典》，广池学园事业部，1973；律令研究会编《译注日本律令》Ⅱ、Ⅲ，东京堂出版，1975 年初版、1999 年再版；窦仪等：《重详定刑统》，台湾故宫博物院所藏明钞本；杜佑：《通典》（全 5 册），中华书局，1988；王溥：《唐会要》（上下 2 册），上海古籍出版社，1991；王钦若等编：《册府元龟》（全 12 册），中华书局，1960 年初版、1994 年再版；徐松：《宋会要辑稿》（全 8 册），新文丰出版公司，1976；李焘：《续资治通鉴长编》（全 34 册），中华书局，1979 ~ 1995；仁井田陞：《唐令拾遗》，东京大学出版会，1933 年初版、1964 年复刻；仁井田陞著、池田温编辑代表：《唐令拾遗补》，东京大学出版会，1997；黑板胜美、国史大系编修会编《令义解》（新订增补国史大系），吉川弘文馆，1969；黑板胜美、国史大系编修会编《令集解》（新订增补国史大系），吉川弘文馆，1974；井上光贞等编著《日本思想大系·律令》，岩波书店，1976。编者按：该引用、参考文献原为正文一览表，为统一本书体例而改为脚注。

（一）《天圣令》的编纂

关于《天圣令》的编纂过程，《宋会要辑稿》有详细记载。

A. 《宋会要辑稿》第 164 册《刑法一》：

（天圣七年，1029 年）五月十八日，详定编敕止（上）删修令三十卷，诏与将来新编敕一处颁行。先是诏参知政事吕夷简等参定令文，乃命大理寺丞庞籍、大理评事宋郊（祁）为修令，判大理寺赵廓、权少卿董希颜充详定官。凡取唐令为本，先举见行者，因其旧文，参以新制定之。其令不行者，亦随存焉。又取敕文内罪名轻简者五百余条著于逐卷末，曰附令敕。至是上之。诏两制与法官同再看详，各赐器币转阶勋有差。

二十一日，翰林学士宋绶言，准诏以编敕官新修令三十卷，并编敕录出罪名轻简者五百余条为附令敕，付两制与刑法官看详，内有添删修改，事件并已删正，望付中书门下施行。从之。

九月二十二日，详定编敕所言，准诏新定编敕且未雕印令写录降下诸转运发运司看详行用。如内有未便事件，限一年内逐旋具实封闻奏。当所已写录到海行编敕并目录共三十卷，敕书德音十二卷，令文三十卷，并依奏敕一道上进，诏送大理寺收管，候将来一年内，如有修正未便事件了日，令本寺申举下崇文院雕印施行。（第 6449 页下）

B. 《宋会要辑稿》第 164 册《刑法一》：

（天圣）十年（1032 年）三月十六日诏，以天圣编敕十三卷，敕书德音十二卷，令文三十卷，付崇文院镂版实行。（第 6449 页下）

根据这些史料可知，在天圣七年五月十八日以前，对参知政事吕夷简等有"参定令文"之诏，因此以大理寺丞庞籍、大理评事宋郊（祁）为修令，以判大理寺赵廓、权少卿董希颜为详定官。

"参定"的具体内容，是采用这样的编纂方式：以唐令为基础，先举出应行条文，然后将新规定参杂到旧文（唐令）中之编纂。即使是不使用的唐令，也照旧后置。

这种编纂方式一时难以理解，但是在看了现存《天圣令》的钞本后马上就可以理解。例如卷二一田令，是按照以下的格式来书写的（原为竖写）：

田令卷第二十一（首题，顶格）

条文"宋1"—"宋7"（在开头部分，原则上顶格写有"诸"字，第二行以下低2格）

右并因旧文以新制参定（低3格）①

条文"唐1"—"唐49"（在开头部分，原则上顶格写有"诸"字，第二行以下低2格）

右令不行（低4格）

田令卷二十一（尾题，顶格）

黑体字部分的"右并因旧文以新制参定"（以上都是以在旧条文中参杂新规定的形式制定的）、"右令不行"（以上的令未被使用），与前揭《宋会要辑稿》A部分是相通的。又将由500余条敕文组成的附令敕，附加在各卷末尾。②

如此，天圣七年五月十八日，详定编敕所奉上了删修令30卷，诏命要求与新编敕一起颁行。附令敕也被奉上。于是对两制（内制与外制）有诏，指示与法官一起再次检查，同时对相关的有功人员给予奖励与晋升。

五月二十一日，翰林学士宋绶说：根据诏命，两制与法官完成了对新修令以及附令敕的检查修正工作，所以拟马上交付中书门下付诸实施。此举得到了皇帝的许可。果然同年九月二十二日，详定编敕所禀告说：根据诏命，将新定编敕与未付印之令誊写并下达给诸转运发运司试行。如果有什么问题，要在一年之内上报。

---

① 黑体字部分原则上在其他11篇中也是重见的，据此可以区别宋令部分与所附唐令部分。
② 在所发现的《天圣令》钞本残卷中，该附令敕没有被附加。此点也是今后应该追究的问题之一。

其结果是，到了天圣十年三月，将天圣编敕 13 卷、敕书德音 12 卷、令文 30 卷，交付崇文院刊印并付诸实施。

关于《天圣令》的编纂、刊印、颁行过程，在细节上还有若干不明之处，但是大致可以认为经历了以上这样的过程。①

（二）所依据唐令的年代

《天圣令》是以唐令为基础，从中选出必要的条文，并按照符合宋代的要求进行变通而成的，这从前揭《宋会要辑要》A 来看是很清楚的，但是其中的那些唐令是唐的何时之令呢？具体而言，可以说有唐一代唐令的编纂规模大小不一，大约有 14 次。即作为记录可以确认的唐令，具体有武德、贞观、永徽、麟德、仪凤、垂拱（文明）、载初、神龙、太极、开元三年、开元七年、开元二十五年、至德、建中诸令。②

在思考《天圣令》的编纂使用了其中哪个年代的唐令这一问题时，笔者将仁井田陞、牧野巽两氏的论文《故唐律疏议制作年代考》的方法作为参考。③ 即关注《天圣令》所附唐令（不行唐令）中的地名、官名，探讨其改称的时间点，试着据此推定令典的年代。

以下选择 6 个指标（实际上有 6 个地名、2 个官名）。首先，分别举出一条开始出现该语句的《天圣令》所附唐令。一条之中出现两个指标的时候，则作为其各自的事例来使用。其次，以 a、b、c 等标号引用有关改称的基本文献，并对 a、b、c 等加以简单的说明，而根据这些文献所做的结论，则以 1、2 表示指标名称存在的时期；然后在可作为年代推定的直接论据下划线，再作为参考，一并记载在下划线所示期间内形成名称（即指标）的前后称谓。

---

① 不清楚《宋会要辑稿》A 的"先是"这个词具体指什么时候。一般情况下，关于北宋天圣时期的法典编纂，当时的官人们认为《天圣编敕》较之《天圣令》更为重要。

② 参见池田温《唐令》，载滋贺秀三编《中国法制史——基本资料的研究》，东京大学出版会，1993，第 204～213 页。

③ 仁井田陞、牧野巽：《故唐律疏议制作年代考》（上、下），《东方学报》东京第 1、2 册，1931。后收入律令研究会编《译注日本律令》Ⅰ，东京堂出版社，1978 年再版。本论文的主要内容之一，是证明《唐律疏议》为基于开元二十五年《律疏》这一事实，因此作为其论证方法，将有效地利用官司名、官职名、地名、建筑物名的改名或者避讳等。

1. 益州大都督府

益州大都督府的名称出现在天圣狱官令唐 5（下划线部分）。

（1）益州大都督府，（3）南宁（州）：天圣狱官令唐 5

　　诸流移人，州断讫，应申请配者，皆令专使送省司。令量配讫，还附专使报州，符至，季别一遣……若配西州、伊州者，并送凉州都督府。江北人配岭以南者，送付桂、广二都督府。其非剑南诸州人而配南宁以南及巂州界者，皆送付益州大都督府，取领即还。其凉州都督府等，各差专使，准式送配所。付领讫，速报元送处，并申省知……（下册，第 420 页）

相关的史料，有以下 a、b、c：

a.《旧唐书》卷四一《地理志》（第五册，第 1663～1664 页）

　　成都府　隋蜀郡。武德元年（618 年），改为益州，置总管府……三年（620），罢总管，置西南道行台……九年（626 年），罢行台，置都督府……龙朔二年（662 年），升为大都督府……天宝元年（742 年），改益州为蜀郡，依旧大都督府……至德二年（757 年）十月，驾回西京，改蜀郡为成都府……

b.《新唐书》卷四二《地理志》（第四册，第 1079 页）

　　成都府，蜀郡，赤。至德二载（757 年）曰南京，为府，上元元年（760 年）罢京……

c.《唐会要》卷六八《诸府尹》（下册，第 1409 页）

　　成都府　武德三年（620 年）四月九日，置益州行台，以魏王泰为之。九年（626 年）六月十三日废，置大都督府，以窦轨为之。贞观二年（628 年）二月二十日，去大字。龙朔二年（662 年）十二月六日，又为大都督，以丘行恭为之。至德二载（757 年）十二月十五日，改为成都府，称南京，以裴冕为尹。上元元年（760 年）九月七日，去南京之号。

作为益州大都督府的存在时期，首先根据 c，可以举出武德九年到贞观二年；其次根据 a、c，益州大都督府也存在于龙朔二年至天宝元年之间；然后根据 a、b、c，则可知在至德二载由蜀郡改称为成都府。现在若简单图示，则存在①与②两种可能。

①武德九年（626 年）～贞观二年（628 年）
②龙朔二年（662 年）～天宝元年（742 年）
益州都督府→"益州大都督府"→蜀郡大都督府
cf. 至德二年（757 年）成都府 ┬ a. 《旧唐书》四一
　　　　　　　　　　　　　　 ├ b. 《新唐书》四二
　　　　　　　　　　　　　　 └ c. 《唐会要》六八

图 1　"益州大都督府"天圣狱官令唐 5

关于①的可能性，将在下面"2"中论述，在此可注意②。即在②所示的期间，益州大都督府确实存在，龙朔二年以前是益州大都督府，天宝元年以后变为蜀郡大都督府。

2. 京兆、河南府

长安京兆府与洛阳河南府之事，除以下的天圣田令唐 32 之外，在田令唐 33、杂令唐 9 注中也作"京兆、河南府"。"京兆府"也单独出现在狱官令唐 2 之中。

（2）京兆、河南府，（5）太史局：天圣田令唐 32

　　诸在京司公廨田，司农寺给二十六，殿中省二十五项，少府监二十二项，太常寺二十项，京兆、河南府各一十七项，太府寺一十六项，吏部、户部各一十五项，兵部、内侍省各一十四项，中书省、将作监各一十三项，刑部、大理寺各一十二项，尚书都省、门下省、太子左春坊各一十一项，工部十项，光禄寺、太仆寺、秘书省各九项，

礼部、鸿胪寺、都水监、太子詹事府各八项，御史台、国子监、京县
各七项，左右卫、太子家令寺各六项，卫尉寺、左右骁卫、左右武
卫、左右威卫、左右领军卫、左右金吾卫、左右监门卫、太子右春坊
各五项，太子左右卫率府、太史局各四项，宗正寺、左右千牛卫、太
子仆寺、左右司御率府、左右清道率府、左右监门率府各三项，内
坊、左右内率府、率更寺各二项……　　（下册，第388页）

首先，关于京兆府的史料，举出以下 a、b、c。
京兆府
a.《旧唐书》卷三八《地理志》（第五册，第1395～1396页）

京兆府　隋京兆郡，武德元年（618年），改为雍州。天授元年
（690年），改雍州为京兆郡，其年复旧……开元元年（713年），改
雍州为京兆府，复隋旧名……天宝元年（742年），以京师为西
京……

b.《新唐书》卷三七《地理志》（第四册，第961页）

京兆府，京兆郡，本雍州，开元元年（713年）为府……

c.《唐会要》卷六七《京兆尹》（下册，第1402页）

义宁元年（617年）五月十五日，改隋京兆郡为雍州……开元元
年（713年）十二月三日，改为京兆府……

从 a、b、c 可知，开元元年京兆府成立，直至唐末。又，京兆府以前
的名称是雍州。
其次，关于河南府有以下 d、e、f 史料。
河南府
d.《旧唐书》卷三八《地理志》（第五册，第1421～1422页）

河南府　隋河南郡。武德四年（621年），讨平王世充，置洛州总管府……其年十一月，罢总管府，置陕东道大行台。九年（626年），罢行台，置洛州都督府……（贞观）十八年（644年），废都督府……显庆二年（657年），置东都……光宅元年（684年），改东都为神都……神龙元年（705年），改神都复为东都……开元元年（713年），改洛州为河南府……天宝元年（742年），改东都为东京也。

e. 《新唐书》卷三八《地理志》（第四册，第982页）

河南府，河南郡，本洛州，开元元年（713年）为府……

f. 《唐会要》卷六八《河南尹》（下册，第1407页）

武德四年（621年），平王世充，废东都，置总管府……其年十一月十一日，置洛州大行台，改为东都。六年（623年）九月二十六日，改东都为洛州。九年（626年）六月十三日，废行台，置都督府……神龙元年（705年）二月五日，复为东都。开元元年（713年）十二月一日，改为河南府……天宝元年（742年），二月二十日，改为东京。上元元年（760年）九月二十日，停东京之号。元年建卯月，改为中都。

由d、e、f可知，在开元元年，改洛州而为河南府，直至唐末。如以图示之，则具体如下。

开元元年（713年）～

雍州→"京兆府"a. 《旧唐书》三八、b. 《新唐书》三七、c. 《唐会要》六七

洛州→"河南府"d. 《旧唐书》三八、e. 《新唐书》三八、f. 《唐会要》六八

图2　"京兆、河南府"天圣田令唐32

即京兆府、河南府都存在于开元元年以后。由于图2的成立，图1中所保留的①的可能性被排除。

3. 南宁（州）

南宁之语，见于前揭（1）天圣狱官令唐5。《天圣令》所附唐令参见前揭（1）。相关史料见以下 a、b、c：

a.《旧唐书》卷四一《地理志》（第五册，第1694页）

郎州下 武德元年（618年），开南中置南宁州……武德四年（621年），置总管府，管南宁……九州……七年（624年），改为都督……并前九州，合十六州。仍割南宁州之降县属西宁州……贞观六年（632年），罢都督，置刺史。八年（634年），改南宁为郎州也……

b.《新唐书》卷四三下《地理志》（第四册，第1140页）

南宁州 汉夜郎地。武德元年（618年）开南中……八年复治味，更名郎州。贞观元年（627年）罢都督。开元五年（717年）复故名。天宝末没于蛮，因废……

c.《唐会要》卷七一《州县改置下》（下册，第1518页）

南宁州，咸通六年（865年）三月四日，黔中经略使庐潘奏于清溪镇置。从之。

a中贞观八年的记载与c矛盾，系年有误，因此可以认为b中的武德八年是正确的。根据史料a、b，南宁州最初的存在期间是武德元年到武德八年；而根据b，则是开元五年至天宝末没于南诏。若以图示之，则如图3。

①武德元年（618年）～武德八年（625年）

②开元五年（717年）～天宝末没于蛮，郎州→"南宁州" ┌ a.《旧唐书》四一
└ b.《新唐书》四三下
└ c.《唐会要》七一

图3 "南宁（州）"天圣狱官令唐5

但是，图 3 之①的可能性根据前述 2 被排除，结果只留下②的可能性。从武德八年（625 年）至开元五年（717 年），此地称为郎州。

4. 弘文馆

弘文馆出现于下述天圣杂令唐 8 之中。

（4）弘文馆，（5）太史局：天圣杂令唐 8

诸在京诸司流内九品以上，及国子监诸学生及俊士；流外官太常寺调者、赞引、祝史，〔司仪署？〕司仪，典客署典客，秘书省、弘文馆典书，左春坊掌仪，司经局典书，诸令史、书令史、楷书手，都水监河堤调者，诸局书史，诸录事、府、史、计史、司直史、评事史、狱史、监膳史、园史、漕史、医学生、针学生，尚食局、典膳局主食，萨宝府府、史、并长上。其流外非长上者及价人，皆分为二番……其太史局历生、天文生、巫师、按摩、咒禁、卜筮生、药园生、药童、羊车小史、兽医生，岳渎祝史、斋郎，内给使、散使，奉觯，司仪署斋郎，郊社、太庙门仆，并品子任杂掌，皆分为三番……（下册，第 423 页）

弘文馆的名称出现在以下 a、b、c、d 之中。

a. 《旧唐书》卷七《中宗纪》（第一册，第 141 页）

（神龙元年〈705 年〉）冬十月癸亥，幸龙门香山寺。乙丑，幸新安。改弘文馆为修文馆……

b. 《旧唐书》卷八《玄宗纪上》（第一册，第 180 页）

（开元七年〈719 年〉）九月甲子，改昭文馆依旧为弘文馆……

c. 《旧唐书》卷四三《职官志》（第六册，第 1847 ~ 1848 页）

弘文馆（东汉有东观……武德初置修文馆，后改为弘文馆。后避太子讳，改曰昭文馆。开元七年〈719 年〉，复为弘文馆，隶门下省。）

d.《新唐书》卷四七《百官志》（第四册，第 1209~1210 页）

弘文馆……（武德四年〈621 年〉，置修文馆于门下省。九年〈626 年〉，改曰弘文馆……神龙元年〈705 年〉，改弘文馆曰昭文馆，以避孝敬皇帝之名。二年〈706 年〉曰修文馆。景云中〈710~711年〉，减其员数，复为昭文馆。开元七年〈719 年〉曰弘文馆……）

根据史料 a 和 d 可知，从武德九年到神龙元年称为弘文馆。另，根据 b、c、d 则很清楚，开元七年之后也是弘文馆。现以图 4 示之。

①武德九年（626 年）~神龙元年（705 年）
②开元七年（719 年）~

昭文馆→"弘文馆" ｛a.《旧唐书》七、b.《旧唐书》八
　　　　　　　　 c.《旧唐书》四三、d.《新唐书》四七

图 4　"弘文馆"天圣杂令唐 8

图 4 之①的期间被前述 2 所排除，只剩下图 4 之②。另外，②中开元七年以前弘文馆的名称曾为昭文馆。

5. 太史局

太史局之语，除见于前揭（2）之天圣田令唐 32、（4）之杂令唐 8 之外，也见于杂令唐 1 之中。参见前揭天圣令所附唐令（2）、（4）。相关史料是以下的 a~f。分为两组：a、b、c 认为是改称于开元十四年（726年），d、e、f 认为是改称于十五年（727 年）。

开元十四年：

a.《新唐书》卷四七《百官志》（第四册，第 1215~1216 页）

（武德四年〈621 年〉，改太史监曰太史局……龙朔二年〈662

年〉，改太史局曰秘书阁局……武后光宅元年〈684 年〉，改太史局曰浑天监，不隶麟台。俄改曰浑仪监……长安二年〈702 年〉，浑仪监复曰太史局……景龙二年〈708 年〉，改太史局曰太史监……景云元年〈710 年〉，又为局，隶秘书省，踰月为监，岁中复为局。二年〈711 年〉，改曰浑仪监。开元二年〈714 年〉，复曰太史监……十四年〈726 年〉，太史监复为局……天宝元年〈742 年〉，太史局复为监……乾元元年〈758 年〉，曰司天台。）

b. 《大唐六典》卷十《秘书省》（第 223～224 页）

炀帝三年（607 年），改太史曹为太史监……皇朝因之，改监为局……咸亨元年（670 年）复旧。贞观（久视）元年（700 年），为浑天监，不隶麟台……其年（700 年）又改为浑仪监。长安二年（702 年），复为太史局，还隶麟台……景龙二年（708 年），又改太史局为太史监……开元十四年（726 年），又改为局……

c. 《通典》卷二六《职官典》（第一册，第 739 页）

隋曰太史曹……而属秘书省。炀帝又改曹为监，有令。大唐初，改监为局，置令。龙朔二年（662 年），改太史局为秘书阁……咸亨初复旧。初属秘书省，久视元年（700 年），改为浑天监……其年又改为浑仪监。长安二年（702 年），复为太史局……景龙二年（708 年），复改局为监……（开元）十四年（726 年），复为太史局……后又改局为监。（乾元元年〈758 年〉，又改其局为司天台……）

开元十五年：
d. 《旧唐书》卷八《玄宗纪上》（第一册，第 190 页）

（开元）十五年（727 年）春正月……庚子，太史监复为太史局，依旧隶秘书省……

e.《旧唐书》卷三六《天文志》（第四册，第 1335~1336 页）

旧仪：太史局隶秘书省……久视元年（700 年）五月十九日，敕太史局不隶秘书省，自为职局，仍改为浑天监。至七月六日，又改为浑仪监。长安二年（702 年）八月……复为太史局……景龙二年（708 年）六月，改为太史监……景云元年（710 年）七月，复为太史局……八月又改为太史监。十一月，又改为太史局。二年（711 年）闰九月，改为浑仪监。开元二年（714 年）二月，改为太史监。十五年（727 年）正月，改为太史局，隶秘书省。天宝元年（742 年），又改为太史监。乾元元年（758 年）三月，改太史监为司天台……

f.《唐会要》卷四四《太史局》（上册，第 931~932 页）

久视元年（700 年）五月十九日，改太史局为浑天监。不隶秘书省。天后……遂改为浑天监。至七月六日，又改为浑仪监。长安二年（702 年）八月二十八日……浑仪监依旧为太史局……至景龙二年（708 年）六月二十六日，改为太史监……景云元年（710 年）七月二十八日，又改为太史局，隶秘书省。八月十日，又改为太史监。十一月二十一日，又改为太史局。二年闰九月十日，又改为浑仪监。开元二年（714 年）二月二十一日，又改为太史监。十五年（727 年）正月二十七日，改为太史局，隶秘书省。至天宝元年（742 年）十月三日，改为太史监，罢隶秘书省。至乾元元年（758 年）三月十九日，太史监改为司天台……

唐初以来，太史局的改称相当频繁。根据图 2，则开元元年（713 年）以前的期间被排除，因此，在这里仅将开元以后的改称作为问题。

若根据 a、b、c，则开元十四年（726 年）到天宝元年（742 年）之间为太史局。另一方面，根据 d、e、f，则开元十五年（727 年）到天宝元年（742 年）之间变为太史局，可以说其大致一致。以图 5 示之。

开元十四年（726 年）～天宝元年（742 年）

开元十四年：a.《新唐书》47、b.《大唐六典》10、c.《通典》卷 26

开元十五年（727 年）～天宝元年（742 年）

开元十五年：d.《旧唐书》8、e.《旧唐书》36、f.《唐会要》44

太史监→"太史局"→太史监

图 5 "太史局"天圣田令唐 32

上述期间的太史局，其以前的名称为太史监，而太史局以后的名称也是太史监。

6. 江东、江西（道）

江东、江西之语，出现在下述天圣厩牧令唐 33 之注中。

（6）江东、江西（道）：天圣厩牧令唐 33

诸驿各置长一人，并量闲要置马。其都亭驿置马七十五匹，自外第一等马六十匹，第二等马四十五匹，第三等马三十匹，第四等马十八匹，第五等马十二匹，第六等马八匹，并官给……其有山坡峻险之处，不堪乘大马者，听兼置蜀马。〔其江东、江西并江南有署（暑）湿不宜大马及岭南无大马处，亦准此〕……（下册，第 403 页）

如其注释"其江东、江西并江南有暑湿不宜大马"所说，可以认为江东是江南道的简称，江西是江南西道的简称。[①]

以下列举相关史料：

a.《旧唐书》卷三八《地理志》（第五册，第 1384～1385 页）

贞观元年（627 年），悉令并省。始于山河形便，分为十道：

[①] 如《新唐书》卷一一八《韦见素传》"天宝五载，为江西、山南、黔中、岭南道黜陟使……"所说，"江西"是作为"江南西道"的略称来使用的。又，同书卷六《肃宗传》之"户部尚书李峘都统淮南、江东、江西节度使"之"江东"，也是"江南东道"的略称。

一曰关内道，二曰河南道，三曰河东道，四曰河北道，五曰山南道，六曰陇右道，七曰淮南道，<u>八曰江南道</u>，九曰剑南道，十曰岭南道……

开元二十一年（733 年），分天下为十五道，每道置采访使，检察非法，如汉刺史之职。京畿采访使（理京师城内）、都畿（理东都城内）、关内（以京官遥领）、河南（理汴州）、河东（理蒲州）、河北（理魏州）、陇右（理鄯州）、山南东道（理襄州）、山南西道（理梁州）、剑南（理益州）、淮南（理扬州）、<u>江南东道（理苏州）</u>、<u>江南西道（理洪州）</u>、黔中（理黔州）、岭南（理广州）……

b.《新唐书》卷三七《地理志》（第四册，第 959～960 页）

太宗元年（627 年），始命并省，又因山川形便，分天下为十道。一曰关内，二曰河南，三曰河东，四曰河北，五曰山南，六曰陇右，七曰淮南，<u>八曰江南</u>，九曰剑南，十曰岭南……

开元二十一年（733 年），又因十道分山南、<u>江南为东、西道</u>，增置黔中道及京畿、都畿，置十五采访使，检察如汉刺史之职。

c.《通典》卷一七二《州郡典》（第四册，第 4478～4479 页）

贞观初，并省州县。始于山河形便，分为十道：一曰关内道，二曰河南道，三曰河东道，四曰河北道，五曰山南道，六曰陇右道，七曰淮南道，<u>八曰江南道</u>，九曰剑南道，十曰岭南道……

开元二十一年（733 年），分为十五道，置采访使，以检察非法。京畿（理西京城内）、都畿（理东都）、关内（多以京官遥领）、河南（理陈留郡）、河东（理河东郡）、河北（理魏郡）、陇右（理西平郡）、山南东（理襄阳郡）、山南西（理汉中郡）、剑南（理蜀郡）、淮南（理广陵郡）、<u>江南东（理吴郡）</u>、<u>江南西（理章郡）</u>、黔中（理黔中郡）、岭南（理南海郡）。

由这些史料可知，贞观元年（627 年）确定十道，其第八为江南道。

而在开元二十一年（733 年），将十道编成十五道。其结果就是，江南道分为东西，成立江南东道、江南西道。今以图 6 示之如下。

开元二十一年（733 年）

十五道制中的江南东道、江南西道的简称 { a. 《旧唐书》三八
b. 《新唐书》三七
c. 《通典》一七二

图 6　"江东、江西（道）"天圣厩牧令唐 33

为了探讨以上 6 个指标中无矛盾并存的唐令，以下试着将 1～6 表中画线的部分抽出来（如已经说明的那样，没有被画线的是根据其他指标被排除者），排列如下：

1. "益州大都督府"　②龙朔二年（662 年）～天宝元年（742 年）
2. "京兆河南府"　　开元元年（713 年）～
3. "南宁（州）"　　②开元五年（717 年）～天宝末没于蛮
4. "弘文馆"　　　　②开元七年（719 年）～
5. "太史局"　　　　开元十四年（726 年）、十五年（727年）～天宝元年（742 年）
6. "江东、江西（道）"开元二十一年（733 年）～

探讨以上 1～6 的重复时期，可知上限是 6 中的开元二十一年，下限是 1、5 中的天宝元年。从开元二十一年到天宝元年之间成立的唐令，只有开元二十五年令，因此该《天圣令》所附唐令（不行唐令）就成为开元二十五年令。据此，《天圣令》所依据的唐令也是开元二十五年令的可能性很大。

（三）其他地名、官司名

如前部分所论证的，如果采用 6 个指标，《天圣令》所附唐令就为开元二十五年令（《天圣令》所依据的唐令也同此推定）。不过，通过其余

的地名分析是否就可以下此结论，恐怕还有必要予以确认。

首先，作为道名以及被认为与道名相同的地域名，在《天圣令》所附唐令中除了前述的江东、江西之外还有以下这些：山南（田唐 37）、陇右（田唐 37）、江南（赋唐 3 注、厩唐 33 注）、剑南（狱唐 5）、岭南（厩唐 33 注、狱唐 1 注）。

众所周知，关于唐代的道制，有贞观元年（627 年）确定的十道：关内道、河南道、河东道、河北道、山南道、陇右道、淮南道、江南道、剑南道、岭南道。

开元二十一年（733 年），又改十道制为十五道制，包括京畿道、都畿道、关内道、河南道、河东道、河北道、陇右道、山南东道、山南西道、剑南道、淮南道、江南东道、江南西道、黔中道、岭南道。

在十道制与十五道制中，同名的有八例，而十五道制所增加的新名有七例：京畿道、都畿道、山南东道、山南西道、江南东道、江南西道、黔中道。

《天圣令》所附唐令中的道名以及与道名相同的地域名，除了在 6 个指标中所列举的江东道（江南东道）、江西道（江南西道）之外，都是与十道制、十五道制共通的名称，因此实际上对于唐令的年代推断没有作用。

"山南"（田唐 37）一语，也许不必限定于十道制的山南道，可以理解为将十五道中的山南东道、山南西道合并在一起的地域。"江南"一语的用例有两例，一例是前述厩唐 33 注所见的"其江东、江西并江南有暑湿不宜大马"，这里的"江南"可以理解为地域名。赋唐 3 注"江南诸州"，也可以理解为合并江南东道与江南西道的地域名。

总之，确实存在这样的事例：对于无法积极证明是十道的名称，如前述江东、江西，则很清楚是与十五道制相关的。因此，从《天圣令》所附唐令中的道名、地域名之整体来看，可以说开元二十五年令之说更为合理。

其次，试着考察一下有关以指标所举事例之外的州名。就州名逐一考察其出处史料并尽可能缩小其年代跨度，这种方法是极为繁杂的。因此，更为简便的方法是，查找各州开元二十五年前后的名称，重点考察当时是否出现了与《天圣令》所附唐令中的州名有明显区别的州名：

①"伊州"（狱唐5），贞观六年（632年）至安史之乱（755～763年）后，为吐蕃占领。

②"越"（一道）（关唐6），武德四年（621年）至天宝元年（742年）。在此可以理解为越州之道。

③"岐州"（关唐5），武德元年（618年）至天宝元年（742年）。

④"桂"（一府、一都督府）（厩唐35、狱唐5），武德四年（621年）至天宝元年（742年）。

⑤"广"（一府、一都督府）（厩唐35、狱唐5），武德四年（621年）至天宝元年（742年）。

⑥"交"（一府）（厩唐35），武德五年（622年）至宝历元年（825年）移治宋平县，后废。

⑦"兴州"（关唐5），武德元年（618年）至天宝元年（742年）。

⑧"巂"（一道）、"巂州"（关唐6、狱唐5），唐初至咸通中（860～874年）废。

⑨"西州"（狱唐5），贞观十四年（640年）至贞元七年（791年）后。属于吐蕃。

⑩"凤州"（关唐5），武德元年（618年）至天宝元年（742年）。

⑪"梁州"（关唐5），武德元年（618年）至开元十三年（725年），开元二十年（732年）至天宝元年（742年）。

⑫"凉州"（一都督府）（狱唐5），武德二年（619年）至天宝元年（742年）。

从这些事例看，其中也没有与开元二十五年令说相抵触的，莫如说11例等与前述的6个指标结合使用，可以起到补充开元二十五年令说的作用。①

在第二部分的6个指标中，作为官司名使用了弘文馆与太史局。由于这些官司多次改变名称，所以可适于作为推定年代的指标。在《天圣令》所附唐令中，除此之外还有很多官司名出现。将其与唐的中央、地方官制

---

① 除了道、地域名以及州名，关于地名，剩下的只是河川名"河"（黄河），以及"蜀"、"江北"、"岭以南"这样的地域名与"万年（县）"县名等若干语句。

对照，可列表如表 1（无下划线者是为了参考，故无用例）。因为并不认为明确表示官司名的出现次数与所有的事例条文有多大的意义，所以于此省略（括号内只记一个出处的，表示其只有一例；在该例条文后标注"……"者，则表示复数）。

表 1

[三省]	[五监]
中书省（田唐 32）	国子监（田唐 32……）
门下省（田唐 32）	少府监（田唐 32……）
尚书省（田唐 32……）	军器监
都省（田唐 32……）	将作监（田唐 32）
[六部] 吏部（田唐 32……）	都水监（田唐 32……）
户部（田唐 32……）	[十六卫]
礼部（田唐 32）	左右卫（田唐 32……）
兵部（田唐 32……）	左右骁卫（田唐 32）
刑部（田唐 32……）	左右武卫（田唐 32）
工部（田唐 32）	左右威卫（田唐 32）
秘书省（田唐 32……）	左右领军卫（田唐 32）
殿中省（田唐 32……）	左右金吾卫（田唐 32）
内侍省（田唐 32……）	左右监门卫（田唐 32）
[一台]	左右千牛卫（田唐 32）
御史台（田唐 32……）	左右羽林军
[九寺]	折冲府（田唐 34……）
太常寺（田唐 32……）	东宫（假唐 5 注）
光禄寺（田唐 32……）	亲王府（田唐 34……）
卫尉寺（田唐 32）	[馆院]
宗正寺（田唐 32）	弘文馆（杂唐 8）＊属门下省
太仆寺（田唐 32……）	崇文馆　　　＊属太子左春坊
大理寺（田唐 32……）	史馆　　　　＊属中书省
鸿胪寺（田唐 32）	集贤殿书院　＊属中书省
司农寺（田唐 32……）	翰林院

太府寺（田唐 32……）

[三府]　　　　　　　　　　　都护府（田唐 34）

京兆府（狱唐 2）　　　　　　镇（田唐 29……）

河南府（田唐 32……）　　　　戍（田唐 29……）

太原府　　　　　　　　　　　关（田唐 34……）

都督府（狱唐 5……）　　　　津（田唐 34……）

州（田唐 12……）　　　　　　岳（田唐 34……）

县（田唐 13……）　　　　　　渎（田唐 34……）

表 1 是为了解唐中央、地方官制的主要机构之中，哪些名称出现在所附唐令中而制作的（但是没有采用官司名的略称）。①

根据表 1，引人注目的是三府之中的太原府并没有出现，但若以此认为《天圣令》所附唐令是太原府成立以前的唐令，则是不正确的。即根据《旧唐书》卷八《玄宗纪上》"开元……十一年（723 年）春正月……辛卯，改并州为太原府"这一记载，而将太原府未出现作为该唐令早于开元十一年的推论依据，是错误的。

实际上，在《天圣令》中，"三京"、"三京府"之语都出现在宋令中，所附唐令中则没有。唐令中所见到的是"京兆、河南府"、"两京"、"京都"这些词语。从现存所附唐令的范围看，该唐令对应的是两京制，并没有采用太原府。开元十一年以后，太原府的确存在，但是这一新制度并没有反映在令文中。为什么会发生这样的情况，对此尚不能进行充分的探讨，但也许与唐代的法典编纂方法有某些关联。②

从前揭一览表可知，所附唐令中的官司名与《大唐六典》所代表的开

① 另外，若仅作为参考，则除本专题所录官司名之外，关于东宫府还有以下的机关和部局名：太子詹事府、太子左春坊、太子右春坊、太子内坊、太子家令寺、太子率更寺、太子仆寺、太子左右卫率府、司经局、典膳局（太子左春坊）。作为主要机关的部局，尚书省有度支（尚书省户部）、驾部（尚书省兵部），殿中省有尚食局。又，九寺的部局有太乐署（太常寺）、太医署（太常寺）、郊社（太常寺郊社署）、典客署（鸿胪寺）、司仪署（鸿胪寺）、屯田司（司农寺诸屯监等）。以上画线部分都出现于所附唐令中。尚有未讨论的若干官司、部局名和近似于一般名词者，这些留待今后再做讨论研究。

② 作为有关该问题的一个试论，参见坂上康俊《作为天圣令之蓝本的唐令年代的比定》，载大津透编《日唐律令比较研究的新阶段》，山川出版社，2008，第 38～42 页。

元时期的官司名基本相同。但是，从这些官司名中提取出较上述"弘文馆"、"太史馆"更多的信息，以决定所附唐令为开元中何年之令，应当是困难的。

除此之外，也有必要对事例较多的各个官职予以考察，但鉴于本文的准备状况，拟将此留待他日探讨。

（四）《天圣令》所附唐令中的唐避讳

为了达到探讨现存《天圣令》祖本年代的目的，戴建国在《天一阁藏明钞本〈官品令〉考》一文中尝试考察避讳，所得出的结果如下：在赋唐 9、捕唐 2 等中，为避北宋仁宗之讳"祯"的嫌名，"徵"字改为"理"字；在赋唐 8、22 中，为避真宗刘皇后父刘通之讳"通"，将其置换为"兼"字。另一方面，在赋宋 9、田宋 7、仓宋 24、狱宋 21、狱宋 37 等令中，又可见不避英宗之讳"曙"的嫌名"署"字。[1]

黄正建也在《关于天一阁藏宋天圣令整理的若干问题》一文中指出，在《天圣令》中，不但宋令而且所附唐令也避宋讳，其具体例子有"玄"（始祖讳玄朗，悬是嫌名）、"徵"、"通"、"弘"（太祖父之讳）等。[2]

以上的考察结果证明，北宋第四代仁宗之前避讳，第五代英宗以后不避讳，再综合其他的理由，可证明该明抄本的祖本是《天圣令》。

本部分所要解决的是，在《天圣令》所依据的唐令，特别是所附唐令中，是否存在唐的避讳。现存《天圣令》可以说是明抄本，因而在抄写时期避明讳，《天圣令》为北宋刊本而避宋讳，其可能性当然是可以理解的。若此，在成为《天圣令》基础的、所依据的唐令中，又残存了多少唐代避讳呢？如果关于唐代的避讳可以证明其一定的倾向性，就可以由此推定所附唐令（乃至所依据唐令）的年代，或可将之前所论的开元二十五年令说

① 戴建国：《天一阁藏明钞本〈官品令〉考》，《历史研究》1999 年第 3 期，后收入氏著《宋代法制初探》，黑龙江人民出版社，2000。

② 黄正建：《关于天一阁藏宋天圣令整理的若干问题》，载天一阁博物馆、中国社会科学院历史研究所天圣令整理课题组校证《天一阁藏明钞本天圣令校证——附唐令复原研究》（上），中华书局，2006，第 17 页。

再推进一步（为了参考，关于宋令只出事例数，用例则略去不记）。①

首先列出简单的一览表（略去周朝的武则天。另外，"×4"表示同样的用例有 4 个。下同）。

表 2

太祖　虎 1 例 { 唐 1 例：厩唐 19 "虎狼"
宋 0 例：……

世祖昺 0 例

嫌名　炳 0 例　丙 0 例　邴 0 例　秉 0 例

①高祖~⑤中宗 0 例　（②太宗　世民　世 0 例　民 1 例〈宋 1 例〉）

⑥玄宗　隆基　隆 0 例　基 0 例

嫌名　期 7 例 { 唐 3 例：捕唐 1 "期会"、杂唐 8 注 "番期"、
杂唐 8 "番期"
宋 4 例：假宋 7 "齐衰期"、营宋 12 "期限"、
营宋 13 "集期"、丧宋 3 "本服期"

朞 19 例 { 唐 5 例：丧唐 1 "本服朞" ×4、杂唐 22 "朞丧"
宋 14 例：……丧附 1 注 "朞年内"、丧附 3 "杖朞"、
丧附 4 "齐衰朞"

Cf. 周 12 例 { 唐 9 例：……仓唐 10 "周年"、捕唐 3 "周年"、
狱唐 7 "周丧" ×2、……杂唐 22 "周年"
宋 3 例：仓宋 3 "周回"、厩宋 4 "周年"、营宋 12 "一周"

⑦肃宗　亨 0 例

⑧代宗　豫 19 例 { 唐 8 例：田唐 25 "豫校勘"、赋唐 1 "豫支料"、
赋唐 20 "豫料"、……狱唐 5 "豫为"
宋 11 例：赋宋 9 "豫为"、赋宋 9 "干豫"、赋宋 16
"豫于……"、……

嫌名　预 6 例 { 唐 1 例：赋唐 25 "预令……"
宋 5 例：仓宋 8 "预准"、厩宋 15 "预准"、……

---

① 关于唐之避讳考察，参考了以下的书籍。陈垣：《史讳举例》，文史哲出版社，1974；王彦坤：《历代避讳字汇典》，中州古籍出版社，1997；王建：《中国古代避讳史》，贵州人民出版社，2002；范志新：《避讳学》，学生书局，2006。

与 45 例（包括与）
- 唐 23 例：田唐 30 "與人"、田唐 40 "與屯官司"、田唐 46 "与州、镇"、田唐 49 "与计帐"、……杂唐 18 "與内侍省"
- 宋 22 例：田宋 3 "與寺观"、田宋 7 "與见官"、……

⑨德宗　适 0 例

嫌名　括 1 例　唐 1 例：厩唐 30 "亦括没"

⑩顺宗　诵 2 例
- 唐 1 例：医唐 8 "诵伤折经方"
- 宋 1 例：医宋 5 "诵之"

⑪宪宗　纯 1 例　唐 0 例

宋 1 例：厩宋 7 "纯色"

⑫穆宗 ~ ⑲昭宗　　0 例

⑳哀帝　枕 0 例

以下试着做若干说明。

首先，关于高祖之祖太祖虎，唐令中有一例，触犯避讳。其次，关于世祖昺，讳及前述嫌名 4 字，都无用例。从第一代高祖到第五代中宗，他们的讳字没有被使用，即①高祖（渊）、②太宗（世民）、③高宗（治）、④中宗（显）、⑤睿宗（旦）诸事例。但是若说②太宗（世民），则 "世" 字未被使用，而 "民" 字有一例（只是该例是宋令。若是宋令部分，则当然不必拘束避唐讳）。

其次，关于第六代玄宗（隆基），对此略做详细讨论。"隆" 字、"基" 字都无用例。但是就其嫌名来看，则使用 "期" 字有 7 例（唐令 3 例，宋令 4 例），"菁" 字有 19 例（唐 5 例，宋 14 例）。根据《唐律疏议·职制》"上书奏事犯讳" 条，在唐代，"若嫌名及二名偏犯者不坐"，但实际上也有避讳嫌名以及二名中的一字被改的情况。[1] 西域发现

---

[1] 前揭《唐律疏议·职制》"上书奏事犯讳" 条："诸上书若奏事，误犯宗庙讳者，杖八十……若嫌名及二名偏犯者不坐（嫌名，谓若禹与雨、丘与区。二名，谓言征不言在，言在不言征之类）。" 在《唐律》中，法律上嫌名是可不必避讳的，但是，《资治通鉴》卷二一二《唐纪》"玄宗开元九年（721 年）" 载："安州别贺刘子玄卒。子玄即知几也，避上嫌名，以字行。（……上名隆基，知几犯嫌名。……）" 据此清楚可知，实际上嫌名也是要避讳的。

的开元《律疏》抄本也可见改"期"及"朞"为"周"字的情况。①
顺便提一下，经考察可知，天圣令中的"周"字，有 12 例（唐 9 例，
宋 3 例）。

这三个字的关系是这样的：原则上前期令典中的"期"与"朞"，因
玄宗嫌名而被代之以"周"字。

关于伯希和所获唐律断简（pp. 3608，3252），根据内藤乾吉氏的论
文《敦煌发现唐职制户婚厩库律断简》则可知以下三点。第一，在很有
可能是永徽律的本断简中，分别使用了"朞"（表示期年的场合）与
"期"（除此之外的期，例如期会、乖期、违期、期要等）。第二，开元
律中回避玄宗之讳隆基之"基"字，并以"周"字代替"朞"（例如，
周亲、周丧等）。但是，"朞"以外的"期"仍照旧被使用。第三，唐
朝灭亡后，没有必要避玄宗之讳，未将"周"字改回到"朞"字，而
一律改为"期"字。因此在《唐律疏议》等文献中，写作"期亲"、
"期丧"等。②

若将内藤氏的意见运用于上述玄宗的避讳，则可见讳隆基的两
个字都没有违反例，而是严格遵守了避讳。嫌名"期"字 7 例中的
唐之 3 例，都是期年意思之外的用例，因此即使用了"期"字也没
有问题。宋的 4 例中，"期限"与"集期"可以认为是唐令原来所
用的，而"齐衰期"与"本服期"的"期"字在唐令中有可能曾被
写作"朞"。

另外，"朞"字 19 例中的唐 5 例（"本服朞" 4 例，"朞丧" 1 例），
作为文字的用法是正确的，但是在开元令中，为了避嫌名，都是应代之以

---

① 作为代替"周"字之例，有"名例律疏残卷"（河字 17 号）第 11 行之"周年"（《宋
刑统》系残缺，《唐律疏议》作"期年"）、"名例律疏残卷"（P. 3593）第 49 行之
"服周"（《宋刑统》作"服周"，《唐律疏议》作"服期"）。参见 T. Yamamoto，O.
Ikeda & M. Okano co-ed.，*Tun-huang and Turfan Documants Concerning Social and Economic
History*，Ⅰ Legal Texts（A）（B），The Toyo Bunko，1980·1978 所收的 Ⅸ 及 Ⅺ。
② 内藤乾吉：《敦煌发见唐职制户婚厩库律断简》，载《石浜先生古稀纪念东洋学论丛》，
石浜先生古稀纪念会，1958。后收入氏著《中国法制史考证》，有斐阁，1963。参见
《中国法制史考证》，第 206～207 页及注 23，补注 4、5。另外，关于本断简的文献学研
究，有拙稿：《关于敦煌本唐户婚律放部曲为良条——pp. 3608，3252 的再探讨》，《法律
论丛》1988 年第 60 卷第 4、5 号。

"周"字的事例。

"朞年内"、"杖朞"、"齐衰朞"等宋 14 例，作为唐令的文字用法都是正确的，但不能判断是宋令仍使用了唐令的文字，还是已经将开元令中暂且代之以"周"字者在宋令中进行了复原。

然后看一下"周"字。唐 9 例中的"周年"、"周丧"共 5 例，的确可以认为在开元时期是以"周"来代替"朞"字的。宋 3 例中仅有"周年"1 例，仍是在开元时期将"朞"字改为"周"字。

从总体上看，玄宗的避讳得到了很好的遵守，但关于嫌名，不能说从"朞"字到"周"字的改字确实得以实施，实际情况是可以见到时有漏改的现象。只是这种情况并非罕见，可以说，若与宋代相比，唐代的避讳范围更宽。① 其次为第七代肃宗（亨），未发现用例。

关于第八代代宗（豫），有必要略做详尽的讨论。《天圣令》中"豫"字的用例有 19 例，其中唐 8 例、宋 11 例，由此可知唐令与宋令都不避讳"豫"字。又，关于嫌名之"预"字的用例有 6 例，其中唐 1 例、宋 5 例，但是据唐令中的 1 例判断倾向是很难的。相对于此，嫌名"與"字（包括"与"字）的用例数为 45 例，其中唐 23 例、宋 22 例，很清楚嫌名之"與"、"与"字也同样不避讳。②

第九代德宗（适），不见其用例；嫌名"括"字，其用例也只有唐 1例。第十代顺宗（诵）的用例有 2 例，即唐 1 例、宋 1 例。同样，关于第十一代宪宗（纯）的用例有 1 例，即唐未见，而只有宋 1 例。

从第十二代至第十九代，即穆宗（恒）、敬宗（湛）、文宗（昂）、武宗（炎）、宣宗（忱）、懿宗（漼）、僖宗（儇）、昭宗（晔），都没有发现各自的避讳用例。最后第二十代哀帝（柷），也未见其用例。没有见到用例，不一定是这些文字被回避，恐怕是本来在令文中就很少使用这些文字的缘故。

---

① 仁井田陞、牧野巽指出，开元时期玄宗嫌名即"期"字也被避讳而改为"周"字。其后在注 1 中写道："但是，在开元礼中有一部分作期亲。又，令集解、丧葬令及假宁令集解所引的开元令也有期亲。"参见《故唐律疏议制作年代考》（下），第 54 页。又，相关内容也可参见第 133～135 页。

② 关于第八代代宗（豫），因为口头报告时所散发的资料有误，所以在此订正，并新增加了有关嫌名的资料。

从《天圣令》特别是所附唐令中所反映的唐令避讳、嫌名现象，可以概括出怎样的倾向呢？

从高祖到中宗，避讳得以遵守。玄宗之讳也得以回避，嫌名"期"字在唐令中只有 3 例。"朞"字与服制相关，在唐令中有 5 例。从唐令中"周年"、"周丧"的用例看，避嫌名确实在实行，但存在若干改字的遗漏。

关于肃宗稍后再论。关于代宗，则其避讳未完全得以实行，尤其嫌名"與（与）"字较为明显。此外，德宗之讳在令文中少见，嫌名"括"字在唐令中只有 1 例。顺宗的讳字在唐令中有 1 例，宋令中也有 1 例。宪宗、穆宗以后直至哀帝，其讳字未在唐令中出现。①

简言之，玄宗以前的避讳遵守得较好，而代宗以后，有可能避讳未被实施，或有可能原来讳字在令文中就极少使用。遗留的问题是肃宗，就此而言，与其说避讳得以实施，倒不如说也许是令文中"亨"字的用例稀少。

从以上种种倾向判断，《天圣令》所附唐令为玄宗时期抄本的可能性最大。由此进一步推测，所依据的唐令也就成为同时期的抄本。这就支持了前文第二、第三部分的结论，即所附唐令及据此推测所依据的唐令是开元二十五年令。

另外，附带说一下，与玄宗相关，"周"字的用例在宋令中也有 3 例，其中从"周年"、"一周"等例可知，成为宋令蓝本的唐令属于玄宗时期及其后的抄本系统。但是另一方面，代宗之讳与嫌名在宋令所附唐令中也同样没有被回避。由此可以认为，成为宋令蓝本的唐令，为玄宗及肃宗时期的产物，大体上与所附唐令相同。即，《天圣令》所依据的唐令为开元二十五年令玄宗时期的抄本（或转写本）。

结　语

简要归纳以上四部分所述，可得出如下四点结论。

---

① 王建认为，唐代的避讳集中在李虎、李昺、高祖李渊、太宗李世民、高祖李治及玄宗李隆基六人。又，由于玄宗本人的干预，避讳被严格化。参见《中国古代避讳史》，第 131～132 页。

（1）《天圣令》各篇都是由宋令部分与所附加的唐令部分构成的。这是因为《天圣令》的编纂方式是：以唐令为蓝本，并根据宋朝的需要改变唐令条文作为宋令；未被采用的唐令条文，则汇集附加在各篇宋令部分之后。

（2）为了考察作为《天圣令》蓝本的唐令年代，笔者采用了所附唐令中的"益州大都督府"、"京兆、河南府"、"南宁（州）"、"弘文馆"、"太史局"、"江东、江西（道）"这 6 个指标。探求这些地名、官司名同时存在的期间，则为开元二十一年（733 年）至天宝元年（742 年），在这一期间成立的唐令只有开元二十五年令。因此所附唐令是开元二十五年令，并由此推定《天圣令》所依据的唐令也是开元二十五年令。

（3）所附唐令中出现的其他地名（道、州）与中央、地方的主要官司名也是开元时期的，与上述两个结论并不矛盾。

（4）通过对所附唐令中残存的唐朝皇帝之讳及嫌名的研讨可知，《天圣令》所附唐令当为唐玄宗时期的抄本（或转写本）。此外，从残存于宋令部分的唐讳，也可以得出几乎同样的结论。

通过上述的第（2）、（3）、（4）点结论，可以判断：《天圣令》所依据的唐令是开元二十五年令玄宗时期的抄本（或转写本）。

从以上结论可知，由于戴建国、笔者、坂上康俊（按发表顺序）都主张开元二十五年令说，因此如果先行之说与本文的结论是一样的，就不必公开发表拙见。但重要的是各自的论据、证明方法有所不同。假如三者的证明方法都是成立的，就可以说开元二十五年令说的可信度得以提高。目前在中国有质疑开元二十五年令说的论文，因此以各种方法构筑开元二十五年令说是很有意义的。这就是笔者执笔写作本文的缘由。

《天圣令》中的律令格式敕

天一阁藏北宋《天圣令》基本保持了宋令原貌，并附有"不行"之唐令，为我们研究唐宋令提供了重要的新资料。又由于唐宋特别是唐代的法律体系由律令格式构成，因此对唐宋令的研究也必然有助于对律格式及敕的研究。本文拟从《天圣令》中提到的律令格式及敕的情况出发，来探讨唐宋律令格式敕相互间的关系，并研究其中所能见到的唐与宋的不同，间或涉及与日本《养老令》的比较。虽然关于律令格式敕各自的性质以及相互之间的关系已有许多论著提及，① 结论也大致清楚，但由于《天圣令》是目前所能见到的唯一一部附有唐令的宋令，其真实性和可靠性是其他资料所无法比拟的，因此利用《天圣令》的条文来探讨上述问题，必然会比以往的研究更充分更细致，也就更有说服力。当然这种探讨也是一种尝试，能否达到预期目的还不能完全肯定。

本文据以议论的资料，是天一阁藏北宋《天圣令》，资料出处是天一阁博物馆与中国社会科学院历史研究所天圣令整理课题组整理的《天一阁藏明钞本天圣令校证》②。以下所引《天圣令》条文，均出自此书下册，将只标页数而不再注其他信息。使用的其他资料包括《唐令拾遗》③、《唐令拾遗补》④。日本令主要使用《养老令》，为方便起见，其条文依据《律令》，⑤ 同时参考《令义解》⑥、《令集解》⑦，以及《唐令拾遗补》中所附《唐日两令对照一览》。

本文的研究方法是：先指出《天圣令》中所涉律令格式敕的条文

---

① 参见胡戟、张弓、李斌城、葛承雍主编《二十世纪唐研究》中由周东平撰写的《政治卷》第四章《法制》部分（中国社会科学出版社，2002）。

② 中华书局，2006。

③ 仁井田陞：《唐令拾遗》，栗劲、霍存福、王占通、郭延德译，长春出版社，1989。

④ 仁井田陞著，池田温编集代表：《唐令拾遗补》，东京大学出版会，1997。

⑤ 井上光贞、关晃、土田直镇、青木和夫校注：《律令》，岩波书店，1994。以下所引《养老令》的页数，除特别说明者外，均出自此书。

⑥ 新订增补国史大系普及版《令义解》，吉川弘文馆，1981。

⑦ 新订增补国史大系普及版《令集解》，吉川弘文馆，1985。

（使用清本），然后进行分析，看它们与令的关系；同时分别从唐令、宋令、日本令的角度进行考虑，看三者的异同以及与法律制度、社会制度的异同。由于《天圣令》只残存十卷十二个令，我们据以发言的也仅限这十二个令，而以其他令文做参考，因此下文所谓"《天圣令》如何如何"只指这十二个令。

另外要说明的是：《天圣令》中有些"律令格式敕"只用在限定行为或行为人的条件中。为进行比较，虽然这种情况下的律令格式敕不在本文讨论的范围内，但我们仍然将其列出并作简单分析，以求全面系统。

（一）律

《天圣令》中涉及"律"的条文只见于《狱官令》，共4条，即宋38、宋54、宋57和唐11。

其中宋38条规定的是审判一般原则，雷闻将其复原为唐令："诸司断事，悉依律令格式正文。主典检事，唯得检出事状，不得辄言与夺。"（第629页）此条虽涉及律令格式，[①] 但并不涉及律与令的关系。不过如果我们将唐律中相关规定与之作比较的话，对理解律、令各自所具有的不同法律作用还是有帮助的。《唐律疏议》卷三十《断狱》484条云："诸断罪皆须具引律、令、格、式正文，违者笞三十。"[②] 由此可知，虽然都是要依照律令格式，但律规定的是"断罪"的场合，而令规定的是"断事"的场合。换句话说，律的作用在"断罪"，令的作用在"断事"，其区别还是很明显的。从这种区别看，"律"和"令"二者并行，是唐代法律体系的最重要部分。所以唐代律学生"以律、令为专业"[③]（格、式等只是兼习），明法试也只"试律、令"。[④]

宋54条规定的是"违（某种）敕"的处罚原则，文曰："诸奉敕处

---

① 因此以下讲"令格式"时不再涉及此条。
② 长孙无忌等撰《唐律疏议》卷三十《断狱》，刘俊文点校，中华书局，1983，第561页。下引《唐律疏议》版本准此，不再标注。
③ 李林甫等撰《唐六典》卷二一《国子监》，陈仲夫点校，中华书局，1992，第562页。下引《唐六典》版本准此，不再标注。
④ 《唐六典》卷四《尚书礼部》，第109页。

分，令著律令及式者，虽未附入，其有违者，即依违律令式法科。"与上条一样，本条虽涉及律令式，① 但并不存在相互关系问题。雷闻认为此条是宋代新制，不能复原为唐令（第 642 页）。雷闻的判断虽然有道理，但该条也有唐后期制定的可能，即它是对唐后期以来新情况的一种认定。以下试作推论。

唐代后期，常常在敕文中说将某些规定"著于令"等，例如：

> （开成）五年（840 年）四月，中书门下奏请，以六月一日为庆阳节，休假二日，著于令式……依奏。②
>
> （会昌）六年（846 年）六月奏（?），中书门下奏，请以降诞日为寿昌节……前后休假三日，永著令式。从之。③
>
> 大中五年（851 年）……始著令：三馆学士不避行台。④
>
> （大中）五年九月，中书门下奏：……自今已后，应诸州刺史下担什物，及除替送钱物……若辄率敛科，故违敕条，当以入己赃犯法，余望准前后敕处分。敕旨：宜依，仍编入格令，永为常式。⑤

这些"著于令"的条文，是否真的编入令，我们无法知道。⑥ 但如"庆阳节"、"寿昌节"类诞节，在《天圣令》中为适应宋代情况，被改为宋仁宗的诞节"乾元"⑦ 节了。因此我们有理由相信，无论唐后期还是北宋前期，每当有新皇帝即位时就会改令，让自己的诞节进入令文，而删去前位皇帝的诞节。从这个意义上说，唐代言"著于令"者，有些被实际编入了令文。

我们再看北宋的例子。北宋时有关"著于令"的记载更多，仅《续

---

① 因此以下探讨"令式"时不再涉及此条。

② 王溥：《唐会要》卷二九《节日》，中华书局排印本，1955，第 547 页。

③ 王溥：《唐会要》卷二九《节日》，第 548 页。

④ 王溥：《唐会要》卷六四《集贤院》，第 1121 页。

⑤ 王溥：《唐会要》卷六九《刺史下》，第 1210~1211 页。

⑥ 关于敕"著于令"问题，牛来颖《诏敕入令与唐令复原——以〈天圣令〉为切入点》举了唐前期有确凿证据的两例，分别见于《狱官令》和《仓库令》，参见黄正建主编《〈天圣令〉与唐宋制度研究》，中国社会科学出版社，2011，第 3~19 页。

⑦ 《假宁令》宋 2 条，第 590 页。

资治通鉴长编》① 宋仁宗天圣七年（1029 年）前的记载就有十数条。
例如：

> ［太祖建隆元年（960 年）正月］丁巳，命宗正少卿郭圮祀周庙
> 及嵩、庆二陵，因诏有司以时朝拜，著于令。②
> ［太宗太平兴国六年（981 年）十月］庚辰，诏自今下元节宜如
> 上元，并赐休假三日，著于令。③
> ［真宗大中祥符二年（1009 年）十月］丁亥，诏宣祖昭武皇帝、
> 昭宪皇后忌前一日不坐，忌日群臣进名行香，禁屠、废务，著于
> 令式。④
> ［仁宗天圣元年（1023 年）十一月］癸卯，诏吏部流内铨，自今
> 转运使举选人为京官者，更增举主一人……因著为令。⑤

由于《天圣令》仅残存十卷十二个令，因此上述"著于令"者是否
被编入令文，无法逐条考核，但起码"下元节"休假三日一条，确实被编
入《假宁令》中了。⑥

但是从前引《狱官令》宋 54 条看，显然有许多诏敕规定"著于令"
的内容并未被有司真的著在令中，⑦ 于是就出现了一个问题：当违反了
应该"著于令"的诏敕而令文中并无相应规定时，按什么罪名定罪？

我们知道，在唐代特别是唐后期还有一种"违敕罪"。比如：

> （开元）二十三年（735 年）九月诏曰：天下百姓口分永业田频

---

① 李焘撰《续资治通鉴长编》，上海师范大学古籍整理研究所、华东师范大学古籍整理研
　究所点校，中华书局，2004。以下所引版本准此，只注卷数和页数。
② 卷一，第 7 页。
③ 卷二二，第 503 页。
④ 卷七二，第 1636 页。
⑤ 卷一〇一，第 2342 页。
⑥ 宋 2 条，第 412 页。参见赵大莹《唐宋〈假宁令〉研究》（原载《唐研究》第十二卷，
　北京大学出版社，2006，后收入《〈天圣令〉与唐宋制度研究》，第 289～322 页）。
⑦ "律"和"式"也一样。以下所谓"著于令"就包含"著于律、式"等。同时要注
　意，宋 54 条并未提到著于"格"，可见"格"的性质与律、令、式都有所不同。

有处分，不许买卖典贴，如闻尚未能断贫人事业、豪富兼并，宜更申明处分，切令禁止。若有违反，科违敕罪。①

天宝五载（746 年）七月二十三日，河南道采访使张倚奏：诸州府今后应缘春秋二时私社，望请不得宰杀。如犯者，请科违敕罪。从之。②

大历二年（767 年）五月敕：诸坊市街曲，有侵街打墙，接檐造舍等，先处分一切不许，并令毁拆，宜委李勉常加勾当。如有犯者，科违敕罪，兼须重罚。③

[会昌二年（842 年）四月二十三日上尊号赦文]：勤课种桑，比有敕令，每年奏闻。如闻都不遵行，恣为剪伐，列于市肆，鬻为柴薪。州县宜禁断，不得辄许更卖。犯者科违敕罪。④

这些"违敕罪"如何惩罚？如何量刑？它与违反了"著于令"的"敕"的罪应否同罚？宋 54 条或许就是为解决这一问题而制定的。按此条规定：当"敕"的内容应该"著于律令式"而又未著入时，"违敕"就依违律、令、式治罪。换句话说，法律明确规定，"违"这种情况的"敕"的"罪"，与违律、令、式同。暗含的意思就是：当违反另一种敕时，才科以"违敕罪"。

这条规定反映了对"敕"法律效力的规范，即将"敕"分为两类。第一类"敕"明言要"著于律令式"。这种敕不必编为格（甚至也不用实际编入律令式），其法律效力与律令式相同。"违敕"就按"违律令式"处分。第二类"敕"没有要求"著于律令式"，它可能会被编入"格"或"编敕"中。"违敕"按"违敕罪"处分。

如上所说，唐代后期已经出现了要求"著于律令式"，即不必编入

---

① 王钦若等编《册府元龟》卷四九五《田制》，中华书局影印本，1960，第 5927 页。以下所引版本皆准此，不再标注。
② 王溥：《唐会要》卷四一《断屠钓》，第 732 页。
③ 王溥：《唐会要》卷八六《街巷》，第 1576 页。
④ 李昉等编《文苑英华》卷四二三，中华书局影印本，1966，第 2144 页。以下所引版本皆准此，不再标注。

"格"的"敕"，同时也频繁出现了"违敕罪"，① 因此，为明确界定两种不同的"敕"，以及违反后的不同处理，有必要制定新的法律条文。从这个意义上说，宋54条也有制定于唐后期的可能。

若从"令"与律令式关系的角度着眼，此条仍然属于正面规定审判定罪原则的条文，与律令式的性质没有直接关系。但由此可见某一类"敕"在量刑标准上等同于律令式。将这类"敕"的法律地位予以正式规定（即不必编入"格"，只要明言"著于律令式"而不论其是否实际著入的"敕"，就具有了与律令式相同的法律意义），是唐宋法律制度的重要变化之一。②

宋57条中的"依律不坐"，是一种条件限定，即"犯罪资财入官者"，如果"依律"不应当连坐其家族，则应按一定原则将"资财"归还。这里的"律"不涉及律令性质，因此不在我们的探讨范围内。

唐11条："诸道士、女冠、僧、尼犯罪，徒以上及奸、盗、诈脱法服，依律科断，余犯依僧道法。"这是《天圣令》中唯一一条明言犯罪要"依律科断"的条文，比较特殊。按唐代对僧道行为的约束，在令中没有规定。除律有涉及外，主要依靠《道僧格》。③ 那么在具体执行中，如何把握这两者的不同作用呢？唐11条就是关于这一问题的明确规定。换句话说，唐11条正面规定了审判僧道的原则，明确了律和僧道法在审判中的不同作用，即凡是"徒以上"的犯罪，以及奸、盗等严重犯罪，依律科断，其余依僧道法治罪。由此可知两点：（1）关于审判诉讼的法律，确实规定在《令》中；（2）僧道犯罪有其特殊性，既受刑律制裁，又受僧道法制裁，因此有必要在令中明确规定这两种制裁的区别和作用。唐11条充分证明了令在"设范立制"方面的重要，甚至在某种意义上说，此处令的地位要高于律和专门法。另外要顺便指出，此条令文所提为"僧道法"而不是"道僧格"，且置"僧"于"道"前，这是什么原因呢？它是否与

---

① 关于"违敕罪"，当有专文论述。大致说来，它作为一种"罪"，形成于开元年间，以后频繁出现。到宋代，它多称为"违制罪"。

② 即在法律中明确规定了某一类"敕"与律令式的法律地位相同。这是对"敕"法律效力的限定（若一律断以"违敕罪"，将不利于区别不同程度的罪行和惩罚）。

③ 关于《道僧格》的最新研究，见郑显文《唐代〈道僧格〉及其复原研究》，载其所著《唐代律令研究》，北京大学出版社，2004。

《天圣令》中附钞唐令的年代有关，或者也和《道僧格》完成与变化的历史相关？值得我们进一步探讨。

（二） 令

《天圣令》中与"令"相关的条文，除第一部分"律"中提到的《狱官令》宋38、宋54的"律令格式"外，还有14条，即《赋役令》宋22，《厩牧令》宋8、宋12、唐35，《捕亡令》唐4，《假宁令》唐6，《狱官令》宋7，《营缮令》宋1、宋8、宋10，《丧葬令》宋27，《杂令》宋13、宋19、唐2。

这14条令文，可归为三种类型。第一类是强调办事要按照"令"的规定。属于此类型的条文有《厩牧令》唐35、《捕亡令》唐4、《杂令》宋13共三条。其中《厩牧令》唐35条规定"诸传送马，诸州令、式外不得辄差"。这一规定的制定，可能是唐开元以后驿传制度逐渐遭到破坏的缘故。《唐会要》卷六一《馆驿》有载：

> （开元）十八年（730年）六月十三日敕：如闻比来给传使人，为无传马，还只乘驿，徒押传递，事颇劳烦。自今已后，应乘传者，亦给纸券。①
>
> ［长庆元年（821年）九月］京兆尹柳公绰献状诉云：自幽镇兵兴，使命繁并，馆驿贫虚，鞍马多阙。又敕使行传，都无限约，驿吏不得视券牒，随口即供。驿马既尽，遂夺鞍乘，衣冠士庶，惊扰怨嗟。于是降敕：中使传券，素有定数……自今已后，如更违越，所在州县，俱当时具名闻奏。②

日本《养老令》中，没有与此相关的条文。③

《捕亡令》唐4条讲的是如果抓住逃亡奴婢并五日内送到官司的话，

---

① 王溥：《唐会要》卷六一，第1060页。
② 王溥：《唐会要》卷六一，第1064页。
③ 或者因为《天圣令》这一条制定的时间较晚？

"依令征赏"。《天圣令》中提到"依令"如何如何，仅此一例。依常理，在令中似不应再规定"依令"如何，因此整个《天圣令》中极少用此种表达。《养老令·捕亡令》第 8 条内容与《天圣令·捕亡令》唐 4 条全同，作"凡捉获逃亡奴婢，限五日内，送随近官司，案检知实，平价，依令征赏"。井上光贞等在注释这条令文的"依令征赏"时说："依捕亡 7 的规定，自本主处征收赏物，再给与捕捉者"。① 按《养老令·捕亡令》第 7 条说"凡官私奴婢逃亡，经一月以上捉获者，廿分赏一，一年以上，十分赏一"等等（第 448 页），《天圣令·捕亡令》唐 3 条与此相类，但不以时间而以空间论赏，作"诸奴婢逃亡经三宿及出五十里外，若度关栈捉获者，六分赏一；五百里外，五分赏一；千里外，四分赏一"等等（第 407 页）。细读唐日这两条令文，讲的都是赏物比例，并不涉及"征"的问题，与《养老令·捕亡令》第 8 条以及《天圣令·捕亡令》唐 4 条所谓"征赏"似不同，即后两条唐日令是说抓到奴婢后送到官司估价，然后向本主"征"赏物。总之，如何"征赏"不见于令文，因此，似乎不应该是"依"此"令"文来"征赏"的。

这里笔者有个大胆假设，即此条令文中的"依令"可能是"依式"之误。原因是既然如何"征赏"不见于令文，那就只能见于其他法律条文，而最有可能的就是式文了。这里有个旁证：《天圣令·捕亡令》唐 6 条为"诸逃亡奴婢身犯死罪，为人捉送，会恩免死，还官主者，依式征赏"（第 407 页）。这里的"征赏"就是"依式"的。有趣的是，《养老令·捕亡令》第 10 条作"凡逃亡奴婢，身犯死罪，为人捉送，会恩免死，还官主者，依令征赏"（第 450 页），仍是"依令"而非"依式"，笔者以为这里也应该是"依式"。换句话说，《天圣令·捕亡令》唐 6 条的"依式"是正确的；《养老令·捕亡令》第 10 条的"依令"则可能写错了。

整个《天圣令》只有这一处"依令"，整个《养老令》也只有这两处"依令"（其中一个《唐令》作"依式"）。从这种极少的表达看，在令中"依令"的情况不多。这表明，在一般情况下，令文中只规定应该做什么，不重申类似的规定（以免重复，这也是唐代法律简明的一个证据），倒是不必"依令"的情况需要着重指出（详下）。

---

① 《律令》，第 449 页。以下凡引此书注释文字均译为汉文。

《杂令》宋 13 条云："诸亲王府文武官，王在京日（在京，谓任京官及不出藩者），令条无别制者，并同京官；出藩者各同外官（即从王入朝者，赐会、朝参同京官）。车驾巡幸，所在州县官人见在驾前祗承者，赐会并同京官。"令文的前半部分，是说亲王府的文武官，如果王在京日，"令条无别制者，并同京官"，讲的是王府官的待遇问题。此段令文不见于《养老令》，亦不见于其他唐代史料。从其后半部分（即"车驾巡幸"以下）可复原为《唐令》看（第 738 页），其前半部分也应制定于唐代。《新唐书》卷四九下《百官四下》"王府官"条注中说："高宗、中宗时，相王府长史以宰相兼之，魏、雍、卫王府以尚书兼之，徐、韩二王为刺史，府官同外官，资望愈下。"① 这其中的徐王元礼、韩王元嘉都是高祖之子，分别死于高宗咸亨三年和武则天临朝听政时，他们因为在地方做刺史，② 因此"府官同外官"。《新唐书》的说法当来自令，且应是永徽以后的令，极可能是开元令。由于我们在这条令文中可以看到明确规定王府官在何种情况下"同京官"，在何种情况下"同外官"，因此此条令文的前半部分也可复原为唐令。③

令文所说"令条无别制者，并同京官"，是说只要"令条"中没有其他制度规定，在京的王府官待遇就同京官。立法本意在于强调王府官的待遇要按令文中的规定执行。只是这种"令条无别制"的表达方式，似不是"令"的规范表达，因此在整个《天圣令》中极少见。

第二类是说"令"无规定者，由制敕规定。属于此类的有两条。其中《赋役令》宋 22 条说的是"为公事须车牛人力传送，而令条不载者，皆临时听敕"。此条与《养老令·赋役令》34 条文字全同，当为唐令原文（第 473 页）。《令义解》卷三《赋役令》此条在解释这句话时，有注曰："谓：假令，蕃客来朝之时所用车牛人力之类也。"（第 125 页）这就是说，蕃客来朝时所受传送待遇之类，在令中没有规定，要临时听敕处分。这里实际涉及的是"令"与"敕"的关系，即在某种情况下，如果"令"中没有规定，则由"敕"来处分。"敕"的地位这时就等同于"令"。但

---

① 《新唐书》，中华书局，1975，第 1305 页。
② 《旧唐书》卷六四本传，第 2426～2428 页。
③ 此可补《天一阁藏明钞本天圣令校证（附唐令复原研究）》中《杂令》复原的疏漏。

我们同样会看到，这种情况在唐令中其实很少，也就是说，在唐前期，超出"令"的规定而需要"敕"来解决的情况不多。整个《天圣令》中大概也就只有这一条而已。这说明至少在唐前期，"令"假定包含了几乎全部情况，例外者不多。如果有例外，也用后面要谈的"不用此令"方式处理，而很少采用"临时听敕"的方式。①

《杂令》唐 2 条是讲取幕士、门仆之类，若"令条取军内人为之者，没（准？）别制"。这段涉及"令条"的话是注文，因其中有错字，意思不是特别明确。且综观此条唐令，并没有提到"取军内人"问题，那么这里的"令条取军内人"是何意？这是第一个疑问。另外，关于取军内人，在《天圣令》中还有所见，即《厩牧令》唐 3 条规定太仆等所需兽医，"于百姓、军人内，各取解医杂畜者为之……军内取者，仍各隶军府"（第 400 页），以及《医疾令》唐 17 条规定诸州医博士、助教于所管户内取医术优长者为之，"军内者仍令出军"（第 411 页）。这两条讲的都是从军内取人，但都在令中有明确规定，为何《杂令》此条要讲"准（假设这个字是'准'字的话）别制"呢？取兽医和取医博士等准令文即可，不用"准别制"；如果"令条取军内人为之者，准别制"指取幕士、门仆等，则只用说"取军内人为之者"即可，何必要加"令条"二字？此段令文与"令条"关系又是如何呢？

第二类中的两条有个共同点，即都将"令"写作"令条"。这是否意味着，在令中提到其他令或令文全体时，要用"令条"一词表达？即这里令与令的关系实际表现为令与令条的关系。

第三类最多，是在令文作一种规定后，特别指出如果有例外情况，则"不用（或不拘）此令"。属于此类的有九条，证明在令中规定若有例外则"不用此令"是一种比较常见的情形。这是唐令处理复杂社会状况时的一种变通。

这九条中《厩牧令》宋 8 条讲烧牧地草，要从正月开始，但"乡土异宜"，"不用此令"。宋家钰根据《养老令·厩牧令》第 11 条（第 415～

---

① "不用此令"和"临时听敕"不同：前者只规定了可以不受"令"限制，但用什么没有明说；后者则明确说需要听"敕"处分。前者是消极的，后者是积极的。前者自由度较大，后者限制较严。

416 页）认为这是唐令原文（第 507～508 页），说明唐令考虑到了各地情况的差异，以及遵守令文时的灵活性。

《厩牧令》宋 12 条讲乘驿马或传马，到应换马处必须换马，但"无马之处，不用此令"。宋家钰根据《养老令·厩牧令》第 18 条（第 418 页）认为这条令文是在唐令基础上制定的，可以复原为唐令（第 511 页），[①] 而其中"不用此令"则是唐令原文。

从《天圣令·厩牧令》看，写明"不用此令"的仅此两条。这两条的两处"不用此令"都来自唐令原文，可证唐令常用此种方式来表示令在实施过程中的灵活性。但是我们看《养老令·厩牧令》，除上述第 11、18 条两条有"不用此令"的规定外，第 15 条和第 19 条也都有此规定。其中第 15 条为：

> 凡驿，各置长一人，取驿户内家口富干事者为之。一置以后，悉令长仕。若有死老病，及家贫不堪任者，立替。其替代之日，马及鞍具欠阙，并征前人。若缘边之处，被蕃贼抄掠非力制者，不用此令。（第 416～17 页）

《天圣令·厩牧令》与此相关的是唐 33 条，但内容差别很大，没有"不用此令"字样。颇疑《养老令》来自唐令，反映的是唐初情况。[②] 若如此，则此处的"不用此令"应该也是唐初令原文，而《天圣令·厩牧令》唐 33 条依据新情况作了许多修改，缩小了"不用此令"的范围。

《养老令·厩牧令》第 19 条为：

> 凡军团官马，本主欲于乡里侧近十里内调习，听。在家非理死失者，六十日内备替。即身死，家贫不堪备者，不用此令。（第 418 页）

《天圣令·厩牧令》与此相关的是唐 22 条，其内容几乎和《养老令·厩牧令》相同，但明确说"即身死家贫不堪倍者，官为立替"（第

---

① 但宋氏在复原时认为应加上"驿驴、传驴"则证据不足。
② 因为日本缘边被蕃贼抄掠的情形似不多，整个《养老令》只有这一处"蕃贼"。

402 页），即不是"不用此令"而是具体规定了在这种情况下如何处理（由官方来赔偿），这是适应新形势所做的变更，同时意味着缩小了令中"不用此令"的范围。

我们是否可以说，随着制定律令技术的成熟，"令"的规定的确定性会逐渐增强，"例外"会逐渐缩小，然后随着社会状况的复杂化，以及令文的不能随之变动，这种"例外"又有扩大的趋势（宋令中的"不用此令"似乎就要多于唐令）？①

《假宁令》唐 6 条是讲装束假，即外官赴任的期限，但"若有事须早遣者，不用此令"。这条是唐令原文而宋代不用，《养老令·假宁令》第13 条全同（第 432 页）。

《狱官令》宋 7 条是讲春夏不行斩刑，但十恶中"恶逆以上四等罪不拘此令"。所谓"恶逆以上"指谋反、谋大逆、谋叛和恶逆。这是宋令。唐令此条为"若犯恶逆以上及奴婢、部曲杀主者，不拘此令"（雷闻复原，见第 613 页）。《养老令·狱令》第 8 条为"若犯恶逆以上，及家人奴婢杀主者，不拘此令"（第 456 页）。尽管因国情和时代的不同，"不拘此令"的范围有所不同，但都有"不拘此令"的规定。要注意的是，其他令文在此种例外情况下都说不"用"此令，唯此一条说不"拘"此令。这种不同表达是否也有微义在其中？有待探讨。

《营缮令》宋 1 条是讲春夏不得伐木，但"必临时要须，不可废阙者，不用此令"。此条"不用此令"是宋代改订的。《养老令·营缮令》第 1 条没有相关内容（第 359 页），又不像是特意删去，因此可能唐初令中没有关于禁止春夏伐木的规定。到《唐六典》时代，明确规定了"春、夏不得伐木。若临时要行，理不可废者，以从别式"，② 牛来颖据以复原为唐令（第 660 页）。由此可知，在开元年间，唐令用的是"以从别式"而不是"不用此令"。也许到宋代，"式"的作用与唐不同，其中并无相关规定，或者认为在令中规定"从别式"太繁琐，因此简化为"不用此令"。至于用什么规定，就比较自由了。这是宋代扩大"不用此令"范围的一条令文。

---

① 详见下面《天圣令》中宋令部分和《庆元条法事类》中所引之《庆元令》。
② 《唐六典》卷二三《将作监》，第 595 页。

《营缮令》宋 8 条讲军器上必须镌刻工匠姓名等，但"不可镌题者，不用此令"。牛来颖据《养老令·营缮令》第 4 条（第 359 页）将其复原为唐令（第 663～664 页）。可知"不用此令"是唐令原文。

《营缮令》宋 10 条规定阔二尺、长四丈为匹，但"土俗有异，官司别定长阔者，不用此令"。此条是宋代对唐令的修改。其修改处有二：第一，改唐令的"阔尺八寸"为"阔二尺"（参牛来颖复原文，第 664 页），这可能是"尺八寸"不好计算的缘故；第二，增加了"不用此令"的例外。这说明在唐代，织物的长宽标准是全国统一的，但宋代则规定可以依地区不同而异。这是宋代扩大"不用此令"范围的又一令文。

《丧葬令》宋 27 条是身丧户绝者遗产处分及继承顺序的规定，但如果"亡人存日，自有遗嘱处分，证验分明者，不用此令"。由于《养老令·丧葬令》第 13 条此句与此完全相同（第 438 页），因此这是一条源自唐令的条文，吴丽娱据此将其复原为唐令（第 694 页）。令文没有正面肯定遗嘱的法律效力，而是用现行法令"例外"的方式表述。这也是唐、宋令的一个编撰和表述特点。

《杂令》宋 19 条是讲在京诸司官如果官给床席毡褥的话，统一由仪鸾司供给，但"诸司自有公廨者，不用此令"。此条令文中的一部分可以复原为唐令（第 740 页），但此句可能不是唐令。查《养老令·杂令》第 14、15 条与《天圣令·杂令》此条相当，但只说给五位以上床席，"其制从别式"（第 478 页），而不说"不用此令"。"从别式"的话我们在上述第 8 条所引《唐六典》中也能看到，因此很有可能《养老令·杂令》此条所据的唐令原文没有"不用此令"字样，这一关于供物例外的规定是宋代改定的。

这样，以上九条"不用此令"的令文中，有六条可确定为唐令即有此规定，而其余三条大概是宋代改定的。又从与《养老令》"不用此令"条文的比较中得知，有些在《养老令》中明确规定"不用此令"的令文，在唐令中没有了这一规定。由此可见，在令中规定"不用此令"即例外情况条文的多少，依时代不同而有所变化。① 宋代"不用此令"规定的增多，反映了"令"地位的下降，以及在不改变令文条件下寻求更大灵活性

---

① 可能有一个多→少→多的过程，这一过程和令的制定的不规范→规范→超越规范相适应。

的努力。如果我们将此与宋代"依敕"的增多联系起来的话（详下），会看得更清楚。

以上我们分析了《天圣令》中提到"令"的三种类型，总的看来，在"令"中涉及令，主要是规定一种例外，即若有"令"外情况发生时的处理原则，比如"临时听敕"，或"准别制"，或"不用此令"。至于唯一一条"依令"的令文，则很有可能是"依式"的误写。如果说令与"令"的关系是规范和例外的关系的话，那么令与式的关系就有所不同了。

（三）格

《天圣令》中提到律令格式意义上的格，除去在第一部分"律"中提到的《狱官令》宋38条外，还有两条，即《厩牧令》唐34和《狱官令》宋28。

这其中，《狱官令》宋28条作："诸犯罪未发及已发未断决，逢格改者，若格重，听依犯时；格轻者，听从轻法。"雷闻已将其复原为唐令，文字与宋令几乎全同（第623页）。这条讲的是犯罪发生时"法"与审判时"法"有异同时如何处理，是令规定的审判原则。这里的"格"后来变为指律令格式全体，即广义的"格"（法）的意思。到宋《庆元令》，为避免歧义，就将其改为"诸犯罪未发及已发未论决而改法者，法重，听依犯时；法轻，从轻法"，[①] 即改"格"为"法"了。因此，此条令文若在唐后期，似并不直接涉及令与格的关系。

《厩牧令》唐34条是诸驿给丁的规定，其中说出丁州要收取丁一年所输租调和脚价（可以"资"代）给驿家。这其中收脚价的标准，要"依格"。我们知道，一般而言，"格"是定期将有长效的"敕"编在一起的法律条文汇编，并非常例。若称"依令"、"依式"都有明确所指，唯泛称"依格"无法具体操作。因此在整个《天圣令》中极少有"依格"字样出现。由于此处的规定涉及"脚价"的具体数额，故颇疑此处的"格"是类似"选格"一类单行的有具体"标准"意义的法规。

---

① 《庆元条法事类》卷七三《刑狱门三》引《断狱令》，新文丰出版公司影印本，1976，第498页。

当然，也可能指以尚书省 24 司命名的常行格或留司格，如开元二十五年的《仓部格》、《屯田格》之类。① 只是在这种情况下，定令的年代一定会晚于定格的年代。② 若二者同时制定，就很难在令中出现"依格"的表述了。

总之，在令中出现与"格"相关的规定极少。这是因为"令"无法预知"格"对其所做的补充或修改，因此若有例外也只能用"不用此令"或"从别敕"表示。在令中，很少把"格"视为一种现行法典。除特例外，从令中尚看不出它和"格"有什么直接关系。③

（四）式

《天圣令》中涉及的"式"，除《仓库令》宋 3 条中的"牌式"、《医疾令》唐 2 和唐 7 条中的"法式"，以及本文第一部分"律"中提到的《狱官令》宋 38、宋 54 条提到的"律令格式"外，还有 16 条，即《田令》唐 30、唐 40、唐 43，《赋役令》唐 10、唐 15，《仓库令》唐 13、唐 22，《厩牧令》唐 23、唐 34、唐 35，《关市令》唐 5，《捕亡令》唐 6，《狱官令》宋 37、唐 5，《营缮令》唐 4，《杂令》唐 11。

这 16 条令文在表达上大致相同，都是"依式"如何，或"准式"如

---

① 杜佑：《通典》卷一《食货十》，王文锦、王永兴、刘俊文、徐庭云、谢方点校，中华书局，1988，第 231 页。坂上康俊《有关唐格的若干问题》一文有结论说："唐代的格，在律令的规定上，有必要明示每个原敕的发布年月"（见戴建国主编《唐宋法律史论集》，上海辞书出版社，2007，第 69 页），但像《屯田格》这样的"格"就没有原敕的年月。它属一种有"标准"意义的格（即宋神宗所谓"设于此以待彼之谓格"，见《宋史》卷一五二《刑法一》，中华书局点校本，第 4964 页）。

② 我们还可以举一个"律"与"格"的例子。《唐律疏议》卷四《名例》总 32 条"问曰：私铸钱事发，所获作具及钱、铜……律、令无文，未知合没官否？答曰：……其铸钱见有别格，从格断"（第 86～87 页）。这一"答"语一定是在律文制定之后，特别是"见有别格"之后才撰定的。这里的别格很可能指的是《垂拱格》或《神龙格》。前者见《宋刑统》卷二六引《刑部格》（刘俊文《唐律疏议笺解》中认为它是开元格，误，第 75 页），后者见敦煌发现的《神龙散颁格》。若果真如此，则今本《律疏》当在永徽之后，有可能在开元之前。

③ 从前引律疏中的话看，若律令无文而有格的话，"从格断"，即在没有令文的情况下，才会"依格"。反过来说，有令文即在令文当中很少有"依格"的话了（这里的格应不是《选格》一类的格）。

何。"式"有时写作"别式"。以下具体分析。

《田令》唐30条是借佃公私荒废田的规定。其中说如果佃人借佃后三年不能耕种,"依式追收",改给别人。这里的"式"应该是关于借佃荒田的细则,是《田令》的配套规定。《养老令·田令》29条前半部分与此条大致相同,但没有关于追收的规定,也就没有"依式"之类的话(第245页)。这应该是根据日本社会实情的删改。

《田令》唐40条是讲在预定屯田上"丁"的作"功"时,要有关官司根据来年种植物的种类和亩数,"依式料功",申报上去。查《唐六典》卷七《尚书工部》"屯田郎中"条,在"诸屯分田役力,各有程数"下有注云:"凡营稻一顷,料单功九百四十八日;禾,二百八十三日;大豆,一百九十二日;小豆,一百九十六日;乌麻,一百九十一日;麻,四百八十九日;黍,二百八十日;麦,一百七十七日;荞麦,一百六十日;蓝,五百七十日;蒜,七百二十日;葱,一千一百五十六日;瓜,八百一十八日;蔓菁,七百一十八日;苜蓿,二百二十八日。"[1] 这个注,应该就是唐代某"式"(或即《屯田式》)的原文。所谓"依式料功",就是依此"式"来预算功时。"令"和"式"的分工,此条就很清楚了。日本《养老令·田令》第37条改"屯田"为"官田",作"凡官田,应役丁之处,每年宫内省,预准来年所种色目,及町段多少,依式料功,申官支配"(第248页),也有"依式料功"的规定。

《田令》唐43条规定屯田每年所收稿草,除饲牛、杂用外,其他"依式贮积"在别处。这里的"式"可能还是《屯田式》之类。《养老令·田令》没有类似条文。

《赋役令》唐10条是讲户中的老人、病人死亡后,相关人员(当事者和服侍者)课役负担的变化,"即依常式"。《赋役令》唐15条亦与此相关,规定当流人在配所充侍者,可免课役,但"三年外依常式"。这两条提到的"式",当是关于课役负担的"式"。《养老令·赋役令》第13条前半部分与唐令极类似,但没有后面"应附除课役者,即依常式"的规定(第254~255页);第19条有关于"侍丁"免课役的内容,但没有"流人充侍"免课役的规定,也就相应没有"三年外依常式"的规定了

——————————

[1] 《唐六典》卷七《尚书工部》,第222~223页。

（第 256 页）。《养老令》中"依式"或"依常式"不如唐令中多，可能反映了日本当时"式"尚不发达的情形。

《仓库令》唐 13 条在讲到送京庸调物手续时，专门规定，若"有滥恶短狭不依式者"当如何处理。这是一种负面的说法，如果换成正面规定，就等于说凡送京的庸调，其大小和质量必须"依式"。从唐《赋役令》（参李锦绣的复原，第 474 ~ 478 页）看，没有规定庸调物的大小和质量①，那么典籍中若有此类规定者，一定出自"式"了。《养老令·仓库令》复原第 10 条前半部分与唐令此条大致相当，但也没有关于"不依式"的庸调物的规定（第 410 页）。

《仓库令》唐 22 条是给时服的规定。令文在叙述了时服的构成后说，"其财帛精粗，并依别式"。从这里的"财帛"看，似乎给时服并不是给成衣，而是给钱财衣料。其制度则规定在"别式"中。《养老令·仓库令》没有（或缺佚）此条令文。

《厩牧令》唐 23 条是讲补充官马和传马的第二种情况（第一种情况是马死后如何补充），即老马病马的补充。令文规定，在老马病马出售后得钱甚少的情况下，官马"依式府内供备"，传马则"添当处官物市替"。由于这里的"府"指折冲府，所以令文提到的"式"应该是"兵部式"。《养老令·厩牧令》第 20 条讲驿马传马老病后的检简补充，与此条大致相当，但没有"依式府内供备"字样，而改作"驿马添驿稻，传马以官物市替"（第 418 页）。这就涉及唐日驿传制度的不同了。至于没有提到"式"，还是因为日本"式"在当时并不发达。

《厩牧令》唐 34 条在讲"格"的一节中已经提到，是对给驿丁的规定。其中说如果采取"收资"方式的话，则由"出丁州"按丁的数量"准式收资"。这里的"式"不知属什么式。《养老令·厩牧令》没有相应条文。

《厩牧令》唐 35 条规定传送马"诸州令、式外不得辄差"，在前述"令"一节中已经提到。由此可知"差传送马"既规定在令中也规定在式中。至于令、式的规定有何区别，就不清楚了。在令中将令、式并提，似

---

① 《营缮令》复原第 10 条（牛来颖复原文，第 672 页）规定了一般织物的长宽标准，但没有明确规定庸调物的大小。关于质量也未见有规定。

也仅见于这一条。① 可见一般情况下，令、式有所不同，在法令中不并举。

《关市令》唐 5 条规定若两县中间有关，百姓要是做买卖或砍柴，可以给有效期三十天的往返牒，超过三十天的话，"依式更翻牒"即再延长。这里的式或是"职方式"。此条令文还专门规定"其兴州人至梁州及凤州人至梁州、岐州市易者，虽则比州，亦听用行牒"。这是很奇怪的：为何单提主要是山南西道的这几个州？我们知道，唐代皇帝中，德宗和昭宗曾在兴元（梁州）、凤翔（岐州）待过，兴州、凤州位于它们的西边。其他都是两"县"相邻用行牒，独有这几个"州"相邻，也要用行牒，是否和这种形势有关？但梁州、岐州在此令中还未称"府"，又像是与此无关。总之，这个问题值得探讨。《养老令·关市令》没有相应规定。

《捕亡令》唐 6 条规定若捉到犯死罪的逃亡奴婢，遇赦免，将奴婢还给官、主者，"依式征赏"。此条在前述"令"中已提到，并认为其前条（唐 5 条）的"依令征赏"也应该是依"式"。此条后半部分明确讲到"征赏物"，可见其与"赏捉人"不是一个概念。《养老令·捕亡令》10 条与此条几乎全同，唯"依式"作"依令"（第 450 页），这可能还是当时日本"式"不发达的缘故。②

《狱官令》宋 37 条规定凡议事，御史台要派御史一人监议，所司汇集大家意见后，以状上报，"若违式及不委议意而署者，御史纠弹"。此条令文是前述《天圣令》与式相关的 16 条令文中唯一一条宋令。雷闻据《唐六典》认为它是唐令，并原文照抄复原为第 43 条唐令（第 628 页）。雷闻所据的是《唐六典》卷一三《御史台》"监察御史"条，其原文为："尚书省诸司七品已上官会议，皆先牒报台，亦一人往监，若据状有违及不委议意而署名者，纠弹之。"③《唐六典》文字中没有"违式"字样，而写作"据状有违"。从令文的前后逻辑看，似"据状有违"更合理。因为前面讲所司汇集大家意见，以"状"奏闻，下面当然应该说如果御史看到"状"上的意见与大家的意见不一致（据状有违），以及汇集时误解了大家意见，而所司依然署名的话，必须纠弹。宋 37 条写作

---

① 作为审判原则的"律令格式"或"律令式"（《狱官令》宋 38、54 条）除外。

② 或是误将"依式"写作"依令"了。

③ 《唐六典》卷一三《御史台》，第 382 页。

"违式"有两种可能：（1）应是"违状"，写错了；（2）宋代对此种会议的奏状写法有规定的格"式"，所谓违"式"就是违背了这种格式。当然还有一种可能，即唐代也有这样的"式"。若如此，则唐令也可能写作"违式"。

不过从整部《天圣令》涉及"式"只有这一条是宋令看，"违式"还是可疑。特别是将其复原为唐令却仍然用"违"式，值得进一步探讨。《养老令·狱令》第40条前半部分与此条很相似，但没有后半部分关于御史监议的内容，也就没有关于"违式"的规定了（第467页）。

《狱官令》唐5条规定将流移人先依不同方向，分送凉州、桂州、广州、益州大都督府，然后由这些都督府"各差专使，准式送配所"。这其中的式，可能属于刑部某司式。《养老令·狱令》第13条与此条相应，但国情不同，行政区划有异，自然没有分送各都督府，再准式送配所的规定（只说"专使部领，送达配所"）（第458页）。

《营缮令》唐4条规定州县所造礼器、仪仗等，以公廨物修理；如果是非正常损坏，"依式推理"。这其中的"推理"应为"推征"；① "式"或者与工部有关。《养老令·营缮令》中没有相应条文。

《杂令》唐11条规定亲王赴尚书省考核，要"依式供食，卫尉铺设"。供食要"依式"，是因为有"光禄式"；卫尉铺设不提"式"，可能因为没有"卫尉式"。否则应该写成"依式供食、铺设"不更省事？可见令文用词的严谨。此条前半部分讲朝集使至京，所司"准品给食"，为何不是"依式"而是"准品"？值得研究。

以上简单介绍了《天圣令》中提到"式"的一些条文，从中可知式确是令的配套法律，不仅是令的补充，应该说是另一套自成体系的法律规范。令在设范立制时，往往要参照式。没有式，这一范制就是一纸空文。因此在令中提到式的条文最多（要多于律、令、格）。另外要注意以下几点。（1）以上16条令文除一条外都是唐令（那一条还有疑问），可见式在唐代的重要性要远高于宋代。宋代已经不需要参照式来制定条文了。（2）可能由于在日本《养老令》时代式尚不发达，因此《养老令》中提到"依式"的条文比唐令要少。（3）就具体用词而言，以上16条有

---

① 此承大津透先生教示。

"式"、"常式"、"别式"的不同用法，这些不同的"式"是否表达的是一个意思，需要进一步研究。

（五）敕

《天圣令》中提到的敕，共有 33 条，即《田令》唐 37，《赋役令》宋1，《厩牧令》宋 2、唐 22、唐 35，《关市令》宋 5、宋 7、宋 8，《捕亡令》宋 5，《假宁令》宋 20，《狱官令》宋 2、宋 10、宋 12、宋 24、宋 26、宋36、宋 37、宋 39、宋 40、宋 48、宋 54、宋 56、宋 57，《营缮令》宋 3、宋 26，《丧葬令》宋 5、宋 10、宋 23、宋 27、附 1，《杂令》宋 16、宋29、唐 12。

有关"敕"的 33 条，大致可以分为以下两类。

第一类令文中的"敕"，只是规定某种人或某种行为的某种情况所具有的特定条件。这种条件因"敕"的存在而成立，并因此与令文所规定者有一定程度的上下浮动。但同时，它仍是令文的有机组成部分，而不是令文之外的其他补充规定。

这里，我们判断"令文之外的其他补充规定"的标准，在于其处置是否明确规定在令文中。若是，则不具备补充令文的含义；若不是，就有了补充令文或超出令文之外的规定的含义（即下文要谈到的另一类令文中的"从别敕"），后者才是我们要讨论的"敕"。换言之，写明"从别敕"者可能有"附敕"附在令后，是一些崭新的规定，而不写"从别敕"的"敕"，只是补充说明令文规定对象的另一种条件或另一种情况，即我们所说的第一类"敕"。

这第一类的"敕"共 23 条，严格说不在我们讨论的范围内，但为与第二类"敕"作比较，我们举几个例子。

《田令》唐 37 条规定给内外官职田，若无地可给，或"别敕合给地子者"，一亩给粟二斗。这其中的"别敕"是应给田而改给粟者的条件之一，与令文之外是否另有以"敕"来规定的内容无关。《养老令·田令》没有相应条文。

《关市令》宋 5 条规定兵马出关，要依"本司连写敕符"。孟彦弘依《唐律疏议》将其复原为唐令（第 531 页），此六字完全相同。这里的

"敕符"和其中的"敕"与令文之外是否另有以"敕"规定的内容无关。

《狱官令》宋 26 条是关于犯罪官人能否治事以及能否参加朝会的规定，其中规定"被敕推"犯"徒"以上罪者，"不得入内"。《养老令·狱令》第 29 条文字与此全同（第 463 页），雷闻据以复原为唐令。这其中的"敕"只是一般意义上的诏敕，与令文之外是否另有"敕"的规定无关。

《狱官令》宋 39 条是关于官员收监程序的规定，特别在注中指出，三品以上官员有罪，"敕令禁推者"，应该"覆奏"以后再"禁推"。雷闻据《宋刑统》所引《狱官令》将其复原为唐令，字句完全相同（第 630 页）。这里的"敕"是需要覆奏官员的一个条件，与令文之外是否另有"敕"的规定无关。

《营缮令》宋 3 条规定了临时营造的手续。所谓临时营造，即令文开始所说的"诸别奉敕令有营造"。牛来颖据《养老令·营缮令》第 2 条将其复原为唐令的"诸别敕有所营造"（第 660～661 页）。这里的"敕"是区分一般营造和临时营造的一个条件（后面宋 12 条就是一般营造的手续），是令文的固有内容，因此不在我们的讨论范围内。

《丧葬令》宋 5 条规定百官"在京薨卒应敕葬者，鸿胪卿监护丧事"。吴丽娱根据《养老令·丧葬令》第 4 条，以及《唐会要》等，将其复原为"其诏葬大臣，一品则鸿胪卿监护丧事；二品则少卿……"（第 681～682 页），并在《从〈天圣令〉对唐令的修改看唐宋制度之变迁》一文中研究了唐代的"诏葬"与宋代的"敕葬"。① 这里的"敕"或"诏"只是官员丧事的一种待遇，与令文之外是否另有"敕"的规定无关。要注意的是，为何唐代的"诏"到宋代变成了"敕"，只是用词的变化还是另有其他更有意义的原因？

《杂令》宋 29 条规定"非正敕索者"，州县"皆不得进献"。此条唐令原文无法准确复原，也许与宋令字句相同（第 742 页）。这里的"敕"只是进献的一个条件，与令文之外是否另有"敕"的规定无关。

第二类令文中的"敕"，具有令文之外另作规定的含义，即这种"敕"规定的条款在令文中没有体现。这时的法律词语多用"从别敕"表

---

① 载《唐研究》第十二卷，北京大学出版社，2006，第 161～200 页。

示。这类令文共有如下 10 条。①

《赋役令》宋 1 条规定税户所交布帛若不成匹端，应随近合成，"其许以零税纳钱者，从别敕"。李锦绣的复原认为，唐代只能随近合成，宋代允许以钱折纳零税，因此此句不是开元二十五年令文中的内容，是宋代制度（第 460 页）。这里需要指出的是，在《天圣令》时代，这种以钱折纳零税，还没有具体规定在令文中，需要依据"别敕"执行，但到《庆元令》时，就直接规定在令文中了。②

《关市令》宋 7 条规定了在"纠获"私带禁物过关的不同情况下，赏物的分配比例，有"不在赏限，其物没官"、"二分赏捉人，一分入官"、"悉赏纠人"、"一分赏纠人，一分入官"等不同比例，但在注文中更规定"其获物给赏分数，自有别敕者，不拘此限"。此注显然是宋代新加的，因此孟彦弘在复原唐令时没有将其复原为唐令文字（第 532～534 页）。《养老令·关市令》第 8 条与该令文相当，也没有与宋令相应的注文（第 443 页）。这条注文的意思很明确，是说给赏物时，如果"别敕"另有规定，则不拘此条令文所定的比例。这说明在令文之外还存在"敕"的规定，它与前部分所述"不拘此令"意义似不甚相同："不拘此令"只是消极地否定，而"自有别敕"则是积极地肯定；"不拘此令"并不知依何规定，"自有别敕"则指出另有其他的规定，只不过这规定来自"敕"。

《捕亡令》宋 5 条规定凡有不知姓名、家属的死人，当由附近官司检验死人后埋葬。后有注文曰："检尸之条自从别敕。"这一注文不见于《养老令·捕亡令》第 6 条（第 448 页），戴建国、孟彦弘都认为是宋代新加的。孟彦弘更指出："宋对检尸有严密规定……宋人对这一条，全袭唐令，先抄下'验其死人'，于是又在最后用双行夹注的形式，强调了宋代'检尸'应当按有关规定执行"（第 548 页）。这里笔者想强调的是，从《庆元条法事类》卷七五《验尸》看，有关"验尸"的规定分别存在

① 本文内容曾译成日语，收入大津透编《日唐律令比较研究の新段階》（山川出版社，2008）。此后，冈野诚在《唐代史研究》第 12 号（2009）发表书评，对本文特别是关于"敕"部分的用词不严谨提出批评，并补充了两条"从别敕"的令文。此次收入《〈天圣令〉与唐宋制度研究》一书，吸收了冈野诚、大津透的意见，并对两位先生表示感谢。

② 《庆元赋役令》令文内容，参见李锦绣复原文章，载《天一阁藏明钞本天圣令校证（附唐令复原研究)》第 460 页。

于杂敕、令（职制令、吏卒令、杂令）、式（杂式）和"随敕申明"中。① 但在编撰《天圣令》的时代，这些规定还没有被编入令式，它们还主要靠"敕"来公布实施。这样就可以指出一个规律，即如戴建国所言，"《天圣令》的修纂，是在唐令已有的法令框架内进行的，是据唐令内容来决定修改与否。假如唐令原文没有相应的条文规定，即使是宋代的新制，也不能修入到《天圣令》中，亦即《天圣令》并没有抛开唐令内容另立新条。对于超出唐令内容的宋代新制，宋采用其他法律形式予以补充。"② 从《天圣令》残存条文看，这其中的"其他法律形式"主要指"敕"。由于《天圣令》原本是有"附敕"的，③ 颇疑此令文所谓"从别敕"中的"别敕"即指附在《捕亡令》后的"附敕"。当然，由于目前所见《天圣令》已没有了"附敕"，因此令中所谓"从别敕"中的"别敕"是否附在各令后面的"附敕"，还不能最后确定。

《狱官令》宋 2 条是关于审判和执行管辖权的规定。这种管辖权依罪的轻重而定。特别是官人犯罪，一般由大理寺审，如果"应州断者，从别敕"。根据雷闻复原的唐令，唐代不特别提出官人犯罪的管辖，当然也就没有"应从州断者，从别敕"的文字。《养老令·狱令》第 2 条亦然（第 453 页）。这种对官人犯罪断案"从别敕"的规定是宋代新制，既反映了宋代官人地位的提高，也反映了在令文之外另有"敕"的相关规定。

《狱官令》宋 12 条规定押送囚徒，一般由经过的州县派人押送，但"临时有旨，遣官部送者，从别敕"。《养老令·狱令》第 14 条没有最后这句话（第 458 页），因此雷闻"疑为宋制，故复原时暂不取"（第 616 页）。前面我们已经分析了"从别敕"应是宋人增加的，甚至可能指的就是"附敕"，因此这句话可以肯定是宋制，它补充规定如果要派官员押送的话，按照"别敕"中的有关规定执行。"别敕"在此处相当于另一种法

---

① 《中国珍稀法律典籍续编》，戴建国点校，黑龙江人民出版社，2002，第 798~804 页。

② 参见戴建国《唐宋时期法律形式的传承与演变》，载《法制史研究》7。

③ 《宋会要辑稿·刑法》一之四提到编撰《天圣令》时说："又取敕文内罪名轻简者五百余条，著于逐卷末，曰附令敕"（中华书局影印本，第 6463 页）。《庆元条法事类》"验尸"条引杂敕就是有罪名的，比如"诸尸应验而不验，或受差过两时不发……各以违制论"；"诸验尸报到过两时不请官若请官违法，或受请违法而不言……各杖一百"（第 798 页）等。

律文献，并不一定像唐代的格或格后敕一样，具有高于其他法律文献的地位，所以接在"临时有旨"之后。

《狱官令》宋36条是关于囚犯是否戴刑具的规定，其中在规定妇人、流罪以下去枷，杖罪散禁后说："若隐情拒讯者，从别敕。"这句话在《宋刑统》引《狱官令》中无，在《养老令·狱令》第39条中亦无（第467页），故雷闻没有将其复原为唐令，并说这句话"显系宋令新补入者"，又进而指出它"在《宋会要辑稿·刑法》六之五一引宋《狱官令》中则为注文：'若隐情拒抗者，亦加讦'"（第628页）。雷闻的分析是对的。这句话是补充规定：若抗拒审讯，则参照"别敕"即另一种法律文件执行。从它在《宋会要辑稿》引《狱官令》中是注文看，在此处也应是注文。又，《宋会要辑稿》引《狱官令》此注文与《天圣令》此条有文字的不同，笔者以为《天圣令》此条的"拒讯"是对的；另外，前者所谓"亦加讦"不通，疑"加讦"当为"枷杻"（或"加杻"）之误。这也可证明《宋会要辑稿》所引《狱官令》的时代应该晚于《天圣令》，其时"别敕"的内容已经分别规定到敕、令、格、式中去了。①

《狱官令》宋48条是关于征收赎铜以及所欠官物期限的规定，最后说"会恩者从敕处分"。雷闻根据《唐会要》和《养老令·狱令》第52条，将这句话复原为唐令"若会恩旨，其物合免者，停役"（第634～635页）。这里宋令中的"敕"是遇恩赦时如何处理的法律依据，可以看作令外另有"敕"的规定。从唐宋令的比较也可看出同样是遇恩赦，唐令有明确规定，宋令则比较灵活，"从敕处分"。"从敕处分"就是"从别敕"的意思，它也是宋代"敕"的作用比较大的一个例证。

《营缮令》宋26条是规定州县长吏修理堤堰的时间，自秋收毕到春末，如果"官自兴功，即从别敕"。牛来颖的复原没有提到此句（第670页），从其前后文都能复原看，此句显然是宋令新加的内容。

《丧葬令》宋27条是关于户绝无亲者财产处置的规定。前部分"令"中已引用，并解释了其中的"不用此令"。在"不用此令"之后，本条还有一句话，作"即别敕有制者，从别敕"。此句吴丽娱没有取以复原（第694页）。这句规定应该是宋代对令文的补充规定，即除令文规定的处置

---

① 或应在元丰改制以后。参见戴建国《唐宋时期法律形式的传承与演变》。

原则、有遗嘱而不用此令者外，若有"别敕"另有规定则"从别敕"。但这"别敕"中的规定何指，我们并不清楚。在《庆元条法事类》服制门"丧葬"条所引"杂敕"、"断狱敕"、"户婚敕"中并无相关内容。① 因此这里的"别敕"到底为何种情况而制定，是值得深入探讨的。

《杂令》宋16条是关于渡船的规定。其最后一句为"其沿河津济所给船艘、渡子，从别敕"。笔者根据《养老令·杂令》第13条将本条复原为唐令，但因《养老令·杂令》第13条没有最后一句话（第477页），就没有将这句话复原为唐令（第739页）。从《养老令·杂令》中有给"船艘、渡子"的具体规定看（"二人以上、十人以下，每二人，船各一艘"），唐令中原本也应有具体规定。但到宋代，删去了这些具体规定，改为"从别敕"给，这就比唐令灵活了许多。这里的"别敕"具有补充令文的实际意义，是宋人使令文适应性更强的表现之一。

综观所有含"敕"的条文可见，凡明确规定"从别敕"之类即指出令文之外由"敕"的规定来作为法律依据者，即第二类的10条，都是宋令，无一例外。这说明在唐代，对令文的修改补充不注在令文上，而由格或格后敕实现。这反映了唐人对令文的遵从和保守。到宋代，立法者已经有意识地用"敕"来对令文作修订、补充。这些修订或补充的条款虽不出现在令文中，但要求执法者到"敕"中去查找，并参照执行。它反映了宋代"敕"在令文修改补充方面作用的提高。不过这种意义上的"敕"其实只是另一种法律文件，其法律地位与令相当，并非像唐代那样拥有比律令式更高的地位。所以令文规定，违敕要按违律、违令、违式罪惩处。这和唐代是有区别的。

（六）简短结论

通过以上分析，我们从令的角度看令与律令格式敕的关系，可以得出以下几点简短的结论。

第一，从令与律的关系看，二者是两种各自独立的法律体系。令用于"断事"；律用于"断罪"。在令中很少有"依律"如何处理的规定。在律

---

① 《庆元条法事类》卷七七，第834～835页。

中也很少有"依令"如何处理的条文。① 律、令各有其发挥效力的范围，它们是唐代法律体系的主体。《唐六典》卷二一《国子监》"律学博士"条记律学生"以律、令为专业，格、式、法例亦兼习之"，② 就是这种情况的准确反映。

第二，从令与令的关系看，在令的条文中写"不用（拘）此令"是其特色。这种情况依时代而有多寡的不同。大致说来，唐早期令中的此类用语可能比较多，随着立法制度的规范，这种"不用此令"的例外相应减少。到唐后期或北宋初期，由于超出令文规范的事例日益增加，"不用此令"的条文也变得多了起来。它与令外之敕的作用相似，但后者有相应的内容规定，前者则只是说明"不用此令"，对"用"什么没有明说，自由度可能比"敕"更大一些。

第三，从令与格的关系看，由于在令中无法预知格对其条文的补充或修改，因此令的条文基本和格不发生关系。全部令文中"依格"如何处分的规定基本没有。③ 换句话说，从令文本身看不出格在其中起着何种法律作用。

第四，从令与式的关系看，式确实是令的配套法律，是对令的补充。令中大量"依式"如何处分的条文证明了这一点。不过这种令和式的关系主要反映在唐令中。随着式性质的变化，宋令中就很少有"依式"如何的条文了。

第五，从令与敕的关系看，敕的规定是在不改动令文基础上的另一种规范，实质是另一种法律文献。它不像"不用此令"那样只是一种消极的否定，而是以"别敕"的形式有正面规定，积极指导在令中所没有的行为规范。这种"别敕"主要出现在宋令中（可能有时就以"附敕"的形式附于令之后），违反者要科以"违敕罪"。"别敕"中的许多条文后来被整合到令中，但敕在宋代一直保持了独立的法律地位。

总之，令与律令格式敕的关系依时代不同而有所不同。它依靠式在

---

① 查《四库全书》本《唐律疏议》，"依令"一词共出现 95 次，其中 93 次都在《疏议》中，只有两次分别出现在卷一三"诸里正依令授人田"条和卷二六"诸从征……依令应送还本乡"。这两处"依令"都是行为的条件而非处理的根据。

② 《唐六典》卷二一《国子监》，第 562 页。

③ 若有，其中的"格"也只能是具有标准意义的格。

"断事"范围内起法律效力；律对它来说是另一领域的法律；格对它来说是不可知的法律。当有例外出现时，在唐代多用"不用此令"处理，在宋代则多用"从别敕"来规范。"不用此令"是消极的，是不存在另外规范的用语，而"从别敕"则是积极的，另有明确规范的表现。当"从别敕"越来越多的时候，令的法律地位就日益降低了。

唐宋《仓库令》比较研究

令作为中国古代最重要的法律形式之一，在天一阁藏明钞本《天圣令》残卷被公布以后，[①] 受到海内外学界的高度重视。[②] 这部北宋仁宗天圣七年（1029 年）奏上的《天圣令》，以"右并因旧文以新制参订"、"右令不行"分别标示当时参酌新制而修成的宋令和废弃不用的唐令，这样的法律文本使得唐、宋令之间继承与发展的探讨成为可能。事实上，迄今为止依据《天圣令》中的宋令部分所进行的唐令复原，正是对唐、宋令异同的研究。

只不过，作为唐令研究的先行者，仁井田陞曾在《唐令拾遗》中提出："在唐宋两令之间划一条分界线，其绝不会始自庆元，而在于对宋《天圣令》进行大幅修改的《元丰令》及属于该系统的诸令的变化"，[③] 即以《元丰令》为分界，可将令划分为唐令谱系与宋令谱系。在这一脉络下，《天圣令》虽然有唐令与宋令两大部分，但其总体性质仍归属于唐令谱系；而元丰以后的宋令谱系，则以《庆元条法事类》所存《庆元令》为代表。

有关唐令谱系与宋令谱系的差异，仁井田氏认为，属于《庆元条法事类》财用门、榷禁门的多数条文未见于元丰以前的唐令谱系。[④] 爱宕松男则发展了仁井田氏的上述观点，即在《庆元条法事类》榷禁门、财用门中，如《仓库》、《断狱》、《杂》、《捕亡》、《关市》、《田》、《营缮》、《赋役》等虽被冠以与唐令相同的篇名，但其内容则具有与围绕课利、榷法而展开的新的宋代财政相关的独自性。若说《庆元令》在经济部门，尤

---

① 天一阁博物馆、中国社会科学院历史研究所天圣令课题组：《天一阁藏明钞本天圣令校证 附唐令复原研究》，中华书局，2006（以下简称《天圣令校证》）。本文所称《天圣令》唐××、宋××皆出自此书之校录本。本文所引《天圣令》条文中，有关校补符号一律从原书，即（）表示对原文的误字、衍文进行校改，〔〕表示对脱文的校补。对于原文的注文，则以［］标示。本文所引其他古籍的校勘符号亦同。

② 相关学术史梳理，参见赵晶《〈天圣令〉与唐宋法典研究》，载徐世虹主编《中国古代法律文献研究》第 5 辑，社会科学文献出版社，2011；《〈天圣令〉与唐宋史研究》，载张仁善主编《南京大学法律评论》（2012 年春季号），法律出版社，2012。

③ 仁井田陞：《唐令拾遗》，东方文化学院东京研究所，1933，第 47 页。

④ 仁井田陞：《唐令拾遗》，第 46 页。

其是宋代特有的货币财政领域有着绝对数量的独自条文，那么可以推定的是除此之外的其他部门则极有可能承继自唐令。① 在《天圣令》残卷公布以后，这一观点又得到进一步补证。②

稻田奈津子认为："只要立足于宋代法制史的观点，《天圣令》就会变得明确起来，通过将之与《庆元条法事类》进行比较，元丰令以后的条令的大幅度的增补情况就能够更为具体地显示出来。今后，应该抛除'为了复原唐令的史料'这一观点的束缚，以更加宽阔的视野来探讨发现《天圣令》的意义。"③ 本文即立足于这一思路以及仁井田氏对于唐令谱系与宋令谱系的划分，拟以《仓库令》为比勘对象，从条文增删、流变等角度展现令的发展、变化，并探究背后的原因所在。④

---

① 爱宕松男：《逸文唐令の一资料について》，载星博士退官记念中国史论集编集委员会编《中国史论集：星博士退官记念》，星斌夫先生退官记念事业会，1978；后收入爱宕松男：《東洋史學論集》第 1 卷《中国陶瓷産業史》，三一書房，1987，第 178 页。

② 相关研究，分别为：稻田奈津子：《慶元條法事類と天聖令——唐令復原の新たな可能性に向けて》，载大津透《日唐律令比較研究の新段階》，山川出版社，2008；译文见刘后滨、荣新江主编《唐研究》第 14 卷，北京大学出版社，2008；戴建国：《〈天圣令〉研究两题》，《上海师范大学学报》（哲学社会科学版）2010 年第 2 期；川村康：《宋令变容考》，《法と政治》第 62 卷第 1 号（下），2011 年 4 月；译文见赵晶译《宋令演变考》（上、下），载徐世虹主编《中国古代法律文献研究》第 5、6 辑，社会科学文献出版社，2011、2012；赵晶：《〈庆元令〉条文来源考——以〈河渠令〉和〈驿令〉为例》，载韩国中国史学会编《中国史研究》第 80 辑，2012 年 10 月；赵晶：《礼经文本抑或法典篇章？——唐宋〈时令〉再探》，台湾中国法制史学会、"中央研究院"历史语言研究所主编《法制史研究》第 22 期，2012 年 12 月。

③ 稻田奈津子：《慶元條法事類と天聖令——唐令復原の新たな可能性に向けて》，第 94 页；中译本，第 108 页。目前，稻田氏、戴建国、川村康分别研究了《天圣令》之《假宁令》、《丧葬令》、《厩牧令》、《捕亡令》、《狱官令》、《杂令》与《庆元条法事类》之间的关系；赵晶则反其道而行之，逐一探究了《庆元令》之《河渠令》、《驿令》、《时令》与《天圣令》乃至于唐宋格、式之间的关系。

④ 李淑媛与吴谨伎分别考察了唐宋时期的粮仓管理制度（尤其是收纳入仓之法）和库藏管理的帐簿制度，然而前者侧重于令文在执行中所遭遇的违法与扭曲，后者虽然也涉及《天圣令》与《庆元令》的条文比较，但其所立足的《庆元令》条文基本未超出李锦绣《唐仓库令复原研究》一文的范围，故而本文在表 2 中不再体现该成果。参见李淑媛《唐宋时期的粮仓法规——以〈天圣令·仓库令〉"税物收纳、概量和耗"条为中心》，吴谨伎《论唐宋库藏管理中的帐簿制——以〈天圣·仓库令〉为主要考核》，皆载台师大历史系、台湾中国法制史学会、唐律研读会主编《新史料·新观点·新视角：天圣令论集》（上），元照出版有限公司，2011。

（一）唐、宋《仓库令》概述

据《唐六典》所载历代令典篇目，《仓库》为令篇之名始于隋《开皇令》，但与"厩牧"合为一篇，列于第 25 "仓库厩牧"；在唐令中，《仓库》始被单独析出，独立成篇。[①] 至于宋代，无论是延续唐令的《天圣令》，还是被认为属于宋令谱系的《庆元令》，皆有《仓库令》一篇。[②]

在《天圣令》残卷中，《仓库令》被列为第 23 卷，存有宋令 24 条、唐令 22 条。李锦绣将这 46 条令文分为仓与库两大部分，[③] 而日本学者武井纪子将之分为仓、管理规定、库三大部分，渡边信一郎则分为仓、仓库共通规定、库三类。[④] 这基本是唐令谱系下《仓库令》的构成。

宋令谱系下相对完整的《仓库令》，目前仅见《庆元条法事类》所存 145 条（若不刨除重复条文，则总计 170 条），[⑤] 条文分布如表 1 所示。

表 1　《庆元条法事类》中《仓库令》条文分布

所在	卷 4 职制 门 1	卷 6 职制 门 3	卷 7 职制 门 4	卷 16 文书 门 1	卷 17 文书 门 2	卷 30 财用 门 1	卷 31 财用 门 2	卷 32 财用 门 3	卷 36 库务 门 1	卷 37 库务 门 2	卷 47 赋役 门 1	卷 48 赋役 门 1
条数	5	2	1	1	3	21	28	17	30	48	8	6

相较于唐令谱系的《仓库令》，《庆元仓库令》的篇幅无疑更加庞大，条文规范所涉的广度与深度皆远超唐令。为便比勘，仅以《天圣仓库令》

---

① 李林甫等撰《唐六典》，陈仲夫点校，中华书局，1992，第 184～185 页。

② 有关唐、宋令篇目的变化，参见赵晶《宋令篇目研究》，载徐世虹主编《中国古代法律文献研究》第 6 辑，社会科学文献出版社，2012。

③ 李锦绣：《唐仓库令复原研究》，《天圣令校证》，第 482～483 页。

④ 二者的划分基本一致，唯武井氏将宋 15～25、唐 11～12 作为第二部分，而渡边氏将宋 15～19、24 作为第二部分。参见武井纪子《日本古代仓库制度の构造とその特质》，《史学雑誌》118～10，2009，第 5 页；渡边信一郎《天聖令倉庫令訳注初稿》，《唐宋变革研究通訊》第 1 辑，2010，第 1 页。

⑤ 川村康：《慶元条法事類と宋代の法典》，载滋賀秀三编《中国法制史——基本资料の研究》，東京大学出版会，1993，第 338 页。

条文为核心，以规范内容为标准，将《庆元令》中的相关条文逐一析出（见表2）。当然，此处的标准为"规范内容"、"调整对象"的同一性，而不苛求条文表述乃至于具体行为模式的一致性。

表2　《天圣仓库令》与《庆元令》条文对照

《天圣仓库令》①	《庆元令》②	已有成果③
宋1：诸仓窖，皆于城内高燥处置之，于仓侧开渠泄水，兼种榆柳，使得成阴。若地下湿，不可为窖者，造屋贮之，皆布砖为地，仓内仍为砖场，以拟输户量覆税物。	《仓库令》：诸仓植木为阴，不得近屋，仍置砖场以备量覆，其敖内地皆布砖。④ 旧令：诸仓库空地不得种莳。⑤	《天圣令校证》，第483页。
宋2：诸受税，皆令干净，以次第收旁（榜）。同时者，先远后近。当仓监官，对输人掌筹交受。在京及诸州县，并用系公人执斗两（函），平量概。米、粟、大小麦、杂豆等，一斛加一升为耗直，随讫给钞总申。若不入仓窖，即随便出给者，勿取耗直。〔其诸处食（仓）则有耗例者，不用此例。〕	《仓库令》：诸给纳米料，并用五斗省斛交量，其一石斛专充监官抽制斛面〔畸零方许用斗、升、合〕，每五年申所属换给。⑥ 《仓库令》：诸受纳税租，一斛加一升〔旧例不加处依旧〕，蒿草十束加一束为耗。〔支尽有欠者，听耗内除二分。〕即折变为见钱者，其耗不计。⑦ 《仓库令》：诸正税丝绵收官耗及称耗共一分，旧不收者仍旧。⑧	《天圣令校证》，第484页。
宋3：诸窖底皆铺槀（藁），厚五尺。次铺大稭，两重，又周回看（着）稭。凡用大稭，皆以小稭掩缝。着稭讫，并加苫覆，然后贮粟。凿砖铭，记斛数、年月及同受官人姓名，置之粟上，以苫覆之。加槀（藁）五尺，大稭两重。筑土高七尺，并竖木牌，长三尺，方四寸，书记如砖铭。仓屋户上，以版题牓如牌式。其麦窖用槀（藁）及篷〔簇〕。	《仓库令》：诸仓置板牌于敖门，书其色数、年月、监专姓名。⑨ 《仓库令》：诸盐仓于敖板下以瓮承卤，不得别设水器。⑩	《天圣令校证》，第485页。
宋4：诸应〔给〕公粮者，每月一给。若无故经百日不请者，不却给。敕赐及有故者，不在例此（此例）。若有故者，所司按实却给。其征行及使应合给粮者，仍令所司具录姓名为券，所在仓司随给，不在隔限。其杂畜料，亦准此。	《给赐令》：诸以凭由、旁、帖给官物，限百日内请，无见在或界分袭者，半年内缴换，无故过限勿给。〔因战斗死伤赐物者，不拘此令。〕即充官用而过限，其事因报所属别出。⑪	

《天圣仓库令》	《庆元令》	已有成果
宋5：诸仓屋及窖出给者，每出一屋一窖尽，然后更用以次者。有赎（膭）附帐，有欠随事理罚。府库亦准此。	《仓库令》：诸粮草各依籴纳先后给。[转般至者，理元籴纳年次。] 即有湿恶，差官定验，堪给者，与合支界分品配先给。[大、小麦虽非湿恶，准此。]⑫	
宋6：诸在京诸司官人及诸色人应给食者，九品以上给白米，皆所属本司豫计须数，申三司下给。其外及使（使及）假告，不在给限。每申，皆当司句覆。即诸王府官及外官合给食者，并准此。		
宋7：诸应给公粮者，皆于随近仓给。其非应给公粮，临时须给者，在京在申三司，听报乃给；外州者，且申具（且）给。	《给赐令》：诸县官在县镇寨者，其请给本州勘审，各限一日批付近便仓库给。⑬	
宋8：诸州县，每年并预准来年应须粮禄之数，各于正仓内量留拟备，随须出给。		
宋9：诸给粮禄，皆以当处正仓充。若边远无仓及仓少之处，准所须数申转运司，下随近有处便给。随近处又无仓者，听以当处官钱，准时价给直。		
宋10：诸京官禄，于京仓给；其外官及京〔官〕兼任（官）外官者，各于随近仓便给。	《给赐令》：诸县官在县镇寨者，其请给本州勘审，各限一日批付近便仓库给。⑭	
宋11：诸应给禄，官人于当年内有事故不得请受，因即迁解，更不还本任者，听于本贯及后任处给。其应夺禄者，亦听于所在便给（纳）。	《给赐令》：诸外任请给遇替移者，本州限五日驱磨有无分移或应剋纳不该销破钱物数及住给月日，各批书，以身分历给付。[有欠物，仍具本处实直价。] 不经批者，所至勿勘给。承直郎以下，仍批印纸，有欠者，到任剋纳如法。⑮ 《给赐令》：诸命官分移请受者 [米麦非。余条称"分移请受"准此]，具数及住请月，召保官三员，申州，报分移处给。[承直郎以下任川、陕路，移于内地者，每一贯二百文支铜钱一贯。] 遇移替，申所属，关报分移处批历。复收并者，候追到所分历，入正历讫方得勘给。⑯	

《天圣仓库令》	《庆元令》	已有成果
	《给赐令》：诸受分移请受，只得于指定处勘给若干，又移他处，即申所属，于历内批住支月，仍所移处仍报原分移官司，批历讫，径报见移处，再批所分历勘给。其元分移官司，除程六十日，未报者，许召保官一员批勘，仍即时催促报到批历。⑰	
宋11：诸应给禄，官人于当年内有事故不得请受，因即迁解，更不还本任者，听于本贯及后任处给。其应夺禄者，亦听于所在便给（纳）。	《给赐令》：诸命官不得分移请受于京畿勘请［已请者于元给处回纳］，即本贯系在京，许分割与在京同居及大功以上亲。［衣赐不得分移过半。］⑱	
	《给赐令》：诸命官分割请受者，不得过三年，如限满愿再分割者，即依条别行分割。⑲	
	《给赐令》：诸命官已请官物应回纳而丁忧者，听至服除纳。⑳	
宋12：诸欠负官仓应纳者，若分付欠损之徒未离任者，纳本仓；已去任者，听于后任所及本贯便纳。其隐藏及贷用者，亦听于所在处理纳。		
宋13：诸出仓窖，穄、草、苫、橛等物仍堪用者，还依旧用。若不须及烂恶不任者，先供烧砖瓦用，并听回易、修理仓库、狱囚铺设及诸官用。	《仓库令》：诸酒务醅袋经用损坏，岁除二分，及什物不堪者，并充折支。㉑	《天圣令校证》，第489页。
	《仓库令》：诸官物无支用者，申转运司相度转易，不堪支用，估卖讫申，又不堪，差官覆验弃毁。㉒	
	《仓库令》：诸仓谷搬量到出剩数桩，留一分变转见钱，充修仓库支用。即铺衬物不堪再用者卖钱，准此。或给窖务已损费者，保明除破讫，申所属。㉓	

《天圣仓库令》	《庆元令》	已有成果
宋14：诸州县修理仓屋、窖及覆仓分付所须人物，先役本仓兵人，调度还用旧物。即本仓无人者，听用杂役兵人。	《仓库令》：诸仓库常严水火之备，地分公人除治草秽，疏导沟渠。［连接别地分者，申所属指挥。］如违致损败官物者，勒主守及地分公人均备。㉔	
	《仓库令》：诸仓谷搬量到出剩数桩，留一分变转见钱，充修仓库支用。即铺衬物不堪再用者卖钱，准此。或给窑务已损费者，保明除破讫，申所属。㉕	
宋15：诸仓库给用，皆承三司文牒。其供给所须及在外军事要须速给者，先用后申。即年常支料及诸州依条合给用者，不须承牒。其器物之属，以新易故者，若新物到，故物并送还所司。年终，两司各以新故物计会，非理欠损者，理所由人。		
	《仓库令》：诸转运司收支应在、见在钱物，三年一会□□□□□各具非泛收支或朝省诸处借用并蠲除欠阁数，限半年造都状，连元案检送提点刑狱司，限百日驱磨保明缴奏。㉖	
宋16：诸仓库受纳、出给、在见（见在）杂物帐，年终各申所属。所属类其名帐，递送三司。	《仓库令》：诸州应在司，通判一员掌之［如无通判处，差职官一员］，仍选吏人主行。［三年为一界。］应已支官物合候收附文钞者，所支仓库限一日具管押人姓名、物数、卸纳去处报司，本司限当日注籍拘催勾销。仍每月一次取索仓库月内起过钱物窠名、数目与应在簿照对点检，所掌官任满，吏人界满，本州审验年月日开破钱帛金银、盐谷贯石匹两［余物估价计钱］，应罚者勘劾，应赏者保明申转运司。［命官，转运司保明申尚书本部。］若官不满任，吏不满界［谓迁改事故已离任者，若本任未满，但将所管应在司职事交与别员者非］，但掌及半年者，依任满界法比类赏罚。㉗	
	《仓库令》：诸监司以所辖应在之物注籍，检察催收，季一举行。㉘	
	《仓库令》：诸军资库受纳场务课利，即时给钞，其每月所给附帐，监官用印。㉙	

续表

《天圣仓库令》	《庆元令》	已有成果
	《仓库令》：诸仓库见在钱物［诸司封桩者非］，所属监司委通判岁首躬诣仓库点检前一年实在数，令审计院置簿抄上，比照帐状。⑩	《天圣令校证》，第491页。
宋16：诸仓库受纳、出给、在见（见在）杂物帐，年终各申所属。所属类其名帐，递送三司。	《仓库令》：诸州岁具管内应纳军资库钱物，置都簿，当职官一员专掌，录付本库，遇关报，句销。如次欠或出限，即行举催。监司及季点官到，取索点检。⑪	
	《仓库令》：诸仓库月终以钱帛粮草见在逐色总数次月五日以前申州，州限十日磨审讫缴申转运司，本司类聚申尚书户部。⑫	《天圣令校证》，第491页。
	《仓库令》：诸州仓库场务簿历并岁前两月缴申提点刑狱司印押，限岁前一月给下，岁终开具已印给过名件申尚书户部帐司。若州郡巧作名色增置，令本司觉察按劾。⑬	
宋17：诸仓库及文案孔目，专当官人交代之日，并相分付，然后放还。诸仓在窖杂种，数多不可移动者，据帐分付。	《仓库令》：诸仓库监专应替并差官监交，仍置交历四本，分新旧官及本州、转运司为照。物多难交者，具事因申本州审度，听新界抽摘点检。⑭	
宋18：诸仓库贮积杂物应出及（给）者，先尽远年。其有不任久贮及故弊者，申请回易。	《仓库令》：诸应给杂物，先尽远年，即故弊及不任久贮者，申请回易。⑮	《天圣令校证》，第491页。
宋19：诸仓库受纳，于后出给，若有欠者，皆理专当人以下。已经分付，理后人。理获讫，随便输纳，有誊付帐申。	《仓库令》：诸买纳官物毕，委官定验。［谷及丝绵委称量官。］如巧伪湿恶［巧伪，谓帛有粉药，谷有砂土、糠秕，盐有硝，金有银，银有铜、铅之类；湿恶，谓浥润腐烂，帛纸疏、轻怯短狭、渍污，谷陈次粗弱细碎之类。余条称"巧伪湿恶"准此］，及正数不足，估剥所亏钱，勒元买纳人依理欠分数，限六十日尽估卖财产备偿，不足，勒保人，亦限六十日填纳，又不足，关理欠司。⑯	

《天圣仓库令》	《庆元令》	已有成果
宋19：诸仓库受纳，于后出给，若有欠者，皆理专当人以下。已经分付，理后人。理获讫，随便输纳，有誊付帐申。	《仓库令》：诸官物交界讫，本州限十日取帐历、应干文书送磨勘司，限三十日驱磨毕，送库架阁。仍保明申州，给公凭，后须照用者，止录公凭报，不得勾人。即磨勘不如法致失陷者，元主守人及磨勘吏人均备，磨勘之官于吏人总数内备一分，虽会恩去官，犹备如法。③	
	《理欠令》：诸官物有欠损若已交受者，止理后人。③	
宋20：诸欠失官物，并句获合理者，并依本物理填。其物不可备及乡土无者，听准价直理送。即身死及配流，资产并竭者，物（勿）理。	《理欠令》：诸欠官物有欺弊者，尽估财产偿纳，不足，以保人财产均偿，又不足，关理欠司［抵保不足而差主持官物者，元差干系人与保人均备］，又不足，保奏除放。③	
	《理欠令》：诸管押官物有欠及损污［匹帛堪变染，不及一分者，免。估剥一分以上，免一分。］，计所亏欠，估纳处价，给限监理，仍据已纳数给公凭，以钞付递，报装发处，无可纳者，断讫送本处或本贯理纳。④	
	《理欠令》：诸欠无欺弊而身死者，除放，有欺弊应配及身死而财产已竭者准此。［应均备者，虽未均定，亦除己分之数。］④	
宋21：诸司受一物以上，应纳库者，纳讫，具录色目，申所司附帐。	《仓库令》：诸仓库各置销钞簿，具注送纳钱物数、年月日、纳人姓名，候获官钞对簿销凿，监官书字用印。其钞常留一纸，以千文字为号，月一架阁，并簿专留本处，备官司点检。④	
宋22：诸应送杂物不满匹端者，各随多者题印，不须出帊（帐）。其市之物，注市时年月、官司姓名，用当司印印记。	《仓库令》：诸官物添零就整而纳，及剋零就整而不支者，其历内收支各具整数。④	《天圣令校证》，第492页。
	《仓库令》：诸应输布帛［绫罗之类同］、绸户，亲题姓名，书押两头，官用印记。若充上供者，本州书受纳监专姓名，和买物仍注受时年月。知、通审验起发。如及省样，不得非理退换。④	

续表

《天圣仓库令》	《庆元令》	已有成果
宋23：诸输金、铜、银者，皆铸为铤，凿题斤两、守主姓名。其鍒金，不在铸限。	《仓库令》：诸买纳金、银、铜、铅、锡，皆铸为铤，各镌斤重、专典姓名，监官押字［铜、铅、锡仍镌炉户姓名］，鍒金不用此令。⑮ 《辇运令》：诸上供金银并以上色起发，内银销成铤。［大铤五十两，小铤二十二两。畸零凑数者听。如无上色去处，许用山泽。］仍分明镌凿银数，排立字号、官吏职位姓名，用木匣封锁，于纲解内开说色额、铤段、数目、字号。⑯	《天圣令校证》，第493页。
宋24：诸仓库门，皆令监当官司封锁署记。［其左右藏库，记仍印。］开示（闭），知其锁钥，监门守当之处，监门掌；非监门守当者，当处长官掌。	《仓库令》：诸仓库，监、专同开闭，并押记锁封。掌钥以长官，门钥以监门。［无监门处，长官兼掌。］⑰	《天圣令校证》，第493页。
唐1：诸仓窖贮积者，粟支九年；米及杂种支五年。下湿处，粟支五年；米及杂种支三年。贮经三年以上，一斛听耗一升；五年以上，二升。其下湿处，稻谷及粳米各听加耗一倍。此外不得计年除耗。若下湿处，稻谷不可久贮者，折纳大米及糙米。其折糙米者，计稻谷三石（斛），折纳糙米一石（斛）四斗。	《仓库令》：诸收贮连毛皮，岁计所直，破蛀耗五厘。⑱ 《场务令》：诸糟醋依年次卖，一年破耗五厘，过二年［应地卑湿处一年。下文称二年，准此。］卖不行者，其价听减。若见在数约二年未尽者，虽未及二年，价亦听减。因积留致损败者，除之，并申转运司差官验实，减除讫申尚书户部。即专副交所前界糟醋除堪好外，实有不堪者，勒前界管认依数陪填。⑲	
唐2：诸输米粟二斛，课稾（橐）一围［围长三尺。围皆准此］；三斛，概一枚。米二十斛，篷簟一番；粟四十斛，若（苫）一番。长八尺，广五尺大小。麦二斛，稾（橐）一围；三斛，概一枚；二十斛，篷簟一番；七十斛，越（麦）一斛。麦饭二十斛，篷簟一番。并充仓窖所用，即令输人营备。不得令官人亲识判窖。修营窖草，皆取干者，然后缚稕。大者径一尺四寸，小者径四寸。其边远无稾（橐）之处，任取杂草堪久贮者充之。若随便出给，不入仓窖者，勿课仓窖调度。		

《天圣仓库令》	《庆元令》	已有成果
唐3：诸给粮，皆承省符。丁男一人，日给二升米，盐二勺五撮。妻、妾及中男、女〔〔中男、女〕谓年十八（者）以上者。（中男、女）〕，米一升五合，盐二勺。老、小男〔谓十一以上者〕，中〔男〕女〔谓年十七以下者〕，米一升一合，盐一勺五撮。小男、女〔男谓年七岁以上者，女谓年十五以下〕，米九合，盐一勺。小男、女年六岁以下，米六合，盐五撮。老、中、小男任官见躯（驱）使者，依成丁男给〔兼国子监学生、针·医生，虽未成丁〕，依丁例给。		
唐4：诸仓出给，杂种准粟者，稻谷、糯谷一斗五升，大麦一斗二升，乔麦一斗四升，小豆九升，胡麻八升，各当粟一斗。黍谷、穈（穈）谷、秫谷、麦饭、小麦、青稞（稞）麦、大豆、麻子一斗，各当粟一斗。给末盐一升六合，当颗盐一升。	《给赐令》：诸仓给谷阙本色者，许依仓例准折。〔以粳米折小麦处，命官月料亦支粳米。〕人粮马料，不得互给及以粟折口食。[50]	
唐5：诸量函，所在官造。大者五斛，中者三斛，小者一斛。皆以铁为缘，勘平印署，然后给用。	《仓库令》：诸仓官斛、斗、升、合各刻仓分、监官押字，置库封锁，应修者，当官较量。[51]	
唐6：诸在京流外官长上者，身外别给两口粮，每季一给。牧尉给五口粮，牧长四口粮。〔两口准丁，余准中男给。〕		
唐7：诸牧监兽医上番日，及卫士、防人以上征行，若在镇（镇）及卫番还，并在升（外）诸监、关、津番官〔上番日给〕，土人任者，若尉史，并及（给）身粮。		
唐8：诸官奴婢皆给公粮。其官户上番充后（役）者亦如之。并季别一给，有剩随季折。		
唐9：诸州镇防人所须盐，若当界有出盐处，后（役）防人营造自供。无盐之处，度支量须多少，随防人于便近州有官盐处送供。如当州有船车送租及转运空还，若防人向防之日，路经有盐处界过者，亦令量力运向镇所。		

《天圣仓库令》	《庆元令》	已有成果
唐10：诸盐车、运船，行经百里以外，一斛听折二升；五百里升（外），三升。其间又经上下者，一斛又折一升。若停贮经百日以上，一斛折二升；周年以上，一升。受即出给者，一斛听折五合。其末盐各听一倍加耗。若土地下湿，贮经周年以上，各加二倍。运辇各加一倍。		
唐11：诸官物应理（征）者，总计相合钱不满十、谷米不满一斗、布帛杂彩不满一尺、丝绵不满一两，番不推理。	《仓库令》：诸官物添零就整而纳，及剋零就整而不支者，其历内收支各具整数。㊷	
唐12：诸两京在藏库及仓，差中郎将一人专押。在外凡有仓库之处，覆囚使及御史出日，即令案行。其贮掌盖覆不如法者，还日闻奏。	《仓库令》：诸州岁具管内应纳军资库钱物，置都簿，当职官一员专掌，录付本库，遇关报，勾销。如次欠或出限，即行举催。监司及季点官到，取索点检。㊳	
	《仓库令》：诸提点刑狱司，承榷货务、左藏库牒报客人入便钱数及所指州者，置每州籍，具注，依限催还讫报。仍因巡历所至点检，次年春季具有无未还及违法事保奏，仍申尚书户部。㊴	
唐13：诸庸调等应送京者，皆依〔见〕送物数色目，各造解（见）一道，函盛封印，付纲典送尚书省，验印封全，然后开付所司，下寺领纳讫具申。若有欠失二（及）损，随即理（征）填。其用（有）滥恶短狭不依式者，具状申省，随事推决。	《仓库令》：诸起发上京钱物，公文具名色数目，仍指定卸纳仓库。㊵	
	《仓库令》：诸起发上供真珠，排立字号，计定斤两颗数，仍逐把线头当官封印。㊶	
	《辇运令》：诸上供金银并以上色起发，内银销成铤。〔大铤五十两，小铤二十二两。畸零凑数者听。如无上色去处，许用山泽。〕仍分明镌凿银数，排立字号、官吏职位姓名，用木匣封锁，于纲解内开说色额、铤段、数目、字号。㊼	
	《辇运令》：诸州起发封桩禁军阙额请受钱物，先次具所起发物数名件、月日、管押人职次姓名，申枢密院及关牒左藏库。㊽	

续表

《天圣仓库令》	《庆元令》	已有成果
唐13：诸庸调等应送京者，皆依〔见〕送物数色目，各造解（见）一道，函盛封印，付纲典送尚书省，验印封全，然后开付所司，下寺领纳讫具申。若有欠失二（及）损，随即理（征）填。其用（有）滥恶短狭不依式者，具状申省，随事推决。	《辇运令》：诸起发官物，籍记物数及管押人姓名、责到交卸处限及其所准官司指挥年月状〔转般者，并具元来去处、般到年月日〕，书实日连粘入递，先报所属〔上京物属尚书户部者，其纲分以千字文为号，于状内声说〕，所属不受纳官司注籍，候交纳讫限三日给公凭，限五日给收附。〔旧出钞者同。〕虽有取会，共不得过十日，入递起发，官司得收附，限三日行下应在司销破。若计程过限而收附不到，在京申所属，在外申牒所属监司究治。如失究治致官物失陷者，干系人均备。⑨	
唐14：诸送庸调向京及纳诸处贮库者，车别科篷籧四领，绳二百尺，签三十茎。即库旧有仍堪充用者，不须科。若旧物少，则总进少数，均出诸车。		
唐15：诸赐物率十段，绢三匹、布三端〔赀、纻、綀（簚）各一端〕、绵四屯。〔春夏即丝四纳（绚）代绵。〕其布若须有贮拟，量事不可出用者，任料量以应给诸色人布内兼给。		
唐16：诸赐杂彩率十段，丝布二工（匹）、纳（紬）二匹、绫二匹、缦四匹。		
唐17：诸赐蕃客绵（锦）彩率十段，绵（锦）一匹、绫二匹、缦三匹、绵四屯。		
唐18：右（左）右仓（藏）库及两京仓，出一物以上，所司具录赐给杂物色目、并数、请人姓名，署印送监门，勘同，判傍，听出。	《给赐令》：诸勘请官物，勘给送审计院审讫封傍，付给处粮料院，每月具已勘傍及物数开，磨勘司对帐申转运司。⑩	
	《给赐令》：诸勘给官物，傍、帖皆书应支仓库、专副姓名、界分，若本界有故不给者，批注事因，送元批勘处，换其旧傍、帖对毁。即改傍、帖或就给者，干系人均备。⑪	
	《给赐令》：诸勘给官司，于傍历背缝横用墨长印。⑫	

续表

《天圣仓库令》	《庆元令》	已有成果
唐19：诸赃赎及杂附物等，年别附庸调车送输。若多给官物，须雇脚者，还以此物回充雇运。其金银、鍮石等，附朝集使送。物有故破、不任用者，长官对检有实，除毁。在京者，每季终一送。皆申尚书省，随至下纳。	《仓库令》：诸赃罚户绝物库、军资库，其金银〔银杂者，官监烹炼，有耗折者除破〕、宝货、绫罗、锦绮等成匹者附纲上京，余附帐支用。其理纳到别州赃罚及赏钱附帐报本处，应给者，以官钱兑给。㊿ 《理欠令》：诸官物损败应除破者，保明申尚书本部，不应除破而擅除破者，干系人均备。㊿ 《场务令》：诸铜、鍮石物损坏不堪者，赴盐酒税务中折卖。非损坏而愿卖者，听，官司不得邀阻。㊿	
唐20：诸州县应用官物者，以〔应〕入京（应）钱物充，不足则用正仓充，年终申帐。		
唐21：诸官人出使覆囚者，并典各给附（时）服一具。春、夏遣（遣）者给春衣，秋、冬去者给冬衣。其出使外蕃，典并及（僚）人、并随使、杂色人有职掌者，量给（经）一时以上，亦准此。〔其杂色人边州差者，不在给限。〕其寻常出使，过二季不还者，当处斟量，并典各给时服一副，并一年内不得在（再）给。去本任五百里内充使者，不在给限。		
唐22：诸给时服，称一具者，春秋给夹袍一领，绢汗衫一领，头巾一枝（枚），白练夹袴一腰，绢裤一腰，袜（靴）一量并毡。〔其皮以麂、鹿、牛、羊等充，下文准此。〕夏则布衫一领，绢汗衫一领，头巾一枚，绢袴一腰，绢裤一腰，靴一量。冬则复袍一领，白练袄子一领，头巾一枝（牧），白练复袴一腰，绢裤一膊（腰），靴一量。其称时朋（服）一副者，除袄子、汗衫、裤、头巾、靴，余同上。尺（冬）服衣袍，加绵一十（一）两，袄子八两，袴六两。其财帛精篦（蠡），并依别式。即官人外使经时，应给时服者，所须财帛，若当处无，〔以〕乡土所出者（以）充，给讫申省。		

①表2中所有《天圣仓库令》条文皆引自《天圣令校证》，第277～287页。

②表2中除了《庆元条法事类》所存《庆元令》外，还引用了残存于《永乐大典》中的

《金玉新书》。《金玉新书》"诸仓类"中保留了未见于《庆元条法事类》的《仓库令》条文。戴建国认为，《金玉新书》"初编本取材于北宋法典《元符敕令格式》。嗣后，此书至少有过两次增补，一次增补了《庆元敕令格式》，另一次增补了《淳祐敕令格式》"（戴建国：《宋代法制初探》，黑龙江人民出版社，2000，第123页）。因此，将《金玉新书》的残文定性为宋令谱系，应无问题。此外，部分《庆元令》条文存在重复出现的状况，本表将其所在页码逐一列出。

③所谓"已有成果"，是指已有学者指出《天圣令》与《庆元条法事类》的某些条文之间存在对应关系。由于《天圣令校证》已基本吸收了《唐令拾遗》《唐令拾遗补》的研究，故而不再标注此前的研究成果。

④谢深甫编《庆元条法事类》卷三六《库务门一》"仓库约束"，戴建国点校，黑龙江人民出版社，2002，第558页。

⑤《庆元条法事类》卷三六《库务门一》"仓库约束"，第559页。

⑥《庆元条法事类》卷三六《库务门一》"仓库约束"，第558页。

⑦《庆元条法事类》卷三六《库务门一》"给还寄库钱物"、卷四七《赋役门一》"受纳租税"、卷四八《赋役门二》"支移折变"，第562、618、660页。

⑧《庆元条法事类》卷三六《库务门一》"给还寄库钱物"、卷四七《赋役门一》"受纳租税"，第562、618页。

⑨《庆元条法事类》卷三六《库务门一》"仓库约束"，第558页。

⑩《庆元条法事类》卷三六《库务门一》"仓库约束"，第558页。

⑪《庆元条法事类》卷三七《库务门二》"勘给"，第599页。

⑫《庆元条法事类》卷三七《库务门二》"籴买粮草"，第571页。

⑬《庆元条法事类》卷三七《库务门二》"勘给"，第599页。

⑭《庆元条法事类》卷三七《库务门二》"勘给"，第599页。

⑮《庆元条法事类》卷三七《库务门二》"勘给"，第599～600页。

⑯《庆元条法事类》卷三七《库务门二》"勘给"，第600页。

⑰《庆元条法事类》卷三七《库务门二》"勘给"，第600页。

⑱《庆元条法事类》卷三七《库务门二》"勘给"，第600页。

⑲《庆元条法事类》卷三七《库务门二》"勘给"，第600页。

⑳《庆元条法事类》卷三七《库务门二》"勘给"，第601页。

㉑《庆元条法事类》卷三六《库务门一》"场务"，第541页。

㉒《庆元条法事类》卷三六《库务门一》"仓库约束"，第559页。

㉓解缙等编《永乐大典》卷七五一二"十八阳·仓"，中华书局，1986，第3407页。

㉔《庆元条法事类》卷三六《库务门一》"仓库约束"，第558页。

㉕《永乐大典》卷七五一二"十八阳·仓"，第3407页。

㉖《庆元条法事类》卷三一《财用门二》"应在"，第493页。

㉗《庆元条法事类》卷三一《财用门二》"应在"，第493页。

㉘《庆元条法事类》卷三一《财用门二》"应在"，第493页。

㉙《庆元条法事类》卷三六《库务门一》"场务"，第541页。

㉚《庆元条法事类》卷三七《库务门二》"给纳"，第579页。

㉛《庆元条法事类》卷四《职制门一》"职掌"，第30页。

㉜《庆元条法事类》卷三七《库务门二》"给纳"，第579页。

㉝《庆元条法事类》卷三六《库务门一》"场务"，第541～542页。

㉞《庆元条法事类》卷三二《财用门三》"点磨隐陷"、卷三六《库务门一》"仓库约束"，第504、559页。

㉟《庆元条法事类》卷三七《库务门二》"给纳"，第580页。

㊱《庆元条法事类》卷三二《财用门三》"理欠"、卷三七《库务门二》"籴买粮草"、"给纳"，第517、576、578～579页。

㊲《庆元条法事类》卷一七《文书门二》"架阁"、卷三二《财用门三》"点磨隐陷"、卷三二《财用门三》"理欠"，第359、504、517页。

㊳《庆元条法事类》卷三二《财用门三》"理欠"，第512页。

㊴《庆元条法事类》卷三二《财用门三》"理欠"，第512页。

㊵《庆元条法事类》卷三二《财用门三》"理欠"，第512页。

㊶《庆元条法事类》卷三二《财用门三》"理欠"，第514页。

㊷《庆元条法事类》卷一七《文书门二》"架阁"，第359页。

㊸《庆元条法事类》卷三七《库务门二》"给纳"，第579页。

㊹《庆元条法事类》卷四七《赋役门一》"受纳税租"，第618页。

㊺《庆元条法事类》卷三七《库务门二》"给纳"，第579页。

㊻《庆元条法事类》卷三〇《财用门一》"上供"，第444页。

㊼《庆元条法事类》卷四《职制门一》"职掌"、卷三六《库务门一》"仓库约束"、卷三七《库务门二》"给纳"，第30、558、578页。

㊽《庆元条法事类》卷三六《库务门一》"仓库约束"，第559页。

㊾《庆元条法事类》卷三二《财用门三》"理欠"，第517页。

㊿《庆元条法事类》卷三七《库务门二》"给纳"，第580页。

51《庆元条法事类》卷三六《库务门一》"仓库约束"，第558页。

52《庆元条法事类》卷三七《库务门二》"给纳"，第579页。

53《庆元条法事类》卷四《职制门一》"职掌"，第30页。

54《庆元条法事类》卷七《职制门四》"监司巡历"，第122页。

55《庆元条法事类》卷三〇《财用门一》"上供"，第443页。戴建国点校本断为"诸起发上京钱物公文，具名色数目"，现据文意改。

56《庆元条法事类》卷三〇《财用门一》"上供"，第443页。

57《庆元条法事类》卷三〇《财用门一》"上供"，第444页。

58《庆元条法事类》卷三一《财用门二》"封椿"，第480~481页。

59《庆元条法事类》卷三一《财用门二》"应在"，第493~494页。

60《庆元条法事类》卷三七《库务门二》"勘给"，第599页。

61《庆元条法事类》卷三七《库务门二》"勘给"，第599页。

62《庆元条法事类》卷三七《库务门二》"勘给"，第599页。

63《庆元条法事类》卷三七《库务门二》"给纳"，第579~580页。

64《庆元条法事类》卷三二《财用门三》"理欠"，第513页。

65《庆元条法事类》卷三六《库务门一》"场务"，第540页。

（二）唐、宋《仓库令》的变化与发展

从表2所列诸条令文之间的细节性区别，便可知唐、宋《仓库令》之间各个层面的发展变化。本文限于篇幅，仅就《庆元仓库令》相对于《天圣仓库令》所发生的规范内容的减省、增加以及条文篇目归属的变化等三个方面，探讨个中演变，并尝试解释其原因所在。①

———————————

① 除特别需要外，本部分不再重复照录表2中已经列出的《天圣令》与《庆元令》令文。

1. 《庆元仓库令》减省的规范内容

（1）粮禄支出

李锦绣认为"唐以前，《仓库令》的内容与俸廪密切相关"，之所以隋代《仓库令》并未单独成篇，是因为"《隋令》三十卷中，第十四卷为《封爵俸廪》，俸廪支出的析出，导致《仓库令》内容稀薄，故与《厩牧》合为一卷"。① 从《天圣仓库令》来看，涉及仓库支出粮禄的条文确实占了很大比例，即宋 4～宋 11、唐 3～唐 8，共 14 条，几近三分之一。

而在《庆元令》中，有关粮禄支出的条文几乎不见踪影，即便存在官物支出的规定，也基本散布在《给赐令》中。换言之，《天圣仓库令》规范的主体性内容在《庆元仓库令》中基本消失了，其原因何在？除了《庆元令》新出《给赐令》足以涵盖原来《仓库令》关于支出的部分规定，以及因现存《庆元条法事类》仅为残卷而使得《庆元令》残缺不全外，宋代还有单独的《禄令》作为"海行法"外的"一司法"。②

《玉海》卷六六"嘉祐禄令"载：

> （仁宗嘉祐）二年（1057 年）十月甲辰朔，三司使张方平上《新修禄令》十卷，名曰《嘉祐禄令》。先是元年九月，枢密使韩琦言："内外文武官俸入添支并将校请受，虽有品式［上自皇太子下至群校《本俸添支则例》］，而每遇迁徙，须由有司按勘申覆，至有待报岁时不下者，请命近臣就三司编定。"甲辰，乃命知制诰吴奎等六人，即三司类次为《禄令》。至是，方平上之，诏颁行。③

由此可知以下两点。首先，在《嘉祐禄令》制定之前，已存在所谓的"品式"即"上自皇太子下至群校《本俸添支则例》"。也就是说，即便《天圣令》中存在《禄令》、《仓库令》的篇目，与其并行不悖的还有这种

---

① 李锦绣：《唐仓库令复原研究》，第 479 页。
② 所谓"海行"法，"敕令格式，谓之海行。盖天下可行之义也"；所谓"一司"法，"在京内外百司及在外诸帅抚、监司、财赋兵马去处，皆有一司条法。如安抚司法，许便宜施行之类也"。引自赵升编《朝野类要》，王瑞来点校，中华书局，2007，第 81 页。
③ 王应麟：《玉海》，江苏古籍出版社、上海书店，1987，第 1259 页。

海行令以外的"则例"。其次，所谓"每遇迁徙，须由有司按勘申覆，至有待报岁时不下者"，应是指官员因升迁贬谪所导致的俸禄请给障碍，这在《嘉祐禄令》中应该已有相应的解决之道。作为一司法的《禄令》已然佚失，其条文规范无从得知，但从《庆元给赐令》中不难发现有关条文的踪迹：如表2中与《天圣仓库令》宋11相对应的"外任请给遇替移"、"分移请受"等《庆元令》，与《嘉祐禄令》所拟针对的"遇迁徙"而请俸的规定在调整对象上大致相当。

（2）仓窖税

《天圣仓库令》唐2、唐14分别规定了仓库因税物的贮藏和运输而课设的附加税，即课橐、篷篗、橛之类，"并充仓窖所用"。这也为唐代的仓储实践所贯彻，如"近年在发掘含嘉仓窖时，发现窖底的防潮层上均铺设着木板、草束和蒲草席；窖壁上镶砌着顶端削尖的木壁板，有的壁板用木柱支撑着；窖顶是先用木板搭成辐射状木架，架上铺席，席上用木棍捆的草束连接成圆锥形草顶，草顶上用泥密封。这些席和草束似即是六典注说的'篷篗'和'橐'；顶端削尖砌在窖壁上的板壁似即是'橛'；其余木板、木柱等，当也是来自'营窖'之课。"[1] 自《天圣仓库令》宋3、宋13可知，北宋前期仓窖铺设之物也与唐代无异。

虽然说仓储所用之物与唐令所涉的附加税物大致重合，但并不意味着这些物品真如唐令所定，直接源自税收课征。《册府元龟》卷四八七"邦计部　赋税一"载"开元二十三年六月敕"云："自今已后，凡是资课、税户、租脚、营窖、折里等应纳官者，并不须令出见钱，抑遣征备，任以当土，所司均融支料。"[2] 李锦绣据此认为："由于租粟运输之地较远，仓窖税是税之以钱而不是税以草、橛、苫等不易输送之实物"，"营窖税以钱为额，故官府征收强索现钱，至少，开元二十三年（735年）六月以前是如此。开元二十三年敕令'任以当土'，即以当土的绢布等折纳，这是维持绢帛充当货币手段，减少百姓变换现钱时受商人盘剥的措施，并没有改变仓窖税的以钱为额制"。[3] 亦即仓窖税所征收的并非唐令所规定的实物，

---

① 张弓：《唐朝仓廪制度初探》，中华书局，1986，第63页。
② 王钦若等编《册府元龟》，中华书局，1960，第5829页。
③ 李锦绣：《唐代财政史稿》，社会科学文献出版社，2007，第151页。

在开元二十三年六月以前是税之以钱，以后则"任以当土"。

上述两条关于仓窖税的令文在《天圣令》中被废弃不用，在残存的《庆元令》中全无踪影，是否与这种交税方式相关呢？宋朝在两税之外有"杂变之赋"，又名"杂钱"，王曾瑜搜罗史籍，列举相关附加税名目，其中有"铺衬芦蓤"一项，[1] 这种"蓤钱"，是"将仓库所用苇席折钱摊征于地亩"。[2] 简言之，如果唐代"税之以钱"或"任以当土"的征税实践使得相关唐令成为一纸空文，那么宋代以钱名税则使这些以实物为征收对象的条文失去了存在的可能。然而，有趣的是，宋代虽然以钱名税，"但往往仅作折纳的本位，而以实物纳税"，[3] 这与唐开元二十三年六月以后的征税实践如出一辙。

此外，对于不堪任用的仓储铺设之物的处理，唐、宋《仓库令》也有不同规定。在《天圣仓库令》宋13中，"稆、草、苫、橛等物……若不须及烂恶不任者，先供烧砖瓦用，并听回易、修理仓库、狱囚铺设及诸官用"，而南宋的《仓库令》则将这些"不堪再用"的"铺衬物"卖钱兑现："诸仓谷搬量到出剩数桩，留一分变转见钱，充修仓库支用。即铺衬物不堪再用者卖钱，准此。或给窑务已损费者，保明除破讫，申所属。"[4] 这种处理方式的变化同样存在于仓储之物中。《天圣仓库令》唐19规定"……其金银、鍮石等，附朝集使送。物有故破、不任用者，长官对检有实，除毁"，而在相应的《庆元场务令》中，其处理方式便由"折卖"代替了"除毁"："诸铜、鍮石物损坏不堪者，赴盐酒税务中折卖"。

（3）运盐折耗

规定运输途中及贮存期间"盐耗"问题的《天圣仓库令》唐10，在天圣年间被废弃，在《庆元条法事类》残本中亦无法觅得对应条文。然而，从史籍可知，宋代并非没有与盐耗相关的标准，如北宋中前期所定运输途中的盐耗标准有：

（太平兴国）九年（984年）十月，盐铁使王明言："江南诸州载

---

① 王曾瑜：《宋代的两税》，《文史》第14辑，中华书局，1982，第120～121页。
② 汪圣铎：《两宋财政史》，中华书局，1995，第197页。
③ 王曾瑜：《宋代的两税》，第121页。
④ 《永乐大典》卷七五一二"十八阳·仓"，第3407页。

米至建安军，以回船般盐至逐州出卖，皆差税户军将管押，多有欠折，皆称建安军盐仓交装斤两不足。准今年三月敕：每盐一石已上，破随纲沥盐一升，恐卸纳补填卤沥折耗不足，每石更破销耗盐二升……"①

至道二年（996 年）二月，诏："自三门垛盐务装发至白波务，每席支沿路抛撒耗盐一斤，白波务支堆垛销折盐半斤，自白波务装发至东京，又支沿路抛撒盐一斤，其耗盐候逐处下卸，如有摆撼消折不尽数目，并令尽底受纳，附帐管系……"②

天圣元年（1023 年）五月，诏："自今般盐船至京交纳数足外，元破在路耗盐每席二斤半，数内却能爱护，不致抛撒，留得耗盐，于十分中量破二分，等第支与押纲人员等充赏……"③

宋代有关盐的量衡器具、大小规格、换算进制等纷繁复杂，既有不同历史时期的变化，又有不同地域的差别，④ 如上引所涉及的"石"与"升"、"席"与"斤"便是两套不同计量单位，而至道二年、天圣元年的盐耗标准与太平兴国九年不同，太平兴国九年之敕、天圣元年五月之诏所定的盐耗计算方式又与唐令以不同里程为标准划分盐耗等级的规定模式完全不同，所以《天圣令》废弃唐 10 自然在情理之中。

宋代盐法屡屡变化，且各个盐区所适用之法律政策也呈现出共时性差别与历时性变化的特点，⑤ 即如魏伯刍于政和时所言："盐法未有一定之制，随时变革以便公私"。⑥ 因此当时制定有芜杂的"一司法"，且不时予以修订，如以"某法"为名的汇编性法律文件《绍兴编类江湖淮浙京西路盐法》，即由"《盐法敕》一卷，《令》一卷，《格》一卷，《式》一卷，《目录》一卷，《续降指挥》一百三十卷，目录二十卷"

---

① 徐松辑《宋会要辑稿》第 142 册《食货四二》之一，中华书局，1957，第 5562 页。

② 《宋会要辑稿》第 144 册《食货四六》之三，第 5605 页。

③ 《宋会要辑稿》第 144 册《食货四六》之七，第 5607 页。

④ 郭正忠：《宋代盐业经济史》，人民出版社，1990，第 210～220 页。

⑤ 郭正忠主编《中国盐业史（古代编）》，人民出版社，1997，第 347～372 页。

⑥ 脱脱等撰《宋史》卷一八二《食货志下四》"盐中"，中华书局，1985，第 4452 页。

构成。①《庆元令》未见与盐耗相关的条文，既可能是《庆元条法事类》残缺所致（有可能依然在《仓库令》中，也有可能在后出的《輦运令》内），也可能仅仅规定于"一司法"中，毕竟各盐区的标准有别。

此外，不但官方制定了标准不一的盐耗立法，宋代民间的私人"约法"也对此有所体现。如1958年于山西垣曲县东滩村发现的大型石砣"垣曲县店下样"，其上刻有订立于"元祐七年（1092年）七月初七日"的私约：

> 今为自来雇发含口、垣曲两处盐货，沿路□户多端偷取斤两，不少地头不肯填培。又虑勾当人并不两平秤盘，乱有阻节，别无照验，有妨雇发。今来与众同共商议，各依元发斤两，相度地里远近，节次饶减，起立私约石样三个，于安邑、含口、垣曲等处，各留一个。含口比安邑减一斤，垣曲比含口又减一斤，充沿路摆撼消折。所贵断绝弊倖，各尽明白。今后每遇装卸盐货，各依所立石样比对秤盘……②

由此可见，从安邑到含口、从含口到垣曲的盐耗皆为一斤，这种"相度地里远近，节次饶减"的盐耗计算方式，倒是与《仓库令》唐10、上引至道二年二月之诏有异曲同工之妙。

（4）赐给时服及绢布杂彩

在《天圣仓库令》中，唐21、22是有关时服配给及相关标准的规定，这在《庆元令》中完全消失了。宋代史籍多见赐给时服的记载，即便是相关标准亦非阙如，如《宋史》卷一五三《舆服志五》"诸臣服下"载：

> 时服，宋初因五代旧制，每岁诸臣皆赐时服，然止赐将相、学士、禁军大校。建隆三年（962年），太祖谓侍臣曰："百官不赐，甚无谓也。"乃遍赐之。岁遇端午、十月一日，文武群臣将校皆给焉。是岁十月，近臣、军校增给锦衬袍，中书门下、枢密、宣徽院、节度

---

① 《宋会要辑稿》第164册《刑法一》之四二，第6482页。
② 王泽庆、吕辑书：《"垣曲县店下样"简述》，《文物》1986年第1期。

使及侍卫步军都虞候以上，皇亲大将军以上，天下乐晕锦。三司使、学士、中丞、内客省使、驸马、留后、观察使，皇亲将军、诸司使、厢主以上，簇四盘雕细锦。三司副使、宫观判官，黄师子大锦。防御团练使、刺史、皇亲诸司副使，翠毛细锦。权中丞、知开封府、银台司、审刑院及待制以上，知检院鼓院、同三司副使、六统军、金吾大将军，红锦。诸班及诸军将校，亦赐窄锦袍。有翠毛、宜男、云雁细锦，师子、练鹊、宝照大锦、宝照中锦，凡七等。

应给锦袍者，皆五事。[公服、锦宽袍、绫汗衫、袴、勒帛，丞郎、给舍、大卿监以上不给锦袍者，加以黄绫绣抱肚。] 大将军、少卿监、郎中以上，枢密诸房副承旨以上，诸司使，皇亲承制、崇班，皆四事。[无锦袍。] 将军至副率、知杂御史至大理正、入内都知、内侍都知、皇亲殿直以上，皆三事。[无袴。] 通事舍人、承制、崇班、入内押班、内侍副都知押班、内常侍、六尚奉御以下，京官充馆阁、宗正寺、刑法官者，皆二事。[无勒帛，内职汗衫以绫，文臣以绢。] 阁门祗候、内供奉官至殿直，京官编修、校勘，止给公服。端午，亦给。应给锦袍者，汗衫以黄縠，别加绣抱肚、小扇。诞圣节所给，如时服。[京师禁厢军校、卫士、内诸司胥史、工巧人，并给服有差。]①

《天圣仓库令》唐21并未根据官员品级而区分时服规格，与上述记载所涉宋代时服赐给的森严等级大相径庭。正因为这种规格区分，因此上述有关"五事"、"四事"、"三事"、"二事"的列举，又与《天圣仓库令》唐22规定的时服"一具"的规格，具有相似的规范属性。

上引《宋史》所载，北宋建隆三年定例赐时服，并言下赐的时间为每年"端午、十月一日"。而王雪莉根据《宋会要辑稿》第42册《礼六二》之三"九年五月赐臣僚时服，自是岁以为常"②的记载认为，十月赐时服始于宋太祖建隆三年，而端午赐服则要晚至乾德九年（970年）

---

① 《宋史》，第3570～3571页。
② 《宋会要辑稿》，第1696页。

方才定制。① 这一研究虽然指出了《宋史》记载之误，但其将"九年"判
为"乾德九年"恐怕也有问题。首先，970 年为开宝三年，并无"乾德九
年"。其次，这一记载之前有"二年三月，知江州周述言庐山白鹿洞学徒
常数百人，望赐《九经》书，使之肄习"之文，同样的记载在《续资治
通鉴长编》中列于"太平兴国二年（977 年）"的纪事中。② 且《宋会要
辑稿》载："太宗太平兴国……九年五月又赐文武臣僚时服"，③ 由此可以
断定：端午赐时服作为一种定制，应该确立于"太平兴国九年"。又，
《渑水燕谈录》卷五载："升朝官，每岁诞辰、端午、初冬赐时服，止于
单袍。太祖讶方冬犹赐单衣，命易以夹服。自是，士大夫公服，冬则用
夹。"④ 王雪莉据此认为诞圣节赐服也是定制，"亦视为时服"。⑤ 只不过，
上引《宋史》称"诞圣节所给，如时服"，仅认为诞圣节的衣帛之赐予时
服的标准相同，并不能称其为"时服"。

又，《宋会要辑稿》第 42 册《礼六二》之一八载：

> 凡仆射以上知判州军，二月后支窄衣三事，绢五十四；十月后歇
> 正绵旋襕一，绢五十四。上将军统军、尚书、左右丞、侍郎、学士、
> 给事、谏议、中书舍人、知制诰、待制、大卿监、诸司使知判州府军
> 监、通判、转运使、副使、都监、都巡检、知军、知监、军使、监
> 使，二月后窄衣三事，绢三十四；十月后歇正绵旋襕一，绢三十
> 四……⑥

由此可见，官员外任知州军等也按照不同等级赏赐衣帛，并根据赴任
时间（二月后或十月后）不同区别赏赐种类。在受赐者层面而言，《宋会
要辑稿》这一记载与《天圣仓库令》唐 21 所定赐给时服的对象"官人出

① 王雪莉：《宋代的服饰制度》，载包伟民主编《宋代社会史论稿》，山西古籍出版社，
2005，第 432 页。
② 李焘撰《续资治通鉴长编》卷一八"太平兴国二年三月庚寅"，上海师范大学古籍整理
研究所、华东师范大学古籍整理研究所点校，中华书局，2004，第 402 页。
③ 《宋会要辑稿》第 50 册《仪制九》之三一，第 2003 页。
④ 王辟之撰《渑水燕谈录》，吕友仁点校，中华书局，1981，第 60 页。
⑤ 王雪莉：《宋代的服饰制度》，第 433 页。
⑥ 《宋会要辑稿》，第 1703 页。

使覆囚者"有类似之处，却不称其为"时服"，可见唐宋"时服"内涵的变化。王雪莉考察了宋以前历代"时服"的内涵，大致可总结为：第一，在颜色上与五时相配的祭服、朝服等；第二，与丧葬敛服相对的日常衣服；第三，五代后唐时期所指的官员俸禄所含之冬春服赐。[①] 这一总结虽未覆盖唐代《仓库令》语境中的"时服"概念，应予补正，但提示了上述宋代"时服"概念与五代之间的关联性。[②]

由于宋代时服的内涵与相应的给赐制度皆与唐令有别，《天圣仓库令》废止唐21、22自然在情理之中。只不过，既然宋太祖以后便有赐给时服之制，那么其法源为何？《宋会要辑稿》第42册《礼六二》之三载：

> 凡五月五日赐服：二府宰相至同签书枢密院事、亲王、三师三公、使相、东宫三师、观文殿大学士、仆射、宣徽使、殿前都指挥使至马步军都虞候、节度使、驸马都尉 [五事：润罗公服、绣抱肚、黄縠（縠）、汗衫、熟线绫夹袴、小绫勒帛。银装扇子二。旧式：大绫夹袴、勒帛。都尉须观察使已上]，全吾将军、皇亲刺史已上 [五事、扇子，并同宰臣，惟小绫勒帛。] ……[③]

此条记载位于前引"（太平兴国）九年五月赐臣僚时服，自是岁以为常"之后，可见其施行的时间。而注文中所出现的"旧式"，可见在北宋前期便已存在与时服赐给相关的"式"。《宋史》卷二〇四《艺文志三》载章惇所著"《熙宁新定时服式》六卷"，[④] 由"新定"二字亦可推论，熙宁以前已存在《时服式》，"旧式"所指或许也是《时服式》。由此可见，虽然《天圣仓库令》废止了有关时服的唐令，但相应的宋代新制已规

---

① 王雪莉：《宋代的服饰制度》，第431页。
② 《唐会要》卷三二《舆服下》"异文袍"载："贞元七年（791年）三月，初赐节度、观察使等新制时服。上曰：'顷来赐衣，文彩不常，非制也。朕今思之，节度使文以鹘衔绶带，取其武毅，以靖封内；观察使以雁衔威仪，取其行列有序，冀人人有威仪也。"引自王溥《唐会要》，上海古籍出版社，2006，第681页。虽然上引史料仅涉及"时服"的纹饰一项，但其"新制"的内容是否仅此而已、"时服"所指是否已有别于唐令、五代的"时服"概念是否起源于此时或唐中后期，则有待于未来的研究。
③ 《宋会要辑稿》，第1696页。
④ 《宋史》，第5140页。

定在"式"中。只不过，在熙宁之后的元丰年间，立法改变了"式"这一法律形式的内容与功能，即"奏表、帐籍、关牒、符檄之类凡五卷，有体制模楷者皆为式"，① 在这样的立法模式下，有关时服配给的规定恐怕不会在《元丰式》及其后诸式之中了。又，《续资治通鉴长编》卷三五九"神宗元丰八年"载：

> （元丰八年八月）（1085 年）门下、中书后省言："诏详定三省吏禄并增给，请厘为一法。除今来所定并旧劳绩以时添料钱，自随身分并时服、官马合依旧外，其应外取拨到并额内人，并从今来新定则例。其兼领因事别给并旧来请受并罢。即应权若领两房职名同，惟许从一多给。"从之。②

据此可作如下推论：即便《时服式》因"式"的功能变化而无法存在，有关时服请受的条文也不会因此而消失，它们可能与给禄的相关规范处于同一种法律文件之内，即存在于作为"一司法"的单行《禄令》之中。

与时服赐给的唐令一样，有关赐物、赐杂彩、赐蕃客锦彩的令文唐15、16、17 也被《天圣仓库令》废弃了，其原因为何？从法律形式演变的角度上考虑，或许也从"令"转入了"式"。《续资治通鉴长编》卷二四六"神宗熙宁六年八月乙亥"载，熙宁六年（1073 年）八月"乙亥，编修令敕所言，修成《支赐式》十二卷，已经看详，可以通行，从之"；③《宋会要辑稿》第 23 册《礼二五》之一载："国朝凡郊祀，每至礼成，颁赉群臣衣带、鞍马、器币，下泊军校，缯帛有差。熙宁中，始诏编定，遂著为式。凡郊祀赏赐：亚献、三献［皇子加赐银五百两，孙、曾孙三百两，元孙二百两。旧式：皇太子充亚献，银三千两，帛三千匹，加袭衣、金带、鞍勒马。］……"④ 由此可见，虽然熙宁年间编纂了与赏赐相关的《支赐式》，但在熙宁之前依然有"旧式"存在，与赐物相关的唐令虽然

---

① 《续资治通鉴长编》卷三四四"元丰七年三月己巳"注，第 8254 页。
② 《续资治通鉴长编》，第 8586 页。
③ 《续资治通鉴长编》，第 5989 页。
④ 《宋会要辑稿》，第 955 页。

被《天圣令》废止了，但有可能在融入宋代新制之后存在于"式"中。当然，这一"旧式"以及《熙宁支赐式》的功能性质等同于唐式，属于"规物程事"的规范，与令的规范属性相近。① 但因元丰"变法"改变了式的定性，与赐物相关的规定也不会继续保留在"式"中，可能转入后出的《给赐令》了。

2.《庆元令》所新增的规范内容

目前所见《庆元仓库令》共有145条，比《天圣仓库令》多99条。从上述可知，其省减了占唐令谱系《仓库令》三分之一的粮禄支出部分，那么如此之多的《庆元仓库令》条文究竟规定了哪些内容？换言之，《庆元仓库令》较唐令谱系的《仓库令》多出了哪些新的规范呢？

第一，《庆元仓库令》在有关仓库管理主体的选任、职责义务厘定等方面有专门的条文规定，基本分布在"职制门"部分，如：

> 诸转运司，于逐州不许差出官内选差官一员，专主管检察、收支本司钱物并岁计事务。
> 诸州甲仗库，知州、通判、提举、都监同主管，其正监官并轮宿。独员者，与指使或将校通轮。无监官处，轮差指使、将校，又无指使，轮将校宿。［并轮禁军近上将校。无禁军处，轮差本城。］
> 诸仓库内无廨舍者，监官不得住家。收支文书，监官廨封锁，遇替移交，受都簿赤历足，批上印纸离任。②

从这一点看，前述仁井田陞、爱宕松男所谓的《庆元令》"财用门"、"榷禁门"多见独创性条款的观点亦可予以补正，即宋代官制等行政领域的变化之于令典的影响亦不可小觑，《庆元仓库令》"职制门"的新增条文便是例证。

第二，《庆元仓库令》对于上供、封桩、点磨、鼓铸、场务、籴买粮

---

① 有关唐代立法技术上"令、式同源"或"式出于令"的特点，可参见霍存福《唐式辑佚》，社会科学文献出版社，2009，第34～36页。

② 《庆元条法事类》卷四《职制门一》"职掌"、卷六《职制门三》"批书"，第30～31、83页。

草等方面有细致的规定。这些条文基本分布于"财用门"、"赋役门"中。

以鼓铸为例,《庆元仓库令》规定:

> 诸受纳新铸钱而粗怯不如样者,退换,若数多即申所属。
>
> 诸钱监铸上供钱,并依元样,州差官看拣讫方得起发,内抽取一贯申纳尚书省。
>
> 诸装发钱监上供钱,每纲于所装钱内取样,不得拣选,监专与纲梢管押人同封书印〔一百文入急脚递,传送至交纳处,一贯随纲,仍于装发钱数外取别同样钱,一贯留本州作住样,以备照验。转般者,装发日将元随纲样钱重加封印〕,以样比验交纳。若不如样者,申所属验实,据数发回元铸钱监验认,送所属究治。
>
> 诸入钱监点检官,除随行吏人外,听留从人二人,余即时押出。
>
> 诸钱监监官与监门官互宿。①

作为"中国历史上铜钱铸行量最大的朝代",② 宋代的与铸币相关的管理机构、制度设置等都相当发达,在《庆元仓库令》中存在上引与钱相关的条文,自然在情理之中。但这并不意味着唐代完全没有类似的规定,如与铸钱入京相关,《开元水部式》规定了相对细致的条文:

> (前略)
> 78 桂、广二府铸钱及岭南诸州庸调并和市、折租
> 79 等物,递至扬州讫,令扬州差纲部领送都。应须
> 80 运脚,于所送物内取充。
> (后略)③

由此可见,虽然唐令之中没有出现与《庆元令》相似的有关铸钱的条文,但这并不代表《庆元令》皆是宋代新出的令文,尚需留意唐代格、式

---

① 《庆元条法事类》卷三二《财用门三》"鼓铸",第 525 ~ 526 页。
② 汪圣铎:《两宋货币史》,社会科学文献出版社,2003,第 26 页。
③ 刘俊文:《敦煌吐鲁番唐代法制文书考释》,中华书局,1989,第 331 页。

与《庆元令》之间的继承、转化关系。

再以《天圣仓库令》唐 13 为例：

> 诸庸调等应送京者，皆依〔见〕送物数色目，各造解（见）一
> 道，函盛封印，付纲典送尚书省，验印封全，然后开付所司，下寺领
> 纳讫具申。若有欠失二（及）损，随即理（征）填。其用（有）滥
> 恶短狭不依式者，具状申省，随事推决。

它规定了庸调物送京的相关手续，如将所送之物的数量、细目等造
"解"并函盛封印，由纲典送尚书省。令文的规定必然是原则性的，更为
细致的规定应该在"式"中。大津透所整理的《仪凤三年度支奏抄、四
年金部旨符》的第 13 条（E′2~9）为：

```
2   诸州所送庸调等物，令典预□□□□□□
3   文解到所司，趁 滕 物到，限五日内纳了。犹 ?
4   抄? 多不了者，限□□五□□□
5   官司明明加检阅，勿使付滥□□□□
6   因兹浪有颉颃。所司纳了 具 □□□
7   日及纳物色□□□□了日，速申度支。其
8   纳两京□□□□□等，每州纳了三日内，
9   状申到度支。如有违限随状科附。①
```

大津透认为此条大致是关于"交纳庸调的手续的规定，从诸州送交上
来的庸调，由典（负责运输者）先向各官府送纳清单，现物到后令五日内
交纳完毕。如果'抄'即受纳证明（或者为'物'?）太多，无法在限期
内完成，则按照规定，由官司认真检查，不能伪滥。各官司在纳入后，向
度支报告纳物的色数、纳入结束日期等。送入两京（左右藏），各州在结

---

① 大津透：《日唐律令制の财政构造》，岩波书店，2006，第 37 页。

束后三天内报告度支。如超过时限，则予以处罚"。① 一般认为，该文书可能是包含度支式和金部式的令旨事条，② 故而暂且将上述引文视为唐《度支式》的内容。而这条规定细致的唐式，可在《庆元輦运令》中找到行为模式相近的条文：

> 诸起发官物，籍记物数及管押人姓名、责到交卸处限及具所准官司指挥年月状［转般者，并具元来去处、般到年月日］，书实日连粘入递，先报所属［上京物属尚书户部者，其纲分以千字文为号，于状内声说］，所属不受纳官司注籍，候交纳讫限三日给公凭，限五日给收附。［旧出钞者同。］虽有取会，共不得过十日，入递起发，官司得收附，限三日行下应在司销破。若计程过限而收附不到，在京申所属，在外申牒所属监司究治。如失究治致官物失陷者，干系人均备。③

换言之，对于唐《仓库令》进行更为细致规定的唐《度支式》的条文，几经修订，体现在《庆元輦运令》中。

第三，在《庆元仓库令》和《天圣仓库令》中，虽然有部分条文具有相同的规范内容，但针对的对象范围则有增加。如《天圣仓库令》宋2规定了收税时"米、粟、大小麦、杂豆等"的耗直，而与之对应的《庆元仓库令》所规范者，并不限于米粟，还扩展至蒿草和丝绵。不过，《庆元令》"蒿草十束加一束为耗"的规定也是承自唐代。陆贽在《论度支令京兆府折税市草事状》提到"百束应输二束充耗"，④ 因为唐开元二十五年之后并无再度修令、格、式之举，若此充耗规定不在此前的"格"、"式"中，则必然厘入此后的"格后敕"中。无论如何，《庆元令》"蒿草"加耗条源于唐代则是无疑的。

---

① 大津透：《唐律令制国家的预算——仪凤三年度支奏抄、四年金部旨符试释》，宋金文、马雷译，载刘俊文主编《日本中青年学者论中国史·六朝隋唐卷》，上海古籍出版社，1995，第456页。需注意，此文修订后收入大津透《日唐律令制の财政构造》一书，有关此段论述并无变化，故而完全摘录该译文，唯中译本将该条定为"第10条"，本文据修订版改。

② 大津透：《日唐律令制の财政构造》，第28页。

③ 《庆元条法事类》卷三一《财用门二》"应在"，第493～494页。

④ 陆贽：《陆贽集》（下），王素点校，中华书局，2006，第656页。

又如《天圣仓库令》宋 3 规定仓库贮粟的方法，与之对应的《庆元仓库令》则增加了盐仓储盐的注意事项。《天圣仓库令》宋 13 规定了仓窖铺衬之物如秸、草、苫、概等的使用、回易、另充他用等，《庆元仓库令》又添加了酒务醡袋及"什物"的使用、除废或折充他用的规定。《天圣仓库令》宋 23 规定输"金、铜、银"的方法，而《庆元令》则将其分为"买纳"和"上供"两种情况，分别规定在《仓库令》和《辇运令》中，且在相应的《仓库令》内增加了有关"铅、锡"的规定及例外情况。《天圣仓库令》唐 1 规定了仓窖贮藏粟、米的除耗标准，而《庆元令》则分别在《仓库令》和《场务令》中增加了毛皮和糟醅的除耗标准。《天圣仓库令》唐 13 规定了庸调物送京及收纳的手续，《庆元令》则在《仓库令》、《辇运令》中规定了钱物、真珠、金银、官物等送京的流程。

3. 《庆元令》与《天圣令》条文篇目的归属变化

在上述规范内容相同但规范对象范围不同的讨论中，本文已经涉及了《天圣仓库令》相关条文体现在《庆元场务令》和《辇运令》中的情况。此处就上文未涉及的三种情况再作探讨。

第一，虽然《庆元令》中未见到有关俸禄支出的规定，笔者也曾猜测可能规定在作为一司法的《禄令》之内，但《天圣仓库令》中有关仓储之物支出的程序性规定，如宋 5、宋 7、宋 10、宋 11、宋 16、唐 4、唐 18，则在《庆元令》中多有体现，条文规定极尽细致，且大多分布在《给赐令》中，表 2 已有详列，此处仅再提及一点：《天圣仓库令》将纳库与出仓的程序分别规定在两条令文中，即：

> 宋 21：诸司受一物以上，应纳库者，纳讫，具录色目，申所司附帐。
>
> 唐 18：右（左）右仓（藏）库及两京仓，出一物以上，所司具录赐给杂物色目、并数、请人姓名，署印送监门，勘同，判傍，听出。

且不论这两条令文在复原上是否需合并为一条（因为目前并未见到《养老令》的相应条文），也暂且抛开表 2 所列相应的《庆元给赐令》。其

实，南宋的出纳流程与之大致相同，如《名公书判清明集》卷一载胡颖
《仓官自擅侵移官米》判词曰："州郡仓库一出一纳，并须先经由太守判单
押贴，次呈通判，呈佥厅签押，俱毕，然后仓官凭此为照，依数支出。"①

第二，《天圣仓库令》中还有一条有关"欠失官物"的理赔规定（即
宋20），《庆元令》则将相应的条文厘入《理欠令》。且《天圣仓库令》
中的理赔以"本物理填"为原则，"准价直理送"为例外，但《庆元理欠
令》则规定以当事人的财产偿纳，且称"计所亏欠，估纳处价"，并不强
调"本物理填"。

第三，《天圣营缮令》宋14规定："诸用瓦器之处，经用损坏，一年
之内，十分听除二分，以外追填。"而《庆元令》则将此条厘入《仓库
令》："诸经用瓷器破损者，除岁一分，瓦器二分。"对此，爱宕松男曾有
相当精辟的论断：《庆元令》此条并不限于瓦器，由此可窥见宋代瓷器毁
损率颇高，进一步而言，从中唐时期即9世纪前后开始，中国的瓷器烧造
技术有了长足的发展，瓷器的使用由此前限于官僚阶层而逐步向社会普
及，从而实现瓦器时代向瓷器时代的一大转变。②

（三）结论

相对于《天圣仓库令》而言，《庆元仓库令》减省了粮禄支出、仓窖
税、运盐和储盐折耗以及赐给时服和绢布杂彩等规范内容，增加了有关仓
库管理主体选任、其职责义务厘定等方面的专门条文，并在上供、封桩、
点磨、鼓铸、场务、籴买粮草等方面规定了极为细致的条款。此外，《庆
元令》在继承了《天圣仓库令》某些条文所定行为模式的基础上，增加
了若干新条文以扩大该行为模式的适用对象，许多条文突破了《仓库令》
的范围，被分别厘入《辇运令》、《场务令》、《给赐令》、《理欠令》等宋
代新出令篇。

从法律形式的变迁角度而言，宋代的法律体系较唐代更为复杂，尤其

---

① 《名公书判清明集》卷一《官吏门·仓官自擅侵移官米》，中国社会科学院历史研究所宋
辽金元研究室点校，中华书局，1987，第30页。
② 爱宕松男：《逸文唐令の一资料について》，第184、186页。

是"海行法"与"一司法"并行不悖且互有交叉，① 使得那些未见于作为海行法的《庆元令》条文，有可能在依宋制进行修订之后保留到了一司法中，如与粮禄支出、时服赐给相关的《禄令》，与盐耗标准相关的《盐法》。当然，这一变化并非始于《元丰令》，起码《天圣令》已将这些条文定为"右令不行"的唐令。

又，唐代法律体系由律、令、格、式四种主要法律形式构成，"凡律以正刑定罪，令以设范立制，格以禁违止邪，式以规物程事"，② 亦即唐令与式皆属于仅有行为模式而无刑罚规定的法律规范，令、式之间具有同源性。在北宋中前期，不仅令的修纂囿于唐代模式，③ 有关式的立法也是如此，如元丰三年（1080 年）五月"丁丑，详定重修编敕所言：'见修敕、令与格、式兼行，其《唐式》二十卷，条目至繁。又古今事殊，欲取事可通行及一路、一州、一县在外一司条件照会编修，余送详定诸司敕式所。从之"，④ 可见当时仍参用二十卷《唐式》。在这样的令、式关系中，原本见诸唐令的部分规范虽因不合时宜而被废止，但融入宋代新制且规范内容相同的条文可能会被编入新修的式中，⑤ 如《时服式》、《支赐式》可能保存了被《天圣令》所废弃的有关时服以及赐物的条文。

只不过，宋神宗于元丰年间又重新定义了"敕令格式"："禁于已然之谓敕，禁于未然之谓令，设于此以待彼之至之谓格，设于此使彼效之之谓式"，"命官之赏等十有七，吏、庶人之赏等七十有七，又有倍、全、分、厘之级凡五卷，有等级高下者皆为格；奏表、帐籍、关牒、符檄之类

---

① 有关一司法的研究，参见滋贺秀三《中国法制史論集　法典と刑罰》，創文社，2003，第 124 ~ 134 页。
② 《唐六典》卷六"刑部郎中员外郎"条，第 185 页。
③ 戴建国总结了北宋前期令文的修纂方式：第一，唐令可沿用者，完全保留原文不予改动；第二，凡不用的唐令，以附录方式予以保存；第三，对唐令进行修改，增入宋代新制；第四，凡是唐令没有的内容，不再新立条文；第五，宋代编敕中有与唐令相关的内容，可以改而入令。参见戴建国《唐宋变革时期的法律与社会》，上海古籍出版社，2010，第 184 页。
④ 《续资治通鉴长编》卷三〇四，中华书局，2004，第 7407 页；《宋会辑稿》第 164 册《刑法一》之一二，第 6467 页。
⑤ 戴建国认为，凡唐令中没有但必须予以法律化的宋代新制，则修入宋代的编敕。（参见戴建国《唐宋变革时期的法律与社会》，第 184 页。）而本文的研究又提示了一种新的可能性，即由令入式的编修方式。

凡五卷，有体制楷模者皆为式"，① 亦即元丰以后，式成为"对各府衙程
式和公务期限、名物、规格方面的规定"，② 这与唐式无法同日而语，那
些被修入《时服式》、《支赐式》等的条文可能又得修回令中，如《给赐
令》。不仅如此，那些未见于《天圣令》而被视为《庆元令》新增的条
文，也可能是由唐格（或格后敕）、式转化而来的，未必为宋代独创，如
唐代《水部式》和《度支式》中有关制钱、庸调物等入京的程序性规范，
以及唐代蒿草加耗的规定等，都可以在《庆元仓库令》和《庆元辇运令》
中觅得踪迹。

　　梅原郁认为宋令之于唐令的一个特点是"宋令中许多条文较为简
短、内容单纯且范围狭窄"，③ 通过对于《仓库令》的唐、宋条文对比
可知，宋令的条文不但不简短，有的还极其冗长；有的条文虽然看似简
短，但由于《庆元条法事类》对于条文的收录有时采取节文的形式，所
以有失原貌。只不过，梅原氏所谓的"内容单纯"、"范围狭窄"确是
一语中的，从表2所列条文可见，如《庆元令》有关"除耗"一事，除
仓库所藏粟米、稻谷等外，又专设《仓库令》、《场务令》对"毛皮"、
"糟酵"进行分别规定，可见苛细。若深究其原因，一则原本属于细则
性规范"式"的条文被厘入令中，令文绵细冗长自不待言；二则宋朝以
防微杜渐为"祖宗之法"，宋太宗总结太祖之治为八字"事为之防，曲
为之制"，④ "故今日之弊，良由关防伤于太密，而画一伤于太烦，则难
于通融……每事立条，事务日新，欲以有司之文而尽天下之务"，⑤ "细
者愈细，密者愈密，摇手举足辄有法禁"，⑥ 这样的立法岂能不使令文绵
密、苛碎？

　　当然，唐、宋《仓库令》之别，也并不仅仅是上述法律形式的变迁所

---

① 《续资治通鉴长编》卷三四四"元丰七年三月己巳"注，第8254页。

② 戴建国：《唐宋变革时期的法律与社会》，第74页。

③ 梅原郁：《宋代司法制度研究》，创文社，2006，第820页。

④ 有关"祖宗之法"的研究，参见邓小南《祖宗之法——北宋前期政治述略》，三联书
　店，2006，第261～269页。

⑤ 苏颂：《苏魏公文集》卷一六《奏议·论省曹寺监法令繁密乞改从简便》，王同策等点
　校，中华书局，1988，第227页。

⑥ 叶适：《叶适集·水心文集》卷三《奏议·法度总论二》，刘公纯等点校，中华书局，
　1961，第789页。

导致，整个时代背景以及令文所规范的制度内容等发生的实质性变化当然是关键因素，如唐宋官制、盐法的变化，"时服"概念的名同实异，货币经济和瓷器烧造技术的进一步发展等。本文的研究仅仅是一个开端，以唐、宋令条文比较为线索，深入挖掘唐宋制度变迁之动态过程及其原因，仍有待于未来的精耕细作。

《庆元条法事类》与《天圣令》

——唐令复原的新的可能性

一直以来，唐令复原研究都只能通过原始的逸文收集工作来进行，而这一次在天一阁博物馆发现北宋《天圣令》①，给迄今为止的唐令复原研究带来了飞跃式进展。《天圣令》的编修方针是以唐令为基础的，它对唐令中能够继续被利用的部分加以改进然后制成新的令文，对被判断为不需要的部分也并不做删除，而是原封不动地保留下来，② 因此通过《天圣令》的原文（以下称"宋令"）以及未被删除而被保留下来的唐令（以下称"不行唐令"）的内容，就基本上可以复原唐令的全貌。

迄今为止的唐令复原研究的成果有仁井田陞的《唐令拾遗》，仁井田陞著、池田温编集代表的《唐令拾遗补》。③ 随着《天圣令》的发现，将会有远远超过目前所复原的数量的条文被补充到唐令里去。其原因在于迄今为止的复原研究的手法。到目前为止，复原研究的主要方法是收集残存在典籍中的令逸文，具体的手法是，先收集写明是"令"的逸文，然后进行复原，接下来对虽然未标明是"令"但如果其内容能够与日本令相对应的话就判断其为唐令来进行复原。这样的手法，造成的结果是很多没有被传承到日本令中的唐令被疏漏掉了。

这次发现的是《天圣令》全三十卷的末尾十卷十二篇，至于剩余的三分之二的唐令复原工作，目前还只能和从前一样继续通过收集逸文进行积累。但是如果立足于上述的问题意识的话，在今后的逸文收

---

① 关于北宋《天圣令》，参照天一阁博物馆、中国社会科学院历史研究所天圣令整理课题组校正《天一阁藏明钞本天圣令校正——附唐令复原研究》，中华书局，2006。

② 滋贺秀三：《法典编纂的历史》，收入氏著《中国法制史论集：法典与刑罚》，创文社，2003；黄正建：《天一阁藏〈天圣令〉的发现与整理研究》，载《唐研究》第12卷，北京大学出版社，2006。

③ 仁井田陞：《唐令拾遗》，东方文化学院东京研究所，1933；仁井田陞著、池田温编集代表：《唐令拾遗补》，东京大学出版会，1997。

集方法上就应该有新的视点。作为思索这种新的复原研究的方法论的一个前提，本文将探讨作为唐令复原材料的《庆元条法事类》的重要性。

（一）所谓《庆元条法事类》

首先我们以川村康的研究①为基础来看一下《庆元条法事类》。宋代的"海行"法典（全国通用的法典）基本上是由一代的皇帝或者是以十年一次的频率来编辑的，按其形式可以分为以下的三个编辑阶段。第一是始于北宋前期建隆编敕（963 年成立）的"编敕时代"，第二是始于北宋后期元丰敕令格式（1084 年成立）的"敕令格式时代"，第三是先后在南宋淳熙、庆元、淳祐时编纂了三次的"条法事类时代"。

编敕是将单行敕令原封不动地加以编辑，在检索条文上有很大的难度。由此而产生的新形式就是敕令格式，它是将条文按照性质的不同分成敕、令、格、式以及申明，然后再加以编辑的。敕，等同于律的刑罚规定，是刑统的补充修改；令，与唐代相同，是原则上不含刑罚规定的禁令；格，是施行细则方面的规定，它对一定的事项设置不同的等级，并相应地制定出了对策；式，用来规定书写格式以及器具的规格、样式等。要注意敕令格式与唐代的律令格式的区分方法是有所不同的。申明，是指单项的敕令或者皇帝裁可中的一直被沿用到后世的部分。

而该敕令格式也同样存在不便检索的问题，其后重新被设计的形式就是条法事类。条法事类中将敕、令、格、式、申明分门别类地重新编辑，并且不厌重复地将相关规定分别集中到各个门中，方便了

---

① 川村康：《庆元条法事类与宋代的法典》，收入滋贺秀三《中国法制史：基本资料研究》，东京大学出版会，1993。本部分的说明完全依据该论文。《庆元条法事类》的原文使用的是《静嘉堂文库藏庆元条法事类》（古典研究会，1968）以及《中国珍稀法律典籍续编》第一册《庆元条法事类》（戴建国点校，黑龙江人民出版社，2002）。另外还参考了梅原郁编的《庆元条法事类语汇辑览》（京都大学人文科学研究所，1990）。

使用。

这个以第三个形式进行编纂的《庆元条法事类》，几乎是现存的唯一有较为完整形式的宋代法典，作为宋代的法典编纂以及法实践经验集大成的史料，它占有非常重要的位置。《庆元条法事类》是以庆元四年（1198年）成立的庆元重修敕令格式为原本加以编纂，嘉泰二年（1202年）上呈，次年颁行的。[①] 本来一共有 80 卷，但现存的仅有 36 卷，半数以上都逸失了。现存本中遗留下来的条文数量，除去重复的部分，敕有 887 条，令有 1781 条，格有 96 条，式有 142 条，申明有 260 条。

（二）利用于唐令复原

将《庆元条法事类》用于唐令复原的尝试，早在《唐令拾遗》、《唐令拾遗补》中就有过。仁井田陞曾指出："存在于《庆元条法事类》中的《庆元令》所遗留下来的条文一共大约有两千条，如果对其内容进行细致的考察的话，就能发现很多来自唐令的条文。"[②] 他因此举出了很多《庆元令》条文，以之为唐令复原的参考数据。特别是对于其中的《假宁令》复旧 11 条，他指出 "与本条相对应的唐令逸文尚未被发现，但因为宋《庆元令》与日本令基本上是一样的，因此我认为唐令中也是有与该宋令同样的规定的"。[③] 他以与日本令相对应的条文的存在为依据，以《庆元条法事类》的条文为基本数据，原封不动地将其复原成了唐令：

> 《养老令》假宁令 9　凡给丧假，以丧日为始。举哀者以闻丧为始。[④]
>
> 《庆元条法事类》给假·假宁令　诸遭丧给假，以遭丧日为始，闻丧者以闻丧日为始。

---

① 因此，《庆元条法事类》中所登载的各种规定，是庆元重修敕令格式中的规定。为了避免繁琐，本书将其规定内容标示为 "庆元条法事类（的条文）" 等。

② 仁井田陞：《序说第一　唐令的历史研究》，收入《唐令拾遗》，第 46 页。

③ 仁井田陞：《唐令　假宁令》，收入《唐令拾遗》，第 748 页。

④ 《养老令》的引用源自《日本思想大系　律令》，岩波书店，1976。

《唐令拾遗》假宁令复旧一一〔唐〕　诸遭丧给假，以遭丧日为始，闻丧者以闻丧日为始。

看了《天圣令》后，果然正如《唐令拾遗》所预测的一般，能够找出与日本令以及《庆元条法事类》的规定相对应的条文：

《天圣令》假宁令宋17　诸给丧假，以丧日为始，举哀者以闻丧日为始。

不过，需要注意的是，比起《庆元条法事类》，《天圣令》细微的用字更加接近《养老令》，估计唐令同此《天圣令》的每一个字句都相差无几。① 因此可以认定，《养老令》除了遗漏了一个"日"字以外，完全就是照抄唐令。

与《假宁令》复旧11条所类似的，根据与日本令以及《庆元条法事类》的对应而被复原为唐令的，还有《营缮令》复旧补2条。它是由爱宕松男提出来的，其复原被收录到了《唐令拾遗补》中：

《养老令》营缮令10　凡瓦器经用损坏者，一年之内，十分听除二分，以外征填。

《庆元条法事类》仓库令约束·仓库令　诸经用瓷器破损者，除岁一分，瓦器二分。

《唐令拾遗补》营缮令复旧补二〔唐〕　诸经用瓦器破损者，除岁二分，以外征填。

该条目也同样，比起《庆元条法事类》，《天圣令》更加接近《养老令》，由此可推测《养老令》基本上是原封不动地沿袭了唐令的。②

———————

① 赵大莹也将与宋17条同文的唐令作为复原20条进行了复原。参照《天一阁藏明钞本天圣令校证——附唐令复原研究》，第569页。

② 牛来颖将与《养老令》基本同文的唐令作为复原19条进行了复原。参照《天一阁藏明钞本天圣令校证——附唐令复原研究》，第667页（复原19　诸瓦器经用损坏者，一年之内，十分听除二分，以外征填）。

《天圣令》营缮令宋 17　诸用瓦器之处，经用损坏，一年之内，十分听除二分，以外追填。

在复原《营缮令》复旧补 2 条时，爱宕松男还进行了以下探讨。[①] 首先，他证实了北宋初期的《淳化令》、《天圣令》都基本上沿袭了唐开元二十五年令，与之相对的，《元丰令》以后，为了适应宋朝这一新时代的需要，增补了大量新的规定，并且在篇目构成上也进行了修改。他还指出，虽然在这样的趋势下，《庆元令》中出现了许多唐令中没有的篇目、条文，但它并没有完全丧失唐令的原有形态，沿袭唐令的条文被保留下来的可能性还是很大的。他将宋令中另行被增补的条文集中地收录到了榷禁门、财用门中，并指出：“在交换经济的不断渗透这一背景下，这些条令是能够反映出疏隔唐宋两个朝代的政治和社会的巨大变化的。”他还提出了以下根据《庆元令》来复原唐令的方针：“如果说仅限于经济部门，特别是在宋朝特有的货币财政方面，《庆元令》中有着绝对数量的自己的条文的话，那么应该可以预测，除此以外的其他部门的条令是极有可能沿袭了唐令的。”

在此，我们来看一下《唐令拾遗》以及《唐令拾遗补》中的《庆元条法事类》的利用情况。

表 1 显示出《庆元条法事类》的条文在《唐令拾遗》中有 47 条被引用，在《唐令拾遗补》中有 20 条被引用。不过，这两本书在引用方针上有着很大的不同。

《庆元条法事类》在被引用到《唐令拾遗》和《唐令拾遗补》时，二者的区别是被作为“基本数据”来刊登，还是作为“参考数据”来引用。后者已经根据其他的唐令逸文资料复原了唐令，因此《庆元条法事类》至多也就是被作为参考而已，而与之相对的，前者因为缺乏非常合适的唐令逸文数据，但是又存在着与日本令相对应的条文，因此《庆元条法事类》就被认作复原唐令的直接依据。根据这一区别来看上述这两本书的话，将

---

① 爱宕松男：《逸文唐令的一个资料》，载星博士退官纪念中国史论集编集委员会编《星博士退官纪念中国史论集》，星斌夫先生退官纪念事业会，1978；收入同氏《爱宕松男东洋史学论集第一卷　中国陶瓷产业史》，三一书房，1987。

《庆元条法事类》作为"基本资料"来引用的，在《唐令拾遗》中有两条，在《唐令拾遗补》中有六条。由此可见，《唐令拾遗补》更高地评价了《庆元条法事类》作为唐令复原数据的价值。

另外，《唐令拾遗》所引用的47条均为"令"，而《唐令拾遗补》所引用的20条中有5条引自"格"、4条引自"式"。如前所述，宋代的敕令格式与唐代的律令格式并不直接相对应，因此在查找唐令对应条文时也无须拘泥于《庆元令》。《唐令拾遗补》则立足于此点，无论是《庆元格》还是《庆元式》，只要是有所关联的内容，都积极地作为参考数据加以引用。

表1　《唐令拾遗》、《唐令拾遗补》中《庆元条法事类》的利用情况

篇目	条文	引用方法	《庆元条法事类》	《天圣令》
官品令	一丁	参考资料	官品令	—
	一丁	参考资料	官品令	—
户令	八乙	参考资料	户令	—
	九	参考资料	户令	—
	九	参考资料	户令	—
	一二	参考资料	户令	—
	三三乙＊	参考资料	户令	—
	四七＊	参考资料	户令	—
选举令	二六	参考资料	荐举令	—
封爵令	二乙	参考资料	服制令	—
考课令	四二（四二乙＊）	参考资料	考课令	—
军防令	二三	参考资料	军器令	—
	二六	参考资料	杂令	—
仪制令	一五	参考资料	仪制令	—
	一七＊	参考资料	仪制令	—
	二二乙	参考资料	仪制令	—
	二五	参考资料	仪制令	—
	二六	参考资料	仪制令	—
	二七	参考资料	仪制令	—

篇目	条文	引用方法	《庆元条法事类》	《天圣令》
公式令	三八	参考资料	职制令	—
	三九	参考资料	文书令	—
	四三乙 *	基本资料	文书令	—
	四三乙 *	基本资料	文书令	—
	补九 *	基本资料	文书令	—
田令	二六	参考资料	田令	宋 4
关市令	七	参考资料	关市令	宋 10
捕亡令	一	参考资料	捕亡令	宋 1
	六 *	参考资料	杂令	宋 9
假宁令	四 *	参考资料	假宁格	宋 4
	五丙	参考资料	假宁令	宋 6
	五丙	参考资料	服制令	宋 6
	六乙	参考资料	假宁令	宋 7 ~ 10
	六乙 *	参考资料	假宁格	宋 7 ~ 10
	七 *	参考资料	假宁格	宋 11
	九	参考资料	假宁令	宋 15
	一一	基本·参考	假宁令	宋 17
	一二 *	参考资料	假宁格	宋 19
	一六	参考资料	假宁令	宋 5
狱官令	一〇	参考资料	断狱令	唐 4
	三六	参考资料	断狱令	宋 48
	三七	参考资料	断狱令	宋 51
	四〇	参考资料	断狱令	宋 59
	附录	基本资料	假宁令	宋 18
营缮令	补二 *	基本资料	仓库令	宋 17

篇目	条文	引用方法	《庆元条法事类》	《天圣令》
丧葬令	七	参考资料	服制令	宋 13
	一一 *	参考资料	服制格	宋 14
	一二 *	参考资料	服制式	宋 15
	一三	参考资料	服制令	宋 16
	一三 *	参考资料	服制式	宋 16
	一四	参考资料	服制令	宋 17
	一四	参考资料	服制令	宋 19
	一七	参考资料	服制令	宋 21
	一八 *	参考资料	服制式	宋 24·25
	二〇	参考资料	服制令	宋 26
	二〇 *	参考资料	服制式	宋 26
	二一	参考资料	户令	宋 27
	二三	参考资料	服制令	宋 31
	二四	参考资料	服制令	宋 33
杂令	九	参考资料	田令	宋 10
	一一	参考资料	杂令	宋 14
	一二	参考资料	河渠令	宋 15
	一七	参考资料	关市令	宋 24
	一七	参考资料	关市令	宋 24
	二〇	参考资料	杂令	宋 26
	二一 *	参考资料	厩牧令	宋 27
	二七 *	参考资料	道释令	宋 40
	补四 *	基本资料	杂令	宋 35

注："条文"栏的"＊"是指引用于《唐令拾遗补》。没有记号的是指引用于《唐令拾遗》。

（三）《庆元条法事类》和《天圣令》
——以《假宁令》、《丧葬令》为中心

将《天圣令》中发现的新条文与《庆元条法事类》中的相应条文的对应关系进行对比后会发现，有对应关系的条文的数量要远远超过《唐令拾遗》、《唐令拾遗补》中所提到的。本文将关注新被发现的《天圣令》十二篇目中的《假宁令》和《丧葬令》，用以观察其与《庆元条法事类》的对应关系。之所以选这两篇，是因为依据上述爱宕松男的观点，可以预测出关于礼制的这两篇在唐宋之间的变化相对较少，《庆元条法事类》中更多地保留了对唐令的承袭。

关于《假宁令》和《丧葬令》，表2、表3中整理总结了《天圣令》和《庆元条法事类》的对应情况。① 在从《天圣令》发展到《庆元条法事类》的过程中，不仅条文内容出现了大幅度的变化，有些条文还做了篇目上的移动，因此还存在一些在对应关系上的探讨不够充分的问题，但是可以说大致上是呈现出了类似的趋势。表中阴影部分是《唐令拾遗》以及《唐令拾遗补》中未提及（或者修改了对应关系）的《庆元条法事类》条文。本文将不针对个别的对应关系，而是以整体的问题点为中心来进行探讨。

首先，值得注意的是，基本没有与不行唐令相对应的《庆元条法事类》。这是因为在《天圣令》编纂的阶段就已经将无益于现行法的内容作为"不行唐令"而排除在外，而《唐令拾遗》和《唐令拾遗补》所提到

---

① 关于《天圣令》与《庆元条法事类》的对应关系，在各自的复原研究中，赵大莹就《假宁令》、吴丽娱就《丧葬令》分别指出了《唐令拾遗》和《唐令拾遗补》以外的相对应的条文。在赵所阐述的内容中，关于《庆元条法事类》的《假宁令》与宋2~4·19、《假宁格》与宋1~3的对应，我们的见解是一致的，但在《假宁令》与宋1·5·7~8·10·14·唐1·3、《假宁格》与宋6的对应上，我们的见解存在分歧。对于吴指出的《庆元条法事类》的《服制令》与宋5·20、《服制格》与宋17、《服制式》与宋17·18、《给赐令》与宋8的对应，我们的见解均是一致的，关于《服制令》与宋5的对应，池田温所著《对唐、日丧葬令的一个考察：以条文排列之差异为中心》（《法制史研究》45，1996）已经提及。参见赵大莹《唐假宁令复原研究》、吴丽娱《唐丧葬令复原研究》，均出自《天一阁藏明钞本天圣令校证——附唐令复原研究》。

的《庆元条法事类》，其所对应的基本上都是宋令而非不行唐令（参照表1）。就管见所及，唯一的例外是《狱官令》复旧10条，在《天圣令》中是与唐4相对应的：

　　《庆元条法事类》病囚·断狱令　诸禁囚身死无亲属者，官为殡瘗标识，仍移文本属，告示家人殡取。所费无随身财物或不足者，皆支赃罚钱。
　　《天圣令》狱官令唐4　诸囚死，无亲戚者，皆给棺，于官地内权殡（其棺并用官物造给。若犯恶逆以上，不给棺。其官地去京七里外，量给一顷以下拟埋。诸司死囚，大理检校）。置砖铭于圹内，立榜于上，书其姓名，仍下本属，告家人令取。即流移人在路，及流、徒在役死者，亦准此。

　　这些内容在《天圣令》中被视为不行唐令，而在该条目中却被作为《庆元断狱令》而保留下来，这究竟是为什么呢？此问题还有待于今后的探讨。

　　其次，如果对不行唐令以外的《天圣令》条文（宋令）加以分析的话，会发现《庆元条法事类》中存在着相当比例的与之相对应的条文。从留存下来的《庆元条法事类》本身只占整体的一半以下这一现状来看，可以推测这种对应是非常显著的特征。在此，如果再来看一下与《庆元条法事类》不相对应的《天圣令》的话，就会发现，在《丧葬令》中，大都为与赗物或者殡殓调度等的支付相关的条文（宋6、7、9～12、23、29、32）。估计这些与支付相关的条文，是作为例如《给赐令》等，集中地出现在《庆元条法事类》的丢失的部分里的。之所以这么说，是因为关于"赗赠"或者殡殓调度支付前提的"诏葬"，在《宋史》礼志里就已经有过详细的记载，很难想象其会在唐宋时期发生本质性变化。而同样的，在《丧葬令》中很难集中地发现与皇帝相关条文的对应（宋2～4），这大概也是出于同样的原因。就以上的推测来看，可以说至少在《假宁令》和《丧葬令》中，基本上所有的条文的内容都被保留到了《庆元条法事类》中。

　　另外，表3的最后所列出的《服制格》是关于明器（随葬品）的规定。尽管《唐令拾遗》以及《唐令拾遗补》中预测了该类规定的存在，但是在这次发现的《天圣丧葬令》中，无论是宋令还是不行唐令，都没有出现关于明器的规定。不过，在其他的论文中，笔者曾经提到过，根据《司马氏书仪》的记载，《天圣令》中的确出现过有关明器的规定。① 吴丽娱也曾经指出，根据《唐会要》的记载能够推测出唐令中也出现过有关明器的规定。② 因此在《天圣丧葬令》中见不到明器规定，就必须要考虑到《天圣令》编纂时存在遗漏现象或者天一阁藏书存在脱条的可能性。《庆元条法事类》中也存在明器规定的这一事实，可以间接推测在《天圣令》以及唐令中也是存在明器规定的。

最后，我们来看一下现存的《庆元条法事类》的条文中，能够被证实的是与《天圣令》以及复旧唐令相对应的条文的比例。与天圣假宁、丧葬两令相对应的条文，在庆元敕令格式中均集中在《假宁令》、《假宁格》、《服制令》、《服制格》、《服制式》这五种上。在此，表 4 对这些现存的条文数以及其中与《天圣令》和复旧唐令（对于《天圣令》中不存在的部分）相对应的条文数做了整理总结。③ 其对应比例之高，特别是在格、式上出现的高比例令人瞩目。作为参考，表中还列举了很多与礼制相关的《仪制令》。《天圣仪制令》尚未被发现，以《庆元条法事类》中所保留下来的《庆元仪制令》为基础，应该能够复原更多的条文。

譬如，《庆元条法事类》卷三服饰器物中作为《仪制令》而登载出来的 8 项条文中，记载着餐具的第一条已经被当作复旧 22 乙条的参考数据，而剩下的 7 项条文中，是有发现新的唐制的可能性的。④ 特别是其中的关于对伞的颜色的限制的第五条，是能够被作为唐令（的一部分）来复原的。

　　《庆元条法事类》服饰器物·仪制令　　诸非品官，伞不得用青。

① 稻田奈津子：《对据北宋天圣令复原唐丧葬令之研究的再探讨：以条文排列为中心》，《东京大学史料编纂所研究纪要》18，2008。
② 吴丽娱：《唐朝的〈丧葬令〉与唐五代丧葬法式》，载《文史》2007 年第 3 辑，第 92 ~ 94 页。
③ 关于现存的条文数参考了川村康《庆元条法事类与宋代的法典》。
④ 大隅清阳所著《日本律令制中接受威仪物的性质：以养老仪制令第 13 条仪仗条、第 15 盖条为中心（上）》（载《山梨大学教育人间科学部研究纪要》1—1，1999）中提到在大和元年（827）五月的管制奢侈的文宗诏中，"根据仪制令"，参酌符合时宜的品秩勋劳的等级，举出了车幰、服饰、随从的骑数，马具，乘马的规定，房屋的规格等（《新唐书》卷二四《车服志》）。该叙述暗示，除了现在已经被复原的条文以外，在唐《仪制令》中可能还存在各种各样的器物的规定。

关于伞，已经有复旧 20 条被作为《养老令》15 条的对应条文来复原。

《养老令》仪制令 15　凡盖，皇太子，紫表·苏方里·顶及四角覆锦垂总。亲王，紫大缬。一位深绿，三位以上绀，四位缥（四品以上及一位、顶角覆锦垂总。二位以下覆锦。唯大纳言以上垂总，并朱里，总用同色。

《唐令拾遗》仪制令复旧二〇〔开七〕〔开二五〕　皇太子伞，职事五品已上、及散官三品已上、爵国公以上、及县令，并用伞。

如果看这些内容的话，在复旧 20 条里是看不出关于《养老令》的颜色的规定的。但是在上述的《庆元条法事类》中存在颜色的规定，所以《养老令》所参照的唐令中也应该是有颜色的规定的。因此，以《庆元条法事类》的存在为依据，将对伞的颜色的规定认作唐令是可以的。

综上所述，在顾及《庆元条法事类》作为唐令复原材料的重要性的同时，如果对其重新加以分析的话，就能够拓展发现新的唐制（对于其究竟算不算"令"还有待深究）的可能性。简单地看《庆元条法事类》的话，往往只会注意到它与唐制的差异，而在经历了至北宋末期为止的巨大的社会变化后，还能够出人意料地发现其中包含众多的唐制的要素，仅此一点，都能显示出发现《天圣令》的意义之重大。①

---

① 本文关注的是《假宁令》和《丧葬令》，同样在《天圣令》中的杂令中，也能够发现超过《唐令拾遗》和《唐令拾遗补》中所指出的与《庆元条法事类》相对应的条文。三上喜孝所著的《有关北宋〈天圣杂令〉的札记——从与日本令相比较的观点出发》（载《山形大学历史·地理·人类学论集》8，2007）指出了分别与《天圣杂令》的宋 8 与宋 37 相对应的《庆元条法事类》的条文（关于宋 8 对应的《庆元条法事类》，由于上述论文的引用有误，因此参考了三上喜孝《律令国家的山川薮泽支配之特质》，载池田温编《日中律令制的诸相》，东方书店，2002）：《天圣令》杂令宋 8　诸杂畜有孕，皆不得杀。仲春不得采捕鸟兽雏卵之类。《庆元条法事类》卷七九采捕屠宰·时令　诸畜有孕者，不得杀。鸟兽雏卵之类，春夏之月（谓二月至四月终）禁采捕。州县及巡尉，常切禁止觉察。仍岁首检举，条制晓喻。《天圣令》杂令宋 37　诸外官亲属经过，不得以公廨供给。凡是宾客，亦不得于百姓间安置。《庆元条法事类》卷九馈送·杂令　诸任外官者，亲属经过，不得公使例外供给。凡宾客，亦不得令于民家安泊。另外，还可以加上与宋 11 相对应的条文：《天圣令》杂令宋 11　诸知山泽有异宝、异木及金、玉、铜、银、彩色杂物处，堪供国用者，皆具以状闻。《庆元条法事类》卷八杂犯·杂令　诸山泽有异宝、异木若杂物（并谓堪供国用者），许人告。州具以申书尚本部。

表 2　假宁令（《天圣令》、《庆元条法事类》对应表）

	《天圣令》		《庆元条法事类》
宋 1	元日、冬至、寒食，各给假七日。（前后各三日。）	假宁格（11）	节假：元日、寒食、冬至、伍日（前后各二日）。（下略）
宋 2	天庆、先天、降生、乾元、长宁、上元、夏至、中元、下元、腊等节，各给假三日。（前后各一日、长宁节惟京师给假。）	假宁格（11）	节假：（中略）圣节、天庆节、开基节、先天节、降圣节、三元、夏至、腊，参日（前后各一日）。（下略）
宋 3	天祺、天贶、人日、中和节、春秋社、三月上巳、重五、三伏、七夕、九月朔授衣、重阳、立春、春分、立秋、秋分、立夏、立冬、诸大忌日及每旬，并给休假一日。（若公务急速，不在此限。）	假宁令（11）	诸假皆休务。（注略）人日、中和、七夕、授衣、立春、春分、立秋、秋分、立夏、立冬、单忌日，并不休务。天庆、开基、先天、降圣、三元、夏至、腊前后日准此。
		假宁格（11）	节假，（中略）天祺节、天贶节、二社、上巳、重午、三伏、中秋、重阳、人日、中和、七夕、授衣、立春、春分、立秋、秋分、立夏、立冬、大忌、每旬、一日。
宋 4	诸婚，给假九日，除程。期亲婚嫁五日，大功三日，小功以下一日，并不给程。期以下无主者，百里内除程。（礼、婚、葬给假者，并于事前给之，它皆准此。）	假宁格（11）	婚嫁：身自婚，九日。期亲，五日。大功，三日。小功，二日。缌麻，一日。武臣丁忧不解官，一伯日。绿遣任使、押纲，十五日。
		假宁令（11）	诸婚嫁及葬，应给假者，听于事前给之，不许离任。
宋 5	诸本服期亲以上，疾病危笃、远行久别及诸急难，并量给假。	假宁令（11）	诸期以上亲远行久别，或疾病危笃及诸急难，并量给假。

		《天圣令》	《庆元条法事类》	
宋6		诸丧，斩衰三年、齐衰三年者，并解官。齐衰杖期及为人后者为其父母，若庶子为后为其母，亦解官，申其心丧。母出及嫁、为父后者虽不服，亦申心丧。（皆为生己者。）其嫡、继、慈、养，若改嫁或归宗经三年以上断绝，及父为长子、夫为妻，并不解官、假同齐衰期。	服制令（77）	诸丧，斩衰、齐衰三年，解官。齐衰杖期，及祖父母亡、嫡子死或无嫡子而嫡子兄弟未终丧而亡，孙应承重者，虽不受服，及为人后者为其父母，若庶子为后者为其母，亦解官，申其心丧。母出及嫁为父后者，虽不服，亦申心丧。（皆为生己者。）其嫡、继、慈、养，改嫁或归宗，经三年以上断绝，及父为长子、夫为妻，不解官。
			假宁令（11）	诸为嫡继慈养母改嫁或归宗（归宗谓三年以上断绝者），及为长子之丧，给假并同齐衰期。
宋7		诸齐衰期，给假三十日，闻哀二十日，葬五日，除服三日。	假宁格（11·77）	丧葬除服：非在职，遭丧，期亲，三十日。（中略）葬：期亲，五日。（中略）除服：期亲，三日。（中略）在职，遭丧：期亲，七日。（中略）改葬期以下亲，一日。
宋8		诸齐衰三月、五月，大功九月、七月，并给假二十日，闻哀十四日，葬三日，除服二日。	假宁格（11·77）	丧葬除服：非在职，遭丧，（中略）大功，二十日。（中略）葬：（中略）大功，三日。（中略）除服：（中略）大功，二日。（中略）在职，遭丧：（中略）大功，五日。（中略）改葬期以下亲，一日。

《天圣令》		《庆元条法事类》	
宋 9	诸小功五月，给假十五日，闻哀十日，葬二日，除服一日。	假宁格（11·77）	丧葬除服：非在职，遭丧，（中略）小功、一十五日。（中略）葬、（中略）小功、二日。（中略）除服、（中略）小功（中略）、一日。在职、遭丧、（中略）小功（中略）、三日。（中略）改葬期以下亲、一日。
宋 10	诸缌麻三月，给假七日，（即本服缌麻出降服绝者，给假三日。）闻哀五日，葬及除服各一日。	假宁格（11·77）	丧葬除服：非在职，遭丧，（中略）缌麻，七日。降而服绝，三日。（中略）葬、（中略）缌麻，一日。除服：（中略）缌麻，一日。在职，遭丧：（中略）缌麻，三日。降而服绝（中略），一日。改葬期以下亲，一日。
		宋 7～10 对应假宁令（11）	诸丧葬除服给假，齐衰三月、五月，依大功亲，缌麻以上应降者，依降服。
宋 11	诸无服之殇，（生三月至七岁。）本服期以上给假五日，大功三日，小功二日，缌麻一日。	假宁格（11）	丧葬除服：非在职，（中略）无服之殇，期亲五日，大功三日，小功二日，缌麻一日。（中略）在职，（中略）无服之殇，一日。
宋 12	诸无服之丧，若服内之亲祥，除及丧枢远，若已应袒免或亲表丧葬，诸如此例，皆给一日。			
宋 13	诸师经受业者丧，给假三日。			
宋 14	诸改葬，齐衰杖期以上，给假二十日，除程。期三日，大功二日，小功，缌麻各一日。			

	《天圣令》		《庆元条法事类》
宋15	诸闻丧举哀，其假三分减一，有剩日者入假限。	假宁令（11）	诸闻丧给假，减遭丧三分之一，有余分者，亦给一日。
宋16	诸给丧葬等假，期以上并给程，大功以下在百里内者亦给程。	假宁令（11）	诸缌麻以上亲成服（应给假之丧出殡及柩至同），在遭丧、闻丧假限外及其祥除，并别给一日。
宋17	诸给丧假，以丧日为始，举哀者以闻丧日为始。	假宁令（11）	诸遭丧给假，以遭丧日为始，闻丧者以闻丧日为始。
宋18	诸遭丧被起者，服内忌给假三日，大、小祥各七日，禫五日，每月朔、望各一日。祥、禫假给程。若在节假内，朝集、宿直皆听不预。	假宁格（11·77）	诸丁忧不解官，大祥、小祥，七日。禫，五日。卒哭（谓百日），三日。朔、望，一日。
		假宁令（11·77）	诸丁忧不解官，节假内朝集宿直听免。即任缘边遇军期者，祥、禫、卒哭、朔、望假不给。
宋19	诸私忌日给假一日，忌前之夕听还。	假宁格（11）	私忌，祖父母（逮事曾高同）、父母，一日。
		假宁令（11）	诸应给私忌假者，忌前之夕直宿听免。
宋20	诸官人远任及公使在外，祖父母、父母丧应解官。无人告者，听家人经所在陈牒告追。若奉敕出使及任居边要者，申所属奏闻。	服制令（77）	诸命官祖父母、父母丧，应解官。因公在他所若本家无人报者，听申所在官司移文报。其被制出使者，仍具奏。
宋21	诸假两应给者，从多给。	假宁令（11）	诸假两应给者，从多给。假未满而再应给者，以后给日为始。
宋22	诸外官及使人闻丧者，听于所在馆舍安置，不得于州县公廨内举哀。	服制令（77）	诸命官在职闻丧，不得于厅事举哀。
宋23	诸在外文武官请假出境者，皆申所在奏闻。		

	《天圣令》	《庆元条法事类》
唐 1	诸内外官，五月给田假，九月给授衣假，分为两番，各十五日。其田假，若风土异宜，种收不等，并随便给之。	
唐 2	诸百官九品以上私家祔庙，除程，给假五日。四时祭者，各给假四日。（并谓主祭者。）去任所三百里内，亦给程。（若在京都，除祭日，仍各依朝参假例。）	
唐 3	诸文武官，若流外以上长上者，父母在三百里外，三年一给定省假三十日；其拜墓，五年一给假十五日，并除程。若已经还家者，计还后年给。其五品以上，所司勘当于事无阙者，奏闻。（不得辄自奏请。）	
唐 4	诸冠，给假三日；五服内亲冠，给假一日，并不给程。	
唐 5	诸京官请假，职事三品以上给三日，五品以上给十日。以外及欲出关者，若宿卫官当上五品以上请假，并本司奏闻（若在职掌须缘兵部处分，及武官出外州者，并兵部奏），私忌则不奏。其非应奏及六品以下，皆本司判给；应须奏者，亦本司奏闻。其千牛、备身左右，给讫，仍申所司。若出百里外者，申兵部勘量，可给者亦奏闻。（东宫千牛亦准此录启。）	
唐 6	诸外官授讫，给假装束。其去授官处千里内者四十日，二千里内五十日，三千里内六十日，四千里内七十日，过四千里外八十日，并除程。其假内欲赴任者，听之。若有事须早遣者，不用此令。旧人代至亦准此。（若旧人见有田苗应待收获者，待收获讫遣还。）若京官先在外者，其装束假减外官之半。	

注：“《庆元条法事类》”栏的（ ），是指《庆元条法事类》的卷数。

表3　丧葬令（《天圣令》、《庆元条法事类》对应表）

《天圣令》		《庆元条法事类》	
宋1	先代帝王陵，并不得耕牧樵采。	杂令（80）	诸前代帝王及诸后陵寝，不得耕牧樵采。其名臣、贤士、义夫、节妇坟冢准此。
宋2	先皇陵，去陵一里内不得葬埋。		
宋3	皇帝、皇太后、皇后、皇太子为五服之内皇亲举哀，本服期者，三朝哭而止；大功者，其日朝晡哭而止；小功以下及皇帝为内命妇二品以上、百官职事二品以上丧，官一品丧，皇太后、皇后为内命妇二品以上丧，皇太子为三师、三少及宫臣三品以上丧，并一举哀而止。（其举哀皆素服。皇帝举哀日，内教坊及太常并停音乐。）		
宋4	皇帝临臣之丧，一品服锡衰，三品以上缌衰，四品以下疑衰。皇太子临吊三师、三少则锡衰，宫臣四品以上缌衰，五品以下疑衰。		
宋5	诸内外文武官遭祖父母、父母丧，及以理去官或身丧者，并奏。百官在职薨卒者，当司分番会哀，同设一祭。其在京薨卒应敕葬者，鸿胪卿监护丧事（卿阙则以他官摄），司仪令示礼制。（今以太常礼院礼直官摄。）	服制令（77）	诸命官在职身亡，听于公廨棺敛，唯避厅事。本司官分番会哀，同设一祭。
宋6	诸宗室、内外皇亲、文武官薨卒，及家有亲属之丧，合赐赙物者，皆鸿胪寺具官名闻奏，物数多少，听旨随给。		
宋7	诸赙物两应给者，从多给。		
宋8	诸赠官者，赙物及供葬所须，并依赠官品给。若赙后得赠者，不合更给。	给赐令（77）	诸供葬之物，依所赠官品给。（赙后赠官者非）。
宋9	诸赙物及粟，皆出所在仓库，得旨则给。		

	《天圣令》		《庆元条法事类》
宋10	诸一品、二品丧，敕备本品卤簿送殡者，以少牢赠祭于都城外，加璧，束帛深青三，纁二。		
宋11	诸五品以上薨卒及遭丧应合吊祭者，在京从本司奏。在外及无本司者，从所属州府奏。		
宋12	诸文武职事五品以上官致仕薨卒者，其吊祭赗物并依见任官例。其于任所致仕未还而薨卒者，仍量给手力，送还本贯。		
宋13	诸官人以理去官身丧者，听敛以本官之服。无官者，敛以时服。妇人有官品者，亦以其服敛。（应珮者，皆以辙代玉。）	服制令（77）	诸以理去官身亡者，殓以本官之服。妇人有官品者，亦以其服殓。
宋14	诸重，一品挂鬲六，五品以上四，六品以下二。	服制格（77）	重挂鬲，一品，六。六品以上，四。九品以上，二。
宋15	诸铭旌，三品以上长九尺，五品以上长八尺，六品以下长七尺，皆书某官封姓名之枢。	服制式（77）	铭旌，书官封姓名之枢。四品以上，长九尺。六品以上，长八尺。九品以上，长七尺。
宋16	诸辒车，三品以上油幰，朱丝络网，施襈，两厢画龙，幰竿诸末垂六旒苏。七品以上油幰，施襈，两厢画云气，垂四旒苏。九品以上无旒苏。（男子幰襈旒苏皆用素，妇人皆用彩。）庶人鳖甲车，无幰襈画饰。	服制令（77）	诸辒车，幰襈旒苏。男子用素，妇人用彩。九品无旒苏。庶人鳖甲车，无幰襈画饰。即用丧与舆或四品以上用辒车，九品以上用襈辘车者听。
		服制式（77）	辒车，四品以上油幰，朱丝络网，施襈，两厢画龙，幰竿诸末垂旒苏六。八品以上油幰，施襈，两厢画云气，垂旒苏四。

	《天圣令》		《庆元条法事类》
宋17	诸引披铎翣挽歌，三品以上四引、四披、六铎（有挽歌者，铎依歌人数。以下准此。）六翣，挽歌六行三十六人。四品二引、二披、四铎、四翣，挽歌四行十六人。五品、六品（谓升朝者，皆准此）挽歌八人。七品、八品（谓非升朝者）挽歌六人。九品挽歌四人（检校、试官同真品。）其持引披者，皆布帻、布深衣，挽歌者，白练帻、白练襦衣并鞋袜，执铎绋。	服制令（77）	诸葬有挽歌者，铎如歌人之数。即检校官应用绯铎披翣挽歌者，并同真品。
		服制格（77）	绯披铎翣，四品以上，绯四、披四、铎六、翣六。六品以上，绯二，披二，铎四，翣四。九品以上，铎二，翣二。挽歌，四品以上，六行行六人。六品以上，四行行四人。八品以上（升朝官准六品），六人。九品，四人。
		服制式（77）	持绯披者，布帻、布深衣。挽歌者，白练帻、白练襦衣，执绯铎。
宋18	诸四品以上用方相，七品以上用魌头。（方相四目，魌头两目，并深青衣朱裳，执戈扬盾，载于车。）	服制式（77）	方相魌头，深青衣朱裳，执戈扬盾，载以车。五品以上，方相四首。八品以上，魌头两目。
宋19	诸纛，五品以上，其竿长九尺。以下，五尺以上。	服制令（77）	诸纛，六品以上，其竿长不得过九尺。
宋20	诸内外命妇应得卤簿者，葬亦给之。（官无卤簿者，及庶人容车，并以犊车为之。）	服制令（77）	诸内外命妇应得卤簿者，葬亦给。（官无卤簿者，及庶人容车，通以犊车为之。）
宋21	诸葬，不得以石为棺椁及石室。其棺椁皆不得雕镂彩画，施方牖栏槛，棺内又不得有金宝珠玉。	服制令（77）	诸棺椁不得雕画，施方牖栏槛，并内金宝珠玉。其以石为棺椁及为室者，亦禁之。
宋22	诸谥，王公及职事官三品以上，录行状申省，考功勘校，下太常礼院拟讫，申省，议定奏闻。（赠官亦准此。）无爵者称子。若蕴德丘园，声实明著，虽无官爵，亦奏锡谥曰先生。	服制令（13）	诸谥，光禄大夫、节度使以上，本家不以葬前后录行状三本，申所属缴奏。其文并录事实。或本家不愿请谥者，取子孙状以闻。其蕴德邱园，声闻显著，虽无官爵，听所属奏赐。

续表

《天圣令》		《庆元条法事类》
宋23	诸应宗室，皇亲及臣僚等敕葬者，所须及赐人徒，并从官给。	
宋24	诸墓田，一品方九十步，坟高一丈八尺。二品方八十步，坟高一丈六尺。三品方七十步，坟高一丈四尺。四品方六十步，坟高一丈二尺。五品方五十步，坟高一丈。六品以下并方二十步，坟高不得过八尺。其葬地欲博买者，听之。	服制式（77） 墓田，一品，方九十步。二品，方八十步。三品，方七十步。四品，方六十步。五品，方五十步。六品，方四十步。七品以下，方二十步。庶人，方一十八步。坟，一品，高一丈八尺。二品，高二丈六尺。三品，高一丈四尺。四品，高一丈二尺。五品，高一丈。六品以下，高八尺。庶人，高六尺。
宋25	诸墓域门及四隅，三品以上筑阙，五品以上立土堠，余皆封茔而已。	服制式（77） 墓域门及四隅，四品以上，筑阙。六品以上，立堠。七品以下（庶人同），封茔。
宋26	诸碑碣（其文皆须实录，不得滥有褒饰），五品以上立碑，螭首龟趺，趺上高不得过九尺。七品以上立碣，圭首方趺，趺上高四尺。若隐沦道素，孝义著闻者，虽无官品，亦得立碣。其石兽，三品以上六，五品以上四。	服制令（77） 诸葬，六品以上立碑，八品以上立碣，其隐沦道素，孝义著闻，虽无官品，亦听立碣。
		服制式（77） 碑，螭首龟趺，上高九尺。碣，圭者方趺，上高四尺。
		服制格（77） 石兽，四品以上，六。六品以上，四。
宋27	诸身丧户绝者，所有部曲、客女、奴婢、宅店、资财，令近亲（亲依本服，不以降）转易货卖，将营葬事及量营功德之外，余财并与女。（户虽同，资财先别者，亦准此。）无女均入以次近亲。无亲戚者，官为检校。若亡人在日，自有遗嘱处分，证验分明者，不用此令。即别敕有制者，从别敕。	户令（51） 诸户绝有财产者，厢耆邻人即时申县，籍记当日委官，躬亲抄估倍量。其葬送之费，即时给付，共不得遇参伯贯。财产及万贯以上，不得过五十贯。责付近亲或应得财产者，同为营辨（无近亲及应得财产人者，官为营办。僧道即委主首。）

	《天圣令》		《庆元条法事类》
宋 28	诸三年及期丧不书闰，大功以下数之。以闰月亡者，祥及忌日，皆以闰所附之月为正。	服制令（77）	诸参年及期丧不数闰，禫月及大功以下数之。其闰月亡者，祥及忌日，皆以所附之月为正（闰月追服准此）。
宋 29	诸职事官三品以上，暑月薨者，给冰。		
宋 30	诸在任官身丧，听于公廨内棺敛，不得用厅事。其尸柩，家属并给公人送还。其川峡、广南、福建等路死于任者，其家资物色官为检录，选本处人员护送还家。官赐钱十千，仍据口给仓券，到日停支。（以理解替后身亡者，亦同。）	服制令（77）	诸命官在职身亡，听于公廨棺敛，唯避厅事。本司官分番会哀，同设一祭。
宋 31	诸百官身亡者，三品以上称薨，五品以上称卒，六品以下达于庶人称死。（今三品者，惟尚书、节度以上则称薨。）	服制令（13）	诸命官身亡，三品以上称薨，六品以上称卒，七品以下达于庶人称死。
宋 32	诸官人薨卒，应合吊祭者，诏聘官亦同。		
宋 33	诸丧葬不能备礼者，贵得同贱。贱虽富，不得同贵。	服制令（77）	诸丧葬有制数，而力不及者，听从便。
附	（丧服年月一省略）	服制格（77）	斩衰三年，正服，子为父。（下略）
唐 1	皇家诸亲丧赗物，皇帝本服期，准一品。本服大功，准二品。本服小功及皇太后本服期，准三品。皇帝本服缌麻、皇太后本服大功、皇后本服期、皇太子妃父母，准正四品。皇帝本服祖免、皇太后本服小功、皇后本服大功、皇太子妃本服期，准从四品。皇太后本服缌麻、皇后本服小功，准正五品。皇后本服缌麻，准从五品。若官爵高者，从高。无服之殇，并不给。其准一品给赗物者，并依职事品。		

	《天圣令》	《庆元条法事类》	
唐2	诸使人所在身丧，皆给殡敛调度，造舆，差夫递送至家。其爵一品、职事及散官五品以上马舆，余驴舆。有水路处给舡，其物并所在公给，仍申报所遣之司。		
唐3	谓五品以上薨卒及葬，应合吊祭者，所须布深衣帻，素三梁六柱舆，皆官借之。其内外命妇应得卤簿者，亦准此。		
唐4	诸去京城七里内，不得葬埋。		
唐5	诸庶人以上在城有宅，将尸柩入者，皆听之。		
		服制格（77）	明器，四品以上，五十事。六品以上，三十事。九品以上（升朝官准六品），二十事。庶人，一十事。

注："《庆元条法事类》"栏的（　）是指《庆元条法事类》卷数。

结　语

爱宕松男曾指出，除去唐宋之间的变化甚为剧烈的经济部门，在复原唐令问题上，《庆元条法事类》中保存了大量的唐令条文，是存在着很大可能性的，该预测的准确性通过《天圣令》的发现得到了完全的证明。而本文通过关于《假宁令》以及《丧葬令》的探讨，更加明确地指出，在因时代的变化而较小变化的、礼制的条文中，这种可能性更大。

如开头部分所提到的，关于未被保留下来的《天圣令》的三分之二的篇目，今后仍然会以收集唐令逸文为基础来进行复原工作，然而像《仪制令》之类的有关礼制的篇目，今后应该更加留意《庆元条法事类》的有效性。

　　另外，只要立足于宋代法制史的观点，《天圣令》就会变得明确起来，通过将之与《庆元条法事类》进行比较，元丰令以后的条令的大幅度的增补情况就能够更为具体地显示出来。今后，应该抛除"为了复原唐令的史料"这一观点的束缚，以更加宽阔的视野来探讨发现《天圣令》的意义。

"天圣令学" 与唐宋变革

前言——明钞本《天圣令》简介

2006 年 10 月，由天一阁博物馆、中国社会科学院历史研究所天圣令整理课题组校证，北京中华书局出版的天下孤本《天一阁藏明钞本天圣令校证：附唐令复原研究》（以下简称《天圣令》残卷）上下两巨册，不啻对唐、宋史研究投下巨大的震撼弹。其实自 1999 年以来，该令的部分内容已经陆续在日本、中国刊物发表，至 2006 年末，正式发行残卷以来，海内外学者已发表两百篇以上相关论文，研究风气可谓相当浓烈。[①]

《天圣令》于宋仁宗天圣七年（1029 年）编成，至十年（1032 年）与《天圣编敕》等一并镂版施行。但仁宗景祐三年（1036 年）秋七月丁亥下诏："禁民间私写编敕刑书及毋得镂版。"[②] 这个禁令，是在《天圣令》颁行后的第七年发布。加以明钞本《天圣令》令文对宋英宗赵曙的嫌名讳没有

[①] 关于《天圣令》残卷之研究，较集中的研究成果，可举《唐研究》第 14 卷 "天圣令及所反映的唐宋制度与社会研究专号"（北京大学出版社，2008）所载荣新江、刘后滨的 "卷首语" 及其所刊的诸篇论文；大津透编《日唐律令比较研究的新阶段》（山川出版社，2008）；台师大历史系、中国法制史学会、唐律研读会主编《新史料、新观点、新视角：天圣令论集》上下两册（元照出版公司，2011）；黄正建主编《天圣令与唐宋制度研究》（中国社会科学出版社，2011）；等等。研究论文介绍，除前引荣新江、刘后滨所著 "《唐研究》卷首语" 外，较详细搜集者，有冈野诚《〈天圣令〉研究文献目录（未定稿）》（《法史学研究会会报》第 11 号，2007，第 21～24 页）；冈野诚等《〈天圣令〉研究文献目录 第 2 版》（《法史学研究会会报》第 14 号，2010，第 131～142 页）；赵晶《〈天圣令〉与唐宋法典研究》（载徐世虹主编《中国古代法律文献研究》第五辑，社会科学文献出版社，2011，第 251～293 页）；赵晶《〈天圣令〉与唐宋史研究》（《南京大学法律评论》2012 年春季卷，法律出版社，2012，第 37～58 页）；等等。又，拙稿系依据如下拙作而进一步延伸探讨，参见高明士《天圣令的发现及其历史意义》（《法制史研究》2009 年第 16 期，第 1～32 页；亦收入徐世虹主编《中国古代法律文献研究》第四辑，法律出版社，2010，第 140～163 页；台师大历史系、中国法制史学会、唐律研读会主编《新史料、新观点、新视角：天圣令论集》，元照出版公司，2011，第 1～28 页；亦收入拙著《律令法与天下法》，五南图书公司，2012，第六章。

[②] 《续资治通鉴长编》卷一一九，中华书局，1995，第 2796 页。

避改，所以《天圣令》的流传时间不长，它的抄、刻时间，当不晚于仁宗朝。① 神宗元丰七年（1084 年）颁行《元丰令》后，《天圣令》就不再行用，实际施行五十多年。整个说来，《天圣令》在民间流传虽不广，但仍有一定的影响。

《天圣令》原有三十卷，其内容已佚亡，② 但通过晁公武（约 1105 ～ 1180 年）的《郡斋读书志》所载可知梗概，此即卷八《仪注类》"天圣编敕三十卷"条。③ "天圣编敕三十卷"条，根据王应麟的《玉海》卷六十六《天圣新修令》"编敕"条所载，可知为"天圣令三十卷"条之误植。关于《天圣编敕》容于后叙。上述《郡斋读书志》记载篇目内容如下：

> 《天圣编敕》（按，当系《天圣令》之误植）三十卷。右天圣中宋庠、庞籍受诏改修唐令，参以今制而成。凡二十一门：官品一、户二、祠三、选举四、考课五、军防六、衣服七、仪制八、卤簿九、公式十、田十一、赋（脱"役"?）十二、仓库十三、厩牧十四、关市十五、补（"捕"之误植）亡十六、疾医十七、狱官十八、营缮十九、丧葬二十、杂二十一。

按，晁公武的《郡斋读书志》，是现存最早的一部私家藏书书目，初稿撰成于南宋高宗绍兴二十一年（1151 年），晁氏知荣州任内，已是《天圣令》颁行的 120 年以后，时代久远，其与《天圣令》原刊本相较，不免有鲁鱼亥豕之误。虽是如此，对《天圣令》篇目的记述，以今日而言，仍是最直接的材料，具有参考价值。其与明钞本《天圣令》残卷相较，仍有若干出入。但明钞本《天圣令》残卷误植之处亦多，因此两者相较须持谨慎。就《郡斋读书志》所见《天圣令》二十一门篇目

① 参见戴建国《天一阁藏明抄本〈官品令〉考》，《历史研究》1999 年第 3 期。后收入戴建国《宋代法制初探》，黑龙江人民出版社，2000，第 53 ～ 55 页。
② 《天圣令》在天一阁登录为《官品令》，这不是原来的令典名称。原来令典的名称，似仍当称为《天圣令》，全三十卷，戴建国已有所辨正。参见前引戴建国《天一阁藏明抄本〈官品令〉考》，第 52 ～ 53 页。
③ 晁公武的《郡斋读书志》是以晁公武撰、孙猛校正的《郡斋读书志校证》（全二册）（上海古籍出版社，1990，第 332 ～ 333 页）为据的。

与明钞本《天圣令》残卷十卷十二篇相较，有以下几个问题须探讨。

1. 晁公武《郡斋读书志》所揭载《天圣令》篇目内容与明钞本是否同一祖本？

关于这个问题，戴建国以为晁公武《郡斋读书志·天圣令》篇目的"赋十二"，与明钞本《天圣令》残卷抄成"赋令卷第二十二"一样，均脱"役"字，并非巧合，很有可能两者所依据的是同一祖本。[①] 虽是如此，其篇目顺序仍有不同，《郡斋读书志》列为"十二"，在《天圣令》残卷列为"卷第二十二"，顺序明确，并非误植，这是疑点之一。此外，尚有两个疑点。一是《捕亡令》篇目的编序问题，晁公武列为二十一门（篇）之一曰"补亡十六"，但在明钞本《天圣令》残卷，则将《捕亡令》附于《关市令》之末，两令共为一卷，而曰"关市令卷弟（第）二十五捕亡令附"，《捕亡令》明确作为附篇。就此编序而言，则《郡斋读书志》所载《天圣令》内容，应该是二十门，而非二十一门。[②] 如果《郡斋读书志》所载《天圣令》仍以二十一门计，则明钞本《天圣令》之祖本，仍当另有来源。二是《医疾令》篇名问题，晁公武列为"疾医十七"，在《庆元令》亦曰《疾医令》（《庆元条法事类》卷三十六《库务门》"商税令"），但自晋《泰始令》以来至唐《开元二十五年令》，以及日本《大宝令》、《养老令》，都是使用《医疾令》名称，《天圣令》残卷也是用《医疾令》，《假宁令》附后，则又与晁公武所载有别。由此看来，晁公武《郡斋读书志》所用的版本与明钞本《天圣令》残卷是否为同一祖本，实有再考证的必要。

2. 借由晁公武《郡斋读书志》所揭载《天圣令》篇目内容仍可推测明钞本《天圣令》残卷遗失部分篇目

现存明钞本《天圣令》残卷共有十卷十二篇，此即包括《田令》、

①　参见戴建国《天一阁藏明抄本〈官品令〉考》，第54页。
②　若以二十一门计，而排除《捕亡令》时，所谓"补亡十六"，势必取另一正篇来递补，如此一来，"田十一"以下至"杂二十一"篇目顺序及内容，成为十一卷十二篇（另含附录《假宁令》），将与明钞本《天圣令》不符。果是如此，则《郡斋读书志》所载《天圣令》的祖本，将异于明钞本《天圣令》。

《赋役令》、《仓库令》、《厩牧令》、《关市令》、《捕亡令》、《医疾令》、《假宁令》、《营缮令》、《狱官令》、《丧葬令》、《杂令》，共十二篇。其中《捕亡令》是附在《关市令》之后，《假宁令》是附在《医疾令》之后。就其篇目顺序而言，如不考虑附录《捕亡令》与《假宁令》两篇，共有十门（卷），正与晁公武所载"田十一"以下至"杂二十一"分门顺序相同。依此而言，《郡斋读书志》所载《天圣令》内容，或许与明钞本残卷之祖本具有某种程度的相近处；其第一门至第十门，可能就是明钞本残卷遗失的前面二十卷内容。① 也就是说前二十卷也分为十门，此即官品一、户二、祠三、选举四、考课五、军防六、衣服七、仪制八、卤簿九、公式十。前二十卷分为十门，究竟包含多少令篇，又是另一问题。

现在已知《天圣令》最后十卷，也就是后半的十门，共有十二篇，若以学界对明钞本《天圣令》的蓝本倾向于唐《开元二十五年令》来考虑，则唐《开元二十五年令》有三十三篇；② 《天圣令》三十卷也应有三十三

---

① 今残存最后十卷，然则前二十卷在何处？这是首先令人关怀的地方。笔者怀疑仍在天一阁，可能被误以其他名称登录，天一阁实有全面重新检核登录之必要。参见高明士等《评〈天一阁藏明钞本天圣令校证附唐令复原研究〉》，载《唐研究》第 14 卷，北京大学出版社，2008，第 568 页。

② 有关《开元二十五年令》为三十三篇说，可参见仁井田陞《序说第一：唐令的历史研究》，收入同氏《唐令拾遗》，东京大学出版会，1933，第 21～24 页；池田温《唐令与日本令——有关〈唐令拾遗补〉的编纂》，收入池田温编《中国礼法与日本律令制》，东方书店，1992，第 168～169 页；池田温《唐令》，收入滋贺秀三编《中国法制史：基本资料研究》，东京大学出版会，1993，第 213～216 页。关于明钞本《天圣令》的蓝本，主要是指唐《开元二十五年令》，其研究成果，除前引天一阁博物馆、中国社会科学院历史研究所天圣令整理课题组校正《天一阁藏明钞本天圣令校证：附唐令复原研究》下册（中华书局，2006）所揭载十二篇唐令复原诸研究论文外，具有代表性的研究，尚有戴建国《〈天圣令〉所附唐令为开元二十五年令考》，《唐研究》第 14 卷，北京大学出版社，2008，第 9～28 页；坂上康俊《〈天圣令〉蓝本唐令的年代推定》，何东译，《唐研究》第 14 卷，北京大学出版社，2008，第 29～39 页；坂上康俊《〈天圣令〉蓝本唐令〈开元二十五年令〉说》，收入《新史料、新观点、新视角：天圣令论集》上册，第 53～64 页；冈野诚《关于〈天圣令〉依据唐令的年代》，《法史学研究会会报》第 13 号，2009，第 1～24 页。所以到目前为止，明钞本《天圣令》主要是以唐《开元二十五年令》为蓝本一事，学界可说已有共识。当然就明钞本《天圣令》（含宋令与唐令）的个别条文内容而言，也不排除含有《开元二十五年令》之前的令制或之后的修订。《开元二十五年令》之前的令制或之后的修订，《开元二十五年令》之前的令制，如《永徽令》、《开元七年令》等，在前引《天一阁藏明钞本天圣令校证：附唐令 （转下页注）

篇。此说若不误，则《天圣令》前二十卷（分为十门），应有二十一篇。但在分门时，定为十门，所以有十一篇被列入附篇，正如后半的十门有两个令篇作为附录一样。然则《天圣令》前二十卷（十门）的十一个附篇为何？推测是《职员令》有六篇附录于第一门（卷）《官品令》之后，①另外，有学、封爵、禄、宫卫、乐诸篇均作为附篇，附在何者之后则不明。

《天圣令》残卷每一篇令文分为两部分，前半曰"右并因旧文以新制参定"，后半为"右令不行"。前半诸令文就是《天圣令》，总共残存293条（不含附10条）；后半诸令文就是唐令，总共残存221条。两者共计514条。由于宋令今日无完本，唐令虽有《唐令拾遗》和《唐令拾遗补》，复原一半以上，但仍难确定为原文，所以该残本的刊行，价值匪浅。即使《天圣令》本身，也差不多可复原为唐令，上述中华书局出版的《天圣令》，下册即中国社会科学院历史研究所诸同仁对各令篇的初步研究，以及复原唐令的努力。根据召集人黄正建的说明，该整理小组总共复原了唐令487条，另有19条未复原，有7条被认为是宋令，同时又补了10条唐令，共计处理了516条，这个数目与《天圣令》总数514条不合，主要是

（接上页注②）复原研究》下册所揭载十二篇唐令复原诸研究论文中已略有触及；前引拙作《天圣令的发现及其历史意义》亦有论及。《开元二十五年令》之后的修订，并非指颁行新令典，事实上也无此事，而是指就个别条文内容进行修订，所以理论上还是属于《开元二十五年令》范围，可参见黄正建《〈天圣令〉附唐令是否为开元二十五年令》及《附记：对"开元二十五年令说"的回应》，收入黄正建主编《天圣令与唐宋制度研究》，第48~52页。至于《唐六典》卷6"刑部郎中员外郎"条所揭载唐令篇目（二十七篇，分为三十卷）性质，学界目前的共识是指《开元七年令》，参见前引仁井田陞《序说第一：唐令的历史研究》，第18~19页；池田温《唐令与日本令——有关〈唐令拾遗补〉的编纂》，第168~169页；池田温《唐令》，第213~216页。又，关于《开元七年令》与《开元二十五年令》的编撰情况，以及池田温对此二令典篇目最新制作表，可参见拙著《律令法与天下法》第三章第二、第三节，第174~181页以及第21页"中日令典篇目一览表"。由于《天圣令》的蓝本为《开元二十五年令》，同时《开元二十五年令》的篇目（三十三篇）对《开元七年令》（二十七篇）有较大的变动，所以在讨论《天圣令》的祖本时，《唐六典》所见的唐令（《开元七年令》）篇目，直接可供参考性较低。关于《唐六典》、《开元七年令》与《开元二十五年令》较详细的研究史整理，可参见赵晶《唐宋令篇目研究》，载徐世虹主编《中国古代法律文献研究》第六辑，社会科学文献出版社，2012，第314~332页。

① 参见戴建国《天一阁藏明抄本〈官品令〉考》，第55页。

在复原时有合并或取半等情形的缘故。①

兹将《天圣令》残卷条数作一统计表（见表1）。

表1　《天圣令》残卷条数

原卷数及篇名	唐令条数	宋令条数	复原唐令条数
21 田令	49	7	60
22 赋役令	27	23	50
23 仓库令	22	24	46
24 厩牧令	35	15	53
25 关市令	9	18	27
25 附捕亡令	7	9	16
26 医疾令	22	13	35
26 附假宁令	6	23	27
27 狱官令	12	59	68
28 营缮令	4	28	32
29 丧葬令	5	33（附 10）	37
30 杂令	23	41	65
统计	221	293（不含附 10）	516

从表1可知《天圣令》残卷在十卷十二篇中，不论是删除不用，抑或修正留用，均有其特定历史意义。删除不用的令篇，几达一半或超过一半的条文，有《田》、《赋役》、《仓库》、《厩牧》、《医疾》诸篇；修正留用的令篇，几达一半或超过一半的条文，有《关市》、《捕亡》、《假宁》、《狱官》、《营缮》、《丧葬》及《杂令》诸篇。这两类情况，各代表何种意义，值得探索。前者所以大量删除，与唐朝后半以后均田、租庸调法崩解，宋代已不实施有直接关联。《厩牧令》唐令删除过半，当与宋代监牧养马不若唐代兴盛，反而系饲羊有外群羊、三栈羊之制，格外令人注目。②

① 参见黄正建《天一阁藏〈天圣令〉的发现与整理研究》，载《唐研究》第12卷，北京大学出版社，2006，第1~7页。

② 参见赖亮郡《栈法与宋〈天圣令·厩牧令〉"三栈羊"考释》，《法制史研究》第15期，第59~102页；亦收入赖亮郡《唐宋律令法制考释》，元照出版社，2010，第159~199页。

《仓库令》与《医疾令》所揭载唐、宋令非常珍贵，因为日本《国史大系》所见的《令义解》已经散佚这两篇，只存辑佚文。对复原《养老令》的《仓库令》与《医疾令》条文，将有莫大贡献。

（一）所谓"唐宋变革"

所谓"唐宋变革"说，是由日本京都学派祖师内藤湖南于 1922 年首先提出，主要是从贵族政治的衰废、君主独裁的代兴、君位的变化、君主权力的确立、人民地位的变化、官吏任用法的变化、朋党性质的变化、经济上的变化、文化性质的变化等方面立论。第二次世界大战后，经过东京方面学者的批判，再经由京都学派学者的补充，成为战后 1950～1970 年的热门论战课题。其后逐渐沉寂，以迄今日。在时代区分方面迄今尚无共识，但至少对唐、宋之间出现莫大变革的历史现象是有共识，简称"唐宋变革"，已经被国际史学界所接受。有关战后日本学界对"唐宋变革"的论战，笔者另有解说，不再赘辞。[①] 但此处要强调的是所谓"变革"，系指国家社会等方面出现结构性的变化，并非单纯指某一条文或某一项制度发生变化。后者在朝代更替之际而有所兴革，实属正常现象，但非作为区分时代性变革的依据。[②] 日本学界所讨论的"唐宋变革"，其实包括政治、社会、经济、军事，乃至学术、文艺各方面，几乎是属于全面性的时代变革。这样的变革，在此之前的中国，只有春秋战国时代可与其相比。日本以外，其他地区的学者，对这段历史性质少见这样广泛而且深入的讨论。

中国内地最近的研究动态，较令人注目的，管见当以张泽咸于 1989

---

① 有关所谓"唐宋变革"的概说及其内容说明，参见拙著《战后日本的中国史研究》，明文书局，1996，第一篇诸文；高明士等编著《隋唐五代史》（增订本），里仁书局，2006，第十二章第一节《唐宋间的历史变革》；邱添生《唐宋变革期的政经与社会》，文津出版社，1999，各章。

② 柳立言的《何谓"唐宋变革"?》（载《中华文史论丛》总 81 辑，上海古籍出版社，2006，第 125～171 页）一文，对学界将时代"变革"与"转变"混为一谈有所辨析，堪称卓见。又，柳氏以为"唐宋变革"宜指中唐至宋初，不宜过度延长，此说与拙稿所论略同。

年发表《"唐宋变革论"若干问题的质疑》一文，[①] 提出较具体的学说。其结论指出："唐、宋变革论者认为唐、宋之际地主阶级和农民阶级内部发生了巨大变化，具有划时代意义的观点，在我看来，还不如唐中叶变革说有力。"浙江大学中国古代史研究所于 2002 年 11 月所举办的"唐宋之际社会变迁国际学术研讨会"，会后由卢向前主编、出版专书，书名为《唐宋变革论》。[②] 书名正是在讨论"唐宋变革论"，但检视书中所收诸论文，只就时代个别问题申论，较符合原先研讨会所设定的"社会变迁"主题，而未能就"唐宋变革论"的课题全面加以讨论，即连张泽咸所提出的质疑点，也无人触及。书中唯有李华瑞的《关于唐宋变革论的两点思考》一文，值得一读。李氏所说的两点，是指：（1）有关"唐宋变革论"，日本学者的论述引起较大的国际反响，但中国学者对中国内部社会发展机制的探求成果也不容忽视；（2）如何正确评估唐、宋社会的历史作用和意义，现今仍值得注意。[③] 这两点的确值得思考。此外，张、李二文对学界有关"唐宋变革论"的观点，也都作了某种程度的整理说明，读者可参照。

（二）"唐宋变革"说的下限

此处要进一步讨论的，是对"唐宋变革"的时间断限。学界对于下限的看法，过去较少讨论，一般定位在宋朝的建立，也就是 960 年。上限，似以唐末或唐亡，也就是 907 年前后，来讨论"唐宋之际"或"唐宋间"者较多，其实也就是着重于五代时期的变革。前述张泽咸所批驳者主要亦在于此。但就笔者个人的理解，自内藤湖南以下的日本学界，虽然是着重

① 张泽咸：《"唐宋变革论"若干问题的质疑》，载《中国唐史学会论文集》，三秦出版社，1989（后收入张泽咸《当代著名学者自选集·张泽咸卷：一得集》，兰州大学出版社，2003，第 346～359 页）。其后，张氏在《唐代阶级结构研究》（中州古籍出版社，1996）一书的"余论"中，有一节《对唐宋变革论的看法》（第 504～510 页），再举若干实例，强调"唐宋变革"宜由中唐论起，可一并参照。唯此节一开始说："广泛流行的唐宋变革论者是以唐亡为分界线"，此说或指大陆学界，用来说明日本学界则不妥。

② 卢向前主编《唐宋变革论》，黄山书社，2006。

③ 参见李华瑞《关于唐宋变革论的两点思考》，载卢向前主编《唐宋变革论》，黄山书社，2006，第 19～20 页。

于唐末五代的变革，但并非等于其时代性就是以此为断，其论述仍然要追溯到中唐以来的发展。也就是说，安史乱后到宋初是"唐宋变革"时期。这是着重于时代的实质内容变化，也就是结构性的变迁，[①] 并非只问由哪一年到哪一年或朝代更替而已。基于此一前提，对所谓"唐宋变革"论，自安史乱后，也就是中唐以后的变革来考虑，当较无异议。反而以宋朝的建立作为时代性的下限，较为可议。也就是说宋朝的建立并不等于时代性变革已经告一段落。

《天圣令》残卷的刊行，正好提供此一时代性变革下限的最佳材料，至少就制度变革而言是如此，再由制度变革去推论时代性变革的实质内容，是可以进行的作业。迄今最具建设性学说的提出，当数戴建国。戴氏从阶级结构的调整变化、法律体系及法律的变化两方面，分别从奴婢、佃客专法的制定，从法律体系的变化，从《天圣令》与《庆元令》的比较等三个具有代表性的问题，进行探讨"唐宋变革"的下限，而提出将"唐宋变革"划分成前后两个阶段，以《天圣令》所反映的社会制度为"唐宋变革"的前一阶段，以《庆元令》所反映的社会制度为"唐宋变革"的后一阶段，遂将"唐宋变革"的下限设定在北宋后期，堪称卓见。[②] 但笔者以为讨论"唐宋变革"，应着重于"变"与"革"的时代性，所以探讨其下限时，终结前一时代性（唐）的时段，远较建立下一时代性（宋）的时段来得重要，这是因为破坏容易建设难。基于此故，《天圣令》所见终结唐令，同时又颁行《天圣编敕》、《附令敕》，正是全面终结旧制，同时全面建立新制的开始。在法制上这样的除旧与立新，实是"变"与"革"的最佳说明，也是"唐宋变革"下限的最具体时间点。

---

① 谷川道雄格外强调内藤湖南学说中所说的"时代的内容"，或"最根底所在的本质"，当即此意。更直接地说，内藤湖南的"唐宋变革"论，就是贵族社会演变到庶民社会，或说贵族主义演变到平民主义的过程。参见谷川道雄《中国中世的探索：历史与人们》，日本エディタースクール出版部，1987，第67页；谷川道雄《战后的内藤湖南批判——增渊龙夫方面》，收入内藤湖南研究会编著《内藤湖南的世界》，河合文化教育研究所，2001，第369页；谷川道雄《内藤湖南的历史方法——"文化样式"与"民族自觉"》，收入《研究论集》5，河合文化教育研究所，2008，第13页。

② 参见戴建国《唐宋变革时期的法律与社会》"序论"，上海古籍出版社，2010，第1~34页，尤其第3~4、22页。

《天圣令》提示终结唐令的时间点明确，另外自《天圣令》起建立新制，亦提示新时代的开始，再经《元丰令》到《庆元令》，始全面呈现新时代性的面貌，其历程是漫长的。所以对戴氏说，只能暂时同意其前阶段说。①

1. 《天圣令》、《天圣编敕》、《附令敕》与"唐宋变革"的下限

何以说《天圣令》残卷在制度上提供"唐宋变革"时代性下限的最佳材料？其理由主要有三：第一，《天圣令》残卷是现今所知宋朝建立后最早全面性立制的史料；第二，《天圣令》残卷第一次提供宋朝正在实施的令文，同时不行用于宋朝的唐朝令文原貌；第三，随着《天圣令》的颁行，同时颁行《天圣编敕》及《附令敕》，成为现行法。

关于第 1 项，戴建国也有简单说明，此即在《天圣令》颁行前，"宋初，令、式用唐之旧条。太宗时曾命人将唐开元二十五年（737 年）所修《开元令》、《开元式》加以简单的校勘，定为《淳化令》、《淳化式》，颁布实施。真宗时修《咸平编敕》，附带修有《附仪制令》一卷"。② 问题是这些令、式的编纂，并非针对宋代当前制度而作全面性的立制。接着是仁宗颁行《天圣令》，才在《淳化令》的基础上进行全面性整理，其重要性自然超过《淳化令》。

关于第 2 项，其重要性在于前半部令文曰"右并因旧文以新制参定"的《天圣令》令文，后半部令文为"右令不行"的唐令，两者相互比较，正可看出令文，亦即唐、宋制度，全面性的变迁，当然包括"唐宋变革"

---

① 仁井田陞亦以为唐、宋两令，要划一界线区别时，绝非始于《庆元令》，而是从《天圣令》开始大为修订，经《元丰令》以及相关诸令的变更而成（参见仁井田陞《序说第一：唐令的历史研究》，第 45 页）。最近川村康继稻田奈津子从《假宁令》、《丧葬令》比较《天圣令》与《庆元令》，而再从《狱官令》、《杂令》、《捕亡令》比较《天圣令》与《庆元令》，得出元丰以下诸令，基本上是继承唐令、《天圣令》的法典要素，也就是融合了基本法典、副次法典以及细则等阶层结构系谱的特质，而再确认前述仁井田陞以及爱宕松男的学说。爱宕氏即以为《庆元令》是对《元丰令》以来诸前例加以吸收，因应宋代新时代需要而大幅扩大独自的规定，但无完全脱离继承自唐《开元二十五年令》的宋初《淳化令》、《天圣令》。川村康引自爱宕松男《逸文唐令的一个资料》，第 183 页（收入星博士退官纪念中国史论集编集委员会编《星博士退官纪念中国史论集》，星斌夫先生退官纪念事业会出版，1978；亦收入爱宕松男《爱宕松男东洋史学论集》第 1 卷《中国陶瓷产业史》，三一书房，1987）。

② 戴建国：《宋代编敕初探》，载戴建国《宋代法制初探》，第 9 页。

问题在内，这是过去所没能看到的令典体例，资料珍贵。《天圣令》所附不行用的唐令，是属于全面性的废弃；就最后的这十卷而言，多达221条，若以此数作为废弃唐令三分之一计，则被废弃的唐令多达六七百条，已超过唐令总数的三分之一，这就是历史的"变"与"革"。其重要性在于法制上宣布终结唐制，也就是"唐宋变革"在唐制部分的下限。而仁宗朝行用的《天圣令》，虽多达293条，但绝大部分是就唐令修改，其蓝本仍为唐令，这种情况的宋令，在全部三十卷当中约有900条，超过唐令总数之半数，其重要性在于显示变革中的继承转折。

关于第3项，与《天圣令》颁行的同时，颁行了《天圣编敕》及《附令敕》，使其成为现行法。就"唐宋变革"的重要性而言，在于施行具有转折性的《天圣令》之同时，宣布全面实施属于宋朝的新制。这是"唐宋变革"中属于宋制的开始。《天圣编敕》及《附令敕》今虽不传，但属于现行法，应无可置疑。

关于《天圣令》、《天圣编敕》及《附令敕》的颁行，请看以下诸条记载。

A.《宋会要辑稿·刑法一之四·格令》"仁宗天圣七年（1029年）五月十八日"条曰：

> （参定令文）凡取唐令为本，先举见行者，因其旧文，参以新制定之。其今不行者，亦随存焉。又取敕文内罪名轻简者五百余条，着于逐卷末，曰《附令敕》。至是上之。诏两制与法官同再看详，各赐器币、转阶勋有差。

"二十一日"条曰：

> 翰林学士宋绶言："准诏，以编敕官新修令三十卷，并《编敕》录出罪名轻简者五百余条为《附令敕》，付两制与刑法官看详，内有添删修改事件，并已删正，望付中书门下施行。"从之。

"九月二十二日"条曰：

详定编敕所言："准诏，《新定编敕》且未雕印，令写录降下诸转运、发运司看详行用。如内有未便事件，限一年内逐旋具实封闻奏。当所已写录到《海行编敕》并《目录》共三十卷，《敕书德音》十二卷，令文三十卷，并依奏敕一道上进。"诏送大理寺收管，候将来一年内如有修正未便事件了日，令本寺申举，下崇文院雕印施行。①

B.《续资治通鉴长编》卷一百八"仁宗天圣七年（1029 年）五月己巳（十一日）"，诏曰：

以新令及附令颁天下。始，命官删定《编敕》，议者以唐令有与本朝事异者，亦命官修定，成三十卷。有司又取咸平仪制令及制度约束之；在敕，其罪名轻者五百余条，悉附令后，号曰《附令敕》。②

C. 宋王应麟撰《玉海》卷六十六"天圣附令敕"条曰：

天圣四年，有司言，敕复增置六千余条，命官删定。时以唐令有与本朝事异者，亦命官修定。有司乃取咸平仪制及制度约束之，在敕者五百余条，悉附令后，号曰《附令敕》。七年，令成（按，当脱"十年"）。颁之。是岁，《编敕》成，合《农田敕》为一书，视祥符敕，损百有余条。诏下诸路阅视，言其未便者。又诏须一年无改易，然后镂版。③

D.《玉海》卷六十六"天圣新修令·编敕"条曰：

七年五月己巳（十一日），诏以新修令三十卷，又《附令敕》颁行。初，修令官修令成，又录罪名之轻者五百余条为《附令敕》一卷（注曰：志：《令》文三十卷，《附令敕》一卷）。乃下两制看详，既

---

① 《宋会要辑稿》，新文丰出版公司，1976，第 6449 页。
② 《续资治通鉴长编》，中华书局，2004，第 2512 页。
③ 《玉海》，大化书局，1977，第 1312 页。

上，颁行之。十年（注曰：即明道元年）三月十六日戊子（十七日），以《天圣编敕》十三卷（注曰：崇文目，《天圣编敕》十二卷目一卷）、《敕书德音》十二卷、《令》三十卷，下崇文院镂板颁行。①

E.《玉海》卷六十六"天圣新修令·编敕"条又引《（中兴馆阁）书目》曰：

> 《天圣令》文，三十卷。时令文尚依唐制，（吕）夷简等据唐旧文，斟酌众条，益以新制，天圣十年行之。《附令敕》十八卷，夷简等撰。《官品令》之外，又案敕文、录制度及罪名轻简者五百余条，依令分门，附逐卷之末（注曰：又有《续附令敕》一卷，庆历中编）。②

按，《天圣令》的编撰，已说明于前，此处拟再说明《天圣编敕》与《附令敕》。早在天圣四年（1026 年）九月，就开始删定《编敕》，合景德三年（1006 年）《农田敕》（五卷）为一书。同时编撰两种《附令敕》（详后）。天圣五年五月下诏自大中祥符七年（1014 年）起至天圣五年，对续降宣敕增至六千七百八十三条加以删定，于天圣七年五月编成，依律分为十二门，加上目录共为三十卷，定千二百余条，这就是《天圣编敕》。③ 到天圣十年，除于崇文院镂板颁行《天圣编敕》三十卷外，亦颁行《天圣令》三十卷与《附令敕》两种，以及《敕书德音》十二卷。

其实根据上述诸条记载，可知《天圣编敕》有三十卷（含目录）与十三卷（含目录一卷）两说，三十卷说者为 A 条《会要》与 B 条《长编》，十三卷说为 D 条《玉海》及其所引《崇文总目》，《宋史》卷二〇四《艺文志·史类·刑法类》记载"吕夷简《天圣编敕》十二卷"。但就

---

① 《玉海》，第 1312 页。
② 《玉海》，第 1312 页。
③ 以上有关《天圣编敕》的编纂颁行，参看《玉海》卷六六"天圣新修令·编敕"条。唯《玉海》注曰"依律分门为十二卷"，恐为"依律分为十二门"之误。至于景德《农田敕》五卷，为三司使丁谓等撰，景德三年正月颁行。参见《宋会要辑稿·刑法·格令一》〔曰：《景德农田编敕》〕、《玉海》卷一七八《景德农田敕》（第 3377 页）、《宋史》卷二〇四《艺文志三·史类·刑法类》（中华书局，1977），第 5139 页。

史原而言，此处暂采三十卷说。①

天圣《附令敕》的编撰及其内容，根据上列资料，可知颇有分歧，有以下诸问题。

第一，就卷数而言，出现了两种版本，一为一卷本，二为十八卷本。一卷本见于 D 条，十八卷本见于 E 条。

第二，其内容，一卷本，A 条曰"《编敕》录出罪名轻简者五百余条为《附令敕》"（D 条略同），B 条则曰"在敕，其罪名轻者五百余条"，三处（A、B、D）显然同指一事，都属于具有罚则的刑法性质。"在敕"，如 A 条所示，指"敕文"，亦即"编敕"。《附令敕》十八卷本，见于 E 条，亦见于《宋史》卷二〇四《艺文志·史类·刑法类》著录。② 其内容当如 B、C 条所谓："有司乃取（真宗）咸平（以来《编敕》）仪制及制度约束之。" E 条因过于简略，疑有错简，而将十八卷本与一卷本混合说明。根据 B、C、D 条所载，E 条之容，宜曰：

> 《附令敕》十八卷，夷简等撰，《官品令》之外，案编敕（敕文），录制度，依令分门，附逐卷之末；又案编敕（敕文），录罪名轻简者五百余条，悉附令后为《附令敕》一卷（注曰：又有《续附令敕》一卷，庆历中编）。

十八卷《附令敕》指录自真宗咸平以来到仁宗天圣年间《编敕》中的有关仪制等制度的敕文，除《官品令》之外，依令分门，附逐卷之末。其性质，当属于行政法。至于一卷本《附令敕》，也是录自真宗咸平以来到仁宗天圣年间的《编敕》，但属于罪名轻简者共有五百余条，具有刑法性质，则"悉附令后"（B、C 条），即全部附在《天圣令》最后，而不分

---

① 参见梅原郁《唐宋时代的法典编纂》，载梅原郁编《中国近世的法制与社会》，京都大学人文科学研究所，1993，第 134 页"宋代编敕编纂一览"。该一览表将《天圣编敕》记为十三卷，此处不取。

② 《宋史》卷二〇四《艺文志·史类·刑法类》记载《附令敕》十八卷（注曰"庆历中编，不知作者"）。刘兆佑根据前引 E 条（《玉海》卷六六"天圣新修令·编敕"条又引《中兴馆阁书目》），以为此十八卷本即天圣《附令敕》，其注曰"庆历中编，不知作者"是"宋志偶疏也"，此说甚是。参见刘兆佑《宋史艺文志史部佚籍考》"上编：刑法类"，中华丛书编审委员会发行，1984，第 659 页。

散在各卷之末。

至于十八卷本所谓"依令分门，附逐卷之末"，此处出现"门"，如上所述，有二十，"卷"则为三十，但未出现令篇。门、卷、篇三者单位与数目不同，最直接的解释，当是《附令敕》十八卷依照《天圣令》分门，亦即二十门当中，扣除"官品门"外，分为十九门，然后附在"官品门"以外的各"卷"之末。这样一来，《天圣令》与《附令敕》均有自己的门数、卷数与篇名，并不对应。可惜《天圣令》残卷不见《附令敕》，原因为何？一时不明，有待查考。但从《天圣令》残卷提示"丧葬令卷第二十九丧服年月附"，即将"丧服年月"共十条附于《丧葬令》之末看来，《附令敕》十八卷的附令法，是以"卷"为单位，"门"在其次，也就是分为十九门，分别附在不含"官品门"的《天圣令》各卷内的各门或各篇之末，这属于宋代现行法。

以上对上述诸条记载混乱情形作一厘清。《附令敕》的具体内容为何？因为佚亡而不得其详。但苏轼在宋哲宗元祐七年（1092 年）十一月初七日《乞免五谷力胜税钱札子》札子奏疏中，曾引用两条《天圣附令》，可略知其梗概，如下：[①]

《天圣附令》
诸商贩斛斗，及柴炭草木博籴粮食者，并免力胜税钱。
诸卖旧屋材柴草米麪之物及木铁为农具者，并免收税。其买诸色布帛不及匹而将出城，及陂池取鱼而非贩易者，并准此。

同时又引用两条《元丰令》，如下：

《元丰令》
诸商贩谷及以柴草木博籴粮食者，并免力胜税钱（注曰：旧收税处依旧例）。
诸卖旧材植或柴谷麪及木铁为农具者，并免税。布帛不及端匹，并捕鱼非货易者，并准此。

---

① 参见《苏轼文集》卷三五《奏议》，中华书局，1986，第 991~992 页。

此意指上列两条《天圣附令》敕文，到元丰时成为《元丰令》文。①
而这两条《天圣附令》敕文，可能附于《天圣·杂令》之末。另外，仁
井田陞以为《司马氏书仪》所引《附令敕》，当亦是天圣《附令敕》，令
文则为《天圣令》。②凡此都可用来证明《附令敕》所规定者为宋代现行
的制度，正是新时代立制的开始，有别于根据唐令修订的《天圣令》。

总之，《天圣令》加上《天圣编敕》及《附令敕》，在法制上代表时
代的终结、转折、立新三种情况同时显现。其重要性，在于从法制上正式
全面宣告终结唐制，并在唐制基础上重新建立宋制，具有承先启后作用，
实是"唐宋变革"下限的最佳说明。

2. 从《天圣令》残卷探讨"唐宋变革"下限举隅

学界有关"唐宋变革"的探讨，如前所述，自第二次世界大战前到晚
近的学说，可上溯至中唐以后，下及两宋，这是从历史事实的演变过程而
言。但就法制而言，拙稿以为《天圣令》及相关《天圣编敕》及《附令敕》
是最佳材料。由于目前所能掌握者，只有《天圣令》残卷，因此由现存
《天圣令》残卷探讨"唐宋变革"时，其材料没有预期的多。在不行用的唐
令方面，可以理解是从法制上终结唐制，可有较多材料，但在《天圣令》
中呈现宋制则不多，戴建国以为《天圣令》是以唐令（《开元二十五年令》）
为蓝本来修订的关系，即使是宋代当时行用的新制，也不能修入新令中。③
所以在《天圣令》中呈现宋制不多，乃理所当然。虽如此，《天圣令》残卷
仍是目前探索"唐宋变革"下限最直接的材料，至少可从以下三方面入手。

（1）从中央集权到君主独裁

在《天圣令》残卷中，可发现对于行政程序的处理，唐令多循由
"申省（尚书省）"处理，宋令则规定"听旨"、"奏闻"，由此可窥知唐
令立法意旨倾向于循由官僚行政运作，而宋令则在于强化皇权，助长独

---

① 梅原郁也已注意到这两条《天圣附令》，并指出对170年后的《庆元条法事类·场务
令》，作了微妙的追加与修正，这是对应宋代新现实所做的规定，但仍不脱《令》的体
系。这个看法也值得参考。参见梅原郁《唐宋时代的法典编纂》，第134页。
② 参见仁井田陞《序说第二：唐令拾遗所采用的资料》，载《唐令拾遗》，第89页"司马
氏书仪"条。
③ 参见戴建国《宋〈天圣令·赋役令〉初探》，载戴建国《宋代法制初探》，第86~88页。

裁。例如《天圣·狱官令》宋 37 条规定："诸犯罪应入议、请者，皆奏。"① 雷闻在复原唐令时，依据《唐六典》、《唐令拾遗》以及日本《养老·狱令》，复原为："诸犯罪应入议、请者，皆申刑部。"② 再者，《天圣·狱官令》宋 34 条规定：

> 诸死罪囚，虽已奏报，犹诉冤枉，事有可疑，须推覆者，以状奏闻，听旨别推。（第 417 页）

雷闻在复原唐令时，依《养老·狱令》将其复原为：

> 诸死罪囚，虽已奏报，犹诉冤枉，事有可疑，须推覆者，以状奏闻，遣使驰驿检校。③

又，《天圣·医疾令》宋 6 条规定：

> 诸有私自学习、解医疗者，若医官阙人，召赴医官院，令尚药奉御简试所业，答义三十道，本院（副？）使、副等糊名覆校，艺业灼然者录奏，听旨补充。（第 409 页）

程锦在复原唐令时，依据日本《养老·医疾令》将其复原为：

> 诸有私自学习、解医疗者，召赴太医署，试验堪者，听准医针生例考试。④

---

① 《天一阁藏明钞本天圣令校证：附唐令复原研究》，《狱官令》宋 37 条，校录本，第 334 页；清本，第 417 页。以下引用《天圣令》条文，皆出自此书，仅于引文后注明"清本"（或"校录本"）页数，不再另注。

② 参见雷闻《唐开元狱官令复原研究》，载《天一阁藏明钞本天圣令校证：附唐令复原研究》，第 627、628 页。又，此处所引《养老令》，系根据黑板胜美编辑《令义解》（吉川弘文馆，1974；亦收入《国史大系（新订增补）》），以下皆同。

③ 雷闻：《唐开元狱官令复原研究》，第 627 页。

④ 程锦：《唐医疾令复原研究》，收入《天一阁藏明钞本天圣令校证：附唐令复原研究》，第 572 页。

《天圣·营缮令》宋 3 条规定：

> 诸别奉敕令有所营造，及和顾（雇）造作之类，未定用物数者，所司支科（料），皆先录所须总数，奏闻。（校录本，第 343 页）

牛来颖在复原唐令时，依据《养老·营缮令》将其复原为：

> 诸别敕有所营造，及和雇造作之类，所司皆先录所须总数，申尚书省。①

以上诸复原唐令作业，均是在唐重官僚行政、宋则行君立独裁政治前提下进行，因为作者都是以《唐六典》以及日本《养老令》等规定为引据，可信度高。

另外，《唐律疏议·断狱律》"断罪应斩而绞"条（总 499 条），《疏》议引《狱官令》曰："五品以上，犯非恶逆以上，听自尽于家。"② 《天圣·狱官令》唐 3 条正提示此条令文之全貌，其曰："诸决大辟罪，皆于市。五品以上犯非恶逆以上，听自尽于家。"③ 但是到宋《天圣·狱官令》则将此条删除，正是对古以来所谓"刑不上大夫"，或者唐律优待"议贵"及"通贵"大臣的修正，也是宋代皇权走向独裁化的具体象征。

（2）从身份制社会到庶民社会

唐令所反映的社会结构特质，是身份制社会，主要呈现于"丁中制"。国家依据"丁中制"建立户籍，进而实施"土著"原则，展开均田、租庸调法、府兵制等赋役，达成个别人身统治。所谓"丁中制"，就是《户令》所见，将全国人口依据年龄大小，规定为五种身份制（黄、小、中、丁、老），简称"丁中制"。《旧唐书·食货志》曰："（唐高祖）武德七年，始定律令……男女始生者为黄，四岁为小，十六为中，二十一为丁，

---

① 牛来颖：《天圣营缮令复原唐令研究》，收入《天一阁藏明钞本天圣令校证：附唐令复原研究》，第 660～661 页。
② 《唐律疏议》卷三〇《断狱》，中华书局，1983，第 573 页。
③ 又见于《唐六典》卷六"刑部郎中员外郎"条，中华书局，1992；《唐律疏议》卷三〇《断狱》"断罪应斩而绞"条（总 499 条），第 573 页。

六十为老。"① （《唐六典》卷三"户部郎中员外郎"条、《通典》卷七"食货·丁中"条同）丁、中的起始年龄在唐代有若干变动，但依据年龄大小建立"丁中制"，规范百姓对国家的权利义务关系，这样的统治原理，并无改变。《天圣令》残卷因散佚唐《户令》，所以不见"丁中制"的规定，但在唐《赋役令》中，对丁男、中男等有颇多相关规定。德宗实施两税法，建立"户无主客，以见居为簿；人无丁中，以贫富为差。"② 即由税制终结"丁中制"，此后是以财产为课税的依据，宋代亦然，所以唐《赋役令》中的"课役"用语，到《天圣·赋役令》成为规定诸税。另外，在实施"丁中制"的户籍法时，也必须建立"以见居为簿"的土著原则（或谓本贯原则），加以均田制的推行，所以百姓置产是受到限制的。但是两税法实施以后，取消"丁中制"、土著原则以及置产限制等，唐朝的身份制社会结构因之崩解。理论上，庶民从土地获得解放，拥有迁徙、置产乃至劳动等自由。经过唐末五代的动乱，社会加速变动，到宋代已非身份制社会，一般是用庶民社会来形容。

《天圣·丧葬令》宋6条曰：

> 诸室宗（宗室）、内外皇亲、文武官薨卒，及家有亲属之丧，合赐赗物者，皆鸿胪寺具官名闻奏。物数多少，听旨随给。

吴丽娱认为宋6这一条，是由《天圣·丧葬令》唐1条、《唐令拾遗·丧葬令》第8条及《唐令拾遗补·丧葬令》补3条删减而成。③ 值得注意的是唐令对宗室、内外皇亲、文武官薨卒，及家有亲属之丧，需要由皇帝赐给赗物时，均详细规定身份、职官品阶与赐给赗物数量，但在宋令只作原则性规定，一切均需由鸿胪寺闻奏，再"听旨随给"。此事说明唐令对贵族官僚赐给赗物是依身份、官位等级限定，同时也是保障；但宋令则取决于皇帝，正是独裁政治的反映。若再参照《天圣·丧葬令》的宋令

---

① 《旧唐书》卷四八《食货志上》，中华书局，1975，第2088~2089页。

② 《旧唐书》卷一一八《杨炎传》，中华书局，1975，第3421页。

③ 吴丽娱：《唐丧葬令复原研究》，载《天一阁藏明钞本天圣令校证：附唐令复原研究》下册，第682~683页。

删除唐 4 条规定"诸去京城七里内，不得葬埋"①，则显示宋代京城（开封）的开放性，有异于隋唐长安城的封闭性。唐、宋政治社会结构的差异，在于唐朝上层结构除君主专制政体外，中间尚有贵族官僚及贵族（士族）阶层，仍是贵族（士族或门阀）社会性质，其下才是庶民贱口；宋代则演变为君主独裁政体，中间主要为科举官僚，其下为庶民社会，上述《天圣·丧葬令》即反映部分这样变化的特质。

再者，劳动力方面，唐朝在租调役的役法下，分由正役及杂徭役使诸丁。但唐朝后半时期至宋代，雇佣劳动渐趋盛行，反映庶民社会的抬头，所以天圣《赋役令》有关"丁匠"的规定，在 23 条中达 10 条，同时宋 10 条对丁匠上役规定给公粮，而复原唐 32 条则规定给私粮，足见宋代工匠待遇较唐朝高。

就贱民层而言，不论其社会地位或人数，到北宋时均大为改善，有异于唐朝。例如奴婢的身份，就唐律的规定而言，是同于"资财"（《贼盗律》"谋反谋大逆"条，总 248 条，《疏》议）、"畜产"（《名例律》"官户部曲官私奴婢有犯"条，总 47 条，《疏》议），也就是"半人半物"，当其为行为主体而有犯时，法律上除特别规定外，仍准良人之法。② 理论上，到宋代虽仍沿用唐律，但《天圣·关市令》宋 13 条规定：

> 诸卖牛马驼骡驴，皆价定立券，本司朱印给付。若度关者，验过所有实，亦即听卖。

此条令文已不含奴婢的买卖，而唐朝相应的规定，见于《唐六典》卷二十"太府寺·两京诸市署"条、《唐律疏议·杂律》"买奴婢牛马不立券"条（总 422 条）；③ 另外，日本《养老·关市令》"卖奴婢"条等，

① 吴丽娱认为，唐 4 条源自隋《开皇令》，参见吴丽娱《唐丧葬令复原研究》，第 692 页。
② 参见仁井田陞《中国身分法史》第 8 章《部曲、奴婢法》，东京大学出版会，1942，第 860~861、900~949 页；仁井田陞《补订·中国法制史研究：奴隶农奴法、家族村落法》，东京大学出版会，1980，补订版，第 11、341~342 页；戴炎辉《唐律通论》"官户、部曲、官私奴婢之行为主体性"，台湾"国立"编译馆，1977，第 442~443 页。
③ 分别见《唐六典》卷二〇"太府寺"，第 543 页；《唐律疏议》卷二六《杂律》，第 500 页。

都规定买卖奴婢一事。所以孟彦弘在复原唐令这一条时,增加奴婢的买卖一项,其复原条文曰:

> 诸卖买奴婢牛马驼骡驴等,皆经本部本司过价立券,朱印给付。①

此一复原令文正反映了唐、宋奴婢社会地位变化的一面。

再如,《天圣·捕亡令》中关于捉获逃亡奴婢,依据唐令修订的宋令只有3条,但被废弃不用的唐令则有5条,足见奴婢在唐朝受到严格管束,到北宋的规范大为减少,反映北宋奴婢人数较唐朝少以及奴婢走向雇佣化,而物化身份也大为提升,除部分贱口奴婢外,奴婢的主体为具有良民身份而基于契约关系的雇佣奴婢。② 婚姻方面,《天圣·杂令》唐17条曰:

> 诸官户、(官)奴婢男女成长者,先令当司本色令相配偶。

相应的规定,又见《唐律疏议·户婚律》"养杂户等为子孙"条(总159条)《疏》议曰:

> 依《户令》:"杂户、官户皆当色为婚。"③

《唐六典》卷六《尚书·刑部》"都官郎中员外郎"条曰:

---

① 孟彦弘:《唐关市令复原研究》,载《天一阁藏明钞本天圣令校证:附唐令复原研究》下册,第536页。
② 关于唐到宋代时期奴婢身份的变化,学界有颇多探讨,尤其日本学界。其走向雇佣化,较无异议,但涉及良贱制之存废问题,则较多歧见。简单说明其论点,参见前引拙著《战后日本的中国史研究》"良贱制之问题",第97~99页。最近研究成果,如高桥芳郎《宋元时代的奴婢、雇佣人、佃仆之身份》,《北海道大学文学部纪要》第26卷第2号,1978(后收入高桥芳郎《宋—清的身份法研究》第一章,北海道大学图书刊行会,2001,第1~84页);杨际平《唐宋时期奴婢制度的变化》,《中国社会历史评论》第4辑,商务印书馆,2002,第57~64页;前引戴建国《唐宋变革时期的法律与社会》第4章"唐宋奴婢制度的变化",尤其是第306~307页。戴文同时也引用《天圣令》残卷论证,值得参照。
③ 《唐律疏议》卷十二《户婚律》"养杂户等为子孙"条(总159条),第238页。

（官奴婢）男、女既成，各从其类而配偶。（注曰：并不得养良人之子及以子继人。）①

此处虽规定官奴婢，但私奴婢当亦比附处理。《天圣·杂令》规定将唐 17 条废弃不用后，奴婢的婚姻与唐制不同，可以与奴婢以外的人通婚，这是历史的一大进步，也是宋代奴婢身份提高的标志。② 又如《天圣·狱官令》唐 12 条曰：

诸放贱为部曲、客女及官户，逃亡经三十日，并追充贱。

由于北宋时期贱民来源枯竭，其较奴婢身份为高的部曲、客女及官户到北宋初期已消失，所以唐令这条规范亦无存在的必要而将其删除。③ 此外，《天圣·杂令》唐 10、19、20、21、22、23 等条，是有关官奴婢、杂户、官户等规定，到《天圣令》均予以删除。尤其官户，在宋代是指官人，已非唐代之贱口意义，变化尤大。

（3）从实物经济到货币经济

"唐宋变革论"的经济因素，通常是由唐朝的实物经济（或曰自然经济）演变成为货币经济来说明。《天圣·赋役令》的唐令详订租、调、庸物输纳与服役规定，但《天圣·赋役令》的宋令，并没有出现两税法以及货币使用的相关规定，仍然规定以谷物、绢布缴税；只是不称"课户"，而称"税户"而已。④ 如前所述，这是因为《天圣令》以唐令作基础而修订的缘故。因此，有关货币经济问题，应该见于《天圣编敕》、《附令敕》。虽如此，仍有些痕迹可探寻。如《天圣·赋役令》宋 1 条曰：

---

① 《唐六典》卷六《尚书·刑部》"都官郎中、员外郎"条，第 194 页。
② 参见戴建国《唐宋变革时期的法律与社会》第四章"唐宋奴婢制度的变化"，第 312 页。
③ 李靖莉、杨际平以为盛唐以后部曲极其罕见，几近绝迹。参见李靖莉《从吐鲁番出土文书看唐代西州部曲》，《中国社会经济史研究》1997 年第 1 期，第 10～17 页；杨际平《唐宋时期奴婢制度的变化》，第 60～61 页。
④ 戴建国亦以为有关两税法的规定，极有可能在与《天圣令》同时颁行的《附令敕》十八卷中。参见戴建国《宋〈天圣令·赋役令〉初探》，第 88 页。

　　　　诸税户并随乡土所出，绸、绝、布等若当户不充（成）匹端者，
　　　皆随近合充（成）……其许以零税纳钱者，从别敕。

　　李锦绣复原为唐 2 条曰："诸课户，一丁租粟二斛。其调各随乡土所
出（下略）"，同时以为宋 1 条文末曰："其许以零税纳钱者，从别被"一
句，为宋代的制度，并举《庆元条法事类》卷四十七《赋役门》"受纳税
租"引《赋役令》文作旁证，说明宋代允许以钱折纳零税。① 此处即提示
《天圣令》将唐令的"课户"，修改为"税户"，乃至以钱纳税，可为实物
经济发展成货币经济的一个注脚。

　　再者，《天圣·田令》中，被废弃不用的唐令多达 49 条，而依据唐令
修订的宋令只有 7 条，不成比例。不行用的唐《田令》，包括永业田、口
分田、职分田、公廨田、易田、赐田、园宅地等土地收授，以及屯田诸规
定。这是均田法实施之下，国家掌握庞大土地收授的具体说明，庶民拥有
私田则相当有限；但两税法以后到宋代，已确立土地私有制，这也是庶民
社会成立的必要条件，所以对唐令有关均田土地规定大量删除。此外，
《天圣·仓库令》依据唐令修订的宋令有 24 条，但被废弃不用的唐令也有
22 条，几达一半。按，《唐律疏议·厩库律》"损败仓库积聚物"条（总
214 条）《疏》议曰："仓，谓贮粟、麦之属。库，谓贮器仗、绵绢之
类。"② 据此定义，可知被废弃不用的唐《仓库令》中属于《仓令》者有
11 条，属于《库令》者有 8 条，另外 3 条为仓与库性质，究其内容，不
外为租、调、庸物收纳出给等规定，显示唐朝实物经济运行的一面，但是
到宋代不行用了。

　　以上说明要从制度上来考察"唐宋变革"，首先必须要由考察均田及
其相关租庸调法的废止、土地私有制的确立，以及由府兵制的废除到募兵
制的建立入手。这三大制度（均田、租庸调、府兵），是由北朝迄至隋唐
的立国根本大法。其崩坏在唐朝是有漫长过程的，但从法制上全面终止行
用，则首见于《天圣令》，虽然《天圣令》残卷不见兵制条文（《军防

---

① 李锦绣：《唐赋役令复原研究》，载《天一阁藏明钞本天圣令校证：附唐令复原研究》，
　　第 458～460 页。
② 《唐律疏议》卷十五《厩库律》"损败仓库积聚物"条（总 214 条），第 292 页。

令》），但我们相信是存在的。① 至于学术、文艺方面的变化，则有赖其他数据作说明。因此，期待早日发现《天圣令》前二十卷，以及《附令敕》与《天圣编敕》诸资料。

结语——"天圣令学"的开拓

《天圣令》残卷正式刊行，迄今不过六七年；即使由初次披露给学界计起，也不过十三四年。在短短十来年间，围绕《天圣令》的历史问题，已经广泛引起国际学界重视，研究成果辉煌，这种情况，在学界确实不多见。

《天圣令》残卷共十卷十二篇，五百多条，约占全令文的三分之一，期待其余三分之二的内容，早日发现与刊行。因为《天圣令》的发现，使唐玄宗《开元二十五年令》以后到宋仁宗时期的法制发展得以联结，尤其提供"唐宋变革"的法制证据；同时也可使日本《大宝令》至《养老令》所规定的制度，获得印证。更重要的是可借它来复原《养老令》所散佚的《仓库令》、《医疾令》。若进一步讨论学术研究的价值，黄正建提出下列五点：（1）了解宋令与唐令的原貌；（2）《令》在"律令格式"法律体系中的地位有了更可靠的依据；（3）对唐宋制度，尤其经济、社会制度，提供了许多新资料；（4）从制度上，尤其法律制度上，提供了所谓"唐宋变革"的重要学术价值；（5）对唐、日《令》比较，乃至唐、日制度的比较，有重要学术价值。② 冈野诚也提出对宋代法、五代十国法、唐代法、中日比较法史等研究的贡献说。③ 二位先生的看法，可以说差不多已将《天圣令》的价值做了说明。对于此一新兴法史研究领域的出现，笔者姑且称为"天圣令学"。

---

① 《天圣令》的《田令》唐 46 条有"州、镇及军府"、同令唐 38 条有"州、镇诸军"、《厩牧令》唐 3 条有"州、军镇"、"军府"等用语，说明唐朝开元后半府兵制在转变为节度使兵制过程中，"军府"成为兵镇泛称。参见孟彦弘《唐捕亡令复原研究》，载《天一阁藏明钞本天圣令校证：附唐令复原研究》，第 546 页。
② 参见黄正建《天一阁藏〈天圣令〉的发现与整理研究》，第 3 页。
③ 参见冈野诚《北宋天圣令——发现、刊行与研究现状》，《历史与地理》614 号（《世界史研究》第 215 号），2008，第 38 页。

　　"天圣令学"的基本材料，除《天圣令》三十卷外，就是《天圣编敕》与《附令敕》。《天圣令》已刊行的是最后十卷，前二十卷则下落不明，咸信仍在宁波天一阁，或改以其他名称编目，有必要再清查藏书。由于《天圣令》制定时，主要是以唐玄宗《开元二十五年令》（737年）作为底本修订，虽然《开元二十五年令》令文今日只零星传存，所幸依据唐令制定的日本《大宝令》（701年制定）、《养老令》（718年编纂，757年颁行）令文，[1] 因为有成书于833年的《令义解》流传至今，大致可以窥知《养老令》的全貌；又有大约成书于868年之前的《令集解》，在诸注释家当中的《古记》（在738～740年成书），引用局部的《大宝令》令文，因而得以窥知《大宝令》一二。日本《大宝令》、《养老令》令文的直接蓝本，是唐高宗《永徽令》（651年）至玄宗《开元七年令》（719年）诸令，经学者们的研究，《天圣令》最后的十卷令文与《养老令》相关令篇的令文相当接近。

　　若再参照《令义解》、《令集解》诸注释家，以及仁井田陞著《唐令拾遗》、池田温等编《唐令拾遗补》，可以由第一手材料中得知7～8世纪唐、日诸令制的变迁，以及同时期唐、日文化交流之梗概。另外，天一阁博物馆、中国社会科学院历史研究所天圣令整理课题组校证，而由北京中华书局出版天下孤本的《天一阁藏明钞本天圣令校证：附唐令复原研究》，对《天圣令》残卷之整理，以及唐令复原的研究，使学界在进行唐、宋令，乃至日本令研究时，可收事半功倍之效，贡献厥伟。若再加上唐、宋令以及日本令之相关史料，如《唐六典》、《通典》，日本《延喜式》等，证明"天圣令学"不但是法制题目，而且是唐、宋、日相关历史研究的极佳材料，也可拓展所谓"唐宋变革"的视野。本文即试图借由《天圣令》等材料，更深入地探讨"唐宋变革"的下限，而设定在《天圣令》及《天圣编敕》、《附令敕》颁行时，即宋仁宗天圣十年（1032年）。

　　陈寅恪在为陈垣的《敦煌劫余录》作"序"时，说道："一时代之学术，必有新材料与新问题。取用此材料，以研求问题，则为此时代学术之

---

[1]　关于《养老令》，过去以为718年完成，最近的看法是从718年开始编纂。参见榎本淳一《"东亚世界"中的日本律令制》第一节《日本律令法典编纂史》，载大津透编《律令制研究入门》，名著刊行会，2011，第3～6页。详论参见榎本淳一《养老律令试论》，载笹山晴生先生还历纪念会编《日本律令论集》上卷，吉川弘文馆，1993，第285～288页。

新潮流。"① 新发现的《天圣令》残卷，就是新材料，由此新材料而发现新问题，进而成为"一时代之学术"，就是笔者所提出的新研究领域——"天圣令学"，希望也能成为"新潮流"。今日所谈的"天圣令学与唐宋变革"，是试图对陈寅恪所提出的课题，作一注脚。

---

① 陈寅恪：《〈敦煌劫余录〉序》，载《中央研究院历史语言研究所集刊》第一本第二分，第231页；陈垣：《敦煌劫余录》，"中央研究院"历史语言研究所，1931，第1页，载黄永武主编《敦煌丛刊初集·三》，新文丰出版公司，1985。

宋令演变考[*]

1999 年发现、2006 年公布的北宋三十卷《天圣令》中的十卷残本，^①不仅给以唐宋为中心的中国法史研究，而且给日本古代法史的研究带来了很大的促进。^② 在以如此重要的法制史料为宋代法史研究对象之际，对宋令系谱与性质的理解是不可或缺的。然而，《天圣令》与元丰、元祐、元符、政和、绍兴、乾道、淳熙、庆元、淳祐等九令之间存在较大的不同，我们对其实际状况的探究尚不充分。本专题试图首先通过与法典编纂相关的记载探讨宋令谱系的演变，其次探求宋令性质的变迁，最后通过对《天圣令》与《庆元条法事类》的比较以检验上述考察所得出的假说。

（一）谱系的演变

作为最后的唐令，《开元二十五年令》与《开元二十五年律》一样，由格、格后敕、编敕或者单行的制敕进行了后续的补充、修正，直

---

* 原文凡例为：有关唐令复原条文，引用《唐令拾遗》、《唐令拾遗补》则称"○○令复旧 ××条"；引用《天圣令校证》下册的唐令复原研究，则称"○○令复原××条"。又，《唐令拾遗》＝〔日〕仁井田陞：《唐令拾遗》，东方文化学院，1933，以东京大学出版会 1964 为据；《唐令拾遗补》＝〔日〕仁井田陞，池田温编辑代表：《唐令拾遗补——附唐日两令对照一览》，东京大学出版会，1997；《天圣令校证》＝天一阁博物馆、中国社会科学院历史研究所天圣令整理课题组校证《天一阁藏明抄本天圣令校证：附唐令复原研究》，中华书局，2006。

① 田令、赋役令、仓库令、厩牧令、关市令、捕亡令、医疾令、假宁令、狱官令、营缮令、丧葬令、杂令 12 篇。《天圣令》残本由戴建国［《天一阁藏明抄本〈官品令〉考》，《历史研究》1999 年第 3 期；以戴建国《宋代法制初探》（黑龙江人民出版社，2000）为据］发现，由《天圣令校证》刊布。

② 与《天圣令》相关的研究动向，则参见大津透《北宋天圣令的公布出版及其意义——日唐律令比较研究的新阶段》（《东方学》第 114 辑，2007），兼田信一郎《天一阁藏北宋天圣令研究的现状——〈天一阁藏明抄本天圣令〉出版》（《历史评论》第 693 号，2008），冈野诚、服部一隆、石野智大编《〈天圣令〉研究文献目录（第二版）》（《法史学研究会会报》第 14 号，2010）。

至宋初仍被作为现行的法典继续行用。① 这由以下记载便可知悉。

《宋史》卷一九九《刑法志》载：

> 宋法制因唐律、令、格、式，而随时损益则有编敕，一司、一路、一州、一县又别有敕。

《宋会要辑稿》一六四册《刑法》一之一载：

> 国初用唐律、令、格、式外，又有《元和删定格后敕》、《太和新编后敕》、《开成详定刑法总要格敕》、后唐《同光刑律统类》、《清泰编敕》、《天福编敕》、周《广顺续编敕》、《显德刑统》，皆参用焉。

建隆四年（963年）颁布了《宋刑统》与《建隆编敕》，律与格分别为《刑统》、编敕所代替，而令与式则继受自《开元二十五年令》、《式》，形成了《刑统》、令、编敕、式这样的法典体系。② 若将由唐代的"律"与对其进行补充、修正的部分"格"所构成的法规范集合体姑称为律的法领域，将由唐代的"令"与对其进行补充、修正的部分"格"及作为细则的"式"所构成的法规范集合体姑称为令的法领域，则建隆时期所形成的法律体系是：在律的法领域，《刑统》是基本法典，

---

① 后梁开平四年（910年）颁行、后唐同光元年（923年）废弃的《大梁新定格式律令》"与唐代法典（格为《开成格》）在内容上并无太大差异，仅是随王朝更替、首都从长安迁往汴（开封）而作了相关事物名称的变更及其他若干改订"（滋贺秀三：《法典编纂的历史》，载滋贺秀三编《中国法制史论集——法典与刑罚》，创文社，2003，第94页），"律和令与唐开元一模一样"［梅原郁：《唐宋时代的法典编纂——律令格式与敕令格式》，载梅原郁编《中国近世的法制与社会》，京都大学人文科学研究所，1993。以梅原郁《宋代司法制度研究》（创文社，2006）为据，第769页］。

② 滋贺秀三：《法典编纂的历史》，第109页。

相关编敕是副法典;① 在令的法领域，唐令是基本法典，相关编敕是副法典，唐式是细则法典。此外，宋代既有全国通用的海行法，也有限于特定官厅、地域、范围的一司、一务、一路、一州、一县之法，略称为一司法②的制定法群体，编纂了众多的法典，而本专题则以海行法为中心进行考察（详见表1）。

表1　唐开元二十五年至宋末的主要海行法典

王朝	颁行年代	法典名
唐	开元二十五年（737年）	开元二十五年律·律疏·格·令·式
	贞元元年（785年）	贞元格后敕（未公布）
	元和十三年（818年）	元和格后敕
	太和七年（833年）	太和格后敕
	开成四年（839年）	开成详定格
	大中五年（851年）	大中刑法总要格后敕
	大中七年（853年）	大中刑律统类
后梁	开平四年（910年）	大梁新定格式律令
后唐	同光三年（925年）	同光刑律统类
	清泰二年（935年）	清泰编敕
后晋	天福四年（939年）	天福编敕
后周	广顺元年（951年）	大周续编敕
	显德五年（958年）	大周刑统

---

① 基本法典是"以当代法制为中心，在某一体系的框架中规定基本的事项，不希望其频繁发生改变的法典"，在"律令制，即律与令作为并存的两种基本法典的法典形式"下，具有"①刑罚与非刑罚二分，②是一个时期唯一的律令，③不对其进行部分修正"三点特征；副法典则是"将某一时期所积累的单行命令加以检查，抽出其中作为将来之法应予以维护的要素，并予以条文化"的编纂物，具有"使基本法典的条文保持原样不动，而适应时势变化进行实质性的法律变动，为适应具体事物的多样性而将法细目化的功能"（滋贺秀三：《法典编纂的历史》，第16、18～21页）。

② 关于"一司法"，可参见滋贺秀三《法典编纂的历史》，第110、124～134页；梅原郁《唐宋时代的法典编纂——律令格式与敕令格式》，载梅原郁编《中国近世的法制与社会》，京都大学人文科学研究所，1993，第799～801、808～811、828～829页。

续表

王朝	颁行年代	法典名
北宋	建隆四年（963 年）	宋刑统·新编敕
	太平兴国三年（978 年）	太平兴国编敕
	淳化五年（994 年）	淳化编敕
	咸平元年（998 年）	咸平编敕·仪制敕·赦书德音
	大中祥符九年（1016 年）	大中祥符编敕·仪制敕·赦书德音
	天圣十年（1032 年）	天圣编敕·赦书德音·天圣令·附令敕
	庆历八年（1048 年）	庆历编敕·续附令敕·赦书德音
	嘉祐七年（1062 年）	嘉祐编敕·续附令敕·赦书德音
	熙宁六年（1073 年）	熙宁编敕·赦书德音·附令敕·申明敕
	元丰七年（1084 年）	元丰敕令格式·赦书德音·申明刑统
	元祐二年（1087 年）	元祐敕令式·申明刑统·赦书德音
	元符二年（1099 年）	元符敕令格式·申明刑统
	政和三年（1113 年）	政和敕令格式
南宋	绍兴二年（1132 年）	绍兴敕令格式·申明刑统·随敕申明·赦书德音
	乾道六年（1170 年）	乾道敕令格式·存留照用指挥
	淳熙四年（1177 年）	淳熙敕令格式·随敕申明
	淳熙七年（1180 年）	淳熙条法事类
	庆元四年（1198 年）	庆元敕令格式·随敕申明
	嘉泰三年（1203 年）	庆元条法事类
	淳祐二年（1242 年）	淳祐敕令格式
	淳祐十一年（1251 年）	淳祐条法事类

　　横跨律令两大法领域的副法典编敕，在太平兴国、淳化、咸平、大中祥符时期被反复编纂，而律的法领域的基本法典《刑统》则就此保留至南宋末；令的法领域的基本法典令与细则法典式的再编纂①也被搁置，如

① 《玉海》卷六六《诏令·律令下》"淳化编敕"中载："太宗以开元二十五（'五'，原误作'六'）年所定令式，修为《淳化令式》"。《淳化令式》并非令式的再编纂，而是校勘《开元二十五年令》、《式》的产物。参见仁井田陞、牧野巽《故唐律疏议制作年代考（上）》，《东方学报》东京第 1 册，1931。以律令研究会编《译注日本律令一　首卷》（东京堂，1978）为据，第 448～449 页；仁井田陞：《唐令拾遗》，东方文化学院，1933，以东京大学出版会 1964 为据，第 40～41 页；仁井田陞：《调查法律史料》，《东方学报》东京第 5 册续编，1935。以《唐宋及明代的法典》（收入仁井田陞《中国法制史研究　法与习惯·法与道德》，东京大学出版会，1964）为据，第118～119页。

《宋会要辑稿》一六四册《刑法》一之四载：

> 天禧二年（1018 年）十月十七日，"右巡使王迎等言：'准诏依赵安仁所请重编定令式，伏缘诸处所供文字悉无伦贯，难以刊绪，望具仍旧。'从之。"

式的情况据《宋会要辑稿》一六四册《刑法》一之一二所载：

> 元丰三年（1080 年）"五月十三日，详定重修编敕所言：'见修敕令与格式兼行，其唐式二十卷条目至繁，（文）〔又〕古今事殊。欲取事可海行，及一路一州一县、在外一司条件，照会编修，余送详定诸司敕式所。'从之。"①

可知至元丰年间，才主要以一司法的形式进行再编纂。

在令与式作为现行法存续的同时，在编纂《咸平编敕》之际，《仪制敕》则被作为新的法典予以追加。《宋会要辑稿》一六四册《刑法》一之一载：

> 咸平元年（998 年）十二月二十三日，"给事中柴成务上《删定编敕》、《仪制敕》、《赦书德音》十三卷，诏镂版颁行……至是成务等上言：'又以仪制、车服等敕十六道别为一卷，附《仪制令》，违者如违令法，本条自有刑名者依本条。'"②

这是将修正、补充唐《仪制令》的条款从编敕中析出，附于《仪制令》，并删去其独立的罚则规定，违反者则适用《杂律》第61条的"违令罪"："诸违令者，笞五十（谓令有禁制而律无罪名者）。"由于这意味着"在有所违反而无特别罚则规定的情况下，与违反编敕本身而被课以违

---

① 《续资治通鉴长编》卷三〇四"元丰三年（1080 年）五月乙亥"（中华书局，2004）亦有所载。
② 《续资治通鉴长编》卷四三"咸平元年十二月丙午（21 日）"、《玉海》卷六六《诏令·律令下》"咸平新定编敕"中亦载。柴成务的上言据滋贺秀三的对校录入。参见滋贺秀三《法典编纂的历史》，第140~141页注7。

制罪相对，违反《仪制敕》则课以相对较轻的违令罪"，① 因此《仪制敕》的构成，一是属于律的法领域并具有自身罚则的规定，二是将罚则寄托于《杂律》第61条，属于令的法领域的规定。前者是属于《刑统》范畴的副法典，后者则属于令范畴的副法典，其整体则具有与编敕同样的性质。如《宋会要辑稿》一六四册《刑法》一之三所载，大中祥符九年（1016年）九月二十一日，"编敕所上《删定编敕》、《仪制》、《敕书德音》、《目录》四十三卷，诏镂版颁行"，②《仪制敕》也为《大中祥符编敕》所继承。

在这一脉络下所编纂的《天圣令》是大约300年后才编纂的令，它的颁行使《开元二十五年令》终于从现行法典的位置上退了下来。《宋会要辑稿》一六四册《刑法》一之四载：

> 天圣七年（1029年）五月十八日，详定编敕所（止）〔上〕删修令三十卷，诏与将来新编敕一处颁行。先是诏参知政事吕夷简等参定令文……凡取唐令为本，先举见行者，因其旧文，参以新制定之。其今不行者，亦随存焉。又取敕文内罪名轻简者五百余条，著于逐卷末，曰《附令敕》。至是上之。

又，《续资治通鉴长编》卷一〇八"天圣七年五月"载：

> 己巳（11日），诏以新令及附令颁天下。始，命官删定编敕，议者以唐令有与本朝事异者，亦命官修定，成三十卷，有司又取咸平仪制令及制度约束之。在敕，其罪名轻者五百余条，悉附令后，号曰《附令敕》。

又，《玉海》卷六六《诏令·律令下》"天圣新修令、编敕"载：

---

① 滋贺秀三：《天一阁藏明钞本天圣令校证（附唐令复原研究）》，中华书局，2006；《法典编纂的历史》，第110页。违制罪由《职制律》第二十二条所规定："诸被制书有所施行而违者，徒二年；失错者，杖一百（失错谓失其旨）。"
② 《玉海》卷六六《诏令·律令下》"大中祥符编敕"亦有所载。

（天圣）七年五月己巳，诏以新修令三十卷又附令敕颁行。初，修令官修令成，又录罪名之轻者五百余条，为附令敕一卷，（注文略）乃下两制看详，既上，颁行之。（先是诏参政吕夷简等参定令文……取唐令为本，参以新制。）

据此，《天圣令》三十卷的主体部分乃以唐令为基础，杂以新制而作成。换言之，《天圣令》是全面修正《开元二十五年令》并继承了其性质的"令的法领域"中的基本法典。[①]《天圣令》与《天圣编敕》一同"经历了在录写后颁下诸路行用并予以观察，如有不便之处则在一年内申告的程序"后，[②] 如《宋会要辑稿》一六四册《刑法》一之四载：天圣十年（1032 年）三月十六日，"诏以《天圣编敕》十三卷、敕书德音十二卷、令文三十卷付崇文院镂版施行"，[③] 在撰写完毕的三年后，于天圣十年颁行。

在《天圣令》的主体部分即现行《天圣令》之后，附录了被废止的

---

① 滋贺氏认为，"唐令中仍可适用于当下者尽量予以保留，同时也稍加改动以适应时代"（滋贺秀三：《法典编纂的历史》，第 111 页）；梅原氏则认为，"'唐令'中能与现行法规保持一致者予以保留，……其构造与理念几乎未加改动"（梅原郁：《唐宋时代的法典编纂——律令格式与敕令格式》，载梅原郁编《中国近世的法制与社会》，京都大学人文科学研究所，1993，第 788 页）。

② 滋贺秀三：《法典编纂的历史》，第 112 页。《宋会要辑稿》一六四册《刑法》一之四载：天圣七年五月二十一日，"翰林学士宋绶言：'准诏，以编敕官新修令三十卷，并编敕录出罪名轻简者五百余条为《附令敕》，付两制与刑法官看详，内有添删修改事件，并已删正，望付中书门下施行。'从之"；天圣七年九月二十二日，"详定编敕所言：'准诏，新定编敕且未雕印，令写录降下诸转运、发运司看详行用。如内有未便事件，限一年内逐旋具其实封闻奏。当所已写录到《海行编敕》并《目录》共三十卷，《敕书德音》十二卷，《令》文三十卷，并依奏敕一道上进。'诏送大理寺收管，候将来一年内如有修正未便事件了日，令本寺申举，下崇文院雕印施行"。

③ 《续资治通鉴长编》卷一一一"明道元年（1032 年）三月戊子（11 日）"、《玉海》卷六六《诏令》之《律令下》"天圣新修令、编敕"亦载。滋贺氏认为，这些记载中并未提及《附令敕》，是因为它包含在《天圣令》三十卷中。见于《玉海》及《宋史》卷二〇四《艺文志三》"史类·刑法类"中的"《附令敕》十八卷"，"可能是在编纂《庆历编敕》时，仅从《天圣令》文中抄录出《附令敕》而成的十八卷"。滋贺秀三：《法典编纂的历史》，第 141～142 页注 11。《天圣令》残卷中并无《附令敕》，或许与此有什么关系。

《开元二十五年令》的条文，亦即"不行唐令"。① 在《天圣令》残本中，现行《天圣令》条文的末尾记有"右并因旧文，以新制参定"以为总括，而其后所录的被废止的不行唐令的条文末尾则记以"右令不行"以为总括。② 而且，尽管不见于《天圣令》残本，但在原来的《天圣令》中，在不行唐令之后还附有《附令敕》。③ 所谓《附令敕》，据前引《宋会要辑稿》之《刑法》一之四、《续资治通鉴长编》卷一〇八、《玉海》卷六六"天圣新修令、编敕"，及《玉海》卷六六《诏令·律令下》"天圣附令敕"载：

> 天圣四年，有司言：敕复增置六千余条，命官删定。时以唐令有与本朝事异者，亦命官修定。有司乃取咸平仪制及制度约束之在帙者五百余条，悉附令后，号曰《附令敕》。七年令成，颁之。

乃从《仪制敕》及编敕中抽取约五百条适用刑名轻微者，分附于《天圣令》各篇的末尾。④ 这五百条以外的《仪制敕》、编敕条文，或有针对违法行为的独立罚则，或属于依违制罪处罚的编敕，而编敕作为横跨律令两大法领域的副法典这一性质并无变化，而《附令敕》并无单独的罚则

---

① 滋贺氏所说的"不删除已经成为死文的部分而保持原样的方针"（滋贺秀三：《法典编纂的历史》，第 111 页），梅原氏所说的"保持'唐令'原状的形态"（梅原郁：《唐宋时代的法典编纂——律令格式与敕令格式》，载梅原郁编《中国近世的法制与社会》，京都大学人文科学研究所，1993，第 788 页），应就是如此存在的。

② 在《天圣令校证》下册的校录本、清本中，现行《天圣令》、不行唐令被分别附以宋××条、唐××条的条文号。本文也以该条文号为准。

③ 仁井田陞：《调查法律史料》，第 119~120 页；滋贺秀三：《法典编纂的历史》，第 111 页；梅原郁：《唐宋时代的法典编纂——律令格式与敕令格式》，载梅原郁编《中国近世的法制与社会》，京都大学人文科学研究所，1993，第 789 页。

④ 关于《附令敕》，滋贺氏认为它是由"将规定行为规范的条文中那些被违反后无须处以重罚的部分从编敕中抽出，移入与之同时进行修订工作的令中，作为其附属编纂"而成的（滋贺秀三：《法典编纂的历史》，第 111 页）。梅原氏则认为它是"从编敕中选出属于新的禁令且罪名轻简的五百余条，逐卷列于各令之后"（梅原郁：《唐宋时代的法典编纂——律令格式与敕令格式》，载梅原郁编《中国近世的法制与社会》，京都大学人文科学研究所，1993，第 789 页）。梅原氏还举了《天圣附令敕》的两条实例（梅原郁：《唐宋时代的法典编纂——律令格式与敕令格式》，载梅原郁编《中国近世的法制与社会》，京都大学人文科学研究所，1993，第 790、844~845 页注 59）。

规定，"有所违反则课以较轻的'违令'罪"，[1] 因此在仅是令的法领域中处于副法典的位置，在这一点上与《仪制敕》有所区别。[2] 在此，令的法领域由取代了《开元二十五年令》的基本法典《天圣令》、作为副法典的《附令敕》和编敕的相关部分、作为细则法典的唐式构成。此后，如《宋会要辑稿》一六四册《刑法》一之五载：

> 庆历八年（1048 年）四月二十八日，提举管勾编敕宰臣贾昌朝、枢密副使吴育上《删定编敕》、《敕书德音》、《附令敕》、《目录》二十卷，诏崇文院镂版颁行。[3]

《刑法》一之六载：

> 嘉祐七年（1062 年）四月九日，提举管勾编敕宰臣韩琦、曾公亮上《删定编敕》、《敕书德音》、《附令敕》、《总例》、《目录》二十卷，诏编敕所镂版颁行。[4]

《刑法》一之九载：

> 熙宁六年（1073 年）八月七日，提举编敕宰臣王安石上《删定

---

[1] 滋贺秀三：《法典编纂的历史》，第 111 页。

[2] 关于《附令敕》，滋贺氏认为"咸平以来的《仪制敕》也是作为《附令敕》的一部分被收入的"（滋贺秀三：《法典编纂的历史》，第 111 页），那么疑问是，《仪制敕》中有单独罚则规定的条文是否也是如此呢？梅原氏认为"将敕中与新的现实相对应的约束——决定、规定和禁令，即原则部分中并不重要的条文作为'附令'，纳入原有的'令'的体系，所以针对其违反行为的刑罚也开始于此加入"（梅原郁：《唐宋时代的法典编纂——律令格式与敕令格式》，载梅原郁编《中国近世的法制与社会》，京都大学人文科学研究所，1993，第 791 页），可是这与梅原氏自己所主张的"推测其中并无原来的刑罚条款"（梅原郁：《唐宋时代的法典编纂——律令格式与敕令格式》，载梅原郁编《中国近世的法制与社会》，京都大学人文科学研究所，1993，第 844 页注 59）相矛盾，难以接受。

[3] 《宋史》卷二〇四《艺文志三》"史类·刑法类"中载："《续附敕令》一卷（庆历中编，不知作者）"；《玉海》卷六六《诏令·律令下》"庆历编敕"中亦有所载。

[4] 《玉海》卷六六《诏令·律令下》载，《嘉祐编敕》"其元降敕，但行约束，不在刑名者，又析为《续降附令敕》三卷"。

编敕》、《赦书德音》、《附令敕》、《申明敕》、《目录》共二十六卷，诏编敕所镂版，自（熙宁——作者校补）七年正月一日颁行。①

《附令敕》与庆历、嘉祐、熙宁的编敕同时编纂、施行。《续资治通鉴长编》卷一九六"嘉祐七年（1062年）四月"载：

> 宰相韩琦等上所修《嘉祐编敕》，起庆历四年，尽嘉祐三年，凡十二卷。其元降敕但行约束而不立刑名者，又析为《续附》，合帙凡五卷。②

由此可见，庆历以后的《附令敕》为《续附令敕》，即作为《天圣附令敕》的补充添加而成。③ 因此，至熙宁为止的令的法领域，由基本法典《天圣令》、副法典《附令敕》及《续附令敕》和编敕中与此相关的部分、细则法典唐式所构成。

元丰七年（1084年），当编敕被再编入敕令格式时，令当然也应该随之发生变化。④ 但《宋会要辑稿》一六四册《刑法》一之一二载：

> 元丰六年（1083年）九月一日，诏："内外官司见行敕律令格式，文有未便，于事理应改者，并申尚书省议奏，辄画旨冲革者徒一年。即面得旨，若一时处分，应著为法，及应冲改者，随所属申中书省、枢密院奏审。"

元丰七年三月六日：

---

① 《玉海》卷六六《诏令·律令下》"熙宁编敕"中亦有所载。
② 《续资治通鉴长编》欠缺日期，有注曰："按：四月下脱去干支，查《宋史》，颁编敕系壬午日"。
③ 仁井田陞、牧野巽：《故唐律疏议制作年代考（上）》，第450~451页注25；滋贺秀三：《法典编纂的历史》，第113、116页。
④ "在唐宋两令之间划一条分界线的，绝不是始于庆元，而源于对宋《天圣令》进行大修改的《元丰令》及其所属系统的诸令的变化。"（《唐令拾遗》，第47页）

《详定重修编敕》书成，删定官尚书刑部侍郎崔台符、中书舍人王震各迁一官，前删定官知制诰熊本、宝文阁待制李承之、李定赐银绢百。

在上述《元丰敕令格式》的编纂记载中，基本没有提及有关制定经过和法典编纂材料。[①] 有关敕令格式的意义以及其中令的性质，本专题将在第二部分予以探讨，此处将对我国有关《元丰令》编纂材料的主要见解予以概述。

梅原郁认为含有《元丰令》的敕令格式的编纂过程，是对"先将包含、排列在宋初以来'编敕'中不带刑罚的、比较简单的规定和单纯的禁令抽出而成新'令'（附令）"的《附令敕》编纂过程的延续，"然后其动向是涉及伴有刑罚规定的、复杂的'编敕'中的敕文，……整体细分化为'令'与'敕'乃至'式'与'格'"。[②] 滋贺秀三认为"编敕体系化的结果不外乎是敕令格式，这是两者连续发展的脉络"，《元丰令》的"谱系起源并非承自唐代法制，而是自编敕分化而来"，《仪制敕》、《附令敕》、《续附令敕》这种"来自于敕且不伴有刑罚的数量众多的法律规范载体"，得以"快速地膨胀起来，其自身也被称为令名"，他将此表达为"喧宾夺主的《附令敕》最终自身成为了令"。[③] 若从二人见解的字面意思来看，《元丰令》无非是从编敕中析出了令的法领域的要素，而与唐令、《天圣令》的谱系发生了断绝。但是，若然如此，则《天圣令》作为令的法领域的基本法典，其所承载的要素又去向了何方？

对此，滋贺秀三指出："这个新令容纳了继受自唐代的令与式。换言之，仅改定了唐令的《天圣令》和唐代就此保留下来的式，尽管其大部分事实上皆是死条文，但作为基本原则，其仍作为现行法而存在。而此时它们变成为删定的对象，将来有用的要素为新令所吸收，剩下的部分则予以

---

① 《玉海》卷六六《诏令·律令下》"元丰诸司敕式、编敕"载："（元丰）七年三月乙巳（六日），《详定重修编敕》书成（孙觉谓：烦碎难用，有一条分为四、五）。书目：《元丰敕令式》，七十一卷，（元丰）七年，刑部侍郎崔台符等撰。元祐中，刘挚等刊修（元丰以约束为令，刑名为敕，酬赏为格）。《熙宁敕》据嘉祐旧文，《元丰敕》用熙宁前例）。"所谓《元丰敕令格式》仅采用熙宁的前例，乃过分贬低之言，不足取。

② 梅原郁：《唐宋时代的法典编纂——律令格式与敕令格式》，载梅原郁编《中国近世的法制与社会》，京都大学人文科学研究所，1993，第801页。

③ 滋贺秀三：《法典编纂的历史》，第115～116页。

废止。"① 亦即，《元丰令》对唐令、《天圣令》的要素在取舍选择的基础上予以吸收的可能性不可忽视。即使《元丰令》的主要成分是从至熙宁为止的编敕、其后的单行制敕中属于令的法领域的规范、《附令敕》和《续附令敕》中抽取出来的，也很难说其完全不加继承就舍弃了《天圣令》所含的要素。《元丰令》的主流固然是令的法领域的副法典编敕，不过令的法领域的基本法典唐令、《天圣令》，至少存在作为支流而被接纳的可能性。换言之，唐令、《天圣令》与元丰以后的令之间所发生的谱系演变，并非仅继承了基本法典谱系之外的副法典谱系，而是继承了基本法典与副法典这两大谱系。

（二）性质的变化

1. 唐令、《天圣令》的性质

如果说作为令的法领域的基本法典《天圣令》的性质承自唐令的话，那么要想对宋令性质的演变进行考察，就势必要先对唐令的性质有所把握。这里先就我国关于唐令性质的主要观点予以概述。

首先，伊藤东涯对唐代律令论述如下："令乃是对天下万民规定凡事必须这样做和禁止这样做的、定号令的一套法规；而律，则当天下之人有罪之时，用于彰显此种罪被判处流刑、那种罪被判处徒刑的差别"，② 令"定号令"，乃命令规范之谓。其次，浅井虎夫认为，"律是规定对犯罪者科以刑罚的法典，而令是汇集与行政相关的各种法令的法典"，③ 即令为行政法典。

---

① 滋贺秀三：《法典编纂的历史》，第 116 页。滋贺氏还以《宋会要辑稿》一六四册《刑法》一之一一二"元丰三年（1080 年）五月十三日《详定重修编敕》"所言为例，认为"由此可知，通过取出唐式中可行的部分，剩余部分则送到特别法编纂局这种方式予以废弃。关于令虽然没有记载，但不是《附令敕》而是被称为'令'的本身，就是无奈对唐令（《天圣令》）进行吸收、废止的明证。事实上，此后再没有言及唐令、式的记载。新令成为了五十卷的大部头，无非是因为全部吸收了这些。"（滋贺秀三：《法典编纂的历史》，第 145 页注 29）

② 伊藤东涯：《制度通》下卷，1797（以吉川幸次郎校订，岩波书店 1944 上卷，1948 下卷为据），第 223 页。

③ 浅井虎夫：《中国法典编纂沿革史》，京都法学会，1911。以汲古书院 1977 为据，第 140 页。

仁井田陞更进一步认为，"总体而言，律是有关刑罚制裁之法，而令是有关命令禁止之法，二者多互为表里"，① 或者说"在隋唐，律是刑罚法典，而令是非刑罚法典，律为阴而令为阳。律是禁止法，令是命令法。律是犯人惩戒法，令是一般的行政法规范"。② 在"命令禁止之法"承自东涯，"行政法规范"承自浅井氏的基础上，又加以"非刑罚法典"的说明。其后，曾我部静雄认为，"律是专门规定刑罚的刑法典，令是规定除刑法以外的民法、商法、宪法、行政法、国际法等的民政法典"，"律惩罚那些违反制度的罪恶行为，令则规定公私阶级和诸制度"，或者"律是刑法典，令是非刑法典"，③ 即主张令是除刑法以外的非刑法典或民政法典。梅原郁则认为，"'律、令'与'格'应当说有本质的差异，更进一步说，'律'与'令'之间也存在着性质的区别"，令是"多与行政相关的法典"。④ 依据这些看法，所谓"律是刑法，令是行政法和民法"⑤ 这一教科书式的理解是能够成立的。

不过，仁井田氏认为，"律令皆是根本法"，⑥ "律令是唐代两大根本法"。⑦ 滋贺氏发展了令是根本法之一的说法，认为唐代是"律与令这两

---

① 仁井田陞：《敦煌发现唐水部式的研究》，载服部先生古稀祝贺纪念论文集刊行会编《服部先生古稀祝贺纪念论文集》，富山房，1936。以仁井田陞《中国法制史研究　法与习惯·法与道德》（东京大学出版会，1964）为据，第 327 页。

② 仁井田陞：《中国法制史》，岩波书店，1952，第 65 页。

③ 曾我部静雄：《宋代的法典类》，《东北大学文学部研究年报》第 15 号，1965。以《从律令格式向敕令格式》（收入曾我部静雄《中国律令史の研究》，吉川弘文馆，1971）为据，第 21～22 页。

④ 梅原郁：《唐宋时代的法典编纂——律令格式与敕令格式》，载梅原郁编《中国近世的法制与社会》，京都大学人文科学研究所，1993，第 748、787 页。梅原郁并未具体说明律令之间的"性质差别"，但根据"律所具有的最为重要的意义，乃在于它的意识形态，特别是与'礼'互为表里之处。仁井田有'律'为阴、'令'为阳的理解，而我觉得若'律'为阴，'礼'就是阳"（同第 778 页）这一论述，可以推测：令在不与礼互为表里这点上，与律是有性质差别的。但是，仁井田之说乃以定立规范（生成）为阳、对其侵犯予以处罚（刑杀）为阴来明确律令关系，与梅原郁的观点并非处于一个层面上。不过，对于仁井田氏之说，正确的说法应该是：律为阴阳兼备，而令仅为阳，阴则委之于律。

⑤ 尾形勇等：《世界史 B》，东京书籍，2010，第 81 页注 7。教辅的术语集也说"在唐代，律为刑法典，令为行政法或民法典"（全国历史教育研究协议会编《改订版世界史 B 用语集》，山川出版社，2008，第 63 页）。

⑥ 仁井田陞：《敦煌发现唐水部式的研究》，第 327 页。

⑦ 仁井田陞：《中国法制史》，第 65 页。

大基本法典并存"的"律令古典期"。① 本专题暂且同意唐令作为令的法领域的基本法典的看法乃承自滋贺氏的见解。仁井田氏又进一步认为，"令为阳而律为阴，违反命令（令）则科之以刑罚（律）"，② "违反令则问之以违令罪"，③ 即指出违反令的行为是律的处罚对象。滋贺氏继承了该观点："律是刑法典，令是规定行政组织、办公准则的基础性法典，不含刑罚规定。但是，律中相当多的条款，乃是对违反令中某些规范的行为科以相应刑罚的规定。不仅如此，律中还有'违令'一条，规定若律中不存在对于违反令的行为的具体处罚，则可对此科以笞五十这种较轻的刑罚。这种方式将律与令联结起来，两者绝非如刑法与民法那样在基本原理上存在差异。这种刑罚与非刑罚的二元并立，只不过是法典编纂技术上的一种手法罢了。"④ 其说与教科书式的理解有别，主张应将令把握为非刑罚法典。

律为刑法典，令为行政法典、民法典这类基于近代西欧法概念的教科书式的理解，其前提是将律令这两个法领域截然二分。但是，即便令确实是所谓的"规定行政组织、办公准则的基础性法典"，⑤ 律又是否能真的被称为近代西欧法概念下的刑法典？仁井田氏称"律令中含有一些与家族、财产相关的法规"，⑥ 即律中也存在民事法规。滋贺氏则指出："从其在整个法律体系中所据地位来看，必须注意到律与近代国家的刑法典有着性质上的不同……律作为规定刑罚的基本法，并非如我们的刑法典那样仅是法律体系中某一领域的支配性法典，实际上，它对于法本身而言，乃是占有最基本地位的典籍。中国人所思考到的能成为国家法规范对象的社会生活的各个领域，以某些形式、某种程度在律中得到了体现，贯穿于律深处的思维形式支配着整个中国法体系，这么说并不过分。"⑦《禁卫律》以下唐律分则的条文，原则上是由禁止行为及其行为人被课刑罚所构成。若

① 滋贺秀三：《法典编纂的历史》，第 20、22 页。
② 仁井田陞：《敦煌发现唐水部式的研究》，第 327 页。
③ 仁井田陞：《中国法制史》，第 65 页。
④ 滋贺秀三：《法典编纂的历史》，第 20 页。
⑤ 滋贺秀三：《法典编纂的历史》，第 20 页。
⑥ 仁井田陞：《中国法制史》，第 65 页。
⑦ 滋贺秀三：《译注唐律疏议（一）》，《国家学会杂志》第 72 卷第 10 号，1958。以律令研究会编《译注日本律令五　唐律疏议译注篇一》（东京堂出版，1979）为据，第 339 页。

从规定的构成要件和法定刑的形式看，律确实是刑法典。但是，与近代西欧的刑法相比，其构成要件的对象范围则更为广泛。《职制律》是有关官僚任职的详细规定，《户婚律》则含有与均田制运作相关的规定，《厩库律》对公有牛马、物质的管理进行了规定，《擅兴律》则规定了征发人民服国家劳役、军役等的相关程序，《捕亡律》和《断狱律》的主要内容相当于近代西欧法律体系中刑事诉讼法所设置的程序规定。如吕志兴所指出的"含有或完全属于民法或行政法或诉讼法等内容的律条共 62 条，占唐律全部律文的 12% 强"，① 律则兼有相当于近代西欧法概念所谓的行政规范和民事规范的内容。

如《贼盗律》第 16 条规定：

> 脯肉有毒，曾经病人，有余者速焚之。违者杖九十。若故与人食并出卖，令人病者，徒一年。以故致死者绞。即人自食致死者，从过失杀人法。

其主要是对干肉贩卖者课以即时烧毁有毒之肉的义务并设置针对违反者的罚则的行政管制规范，② 现代日本的《食品卫生法》中也有类似规定。③

如《杂律》第 7 条规定：

> 诸医为人合药及题疏、针刺，误不如本方，杀人者，徒二年半。

---

① 吕志兴：《宋代法律体系与中华法系》，四川大学出版社，2009，第 215 页。有关具体的律条与属性，参照同书第 201 ~ 215 页表 7 - 1。
② 中村茂夫认为，此条"恐怕以贩卖干肉为业者为主要对象，也包括普通人，是对违反了应丢弃有毒食品规定的行政犯予以处罚的规定"（律令研究会编《译注日本律令七 唐律疏议译注篇三》，东京堂出版，1987，第 130 页）。
③ 《食品卫生法》第六条："下述食品或食品添加剂，不得销售或用于以销售为目的的提取、制造、输入、加工、使用、调理、贮藏或陈列：一、腐败或变质或未成熟的食品或食品添加剂……二、含有或附着有毒或有害物质，或有此类嫌疑的食品或食品添加剂……三、被病原微生物污染或有此嫌疑，对人体健康有损害之虞的食品或食品添加剂……四、因不洁、混入或添加异物及其他原因，对人体健康有损害之虞的食品或食品添加剂。"同法第七十一条第一项："符合以下任何一项者，处以三年以下徒刑或三百万日元的罚金：一、违反第六条……的规定者。"

其故不如本方，杀伤人者，以故杀伤论；虽不伤人，杖六十。即卖药不如本方，杀伤人者，亦如之。

这是禁止药品制造、贩卖者不按照处方制造、贩卖药品，并对造成他人死伤结果的违反者科以罚则的行政管制规范。现代日本的《药事法》中存在类似规定。[①] 而在现代日本，违反行政管制而科以刑罚的相关法规被作为刑事法的一个领域，并不当作一般刑法典的构成部分。

又如《杂律》第 34 条规定：

诸买奴婢、马牛驼骡驴，已过价，不立市券，过三日笞三十；卖者，减一等。立券之后，有旧病者三日内听悔，无病欺者市如法，违者笞四十。即卖买已讫，而市司不时过券者，一日笞三十，一日加一等，罪止杖一百。

这条是规定在买卖奴婢、家畜之时，申请发给市券和市司即时发给市券的义务以及与懈怠相关的罚则的行政管制规范。市券发给的手续则由《关市令》复原 21 条规范："诸卖买奴婢牛马驼骡驴等，皆经本部本司过价立券，朱印给付"，[②] 由此构成律令一体的一条规范。而《杂律》第 34 条也规定了在市券做成后三日内，若发现旧病即"隐蔽瑕疵"则允许解除契约的瑕疵担保责任。现代日本的《民法》中也有类似规定。[③] 而《杂律》第 46 条"诸水火有所损败，故犯者，征偿；误失者，不偿"之规

---

① 《药事法》第十四条规定："医药品、医药部外品、含有厚生劳动大臣所指定的成分的化妆品或医疗器械的生产、销售者，对于每一个产品种类的生产、销售，都必须获得厚生劳动大臣的批准。"同法第八十四条："符合以下任何一项者，处以三年以下徒刑或三百万日元的罚金或两项并科：……三、违反第十四条第一项……的规定者。"

② 孟彦弘：《唐关市令复原研究》，载《天圣令校证》下册，中华书局，2006，第 535～536、540 页。《唐令拾遗》将之作为《关市令》复旧一一条复原："诸卖买奴婢牛马驼骡驴等，用本司本部公验以立券"。（《唐令拾遗》，第 720 页）

③ 《民法》第五百七十条："隐瞒买卖标的物瑕疵时，只能用第五百六十六条的规定。"同法第五百六十六条第一项："在买主不知道买卖的标的物是以地上权、永佃权、地役权、留置权以及质权为目的，因而所订契约无法达到目的的场合，买主得解除契约，其他场合只能请求赔偿损失。"第三项："在前两项的场合，请求解除契约或赔偿损失的，买主要在知道事实之时起一年内进行。"

定，指因水灾、火灾而发生财产上的损失，故意者负赔偿责任，过失者免责。现代日本规定失火者责任免除的《失火责任关系法》中也有类似规定。①《杂律》的这两条规定，在近代西欧的法观念中属于民法领域。

虽有一些例证存在，但是含有属于近代西欧法观念中的行政规范、民事规范的相关规定的律，不能简单地称为同样属于近代西欧法观念的刑法。既然律不能被称为刑法，那么将其对应的概念"令"称为行政法或民法，也是不合适的。

令中虽没有刑罚的规定，但违反其规定的行为也是被处罚的对象，仁井田氏、滋贺氏业已指出这一点。违反令的规定的行为，若是《杂律》第61条注所说的"令有禁制而律无罪名者"的行为，则据《杂令》第61条处断；若是违反了律特别规定的罪名和刑罚的条款，则依照该律文进行处罚。对此，仁井田氏曾举例道：

《封爵令》复旧二乙条规定：

> 诸王公侯伯子男，皆子孙承嫡者传袭，若无嫡子及有罪疾，立嫡孙，无嫡孙以次立嫡子同母弟，无母弟立庶子，无庶子立嫡孙同母弟，无母弟立庶孙，曾玄以下准此，无后者国除。②

违反该封爵承袭顺位的行为，则依据《户婚律》第9条进行制裁："诸立嫡违法者，徒一年。即嫡妻年五十以上无子者，得立嫡以长，不以长者亦如之。"

又，《户令》复旧八乙条：

> 诸男女三岁以下为黄，十五以下为小，二十以下为中，其男年二十一为丁，六十为老，无夫者为寡妻妾。③

———————

① 《失火责任关系法》："民法第七百零九条的规定适用于失火的场合。但是若失火者有重大过失，则不在此限。"《民法》第七百零九条："因故意或过失侵害他人权利而造成损失者，承担赔偿责任。"

② 《唐令拾遗》，第305~306页。

③ 《唐令拾遗》，第225页。

若违反该黄、小、中、丁、老的五等年龄划分，对户籍、计账进行记载，以此免除课役的，将依据《户婚律》第 1 条"脱口及增减年状（谓疾、老、中、小之类）以免课役者，一口徒一年，二口加一等，罪止徒三年"，对官吏进行处罚。[①]

此外，还如《捕亡令》复原第 16 条规定：

> 诸得阑遗物，皆送随近官司，在市得者送市司，其金吾各在两京巡察，得者送金吾卫。[②]

即规定了遗失物拾得者呈报随近官司的义务。若未呈报，则依《杂律》第 60 条予以处罚："诸得阑遗物，满五日不送官者，各以亡失罪论；赃重者，坐赃论。私物，坐赃论减二等。"[③] 该条也规定，拾得阑遗物后五日内不交官府者，不由《杂律》第 60 条处罚。由律所规定的对违令行为进行处罚的特则，与《唐律》第 61 条"违令罪"的法定刑笞五十相比，并不仅仅是加重处罚而已，还有据此所存在的减轻或者免除等情况。

律中这样的规定并非例外情形，滋贺氏指出"律中相当多的条文，是对违反令中某些相应条文的行为处以刑罚的规定"，[④] 令总是将法典的罚则规定委之于律，使其规定的遵守和履行有刑罚作为保障。若运用近代西欧的法概念，这种结构的刑事规范可勉强称为行政刑法。现代日本的行政法规中，以刑罚为遵守、履行之保障的法条，其条文中并无罚则的规定，与该法各条文相关的罚则一般在法典的最后予以概括提示。而令的法典最后并不存在与其所有条文相关的罚则，而是一概委之于律。东涯所谓令"定号令"，[⑤] 将之称为命令规范并无不妥，即便是律也不是没有命令规

---

① 仁井田陞：《敦煌发现唐水部式的研究》，第 327 页。

② 孟彦弘：《唐捕亡令复原研究》，载《天圣令校证》下册，第 549、551 页。《唐令拾遗》将之复原为《捕亡令》复旧六条（《唐令拾遗》，第 730～731 页；《唐令拾遗补》，第 800 页）。

③ 这一关系与《遗失物法》第四条第一项的本文"拾得者应立即将拾得物返还遗失者并报告警察署长"及《刑法》第二五四条"侵占遗失物、漂流物及其他脱离占有的他人之物，处一年以下徒刑，或十万元以下罚金或罚款"的关系相似。

④ 滋贺秀三：《法典编纂的历史》，第 20 页。

⑤ 伊藤东涯：《制度通》下卷，第 223 页。

范。法典中是否配有针对该命令规范的违反者的刑罚规定，则是律、令的区别所在。

论及唐代律、令、格、式性质的同时代史料，大体上可列出以下两条。《唐六典》卷六"尚书刑部"之"郎中、员外郎"载：

> 凡文法之名有四：一曰律，二曰令，三曰格，四曰式……凡律以正刑定罪，令以设范立制，格以禁违正邪，式以规物程事。

《新唐书》卷五六《刑法志》载：

> 唐之刑书有四，曰：律、令、格、式。令者，尊卑贵贱之等数，国家之制度也。格者，百官有司之所常行之事也。式者，其所常守之法也。凡邦国之政，必从事于此三者。其有所违及人之为恶而入于罪戾者，一断以律。

即使由这些记载可推出"律为刑罚，令为非刑罚"[①] 的定义，也难以推出律为刑法，令为行政法、民法这样的区别。根据滋贺氏之说，"律包括针对自然犯的处罚规定和针对行政犯的罚则"，[②] 因此律、令之间所存在的区别，只是刑罚法典抑或非刑罚法典的区别，即刑罚规定是否存在于该法典之中这种"法典编纂技术上的一种手法"的区别。[③] 在由律令两个部分所组成的唐代基本法典中，如果律是兼有规范与罚则两个方面的刑罚基本法典的话，令则是仅有规范而将罚则委之于律的非刑罚基本法典。如此，第一部分所称的律的法领域、令的法领域则可分别被改称为刑罚法领域、非刑罚法领域。作为最后的唐令，《开元二十五年令》是至宋初为止非刑罚法领域的基本法典，而《天圣令》则取代《开元二十五年令》而继受非刑罚法领域基本法典的地位。

---

① 滋贺秀三：《法典编纂的历史》，第80页。
② 滋贺秀三：《法典编纂的历史》，第30页注5。
③ 滋贺秀三：《法典编纂的历史》，第20页。参见吕志兴《宋代法律体系与中华法系》，第72页。

2. 元丰以后的令的性质

元丰七年，《元丰敕令格式》颁布，编敕由敕、令、格、式四个部分组成。由于这一形式的法典一直延续至南宋末，因此《元丰令》被赋予的性质应该为南宋最后的《淳祐令》所继承。而《庆元条法事类》中所残存的《庆元令》也当然继承了这一性质。这里就我国关于元丰以后令的性质的主要观点予以概述。

东涯的"神宗时，因为光靠律无法周延穷尽，所以律所不载之事就由敕来规定，这种形式又被称为敕令格式。其中，敕自《名例》以下至《断狱》为止，共十二门；而令自《品官》以下至《断狱》为止，共三十五门"，① 浅井氏的"可见，宋代法典的名称为'某敕令格式'……敕与律相当，唐称律令格式，宋称敕令格式，都是刑法典"② 等论述，并未阐明令的性质。牧野巽称"敕如唐律，乃是惩治已犯罪者的刑法，而令则是'禁于未然'的所谓教令性的法规"，③ 即令是教令性的法规；仁井田氏的"敕乃惩罚已犯之法，而令则禁于未然"④ 则沿袭了牧野巽的见解。

至牧野氏、仁井田氏二人的观点为止，诸说并未意识到唐令、《天圣令》与元丰以后的令之间在性质上的差异。曾我部静雄则注意到了其中的变化，认为："敕是对已经违反禁令的行为规定处罚方式的法典，令是规定敕之前'未然'的约束禁止的法典，格是规定赏罚、阶级、给与、丧服等高下等级的法典……令与格与从前律令格式时的'令'、'格'在性质上很不一样……敕令格式中的令主要是约束禁止，格则是只规定以前的令中有关赏勋、等级、丧服等那部分制度的法典……敕令格式中的令多有刑法性质，与以前律令格式中的令有大不同。由于这种令带有明显的刑法色

---

① 伊藤东涯：《制度通》下卷，第 227 页。

② 浅井虎夫：《中国法典编纂沿革史》，第 235 页。

③ 牧野巽：《庆元条法事类道释门——宋代宗教法制的资料（上·中）》，载《宗教研究》新 9 卷 2 号、4 号，1932。以《〈庆元条法事类〉道释门——宋代宗教法制的资料》，收入牧野巽《牧野巽著作集第六卷　中国社会史的诸问题》，（御茶水书房，1985）为据，第 133 页注 5。

④ 仁井田陞：《永乐大典本〈庆元条法事类〉》，收入同氏《中国法制史研究　法与习惯·法与道德》，东京大学出版会，1964，第 155 页。

彩，因此以前的令中所规定的赏勋、表服、阶级等制度遂移入格中。"①
梅原郁也认为"令发生了很大的变化"，它并非仅限于"'唐令'十六篇
的令名被取消，产生了新的二十篇令名"这种形式上的变化，还有三点内
容上的变化。第一，在洪迈《容斋三笔》中为三十五篇的令篇数，在现存
的《庆元条法事类》中成为三十七篇，"这表明，宋令从令为唐代基本法
典支柱之一的这一至高地位，转而成为相当松弛的范畴，即下降为'编
敕'这一副法典中的一个区分"。第二，"由于在唐代截然分开的'律'
和'令'的门类名称开始合一，即'敕'和'令'出现了同名门类"，所
以"不得不说其与唐代的'律'、'令'理念截然不同"。第三，在南宋的
法典中，"有很多简短、内容单纯且范围狭窄的'条例'式的'令'"，
"感觉其制定的过程也相当简单"，又"罚则规定以外的部分，不论是令
还是敕，文字基本相同的情况并不少见"，因此"宋'令'与唐代不同，
它明确地对应现实行政的各个方面"，"追加了与宋代行政相适应的新式的
《吏卒》、《公用》、《场务》、《理欠》等令。而且出现了将《禄》、《驿》、
《衣服》、《卤簿》、《仪制》、《丧葬》、《公式》等体现一定等级制的、与
皇帝贵族阶级的威严和仪式相关的部分，单独编集为独立法规予以使用的
倾向"，"行政法规的色彩明显开始浓厚起来"。② 滋贺氏认为"敕是刑罚
法规的集成，即刑法典……律（《刑统》）和敕这两种刑法典确实是基本
法典与副法典的关系……令是不含刑罚的规范集成，在这一点上其与唐令
具有相同的性质。但是，在唐代，基本内容定于令，细则定于式。而此
时，基本与细则的区别在令的名称下被一体化"，③ 仅就基本法典的性质
丧失探求与唐令的差异。

如果暂且搁置基本法典与副法典的讨论，就唐令与元丰后令之间的性
质演变而言，曾我部氏认为其变成了带有明显刑罚性质的法典，而梅原氏
则主张其变为了带有明显行政法性质的法典。不过，曾我部氏的主张无视
唐令实质上是作为刑事规范构成的，这一点令人难以接受；而在梅原氏的
主张中，虽然有关宋代国家事业的内容复杂多样，由此体现为令的篇目数

---

① 曾我部静雄：《宋代的法典类》，第42～43页。

② 梅原郁：《唐宋时代的法典编纂——律令格式与敕令格式》，载梅原郁编《中国近世的法
制与社会》，京都大学人文科学研究所，1993，第818～821页。

③ 滋贺秀三：《法典编纂的历史》，第115～116页。

量、篇目、规定内容也不得不发生变化的看法是妥当的，但却没有充分呼
应梅原氏自身有关唐令"是多与行政相关的法典"、"与行政关系密切"
等观点。① 而且，如果篇目数量的变动体现了令性质的变化，那么无论是
在二十七篇的《开元七年令》和三十一篇的《开元二十五年令》② 之间，
还是在《开元二十五年令》与《容斋三笔》所记载的三十五篇宋令之间，
都应该体现出性质的变化。如果"在'唐令'三十一篇中单纯补入六篇
的不是这里所举的宋令"是"最为重要的问题"，③ 那么问题就不在于篇
目数量吧？如果律敕与令出现共同篇目是体现了令性质的变化，那么没有
《捕亡令》的《开元七年令》和有《捕亡令》的《开元二十五年令》之
间也应该有性质的变化，且不能无视隋《开皇令》中业已存在《杂令》
的事实。如果说将律敕与令的篇目"赋予相同的名称，在现实中既容易理
解，也便于利用"，④ 那么对应于可与"宋代新的行政法规的核心项
目"⑤ ——《职制》、《断狱》相比，汇集了经济管理相关规定的《卫禁
敕》，也应该制定《卫禁令》吧？至于令内容的简短、单纯，范围狭窄，
制定过程简单等，也需要与唐令进行比较、检证。制定过程暂且不论，通
过本专题第三部分对唐令、《天圣令》与《庆元令》的比较研究，则很难
具体地感受到所谓的内容的短小化、单纯化、狭小化这一印象。⑥ 而罚则
规定以外的令与敕的同文化，从本专题第一部分所述的律与令的相互关系
中能直接体现出来。例如，《杂律》第 6 条：

① 梅原郁：《唐宋时代的法典编纂——律令格式与敕令格式》，载梅原郁编《中国近世的法制与社会》，京都大学人文科学研究所，1993，第 787 页。
② 梅原郁：《唐宋时代的法典编纂——律令格式与敕令格式》，载梅原郁编《中国近世的法制与社会》，京都大学人文科学研究所，1993，第 818 页。
③ 梅原郁：《唐宋时代的法典编纂——律令格式与敕令格式》，载梅原郁编《中国近世的法制与社会》，京都大学人文科学研究所，1993，第 818 页。
④ 梅原郁：《唐宋时代的法典编纂——律令格式与敕令格式》，载梅原郁编《中国近世的法制与社会》，京都大学人文科学研究所，1993，第 820 页。
⑤ 梅原郁：《唐宋时代的法典编纂——律令格式与敕令格式》，载梅原郁编《中国近世的法制与社会》，京都大学人文科学研究所，1993，第 820 页。
⑥ 在《唐令拾遗》、《唐令拾遗补》及《天圣令校证》下册的唐令复原研究中，以作为唐令复原基本史料、参考资料而提出的庆元等宋令与唐令复旧、复原条文进行比较，或以稻田奈津子《〈庆元条法事类〉与〈天圣令〉——唐令复原的新的可能性》（载大津透编《日唐律令比较研究的新阶段》，山川出版社，2008，第 84~90 页）表 2、表 3 中对应的《天圣令》与《庆元令》进行比较，皆很难获得这一印象。

　　诸施机枪、作坑阱者，杖一百；以故杀伤人者，减斗杀伤一等；若有标识者，又减一等。其深山、迥泽及有猛兽犯暴之处，而施作者，听。仍立标识。不立者，笞四十；以故杀伤人者，减斗杀伤罪三等。

又，唐《杂令》复原第 65 条：

　　诸有猛兽之处，听作槛阱、射窠等。得即送官，每一头赏绢四匹。捕杀豹及狼，每一头赏绢一匹。若在监牧内获者，各加一匹。其牧监内获豺，亦每一头赏得绢一匹。子各半之。[①]

　　以上都列出了与捕捉猛兽的陷阱相关的规定，虽然文字并不相同，但明显能感到内容的重复。将此与以下梅原氏作为敕令同文的例子而举出的《庆元职制敕》（《庆元条法事类》卷一〇《职制门》七"辄入官舍"）"诸被差赍公文取索，不当官投下而直入吏舍擅检文书者，杖一百"之文，以及《庆元职制令》（同前）"诸被差赍公文取索，并于所属当官投下，不得直入吏舍擅检文书"之文进行比较，[②] 即使能感觉到立法技术的巧拙，其"与唐代不同，明确对应现实行政的各个方面"、"行政法规的色彩明显开始浓厚起来"[③] 的说法能否成立，也是有疑问的。

　　论及敕、令、格、式的性质，作为同时代的史料大体上可作如下胪

---

① 黄正建：《天圣杂令复原唐令研究》，载《天圣令校证》下册，第 747、753 页。《唐令拾遗补》以之为《杂令》复旧补五条（《唐令拾遗补》，第 859 页）。本条中，有关捕捉猛兽陷阱的规定经《天圣杂令》宋 41 条（《天圣令校证》下册，第 431 页）"诸有猛兽之处，听作槛阱、射窠等，不得当人行之路。皆明立标帜，以告往来"，为《庆元杂令》（《庆元条法事类》卷七九《畜产门》"捕猛兽"）所继承："诸有猛兽，听施检坑阱之类，不得当人行之路，仍明立标识"所继承，对于猛兽捕获者的赏赐规定则由《庆元赏格》（同前）"诸色人。获猛兽，每头（小而未能为害者，减半）。虎匠：狼，绢二匹，钱一贯；豹，绢三匹，钱二贯；虎，绢五匹，钱五贯。余人：狼，绢二匹；豹，绢三匹；虎，绢五匹。"

② 梅原郁：《唐宋时代的法典编纂——律令格式与敕令格式》，载梅原郁编《中国近世的法制与社会》，京都大学人文科学研究所，1993，第 821 页。

③ 梅原郁：《唐宋时代的法典编纂——律令格式与敕令格式》，载梅原郁编《中国近世的法制与社会》，京都大学人文科学研究所，1993，第 821 页。

列。《宋史》卷一九九《刑法志》：

> 神宗以律不足以周事情，凡律所不载者一断以敕，乃更其目曰敕、令、格、式，而律恒存乎敕之外……又曰："禁于未然之谓敕，禁于已然之谓令，设于此以待彼之谓格，使彼效之之谓式。修书者要当识此。"于是凡入笞、杖、徒、流、死，自名例以下至断狱，十有二门，丽刑名轻重者，皆为敕。自品官以下至断狱三十五门，约束禁止者，皆为令。命官之等十有七，吏、庶人之赏等七十有七，又有倍、全、分、厘之级凡五等，有等级高下者，皆为格。表、奏、帐、籍、关、牒、符、檄之类凡五卷，有体制模楷者，皆为式。

《宋会要辑稿》一六四册《刑法》一之一二：

> 元丰二年（1079 年）六月二十四日，左谏议大夫安焘等上《诸司敕式》，上谕焘等曰："设于此而逆彼之至曰格，设于此而使彼效之曰式，禁其未然之谓令，治其已然之谓敕。修书者要当知此，有典有则，贻厥子孙。今之格式令敕，即典则也，若其书全具，政府总之，有司守之，斯无事矣。"

《续资治通鉴长编》卷二九八：

> 元丰二年六月辛酉（24 日），左谏议大夫安焘等上《诸司敕式》，上谕焘等曰："设于此而逆彼之至曰格，设于此而使彼效之曰式，禁其未然之谓令，治其已然之谓敕。修书者要当知此，有典有则，贻厥子孙。今之格式令敕，即典则也。若其书完具，政府总之，有司守之，斯无事矣。"

洪迈《容斋三笔》卷一六"敕令格式"：

> 法令之书，其别有四。敕、令、格、式是也。神宗圣训曰："禁于未然之谓敕，禁于已然之谓令，设于此以待彼之至谓之格，设于此

使彼效之谓之式。"凡入笞、杖、徒、流、死，自例以下至断狱，十有二门，丽刑名轻重者，皆为敕。自品官以下至断狱三十五门，约束禁止者，皆为令。命官、庶人之等，倍、全、分、厘之级（级，误作为给），有等级高下者，皆为格。表、奏、帐、籍、关、牒、符、檄之类，有体制模楷者，皆为式。《元丰编敕》用此，后来虽数有修定，然大体悉循用之。今假宁一门实载于格，而公私文书、行移并名为式，假则非也。

《玉海》卷六六《诏令·律令下》"元丰诸司敕式、编敕"：

> （元丰）二年六月辛酉（二十四日。一云戊午），左谏议安焘等，上《诸司敕式》。上谕曰："设于此而逆彼之至曰格，设于此而使彼效之曰式，禁其未然之谓令，治其已然之谓敕。修书者要当知此，有典有则，贻厥子孙。今之格式令敕，即典则也。若其书全具，政府总之，有司守之，斯无事矣。"……（元丰）七年三月乙巳（六日），《详定重修编敕》书成（孙觉谓：烦碎难用，有一条分为四五）。书目：《元丰敕令式》七十一卷，（元丰）七年刑部侍郎崔台符等撰。元祐中，刘挚等刊修（元丰以约束为令，刑名为敕，酬赏为格，熙宁敕据嘉祐旧文，元丰敕用熙宁前例）。

《朱子语类》卷一二八《本朝二》"法制"：

> 元丰中，执政安焘等上所定敕令。上喻焘曰："设于此而逆彼之至谓之格，设于此而使彼效之谓之式，禁于未然谓之令，治其已然谓之敕。修书者要当如此，若其书完具，政府总之，有司守之，斯无事矣。"……格如五服制度，某亲当某服，某服当某时，各有限极，所谓"设于此而逆彼之至"之谓也。式如磨勘转官、求恩责封赠之类，只依个样子写去，所谓"设于此而使彼效之"之谓也。令则条例禁制，其事不得为，某事违者有罚之类，所谓"禁于未然者"。敕则是已结此事，依条断遣之类，所谓"治其已然者"……某事合当如何，这谓之令，如某功得几等赏，某罪得几等罪，这谓之格。凡事有个样

子，如今家保状式之类，这谓之式。某事当如何断，某事当如何行，这谓之敕。敕是令格式所不行处，故断之以敕。

敕令格式的定义源自元丰二年《诸司敕式》上呈之际神宗对安焘等人的晓谕。这一划分理念应被作为贯穿于此后的海行法和一司法的编纂方针而恪守，其中，令被定义为汇集"禁于未然"之规定的法典。①

就《元丰敕令格式》的构成而言，《宋史·刑法志》和《容斋三笔》所谓的"约束禁止"、《玉海》所谓的"约束"、《朱子语类》所谓的"某事合当如何"，皆脱胎自元丰二年神宗的上谕。而《续资治通鉴长编》卷二六九载：熙宁八年（1075 年）十月辛亥（23 日），"编修内诸司敕式向宗儒言：'面奉德音，所修文字干赏格刑名为敕，指挥约束为令，人物名数、行遣期限之类为式，今具草编成敕、式、令各一事'"，其中称令为"指挥约束"。又，后来《元丰敕令格式》为《元祐敕令格式》所代替，《续资治通鉴长编》卷四〇七所载编纂记录称：元祐二年（1087 年）十二月壬寅（24 日），"诏颁《元祐详定编敕令式》。先是，苏颂等奉诏详定。既成书，表上之曰：'……又按，熙宁以前编敕，各分门目，以类相从，约束赏刑，本条具载，以是官司便于检阅。《元丰敕》则各随其罪，厘入诸篇，以约束为令，刑名为敕，酬赏为格，更不分门，故检用之际，多致漏落。今则并依熙宁以前体例删修，更不别立赏格……'"，其中，苏颂等上表所言"以约束为令"，这些与《唐六典》对于唐令"设范立制"的定性相比并无实质性的变化。换言之，根据上述史料，很难说元丰以后的令与唐令、《天圣令》相比，出现了刑法化或行政法化。②

《朱子语类》对"禁于未然"的阐释是"令则条例禁制，其事不得为，某事违者有罚之类"，这看上去可以佐证曾我部氏所说的"敕令格式中的令则多有刑法性质"，"带有明显的刑法色彩"。③ 但是，《朱子语类》此说只不过是说违反了令的规定则依据律敕进行处罚而已。同是《朱子语

---

① 《容斋三笔》中存在着敕"禁于未然"、令"禁于已然"的倒误。
② 根据《元丰令》对于唐式的吸收，可以推测令与国家事业的关系密切。但若斟酌前引《宋会要辑稿》一六四册《刑法》一之一二"元丰三年五月十三日详定重修编敕所言"，则可理解为唐式的内容主要为一司法所继承。
③ 曾我部静雄：《宋代的法典类》，第 43 页。

类》，也明确表述了"敕是令格式所不行处，故断之以敕"，即违反了令格式的行为要据敕处断。以与《嘉祐编敕》相比较来批判《政和敕令格式》的王洋《东牟集》卷九《劄》"次论嘉祐政和法意不同劄"载：

> 《嘉祐敕》者，不分四门，具载于敕。谓如创造一物，在《嘉祐敕》则曰："凡造某物，先集人工材植，计多寡、限某日为之，功成获某赏，工废定某罪。"此嘉祐文意也。《政和敕》者，分敕、令、格、式四门，集人工材植，令也。计多寡、限某日，式也。功成获某赏，格也。功废定某罪，敕也。故《嘉祐敕》一阅而尽，在不习法者，举能知之，此士人百姓之利也。《政和敕》反覆寻阅，有终日不尽一事者，法吏侮文者之利也。

在规定"造某物"的敕令格式的条文中，令"集人工材植"，敕"功废定某罪"，这与前述的说法是相同的。将《新唐书·刑法志》有关唐令的"尊卑贵贱之等数，国家之制度"之说与《宋史·刑法志》有关格的"命官之等十有七，吏、庶人之赏等七十有七，又有倍、全、分、厘之级凡五等，有等级高下者"之说相比，再结合《朱子语类》有关格的"五服制度，某亲当某服，某服当某时，各有限极"、"某功得几等赏"之说进行考量，可以认同曾我部氏所说的"以前令中规定的赏勋、丧服、阶级等制度则移入格中"，[①] 但所谓的"令带有明显的刑法色彩"[②] 则不能成立。据请求编纂《元祐敕令格式》的刘挚《忠肃集》卷六《奏议》"乞修敕令疏"载：

> 神宗皇帝达因革之妙，慎重宪禁。元丰中，命有司编修敕令，凡旧载于敕者，多移之于令。盖违敕之法重，违令之罪轻。此足以见神宗皇帝仁厚之德，哀矜万方，欲宽斯人之所犯，恩施甚大也。[③]

---

① 曾我部静雄：《宋代的法典类》，第43页。
② 曾我部静雄：《宋代的法典类》，第43页。
③ 《续资治通鉴长编》卷三七三"元祐元年（1086年）三月己卯（22日）"中也有引用。

据此，元丰法典编纂之时，原来编敕中的很多规定都移入令中，若这一变化是为了以《杂律》第 61 条违令罪来处罚违反这些规定的行为①的话，那么唐代以来，据律处断违令行为的构造基本没有发生变化。②

由以上史料可明了：元丰以后的令在不具有刑罚规定、所有条文的罚则全部入律的意义上，属于非刑法法典。在这点上与唐令、《天圣令》的性质并无二致。再回到第一部分所说的元丰以后的令继承了基本法典、副法典两大谱系的假说上，则必须对元丰以后的令被定位为令的法领域中的副法典进行探讨。滋贺氏认为，对于编敕、敕令格式，"一旦出现关于其中某些文句不适当的议论，那么不待下次全面修改，就会发出要求在某处增减某字或如何修改的单项指令，这种情况并不罕见。这一点也是敕令格式与唐代律令这样的基本法典在性质上的不同之处"。③允许部分修订使得元丰以后之令丧失了作为基本法典的性质，"是从编敕中分化出去的产物这一来历也没有本质上的变化，令自身继续秉持着这样的性质——通过按时期整理、吸收不定时的宣敕而不断修订"。④梅原氏认为"宋令从令为唐代基本法典支柱之一的这一至高地位，转而成为相当松弛的范畴，即下降为'编敕'这一副法典中的一个区分"，⑤这是对滋贺氏观点的拓展。二人皆认为：宋代的基本法典是律或《刑统》，副法典是编敕或敕令格式，

---

① "此时，原来编敕中那些不带刑罚的规定，大部分被转入令中，剩下的一些也移入敕内。违反了转入令中的那些规定，则作为律所规定的'违令'罪给予较轻的处罚。另一方面，对于留在敕内的那部分规定，若没有重新规定对于违反它们的处罚，就不能进入当时依刑法典体例进行整理的敕中。如果要维持同样的处罚，就需要逐一设立对违反行为论以'违制'的规定。"（滋贺秀三：《法典编纂的历史》，第 144～145 页注 28）在论及《元丰司农敕令式》时，通过《宋会要辑稿》一六四册《刑法》一之一一元丰元年（1078 年）十月十三日所载"御史中丞、判司农寺蔡确言：'常平旧敕多已冲改，免役等法素未编定。今除合删修为敕外，所定约束小者为令，其名数式样之类为式，乞以《元丰司农敕令式》为目。'从之"，也可以理解为：轻微的禁令归于令并通过违令罪处断。

② 吕志兴：《宋代法律体系与中华法系》，第 71～72 页。

③ 滋贺秀三：《法典编纂的历史》，第 123 页。

④ 滋贺秀三：《法典编纂的历史》，第 116 页。

⑤ 梅原郁：《唐宋时代的法典编纂——律令格式与敕令格式》，载梅原郁编《中国近世的法制与社会》，京都大学人文科学研究所，1993，第 819～820 页。

元丰后的令成为副法典的一部分。①

确实，如《宋会要辑稿》一六四册《刑法》一之三七所载：

> 绍兴六年（1136年）八月一八日，刑部员外郎周三畏言："国家昨以承平日久，因事增创，遂有一司、一路、一州、一县、海行敕令格式，与律法、《刑统》兼行，已是详尽。又或法所不载，则律有举明议罪之文，而有比附定刑之制，可谓纤悉备具。"

同书《刑法》一之二八所载《政和名例敕》：

> 政和四年（1114年）七月五日，中书省言："诸《律》、《刑统》、《疏议》及建隆以来敕降与敕令格式兼行，文意相妨者从敕令格式。（其一司、学制、常平、免役、将官、在京通用法之类同。）一路、一州、一县有别制者，从别制。"

以及《庆元条法事类》卷七三《刑狱门》三"检断"载《庆元名例敕》：

> 诸敕、令无例者，从律（谓如见血为伤，强者加二等，加者不加入死之类）。律无例及例不同者，从敕、令。

表明敕令格式从外部对律或《刑统》进行修正、补充，即作为副法典

---

① 滋贺氏认为："对格进行追加的格后敕作为二次副法典，承担着法律变动的职能。从五代直至北宋，格后敕变名为编敕并被频繁地反复编纂，而编敕本身也很快就发生了分化并体系化，北宋中期以后，形成了敕（刑罚）、令（非刑罚）、格（赏格等）、式（书式）这样的法典形式，并被反复修纂数次，直至南宋末。唐法之中，只有律在南宋末之前保持着它作为基本法典的效力。"（滋贺秀三：《法典编纂的历史》，第22页）梅原氏则认为：唐律属于基本法典，是"中国的刑法典"，《宋刑统》属于基本法典，"宋人一般将它视为律，是过渡性的折衷"；唐令属于基本法典，是"广义的行政法典，非刑法典"，元丰以后的令属于副法典，是"相当于前代的令的非刑法典（但与唐相比，内容有显著不同）"（梅原郁：《唐宋时代的法典编纂——律令格式与敕令格式》，载梅原郁编《中国近世的法制与社会》，京都大学人文科学研究所，1993，第804页表11）。

存在,①"律（=《刑统》）与宋代的敕令格式是正、副组合,'律'作为核心,被像同心圆般向外扩展的'敕令格式'包在里面"。②在律的法领域即刑罚法领域中,"律（《刑统》）和敕这两部刑法典确实是基本法典与副法典的关系"③,这一论断是没有疑问的。但是,能否理解为此前以《天圣令》为基本法典、以编敕的相关部分与《附令敕》、《续附令敕》为副法典、以唐式为细则法典的令的法领域即非刑罚法领域,在元丰以后便被以《刑统》为基本法典、令格式为副法典的构造所取代? 能否将"在唐代,基本内容定于令,细则定于式。而此时,基本与细则的区别在令的名称下被一体化"④的元丰以后之令,理解为在以《刑统》为基本法典的情况下占据了副法典的地位? 其重要的原因在于,律或《刑统》的形式和内容皆保持原样而无任何变化,从刑罚法领域中的基本法典变身为刑罚、非刑罚两个法领域的基本法典。

《宋刑统》由律、律疏、令、格、式、《开成格》、敕、起请构成,如果"《嘉祐编敕》将《宋刑统》所附之敕与起请纳入编纂素材之中,作为甄选对象,取其有用者入编敕,其他则在今后停止行用"⑤的话,那么其基本法典的性质限于律的部分是有可能的。滋贺氏也指出:"不能忘记的是,唐令（及式）中为《宋刑统》所收录的条文,若与其他新法没有抵触则继续有效。例如,《户令》'应分条'就是其中之一,因不存在与之大有抵触的新法（至少未被验证）而长期行用。"⑥由于《天圣令》残本中没有《户令》,自然无法对《宋刑统》卷一二《户婚律》第13条所附

① 滋贺秀三:《法典编纂的历史》,第123~124页；梅原郁:《唐宋时代的法典编纂——律令格式与敕令格式》,载梅原郁编《中国近世的法制与社会》,京都大学人文科学研究所,1993,第821~822页。
② 梅原郁:《唐宋时代的法典编纂——律令格式与敕令格式》,载梅原郁编《中国近世的法制与社会》,京都大学人文科学研究所,1993,第822页。
③ 滋贺秀三:《法典编纂的历史》,第116页。
④ 滋贺秀三:《法典编纂的历史》,第116页。
⑤ 滋贺秀三:《法典编纂的历史》,第112页。
⑥ 滋贺秀三:《法典编纂的历史》,第145页注29。

的《户令》复旧 27 条①进行验证，但不能认为《刑统》所附的唐令未被《天圣令》继承。

滋贺氏认为"《丧葬令》'户绝条'也是其中之一，因与宋代新法所规定的特别体系相抵触而丧失了实用性"，②《宋刑统》卷一二《户婚律》"户绝资产"所载《丧葬令》复原 33 条云：

> 诸身丧户绝者，所有部曲、客女、奴婢、店宅、资财并令近亲（亲依本服，不以出降）转易货卖，将营葬事及量营功德之外，余财并与女（户虽同，资财先别者，亦准此）。无女，均入以次近亲。无亲戚者，官为检校。若亡人在日，自有遗嘱处分，证验分明者，不用此令。③

《天圣丧葬令》宋 27 条云：

> 诸身丧户绝者，所有部曲、客女、奴婢、宅店、资财，令近亲（亲依本服，不以出降）转易货卖，将营葬事及量营功德之外，余财并与女（户虽同，资财先别者，亦准此）。无女均入以次近亲。无亲戚者，官为检校。若亡人在日，自有遗嘱处分，证验分明者，不用此令。即别敕有制者，从别敕。④

上述两个条文，后者仅追加"即别敕有制者，从别敕"一句，基本与前者相同。而这一条文暂且依唐令原文予以留存，意味着对其修正、补充

---

① "诸应分田宅及财物者，兄弟均分（其父祖亡后，各自异居，又不同爨，经三载以上，逃亡，经六载以上，若无父祖旧田宅、邸店、碾硙、部曲、奴婢，见在可分者，不得辄更论分），妻家所得之财，不在分限（妻虽亡没，所有资财及奴婢，妻家并不得追理），兄弟亡者，子承父分（继绝亦同），兄弟俱亡，则诸子均分（其父祖永业田及赐田亦均分，口分田即准丁中老小法，若田少者，亦依此法为分），其未娶妻者，别与娉财，姑姊妹在室者，减男娉财之半，寡妻无男者，承夫分，若夫兄弟皆亡，同一子之分（有男者，不别得分，谓在夫家守志者，若改适，其见在部曲、奴婢、田宅，不得费用，皆应分人均分）。"（《唐令拾遗》，第 245～246 页）

② 滋贺秀三：《法典编纂的历史》，第 145 页注 29。

③ 吴丽娱：《唐丧葬令复原研究》，《天圣令校证》下册，第 694、712 页。《唐令拾遗》将之作为《丧葬令》复旧 21 条复原。（《唐令拾遗》，第 835 页；《唐令拾遗补》，第 843 页）

④ 《天圣令校证》下册，第 425 页。

的《宋刑统》卷一二《户婚律》"户绝资产"所附起请"臣等参详：请今后户绝者，所有店宅、畜产、资财，营葬功德之外，有出嫁女者，三分给与一分，其余并入官。如有庄田，均与近亲承佃。如有出嫁亲女被出，及夫亡无子，并不曾分割得夫家财产入己，还归父母家后户绝者，并同在室女例，余准令敕处分"的规定，被收入了《附令敕》。即可以推定：在先于嘉祐的天圣年间，《宋刑统》所附之令为《天圣令》，而与之相关的起请则被收入《附令敕》。

又，《天圣杂令》宋22条"诸诉田宅、婚姻、债负（于法合理者），起十月一日官司受理，至正月三十日住接词状，至三月三十日断毕。停滞者以状闻。若先有文案，及交相侵夺者，随时受理"，[①] 并非仅是对《宋刑统》卷一三《户婚律》"婚田入务"所载唐《杂令》复原35条"诸诉田宅、婚姻、债负，起十月一日，至三月三十日检校，以外不合。若先有文案，交相侵夺者，不在此例"的继承，它依后者所附起请"臣等参详：所有论竞田宅、婚姻、债负之类（债负，谓法许征理者），取十月一日以后，许官司受理，至正月三十日住接词状，三月三十日以前断遣须毕。如未毕，具停滞刑狱事由闻奏。如是交相侵夺及诸般词讼，但不干田农人户者，所在官司随时受理断遣，不拘上件月日之限"[②] 进行了修正，这是没有疑问的。《天圣杂令》宋23条"诸家长在，子孙、弟侄等不得辄以奴婢、六畜、田宅及余财物私自质举，及卖田宅（无质而举者亦准此）。其有家长远令卑幼质举、卖者，皆检于官司，得实，然后听之。若不相本问，违而辄与，及买者，物追还主"，[③] 继承了《宋刑统》卷一三《户婚律》"典卖指当论竞物业"所载唐《杂令》复原36条"诸家长在（在谓三百里内，非隔阂者）而子孙弟侄等不得辄以奴婢、六畜、田宅及余财物私自质举，及卖田宅（无质而举者，亦准此）。其有质举、卖者，皆得本司文牒，然后听之。若不相本

---

① 《天圣令校证》下册，第430页。
② 黄正建：《天圣杂令复原唐令研究》，第741、751页。《唐令拾遗》将之作为《杂令》复旧15条复原。（《唐令拾遗》，第852页）
③ 《天圣令校证》下册，第430页。

问，违而辄与，及买者，物即还主，钱没不追"，① 而所收的本条所附的起请"臣等参详：应典卖物业或指名质举，须是家主尊长对钱主或钱主亲信人，当面署押契帖；或妇女难于面对者，须隔帘幕亲闻商量，方成交易。如家主尊长在外，不计远近，并须依此。若隔在化外，及阻隔兵戈，即须州、县相度事理，给与凭由，方许商量交易。如是卑幼骨肉蒙昧尊长，专擅典卖、质举、倚当或伪署尊长姓名，其卑幼及牙保引致人等并当重断，钱业各还两主。其钱已经卑幼破用，无可征偿者，不在更于家主尊长处征理之限。应田宅、物业虽是骨肉不合有分，辄将典卖者，准盗论，从律处分"，确实对其进行了修正。

即，《天圣令》将《宋刑统》所收之令的法领域的诸规定作为其要素予以吸收，以此继承了唐令所占据的令的法领域基本法典的地位，而在元丰以前，《刑统》在令的法领域不能作为基本法典。若是如此，《天圣令》和唐式也"成为删定的对象，其今后有用的要素为新令所吸收"② 的元丰后的令为副法典，《刑统》则变成与其相对应的令的法领域的基本法典这一认识，则令人踌躇。如此设想的前提，只能是副法典为存在的基本法典，但是这一领域仅存副法典也是不可能的。

在此，还不如将滋贺氏对于《元丰令》"基本与细则的区别在令的名称下被一体化"③ 的理解予以发展，即在元丰后令的法领域中，所谓基本、副次、细则这一阶层构造已经消融。如果《元丰令》是以编敕中的令的法领域部分、《附令敕》、《续附令敕》等副法典要素为主流，同时也包容了唐令、天圣令等基本法典的要素，进而是在整理不同的规定形式令、格、式的基础上形成的，那么很难将它仅仅视为副法典。经历了元代法典的丧失，在明清法律体系的律的法领域中，复活了律是基本法典、《问刑条例》或《条例》是副法典的阶层构造，而在令的法领域中

① 黄正建：《天圣杂令复原唐令研究》，第741、751页。《唐令拾遗》将之作为《杂令》复旧16条复原。（《唐令拾遗》，第853页）
② 滋贺秀三：《法典编纂的历史》，第116页。
③ 滋贺秀三：《法典编纂的历史》，第116页。

法典没有再生。① 作为达到这一状况的前一阶段，宋代多样化的国家事业在衍生出大量的这一司法的另一面，则是即使在海行法中也超越了基本法典所具有的状态，融合了基本、副次、细则这种阶层构造，从而形成了按令格式这种规定形式整理修订的体系。

3. 《天圣令》与《庆元条法事类》的比较

通过前两部分的检讨，得出以下假说：元丰以后的令继承了令的法领域的基本法典唐令、《天圣令》与副法典编敕的双方谱系，作为其结果，令的法领域中基本、副、细则这种阶层构造被融合，形成与之有别的令格式这种规定形式的法典。但是这一假说并不含有唐令、《天圣令》与元丰以后的令之间有"内容上的天差地别"② 这种成分。为了验证这一假说，只有对唐令、《天圣令》与元丰以后的令进行比较，从而检讨它们之间的继承关系在何种程度上得到体现。稻田奈津子以之为具体方针，应用于《天圣令》与庆元令、格、式之对应关系的检证。她以唐令复原研究的新方法论的构建为直接目标，其对于《假宁》、《丧葬》二篇《天圣令》与庆元令、格、式的对应进行检讨的结果，则是得出以下结论：属于《天圣令》的这两篇"基本上所有的条文内容都被保留到了《庆元条法事类》中"。③ 稻田氏的检证以"被预测为唐宋之间的变化相对较少，在《庆元条法事类》中更多地保留对唐令的承袭"④ 的两篇为对象，而本专题则以元丰以后律、敕发生同一篇目化的《狱官》、《断狱》，以及早在开元二十年便已成为与律之篇共通的《捕亡》和《杂》这三篇为检证对象。以《狱官》、《断狱》为检证对象，

---

① "在与律相关的领域即刑事司法的领域……中有如下发展：《大明律》（基本法典）的制定，《问刑条例》（副法典）的出现，合而为《大清律例》，且私撰成案集涌现。但若说律令制的框架，将视线移至令的领域即一般行政领域即可发现，它的发展完全不同……太祖朱元璋在常规行政制度的建设上大费心力……但是这些完全是为适应需要而随时发布的与立法、训令、处分相关的内容庞杂的单行指令，是在实施过程中产生的，作为惯例而积聚起来的产物，将它们——至少是其基础部分全部收入'令'这一法典而一举制定，这是无法想象的，纵使作为试验，在客观上也是无法实现的。"（滋贺秀三：《法典编纂的历史》，第 247～248 页）

② 梅原郁：《唐宋时代的法典编纂——律令格式与敕令格式》，载梅原郁编《中国近世的法制与社会》，京都大学人文科学研究所，1993，第 819 页。

③ 稻田奈津子：《〈庆元条法事类〉与〈天圣令〉——唐令复原的新的可能性》，第 91 页。

④ 稻田奈津子：《〈庆元条法事类〉与〈天圣令〉——唐令复原的新的可能性》，第 83 页。

是因为梅原郁将令、敕同一篇目化列为令演变的第二点表现，并将它作为"宋代新的行政法规的核心项目"① 予以列举，② 使《捕亡》与《杂》有了与之对照的意义。其结果是，将所判定的对应、继承关系的存在程度汇为表2、表3、表4。③ 有关对应、继承关系的检讨，虽然尚有许多应祈指正之处，但总体还是可以读取的。

表 2　《天圣令》、《庆元条法事类》对应表（狱官—断狱）

天圣狱官令	庆元条法事类	对应出处
宋一条 诸犯罪，皆于事发处州县推断。在京诸司人事发者，巡察纠捉到罪人等，并送所属官司推断。在京无所属者，送开封府〈虽有所属官司，无决罚例者，准此〉。	断狱令（卷73刑狱门3决遣、推驳） 诸犯罪，皆于事发之所推断。杖以下，县决之。徒以上〈编配之类，应比徒者，同。余条，缘推断录问，称徒以上者，准此〉及应奏者，并须追证勘结圆备，方得决送。若重罪已明不碍检断，而本州非理驳退者，提点刑狱司觉察按治。	
宋二条 诸犯罪，杖罪以下，县决之。徒以上，送州推断。若官人犯者，具案录奏，下大理寺检断，审刑院详正其罪，议定奏闻，听敕处分。如有不当者，亦随事驳正，其应州断者，从别敕。	断狱令（卷9职制门6去官解役） 诸州县官〈从政郎以下，任监当官者，同〉在官犯公罪杖以下，本州断罚，讫奏〈违注决人至死者，非〉。即场务课利亏欠，已去官而应勘结者，移文所在勘奏。不知所在，及在京者，具申尚书刑部。	
	断狱令（卷9职制门6去官解役） 诸命官犯罪，应本州断罚〈自首觉举会恩全原，若去官勿论者，同〉而情轻者，断讫，申提点刑狱司审察。如情法允当，即申尚书吏部、刑部、大理寺。	

① 梅原郁：《唐宋时代的法典编纂——律令格式与敕令格式》，第820页。

② 所以亦应将《职制》作为检证的对象，但在《天圣令》残本中，此部分阙如，不得不将之排除。

③ 检证三篇的对应关系，参考了《唐令拾遗》、《唐令拾遗补》、《天圣令校证》下册。有关《狱官令》—《断狱令》，则参考了雷闻《唐开元狱官令复原研究》，载《天圣令校证》下册；辻正博《天圣〈狱官令〉与宋初的司法制度》，载大津透编《日本律令比较研究新阶段》，以辻正博《唐宋时代刑罚制度研究》（京都大学学术出版会，2010）为据。有关《捕亡令》，则参考了孟彦弘《唐捕亡令复原研究》。有关《杂》，参考了黄正建《天圣杂令复原唐令研究》；三上喜孝《有关北宋〈天圣杂令〉的札记——从与日本令相比较的观点出发》，载《山形大学历史、地理、人类学论集》第8号，2007；稻田奈津子《〈庆元条法事类〉与〈天圣令〉——唐令复原的新的可能性》。

天圣狱官令	庆元条法事类	对应出处
宋三条 诸在京及诸州见禁囚，每月逐旬录囚姓名，略注犯状及禁时月日、处断刑名，所主官署奏，下刑部审覆。如有不当及稽滞，随即举驳，本部来月一日奏。	职制令（卷7职制门4监司巡历） 诸州县禁囚，监司每季亲虑〈不能遍诣，及有妨碍者，听差官〉。若有冤抑，先疏放，讫具事因以闻〈谓因人本无罪而不应禁系者〉。	
宋四二条 诸囚，当处长官十日一虑，无长官，次官虑。其囚延引久禁，不被推问，若事状可知，虽支证未尽，或告一人数事，及被告人有数事者，若重事得实，轻事未了，如此之徒，虑官并即断决。	职制令（卷7职制门4监司巡历） 诸监司，每岁被旨分诣所部点检催捉结绝见禁罪人者，各随置司州地里远近，限五月下旬起发〈虽未被旨，亦行遇本司阙官，或专奉指挥躬亲干办，及鞫狱捕盗救护河防，不可亲诣，或属县非监司经由路，即委通判幕职官，仍具事因申尚书省。其被委官经过州县月日，虑囚名件，申提点刑狱司〉，至七月十五日以前巡遍，仍具所到去处月日〈被委官申到者，同〉，申尚书省。	
	职制令（卷7职制门4监司巡历） 诸监司巡按，遇诸州州院、司理院并县禁罪人，及品官命妇公事，各徒以上者，虽非本司事，听审问。若情涉疑虑，或罪人声冤，或官司挟情出入而应移推者，牒所属监司行。若承报不行，或虽行而不当者，具事因奏。	
	职制令（卷7职制门4监司巡历） 诸监司每岁点检州县禁囚淹留不决，或有冤滥者，具当职官职位、姓名，按劾以闻。	
宋四条 诸举辖刑狱官，常检行狱囚锁枷、铺席及疾病、粮饷之事，有不如法者，随事推科。	断狱令（卷75刑狱门5刑狱杂事） 诸狱，州县当职官，半年一次躬行检视。修葺所费，及狱司〈当直司，同〉应供官用，若给囚之物，皆以赃罚钱充。不足者，修葺支转运司钱，余支本司头子钱〈如不足，亦许支转运司钱〉，仍听州县随宜支拨。转运司不得令申请待报。	

天圣狱官令	庆元条法事类	对应出处
宋五条 诸决大辟罪，在京者，行决之司一覆奏，得旨乃决。在外者，决讫六十日录案奏，下刑部详覆，有不当者，得随事举驳。其京城及驾所在，决囚日，内教坊及太常并停音乐。外州决囚日，亦不举乐。	断狱令（卷73刑狱门3决遣） 诸决大辟日，本处官司不得举乐。 —— 断狱令（卷73刑狱门3决遣） 诸州大辟案已决者，提点刑狱司类聚，具录情款刑名，及曾与不曾驳改，并驳改月日，有无稽留，季申尚书刑部〈诸州岁终，仍别类案决过大辟都数，限五日，依式申提点刑狱司。本司类聚，限十日，依式申尚书刑部〉。	
宋六条 诸决大辟罪皆于市，量囚多少，给人防援至刑所。五品以上听乘车，并官给酒食，听亲故辞诀，宣告犯状，皆日未后乃行刑〈犯恶逆以上，不在乘车之限。决经宿，所司即为埋瘗。若有亲故，亦任收葬〉。即因身在外者，断报之日，马递行下。	断狱令（卷73刑狱门3决遣） 诸决大辟皆于市，遣他官，同所勘官吏监决，量差人护送。仍先令长吏，集当职官，引囚亲行审问乡贯年甲姓名来历。别无不同，给酒食，听亲戚辞诀，示以犯状〈六品以上官，犯非恶逆以上者，听乘车〉。不得窒塞口耳，蒙蔽面目，及喧呼奔逼。仍以未申二时行刑。不得别加伤害。经宿，听亲故收瘗〈无亲故者，差职员〉。	
宋七条 诸决大辟罪，在京及诸州，遣它官与掌狱官监决。春夏不行斩刑，十恶内，恶逆以上四等罪不拘此令。乾元、长宁、天庆、先天、降圣节各五日〈前后各二日〉，天贶、天祺及元正、冬至、寒食、立春、立夏、太岁、三元、大祠、国忌等日，及雨雪未晴，皆不决大辟〈长宁节，惟在京则禁〉。	断狱令（卷73刑狱门3决遣） 诸决大辟，不以时日。即遇圣节，及天庆、开基、先天、降圣〈以上各三日，前后各一日〉、天贶、天祺节，丁卯、戊子日，元正、寒食、冬至、立春、立夏、太岁、三元、大祠、国忌〈以上各一日〉，及雨雪未晴，皆不行决。其流以下罪，遇圣节、正节日，及丁卯、戊子日，并准此〈令众遇圣节，免〉。	校证328；辻477
宋八条 诸监决死囚，若囚有称冤者，停决别推。		
宋九条 诸犯流以下，应除免官当，未奏身死者，告身不追。即奏时不知身死，奏后云先死者，依奏定。其常赦所不免者，依常例。若杂犯死罪，狱成会赦全原者，解见任职事。		

天圣狱官令	庆元条法事类	对应出处
宋一〇条 诸流人科断已定，及移乡人，皆不得弃放妻妾。如两情愿离者，听之。父母及子孙，去住从其私便，至配所，又不得因便还乡。如有妄作逗留、私还及逃亡者，随即申省〈若别敕配流者，奏闻〉。	断狱令（卷75 刑狱门5 移乡、编配流役） 诸配流编管羁管移乡及诸军移降者，听家属随行〈配沙门岛者，不许〉。家在他所者，移文发遣。若罪人已死，而家属愿还者，亦听〈谓非外界人，及本条不许还者〉。其愿随而在他所，或愿还而不能自致，若配军放停而愿归本乡或他州者，差递铺传送。	
宋一一条 诸流人应配者，各依所配里数，无要重城镇之处，仍逐要配之，唯得就远，不得就近。	断狱令（卷75 刑狱门5 编配流役） 诸编配计地里者，以住之所，诸军以住营之所，各不得过里数三百里〈三百里内无州者，配以次最近州〉。应配本州及本城者，在京配近京州。应配邻州者，缘边、次边配近里州。即再犯者，仍计元住或见住之所，从壹远编配。	
宋一二条 诸递送囚者，皆令道次州县量罪轻重、强弱，遣人援送，明相付领。其临时有旨，遣官部送者，从别敕。	断狱令（卷75 刑狱门5 移乡、部送罪人） 诸部送罪人，量轻重多寡，差兵级或院虞候〈外界及两地供输人送他州者，准此。编管羁管移乡人，止差院虞候部送〉。七人以上〈妇人及男子年十五以下者不计〉，或凶恶人，及事干边界者，仍差将校或衙前〈强盗配军，系配沙门岛、远恶州，或死罪贷命者，但及三人，虽非凶恶，亦添差节级部送〉。十人以上，所经由州长吏量度人数，分番差人部送。未行者寄禁。即强盗及凶恶人，所至州县皆寄禁。	
宋一三条 诸流移人在路，皆递给程粮。每请粮，无故不得停留。	给赐令（卷75 刑狱门5 部送罪人） 诸部送罪人及家属，皆给缘路口券〈三岁以下不给〉。所过仓驿，即时勘支，不得责写文旁。有故住程者，亦给。	

天圣狱官令	庆元条法事类	对应出处
宋一四条 诸流移人至配所，付领讫，仍勘本所发遣日月及到日，准计行程。若领送使人在路稽留，不依程限，领处官司随事推断。或罪人在路逃亡，皆具事以闻。	断狱令（卷75刑狱门5移乡、编配流役） 诸配流编管羁管移乡者，断讫，节录所犯，及以随行家属财物数，住家之所，具载于牒〈元是命官，不录家属财物〉，付部送人。仍给行程历，经由县镇批书月日。病者，仍保明。若须财物支用，听经官自言，于牒内书印给付。应替者，检视交受。入别路界者，所至州县，即时申提点刑狱司检察。至所隶州，受讫，回报元断官司。若未至而身死或逃亡，随处受牒点检，仍报元断，若住家，及所隶州。	
	断狱令（卷75刑狱门5移乡、编配流役） 诸配流编管羁管移乡人应部送者，皆注籍〈先移文所诣州。内配军，仍计定程数报配所〉，俟得已至之报，即时勾销〈在路报逃死之类，同〉。以上，计程应至而未报者，根治。内配军，仍牒会缘路州县辄截留者，许元断州申所属监司究治。	校证329
宋一五条 诸犯徒应配居作者，在京分送东、西八作司，在外州者，供当处官役。当处无官作者，留当州修理城隍、仓库及公廨杂使。犯流应住居作者，亦准此。若妇人待配者，为针工。	断狱令（卷75刑狱门5编配流役） 诸犯流罪，愿归住家之所居作者，决讫部送。若应编管者，役于编管之所〈羁管人，准此〉。	校证617
宋一六条 诸流配罪人居作者，不得着巾带。每旬给假一日，腊、寒食，各给假二日，不得出居之院。患假者，不令陪。日役满则放。	断狱令（卷75刑狱门5编配流役） 诸流囚决讫，髡发，去巾带，给口食，二十日外居作，量以兵级或将校防辖。假日不得出所居之院。以病在假者，免陪。日役满或恩，则放。	校证330、618；辑482
宋一七条 诸配流囚决讫，二十日外居作，量以配所兵校防辖。	假宁格（卷11职制门8给假） 流囚居作/每旬/一日/元日/寒食/冬至/三日	

天圣狱官令	庆元条法事类	对应出处
宋五三条 诸流人至配所，并给官粮，令其居作。其见囚绝饷者，亦给之。	给赐格（卷 75 刑狱门 5 编配流役） 流囚居作者，决讫，日给每人／米二升	
宋一八条 诸流移人在路有产，并家口量给假。若身及家口遇患，或逢贼难、津济水涨不得行者，并经随近官司申牒请记，每日检行，堪进即遣。若患者伴多不可停待者，所送公人分明付属随近州县，依法将养，待损，即遣递送。若祖父母父母丧，及家口有死者，亦量给假。	假宁令（卷 11 职制门 8 给假、卷 75 刑狱门 5 移乡、编配流役） 诸配流编管羁管移乡人在道，闻祖父母父母丧，及随行家属有疾或死若产者，申所在官司量事给住程假。	拾遗 799
唐七条 诸流移人未达前所，而祖父母父母在乡丧者，当处给假七日发哀，周丧给假三日。其流配在役而父母丧者，给假百日举哀，祖父母丧，承重者亦同，周丧给假七日，并除给程。	断狱令（卷 75 刑狱门 5 部送罪人） 诸部送罪人，有故住程者，申所至官司听留。官司每日检察，可行即遣。如因疾病而同行人多者，余人遣行，留病者医治，甚者免枷〈强盗及凶恶人，不免〉。损日，别差人部送。非应差人处，申所属。	
宋一九条 诸妇人在禁临产月者，责保听出。死罪产后满二十日、流罪以下产满三十日，并即追禁，不给程。		
宋二○条 诸妇人犯死罪产子，无家人者，付近亲收养。无近亲，付四邻。有欲养为子者，虽异姓，皆听之。	断狱令（卷 75 刑狱门 5 刑狱杂事） 诸大辟囚，本宗同居亲年十岁以下，无家人者，责付近亲收养。无近亲者，付邻人。其不愿养，而有余人欲以为子孙者，听。异姓者，皆从其姓。	
宋二一条 诸公坐相连，应合得罪者，诸司尚书并同长官〈若无，其主判正官亦准此〉。以外皆为佐职，流外官以下行署文案者，皆为主典，即品官勘署文案者，亦同主典之坐。		

天圣狱官令	庆元条法事类	对应出处
宋二二条 诸因父祖官荫出身得官，父祖犯除名罪者，子孙不在解限。若子孙复犯除名者，后叙之日，从无荫法。其父祖因犯降叙者，亦从后荫叙。		
宋二三条 诸妇人因夫子受邑号，而夫子犯除免官当者，其母妻邑号亦随除。即被弃放及改适者，亦准此。若夫子因犯降叙者，母妻亦降。夫子虽降而邑号不移者，不在降限。		
宋二四条 诸官人因犯移配及别敕解见任，若本罪不合除免及官当者，告身各不在追例。		
宋二五条 诸犯罪，应除免及官当者，计所除免官当给降至告身，赎追纳库。奏报之日，除名者官爵告身悉毁〈妇人有邑号者，亦准此〉。官当及免官、免所居官者，唯毁见当免及降至者告身。降所不至者，不在追限。应毁者，并送省，连案，注毁字纳库。不应毁者，断处案呈付。若推检合复者，皆勘所毁告身，状同，然后申奏。	断狱令（卷6职制门3批书、卷76当赎门追当） 诸除名者，出身补授以来文书，皆毁。当免者，计所当免之官毁之。断后限十日，追取批书毁抹，申纳尚书刑部〈将校应追毁所授文书者，准此〉。其印纸，亦处所追任数，批书用印书字给还。	
宋二六条 诸犯罪，应除免官当者，不得厘事及朝会。其被敕推，虽非官当除免，徒以上不得入内。		
宋二七条 诸犯罪事发，有赃状露验者，虽徒伴未尽，见获者先依状断之，自外从后追究。		

天圣狱官令	庆元条法事类	对应出处
宋二八条 诸犯罪未发及已发未断决，逢格改者，若格重，听依犯时。格轻者，听从轻法。	断狱敕（卷73刑狱门3检断） 诸犯罪未发及已发未论决而改法者，法重，听依犯时。法轻，从轻法。即应事已用旧法理断者，不得用新法追改。	
宋二九条 诸告言人罪，非谋叛以上者，受理之官皆先面审，示以虚得反坐之罪，具列于状，判讫付司。若事有切害者，不在此例〈切害，谓杀人、贼盗、逃亡，若强奸及有急速之类〉。不解书者，典为书之。若前人合禁，告人亦禁，办定放之。即邻五告者，有死罪，留告人散禁。流以下，责保三对。		
宋三〇条 诸告密人，皆经当处长官告。长官有事，经次官告。若长官、次官俱有密者，任经比界论告。受告官司丁宁示语，确言有实，即禁身，处状检校。若须掩捕者，即掩捕。应与余州相知者，所在官司准状收掩。事当谋叛以上，虽检校，仍驰驿奏闻〈其大将临戎、出师在外及本处留守，并边要州都督、刺史，虽被告，不得即禁〉。指斥乘舆及妖言惑众者，检校讫总奏。承牒掩捕者，若无别状，不须别奏。其有告密，示语确不肯道，云须面奏者，受告官司更分明示语虚得无密反坐之罪，又不肯道事状者，禁身，驰驿奏闻。若称是谋叛以上者，给驿，差使部领送京〈若勘问不道事状，因失罪人者，与知而不告者同〉。其犯死罪囚，及缘边诸州镇防人，若配流人告密者，并不在送限。应须检校及奏闻者，准前例。		

天圣狱官令	庆元条法事类	对应出处
宋三一条 诸囚逮引人为徒侣者，皆审鞫由状，然后追摄。若追而雪放，又更妄引，及因在狱死者，本处精审案覆。		
宋三二条 诸察狱之官，先备五听，又验诸证信，事状疑似犹不首实者，然后考掠。每讯相去二十日，若讯未毕，更移它司，仍须考鞫者〈囚移它司者，连写本案俱移〉，则连计前讯，以充三度。即罪非重害，及疑似处少，不必皆须满三度。若囚因讯致死者，皆具申牒当处长官，委它官亲验死状。		
宋三三条 诸讯囚，非亲典主司，皆不得至囚所听问消息。其考囚及行罚者，皆不得中易人。	断狱令（卷73刑狱门3决遣） 诸讯囚，听于臀腿及两足底分受。非当行典狱，不得至讯所。其考讯及行决之人，皆不得中易。	
宋三四条 诸死罪囚，虽已奏报，犹诉冤枉，事有可疑，须推覆者，以状奏闻，听旨别推。		
宋三五条 诸问囚，皆判官亲问，辞定，令自书办。若不解书者，主典依口写讫，对判官读示。		
宋三六条 诸禁囚，死罪枷杻，妇人及流罪以下去杻，其杖罪散禁。若隐情拒讯者，从别敕。年八十以上、十岁以下及废疾、怀孕、侏儒之类，虽犯死罪，又散禁。		

天圣狱官令	庆元条法事类	对应出处
宋三七条 诸犯罪应入议请者，皆奏。应议者，诸司七品以上，并于都座议定。虽非八议，但本罪应奏、处断有疑及经断不伏者，亦众议，量定其罪。别敕付议者，武职不在集限。此外与夺之事，连判之官不同者，听于后别判，不得退付曹司，抑令改判。如错失者，听退付改正。凡议事，皆牒御史台，令御史一人监议，仍令司别各为议文。其意见有别者，人别自申其议，所司科简，以状奏闻。若违式及不委议意而署者，御史纠弹。		
宋三八条 诸判官断事，悉依律令格式正文。若牒至检事，唯得检出事状，不得辄言与夺。	断狱令（卷73刑狱门3检断） 诸事应检法者，其检法之司，唯得检出事状，不得辄言与夺。	校证334
宋三九条 诸文武官犯罪合禁，在京者皆先奏后禁，若犯死罪及在外者，先禁后奏〈其职事及散官三品以上有罪，敕令禁推者，所推之司皆覆奏，然后禁推〉。五品以上，并听别所坐床。妇人有官品者，亦听。若宿卫官及诸军卫士以上犯罪须追，及为支证者，制狱则听直隶本卫司追掩〈狱系京府者，从府牒，余州准此〉。卫司即依发遣。其上番入宿卫者，本卫司录奏发遣，并不得随便追收。即主兵马帐官人、主典须追者，亦准此。		
宋四〇条 诸奉使有所掩摄，皆告本部、本司，不得径即收捕。若急速、密者，且捕捉获，取本司公文发遣。奉敕使者亦同。	断狱令（卷5职制门2奉使） 诸奉使有所追摄，虽被制，皆报所属官司，不得直行收捕。事涉机速，听先捕获，仍取所属公文发遣。	校证631
宋四一条 诸妇人在禁，皆与男夫别所，仍以杂色妇女伴狱。	断狱令（卷75刑狱门5刑狱杂事） 诸妇人在狱，以倡女伴之，仍与男子别所。	校证335

天圣狱官令	庆元条法事类	对应出处
宋四三条 诸盗发，所在官司具发年月、事状，闻奏附申。	捕亡令（卷6职制门3批书、卷7职制门4监司巡历） 诸贼盗发，本州即时注籍强盗及杀人贼，限三日奏〈凶恶群盗入界，或已经奏至出界，虽不曾作过，准此〉，及申提点刑狱提举盗贼司〈谋反，及州县镇寨内劫盗，或诸军结集强盗，若强盗七人以上者，仍申转运司〉，仍批书捕盗官印纸，监司所至取索印纸点检。提点刑狱司，每岁六月、十二月终，各具诸州已获及满百日未获火数，限次季以闻〈强盗，每月一次具已未获人数，申尚书刑部〉。	
宋四四条 诸鞫狱官与被鞫人有五服内亲，及大功以上婚姻之家，并受业师，经为本部都督、刺史、县令，及有仇嫌者，皆须听换推。经为属佐，于府主亦同。	断狱令（卷8职制门5亲嫌） 诸被差请鞫狱录问检法，而与罪人若干系人有亲嫌应避者〈亲，谓同居或袒免以上亲，或缌麻以上亲之夫子妻，或大功以上婚姻之家，或母妻大功以上亲之夫子妻，或女婿子妇缌麻以上亲，或兄弟妻及姊妹夫之期以上亲。嫌，谓见任统属官，或经为授业师，或曾相荐举，有仇怨者。其缘亲者，仍两相避〉，自陈改差。所属勘会诣实，保明及具改差讫因依，申刑部。仍报御史台即录问检法与鞫狱。若检法与录问官吏有亲嫌者，准此。	
宋四五条 诸犯罪，须验告身。若告身失落，或在远者，皆验案。无案，听处保为实。其告身在远，从后追验。	断狱令（卷76当赎门荫赎） 诸犯罪，以荫应赎者，追告验实。如真伪不明，或毁失，若在远者，召保二人〈内命官一员〉。	
宋四六条 诸州有疑狱不决者，奏谳刑法之司。仍疑者，亦奏下尚书省议。有众议异常，堪为典则者，录送史馆。		

续表

天圣狱官令	庆元条法事类	对应出处
宋四七条 诸赦日，主者设金鸡及鼓于宫城门外，勒集囚徒于阙前，挝鼓千声讫，宣制放。其赦书依程颁下。		
宋四八条 诸赎，死刑限八十日，流六十日，徒五十日，杖四十日，笞三十日。若无故过限不输者，会赦不免。虽有披诉，处理不移前断者，亦不在免限。若应理官物者，准直，五十匹以上，一百日。三十匹以上，五十日。二十匹以上，三十日。不满二十匹以下，二十日。若欠负官物，应理正赃及赎罪铜，贫无以备者，欠无正赃，则所属保奏听旨。赎罪铜则本属长吏取保放之，会恩者从赦处分。	断狱令（卷76 当赎门总法旁照法、罚赎） 诸以铜赎罪者，死罪限八十日，流六十日，徒五十日，杖四十日，笞及罚俸、罚直、罚食直钱各三十日。身死，或限内未输而遇恩者，并免。	拾遗 789；校证 336
	断狱令（卷76 当赎门总法旁照法、罚赎） 诸赎铜而贫乏无可理者，本州长吏取保放之。	校证 336
宋四八条 诸赎，死刑限八十日，流六十日，徒五十日，杖四十日，笞三十日。若无故过限不输者，会赦不免。虽有披诉，处理不移前断者，亦不在免限。若应理官物者，准直，五十匹以上，一百日。三十匹以上，五十日。二十匹以上，三十日。不满二十匹以下，二十日。若欠负官物，应理正赃及赎罪铜，贫无以备者，欠无正赃，则所属保奏听旨。赎罪铜则本属长吏取保放之，会恩者从赦处分。	断狱令（卷32 财用门3 理欠） 诸应理官物，准直，五十匹以上，百日。三十匹以上，五十日。二十匹以上，三十日。不满二十匹，二十日。	校证 336
	理欠令（卷32 财用门3 理欠） 诸欠官物，有疑弊者，尽估财产偿纳。不足，以保人财产均偿。又不足，关理欠司〈抵保不足而差主持官物者，元差干系人与保人均备〉。又不足，保奏除放。	
	理欠令（卷32 财用门3 理欠） 诸欠无疑弊，限满应拘收欠人、保人财产，而失行拘收，因致典卖倒塌费用之类，而无可备偿，或不足者，勒失行干系人均备。	
	理欠令（卷32 财用门3 理欠） 诸欠无疑弊而身死者，除放。有疑弊应配及身死，而财产已竭者，准此〈应均备者，虽未均定，亦除己分之数〉。	

天圣狱官令	庆元条法事类	对应出处
宋四九条 诸枷，大辟重二十五斤，流徒二十斤，杖罪一十五斤，各长五尺以上、六尺以下。颊长二尺五寸以上、六寸以下。共阔一尺四寸以上、六寸以下。径三寸以上、四寸以下。仍以干木为之，其长阔、轻重，刻志其上。杻长一尺六寸以上、二尺以下，广三寸，厚一寸。钳重八两以上、一斤以下，长一尺以上、一尺五寸以下。锁长八尺以上、一丈二尺以下。		
宋五〇条 诸杖，皆削去节目。官杖长三尺五寸，大头阔不得过二寸，厚及小头径不得过九分。小杖长不得过四尺五寸，大头径六分，小头径五分。讯囚杖长同官杖，大头径三分二厘，小头径二分二厘。其官杖用火印为记，不得以筋胶及诸物装钉。考讯者臀腿分受。	断狱令（卷73刑狱门3决遣旁照法） 诸狱具，每月当职官依式检校。杖，不得留节目，亦不得钉饰及加筋胶之类。仍用火印，从官给。 断狱式（卷73刑狱门3决遣旁照法） 狱具/杖/重一十五两，长止三尺五寸，上阔二寸，厚九分，下径九分/笞/止四尺，上阔六分，厚四分，下径四分	
宋五一条 诸狱皆厚铺席荐，夏月置浆水。其囚每月一沐。其纸笔及酒、金刃、钱物、杵棒之类，并不得入。	断狱令（卷75刑狱门5刑狱杂事） 诸狱，凡金刃及酒，及纸笔、钱物、瓷器、杵棒之属，皆不得入。	拾遗790； 校证337

天圣狱官令	庆元条法事类	对应出处
宋五二条 诸狱囚有疾病者，主司陈牒，长官亲验知实，给医药救疗，病重者脱去枷锁杻，仍听家内一人入禁看侍〈若职事、散官二品以上，听妇女、子孙内二人入侍〉。其有死者，亦即同检，若有它故，随状推科。	断狱令（卷74刑狱门4病囚） 诸囚在禁病者，即时申州〈外县不申〉，差官视验。杖以下〈品官流以下〉，情款已定，责保知在。余，别牢医治，官给药物，日申加减〈在州，仍差职员监医。其取会未圆，责送官司知管者，准此〉。轻者，不妨取问。稍重者，去枷锁杻，仍量病势听家人一名入侍〈四品以上官，若妇人有官品封邑，听妇女、子孙二人入侍〉。其困重者，州差不干碍官押医看验，有无他故，及责囚得病之因申州。虽犯徒流罪而非凶恶，情款已定者，亦听责保知在。元差官每三日一次看验病损，日勾追结绝。	校证337
	断狱令（卷74刑狱门4病囚） 诸囚在禁病死，即时具因依申州，州申提点刑狱司，岁终检察。	
宋五四条 诸奉敕处分，令著律令及式者，虽未附入，其有违者，即依违律令式法科。		
宋五五条 诸京城内系囚及徒役之处，常令提辖官司月别巡行，有安置、役使不如法者，随事推科。		
宋五六条 诸犯罪及欠损官物，经赦降合免，别敕遣推者，依赦降例执奏。		
宋五七条 诸犯罪资财入官者，若缘坐得免，或依律不坐，各计分法还之。即别敕降罪从轻，物见在，亦还之〈其本罪不合缘坐而别敕没家者，罪止及一房〉。若受人寄借及质钱之属，当时即有言请，券证分明者，皆不在录限。其有竞财，有司未决者，权行检校。		

天圣狱官令	庆元条法事类	对应出处
宋五八条 诸辨证已定，逢赦更翻者，悉以赦前辨证为定。		
宋五九条 诸伤损于人，及诬告得罪，其人应合赎者，铜入被告及伤损之家。即两人相犯俱得罪，及同居相犯者，铜并入官。	断狱令（卷 73 刑狱门 3 决遣、卷 76 当赎门罚赎） 诸诬告及伤损于人得罪应赎者，铜入被诬及伤损之家。即考决罪人，或在任官于所部有犯，若两俱有罪及同居相犯者，铜入官。	拾遗 792； 校证 338、640
唐一条 诸州断罪应申覆者，刑部每年正月共吏部相知，量取历任清勤、明识法理者充使，将过中书门下，定讫奏闻，令分道巡覆。若应勾会官物者，量加判官及典。刑部录囚姓名，略注犯状，牒使知〈岭南使人以九月上旬，驰驿发遣〉。见囚事尽未断者，催断即覆，覆讫，使牒与州案同封，申牒刑部〈若州司枉断，使人推覆无罪，州司款伏，灼然合免者，任使判放，仍录状申。其降入流徒者，自从流徒。若使人与州执见有别者，各以状申。其理状已尽，可断决而使人不断，妄生节目盘退者，州司以状录申，附使人考〉。其徒罪，州断得伏辨及赃状露验者，即役，不须待使，以外待使。其使人仍总按覆，覆讫，同州见者，仍牒州配役。其州司枉断，使判无罪，州司款伏，及州、使各执异见者，准上文。		
唐二条 诸犯罪在市，杖以下，市决之。应合荫赎及徒以上，送县。其在京市，非京兆府，并送大理寺。驾幸之处亦准此。		

天圣狱官令	庆元条法事类	对应出处
唐三条 诸决大辟罪于市。五品以上犯非恶逆以上，听自尽于家。七品以上及皇族，若妇人犯非斩者，绞于隐处。		
唐四条 诸囚死，无亲戚者，皆给棺，于官地内权殡〈其棺并用官物造给。若犯恶逆以上，不给棺。其官地去京七里外，量给一顷以下，拟埋诸司死囚，大理检校〉。置砖铭于圹内，立榜于上，书其姓名，仍下本属，告家人令取。即流移人在路，及流徒在役死者，亦准此。	断狱令（卷74刑狱门4病囚、卷75刑狱门5部送罪人） 诸禁囚若居作人身死，无亲属者，官为殡瘗标识。仍移文本属，告示家人般取。即罪人部送，在道死者，准此。以上所费，无随身财物，或不足者，皆支赃罚钱。 -------- 断狱令（卷75刑狱门5部送罪人） 诸部送罪人，在道身死，无家属同行，而有财物者，官为支充殡瘗之费。有余，估卖纳官，以钱数报住家之所，支转运司钱给还。	拾遗768； 稻田91
唐五条 诸流移人，州断讫，应申请配者，皆令专使送省司。令量配讫，还附专使报州，符至，季别一遣〈若符在季末至者，听与后季人同遣〉。具录所随家口及被符告若发遣日月，便移配处，递差防援〈其援人皆取壮者充，余应防援者，皆准此〉。专使部领，送达配所。若配西州、伊州者，并送凉州都督府。江北人配岭以南者，送付桂、广二都督府。其非剑南诸州人而配南宁以南及巂州界者，皆送付益州大都督府，取领即还。其凉州都督府等，各差专使，准式送配所。付领讫，速报元送处，并申省知〈其使人，差部内散官充，仍申省以为使劳。若无散官，兼取勋官强干者充。又无勋官，则三军事充。其使并给传乘〉。若妻子在远，又无路便，豫为追唤，使得同发。其妻未至间，因身合役者，且于随近公役，仍录已役日月下配所，即于限内听折。		

续表

天圣狱官令	庆元条法事类	对应出处
唐六条 诸流移人〈移人，谓本犯除名者〉至配所，六载以后听仕〈其犯反逆缘坐流，及因反逆免死配流，不在此例〉。即本犯不应流而特配流者，三载以后听仕。有资荫者，各依本犯收叙法。其解见任及非除名移乡者，年限、叙法准考解例。		
唐八条 诸犯流罪以下，辞定，欲成婚者，责保给假七日，正、冬三日。已配役者亦听。并不给程。无保者，唯给节日假，不合出。		
唐九条 诸应议请减者，犯流以上，若除免官当，并锁禁。公坐流、私罪徒〈并谓非官当者〉，责保三对。其九品以上及无官应赎者，犯徒以上若除免官当者，枷禁。公罪徒，并散禁，不脱巾带，办定，皆听在外三对。		
唐一〇条 诸犯死罪在禁，非恶逆以上，遭父母丧，妇人夫丧，及祖父母丧承重者，皆给假七日发哀，流、徒罪三十日，悉不给程。并待办定，责保乃给。	断狱令（卷77服制门丧葬） 诸犯杖以下罪在禁，而遭父母及夫丧，听责保量给限殡葬。即期丧，本家无男夫成丁者，准此〈以上，事干要切，仍责无漏泄状，差人监管〉。	
唐一一条 诸道士、女冠、僧尼犯罪，徒以上及奸、盗、诈、脱法服，依律科断，余犯依僧道法。	名例敕（卷50道释门1总法） 诸僧道犯私罪杖以下，及僧道录犯赃私罪杖〈以上，称私罪、赃罪，并谓非重害者〉、公罪徒以下，并赎。 名例敕（卷50道释门1总法） 诸僧道犯盗、诈、恐喝财物〈未得者同〉，若博赌，及故殴伤人，并避罪逃亡，或犯私罪徒、公罪流并编管，及再犯私罪杖〈不以赦前后〉，并还俗。	
唐一二条 诸放贱为部曲、客女及官户，逃亡经三十日，并追充贱。		

表 3　《天圣令》、《庆元条法事类》对应表（捕亡）

天圣捕亡令	庆元条法事类	对应出处
宋一条 诸囚及征防、流移人逃亡及欲入寇贼者，经随近官司申牒，即移亡者之家居所属及亡处比州比县追捕。承告之处，下其乡里村保，令加访捉。若未即擒获者，仰本属录亡者年纪、形貌可验之状，更移邻部切访。捉得之日，移送本司科断。其失处、得处并各申所属。若追捕经三年不获者，停。	捕亡令（卷75刑狱门5移乡） 诸移乡人逃亡者，随处即时具乡贯年颜犯状，报邻近捕盗官司，并本贯若元断及藏匿州县。事理重者，牒本路及邻路州收捕，仍申尚书刑部〈犯人元系缘边及两地供输人，仍每季具已未获人数，申刑部〉。	拾遗728
宋二条 诸有贼盗及被伤杀者，即告随近官司、村坊耆保。闻告之处，率随近军人及捕盗人从发处寻踪，登共追捕。若转入比界，其比界共追捕。若更人它界，须共所界官司对量踪迹，付讫，然后听比界者还。其本发之所，吏人须待踪穷。其踪迹尽处，官司精加推讨。若贼在甲界而伤盗乙界及尸在两界之上者，两界官司对共追捕。如不获状验者，不得即加追考，又不得逼敛人财，令其募贼。即人欲自募者，听之。		
宋三条 诸追捕罪人，合发人兵者，皆随事斟酌用多少堪济。其当界有巡检处，即与相知，随即讨捕。若力不能制者，即告比州比县。得告之处，审知是实，先须发兵相知除剪，仍驰驿申奏。若其迟缓逗留，不赴警急，致使贼得钞掠及追讨不获者，当处录状奏闻。其得贼、不得贼，捕盗之官皆附考。		
宋四条 诸亡失奴婢、杂畜、货物等，于随近官司申牒案记。若已入蕃境、还卖入国，券证分明，皆还本主，本主酬直。奴婢自还者归主。		

天圣捕亡令	庆元条法事类	对应出处
宋五条 诸地分有死人，不知姓名、家属者，经随近官司申牒推究，验其死人。委无冤横者，当界藏埋，立榜于上，书其形状，以访家人〈检尸之条自从别敕〉。	杂令（卷75刑狱门5病囚、验尸） 诸死人，未死前无缌麻以上亲在死所，若禁囚〈责出十日内，及部送者，同〉，并差官验尸〈人力、女使，经取口词者，差公人〉。因及非理致死者，仍覆验。验覆讫，即为收瘗〈仍差人监视，亲戚收瘗者，付之〉。若知有亲戚在他所者，仍报知。	
宋六条 诸奴婢诉良，未至官府为人捉送，检究事由，知诉良有实应放者，皆勿坐。		
宋七条 诸博戏赌财，在席所有物及句合出九得物，为人纠告者，其物悉赏纠人。即输物人及出九句合容止主人能自首者，亦依赏例。官司捉获者，减半赏之，余没官。唯赌得财者自首，不在赏限，其物悉没官。	赏令（卷80杂门博戏财物） 诸博戏赌财物，或停止出九和合人自首，若地分干系人获者，在席及停止出九和合人所得之物，悉给之。五贯以上者给五贯，十贯以上者减半给之〈为首者自首，止给己物〉，余没官。 ┈┈┈┈┈┈┈┈┈┈┈┈ 赏令（卷80杂门博戏财物） 诸告获开柜坊或出军营内停止博戏赌财物者，在席及停止出九和合人所得之物，悉给之。 ┈┈┈┈┈┈┈┈┈┈┈┈ 赏格（卷80杂门博戏财物） 诸色人/告获开柜坊停止博戏财物，或于出军营内停止者/钱一十贯。	校证311
宋八条 诸两家奴婢俱逃亡，合生男女，及略盗奴婢，知而故买配奴婢者，所生男女从母。		
宋九条 诸得阑遗物者，皆送随近官司，封记收掌，录其物色，榜于要路，有主识认者，先责五保及其物失隐细，状验符合者，常官随给。其非缄封之物，亦置它所，不得令认者先见，满百日无人识认者，没官附帐。	杂令（卷80杂门阑遗） 诸得阑遗物者，送所在官司，封记籍定，榜谕召人识认。有人认者，先责隐细，状验同，取保给付。满百日无人认者，没官。	拾遗补801；校证312

天圣捕亡令	庆元条法事类	对应出处
唐一条 诸追捕盗贼及逃亡，先尽壮马，二日以内，一日一夜马行二百里，步行一百里。三日以外，一日一夜马行一百五十里，步行八十里。若人马有代易者，自依初制。如期会须速及力堪进者，不用此数。		
唐二条 诸纠捉贼盗者，所征倍赃，皆赏纠捉之人。家贫无财可征及依法不合征倍赃者，并计所得正赃准为五分，以二分赏纠捉人。若正赃费尽者，官出一分以赏捉人。即官人非因检校而别纠捉，并共盗及知情主人首告者，亦依赏例。		
唐三条 诸奴婢逃亡经三宿及出五十里外，若度关栈捉获者，六分赏一。五百里外，五分赏一。千里外，四分赏一。千五百里外，三分赏一。二千里外，赏半。即官奴婢逃亡，供公廨者，公廨出赏，余并官酬。其年六十以上及残废不合役者，并奴婢走投前主及镇戍关津若禁司之官于部内捉获者，赏各减半。若奴婢不识主，榜召周年无人识认者，判入官，送尚书省，不得外给，其赏直官酬。若有主识认，追赏直还之。私榜者，任依私契。		
唐四条 诸提获逃亡奴婢，限五日内送随近官司，案检知实，评价，依令征赏。其捉人欲径送本主者，任之。若送官司，见无本主，其合赏者十日内且令捉人送食。若捉人不合酬赏及十日外承主不至，并官给衣粮，随能锢役。		

天圣捕亡令	庆元条法事类	对应出处
唐五条 诸捉获逃亡奴婢，未及送官，限内致死失者，免罪不赏。其已入官，未付本主而更逃亡，重被捉送者，从远处征赏。若后捉者远，三分以一分赏前捉人，二分赏后捉人。若前捉者远，中分之。若走归主家，征半赏。		
唐六条 诸逃亡奴婢身犯死罪，为人捉送，会恩免死，还官主者，依式征赏。若遂从戮及得免贱从良，不征赏物。		
唐七条 诸评逃亡奴婢价者，皆将奴婢对官司评之，勘捉处市价。如无市者，准送处市价。若经五十日无赏可酬者，令本主与捉人对卖分赏。		

表 4 《天圣令》、《庆元条法事类》对应表（杂）

天圣杂令	庆元条法事类	对应出处
宋一条 诸度，以北方秬黍中者，一黍之广为分，十分为寸，十寸为尺〈一尺二寸为大尺一尺〉，十尺为丈。		
宋二条 诸量，以秬黍中者，容一千二百黍为龠，十龠为合，十合为升，十升为斗〈三斗为大斗一斗〉，十斗为斛。		
宋三条 诸权衡，以秬黍中者，百黍之重为铢，二十四铢为两〈三两为大两一两〉，十六两为斤。		

天圣杂令	庆元条法事类	对应出处
宋四条 诸积秬黍为度、量、权衡者，调钟律、测晷景、合汤药、造制冕，及官私皆用之。		
宋五条 太府寺造秤、斗、升、合等样，皆以铜为之，尺以铁。		
宋六条 诸度地，五尺为步，三百六十步为里。		
宋七条 诸禁屠宰，正月、五月、九月全禁之。乾元、长宁节各七日〈前后各三日〉。天庆、先天、降圣等节各五日〈前后各二日〉。天贶、天祺节、诸国忌各一日〈长宁节唯在京则禁〉。	时令（卷79 畜产门采捕屠宰） 诸禁屠宰，天庆、先天、降圣、开基节，丁卯、戊子日，各一日〈丁卯、戊子日，仍禁鱼猎〉。圣节三日〈用前十日为始，禁三日。鱼猎同〉。即崇奉神御及缘祠事，不在禁止之限。	校证369
宋八条 诸杂畜有孕，皆不得杀。仲春不得采捕鸟兽雏卵之类。	时令（卷79 畜产门杀畜产、采捕屠宰） 诸畜有孕者，不得杀。鸟兽雏卵之类，春夏之月〈谓二月至四月终〉禁采捕。州县及巡尉，常切禁止觉察。仍岁首检举条制晓谕。	三上92； 稻田96
宋九条 诸每年司天监预造来年历日，三京、诸州各给一本，量程远近，节级送。枢密院散颁，并令年前至所在。司天监上象器物、天文图书，不得辄出监。监生不得读占书，其仰观所见，不得漏泄。若有祥兆、灾异，本监奏讫，季别具录，封送门下省，入起居注。年终总录，封送史馆〈所送者不得载占言〉。		

天圣杂令	庆元条法事类	对应出处
宋一〇条 诸州界内有出铜矿处官未置场者，百姓不得私采。金、银、铅、镴、铁等亦如之。西北缘边无问公私，不得置铁冶。自余山川薮泽之利非禁者，公私共之。	田令（卷49农桑门农田水利） 诸江河山野陂泽湖塘池泺之利，与众共者，不得禁止及请佃承买，监司常切觉察。如许人请佃承买，并犯人纠劾以闻。河道不得筑堰或束挟，以利种植。即潴水之地，众共溉田者，官司仍明立界至注籍〈请佃承买者，追地利入官〉。	拾遗848
宋一一条 诸知山泽有异宝、异木及金、玉、铜、银、彩色杂物处，堪供国用者，皆具以状闻。	杂令（卷80杂门杂犯） 诸山泽有异宝、异木，若杂物〈并谓堪供国用者〉，许人告，州具状申尚书本部。	拾遗补853； 稻田96
宋一二条 诸每年皇城司藏冰，每段方一尺五寸，厚三寸。孟冬，先以役兵护取冰河岸，去其尘秽。季冬冰结，运送冰井务。		
宋一三条 诸亲王府文武官，王在京日〈在京，谓任京官及不出藩者〉，令条无别制者，并同京官。出藩者各同外官〈即从王入朝者，赐会、朝三同京官〉。车驾巡幸，所在州县官人见在驾前祗承者，赐会并同京官。		
宋一四条 诸竹木为暴水漂失有能接得者，并积于岸上，立明标榜，于随近官司申牒。有主识认者，江河五分赏二，余水五分赏一。非官物，限三十日外，无主认者，入所得人。官失者不在赏限。	杂令（卷80杂门阑遗） 诸收救得漂失竹木，具数申官。 - - - - - - - - - - - - - - - - 赏格（卷80杂门阑遗） 诸色人/……/收救得漂失私竹木/诸河/给二分/江淮黄河/给四分/无主者/全给。	拾遗850

天圣杂令	庆元条法事类	对应出处
宋一五条 诸取水溉田，皆从下始，先稻后陆，依次而用。其欲缘渠造碾硙，经州县申牒，检水还流入渠及公私无妨者，听之。即须修理渠堰者，先役用水之家。	河渠令（卷49 农桑门农田水利） 诸以水溉田，皆从下始，仍先稻后陆。若渠堰应修者，先役用水之家。其碾硙之类，壅水于公私有害者，除之。	拾遗850； 三上94
宋一六条 诸要路津济不堪涉渡之处，皆置船运渡，依至津先后为次。州县所由检校，及差人夫充其渡子。其沿河津济所给船艘、渡子，从别敕。		
宋一七条 诸官船筏行及停住之处，不得约止私船筏。		
宋一八条 诸州县及关津所有浮桥及贮船之处，并大堰斗门须开闭者，若遭水泛涨并凌澌欲至，所掌官司急备人功救助。量力不足者，申牒。所属州县随给军人并船，共相救助，勿使停壅。其桥漂破，所失船木即仰当所官司，先牒水过之处两岸州县，量差人收接，递送本所。		
宋一九条 诸在京诸司官，应官给床席、毡褥、帐设者，皆仪鸾司供备。及诸处使人在驿安置者，亦量给毡被。若席经二年，毡经五年，褥经七年有破坏者，请新纳故。诸司自有公廨者，不用此令。		
宋二〇条 诸官人缘使及诸色行人请赐讫停行者，并却纳。已发五百里外者，纳半。一千里外者，勿纳。应纳者若已造衣物，仍听兼纳。其官人有犯罪追还者，但未达前所，赐物并复纳。		

天圣杂令	庆元条法事类	对应出处
宋二一条 诸内外诸司所须纸、笔、墨等，及诸馆阁供写文书者，并从官给。若别使推事，及大辟狱按者，听兼用当司赃赎物充。		
宋二二条 诸诉田宅、婚姻、债负〈于法合理者〉，起十月一日官司受理，至正月三十日住接词状，至三月三十日断毕。停滞者以状闻。若先有文案，及交相侵夺者，随时受理。		
宋二三条 诸家长在，子孙、弟侄等不得辄以奴婢、六畜、田宅及余财物私自质举，及卖田宅〈无质而举者亦准此〉。其有家长远令卑幼质举、卖者，皆检于官司，得实，然后听之。若不相本问，违而辄与，及买者，物追还主。		
宋二四条 诸以财物出举者，任依私契，官不为理。每月取利不得过六分。积日虽多，不得过一倍，亦不得回利为本〈其放物者准此〉。若违法积利，契外掣夺，及非出息之债者，官为理断。收质者若计利过本不赎，听从私纳。如负债者逃，保人代偿。	关市令（卷80 杂门出举债负） 诸以财物出举者，每月取利，不得过四厘。积日虽多，不得过一倍。即元借米谷者，止还本色，每岁取利，不得过五分〈谓每斗不得过五升之类〉。仍不得准折价钱。	拾遗854
宋二五条 诸以粟麦出举，还为粟麦者，任依私契，官不为理。仍以一年为断，不得因旧本生利，又不得回利为本。 唐一四条 诸出举，两情同和，私契取利过正条者，任人纠告。本及利物并入纠人。	关市令（卷32 财用门3 理欠、卷80 杂门出举债负） 诸负债违契不偿，官为理索。欠者逃亡，保人代偿。各不得留禁。即欠在五年外，或违法取利，及高抬卖价，若元借谷米而令准折价钱者，各不得受理。其收质者过限不赎，听从私约。	拾遗854

天圣杂令	庆元条法事类	对应出处
宋二六条 诸于官地内得宿藏物者，皆入得人。于他人私地得者，与地主中分之。若得古器形制异者，悉送官酬直。	杂令（卷80 杂门阑遗） 诸官地内得宿藏物者，听收。若他人地内得者，与地主中分之。即器物形制有异者，悉送官酬其直。	拾遗856； 校证372
宋二七条 诸畜产抵人者，截两角。踏人者，绊之。啮人者，截两耳。其有狂犬，所在听杀之。	厩牧令（卷79 畜产门畜产伤人） 诸畜产抵人者，截两角。啮人，截两耳。踏人者，绊之。	拾遗补855
宋二八条 诸州县学馆墙宇颓坏，床席几案须修理者，用当处州县公廨物充。		
宋二九条 诸州县官私珍奇、异物、滋味、鹰狗、玉帛、口马之类非正敕索者，皆不得进献。其年常贡方物者，不在此限。		
宋三〇条 诸王、公主及官人不得遣官属、亲事、奴客、部曲等在市四兴贩，及于邸店沽卖、出举。其遣人于外处卖买给家，非商利者，不在此例。		
宋三一条 诸官人赴任及以理去官，虽无食券欲投驿止宿者，听之。并不得辄受供给。	驿令（卷10 职制门7 舍驿） 诸驿，品官之家，及未入官人，若校尉，虽不请券，并听入。	
宋三二条 诸贮槁及茭草成积者，皆以苫覆，加笆篱泥之。其大不成积者，并不须笆篱。在京冬受，至夏用尽者，皆量为小积，不须苫覆。贮经夏者，苫覆之。其所须苫、橛、笆篱等调度，官为出备。若有旧物堪用，及计贮年近者，无须调度。		

天圣杂令	庆元条法事类	对应出处
宋三三条 诸贮槁及贮茭草，高原处，槁支七年，茭支四年。土地平处，槁支五年，茭支三年。土地下处，槁支四年，茭支二年。		
宋三四条 诸给百司炭，起十月，尽九十日止〈宫人及蕃客，随时量给〉。		
宋三五条 诸蕃使往还，当大路左侧，公私不得畜当方蕃夷奴婢，有者听转雇与内地人。其归朝人色类相似者，又不得与客相见，亦不得充援夫等。	杂令（卷78蛮夷门入贡、归明附籍约束） 诸蕃使往来道路，公私不得养雇本蕃人。其归明人，与蕃使同类者，回避。	拾遗补858； 校证373、745
宋三六条 诸犯罪人被戮，其缘坐应配没者，不得配在禁苑内供奉，及东宫、亲王所左右驱使。		
宋三七条 诸外官亲属经过，不得以公廨供给。凡是宾客，亦不得于百姓间安置。	杂令（卷9职制门6馈送） 诸任外官者亲戚经过，不得以公使例外供给。凡宾客，亦不得令于民家安泊。	三上96； 稻田96
宋三八条 诸外任官人，不得于部内置庄园、店宅，又不得将亲属、宾客往任所请占田宅，营造邸店、碾硙，与百姓争利。虽非亲属、宾客，但因官人、形势请受造立者，悉在禁限。		
宋三九条 诸在京及外州公廨杂物，皆令本司自句，录财物五行见在帐，具申三司，并随至句勘。	仓库令（卷37库务门2给纳） 诸仓库见在钱物〈诸司封椿者，非〉，所属监司委通判，岁首躬诣仓库点检，前一年实在数，令审计院置簿抄上，比照帐状。	

天圣杂令	庆元条法事类	对应出处
	道释令（卷51 道释门 2 供帐） 诸僧道及童行帐，三年一供。每一供全帐，三供刺帐，周而复始。限三月以前，申尚书礼部。	拾遗补 856
宋四〇条 诸道士、女冠、僧尼，州县三年一造籍，具言出家年月、夏腊、学业，随处印署。案留州县，帐申尚书祠部。其身死及数有增减者，每年录名及增减因由，状申祠部，具入帐。	道释式（卷51 道释门 2 供帐） 僧道童行等帐/某州/今具本州某年僧道童行等如后/……/道士女冠僧尼/在州/某观系古迹或敕额〈内有同名宫观，即各开著堂乡村去处。童行项，及刺帐有同名者，并准此〉/道士/旧管若干/一名道士，姓，法名，见年若干，本贯某处，元礼某宫观某人为师，某年月日请到某例度牒披戴〈僧尼仍云，某年月日于某处受戒，请到六念戒牒〉，某年月日请到某恩例紫衣文牒，某年月日请到某恩例某师号〈无紫衣、师号，即不开〉，某年帐在某州某县某宫观供申〈累次行游供帐去处，并准此〉。两名以上，依此开/新收若干〈依旧管开〉/开落若干〈各开姓法名〉/见在若干〈止开人数〉/余寺观等，依前项开/女冠僧尼，依道士开/外县，依在州开/……/右件状如前所供前项并是诣实，谨具申尚书礼部谨状/〈具官姓名点勘〉/年月日，依常式/以上等厚实表纸为籍供申〈若数名，听相度州县，或僧道童行，分为数帐〉	
宋四一条 诸有猛兽之处，听作槛阱、射窠等，不得当人行之路。皆明立标帜，以告往来。	杂令（卷79 畜产门捕猛兽） 诸有猛兽，听施检设坑阱之类，不得当人行之路。仍明立标识。	

续表

天圣杂令	庆元条法事类	对应出处
唐一条 太常寺二舞郎，取太常乐舞手年十五以上、二十以下容貌端正者充。教习成讫，每行事日追上，事了放还本色。光禄寺奉觯、太仆寺羊车小史，皆取年十五以下。其漏刻生、漏童，取十三、十四者充〈其羊车小史，取容仪端正者〉。兹十九放还。其司仪署及岳渎斋郎，取年十六以上中男充，二十放还。太史局历生，取中男年十八以上、解算数者为之，习业限六年成。天文生、卜筮生并取中男年十六以上、性识聪敏者，习业限八年成，业成日申补观生、卜师〈其天文生、卜筮生初入学，所行束修一同按摩、咒禁生例〉。		
唐二条 诸习驭、翼驭、执驭、驭士、驾士、幕士、称长、门仆〈门仆取京城内家口重大、身强者充〉、主膳、典食、供膳、主酪、典钟、典鼓、防阁、庶仆、价人〈价人取商贾，及能市易、家口重大、识文字者充〉、邑士，皆于白丁内家有兼丁者为之〈令条取军内人为之者，准别制〉。其主膳、典食、供膳、主酪，兼取解营造者〈若因事故停家，及同色子弟内有闲解者，亦取〉。典钟、典鼓，先取旧漏刻生成丁者。每年各令本司具录须数，申户部科下，十二月一日集省分配。门仆、称长、价人四周一代，防阁、庶仆、邑士则二周一代。年满之日不愿代者，听。		
唐三条 诸王及大长公主、长公主、公主应赐物者，并依本品给。		
唐四条 诸亲王府给杂匠十人、兽医四人、供膳五人，仍折充帐内之数。其公主家，供膳给二人。		

天圣杂令	庆元条法事类	对应出处
唐五条 诸船运粟一千五百斛以下，给水匠一人。一千五百斛以上，水匠二人。率五十斛给丁一人。其盐铁杂物等，并准粟为轻重。若空船，量大小给丁、匠。		
唐六条 诸三师三公三朝著门籍，给人马供给，并从都省。太子三师三少，即从詹事府。		
唐七条 诸文武职事、散官三品以上及爵一品在两京，若职事、散官五品以上及郡县公在诸州县，欲向大街开门，检公私无妨者，听之。		
唐八条 诸在京诸司流内九品以上，及国子监诸学生及俊士，流外官太常寺谒者、赞引、祝史，司仪署司仪，典客署典客，秘书省、弘文馆典书，左春坊掌仪，司经局典书，诸令史、书令史、楷书手，都水监河堤谒者，诸局书史，诸录事、府、史、计史、司直史、评事史、狱史、监膳史、园史、漕史、医学生、针学生，尚食局、典膳局主食，萨宝府府、史，并长上。其流外非长上者及价人，皆分为二番〈番期长短，各任本司量长短定准。当库藏者，不得为番〉。其太史局历生、天文生、巫师、按摩、咒禁、卜筮生、药园生、药童、羊车小史、兽医生、岳渎祝史、斋郎、内给使、散使、奉觯，司仪署斋郎，郊社、太庙门仆，并品子任杂掌，皆分为三番。余门仆、主酪、习驭、翼驭、执驭、驭士、驾士、幕士、大理问事、主膳、典食、供膳、兽医、典钟、典鼓，及萨宝府杂使、漏刻生、漏童，并分为四番。其幕士、习驭、掌闲、驾士隶殿中省、左春坊者，番期上下自从卫士例。其武卫称长，须日追上，事了放还。		

天圣杂令	庆元条法事类	对应出处
唐九条 诸司流内、流外长上官，国子监诸学生，医、针生，俊士〈视品官不在此例〉，若宿卫当上者，并给食〈京兆、河南府并万年等四县佐、史，关府、史亦同。其国子监学生、俊士监等，虽在假月假日，能于学内习业者亦准此〉。其散官五品以上当上者，给一食。		
唐一〇条 诸在京诸司，并准官人员数，量配官户、奴婢，供其造食及田园驱使。衣食出当司公廨。		
唐一一条 诸州朝集使至京日，所司准品给食。亲王赴省考日，依式供食，卫尉铺设。		
唐一二条 诸流外番官别奉敕，及合遣长上者，赐同长上例。		
唐一三条 诸勋官及三卫诸军校尉以下，诸蕃首领、归化人、边远人、遥授官等告身，并官纸及笔为写〈其勋官、三卫校尉以下，附朝集使立案分付。边远人，附便使及驿送〉。若欲自写，有京官职及缌麻以上亲任京官为写者，并听。		
唐一五条 诸司流外非长上者，总名番官。其习驭、掌闲、翼驭、执驭、驭士、驾士、幕士、称长、门仆、主膳、供膳、典食、主酪、兽医、典钟、典鼓、价人、大理问事，总名庶士。内侍省、内坊阉人无官品者，皆名内给使。亲王府阉人，皆名散使。诸州执刀、州县典狱、问事、白直，总名杂职。州县录事、市令、仓督、市丞、府、史、佐、帐史、仓史、里正、市史，折冲府录事、府、史，两京坊正等，非省补者，总名杂任。其称典吏者，杂任亦是。		

天圣杂令	庆元条法事类	对应出处
唐一六条 诸贮草及木橦、柴炭，皆十月一日起输，十二月三十日纳毕。		
唐一七条 诸官户、奴婢男女成长者，先令当司本色令相配偶。		
唐一八条 诸犯罪配没，有技能者，各随其所能配诸司，其妇人，与内侍省相知，简能缝作巧者，配掖庭局。自外无技能者，并配司农寺。		
唐一九条 诸官户皆在本司分番上下。每年十月，都官案比。男年十三以上，在外州者十五以上，各取容貌端正者，送太乐〈其不堪送太乐者，自十五以下皆免入役〉。十六以上送鼓吹及少府监教习，使有工能，官奴婢亦准官户例分番〈下番日则不给粮〉。愿长上者，听。其父兄先有技业堪传习者，不在简例。杂户亦在本司分番上下。		
唐二〇条 诸官奴婢赐给人者，夫妻、男女不得分张。三岁以下听随母，不充数限。		
唐二一条 诸官户奴婢死，官司检验申牒，判讫埋藏，年终总申。		
唐二二条 诸杂户、官户、奴婢居作者，每十人给一人充火头，不在功课之限。每旬放休假一日。元日、冬至、腊、寒食，各放三日。产后及父母丧，各给假一月。期丧，给假七日。即官户奴婢老疾，准杂户例。应侍者，本司每听一人免役扶侍，先尽当家男女。其官户妇女及婢，夫、子见执作，生儿女周年，并免役〈男女三岁以下，仍从轻役〉。		

天圣杂令	庆元条法事类	对应出处
唐二三条 诸官奴婢及杂户、官户给粮充役者，本司明立功课案记，不得虚费公粮。其丁奴每三人当二丁役。中奴若丁婢，二当一役。中婢，三当一役。		
唐二四条 诸官奴婢春衣每岁一给，冬衣二岁一给。丁奴春头巾一，布衫、袴各一，牛皮靴一量并毡。官婢春给裙、衫各一，绢裈一，鞋二量。冬给襦、複袴各一，牛皮靴一量并毡。十岁已下男春给布衫一、鞋一量，女给布衫一、布裙一、鞋一量。冬，男女各给布襦一、鞋袜一量。官户长上者准此。		

表 2 　表 3 　表 4 凡例

《天圣令》以《天圣令校证》（下册）的清本（《狱官令》在第 415~420 页；《捕亡令》在第 406~408 页；《杂令》在第 429~433 页）为据，句读则酌情从《狱官令》与《杂令》的"校记"改，其中《杂令》唐 24 条据黄正建《天圣杂令复原唐令研究》（第 747 页）补。〈　〉内为原文的注文。

《庆元条法事类》以《静嘉堂文库藏　庆元条法事类》（古典研究会，1968）为据，酌情更正脱误之处。（　）内为卷数、总门、别门，〈　〉内为原文注文，/表示换行。

"对应出典"记载标示该条文对应关系的文献与页码（涉及复数页时标以最初页）。以下为文献的简称：

稻田 = 稻田奈津子：《〈庆元条法事类〉与〈天圣令〉——唐令复原的新的可能性》。

校证 = 《天圣令校证》下册。

拾遗 = 《唐令拾遗》。

拾遗补 = 《唐令拾遗补》。

辻＝辻正博：《天圣〈狱官令〉与宋初的司法制度》。

三上＝三上喜孝：《有关北宋〈天圣杂令〉的札记——从与日本令相比较的观点出发》。

《天圣狱官令》59 条令文，无法在《庆元条法事类》中找到对应条文者 26 条。若是考虑到可能与该篇有着最密切关系的"刑狱门"全五卷中的开头二卷散佚、仅存五分之三这一情况，那么由此可见的对应、继承关系可谓相当之高。在《天圣捕亡令》9 条令文中，没有找到对应条文者 5 条，其中宋 4 条、宋 6 条、宋 8 条与逃亡奴婢的处理相关，在宋代并无现实性；而与追捕相关的宋 2 条、宋 3 条的对应条文或许也存在于已佚失的"刑狱门"开头。在《天圣杂令》41 条令文中，未找到对应条文者 25 条，已过半数，笔者认为与诉讼相关的宋 22 条的对应条文存在于已佚失的"刑狱门"的开头，而与度量衡相关的宋 1 条至宋 6 条的对应条文也可能集中收录于散佚的部分中。

由这一对应检证的结果可以发现，三篇令文基本上都存在相当程度的对应、继承关系，这也与稻田氏的检证具有相同的倾向。换言之，若是将格、式考虑在内，《庆元令》与《天圣令》之间具有相当程度的继承关系，元丰以后的令在相当程度上继承了作为基本法典的唐令、《天圣令》。以下将围绕一些具体条文比照唐令复原条文进行探讨。

（1）基本同文、同旨趣的对应

《天圣狱官令》宋 41 条规定，女性在拘禁时，应与男子、夫的拘禁场所有别，并有婢女相助：

> 诸妇人在禁，皆与男夫别所，仍以杂色妇女伴狱。①

《庆元断狱令》（《庆元条法事类》卷七五《刑狱门五》"刑狱杂事"）中亦见与之基本同文、同旨趣的对应条文：

---

① 《天圣令校证》下册，第 418 页。

> 诸妇人在狱，以倡女伴之，仍与男子别所。①

是否不准与夫同禁乃差别所在，但笔者认为《庆元条法事类》误写"夫"为"子"。若是参照唐《狱官令》复原 48 条"诸妇人在禁，皆与男夫别所"，② 便可窥知：禁止男女同禁乃唐宋一贯相承的。

《天圣杂令》宋 11 条规定了关于有用的天然资源存在的报告制度：

> 诸知山泽有异宝、异木及金、玉、铜、银、彩色杂物处，堪供国用者，皆具以状闻。③

这一规定为《庆元杂令》（《庆元条法事类》卷八○《杂门》"杂犯"）所继承：

> 诸山泽有异宝、异木若杂物（并谓堪供国用者），许人告。州具状申尚书本部。

虽然它删除了矿产物，但还是可见设立了同样的报告制度。这一条款也见于唐《杂令》复原 13 条：

> 诸知山泽有异宝、异木及金玉铜铁、彩色杂物处，堪供国用者，皆奏闻。④

如此便可理解自唐代以来的继承关系。⑤

由这些事例便可认识元丰以后的令与唐令、《天圣令》之间所存在的

---

① 《天圣令校证》下册，第 335 页，宋 41 条校注 2。
② 雷闻：《唐开元狱官令复原研究》，第 631、648 页。《唐令拾遗补》将此复原为《狱官令》复旧补 3 条（《唐令拾遗补》，第 827 页）。
③ 《天圣令校证》下册，第 429 页。
④ 黄正建：《天圣杂令复原唐令研究》，第 737、750 页。《唐令拾遗》将此复原为《杂令》复旧 10 条（《唐令拾遗》，第 849 页）。
⑤ 《唐令拾遗补》，第 853 页；稻田奈津子：《〈庆元条法事类〉与〈天圣令〉——唐令复原的新的可能性》，第 96 页注 14。

某种程度的继承关系。

（2）《天圣令》与庆元格式的对应

《天圣令》与《庆元令》的条文对应不限于一对一，亦可见一对多或多对多的情况。《天圣令》与庆元格式之间也存在对应关系，稻田氏的检证也显示了这一点。①

与流刑受刑者在居作或服劳役之际的待遇相关，《天圣狱官令》宋16条规定：

> 诸流配罪人居作者，不得着巾带。每旬给假一日，腊、寒食，各给假二日，不得出所居之院。患假者，不令陪。日役满则放。②

宋17条规定：

> 诸配流囚决讫，二十日外居作，量以配所兵校防辖。③

宋53条规定：

> 诸流人至配所，并给官粮，令其居作。其见囚绝饷者，亦给之。④

与徒刑因代以脊杖而不行居作、流刑则在脊杖执行后服居作，但不再流放远方的折杖法相对应，⑤ 这三条令文规定了居作服役者的衣服、休假、释放、脊杖执行后的服役开始时间、警护以及粮食支给等。在《庆元条法

---

① "与天圣假宁令、丧葬两令相对应的条文，在庆元敕令格式中均集中于《假宁令》、《假宁格》、《服制令》、《服制格》、《服制式》等五种上……其对应比例之高，特别是在格、式上出现的高比例令人瞩目"（稻田奈津子：《〈庆元条法事类〉与〈天圣令〉——唐令复原的新的可能性》，第92页）。有关具体的对应关系与对应率，参见该文第84～90页表2、表3，第92页表4。

② 《天圣令校证》下册，第416页。

③ 《天圣令校证》下册，第416页。

④ 《天圣令校证》下册，第419页。

⑤ 关于《天圣狱官令》宋16条、宋17条与折杖法的相对应，参见辻正博《天圣〈狱官令〉与宋初的司法制度》，第482～483页。

事类》中，与此相对应的规定，有《庆元断狱令》（《庆元条法事类》卷
七五《刑狱门五》"编配流役"）：

> 诸流囚决讫，髡发去巾带，给口食，二十日外居作，量以兵级或
> 将校防辖。假日不得出所居之院，以病在假者，免陪。日役满或恩
> 则放。①

《庆元假宁格》（同书卷一一《职制门八》"给假"）：

> 流囚居作：每旬，一日；元日、寒食、冬至，三日。

以及《庆元给赐格》（同书卷七五《刑狱门五》"编配流役"）：

> 流囚居作者，决讫日给每人米二升。

《天圣狱官令》中有关休假日程、粮食支给的规定分别由《庆元假宁
格》和《庆元给赐格》经补充修正后予以继承。这些规定的源流则可追
溯至唐《狱官令》②复原 21 条：

> 诸流徒罪居作者，皆着钳，若无钳者着盘枷，病及有保者听脱。
> 不得着巾带。每旬给假一日，腊、寒食各给二日，不得出所役之院。
> 患假者陪，日役满，递送本所。③

---

① 关于本条的"二十日外居作"，川村氏曾提示应改作"日二升居作"（川村康：《宋代配
役考》，《法与政治》第 51 卷第 1 号，2000，第 289 页、第 308 页注 35），因其继承了
《天圣狱官令》宋 17 条的"二十日外居作"，现在撤回此说。其文句的解释则参考辻正
博《宋代的流刑与配役》，《史林》第 78 卷第 5 号，1995 年；以辻正博《唐宋时代刑罚
制度研究》为据，第 205 页注 32。

② 《天圣令校证》下册，第 330 页宋 16 条校注 2、3，宋 17 条校注 1；雷闻：《唐开元狱官
令复原研究》，第 618 页、第 618 页注 1；辻正博：《天圣〈狱官令〉与宋初的司法制
度》，第 482~483 页。

③ 雷闻：《唐开元狱官令复原研究》，第 618、645 页；《唐令拾遗》将此复原为《狱官令》
复旧 18 条（《唐令拾遗》，第 774 页；《唐令拾遗补》，第 821 页）。

复原 22 条：

> 诸徒流囚在役者，囚一人，两人防援。在京者，取卫士充；在外者，取当处兵士，分番防守。[1]

复原 61 条：

> 诸流人至配所居作者，并给官粮（加役流准此）。若去家悬远绝饷及家人未知者，官给衣粮，家人至日，依数征纳（其见囚绝饷者，亦准此）。[2]

换言之，此为唐令、《天圣令》与《庆元格》之间继承关系的一个事例。

与听取拷问之事者、禁止中途替换拷问和笞杖的执行者、刑具的规格以及拷问的执行部位相关的规定有《天圣狱官令》宋 33 条：

> 诸讯囚，非亲典主司，皆不得至囚所听问消息。其考囚及行罚者，皆不得中易人。[3]

以及宋 50 条：

> 诸杖，皆削去节目。官杖长三尺五寸，大头阔不得过二寸，厚及小头径不得过九分。小杖长不得四尺五寸，大头径六分，小头径五分。讯囚杖长同官杖，大头径三分二厘，小头径二分二厘。其官杖用

---

① 雷闻：《唐开元狱官令复原研究》，第 618～619、646 页。关于此条复原，辻正博指出了问题点（辻正博：《天圣〈狱官令〉与宋初的司法制度》，第 483 页）。

② 雷闻：《唐开元狱官令复原研究》，第 637～638、649 页；《唐令拾遗》将此复原为《狱官令》复旧 39 条："囚去家悬远绝饷者、官给衣粮、家人至日、依数征纳"（《唐令拾遗》，第 791 页）。

③ 《天圣令校证》下册，第 417 页。

火印为记，不得以筋、胶及诸物装钉。考讯者臀、腿分受。[①]

这两条令文皆可在《庆元条法事类》中觅得对应关系，如《庆元断狱令》（《庆元条法事类》卷七三《刑狱门三》"决遣"）：

> 诸讯囚，听于臀、腿及两足底分受。非当行典狱，不得至讯所。其考讯及行决之人，皆不得中易。

其他的有《庆元断狱令》（同，"旁照法"）：

> 诸狱具，每月当职官依式检校，杖不得留节目，亦不得钉饰及加筋胶之类。仍用火印，从官给。

以及《庆元断狱式》（同前）：

> 狱具：杖：重一十五两，长止三尺五寸，上阔二寸，厚九分，下径九分。答：长止四尺，上阔六分，厚四分，下径四分。

在《天圣狱官令》的规定中，刑具规格经补充修正后为《断狱式》所继承。这些规定的源流，可在唐令中求得，如唐《狱官令》复原39条：

> 诸讯囚，非亲典主司，皆不得至囚所听问消息。其拷囚及行罚者，皆不得中易人。[②]

以及复原58条：

---

① 《天圣令校证》下册，第419页。
② 雷闻：《唐开元狱官令复原研究》，第627、647页；《唐令拾遗》将此复原为《狱官令》复旧26条（《唐令拾遗》，第781页）。

诸杖，皆削去节目，长三尺五寸。讯囚杖，大头径三分二厘，小头二分二厘；长行杖，大头二分七厘，小头一分七厘；笞杖，大头二分，小头一分半。其决笞者，腿、臀分受；决杖者，背、腿、臀分受，须数等；考讯者亦同。笞以下愿背、腿均受者，听。即殿庭决者，皆背受。①

此处为唐令、《天圣令》与《庆元式》之间继承关系的一个事例。

元丰以后的格式，伊藤东涯云，"命官等级高下为格，表奏帐籍等类、体制楷模称式"；② 牧野巽谓，"格被称为'逆彼之至'，如《赏格》、《服制格》，规定的是做了什么事便给予什么赏赐，什么人死了便服什么丧之类。式被称为'使彼效之'，大多是手续规定，特别是文书格式的规定"；③ 仁井田陞认为，"格是《赏格》、《服制格》之类，式则特别规定了文书格式"；④ 曾我部静雄认为，"格是规定赏罚、阶级、给予、忌服等限度等级的法典，令（式之误）是规定样式的法典"；⑤ 滋贺秀三解释道，"格以要件为支柱，记载对应的效果或所属的事物，即像图表那样，表示的是要件与效果、事物阶段性变化的对应关系——用于处理其本身具有此种意味的事务……式则以各种要务为对象，通过列举每种空白的模板而将各种公文格式予以法定"；⑥ 梅原郁解说道，格是"以褒赏为主，规定高下等级的施行细则"，是"没有必要文章化的施行细则的集成，也相当于以胥吏为主的实务担当者在日常工作中使用的一览表"，或者"原本是行政乃至司法的个别现场中的必要规定……其主旨若由诏敕认可，便由事务当局制定出细目而使之发生效力"，式是"官署报告、个人申请等公文书格式"，是"纯粹的各种行政文书的空白模板，充其量是极其实务的法典

---

① 雷闻：《唐开元狱官令复原研究》，第 636、648～649 页；《唐令拾遗》将此复原为《狱官令》复旧 41 条（《唐令拾遗》，第 793 页；《唐令拾遗补》，第 824 页）。

② 伊藤东涯：《制度通》下卷，第 227 页。

③ 牧野巽：《庆元条法事类道释门——宋代宗教法制的资料（上·中）》，第 133 页注 5。

④ 仁井田陞：《永乐大典本〈庆元条法事类〉》，第 155 页。

⑤ 曾我部静雄：《宋代的法典类》，第 42 页。

⑥ 滋贺秀三：《法典编纂的历史》，第 117 页。

形式"，① 唐代的格、式在形式、内容上皆不同。② 这些说明，若结合滋贺氏的"编敕体系化的结果不外乎是敕令格式"，③ 梅原氏的"先将包含、排列在宋初以来'编敕'中不带刑罚的、比较简单的规定和单纯的禁令抽出而成新'令'（附令）……然后其动向是涉及伴有刑罚规定的、复杂的'编敕'中的敕文……整体细分化为'令'与'敕'乃至'式'与'格'"④ 这些关于编敕向敕令格式分化的过程的见解，便可推定：作为副法典编敕的起源要素，元丰以后的格式乃为适应国家事务的便利，而形成了图式化或样式化。

如果庆元格式确实可称为图式或样式，且又如梅原氏所言唐令"像仁井田陞《唐令拾遗》所窥见的那样，以庄重的文体列举制度等骨架，实在是符合'文辞古质'形容的代表"⑤ 的话，那么，唐令、《天圣令》与元丰以后的格、式之间的继承关系便无法发现。然而，如曾我部氏所言，"格成了承载以前的令中那部分赏勋、等级、忌服等制度的法典……因为令变得明显刑法化，以前的令中所规定的赏勋、忌服、阶级等制度转移到了格中"，⑥ 指出唐令与元丰以后的格之间的继承关系；又如仁井田氏言，"唐令与《庆元令》，在令、式分类标准上发生了变化。如在前者，规定了官公文书形式的诸条文存在于《公式令》里，而在后者，则可在《文书式》中找到这些条文"，⑦ 指出了唐令与《庆元式》之间的继承关系。在此应再次认识到元丰以后的令与格、式作为一个整体，与唐令、《天圣令》之间存在某种程度的继承关系。

（3）篇目的移动

稻田氏的检证显示，存在着"由《天圣令》到《庆元条法事类》的

---

① 梅原郁：《唐宋时代的法典编纂——律令格式与敕令格式》，第804页表11、第814~816页。

② 但是，曾我部氏认为，唐式也好，元丰以后的式也罢，"其作为施行细则的样式，这点并无二致"（曾我部静雄：《宋代的法典类》，第42页）。

③ 滋贺秀三：《法典编纂的历史》，第115页。

④ 梅原郁：《唐宋时代的法典编纂——律令格式与敕令格式》，第801页。

⑤ 梅原郁：《唐宋时代的法典编纂——律令格式与敕令格式》，第787页。

⑥ 曾我部静雄：《宋代的法典类》，第42页。

⑦ 《唐令拾遗》，第46~47页。

过程中，……篇目发生了移动的条文"。① 有关灌溉用水的规定，在唐《杂令》复原19条：

> 诸取水溉田，皆从下始，依次而用。其欲缘渠造碾硙，经州县申牒，公私无妨者，听之。即须修理渠堰者，先役用水之家。②

《天圣杂令》宋15条：

> 诸取水溉田，皆从下始，先稻后陆，依次而用。其欲缘渠造碾硙，经州县申牒，检水还流入渠及公私无妨者，听之。即须修理渠堰者，先役用水之家。③

《庆元河渠令》（《庆元条法事类》卷四九《农桑门》"农田水利"）：

> 诸以水溉田，皆从下始，仍先稻后陆。若渠堰应修者，先役用水之家，其碾硙之类壅水于公私有害者，除之。

这三条之间，特别是关于"以水溉田，皆从下始"这部分，可以找到明确的继承关系，④ 并可以指出从《杂令》向《河渠令》的篇目移动。

有关篇目移动，仁井田氏以"《庆元令》中，如《军防令》与《军器令》、《杂令》与《河防令》（《河渠令》之误）……将《军防令》、《杂令》各篇一分为二而成"⑤，来探求篇目分割的一个原因。不过，篇目移动的原因不仅在于篇目分割与新设。有关处理有危害人类之虞的家畜，唐

---

① 稻田奈津子：《〈庆元条法事类〉与〈天圣令〉——唐令复原的新的可能性》，第83页。
② 黄正建：《天圣杂令复原唐研究》，第738～739、750页。《唐令拾遗》将此复原为《杂令》复旧12条"诸以水溉田、皆从下"（《唐令拾遗》，第850页）。
③ 《天圣令校证》下册，第430页。
④ 《唐令拾遗》，第850～851页；三上喜孝：《有关北宋〈天圣杂令〉的札记——从与日本令相比较的观点出发》，第94页。
⑤ 《唐令拾遗》，第46页。

《杂令》复原 41 条规定：

> 诸畜产抵人者，截两角；踏人者，绊之；啮人者，截两耳。其有狂犬，所在听杀之。①

《天圣杂令》宋 27 条规定：

> 诸畜产抵人者，截两角；踏人者，绊之；啮人者，截两耳。其有狂犬，所在听杀之。②

除了与狂犬处理相关的部分外，《庆元厩牧令》（《庆元条法事类》卷七九《畜产门》"畜产伤人"）规定：

> 诸畜产抵人者，截两角；啮人，截两耳；踏人者，绊之。

此条无疑继承了上述条文，③ 这便是由《杂令》至《厩牧令》的篇目移动。《厩牧令》是在唐代便已存在的篇目。

有关遗失物的处理，唐《捕亡令》复原 16 条规定：

> 诸得阑遗物，皆送随近官司，在市得者送市司，其金吾各在两京巡察，得者送金吾卫。所得之物，皆悬于门外，有主识认者，检验记责保还之。虽未有案记，但证据灼然可验者，亦准此。其经三十日无主识认者，收掌，仍录物色目，榜村坊门，经一周年无人认者，没官录帐，申省处分。没入之后，物犹见在，主来识认，证据分明者，

---

① 黄正建：《天圣杂令复原唐令研究》，第 742、752 页。《唐令拾遗》将此复原为《杂令》复旧 21 条"诸畜产抵人者、截两角、蹄人者绊足、啮人者、截两耳"（《唐令拾遗》，第 856 页）。

② 《天圣令校证》下册，第 430 页。

③ 《唐令拾遗补》，第 855 页。

还之。①

《天圣捕亡令》宋 9 条规定：

> 诸得阑遗物者，皆送随近官司，封记收掌，录其物色，榜于要路，有主识认者，先责伍保及其失物隐细，状验符合者，常官随给。其非缄封之物，亦置它所，不得令认者先见，满百日无人识认者，没官附帐。②

经若干内容的改变，无疑为《庆元杂令》（《庆元条法事类》卷八〇《杂门》"阑遗"）所继承：

> 诸得阑遗物者，送所在官司，封记籍定，榜谕召人识认。有人认者，先责隐细，状验同，取保给付。满百日无人认者，没官。③

这便是由《捕亡令》至《杂令》的篇目移动，而《杂令》亦为唐代已存的篇目。这一篇目移动的原因，乃为集中查阅有关占有脱离物的处理规定之所需。与埋藏物的取得相关，唐《杂令》复原 40 条规定：

> 诸于官地内得宿藏物者，皆入得人；于他人私地得者，与地主中分之。若得古器形制异者，悉送官酬直。④

《天圣杂令》宋 26 条规定：

> 诸于官地内得宿藏物者，皆入得人；于他人私地得者，与地主中

---

① 孟彦弘：《唐捕亡令复原研究》，第 549、551 页。《唐令拾遗》将此复原为《捕亡令》复旧 6 条（《唐令拾遗》，第 730～731 页）。

② 《天圣令校证》下册，第 407 页。

③ 《唐令拾遗补》，第 800～801 页；《天圣令校证》下册，第 412 页宋 9 条校注 1、4。

④ 黄正建：《天圣杂令复原唐令研究》，第 742、752 页。《唐令拾遗》将此复原为《杂令》复旧 20 条（《唐令拾遗》，第 855 页）。

分之。若得古器形制异者，悉送官酬直。①

此为《庆元杂令》（《庆元条法事类》卷八〇《杂门》"阑遗"）基本同文、同旨趣地原样继承之：②

> 诸官地内得宿藏物者，听收。若他人地内得者，与地主中分之。即器物形制有异者，悉送官，酬其直。

与漂流竹木的收得相关，唐《杂令》复原18条规定：

> 诸公私竹木为暴水漂失有能接得者，并积于岸上，明立标榜，于随近官司申牒。有主识认者，江河五分赏二，余水五分赏一。限三十日外，无主认者，入所得人。③

《天圣杂令》宋14条规定：

> 诸竹木为暴水漂失有能接得者，并积于岸上，明立标榜，于随近官司申牒。有主识认者，江河五分赏二，余水五分赏一。非官物，限三十日外，无主认者，入所得人。官失者不在赏限。④

其内容经若干改变，为《庆元杂令》（《庆元条法事类》卷八〇《杂门》"阑遗"）所继承：⑤

> 诸收救得漂失竹木，具数申官。

---

① 《天圣令校证》下册，第430页。
② 《唐令拾遗》，第855～856页；《天圣令校证》下册，第372页宋26条校注1。
③ 黄正建：《天圣杂令复原唐令研究》，第738、750页。《唐令拾遗》将此复原为《杂令》复旧11条（《唐令拾遗》，第849页；《唐令拾遗补》，第853页）。
④ 《天圣令校证》下册，第429～430页。
⑤ 《唐令拾遗》，第849～850页。

以及《庆元赏格》（同前）：

> 诸色人……收救得漂失私竹木，诸河给二分，江淮黄河给四分，
> 无主者全给。

即元丰以后的某一阶段，有关占有脱离物处理的令文规定，除了必须由《赏格》规定的部分外，皆统合至《杂令》之中，所以与遗失物相关的规定便从《捕亡令》转移到了《杂令》。在律中，有关埋藏物与遗失物的规定皆置于同一篇《杂律》内，①那么占有脱离物的处理被统合到以"杂"为名的篇目中，可能是为了实现国家事业的便利。除了律、敕与令的同一篇目化，"赋予相同的名称，在现实中既容易理解，也便于利用"②这一原因外，笔者认为还应从令的规定在篇目之间移动这一现象，去探讨提高国家事业上的便利性。

（4）《天圣令》与《庆元敕》的对应

关于法律修改的时间效力，令文规定了重法不溯及与轻法溯及的问题。唐《狱官令》复原 34 条规定：

> 诸犯罪未发及已发未断决，逢格改者，若格重，听依犯时；格轻
> 者，听从轻法。③

《庆元狱官令》宋 28 条规定：

> 诸犯罪未发及已发未断决，逢格改者，若格重，听依犯时；格轻
> 者，听从轻法。④

---

① 与埋藏物相关的规定，在《杂律》第 59 条，"诸于他人地内得宿藏物，隐而不送者，计合还主之分，坐赃论减三等（若得古器形制异，而不送官者，罪亦如之。）"；与遗失物相关的规定，则在《杂律》第 60 条，"诸得阑遗物，满五日不送官者，各以亡失罪论；赃重者，坐赃论。私物，坐赃论减二等"。

② 梅原郁：《唐宋时代的法典编纂——律令格式与敕令格式》，第 820 页。

③ 雷闻：《唐开元狱官令复原研究》，第 623、646 页；《唐令拾遗》将此复原为《狱官令》复旧 22 条（《唐令拾遗》，第 776 页；《唐令拾遗补》，第 821 页）。

④ 《天圣令校证》下册，第 417 页。

这一条款为《庆元条法事类》中的《庆元断狱敕》① （《庆元条法事类》卷七三《刑狱门三》"检断"）所继承：

> 诸犯罪未发及已发未论决而改法者，法重听依犯时；法轻，从轻法。即应事已用旧法理断者，不得用新法追改。

作为令的法领域的基本法典，唐令、《天圣令》的规定移至律的法领域的副法典——敕——中，有必要对其意义或者这种移动是否具有特别之处进行检讨，而这确实也与国家事业上的便利性所需相适应。

（5）不行唐令与《庆元令》的对应

稻田氏认为"基本没有与不行唐令相对应的《庆元条法事类》"是"在《天圣令》编纂的阶段就已经将无益于现行法的内容作为'不行唐令'而排除在外"② 的结果，并指出"管见所及，唯一的例外"是规定有关拘禁、居作服役或护送时死亡之人处理的《天圣狱官令》唐4条：

> 诸囚死，无亲戚者，皆给棺，于官地内权殡（其棺并用官物造给。若犯恶逆以上，不给棺。其官地去京七里外，量给一顷以下，拟埋诸司死囚，大理检校）。置砖铭于圹内，立榜于上，书其姓名，仍下本属，告家人令取。即流移人在路，及流徒在役死者，亦准此。③

① 《庆元条法事类》卷七三《刑狱门三》"检断"将含本条在内的五个条文（本条为第二条）列为《断狱令》，黄正建则将本条作为《断狱令》（黄正建：《天圣令中的律令格式敕》，山口正晃译，载大津透编《日唐律令比较研究新阶段》，第56页、第70页注16）。但是，在同一门中，首先，在作为"敕"的一条《名例敕》和这五条《断狱令》之后，还置有作为"令"的两条《断狱令》；又，本条之后（第三条）所载的"诸狱案，以两辞互说及不圆情款或本处得论决之人辄上闻者，各杖一百"，在形式上无疑是"敕"。因此，含本条在内的五个《断狱令》条文乃《断狱敕》之误。关于此点，戴建国说："敕是关于刑罚的法律规范，而令则否。观下文有'各杖一百'之刑罚规定，则本条显属敕。又本书体例，条文由敕入令，必先另行单书'令'字。本'检断'类目下文另有'令'字，则此'令'字无疑为'敕'之误。"（《庆元条法事类》，戴建国点校，载杨一凡、田涛主编《中国珍稀法律典籍续编》第1册，黑龙江人民出版社，2002，第762页校勘记［一］。）

② 稻田奈津子：《〈庆元条法事类〉与〈天圣令〉——唐令复原的新的可能性》，第83页。

③ 《天圣令校证》下册，第420页。本条被原封不动地作为唐《狱官令》复原11条予以复原（雷闻：《唐开元狱官令复原研究》，第613～614、645页）。

与《庆元断狱令》（《庆元条法事类》卷七五《刑狱门五》"部送罪人"）之间的对应关系。①

> 诸禁囚若居作人身死无亲属者，官为殡瘗标识，仍移文本属，告示家人般取。即罪人部送在道死者，准此。以上所费，无随身财物或不足者，皆支赃罚钱。②

这两条的对应，仁井田氏也已指出唐《狱官令》复旧 10 条与上述《庆元断狱令》之间的对应关系，③

> 诸因死、无亲戚者、皆给棺、于官地内权殡、（其棺、在京者、将作造供、在外者、用官物给、若犯恶逆以上、不给、官地去京七里外、量给一顷以下、拟埋、诸司死囚隶大理检校）置砖铭于圹内、立榜于上、书其姓名、仍下本属、告家人令取、即流移人、在路及流所徒在役死者、亦准此。④

而在别的《庆元断狱令》（《庆元条法事类》卷七五《刑狱门五》"部送罪人"）与这条唐《狱官令》之间，也可以发现对应关系。

> 诸部送罪人在道身死，无家属同行，而有财物者，官为支充殡瘗之费。有余，估卖纳官，以钱数报住家之所，支转运司钱给还。

而且，如有关拘禁中遭父母与夫丧之人的处理规定，《天圣狱官令》唐 10 条规定：

> 诸犯死罪在禁，非恶逆以上，遭父母丧、妇人夫丧，及祖父母丧承重者，皆给假七日发哀，流、徒罪三十日，悉不给程。并待办定，

---

① 稻田奈津子：《〈庆元条法事类〉与〈天圣令〉——唐令复原的新的可能性》，第 91 页。
② 《庆元条法事类》卷七四《刑狱门四》"病囚"中亦载部分条文。
③ 《唐令拾遗》，第 767～768 页。
④ 《唐令拾遗》，第 767 页。

责保乃给。①

此条与《庆元断狱令》（《庆元条法事类》卷七七《服制门》"丧葬"）之间，也可被假定存在继承关系。②

> 诸犯杖以下罪在禁，而遭父母及夫丧，听责保量给限殡葬。即期丧，本家无男夫成丁者，准此（以上事干要切，仍责无漏泄状，差人监管）。

因为笔者认为《天圣令》中效力被否定的不行唐令，在其后至庆元之间，经过某种程度的内容修正而复活，所以开头稻田氏所否定的不行唐令与元丰以后的令之间的继承关系是不能成立的。

通过本部分的检证，可以确认的是：元丰以后的令相当程度地继承了唐令、《天圣令》的要素，而且那些要素也为格、式所继承。然而，作为稻田氏检证的前提，《唐令拾遗》、《唐令拾遗补》以及爱宕松男利用《庆元条法事类》进行的唐令复原，已然揭示了《庆元令》和唐令之间存在的某种程度的继承关系。③

仁井田氏认为"《庆元条法事类》中所存约两千条《庆元令》遗文，若对其内容细加考察，便会屡屡发现其源于唐令"，并列举了与唐令"条文字句相同"的两条《庆元令》。④ 其中第一条规定了残障等级的定义，即唐《户令》复旧9条：

> 诸一目盲、两耳聋、手无二指、足无三指、手足无大拇指、秃疮无发、久漏下重、大瘿瘇、如此之类，皆为残疾；痴症、侏儒、腰脊

---

① 《天圣令校证》下册，第420页。本条被原封不动地作为唐《狱官令》复原51条予以复原（雷闻：《唐开元狱官令复原研究》，第632、648页）。

② 该《庆元断狱令》注文所载"事干切要"的事态很难被想象为"杖以下"，因为笔者想"杖以下"为"杖以上"的误写，所以这两条之间的继承关系基本上是确实的。即使并非如此，唐令中徒罪以上允许拘禁者发丧，而庆元时则限于杖罪以下，也可说是变形的复活继承。

③ 稻田奈津子：《〈庆元条法事类〉与〈天圣令〉——唐令复原的新的可能性》，第79～83页。

④ 《唐令拾遗》，第46页。

折、一肢废、如此之类，皆为废疾、恶疾；癫狂、两肢废、两目盲、如此之类、皆为笃疾。①

与此相应的《庆元户令》（《庆元条法事类》卷七四《刑狱门四》"老疾犯罪"）规定：

> 诸一目盲、两耳聋、手无二指、足无三指、手足无大拇指、秃疮无发、久漏下重、大瘿瘫之类，为残疾；痴痖、侏儒、腰脊折、一肢废之类，为废疾、恶疾；癫狂、二支废、两目盲之类，为笃疾。②

第二条是与兵器损失相关的赔偿规定，即唐《军防令》复旧 23 条：

> 诸从军，甲杖不经战阵损失者，三分理二分；经战阵而损失者不偿，损者官修。③

与此对应的《庆元军器令》（《庆元条法事类》卷八《杂门》"毁失官私物"）规定：

> 诸从军，甲杖不经（"经"误写作"轻"）战阵损失者，三分理二分；经战阵失者，勿理。损者，官修。

《唐令拾遗》、《唐令拾遗补》据此认识，将《庆元条法事类》作为唐令复原的基本资料和参考资料予以有效利用。

仁井田氏还指出，《庆元令》的"大多数并未见于唐以后至天圣为止的诸令之中……如《吏卒》、《场务》、《辇运》、《道释》、《时》、《进贡》等各个令篇以及其所收录的诸条令文便无法发现这一点。在《庆元条法事类》中，属于所谓的'财用门'、'榷禁门'的大多数条文并不存在于唐

---

① 《唐令拾遗》，第 228 页。
② 《庆元条法事类》卷七六《当赎门》"罚赎"《旁照法》中亦载部分条文。
③ 《唐令拾遗》，第 379 页；《唐令拾遗补》，第 615 页。

令以下的前述诸令之中，这一点需要特别注意"。① 爱宕氏则认为，"如果说仅限于经济部门，特别是在宋朝特有的货币财政领域，《庆元令》中存在压倒性的独自条文的话，那么应该可以推定，除此之外的其他部门的条文极有可能沿袭了唐令"，② 并以《庆元仓库令》（《庆元条法事类》卷三六《库务门一》"仓库约束"）：

> 诸经用瓷器破损者，除岁一分，瓦器二分。

复原了与之相应的唐《营缮令》复旧补 2 条③：

> 诸经用瓦器破损者，除岁二分，以外征填。④

本条可据《天圣营缮令》宋 17 条：

> 诸用瓦器之处，经用损坏，一年之内，十分听除二分，以外追填。⑤

复原为唐《营缮令》复原 19 条：

> 诸瓦器经用损坏者，一年之内，十分听除二分，以外征填。⑥

暂且撇开该采用哪一唐令复原条文，除了"所包含的瓷器毁损率日益严重这一点"⑦ 外，此条文由唐令至《庆元令》的内容继承性是毫无疑

---

① 《唐令拾遗》，第 46 页。
② 爱宕松男：《逸文唐令的一个资料》，星博士退官纪念中国史论集编集委员会编《星博士退官纪念中国史论集》，星斌夫先生退官纪念事业会，1978，以爱宕松男《爱宕松男东洋史学论集第一卷 中国陶瓷产业史》（三一书房，1987）为据，第 179 页。
③ 《唐令拾遗补》，第 834 页。
④ 爱宕松男：《逸文唐令的一个资料》，第 184 页。
⑤ 《天圣令校证》下册，第 422 页。
⑥ 牛来颖：《天圣营缮令复原唐令研究》，载《天圣令校证》下册，第 667、673 页。
⑦ 爱宕松男：《逸文唐令的一个资料》，第 184 页。

问的。①

诚如爱宕氏"《庆元令》虽说仿《元丰令》以来的前例，大幅度地扩增了与宋朝这一新时代相适应的独自条文，但依然没有完全脱离国初的《淳化令》、《天圣令》——二者皆沿袭了《开元二十五年令》"②之说，元丰以后的令确实继承了唐令、《天圣令》这些基本法典的要素。稻田氏有关《假宁》、《丧葬》，本文有关《狱官》—《断狱》、《捕亡》、《杂》各篇的检证工作，是对仁井田氏、爱宕氏观点的再确认。

结　语

《天圣令》继受了唐令的特征，是令的法领域即非刑罚法领域中的基本法典。在元丰以后的令中，与编敕相关的部分不仅继承了附令敕、续附令敕这类副法典的谱系，也继承了唐令、《天圣令》这类基本法典的谱系。而可以图式化、样式化的部分由格、式予以区分，其规定形式则继承了唐令、《天圣令》。唐令、《天圣令》与元丰以后的令之间的演变，既非刑法性质与行政法性质的加强，也非从基本法典向副法典的位阶移动。其谱系的演变是合并继承了基本法典、副法典的谱系，而其性质的演变则是消融了基本、副、细则这类位阶构造。

本文尝试证明上述假说，对唐令、《天圣令》与庆元令、格、式之间的对应、继承关系的检证证实了元丰以后的令继承了唐令、《天圣令》这些基本法典的要素，但对于其他方面的论证应当说并不充分。关于如何重新理解丧失了所谓的基本、副、细则这类阶层构造的令的法领域的构造，则有必要统合海行法与一司法进行综合性的重新考察。在这一考察中，也应当考虑唐式这一细则法典的谱系是如何被继承的，这些课题皆须留待今后讨论。

---

① 《唐令拾遗补》，第 834 页；牛来颖：《天圣营缮令复原唐令研究》，第 667 页。

② 爱宕松男：《逸文唐令的一个资料》，第 183 页。有关《淳化令》，《玉海》卷六六《诏令·律令下》"淳化编敕"中有载：太宗以开元二十五（"五"，原误作"六"）年所定令式，修为《淳化令式》。《淳化令式》并非令式的再编纂，而是校勘《开元二十五年令》、《式》的产物。参见仁井田陞、牧野巽《故唐律疏议制作年代考（上）》，第 448～449 页；《唐令拾遗》，第 40～41 页；仁井田陞《调查法律史料》，第 118～119 页。

宋令篇名考

在令的发展史上，宋朝既是中国古代令这一法律形式发展的高峰期，也是令发展的转折期。"律令法律体系"是日本学者对中国隋唐时期法律形式根据日本大化改新成果提出的重要理论。[1] 从现有史料看，律令作为中国古代法律形式起源于春秋战国时期，成型于秦汉时期，到魏晋南北朝时期开始出现律令两种法律形式法典化，表现在曹魏时期出现《曹魏新律》、《州郡令》、《尚书官令》和《军中令》等；晋朝出现《泰始律》和《泰始令》；[2] 隋唐宋时期律令在法典化的同时有了进一步发展，其中律典

---

[1] 日本学者在研究大化改新后的法律制度时，把从中国隋唐时期移植过去的律令进行总结，结合当时日本主要法律形式——律令，提出了"律令国家"与"律令制度"两个重要学术用语。日本学者在此方面研究的情况，可以参见周东平的《律令格式与律令制度、律令国家》一文（《法制与社会发展》2002 年第 2 期）。日本学者提出隋唐时期为律令制度，在很大程度上是因为日本当时移植的法律中心是隋唐律令格式中律令两种法律形式。国内很多学者因此提出中国古代法律形式以律令为主是存在很大的误读。从中国古代法律形式发展史看，以律令为主体的时期最准确的应是秦汉至魏晋时期；南北朝，特别是隋唐时期中国古代基本法律形式应是律令格式；五代宋朝是敕令格式，或说是律敕令格式时期；元明清时期应是律例时期（明清时期是律例形式可以参见刘笃才的《律令法体系向律例法体系的转换》，《法学研究》2012 年第 6 期）。近年国内很多学者在研究中国法律史或历史时往往乱借用外来术语，误导了国内的独立研究。如日本学者在唐令研究上就用"拾遗"，而近年中国学者却兴起所谓"复原"研究。这种用语十分不准确，因为从各类历史资料中获得的相关资料最标准用语是"辑录"或"拾遗"，而不是"复原"。用"复原"，整理出来的东西很易让后来者认为原来的东西就如此，但事实却并非如此。

[2] 在律令的分类上，秦汉时期在律令两种法律形式上存在分类不严格和结构非法典化两个基本特点，《张家山二年律令·津关令》中就有罪名与刑名设定的内容。这个时期律令分类更偏重于立法程序，而不是法律调整方式。魏晋是中国古代律令法律形式发展中的关键时期，因为不仅出现律令法典化，如《泰始律》和《泰始令》，而且当时在立法上已经对"律"与"令"关系及调整范围进行了界定，成就是杜预在《律序》中提出的"律以正罪名，令以存事制"（《太平御览》卷六三八，"律令下"）。这就是对律令两种法律性质的理论总结，也明确了律令两种基本法律形式的分类基准。这样中国古代"律"被界定在"刑名"领域，"令"被界定在"设制立范"领域，成为此后两种法律形式的基本分类。这确立了中国古代法律形式分类中不以调整对象为基准，而是以调整方式为基准的法律分类形式。这就是魏晋至唐宋时期有些律令格式或律敕令格式的篇名一致的原因，如唐朝"断狱"有律、令、格、式，宋朝"户"有律、敕、令、格和式。

成为稳定结构，而"令"在形成结构完善的法典后仍然存在篇名和结构不停变化的现象，而且存在令典与单行令两种形式并存的结构。① 在法律形式上，隋唐宋时期"格、式"作为法律形式构成了重要主体。这无论是从当时人的认识看，还是从现有法律史料看都如此。令作为独立的法律形式在宋朝后开始式微，元明时期，令作为独立的法律形式逐渐下降与消失，明初虽然有《大明令》，但《大明令》的内容与结构与唐宋时期令的内容与结构是不同的。② 学术界对宋令的研究主要集中在《天圣令》上。③ 从现有史料看，宋朝在"令"的法律资料上较唐朝全面，但学术界对宋令的篇名结构的专门研究与唐令④相比还较少。由于宋神宗重新界定了敕令格式的性质，宋令开始出现较大的变化，成为非常重要的法律形式。宋令作为国家重要法律形式，令的篇名结构如何，学术界还没展开专门研究。⑤本文以现存的《庆元条法事类》、《宋会要辑稿》、《续资治通鉴长编》、《宋史》和《吏部条法》五部宋朝主要法律史料为依据，对宋令的篇名情况进行考辑，以揭示宋朝令的篇名结构及在宋朝法律形式中的地位。

---

① 隋唐形成律典十二篇结构后，唐宋律典内容都以此为基础，更为重要的是唐中后期至宋朝，作为律典补充和解释的敕，在编撰上一律按律典十二篇体例，到元朝时编撰刑律有关的"断例"时依然以律典十二篇为体例。

② 日本学者池田温就指出"明令的内容则与唐令内容完全不一样，简单多了，仅由吏、户、礼、兵、刑、工六部构成"（池田温：《隋唐律令与日本古代法律制度的关系》，《武汉大学学报》1989 年第 3 期）。

③ 学术界对《天圣令》的研究主要是用之校补《唐令》中相关内容。此外，通过《天圣令》研究宋朝的社会经济状况。代表性成果收录在中国社会科学院历史研究所天圣令整理课题组校证的《天一阁藏明钞本天圣令校证》一书（中华书局，2006），该书收集了近年来关于《天圣令》研究的基本成果，其中附录有 12 篇根据《天圣令》校补的相应《唐令》论文。

④ 对唐令篇名研究较有成就的有：仁井田陞的《唐令拾遗》（栗劲、霍存福等译，长春出版社，1989）；池田温的《唐令与日本令——唐令拾遗补编纂集议》（《比较法研究》1994年第 1 期）；韩国磐的《中国古代法制史研究》（人民出版社，1993）；李玉生的《唐令与中华法系研究》（南京师范大学出版社，2005）；郑显文的《唐代律令研究》（北京大学出版社，2004）；等等。这些著作与论文都考察过唐令的篇名结构。

⑤ 在宋朝法律形式研究中，代表有：戴建国在《宋代法制初探》（黑龙江人民出版社，2000）中的"法源篇"，其中重点讨论了宋朝法律形式中敕、例和律与敕等的关系；吕志兴的《宋代法律体系与中华法系》（四川大学出版社，2009），对宋朝法律形式及关系进行了较深入的考察。

（一）《庆元条法事类》残本所见令

《庆元条法事类》残本①是现存可以较全面窥见宋朝重要法律形式敕令格式及申明基本内容与特点的原始法律史料。《庆元条法事类》作为南宋中后期重要的立法成果，是把当时制定的《庆元敕令格式》按事类划分门和类门后遵照一定体系编撰而成的综合性法典。《庆元条法事类》残本中各类门具体引用敕令格式申明条文时都明确记载相应的篇名。根据笔者统计，《庆元条法事类》残卷中共有 36 卷，17 个门，188 个类门，其中引用了令的类门有 172 个，在 172 个类门中共引用了令篇次数达 500 多次，最多次数的令的篇名是《职制令》，达 71 次，最少的 1 次，如《官品令》、《医疾令》等。条文数量上，被引条数最多的是《职制令》，达 348 条次，最少的是《医疾令》，仅有 1 条。除去重复，《庆元条法事类》残本中引用令的篇名有 38 个，但有 1 个是《旧令》，并且只引用了 1 条。此令篇名无法确定是否属于独立的篇名还是引用了其他时期的令典，特别是《唐令》中的内容。这 38 个令篇名具体如下：

1.1《官品令》；1.2《职制令》；1.3《选试令》；1.4《荐举令》；1.5《文书令》；1.6《公用令》；1.7《假宁令》；1.8《吏卒令》；1.9《户令》；1.10《田令》；1.11《赋役令》；1.12《考课令》；1.13《给赐令》；1.14《封赠令》；1.15《赏令》；1.16《仪制令》；1.17《服制令》；1.18《祀令》；1.19《时令》；1.20《杂令》；1.21《军防令》；1.22《军器令》；1.23《进贡令》；1.24《驿令》；1.25《营膳令》；1.26《关市令》；1.27《辇运令》；1.28《仓库令》；1.29《理欠令》；1.30《场务令》；1.31《厩牧令》；1.32《疾医令》；1.33《河渠令》；1.34《道释令》；1.35《旧令》；1.36《捕亡令》；1.37《辞讼令》；1.38《断狱令》。

---

① 《庆元条法事类》现在可以见到的出版物有中国书店影印出版的《庆元条法事类》（海王屯古籍丛刊，1900）和戴建国点校的《庆元条法事类》（杨一凡、田涛主编《中国珍稀法律典籍续编》，黑龙江人民出版社，2002）。本文以戴建国点校本为基础，参看中国书店影印本。

在《庆元条法事类》残本 36 卷中，有 17 个门，其中卷三仅存 3 个类门，无法知道门的名称，其他 35 卷共有 16 个门，分别是职制门、选举门、文书门、榷禁门、财用门、库务门、赋役门、农桑门、道释门、公吏门、刑狱门、当赎门、服制门、蛮夷门、畜产门和杂门。根据 16 门中的卷数结构，可以基本确定是完整门的有职制门、选举门、榷禁门、农桑门、道释门、当赎门、蛮夷门和畜产门 8 个门，其他门无法确定类门数量。《庆元条法事类》残本所记载的令的篇名上，在类门上引用令篇名最多的有 17 篇，最少的有 1 篇。当然，其中有些类门没有引用令的内容，仅引用"申明"等其他法律形式。17 门中引用令的次数和篇名，如表 1 所示。

表 1

门类 \ 数量	卷数	类门数	令条数	令篇数	引用令的具体篇名
	1，卷 3	3	11	7	仪制令　关市令　杂令　赏令 文书令　军防令　职制令
职制门	10，卷 4～13	49	165	30	官品令　职制令　赏令　赋役令 考课令　公用令　祀令　杂令 吏卒令　营膳令　驿令　关市令 仓库令　给赐令　军器令　军防令 捕亡令　断狱令　文书令　厩牧令 营缮令　荐举令　选试令　假宁令 田令　进贡令　辞讼令　辇运令 理欠令　驿令
选举门	2，卷 14～15	10	16	4	荐举令　职制令　考课令　选试令
文书门	2，卷 16～17	11	40	15	文书令　职制令　户令　给赐令 赋役令　仓库令　杂令　断狱令 驿令　军防令　辞讼令　考课令 服制令　场务令　捕亡令
榷禁门	2，卷 28～29	13	35	9	职制令　赏令　捕亡令　关市令 杂令　军器令　场务令　理欠令 断狱令
财用门	3，卷 30～33	7	33	12	理欠令　仓库令　场务令 给赐令　关市令　田令　断狱令 职制令　赏令　营缮令　吏卒令 辇运令

门类＼数量	卷数	类门数	令条数	令篇数	引用令的具体篇名
库务门	2，卷36～37	9	26	13	场务令 仓库令 文书令 杂令 疾医令 关市令 赏令 给赐令 理欠令 进贡令 职制令 旧令（难入篇名）
赋役门	2，卷47～48	10	32	12	礼令 关市令 职制令 给赐令 仓库令 赋役令 杂令 户令 赋役令 吏卒令 赏令 田令
农桑门	1，卷49	3	10	7	职制令 考课令 田令 赏令 赋役令 杂令 河渠令
道释门	2，卷50～51	11	16	4	道释令 杂令 断狱令 赏令
公吏门	1，卷52	3	8	6	选试令 考课令 吏卒令 杂令 职制令 赏令
刑狱门	3，卷73～75	17	36	12	吏卒令 捕亡令 断狱令 时令 给赐令 军防令 赏令 假宁令 户令 杂令 考课令 职制令
当赎门	1，卷76	3	3	1	断狱令 户令（旁照法）
服制门	1，卷77	4	14	7	仪制令 服制令 假宁令 户令 辇运令 给赐令 赏令
蛮夷门	1，卷78	6	19	14	户令 道释令 吏卒令 断狱令 杂令 军防令 职制令 给赐令 田令 赋役令 进贡令 场务令 赏令 捕亡令
畜产门	1，卷79	9	19	10	厩牧令 断狱令 军防令 给赐令 文书令 关市令 时令 道释令 杂令 赏令
杂门	1，卷80	9	19	8	理欠令 军器令 赏令 关市令 杂令 河渠令 仪制令 时令

从表1可知，在17门中，有些门明显存在残缺，如刑狱门，因为开始就知道是"刑狱门三"，缺少前两卷；有些是缺后面，无法确定是否完整，或缺多少卷，如库务门。当然，从中可以看出，宋朝立法，在采用敕令格式的形式中，同一门类的内容往往被写入不同令篇中，如职制门，虽然有《职制令》，但仍然有大量内容被写入了其他篇名中，达到29篇。这种分类在立法上产生的问题十分明显。

《庆元条法事类》残卷37个令篇名，出现最多的是《职制令》，出现在71个类门中，共有348条被重复分类，最少的是《医疾令》，仅有1条，出现在1个类门中（详见表2）。整个残卷共有2022条令被重复分类在172个类门中。

表 2

序号	篇名	被引类门次数	条数	序号	篇名	门数	条数
1.1	官品令	1	19	1.20	杂令	41	77
1.2	职制令	71	348	1.21	军防令	12	23
1.3	选试令	6	22	1.22	军器令	4	4
1.4	荐举令	23	199	1.23	进贡令	3	9
1.5	文书令	15	55	1.24	驿令	7	12
1.6	公用令	8	33	1.25	营膳令	2	2
1.7	假宁令	7	28	1.26	关市令	16	26
1.8	吏卒令	23	116	1.27	輦运令	6	18
1.9	户令	14	26	1.28	仓库令	26	167
1.10	田令	9	17	1.29	理欠令	7	57
1.11	赋役令	16	84	1.30	场务令	12	75
1.12	考课令	17	58	1.31	厩牧令	7	34
1.13	给赐令	21	51	1.32	疾医令	1	1
1.14	封赠令	2	21	1.33	河渠令	3	5
1.15	赏令	44	128	1.34	道释令	15	66
1.16	仪制令	12	30	1.35	旧令	1	1
1.17	服制令	7	54	1.36	捕亡令	14	24
1.18	祀令	2	2	1.37	辞讼令	4	9
1.19	时令	6	9	1.38	断狱令	46	142

根据统计，《庆元条法事类》残本现存 36 卷，188 个类门中有 172 个类门引用令文。按记载，原法典分为 437 类门，现存的占 43%。据日本学者川村康统计，现存残卷中敕有 887 条，令有 1781 条，格有 96 条，式有 142 条，申明有 260 条。① 比较原法典 80 卷 437 个门类，现存卷数是原来的 45%。所以戴建国推测《庆元令》条文数量应在 3000 条左右。② 当然，可以推定《庆元令》中篇名数量应多于现在所见数量。那么会不会多出一倍呢？从现在引用看，应不会。从卷数与篇数分配习惯看，《庆元令》的令篇数量最有可能是 50 篇。此外，可以肯定的是，这里所见的篇名应是《庆元令》的篇名，因为《庆元条法事类》是对当时《庆元敕令格式》事类的编撰。

（二）《宋会要辑稿》所见"令"的篇名

《宋会要辑稿》③ 是现在可以见到记载宋朝立法活动及成果最为全面的原始材料，是了解宋朝法制建设的基础性资料。从《宋会要辑稿》中可以较全面了解宋朝令的立法沿革、篇名和内容等各方面的情况。当然，从现存的《宋会要辑稿》看，应存在缺卷和内容情况，即现在的"辑稿"并不是宋朝时的所有《会要》。根据《宋会要辑稿》记载的"令"的篇名内容，可以分为三大类：④ 综合性令典，如《淳化令》、《天圣令》、《政和令》、《绍兴令》、《乾道令》等；机构类令，如《御史台令》、《司农寺令》、《大宗正司令》、《开封府令》等；事类令，如《户令》、《贡举令》、《禄令》等。当然，要指出的是，宋朝以机构为令的篇名，其内容不一定就是行政法内容，因为以机构类为篇名，是以职能分类，而不全涉及制定该机构的构成和职员设置等法律问题。如《司农寺令》就涉及农业种植、

---

① 川村康：《庆元条法事类及宋代的法典》，载滋贺秀三编《中国法制史基本资料的研究》，东京大学出版，1993。

② 戴建国：《唐宋时期法律形式的传承与演变》，《法制史研究》（台北）2004 年 10 月。

③ 《宋会要辑稿》现在通行的出版物有中华书局 1957 年影印出版的《宋会要辑稿》（1～8 册）和上海古籍出版社 2014 年出版的《宋会要辑稿》（1～16 册）点校本。这里以影印本为基础，兼参考 2014 年点校本。

④ 中国古代令的命名原则，李玉生指出有四种：颁布时间、调整内容、职能机构和调整区域。参见李玉生《唐令与中华法系研究》，南京师范大学出版社，2006，第 55～56 页。

基层社会管理等，《国子监令》涉及教育立法、考试规范等。下面根据三类分别考辑。

1. 综合性令典

宋朝制定综合性令典的开始时间存在争议：按《玉海》等少量史料记载，宋朝制定令典始于宋太宗淳化年间，最早的是《淳化令》；但从《宋会要辑稿》上看，宋朝制定令典始于宋仁宗天圣年间。此后经多次修订，有《天圣令》、《元祐令》、《元丰令》、《元符令》、《政和令》、《绍兴令》和《庆元令》等11个综合性令典。宋神宗朝由于革新，进行了大规模的立法，加上神宗对敕令格式进行新的界定，宋朝具有时代特色的敕典、令典、格典和式典开始出现，同时国家对令典的修订开始加快，对《唐令》内容开始减少依赖，令典主要依据随时颁布的敕令中性质属于令的那些部分，即"设制立范"部分。

2.1.1　《天圣令》①

2.1.1.1　天圣七年（1029年）五月十八日，详定编敕所（止）[上]《删修令》三十卷，诏与将来新编敕一处颁行。先是诏参知政事吕夷简等参定令文，乃命大理寺丞庞籍、大理评事宋郊为修令〔官〕，判大理寺赵庼、权少卿董希颜充详定官。凡取《唐令》为本，先举见行者，因其旧文，参以新制定之。其今不行者，亦随存焉。又取敕文内罪名轻简者五百余条，著于逐卷末，曰《附令敕》。至是上之。（《宋会要辑稿》，刑法一之四·格令一，第6462页）

2.1.1.2　天圣七年（1029年）五月二十一日，翰林学士宋绶言："准诏：以编敕官《新修令》三十卷，并《编敕》录出罪名轻简者五百余条为《附令敕》，付两制与刑法官看详，内有添删修改事件，并已删正，望付中书门下施行。"从之。（《宋会要辑稿》，刑法一之四·格令一，第6462页）

---

①　因为文章篇幅有限，下面各条材料中一般仅选有代表性的两条史料，最多不超过三条，其他的不再列举。

《宋会要辑稿》中共有 4 条材料记载了此次修订《天圣令》的情况。根据记载，《天圣令》有 30 卷，外加 500 多条《附令敕》18 卷。

2.1.2 《元丰令》

宋神宗元丰年间是北宋立法史上的重要时期。为配合神宗的革新进行了大规模的立法。在立法中，开始进行全新的立法，立法主要来源转向依据立国后形成的相应的敕制内容。可以说此次立法是对此前立国以来的立法总结。北宋立法新成果的代表是元丰年间的立法成果。此后立法，虽然在元祐年间出现过反动，但很快就在《元符令》和《政和令》中得到纠正。《宋会要辑稿》中至少有 37 条涉及《元丰令》，时间从元丰六年（1083 年）至庆元二年（1196 年），它是北宋中后期被引用最多的令典。

2.1.2.1 元丰六年（1083 年）八月二十一日，诏军头司："自今诸路解拔到武艺高强兵级，虽有减退，如尚在同解发武艺最下人之上者，并依《元丰令》施行。"（《宋会要辑稿》，职官三六之八二·军头引见司，第 3112 页）

2.1.2.2 庆元二年（1196 年）十一月二十八日……《元丰令》：诸本直长行遇缺，合于殿前司拱圣骁骑指挥内将虞候至长行非三路人拣选配填。（《宋会要辑稿》，职官二三之二·太仆寺·骐骥院，第 2883 页）

2.1.3 《元祐令》

元祐立法是宋哲宗继位后，在司马光等人反对神宗朝改革的政治背景下制定的。元祐立法在很多方面是反神宗朝的，体现出不同的特点。当然，从内容上看，好像变化也不大。《宋会要辑稿》中有 7 条材料涉及《元祐令》，时间从元祐二年（1087 年）到建炎四年（1130 年）。

2.1.3.1 《元祐令》：中州从八品，下州从九品。（《宋会要辑稿》，职官三九之二三·司户，第 3157 页）

2.1.3.2 元祐二年（1087 年）十二月二十四日，详定重修敕令书成，以《元祐详定敕令式》为名颁行。先是（六）［元］年三月二十四日，诏御史中丞刘挚、原审刑部郎中杜（统）［纮］将《元丰敕令格式》重行刊修，至是上之。（《宋会要辑稿》，刑法一之一四·格

令二，第 6468 页）

2.1.3.3　建炎四年（1130 年）六月三十日，诏："自庶官除侍郎，依旧例带'权'字；若除外任差遣，（即）[及] 除待制未及二年除修撰，其立班杂压并依《元祐令》；如遇服绯绿，依待制告谢日改赐章服。"（《宋会要辑稿》，仪制三之四六·朝仪班序，第 1894 页）

2.1.4　《元符令》

《元符令》的编撰是在对《元祐令》反动拨正后进行的，重新把制定敕令格式恢复到《元丰令》确立的原则上。从现有史料看，《元符令》没有明确记载制定的卷数与结构。《宋会要辑稿》中有 15 条涉及《元符令》，时间从建中靖国元年（1101 年）至政和元年（1111 年）。

2.1.4.1　建中靖国元年（1101 年）三月二十五日，刑部状："峡州申：准《元符令》节文：诸请给若恩赐物免税；其品官供家服用之物非兴贩者，准此。看详上条'品官供家服用之物'。未审品官合用马、牛、驼、骡、驴合与不合入服用之例？送寺参详。据本寺状《元符令》：服用之物，止谓衣帛器用之属，其马、牛、驼、骡、驴，即非服用之物。"从之。（《宋会要辑稿》，食货一七之二八·商税四，第 5097 页）

2.1.4.2　大观四年（1110 年）八月二十五日，诏"鳏寡孤独，古之穷民，生者养之，病者药之，死者葬之，惠亦厚矣。比年有司观望，殊失本指。至或置蚊帐，给肉食，祭醮加赠典。日用即广，糜费无艺。少且壮者，游惰无图，廪食自若，官弗之察，弊孰甚焉。应州县以前所置居养院、安济坊、漏泽园许存留外，仰并遵守《元符令》，余更不施行。开封府创置坊院悉罢，见在人并归四福田院，依旧法施行。遇岁歉、大寒，州县申监司，在京申开封府，并闻奏听旨。内遗弃小儿委实须乳者，所在保明，听依《崇宁元年法》雇乳。"（《宋会要辑稿》，食货六〇之六·居养院　养济院　漏泽园等杂录，第 5867 页）

从《元符令》看，北宋神宗朝后开始加强对鳏寡孤独、幼孤、废疾等特殊群体的救济，同时在《元符令》中有明确立法。从史料看，此种国家救济立法始于《元丰令》。

2.1.5 《政和令》

《政和令》是在反元祐党人执政的政治背景下制定的，《政和令》在制定上基本继承了《元丰令》的原则和内容。《政和令》是《元丰令》的继承，是宋神宗朝确立的立法趋势。《宋会要辑稿》中有 30 条涉及《政和令》，时间从政和二年（1112 年）至绍兴元年（1131 年）。

2.1.5.1 政和二年（1112 年）十月二日，司空、尚书左仆射兼门下侍郎何执中等上表："修成《敕令格式》等一百三十八卷，并《看详》四百一十卷，共五百四十八册，已经节次进呈，依御笔修定。乞降敕命雕印颁行，仍依已降御笔，冠以《政和重修敕令格式》为名。"从之。（《宋会要辑稿》，刑法一之二六·格令二，第 6474 页）

2.1.5.2 宣和四年（1122 年）三月二十一日，臣僚言："《政和令》：出军衣春限年前十月十六日支，十二月十五日以前发；冬限三月二十一日支，五月十五日以前发。在沿边者，支、发各先二十日"。（《宋会要辑稿》，兵五之一五·屯戍，第 6847 页）

2.1.6 《绍兴令》

南宋初年由于京城开封被占时事出突然，整个中央法律文献遗失，赵构建立新政权后，为了解决法律不足，国家只好把地方所藏北宋法律文献整理编撰，进行重新全面立法，即为《绍兴令》。从某个角度看，《绍兴令》是对北宋时期立法成果的全面整理，特别是对宋神宗朝后令典立法的全面整理。《绍兴令》是南宋诸令典立法的典范，开创了南宋令典立法的新体系。《宋会要辑稿》中有 21 条涉及《绍兴令》，时间从绍兴元年（1131 年）至淳熙元年（1174 年）。

2.1.6.1 绍兴元年（1131 年）八月四日，参知政事（司）[同] 提举重修敕令张守等上《绍兴新敕》一十二卷，《令》五十卷，《格》三十卷，《式》三十卷，《目录》一十六卷，《申明刑统》及《随敕申明》三卷，《政和二年以后敕书德音》一十五卷，及《看详》六百四卷。诏自绍兴二年正月一日颁行，仍以《绍兴重修敕令格式》

为名。（《宋会要辑稿》，刑法一之三五·格令三，第 6497 页）

2.1.6.2　淳熙元年（1174 年）四月二十八日，《绍兴令》："去失在内限三日，在外限五日，经所属陈乞，出限者不许受理"。（《宋会要辑稿》，职官八之三六·吏部二，第 2575 页）

2.1.7　《乾道令》

《乾道令》是南宋第二部令典，于乾道六年（1170 年）完成。《乾道令》对《绍兴令》有较大修改，修令时间也较充裕。《宋会要辑稿》中有 5 条涉及《乾道令》，时间是乾道六年（1170 年）至淳熙六年（1179 年）。

2.1.7.1　乾道六年（1170 年）八月二十八日，尚书右仆射虞允文言："昨将《绍兴敕》与《嘉祐敕》及建炎四年十月以后至乾道四年终续降指挥逐一参酌删削，今已成书。《敕》一十二卷，《令》五十卷，《格》三十卷，《式》三十卷，《目录》一百二十二卷，《存留照用指挥》二卷。缮写进呈。乞冠以《乾道重修敕令格式》为名。"诏依，仍自八年正月一日颁行。（《宋会要辑稿》，刑法一之四八·格令四，第 6485 页）

2.1.7.2　乾道六年（1170 年）十月十五日，尚书右仆射虞允文言："伏见敕令所见修《乾道新书》，系将诸处录到续降指挥计二万二千二百余件，除合删去外，令于旧法有增损元文五百七十四条，带修创立三百六十一条，全删旧文八十三条，存留指挥一百二十八件，已成书颁行。欲望明诏诸路，候颁到新书，其间如有疑惑事件，许限两月，各条具申本所，以凭检照元修因依，分明指说行下。"从之。（《宋会要辑稿》，刑法一之四八·格令四，第 6486 页）

从 2.1.7.1 和 2.1.7.2 条看，《乾道敕令格式》较《绍兴敕令格式》增减了 574 条，新增设了 361 条，删除了 83 条，整个修定改动了 1018 条，实质增加了 278 条。《乾道敕令格式》较《绍兴敕令格式》发生了较大的变化。

2.1.8　《淳熙令》

《淳熙令》是南宋制定的第三部令典，从《宋会要辑稿》看，内容基本沿袭《绍兴令》和《乾道令》，但具体发生了什么样的变化，无法确定。时间从淳熙六年（1179 年）至嘉泰元年（1201 年）。

2.1.8.1　淳熙七年（1180 年）八月三日，敕令所上《淳熙重修敕令格式》。（《宋会要辑稿》，职官四之四九·提举修敕令，第 2462 页）

2.1.8.4　嘉泰元年（1201 年）二月十七日，臣僚言："广西一路诸县……检照《淳熙令》：诸南官得替该职官循资酬赏者，如考第合磨勘，与减主一员；又《令》：诸广南县令任满该改官应减举主者，更减一员。"（《宋会要辑稿》》，职官四八之四六·县令　试衔知县，第 3478 页）

2.1.9　《庆元令》

《庆元令》是南宋制定的第四部令典，《宋会要辑稿》中有 4 条涉及该法，时间从庆元六年（1200 年）到嘉定十一年（1218 年）。《庆元令》的情况可以见于残本中。

2.1.9.1　庆元六年（1200 年）闰二月二十三日，臣僚言："伏见《庆元令》：受纳二税官，转运委知、通，前期于本州县官内公共选差讫，申本司检察"。（《宋会要辑稿》，食货六八之一六·受纳，第 6261 页）

2.1.9.2　嘉定十一年（1218 年）正月二十五日……逐库检准《庆元重修令》：诸纲运以本州县见任合差出官，各籍定姓名，从上轮差，不许辞避；无官可差，即募官管押。窃缘先来本司不与照条差募，或差无籍之官，致有在路故作稽违，交卸又有欠损，其押纲官遂不敢乞赏。（《宋会要辑稿》，食货四四之一八·宋漕运四，第 5992 页）

综上所述，《宋会要辑稿》中明确引用和写明的宋朝综合性令典共有 9 部，分别是：《天圣令》、《元丰令》、《元祐令》、《元符令》、《政和令》、《绍兴令》、《乾道令》、《淳熙令》和《庆元令》，其中每部令典都有相应原文被引用，只是有些令典没有明确记载制定时的情况，特别与前一令典的区别等情况。

2. 机构类令

宋朝令中有很大一类是某一机构的相关令，这种以行政机构为立法主体的令，在宋朝令中占有较大的比例。

2.2.1 《中书门下省令》，或《中书省令》

2.2.1.1　绍兴八年（1138 年）十月三日，尚书右仆射、同中书门下平章事、提举详定一司敕令秦桧等续上《禄敕》一卷、《禄令》二卷、《禄格》一十五卷，《在京禄敕》一卷、《禄令》一卷、《禄格》一十二卷，《中书门下省、尚书省令》一卷，《枢密院〔令〕》一卷、《格》一卷，《尚书六曹寺监通用令》一卷，《大理寺右治狱令》一卷，《目录》六卷，《申明》六卷。诏自绍兴九年（1139 年）正月一日颁行，仍以《绍兴重修禄秩敕令格》为名。先有诏将嘉祐、熙宁、大观禄令并政和禄令格及政和元年（1111 年）十二月十七日后来续降指挥编修，除已先次修成《敕》二卷、《令》三卷、《格》二十五卷、《目录》一十三卷、《申明》一十五卷、《修书指挥》一卷、《看详》一百四十七卷，于绍兴六年九月二十一日进呈讫，至是续修上焉。（《宋会要辑稿》，刑法一之三八·格令三，第 6480 页）

2.2.1.2　绍兴元年（1131 年）二月十六日……检《中书门下省令》：监印差上名令史二人。旧中书制敕院条，使印差守当官二人。尚书省监押依条差头名、第二名令史，使印合差头名、第二名守当官。枢密院监印差头名、第二名、第三名令史、第一名守阙主事，知印差正名守阙、贴房各一名。取到六曹状，《大观尚书六曹通用令》：诸用印日轮令史一名，兼尚书左、右选，通轮主事一名，（尚）〔常〕切检察。《政和令》：诸文书应印者置历纪其事目。乞依旧制施行。（《宋会要辑稿》，职官三之三二·五房五院隶中书省，第 2413 页）

2.2.1.3　乾道九年（1173 年）二月六日，右丞相梁克家、参知政事曾怀上《中书门下省敕》二卷、《令》二十二卷、《格》一十三卷、《式》一卷、《申明》一卷，《尚书省敕》二卷、《令》七卷、《格》二卷、《式》三卷、《申明》二卷，《枢密院敕》四卷、

《令》二十四卷、《格》十六卷、《申明》二卷，《三省通用敕》一卷、《令》五卷、《格》一卷、《式》一卷、《申明》一卷，《三省枢密院通用敕》二卷、《令》三卷、《格》一卷、《式》一卷、《申明》三卷，《目录》二十卷，并元修《看详意义》五百册，乞冠以《乾道重修逐省院敕令格式》为名。（《宋会要辑稿》，刑法一之四九·格令三，第6486页）

2.2.2 《尚书省令》

《尚书省令》到乾道年间已经有七卷，成为独立的令篇。

2.2.3 《枢密院令》

2.2.3.1 宣和四年（1122年）八月二十日，少师、太宰王黼言："臣顷被诏旨，三省、枢密院暨六曹事有未如元丰旧制者一切厘正。臣窃以神宗皇帝肇正官制之后，元丰五年（1082年）八月修立《枢密院令》，诸得旨事并录送门下省，候报施行。宣命即关送，候送回发付"。（《宋会要辑稿》，职官一之三八·三省，第2348页）

此条说明《枢密院令》最迟在元丰五年（1082年）就制定，至南宋时期仍然存在。

2.2.4 《三省通用令》

2.2.4.1 大观二年（1108年）五月二十日，中书省据学制局状：……诸兼经人初入州学，以状自陈，别为一籍。曾入第二等已上者，其所中经，候陞贡日，教授据籍契勘，（例）[列] 于贡状。右入《诸路州学令》。诸兼经人曾预贡士举，院试入上中下三等者，遇释褐或殿试唱名日，别作一项，具名闻奏。右入《太学辟雍通用令》。御史唱名，若上舍释褐人，曾与贡士举，院试兼经（人）[入] 上等者，与陞一甲。本甲上名不及十名者，仍通陞十名；中等陞十名，下等陞五名。已上如系第一甲者，即使不陞。仍并与内外学官之选。右入《三省通用令》。（《宋会要辑稿》，职官二八之一八·国子监，第2980页）

2.2.5 **《三省枢密院通用令》**

依据同 2.2.3.1。

2.2.6 **《御史台令》**

从史料看，《御史台令》是最常引用的令。《宋会要辑稿》中有 5 条
涉及《御史台令》，时间从绍兴三年至乾道七年。

2.2.6.1　绍兴三年（1133 年）四月十五日，御史台言：“……
今检准本台令：诸尚书省集议，轮御史一员监告，而不赴及不委议意
而书者并弹奏，有异议者听具状论列。今来集议，全台官未委合与不
合趁赴。”诏依御史台令施行。（《宋会要辑稿》，仪制八之一八·集
议，第 1975 页）

2.2.6.2　乾道七年（1171 年）正月十日御史台言：“今措置条
具下项：……一、崇宁重修本台令：诸朝会仪，出入不由端礼门紫
宸、垂拱参日，两省官及应差引接者非。入端礼门不端笏，朝堂行私
礼虽朝退，在殿门内犯者同。交互幕次语笑喧哗，殿门内聚谈，行立
失序，立班不正，交语相揖，无故离位殿门外序班同。拜舞不如仪，
穿班仗出，诸朝会不至，及失仪序并不赴台参辞谢者无故过十日同。
人见谢辞日为始人。殿中侍御史具姓名申台，取审状申尚书省。太中
大夫、侍御史以上并奏，余官拒过饰非准此。诸朝宴日称疾并假状内
声说疾状。不赴者，牒内侍省医官局差内臣押医诊视，不实者弹奏。”
（《宋会要辑稿》，仪制八之三七·弹劾，第 1985 页）

2.2.7 **《内侍省令》**

2.2.7.1　隆兴元年（1163 年）正月二十一日，入内内侍省奏：
“检准《本省令》：诸宰执官一年内再有迁转者，支赐减半，特旨全
赐者依特旨。勘会史浩于去年八月内除参知政事，今来转右仆射，支
赐合行减半。”（《宋会要辑稿》，礼六二之九二·赉赐　二·辞赐，
第 1740 页）

2.2.8 《尚书六曹寺监通用令》

2.2.8.1 绍兴三年（1133 年）九月十八日，敕令所看详："臣僚陈请：吏部七司近因申请，修立到人吏犯赃，同保人停降编管断罪之法。自降指挥后来，铨曹之吏稍知畏戢。然独行于吏部七司，而户部以下诸司亦莫之行。乞将上条并入《尚书六曹寺监通用敕令》施行。本所看详：渡江以来，铨部案籍不存，遂以《大观六曹寺监通用敕令》条立法禁。今欲将《吏部七（旬）［司］通用敕令》并入《大观尚书六曹寺监通用敕令》施行。"（《宋会要辑稿》，刑法一之三五·格令三，第 6479 页）

2.2.9 《大理寺右治狱令》
依据见 2.2.1.1。
2.2.10 《大宗正司令》
《宋会要辑稿》中有 3 条涉及《大宗正司令》。

2.2.10.1 政和七年（1117 年）三月二日，臣僚言："比来宗室宗妇往往侥幸陈乞，多不次第经由，而直赴朝廷，至有冒渎宸严者。伏见本司《令文》：诸事有条令及无违碍，非本司理断不当而不由本司者。尚有法禁，况事无条例者乎？欲望降旨，今后宗室以无条例事进状，及直经朝廷或他司陈论，敢有隔越者，乞增立禁止。"（《宋会要辑稿》，帝系五之二六·宗室杂录，第 124 页）

2.2.10.2 绍兴二十三年（1153 年）十一月九日，详定一司敕令所上：《大宗正司敕》一十卷、《令》四十卷、《格》一十六卷、《式》五卷、《申明》一十卷、《目录》五卷。诏颁行。（《宋会要辑稿》，刑法一之四二·格令三，第 6482 页）

2.2.11 《外宗正司令》

2.2.11.1 崇宁三年（1104 年）九月二十九日，南京留守司言："准《外宗正司令》：诸宗室不得私造酒曲，许于公使库纳曲麦价钱寄造，每人月不过二硕，遇节倍之。今已到宗室三百二十五人，若男或女十岁已下者合与不合造酒。"诏五岁以下不造，十五以下减半。西京依此。（《宋会要辑稿》，帝系五之十八·宗室杂录，第120～121页）

2.2.12 《尚书左选令》、《尚书右选令》、《侍郎左选令》、《侍郎右选令》、《尚书侍郎左右选通用令》和《司勋令》

2.2.12.1 绍兴三十年（1160年）八月十一日，尚书右仆射、同中书门下平章事、兼提举详定一司敕令陈康伯等上《尚书左选令》一卷、《格》二卷、《式》一卷、《申明》一卷、《目录》三卷，《尚书右选令》二卷、《格》二卷、《申明》二卷、《式》一卷、《目录》三卷，《侍郎左选令》二卷、《格》一卷、《申明》一卷、《目录》三卷，《侍郎右选令》二卷，《格》二卷、《式》一卷、《申明》二卷、《目录》三卷，《尚书侍郎左右选通用敕》一卷、《令》二卷、《格》一卷、《式》一卷、《申明》二卷、《目录》一卷，《司封敕》一卷、《令》一卷、《格》一卷、《申明》一卷、《目录》一卷，《司勋敕》一卷、《令》一卷、《格》一卷、《申明》一卷、《目录》一卷，《考功敕》一卷、《目录》一卷，《改官申明》一卷，《修书指挥》一卷，《厘析》八卷。诏下本所颁降，仍以《绍兴参附尚书吏部敕［令］格式》为名。（《宋会要辑稿》，刑法一之四五·格令四，第6484页）

2.2.12.2 淳熙十三年（1186年）十月六日，臣僚言："《吏部尚书左右选通用令》：'冒亲被荫自陈，听改正。虽已经陛改，仍依初补法。'与《考功承务郎以上使臣通用令》：'命官妄冒奏授（注谓奏孙作男之类），已陈首改正者，与通理前任未经磨勘年月，仍添展二年。'二条自相抵牾。乞下有司详议。"吏、刑部长贰看详："《尚书左右选令》内虽说冒亲被荫，不曾开说如何伪冒。今欲于'被荫'字下添入注文'谓奏孙作男之类'七字。《尚书考功令》内'已陈首改正者'下文有'与通理前任未经磨勘年月，仍添展二年，以后依常例不理为过犯'二十六字，欲令删去，却添入'虽已经陛改磨勘，其以前历过年月并不许收使，仍依初补法'二十四字。庶几法令归一，

不致抵牾。乞下敕令所详定，重行修立成法。"从之。（《宋会要辑稿》，刑法一之五四·格令四，第6488页）

2.2.13 《阁门令》

2.2.13.1 绍兴三年（1133年）八月十八日……阁门书《阁门令》：诸臣僚起复或在缌麻以上亲丧假应入殿者，权易吉服。未胜非朝见入殿并日逐趁赴朝殿，合依上件令文，并合依旧章服。（《宋会要辑稿》，职官七七之一七·起复，第4141页）

2.2.13.2 乾道元年（1165年）六月一日……阁门状契勘《阁门令》：诸转员、引呈将校换官、射射及御试举人唱名日并疏决罪人等并不引上殿班。（《宋会要辑稿》，仪制六之二六·臣奏事，第1946页）

2.2.14 《礼部令》

2.2.14.1 元祐八年（1093年）三月十三日，礼部言："检准元丰《礼部令》：诸开科场，每三年于季春月朔日取裁。本部勘会，昨元祐五年发解，至今已及三年。"（《宋会要辑稿》，选举三之五四·科举条制，第4288页）

2.2.15 《刑部令》

2.2.15.1 元祐六年（1091年）八月二十四日……《刑部令》：应检举人理期数，准法散官及安置之类以三期。（《宋会要辑稿》，职官七六之一九·收叙放逐官一，第4105页）

2.2.15.2 淳熙十三年（1186年）十月六日，臣僚言："《刑部法》：诸官司失入死罪，其首后及录问、审问官定罪各有等差。而《考功令》：诸历任曾失入死罪，未决者两该磨勘，已决者三该磨勘。一施行，初不分别推勘官、审问、录问官。乞令有司将《考功令》失入官磨勘一节，以《刑部法》为比，审问、录问官比推勘官稍为等降。"吏、刑部长贰看详："《刑部法》各已该载分别首从，推勘、审问、录问官等降不同。惟《考功令》通说曾失入死罪，不曾分别。今欲于《考功令》内'曾失入死罪'字下添入注文'谓推勘官'四字，即与审问、录问官稍分等降，庶几于《刑部法》不相抵牾。乞下敕令所修立成法。"从之。（《宋会要辑稿》，刑法一之五四·格令四，第6488页）

2.2.16 《吏部令》

2.2.16.1 绍兴三年（1133年）九月二十七日，尚书右仆射、同中书门下平章事朱胜非等上《吏部敕》五册、《令》四十一册、《格》三十二册、《式》八册、《申明》一十七册、《目录》八十一册、《看详司勋获盗推赏刑部例》三册、《勋臣职位姓名》一册，共一百八十八册。诏自绍兴四年正月一日颁行，仍以《绍兴重修尚书吏部敕令格式并通用敕令格式》为名。（《宋会要辑稿》，刑法一之三六·格令三，第6479页）

2.2.17 《吏部总类通用令》

2.2.17.1 嘉定六年（1213年）二月二十一日，刑部尚书李大性言：《庆元名例敕》：避亲一法，该载甚明，自可遵守。《庆元断狱令》所称鞫狱与罪人有亲嫌应避者，此法止为断狱设，盖刑狱事重，被差之官稍有亲嫌，便合回避，与铨曹避亲之法不同。昨修纂《吏部总类通用令》，除去《名例敕》内避亲条法，却将《庆元断狱令》鞫狱条收入。（《宋会要辑稿》，刑法一之五九·格令四，第6491页）

2.2.18 《吏部四选令》

2.2.18.1 元祐元年（1086年）三月二十五日……尚书省上所修《吏部四选敕令格式》，乞先次颁降，从之。（《宋会要辑稿》，刑法一之一三·格令二，第6468页）

2.2.18.2 淳熙元年（1174 年）四月二十八日……敕令所看详：
"欲将上条内'三十日'外陈乞者官司不得受理改作'二十日'，余
依旧文修立外，其前项《绍兴令》条，缘本内限三日，在外限五日自
陈日限，今照得系《绍兴参附吏部四选令》条。缘本所见修吏部法，
候修至本（系）〔条〕，即照应今来所立'三十日外陈乞不得受理'
令条别行修入。"至是修立成法来上，从之。（《宋会要辑稿》，职官
八之三六·吏部二，第 2575 页）

2.2.20 《吏部四选通用令》

2.2.20.1 政和七年（1117 年）二月十二日，吏部尚书张克公奏：
"伏见修立到《吏部四选通用令》：诸路沿边不得注授宗室女夫。"（《宋
会要辑稿》，选举二四之三·宋铨选 审官西院，第 4620 页）

2.2.20.2 淳熙五年（1178 年）五月二十一日，敕令所重修
《吏部四选通用令》："诸犯赃罪若私罪情重，拜未历任，承直郎以上
未成考。或无举主及停替未成资，并不在选限。即成资后，因前任过
犯该停替，听与选。"从之。（《宋会要辑稿》，职官八之三九·吏部
二，第 2577 页）

2.2.21 《吏部选令》

2.2.21.1 政和三年（1113 年）正月二十七日，吏部侍郎刘焕
奏："检会《本选令》：恩赏循资者任满赏，非幕职官奏举县令及别
领职任人，与就任改正资序，余取射缺状移注……"从之。（《宋会
要辑稿》，选举二四之一五·宋铨选 审官西院典·侍郎左选·流内
铨，第 4626 页）

2.2.22 《尚书吏部七司令》

2.2.22.1 开禧元年（1205 年）五月二日，权吏部尚书丁常任
等言："参修《吏部七司条法》，今来成书，乞以《开禧重修尚书吏

部七司敕令格式申明》为名。"从之。（《宋会要辑稿》，刑法一之五九·格令四，第6491页）

2.2.23　《侍郎左选参附令》

2.2.23.1　隆兴元年（1163年）五月七日……勘会《左选参附令》：曾经堂除人，若两任以上，与先次注授；一任，与占射差遣。即堂除不终任，许陞压同等名次人。（《宋会要辑稿》，选举二五之二七·宋铨选　中·侍郎右选　下·流外铨，第4646页）

2.2.23.2　乾道八年（1172年）十月七日，权吏部尚书张津札子："契勘《侍郎左选参附令》：漳州龙岩县令三年替循一资，占射差一次。缘日前并系选人任上件差遣，任满许行推赏，〔与〕京官任满事体一同，缘未有许推赏明文，乞依此施行。"从之。（《宋会要辑稿》，职官一〇之一〇·司勋部，第2605页）

2.2.24　《参附吏部四选令》

2.2.24.1　淳熙元年（1174年）四月二十八日，敕令所言："改修《乾道重修杂令》，诸弃毁亡失付身、补授文书，系命官将校付身、印纸，所在州军保奏，余报元给官司给公凭。过限添召保官一员。如二十日外陈乞者，不得受理。因事毁而改正者准此给之。"先是，臣僚上言："《绍兴令》：去失在内限三日，在外限五日，经所属陈乞，出限者不许受理。今来《乾道新书》限十日经所在官司自陈。又云'如三十日外陈乞者官司不得受理'，其文自相抵牾。"敕令所看详："欲将上条内'三十日'外陈乞者官司不得受理改作'二十日'，余依旧文修立外，其前项《绍兴令》条，缘本内限三日，在外限五日自陈日限，今照得系《绍兴参附吏部四选令》条。缘本所见修吏部法，候修至本（系）〔条〕，即照应今来所立'三十日外陈乞不得受理'令条别行修入。"至是修立成法来上，从之。（《宋会要辑稿》，职官八之三五·吏部二，第2575页）

2.2.25 《六曹通用令》

《宋会要辑稿》中有 4 条涉及《六曹通用令》。

2.2.25.1 元符二年（1099 年）十一月二十五日，户部言："《元丰官制》：寺监不决者，上尚书省。本部又不能决者，奏裁。若直被朝旨应覆奏者，依条仍各申知。又《六曹通用令》称取裁者，并随事申都省枢密院令。请并依元丰旧制。"从之。（《宋会要辑稿》，食货五六之三一·金户部度支·户部，第 5788 页）

2.2.25.2 绍兴元年（1131 年）二月十六日……取到六曹状，《大观尚书六曹通用令》：诸用印日轮令史一名，兼尚书左、右选，通轮主事一名，（尚）［常］切检察。《政和令》：诸文书应印者置历纪其事目，乞依旧制施行。（《宋会要辑稿》，职官三之三二·五房五院隶中书省，第 2413 页）

2.2.26 《殿中省令》、《提举所令》、《六尚局令》、《供奉库令》

2.2.26.1 崇宁三年（1104 年）二月二十九日，蔡京言："奉诏令讲仪司修立六尚局条约闻奏，谨以元陈请画一事件并稽考参酌，创为约束，删润修立成《殿中省提举所六尚局供奉库敕令格式》并看详，共六十卷。内不可著为永法者，存为申明。事干两局以上者，总为殿中省通用，仍冠以'崇宁'为名。所有应干条画起请续降申明及合用旧司条法已系新书编载者，更不行用。不系新书收载，各令依旧引用。"从之。（《宋会要辑稿》，职官一九之九·殿中省，第 2815 页）

此条在《宋会要辑稿·刑法一·格令二》中崇宁三年（1104 年）二月二十九日条下有同样记载。

2.2.27 《寺监务库务通用令》

2.2.27.1 元丰七年（1084 年）十一月二十六日敕：诸官司仓库事不可专行及无法式须申请者，并申所属寺监申；寺监不可专行，并随事申尚书省本部；本部又不可专行，即勘当上省。若直被朝旨应覆奏者，依本条，仍各申知。上条合入《在京通用令》。今看详不可专行若无法式事，系干边防及紧急理不可缓者，尽令申所属待报，窃恐迟误害事。今修立下项：诸事干边防及应紧急理不可缓，申所属本部不及，听直申尚书省、枢密院。右入《寺监务库务通用令》。诸事非边防及应紧急可缓者，申本部不及辄直申尚书省、枢密院者杖一百。右入《寺监库务通用令》。（《宋会要辑稿》，职官五六之一五·官制别录，第 3632 页）

2.2.28　《户部令》

2.2.28.1　绍兴二年（1132 年）十二月二十三日，诏："《户部令》：州县遵依已降指挥，止以见在簿籍内所管数目出给。（《宋会要辑稿》，食货六十九之二二·版籍，第 6340 页）

2.2.29　《户部通用令》

2.2.29.1　建炎三年（1129 年）四月十三日，诏仓部印司依《户部通用令》，先于知杂案书吏、令史内选差，无即通选，满三年无过犯，转一资，勘验关司勋推赏讫，再满三年替。（《宋会要辑稿》，食货五三之二·仓部，第 5720 页）

2.2.30　《户部度支令》、《金部令》、《仓部令》

2.2.30.1　元祐元年（1086 年）四月八日，门下中书外省言："取到户部左、右曹、度支、金部、仓部官制条例，并诸处关到及旧三司续降并奉行官制后案卷宣敕，共一万五千六百余件，除海行敕令所该载者已行删去，它司置局见编修者各牒送外，其事理未便、体制未顺，并系属别曹合归有司者，皆厘析改正，删除重复，补缀阙遗。修到敕令格式共一千六百一十二件，并删去一时指挥共六百六十二册，乞先次颁行，以《元丰尚书户部度支金部仓部敕令格式》为名，所有元丰七年六月终以前条贯已经删修者，更不施行。其七月以后条贯，自为后

敕。"(《宋会要辑稿》，刑法一之一三·格令二，第 6468 页)

2.2.31 《司农令》

2.2.31.1 元丰元年（1078 年）十月十三日，御史中丞、判司农寺蔡确言："常平旧敕，多已冲改，免役等法案未编定。今除合册修为敕外，所定约束小者为令，其名数式样之类为式。乞以《元丰司农敕令式》为目。"从之。(《宋会要辑稿》，食货六五之二一·免役，第 6167 页)

2.2.31.2 元丰二年（1079 年）九月二十九日，司农寺上《元丰司农敕令式》十五卷，诏行之。(《宋会要辑稿》，刑法一之一三·格令二，第 6467 页)

2.2.32 《榷茶司令》

2.2.32.1 大观元年（1107 年）二月三日……检会《茶司令》：诸提举官所请系省请给，岁（给）［终］以息钱计还。(《宋会要辑稿》，职官四三之八九·都大提举茶马司，第 3318 页)

2.2.32.2 政和元年（1111 年）八月十三日……一、准大观《榷茶司令》节文：诸名山茶依旧桩留博马外，如买马司关博马数多阙支用，委提举司即时应副，有剩，从本司相度贴卖与中马人。又准《敕》：诸名山茶博马外剩数，非中马人辄支卖者杖一百。(《宋会要辑稿》，职官四三之九五·都大提举茶马司，第 3321 页)

2.2.32.3 宣和三年（1121 年）十一月十二日，吏部奏：检会提举成都府等路茶马、兼买马监牧公事宇文常状：准《敕》：陞充提举，即不带"都大"及"同"字，所有序官（限）［取］指挥。勘会宇文常系同管勾茶事，准《敕》：陞作提举，其《榷茶司令》文内即无立定提举茶事序位之文。(《宋会要辑稿》，职官四三之一百一·都大提举茶马司，第 3324 页)

2.2.33　《转运司令》

2.2.33.1　大观元年（1107 年）二月三日……《转运司令》节文：干当公事官、指使添给，并以本司杂收钱给；如不足，即以茶司头子钱充。（《宋会要辑稿》，职官四三之八九·都大提举茶马司，第 3318 页）

2.2.34　《在京通用令》

《宋会要辑稿》中有 5 条材料涉及《在京通用令》，时间从政和五年（1115 年）至绍熙元年（1190 年）。

2.2.34.1　政和五年（1115 年）十二月十五日……尚书省检会《崇宁在京通用令》：诸受御笔传宣（外）［内］降及内中须索，事干他司者同。随处覆奏，得旨奉行。（《宋会要辑稿》，职官四之一六·尚书省，第 2444 页）

2.2.34.2　绍兴十年（1140 年）十月七日，尚书右仆射、同中书门下平章事、提举详定一司敕令秦桧等上《在京通用敕》一十二卷、《令》二十六卷、《格》八卷、《式》二卷、《目录》七卷、《申明》一十二卷。诏自绍兴十一年正月一日颁行，仍以《绍兴重修在京通用敕令格式》为名。（《宋会要辑稿》，刑法一之三八·格令三，第 6480 页）

2.2.34.3　乾道三年（1167 年）二月十三日……《在京通用令》：诸官司事应推勘者，送大理寺，所有粮纲推勘，若有翻异，始合送大理寺，余依祖宗条法施行。（《宋会要辑稿》，食货四四之十·宋漕运四，第 5588 页）

2.2.35　《开封府令》

2.2.35.1　政和五年（1115 年）十月十八日，开封尹王革奏："检承《本府令》：每岁冬月，吏部差小使臣，于都城里外救济寒冻倒卧，并拘收无衣赤露乞丐人，送居养院收养。"（《宋会要辑稿》，

选举二五之一五·宋铨选　中·侍郎右选　上，第 4640 页）

2.2.35.2　宣和元年（1119）十月三日……伏睹《开封府令》有不得过两日之文，其余官司与外路理合一体立法。若违限不放，亦未有专一断罪条约。欲望付有司参详，以《开封府令》修立海行，并违限刑名颁下在京刑狱官司并诸路遵守……徒以上罪犯人未录向者，告示不得远出。（《宋会要辑稿》，刑法一之二一·格令三，第 6477 页）

2.2.36　《西京令》

2.2.36.1　元丰六年（1083 年）五月七日，诏："内人朝陵，诸陵使臣毋得差伎乐迎。著《西京令》。"（《宋会要辑稿》，礼三九之一〇·拜扫〔给臣僚假拜扫先茔〕，第 1365 页）

2.2.37　《元丰江淮湖浙路盐令》

2.2.37.1　元丰四年（1081 年）十二月九日，权三司使李承之札子奏："东南盐法条约，蒙诏旨，俾臣与编修官董唐臣截自元丰三年（1080 年）八月终，应干盐法前后敕札及臣庶起请除一时指挥已施行者更不编修外，修成一百八十一条，分为敕、令、格共四卷，目录二卷。乞以《元丰江淮湖浙路盐敕令赏格》为名。如得允当，乞雕印颁行。"从之。（《宋会要辑稿》，食货二四之二一·盐法，第 5205 页）

2.2.38　《景灵（官）〔宫〕供奉令》

2.2.38.1　元丰五年（1082 年）九月二十二日，入内供奉官冯宗道上《景灵（官）〔宫〕供奉敕令格式》六十卷。（《宋会要辑稿》，刑法一之一二·格令三，第 6467 页）

3. 事类令

宋朝令中事类令是最重要的类型，是令典中各篇的构成部分，但从

《宋会要辑稿》看，宋朝事类令的篇名存在大量的单行令。

2.3.1 《官品令》

《宋会要辑稿》中共有 19 条史料涉及《官品令》，时间从淳化元年（990 年）至乾道元年（1165 年）。

2.3.1.1 淳化元年（990 年）四月二日……白等奏曰："按《官品令》及内外职官名目，如并令只呼正官，又缘官品之内，甚有难为称呼者，遽令改易，皆从正名，亦虑有所未便。"（《宋会要辑稿》，仪制五之四·官仪制，第 1917 页）

2.3.1.2 至和三年（1056 年）四月十七日……《元祐官品令》：太医丞从七品。（《宋会要辑稿》，职官二二之三五·太医院，第 2877 页）

2.3.1.3 重和元年（1118 年）十一月十六日，吏部奏："检准《政和官品令》节文：诸中亮、中卫大夫，防御、团练使，诸州刺史，为从五品；诸知、同知内侍省事，拱卫、左武、右武大夫，为正六品。今来本部未审将亲卫、翊卫资格在中卫之下为从五品，惟复在拱卫之上作正六品称呼，有此疑惑。"诏翊卫、亲卫大夫并为从五品。（《宋会要辑稿》，职官五六之四七·官制别录，第 3648 页）

2.3.2 《职制令》

《宋会要辑稿》中有 12 条涉及《职制令》，其中有两条是直接引用原文，但没有注明出于何令典，时间从景祐二年（1035 年）至庆元二年（1196 年），写明的有《政和职制令》、《元祐职制令》、《绍兴职制令》和《淳熙职制令》等。

2.3.2.1 宣和元年（1119 年）五月十四日……《政和职制令》："诸命官不得容人过称官名，自有明文，但未举而行之耳。伏望圣慈特赐申敕，今后如有违犯，在京委御史台、在外委监司纠劾以闻。"（《宋会要辑稿》，刑法二之七五·禁约二，第 6533 页）

2.2.2.2 绍兴四年（1134 年）二月一日……《绍兴职制令》：诸金吾卫上将军至诸卫将军为卫官。（《宋会要辑稿》，帝系六之五·宗室杂录，第 132 页）

2.3.2.3 《职制令》：诸巡捕官获纲运拌和官物，所属监司岁终比较，其最多、最少之人，最少谓地分内透漏及犯者数多而获到数少者。每路各二员以闻。（《宋会要辑稿》，食货四五之九·漕运六，第5598页）

2.3.3 《官制令》

2.3.3.1 元符二年（1099年）六月二十四日，大理少卿、同详定一司敕令刘赓乞将《官制敕令格式》送三馆、秘阁收藏。从之。（《宋会要辑稿》，职官一八之一三·秘书省，第2761页）

2.3.3.2 宣和三年（1121年）闰五月十三日，吏部言："尝取索《元丰官制敕令格式》，将加省察，而遗编断简，字画磨灭，秩序差互，殆不可考。"诏《元丰敕令格式》令国子监雕印颁降。（《宋会要辑稿》，职官二八之二二·国子监，第2982页）

2.3.4 《职田令》

2.3.4.1 宣和元年（1119年）六月五日，诏："……诸县官吏违法以《职田令》第三等以上人户及见充役人，或用诡名，或令委保租佃，许人户越诉，以违诏论；灾伤减放不尽者，计赃以枉法论；已入己者以自盗论。提刑、廉访常切觉察。"（《宋会要辑稿》，职官五八之一九·职田，第3711页）

2.3.5 《田令》

2.3.5.1 咸平二年（999年）七月……《田令》：诸职分陆田限三月三十日，稻田限四月三十日，以前上者并入后人，以后上者入前人。麦田以九月三十日为限，若前人自耕未种，后人酬其功直；已前种者，准分租法。（《宋会要辑稿》，职官五八之二·职田，第3702页）

2.3.5.2 宣和三年（1121）七月二十四日……尚书省检会，今据修下条：诸职田收到租课应充朝廷封桩钱物者，州限十日具数申提点刑狱司检察拘收。入《政和田令》。诸职田收到租课应充朝廷封桩钱物，不依限申提点刑狱司检察拘收者，杖八十；未拘收封桩而辄支借，加二等。入《政和户婚敕》。（《宋会要辑稿》，职官五八之二一·职田，第 3712 页）

2.3.6 《户令》

2.3.6.1 熙宁三年（1070 年）六月癸酉……《户令》："皇宗祖庙虽毁，其子孙皆于宗正寺附籍。自外悉依百姓，唯每年总户口帐送宗正寺。"此则《户令》之文又与古制合也。（《宋会要辑稿》，帝系四之三六·裁定宗室授官，第 111 页）

2.3.6.2 淳熙六年（1179 年）八月，进呈敕令所重修《淳熙法册》，御笔圈记《户令》内驴、驼马、舟船契书收税，上曰："凡有此条，并令删去。恐后世有算及舟车之言。"辛丑，进呈《户令》，内有"户绝之家，继绝者，其家财物许给三千贯；如及二万贯，奏裁"。上曰："国家财赋，取于民有制。今若立法，于继绝之家其财产及二万贯者奏裁，则是有心利其财物也。"赵雄奏："似此者欲悉删去。"上曰："可悉令删去。"（《宋会要辑稿》，帝系一一之九·守法·亲定淳熙法册，第 217 页）

2.3.7 《军防令》

2.3.7.1 元祐元年（1086 年）十一月六日，枢密院言："诸路将兵挪移赴阙人处，合依旨申枢密院外，若本处用旧条例差使，即不须申。其元丰《将官敕》、《军防令》'差讫申枢密院'一节欲删去。"从之。（《宋会要辑稿》，刑法一之十四·格令三，第 6468 页）

2.3.7.2 靖康元年（1126 年）二月二十七日……检准政和《军防令》：诸全将差发，所由州县承报，量兵马标占驿铺、官私邸舍，各以部分区处取定，仍前期一日以图报本将。又《赋役令》：诸丁夫经过县镇城市，三里外下寨宿止，不得入食店酒肆，有所须物，火头

收买。（《宋会要辑稿》，刑法七之二八·军制，第 6747 页）

2.3.8　《军令》

2.3.8.1　景德元年（1004 年）正月二十五日……按《军令》：军校不知情者，决杖，隶别州员僚直；余并论如律。（《宋会要辑稿》，刑法五之一九·省狱，第 6679 页）

2.3.8.2　绍兴十九年（1149 年）四月十一日，刑部言："修立下条：诸急脚、马递铺曹司逃亡事故阙，限一日申州，本州日下差拨。又阙，听权差厢军，候招到人替回。右入《绍兴重修军令》。（《宋会要辑稿》，方域一一之一〇·急递铺，第 7505 页）

2.3.9　《公式令》

《宋会要辑稿》中共有 3 条涉及《公式令》。

2.3.9.1　大中祥符九年（1016 年）正月二十三日……《公式令》：朝参行立，职事同者先爵，爵同者先齿。（《宋会要辑稿》，仪制三之一〇·朝仪班序，第 1876 页）

2.3.9.2　元祐五年（1090 年）正月二十三日，户部言："诸路纲运到京，例皆少欠。《元丰公式令》：诸州解发金银钱帛，通判厅置簿，每半年具解发数目及管押附载人姓名，实封申尚书省。《元祐敕》误有删去，合重修立。"从之。（《宋会要辑稿》，刑法一之一五·格令二，第 6468 页）

2.3.10　《文书令》

2.3.10.1　建中靖国元年（1101 年）正月十八日，刑部状："永兴军路安抚都总管司奏，逐司契勘久来行遣文字，除不系统摄及辖下州军去处并行公牒外，有管下县镇将领训练官司之类，并同札子行下。近《文书令》内无札子式，本部寻批送大理寺参详。经略、安抚或都总管、钤辖等司事体稍重，于管下县镇将（分）［领］训练之类官司虽别无许用札子条式，其逐司自来旧例用札子去处，欲依旧施行。"从之。（《宋会要辑稿》，仪制五之二〇·官仪制，第1925页）

2.3.10.2 嘉定十三年（1220年）十月五日，司农寺丞岳珂奏："……《绍兴文书令》有曰：'庙讳正字皆避之。'又《令》之注文曰：'旧讳内二字连用为犯'。"（《宋会要辑稿》，仪制一三之一九·庙讳，第2058页）

2.3.11 《假宁令》

2.3.11.1 大中祥符元年（1008年）十一月二十四日龙图阁侍制陈彭年言："……今《假宁令》：虽有给假一日之文，又缘《春秋》之义，不以家事辞王事。望令彭年依例宿斋。"从之。（《宋会要辑稿》，仪制一三之三一·私忌，第2064页）

2.3.11.2 天圣五年（1027年）四月二十三日，翰林侍读学士孙奭言："伏见礼院及刑法司、外州各执守一本《丧服制度》编附入《假宁令》者，颠倒服纪，鄙俚言词。如外祖卑于舅姨，大功加于嫂叔，其余谬妄，难可遽言。臣于《开宝正礼》录出五服年月，并见行丧服制度，编附《假宁令》，伏乞详择，雕印颁行……翰林学士承旨刘筠等言："奭所上五服年月别无误错，皆合经礼，其'齐衰期'字，却合改'周'为'期'，以从经典。又节取《假宁令》合用条件，各附五服之后，以便有司检讨，并以修正。望下崇文院雕印，颁下中外，所有旧本更不得行用，其印板仍付国子监印造出卖。"从之。（《宋会要辑稿》，礼三六之一四·丧服·缌麻服，第1315页）

2.3.12 《吏卒令》

2.3.12.1 淳熙六年（1179年）十二月十七日……今乞一依《乾道吏卒令》，先令本处申奏，次令本路转运司保奏，仍令本部送进奏院契勘，并关刑寺约法，如无违碍，然后申上密院取旨。（《宋会要辑稿》，职官一四之一二·兵部，第2693～2694页）

2.3.13 《支赐令》

2.3.13.1 政和八年（1118年）闰九月二十一日，中书省言："准提举左右太子春坊申：今来十月二日，皇孙谌生日，缘未有《支赐令格》正文。"诏依宗室节度使令格施行。（《宋会要辑稿》，帝系二之二八·皇孙·皇孙谌，第58页）

2.3.13.2 大观元年（1107年）九月十三日，户部状："都大提举成都府等路榷茶司状：检准敕：诸都大管干成都府等路茶事兼买马公事支赐、添支，依诸路提点刑狱官则例支破。本部看详，本司《大观令》内已有立定提举官请给，都大提举依转运副使，添支依陕西例，同提举依提点刑狱，同管干依转运判官例。今勘当，添支自合依本司令文施行。其支赐，都大提举欲依《支赐令》内陕西转运副使例，同提举依诸路提刑例，同管干依诸路转运判官例支赐。"从之。（《宋会要辑稿》，职官四三之九〇·都大提举茶马司，第3318页）

2.3.14 《考课令》
《宋会要辑稿》中共有4条涉及《考课令》。

2.3.14.1 《考课令》：诸押纲人功过，所属官司即特取行程历印纸批书。（《宋会要辑稿》，食货四五之一三·漕运六，第5600页）

2.3.14.2 建隆三年（962年）十一月十日，有司上言："准《考课令》：诸州县官抚育有方，户口增益者，各准见户为十分论，每加一分，刺史、县令进考一等。其州户不满五千，县户不满五百，各准五千、五百户法为分。若抚养乖方，户口减损者，各准增户法，亦减一等，降考一等者。"（《宋会要辑稿》，职官五九之一·考课，第3717页）

2.3.14.3 元祐二年（1087年）五月十八日……诏送给事中、中书舍人、左右司郎官、吏部、礼部参详，应守令、通判请依《元丰考课令》，通取善最分为三等。（《宋会要辑稿》，职官五九之一〇·考课，第3722页）

2.3.14.4 崇宁四年（1105年）九月一日，户部奏："检会《元符考课令》：监司功过及措置利害，本曹上簿，岁终考校外，分为三等。"（《宋会要辑稿》，职官五九之一三·考课，第3723页）

2.3.15 《赏令》

《宋会要辑稿》中共有9条涉及《赏令》，有《政和赏令》、《绍兴赏令》和《乾道赏令》等。

2.3.15.1 政和三年（1113年）十月十七日，户部尚书刘炳等奏："今拟修到条……'诸吏人驱磨点检出收无额上供钱物供申数目不实，而侵隐、移易别作窠名收系若支（得）［使］者，州及八千贯、提刑司一万五千贯以上，累满者同。并奏裁。'上条合入《政和赏令》。"（《宋会要辑稿》，食货五一之四一·度支库，第5695页）

2.3.15.2 隆兴元年（1163年）四月十五日……检准《绍兴赏令》：诸朝请大夫以上，因赏转官者，以四年为法格，计所磨勘收使。（《宋会要辑稿》，职官八之二九·吏部二，第2572页）

2.3.15.3 淳熙七年（1180年）三月十八日，诏："自今承直郎以下捕盗合得转一官与改次等合入官，每岁以八员为额。若合得减三年磨勘与循一资，余一年磨勘，候改官毕日收使。其《乾道赏令》：内承直郎以下捕盗改官条令，敕令所依此删修。"（《宋会要辑稿》，兵一三之三三·捕贼三，第6984页）

2.3.16 《禄令》

《宋会要辑稿》中有13条涉及《禄令》。宋朝时《禄令》制定次数较多，成为令类立法中的重点，仅单独修定的就有《嘉祐禄令》、《熙宁禄令》、《大观禄令》、《政和禄令》和《绍兴禄令》等。

2.3.16.1 建中靖国元年（1101年）六月二十四日，户部状："准都省批送下鄜延路经略安抚使司奏，检准《嘉祐禄令》：诸带遥郡若系沿边任使就转及在京除授，差充河北、河东、陕府西路沿边路分钤辖者，依全分例定支，余依减定例支。"（《宋会要辑稿》，职官五七之四九·俸禄·杂录上，第3676页）

2.3.16.2　政和元年（1111年）十二月二十七日，详定一司敕令所奏："奉圣旨编修禄秩，以元丰、大观式修定。今修成禄令、格等计三百二十一册。如得允当，乞冠以'政和'为名，雕印颁降，下本所先次施行。其旧法已系新书编载者更不行用外，今来经编载，及政和元年十二月十七日已后续降，自合遵守。"（《宋会要辑稿》，刑法一之二五·格令三，第6474页）

2.3.16.3　绍兴八年（1138年）十月三日，尚书右仆射、同中书门下平章事、提举详定一司敕令秦桧等续上《禄敕》一卷、《禄令》二卷、《禄格》一十五卷，《在京禄敕》一卷、《禄令》一卷、《禄格》一十二卷，《中书门下省、尚书省令》一卷，《枢密院〔令〕》一卷、《格》一卷，《尚书六曹寺监通用令》一卷，《大理寺右治狱令》一卷，《目录》六卷，《申明》六卷。诏自绍兴九年正月一日颁行，仍以《绍兴重修禄秩敕令格》为名。先有诏将嘉祐、熙宁、大观禄令并政和禄令格及政和元年十二月十七日后来续降指挥编修，除已先次修成《敕》二卷、《令》三卷、《格》二十五卷、《目录》一十三卷、《申明》一十五卷、《修书指挥》一卷、《看详》一百四十七卷，于绍兴六年九月二十一日进呈讫，至是续修上焉。（《宋会要辑稿》，刑法一之三八·格令三，第6480页）

2.3.17　《封爵令》

2.3.17.1　熙宁八年（1075年）闰四月，集贤校理、同知太常礼院李清臣言："检会《五服年月敕》斩衰三年加服条'嫡孙为祖'注：'谓承重者。为曾祖、高祖后者亦如之。'又祖为嫡孙正服条注云：'有嫡子则无嫡孙。'又准《封爵令》，公侯伯子男皆子孙承嫡者传袭。若无嫡子及有罪疾，立嫡孙。无嫡孙，以次立嫡子同母弟，无母弟立庶子，无庶子立嫡孙同母弟，无母弟立庶孙。曾孙以下准此。究寻《礼令》之意，明是嫡子先死而祖亡，以嫡孙承重则体先庶叔，不系诸叔存亡，其嫡孙自当服三年之服，而众子亦服为父之服。若无嫡孙为祖承重，则须依《封爵令》嫡庶远近，以次推之。且传爵、承重，义当一体，《礼令》明白，固无所疑。而《五服年月敕》不立庶孙承重本条，故四方士民尚疑为祖承重之服，或不及上禀朝廷，则多致差误。除嫡孙为祖已有上条外，欲乞特降朝旨，诸祖亡无嫡孙承重者，依《封爵令》传袭条，子孙各服本服。如此，则明示天下，人知礼制，祖得继传，统绪不绝，圣主之泽也。"（《宋会要辑稿》，礼三六之四·丧服·斩衰服，第 1310 页）

2.3.18 《给赐令》

2.3.18.1 政和二年（1112 年）七月二十二日，臣僚言："乞应监司人吏请给顾直，并依官兵法，专责本司管勾文字官，依州通判句覆法，逐月句覆勘支。其随逐出巡食钱，则专委出巡监司每日押历，行下所至勘给。候归司日，依前责管勾官逐一点勘。其管勾官如点检败获，特与依获强盗法计数酬赏。其或卤莽漏落，循情畏避，致冒请官钱者，亦乞依盗法坐之。"从之。其妄请依自盗法，仍入《元符给赐令》。（《宋会要辑稿》，职官五七之九六·俸禄五·杂录上，第 3699 页）

2.3.18.2 宣和七年（1125 年）正月十九日，诏："诸路转运司钱物应支用者，旁帖并经所在州粮勾院勘勾。右入《政和给赐令》。"（《宋会要辑稿》，食货四九之三四·转运，第 5650 页）

2.3.19 《衣服令》
《宋会要辑稿》中共有 4 条涉及《衣服令》。

2.3.19.1 元丰元年（1078 年）十一月二日，详定郊庙礼文所言："……国朝《衣服令》：乘舆服衮冕，垂白珠十有二旒，广一尺二寸，长二尺四寸。"（《宋会要辑稿》，舆服四之十九·祭服，第 1803 页）

2.3.19.2 元丰二年（1079 年）……本朝《衣服令》：通天冠二十四梁，为乘舆服。（《宋会要辑稿》，舆服六之一九·百官佩绶，第 1835 页）

2.3.19.3 绍圣三年（1096 年）六月二十七日，权尚书礼部尚书黄裳等言：……又言："天圣《衣服令》：群臣朝服亦用绛纱单衣、白纱中单之制。即将来北郊朝祭服宜用纱为单衣。"（《宋会要辑稿》，

礼二之三八·郊祀冕辂冠服，第 436 页）

2.3.20 《仪制令》

《宋会要辑稿》中共有 15 条涉及《仪制令》。从时间上看，从太平兴国八年（983 年）到淳熙十六年（1189 年）。从史料上看，宋朝初期沿用前朝《仪制令》，后来制定过单行《仪制令》，最后再写入令典。

2.3.20.1 太平兴国八年（983 年）正月十五日诏曰："浩穰之地，民庶实繁，宜申明于旧章，用激清于薄俗。《仪制令》云：贱避贵，少避长，轻避重。宜令开封府及诸州府各村要害处设木牌，刻其字，违者论如法。"（《宋会要辑稿》，仪制五之三·官仪制，第 1917 页）

2.3.20.2 咸平元年（998 年）十二月二十三日……又以仪制、车服等敕十六道别为一卷，附《仪制令》。（《宋会要辑稿》，刑法一之二·格令一，第 6462 页）

2.3.20.3 淳熙十六年（1189 年）十一月二十五日，礼部、太常寺言："检准《淳熙仪制令》节文：诸大庆大礼，发运、监司、提点坑冶铸钱司同。诸州长吏奉贺表。所有将来正月一日奉寿圣皇太后、至尊寿皇圣帝、寿成皇后尊号册宝礼毕，系大庆典礼，合依上条施行。"从之。（《宋会要辑稿》，礼四九之四八·尊号·册尊号 杂录附·尊号十一，第 1507 页）

2.3.21 《仪注令》

2.3.21.1 元丰五年（1082 年）九月二十三日，修定景灵宫仪注所言："《仪注令》：诸庙社门、宫门各二十四戟。唐太清宫九门，亦设画戟。窃惟景灵宫天兴门及宫外门本以钦奉天神，不应立戟。神御诸殿既缘生礼以事祖宗，宜依《仪制令》，宫门之制每门立戟二十四。"（《宋会要辑稿》，仪制四之三八·门戟，第 436 页）

2.3.22 《大礼令》

《宋会要辑稿》中共有 6 条涉及《大礼令》。

2.3.22.1　绍圣二年（1095年）四月九日，诏："将来大礼并依《元丰大礼令式》，其元祐所修敕令勿用。令所属参按新旧令式并续降，如有合依元祐所改事，即明具事本签贴改正，余并从元丰旧例。"（《宋会要辑稿》，刑法一之一六·格令二，第6469页）

2.3.22.2　绍兴元年（1131年）六月二十五日，户部言："据诸路粮料院申，大礼礼毕支赐，本院自来执用宣和《重修大礼令格》。其上件令格，昨为扬州渡江散失，今批录到《大观重修大礼令格》，来执使行执用，乞朝廷详酌，降付本部遵执，参照前次大礼合支数目，逐旋申请施行。"诏依《大观格》支赐，如有该载不尽处，令户部参酌比拟，申尚书省。（《宋会要辑稿》，礼二五之一九·杂录，第964页）

2.3.23　《礼令》

《宋会要辑稿》中共有11条涉及《礼令》，从建隆四年（963年）至绍兴二十年（1150年）。从中可知，宋初沿用唐朝，后来才制定《礼令》。

2.3.23.1　天圣元年（1023年）闰九月十一日，太常礼院言："武胜军节度使兼侍中冯拯卒，《礼令》：皇帝为一品、二品丧合举哀成服，又缘见在大祥之内，望罢其礼。"（《宋会要辑稿》，礼四一之八·发哀·发哀杂录，第1381页）

2.3.23.2　元丰三年（1080年）十二月十五日，太常礼院言："自今承重者，嫡子死无诸子，即嫡孙承重；无嫡孙，嫡孙同母弟承重；无母弟，庶孙长者承重。曾孙以下准此。其传袭封爵者，自依《礼令》。"从之。（《宋会要辑稿》，礼三六之九·丧服·齐衰服，第1312页）

2.3.24　《丧葬令》

2.3.24.1　开宝八年（975年）十月……礼院言："按《丧葬令》：去陵一里内不得葬埋。"（《宋会要辑稿》，礼三七之二七·宋缘陵裁制上，第1333页）

2.3.24.2 咸平元年（998 年）九月三日……按《丧葬令》：皇帝为缌麻一举哀而止。（《宋会要辑稿》，礼四一之六·发哀·发哀杂录，第 1380 页）

2.3.25 《祠祭令》

2.3.25.1 大中祥符四年（1011 年）八月二十二日，监祭使俞献可言："……按《祠祭令》：中祠以上并官给明衣。斯礼久废，望付礼官详酌。"（《宋会要辑稿》，礼一四之一六·群祀·群祀二，第 594 页）

2.3.25.2 大观元年（1107 年）二月六日，监察御史王宣言："伏见神宗皇帝称情立文，著为一代成宪，《祠祭格令》，所委行事官以大中小祠定其职位。今捧俎官，有用户、兵、工部郎官以上；至于献官或阙，则吏部所差多是班秩在郎官之下。轻重先后，情文不称，望下有司讲究。"（《宋会要辑稿》，礼一之一四·郊祀仪注·职事，第 404 页）

2.3.26 《祀令》

《宋会要辑稿》中所见有 4 条史料。

2.3.26.1 淳熙四年（1177 年）二月二十七日，户部侍郎、兼详定一司敕令单夔言："《绍兴祀令》：文宣王州县释奠同。为中祀，《乾道祀令》：文宣王州县释奠同。为大祀。所载不同。乞依绍兴七年十月已降指挥，春秋上丁释奠至圣文宣王，在京为大祀，州县仍旧为中祀。"从之。（《宋会要辑稿》，礼一六之一·释奠·祝文，第 683 页）

2.3.26.2 淳熙元年（1174 年）四月二十八日，详定一司敕令所言："重拟修《祀令》：诸祀天地、宗庙、神州地祇、大社、大稷、五方帝、日月、荧惑大神、太一、九宫贵神、蜡祭百神、太庙七奏告、孟春上辛祈谷祀上帝及祀感生帝，孟夏雩祀，夏至祭皇地祇，季秋大飨明堂祀上帝，孟冬祭神州地祇，冬至祀昊天上帝，各告配帝本室。文宣王，为大祀。州县释奠用中祀。后土、岳、镇、海、渎、先蚕、风师、雨师、雷神、五龙、前代帝王、武成王，为中祀。司中、司命、司禄、司寒、先牧、马祖、马社、马步、七祀、司命、户、灶中霤、门、厉、行。诸星、山林川泽之属，及州县社稷、风师、雷神、雨师，为小祀。诸州县春秋社日祭社、稷，社以后土勾龙氏、稷以后稷氏配。牲用羊一、豕一、黑币二。二月、八月上丁释奠文宣王，以兖国、邹国公配。牲用羊一、豕一、白币三。祀风师以立春后丑日牲用羊一、豕一、白币一。祀雨师、雷神以立夏后申日。牲用羊一、豕一、白币二，牲并纯也。"（《宋会要辑稿》，礼一四之九九·群祀·群祀三，第 636 页）

2.3.27 《祠令》

《宋会要辑稿》中所见有 3 条史料。

2.3.27.1 景祐元年（1034 年）十月六日……礼官议曰：《祠令》："诸大祠、中祠有行事须摄者，昊天上帝、太庙二祀，太尉则中书门下摄，司徒、司空以尚书省五品摄。余大祀，太尉以尚书省四品、诸司三品摄，阙则兼五品。宜从令文定制。"（《宋会要辑稿》，礼二八之五三·郊祀御札，第 1045 页）

2.3.27.2 政和七年（1117 年）七月二十九日，议修定《时令》："……唐开元中，删定《月令》，国朝亦载于《开宝通礼》，及以祠祭附为《祠令》。"（《宋会要辑稿》，礼二四之八〇·明堂颁朔布政，第 939 页）

2.3.28 《参附令》

2.3.28.1 乾道六年（1170 年）七月二日，吏部言："左中大夫、敷文阁直学士薛良朋磨勘。契勘《绍兴参附令》：中大夫转太中大夫，虽两制即不许贴用减年，法意分明。良朋自转左中大夫起程至今年六月止，实历一年六个月，却将昨任知徽州劳绩减四年磨勘内收使一年六个月，凑及三年，转左太中大夫，于法显碍。虽有放行王曛等例，并在乾道四年不许援例指挥之前。"（《宋会要辑稿》，职官一一之五〇·审官西院，第 2647 页）

2.3.28.2　乾道八年（1172 年）七月一日，吏部员外郎钱佃言："遇有应入远小处空阙，循见行格法，川、广、福建为远地，其小处窠缺，依本选旧法，诸州二万户、县五千户以下并为小处。本选遇有应注小处窠阙之人，（阙）［关］尚书省左右选、侍郎右选《续修参附令》，诸差注应入远小者，去阙下千里外为远州，以军事县以下县为小。欲乞比附三选条法差注施行。"（《宋会要辑稿》，选举二四之二五·铨选　审官西院·侍郎左选·流内铨，第 4631 页）

2.3.29　《学令》

《宋会要辑稿》中所见有 4 条史料。

2.3.29.1　元丰元年（1078 年）十二月十八日，御史中丞李定等言："切以取士兼察行艺，则是古者乡里之选。盖艺可以一日而校，行则非历岁月不可考。今酌《周官》书考宾兴之意，为太学三舍选察升补之法，上《国子监敕式令》并《学令》凡百四十条。"诏行之。（《宋会要辑稿》，职官二八之九·国子监，第 2976 页）

2.3.29.2　大观二年（1108 年）三月二十四日，开封府学博士郁师醇言："检会御笔：'自今应于乡村城市教导童稚，令经州县自陈，赴所在学试义一道。文理不背义理者，听之。'虑有假名代笔诈冒之人，欲乞依《大观学令》初入学生结保之法，仍乞试日依补试法，差官封弥试卷，送考校官。"从之。诸路依此。（《宋会要辑稿》，崇儒二之一一·郡县学政和学规，第 2192～2193 页）

2.3.30　《贡举令》

《宋会要辑稿》中所见有 7 条史料。

2.3.30.1　建炎四年（1130 年）五月二十一日，权礼部员外郎侯延庆言："行在职事及厘务官随行有服亲若门客之类，欲乞立应举法，以国子监进士为名。其解发人数，依旧制以就试终场人为率，七人取一名，余分亦听取一名。"诏门客请解取人，合依《崇宁贡举令》外，余依所乞，仍就转运司附试。（《宋会要辑稿》，选举一六之

三·发解，第 4512 页）

2.3.30.2　乾道七年（1171 年）七月十七日，两浙路转运司言："《绍兴重修贡举令》：试院以本州通判监试，若无或阙，以次官。今临安府府学罢通判，未审合差何官充监试。"诏差推官。（《宋会要辑稿》，选举二〇之二一·举士十七，第 4585 页）

2.3.31　《选试令》

2.3.31.1　崇宁二年（1103 年）二月八日……诸武臣试换文资者，于《易》、《诗》、《书》、《周礼》、《礼记》各专一经，第一场试本经义三道，《论语》或《孟子》义一道。第二场试论一首。限五百字以上成。愿依法官条试断案、《刑统》大义者听。上条入《选试令》。（《宋会要辑稿》，职官六一之一七·省官，第 3462 页）

2.3.31.2　政和元年（1111 年）十月七日，枢密院言："检会大观元年春颁《选试令》：诸使臣元系呈试武艺出身，或军班呈试事艺换授而乞试者，须比元试弓加一硕、弩加两石，方许乞解发。"诏大观元年春颁《选试令》内"使臣元系呈试武艺出身及军班呈试事艺换授人，许奏乞解发"条更不施行。（《宋会要辑稿》，选举二五之一三·宋铨选　中·侍郎右选上，第 4639 页）

2.3.32　《道释令》

2.3.32.1　绍兴二年（1132 年）闰四月二十四日，详定一司敕令所言："今参酌绍兴法，拟修下条：'诸未受戒僧尼遇圣节，执度牒僧司验讫，本州出戒牒，并以度牒六念连粘用印，仍于度牒内注给戒牒年月日，印押给讫，申尚书礼部。诸僧道岁当供帐，官司前期取度牒验讫，听供帐。候申帐到州，州委职官一员取度牒对帐验实，申发所属。其行游在外者，所在官司于度牒后连纸批书所给公凭。'右并入《绍兴道释令》。"（《宋会要辑稿》，道释二之三·开坛受戒，第 7890 页）

2.3.33 《驿令》

2.3.33.1 嘉祐四年（1059 年）正月十三日，三司使张方平上所编驿券则例，赐名曰《嘉祐驿令》。初，内外文武官下至吏卒所给驿券，皆未有定例，又或多少不同，遂降枢密院旧例下三司掌券司，会（倅）［粹］名数而纂次之，并取宣敕、令文专为驿券立文者附益删改，为七十四条，总上、中、下三卷，以颁行天下。（《宋会要辑稿》，方域一〇之一四·驿传杂录，第 7480 页）

2.3.34 《杂令》

2.3.34.1 绍兴二十七年（1157 年）四月二日，吏部状："侍御史周方崇上言：伏见近日敕令所删定官不问岁月远近，偶值进书，例行改官。虽推赏系旧例，然前（比）［此］亦少假岁月，不如是之冒滥也。窃见《绍兴杂令》：删定官在著作佐郎、国子监丞之上，既改官除监检鼓院等差遣，则序位反（存）［在］著作佐郎之下。欲望将选人删定官虽经进书，令依太学正录例，到任一年，通及五考，方与改官。仍乞将选人任删定官及其余选人职事杂压，重行修立，别为一等。"（《宋会要辑稿》，刑法一之四五·格令四，第 6484 页）

2.3.34.2 淳熙元年（1174 年）四月二十八日，敕令所言："改修《乾道重修杂令》，诸弃毁亡失付身、补授文书，系命官将校付身、印纸，所在州军保奏，余报元给官司给公凭。过限添召保官一员。如二十日外陈乞者，不得受理。因事毁而改正者准此给之。"（《宋会要辑稿》，职官八之三六·吏部二，第 2575 页）

2.3.35 《理欠令》

2.3.35.1 《理欠令》：谓粮纲犯自盗案首，其所盗官物并理为欠数，至罪正。应配者，配如法。（《宋会要辑稿》，食货四五之一一·漕运六，第 5599 页）

2.3.36 《辇运令》

《宋会要辑稿》中所见有 6 条史料，都是具体的条文原文。

2.3.36.1 《辇运令》：诸博易籴买纲运官物，并以他物拌和所运官物，应干条制，州县于装卸及沿流要会处粉壁晓示，岁一举行。诸年额及上供粮纲，转运、提点刑狱司赏功，督责捕盗官等警捕博易籴买之人，其应干罪赏条制，仍岁首检举，于装卸及沿流要会处粉壁晓示。（《宋会要辑稿》，食货四五之九·漕运六，第 5598 页）

2.3.36.2 《辇运令》：诸盐粮纲装讫，梁上置锁伏封锁，用省印，押纲人点检。若封印损动，实时报随处催纲巡捕官司，限当日同押纲人开视讫，以随处官印封锁，批书本纲历照验。（《宋会要辑稿》，食货四五之一〇·漕运六，第 5599 页）

2.3.36.3 《辇运令》：诸年额及上供粮纲，转运、提（检）〔点〕刑狱司常切督责捕盗官等警捕侵盗之人，其应干罪赏条置置，仍岁首检举，于装卸及沿流要会处粉壁晓示。（《宋会要辑稿》，食货四五之一〇·漕运六，第 5599 页）

2.3.36.4 《辇运令》：诸纲运梢工、篙手犯罪，勒充本纲牵驾者，本纲不愿留，即送别纲，仍不得主管官物。

诸盐粮纲纲梢犯罪不可存留者，押纲人具事状申转运或发运、辇运、拨发司审度，差人交替。若兵梢在路粜卖，送本地分州县施行。如阙人牵驾，即令所在贴差。

诸押纲人卸纳官物讫而疾病者，随纲治至装发处申所属官司验实，差人交装，瘥日管押。（《宋会要辑稿》，食货四五之一二·漕运六，第 5600 页）

2.3.37 《度支令》

2.3.37.1 绍圣四年（1097 年）十二月三日，尚书〔省〕言："《元丰度支令》：'上供（租）〔科〕买物应改罢若减者，听以额责所属计价费封桩'后增注文称：'无额者以三年中数，因灾伤或特旨免改者'，并乞删去注文。又《令》'（诸）〔诸〕国用物所（料）

［科］供，非元科供处者，听以封桩价费还之'后增入'其千贯以下不在还例'，今乞删去。"从之。(《宋会要辑稿》，刑一之一七·格令二，第6470页)

2.3.38 《牧马令》

2.3.38.1 大观元年（1107年）二月二十五日……本司检准《崇宁牧马令》节文，该说闲田若已请射而无力耕，许募人给养官马，即无人户已请佃见出给租课地土，亦许就拨充养马明文。本司未敢施行。契勘给地养马，与出纳租课，其利略等。(《宋会要辑稿》，兵二一之三〇·牧地，第7139页)

2.3.38.2 大观元年（1107年）四月二十八日，都省札子："提举熙河兰湟路牧马司奏：检会《崇宁牧马令》节文，即是孳生战马，皆合牧养。行下诸州点检养马官，取汉蕃人情愿收养逐等官马去后，今据诸处点检养马官申：召募到蕃汉人户，往往愿养骒马，出驹纳官。本司契勘，熙河最出产战马之地，若取人户情愿，养骒马收驹者，听从其便。每匹收三驹，以（勘）［堪］收养二驹纳官，一驹给与马户充赏。其孳生到驹，先拨充养马户死损之数。有余，配本路阙马兵士。如系骒驹，本司别无支配，即取朝旨，拨付近里孳生监。有不堪披带出战及不孳生骒马，乞就近拨与马舍，充填递马。"(《宋会要辑稿》，兵二一之三〇·牧地，第7139页)

2.3.39 《捕亡令》

2.3.39.1 淳熙六年（1179年）九月丙寅，进呈《捕亡令》："诸捕盗公人不获盗，应决而愿罚钱者听。"上曰："公人捕盗不获，许令罚钱，而不加之罪，是使之纵盗受财也。此等条令，可令删去。"(《宋会要辑稿》，帝系一一之一〇·守法·亲定淳熙法册，第217页)

2.3.39.2 《捕亡令》：诸江、淮、黄河内盗贼、烟火、榷货及抛失纲运，两岸捕盗官同管，其系岸船筏，随地分认。(《宋会要辑稿》，食货四五之八·漕运六，第5599页)

2.3.40 《辞讼令》

2.3.40.1 《辞讼令》：诸纲运人未卸纳而告押纲人及本纲事，杖以下罪，虽应受理，纳毕乃得追鞫。卸纳在他所者录报。诸发运司所辖纲运人论折本纲请给钱米事，随处转送论诉人赴本司，候纲到日究治。（《宋会要辑稿》，食货四五之一二·漕运六，第 5600 页）

2.3.41 《鞫狱令》

2.3.41.1 淳熙五年（1178 年）二月二十一日，中书门下省言："命官陈乞改（政）[正] 过名，前推录问官吏不当收坐伏辩，条法前后修改不一，难以遵用。"诏遵依《绍兴重修》，入淳熙新法施行。其乾道重修令并淳熙三年八月十日重修《乾道鞫狱令》，并令敕令所删定。（《宋会要辑稿》，刑一之五一·格令四，第 6487 页）

2.3.42 《断狱令》
《宋会要辑稿》中所见有 4 条史料。

2.3.42.2 政和四年（1114 年）十一月十四日，臣僚上言："窃按《政和断狱令》：诸罪人遇天宁节并壬戌日，杖以下情轻者听免，稍重者听赎。伏闻四方之吏奉法不虔，是日例正停决，则反致留狱矣。伏望申严法令，故违者置以违制之罪。"（《宋会要辑稿》，礼五七之二三·节二·天宁节，第 1603 页）

2.3.42.2 绍兴三年（1133 年）三月五日，敕令所增修到条法，已入《绍兴重修敕令》及《重修断狱令》。（《宋会要辑稿》，刑法六之六四·禁囚，第 6725 页）

2.3.43 《义仓令》

2.3.43.1 政和元年（1111 年）正月二十二日，臣僚言："《元丰义仓令》：'计所输之税，酬纳五合。'《大观敕》：'应丰熟，计一

县九分以上增为一升。'乞罢所增之数。"诏依元丰、绍圣法。(《宋会要辑稿》,食货五三之二一·义仓,第5730页)

2.3.44 《车驾省方仪令》

2.3.44.1 绍兴五年(1135年)二月二日,御史台、太常寺、阁门言:"已降指挥,暂回临安驻跸,今具仪制条令故事下项:一、《车驾省方仪令》:车驾巡幸请还京,及期出城百里外奉迎,主当物务并监临官免赴。临京再于五里外起居,次日入问圣体。"(《宋会要辑稿》,礼五二之一四·巡幸·高宗,第1560页)

2.3.45. 《常平免役令》

《宋会要辑稿》中所见有7条史料。

2.3.45.1 绍圣三年(1096年)六月八日,详定重修敕令所言:"常平等法在熙宁、元丰间各为一书。今请敕令格式并依元丰体例修外,别立常平、免役、农田水利、保甲等门;成书,同海行敕令格式颁行。"降诏自为一书,以《常平免役敕令》为名。(《宋会要辑稿》,刑法一之一七·格令二,第6470页)

2.3.45.2 绍兴十七年(1147年)十一月六日,太师、尚书左仆射、同中书门下平章事、提举详定一司敕令秦桧等上《常平免役敕》五卷、《目录》二卷,《令》二十卷、《目录》六卷,《格》三卷、《目录》一卷,《式》五卷、《目录》一卷,《申明》六卷,《厘析条》三卷,《对修令》一卷,《修书指挥》一卷。诏自来年三月一日颁降,仍以《绍兴重修常平免役敕令格式》为名。(《宋会要辑稿》,刑法一之四二·格令三,第6482页)

2.3.46 《内外宫学令》

2.3.46.1 崇宁四年(1105年)十二月二日,尚书省言:"检会《崇宁内外宫学令》:诸宗子入学即笃疾废疾,若无兼侍,曾被解送宗正司验实，听免。即有官，在学未及一年，虽及一年而犯第二等以上罚者，犯（等）［第］二等罚未再满一年，不在出官赴任之限。若已经赴任，而无举主三人，亦准此。已经赴任，既有举主，即不须更限员数。"（《宋会要辑稿》，帝系五之二〇·宗室杂录，第 121 页）

2.3.47　《宗子大小学令》

2.3.47.1　大观四年（1110 年）闰八月十八日，工部尚书、《圣政录》同编修官李图南奏："臣将《大观内外宗子学敕令格式》等与奏禀到条画事件，重别详定到《宗子大小学敕》一册、《令》七册、《格》五册、《式》二册、《申明》一册、《一时指挥》一册、《对修敕》一册、《令》二册，总二十一册。谨缮写上进。如得允当，乞付尚书省礼部颁降。"（《宋会要辑稿》，刑法一之二四·格令三，第 6472 页）

2.3.47.2　大观四年（1110 年）闰八月甲寅，工部尚书李图南上《宗子大小学敕令格式》二十二册，诏付礼部颁降。（《宋会要辑稿》，崇儒一之三·宗学，第 2164 页）

2.3.48　《国子监太学辟雍令》

2.3.48.1　大观三年（1109 年）四月八日，知枢密院事郑居中等言："修立到国子监太学辟雍敕令格式、申明、一时指挥，乞冠以'大观重修'为名，付尚书礼部颁降。"从之。（《宋会要辑稿》，职官二八之一八·国子监，第 2980 页）

2.3.49　《御试贡举令》、《省试贡举令》、《府监发解令》、《御试省试府监发解通用敕令》和《内外通用贡举令》

《宋会要辑稿》中所见有 3 条史料。

2.3.49.1　绍兴二十六年（1156 年）十二月十五日，尚书左仆射、同中书门下平章事、提举详定一司敕令万俟卨等上《御试贡举敕》一卷、《令》三卷、《式》一卷、《目录》一卷、《申明》一卷，《省试贡举敕》一卷、《令》一卷、《式》一卷、《目录》一卷、《申明》一卷，《府监发解敕》一卷、《令》一卷、《式》一卷、《目录》一卷、《申明》一卷，《御试省试府监发解通用敕》一卷、《令》一卷、《格》一卷、《式》一卷、《目录》二卷，《内外通用贡举敕》二卷、《（今）[令]》五卷、《格》三卷、《式》一卷、《目录》四卷、《申明》二卷，《厘正省曹寺监内外诸司等法》三卷，《修书指挥》一卷。诏可颁降，仍以《绍兴重修贡举敕令格式》为名。（《宋会要辑稿》，刑法一之四三·格令三，第6483页）

2.3.49.2　乾道六年（1170年）十月六日，国子司业芮煇言："本监补试已拆号发榜，所取试卷，宁国府汪璩于第七韵落韵，正系煇分考试卷内所取人数。欲望将汪璩驳放，仍将煇罢黜。"中书门下省检准《绍兴御试贡举令》，点检试卷官专点检杂犯不考。诏汪璩驳放，点检试卷官薛元鼎特降一资。（《宋会要辑稿》，选举二〇之二一·举士十七，第4585页）

2.3.50　《省试令》

2.3.50.1　淳熙五年（1178年）正月十九日，诏敕令所将贡院帘外誊录、对读、封弥、监门等官避亲，修入《省试条法》。既而敕令所依淳熙四年十一月二日敕，并照应《崇宁通用贡举敕》内余官避亲之文，参酌拟修下条："诸试院官谓主司及应预考校之官。亲戚谓本宗袒免以上，或同居无服亲，或缌麻以上亲及其夫子，或母妻缌麻以上亲及大功以上亲之夫子或女婿子，妇期以上亲。及试院余官谓监门、巡铺、封弥、誊录、对读之类。亲戚谓本宗大功以上亲，或母妻期以上亲，并亲女及亲姊妹之夫子。并两相避。若见在门客，每员止一名。亦避。右入《绍兴重修省试令》。"从之。（《宋会要辑稿》，选举五之四·贡举杂录，第4314页）

2.3.51　《方田令》

2.3.51.1　政和二年（1112年）十月二十七日，河北东路提举常平司奏："检承《崇宁方田令》节文：诸州县寨镇内屋税，据紧慢十等均定，并作见钱。本司契勘本路州县城郭屋税，依条以冲要闲慢亦分十等，均出盐税钱。且以未经方量开德府等处，每一亩可尽屋八间，次后更可盖覆。屋每间赁钱有一百至二百文足，多是上等有力之家。其后街小巷闲慢房屋，多是下户些小物业，每间只赁得三文或五文，委是上轻下重不等。今相度州县城郭屋税，若于十等内据紧慢，每等各分正次二等，令人户均出盐税钱，委是上下轻重均平，别不增损官额，亦不碍旧来坊郭十等之法。余依元条施行。"从之，余路依此。（《宋会要辑稿》，食货四之一一·方田，第4851页）

2.3.52 《教令》

2.3.52.1 元丰二年（1079年）九月二十九日，司农寺上《元丰教令式》十五卷，诏行之。（《宋会要辑稿》，职官二六之一二·司农寺，第2925页）

2.3.53 《国子监令》、《太学令》、《武学令》、《律学令》和《小学令》

2.3.53.1 绍兴十三年（1143年）十月六日，太师、尚书左仆射、同中书门下平章事、提举详定一司敕令秦桧等上《国子监敕》一卷、《令》三卷、《格》三卷、《目录》七卷，《太学敕》一卷、《令》三卷、《格》一卷、《式》二卷、《目录》七卷，《武学敕》一卷、《令》二卷、《格》一卷、《式》一卷、《目录》五卷，《律学敕》一卷、《令》二卷、《格》一卷、《式》一卷、《目录》五卷，《小学令》、《格》一卷、《目录》一卷，《监学申明》七卷，《修书指挥》一卷。诏自来年二月一日颁行，仍以"绍兴重修"为名。（《宋会要辑稿》，刑一之四○·格令三，第6481页）

2.3.54 《太学令》

2.3.54.1 元符三年（1100年）十二月十八日，翰林学士承旨、详定国子监条制蔡京言："奉敕详定国子监三学并外州军学制，今修成《太学敕令式》二十三册，以绍圣新修为名。"诏以来年正月一日颁行。（《宋会要辑稿》，职官二八之四·国子监，第2978页）

2.3.55 《小学令》

2.3.55.1 大观三年（1109年）四月八日，知枢密院郑居中等言："修立到《小学敕令格式申明》，一时指挥。乞冠以'大观重修'为名，付礼部颁降。"（《宋会要辑稿》，崇儒二·在京小学，第2186页）

2.3.55.2 政和四年（1114年）六月二十五日，礼部言："新差杨州司户高公粹，乞外州军小学生并置功课簿籍。国子监状：检承《小学令》，诸学并分上、中、下三等，能通经为文者，为上；日诵本经二百字、《论语》或《孟子》一百字以上，为中；若本经一百字《论语》或《孟子》五十字者，为下。仍置历书之。欲依本官所请。"从之。（《宋会要辑稿》，崇儒二之二三·政和学规，第2198页）

2.3.56 《诸路州县学令》

2.3.56.1 崇宁二年（1103年）正月四日，尚书右仆射兼中书侍郎蔡京等奏："昨具陈情，乞诸路置学养士。伏奉诏令讲议立法，修立成《诸州县学敕令格式》并《一时指挥》凡一十三册，谨缮写上进。如得允当，乞下本司镂版颁行。"从之。（《宋会要辑稿》，刑一之二二·格令三，第6472页）

2.3.56.2 崇宁二年（1103年）五月六日，宰臣蔡京等言，修立成《诸路州县学敕令格式》，并一时指挥，诏镂板颁行。（《宋会要辑稿》，崇儒二之一〇·郡县学政和学规，第2192页）

2.3.57 《书画学令》

2.3.57.1 崇宁三年（1104年）六月十一日，都省言："窃以书用于世，先王为之立学以教之，设官以达之，置使以谕之。盖一道德，谨（守）［家］法，以同天下之习。世衰道微，官失学废，人自为学，习尚非一，体画各异，殆非所谓书同文之意。今未有校试劝（尚）［赏］之法，欲仿先王置学设官之制，考选简（牧）［拔］，使人自奋所身于图画工技。朝廷图绘神像，与书一体，令附书学，为之校试约束。谨修成《书画学敕令格式》一部，冠以'崇宁国子监'为名。"从之。（《宋会要辑稿》，崇儒三之一·书学，2208 页）

2.3.58 《算学令》

2.3.58.1 崇宁三年（1104 年）六月十一日，都省札子："切以算数之学，其传人矣。《周官》大司徒以（卿）［乡］三物教万民而宾兴之，三曰六艺，礼、乐、射、御、书、数。则周之盛时，所不废也。历代以来，（囚）［因］革不同，其法具（官）［在。神宗皇帝追复三代，修立法令，将建学焉。属元祐异议，遂不及行。方今绍述圣绪，小大之政，靡不修举，则算学之设，实始先志。推而行之，宜在今日。今将《元丰算学条制》重加删润，修成（刺）［敕］令，并对修看详一部，以《崇宁国子监算学敕令格式》为名，乞赐施行。"从之。都省上《崇宁国子监算学书画学敕令格式》，诏："颁行之，只如此书可也。"（《宋会要辑稿》，崇儒三之二·算学，第 2208 页）

2.3.58.2 政和三年（1113 年）六月二十八日，算学奏："承朝旨，复置算学。今检会《崇宁国子监算学条令》，乞下诸路提举学事司行下诸州县等，诸命官入学，投纳家状差使以下许服襕襆。仍呈验历任或出身文学缴纳在官司者听先入，仍勘会。诸命官，未入。在入限诸命官及未出官人若殿侍，谓非诸军补授者。欲入律学或算学者，听入诸试，以通、粗并计，两粗当一通。《算义问》以所对优长，通及三分为合格。"（《宋会要辑稿》，崇儒三之六·算学，第 2210 页）

2.3.59 《律学令》

2.3.59.1 建中靖国元年（1101 年）三月十七日，详定所奏："续修到《律学敕令格式》，看详并净条，冠以'绍圣'为名。"

（《宋会要辑稿》，崇儒三之一〇·律学，第2212页）

2.3.59.2 政和六年（1116年）六月五日，户部尚书兼（许）[详]定一司敕令孟昌龄等奏："今参照熙宁旧法，修到《国子监律学敕令格式》一百卷，乞冠以'政和重修'为名。"诏颁行。（《宋会要辑稿》，刑一之二九·格令三，第6476页）

2.3.60 《武学令》

2.3.60.1 徽宗建中靖国元年（1101年）三月十七日，详定所续修到《武学敕令格式》，看详，冠以"绍圣"为名。从之。（《宋会要辑稿》，崇儒三之三一·武学，第2223页）

2.3.60.2 政和元年（1111年）八月二十八日，大司成张邦昌等言："准《大观重修武学令》：诸贡士以年终集于武学，次年春试，应补上等者取旨释褐，中等俟殿试。契勘文士上等留太学俟殿试，其武士上等，欲依文士上等已降指挥施行。"从之。（《宋会要辑稿》，崇儒三之三二·武学，第2223页）

2.3.61 《岁令》

2.3.61.1 宣和四年（1122年）二月十四日，太宰王黼言："今编类到明堂颁朔布政司政和七年十月止宣和三年十月颁朔布政诏书，及建府以来条例，并气令应验，《目录》一册，《编类》三册，《岁令》四册，《朔令》五十一册，《应验录》四册，总六十三册，谨随表上进以闻。"（《宋会要辑稿》，礼二四之八四·明堂颁朔布政，第941页）

2.3.62 《月令》

2.3.62.1 景祐四年（1037年）三月二十七日，诏五月朔行入阁之仪，仍读《（食）[时]令》，付礼院详定《仪注》以闻。先是，诏："国朝《时令》委编修官约《唐月令》撰定，以备宣读。"于是贾昌朝等采国朝律历、典礼、日度昏晓中星及祠祀配侑诸事当以岁时

施行者，改定为一篇上之。遂诏因入阁行其礼。（《宋会要辑稿》，仪制一之二五·文德殿视朝，第 1853 页）

2.3.62.2　大中祥符六年（1013 年）五月七日，详定所言："朝拜圣像，皇帝服衮冕。准《月令》：孟夏初衣暑服，孟冬始裘。尚衣库衮冕皆仲冬亲飨圜丘所服夹衣，今方盛暑，未称礼容，欲望依衮冕制度改制单衣，庶协时令。"从之。（《宋会要辑稿》，礼五一之一四·徽号二·迎奉圣像，第 1548 页）

2.3.63　《朔令》

2.3.63.1　宣和四年（1122 年）二月十四日，太宰王黼言："今编类到明堂颁朔布政司政和七年十月止宣和三年十月颁朔布政诏书，及建府以来条例，并气令应验，《目录》一册，《编类》三册，《岁令》四册，《朔令》五十一册，《应验录》四册，总六十三册，谨随表上进以闻。"（《宋会要辑稿》，礼二四之八四·明堂颁朔布政，第 941 页）

2.3.64　《保甲令》

2.3.64.1　政和三年（1113 年）九月九日，枢密院言："《保甲令》，诸主户两丁以上选一丁；又条，客户并令附保。"诏应称主户处，并改为税户。（《宋会要辑稿》，兵二之四〇·乡兵，第 6791 页）

2.3.65　《史部考功令》

2.3.65.1　大观二年（1108 年）三月十五日……一、崇宁四年（1105 年）三月十九日……今参酌修立下条：诸朝议、中散、正议、光禄、银青光禄大夫应转官者，各以左、右为两资转，先右而后左，有出身人应转朝议、中散大夫者更不转右，止作一官转。即朝请大夫至中散大夫仍各理七年磨勘。右入《史部考（巧）[功]令》……今看详修立下条：诸朝议、中散、正议、光禄、银青光禄大夫应转官者，各以左右为两资转，先右而后左。有出身及无出身而见带直秘阁已上职，或任谏议大夫已上应转朝议、中散大夫者，更不转右，止作一官转。即朝请大夫至中散大夫仍各理七年磨勘。右入《中书省吏部考功令》。(《宋会要辑稿》，职官五六之二七·官制别录，第3638页)

2.3.65.2　淳熙十三年（1186年）十月六日，臣僚言："吏部《尚书左右选通用令》：'冒亲被荫自陈，听改正。虽已经升改，仍依初补法。'与《考功承务郎以上使臣通用令》：'命官妄冒奏授（注谓奏孙作男之类），已陈首改正者，与通理前任未经磨勘年月，仍添展二年。'二条自相抵牾。乞下有司详议。"吏、刑部长贰看详："《尚书左右选令》内虽说冒亲被荫，不曾开说如何伪冒。今欲于'被荫'字下添入注文'谓奏孙作男之类'七字。《尚书考功》内'已陈首改正者'下文有'与通理前任未经磨勘年月，仍添展二年，以后依常例不理为过犯'二十六字，欲令删去，却添入'虽已经升改磨勘，其以前历过年月并不许收使，仍依初补法'二十四字。庶几法令归一，不致抵牾。乞下敕令所详定，重行修立成法。"从之。(《宋会要辑稿》，刑一之五四·格令三，第6488页)

2.3.66　《新定在京人从令》

2.3.66.1　元丰元年（1078年）九月六日，删定在京当直所修成敕令式三卷，乞以《元丰新定在京人从敕令式》为目颁降。从之。(《宋会要辑稿》，刑一之一一·格令二，第6467页)

2.3.67　《诸司库务令》

2.3.67.1　治平二年（1065年）六月十四日，提举在京诸司库务王珪、尚书都官郎中许遵上新编提举司并三司额例一百三十册，诏颁行，以《在京诸司库务条式》为名。以上《国朝会要》。(《宋会要辑稿》，刑一之六·格令一，第6464页)

2.3.67.2　元祐六年（1091年）五月二十九日，尚书省言："门下中书后省《详定诸司库务条贯》，删成敕令格式共二百六册，各冠以'元祐'为名。"从之。(《宋会要辑稿》，刑一之一五·格令二，第6469页)

2.3.68 《马递铺令》

2.3.68.1 大观元年（1107 年）七月二十八日，蔡京言："伏奉圣旨，令尚书省重修《马递铺海行法》颁行诸路。臣奉承圣训，删润旧文，编缵成书，共为一法。谨修成《敕令格式》、《申明》、《对修》，总三十卷，并《看详》七十卷，共一百册，计六复，随状上进。如或可行，乞降付三省镂版，颁降施行。仍乞以《大观马递铺敕令格式》为名。"从之。（《宋会要辑稿》，刑一之二三·格令三，第6472 页）

2.3.69 《度支大礼赏赐令》，或《赏赐令》

2.3.69.1 元祐元年（1086 年）八月十二日，诏颁门下中书后省修到《度支大礼赏赐敕令格式》。（《宋会要辑稿》，刑一之一四·格令二，第6468 页）

2.3.70 《夏祭令》

2.3.70.1 政和七年（1117 年）五月二十七日，礼制局编修《夏祭敕令格式》颁行。（《宋会要辑稿》，刑一之二九·格令二，第6476 页）

2.3.71 《高丽令》

2.3.71.1 政和七年（1117 年）十二月二十八日，枢密院言："修成《高丽敕令格式例》二百四十册，《仪范坐图》一百五十八册，《酒食例》九十册，《目录》七十四册，《看详卷》三百七十册，《颁降官司》五百六十六册，总一千四百九十八册，以《高丽国入贡接送馆伴条例》为目，缮写上进。"诏送同文馆遵守施行。（《宋会要辑稿》，刑一之三〇·格令三，第6476 页）

2.3.72 《明堂令》

2.3.72.1 宣和元年（1119 年）八月二十四日，详定一司敕令所奏：新修《明堂敕令格式》一千二百六册，乞下本所雕印颁降施行。从之。（《宋会要辑稿》，刑一之三一·格令三，第 6477 页）

2.3.73 《亲从亲事官转员令》

2.3.73.1 绍兴八年（1138 年）六月十九日，尚书左仆射、同中书门下平章事、兼枢密院使赵鼎等上《诸班直诸军转员敕》一卷、《格》一十二卷，《亲从亲事官转员敕》一卷、《令》一卷、《格》五卷。诏降付枢密院行使，仍以《绍兴枢密院诸班直诸军转员敕令格》及《绍兴枢密院亲从亲事官转员敕令格》为名。（《宋会要辑稿》，刑一之三八·格令三，第 6480 页）

2.3.74 《盐令》

2.3.74.1 绍兴二十一年（1151 年）七月二十八日，太师、尚书左（朴）［仆］射、同中书门下平章事、提举详定一司敕令秦桧等上《盐法敕》一卷、《令》一卷、《格》一卷、《式》一卷、《目录》一卷，《续降指挥》一百三十卷、《目录》二十卷；《茶法敕令格式》并《目录》共一卷，《续降指挥》八十八卷、《目录》一十五卷。诏颁行。盐法以《绍兴编类江湖淮浙京西路盐法》为名，茶法以《绍兴编类江湖淮浙福建广南京西路茶法》为名。（《宋会要辑稿》，刑一之四三·格令三，第 6482 页）

2.3.75 《茶令》

依据可见 2.3.74.1 材料。

2.3.76 《荐举令》

2.3.76.1 元祐元年（1086 年）十一月四日，中书省言："臣僚上言，比诏大臣荐馆职，又设十科举异材，请并依《元丰荐举令》：关报御史台。非独内外之臣各谨所举，庶使言者闻知，得以先事论列，不误选任。"从之。（《宋会要辑稿》，选举二八之一九·举官二，第 4687 页）

2.3.76.2 崇宁元年（1102 年）三月二十八日，吏部言：检准《荐举令》：诸知州、县令有治绩可再任者，知州须监司，县令须按察官五员连书，去替前一年，具实状保奏。年七十者，不在保奏之限。又准《吏部尚书左选令》：知州到任一季使阙，知县去替一年半使阙。（《宋会要辑稿》，选举二八之二八·举官二，第 4691 页）

2.3.77 《赋役令》

2.3.77.1 钦宗靖康元年（1126 年）二月二十七日，知建州王宾言："军兴以来，诸处敢勇效、用保甲、弓箭社等带随身器甲于经过州县城内安泊，往往作过，未有明文禁止。"检准《政和军防令》：诸全将差发，所由州县承报，量兵马标占驿铺、官私邸舍，各以部分区处取定，仍前期一日以图报本将。又《赋役令》：诸丁夫经过县镇城市，三里外下寨宿止，不得入食店酒肆，有所须物，火头收买。（《宋会要辑稿》，刑法七之二八·军制，第 6747 页）

2.3.78 《时令》

2.3.78.1 神宗熙宁三年（1070 年）五月……《艺文志》：景祐三年，诏贾昌朝与丁度、李淑采国朝律历、典礼日度昏晓中星、祠祀配侑岁时施行者，约《唐月令》，定为《时令》一卷，以备宣读。（《宋会要辑稿》，仪制一之二九·文德殿视朝，第 1855 页）

2.3.78.2 政和七年（1117 年）七月二十九日，议修定《时令》："臣谨按《玉藻》，天子听朔于南门之外；《周官》太师，颁告朔于邦国。盖听朔则每月听朔政于明堂，颁朔则以十二月朔政颁于诸侯。又按《周礼·月令》，天子居青阳、明堂、总章、玄堂，每月异礼。然《月令》之文，自颛帝改历术，帝尧正人时，《大戴》有《夏小正》，《周书》有时训，《吕氏春秋》有十二纪。《礼记·月令》虽本于吕氏，然其所载皆因帝王旧典，非吕氏所能自作也。唐开元中，删定《月令》，国朝亦载于《开宝通礼》，及以祠祭附为《祠令》。今肇建明堂，稽《月令》十二堂之制，其《时令》宜参酌修定，使百官有司奉而行之，以顺天时，和阴阳，诚王政之所先也。"（《宋会要辑稿》，礼二四之八四·明堂颁朔布政，第491页）

2.3.79 《贡举令》

2.3.79.1 政和元年（1111年）四月二十五日，吏部侍郎姚祐等奏乞《礼部贡举令》内收入不得援引皇帝名。从之。（《宋会要辑稿》，选举四之六·考试条制，第4293页）

2.3.80 《贡举通用令》

2.3.80.1 政和二年（1112年）四月二十四日，礼部言："《崇宁贡举通用令》：诸举人已唱第，赐闻喜宴于琼林苑。诸贡士已推恩，赐闻喜宴于辟雍。系贡士并宗子上舍，与进士同榜释褐，所有赐宴，恐合就琼林苑，并差押赐官。"（《宋会要辑稿》，选举二之一三·贡举·进士科，第4251页）

2.3.81 《吏部总类通用令》

2.3.81.1 嘉定六年（1213年）二月二十一日，刑部尚书李大性言："《庆元名例敕》：避亲一法，该载甚明，自可遵守。《庆元断狱令》所称鞫狱与罪人有亲嫌应避者，此法止为断狱设，盖刑狱事重，被差之官稍有亲嫌，便合回避，与铨曹避亲之法不同。昨修纂《吏部总类通用令》，除去《名例敕》内避亲条法，却将《庆元断狱令》鞫狱条收入。"（《宋会要辑稿》，刑法一之五九·格令四，第6491页）

（三）《续资治通鉴长编》所见令

《续资治通鉴长编》中记载了北宋大量原始材料，笔者通过检索发现，明确提到不同令名的有 20 处，属于令典的有《天圣令》、《元丰令》和《元祐令》，其他的属于独立的令的篇名，分别是《仪制令》、《军令》、《假宁令》、《公式令》、《驿令》、《禄令》和《封爵令》等。

3.1　《仪制令》

3.1.1　太平兴国八年（983 年）正月癸未承恭又言："《仪制令》有云：'贱避贵，少避长，轻避重，去避来'。望令两京、诸道，各于要害处设木刻其字，违者论如律，庶可兴礼让而厚风俗。甲申，诏行其言。王称《东都事略》：诏曰：传云：'能以礼让为国乎，何有？'宜令开封府及诸州于冲要榜刻《仪制令》，论如律。"（《续资治通鉴长编》卷二十四，太宗太平兴国八年正月癸未条，第 538 页）

3.1.2　咸平元年（998 年）十二月"又以仪制、车服等十六道别为一卷，附《仪制令》，违者如违令法，本条自有刑名者依本条"。（《续资治通鉴长编》卷四十三，真宗咸平元年十二月条，第 923 页）

3.2　《军令》

3.2.1　咸平五年（1002 年）五月己酉，诏西路将士临阵巧作退避者，即按《军令》，不须以闻。（《续资治通鉴长编》卷五十二，真宗咸平五年己酉条，第 1132 页）

3.2.2　景德元年（1004 年）五月己丑，诏诸军将士犯罪，按《军令》除资产合入官外，余并还其家。（《续资治通鉴长编》卷五十六，真宗景德元年五月己丑条，第 1237 页）

3.3　《假宁令》

3.3.1　景祐二年（1035 年）八月辛酉，天圣六年敕：《开元五服制度》、《开宝正礼》并载《齐衰降服条例》,虽与祁所言不异,然《假宁令》:"诸丧,斩、齐三年并解官;齐衰杖期及为人后者为其父母,若庶子为后为其母,亦解官,申心丧;母出及嫁,为父后者虽不服,亦申心丧。"(《续资治通鉴长编》卷一百十七,仁宗景祐二年八月辛酉条,第 2750 页)

3.4 《公式令》

《续资治通鉴长编》中《公式令》的材料有 7 条,涉及《天圣公式令》、《元丰公式令》和《元祐公式令》等。

3.4.1 元祐元年(1086 年)八月辛卯,贴黄称:"检会《元丰公式令》:诸赦书许官员诉雪过犯,自降赦日二年外投状者,不得受接。即是常赦许官员诉雪,刑部犹限二年,若该元丰八年三月六日赦恩者,刑部自须至来年三月六日方不接状,所有今来诉理所日限,欲乞依前项令更展至元祐二年三月五日终。如此则凡经刑部定夺不该雪除者,诉理所该看详施行也。"诏展诉理所日限至元祐二年三月五日终。(《续资治通鉴长编》卷三百八十四,元祐元年八月辛卯条,第 9368 页)

3.4.2 元祐五年(1090 年)正月己丑,户部言:"诸路起发正纲及附搭官钱到京,例皆少欠。《元丰公式令》:诸州解发金银钱帛,通判厅置簿,每半年具解发物数及管押附载人姓名,实封申省。《元祐敕》误有删去,合重修立。"从之。(《续资治通鉴长编》卷四百三十七,元祐五年正月己丑条,第 10531 页)

3.5 《大礼令》

《续资治通鉴长编》中《大礼令》的材料有 7 条。

3.5.1 元祐四年(1089 年)九月己酉,诏:"观文殿大学士、知永兴军韩缜,观文殿学士、知颍昌府范纯仁,并依大礼合赐物外,加赐器币:韩缜各五百匹、两,范纯仁各二百五十匹、两。太子少保致仕张方平依《大礼令》赐器、币。"(《续资治通鉴长编》卷四百三

十三，元祐四年九月己酉，第 10442 页）

3.5.2 元符元年（1098 年）七月庚戌，诏左司员外郎曾取与入内内侍一员，同共取索删修《大礼令》。（《续资治通鉴长编》卷五百，元符元年七月庚戌，第 11901 页）

3.6 《礼令》

《续资治通鉴长编》中《礼令》的材料有 3 条。

3.6.1 大中祥符九年（1016 年）五月丁未，殿中侍御史张廓言："群官有丁父母忧者，多免持服，非古道也。伏望自今并依《礼令》解官行服。"诏从之，其官秩当起复及武臣、内职悉如旧制。（《续资治通鉴长编》卷八十七，大中祥符九年五月丁未条，第 1988 页）

3.7 《天圣令》

3.7.1 天圣七年（1029 年）五月己巳，诏以《新令》及《附令》颁天下。始，命官删定编敕，议者以《唐令》有与本朝事异者，亦命官修定，成三十卷，有司又取《咸平仪制令》及制度约束之。在敕，其罪名轻者五百余条，悉附令后，号曰《附令敕》。（《续资治通鉴长编》一百八，天圣七年五月己巳条，第 2512 页）

3.8 《禄令》

《续资治通鉴长编》中《禄令》的材料有 6 条。

3.8.1 嘉祐二年（1057 年）冬十月甲辰朔，三司使张方平等上《新编禄令》十卷，名曰《嘉祐禄令》，遂颁行之。（《续资治通鉴长编》卷一百八十六，嘉祐二年十月甲辰朔条，第 4492 条）

3.8.2 元丰七年（1084 年）九月戊戌朔，枢密都承旨张诚一言："枢密都承旨月有职钱三十千，准《禄令》：武臣正任节度使以下不给添支。"诏特给。（《续资治通鉴长编》卷三百四十八，元丰七年九月戊戌朔条，第 8354 页）

3.9 《驿令》

3.9.1 嘉祐四年（1059 年）正月壬寅，三司使张方平上所编《驿券则例》，赐名曰《嘉祐驿令》。初，内外文武官，下至吏卒，所给券皆未定，又或多少不同。遂下枢密院，取旧例下三司掌券司，会萃多少而纂集之，并取宣敕、令文专为驿券立文者，附益删改凡七十四条，上中下三卷，以颁行天下。（《续资治通鉴长编》卷一百八十九，嘉祐四年正月壬寅条，第 4548 页）

3.10 《封爵令》

3.10.1 熙宁八年（1075 年）六月壬子，先是，同知太常礼院李清臣言寺……《封爵令》："公、侯、伯、子、男皆子孙承嫡者传袭。若无嫡子及有罪疾立嫡孙，无嫡孙以次立嫡子同母弟，无母弟立庶子，无庶子立嫡孙同母弟，无母弟立庶孙。曾孙以下准此。究寻礼令之意，明是嫡子先死，而祖亡以嫡孙承重，则礼先庶叔，不系诸叔存亡，其嫡孙自当服三年之服，而众子亦服为父之服。若无嫡孙为祖承重，则须依《封爵令》嫡孙远近以次推之。且传爵、承重，义当一体，礼令明白，固无所疑。而《五服年月敕》不立庶孙承重本条，故四方士民尚疑为祖承重之服或不及上禀朝廷，多致差误。欲乞祖亡无嫡孙承重者，依《封爵令》传袭条，余子孙各服本服。如此则明示天下人知礼制，祖得继传，统绪不绝，圣王之泽也。"下礼院，请如清臣议。既而中书言："古者封建国邑而立宗子，故周礼嫡子死，虽有诸子，犹令嫡孙传重，所以一本统，明尊卑之义也。至于商礼则嫡子死，立众子，无众子，然后立孙。今既不立宗子，又不常封建国邑，则嫡孙丧祖，不宜纯用周礼。"故有是诏。（《续资治通鉴长编》卷二百六十五，熙宁八年六月壬子条，第 6496 页）

3.11 《学令》

3.11.1 元丰二年（1079 年）十二月乙巳，御史中丞李定等言：

"窃以取士兼察行艺，则是古者乡里之选。盖艺可以一日而校，行则非历岁月不可考。今酌周官书考宾兴之意，为太学三舍选察升补之法，上《国子监敕式令》并《学令》，凡百四十三条。"诏行之。（《续资治通鉴长编》卷三百一，元丰二年十二月乙巳条，第7327～7328页）

3.12 《元丰令》

3.12.1　元丰七年（1084年）三月乙巳，《艺文志》：《元丰编敕令格式》、《敕书德音》、《申明》共八十一卷，元丰七年，崔台符等修。《刑法志》云：初议修敕必先置局，诏中外言法之不便与约束之未尽者议集，然后更定，所言可采而行者，赏录其人。书成，诏中书、枢密院及刑法司律官俾参订可否以闻。始，《咸平敕》成，别为《仪制令》一卷。天圣中，取《咸平仪制令》约束之在敕者五百余条，悉附令后，号曰《附令》。庆历、嘉祐皆因之。《熙宁敕》虽更定为多，然其体制莫辨。至元丰，修敕详定官请对，上问敕、令、格、式体制如何，对曰："以重轻分之。"上曰："非也。禁于已然之谓敕，禁于未然之谓令，设于此以待彼之至之谓格，设于此使彼效之之谓式。修书者要当知此，有典有则，贻厥子孙。今之敕、令、格、式，则典则也。若其书备具，政府总之，有司守之，斯无事矣。"于是凡入杖、笞、徒、流、死，自《名例》以下至《断狱》凡十有二门，丽刑名轻重者皆为"敕"；自《品官》以下至《断狱》凡三十五门，约束禁止者皆为"令"；命官之赏等十有七，吏、庶人之赏等七十有七，又有倍、全、分、厘之级凡五卷，有等级高下者皆为"格"；奏表、帐籍、关牒、符檄之类凡五卷，有体制模楷者皆为"式"；始分敕、令、格、式为四。《熙宁敕》十有七卷、《附令》三卷；《元丰敕》十有三卷、《令》五十卷。《熙宁敕令》视嘉祐条则有减，《元丰敕令》视熙宁条则有增，而格、式不与焉。二敕有申明各一卷。天下土俗不同，事各有异，故敕、令、格、式外，有一路、一州、一县、一司、一务敕式，又别立省、曹、寺、监、库、务等敕凡若干条。每进拟，有抵牾重复，上皆签改，使刊正，然后行之，防范于是曲尽矣。上谕安焘敕、令、格、式，已见二年六月一十四日。(《续资治通鉴长编》卷三百四十四，元丰七年三月乙巳条，第 8254 页)

3.13 《荐举令》

3.13.1 元祐元年(1086 年)十一月戊午，中书省言："臣僚上言：《元丰荐举令》，被旨特举官者奏讫，具所举官报御史台。比诏大臣荐馆职，又设十科举异材。请并依《元丰令》关报御史台，非独内外之臣各审所举，庶使言者闻知，得以先事论列，不误选任。"(《续资治通鉴长编》卷三百九十一，元祐元年十一月戊午条，第 9510 页)

3.14 《元祐令》

3.14.1 元祐二年(1087 年)十二月壬寅，诏颁《元祐详定编敕令式》……

臣等今以《元丰敕令格式》并元祐二年十二月终以前海行续降条贯，共六千八百七十六道，取嘉祐、熙宁编敕、附令敕等，讲求本末，详究源流，合二纪之所行，约三书之大要，弥年揖撮，极虑研穷，稍就编蓥，才成纲领。随门标目，用旧制也，以义名篇，仿唐律也。其间一事之禁，或有数条，一条之中，或该数事，悉皆类聚，各附本门。义欲著明，理宜增损，文有重复者削除之，意有阙略者润色之，使简而易从，则久而无弊。

又按熙宁以前编敕，各分门目，以类相从，约束赏刑，本条具载，以是官司便于检阅。《元丰敕》则各随其罪，厘入诸篇，以约束为令，刑名为敕，酬赏为格，更不分门，故检用之际，多致漏落。今则并依熙宁以前体例删修，更不别立赏格。

……

凡删修成敕二千四百四十条，共一十二卷，内有名件多者，分为上下，计一十七卷，目录三卷；令一千二十条，共二十五卷；式一百二十七条，共六卷；令式目录二卷，申明一卷，余条准此例一卷，元丰七年以后敕书德音一卷。一总五十六卷，合为一部。于是雕印行

下。（《续资治通鉴长编》卷四百七，元祐二年十二月壬寅条，第9912～9914页）

3.15 《大理寺令》

3.15.1 元祐六年（1091年）正月甲申，大理司直窦莘等言："按《元祐大理寺令》：断案若定夺事正、少卿应避者，断议两司自来互送，卿应避者止免签书，均是有避而立法不一。乞并免签书，更不互送。"从之。（《续资治通鉴长编》卷四百五十四，元祐六年正月甲申条，第10886页）

3.16 《度支押令》

3.16.1 元祐六年（1091年）八月庚戌，户部言："按《度支押令》：木（木代）至京交承未毕，其驿券听给三十日止。看详使臣押（木代）竹木，一般令文止言木（木代），该载未尽，欲于令内删去'木'字。"（《续资治通鉴长编》卷四百六十四，元祐六年八月庚戌条，第11087页）

3.17 《刑部令》

3.17.1 元祐三年（1088年）冬十月癸酉朔，尚书省言："《刑部令》：诸奏狱格虽该载，而情罪有轻重者，附格增损。按兵民当从本部增损外，其郡吏有罪，恐非有司所敢专，合令取裁。"从之。（《续资治通鉴长编》卷四百一十五，元祐三年十月癸酉条，第10096页）

3.17.2 元祐六年（1091年）八月辛亥，又言："责授英州别驾、新州安置蔡确母明氏状，乞元祐四年明堂赦文及吕惠卿移宣州安置二年例，与量移确一内地。按条：前任执政官罢执政官后，因事责降散官者，令刑部检举。又《刑部令》：应检兵人理期数；准法：散官及安置之类，以三期诏开封府告示。"（《续资治通鉴长编》卷四百六十四，元祐六年八月辛亥条，第11088页）

3.18 《大宗正寺令》

3.18.1 元祐七年（1092 年）九月甲午，宗正寺言："本寺令：宗室无服亲，连名非上下同者，如'立之'与'宗立'之类，及音同字异，皆听撰。祖宗袒免以上亲，见依上件令文撰赐名外，今来非袒免亲，既许本家撰名，切虑员数日增，取名渐多，若皆令依上条一一照对回避，必至拘碍训撰不行。今欲乞令太祖、太宗、秦王下子孙无服亲，各于本祖下即依令文撰名。若系别祖下无服亲，除所连名自合别取字外，余虽犯别祖下本字，并许用。所贵久远训撰得行。"从之。（《续资治通鉴长编》卷四百七十七，元祐七年九月甲午条，第 11371 ~ 11372 页）

3.19 《度支令》

3.19.1 绍圣五年（1098 年）十二月癸未，尚书省言："《元丰度支令》：'上件科买物，应改罢若减者，听以额所责，属计价费封桩'后，增注文称：'无额者，以三年中数，因灾伤或特旨免改者非。'今乞删去注文。又'令诸国用物所科供，非元科供处者，听以封桩价费还之'后，增入'其千贯以下，不在还例'。今乞删去。"从之。（《续资治通鉴长编》卷四百九十三，绍圣五年十二月癸未条，第 11709 页）

3.20 《仪令》

3.20.1 元丰八年（1085 年）四月己丑，三省枢密院言：续讨论垂帘故事仪注，应合告谢臣僚，并垂帘日引，依阁门见行《仪令》。从之。（《续资治通鉴长编》卷三百五十五，元丰八年四月己丑条，第 8489 页）

3.20.2 元符元年（1098 年）七月辛亥，御史台言："《元丰官制》：朝参班序，有日参、六参、望参、朔参，已著为令。元祐五年改朔参官兼赴六参，有失先朝分别等差之意，请止依《元丰仪令》。"（《续资治通鉴长编》卷五百，元符元年七月辛亥条，第 11901 条）

（四）宋史所见令

《宋史》作为宋朝基本史料，记载了大量关于令的内容，其中《艺文志》和《刑法志》中可以见到的较多。《艺文志》中大量记载了宋朝不同的立法成果，其中可以窥见令的立法情况，由于《艺文志》中的内容较集中，这里不再注出页码。

1. 《艺文志》所见"令"

4.1.1 《夏祭令》

4.1.1.1 蒋献《夏祭敕令格式》，卷亡。

4.1.2 《明堂令》

4.1.2.1 "《明堂袷飨大礼令式》三百九十三卷，元丰间"；"《明堂大飨视朔颁朔布政仪范敕令格式》一部，宣和初"和"《明堂敕令格式》一千二百六册，宣和初。卷亡"。

4.1.3 《景灵宫供俸令》

4.1.3.1 冯宗道《景灵宫供奉敕令格式》六十卷。

4.1.4 《诸陵荐献礼文仪令》

4.1.4.1 《诸陵荐献礼文仪令格式并例》一百五十一册，绍圣间。

4.1.5 《阁门令》

4.1.5.1 《阁门令》四卷。

4.1.6 《蜀坤仪令》

4.1.6.1 《蜀坤仪令》一卷。

4.1.7 《高丽令》

4.1.7.1 《高丽入贡仪式条令》三十卷，元丰间。《接送高丽敕令格式》一部，宣和初。卷亡，《奉使高丽敕令格式》一部，宣和初。

4.1.8 《诸蕃进贡令》

4.1.8.1 《诸蕃进贡令式》十六卷。

4.1.9 《禄令》、《驿令》

4.1.9.1 吴奎《嘉祐禄令》十卷；又《驿令》三卷。张方平《嘉祐驿令》三卷，又《嘉祐禄令》十卷。

4.1.10 《新定诸军直禄令》、《新定皇亲禄令》

4.1.10.1 《熙宁新定诸军直禄令》二卷、《熙宁新定皇亲禄令》十卷。

4.1.11 《御书院令》

4.1.11.1 《御书院敕式令》二卷。

4.1.12 《国子监大学小学令》

4.1.12.1 李定《元丰新修国子监大学小学元新格》十卷，又《令》十三卷。

4.1.13 《武学令》

4.1.13.1 《武学敕令格式》一卷，元丰间。《绍圣续修武学敕令格式看详》并《净条》十八册，建中靖国初。卷亡。

4.1.14 《贡举令》、《医局令》、《龙图阁令》、《天章阁令》和《宝文阁令》

4.1.14.1 《贡举医局龙图天章宝文阁等敕令仪式》及《看详》四百一十卷，元丰间。

4.1.15 《丧葬令》

4.1.15.1 《宗室及外臣葬敕令式》九十二卷，元丰间。

4.1.16 《皇亲禄令》

4.1.16.1 《皇亲禄令并厘修敕式》三百四十卷。

4.1.17 《都提举市易司令》

4.1.17.1 吴雍《都提举市易司敕令》并《厘正看详》二十一卷、《公式》二卷，元丰间。

4.1.18 《国子监支费令》

4.1.18.1 朱服《国子监支费令式》一卷。

4.1.19 《吏部四选令》

4.1.19.1 《吏部四选敕令格式》一部，元祐初，卷亡。

4.1.20　《户部令》

4.1.20.1　《元丰户部敕令格式》一部，元祐初，卷亡。

4.1.21　《诸司市务令》

4.1.21.1　《元祐诸司市务敕令格式》二百六册，卷亡。

4.1.22　《六曹令》

4.1.22.1　《六曹敕令格式》一千卷，元祐初。

4.1.23　《律学令》

4.1.23.1　《绍圣续修律学敕令格式看详》并《净条》十二册，建中靖国初。孟昌龄《政和重修国子监律学敕令格式》一百卷。

4.1.24　《诸路州县令》

4.1.24.1　《诸路州县敕令格式》并《一时指挥》十三册，卷亡。蔡京《政和续编诸路州县学敕令格式》十八卷。

4.1.25　《算学令》

4.1.25.1　《徽宗崇宁国子监算学敕令格式》并《对修看详》一部，卷亡。

4.1.26　《画学令》

4.1.26.1　《崇宁国子画书学敕令格式》一部，卷亡。

4.1.27 《宗子大小学令》

4.1.27.1 李图南《宗子大小学敕令格式》十五册，卷亡。

4.1.28 《政和禄令》

4.1.28.1 《政和禄令格》等三百二十一册，卷亡。

4.1.29 《大礼令》

4.1.29.1 《宗祀大礼敕令格式》一部，政和间。卷亡。

4.1.30 《御试贡士令》

4.1.30.1 白时中《政和新修御试贡士敕令格式》一百五十九卷。

4.1.31 《司农令》

4.1.31.1 蔡确《元丰司农敕令式》十七卷。

4.1.32 《江湖淮浙盐令》

4.1.32.1 李承之《江湖淮浙盐敕令赏格》六卷。

4.1.33 《吏部令》

4.1.33.1 曾伉《元丰新修吏部敕令式》十五卷，《绍兴重修吏部敕令格式》并《通用格式》一百二卷，朱胜非等撰。

4.1.34 《国子监令》

4.1.34.1 陆佃《国子监敕令格式》十九卷。

4.1.35 《贡士令》

4.1.35.1 白时中《政和新修贡士敕令格式》五十一卷、《绍兴重修贡举敕令格式申明》二十四卷，绍兴中进。

4.1.36 《六曹寺监库务通用令》

4.1.36.1 《绍兴重修六曹寺监库务通用敕令格式》五十四卷，秦桧等撰。

4.1.37 《常平免役令》

4.1.37.1 《绍兴重修常平免役敕令格式》五十四卷，秦桧等撰。

4.1.38 《参附尚书吏部令》

4.1.38.1 《绍兴参附尚书吏部敕令格式》七十卷，陈康伯等撰。

4.1.39 《在京通用令》

4.1.39.1 《绍兴重修在京通用敕令格式申明》五十六卷，绍兴中进。

4.1.40 《吏部左选令》

4.1.40.1 《淳熙重修吏部左选敕令格式申明》三百卷，龚茂良等撰。

4.1.41 《吏部七司令》

4.1.41.1 《开禧重修吏部七司敕令格式申明》三百二十三卷，开禧元年上。

4.1.42 《大宗正司令》

4.1.42.1 《大宗正司敕令格式申明》及《目录》八十一卷，绍兴重修。

2. 《宋史·刑法志》所见令

4.2.1 《仪制令》

4.2.1.1 咸平中增至万八千五百五十有五条，诏给事中柴成务等芟其繁乱，定可为《敕》者二百八十有六条，准律分十二门，总十一卷。又为《仪制令》一卷。当时便其简易。（《宋史》卷一百九十九，刑法志一，第 4963 页）

4.2.2 《禄令》、《驿令》

4.2.2.1 嘉祐初，因枢密使韩琦言，内外吏兵奉禄无著令，乃命类次为《禄令》。三司以驿料名数，著为《驿令》。（《宋史》卷一百九十九，刑法志一，第 4963 页）

4.2.3 《元丰令》

4.2.3.1 自《品官》以下至《断狱》三十五门，约束禁止者，皆为令。（《宋史》卷一百九十九，刑法志一，第 4964 页）

4.2.4 《绍兴令》

4.2.4.1 绍兴元年（1131 年），书成，号《绍兴敕令格式》，而吏胥省记者亦复引用。（《宋史》卷一百九十九，刑法志一，第 4965 页）

4.2.5 《乾道令》

4.2.5.1 乾道六年（1170 年），刑部侍郎汪大猷等上其书，号《乾道敕令格式》。（《宋史》卷一百九十九，刑法志一，第 4965 页）

4.2.6 《淳熙令》

4.2.6.1 淳熙初，诏除刑部许用《乾道刑名断例》，司勋许用《获盗推赏例》，并乾道经置条例事指挥，其余并不得引例。既而臣僚言："《乾道新书》，尚多抵牾。"诏户部尚书蔡洸详定之，凡删改九百余条，号《淳熙敕令格式》。（《宋史》卷一百九十九，刑法志一，第 4966 页）

4.2.7 《庆元令》

4.2.7.1 庆元四年（1198 年），右丞相京镗始上其书，为百二十卷，号《庆元敕令格式》。（《宋史》卷一百九十九，刑法志一，第 4966 页）

4.2.8 《淳祐令》

4.2.8.1 淳祐二年（1242 年）四月，敕令所上其书，名《淳祐敕令格式》。十一年，又取《庆元法》与《淳祐新书》删润。其间修改者百四十条，创入者四百条，增入者五十条，删去者十七条，为四百三十卷。（《宋史》卷一百九十九，刑法志一，第 4963 页）

3. 宋史其他所见令

《宋史》中在本纪和志部分有较多令的记载，具体如下。

4.3.1 《明堂令》、《景灵宫供俸令》、《大辽令》、《高丽令》、《诸蕃进贡令》和《宗室外臣葬敕令》

4.3.1.1 元丰元年（1078 年）……又命龙图直学士宋敏求同御史台、阁门、礼院详定《朝会仪注》，总四十六卷：曰《阁门仪》，曰《朝会礼文》，曰《仪注》，曰《徽号宝册仪》。《祭祀》总百九十一卷：曰《祀仪》，曰《南郊式》，曰《大礼式》，曰《郊庙奉祀礼文》，曰《明堂祫享令式》，曰《天兴殿仪》，曰《四孟朝献仪》，曰《景灵宫供奉敕令格式》，曰《仪礼敕令格式》。《祈禳》总四十卷：曰《祀赛式》，曰《斋醮式》，曰《金箓仪》。《蕃国》总七十一卷：曰《大辽令式》，曰《高丽入贡仪》，曰《女真排办仪》，曰《诸蕃进贡令式》。《丧葬》总百六十三卷：曰《葬式》，曰《宗室外臣葬敕令格式》，曰《孝赠式》。其损益之制，视前多矣。（《宋史》卷九十八，志五十五·吉礼一，第 2422～2423 页）

4.3.2 《禄令》

4.3.2.1 嘉祐二年（1057 年）冬十月丙午，班《禄令》。（《宋史》卷十二，仁宗纪，第 242 页）

4.3.2.2 宣和三年（1121 年），户部尚书沈积中、侍郎王蕃言："《元丰法》，带职人依《嘉祐禄令》，该载观文殿大学士以下至直学士，添支钱三等，自三十千至十五千。百千至十千，凡九等。大观中，因敕令所启请，改作贴职钱，观文大学士至直秘阁，兼增添在京供职米麦，观文殿大学士至待制，自五十石至二十五石四等，比旧法增多数倍。"（《宋史》卷一百七十二，职官十二·俸禄制下·增给，第 4130 页）

4.3.3 《嘉祐驿令》

4.3.3.1 嘉祐四年（1059 年）春正月壬寅，赐在京诸军班缗钱。颁《嘉祐驿令》。（《宋史》卷十二，仁宗四，第 244 页）

4.3.3.2 嘉祐四年（1059 年），三司使张方平编驿券则例，凡七十四条，赐名《嘉祐驿令》。（《宋史》卷一百五十四，舆服六·符券，第 2596 页）

4.3.4 《学令》

4.3.4.1 元丰二年（1079 年）十二月乙巳，御史中丞李定上《国子监敕式令》并《学令》凡百四十条。（《宋史》卷十五，神宗二，第 299 页）

4.3.4.2 元丰二年（1079 年），颁《学令》：太学置八十斋，斋各五楹，容三十人。外舍生二千人，内舍生三百人，上舍生百人。月一私试，岁一公试，补内舍生；间岁一舍试，补上舍生，弥封、誊录如贡举法；而上舍试则学官不预考校。公试，外舍生入第一、第二等，升内舍；内舍生试入优、平二等，升上舍：皆参考所书行艺乃升。上舍分三等。学正增为五人，学录增为十人，学录参以学生为之。岁赐缗钱至二万五千，又取郡县田租、屋课、息钱之类，增为学费。初，以国子名监，而实未尝教养国子。诏许清要官亲戚入监听读，额二百人，仍尽以开封府解额归太学，其国子生解额，以太学分数取之，毋过四十人。（《宋史》卷一百五十七，选举三·学校试，第 3660～3661 页）

4.3.5 《恤孤幼令》

4.3.5.1 绍圣三年（1096 年）二月辛未，复元丰《恤孤幼令》。（《宋史》卷十八，哲宗二，第 344 页）

4.3.6 《大学令》

4.3.6.1 绍圣三年（1096 年）十二月甲戌，蔡京上《新修大学敕令式》、《详定重修敕令》。（《宋史》卷十八，哲宗二，第 345 页）

4.3.7 《常平免役令》

4.3.7.1 元符元年（1098 年）六月甲午，蔡京等上《常平免役敕令》。（《宋史》卷十八，哲宗二，第 350 页）

4.3.8 《祠令》

4.3.8.1 《祠令》：小祠，牲入涤一月，所以备洁养之法。今每位肉以豕，又取诸市，与令文相戾。请诸小祠祭以少牢，仍用体解。（《宋史》卷一百三，礼六·吉礼六，第 2518 页）

4.3.9 《祀令》

4.3.9.1 《绍兴祀令》："虫蝗为害，则祭酺神。"（《宋史》卷一百三，礼六·吉礼六，第 2523 页）

4.3.10 《朝会仪令》

4.3.10.1 元丰元年（1078 年），诏龙图阁直学士、史馆修撰宋敏求等详定正殿御殿仪注，敏求遂上《朝会仪》二篇、《令式》四十篇，诏颁行之。（《宋史》卷一百一十六，礼十九·宾礼一，第 2745 页）

4.3.11 《丧葬令》

4.3.11.1 《天圣丧葬令》：皇帝临臣之丧，一品服锡衰，三品已上缌衰，四品已下疑衰。皇太子临吊三师、三少则锡衰，宫臣四品

已上缌衰，五品已下疑衰。(《宋史》卷一百二十四，礼二十七·凶礼三，第 2903 页)

4.3.11.2 礼官言："《礼通》：皇帝为乳母缌麻。按《丧葬令》：皇帝为缌，一举哀止。秦国夫人保傅圣躬，宜备哀荣。况太宗之丧已终易月之制，今为乳母发哀，合于礼典。"从之。(《宋史》卷一百二十四，礼二十七·凶礼三，第 2905 页)

4.3.12 《假宁令》

4.3.12.1 天圣五年(1027 年)，侍讲学士孙奭言："伏见礼院及刑法司外州执守服制，词旨俚浅，如外祖卑于舅姨，大功加于嫂叔，颠倒谬妄，难可遽言。臣于《开宝正礼》录出五服年月，并见行丧服制度，编附《假宁令》，请下两制、礼院详定。"翰林学士承旨刘筠等言："奭所上五服制度，皆应礼经。然其义简奥，世俗不能尽通今解之以就平易。若'两相为服，无所降杀'，旧皆言'服'者，具载所为服之人；其言'周'者，本避唐讳，合复为'期'……又节取《假宁令》附《五服敕》后，以便有司；仍板印颁行，而丧服亲疏隆杀之纪，始有定制矣。"(《宋史》卷一百二十五，礼二十八·凶礼四，第 2926 页)

4.3.12.2 《假宁令》："诸丧，斩、齐三年，并解官；齐衰杖期及为人后者为其父母，若庶子为后为其母，亦解官，申心丧；母出及嫁，为父后者虽不服，亦申心丧。"(《宋史》卷一百二十五，礼二十八·凶礼四，第 2926 页)

4.3.13 《封爵令》

4.3.13.1 熙宁八年(1075 年)，礼院请为祖承重者，依《封爵令》立嫡孙，以次立嫡子同母弟，无母弟立庶子，无庶子立嫡孙同母弟；如又无之，即立庶长孙，行斩衰服。(《宋史》卷一百二十五，礼二十八·凶礼四，第 2933 页)

4.3.14 《乐令》

4.3.14.1 政和四年（1114年），礼制局言："卤簿六引仪仗，信幡承以双龙，大角黑漆画龙，紫绣龙袋，长鸣、次鸣、大小横吹、五色衣幡、绯掌画交龙。按《乐令》，三品以上绯掌画蹲豹。盖唯乘舆器用，并饰以龙。今六引内系群臣卤簿，而旗物通画交龙，非便，合厘正。"（《宋史》卷一百四十五，仪卫三，第3406页）

4.3.15 《卤簿令》

4.3.15.1 真宗大中祥符四年（1011年），知枢密院事王钦若言："王公车辂上并用龙装，乞下有司检定制度。"诏下太常礼院详定。本院言："按《卤簿令》：王公已下，象辂以象饰诸末，朱班轮，八鸾在衡，左建旃画龙，一升一降，右载闟戟。革辂以革饰诸末，左建旃，余同象辂。木辂以漆饰之，余同革辂。轺车，曲壁，青幰碧里。诸辂皆朱质，朱盖，朱旂旛，一品九旒，二品八旒，三品七旒，四品六旒，其鞶缨如之。"（《宋史》卷一百五十，舆服三，第3506页）

4.3.15.2 神宗元丰三年（1078年），详定礼文所言："《卤簿令》：公卿奉引：第一开封令，乘轺车；次开封牧，隼旗；次太常卿，凤旗；次司徒，瑞马旗；次御史大夫，獬豸旗；次兵部尚书，虎旗，而乘革车。"（《宋史》卷一百五十，舆服三，第3506页）

4.3.16 《衣服令》

4.3.16.1 按《开宝通礼》及《衣服令》，冕服皆有定法，悉无宝锦之饰。夫太祖、太宗富有四海，岂乏宝玩，顾不可施之郊庙也。臣窃谓，陛下肇祀天地，躬飨祖祢，服周之冕，观古之象，愿复先王之制，祖宗之法。其衮冕之服，及綍、绶、佩、舄之类，与《通礼》、《衣服令》、《三礼图》制度不同者，宜悉改正。（《宋史》卷一百五十一，舆服三，第3526页）

4.3.16.2 《衣服令》：五旒冕，衣裳无章，皂绫绶，铜装剑、

佩，四品以下为献官则服之。（《宋史》卷一百五十二，舆服四，第
3540 页）

4.3.16.3 　准《衣服令》：五梁冠，一品、二品侍祠大朝会则服
之，中书门下则加笼巾貂蝉。（《宋史》卷一百五十二，舆服四，第
3551 页）

4.3.17 　《官品令》

4.3.17.1 　康定二年（1041 年），少府监言：“每大礼，法物库
定百官品位给朝服。今两班内，有官卑品高、官高品卑者，难以裁
定，愿敕礼院详其等第。”诏下礼院参酌旧制以闻。奏曰：

准《官品令》，一品：尚书令，太师，太傅，太保，太尉，司徒，
司空，太子太师、太傅、太保；二品：中书令，侍中，左右仆射，太
子少师、少傅、少保，诸州府牧，左右金吾卫上将军。又准《阁门仪
制》，以中书令、侍中、同中书门下平章事为宰臣，亲王、枢密使、
留守、节度使、京尹兼中书令、侍中、同中书门下平章事为使相，枢
密使、知枢密院事、参知政事、枢密副使、同知枢密院事、宣徽南北
院使、金书枢密院事并在东宫三司之上。以上品位职事，宜准前法给
朝服。宰臣、使相则加笼巾貂蝉，其散官勋爵不系品位，止从正官为
之服。

三梁冠，诸司三品、御史台四品、两省五品侍祠大朝会则服之。
御史中丞则冠獬豸。准《官品令》：诸司三品，诸卫上将军，六军统
军，诸卫大将军，神武、龙武大将军，太常、宗正卿，秘书监，光
禄、卫尉、太仆、大理、鸿胪、司农、司三品，诸卫上将军，六军统
军，诸卫大将军，神武、龙武大将军，太常、宗正卿，秘书监，光
禄、卫尉、太仆、大理、鸿胪、司农、太府卿，国子祭酒，殿中、少
府、将作、司天监，诸卫将军，神武、龙武将军，下都督，三京府
尹，五大都督府长史，亲王傅；御史台三品、四品，御史大夫、中
丞；两省三品、四品、五品，左右散骑常侍，门下、中书侍郎，谏议
大夫，给事中，中书舍人；尚书省三品、四品，六尚书，左右丞，诸
行侍郎；东宫三品、四品，宾客，詹事，左右庶子，少詹事，左右谕

德。节度使，文明殿学士，资政殿大学士，三司使，翰林学士承旨，翰林学士，资政殿学士，端明殿学士，翰林侍读、侍讲学士，龙图阁学士，枢密直学士，龙图、天章阁直学士，次中书侍郎；节度观察留后，次六尚书、侍郎；知制诰，龙图、天章阁待制，观察使，次中书舍人；内客省使，次太府卿；客省使，次将作监；引进使，防御、团练、三司副使，次左右庶子。以上品位职事，宜准前法给朝服。

两梁冠，四品、五品侍祠大朝会则服之，六品则去剑、佩、绶，御史则冠獬豸。准《官品令》，诸司四品，太常、宗正少卿，秘书少监，光禄等七寺少卿，国子司业，殿中、少府、将作、司天少监，三京府少尹，太子率更令、家令、仆，诸卫率府率、副率，诸军卫中郎将，诸王府长史、司马，大都督府左右司马，内侍；尚书省五品，左右司诸行郎中；诸司五品，国子博士，经筵博士，太子中允、左右赞善大夫，都水使者，开封祥符、河南洛阳、宋城县令，太子中舍、洗马，内常侍，太常、宗正、秘书、殿中丞，著作郎，殿中省五尚奉御，大理正，诸王友，诸军卫郎将，诸王府谘议参军，司天五官正，太史令，内给事；诸升朝官六品以下起居郎，起居舍人，侍御史，尚书省诸行员外郎，殿中侍御史，左右司谏，左右正言，监察御史，太常博士，通事舍人。四方馆使，次七寺少卿；诸州刺史，次太子仆；谓正任不带使职者。东西上阁门使，次司天少监；客省、引进、阁门副使，次诸行员外同六品。（《宋史》卷一百五十二，舆服四，第3551~3553页）

4.3.18 《仪制令》

4.3.18.1 徽宗崇宁四年（1105年），中书省检会哲宗《元符仪制令》："诸带，三师、三公、宰相、执政官、使相、节度使、观文殿大学士球文，佩鱼。节度使非曾任宰相即御仙花，佩鱼。观文殿学士至宝文阁直学士、御史大夫、中丞、六曹尚书、侍郎、散骑常侍并御仙花，权侍郎不同；内御史大夫、六曹尚书、观文殿学士至翰林学士仍佩鱼，资政殿学士特旨班在翰林学士上者同，权尚书不同。其官职未至而特赐者，不拘此令。因任职事官经赐金带者，虽后任不该赐，

亦许服。"（《宋史》卷一百五十三，舆服五，第3567页）

4.3.19 《崇宁令》

4.3.19.1 谏议大夫赵霈请用《崇宁令》，凡隔二等、累及五人许行奏禀，从之。（《宋史》卷一百五十六，选举二·科目下，第3628页）

4.3.20 《贡举令》

4.3.20.1 淳熙十四年（1187年），翰林学士洪迈言："《贡举令》：赋限三百六十字，论限五百字。今经义、论、策一道有至三千言，赋一篇几六百言，寸晷之下，唯务贪多，累牍连篇，何由精妙？宜俾各遵体格，以返浑淳。"（《宋史》卷一百五十六，选举二·科目下，第3633页）

4.3.21 《杂修御试贡士令》

4.3.21.1 政和四年（1114年），先是，礼部上《杂修御试贡士敕令格式》，又取旧制凡关学政者，分敕、令、格、式，成书以上。用给事中毛友言，初试补入县学生，并帘试以别伪冒。徽宗崇尚老氏之学，知兖州王纯乞于《御注道德经》注中出论题，范致虚亦乞用《圣济经》出题。（《宋史》卷一百五十七，选举三·学校试，第3668页）

4.3.22 《吏部七司令》

4.3.22.1 绍兴三年（1133年）冬十月癸未，朱胜非上《重修吏部七司敕令格式》。（《宋史》卷二十七，高宗四，第507页）

4.3.22.2 绍兴三年（1133年），右仆射朱胜非等上《吏部七司敕令格式》。自渡江后，文籍散佚，会广东转运司以所录元丰、元祐吏部法来上，乃以省记旧法及续降指挥，详定而成此书。（《宋史》卷一百五十八，选举四·铨选上，第3713页）

4.3.22.3 淳熙元年（1174 年），参知政事龚茂良言："官人之道，在朝廷则当量人才，在铨部则宜守成法。法本无弊，例实败之。法者，公天下而为之者也；例者，因人而立以坏天下之公者也。昔之患在于用例破法，今之患在于因例立法。谚称吏部为'例部'。今《七司法》自晏敦复裁定，不无疏略，然守之亦可以无弊。而徇情废法，相师成风，盖用例破法其害小，因例立法其害大。法常靳，例常宽今法令繁多，官曹冗滥，盖由此也。望令裒集参附法及乾道续降申明，重行考定，非大有抵牾者弗去，凡涉宽纵者悉刊正之。庶几国家成法，简易明白，赇谢之奸绝，冒滥之门塞矣。"于是重修焉。既而吏部尚书蔡洸以改官、奏荐、磨勘、差注等条法分门编类，名《吏部条法总类》。十一月，《七司敕令格式申明》成书。（《宋史》卷一百五十八，选举四·铨选上，第 3715 页）

4.3.23 《文臣关升条令》

4.3.23.1 吏部请："武举军班武艺特奏名出身，并任巡检、驻泊、监押、知砦，比附《文臣关升条令》，并实历六考，有举主四人，内监司一人，听关升亲民。正副将，两任、有举主二人，内一人监司，亦与关升。凡升副将，视文臣初任通判资序；再关升正将，视文臣次任通判资序；关升路分副都监，视文臣初任知州资序；小郡州钤辖，视文臣次任知州资序。"（《宋史》卷一百六十，选举六·保任，第 3754 页）

4.3.24 《考课令》

4.3.24.1 元祐初……诏近臣议，议者请用《元丰考课令》，第为高下，以行升黜，岁毋过五人。后改立县令课，有"四善"、"五最"之目，及增损监司、转运课格，守令为五等减磨勘法。（《宋史》卷一百六十，选举六·考课，第 3762 页）

4.3.24.2 大观元年（1107 年）诏："国家休养生民，垂百五十年。生齿日繁，而户部民籍曾不加益，州县于进丁、入老，收落失实，以故课役不均，皆守令弛职，可申严《考课法》。"（《宋史》卷

一百六十，选举六·考课，第 3762 页）

4.3.25 《主客令》

4.3.25.1 元祐六年（1091 年）七月，兵部言："《兵部格》：掌蕃夷官授官；《主客令》：蕃国进奉人陈乞转授官职者取裁。即旧应除转官者，报所属看详。旧来无例，创有陈乞，曹部职掌未一，久远互失参验，自今不以曾未贡及例有无，应缘进奉人陈乞，授官加恩，令主客关报兵部。"从之。（《宋史》卷一百六十三，职官三，第 3854 页）

4.3.26 《殿中省六尚局供奉库务令》

4.3.26.1 崇宁三年（1104 年），蔡京上修成《殿中省六尚局供奉库务敕令格式》并《看详》凡六十卷，仍冠以"崇宁"为名。（《宋史》卷一百六十四，职官四，第 3881 页）

4.3.27 《太学令》

4.3.27.1 左司谏翟思言："元丰《太学令》训迪纠禁亦具矣，今追复经义取士，乞令有司看详，依旧颁行。"（《宋史》卷一百六十五，职官五，第 3912 页）

4.3.28 《公式令》

4.3.28.1 宗正言："按《公式令》：朝参行立，职事同者先爵，爵又同者先齿。今请宗子官同而兄叔次弟侄者，并虚一位而立。"（《宋史》卷一百六十八，职官八·合班之制，第 4001 页）

4.3.29 《常平免役敕令》

4.3.29.1 元符元年（1098 年）六月甲午，蔡京等上《常平免

役敕令》。（《宋史》卷十八，哲宗二，第330页）

4.3.29.2 是岁，以常平、免役、农田、水利、保甲，类著其法，总为一书，名《常平免役敕令》，颁之天下。诏翰林学士承旨兼详定役法，蔡京依旧详定重修敕令。（《宋史》卷一百七十八，食货上六·振恤，第4350页）

4.3.30 《元符令》

4.3.30.1 大观四年（1110年），私贩勿治元售之家，如《元符令》。（《宋史》卷一百八十四，食货下六，第4506页）

4.3.31 《乾道令》

4.3.31.1 乾道八年（1172年）知常德府刘邦翰言："江北之民困于酒坊，至贫乏家，不捐万钱则不能举一吉凶之礼。"乃检《乾道重修敕令》，申严抑买之禁。（《宋史》卷一百八十五，食货下七，第4522页）

4.3.32 《军防令》

4.3.32.1 《军防令》：诸军招简等杖：天武第一军五尺有八寸；捧日、天武第二军、神卫五尺七寸三分；龙卫五尺有七寸；拱圣、神勇、胜捷、骁捷、龙猛、精朔五尺六寸五分；骁骑、云骑、骁胜、宣武、殿前司虎翼、殿前司龙翼水军五尺有六寸；武骑、宁朔、步军司虎翼水军、拣中龙卫、神骑、广勇、龙骑、骁猛、雄勇、吐浑、擒戎、新立骁捷、骁武、广锐、云翼、有马劲勇、步武、威捷、武卫、床子弩雄武、飞山雄武、神锐、振武、新招振武、新置振武、振华军、雄武弩手、上威猛、厅子、无敌、上招收、冀州雄胜、澄海水军弩手五尺五寸；广捷、威胜、广德、克胜、陕府雄胜、骁雄、雄威、神虎、保捷、清边弩手、制胜、清涧、平海、雄武、龙德宫清卫、宁远、安远五尺四寸五分；克戎、万捷、云捷、横塞、捉生、有马雄略、效忠、宣毅、建安、威果、全捷、川效忠、拣中雄勇、怀顺、忠勇、教阅忠节、神威、雄略、下威猛五尺四寸；亳州雄胜、飞骑、威远、蕃落、怀恩、勇捷、上威武、下威武、忠节、靖安、川忠节、归远、壮勇、宣效五尺三寸五分；济州雄胜、骑射、桥道、清塞、奉先、奉国、武宁、威勇、忠果、劲勇、下招收、壮武、雄节、靖江、武雄、广节、澄海、怀远、宁海、刀牌手、必胜五尺三寸；拣中广效、武和、武肃、忠靖、三路厢军五尺二寸。（《宋史》卷一百九十四，兵八，第4837页）

4.3.33 《群牧令》

4.3.33.1 于是以比部员外郎崔台符权群牧判官，又命群牧判官刘航及台符删定《群牧敕令》，以唐制参本朝故事而奏决焉。（《宋史》卷一百九十八，兵十二，第4939页）

4.3.34 《政和令》

4.3.34.1 自绍圣后，举人不习诗赋，至是始复，遂除《政和令》命官私相传习诗赋之禁。（《宋史》卷一百五十六，选举二·科目，第3625页）

4.3.34.2 靖康元年（1126年）六月检准《政和令》：诸盗再犯杖以上、情理不可决放而堪充军者，给例物刺充厢军。（《宋史》卷一百九十三，兵七·召募之制，第4808页）

4.3.34.3 《政和令》：诸国戚、命妇若女冠、尼，不因大礼等辄求入内者，许台谏觉察弹奏。（《宋史》卷四百二十三，李韶传，第12632页）

4.3.35 《大宗正司令》

4.3.35.1 绍兴二十三年（1153年）十一月甲辰，颁《大宗正司条令》。（《宋史》卷三十一，高宗八，第578页）

（五）《吏部条法》所见篇名

《吏部条法》①现见于《永乐大典》中所录内容，根据刘笃才整理，存在于《永乐大典》中第 14620 卷至第 14629 卷。刘先生认为现存的《吏部条法》应是淳祐年间编成。该书是按事类体系编撰，但内容中明确指出各条文引用的敕令格式申明中的篇名。从所引内容看，此书收录了大量《淳祐令》中的相关内容，同时令中篇名主要集中在尚书省下吏部。根据统计，整书有 25 个令的篇名，其中与尚书省及吏部相关的有 22 个篇名，其他有 3 个，分别是《淳祐令》、《在京通用令》和《大宗正司令》。整个 22 个篇名属于宋朝选官考核的法律，反映出宋朝官吏管理、考核、选拔的法律制度。整部法典的篇名结构如下：

　　5.1.《尚书左右选通用令》，5.2《尚书左右选侍郎右选通用令》，5.3.《尚书左选侍郎左右选通用令》，5.4.《尚书左选侍郎右选通用令》，5.5.《尚书右选侍郎左右选通用令》，5.6.《尚书侍郎左右选通用令》，5.7.《尚书侍郎左右选考功通用令》，5.8.《尚书侍郎右选通用令》，5.9.《尚书侍郎右选考功通用令》，5.10.《尚书侍郎右选司勋考功通用令》，5.11.《尚书侍郎左选通用令》，5.12.《尚书侍郎左选考功通用令》，5.13.《尚书左选考功通用令》，5.14.《尚书左选令》，5.15.《尚书右选令》，5.16.《尚书考功令》，5.17.《尚书司勋令》，5.18.《侍郎左选令》，5.19.《侍郎右选令》，5.20.《侍郎左右选通用令》，5.21.《侍郎左选尚书考功通用令》，5.22.《侍郎右选尚书考功通用令》，5.23.《淳祐令》，5.24.《在京通用令》，5.25.《大宗正司令》。

---

① 刘笃才点校《吏部条法》，载杨一凡主编《中国珍稀法律典籍续编》（第二册），黑龙江人民出版社，2002。

（六）宋朝令篇名数量与结构

根据上面五种不同的宋朝法律史料，综合其他材料，分别对宋朝令典和单行令篇名、结构进行综合考察，情况如下。

1. 宋朝令典数量与结构

结合不同材料，宋朝令典立法情况如下。

（1）《淳化令》于淳化五年（994 年）制定。《淳化令》的篇名数与结构以开元二十五年（737 年）《唐令》为基础，共 27 篇 30 卷。现在记载《淳化令》的主要史料有三处：《玉海》、《通志》和《直斋书录解题》。《玉海》中"淳化编敕"下记载"太宗以开元二十六年所定令式修为《淳化令式》"；① 《通志》卷六五《艺文略·宋朝淳化令》中有记载；《直斋书录解题》中"法令类·唐令式"下记载有"唐开元中宋璟、苏颋、卢从愿等所删定。考《艺文志》卷数同，更同光、天福校定，至本朝淳化中右赞善大夫潘宪、著作郎王泗校勘其篇目、条例，颇与今见行令式有不同者"。② 这里明确指出《淳化令》在内容上与后来的令式是不同的，说明宋朝中后期的令式相比唐朝时的令式已经发生了较大变化。此外，对淳化年间修订令式，《宋会要辑稿·刑法·格令一》中有记载，"至道元年十二月十五日，权大理寺陈彭年言：'法寺于刑部写到令式，皆题伪蜀广政中校勘，兼列伪国官名衔，云'奉敕付刑部'。其帝号、国讳、假日、府县陵庙名悉是当时事。伏望重加校定改正，削去伪制。'诏直昭文馆匀中正，直集贤院胡昭赐，直史馆张复，秘阁校理吴淑、舒雅，崇文院检讨杜镐于史馆校勘，翰林学士承旨宋白、礼部侍郎兼秘书监贾黄中、史馆修撰张佖详定。"③ 这里记载至道元年大理寺官员陈彭年奏称说当时刑部抄写的"令式"是以蜀广政权年间校勘颁布的唐"令式"为版本，提出对此版本去除当时的"伪制"，重新校勘颁行。此次校勘的成果就是《淳化

---

① 王应麟：《玉海》卷六十六，江苏古籍出版社、上海书店，1987，第 1255 页。
② 陈振孙：《直斋书录解题》卷七，"法令类"，上海古籍出版社，1987，第 223 页。
③ 《宋会要辑稿》，"刑一之一·定格令一"，中华书局，1957，第 6462 页。

令》，即以《唐令》为基础，蜀校勘本为底本校勘而成的"令式"。现在，学术界对《淳化令》是否真有存在争议，仁井田陞和戴建国认为存在，①楼劲认为宋太宗朝没有制定过真正意义上的《淳化令》，有也仅是对《唐令》的校勘。②从现有材料看，《淳化令》应是仅对唐开元二十五年《开元令》校勘后改名为《淳化令》而行的令典，不是真正意义上宋朝令典立法的开始，但是校勘时往往把以前的年号、用语和官名等与修订时不同的进行修改。从这个角度看，《淳化令》也可以说是修订后的新令典。

（2）《天圣令》于天圣七年（1029年）制定。此篇名见于2.1.1和3.7。见于《宋会要辑稿》和《续资治通鉴长编》。从2.1.1中记载的4条材料看，《天圣令》制定于天圣七年五月十八日，国家公开雕版发行是天圣十年。从史料看《天圣令》是宋朝制定的真正意义上的令典，虽然《天圣令》采用制定新令和沿用唐令相结合的方式，但已经把唐令中在天圣年间已经不再适用的明确抄录出来。这样《天圣令》的内容已经由两部分组成：《唐令》中仍然可以适用的部分和宋朝时新制定的内容。《天圣令》的篇名是否与开元二十五年《开元令》一致现在没有明确史料证明。《天圣令》的篇名结构较详细地记载于赵希弁《郡斋读书后志·天圣编敕》题解中，"右天圣中宋庠、宠籍受诏改修唐令，参与令制而成。凡二十一门：官品一、户二、祠三、选举四、考课五、军防六、衣服七、仪制八、卤簿九、公式十、田十一、赋十二、仓库十三、厩牧十四、关市十五、捕亡十六、疾医十七、狱官十八、营缮十九、丧葬二十、杂二十一"。③从这里看，《天圣令》的篇名数应是21个，而不是《开元令》的27个。然而，从现存《天圣令》残卷篇名看，有12篇，分别是：《田令》、《赋役令》、《仓库令》、《厩牧令》、《关市令》、《捕亡令》、《医疾令》、《假宁令》、《狱官令》、《营缮令》、《丧葬令》和《杂令》。其中《假宁令》在赵希弁记载的篇名中没有，这样就出现了赵希弁的记载篇名是否存在缺失的问题。此外，从《天圣令》残本看，在第21卷至第30卷中，每卷都是一篇，《天圣令》有30卷，篇名应是30篇才对。就是按

---

① 参见仁井田陞的《唐令拾遗·演唱会令的史的研究·唐后令》和戴建国的《宋代法制史初探》。

② 楼劲：《辨所谓"淳化令式"》，《敦煌学辑刊》2005年第2期。

③ 赵希弁：《郡斋读书后志》卷一，"史类·天圣编敕"，四库全书文渊阁本，第33页。

《唐令》中《官品令》、《卤簿令》和《公式令》分为 2 卷，也只有 24 卷，没有达到 30 卷，还缺 6 卷。结合两者，现在可以看到《天圣令》篇名至少有 22 篇，即增加 1 篇《假宁令》，具体是：《官品令》、《户令》、《祠令》、《选举令》、《考课令》、《军防令》、《衣服令》、《仪制令》、《卤簿令》、《公式令》、《田令》、《赋役令》、《仓库令》、《厩牧令》、《关市令》、《捕亡令》、《医疾令》、《假宁令》、《狱官令》、《营缮令》、《丧葬令》和《杂令》。从残卷可以看出，《天圣令》的篇名结构采用第一篇是《官品》、最后一篇是《杂令》的结构，与《唐令》是一致的，也与赵希弁的记载一致。由上可知，《天圣令》的篇名至少应有 27 篇。《天圣令》是现在可以见到的宋朝令典数量第二位的法典。从现存的《天圣令》残卷中整理出来的各篇条文数量是：《田令》7 条、《赋役令》23 条、《仓库令》24 条、《厩牧令》15 条、《关市令》18 条、《捕亡令》9 条、《医疾令》13 条、《假宁令》23 条、《狱官令》59 条、《营缮令》28 条、《丧葬令》33 条和《杂令》41 条，共 283 条。① 在《天圣令》修订时，还修订了《附令敕》500 多条。对此，《玉海》所引的不同书中记载相同，但在《附令敕》的体例上存在不同，如《志》中记载是"令文三十卷，附令敕一卷"；而《书目》的记载则是"《天圣令文》三十卷。时令文尚依唐制，夷简等据唐旧文斟酌众条，益以新制。天圣十年行之，附令敕十八卷。夷简等撰《官品令》之外，又按敕文录制度及罪名轻简者五百余条，依令分门，附于卷之末。又有续附令敕一卷，庆历中编"。② 按此记载，吕夷简等人在修撰《天圣令》时除了按《唐令》修成《天圣令》外，还把当时敕文中涉及非刑事及罪名轻的 500 多条按《唐令》的篇名分门别类附于各篇后，而后来认为这 500 多条的附令敕作为一卷附在《天圣令》后的则是庆历中续编"附令敕"。从这里看，天圣年间编令的内容应是两部分：《天圣令》和 500 余条十八卷的《附令敕》。

（3）《元丰令》于元丰七年（1084 年）制定。此篇名见于 2.1.2、3.12 和 4.2.4。见于《宋会要辑稿》、《续资治通鉴长编》和《宋史》。在

---

① 中国社会科学院历史研究所天圣令整理课题组校证《天一阁藏明钞本天圣令校证》（下册），中华书局，2006。

② 王应麟：《玉海》卷六十六，江苏古籍出版社、上海书店，1987，第 1258 页。

《宋会要辑稿》中有 37 条明确记载该法典的材料，时间从元丰六年至庆元二年（1083 年～1196 年）。《元丰令》是北宋时期令典立法中最具时代性的成果，或说《元丰令》是宋朝令典立法史上真正意义上的新令典。《元丰令》是北宋把唐中后期以来形成的敕、格后敕与令等加以区分，把北宋建立后敕的内容主要限定在刑名领域法定化后的产物，大量以前是敕的内容被按新标准移到令典中。对此，元祐元年御史中丞刘挚在奏书中指出"元丰中，命有司编修敕令，凡旧载于敕者多移之于令"，他解释的原因是"盖违敕之法重，违令之罪轻，此足以见神宗仁厚之德"。① 这是错误的，原因是《元丰敕令格式》中区分"敕令格式"的标准是按宋神宗界定的新标准，即"以刑名名为敕"、"以约束为令"、"以酬为格"和"以体制模者皆为式"。② 《元丰敕令格式》的数量可能在 6000 条左右，因为在元祐元年修《元祐敕令式》时就在 6876 条《元丰敕令格式》和续降条贯的基础上进行。从 3.12 和 4.2.4 条看，《元丰令》共有 35 门，共 50 卷，第一篇是《品官令》，最后一篇是《断狱令》。由此可以推定《元丰令》的篇名应是 35 篇，较《天圣令》篇名为多。当然，从记载看，《元丰令》50 卷有 35 篇，至少有 15 篇中每篇应有两卷。若是如此，说明《元丰令》在篇名分类上还存在较宽泛的问题，因为大量的篇章需要由两卷构成。还有一种可能，就是共有 35 门而不是 35 篇，即篇名数量较门为多，但从列举的两个门的名称看，好像又是令的篇名。从记载看，除《元丰令》外还有些属于路、州、县、司、务和省、曹、寺、监、库、务等方面的令，说明《元丰敕令格式》中敕 13 卷，令 50 卷，格 5 卷，式 5 卷，随敕申明 1 卷，共 74 卷仅是国家立法中的基本法律。除此之外，还有大量涉地方和中央其他机构的敕令格式，也就是元丰年间令的内容不仅有《元丰令》，还有其他形式的令。

（4）《元祐令》于元祐二年（1087 年）制定。此篇名见于 2.1.3 和 3.14。见于《宋会要辑稿》和《续资治通鉴长编》。《宋会要辑稿》中有 7 条史料明确记载《元祐令》的内容及制定情况。按 3.14.1 条记载，《元

---

① 李焘：《续资治通鉴长编》卷三百七十三，"元祐元年三月己卯"条，中华书局，2004，第 9025 页。

② 王应麟：《玉海》卷六十六，江苏古籍出版社、上海书店，1987，第 1361 页。

祐令》共有 1020 条，25 卷，按 1 卷 1 篇的习惯仅有 25 篇，较《元丰令》少 10 篇。这一点是可以确定的，因为 3.14.1 记载"敕"门上共 12 门，有 17 卷，指出内容多的被分为上下卷，按此"令"应是 25 篇。《元祐令》是宋神宗死后在反对新法的政治前提下修订的，因为当时御使中丞刘挚指责《元丰敕令格式》是"其意烦苛，其文隐晦"，右谏议大夫孙觉也指责"臣窃闻中外之议，以为今日之患，切于人情者，莫甚于《元丰编敕》细碎烦多，难以检用"。① 在制定上，公开提出是："按熙宁以前编敕，各分门目，以类相从，约束赏刑，本条具载，以是官司便于检阅。《元丰敕》则各随其罪，厘入诸篇，以约束为令，刑名为敕，酬赏为格，更不分门，故检用之际，多致漏落。今则并依熙宁以前体例删修，更不别立赏格。"于是，在《元祐敕令式》的修订上，对内容进行了简化、调整，编成《元祐敕令式》，共 54 卷，敕有 20 卷，令有 25 卷，式有 7 卷，删除了格，让整个法律内容形式上有了减少。按《玉海》记载，此法是在"以《元丰敕令格式》，取嘉祐、熙宁编敕、附令敕等，讲求本末，全二纪所行，约三书大要，随门标目，用旧制也"。由于修改编撰体例，《元祐敕令式》中有敕 2440 条、令 1020 条、式 177 条，共 3637 条。这是在对"《元丰敕令格式》并续降条贯六千八百七十六道"的基础上修撰而成的。② 从此看，这次对《元丰格令格式》的数量进行了大量缩减，因为两法典修撰仅相距 5 年，在 6876 条中，大量内容应是《元丰敕令格式》的。这里敕的内容增加，就是把《元丰敕令格式》中大量归入令典的内容重新迁回敕典中造成的。

（5）《元符令》于元符二年（1099 年）制定。此篇名见于 2.1.4 和 4.3.30。见于《宋会要辑稿》和《宋史》。《宋会要辑稿》中有 15 条材料记载《元符令》的内容，但考两处记载，都没有记载《元符令》的篇名结构与卷数，现在无从考察其篇名沿革。但可以推定的是，《元符令》是继承《元丰令》体系编撰而成，它的来源是《元丰令》和《元祐令》。元符二年八月三日记载章惇等上《元符敕令格式》，宋哲宗问"其间有元丰

---

① 李焘：《续资治通鉴长编》卷三百七十三，"元祐元年三月己卯"条，中华书局，2004，第 9026 页。

② 王应麟：《玉海》卷六十六，江苏古籍出版社、上海书店，1987，第 1261～1262 页。

所无而用元祐敕令者"，章惇回答"取其是者"，最后是"惇等遂进呈新书所取元丰、元祐条，并以详新立件数。上令逐条贴出"。① 从对话看，此次修订主要以"元丰敕令格式"为主，兼参考《元祐敕令格式》。《元符敕令格式》卷数是134卷，敕令格式的卷数结构现在还没有明确史料可见，但基本上应与《元丰敕令格式》一致。

（6）《政和令》于政和二年（1112年）制定。此篇名见于2.1.5和4.3.34。见于《宋会要辑稿》和《宋史》。《宋会要辑稿》中有30条材料记载了《政和令》的相关内容。《政和令》是宋徽宗政和二年修订，按2.1.5.1条记载，《政和敕令格式》在政和二年十月修成，共有138卷，加上看详410卷，共548卷。政和六年时又再次修成《敕令格式》903卷，以《政和敕令格式》为名颁行天下。"政和六年闰正月二十九日，详定一司敕令王韶奏：修到《敕令格式》共九百三卷，乞冠以'政和重修'为名。诏颁行。"② 从此看，《政和令》应是两次修订，第一次在政和二年，第二次在政和六年，两次修订在数量上发生了较大变化，第一次仅有138卷，第二次有903卷，就是第二次修订的903卷包括《看详》，数量上也较第一次增加了765卷。这样，政和六年修订的《政和令》可能在篇名、数量上都较第一次增加，宋朝令典篇名从《天圣令》到《元丰令》增加了一次，可能在政和六年的《政和令》上又增加了一次。而南宋诸令典的篇名应是继承政和六年《政和令》。这就是《庆元令》篇名现在就多于35篇的原因所在。《政和令》以《元丰令》为基础修订，这可以从大观四年六月三十日刑部奏文中看出：

> 大观四年六月三十日，刑部奏："圣旨：'神考稽古创制，讲明治具，维时宪度，尽载编敕，悉出睿断裁成，亲加笔削，故行之甚久，曾无抵疵。继而《元符续敕令》，疏密重轻，颇有不同，遂致踳驳，浸失本意。可委刑部检详《元丰颁降敕令格式》，条具闻奏。如有该载未尽，参以绍圣所降敕令施行。'今来元丰颁降敕令格式书完具，欲令先次遵依施行。如该载未尽，参以绍圣所降敕令。庶几元丰敕令

---

① 《宋会要辑稿》，"刑法一之一八·定格令二"，中华书局，1957，第6470页。
② 《宋会要辑稿》，"刑法一之三〇·定格令三"，中华书局，1957，第6476页。

便可施行。"又奏："《元丰敕令格式》系元丰七年正月一日颁降,所有后来续降,在元丰八年三月五日已前,亦合参照施行。"诏从之,仍具元符、崇宁后来敕令等,或因官司申请,各不失法意,有所补完及随事创立,与《元丰敕令格式》别无妨碍者,且合遵依施行。内有刑名轻重不同,去取失当,即令本部、大理寺限一月条具前后意义,签贴成书,取旨。①

从记载看,宋徽宗要求以《元丰敕令格式》为准,反对以《元符敕令式》为样式修订。这样,通过《元符令》和《政和令》的反正,《元祐令》反《元丰令》形成的体例问题得到纠正,宋朝令典走向《元丰令》创立的新体例中。

(7)《绍兴令》于绍兴元年(1131 年)制定。此篇名见于 2.1.6 和 4.2.4。见于《宋会要辑稿》和《宋史》。《宋会要辑稿》中有 21 条与《绍兴令》相关内容的史料。南宋高宗建立政权后,由于大量法律文书毁于战火,新政权需要很快建立新法律体系,于是于建炎四年(1130 年)提出重修敕令格式。当时主要对《嘉祐敕》和《政和敕令格式》校勘和综合后修成。按 2.1.6.1 条记载,《绍兴敕令格式》卷数结构是敕 12 卷,令 50 卷,格和式各 30 卷。这奠定了南宋修敕令格式的基本结构与数量,甚至可以推定南宋此后所修敕令格式的篇名结构都遵于此。按记载看,此次修成卷数除敕令格式外,还有《目录》16 卷,《申明刑统》和《随敕申明》3 卷,《政和二年以后敕书德音》15 卷,《看详》604 卷,总卷数是 760 卷。但总数还少于政和六年所修的 903 卷。

(8)《乾道令》于乾道六年(1170 年)制定。此篇名见于 2.1.7、4.2.5 和 4.3.31。见于《宋会要辑稿》和《宋史》。宋孝宗乾道六年修撰《乾道敕令格式》时以绍兴和嘉祐敕令格式为基础。按 2.1.7.1 条记载,敕令格式的卷数与《绍兴敕令格式》一致。此次是在 22200 多件的基础上进行修订,其中对《绍兴敕令格式》修改了 574 条,新增了 361 条,删除了旧法中过时的 83 条,存留 128 件。对整个《绍兴敕令格式》改增删了 1018 条。《乾道敕令格式》的卷数与绍兴年间的一致,分别是 12 卷、50

---

① 《宋会要辑稿》,"刑法一之二四·定格令二",中华书局,1957,第 6473 页。

卷、30 卷和 30 卷。《乾道敕令格式》是南宋立法史上的重要成果，它充分体现出南宋的立法新特质。

（9）《淳熙令》于淳熙四年（1177 年）制定。此篇名见于 2.1.8 和 4.2.6。见于《宋会要辑稿》和《宋史》。按 4.2.6.1 条记载，《淳熙敕令格式》对《乾道敕令格式》删改了 900 多条。按《玉海·庆元重修敕令格式》条记载，《淳熙敕令格式》共有 5800 条。① 《淳熙令》的体系应是按《乾道令》，在卷数与篇名上也相同。按《玉海》记载，"士大夫罕通法律，吏得舞文。今若分门编次聚于一处，则遇事悉见，吏不能欺，乃诏敕局取敕令格式申明，体仿《吏部七司条法》，总类随事分门为一书。七年五有二十八日书，四百二十卷，为总门三十三，别门四百二十，赠名《条法事类》"。② 这样开创了南宋修成"敕令格式"法典后再修"事类"综合法典的新河。

（10）《庆元令》于庆元四年（1198 年）制定。此篇名见于 2.1.9 和 4.2.7。见于《宋会要辑稿》和《宋史》。按 4.2.7.1 条记载，《庆元敕令格式》共有 120 卷。按《玉海·庆元重修敕令格式》条记载，《庆元敕令格式》是在乾道五年正月至庆元二年十二月所降的数万条和《淳熙敕令格式》的 5800 多条的法律基础上删改而成。"总七百二册，敕令格式及目录各 122 卷，《申明》12 卷，《看详》435 册"。③ 《庆元敕令格式》的卷数是敕 12 卷，令 50 卷，格 30 卷，式 30 卷，《目录》122 卷，《随敕申明》12 卷，总共有 256 卷。从中可知"敕令格式"有 122 卷，每卷修 1 卷目录。从现在残留的《庆元条法事类》篇名看令有 37 篇，实际数量应在此之上，最多可能有 50 篇。《庆元令》是现在可以见到宋朝令典中原文最多的令典，存在于《庆元条法事类》残卷中的共有 1781 条。

（11）《淳祐令》于淳祐二年（1242 年）制定。此篇名见于 4.2.8 和 2.23。见于《宋史》和《吏部条法》。按 4.2.8 条记载，此次修订是在《庆元敕令格式》基础上，修改了 140 条，新增了 400 条，增加了 50 条，删除了 17 条，共修删增了 607 条。《玉海》记载淳熙"二年二月上表去奎

---

① 王应麟：《玉海》卷六十六，江苏古籍出版社、上海书店，1987，第 1264 页。
② 王应麟：《玉海》卷六十六，江苏古籍出版社、上海书店，1987，第 1263 页。
③ 王应麟：《玉海》卷六十六，江苏古籍出版社、上海书店，1987，第 1264 页。

文大揭于华楼"，即《淳祐重修敕令格式》，淳熙十一年编成《淳祐条法事类》。① 现在《淳祐令》是除《庆元令》、《天圣令》之外最多的宋朝令典，《吏部条法》中共有 58 条。

从上面可知，宋朝至少制定了 11 个版本的令典，其中北宋有 6 个，南宋有 5 个。北宋 6 个中，《淳化令》与《天圣令》基本以《唐令》为模版制定，特别《淳化令》的基本内容是《唐令》。但在篇名结构上，《天圣令》篇名可以推知最多 30 个，最少 22 个，《元丰令》篇名是 35 个，《元祐令》篇名是 25 个，《政和令》篇名可能是 50 个。《元丰令》出现了较大变化，按记载有 35 门 50 卷，即有 35 篇。从现有材料看，《元丰令》是现在可以明确知道篇名数量的宋朝令典，因为史料中记载第一篇是"官品"，最后一篇是"断狱"。《元祐令》、《元符令》和《政和令》在结构上变化较大。宋朝令典篇名增加可能是在《政和令》上，因为《元丰令》时用 35 篇，而从依据《绍兴令》为基础制定的《庆元令》仅从现在残本中就可以看到 37 篇，这个数量就多于《元丰令》的 35 篇，说明南宋时令的篇名不会是《元丰令》的数量。南宋时令的篇名最有可能是 50 个。南宋时期在令典的结构与卷数上是一致的。

此外，《宋会要辑稿》中还记载天禧二年（1018 年）十月十七日"右巡使王迎等言：'准诏依赵安仁所请重编定令式，伏缘诸处所供文字悉无伦贯，难以刊缉，望具仍旧。'从之。"② 从此看，宋朝天禧年间还试图编撰"令式"，但因为各处提供的材料不足，没有编撰成。此外，《宋史》中还有《崇宁令》的记载，"谏议大夫赵需请用《崇宁令》，凡隔二等、累及五人许行奏禀，从之。"③ 从这里看，还应有《崇宁令》。当然还有一种可能这里的《崇宁令》是关于选官方面的单独令篇名。

2. 宋朝单行令的篇名与数量

宋朝单行令的篇名数量十分多，有些是令典中的篇名，有的是单行令典的篇名，还有些是独立令的篇名。为了分析上的方便，下面把独立令的

---

① 王应麟：《玉海》卷六十六，江苏古籍出版社、上海书店，1987，第 1264 页。
② 《宋会要辑稿》，"刑法一之四·格令一"，中华书局，1957，第 6463 页。
③ 《宋史》卷一百五十六，"选举二·科目下"，中华书局，1976，第 3628 页。

篇名分成九个大类进行分别考察：综合事类令篇、机构类令篇、军事类令篇、礼仪类令篇、经济管理类令篇、教育考试类令篇、国交类令篇、社会事务类令篇和司法类令篇。但要指出的是，这种分类很多仅是从篇名的外在形式上，而不是内容上，更不能由此得出相应类中的令的内容就是现在相应的法律类别。

（1）综合事类令篇

《官品令》。此篇名见于1.1、2.3.1和4.3.17。见于《庆元条法事类》、《宋会要辑稿》和《宋史》。《宋会要辑稿》中，即2.3.1中共有9条资料涉及《官品令》，时间从淳元元年（990年）到乾道元年（1165年），其中元丰七年（1084年）提到的是《品令》，乾道元年是《官令》；从内容看，这两个名称应是《官品令》的简称。在2.3.1中具体提到了元祐和政和《官品令》；《宋史》中有两条涉及《官品令》的内容。从史料记载看，淳化年间所引《官品令》应是《唐令》的内容。从史料看，《官品令》是宋朝令典和令类法律形式中的基本篇名，在宋朝诸令典中属于第一篇。

《职制令》。此篇名见于1.2和2.3.2。见于《庆元条法事类》和《宋会要辑稿》。《宋会要辑稿》中共有11处提到此篇名称，时间从景祐二年（1035年）至庆元二年（1196年），其中名确提到时间的有政和、元祐和淳熙《职制令》，完全引用《职制令》内容的有两条，即2.3.2.10条和2.3.2.11条。从现存材料看，《职制令》应是宋朝令典和令类中的基本篇名。

《官制令》。此篇名见于2.3.3。见于《宋会要辑稿》，时间是元符二年（1099年）和宣和三年（1121年）。两处材料分别提到《官制敕令格式》（2.3.1.1条）和《元丰官制敕令格式》（2.3.1.2条）。从这两处看，《官制令》作为独立令的篇名存在。从材料看，此篇名好像是元丰年间官制改革时专门制定与官制有关的独立令篇名。

《户令》。此篇名见于1.9和2.3.6。见于《庆元条法事类》和《宋会要辑稿》，时间从天圣元年（1023年）到淳熙六年（1178年）。从记载看，《户令》应是宋朝令典和令类的基本篇名。

《田令》。此篇名见于1.10和2.3.5。见于《庆元条法事类》和《宋会要辑稿》，时间是咸平二年（998年）和宣和三年（1121年）。宣和三年记载了修订法律编入政和《田令》中。从内容看，涉及职官的职分田。从记载看，《田令》应是宋朝令典和令类的基本篇名。

《职田令》。此篇名见于2.3.4。见于《宋会要辑稿》，时间是宣和元年（1119年）。从现有的材料看，很难确定是否在宋朝作为令典篇名使用，但宋朝制定了《职田令》应是可以确定的。

《禄令》。此篇名见于2.3.16、2.3.33、3.9、4.1.28、4.2.2和4.3.2。见于《宋会要辑》、《续资治通鉴长编》和《宋史》，属于宋朝令的法律形式中立法次数较多的令类法律。《宋会要辑稿》中13处提到《禄令》；《续资治通鉴长编》中5次提到《禄令》；《宋史》分别在"艺文志"、"刑法志"和其他地方多次记载到《禄令》。宋朝制定独立《禄令》始于嘉祐二年（1057年），当时颁布单行的《禄令》，成为宋朝《禄令》立法的重要成果。此后制定过《政和禄令》、《熙宁禄令》、《大观禄令》和《绍兴禄令》等，时间从嘉祐二年至乾道六年（1170年）。从记载看，《禄令》是宋朝重要令的篇名，但是否被编入令典仍然无法确定。因为在嘉祐、政和和绍兴三次重要的《禄令》编撰看，都没有纳入令典，而是作为独立令修撰。

《选举令》。此篇名见于《郡斋读书后志·史类·天圣编敕》中记载《天圣令》篇名时，但其他地方没有记载。此篇名可能在神宗朝被分解到不同令的篇名中。

《荐举令》。此篇名见于1.4、2.3.76和3.13。见于《庆元条法事类》、《宋会要辑稿》和《续资治通鉴长编》。其中2.3.76.1条和3.13.1条中明确记载在《元丰令》中有此篇名。《荐举令》可以确定为宋朝令典中的基本篇名。

《选试令》。此篇名见于1.3和2.3.31。见于《庆元条法事类》和《宋会要辑稿》，在《宋会要辑稿》中有2条，分别是崇宁二年（1103年）和政和元年（1111年）。在政和元年条下记载了大观元年（1107年）颁布过《选试令》。《选试令》可以确定为宋朝令典中的基本篇名。

《考课令》。此篇名见于1.12、2.3.14和4.3.24。见于《庆元条法事类》、《宋会要辑稿》和《宋史》中。《宋会要辑稿》中记载建隆三年（962年）就有《考课令》，此后提到《元丰考课令》和《元符考课令》。《考课令》可以确定为宋朝令典中的基本篇名。

《公式令》。此篇名见于 2.3.9、3.4 和 4.3.28。见于《宋会要辑稿》、《续资治通鉴长编》和《宋史》。此令篇名明确写的有《天圣公式令》、《元丰公式令》和《元祐公式令》，从史料看，《公式令》可以确定为宋朝令典中的基本篇名。

《文书令》。此篇名见于 1.5 和 2.3.10。见于《庆元条法事类》和《宋会要辑稿》，其中 2.3.10 记载了此篇属于《绍兴令》。《文书令》可以确定为宋朝令典中的基本篇名。

《假宁令》。此篇名见于 1.7、2.3.11、3.3 和 4.3.12。见于《庆元条法事类》、《宋会要辑稿》、《续资治通鉴长编》和《宋史》。从内容上看，《宋会要辑稿》、《续资治通鉴长编》和《宋史》中记载的内容大体相同。《假宁令》可以确定为宋朝令典中的基本篇名。

《赋役令》。此篇名见于 1.11 和 2.3.77。见于《庆元条法事类》和《宋会要辑稿》，时间是靖康元年（1126 年）。《赋役令》可以确定为宋朝令典中的基本篇名。

《公用令》。此篇名见于 1.6。见于《庆元条法事类》。《公用令》可以确定为南宋令典中的基本篇名。

《吏卒令》。此篇名见于 1.8 和 2.3.12。见于《庆元条法事类》和《宋会要辑稿》。2.3.12 记载时间是淳熙六年（1179 年），提到《乾道吏卒令》。《吏卒令》可以确定为宋朝令典中的基本篇名。

《赏令》。此篇名见于 1.15 和 2.3.15。见于《庆元条法事类》和《宋会要辑稿》。《宋会要辑稿》中共有 9 条，其中第 2.3.15.8 条和 2.3.15.9 条属于《赏令》原文，其他条中记载了《政和赏令》、《绍兴赏令》和《乾道赏令》，加上《庆元赏令》，宋朝至少从《政和令》到《庆元令》中《赏令》都属于令典篇名。《赏令》可以确定为宋朝令典中的基本篇名。当然，宋朝还存在大量单行的《赏令》篇名。

《给赐令》。此篇名见于 1.13 和 2.3.18。见于《庆元条法事类》和《宋会要辑稿》。其中 2.3.18.1 条记载的是《元符给赐令》，2.3.18.2 条记载的是《政和给赐令》，加上 1.13，说明此篇名见于北宋《元符令》到南宋《庆元令》中。《给赐令》可以确定为宋朝令典中的基本篇名。

《封赠令》。此篇名见于 1.14。见于《庆元条法事类》。《封赠令》可以确定为宋朝令典中的基本篇名。

《封爵令》。此篇名见于 2.3.17、3.10 和 4.3.13。见于《宋会要辑稿》、《续资治通鉴长编》和《宋史》。但 3 处记载所见内容属于同一条，都是熙宁八年（1075 年），明确引用了《封爵令》的条文。从这 3 条史料可以确定，《封爵令》为宋朝令典中的基本篇名。

《支赐令》。此篇名见于 2.3.13。见于《宋会要辑稿》，时间是政和八年（1118 年）和大观元年（1107 年）。从材料看，存在《支赐令》，但无法确定属于令典篇名还是独立篇名。从引用行文看，《支赐令》更像令典篇名。

《文臣关升条令》。此篇名见于 4.3.23。见于《宋史》。宋朝《文臣关升条令》属于独立令的篇名，在《吏部条法》中存在以"关升"为门的内容。从中看，"关升"是作为独立立法。

《皇亲禄令》。此篇名见于 4.1.10 和 4.1.16。见于《宋史·艺文志》，4.1.10 记载熙宁年间制定了《熙宁新定皇亲禄令》10 卷，4.1.16 条记载制定了《皇亲禄令并厘修敕式》340 卷。从这两条记载看，宋朝有独立的《皇亲禄令》，而且内容较多。

《亲从亲事官转员令》。此篇名见于 2.3.73。《宋会要辑稿》记载绍兴八年（1138 年）制定了《亲从亲事官转员令》1 卷。由此看，此篇名属于独立令的篇名。

《新定在京人从令》。此篇名见于 2.3.66。《宋会要辑稿》记载元丰元年（1078 年）制定了《新定在京人从敕令式》3 卷。由此看，令的内容至少有 1 卷。此篇名属于独立令的篇名。

（2）机构类令篇

宋朝令的篇名中，存在大量以机构名称命名的，但不能就此得出这方面的内容就是行政法，因为宋朝大量用机构名称命名的令篇名，很多内容是这类机构的职能立法内容，而不是调整规范此机构的行政行为的法律。

《中书省令》。此篇名见于 2.2.1。《中书省令》，又称为《中书门下省令》，见于《宋会要辑稿》。《中书省令》在北宋就已经存在，因为绍兴元年（1131 年）记载了引用《中书门下省令》的内容（2.2.1.2条）。从乾道八年（1172 年）记载看，此令的制定时间最迟是在大观年间（2.2.1.3 条）。绍兴八年制定过《中书门下、尚书省令》（2.2.1.1

条），乾道九年制定的《中书门下省令》达 22 卷。《中书省令》属于独立令的机构类篇名。

《尚书省令》。此篇名见于 2.2.1 和 2.2.2。此篇情况如《中书省令》，制定时间最迟是北宋崇宁年间，绍兴八年制定过（2.2.1.1条），乾道九年制定成《尚书省令》7 卷。《尚书省令》属于独立令的机构类篇名。

《枢密院令》。此篇名见于 2.2.1 和 2.2.3。《枢密院令》制定时间最迟是元丰五年（2.2.3.1 条），在大观年间重修过（2.2.1.3 条）；绍兴八年制定《枢密院令》1 卷（2.2.1.1 条），乾道八年制定《枢密院令》24卷。《枢密院令》属于独立令的机构类篇名。

《御史台令》。此篇名见于 2.2.6。《御史台令》属于宋朝时期较常引用的机构令，按《宋会要辑稿》记载，《御史台令》最迟应是崇宁年间制定（2.2.6.5 条）。《御史台令》属于宋朝独立令的机构类篇名。

《三省通用令》。此篇名见于 2.2.1 和 2.2.4。制定时间最迟是大观年间，因为大观二年（2.2.4.1 条）有修订法律时写入《三省通用令》的记载，乾道九年制定了《三省通用令》5 卷。《三省通用令》属于独立令的机构类篇名。

《三省枢密院通用令》。此篇名见于 2.2.1 和 2.2.5。乾道九年制定的法律中明确记载当时制定了《三省枢密院通用令》3 卷（2.2.1.4 条）。从此看，《三省通用令》与《三省枢密院通用令》是两个并列的不同令的篇名。此令篇名是独立令的机构类篇名。

《内侍省令》。此篇名见于 2.2.7。隆兴元年（1163 年）记载了内侍省奏文时引用"本省令"，说明存在《内侍省令》。此令篇名属于独立令的机构类篇名。

《尚书六曹寺监通用令》。此篇名见于 2.2.8。从绍兴元年（2.2.1.2 条）和绍兴三年（2.2.8.1 条）记载看，此令制定时间最迟是大观年间，因为绍兴元年引用了《大观六曹通用令》的原文，绍兴三年制定法令时，有把法律修入《尚书六曹寺监通用令》的记载。当然，两条史料记载的名称略有差异，2.2.1.2 条记载的名称是《尚书六曹通用令》，而 2.2.8.1 条记载的是《尚书六曹寺监通用令》，两者在范围上是有差别的，"六曹通用"和"六曹寺监通用"是不同的，因为六曹是指六部，而"六曹寺监"是指六部加上寺监级机构。但从内容上看，应是同一法律名称的沿革。这里把两者视为同一篇名，称为《尚书六曹寺监通用令》。

《大理寺令》。此篇名见于 3.15。《续资治通鉴长编》中元祐六年（1091 年）有《元祐大理寺令》的记载。从此看，《大理寺令》属于独立令的机构类篇名。

《大理寺右治狱令》。此篇名见于 2.2.9。2.2.9.1 条记载绍兴定了《大理寺右治狱令》1 卷。从此看，《大理寺右治狱令》属于独立令的机构类篇名。

《大宗正司令》。此篇名见于 2.2.10、3.18、4.1.42 和 4.3.35。见于《宋会要辑稿》、《续资治通鉴长编》和《宋史》。从记载看，《大宗司令》元祐年间就有（3.1.18.1 条），绍兴二十三年（1153 年）制定了《大宗正司敕令格式》，其中《大宗正司令》有 40 卷（2.2.10.3 条、4.1.13 条和 4.3.35 条），后 3 条记载的是同一内容，即绍兴二十三年制定的《大宗正司令》。绍兴二十三年制定的是重修，说明此前已经有《大宗正司令》。此法令到南宋后期仍然存在，在《吏部条法》中有明确记载是《大宗正司令》的条文。《大宗正寺令》其属于独立令的机构类篇名。

《外宗正司令》。此篇名见于 2.2.11。《宋会要辑稿》记载了崇宁三年（1104 年）南京留守司引用了《外宗正司令》的原文。从这里看，宋朝应制定了专门涉及皇帝直系以外的《外宗正司令》。《外宗正司令》属于独立令的机构类篇名。

《尚书左右选令》。此篇名见于 2.2.12。见于《宋会要辑稿》，具体是 2.2.12.2 条中记载了《尚书左右选令》，其属于独立令的机构类篇名。

《尚书左右选通用令》。此篇名见于 5.1 和 2.2.12。见于《吏部条法》和《宋会要辑稿》，属于独立令的机构类篇名。

《尚书左右选侍郎右选通用令》。此篇名见于 5.2。见于《吏部条法》，属于独立令的机构类篇名。

《尚书左选侍郎左右选通用令》。此篇名见于 5.3。见于《吏部条法》，属于独立令的机构类篇名。

《尚书左选侍郎右选通用令》。此篇名见于 5.4。见于《吏部条法》，属于独立令的机构类篇名。

《尚书右选侍郎左右选通用令》。此篇名见于 5.5。见于《吏部条法》，属于独立令的机构类篇名。

《尚书侍郎左右选通用令》。此篇名见于 5.6。见于《吏部条法》，属于独立令的机构类篇名。

《尚书侍郎左右选考功通用令》。此篇名见于 5.7。见于《吏部条法》，属于独立令的机构类篇名。

《尚书侍郎右选通用令》。此篇名见于 5.8。见于《吏部条法》，属于独立令的机构类篇名。

《尚书侍郎右选考功通用令》。此篇名见于 5.9。见于《吏部条法》，属于独立令的机构类篇名。

《尚书侍郎右选司勋考功通用令》。此篇名见于 5.10。见于《吏部条法》，属于独立令的机构类篇名。

《尚书侍郎左选通用令》。此篇名见于 5.11。见于《吏部条法》，属于独立令的机构类篇名。

《尚书侍郎左选考功通用令》。此篇名见于 5.12。见于《吏部条法》，属于独立令的机构类篇名。

《尚书左选考功通用令》。此篇名见于 5.13。见于《吏部条法》，属于独立令的机构类篇名。

《尚书左选令》。此篇名见于 2.2.12 和 5.14。见于《吏部条法》和《宋会要辑稿》，其中绍兴三十年制定了《尚书左选令》1 卷。属于独立令的机构类篇名。

《尚书右选令》。此篇名见于 2.2.12 和 5.15。见于《吏部条法》和《宋会要辑稿》，其中绍兴三十年制定了《尚书右选令》2 卷。属于独立令的机构类篇名。

《尚书考功令》。此篇名见于 5.16。见于《吏部条法》，属于独立令的机构类篇名。

《尚书司勋令》。此篇名见于 2.2.12 和 5.17。见于《吏部条法》和《宋会要辑稿》，其中绍兴三十年制定了《尚书司勋令》1 卷。属于独立令的机构类篇名。

《侍郎左选令》。此篇名见于 2.2.12 和 5.18。见于《吏部条法》和《宋会要辑稿》，其中绍兴三十年制定了《尚书侍郎左选令》2 卷。属于独立令的机构类篇名。

《侍郎右选令》。此篇名见于 2.2.12 和 5.19。见于《吏部条法》和《宋会要辑稿》，其中绍兴三十年制定了《尚书侍郎右选令》2 卷。属于独立令的机构类篇名。

《侍郎左右选通用令》。此篇名见于 2.2.12 和 5.20。见于《吏部条法》和《宋会要辑稿》，其中绍兴三十年制定了《尚书侍郎左右通用选令》1 卷。属于独立令的机构类篇名。

《侍郎左选尚书考功通用令》。此篇名见于 5.21。见于《吏部条法》。属于独立令的机构类篇名。

《侍郎右选尚书考功通用令》。此篇名见于 5.22。见于《吏部条法》。属于独立令的机构类篇名。

《尚书司封令》。此篇名见于 2.2.12.1 条。见于《宋会要辑稿》，绍兴三十年制定了《尚书司封令》1 卷。属于独立令的机构类篇名。

以上尚书省下不同篇名，共有 24 篇，有 22 篇见于《吏部条法》，所有篇名都引用了相应的令文，说明它们的存在。《尚书司封令》见于绍兴三十年的立法，《尚书左右选令》见于淳熙十三年（1186 年）。以上篇名都属于宋朝被类归《吏部七司令》下篇名，是《吏部七司令》的具体篇名。从这些篇名看，宋朝《吏部七司令》属于部门综合性令典名称，具体包含 22 个独立的篇名，最多达 24 个独立篇名。

《阁门令》。此篇名见于 2.2.13 和 4.1.5。见于《宋会要辑稿》和《宋史·艺文志》，其中《宋会要辑稿》中绍兴三年（1133 年）和乾道元年（1165 年）分别引用了《阁门令》的原文，分别见 2.2.13.1 条和 2.2.13.2 条，而《宋史·艺文志》记载《阁门令》有 4 卷。从这些可知，《阁门令》属于独立令的机构类篇名。

《礼部令》。此篇名见于 2.2.14。见于《宋会要辑稿》，从 2.2.14.1 条看，元丰年间已经有《礼部令》。《礼部令》属于独立令的机构类篇名。

《刑部令》。此篇名见于 2.2.15 和 3.17。见于《宋会要辑稿》和《续资治通鉴长编》。2.2.15.1 条中引用了《刑部法》，没有用《刑部令》，但从内容上看，应是《刑部令》的内容。《刑部令》属于独立令的机构类篇名。

《吏部令》。此篇名见于 2.2.16 和 4.1.33。见于《宋会要辑稿》和《宋史·艺文志》，两处记载都是绍兴三年朱胜非等制定的《绍兴重修尚书吏部敕令格式并通用敕令格式》，从 2.2.16.1 条记载看，此次制定的《吏部令》有 41 册。按当时编写习惯，最少都有 41 卷。《吏部令》属于独立令的机构类篇名。

《吏部总类通用令》。此篇名见于 2.2.17。见于《宋会要辑稿》。从记载看，《吏部总类通用令》属于独立令的机构类篇名。

《吏部四选令》。此篇名见于 2.2.18 和 4.1.19。见于《宋会要辑稿》和《宋史·艺文志》，其中 2.2.18.1 条和 4.1.19.1 条记载的情况是相同的，都是元祐元年（1086 年）制定了《吏部四选敕令格式》。从材料看，《吏部四选令》属于独立令的机构类篇名。

《吏部四选通用令》。此篇名见于 2.2.20。见于《宋会要辑稿》，按 2.2.20.1 条记载，政和年间和淳熙年间都修订过此法律。《吏部四选通用令》属于独立令的机构类篇名。

《吏部选令》。此篇名见于 2.2.21。见于《宋会要辑稿》。政和三年明确提到该法律的原文。从中可知，《吏部选令》属于独立令的机构类篇名。

《吏部左选令》。此篇名见于 4.1.40。见于《宋史·艺文志》。从 4.1.40.1 条看，淳熙年间重修过此法律。《吏部左选敕令格式申明》达 300 卷，从中可知，《吏部左选令》属于独立令的机构类篇名。

《吏部考功令》。此篇名见于 2.3.65。见于《宋会要辑稿》。从史料看，3 条材料中有《吏部考功令》、《中书省吏部考功令》、《尚书考功令》和《考功令》四种不同名称。其中《中书省吏部考功令》和《尚书考功令》两个名称较难解释，因为"中书省"与"尚书省"属于中央三省的两省，《中书省吏部考功令》应属于《尚书省考功令》之误。这里把 2.3.65.1 条、2.3.65.2 条和 2.3.65.3 条材料中引用的不同《考功令》归为《吏部考功令》。《吏部考功令》属于独立令的机构类篇名。

《尚书吏部七司令》。此篇名见于 2.2.22、4.1.41 和 4.3.22。《宋会要辑稿》和《宋史·艺文志》中记载的情况都一样，记载了开禧元年（1205 年）重修《尚书吏部七司令》，而 4.3.22 中 2 条史料记载的都是绍兴三年（1133 年）朱胜非重修《吏部七司令》。从以上可知，宋朝《吏部七司令》在北宋时就有。此篇名属于宋朝机构类令中部门令典篇名，而不是单行的机构类篇名。

《参附尚书吏部令》。此篇名见于 4.1.38。见于《宋史·艺文志》，"参附令"在宋朝属于独立的法律。按《宋会要辑稿》记载，"参附"是"绍兴二十八年九月十九日，权吏部尚书贺允中言：'比年以来，臣寮奏请，取便一时，谓之续降指挥，千章万目，其于成宪不无沿革。舞文之吏依倚生奸，可则附会而从权，否则坚吝而沮格。惟是吏部七司见今所用法令最为急务，若无一定之法，革去久弊，而望（诠）[铨]曹之清，不可得也。愿诏敕令所严立近限，将吏部七司祖（宜）[宗]旧制与续降指挥参定异同，先次条纂，立为定制，庶免用例破条之患。'后详定官黄祖舜言：'见修吏部七司条法，欲将旧来条法与今来事体不同者立为参附条参照'。"① 从上看，"参附"就是把不同时期同样立法列出，以便适用时比较。当然，从《宋会要辑稿》记载看，《参附尚书吏部令》是绍兴三十年立法时《吏部七司法》的总名，"绍兴三十年八月十一日，尚书右仆射、同中书门下平章事、兼提举详定一司敕令陈康伯等上《尚书左选令》一卷、《格》二卷、《式》一卷、《申明》一卷、《目录》三卷，《尚书右选令》二卷、《格》二卷、《申明》二卷、《式》一卷、《目录》三卷，《侍郎左选令》二卷、《格》一卷、《申明》一卷、《目录》三卷，《侍郎右选令》二卷，《格》二卷、《式》一卷、《申明》二卷、《目录》三卷，《尚书侍郎左右选通用敕》一卷、《令》二卷、《格》一卷、《式》一卷、《申明》二卷、《目录》一卷，《司封敕》一卷、《令》一卷、《格》一卷、《申明》一卷、《目录》一卷，《司勋敕》一卷、《令》一卷、《格》一卷、《申明》一卷、《目录》一卷，《考功敕》一卷、《目录》一卷，《改官申明》一卷，《修书指挥》一卷，《厘析》八卷。诏下本所颁降，仍以《绍兴参附尚书吏部敕（卷）[令]格式》为名。"② 从此看，此法律名称是绍兴年间《吏部七司敕令格式》的总名，所以《参附尚书吏部令》属于宋朝机构令中门类令典名称。

---

① 《宋会要辑稿》，刑法一之四六·格令四，中华书局，1957，第 6484 页。
② 《宋会要辑稿》，刑法一之四五·格令四，中华书局，1957，第 6484 页。

从《宋会要辑稿》记载的"淳熙二年十二月四日条看"，《吏部七司法令》立法的历史较为明确，而且《吏部七司法》与《参附吏部七司法》的关系也较为清楚。"淳熙二年十二月四日，参知政事龚茂良等上《吏部七司法》三百卷，诏以《淳熙重修尚书吏部敕令格式申明》为名。先是乾道五年（1169 年）三月，吏部侍郎周操言：'《吏部七司条令》，自绍兴以来凡三经修纂。起于天圣七年以后，至绍兴三年七月终成书，目曰《吏部七司法》；自建炎二年八月至绍兴十五年六月终成书，目曰《新吏部七司续降》，自绍兴三年四月〔至〕三十年七月成书，目曰《参附吏部七司法》。上件条令，卷册浩繁。又自绍兴三十年以后，更有隆兴《弊事指挥》及节次申明、续降，散浸于各司之间。乞委六部主管架阁库官置局，依仿旧书，每事编类成门；仍令逐司主令法案画一供具结罪，以凭编类。候敕令所修敕令毕日，取吏部七司（以）〔已〕成三书，及今来架阁库官编类绍兴三十年以后指挥、续降，重行删（条）〔修〕，共成一书。'诏从其请。"① 从上面可知道，绍兴年间编撰的《吏部七司法》中有两种类型：一是绍兴七年编成的《吏部七司敕令格式》和绍兴十五年编成的《新吏部七司续降》；二是绍兴三十年编成的《参附吏部七司法》。所以绍兴三十年陈伯康所编撰的《参附吏部七司法》是独立的法律种类。

《侍郎左选参附令》。此篇名见于 2.2.23。见于《宋会要辑稿》。2.2.23.1 条中称之为《左选参附令》，2.2.23.2 条中称之为《侍郎左选参附令》。按宋朝习惯，应属于同一法令，即《左选参附令》。《左选参附令》属于独立令的机构类篇名。

《参附吏部四选令》。此篇名见于 2.2.24。见于《宋会要辑稿》。宋朝"吏部四选"在立法时作为独立的名称使用。《参附吏部四选令》属于独立令的机构类篇名。

《六曹令》。此篇名见于 4.1.22。《宋史·艺文志》记载元祐初制定过《六曹敕令格式》1000 卷，说明有《六曹令》的存在，属于独立令的机构类篇名。

《六曹通用令》。此篇名见于 2.2.24。见于《宋会要辑稿》。从史料

---

① 《宋会要辑稿》，刑法一之四八·格令四，中华书局，1957，第 6485 页。

看，《六曹通用令》属于宋朝机构令中较重要的法令。《六曹通用令》属于独立令的机构类篇名。

《六曹寺监库务通用令》。此篇名见于 4.1.36。见于《宋史·艺文志》。绍兴年间重修，说明此法令此前就存在，全称是《绍兴重修六曹寺监库务通用敕令格式》，属于独立令的机构类篇名。

《寺监务库务通用令》。此篇名见于 2.2.26。见于《宋会要辑稿》。此条中有两个名称出现，即《寺监务库务通用令》和《寺监库务通用令》，而且是修订法律时不同条文明确写入两个不同令中。宋朝存在《寺监务库务通用令》和《寺监库务通用令》两种不同法律。《寺监务库务通用令》属于独立令的机构类篇名。

《殿中省令》。此篇名见于 2.2.25. 和 2.2。见于《宋会要辑稿》和《宋史·职官志》。《殿中省六尚局供奉库令》见于 2.2.25.1 条和 4.3.26 条。但 2 条内容是一致的。《宋会要辑稿》中名称是《殿中省提举所六尚局供奉库敕令格式》，《宋史·职官志》中是《殿中省六尚局供奉库务敕令格式》，但从 2.2.25.2 条看，应分为《殿中省令》、《提举所令》、《六尚局令》、《供奉库务令》和《殿中省通用令》。《殿中省令》属于独立令的机构类篇名。

《殿中省通用令》。此篇名见于 2.2.26，属于独立令的机构类篇名。

《六尚局令》。此篇名见于 2.2.26，属于独立令的机构类篇名。

《供奉库令》。此篇名见于 2.2.26，属于独立令的机构类篇名。

《提举所令》。此篇名见于 2.2.26，属于独立令的机构类篇名。

《户部令》。此篇名见于 2.2.28 和 4.1.20。《宋史·艺文志》记载元丰年间制定过《元丰户部敕令格式》；《宋会要辑稿》中记载绍兴五年引用《户部令》原文。《户部令》属于独立令的机构类篇名。

《户部通用令》。此篇名见于 2.2.29。《宋会要辑稿》记载建炎三年（1129 年）适用《户部通用令》，说明此法令在北宋时就已经存在。《户部通用令》属于独立令的机构类篇名。

《户部度支令》。此篇名见于 2.2.30。按《宋会要辑稿》记载，元祐元年修定的法令涉及户部度支、金部和仓部，共有敕令格式 1612 件，总名称是《元丰尚书户部度支、金部、仓部敕令格式》，由此可见，有《户部度支令》、《金部令》和《仓部令》三种令的篇名。《户部度支令》属于独立令的机构类篇名。

《金部令》。此篇名见于 2.2.30，属于独立令的机构类篇名。

《仓部令》。此篇名见于 2.2.30，属于独立令的机构类篇名。

《司农令》。此篇名见于 2.2.31 和 4.1.31。其中 2.2.31.1 条与 4.1.31.1 条的记载是一致的，即元丰元年蔡确制定《司农令》，但从 2.2.31.2 条内容看，此次属于重修，说明此前就已经存在。《司农令》属于独立令的机构类篇名。

《榷茶司令》。此篇名见于 2.2.32。见于《宋会要辑稿》。大观元年（1107 年）引用了相应条文，在名称上，政和元年（1111 年）和宣和三年（1119 年）引用的是《榷茶司令》，而大观元年引用的是《茶司令》。认真推敲，应是同一法令的不同称谓。《榷茶司令》属于独立令的机构类篇名。

《转运司令》。此篇名见于 2.2.33。见于《宋会要辑稿》，引用了《转运司令》原文。从中可知，《转运司令》属于独立令的机构类篇名。

《在京通用令》。此篇名见于 2.2.34 和 4.1.39。见于《宋会要辑稿》和《宋史·艺文志》。按 4.1.39 记载，绍兴年间重修的《在京通用敕令格式申明》数量达到 56 卷。此法令从北宋就开始，按 2.2.34.1 记载有《崇宁在京通用令》，南宋绍熙元年（1190 年）记载引用《在京通用令》。此外，南宋末年《吏部条法》中编入了《在京通用令》（见 5.24）。此令属于区域性令典篇名，是宋朝独立区域性令典篇名。

《开封令》。此篇名见于 2.3.35。见于《宋会要辑稿》，是宋朝独立区域性令典篇名。

《西京令》。此篇名见于 2.3.36。见于《宋会要辑稿》，是宋朝独立区域性令典篇名。

《景灵宫供奉令》。此篇名见于 2.2.38、4.1.3 和 4.3.1。见于《宋会要辑稿》和《宋史》，其中 2.2.38、4.1.3 和 4.3.1 记载内容是一致的。北宋时《景灵宫》属于重要的祠祭地方，因此制定相应的法律。《景灵宫供奉令》属于独立令的机构类篇名。

《龙图阁令》。此篇名见于 4.1.14。按《宋史·艺文志》记载，元丰年间制定过《贡举医局龙图天章宝文阁等敕令仪式》，从此可知有《贡举令》、《医局令》、《龙图阁令》、《宝文阁令》和《天章阁令》。《龙图阁令》属于独立令的机构类篇名。

《宝文阁令》。此篇名见于4.1.14，属于独立令的机构类篇名。

《天章阁令》。此篇名见于4.1.14，属于独立令的机构类篇名。

（3）军事类令篇

《军令》。此篇名见于2.3.8和3.2。见于《宋会要辑稿》和《续资治通鉴长编》。其中2.3.8.2条中明确记载绍兴十九年制定《绍兴重修军令》，说明宋朝存在独立的《军令》篇名。现在无法确定《军令》是否属于令典的篇名。

《军器令》。此篇名见于1.21。见于《庆元条法事类》残卷。《军器令》可以确定为宋朝令典中的基本篇名。

《军防令》。此篇名见于1.22、2.3.7和4.3.32。见于《庆元条法事类》、《宋会要辑稿》和《宋史》。从史料看，《军防令》可以确定为宋朝令典中的基本篇名。

《新定诸军直禄令》。此篇名见于4.1.10。《宋史·艺文志》记载熙宁年间制定过《熙宁新定诸军直禄令》2卷，属于《禄令》中的一种，也属于军事法律中的一种，这里归入军事立法类。《新定诸军直禄令》属于宋朝独立令的篇名。

（4）礼仪类令篇

《仪制令》。此篇名见于1.16、2.3.1、2.3.20、3.1、4.2.1和4.3.18。见于《庆元要法事类》、《宋会要辑稿》、《续资治通鉴长编》和《宋史》。《仪制令》在北宋初期独立制定过，同时适用《唐令》中的相应令篇内容。《仪制令》可以确定为宋朝令典中的基本篇名。

《在京通用仪制令》。此篇名见于2.3.21。见于《宋会要辑稿》。从记载看，宋朝存在《在京通用仪制令》，属于宋朝令篇名中的独立篇名。

《卤簿令》。此篇名见于4.3.15。见于《宋史·舆服志》，时间分别是真宗大中祥符四年（1011年）和神宗元丰三年（1078年），两处都引用了《卤簿令》。《卤簿令》可以确定为宋朝令典中的基本篇名。

《衣服令》。此篇名见于2.3.1、2.3.19和4.3.16。见于《宋会要辑稿》和《宋史·舆服志》。其中2.3.19.1条中提到"国朝《衣服令》"，2.3.19.3条和2.3.19.4条中分别提到《天圣衣服令》，2.3.19.2条中提到本朝即神宗朝的《衣服令》。《衣服令》可以确定为宋朝令典中的基本篇名。

《祀令》。此篇名见于 1.18、2.3.26 和 4.3.9。见于《庆元条法》、《宋会要辑稿》和《宋史》。从 2.3.26.1 条、2.3.26.2 条和 2.3.26.4 条看，南宋时有《绍兴祀令》和《乾道祀令》，而 2.3.26.3 条是淳熙年间修订时提出的。《祀令》可以确定为宋朝令典中的基本篇名。

《祠令》。此篇名见于 2.3.27 和 4.3.8。见于《宋会要辑稿》和《宋史》。从 2.3.27 中可以看到，在 2.3.27.2 条元丰三年提到"国朝《祠令》"，而在 2.3.27.3 条政和七年议定《时令》时提出把相应内容修入《祠令》。从中可知，在宋朝存在独立成篇的《祠令》。《祠令》可以确定为宋朝令典中的基本篇名。

《大礼令》。此篇名见于 2.3.22、3.5 和 4.1.29。见于《宋会要辑稿》、《续资治通鉴长编》和《宋史》。2.3.22.3 条中提到《元丰大礼令式》，2.3.22.5 条中提到《宣和重修大礼令格》和《大观重修礼令格》。从材料可知，《大礼令》在宋朝是独立的令的篇名。

《礼令》。此篇名见于 2.3.23 和 3.6。见于《宋会要辑稿》和《续资治通鉴长编》。2.3.23 中共有 11 条记载了《礼令》，从引文看，2.3.23.1 条和 2.3.23.2 条等应是前朝的《礼令》，后面应是宋朝制定的《礼令》。《礼令》可以确定为宋朝令典中的基本篇名。

宋朝《大礼令》和《礼令》是两个不同的令篇，前者专门针对"大礼"时规定，后者针对一般礼制规定。

《仪注令》。此篇名见于 2.3.21 和 4.3.10。见于《宋会要辑稿》和《宋史》。从 2.3.21.1 条看，宋朝明确区分《仪注令》和《仪制令》，因为该条记载了两个法令不同的条文，而 4.3.10 中指明制定的是"正殿御殿仪注"，所以宋敏求上的应是《朝会仪》和《仪注令式》，后者为 40 篇。从中可知《仪注令》属于宋朝令中事类令的篇名，不能确定是否属于令典篇名。

《夏祭令》。此篇名见于 2.3.70 和 4.1.1。见于《宋会要辑稿》和《宋史·艺文志》。从 2.3.70 看是政和七年制定，全称为《夏祭敕令格式》；4.1.1 则记载了制定的主持者是蒋猷，名称与前者相同。《夏祭令》属于宋朝令中的独立篇名。

《丧葬令》。此篇名见于 2.3.24 和 4.3.11。见于《宋会要辑稿》和

《宋史》。2.3.24.1 条的内容应是前朝的，而 4.3.11.1 条中明确记载了《天圣丧葬令》。从中可知，《丧葬令》可以确定为宋朝令典中的基本篇名。

《服制令》。此篇名见于 1.17。见于《庆元条法事类》。《服制令》可以确定为宋朝令典中的基本篇名。

《时令》。此篇名见于 1.19 和 2.3.78。见于《庆元条法事类》和《宋会要辑稿》。2.3.78.1 条记载景祐三年制定了《时令》1 卷，2.3.78.2 条记载政和七年修订了《时令》。从中可知，《时令》最初属于独立篇名，后来属于令典的篇名。

《岁令》。此篇名见于 2.3.61。见于《宋会要辑稿》。宣和四年制定了《岁令》4 册，从中可知宋朝制定了《岁令》篇。《岁令》属于宋朝独立令的篇名。

《月令》。此篇名见于 2.3.62。见于《宋会要辑稿》。《月令》在古代有《周礼·月令》，但从 2.3.62 中各条看，宋朝制定过本朝的《月令》。《月令》属于宋朝独立令的篇名。

《朔令》。此篇名见于 2.3.63。见于《宋会要辑稿》。宣和四年制定的《朔令》有 51 册，可知《朔令》属于宋朝独立令的篇名。

《乐令》。此篇名见于 4.3.14。见于《宋史·仪卫志》。政和四年（1114 年）记载了具体引用《乐令》条文。从此看，《乐令》属于宋朝令的篇名，但不能确认是否属于令典篇名。

《明堂令》。此篇名见于 2.3.72、4.1.2 和 4.3.1。见于《宋会要辑稿》、《宋史·艺文志》等。从记载看，宋朝最少在元丰年间和宣和元年修撰过两次该法典，元丰年间的称为《明堂袷祫大礼令式》，共有 393 卷，宣和初年的称为《明堂敕令格式》，共有 1206 册，从中可知，《明堂令》内容较多。可知《明堂令》是宋朝令篇中的独立篇名。

《祠祭令》。此篇名见于 2.3.25。见于《宋会要辑稿》。大中祥符四年（1011 年）明确引用《祠祭令》的原文，大观元年（1107 年）记载神宗朝制定了"祠祭格令"。《祠祭令》是宋朝令篇中的独立篇名。

《车驾省方仪令》。此篇名见于 2.3.44。见于《宋会要辑稿》。绍兴五年（1135 年）引用了《车驾省方仪令》条文，从中可知，此为宋朝令的独立篇名。

《赏赐令》，或《度支大礼赏赐令》。此篇名见于 2.3.69。见于《宋会要辑稿》。元祐元年（1086 年）颁布中书后省制定的《度支大礼赏赐敕令格式》。从此可知，此为后宫专门制定的法令，是宋朝令的独立篇名。

《诸陵荐献礼文仪令》。此篇名见于 4.1.4。《宋史·艺文志》记载绍圣年间制定了《诸陵荐献礼文仪令格并例》，共 151 册。从中可知《诸陵荐献礼文仪令》属于宋朝令的独立篇名。

《蜀坤仪令》。此篇名见于 4.1.6。《宋史·艺文志》记载有《蜀坤仪令》1 卷，可知属于宋朝令的独立篇名。

《宗室及外臣丧葬令》。此篇名见于 4.1.15 和 4.3.1。《宋史·艺文志》记载元丰年间制定了《宗室及外臣葬敕令式》92 卷。对此，《宋史·吉礼》记载元丰元年制定《丧葬》共有 163 卷，分为《葬式》、《宗室外臣葬敕令格式》和《孝赠式》，可知《宗室及外臣丧葬令》属于宋朝令的独立篇名。

（5）经济管理类令篇

《营缮令》。此篇名见于 1.25。见于《庆元条法事类》。《营缮令》可以确定为宋朝令典中的基本篇名。

《仓库令》。此篇名见于 1.28。见于《庆元条法事类》。《仓库令》可以确定为宋朝令典中的基本篇名。

《厩牧令》。此篇名见于 1.31。见于《庆元条法事类》。《厩牧令》可以确定为宋朝令典中的基本篇名。

《关市令》。此篇名见于 1.26。见于《庆元条法事类》。《关市令》可以确定为宋朝令典中的基本篇名。

《辇运令》。此篇名见于 1.27 和 2.3.36。见于《庆元条法事类》和《宋会要辑稿》。在《宋会要辑稿·食货四五·漕运》中有 4 条原文。《辇运令》可以确定为宋朝令典中的基本篇名。

《理欠令》。此篇名见于 1.29 和 2.3.35。见于《庆元条法事类》和《宋会要辑稿》。在《宋会要辑稿·食货四五·漕运》中有 1 条原文。《理欠令》可以确定为宋朝令典中的基本篇名。

《场务令》。此篇名见于 1.30。见于《庆元条法事类》。《场务令》可以确定为宋朝令典中的基本篇名。

《牧马令》。此篇名见于 2.3.38。见于《宋会要辑稿》。大观元年二月和四月两次引用《崇宁牧马令》原文，由此可知《牧马令》至少在崇宁年间制定。《牧马令》属于宋朝令的独立篇名。

《厩牧令》。此篇名见于 1.35。见于《庆元条法事类》。《厩牧令》可以确定为宋朝令典中的基本篇名。

《度支令》。此篇名见于 2.3.37 和 3.19。见于《宋会要辑稿》和《续资治通鉴长编》。从两处看，涉及的内容都一致，是对绍圣五年《元丰度支令》进行的修订。从材料看，《度支令》属于令典的篇名。

《度支押令》。此篇名见于 3.16。见于《续资治通鉴长编》。元祐六年（1091 年）引用了《度支押令》，从引用原文看，存在《度支押令》。《度支押令》可以确定为宋朝令的篇名，但不能确定是令典的篇名。

《群牧令》。此篇名见于 4.3.33。《宋史·兵志》记载群牧判官崔台符和刘航制定《群牧敕令》，具体是"以唐制参本朝故事"为基础制定。从此可知，《群牧令》属于宋朝独立令的篇名。

《诸司库务令》。此篇名见于 2.3.67。见于《宋会要辑稿》。按 2.3.67.1 条和 2.3.67.2 条记载，治平二年（1065 年）制定过《在京诸司库务条式》、元祐六年（1091 年）制定过《诸司库务敕令格式》，可知存在《诸司库务令》。《诸司库务令》属于宋朝独立令的篇名。

《诸司市务令》。此篇名见于 4.1.21。《宋史·艺文志》记载元祐年间制定过《诸司市务敕令格式》，共 206 卷，从中可知元祐年间制定了《诸司市务令》。从此可知，《诸司市务令》属于宋朝独立令的篇名。

从 2.3.67.2 条和 4.1.21.1 条看，两处记载的时间是元祐年间，而且册数都是"二百六册"，可知两者也是同一法令，但两个法令从名称上看是有区别的，一个是《诸司库务令》，另一个是《诸司市务令》，现在把它们作为不同法令处理。

《都提举市易司令》。此篇名见于 4.1.17。见于《宋史·艺文志》。元丰年间制定了《都提举市易司敕令》并《厘正看详》21 卷、《公式》2 卷。从中可知《都提市市易司令》属于宋朝独立令的篇名。

《马递铺令》。此篇名见于 2.3.68。见于《宋会要辑稿》。大观元年（1107 年）记载重修《马递铺海行法》，最后修成《大观马递铺敕令格式》。从中可知，《马递铺令》在宋朝是独立令的篇名。

《常平免役令》。此篇名见于 2.3.45、4.1.37 和 4.3.29。见于《宋会要辑稿》和《宋史》诸志。按 2.3.45.1 条记载，常平法在熙宁和元丰年间都制定过，绍圣三年（1133 年）时按元丰年间编修体例修撰，分别设立常平、免役、农田水利、保甲等门，最后以《常平免役敕令》颁布。此次修成后，到绍兴十七年再次重修，这次修成的法令中，令有 20 卷。4.1.37 记载的是绍兴年间修订情况，4.3.29 记载的是绍圣年间制定情况。从中可知，宋朝《常平免役令》是一个独立的类别令典，其下包括不同的令篇，即门。

《义仓令》。此篇名见于 2.3.43。见于《宋会要辑稿》。2.3.43.1 条记载政和元年（1111 年）制定的《元丰义仓令》，后面提到绍圣法，从中可知《义仓令》在元丰年间和绍圣年间制定过。《义仓令》属于宋朝令的篇名，但不能确定是否属于令典的篇名。

《方田令》。此篇名见于 2.3.51。见于《宋会要辑稿》。2.3.51.1 条记载了政和二年引用了《崇宁方田令》。《方田令》是宋朝独立令的篇名。

《盐令》。此篇名见于 2.3.74。见于《宋会要辑稿》。2.3.74.1 条记载绍兴二十一年编成了《盐令》1 卷，《茶令》1 卷，说明存在《盐令》和《茶令》。从中可知《盐令》是宋朝独立令的篇名。

《茶令》。此篇名见于 2.3.75。《茶令》属于宋朝独立令的篇名。

《江淮湖浙路盐令》。此篇名见于 2.2.37 和 4.1.32。见于《宋会要辑稿》和《宋史·艺文志》。从记载看，两处是同一事，按 2.2.37.1 记载看，修成 181 条，共有敕令格共 4 卷。《江淮湖浙路盐令》属于独立的令的篇名。

（6）教育考试类令篇

《学令》。此篇名见于 2.3.29、3.11 和 4.3.4。见于《宋会要辑稿》、《续资治通鉴长编》和《宋史》。从记载看，元丰年间制定《国子监敕令》的同时制定了《学令》，按 2.3.29.5 条记载，还有《大观学令》。从史料看，《学令》在宋朝是独立成篇的，只是不能确定《学令》是否属于令典中的篇名，从结构看，应属于令典的篇名。

《贡举令》。此篇名见于 2.3.30、4.1.14 和 4.3.20。见于《宋会要辑稿》和《宋史》。2.3.30.1 条至 2.3.30.5 条都提到《崇宁贡举令》，还有《绍兴重修贡举令》。《宋史·艺文志》记载了《元丰贡举令》（4.1.14）；4.3.20.1 条记载淳熙十四年（1188 年）洪迈引用《贡举令》。《贡举令》

可以确定为宋朝令典中的基本篇名。

《御制贡举令》。此篇名见于 2.3.49。见于《宋会要辑稿》。按 2.3.49.1 条记载，绍兴二十六年（1156 年）制定了《御制贡举令》3 卷。此外，2.3.49.2 条记载了《崇宁御试贡举令》，2.3.49.3 条记载了《绍兴御贡举令》，这里的令是绍兴二十六年制定的。《御制贡举令》属于独立令的篇名。

《礼部贡举令》。此篇名见于 2.3.79。见于《宋会要辑稿》。从 2.3.79.1 条看，政和年间有《礼部贡举令》，这与《贡举令》是存在区别的。从此可知，《礼部贡举令》是宋朝令的独立篇名。

《贡举通用令》。此篇名见于 2.3.80 和 2.3.49。见于《宋会要辑稿》。从 2.3.80.1 条看，其被称为《崇宁贡举通用令》，2.3.49.1 条中有《内外通用贡举令》5 卷，说明宋朝存在《贡举通用令》的独立篇名。《贡举通用令》属于独立的令的篇名。

《省试贡举令》。此篇名见于 2.3.49。见于《宋会要辑稿》。按 2.3.49.1 条记载，绍兴二十六年制定了《省试贡举令》1 卷。可知《省试贡举令》属于令的独立篇名。

《府监发解令》。此篇名见于 2.3.49。见于《宋会要辑稿》。按 2.3.49.1 条记载，绍兴二十六年制定了《府监发解令》1 卷。可知《府监发解令》属于令的独立篇名。

《御试省试府监发解通用令》。此篇名见于 2.3.49。见于《宋会要辑稿》。按 2.3.49.1 条记载，绍兴二十六年制定了《御试省试府监发解通用令》5 卷。可知《御试省试府监发解通用令》属于令的独立篇名。

《贡士令》。此篇名见于 4.1.35。见于《宋史·艺文志》。从 4.3.32.1 条看，政和年间白时中修撰了《贡士敕令格式》，而且加了"重修"，说明此前就存在。可以确定《贡士令》是独立的令的篇名。

《御试贡士令》。此篇名见于 4.1.30。见于《宋史·艺文志》。从 4.1.30 条看，政和年间修的《御试贡士敕令格式》有 159 卷，前面加了"新修"两个字。《御试贡士令》应是独立的令的篇名。

《杂修御试贡士令》。此篇名见于 4.3.19。见于《宋史·学校试》。从 4.3.21.1 条看，此篇名与《御试贡士令》应有区别。《杂修御试贡士令》

应是宋朝令的独立篇名。

上面存在"贡举"与"贡士"两种不同的令的名称，现在还无法确定两者是否一致，所以这里把两类分别定为不同的篇名。

《省试令》。此篇名见于 2.3.50。见于《宋会要辑稿》。淳熙五年记载了存在《绍兴重修省试令》，从篇名上看，与绍兴二十六年制定的《省试贡举》好像是同一法令，但没有更多史料佐证，所以这里认为是两个不同令的篇名。这里把《省试令》作为独立的令的篇名。

《太学令》。此篇名见于 2.3.53、2.3.54 和 4.3.27。见于《宋会要辑稿》和《宋史》。2.3.54.1 条记载了《绍圣太学敕令式》，4.3.27.1 条记载了《元丰太学令》，2.3.52.1 条记载了《绍兴太学令》3 卷。从中可知，《太学令》在宋朝时属于独立的令典篇名。

《国子监令》。此篇名见于 2.3.53 和 4.1.34。见于《宋会要辑稿》和《宋史·艺文志》。绍兴十三年制定了《国子监令》3 卷，而 4.1.34 记载陆佃编撰了《国子监敕令格式》19 卷。从上可知，《国子监令》在宋朝属于独立令的篇名。

《国子监太学辟雍令》。此篇名见于 2.3.48。见于《宋会要辑稿》。大观年间重修了《国子监太学辟雍令》，所以可知有《国子监太学辟雍令》。《国子监太学辟雍令》属于宋朝独立令的篇名。

《国子监大学小学令》。此篇名见于 4.1.12。见于《宋史·艺文志》。有"李定《元丰新修国子监大学小学新格》十卷，又《令》十三卷"，可知元丰年间修过《国子监大学小学令》，共有 13 卷。这里不能确定是否分为《国子监大学令》和《国子监小学令》两个独立篇名。从上可知，《国子监大学小学令》属于宋朝独立令的篇名。

《国子监支费令》。此篇名见于 4.1.18。见于《宋史·艺文志》，有《国子监支费令式》1 卷。《国子监支费令》属于宋朝独立令的篇名。

《小学令》。此篇名见于 2.3.55 和 2.3.49。见于《宋会要辑稿》。2.3.25.1 条记载大观三年（1109 年）制定了《大观重修小学敕令格式申明》，而 2.3.53.2 条记载绍兴十三年制定的《小学令》有 1 卷，此外 2.3.55.2 条有《小学令》的原文。由此可知，《小学令》在宋朝属于独立的令篇名。

《诸路州县学令》。此篇名见于 2.3.56 和 4.1.24。见于《宋会要辑稿》和《宋史·艺文志》。从两处材料看，是指同一件事。从史料可知，宋朝时《诸路州县学令》属于独立的令篇名。

《内外宗子大小学令》。此篇名见于 2.3.46 和 4.1.28。见于《宋会要辑稿》和《宋史·艺文志》。从两处材料看，是指同一件事。按 2.3.47.1 条记载，《内外宗子大小学令》有 7 册，由此可知，"令"的数量在 21 册中占了三分之一。从史料可知，宋朝时《宗子大小学令》属于独立的令篇名。

《内外宫学令》。此篇名见于 2.3.46。见于《宋会要辑稿》。2.3.46.1 条记载引用《崇宁内外宫学令》，说明此法令的存在。《内外宫学令》属于宋朝令的独立篇名。

《武学令》。此篇名见于 2.3.60、2.3.53 和 4.1.13。见于《宋会要辑稿》和《宋史·艺文志》。2.3.60.1 条记载绍圣年间修有《武学令》；2.3.60.2 条记载大观年间修成《武学令》；2.3.53.2 条记载绍兴年间修成《武学令》，4.1.23 条记载元丰年间修成《武学令》。所以可知《武学令》在宋朝是独立的令篇名。

《律学令》。此篇名见于 2.3.59、2.3.53 和 4.1.23。见于《宋会要辑稿》和《宋史·艺文志》。2.3.59.1 条记载绍圣年间修成《律学令》；2.3.59.2 条记载政和年间修成《律学令》；2.3.53.2 条记载绍兴年间修成《律学令》，4.1.23 条记载了绍圣年间和政和年间修的两次《律学令》。可知《律学令》在宋朝是独立的令篇名。

《算学令》。此篇名见于 2.3.58 和 4.1.25。见于《宋会要辑稿》和《宋史·艺文志》。从 2.3.58 中 1 条和 2 条可知，崇宁年间修过《国子监算学令》，而 4.1.25 记载的就是此事。所以可知《算学令》在宋朝是独立的令篇名。

《书画学令》。此篇名见于 2.3.57 和 4.1.26。见于《宋会要辑稿》和《宋史·艺文志》，两处记载的内容一致，宋朝制定过《书画学令》。《书画学令》属于宋朝独立的令篇名。

（7）国交类令篇

《进贡令》。此篇名见于 1.23、4.1.8 和 4.3.1。见于《庆元条法事类》和《宋史》。从《宋史》"艺文志"和"礼志·吉礼"看，全名是《诸蕃进贡令式》。从《庆元条法事类》中看，已经收入令典，称为《进贡令》。由此可知，宋朝可能存在独立和令典两种《进贡令》篇，当然还有就是《庆元令》被纳入令典，成为令典的篇名。

《驿令》。此篇名见于 1.24、3.9、4.1.9、4.2.2 和 4.3.3。见于《庆元条法事类》、《续资治通鉴长编》和《宋史》。从 3.9.1 条看嘉祐四年最先制定成独立的令篇，称为《嘉祐驿令》，共有 3 卷，74 条。4.2.2 条和 4.3.3 条记载的事件就是嘉祐四年制定《驿令》。但《庆元令》中《驿令》成为令典的篇名。

《主客令》。此篇名见于 4.3.25。见于《宋史·职官志》。元祐六年引用了《主客令》的原文，从行文看，应是令的篇名，但不能确认是否属于令典的篇名。

《高丽令》。此篇名见于 2.3.71、4.1.7 和 4.3.1。见于《宋会要辑稿》和《宋史》。按 2.3.71 条记载，政和七年制定了《高丽敕令格式例》，共 240 册；4.1.7 条记载元丰《高丽入贡仪式条令》有 30 卷，宣和年间《接送高丽敕令格式》和《奉使高丽敕令格式》各 1 部；4.3.1 条记载的内容是元丰年间制定的《高丽入贡仪》。从上可知，宋朝时制定过《高丽令》，作为调整与高丽外交往来的法令。《高丽令》属于宋朝令的独立篇名。

《大辽令》。此篇名见于 4.3.1。见于《宋史·礼志》。从 4.3.1 条看，元丰年间制定了《大辽令式》，可知北宋时存在《大辽令》的专门外交法令。《大辽令》属于宋朝令的独立篇名。

（8）社会事务类令篇

《医疾令》。此篇名见于 1.32。见于《庆元条法事类》。《医疾令》可以确定为宋朝令典中的基本篇名。

《医局令》。此篇名见于 4.1.14。见于《宋史·艺文志》，元丰年间制定。《医局令》属于宋朝令的独立篇名。

《杂令》。此篇名见于 1.20 和 2.3.34。见于《庆元条法事类》和《宋会要辑稿》。2.3.34.1 条记载了《绍兴杂令》，2.3.24.2 条记载了《乾道重修杂令》。从材料看，《杂令》可以确定为宋朝令典中的基本篇名。

《河渠令》。此篇名见于 1.33。见于《庆元条法事类》。《河渠令》可以确定为宋朝令典中的基本篇名，属于中国古代水利立法的代表性成果。

《道释令》。此篇名见于 1.34 和 2.3.32。见于《庆元条法事类》和《宋会要辑稿》。2.3.32.1 条有把修订法律写入《绍兴道释令》中的记载。从史料看，《道释令》可以确定为宋朝令典中的基本篇名。

《恤孤幼令》。此篇名见于 4.3.5。见于《宋史》。从 4.3.5.1 条看，此法律制定于元丰年间，元祐年间被废止，绍圣二年（1096 年）重新适用。《恤孤幼令》是宋朝独立令的篇名，是中国古代社会救济扶助的立法代表。

《教令》。此篇名见于 2.3.52。见于《宋会要辑稿》。2.3.52.1 条记载，元丰二年（1079 年）司农寺制定《元丰教令式》15 卷，说明元丰《教令》独立存在。《教令》属于宋朝独立令的篇名。

《保甲令》。此篇名见于 2.3.64。见于《宋会要辑稿》。《保甲令》在宋朝作为独立令的篇名存在，同时在修订《常平免役令》时被撰入。《保甲令》属于宋朝独立令的篇名。

（9）司法类令篇

《捕亡令》。此篇名见于 1.36。见于《庆元条法事类》。《捕亡令》可以确定为宋朝令典中的基本篇名。

《辞讼令》。此篇名见于 1.37 和 2.3.40。见于《庆元条法事类》和《宋会要辑稿》。2.3.40.1 条引用了原文。《辞讼令》可以确定为宋朝令典中的基本篇名。

《断狱令》。此篇名见于 1.38 和 2.3.42。见于《庆元条法事类》和《宋会要辑稿》。2.3.42 中有 2～5 条分别提到《政和断狱令》、《绍兴断狱令》和《庆元断狱令》。从此可知，《断狱令》可以确定为宋朝令典中的基本篇名。

《鞫狱令》。此篇名见于 2.3.41。见于《宋会要辑稿》。按 2.3.41.1 条，淳熙五年（1178 年）有《乾道鞫狱令》。《鞫狱令》可以确定为宋朝令典中的基本篇名。

《参附令》。此篇名见于 2.3.28。见于《宋会要辑稿》。2.3.28.1 条记载了《绍兴参附令》原文，宋朝时《参附令》可能存在一般"参附令"和特别"参附令"，因为 2.3.28.2 条中有"尚书省左右选、侍郎左选续修参附令"，即《尚书省左右选续修参附令》和《侍郎左选续修参附令》。

《参附令》属于宋朝令的篇名。

《狱官令》。此篇名见于《天圣令》。从记载看《狱官令》可以确定为宋朝令典中的基本篇名。

（七）宋朝令的篇名数量与特点

根据笔者上面的考查，宋朝令的篇名至少有193个，其中较接近令典的篇名至少有65个，以机构为名的篇名至少有74个，其他单行的令典和令的篇名有54个。这当中还有同一内容不同篇名，如《禄令》，就有多次制定的单行禄令，如《嘉祐禄令》、《政和禄令》、《绍兴禄令》等。

1. 宋朝令的篇名与数量

（1）宋朝令典的数量

根据上面的考查，可以得出宋朝修撰过12部不同的令典，其中11部颁行过，分别是《淳化令》、《天圣令》、《元丰令》《元祐令》、《元符令》、《政和令》、《绍兴令》、《乾道令》、《淳熙令》、《庆元令》和《淳祐令》。11部中有10部是完全意义上的宋朝令典，因为第一部《淳化令》是在《唐令》基础上修撰而成。11部令典，可以分为三种风格：《唐令》式，具体有《淳化令》和《天圣令》；《元丰令》式，具体有《元符令》、《元祐令》和《政和令》；《绍兴令》式，南宋诸令典。其中《元丰令》开创了宋朝令典立法的新模式，原因是宋神宗对敕令格式进行了新的界定，导致令典的来源和性质发生了变化。《绍兴令》是对北宋时期各类令的综合，特别是《元丰令》至《政和令》的综合，因为其制定是在特殊的战争时期进行的，让令典出现了对北宋各个令典的总结与综合。

（2）宋朝令典中的篇名与数量

若把本专题中收集到的令的篇名进行比较考查，再与《唐六典》记载的《开元令》、《天圣令》中两个不同令典篇名、《庆元条法事类》篇名和金朝《泰和令》篇名比较，以推考宋朝时期令典用过的篇名，具体如表3。

表 3

开元七年令	开元二十五年令	天圣令（读书志）	天圣令（残卷）	庆元条法事类（残卷）	金泰和令	《宋会要辑稿》、《续资治通鉴长编》和《宋史所见篇名》	考订推定
1 官品	官品	官品		官品	官品	官品	官品
2 三师三公台省职员	三师三公台省职员				职员	官制	官制
3 寺监职员	寺监职员						
4 卫府职员	卫府职员						
5 东宫王府职员	东宫王府职员						
6 州县镇戍岳污关津职员	州县镇戍岳污关津职员						
7 内外命妇职员	内外命妇职员						
8 祠	祠	祠			祠	祠	祠
9 户	户	户		户	户	户	户
10 选举	选举	选举			选举		选举
11 考课	考课	考课		考课		考课	考课
12 宫卫	宫卫				宫卫		宫卫
13 军防	军防	军防		军防	军防	军防	军防
14 衣服	衣服	衣服			衣服	衣服	衣服
15 仪制	仪制	仪制			仪制	仪制	仪制
16 卤簿	卤簿	卤簿				卤簿	卤簿
17 公式	公式	公式		公式	公式	公式	公式
18 田	田	田	田	田	田	田	田
19 赋役	赋役	赋役	赋役	赋役	赋役	赋役	赋役
20 仓库	仓库	仓库	仓库	仓库	仓库		仓库
21 厩牧	厩牧	厩牧	厩牧	厩牧	厩牧		厩牧
22 关市	关市	关市	关市	关市	关市		关市

续表

	开元七年令	开元二十五年令	天圣令（读书志）	天圣令（残卷）	庆元条法事类（残卷）	金泰和令	《宋会要辑稿》、《续资治通鉴长编》和《宋史所见篇名》	考订推定
23		捕亡	捕亡	捕亡	捕亡	捕亡	捕亡	捕亡
24	医疾	医疾	医疾	医疾	医疾	医疾		医疾
25		假宁		假宁	假宁	假宁	假宁	假宁
26	狱官	狱官	狱官	狱官		狱官		狱官
27	营缮	营缮	营缮	营缮	营缮	营缮		营缮
28	丧葬	丧葬	丧葬	丧葬			丧葬	丧葬
29	杂	杂	杂	杂	杂令	杂令	杂令	杂令
30					职制		职制	职制
31					文书		文书	文书
32					公用			公用
33					吏卒		吏卒	吏卒
34					赏令	赏令	赏令	赏令
35					军器			军器
36					荐举		荐举	荐举
37					进贡		进贡	进贡
38					给赐		给赐	给赐
39					选试		选试	选试
40					辇运		辇运	辇运
41					服制	服制		服制
42					封赠			封赠
43					理欠		理欠	理欠
44					场务			场务
45					祀令		祀令	祀令
46					河渠			河渠

开元七年令	开元二十五年令	天圣令（读书志）	天圣令（残卷）	庆元条法事类（残卷）	金泰和令	《宋会要辑稿》、《续资治通鉴长编》和《宋史所见篇名》	考订推定
47				道释	释道	道释	道释
48				时令		时令	时令
49				驿令		驿令	驿令
50				辞讼		辞讼	辞讼
51				断狱		断狱	断狱
52					河防		
53						义仓	义仓
54	封爵				封爵	封爵	封爵
55	学令				学令	学令	学令
56	禄				禄令	禄令	禄令
57	乐令					乐令	乐令
58						主客	主客
59						贡举	贡举
60						大礼	大礼
61						军令	军令
62						度支	度支
63						礼令	礼令
64						仪注	仪注
65						参附	参附
66						赏赐	赏赐
67						职田	职田
68						支赐	支赐
69						牧马	牧马
70						鞫狱	鞫狱
71						夏祭	夏祭
72						义仓	义仓

比较表 3，可以看出宋朝现存材料中《宫卫令》仅出现在《天圣令》中，其他地方没有记载，但从古代法律结构看，《宫卫令》应有才对；《泰和令》中有《河防令》，《庆元条法事类》仅有《河渠令》，两者应是同一令的不同篇名；《选举令》在《唐令》、《天圣令》和《泰和令》中都有，但《庆元条法事类》、《宋会要辑稿》、《宋史》和《吏部条法》中都没有出现，而出现了《荐举令》、《贡举令》和《选试令》三篇，这里最有可能是《选举令》在宋神宗朝后被分成《荐举令》、《贡举令》和《选试令》。从宋朝令的篇名结构上看，宋朝时《祀令》和《祠令》，《礼令》和《大礼令》，《仪制令》和《仪注令》是不同的令篇，即有六篇不同的礼制方面的令篇。结合上面逐条考查和表 3 的比较，可以推定宋朝时令典最有可能用过的篇名有 50 个，分别是：

1《官品令》、2《职制令》、3《宫卫令》、4《存举令》、5《选试令》、6《贡举令》、7《公式令》、8《文书令》、9《公用令》、10《吏卒令》、11《假宁令》、12《禄令》、13《考课令》、14《赏令》、15《封爵令》、16《给赐令》、17《封赠令》、18《户令》、19《田令》、20《军防令》、21《军器令》、22《衣服令》、23《仪制令》、24《卤簿令》、25《祠令》、26《祀令》、27《时令》、28《乐令》、29《礼令》、30《服制令》、31《丧葬令》、32《赋役令》、33《仓库令》、34《厩牧令》、35《关市令》、36《辇运令》、37《理欠令》、38《场务令》、39《度支令》、40《杂令》、41《医疾令》、42《营缮令》、43《学令》、44《进贡令》、45《河渠令》、46《道释令》、47《捕亡令》、48《狱官令》、49《辞讼令》、50《断狱令》。

这样的篇名结构与《绍兴令》50 卷相符，也许这是南宋时令典的篇名，但由于史料缺史，无法肯定这就是南宋时期诸令典的篇名。但以上篇名不会是《元丰令》的篇名，因为史料记载《元丰令》的篇名是 35 个，但《庆元令》现存残本中已经有 37 篇，还有 13 个篇名没有记载，具体是《祠令》、《宫卫令》、《衣服令》、《仪制令》、《卤簿令》、《狱官令》、《丧葬令》、《封爵令》、《学令》、《禄令》、《乐令》、《贡举令》和《礼令》。这 13 个篇名都是令典的基本篇名。这样来看，《庆元令》中的篇名最有可能是 50 个。

从表 3 看，还有 15 个令的篇名可能是令典中的篇名，具体是：

> 1《官制令》、2《选举令》、3《主客令》、4《大礼令》、5《军令》、6《度支令》、7《仪注令》、8《参附令》、9《赏赐令》、10《职田令》、11《支赐令》、12《牧马令》、13《鞫狱令》、14《夏祭令》和 15《义仓令》。

在 15 个令的篇名中，《选举令》、《军令》、《度支令》、《仪注令》、《职田令》、《牧马令》、《义仓令》和《鞫狱令》可能在不同令典中曾是篇名。

上面 65 个令的篇名都在宋朝现有史料中明确提到并有原有条文的不同史料佐证，也就是上面 65 个令的篇名在宋朝确实存在过。

2. 其他令的篇名

（1）机构职能部门类令篇名

根据上面的考查可知，宋朝机构职能类令的篇名至少有 74 个：

> 1《中书省令》、2《尚书省令》、3《枢密院令》、4《三省通用令》、5《三省枢密院通用令》、6《御史台令》、7《内侍省令》、8《尚书六曹寺监通用令》、9《大理寺令》、10《大理寺右治狱令》、11《大宗正司令》、12《外宗正司令》、13《阁门令》、14《礼部令》、15《刑部令》、16《吏部令》、17《殿中省令》、18《殿中省通令》、19《尚书左右选令》、20《尚书左右选通用令》、21《尚书左右选侍郎右选通用令》、22《尚书左选侍郎左右选通用令》、23《尚书左选侍郎右选通用令》、24《尚书右选侍郎左右选通用令》、25《尚书侍郎左右选通用令》、26《尚书侍郎左右选考功通用令》、27《尚书侍郎右选通用令》、28《尚书侍郎右选考功通用令》、29《尚书侍郎右选司勋考功通用令》、30《尚书侍郎左选通用令》、31《尚书侍郎左选考功通用令》、32《尚书左选考功通用令》、33《尚书左选令》、34《尚书右选令》、35《尚书考功令》、36《尚书司勋令》、37《侍郎左选

令》、38《侍郎右选令》、39《侍郎左右选通用令》、40《侍郎左选尚书考功通用令》、41《侍郎右选尚书考功通用令》、42《尚书司勋令》、43《吏部总类通用令》、44《吏部四选令》、45《吏部四选能用令》、46《吏部选令》、47《史部考功令》、48《尚书吏部七司令》、49《参附尚书吏部令》、50《侍郎左选参附令》、51《参附吏部四选令》、52《六曹令》、53《六曹通用令》、54《六曹寺监库务通用令》、55《寺监务库务通用令》、56《六尚局令》、57《供奉库令》、58《提举所令》、59《户部令》、60《户部通用令》、61《户部度支令》、62《金部令》、63《仓部令》、64《司农令》、65《榷茶司令》、66《转运司令》、67《在京通用令》、68《开封令》、69《西京令》、70《景灵（官）［宫］供奉令》、71《龙图阁令》、72《宝文阁令》、73《天章阁令》、74《军马司令》。①

以上74个令的篇名都有宋朝史料佐证，很多篇名还有原来的条文佐证，其中第19～42个的篇名都出现在《吏部条法》中，并有相应的条文。

（2）其他类令的篇名

1《文臣关升条令》、2《新定皇亲禄令》、3《亲从亲事官转员令》、4《新定在京人从令》、5《新定诸军直禄令》、6《岁令》、7《月令》、8《朔令》、9《明堂令》、10《车驾省方仪令》、11《祠祭令》、12《诸陵荐献礼文仪令》、13《蜀坤仪令》、14《宗室及外臣表葬令》、15《度支押令》、16《诸司库务令》、17《诸司市务令》、18《都提举市易司令》、19《马递铺令》、20《常平免役令》、21《方田令》、22《盐令》、23《茶令》、24《江淮湖浙路盐令》、25《御制贡举令》、26《礼部贡举令》、27《贡举通用令》、28《省试贡举令》、29《府监发解令》、30《御试省试府监发解通用令》、31《贡士令》、32《御试贡士令》、33《杂修御试贡士令》、34《省试令》、35《太学

---

① 在陈振孙的《直斋书录题解》卷七"法令类"下记载有"《宣和军马司敕》十三卷、令一卷"（上海古籍出版社，1987，第226页），说明宣和年间制定过《军马司令》。

令》、36《国子监令》、37《国子监太学辟雍令》、38《国子监大学小学令》、39《国子监支费令》、40《小学令》、41《诸路州县学令》、42《内外宗子大小学令》、43《内外宫学令》、44《武学令》、45《律学令》、46《算学令》、47《书画学令》、48《高丽令》、49《大辽令》、50《医局令》、51《恤孤幼令》、52《教令》、53《保甲令》、54《在京通用仪制令》。

3. 宋朝令的篇名分类与演变

从宋朝令的篇名与内容结构看，宋朝令存在三种形式：综合性令典、事类性令典和单行令。综合性令典较为稳定，制定较严格，从现有史料看，宋朝至少制定过 11 部综合性令典，如《天圣令》、《元丰令》、《绍兴令》、《庆元令》；事类性令典是针对某类事务或地区、部门制定适应于该事类、地区和部门的综合性令典，如《常平免役令》、《在京通用令》、《开封令》和《吏部七司条法》等，下面往往再分类成具体的单行令篇；单行性令篇，主要是针对特定的事类制定的单行令，如《保甲令》和《方田令》等。从现在看，宋朝令的立法不管从篇名还是数量上看都属于最多的法律类型。宋朝令的篇名在宋神宗元丰七年（1084 年）以前应基本上以《唐令》为蓝本，篇名结构基本上以《开元二十五年令》为基础。元丰七年后由于重新确定了敕令格式的调整新范围，让整个法律编撰体系有了新的理论指导，于是大量编入敕中非刑名的内容被调整到了"令"，导致"令"的篇名增加，整个令典与令的内容结构发生变化。这样，《元丰令》虽然仅有 35 篇，但《政和令》时可能发生了较大变化，让令典篇名达到了 50 个。

"令"在宋朝成为重要法律形式是可以确定的，也被史料所证明。宋初虽然在令上适用《唐令》，制定新令典时以《唐令》为基础，但由于宋初编敕时对令与敕的内容没有进行学理上的较好区分，形成北宋神宗元丰七年前编敕中大量内容就是后来的"令"的内容。北宋初期仅编敕，导致大量非刑事法律无法编入以《唐律》为体例的编敕中，在立法上出现困难。这个问题到宋仁宗天圣年间越来越严重。这从天圣年间在修订令典时开始采用修"附令敕"可以看出。《玉海》在"天圣附令敕"条和"天圣新修令、编敕"条中对此有详细记载。宋朝真宗咸平年间开始修了《附仪制令》1 卷，天圣年间编了"附令敕"18 卷，此后庆历、嘉祐、熙宁年间续修敕时都修《附令敕》。从《宋会要辑稿》中引用的两条《附令敕》内容看，《附令敕》的内容就是"令"的内容。① 宋神宗元丰七年前编敕时往往编大量的《附令敕》，这是无法较好处理敕与令关系带来的立法问题，当时区别敕令往往以"处罚轻重"和"约束大小"为依据，这种区分很难进行较好的分类。宋神宗对敕令格式进行新界定后解决了此问题，② 让宋朝立法中对敕令格式有了明确区分，于是敕的内容开始减少，令的内容开始增加，这从《元丰敕令格式》及南宋历次编令典中"令"都是 50 卷得以说明。此外，大量部门机构立法时，往往采用敕令格式的立法，把同一调整对象的法律统合入综合性敕令格式法中进行立法，因此出现了大量此方面的法典，如《元祐诸司库务敕令格式》、《元祐在京

---

① 仁宗天圣十年（1032 年）八月四日，刑部言："本部凡追到已断告敕，寄省司毁抹。近降编敕，令所在注毁，限十日申省。又《附令敕》合追官如丁忧停任，旧告敕若两任作一任，当（胨）［牒］刑部置簿拘管。只缘凡降断并不计道数，即省司不见得曾与不曾丁忧停任，虑追索不足，因循散失，望申诫诸路画时关送当部。"从之（《宋会要辑稿》，职官一五之五·刑部，中华书局，1957，第 2700 页）。神宗熙宁二年（1069 年）九月十八日，条例司言："近日在京米价贱，诸军班及诸司库务公人出粜食不尽月粮，全不直钱。欲乞指挥三司晓示，今后愿依下项所定价出粜入官者，依《嘉祐附令敕》坐仓条贯施行。诸班直一千，捧日天武、龙神卫八百，拱圣、神勇以下七百，上、下杂诸司坊监六百。"从之（《宋会要辑稿》，职官五之五·制置三司条例司，中华书局，1957，第 2465 页）。

② 对中国古代法律形式中"律令格式敕"等进行界定较有名的有三次：晋朝的杜预上制定完《泰始律令》表时说明两者的区别，即"律以正刑名，令以设制事"；《唐六典》中界定律令格式时进行的定义，即"凡律以正刑定罪，令以设范立制，格以禁违正邪，式以轨物程事"（《唐六典》卷六，"尚书刑部"，中华书局，1992，第 185 页）；宋神宗对"敕令格式"的界定是"禁于已然谓之敕，禁于未然谓之令，设于此以待彼之至谓之格，设于此使彼效之谓之式"。分析这些官方正式的界定，从中可以看出，律令是十分稳定的，格式在唐宋时期出现过变化。"格"在起源时，按《唐六典》记载与宋朝神宗朝以前的北宋诸朝的敕很相近。"盖编录当时制敕，永为法则，以为故事。汉建武有律令故事上中下三篇，皆刑法制度也。晋贾充等撰律令，兼制定当时制、诏之条，为故事三十卷，与律令并行；梁易故事为梁科三十卷，蔡法度所删定。陈依梁。后魏以'格'代'科'，于麟趾殿删定，名为《麟趾格》。北齐因魏立格，撰《权格》，与律令并行。"（《唐六典》卷六，"尚书刑部"，中华书局，1992，第 185 页）从中可以看出，"格"在形成时期是对制敕中可以为永久之制的诏条编撰的成果，在性质上最初是兼有律令，到形成稳定的法律形式后，格的性质开始出现变化，但在性质上仍然不稳定，因为从中可以看出保留有律令性质的内容。

通用敕令格式》、《绍圣贡举敕令格式》、《绍圣太学敕令格式》、《元符新修海行敕令格式》、《崇宁诸州县学敕令格式》、《政和国子监律学敕令格式》等。而且这些修成的"敕令格式"法典中"令"的部分在整个法典中的数量都在增加，成为四类法律形式中的第一位。可以说，神宗朝后立法上采用敕令格式分类成为通行方式，让宋朝立法有了新的变化。

4. 令在宋朝法律体系中处于核心地位

对宋朝令在不同法律部类中的结构有较详细记载的是南宋高宗绍兴时期，这个时期立法多是对北宋不同时期的立法成果的整理汇编。从史料记载可知，绍兴年间立法，主要是把存留于南方地区的以前的不同法律进行整理修撰，其中广东路所存的法律是重要基础。现在对绍兴年间立法的不同立法成果中敕令格式的结构和卷数进行统计，具体如表4。

表 4

类别 \ 法典	敕卷	令卷	格卷	式卷
绍兴敕令格式（绍兴元年）	12	50	30	30
绍兴重修尚书吏部敕令格式并通用敕令格式（绍兴三年）	5 册	41 册	32 册	8 册
重修禄法（绍兴六年）	1	2	15	
在京禄法（绍兴六年）	1	1	12	
诸班直诸军转员（绍兴八年）	1		12	
亲从亲事官转员（绍兴八年）	1	1	5	
中书门下省、尚书省（绍兴八年）		1		
枢密院（绍兴八年）		1	1	
尚书六曹寺监通用（绍兴八年）		1		
大理寺右治狱（绍兴八年）		1		
重修在京通用敕令格式（绍兴十年）	12	26	8	2
六曹通用（绍兴十二年）	1	3	1	1
寺监通用（绍兴十二年）	1	2	1	1
库务通用（绍兴十二年）	1	2		

类别 \ 法典	敕卷	令卷	格卷	式卷
六曹寺监通用（绍兴十二年）	1	2	1	1
六曹寺监库务通用（绍兴十二年）	1	1	1	
寺监库务通用（绍兴十年）	1	1		
国子监敕令格式（绍兴十三年）	1	3	3	
太学（绍兴十三年）	1	3	1	2
武学（绍兴十三年）	1	2	1	1
律学（绍兴十三年）	1	2	1	1
小学令（绍兴十三年）		1	1	
常平免役（绍兴十七年）	5	20	3	5
盐法（绍兴二十一年）	1	1	1	1
茶法（绍兴二十一年）	1	1	1	1
大宗正司（绍兴二十三年）	11	40	16	5
御制贡举（绍兴二十六年）	1	3		1
省试贡举（绍兴二十六年）	1	1		1
府监发解（绍兴二十六年）	1	1		1
御试省府监发解通用（绍兴二十六年）	1	1	1	1
内外通用贡举（绍兴二十六年）	2	5	3	1
尚书左选（绍兴二十六年）		1	2	1
尚书右选（绍兴二十六年）		2	2	1
待郎左选（绍兴二十六年）		2	1	
待郎右选（绍兴二十六年）		2	2	1
尚书待郎左右选通用（绍兴二十六年）	1	2	1	1
司勋（绍兴二十六年）	1	1	1	
考功	1			
总数	70	233	160	68

从表4看，在宋高宗年间制定的不同法律中，敕有70卷（册）、令有233卷（册）、格有160卷（册），式有68卷（册）。从宋朝史料记载看，每1册至少有1卷，所以说以上敕令格式的卷数最少的分别是敕70卷、

令 233 卷、格 160 卷和式 68 卷，敕令格式总数达到 531 卷。从卷数上看"令"是"敕"的 3 倍多，格是敕 2.3 倍。若仅从四种法律的卷数上看，令格组成了国家法律的主体，因为两者的数量达到 393 卷，占敕令格式总数的 74%，而敕仅占 13.93%。因为绍兴年间的敕令格式的性质是敕为刑事，令格式为非刑事。这样，非刑事法规达到 86.07%。这说明南宋绍兴朝的基本法律中，刑事内容的法律仅占 13.93%，非刑事方面的法律达到 86.07%。这种结构，在《庆元条法事类》残卷中可以同样看出，按日本学者统计，残卷中敕有 887 条，令有 1781 条，格有 96 条，式有 142 条，共有 2906 条。这样残卷中敕占 30.52%，令占 61.28%，格占 3.30%，式占 4.89%，令格式占了 69.47%。从中可知《庆元敕令格》中刑事与非刑事法律的比例大约是 3:7。要指出的是，《庆元条法事类》中的敕令格式仅是基本的，还不包括其他类型中的敕令格式结构，而绍兴年间的敕令格式是整个国家法律中敕令格式的基本卷数结构。若比较两者，我们是否可以得出，南宋时期，在敕令格式法律结构中，敕与令格式的比例为 30% ~ 20% 比 70% ~ 80% 呢？宋朝法律数量中，宋神宗元丰七年后，令格开始成为国家整个法律形式上的主体，律敕由于仅界定在刑事方面，数量受到了限制。当然，有一个例外，那就是《元祐敕令式》中敕有 2440 条，令有 1020 条，式有 127 条，"敕"是令式的两倍多。但这仅是基本敕令格式中的结构，而不是整个国家法律形式敕令格式中的结构，因为除了《元祐敕令式》中敕典、令典和式典外，还有大量其他形式的敕令格式，如《元祐诸司库务敕令格式》和《元祐在京通用敕令格式》等。还有就是这个法典中大量"令"的内容被重新迁回"敕"中。

从上面宋朝令的结构看，中国古代，特别是秦汉至清朝很难说是"以刑为主，诸法合体"的法律结构，因为秦朝至清朝的 2000 多年内法律形式上不管是律令故事、律令格式还是律敕令格式，到最后的律例的法律形式结构中，以设定刑名为中心的法律形式"律"或"律敕"都没有占国家法律的绝对数量。如唐朝开元二十年修订律令格式时，记载当时的律令格式总数是 7026 条，而《唐律》从贞观年间制定的《贞观律》就确定为 500 条，也就是这 7026 条中，令格式等有 6526 条，这些都是非刑事方面的法律。这样，整个律令格式四种类型中，律占 7.11%，令格式占 92.89%。修订后，总数有 3504 条，而律的条数仍然是 500 条，令格式有

3004 条，律占 14.27%，令格式占 85.73%。从中可见中国古代法律结构中不同类别的数量比例。

5. 礼制大量法制化

从宋朝令的篇名结构看，有大量属于礼制的内容，很多篇名是把礼仪制度的内容法制化。与礼制有关的令的篇名有：《祀令》、《祠令》、《礼令》、《大礼令》、《仪制令》、《仪注令》、《衣服令》、《仪制令》、《卤簿令》、《时令》、《乐令》、《服制令》、《丧葬令》《夏祭令》、《仪注令》、《景灵（官）〔宫〕供奉令》、《岁令》、《月令》、《朔令》、《明堂令》、《车驾省方仪令》、《祠祭令》、《诸陵荐献礼文仪令》、《蜀坤仪令》、《宗室及外臣丧葬令》和《在京通用仪制令》等二三十种。这与学术界认为的中国古代存在"礼法并用"的结构好像不太一致。这种现象从魏晋就开始了，因为在《唐六典》记载的魏晋至唐时期不同令的篇名中就可以看到大量礼制已经法制化的令的篇名。宋朝时若加上敕，礼制法制化的内容更多，如有《五服敕》等。现在可以见到的令的篇名，从南北朝时就开始了。中国古代在西周以后，礼应被大量吸入法律中，出现法制化，而不是简单的礼与法的并存关系。

五

元明令考

元令考

对元朝法律形式，学术界长期以来基本认为由"条格"与"断例"组成。① 这种认识是否符合元朝法律形式的真实情况呢？元朝法律形式在中国古代法律形式变迁史上完全是一个特例，还是继承并构成了其中的一环呢？这些问题成为元朝法律形式研究中的重要问题。现在元朝的重要法律史料基本上可以见到，如代表元朝不同立法阶段的成果都有残存本和残条，如《至元新格》残条②、《大元通制》残卷、《至正条格》残卷和《元典章》等。此外，《元史·刑法志》③、《事林广记》中"大元刑制"和"至元杂令"、《刑统注疏》和《无冤录》等书中都有相应法律史料记载。对元朝法律形式，近年来学术界有较深入研究，有学者重点研究了元朝的断例与条画，④ 有学者研究了元朝的"例"，⑤ 还有学者因为研究元朝《通制条格》与《至正条格》等法典渊源与结构，就此讨论了元朝法律形式问题。⑥ 元朝法律形式，可以说基本上是继承唐宋金时期的法律形式，特别是在宋金两朝法律形式上进行变通创新，虽然这种创新是否成功值得

① 这种认识的基础是《元史·刑法志》中记载《大元通制》结构时有："其书之大纲有三：一曰诏制，二曰条格，三曰断例"（《元史》卷一百二《刑法志一》，中华书局，1976，第2603页）。现在《至正条格》残本证明此形式是元朝重要的法律结构。法史学界流行的教材也把元朝的法律形式界定为"条格"与"断例"，如曾宪义主编的21世纪法学系列教材《中国法制史（第三版）》中认为元朝"基本法律形式以条格、断例为主"（中国人民大学出版社，2009，第150页）。

② 黄时鉴收集整理出《至元新格》92条。参见黄时鉴《元代法律资料辑存》，浙江古籍出版社，1988。

③ 对《元史·刑法志》，学术界基本认为是源于元文宗时修的《经世大典》中的"宪典"部分，反映的是当时修撰者对元朝立法的建议与取向。《元史·刑法志》虽然采用法典式结构，内容却是元朝历朝颁布的法令制度，仅是采用条文式，取消判例式。史书记载，元文宗看后曾做过"此岂非《唐律》乎"的评价（《元史》卷一百八十一《揭傒斯传》，中华书局，1976，第4185页）。

④ 吴海航：《元代条画与断例》，知识产权出版社，2009。

⑤ 胡兴东：《元代例考》，《内蒙古师范大学学报》2010年第5期。

⑥ 如黄时鉴、方龄贵、陈高华、刘晓和张帆等人在讨论《通制条格》和《至正条格》的问题时都讨论过元朝的法律形式。国外日本、韩国学者在讨论以上法律问题时同样讨论过元朝的法律形式，如金文京、安部健夫和宫崎市定等。

讨论，但创新体现出来的新趋向成为明清时期法律形式发展的重要基础。对元朝法律形式的构成，应重点理解《元史·刑法志》中记载的"元兴，其初未有法守，百司断理狱讼，循用金律"。[1] 这里的"金律"不仅指金朝《泰和律》，还包括泰和年间制定的令格式敕等法律形式，有《泰和律义》、《泰和令》、泰和敕条和泰和格式，其中泰和"律"与"令"是法律的主体。此外，元朝在至元八年（1271 年）后禁止用金律。这里的金律仅指《泰和律》还是所有金朝的法律，这是一个重要的问题。从现在看，元朝就是对《泰和律》也没有完全中断过适用。元朝法律发展的基础应是泰和律令敕条格式，在统一南宋以前应是肯定的，统一南宋后应融入了南宋的法律成果。这样元朝法律形式上是在金宋时期的律令格式与敕条、断例等形式上综合发展而成。这里重点分析元朝法律形式中"令"的形式如何在元朝发生变化、元朝"令"的形式变化及在中国古代法律形式变迁中的地位等问题。

（一）元代条格与令的关系

元朝是否存在令，元朝令的载体形式是什么，这是研究元朝令时必须首先解决的问题。从元朝法律史料内容看，令在元朝是存在的，从元朝《大元通制》和《至正条格》的篇目结构和内容分类上都可以看到大量令的内容，甚至可以说，元朝法律形式中，令构成了法律形式的主体。因为《大元通制》、《至正条格》中以条格为名称的内容，不管从篇名还是内容上看，都是唐宋金朝时期令的篇目和内容。对此，中外研究元朝法律形式的学者多认为条格就是唐宋金时期的令。[2] 这种观点，最早应源于元人吴澄，他在《〈大元通制条例纲目〉·后序》中写道："仁宗皇帝克绳祖武，

---

① 《元史》卷一百二《刑法志一》，中华书局，1976，第 2603 页。
② 这种看法现在基本上获得研究元史及元代法律史学者的承认，国内从黄时鉴、方龄贵到陈高华、张帆、刘晓等，国外如金文京、安部健夫、宫崎市定等都有同样的看法。文章可以参见黄时鉴《大元通制考辩》，《中国社会科学》1987 年第 2 期；方龄贵《通制条格考略》，载杨一凡主编《中国法制史考证》（甲编第 5 卷），中国社会科学出版社，2003；安部健夫《大元通制解说——兼介绍新刊本〈通制条格〉》，载杨一凡主编《日本学者考证中国法制史重要成果选译·宋西夏元卷》（丙编第 3 卷），中国社会科学出版社，2003。

爰命廷臣类集累朝条画体例为一书，其纲有三：一制诏，二条格，三断例。延祐三年夏，书成。英宗皇帝善继善述，申命兵府宪台暨文臣一同审订，名其书为《大元通制》，颁降于天下。古律虽废而不用，而此书为皇元一代之新律矣。以古律合新书，文辞各异，意义多同。其于古律，暗用而明不用，名废而实不废。何也？制诏条格，犹昔之敕令格式也。断例之目，曰卫禁，曰职制，曰户婚，曰厩库，曰擅兴，曰贼盗，曰斗讼，曰诈伪，曰杂律，曰捕亡，曰断狱，一循古律篇题之次第而类辑，古律之必当从，虽欲违之而莫能违也。岂非暗用而明不用，名废而实不废乎？① 这里吴澄认为《大元通制》中三类纲目与前朝相似之处是：诏制、条格是敕令格式，断例是继承律的篇名。黄时鉴在继承吴澄观点的基础上，指出《大元通制》中三种法律形式是"断例相当于律，条格相当于令并包括格式，诏制相当于敕"。② 此外，孛术鲁翀在《大元通制·序》中写道："由开创以来政制法程可著为令者，类集折衷，以示所司。其宏纲三：曰制诏，曰条格，曰断例。经纬乎格例之间，非外远职守所急，亦汇辑之，名曰别类"。③ 这里孛术鲁翀指出《大元通制》立法的来源是元朝建立政权以来颁布的具有"政制法程"的所有诏制敕令中"可著为令者"，即可以成为令的内容；排编体例是事类。这里不仅指明立法的来源，也说明了编撰体系是按事类进行的。在事类的排编中采用了制诏、条格与断例三大类。条格中采用前朝令的篇名作为事类的名称，断例中采用律的篇名作为事类的名称。有学者会因为"可著为令者"就认为《大元通制》全是令。这里的令不是法律形式中的令，而是中国古代法律的一种通称。④ 按《元史》记载，《大元通制》还有第四类令，共 577 条。元英宗至治三年（1323 年）二月辛巳记载："格例成定，凡二千五百三十九条，内断例七百一十七、条格千一百五十一、诏赦九十四、令类五百七十七，名曰《大

---

① 吴澄：《吴文正公集》卷十一《大元通制条例纲目·后序》，《元人文集珍本丛刊》（四），新文丰出版公司，1985。

② 黄时鉴：《通制条格点校·说明》，浙江古籍出版社，1986，第 2 页。

③ 方龄贵：《通制条格校注·大元通制序》，中华书局，2001，第 1 页。

④ 中国法史学界在研究法律问题时，应注意区分很多法律术语在中国古代特定语境中是行政用语还是法律用语。如诏令作为一种行政用语，与作为法律用语的令是不同的。不能把诏令作为法律分类中的令。敕也同样如此。敕作为法律术语在唐宋时期是确定的，与称为诏敕的行政术语是不同的。

元通制》，颁行天下。"① 这样《大元通制》从广义上看，是令编撰而成的令典。现在学者论证的依据是《大元通制》和《至正条格》中条格部分篇名绝大多数是唐宋金时期令的篇名。当然，从内容上看，条格中的内容也与唐宋时期令格式的内容性质一致。然而，这种分析更多是建立在形式分析上，没有充分考虑到唐中后期至宋辽金时期中华大地上法律形式的整体发展，如敕和申明等成为重要的法律形式，特别是敕成为与令格式并列的重要法律形式。此外，这个时期新的法律编撰体系开始出现，如事类编撰体系。事类编撰体系出现在唐开元年间，至唐后期，特别是南宋时期成为重要的法律编撰体例。② 从法律编撰体系上看，元朝的条格与断例体系是宋，特别是南宋时期事类与断例编撰体系的继承与融合。元朝条格不仅融合了唐宋金时期令格式的内容，还吸收了唐中后期发展起来的敕和申明内容；同时，把宋朝形成的判例等法律编撰体系融合在了一起。若比较元朝条格与《庆元条法事类》和《史部条法》就会发现两者的相似之处，仅是《庆元条法事类》在撰写时明确指出各法律属于敕令格式申明中的那篇。元朝条格与断例的区分，如果以中国古代对律与令的区分为标准，好像元朝又回到晋朝杜预的"律以正罪名，令以存事制"③的定义中，只不过元朝的表述为"断例以正罪名，条格以存事制"。唐宋时期对律令格式及敕的解释最有影响的有三次，分别是：《唐六典》、《新唐书》和《续资治通鉴长编》中记载宋神宗的解释。其中，对"律令格式"的解释较有

① 《元史》卷二十八《英宗二》，中华书局，1976，第629页。

② 现在可以见到的最早"事类"编撰体系是唐玄宗开元二十五年完成律令格式法典编撰后，唐玄宗为了使用上的方便，让有司按事类编撰成"《格式律令事类》四十卷，以类相从，便于省览"（《旧唐书》卷五十《刑法志》，中华书局，1975，第2150页）。这种编撰体系到唐中后期得到发展，如《大中刑法总要格后敕》六十卷和《大中刑法统类》一十二卷。从这里看，《大中刑法统类》应是按律典篇目结构编排。当然，唐玄宗时的《格式律令事类》的篇名结构史料没有记载，现在无法知道编排体系。事类编撰体系需要有篇名，这涉及采用哪种篇名结构的问题。从现在看，事类编撰体系有借用"令"篇名与"律"篇名和把令篇名与律篇名结合起来，消除重合的篇名，构成新的篇名体系三种，如《庆元条法事类》。宋朝以后，特别是元朝在《元典章》编撰中采用新的事类编排体系，即以六部为纲，下面把令篇与律篇的相关篇名融合，进行编排。这种体系成为明清两朝立法的重要编排体系。这种编撰体系的出现是可以理解的，因为中国古代律与令的篇名经过秦汉至宋朝一千多年的发展建立起来，是在长期实践与总结的基础上形成的，具有很高的理论性与逻辑合理性。

③ 《太平御览》卷六三八《刑法部三·律令下》，中华书局，1960，第2859页。

影响的有两种：一是《唐六典》中的解释，即"凡律以正刑定罪，令以设范立制，格以禁违正邪，式以轨物程事"；① 二是《新唐书·刑法志》中的解释，即"唐之刑书有四，曰：律、令、格、式。令者，尊卑贵贱之等数，国家之制度也；格者，百官有司之所常行之事也；式者，其所常守之法也。凡邦国之政，必从事于此三者。其有所违及人之为恶而入于罪戾者，一断以律"。② 宋神宗对敕令格式进行过新定义，宋神宗元丰二年（1079年）五月辛酉左谏议大夫安焘等上《诸司敕式》时，宋神宗对格式令敕进行了解释，"设于此而逆彼之至曰格，设于此而使彼效之曰式，禁其未然之谓令，治其已然之谓敕。修书者要当知此。有典有则，贻厥子孙，今之格式令敕，即典则也。若其书完具，政府总之，有司守之，斯无事矣"。③ 宋神宗对宋朝"格式令敕"是从法律性质上定义的，具有很高的理论性。从宋神宗的定义看，敕是具有禁止与处罚性质的规范，与刑事法律很相似。分析比较三个解释发现，它们对律的解释基本一致，那就是律是处罚性规定，涉及罪名与量刑问题。按《继资治通鉴长编》记载，《元丰敕令格式》是在宋神宗的理论指导下编撰的，具体编撰情况是："于是凡入杖、笞、徒、流、死，自名例以下至断狱凡十有二门，丽刑名轻重者皆为敕；自品官以下至断狱凡三十五门，约束禁止者皆为令；命官之赏等十有七，吏、庶人之赏等七十有七，又有倍、全、分、厘之级凡五卷，有等级高下者皆为格；奏表、帐籍、关牒、符檄之类凡五卷，有体制模楷者皆为式；始分敕、令、格、式为四。"④ 这样宋朝把敕令格式的分类标准化，让宋朝的法律编撰具有了严格的体系。从这里看，敕是"丽刑名轻重"，即"附刑名轻重"；令是"约束禁止"；格是官、吏、庶人赏赐等级之制；式是公文程式的"体制模楷"。在《玉海》中将此简化为"元丰以约束为令，刑名为敕，酬赏

① 李林甫等撰《唐六典》卷六《尚书刑部刑部卷第六》，陈仲夫点校，中华书局，2005，第185页。
② 《新唐书》卷五十六《刑法志》，中华书局，1975，第1407页。
③ 李焘撰《续资治通鉴长编》卷二百八十九"神宗元丰二年六月辛酉"条，中华书局，2004，第7259页。
④ 李焘撰《续资治通鉴长编》卷三百四十四"宋神宗元丰七年三月乙巳"条，中华书局，2004，第8254页。

为格"，① 宋神宗对敕的解释，让唐朝中后期以来形成的敕从颁布的权力源渊转向了调整的形式本质，让敕从国家颁布的一种法律形式变成国家法律形式体系中的一种法律形式，即构成了敕令格式。这种定义同时拓宽了令格式的法律来源，让令格式与敕的修订有了充足的来源。宋初敕就区分为刑事与非刑事，如宋初在编《咸平敕》、《天圣敕》和《庆历敕》等时还把非刑事部分编成《景德田敕》和《咸平仪制令》等。若认真分析《大元通制》和《至正条格》中的内容，会发现条格与断例的来源分别是：条格吸收了令格式敕及申明等；断例主要吸收了宋朝断例及律敕格式申明中涉及刑事方面的规范，甚至是令中涉及刑事方面的规范。

《大元通制》条格中直接以令为篇名的有《户令》、《举令》、《禄令》、《田令》、《赏令》、《假令》和《杂令》。《至正条格》残存的条格篇目中以令直接为名的有《田令》和《赏令》。此外，《事林广记》中有《至元杂令》，但从内容看，这里的《至元杂令》与《大元通制》中杂令的内容差异较大。《事林广记》中《至元杂令》共有 26 个类目：

> 1. 诸色回避（6 条），2. 官民仪礼（3 条），3. 品官车制（1条），4. 吉凶权宜（1 条），5. 官员服色（1 条），6. 吏员书袋（1条），7. 私家车服（1 条），8. 禁宰孕畜（1 条），9. 寺庙（3 条），10. 权豪违碍（1 条），11. 论诉期务（1 条），12. 典质财物（2 条），13. 卑幼交易（1 条），14. 质债折庸（1 条），15. 典雇身役（1 条），16. 民俗杂禁（4），17. 考悌赏劝（1 条），18. 周岁节假日（1 条），19. 日月蚀六条（1 条），20. 禁断红门（1 条），21. 官民坟地（1条），22. 品官葬仪（1 条），23. 笞杖则例（1 条），24. 诸杖大小则例（1 条），25. 各路散府诸州司县分决杖罪例（1 条），26. 军官馆谷（1 条）。②

从《至元杂令》内容看，具有明显的继承性，但与《通制条格》中

---

① 王应麟：《玉海》卷六十六 "元丰诸司敕式 编敕" 条，江苏古籍出版社、上海书店，1987，第 1261 页。
② 陈元靓撰《事林广记·壬集卷之一》，"至元杂令"，中华书局，1999，第 491～494 页。

《杂令》篇内容差异较大。《至元杂令》中24、25和26三个类目内容应是刑事方面的。这三个类目内容在《至正条格》中归入"断例"的"狱官"篇中。《至元杂令》可能是至元年间颁布的单行令，或者是《事林广记》的编写者把元朝当时不同法律中认为与民间日常生活相关度很高的法律摘抄在一起，起名为《至元杂令》，后来在编撰《大元通制》时其内容被分别纳入格例、断例和令类中。从现有法律史料看，元朝"令"是存在的，只是元朝"令"开始出现新的转型，把唐宋金时期严格区分的敕令格式等法律形式分类转向新综合。

（二）元代条格的篇目

对元代法律中"条格"篇目结构的考察，是解决元朝"令"问题的重要内容，也是理解元朝"令"变化的重要途径。元朝条格的篇名主要涉及《大元通制》与《至正条格》，两个法典的主体结构是"条格"与"断例"。《刑统赋疏·通例》记载，《通制条格》中"条格"共27篇，名称与排序是：祭祀、户令、学令、选举、宫卫、军防①、仪制、衣服、公式、禄令、仓库、厩牧、关市、捕亡、赏令、医药、田令、赋役、假宁、狱官、杂令、僧道、营缮、河防、服制、站赤、榷货。从残本《通制条格》看有户令、举令、选举、军防、仪制、衣服、禄令、仓库、厩牧、田令、赋役、关市、捕亡、医药、赏令、假令、杂令、僧道、营缮，共19篇，缺少8篇。《至正条格》的篇目，按《四库全书总目·史部四十·政书类存目二·至正条格》记载，具体是祭祀、户令、学令、选举、宫卫、军防、仪制、衣服、公式、禄令、仓库、厩牧、关市、捕亡、赏令、医药、假宁、狱官、杂令、僧道、营缮、河防、服制、站赤、榷货。现在见到的《至正条格》残存本中有的篇名是：仓库、厩牧、田令、赋役、关市、捕亡、赏令、医药、假宁、狱官，共10篇，缺17篇。

从上面看，相关文献中记载的篇目在两部法典残本中都存在，可以肯定史料记载的篇名与实际篇名是一致的，仅在排序上，《刑统赋疏》与两

---

① 《刑统赋疏》中记载的是"军房"，应当是"军防"之误。

部法典略有不同。对此，学术界多认为是沈仲纬写时有误。两部法典后书是在前书基础上继撰而成。从内容上看，《至正条格》补充了《大元通制》制定后新颁布的内容和对前书中分类不适当的地方进行了调整。① 对此，史料有相应的记载。《元史·顺帝纪》记载，至元六年（1340 年）秋七月戊寅"命翰林学承旨士腆哈、奎章阁学士夔夔等删修《大元通制》"，② 这说明《至正条格》是在《大元通制》的基础上修订而成的。对此，欧阳玄在《至正条格·序》中说得更明确。"（后）至元四年戊寅三月二十六日中书省臣言'《大元通制》为书，缵集于延祐之乙卯，颁行于至治之癸亥，距今二十余年。朝廷继降诏条，法司续议格例，岁月既久，简牍滋繁。因革靡，前后冲突，须司无所质正，往复稽留，奸史舞文，台臣屡以为言。精择老成耆旧文学法理之臣，重新删定为宜。上乃敕中书专官典治其事，遴选枢府、宪台、大宗正、翰林、集贤等官明章程习典故者，遍阅故府所藏新旧条格，杂议而圆听之，参酌比校，增损去存，务当其可。书成，为制诏百有五十，条格千有七面，断例千有五十有九。至正五年冬十一月有四日，右丞相阿鲁图、左丞相别里怯不花、平章政事铁穆尔达识、巩卜班、纳麟、伯颜、右丞相搠思监、参知政事朵儿职班等入奏，请赐其名曰至正条格'。"③ 这里明确指出《至正条格》④ 与《大元

---

① 对《至正条格》在法律规范归类上进行的调整，金文京和刘晓都进行过考证。当然，两人在论述此问题时存在认识上的不同。从立法角度看，这种调整是必然的，虽然可能后者在调整时比前者合理。金文京认为"或者也可以说《大元通制》和《至正条格》对断例与条格的定义并不完全一致"（金文京：《有关庆州发现元刊本〈至正条格〉的若干问题》，载韩国学中央研究院编《至正条格校注》，韩国学中央研究院编印，2007，第477 页）。刘晓认为是元朝法典编撰者用元朝法律文献"生硬套用前代法典分类体系的方法，来整合现有法律文献"所致（刘晓：《〈大元通制〉到〈至正条格〉：论元代的法典编纂体系》，《文史哲》2012 年第 1 期）。从两部法典看，金文京的理解应该更适合当时的情况。经过 20 多年的发展，元人对条格与断例的分类理解更加深入，在分类上自然会出现变化。此外，《至正条格》与《大元通制》在结构上存在不同，《大元通制》有令类，而《至正条格》缺少此部分。这会导致《至正条格》把《大元通制》中令类编入的情况。

② 《元史》卷四十，"顺帝三"，中华书局，1976，第 858 页。

③ 欧阳玄：《圭斋文集》卷七，"《至正条格》序"，四部丛刊初编本。

④ 对《至正条格》的名称，学术界多有争议，认为《至正条格》从结构上是继承《大元通制》，由诏制、条格和断例组成，而采用《至正条格》的名称是不合适的。最早对《至正条格》名称提出异议的是元朝时人朵尔直班，他提出的理由有二：一是内容不全是当朝的，用"至正"不合；二是内容不仅有条格还有断例与诏制，（转下页注）

《通制》的关系及不同。两者在结构上是相同的，只是在条文内容上进行了删修。从现存的两个残本目录和内容看，两部法典确实存在承袭关系。

（三）元代条格篇目与唐宋令篇目的关系

现存的元朝两部法典中条格的篇目名称与结构的最大问题是没有采用《元典章》的分类，即六部下分门的结构，也没有采用《宋刑统》十二篇下再分门的结构，而是采用与唐宋时期的令相同的篇目结构。唐朝令典中最有影响的有唐高祖武德七年（624 年）制定的《武德令》、唐太宗时制定的《贞观令》、唐高宗时制定的《永徽令》和唐玄宗朝《开元令》。这

（接上页注④）用条格不能总括法律的内容。"时纂集《至正条格》，朵尔直班以谓是书上有祖宗制诰，安得独称今日年号；又律中条格乃其一门耳，安可独以为书名"（《元史》卷一百三十九《朵儿直班传》，中华书局，1976，第 3358 页）。这成为《至正条格》名称争议的来源。有学者认为是当时承相不了解汉文化所致，如陈高华；有学者认为是因为元朝条格有广义与狭义之分，即认为《至正条格》中条格是广义，《至正条格》中条格是狭义，如金文京、李玉年等。金文京指出"由此而推，当时条格一词可能有广狭两义，狭义的条格是针对断例而言，是严格的含义；广义则是条格、断例的统称，虽不确切，是广为流用的通俗用法"（《有关庆州发现元刊本〈至正条格〉的若干问题》，载《至正条格点校本》，韩国学中央研究学院编印，第 477 页）。对《至正条格》的名称，说当时承相不识汉文化所致是没有太多说服力的，因为虽然名义上是当时承相上的奏折，但起草者往往是参与修撰法典的人员，因为不了解法典，要说明法典修撰的情况是很难的。"条格"一词从唐宋时期敕格、敕条、条贯、条例演化而来。从宋朝《宋会要辑稿》和《续资治通鉴长编》看，"条格"在宋朝是律疏以外，特别是因时因事而制定的各类法律规范的总称。从史料看，宋朝时"条格"包括刑事法规方面的内容，因为在《续资治通鉴长编》中有如下记载，绍圣四年（1097 年）十二月"乙亥，大理寺言：'外州军人逃亡于京畿，首告者，除犯死罪及强盗或杀人罪不至死，并系凶恶及死罪贷命充军，不以今犯轻重，并从本府断遣外，余据所招罪先犯次断决讫，具录情款、合用条格，并所断刑名，牒送元逃处勘鞫，依法施行。如勘鞫得不实，其已决之罪，并不在通计之限。已上未至本所，逃走于京城内及畿县捕获者，并杖一百。'从之。"（《续资治通鉴长编》卷四百九十三，"绍圣四年十二月乙亥"条，中华书局，2004，第 2714 页。）这里"合用条格"就是刑事法律规范。学者用广义与狭义来解释《至正条格》的名称，从历史考察看具有更多的合理性，或者说，元朝把唐宋金时期以来形成的"条格"一词进行了新定义。用"条格"与"断例"重新分类所有法律类型。对元朝很多法律术语不能仅从元朝的政治结构，特别不能仅从元朝统治者是蒙古族，而认为他们不熟悉汉文化来解释。元朝法律术语受两个方面——唐宋时期形成的术语和辽金西夏诸北方民族政权时期形成的具有相对北方民族语境的法律术语的影响。《至正条格》的名称用"条格"，从法典内容结构与《大元通制》比较看，确实有不够严谨的地方，但从法律术语传统看，应是时代的通用之法。

几个重要令典的篇目结构，按《唐会要·定格令》中记载，《武德令》是在《开皇令》的基础上进行适当修改，因为有"七年三月二十九日成，诏颁于天下。大略以开皇为准，正五十三条……格入于新律，他无所改正"。① 从此可以看出，《武德令》的篇目应是沿用《开皇令》。现在学术界对唐朝时"令"具体有多少篇存在争议，因为不同时期令典的篇目存在不同。现在可以明确的唐朝令典篇目是开元二十五年（737年）的《开元令》，按《唐六典》记载《开元令》共有27篇，具体是：

> 一曰官品（分为上、下）、二曰三师三公台省职员、三曰寺监职员、四曰卫府职官、五曰东宫王府职员、六曰州县镇戍岳渎关津职员、七曰内外命妇职员、八曰祠、九曰户、十曰选举、十一曰考课、十二曰宫卫、十三曰军防、十四曰衣服、十五曰仪制、十六曰卤簿（分为上、下）、十七曰公式（分为上、下）、十八曰田、十九曰赋役、二十曰仓库、二十一曰厩牧、二十二曰关市、二十三曰医疾、二十四曰狱官、二十五曰营缮、二十六曰丧葬、二十七曰杂令。而大凡一千五百四十有六条焉。②

以上共30卷，日本学者通过整理，认为还有学令、封爵令、禄令、乐令、捕亡和假宁6篇。日本学者整理出来的6篇令的篇名，后来成为令的基本篇目。从史料看，唐朝令的篇目应存在两种情况：一是不同时期所修令典中的篇名存在变化；二是除令典中的篇目外，历朝会根据需要制定单行令篇，于是出现了相应令的篇名。从这个角度看，学术界在对唐朝不同时期令典篇目名称研究上，想从不同史料记载的内容来反推某一特定令典篇目是很难成立的。若比较唐开元二十五年前后令的篇名，除6篇涉及职官名称外，③ 还有27篇。表1比较了开元二十五年令典的篇名与《大元通制·条格》的篇名：

---

① 王溥撰：《唐会要》卷三十九《定格令》，中华书局，1955，第701页。
② 李林甫等撰《唐六典》卷六《尚书刑部》，陈仲夫点校，中华书局，2005，第183~184页。
③ 宋朝把唐朝时按职官机构编撰的职官方面的7篇令压缩为1篇，称为《官品令》。

表 1　《大元通制》与《开元二十五年令》篇名比较

开元二十五年	官品	祠令	户令	学令	选举	封爵	禄	考课	宫卫
大元通制		祭祀	户令	学令	选举		禄		宫卫
开元二十五年	军防	仪制	衣服	公式	卤簿	仓库	厩牧	田令	赋役
大元通制	军防	仪制	衣服	公式		仓库	厩牧	田令	赋役
开元二十五年	关市	捕亡		医疾	假宁	狱官	杂令		营缮
大元通制	关市	捕亡	赏令	医药	假宁	狱官	杂令	僧道	营缮
开元二十五年	乐	丧葬							
大元通制			服制	河防	站赤	榷货			

从表 1 看，《大元通制》与《开元二十五令》的篇名 33 篇中有若干篇相同，从中可以看出两者的承袭关系。这说明《大元通制》中"条格"的篇名主要以唐令中的篇名为渊源。

（四）元代条格篇目与金《泰和令》篇目的关系

按《金史·刑志》记载金朝《泰和令》共有 29 篇，具体如下：

> 自《官品令》、《职员令》之下，曰《祠令》四十八条，《户令》六十六条，《学令》十一条，《选举令》八十三条，《封爵令》九条，《封赠令》十条，《宫卫令》十条，《军防令》二十五条，《仪制令》二十三条，《衣服令》十条，《公式令》五十八条，《禄令》十七条，《仓库令》七条，《厩牧令》十二条，《田令》十七条，《赋役令》二十三条，《关市令》十三条，《捕亡令》二十条，《赏令》二十五条，《医疾令》五条，《假宁令》十四条，《狱官令》百有六条，《杂令》四十九条，《释道令》十条，《营缮令》十三条，《河防令》十一条，《服制令》十一条，附以年月之制，曰《律令》二十卷。①

---

① 《金史》卷四十五《刑志》，中华书局，1975，第 1024 页。

若比较《大元通制·条格》和《至正条格·条格》的篇目，可知两者的相似度十分高，体现了元朝立法以金朝《泰和令》为基础发展起来的事实（见表2）。

表2 《泰和令》与《大元通制》篇目比较

泰和令	官品	职员	祠令	户令	学令	选举	封爵	封赠	宫卫
大元通制			祭祀	户令	学令	选举			宫卫
泰和令	军防	仪制	衣服	公式	禄令	仓库	厩牧	田令	赋役
大元通制	军防	仪制	衣服	公式	禄令	仓库	厩牧	田令	赋役、
泰和令	关市	捕亡	赏令	医疾	假宁	狱官	杂令	释道	营缮
大元通制	关市	捕亡	赏令	医药	假宁	狱官	杂令	僧道	营缮
泰和令	河防	服制							
大元通制	服制	河防	站赤	榷货					

从表2中可以看出，《泰和令》29篇中有4篇是《大元通制·条格》中没有的，具体是《官品令》、《职员令》、《封爵令》和《封赠令》。① 而《大元通制·条格》中有2个篇目是《泰和令》中没有的，那就是《站赤令》和《榷货令》，因为在金朝的立法中，还有"又定《制敕》九十五条，《榷货》八十五条，《蕃部》三十九条，曰《新定敕条》三卷，《六部格式》三十卷"，② 可以得出元朝的"榷货"就是金朝的"榷货"，所以说两者重合的篇目达到26个。其中《泰和令》中"医疾令"在《大元通制》中称为"医药"，"释道"改为"僧道"。从中可以看出，《大元通制·条格》篇目应直接以《泰和令》中的篇目为基础。从《大元通制》

---

① 虽然没有4篇内容，但从元朝相关史料记载看，元朝时至少制定过单行的相关法律，因为在《元典章·吏部》"官制、职制与吏制"三目中有与"官品令"与"职员令"相同的内容，只是三目下包括与令格式等前朝相关的内容，较"令"的内容多。此外，《元史》中记载元仁宗皇庆时制定过"封爵"和"封赠"两种法律，本质上就是封爵和封赠两种令的单行法。皇庆元年（1312年）二月"甲戌制定封赠名爵等级，著为令"（《元史》卷二十四《仁宗一》，中华书局，1976，第550页），延祐三年（1316年）夏四月"命中书省与御史台、翰林、集贤院集议封赠通制，著为令"（《元史》卷二十五《仁宗二》，中华书局，1976，第573页）。

② 《金史》卷四十五《刑志》，中华书局，1975，第1024～1025页。

和《至正条格》的条格篇名上看，只要是两个字的篇名都保留"令"，三个字的把"令"去掉，让两法典中的篇名都以两个字为名称。可以推定，立法时其实都是采用"令"，仅是为了立法行文上的方便才没有在三个字的篇名上加"令"字。从内容上看，可以推定为《大元通制》中损益的基础对象是《泰和令》。这就存在一个问题，元朝至元八年（1271 年）废除直接适用《泰和律》时是仅禁止直接适用《泰和律》，还是对泰和令、格、式一律禁止。从现在的内容看，至少在实践中是没有被完全废除，或说在事实上，泰和令格式一直作为元朝相关法律的直接渊源被适用。

（五）元代条格的形式和立法来源

从以上分析可以看出，元朝立法的特点是对金朝泰和律令的直接适用，而后面出现的相关内容是在泰和律令的基础上进行的随时损益。应指出的是至元八年（1271 年）后虽然在法律上废除《泰和律》的直接适用，但整个元朝的立法都在此基础上进行。如《大元通制》中的"刑名"就是在《泰和律》基础上修改的结果。现在从记载看，《大元通制》和《至正条格》的"条格"与"断例"的篇目结构所沿袭的对象是可以确定的，"条格"沿袭的是唐宋金"令"的篇目，"断例"沿袭的是唐律十二篇目。元朝两部重要的法典中"条格"与"断例"的篇目结构与唐宋金时的"律"与"令"的篇目具有高度继承性，所以大多数学者得出"断例"相当于律，"条格"相当于令兼格式，诏制相当于敕的结论。[①] 对此，《刑统

---

① 此种观点为国内研究《通制条格》的前辈学者所共识，如黄时鉴和方龄贵。黄时鉴在其点校的《通制条格》（浙江古籍出版社，1986）卷首中指出，《大元通制》中的断例相当于律，条格相当于令兼格式，诏制相当于敕。方龄贵在点校的《通制条格》"前言"中指出，"据此可知，《唐律》十二篇目相当于《金泰和律》的律义、《大元通制》的断例；其标目十二门全然相同。《唐令》相当于金朝泰和律的律令，《大元通制》的条格。诸家并考得，条格还包括唐的格式和《金泰和律》的《六部格式》。《唐令》所列的二十七门，见于《金泰和律令》者，其《职员》六门当总括入《职员令》，余《考课》分为《封爵令》、《封赠令》，《丧葬》改为《服制令》。所缺惟《卤簿》。另增《学令》、《禄令》、《捕亡令》、《赏令》、《假宁令》、《释道令》、《河防令》。以《大元通制》'条格'与《泰和律律令》相校，无《官品令》、《职员令》、《封赠令》，余并相同，增《站赤》《榷货》而已。其《榷货》已经见《泰和新律新定敕条》。不难看出，总的说来，《金泰和律》本于《唐律》，而《大元通制》又本于《泰和律》，乃是一脉相承，（转下页注）

赋疏·通例》中有很明白的解释，"断例即唐律十二篇，名令提出狱官入条格"。② 按此记载，《大元通制》"名令"部分纳入了"条格"的"狱官"中。《大元通制》把"名例"改为"名令"是因为涉及"名例"篇的内容都是随时随事立法的产物，即对《泰和律》等"律"中"名例"篇的内容进行适当修改的产物，所以在名称上用"名令"。如杖刑，元世祖通过立法，把十下改为七下；枉法与不枉法条中的赃数用贯，在数量上进行调整。这些立法虽然有改变，但本质上仅是随时代损益的结果，而不是通过制定"律"完成，所以称为"令"。《事林广记·戊集卷上》中"刑法类"下明确记载《大元通制》"刑制"方面的内容。从内容看，应是对"名例"损益立法的产物，其中"十恶条"中有"十恶条令"。③ 这部分与唐律中的名例篇略有不同，内容更加具体，当时把此部分称为"名令"，可能为了与"律"中的"名例"篇相区别。此种结构，完全被《至正条格》继承，从《至正条格》的编目结构上看，"断例"的第一篇是"卫禁"，而"条格"的"狱官"篇很多就是"名例"篇的内容，如"狱具"、"二罪俱发"和"老幼笃废残疾"等。《事林广记·大元通制》中"狱具"的内容在《至正条格》的"狱官"中，最初皇帝下圣旨，要求规范各地狱具，于是中央司法机构提出立法，"送法司，照勘到旧例：'狱具：枷，长五尺以上六尺以下，阔一尺四寸以上一尺六寸以下；死罪，重二十五斤；徒、流，二十斤；杖罪一十五斤，皆以干木为之，长阔轻重，刻志其上。扭，长一尺六寸以上二尺以下，横三寸，厚一寸。锁，长八尺以上一丈二尺以下；镣连环，重三斤；笞，大头径二分七厘，小头径一分七厘；杖，大头径三分二厘，小头径二分二厘；讯杖，大头径四分五厘，小头径三分五厘，长三尺五寸。皆须消去节目，无令觔胶诸物装钉。应决者，并用小头，其决笞及杖者，臀受；拷讯者，臀腿分受，务要数停'。

（接上页①）特金、元两代各因时宜而略有损益"（中华书局，2001，第15页）。两位研究前辈通过考证，理清了元朝两部法典的基本渊源。但他们没有指出，元朝的这种变化在中国古代法律形式变迁史上的作用与地位，同时也没有指明这种变迁其实是中国古代法律形式自唐朝以来的新发展。此外，黄先生简单地把断例类比为律，条格类比为令与格式，诏制类比为敕是存在不足的，特别诏制是宋时的敕这一认识是存在误解的。但两位先生指出的元朝在立法上与前朝的关系是十分准确的。

② 沈仲纬：《刑统赋疏》，《丛书集成续编52》，新文丰出版公司，1985，第499页。

③ 陈元靓撰《事林广记·戊集卷上》，中华书局，1999，第123页。

都省准拟"。① 《事林广记·大元通制·狱具》中把此条分为：笞杖、杖、讯囚杖、枷、扭械、铁锁五款，都是从这里抄录的。由此可知，当时是抄录以前法律中相关内容，通过颁布新法令的形式确立为元朝的法律。这是元朝的基本立法形式。中统二年（1261 年）七月制定的"狱具"是通过颁布敕的形式，或广义上诏令的形式进行的立法。这就解释了称为"令"的原因。元朝在立法中还有另一种形式，就是根据元朝具体情况进行变通立法。如《至正条格·狱具》中第二条是大德九年（1305 年）四月确定笞与杖的区分数，因为以前笞杖的区分是五十以下为笞，六十以上为杖，元世祖改笞杖刑尾数为七后，变成十一等，最高为一百七，这样就出现了笞杖刑的区分数是五十七以上还是以下的问题。当时济南路申报说"即今，司县五十七以笞决，路府州郡五十七，却以杖断，罪责即同，杖笞各异，若不申覆，终无所守定例"。中央接到申报后，进行立法："议得：笞五十，杖六十，盖为数止满百，故各为半其数，今既杖数至一百七下。所据五十七以下，当用笞；六十七以上，当用杖。都省准拟。"② 因为元朝笞杖刑出现十一等，笞杖分数出现混乱，于是只好立法。在立法时，立法机关参考了前朝相关立法，结合本朝情况进行了新立法。这一法律颁布形式在宋朝时属于敕。《至正条格·狱具》中两条立法体现了元朝立法的风格与前朝法律的关系。

在《大元通制》和《至正条格》篇名结构来源上，我们可以确定断例是唐律十二篇，条格是《唐令》，特别是金朝《泰和令》的沿袭。那么，元朝两个法典中条格是令的篇名，是否就能得出条格的内容或说主体内容就是令呢？这点从断例上可以看出。虽然断例篇名是唐律的十一篇，内容却不是唐律和金律，而是在唐律、金律基础上发展起来的刑事法律。所以不能说断例就是唐律和金律，两者有本质上的区别。从内容上看，断例应是宋朝海行敕中刑事部分和刑事断例的结合体。宋朝以《咸平敕》和《庆历敕》为中心的海行敕和以刑部为中心的断例都是与刑事法律有关的内容，对宋朝刑事敕与律关系较准确的解释是"律不足以周事情，凡律所不载者，一断以敕，乃更其目名曰令格式，而律恒存乎敕之外"。③ 这里

① 韩国学中央研究院编《至正条格校注》，韩国学中央研究院编印，2007，第 146 页。
② 韩国学中央研究院编《至正条格校注》，韩国学中央研究院编印，2007，第 146 页。
③ 《宋史》卷一百九十九《刑法志一》，中华书局，1977，第 4963~4964 页。

重点指出敕与律的关系是，律所不载的内容为敕，但律与敕是相互支持、相互补充的。当然，这里的敕是宋朝那些具有刑事内容的敕，不是所有的敕。元朝法典中条格虽然以令为目，是否内容上就是唐宋令，或说令内容就是相应篇名下令的传统内容呢？以笔者之见，元朝《大元通制》和《至正条格》中的条格虽然借用了唐宋金时令的篇名，内容却转向事类中的内容，即篇名与令典中篇名下的内容不是完全相同。对事类立法的出现，《宋史·刑法志》记载："淳熙初，诏除刑部许用《乾道刑名断例》，司勋许用获盗推赏例，并乾道经置条例事指挥，其余并不得引例。既而臣僚言：'乾道新书，尚多抵牾。'诏户部尚书蔡洸详定之，凡删改九百余条，号《淳熙敕令格式》。帝复以其书散漫，用法之际，官不暇偏阅，吏因得以容奸，令敕令所分门编类为一书，名曰《淳熙条法事类》，前此法令之所未有也。"① 这里记载了制定《淳熙敕令格式》后，由于适用上不方便，皇帝要求采用"事类"方式把敕令格式按门类重新立法，形成《淳熙条法事类》，并称此事类编撰体系是"前此法令之所未有也"，从历史看，这是不实之言，因为此种立法体系至少在唐玄宗朝就开始了。这种分类体系是沿袭唐朝以来的"事类"体系。事类体系下，令篇名下的内容不全是令典中同篇名的内容。如《庆元条法事类》中"选举门"的名称"选举"属于"令"的篇名，但具体纳入的内容则由不同篇名下的"敕令格式申明"组成。认真考察残本《庆元条法事类》中所有门下的内容，会发现每个门中次类的内容往往由不同篇名下的敕令格式申明组成。这样相同令篇名称下的内容往往不一定仅是该令篇的内容。表3是"选举"门下各类目涉及的敕令格式申明的篇名。

表3 《庆元条法事类》选举门下类目

类目	敕	令	格	式	申明
荐举总法	职制	荐举 职制		职制	职制
改官关升	职制	荐举	荐举	荐举	职制
升陟	职制	荐举	荐举	荐举	职制
文学注官	职制 荐举			荐举	

---

① 《宋史》卷一百九十九《刑法志一》，中华书局，1977，第4966页。

类目	敕	令	格	式	申明
十科	荐举	荐举		荐举	
举武臣	职制	荐举	荐举	荐举	职制
试刑法	职制　诈伪	考课　荐举　选试	荐举		
试武艺	职制	选试	选试	选试	
试换官资	诈伪	选试	选试	选试	
举辟	职制　名例	荐举　考课　职制	荐举	荐举	职制

表3"选举"门下10个类目涉及的内容有敕令格式申明,"敕"有名例、职制、诈伪、荐举4类;"令"有荐举、职制、考课、选试4类;"格"有荐举、选试2类;"式"有职制、荐举、选试3类;"申明"仅有职制1类。《庆元条法事类》中"监司巡历"类门中涉及17个令篇,4个敕格篇(见表4),从中可以看出宋朝敕令格式立法带来的问题。

表4　《庆元条法事类》"监司巡历"下类目

敕	职制　厩库　杂令　捕亡
令	职制　赏令　赋役　考课　公用　祀令　杂令　吏卒　营膳　驿令　关市　仓库 给赐　军器　军防　捕亡　断狱
格	赏格　吏卒　杂格　驿格
式	职制
申明	职制
旁照法	职制敕　贼盗敕　给赐令

《庆元条法事类》"服制"门下四个类目中涉及的敕令格式申明如表5所示。

表5　《庆元条法事类》服制门下类目

类目	敕	令	格	式	申明
服制		仪制、服制	服制		
丁忧 服阙	户婚	职制、服制、假宁、仪制、给赐	服制		

续表

类目	敕	令	格	式	申明
匿服	职制 杂敕	职制			
丧葬	杂敕 断狱 户婚	仪制、服制、假宁、户令、辇运、给赐、 吏卒、断狱、赏令	服制 赏格	服制	户婚

从表5可以看出，《庆元条法事类》中"服制"下涉及的敕有户婚、职制、杂敕和断狱；令有仪制、服制、假宁、职制、给赐、户令、辇运、吏卒、断狱和赏令；格有服制与赏格；式有服制；申明有户婚。

从表3和表5中两个用令典中篇名"选举"和"服制"为名称的门看，都不是因为用了令中的"选举"和"服制"篇名，下面的内容就是"选举"和"服制"的令、格、式和敕的内容。这种现象在南宋后期《史部条法》中同样如此，如"存举"门中涉及的敕令格申明篇名（见表6）。

表6　《史部条法》存举门下类目

敕	尚书侍郎左右选通用敕
令	尚书侍郎左右选通用令　尚书侍郎左右选考功通用令　尚书考功令　侍郎左选令 侍郎右选令　侍郎左选尚书考功通用令　尚书考功令　淳祐令　在京通用令
格	淳祐格　在京通用格
申明	尚书侍朗左右选考功通用申明　尚书侍郎左右选通用申明　淳祐申明　尚书侍郎 左右选通用申明　尚书考功申明　侍郎左选尚书考功通用申明　待郎左选尚书 考功通用申明　侍郎左选申明　尚书待郎左选考功通用申明

元朝时在法律形式上不再严格区分敕、令、格、式和申明等，更不能得出条格中令的篇名下所包括的内容就是该篇名在唐宋金时期该令典中相应的内容。依笔者之见，《大元通制》和《至正条格》中条格的篇名更像唐宋时期事类体系下的篇名，内容也是如此，即把与此篇名有关的内容汇编起来，在具体内容上可能涉及唐宋金时期多篇令格式与敕的内容。

从唐玄宗编事类可以看出，唐朝时法律形式分类过细，导致同一性质的法律分属于不同的法律形式。宋朝法律分类越来越细，带来立法的繁杂，让整个法律适用到立法分类越来越难。如南宋绍兴年间关于官员俸禄的立法被分别立入6种敕令格式中。"十月三日，尚书右仆射、同中书门下平章事、提举详定一司敕令秦桧等续上《禄敕》一卷、《禄令》二卷、《禄格》一十五卷，《在京禄敕》一卷、《禄令》一卷、《禄格》一十二卷，《中书门下省、尚书省令》一卷，《枢密院（令）》一卷、《格》一卷，《尚书六曹寺监通用令》一卷，《大理寺右治狱令》一卷，《目录》六卷，《申明》六卷。诏自绍兴九年正月一日颁行，仍以《绍兴重修禄秩敕令格》为名。"① 从这里看，南宋时对俸禄的立法有两类6种，内容十分庞杂，被分别归入不同法律形式与部门法律中。南宋时更为明显，如"选举"中同是"荐举"的内容，被分别修入荐举令、荐举格和荐举式中。宋朝还有敕令格式和申明，如职制有职制敕、职制令、职制格、职制式和职制申明，加上职制律，与"职制"有关的法律内容被分别撰入6种不同法律的形式中。这种立法还导致同一事类的法律被分别纳入不同的篇名中，如表5"服制"中与"丧葬"有关的内容被分别纳入15种不同的敕令格式和申明的篇名中；表4"监司巡历"门的内容被分别撰入17篇不同的令中，若加上敕格式和申明，达到27篇；表6"荐举"的内容被撰入21篇不同的敕令格和申明中。这种立法技术，不管从纵向还是横向看都有问题，让法律适用十分不方便，同时也导致立法上交叉重复。这是唐朝刚完成律令格式立法的完善分类后就转向"事类"编撰的原因。宋朝在继承唐朝的法律分类的同时，还增加了敕与申明这两种与令格式并列的法律形式。此外，还有半个独立的法律形式——指军，导致法律形式种类更加繁多。宋朝中后期事类立法越来越明显，到南宋时期，事类立法成为重要的立法手段。南宋后期在编撰事类的同时，开始出现把同门中不同法律形式的内容经成"撮要"的立法形式。这种立法形式不再区分敕令格式申明等，让法律更加简化，内容更加简洁。《史部条法》就是典型代表。整个《吏部条法》每门下都有"撮要"，如"差注"分有六门，分别有总法撮要、六个差注撮要、奏辟撮要、考任撮要、宫观岳庙撮要、印纸撮要、荐举撮要、并升撮要、改官撮要、磨勘撮要等。认真分析"撮要"的内容都是下面各个具体敕令格式内容的简化。元朝在编撰法律时，在吸收唐宋金时期发展成果的同时大量简化法律形式种类，不在颁行的单行法律中区分敕、令等法律形式。编撰法典时，根据性

---

① 徐松辑《宋会要辑稿》，"刑法二·格令二"，中华书局，1957，第6480页。

质，把法律形式分为条格与断例，再分别使用令典的篇名和律典的篇名进行分类。这说明律典与令典的篇名分类是中国古代经过长期实践后总结出来的，具有很高的理论性与实用性，同时构成了中国特有的法律分类体系，适应了中国古代法律体系分类的需要。令的篇名分类唐宋时期在格式两种法律形式篇名分类上基本被借用。如《庆元条法事类》中格式的篇名都是借用令的篇名，《庆元条法事类》中所存《庆元格》的篇名是《赏格》、《给赐格》、《吏卒格》、《考课格》、《杂格》、《驿格》、《辇运格》、《假宁格》、《荐举格》、《封赠格》、《服制格》、《选试格》、《断狱格》、《军防格》、《田格》和《道释格》等 16 个格；《庆元式》的篇名是《文书式》、《考课式》、《职制式》、《断狱式》、《杂式》、《荐举式》、《封赠式》、《选试式》、《赏式》、《仓库式》、《场务式》、《理欠式》、《给赐式》、《赋役式》、《道释式》、《户式》、《断狱式》和《厩牧式》共 18 个式。存留的格式名都与令的篇名一致。唐朝中后期在律上不再修订，平时制定涉及刑名的内容时用敕来分类，在法律上称为格后敕。在整理上，为了与律相比较，对与刑事有关的法律采用律作为篇名，其他非刑事法律采用令作为篇名。宋朝时这种法律分类体系更加完善，与刑事有关的立法内容被归入敕与断例，在篇名上采用律的篇名，其他非刑事法律内容采用令作为篇名。从某个角度看，元朝把条格与断例的篇名分别用令的篇名与律的篇名表示是唐宋法律发展的必然结果。这样，就能理解为什么明朝虽然在初期一度恢复律令两法典的分类，但很快就采用律典及用六部分类的条例或则例结构，因为这种分类对法律形式起到简约作用，可减少立法上的重复、使用上的不便。

（六）元朝法律体系中条格的法律渊源

元朝法律体系中基本的法律形式是条格与断例，虽然还有诏制，但诏制中具有法律性质的内容往往被纳入这两种形式中。那么，元朝条格立法的渊源是什么呢，或说它把唐宋金，特别是宋朝时哪些法律形式作为自己的立法渊源呢？

1. 元朝的"条格"源自宋金令与敕格式等法律形式

宋朝最重要的令典是宋仁宗天圣七年（1029 年）的《天圣令》，按《续资治通鉴长编》记载，该令是在唐令的基础上编撰而成。

己巳，诏以新令及附令颁天下。始，命官删定编敕，议者以《唐令》有与本朝事异者，亦命官修定，成三十卷，有司又取《咸平仪制令》及制度约束之。在敕，其罪名轻者五百余条，悉附令后，号曰《附令敕》。①

按此记载，《天圣令》是在《唐令》基础上修成，共 30 卷。此外，此次修令还有两部分：一是《咸平仪制令》和相关令的内容；二是五百条涉及刑事，但处罚较轻的刑事方面的内容，称为《附令敕》。可见，《天圣令》在内容上多于唐令，因为编撰时除了唐令外，还有《咸平仪制令》和其他宋朝因时增修的令的内容。宋朝除了这种较全面的制定令外，还制定过一些单行的令，如宋仁宗庆历五年（1045 年）对与军事有关的法律进行修令。"乙酉，诏枢密院，凡言边防利害，更改兵器、军阵、乡军、牧马事，并付详定编敕所，酌其经久可行者具为令。"② 从记载看，这次修的是与军事有关的令，主要有兵器、军阵、乡军和牧马等篇，其中乡军目应是新增的令篇。此外，宋朝还会根据需要对原有令进行增补，如熙宁元年（1068 年）九月二十八日记载三司奏请说"天章阁待制王猎奏：皇亲月料，嫁娶、生日、郊礼给赐，乞检定则例，编附《禄令》。省司看详，其间颇有过当及不均一，欲量行裁减"，最后是"从之"。③ 这里要求把皇亲的每月供给、嫁娶、生日和效礼的赏赐进行立法，写入《禄令》中，完成了对《禄令》的修改。《宋会要辑稿》、《续资治通鉴长编》和《宋史》中有大量具体法律要求写入令中的记载。

从上面分析可以看出，元朝条格，特别是《大元通制》和《至正条格》中的条格主要是非刑事方面的法律规范，按现在法律分类，属于行政、民事、经济等法律规范。条格在篇目名称上完全继承唐宋金时期令的名称，仅是根据时代变化适当损益，如增加了"站赤"篇。条格从内容上看，以唐宋金时期令为主体，同时把格、式、敕和断例中相关内容纳入，

① 《续资治通鉴长编》卷一百八，"宋仁宗天圣七年五月己巳"条，中华书局，2004，第 2512 页。
② 《续资治通鉴长编》卷一百五十五，"宋仁宗庆历五年三月乙酉"条，中华书局，2004，第 3763 页。
③ 徐松辑《宋会要辑稿》，"帝系四·宗室杂录一"，中华书局，1957，第 101~102 页。

让宋金时期内容混杂的法律形式得到简化。

2. 元朝条格与唐宋时期令在内容上的差异

元朝条格虽然用唐宋时期令为篇名，但内容上差异十分大。比较《开元令·田令》、《天圣令·田令》与《通制条格》和《至正条格》中的"田令"内容会发现它们之间的差异。唐宋时期"田令"主要解决均田制下不同户等授田与职官田，土地分授予非民户受田，公廨田、职分田、屯田，宽狭乡调田、田宅、土地不动产等买卖问题，而元朝"田令"重点解决的是乡村社会组织结构、乡村社会治理和农业生产技术的推广，保护土地所有者的土地所有权、租佃者的佃权、土地交易安全等。从立法数量上看，《开元令》中"田令"在《天圣令》中存49条，[①]《天圣令》中有宋朝"田令"7条，[②]而《大元通制·田令》中有20次目，《至元新格·田令》中有37次目。表7是四个法典中"田令"条目的比较。

表7 《开元令》、《天圣令》、《通制条格》、《至正条格》中田令条目比较

序号	1	2	3	4	5	6	7	8	9	10	11	12	13	14	15	16	17	18
开元令	田长条	永业、口分田条	当户者永业、口分田条	宽狭乡给田条	易田倍给条	官人受永业田条	永业田传子孙条	官人永业田宽狭乡受条	赐田条	官爵解免条	因官爵未请永业田条	请永业田条	乡狭划分条	狭乡受田条	品官口分田追收条	园宅地条	买卖永业口分田条	买地不过本制、买卖田申牒条

---

① 有学者结合日本的《令集解·田令》、《通典·田令》和《明本开元令》等，整理复原出唐朝《开元令·田令》60条。参见中国社会科学院历史研究所天圣令整理课题组《天一阁藏明钞本天圣令校证·附唐令复原研究》（下册），中华书局，2006，第449~453页。

② 中国社会科学院历史研究所天圣令整理课题组：《天一阁藏明钞本天圣令校证·附唐令复原研究》（下册），中华书局，2006，第385页。

续表

序号	1	2	3	4	5	6	7	8	9	10	11	12	13	14	15	16	17	18
天圣令	田长条	种桑枣条	田宅不得施寺条	水侵新出地条	竞田条	藩镇州县职田条	职分陆田条											
通制条格	理民 9	立社巷长 4	农桑 22	司农事例 9	佃种官田 1	安献田土 4	官田 1	典卖田产事例 5	军马扰民 1	准折事产 1	坟茔树株 1	异代地土 5	田讼革限 1	逃移财产 2	江南私租 1	拔赐田土 2	影占民田 1	拔赐田土还官 2
至正条格	理民 9	立社 4	农桑事宜 17	缺目 3	劝农勤惰 2	种区田法 8	秋耕田 1	禁扰农民 10	禁索官田 1	佃种官田 1	占种官田 2	拔赐田土 5	河南自实田粮 2	新附军地土 1	探马赤地土 1	异代地土 1	江南私租 1	逃军户绝地租 1

序号	19	20	21	22	23	24	25	26	27	28	29	30	31	32	33	34	35	36	37
开元令	工商给田条	因王事没落外蕃条	诸田赁质条	给田从近便条	身死应退永业、口分地条	应还公田条	收授田条	授田先后条	田有交错条	道士、妇冠给田条	官户、奴受口分田条	公租田荒废借佃条	田有山岗砂石条	在京诸司公廨田条	诸京官文武职事职分田条	诸州府官人职分田条	驿田条	公廨职分田于宽闲给条	应给职田无地给地子条

续表

序号	19	20	21	22	23	24	25	26	27	28	29	30	31	32	33	34	35	36	37
天圣令																			
通制条格	召赁官房1	打量田土1																	
至正条格	豪夺官民田土1	打量军民田土1	影占民田1	安献地土4	安献田土遇革1	争讼田宅革限2	告争草地1	典卖田产2	典质合同文契1	僧道不为邻1	公廨不为邻1	贸易田产1	典质随地推税2	典质限满不放赎1	禁卖坟茔树株1	典卖系官田产1	召凭官房1	逃移财产2	准折事产1

序号	38	39	40	41	42	43	44	45	46	47	48	49	50
开元令	置屯田	屯田用牛条	诸屯应役丁条	诸屯送纳杂子条	司农寺卿巡历诸屯	诸屯年收藁草条	诸屯杂种车运条	诸屯杂种无藁条	诸屯警急防援相助条	诸屯百姓田当界长官勘问条	屯官欠负处理条	诸屯课帐申省条	
天圣令													

序号	38	39	40	41	42	43	44	45	46	47	48	49	50
大元通制													
至正条格													

对《开元令》和《天圣令》中的"田令"内容，整理者根据调整对象分为田亩面积类，民户授田类，官人授永业田类，宽狭乡、园宅、买卖等杂类，土地收授与非民户授田类，公廨田、职分田类和屯田类，共 7 类。从性质上看，主要是授田，这与唐朝国家采用均田制有关，对田地进行调整主要是授田上遇到的各类问题。田产买卖和保护田产所有权并没有成为核心。宋朝《天圣令》仅可见 7 条，主要涉及田地面积的计算、鼓励种植桑枣树、田宅不得施舍寺院、新添附土地归属、土地纠纷的解决及职官田问题。可见，宋朝前期由于土地所有权开始以私有为主，田地由国家与民间两种所有形式构成，授田有关的法律不再适用。元朝时国家更加严格地实行国家所有与民间所有的不动产财产制度，"田令"调整的中心已经转向保护不同所有者的所有权、保护不动产交易及租佃田产房产的所有者、租佃者的权利等问题。虽然元朝沿用唐宋时期"田令"的篇名，但内容已经发生了本质性的改变。此外，比较《大元通制》和《至正条格》中"田令"的内容，可以看出，《至正条格》中对田产转让的立法更加完善，从"典买田产"到"典卖系官田产"都是田产转让立法。在保护不同田产主体方面立法也更加完善，如从"异代地土"到"妄献田土遇革"都属于不动产权利保护。从内容上看，《至正条格·田令》的内容可以分为：农村基层组织与社会治理，具体有理民、立社、农桑事宜、劝农勤惰；推广农业新技术、鼓励种植桑枣等，如种区田法、秋耕田。在数量上，《大元通制·田令》有 20 类目，若把单列出完整条文及一个个案作为一条，共有 70 条；《至正条

格·田令》分为 37 类目，有 96 条。《至正条格》在类目上较《大元通制》增加 17 个，条文内容增加了 26 条。两者比复原的《开元令·田令》多。从唐宋元三个时期田土、房产等不动产立法变迁上看，中国古代不动产所有权制、国家立法保护的核心都发生了本质改变。当然，对宋朝土地等不动产的保护立法，不能因为《天圣令》的内容就作出评价，因为宋朝对田土等不动产的立法是《景德田敕》。这样，我们不能完全得出元朝"田令"的内容是出自元朝，因为无法对《景德田敕》和金朝"田令"有所了解，不知道两者在内容上与天圣年间以前发生了什么变化。

（八）元朝令的特点

元朝令的内容，若仅从形式上看，构成了元朝法律形式的主体，因为不管条格还是断例，很多内容都源自广义的令。从《元史》记载《大元通制》的结构可以看出，至治三年（1323 年）二月辛巳"格例成定，凡二千五百三十九条，内断例七百一十七、条格千一百五十一、诏赦九十四、令类五百七十七，名曰《大元通制》，颁行天下"。① 这里指出《大元通制》中有令类 577 条。此外，从上面考证看，条格与断例多源自令。这样看，元朝法律形式是以令为主，甚至元朝时有人认为《大元通制》就是对平时制定的甲令的编撰。学术界在讨论《大元通制》结构时，很少注意《大元通制·序》中的记载与《元史·本纪》记载上的差异，"序"中称第四部分为"别类"，"本纪"称为"令类"。两者在法律性质上差异很大，若按《本纪》记载，《大元通制》包括四个部分，分别是断例、条格、诏赦与令类。说明元朝在仁宗时期令与条格、断例是存在区分的。中国古代对律的修订自三国后就十分严格，律都是专门制定，平时随事制定与律相似的内容都不称为律，而称为敕或敕令。这是唐朝后期敕格或敕令出现的原因，因为国家总要对新的刑事问题制定新的法律，但名称上不能用律，这样只能找新的名称来称之。这就解释了唐朝后虽然都是因时因事制定律令内容，但与律有关的内容都用敕或敕令来称，而与令有关的内容

---

① 《元史》卷二十八《英宗二》，中华书局，1976，第 629 页。

仍然用令称的原因。

1. 元代存在令的内容与篇目

从现存法律史料看，元朝存在令的法律形式，但被吸收入条格中。元朝在颁布特别单行法时，存在以特定令为名称的法律。然而，元朝两部重要法典中，令虽然是篇名，但令篇名下的内容不一定是该篇名令的内容。当然，这是与唐宋金时令典内容相比较而言的。若把元朝条格以令篇名为体系的内容认为就是令的内容，可能只能从非比较的角度，或仅从刑法与非刑法的分类来讲，或把刑法定义为律或刑名，非刑法定义为令来说。若这样，就可以说元朝的条格就是令，或说条格就是令典。但这种认识本质上是不符合中国古代法律形式变迁与发展的实质特征的。因为中国古代法律形式的发展是在高度承袭下渐进式发展的，而且中国古代法律形式的发展与朝代的相关性很低，与朝代建立者的主体民族儒家化等文化影响相关性也很低，除非那个王朝统治下的群体以单一少数民族为主，否则都会受到秦汉以来形成的官僚体系文化的影响。这从北朝诸民族入主中原和辽金西夏建国后的法律发展中可以看出。对元朝令，我们只能得出元朝存在令，这不管从内容还是篇名上都成立。但元朝令开始从秦汉至宋金时以独立法律形式存在走向融合，具体表现在元朝的令开始融合传统令的内容和唐宋时期格式敕和申明的相关内容。元朝令的这种变化与宋朝事类法律分类体系的发展有关。南宋朝中后期开始出现以事类为纲目，把敕令格式编在一起的法律形式，而且这种法律形式成为法律编撰新趋势，如《淳熙条法事类》、《庆元条法事类》、《淳祐条法事类》、《淳熙吏部条法事类》和《嘉定编修吏部条法事类》等。

2. 元代令的性质与唐宋金令的性质一致

若把元朝《大元通制》和《至正条格》中条格部分属于令的内容辑考出来，比较唐宋金时期令的内容，会发现两者在性质上是一致的。元朝时制定了不少以令为名的单行法，《元史》中多有记载。如元世祖至元二十年（1283 年）十二月丙午"定质子令，凡大官子弟，遣赴京师"。[1] 这

---

① 《元史》卷十二《世祖纪九》，中华书局，1976，第 259 页。

里记载了制定《质子令》，实际情况应比这里记载的复杂，因为元朝对少数民族头人、高级官员采用质子制度。元仁宗时制定过两个重要的单行令，分别是皇庆元年（1312 年）二月甲戌制定的《封爵令》，延佑三年（1316 年）夏四月制定的《封赠令》。从制定的程序看，两个令属于重要立法。泰定四年（1327 年）十二月庚子"定捕盗令，限内不获者，偿其赃"；[①]《元史》记载曹元用制定过很多与礼制有关的令，如延祐六年"其亲祀仪注、卤簿舆服之制，率所载定"，这里制定《仪制》、《卤簿》等令；泰定二年（1325 年）曹元用制定《卷班令》，"泰定二年授太子赞善，转礼部尚书，兼经筵官，及大朝会，为纠仪官，申卷班之令。俾以序退，无争门而出之扰"。[②]从这里看是制定了相应的令。此外，《国朝文类·宪典·名例篇·五服》中有"至治以来，《通制》成书，乃著五服于令"。从此看，应是制定了《服制令》单行法。此外，《事林广记》中所录的《至元杂令》，从内容看，应是独立的令篇，因为至元年间制定的法律仅有《至元新格》，[③]但《至元新格》中没有"杂令"篇。此外，元朝还有大量颁布时明确写上"著为令"的法律。据笔者不完全统计，有以下 31 条记载：

（1）（十二年）是岁，以官民贷回鹘金偿官者岁加倍，名羊羔息，其害为甚，诏以官物代还，凡七万六千锭。仍命凡假贷岁久，惟子本相侔而止，著为令。（《元史》卷二，太宗纪）

（2）（至元十四年三月）乙巳，命中外军民官所佩金银符，以色组系于肩腋，庶无亵渎，具为令……（十四年十一月）乙未凡伪造宝钞，同情者并处死，分用者减死杖之，具为令。（《元史》卷九，世祖纪六）

（3）（至元十九年二月）壬寅，命军官阵亡者，其子袭职，以疾

────────

① 《元史》卷三十《泰定帝二》，中华书局，1976，第 683 页。
② 《元史》卷一百七十二《曹元用传》，中华书局，1976，第 4027 页。
③ 《至元新格》的篇名是公规、选格、理财、赋役、课程、仓库、造作、防盗和察狱等 10 篇。这样不能找到《至元杂令》所辑录的对象。《至元杂令》只能有两种情况：一是编书者把元朝各类法律中认为可用的编成《至元杂令》；二是至元年间颁布过《至元杂令》单行本。从内容看，后者可能性更高一些。

卒者，授官降一等，具为令。(《元史》卷十二，世祖九)

(4)(元贞元年十二月甲子)减海运脚价钞一贯，计每石六贯五百文，著为令。(《元史》卷十八，成宗纪一)

(5)(大德二年三月)壬子，诏加封东镇沂山为元德东安王，南镇会稽山为昭德顺应王，西镇吴山为成德永靖王，北镇医巫闾山为贞德广宁王，岁时与岳渎同祀，著为令式。(《元史》卷十九，成宗纪一)

(6)(至大四年二月庚午)命广西静江、融州军民官，镇守三载无虞者，民官减一资，军官升一阶，著为令。(《元史》卷二十四，仁宗一)

(7)(皇庆元年七月己酉)敕守令劝课农桑，勤者升迁，怠者黜降，著为令。(《元史》卷二十四，仁宗一)

(8)(至治三年正月辛酉)四川行省平章政事赵世延，为其弟讼不法事，系狱待对，其弟逃去，诏出之。仍著为令：逃者百日不出，则释待对者。(《元史》卷二十八，英宗二)

(9)(泰定元年五月)己卯诏："疏决系囚，存恤军士，免天下和买杂役三年，蜑户差税一年。百官四品以下，普覃散官一等，三品递进一阶。远仕瘴地，身故不得归葬，妻子流落者，有司资给遣还，仍著为令。"(《元史》卷二十九，泰定帝纪)

(10)(泰定二年九月)甲寅，禁饥民结扁檐社，伤人者杖一百，著为令。(《元史》卷二十九，泰定纪)

(11)(天历二年六月)辛亥，陕西行台御史孔思迪言："人伦之中，夫妇为重。比见内外大臣得罪就刑者，其妻妾即断付他人，似与国朝旌表贞节之旨不侔、夫亡终制之令相反。况以失节之妇配有功之人，又与前贤所谓'娶失节者以配身是己失节'之意不同。今后凡负国之臣籍没奴婢财产，不必罪其妻子。当典刑者，则孥戮之，不必断付他人，庶使妇人均得守节。请著为令。"(《元史》卷三十三，文宗二)

(12)(天历二年七月)己未，更定迁徙法：凡应徙者，验所居远近，移之千里，在道遇赦，皆得放还；如不悛再犯，徙之本省不毛之地，十年无过，则量移之；所迁人死，妻子听归土著。著为令。

（《元史》卷三十三，文宗二）

（13）（至顺元年十一月）辛巳，御史台臣言："陕西行省左丞怯列，坐受人僮奴一人及鹦鹉，请论如律。"曰："位至宰执，食国厚禄，犹受人生口，理宜罪之。便鹦鹉微物，以是论赃，失于太苛，其从重者议罪。今后凡馈禽鸟者，勿以赃论，著为令。"（《元史》卷三十四，文宗三）

（14）十月壬子，定妇人犯私盐罪，著为令。（《元史》卷三十七，顺帝纪一）

（15）（后至元二年八月）庚子，诏："强盗皆死，盗牛马者劓，盗驴骡者黥额，再犯劓，盗羊豕者墨项，再犯黥，三犯劓；劓后再犯者死。盗诸物者，照其数估价。省、院、台、五府官三年一次审决。著为令。"（《元史》卷三十九，顺帝纪）

（16）建言："近岁大臣获罪，重者族灭，轻者籍其妻孥。祖宗圣训，父子罪不相及。请除之。"著为令。（《元史》卷一百四十，铁木儿塔识）

（17）辛亥，朝廷始征包银，楫请以银与物折，仍减其元数，诏从之，著为令。（《元史》卷一百四十七，史辑传"）

（18）自是翰林太史司天官不致仕，定著为令。（《元史》卷一百四十七，郭守敬传）

（19）至元十九年，召为吏部郎中，立陟降澄汰之法，著为令式。（《元史》卷一百七十四，夹谷之奇传）

（20）臣等议：宜如大德团槽之制，正官监临，阅视肥瘠，拘钤宿卫仆御，著为令。（《元史》卷一百七十五，张珪传）

（21）臣等议：惟诸王、公主、驸马、寺观，如所与公主桑哥剌吉及普安三寺之制，输之公廪，计月直折支以钞，令有司兼令输之省部，给之大都；其所赐百官及宦者之田，悉拘还官，著为令。（《元史》卷一百七十五，张珪传）

（22）臣等议：惟累朝所赐僧寺田及亡宋旧业，如旧制勿征，其僧道典买民田及民间所施产业，宜悉役之，著为令。（《元史》卷一百七十五，张珪传）

（23）延佑五年，迁司农丞，奉旨至江浙议盐法，罢检校官，置

六仓于浙东、西，设运盐官，输运有期，出纳有次，船户、仓吏盗卖漏失者有罚。归报，著为令。（《元史》卷一百七十六，敬俨传）

（24）初立海道运粮万户府于江浙，受除者惮涉险，不行，思明请升等以优之，因著为令。（《元史》卷一百七十七，张思明传）

（25）大德元年，除杭州路总管，户口复者五万二千四百户，请禁莫夜鞫囚、游街、酷刑，朝廷是之，著为令。（《元史》卷一百七十八，梁曾传）

（26）斗殴杀人者宜减死一等，著为令……约又建议行封赠、禁服色、兴科举。皆著为令甲。（《元史》卷一百七十八，王约传）

（27）先时，有罪，北人则徙广海，南人则徙辽东，去家万里，往往道死。结请更其法，移乡者止千里外，改过听还其乡，因著为令。（《元史》卷一百七十八，王结传）

（28）翀言："科举未立，人才多以吏进，若一概屈抑，恐未足尽天下持平之议。请吏进者，宜止于五品。"许之，因著为令。（《元史》卷一百八十三，字术鲁翀传）

（29）时有官居丧者，往往夺情起复，思谦言："三年之丧，谓之达礼，自非金革，不可从权。"遂著于令。（《元史》卷一百八十四，陈思谦传）

（30）后至元元年六月，上言："强盗但伤事主者，皆得死罪，而故杀从而加功之人，与斗而杀人者，例杖一百七下，得不死，与私宰牛马之罪无异，是视人与牛马等也，法应加重。因奸杀夫，所奸妻妾同罪，律有明文，今止坐所犯，似失推明。"遂令法曹议，著为定制。（《元史》卷一百八十四，陈思谦传）

（31）俄奏言："叛始由惑于妖言，遂谋不轨，宜括天下术士，设阴阳教官，使训学者，仍岁贡有成者一人。"帝从之，遂著为令。（《元史》卷二百三，靳德进传）

从上面记载被"著为令"的法律看，内容有刑事的、非刑事的，但都被称为"令"。从这里看，元朝"著为令"中的"令"包括敕令与一般令两种。这种立法风格与唐宋时期的立法是一样的，因为唐宋文献中有大量"著为令"的记载。

3. 元代令的表述形式与整个元朝法律表述形式是一致的

元朝令的表现形式与整个元朝法律形式是一致的，有案例与条文两种。这与唐宋金时期制定令时采用严格的条文化不同。中国古代令的发展形式一直存在因时因事制定单行令的现象。在立法表述颁布某特定法律时有"著为令"或"著为甲令"以明确法律性质。这在《宋会要辑稿》中较为常见，如元丰六年（1083 年）十二月二十六日吏部侍郎陈安石等奏请"'乞以侍郎比类直学士例，封赠父母。'从之，著为令"。① 但在表述形式上采用条文形式，不采用案例形式。元朝令在内容上有案例形式。这与唐宋金时期有很大差别。如在"获得埋藏物"的归属上，《天圣令·杂令》中有明确规定，"诸于官地内得宿藏物者，皆入得人；于他人私地得者，与地主中分之。若得古器型制异者悉送官酬值"。《庆元条法事类》的"杂门·阑遗·令"中引"杂令"条文与此完全相同。② 在《事林广记·至元杂令》中无此内容，在《大元通制·杂令》中有此内容，但表达形式发生了变化。《大元通制·杂令》中称为"地内宿藏"，由三个具体个案组成，具体是至元十三年（1276 年）王拜驴于贺二地内获得埋藏物案、至元二十九年（1292 年）莱芜县潘丑驴于自家墙内获得银子案、元贞元年（1295 年）大都路杨马儿于梁大地内获得银子让杨黑厮看守案。这三个案件分别确立的是：王拜驴案确定"于官地内掘得埋藏之物，于所得物内一半没官，一半付得物之人。于他人地内得者，依上与地主停分。若租佃官私田宅者，例同业主。如得古器、珍宝、奇异之物，随即申官进献，约量给价。如有诈伪隐匿，其物全追没官，更行断罪"。此条解决了在官地和他人地内获得埋藏物的归属问题，内容基本沿袭宋朝时期法令。③ 潘丑驴案确立了自家地内获得财产归属问题，"即系本人自己地内宿藏之物，拟合回付元主"，即于自己地内获得宿藏物，归当事人所有。④ 杨马儿案中刑部判决是"杨马儿于梁大地内刨出课银四定，银盏儿一个，拟合依例与地主梁大中分。却缘杨黑厮曾经看守，量与本人银叁拾两，余数杨

① 徐松辑《宋会要辑稿》，"职官九·司封部"，中华书局，1957，第 2592 页。
② 《庆元条法事类》卷八十，海王屯古籍丛刊，中国书店出版社，1900，第 474 页。
③ 方龄贵校注《通制条格》卷二十八，"杂令·地内宿藏"，中华书局，2001，第 687 页。
④ 方龄贵校注《通制条格》卷二十八，"杂令·地内宿藏"，中华书局，2001，第 688 页。

马儿与地主两停分张"。① 三个案件构成了元朝对获得埋藏物的归属立法，与宋朝"杂令"中相同规定比较，会发现元朝有继承的一面，但也有发展，体现在明确了在自己土地上获得埋藏物归业主；租佃官私田宅者，相当于业主，就是租佃者获得所有权；对发现埋藏物有帮助的人，可以酌量分给等内容。对此，《元史·刑法志·禁令》中简化为："诸锄获宿藏之物，在他人地内者，与地主中分，在官地内者一半纳官，在己地内者，即内业主。得古器珍宝之物者，闻官进献，约量计价；若有诈伪陷匿，断罪追没"。② 可见，元朝对埋藏物获得归属立法虽然同样放在"杂令"中，但在立法形式上是通过三个具体个案来进行的，内容上在继承宋朝"杂令"立法成果的同时，更加具体、明确。而且在王拜驴案中有处罚规定，这种内容在宋朝被纳入敕中。可以说此处立法是元朝条格立法的典型代表，反映出元朝立法上的风格与特点。

4. 元代令被纳入新的法律形式条格中

对元朝法律形式中令与条格的关系，较为准确的表述应是令被纳入条格中。在《大元通制》参与制定者——"曹元用"传中有"又奉旨纂集甲令为《通制》，译唐《贞观政要》为国语。书成，皆行于时"③，这里指出《大元通制》是以"甲令"④ 为基础编撰而成的。这样，若仅从字面上看，《大元通制》全部来源于"甲令"，进而可以说《大元通制》就是一部令典。但这种认识是不符合宋元时期法律形式的发展的。从法律形式上看，《大元通制》中"条格"的主要渊源是随时随事制定的"敕令"是可以肯定的。此外，"条格"还把唐宋金时期的敕格式和申明纳入自己的体系。在具体单行法律上，元朝还保留有式、格等法律名称。如元朝前期保留"式"的分类。在《事林广记·戊集卷上·公理类》中有"词状新式"，《事林广记·辛集卷之十》中有"告状新式"，两个新式都属于宋朝

---

① 方龄贵校注《通制条格》卷二十八，"杂令·地内宿藏"，中华书局，2001，第688页。
② 《元史》卷一百五《刑法志四·禁令》，中华书局，1976，第2686页。
③ 《元史》卷一百七十二《曹元用传》，中华书局，1976，第4028页。
④ "甲令"一词最早出现在西汉，唐宋时期沿用，但其意思发生了变化。唐宋时期的"甲令"应指全国通用的"令"，以区别针对特定地区、部门与事件颁布的令。这里的"甲令"应是具有普适性的"令"。

时期"式"的内容，而且当时有"按刑格的记载"。说明此时期还有式与格之分。当然，从现有残留条格内容中，对比唐宋金时期残留的格式，很容易发现条格中哪些内容属于格式。所以从法律形式上看，不能说条格就是令及格式，而应说条格把令、格式、申明纳入自己的篇名中。

5. 元代把律令格式敕分别纳入两种新的法律形式中

元代把律令格式敕纳入了条格与断例中，其中条格主要是积极性规范，断例主要是刑事法律。两种法律形式都由条文和案例组成。元代法律形式中条格与断例的基本内容由"条文"与案例组成，这是元朝法律表现形式中的特殊所在。从《大元通制》和《至正条格》的内容看，条格主要属于非刑事法律规范，断例属于刑事法律规范。当然，不能说条格就是行政法，因为条格的调整对象包括行政、民事等非刑事法律内容。但两部分的特殊之处在于篇目结构，因为两部法典中条格的编目结构可以说是唐宋令，特别是金朝泰和令的抄袭，仅增加了"站赤"，而"断例"的篇目却用唐律中的十二篇结构。若从两者的篇目结构看，条格部分是唐宋金时期的令，而断例就是唐宋金时期的律。这样我们对元朝条格与断例的性质与内容都有了认识上的变化，因为两者分别是元朝的刑事与非刑事法律，或说是律与令两种法律形式。

6. 元代法律分类体系开始出现以六部为中心的新编撰体例

元代继承宋朝形成的事类立法体系时，元朝中央机构中中书省下由六部负责，六部成为中央主要行政机构，在立法体系上开始形成六部为类，下再分事类的立法体系。这种立法体系适应了立法中简化的目标，因为在唐朝形成的律令格式的立法分类中，出现交叉和适用中不方便等问题，如某一个问题被分别纳入律令格式等不同法律类别中，适用时得分别查找。如宋朝《庆元条法事类》中有些门下的内容就分别由"律令格式"或"律令格式敕申明"等组成。采用六部下的事类分类时，把律令格式中所有相关内容按门归类，不再区别敕令格式，这样立法更加简约，适用更加方便。这就使明清时期在保留律下，不再区分敕令格式申明，把敕令格式申明的相关内容简约成则例或条例。这样的法律分类更加简明，让立法与司法适用更加简便。

结 论

元朝存在令，但元朝开始把以令为主的法律形式纳入新的法律形式——条格中。或者说，元朝条格的主体是唐宋金时期的令，同时把与此相关的格式敕和判例纳入条格中。元朝的条格在表达形式上有条文和案例两种，在内容上以非刑事法律为主，集中在行政、民事、经济和诉讼等方面。元朝的断例是传统"刑名"，即刑事法律内容，在表达形式上也由条文和案例两种，在法律形式上容纳了唐宋金时期的律格式和敕中与刑事有关的法律，甚至是令中与刑事有关的内容。这样就解决了律令格式和敕中与刑事相关的内容分散、不便适用的问题。这就是条格以令的篇名为纲来编撰，而断例以律的篇名为纲来编撰的原因。元朝整个立法是以唐律令格式为基础，特别是直接以金朝泰和律令格式敕为基础进行损益立法的产物。元朝的立法成果本质上都存在损益的对象，那就是金朝的泰和律令格式敕，或唐朝时的律令格式，统一南宋后，还有宋朝的敕令格式申明和断例。

元朝在中国古代法律形式变迁史上是重要的转型期，是南北朝隋唐时期形成的律令格式的法律形式及宋金时期发展起来的敕令格式申明和断例的融合时期。元朝根据律令格式及敕、断例调整的对象、性质进行简化，以刑名为中心的内容，不管是敕格式申明还是断例，都纳入了断例中；以令为中心的非刑名内容，不管是律令格式还是敕和断例，都纳入条格中。从某个角度看，元朝这种分类是把法律分类回归到晋朝杜预的理解中，因为杜预对律与令的解释核心是"罪名刑罚"与"创设立制"。中国古代对律令格式的分类进行改革是唐玄宗开元二十五年（737 年），当时对律令格式的内容在进行损益的同时，还进行了"以类相从，便于省览"的事类立法，编撰出唐朝立法史上重要的综合性法典，即《开元格式律令事类》。这种把律令格式内容按事类进行汇编立法，可以说是对秦汉以后法律形式分类越来越细带来立法上不方便的反叛，成为立法新河。元朝采用条格与断例的立法，从某个角度看是这种立法的新发展和必然产物。通过实践，中国古代在立法上发现，在法律分类中，律以刑名为中心和令以设制为中心的分类是两种基础性法律分类。

元"田令"形式构成考析

元代"田令"形式构成复杂多样，据文献所载其形式来源有皇帝圣旨条画、诏书、条格，以及中书省、御史台、枢密院各系统呈文等，具有明显的临时性特征。元代"田令"在总体上不具有统一的令的外在形式，主要散见于《至元新格》、《通制条格》、《至正条格》以及《元典章》等法律文献中。考察元代"田令"的形式构成，对认识元代法律形式的多样性具有重要意义。

引子：元代的令与"田令"

元代令（包括田令）通行的时间跨度几乎为有元一代。元令在当初以法的形式公布并生效之时，实际上并不具有一个严格的令的体系，这一点与唐代规范的"律令格式"分类编纂系统不同，也与宋代"敕令格式"系统的编订不同。元以前的令是从规范确定之时起就具有了合乎外在形式的令的身份，而元代的令在初创时主要是一些分散的、临时性的圣旨、条画、诏书之类的单行法文件。较为集中的是条格形式的令类法文件，以《至元新格》的颁行为代表，在后来的《大元通制》和《至正条格》当中，部分"田令"形式才得以集中呈现，开始类似于历代令的编纂与汇集。

作为元代法律形式的令，实际上是在世祖至元二十八年（1291 年）《至元新格》编定时才开始系统呈现出来的。《元史》载："何荣祖以公规、治民、御盗、理财等十事辑为一书，名曰《至元新格》，命刻版颁行，使百司遵守。"[1] 可见《至元新格》是元朝前期的一次较为系统的立法活动，立法目的即为"典章宪度简易明白"，[2] 表明当时是从行政法规的角度来编纂法典的。尽管朝廷还没有独立编撰令类法典的意识，但《至元新格》在整体上已经表现出元代令类立法的特征。围绕其现存十事 96 条分

---

① 宋濂：《元史》卷十六《世祖十三》，中华书局，1975，第 348 页。
② 苏天爵：《滋溪文稿》卷六《至元新格序》，陈高华等点校，中华书局，1997，第 85 页。

析,《至元新格》应是元代最早的一部令集。到元朝中期《元典章》编辑成书时,《至元新格》的内容因被分散到各门之下而不具体系,但同时完成的《大元通制》条格部分将《至元新格》内容分类载入各类令的体系中,这表明元人在创制综合法典时已开始认识到令类法律形式的分类,正如宇术鲁翀撰写《大元通制序》所指出的:"由开创以来政制法程可著为令者,类集折衷,以示所司。"① 因此《大元通制·条格》各卷正是对元代令类立法成果的汇集编纂,诸如"户令"、"学令"、"禄令"、"田令"、"赏令"、"杂令"等各卷的分类。后来的《至正条格》也是继承了这一体例编纂而成,唯有不称其为法典的《元典章》体例独特,以原始形态呈现了元代"令类"法文件最初施行时的类型所属。② 《元典章》对法律形式的分类编纂,仅按所调整事务的法律部门归属划分,不单独形成令类系统的法文件。

(一) 圣旨条画、诏书、条格形式的"田令"

圣旨条画、诏书、条格类"田令"是元代"田令"的主要构成部分,其中,最先出现的是圣旨条画类"田令"。

1. 圣旨条画形式的"田令"

"圣旨条画"一词为复合词,词素关系是以"圣旨"为中心,以"条画"为派生。圣旨条画的含义,是以圣旨为根本依据,以条画为附加结果,即"圣旨"可以单独成为令,与条画结合在一起也可以构成复合形式的令。概言之,每一个条画都是由圣旨发展来的,而每一条圣旨却不必然发展到条画形式。"圣旨条画"形式的"田令"是中书省依据皇帝诏令的正式立法结果。因此,本文的"圣旨条画"田令采用泛称意涵,它已涵盖了"圣旨"田令在内。在元代"田令"的形式构成中,圣旨"田令"所占比例最高,其形式起源可以追溯到大蒙古国成吉思汗时期。

---

① 苏天爵:《元文类》卷三十六《大元通制序》,上海古籍出版社影印本,1993,第448页。
② 参见《元典章》卷二《圣政·救灾荒》以下,陈高华等点校,中华书局、天津古籍出版社,2011。

至元二十九年七月初五日，钦奉圣旨节该："太祖成吉思皇帝圣旨里：'教头口吃了田禾的每，教踏践了田禾的每，专一禁治断罪过有来。不拜户的田禾根底，教吃了的，踏践了的，犹自断罪过有来。在前圣旨莫不怠慢了也。'么道。御史台官人每奏：'八忽歹管着的探马赤每，不好生的整治，交头口吃了、踏践了田禾，损坏树木有。'么道，奏来。'从今已后，依在先圣旨体例里，不拣是谁，休教吃了田禾，休教踏践了田禾，休教损坏了树木。他每刈下的田禾，休教夺要者，休教搔扰百姓者。'道了也。这般宣谕了呵，却有别了圣旨，教吃了田禾的每，教踏践了田禾的每，教陪偿了田禾呵，如有俺每认得的人每呵，咱每根底奏将来者。不认得的人每有呵，那里有的廉访司官人每、监察每、城子里达鲁花赤官人每、各投下的头目每，一处打断者。"①

上述文字的前三分之一部分陈述了成吉思汗的命令，是为禁止头口侵害百姓农田而发布，罚则为"专一禁治断罪过"。世祖至元二十八年（1291 年）时，御史台重申此条圣旨，同时提到另外的圣旨，特别强调"头口吃了田禾"、"头口踏践了田禾"，应由头口主人赔偿的罚则。这一新的圣旨虽然不知具体施行时间，但在忽必烈中统四年（1263 年）时，为禁止军马踏践、啃咬百姓农田果树，曾下达"军马扰民"禁令，此禁令亦用蒙古语硬译公牍文体发布，其在罚则里明确指出了"依着扎撒赔偿断遣者"，② 这说明在成吉思汗以来的蒙古《大札撒》

---

① 《通制条格》卷十六《田令·司农事例》，黄时鉴点校，浙江古籍出版社，1986，第 196～197 页。另参见《至正条格》卷二十六《条格·田令·禁扰农民》，韩国学中央研究院，2007，第 54～55 页。

② 参见《通制条格》卷十六《田令·军马扰民》。"中统四年正月，钦奉圣旨：道与阿术都元帅等，在先为军马于百姓处取要诸物，或纵放马匹踏践麦苗田种，及啃咬桑果等树，这般搔扰上已曾禁约去来。今又体知得，随处多有屯驻蒙古等军马，往往将请到粮料私下粜卖，却于百姓处强行取要粮料、人夫、一切物件。及有探马赤人每将自己养种收到物斛爱惜，却行营于百姓处取要骚扰。这言语是实那是虚？如圣旨到日，仰省会万户、千户、百户每体究问当者。若端的有这般搔扰百姓的人每，管军官与宣慰司一同问当了，是实呵，依着扎撒陪（赔）偿断遣者。若去宣慰司处远呵，止与本处达鲁花赤管民官一处断者。如千户、百户每不行用心禁约，及觑面皮不肯断遣者，他每不怕那么么。"黄时鉴点校，浙江古籍出版社，1986，第 202 页。

中，即有头口踏践田禾须赔偿的罚则，忽必烈时期的"田令"仍与《大札撒》的规则保持一致。中统四年圣旨还赋予了管军官与宣慰司特别究问权，也赋予了达鲁花赤和管民官对千户、百户旗下军人的审断权。成吉思汗圣旨被收录在《大元通制·条格》"田令"之下，在元朝后期又被收录在《至正条格·田令》之中，① 成为元代"田令"形式的最早渊源。

为何元朝人确定将上述圣旨视作田令划入令类？当因其内容所决定："头口吃了田禾"、"踏践了田禾"；"纵放头匹踏践麦苗田种，及啃咬桑果等树"，"屯驻蒙古等军马，往往将请到粮料私下粜卖，却于百姓处强行取要粮料、人夫、一切物件。及有探马赤人每将自己养种收到物斛爱惜，却行营于百姓处取要搔扰"。这些显然都是蒙古军人以及探马赤军凭借特权，对百姓农耕生活进行无端的侵害，朝廷当然应以明令禁止。进入元朝，由草原游牧部落生产方式转化为中原汉地农耕生产方式的蒙古统治者，已经接受并更加重视对农业生产事务的管理，此类圣旨均关乎百姓生活和农桑事务管理，归入"田令"当属无疑。

即如前述，圣旨条画类"田令"的形式构成主要有两种：一种是中书省发布时保持圣旨原型的行文方式，即蒙古大汗或皇帝先根据奏报陈述一件法律事实，然后给出确定的罚则，便形成了蒙古语的圣旨原文，待到发布时再被硬译成语法乖戾的公牍文体，这就是"圣旨田令"；另外一种形式由中书省根据圣旨精神，直接以纯正汉语发布，这类似于立法机关颁布抽象的法令，即所谓"圣旨条画田令"。仍以上述"田令"为例，中统五年时中书省再次颁行，其在行文风格与立法语言方面都已发生了根本变化。② 很明显，中统五年圣旨与中统四年圣旨内容基本一致，前后虽然仅隔一年，但已由原来的蒙古语硬译公牍文体转变为纯粹

---

① 参见《至正条格》（校注本）卷二十六《条格·田令》，韩国学中央研究院，2007，第54页。

② "中统五年八月，钦奉圣旨条画内一款：诸军马营寨及达鲁花赤、管民官、权豪势要人等，不得恣纵头匹损坏桑枣，踏践田禾，搔扰百姓。如有违犯之人，除军马营寨约会所管头目断遣，余者即仰本处官司就便治罪施行，并勒验所损田禾桑果分数陪（赔）偿，及军马不得于村坊安下，取要饮食。"参见《通制条格》卷十六《田令·司农事例》，黄时鉴点校，浙江古籍出版社，1986，第196页。

的汉语条画的表达方式，更加符合抽象"田令"的规范要素。这一立法
特点在至元二十三年（1286 年）条画"田令"形成时再一次得到非常
清楚的体现：

> 至元二十三年六月十二日，中书省奏："立大司农司的圣旨，奏
> 呵，'与者'，么道圣旨有来。又，仲谦那的每行来的条画，在先也省
> 官人每的印信文字行来。如今条画根底省家文字里交行呵，怎生？"
> 么道。奏呵，"那般者"，么道圣旨了也。钦此。今将奏奉圣旨定到条
> 画，开立于后：
>
> ……

此段文字是一条中书省奏文的批复圣旨，其后便据此开列了 14 款条
画内容，这些内条画是由中书省根据皇帝圣旨创制的"田令"条款，事关
农桑事务，因内容较为冗长繁复，现将每款提要如下：（1）诸县所属村疃
立社标准；（2）社长须管各社趁时农作；（3）各社因地制宜栽种桑枣树；
（4）各路委任官员视察水利设施；（5）鼓励近水之家凿池养鱼并鹅鸭；
（6）社众协助病患凶丧之家按时种收；（7）官豪势要所垦荒闲地土应给
付无地之家；（8）每社所立义仓由社长主之；（9）社长保举勤勉孝友增
置家产之人；（10）社长训教游徒恶党之人；（11）每社立学令教子弟通
晓经书；（12）州县正官监视烧除虫蝗遗子；（13）各随方土所宜量力施
行；（14）各府州司县长官逐级提点考较各社长等第。① 此 14 款条画全面
规定了社长职责，以及村社百姓民众的农业生产和生活秩序安排，14 款
条画的立法形式也完全符合中国传统律令的形式特征，是由中书省确定的
严格的圣旨条画类"田令"。

元代圣旨类"田令"在《通制条格》中共有 22 条，其中涉及条画者
有 4 条，在《至正条格》中，圣旨类"田令"共有 27 条，除去其中与
《通制条格》重复的 22 条之外，另有 5 条为元朝中后期新出现的圣旨形式

---

① 参见《通制条格》卷十六《田令·农桑》，黄时鉴点校，浙江古籍出版社，1986，第 187 ~
192 页。另见《至正条格》卷二十五《条格·田令·农桑事宜》，韩国学中央研究院，
2007，第 44 ~ 48 页。

的 "田令"。《至正条格》中的 "田令" 涉及条画者与《通制条格》中的条画数完全相同。

在元代法律文献中还有 "圣旨节该" 形式的 "田令",亦属于圣旨条画类田令,大德二年（1298 年）时曾发布过,[①] 此 "田令" 中对于 "富豪、做买卖人" 头口侵害农田专门规定了赔偿要求。

2. 诏书形式的 "田令"

诏书形式的 "田令" 也是中书省以皇帝名义发布的令类法文件,其形式规范依照中国传统立法模式行文,亦有根据实际发生的事件发布的诏书。诏书类田令最早见于大德八年（1304 年）正月,共有 2 条,规定了对 "妄献田土" 与 "江南私租"[②] 行为的禁止。

诏书类 "田令" 的一般性形式构成主要为抽象的规则范式,行文清晰,禁令明确。但也有根据具体案件事实衍生出的抽象立法规范,类似案例指导一般发挥其判例功能。仁宗至大四年（1311 年）时有 1 条 "田令"即为此类:

> 至大四年三月,钦奉诏书内一款,节该:"国家租赋有常,侥幸献地之人所当惩戒。其刘亦马罕、小云失不花等冒献河南地土,已令各还元主,刘亦马罕长流海南。今后诸陈献地土并山场、窑冶之人,并行治罪。"[③]

---

① "大德二年三月,钦奉圣旨节该:'大司农司官人每奏,过往的军马、富豪、做买卖人等,头口不拦当,田禾吃了踏践了有,桑树果木树唶咬折拆了有,城子里达鲁花赤官人每那般不在意禁约有。' 么道奏来。从今已后,田禾里,但是头口入去吃了,桑树果木树斫伐了呵,折拆了呵,城子里达鲁花赤每、总管每就便提调者,依着在先圣旨体例里教陪偿了,要罪过者。这圣旨这般宣谕了呵,城子里达鲁花赤每、总管每不好生用心禁约呵,觑面皮不教陪（赔）偿呵,咱每根底奏者。虽这般道了呵,推着田禾无体例勾当休做者,休教人每生受者。"《通制条格》卷十六《田令·司农事例》,黄时鉴点校,浙江古籍出版社,1986,第 197 页。另参见《至正条格》卷二十六《条格·田令·禁扰农民》,韩国学中央研究院,2007,第 55 页。

② 参见《通制条格》卷十六《田令·妄献田土》与《田令·江南私租》,黄时鉴点校,浙江古籍出版社,1986,第 199、204 页。

③ 《通制条格》卷十六《田令·妄献田土》,黄时鉴点校,浙江古籍出版社,1986,第 199 页。

这是根据实践中发生冒献田土的案件事实概括出来的"田令"罚则，且有扩大罚则适用范围的效用，不仅对冒献地土，对冒献山场、窑冶之人，也要一并治罪，其中，还表明可以比照罚则适用流刑的立法意图。元朝后期的《至正条格·田令》卷收录了至治三年（1323 年）令条，重申了上述诏书：

> 至治三年十二月初四日，诏书内一款："山泽之利，本以养民，其山场、窑冶、河泊、田土，各有所属。前者，刘亦马罕妄献河南地土，长流海南。今后诸人无得陈献。其余献户等项，亦仰禁止，各衙门不许受词，违者定罪。"①

同一判例已经过去 12 年，依然在诏书中引以为据并形成新的"田令"，其强调的是地方各衙门不得接受当事人（"献户"）陈献地土的申请，违者将受到刑罚处置。

通过检索发现，《通制条格·田令》卷中诏书形式的"田令"共有 8 条；《至正条格·田令》卷中诏书形式的"田令"共有 16 条，其中有 1 条与圣旨类"田令"的计数重复，但确引诏书，应为诏书形式，除去与《通制条格》重复的 7 条之外，其余 9 条为《至正条格》新收录，由此可以判断元代诏书形式的"田令"共有 16 条。

3. 条格形式的"田令"

条格形式的"田令"最早见于《至元新格》的系统编订，且为迄今所仅见。如前所述，《至元新格》实际上是一部令集，其"治民"部分后来被称为"田令"，下有 10 条，当时属条格类，主要散见于《元典章》，也集中见于《通制条格》和《至正条格》。

条格形式的"田令"亦有明显特点，内容均为严谨抽象的特别立法，其当由大臣受命牵头立法，再经中书省奏准颁行，"诸"字开头，措辞考究，言简意赅，类似前代律令的行文格式，这是因为条格形式的"令"，属于国家的正式立法活动，立法大臣及协助立法臣僚均通晓古今律令，方

---

① 《至正条格》卷二十六《条格·田令·妄献地土》，韩国学中央研究院，2007，第 65 页。

能完成立法工作。以《至元新格》为例,其"治民"事下的 10 条"田令"内容,开头语的行文方式如下:

1. 诸理民之务,禁其扰民者,此最为先……

2. 诸村主首,使佐里正催督差税,禁止违法……

3. 诸社长本为劝农而设,近年来多以差科干扰,大失元立社长之意……

4. 诸州县官劝农日,社内有游荡好闲、不务生业、累劝不改者,社长须对众举明,量行惩戒……

5. 诸假托灵异,妄造妖言、佯修善事、夜聚明散,并凡官司已行禁治事理……

6. 诸遇灾伤缺食,或能不吝己物,劝率富有之家,协同周济困穷,不致失所……

7. 诸义仓本使百姓丰年贮蓄,欠岁食用,此已验良法……

8. 诸富户依托见任官员影避差役者,所在肃政廉访司官常须用心禁察……

9. 诸论诉婚姻、家财、田宅、债负,若不系违法重事……

10. 诸应系官荒地,贫民欲愿开种者,许赴所在官司,入状请射……①

上述条格类"田令"行文均采用规范的立法语言,内容涉及社长、主首、里正与普通百姓之间的农田事务管理关系,规定社长等主体的责任与义务,是为严谨的行政立法规范。

条格类田令与圣旨条画、诏书类田令乃至后文将要述及的呈文形式的"田令"均有所不同,它是专门编纂创制的法令文件,与一时一事的"田令"相比,其立法技术与行文规范性更强,只是在元代"田令"立法中所占比例较小。

---

① 《至元新格》"治民"事在《通制条格·田令》与《至正条格·条格·田令》中为"理民"事,相较《至元新格》仅缺第十条,该条独见于《元典章》,余条内容完全相同。参见《元代法律资料辑存》,黄时鉴辑点,浙江古籍出版社,1988,第 17~18 页。

（二）省部、台、院呈文形式的"田令"

元代呈文形式的"田令"构成途径多端，其来源主要有中书省系统所属各部、御史台系统、枢密院系统等几种类型。呈文内容与各部门管辖事务紧密相关，呈文的运行程式是逐级呈递，最终上呈给最高行政、立法机构的中书省，并经由中书省准拟或准呈，形成该系统内的"田令"立法文件。

第一，中书省系统的呈文。中书省及其所属六部、大司农司等机构，地方行中书省机构等，根据所管辖的事务形成上呈文书，其中有抽象的立法动议，也有具体案件事实的例示，在得到中书省准呈或准拟后，便形成新的"田令"立法。首先，中书省户部呈文在《通制条格》中共见3条，最早见于至元十年（1273年），是关于逃亡人口土地事务的：

> 至元十年七月，中书省户部呈：议得："在逃人户抛下地土事产，拟合召诸色户计种佃，依乡原例出纳租课，毋令亲民官吏、权豪之家射佃。"都省准呈。[①]

这是户部对民间逃亡人口将土地摽荒一事的呈文，请中书省对此现象设立新的规范。中书省作出可由"诸色户计种佃"，依乡原例出纳租课"，不允许"亲民官吏、权豪之家射佃"的禁止性法令。实际上，呈文中的"议得"即表明中书省系统的立法过程的运行，而关于"逃移财产"的"田令"立法在这一运行过程中已经形成。

呈文形式的"田令"也有依据具体案件事实而产生立法动议的，其形式渊源为中书省各部直接管辖的百姓事务，下述"田令"即此类：

> 至元二十年十一月，中书省户部呈：平滦路申，韩孝叔失陷仓粮，官司准折讫祖业房院，伊侄韩麟告要取赎。本部参详，若令韩麟

---

① 《通制条格》卷十六《田令·逃移财产》，黄时鉴点校，浙江古籍出版社，1986，第204页。另见《至正条格》卷二十六《条格·田令·逃移财产》，韩国学中央研究院，2007，第70页。

出备元价收赎相应。都省准呈。①

　　根据一个具体案件的事实而提起一项立法呈文，经中书省准呈，确定了该"田令"的规则，即"出备元价收赎相应"，按照"失陷仓粮"的原价格准备赎金。此"田令"在元代类似于判例的适用，但依然具有抽象的指导意义。

　　此外，还有中书省机构的"议得"文，这一类文书的法令化过程，是由中书省机构自发地对全国范围内带有共性的问题制定出令条，形成具有统一效力的抽象法令。大德五年（1301 年）的一条"田令"就是这样制定出来的。②

　　第二，御史台呈文。呈文形式的"田令"中较为多见的是御史台呈文，《通制条格》中御史台呈文形式的"田令"共有 5 条，占此类形式的三分之一。文献记载所见最早的御史台呈文是至元二十一年（1284 年）"召赁官房"一件：

　　　　至元二十一年六月，中书省御史台呈："江南行台咨：'江淮等处系官房舍，于内先尽迁转官员住坐，分明标附，任满相沿交割。其余用不尽房舍，依上出赁，似为允当。'"都省议得："不系旧来出赁门面房舍，委是系官公廨，先尽迁转官员，依上相沿交割住坐。"③

①　《通制条格》卷十六《田令·准折事产》，黄时鉴点校，浙江古籍出版社，1986，第 203 页。另见《至正条格》卷二十六《条格·田令·逃移财产》，韩国学中央研究院，2007，第 69 页。

②　"大德五年七月，中书省议得：江南各处见任官吏，于任所佃种官田，不纳官租，及夺占百姓已佃田土，许诸人赴本管上司陈告是实，验地多寡，追断黜降，其田付告人或元主种佃。外据佃种官田人户，欲转行兑佃与人，须要具兑佃情由，赴本处官司陈告，勘当别无违碍，开写是何名色官田顷亩，合纳官租，明白附簿，许立私约兑佃，随即过割承佃人依数纳租，违者断罪。"《通制条格》卷十六《田令·佃种官田》，黄时鉴点校，浙江古籍出版社，1986，第 198 页。另见《至正条格》卷二十六《条格·田令·佃种官田》，韩国学中央研究院，2007，第 57 页。

③　《通制条格》卷十六《田令·召赁官房》，黄时鉴点校，浙江古籍出版社，1986，第 207 页。另见《至正条格》卷二十六《条格·田令·召赁官房》，韩国学中央研究院，2007，第 69 页。

　　呈文的形式构成清晰可见，是由江南行御史台对中央御史台呈递咨文，其中陈述了关于江淮等处官房应优先由"迁转官员住坐"，而其余房舍是否可以出赁，请示合理使用官房的问题。中央御史台将此咨文上呈给中书省，经中书省议得，依然强调官房由迁转官员优先使用，并"相沿交割住坐"，但并未对其余房舍出赁呈请一项表示支持。

　　御史台呈文首先在御史台系统内按程序流转，逐级上呈。例如上述"田令"，经历了由地方行御史台到中央御史台，再到中书省的文书流转过程，或从基层地方各道肃政廉访司提出申文，再到行御史台咨文，经中央御史台呈文，然后由中书省做出准呈或准拟的正式文书，因此，最终形成的中书省准呈或准拟文件，便是具有法律效力的"田令"条款。①

　　第三，枢密院呈文。呈文内容主要源自枢密院机构所管辖的军户事务，由于各地军户在土地转让中出现军户内容的争议，例如正军与贴户在土地转让时出现的土地权属纠纷，需中书省给出确定的标准。《通制条格》中有 2 条枢密院呈，《至正条格》与其收录相同，分别在至元二十八年（1291 年）及至大元年（1308 年）时发布。此处列举前一条如下：

　　　　至元二十八年十二月，中书省枢密院呈："保定路正军崔忠告：'贴户孙元不曾告给公凭，将田土一项典与张泽等种养，全家老小在逃。'"户部议得："正军、贴户既同户当军，破买地土，合相由问。据张泽等典讫孙元地土，别无告到官司公凭，亦不曾由问正军。既崔忠替当孙元军役，其元抛下事产，拟令正军崔忠种养为主，收到子粒等物，津贴军钱，合该典价。候孙元还家，依理归结。"都省准拟。②

---

① 　参见《通制条格》："大德二年九月，中书省御史台呈：'江南行台咨：各道报到农桑文册，俱系司县排户取勘栽种数目，自下而上申报文字，所费人力纸札，无非扰民。'江南地窄人稠，与中原不同，农民世务本业。拟合钦依圣旨，依时节行文书劝课，免致取勘动摇。"兵部议得："既是江南农事，行御史台亲行提调，明咨地窄人稠，多为山水所占，大与中原不同，土著农民世务本业，不须加劝而自能勤力，以尽地利。合准御史台所拟，依时行文字劝课相应。都省准呈。"《通制条格》卷十六《田令·农桑》，黄时鉴点校，浙江古籍出版社，1986，第 193～194 页。另参见《至正条格》卷二十五《条格·田令·农桑事宜》（令文内容略有不同），韩国学中央研究院，2007，第 48～49 页。

② 　《通制条格》卷十六《田令·妄献田土》，黄时鉴点校，浙江古籍出版社，1986，第 199 页。另见《至正条格》卷二十六《条格·田令·典卖田产》，韩国学中央研究院，2007，第 65 页。

枢密院呈文的缘起理由也是根据某项具体案件事实，由中书省确定最终的判断标准，其间由户部议得具体归责理由，根据当事人身份确定土地权利归属，这依然属于严谨的立法过程，只是此类 "田令" 都是由具体的土地纠纷事实而产生，最后形成具有抽象规则的法令。

《通制条格》中呈文形式的 "田令" 有 15 条，《至正条格》中有 23 条，其中包括与《通制条格》重复的 14 条。构成形式有户部、礼部、刑部、兵部等呈文，也有大司农司、御史台、枢密院和各行省呈文等，构成这一系统的 "田令"。

结　语

元代 "田令" 的形式构成具有本朝特色，即形式的分散性和内容的临时性特点。虽然在条格编纂中集中收录了 "田令"，但条格本身又是 "田令" 的一种形式，因此，条格并不能完全涵盖 "田令"。以《至正条格》为例，其新增 "田令" 为元代后期立法，但其分类特征依然与前期的形式类别一致，如：延祐七年（1320 年）七月 "探马赤地土" 条为圣旨形式；至治三年（1323 年）十二月 "妄献地土" 条为诏书形式；泰定二年（1325 年）十月 "种区田法" 条为呈文形式；天历元年（1328）九月 "河南自食田粮" 条为诏书形式；至顺元年（1330 年）十月 "新附军地土" 条为呈文形式；元统元年（1333 年）六月 "妄献地土" 条为诏书形式；后至元六年（1340 年）七月 "豪夺官民田土" 条为诏书形式；至正元年（1341 年）正月 "拨赐田土" 条亦为诏书形式。① 可以发现，愈到后期诏书形式的 "田令" 愈益多见，这种形式构成的稳定性并不是为了适应元代令类法典的编纂，而主要反映了元 "令" 创制的临时性特征。比较《通制条格》与《至正条格》所收 "田令" 的时间跨度，前书最早起自中统四年（1263 年）正月，迄于皇庆二年（1313 年）十月，跨半世纪左右，而后书所收 "田令" 在包含前书大部分 "田令" 的基础上，新增部分最早起自延祐七年（1320 年），迄于至正元年（1341 年）正月，两书

---

① 参见《至正条格》卷二十五、卷二十六《条格·田令》各篇，韩国学中央研究院，2007，第 50、57、59、61、62、64、65 页。

合并总体时间跨度为 78 年，几乎为有元一代。在这样一个较为漫长而分散的时间段里，元代"田令"的形式构成几乎总是以朝廷官署所管辖事务为依据，以因事制宜而产生各类"田令"为契机，在仅有的三次大型综合立法过程中，才出现了较为集中的"田令"文本，但依然不像以往朝代那样有以专门编纂令类法典为主旨的立法动因。

明代典例法律体系的确立与令的变迁

明代法制建设较之前代的一个重大发展，就是变革传统的律令法律体系，建立了以典为纲、以例为目的新法律体系。明太祖朱元璋注重制例，明王朝除洪武元年（1368 年）正月一日颁布开国前一月成书的《大明令》外，国家制定的法典和基本法律不再以"令"命名。据此形成的"明代无令"说、"律例法律体系"说，既成定论，长期流传。令在明代是否真的淡出法律舞台？它在法律体系变革中是怎样被其他法律形式替代的？如何全面、正确表述明代的法律体系？这些都是研究明代法律史需破解的疑义。

（一）明代典例法律体系的初创与"令"、"例"
称谓的变换

明代以前，中国古代法律体系从形成到不断完善，大体经历了四个历史发展阶段：战国是中国古代法律体系的生成时期；秦汉是以律令为主的法律体系的初建时期，这一时期，律是最重要、最基本的法律形式，令是仅次于律的重要法律形式；魏晋至唐宋是以律令为主的法律体系进一步发展和完善的时期，以令典、律典为朝廷大法，规范国家的基本法律制度，是这一时期法律体系的重要特征；元代是律令法律体系向典例法律体系的过渡时期。

明代的法律体系，以正德六年（1511 年）颁行《明会典》为分界，前后的法律形式和内容构成有所不同。在此之前，是以"制书"表述国家基本典章制度（又称"常法"）、以"例"表述可变通之法（又称"权宜之法"）的法律体系；在此之后，是以典为纲、以例为目的法律体系。在后一种法律体系中，《大明会典》是规范国家重大政务和各项基本制度、经久长行、在法律体系中居于"纲"的地位的"大经大法"，明太祖颁行的《大明令》、《大明律》、《诸司职掌》、《大明集礼》等 13 种法律是"典"的组成部分；后嗣君主颁布的稳定性强的行政、刑事诸条例为"常法"，事例为"权宜之法"。由于"制书"或《明会典》规范的都是国家的基本典章制度，例一直处于"目"的地位，因此，明一代法律体系始终是以"典为纲，例为目"的框架设计的，故可总称或简称为"典例法律体系"。多年来，学界曾用"律例法律体系"表述明一代法律体系，现在看来，这种概括不够全面、准确。明太祖朱元璋曰："律者，常经也。条例者，一时之权宜也。"① 朱元璋的这一名言，通常被持"律例法律体系"说者作为论述明代法律体系的依据。其实，这句话说的是律与刑例的关系。以"律例法律体系"表述明代刑事法律体系，应当说是合适的。然而，如把明一代法律体系统称为"律例法律体系"，则忽视了明太祖颁行的《大明令》、《诸司职掌》、《大明集礼》等11种基本法律并非刑事法律的史实，忽视了弘治朝之后以《明会典》为"大经大法"的史实，也不符合刑律只占明代立法总数很少一部分这一实际。笔者认为，在论述明代法律体系时，可以区分历史阶段或从不同的研究视角具体论述，比如从法律形式构成的层面，也可把正德《明会典》颁行后的法律体系表述为"以《明会典》为纲、以律例为主要形式、以例为立法核心"的法律体系，但在总称或简称明一代法律体系时，概括为"典例法律体系"更为恰当。

1. 明初对传统律令体系的变革及洪武朝法律体系的构成

简化法律形式，提升例的法律地位，是明初法律体系变革的显著特征。明太祖朱元璋在洪武年间变革传统律令体系的实践，为新法律体系的确立奠定了基础。朱元璋之所以力主变革传统律令体系，注重制例，与明初的治国需要和他的立法指导思想有密切关系，是他推行"常经"之法与"权宜"措置并用法制方略的必然产物，也是中国古代法律形式和法律体系演变的必然结果。

法律形式及其表述的立法成果是法律体系的基本构成要素。从秦汉至宋元，中国古代法律形式由简到繁。宋元时期，随着社会经济的发展和时局的变化，原有的法律形式已不能适应立法的需要，统治者为区分效力层级、规范类别不同的立法，就不断使用新的法律形式和法律术

---

① 吕本等：《明太祖宝训》卷三，中国国家图书馆藏明历三十年春秣陵周氏大有堂刻本。

语，致使法律形式众多、混杂。如宋有律、令、格、式、编敕、制、敕、宣、御笔、例、申明等；元于诏制、条格、断例之外，又有多种补充法形式，仅例的称谓就有格例、分例、条例、则例、事例等多种。由于法律形式、法令数量冗繁，官吏任意出入，而"天下黔首蚩蚩然狼顾鹿骇，无所持循"。① 显然，宋元的法律体系，已到了后世无法继受的地步。

明王朝建国之初，中原未平，军旅未息。经历连年战火，经济陷于崩溃境地，可谓"乱世"待治，百废待兴。如何尽快地变"乱世"为"海宇宁谧，民乐雍熙"的太平盛世？朱元璋认为，必须在恢复社会经济的同时，注重法律制度的重建。他把健全法制看作调整各种社会关系、恢复和巩固社会秩序的根本，说："纪纲法度为治之本"，"丧乱之后，法度纵弛，当在更张"。② 为此，他提出了"当适时宜"、"当计远患"、"法贵简当、稳定"、"治乱世用重典"等一系列法制建设的指导原则。③

从"当计远患"、"当适时宜"、"法贵简当、稳定"的指导思想出发，朱元璋强调立法要"常经"与"权宜"之法并重。他说："法令者，防民之具、辅治之术耳，有经有权。"④ 他主张"权宜"之法的制定需"贵不违时"，"常经"之法的制定要"贵存中道"、"可贻于后世"。朱元璋多次告诫臣下说："谋国之道，习于旧闻者当适时宜，狃于近俗者当计远患。苟泥古而不通今，溺近而忘于远者，皆非也。故凡政事设施，必欲有利于天下，可贻于后世，不可苟且，惟事目前。盖国家之事，所系非小。一令之善，为四海之福；一令不善，有无穷之患，不可不慎也。"⑤ 又说："法贵简当，使人易晓。若条绪繁多，或一事两端，可轻可重，吏得因缘为奸，非法意也。夫网密则水无大鱼，法密则国无全民。"⑥ 也就是说，法

---

① 陈邦瞻：《元史纪事本末》卷十一《律令之定》，中华书局，1979，第84页。

② 《明太祖实录》卷一九。本书所引明代各朝《实录》，均据台湾"中研院"史语所校标印本。此书系据所藏国立北平图书馆（今中国国家图书馆）红格钞本缩微卷影印。

③ 杨一凡：《明代三部代表性法律文献与统治集团的立法思想》，收入韩延龙主编《法律史论集》第2卷，法律出版社，1999，第520～591页。

④ 吕本等：《明太祖宝训》卷三，中国国家图书馆藏明万历三十年秣陵周氏大有堂刻本。

⑤ 《明太祖实录》卷一六三。

⑥ 《明史》卷九三《刑法一》，中华书局，1974，第2280页。

律制度的创设要注意防止"泥古"和"惟事目前"两种倾向，内容和形式应达到"法贵简当，使人易晓"的要求。

洪武年间，明代君臣在法制变革中，贯彻了朱元璋"常经"之法与"权宜"措置并用的法制建设方略，精心修"常法"以垂后世，注重制例以治乱世。洪武末，随着《诸司职掌》的颁行和《大明律》的定型，基本建成了新的法律体系，其结构框架如下所示。

洪武朝法律体系构成

常经之法：制书（表述国家典章制度）

    大明令（治国总章·洪武元年颁）

    大明集礼（礼制典章·洪武三年修成）

    诸司职掌（行政典章·洪武二十六年颁）

    大明律（刑事典章·洪武元年颁，三十年定型）

    其他"常法"：

        宪纲（监察·洪武四年颁）

        孝慈录（礼制·洪武七年颁）

        洪武礼制（礼制·洪武年间颁）

        大诰（刑事·洪武十八年至二十年颁）

        礼仪定式（礼制·洪武二十年颁）

        皇明祖训（皇室家法·洪武二十八年颁）

        稽古定制（礼制·洪武二十九年颁）

        教民榜文（民间事务·洪武三十年颁）

        军法定律（军事·洪武年间颁，失传）

权宜之法：例

    条例

    事例

        则例（事例的一种，主要表述钱物管理和财政收支标准方面的事例）

        榜例（除《教民榜文》即《教民榜例》外，均属于事例性质）

        其他各类事例

在明初法律体系中，上位法律效力层级是以"制书"名义颁布的表述国家典章制度的基本法律，有较强的稳定性。在基本法律制定方面，颁布了《大明令》、《大明律》、《诸司职掌》、《大明集礼》、《宪纲》、《皇明祖训》、《御制大诰》、《孝慈录》、《洪武礼制》、《礼仪定式》、《稽古定制》、《军法定律》、《教民榜文》等法律。其中《大明令》是治国总章程，《诸司职掌》是行政典章，《大明律》是刑事典章，《大明集礼》是礼制典章，《御制大诰》是刑事类法律，《孝慈录》、《洪武礼制》、《礼仪定式》、《稽古定制》是礼仪类法律，《军法定律》是军事类法律，《宪纲》是规范监察制度的法律，《皇明祖训》是皇室家法，《教民榜文》是有关民间事务管理的规定。

下位法律效力层级，是以"例"的形式颁行的可变通之法。当时因时因事以例形式颁行的大量行政、经济、礼仪、刑事、民事、军政、教育诸方面的法令，稳定性较差，属于"权宜之法"的性质。在明初法律文献中，例的称谓有"例"、"条例"、"事例"、"则例"、"榜例"5种，其实都是"事例"的同义语。这里对各法律术语的内涵作一简介。（1）事例。"事例"的本义是"以前事为例"。它是在行政或审判活动中，通过处理某一事件或某一案例形成并被统治者确认为具有法律效力的定例。（2）则例。明代则例是事例的一种，专指用以规范国家钱物管理、收支的标准及相关事项具体运作规则方面的事例。（3）榜例。榜例也是事例的一种形式，专指以榜文公布的定例。（4）条例。明代时"条例"的概念，是指"分条"编纂、列举"奏定之例"，是"条"与"例"合成意义上的法律用语。"条例"的含义有狭义和广义两种。广义性质的"条例"，是把各种形式的具有"条"与"事例"特征的例都称为"条例"。条例是各种例的总称或泛称，也可作某一形式例的简称，事例、则例、榜例都属于条例的范畴，亦简称"例"。狭义性质的"条例"，其内涵明代前期与中后期有所不同，洪武朝专指由抽象条文组成或复数结构的事例。正统以后各朝，则多把朝廷精心修订、稳定性较强、具有常法性质的文件称为"条例"。洪武年间，以"条例"命名的法令甚少，仅有"升赏条例"①、"马

---

① 《明太宗实录》卷一一。

政条例"①、"责任条例"② 等几种。从当时颁布的法律、臣工题奏以及各种史籍的记载看，洪武朝所说的"条例"，是广义性质的条例，实际上也是事例。

与魏、晋、隋、唐、宋的法律体系比较，朱元璋确立的典例法律体系的最大优点是，提高了例在法律体系中的地位，把各朝于国家基本法律、单行皇帝诏令之外的纷繁的法律形式，包括以令表述的各种可变通之法，统一简称为"例"，使法律形式更加简约，包容量更大，更易掌握和操作。至于新法律体系中"常法"的表述方式，则较前代没有实质性变革。魏晋至唐宋法律体系中，以"令典"、"律典"为最高效力层级，两"典"之下设"常法"为第二效力层级，"权宜之法"为第三效力层级。明代新法律体系把前两个效力层级整合为一个层级，统称为"常经之法"，以"制书"名义颁布。这种做法，实现了法律效力层级简约，但把综合性法律与专门性法律整合为一个法律效力层级，各基本法律又各署其名，无疑有编纂体例不够规范和统一的缺陷。

2. 新法律体系中"令"、"例"称谓的变换

元明以前，累朝"令"的存在样态，有"令典"、单行令和皇帝诏令之别。在明初法律体系中，把所有因事而立、属于变通之法性质的单行令，统称为"事例"，"事例"是这类单行"令"的同义语，关于这一论断，有大量史料可证。

其一，明人所说的"著为令"，与"著为例"是同义语。

洪武年间，明王朝把事例确定为国家的重要法律形式。除《大明令》和表述国家重大事项的皇帝诏令外，凡是可变通的单行令，不再使用"令"的称谓，在法律文书中统称为"事例"。在臣工题奏和史籍中，人们往往把制定事例称为"著为令"。这里，仅以《明太祖实录》记洪武年间"著为令"的4则资料为例（见表1）。

---

① 《明宪宗实录》卷一七八。《明武宗实录》卷四六。
② 徐溥等纂修、李东阳等重校《明会典》卷一五《吏部十四·事例》，文渊阁四库全书本。《责任条例》颁行于洪武二十三年（1390年），共7条，就布政司、府、州、县分别治理管辖区域的职责及按察司、巡按御史究治渎职官员的责任作了明确规定。正德、万历间修订《明会典》时，又将《责任条例》全文收入该书卷一二《吏部十一·考核二》。

表1　《明太祖实录》中"著为令"与正德《明会典》事例比较

《明太祖实录》有关"著为令"的记载	正德《明会典》事例
（洪武三年十一月辛亥）核民数给以户帖。先是，上谕中书省臣曰：民，国之本。古者司民，岁终献民数于王，王拜受而藏诸天府，是民数有国之重事也。今天下已定，而民数未核实。其命户部籍天下户口，每户给以户帖。于是户部制户籍、户帖，各书其户之乡贯、丁口、名岁，合籍与帖，以字号编为勘合，识以部印，籍藏于部，帖给之民。仍令有司岁计其户口之登耗，类为籍册以进。著为令。（卷五八）	（洪武三年）诏本部籍天下户口及置户帖，各书户之乡贯、丁口、名岁，以字号编为勘合，用半即钤记。籍藏于部，帖给于民。令有司点闸比对，有不合者，发充军。官吏隐瞒者，处斩。（卷二〇《户部五》）
（洪武六年十二月戊戌）并僧道寺观，禁女子不得为尼。时上以释、老二教，近代崇尚太过，徒众日盛，安坐而食，蠹财耗民，莫甚于此，乃令府州县止存大寺观一所，并其徒而处之，择有戒行者领其事。若请给度牒，必考试，精通经典者方许。又以民家多（以）女子为尼姑，女冠自今年四十以上者听，未及者不许。著为令。（卷八六）	（洪武）六年令各府州县止存大寺观一所，并处其徒，择有戒行者领之。若请给度牒，必考试，精通经典者方许。民家女子未及四十者，不许为尼姑女冠。（卷九五《礼部五十四》）
（洪武十二年八月）辛巳，上谕中书省臣曰：凡士非建功名之为难，而保全始终为难。自今内外官致仕还乡者，复其家，终身无所与。其居乡里，惟于宗族序尊卑，如家人礼。于其外祖及妻家，亦序尊卑。若筵宴，则设别席，不许坐于无官者之下。如与同致仕官会，则序爵，爵同序齿。其与异姓无官者相见，不必答礼。庶民则以官礼谒见。敢有凌侮者，论如律。著为令。（卷一二六）	（洪武）十二年，令内外官致仕居乡，惟于宗族序尊卑，如家人礼。于其外祖及妻家，亦序尊卑。若筵宴，则设别席，不许坐于无官者之下。如与同致仕官会，则序爵，爵同序齿。其与异姓无官者相见，不须答礼。庶民则以官礼谒见。敢有凌侮者，论如律。（卷五六《礼部十五》）
（洪武二十二年六月）丁巳，诏凡指挥使升都指挥使，不系世袭者出职，仍授本卫世袭指挥使。指挥同知升都指挥同知，不系世袭者出职，仍授本卫世袭指挥同知。著为令。（卷一九六）	（洪武）二十二年，令都指挥原系世袭指挥使者，出职仍授世袭指挥使。若指挥同知升都指挥同知者，出职仍授同知。（卷一〇六《兵部一》）

　　永乐及以后各朝，把制定事例表述为"著为令"的做法时有发生。明代官修史书《明实录》记述的朝廷立法活动，就有460多件是皇帝钦准

"著为令"后颁行的。其中《明太祖实录》61件，《明太宗实录》21件，《明仁宗实录》4件，《明宣宗实录》11件，《明英宗实录》46件，《明宪宗实录》39件，《明孝宗实录》25件，《明武宗实录》33件，《明世宗实录》110件，《明穆宗实录》11件，《明神宗实录》70件，《明光宗实录》2件，《明熹宗实录》27件。如果把这些"著为令"的记载与有关法律文献比较，就可知它们是以事例的形式颁布的。所谓"著为令"其实就是"著为例"。

其二，朝廷颁布的事例亦可统称"令"。

正德《明会典·凡例》①曰：

> 事例出朝廷所降，则书曰"诏"，曰"敕"；臣下所奏，则书曰"奏准"，曰"议准"，曰"奏定"，曰"议定"。或总书曰"令"。

明代事例属于国家制定法，其产生主要有三种途径。一是皇帝拟定或以"令"、"诏"、"敕"、"榜谕"名义发布的有法律效力的单行法令。二是臣工题奏、部院衙门根据行事职能需要拟定的办事细则或处理其他事宜，上奏皇帝批准形成的即"奏准"、"奏定"类法令。三是科道、三卿、九卿等会议通过的臣工题奏、部院衙门题奏经皇帝钦准的即"议准""议定"的法令。正德《明会典》记洪武朝事例706件，内有402件是以"令"、"诏"、"敕"、"榜谕"等名义颁布的，有42件是"奏准"、"奏定"类法令，16件是"议准"、"议定"类法令。其他246件事例，大多句首标有"定"等字样，可能是编纂者不能确定这些事例到底是"奏定"还是"议定"，因而笼统言之。这些"事例"均系单行法令，都是经皇帝钦准发布的，也都属于令的范畴，故《明会典》云"总曰为'令'"。

朝廷颁行的事例"总书曰'令'"，也就是说，"事例"是单行令的代称。关于这一点，也可以从大量的史籍记载中得到证明。比如，正德《明会典》记载明开国初至弘治十五年（1502年）颁行的代表性事例4800余件，其中洪武朝事例706件。各事例句首，标有"令"、"诏"、"奏准"、"奏定"、"议准"、"议定"、"榜谕"和"定"等字样，以此表述事例的

---

① 徐溥等纂修、李东阳等重校《明会典》书首《凡例》，文渊阁四库全书本。

来源和立法程序，也表明事例具有法律效力。现将该书所记各洪武事例前标示的法令来源或颁布形式列表述后（见表2）。

表2　正德《明会典》载洪武事例来源一览

卷次	目次	总件数	各事例前标明的生成途径								
			令	诏	敕	奏准	奏定	议准	议定	榜谕榜例	钦定然未详标
卷1	宗人府	1									1
卷2～15	吏部	61	22	3	1	14		3			18
卷16～41	户部	167	113	9		7	3			3	32
卷42～105	礼部	272	104	16	1	8	3	2	7	1	130
卷106～125	兵部	74	45			2		2		5	20
卷126～146	刑部	33	20	2		2		1			8
卷147～163	工部	51	23	3	1	1			1		22
卷164～166	都察院	1	1								
卷167	通政使司等	1	1								
卷168	大理寺	2	1	1							
卷169	太常寺	2	2								
卷170	詹事府等	2	1								1
卷171	光禄寺 太仆寺	2	2								
卷172	鸿胪寺										
卷173	国子监	26	14	1		2					9
卷174	翰林院										
卷175	尚宝司										
卷176	钦天监 太医院	5	3								2
卷177	神乐观等	1		1							
卷178	僧禄司等	4	2								2
卷179	五军都督府										
卷180	上二十二卫	1									1
合计		706	354	36	3	36	6	8	8	9	246

正德《明会典·凡例》曰："凡纂辑诸书，各以书名冠于本文之上。采辑各衙门造报文册及杂考故实，则总名之曰'事例'，而以年月先后次第书之。或岁久卷籍不存，不能详考者，则止书年号，如'洪武初'之类。又不能详，则止书曰'初'、曰'后'。洪武初草创未定及吴元年以前者，则总书曰'国初'，其无所考见者，不敢臆说，宁阙而不备。"① 可见明太祖以事例形式颁布法令，早在明朝建立前就开始了。洪武朝乃至明建国前颁布的法令，最初称谓甚多，在确立新的法律体系后，把属于权宜之法的法令，都统一称为事例。"事例"与单行"令"的性质、功能并无不同，只是称谓的变换。

（二）明代典例法律体系的完善与《大明令》融入《明会典》继续行用

1. 明代典例法律体系的确立和完善

明太祖创立的以制书表述国家典章制度、以例表述可变通之法的法律体系，在正德《明会典》颁布前未发生变化。正德《明会典》于弘治十五年（1502 年）修成。洪武朝之后，明朝历建文、成祖、仁宗、宣宗、英宗、景帝、宪宗七帝，达百年之久。这一时期，因明太祖死前留下遗训："已成立法，一字不可改易"②，"群臣有稍议更改，即坐以变乱祖制之罪"③，各朝一遵祖制，除对洪武朝颁行的《军政条例》和《宪纲条例》作了一些内容补充外，没有制定新的"常法"。为解决立法与社会发展不相适应的难题，各朝广颁事例，以例补法，致使事例浩瀚，"一事三四其例者有之，随意更张每年再变其例者有之"。④ 因事例过多，前例与后例的内容往往有冲突之处，人难遵守。"事例冗琐难行"，成为这一时期法制

---

① 徐溥等纂修、李东阳等重校《明会典》书首《凡例》，文渊阁四库全书本。
② 《皇明祖训》序，收入《中国珍稀法律典籍续编》第 3 册，黑龙江人民出版社，2002，第 483 页。
③ 《明史》卷九三《刑法一》，中华书局，1974，第 2279 页。
④ 《皇明条法事类纂》卷四八《陈言干碍法司条例须要会议例》，见《中国珍稀法律典籍集成》乙编第 5 册，科学出版社，1994，第 920 页。

建设的重要弊端。

永乐以后，面对如何解决"事例冗繁"的难题，统治集团内部曾长期存在"度势立法"和"唯祖宗成宪是式"两种不同意见。经近百年的立法实践，到弘治朝时，"度势立法"、"法守画一"的主张逐步成为君臣的共识。明孝宗朱祐樘认为，对祖宗成宪"因时制宜，或损或益"，并不"失于祖圣之意"，主张"以一祖宗旧制为主"，"适时变通"。① 弘治五年（1492 年），孝宗命整合刑事事例修订《问刑条例》，于弘治十三年（1500 年）颁布天下。弘治十年（1497 年）三月，孝宗以累朝典制散见于简册卷牍之间，百司难以查询，民间无法悉知，敕大学士徐溥、刘健等编纂《明会典》。十五年（1502 年）十二月成书，凡 180卷。但未及颁行，明孝宗去世。明武宗继位后，于正德四年（1509 年）五月，命大学士李东阳等重校，六年（1511 年）颁行，世称"正德《明会典》"。

正德《明会典·凡例》云："会典之作，一遵敕旨，以本朝官职制度为纲，事物名数仪文等级为目。"可知《明会典》编纂之始，就确立了以典制为纲、以事则为目的指导思想和编纂原则。修成的正德《明会典》，以六部和其他中央机构官制为经，以事则为纬，分述开国初至弘治十五年百余年间各行政机构的建置及所掌职事。其书弁以宗人府 1 卷，第 2～163卷为六部掌故，第 164～178 卷为诸文职，末 2 卷为诸武职。其事类纲目，一依洪武二十六年（1393 年）刊布的《诸司职掌》为主。正德《明会典》的编纂方法，是典、例分编，即各卷目次下明太祖颁行的 13 部法律条目在前，相关累朝事例附后。通过修订，保留了《诸司职掌》、《大明律》全文，从《大明令》、《皇明祖训》、《大诰》、《大明集礼》、《洪武礼制》、《礼仪定式》、《稽古定制》、《孝慈录》、《教民榜文》、《军法定律》、《宪纲》11 种法典、法律中，选编了仍适合明代中期行用的有关条款，从国初至弘治十五年颁行的事例中，编选了当时仍可行用和具有参阅价值的事例，编成"足法万世"的一代之典。

正德《明会典》是全面整合明太祖颁行的诸法律和历年事例的结晶，

---

① 傅凤翔辑《皇明诏令》卷一七《即位诏》，《中国珍稀法律典籍集成》乙编第 3 册，第522 页。

它的颁行，标志着明朝典例法律体系基本定型。此后直到明末，虽然《明会典》在嘉靖、万历间曾经重修，但只是内容和体例的进一步完善，国家的法律体系框架始终未有大的变化。现将正德《明会典》颁行后明代法律体系的构成列表于后（见表3）。

表 3　正德《明会典》颁行后明代法律体系构成

	吏、户、礼、兵、工等诸司衙门职掌	刑部职掌
会典	《诸司职掌》（全文） 《大明令》（选编） 《大明集礼》（选编） 《宪纲》等 9 种祖宗成法（选编） 累朝事例：附各卷相关门类的祖宗成法条款之后	《大明律》（全文） 祖宗成法和累朝事例中有关刑部职掌（包括《大诰》罪名）及司法原则
条例	《吏部条例》、《军政条例》、《宗藩条例》、《宪纲条例》、《马政条例》等非刑事条例	《问刑条例》
事例	非刑事事例（包括则例、非刑事榜例）	刑事事例

正德《明会典》整合的 13 种祖宗成法中，"《诸司职掌》见今各衙门遵照行事"，"《大明律》已通行天下，尤当遵奉"[①]，故这两部法律全文收入。选编的《大明令》、《大明集礼》、《宪纲》等 11 种法律的有关条款，也都是能够经久可行的法律规定。至于《明会典》整合的累朝事例，现行事例无疑具有法律效力，而远年事例则侧重其稽考价值，其中不乏可反复

[①] 徐溥等纂修、（明）李东阳等重校《明会典》书首《凡例》，文渊阁四库全书本；又见申时行等重修《明会典》书首《弘治间凡例》，中华书局，1989，影印本。

适用者。明朝规定"远年事例,不许妄援"①,如援引要报请皇帝批准。总之,《明会典》并非单纯的史料汇编,而是一部在法律体系中居于"纲"的地位、务必遵行的"大经大法"。

正德《明会典》颁行后,明中后期的法律体系从法律效力层级讲,由"大经大法"、"常法"、"权宜之法"构成,汇集祖宗成法的《明会典》是国家的"大经大法",后嗣君主颁布的效力长期稳定的诸条例是"常经之法",包括则例、榜例在内的事例为"权宜之法"。《明会典》的纂修,弥补了祖宗成法因时局变化立法缺口过大或有些条文过时的缺陷,有效地解决了各法律中内容相互重复、冲突和事例浩繁的弊端,使法制归于一统。后嗣君主颁布的"常法"以"条例"命名,既坚持了"遵奉祖宗成法"的原则,又为以后各朝制定新的"成法"开辟了路径。然而,正德《明会典》的颁行,却意味着除《诸司职掌》、《大明律》两部法律外,包括《大明令》在内的 11 种祖宗成法的条款被选择行用,即收入《明会典》的条款仍继续行用,其他条款如若在执法、司法中援用,需上奏皇帝批准。

2.《大明令》融入《明会典》及其行用

《大明令》② 系明开国之初与《大明律》同时颁布、并行于世的重要法典。《明史·刑法志》云:"明太祖平武昌,即议律、令。吴元年冬十月,命左丞相李善长为律、令总裁官。""十二月,书成,凡为令一百四十五条。"洪武元年(1368 年)正月十八日,奉明太祖圣旨,颁行天下。《大明令》革新体例,以六部分目,其中《吏令》20 条,《户令》24 条,《礼令》17 条,《兵令》11 条,《刑令》71 条,《工令》2 条。"令者,尊卑贵贱之等数,国家之制度也。"③《大明令》虽然内容过于简要,远不如

---

① 《明神宗实录》卷五〇六。
② 现见的《大明令》的较好版本,除《皇明制书》十四卷本、二十卷本、不分卷本外,北京大学图书馆藏《大明令》明刻本一卷,中国国家图书馆藏《大明令》明刻本一卷(收在《皇明制书》残卷七卷本中),北京大学图书馆、南京图书馆、浙江图书馆、上海图书馆、华东师范大学图书馆、日本东京大学东洋文化研究所大木文库等藏有该书清刊罗氏《陆庵丛书》本。日本内阁文库藏《大明令》、《皇明制书》明刻本(七卷本),东京大学东洋文化研究所藏大藏永绥本、文元三年抄本等。
③ 《新唐书》卷五六《刑法》,中华书局,1975,第 1407 页。

《大明律》那样详尽严整，但此书比较全面地规范了国家的各项基本制度，在新朝初建、法律未暇详定的情况下，它实际上起到了临时治国总章程的作用。

在正德《明会典》颁行前的百年间，《大明令》一直未曾修订。虽然它的一些条款与《大明律》有重复之处①，有些条款被《诸司职掌》等制书相关的详细条款所代替，但它作为国家最高层级的法律，仍处于宪典地位。在正德《明会典》颁行前被奉为祖宗成法，程度不等地得到遵行。明代史籍中有关这一时期讲读、行用《大明令》的记载甚多。比如，据《明孝宗实录》记载，弘治元年闰五月丁卯，"监察御史向翀言：近奉诏赦，斗殴杀人者亦在宥中。《大明令》：应偿命而遇赦原者，犹追银二十两，给付死者之家。今辄释之，则此蒙更生之恩，而于死者独薄。请如令行之，斯情法两尽矣。从之"；② 弘治十年十月壬申，"应天府致仕府尹于冕奏：……臣今年七十四岁，既无兄弟，又乏子息，臣之一身固不足恤，惟痛先臣之嗣一旦遂绝，祠堂、坟墓无所付托。臣伏睹《大明令》：凡无子者，许令同宗昭穆相当之侄承继，先尽同父周亲，次及大功、小功、缌麻。如俱无，方许择立远房及同姓为嗣。臣已遵著令，择同姓新安卫千户明之次子允忠为嗣"。③ 这说明直到弘治年间编纂《明会典》时，《大明令》仍被遵行。

编纂正德《明会典》时，或因《大明令》有的条款内容过时，或因其他制书有更加详尽的条款，仅收入了该书的 61 个条款，占全书条款总数的 42%（见表 4）。

---

① 《明史》卷九三《刑法一》载，明太祖于洪武六年"诏刑部尚书刘惟谦详定《大明律》，……旧令改律三十六条"。日本学者内藤乾吉在《大明令解说》（译文见刘俊文主编《日本学者论证中国法制史论著选译》第 8 册，第 380~408 页）一文中，曾对洪武六年"旧令改律"进行考证。事实真相是：洪武元年律未设"名例律"，有关表述刑法原则、未明确具体刑罚标准的名例律条款列入《大明令·刑部》。所谓"旧令改律"，主要是把《大明令》中有关刑法原则类条款复列入《大明律·名例律》，同时把户令、兵令、刑令、工令各两条与律文关系密切的内容复写进《大明律》。"旧令改律"后，《大明令》仍保持原条款不变。列入《大明律》中的旧令条款，除几条外，也并非简单的文字重复，而是对相关内容及各种违法犯罪行为的处刑标准做了更为详细的规定。

② 《明孝宗实录》卷一〇。

③ 《明孝宗实录》卷一三〇。

表4　两朝《明会典》所收《大明令》条款

《大明令》条款名	正德《明会典》所载目次	万历《明会典》所载目次
吏令		
致仕	卷15《吏部十四》	卷13《吏部十二·致仕》81*
亲属回避	卷2《吏部一》	卷5《吏部四·改调》28
流官避贯	卷2《吏部一》	
守令考绩	卷14《吏部十三》	
官员丁忧	卷13《吏部十二》	
任满官员	卷14《吏部十三》	
官员朝觐	卷15《吏部十四》	
户令		
漏口脱户准首	卷20《户部五》	卷19《户部六·户口一》129
子孙承继	卷20《户部五》	卷19《户部六·户口一》130
嫁娶主婚	卷22《户部七》	卷20《户部七·婚姻》135
无子立嗣	卷20《户部五》	卷19《户部六·户口一》130
夫亡守志	卷20《户部五》	卷19《户部六·户口一》130
招婿	卷22《户部七》	卷20《户部七·婚姻》135
户绝财产	卷20《户部五》	卷19《户部六·户口一》130
田宅契本	卷32《户部十七》	卷35《户部二十二·商税》255
侍丁	卷22《户部七》	卷20《户部七·赋役》134
节妇免差	卷22《户部七》 卷78《礼部三十七》	卷20《户部七·赋役》134
店历	卷32《户部十七》	卷35《户部二十二·商税》255
酒曲纳税	卷32《户部十七》	卷35《户部二十二·商税》255
军民附籍	卷20《户部五》	卷19《户部六·户口一》129
祖父母在析居	卷20《户部五》	卷19《户部六·户口一》130
妄献山场	卷19《户部四》	卷17《户部四·田土》115
和顾和买	卷36《户部二十一》	卷37《户部二十四·权量》270
较勘斛斗秤尺	卷36《户部二十一》	卷37《户部二十四·权量》270
过割税粮	卷19《户部四》	
指腹为亲	卷22《户部七》	卷20《户部七·婚姻》135

《大明令》条款名	正德《明会典》所载目次	万历《明会典》所载目次
礼令		
旌表节义	卷78《礼部三十七》	
丧服等差	卷89《礼部四十八》	卷102《礼部六十·丧服》562
服色等第	卷59《礼部十六》（节选） 卷162《工部十六》（节选）	
兵令		
额设祗候人等	卷125《兵部二十》（节选）	卷157《兵部四十·皂隶》808
擅自勾军	卷124《兵部十九》	卷154《兵部三十七·军政一》785
出使从人	卷121《兵部十六》	卷148《兵部三十一·应付通例》763
出使分例	卷31《户部十六》	卷39《户部二十六·禀给》281
支给分例	卷31《户部十六》	卷39《户部二十六·禀给》281
刑令		
赎刑	卷133《刑部八》	
推官不得差占	卷132《刑部七》	卷177《刑部十九·问拟刑名》901
斗殴	卷132《刑部七》	卷177《刑部十九·问拟刑名》901
司狱	卷143《刑部十八》	卷178《刑部二十·提牢》906
鞫问罪囚	卷132《刑部七》	卷177《刑部十九·问拟刑名》901
审录罪囚	卷137《刑十二》	
老病代诉	卷132《刑部七》	卷177《刑部十九·问拟刑名》901
出使受状	卷132《刑部七》	卷177《刑部十九·问拟刑名》901
捕盗功赏	卷106《兵部一》（节选）	卷136《兵部十九·赏罚》697（同正德《明会典》）
检尸图式	卷133《刑部八》	卷178《刑部二十·检尸》905
告赦前事		卷177《刑部十九·问拟刑名》901
守令罚赎	卷133《刑部八》	卷176《刑部十八·五刑赎罪》897
籍没田产	卷145《刑部二十》	
诉讼文簿	卷132《刑部七》	卷177《刑部十九·问拟刑名》901

《大明令》条款名	正德《明会典》所载目次	万历《明会典》所载目次
计赃估价	卷 136《刑部十一》	卷 179《刑部二十一·计赃时估》907
赃物给没	卷 136《刑部十一》	
检尸告免	卷 133《刑部八》	卷 178《刑剖二十·检尸》905
坟茔不籍没	卷 132《刑部七》 卷 145《刑部二十》	卷 178《刑部十八·抄札》906
籍没遇革	卷 145《刑部二十》	卷 178《刑部二十·提牢》906
军官罚俸	卷 133《刑部八》	
告人子孙为证	卷 132《刑部七》	卷 177《刑部十九·问拟刑名》901
特旨处决罪名	卷 132《刑部七》	卷 177《刑部十九·问拟刑名》901
谗言	卷 132《刑部七》	卷 177《刑部十九·问拟刑名》901
牢狱	卷 143《刑部十八》	卷 178《刑部二十·提牢》906
妇人不许出官	卷 132《刑部七》	卷 177《刑部十九·问拟刑名》901
徒役	卷 143《刑部十八》	
工令		
织造缎匹	卷 161《工部十五》	卷 201《工部二十一·缎匹》1009

＊注：万历《明会典》栏各目次后阿拉伯数字，指《大明令》条款在该书（中华书局 1989 年影印本）中的页码。

正德《明会典》收入的 60 个《大明令》条款中，有 57 条系全文收入，其中"节妇免差"分别收入户部和礼部，"坟茔不籍没"分别收入刑部"问拟刑名"、"应合抄扎"项下；有 3 条《大明令》原文较长，《明会典》选收了一部分。这些条款在正德《明会典》颁行后，作为仍然适用的法律继续行用。

从正德六年（1511 年）到万历十五年（1587 年），正德《明会典》实施了 76 年之久。嘉靖年间曾续修《明会典》，世称"嘉靖续纂会典"，然未颁行。神宗万历四年（1576 年）六月，又重修《明会典》，十三年（1585 年）书成，十五年（1587 年）二月刊行，世称"万历重修会典"，题为申时行等修，共 228 卷。万历《明会典》在正德《明会典》的基础上，吸收了"嘉靖续纂会典"中的新增内容，增补了嘉靖二十八年至万历十三年事例。万历《明会典》沿袭正德《明会典》的编纂宗旨和总体框架，以六部和其他中央机构官制为纲，以事则为目，分述明代开国至万历十三年二百余年间各行政机构的建置沿革及所掌职事。与正德《明会典》比较，万历《明会典》的变化主要是两点：一是对旧典的款目和内容多有损益，内容更加完善；二是把祖宗"成法"条款与累朝事例融为一体，即采取典、例合编体例，使"大经大法"更加规范。正德《明会典》各卷次内容"列《诸司职掌》、《大明令》诸法律于前，历年事例于后。然《职掌》定于洪武二十六年，而洪武事例有在二十六年之前者，不无先后失序"[①]，内容往往有交错之处，条理不够分明。万历《明会典》改为把制书条款和相关事例合编，"从事分类，从类分年，而以凡字冠于事类之首，各年俱以圈隔之"。[②] 制书条款收入其中时，俱称其刊布时间，如《大明令》称洪武元年，《诸司职掌》称洪武二十六年。《御制大诰》、《大明集礼》、《洪武礼制》等书，也是仅称年份，不用书名。这样，各类事例按刊布年份排列，总目列于书首，各卷下标有事类名称。卷帙虽然浩繁，但纲目分明，因革清晰。

万历《明会典》收入《大明令》47 个条款，占《大明令》总条款的 32.4%，其中 46 条系沿用正德《明会典》所收，新增了《大明令》中《告敕前事》一条，这些条款作为"大经大法"的组成部分，其具有法律效力是不言而喻的。

大量史料表明，《大明令》条款融入两朝《明会典》后，其作为一代典章的地位并未改变。该法典的完备程度虽然远不如几经修订的《大明律》，但由于它比较全面地规定了明朝的行政、经济、礼仪、军事、刑事、民事诸方面的国家基本制度，且这些制度除少数具体规定外均沿相未改。故明代后期各朝君臣仍把《大明令》奉为祖宗成宪，与《大明律》并称为"大明律令"，有关行用或要求遵行《大明令》"大明律令"的记载不胜枚举。这里仅以《明神宗实录》所载为例。万历皇帝朱翊钧于隆庆六年（1572 年）五月即位，他在同年七月发布的诏书中明令："今后内外问刑官，平时务将《律》、《令》讲究精熟。罪无轻重，俱要虚心详审问拟，

---

① 申时行等重修《明会典》书首《重修凡例》，中华书局，1989，影印本，第 2 页。
② 申时行等重修《明会典》书首《重修凡例》，中华书局，1989，影印本，第 2 页。

务从平恕，不许法外深求，亦不许听从上司指使，故意出入人罪"，"应该偿命罪囚，遇蒙赦宥，俱照《大明令》追银二十两，给付死者家属"。① 万历十七年（1589 年）五月，即万历《明会典》颁行两年后，针对问刑官与兵部吏典、卫所军官相互勾结受贿，故意把罪犯解发极边地区的问题，南京刑科给事中徐桓上书，以"太祖钦定《律》《令》，本无遣戍"② 为由，要求严惩违背《律》《令》的行为，建议把定配罪囚"拨以邻近驿分"。对此，神宗皇帝"章下法司"，命"稽查毋疏"。万历二十一年（1593 年）十二月，"闽县知县王仰，为仆王守真、效真、春仔所弑，其子王廷试诱三贼于神前，手刃之"。"法司议：廷试报仇，情有可悯，然于律例不合。"万历皇帝以"《律》《令》不载，而情有可原"为由，赦宥廷试无罪。③ 在处理这两个案件的过程中，都遵守了不得与《大明令》、《大明律》相抵触的原则，也表明《大明令》在《明会典》颁行后并没有淡出法律舞台。

（三）明代以诏令发布国家重大事项的传统始终未改

明朝颁行的令，除《大明令》外，还有各朝君主发布的诏令。

中国古代令的含义有广义和狭义之分。狭义即作为法律形式或法律规范意义上的令，是专指"令典"和"著为令"的单行令。从广义上讲，令作为君主或以君主名义发布的命令的总称，除令典和单行令外，君主以诏、敕等形式发布的下行命令文书即诏令也属于令的范畴。诏令与法律形式意义上令的主要区别是，它虽然具有权威性，但大多是针对某一特定事项或特定对象发布的，并不一定有法律的规范性和普遍的适用性。从诏令转化为普遍适用的单行令或编入令典，要有一个"损益"即修正的过程。

明代继承了历代君主以诏、敕等形式发布下行命令性文告的传统，其诏令的称谓主要有诏、制、诰、敕、册、手诏、榜文、令等。从建国到明

---

① 《明神宗实录》卷三。
② 《明神宗实录》卷二一一。
③ 《明神宗实录》卷二六八。

末，各朝君主都发布了大量的诏令。明代君主到底发布了多少诏令，尚难统计。万明教授在《明令新探》一文中，就明太祖朱元璋《御制文集》收入的诏令作了统计：该书共收诏令 255 篇，其中诏 41 篇，制 2 篇，诰 53 篇，敕 141 篇，敕命 18 篇。① 《御制文集》收入的只是明太祖亲撰的诏令，还不是洪武朝以明太祖名义发布的全部诏令。由此推断，明代君主发布的诏令数当有数千之多。

明人汇编的明朝诏令集，以明嘉靖年间任巡按浙江监察御史、福建按察司副使傅凤翔辑《皇明诏令》② 和明崇祯时通议大夫、南京礼部右侍郎署部事孔贞运等辑《皇明诏制》两书流传较广。《皇明诏令》刊行于嘉靖十八年（1539 年），收录了自小明王韩林儿龙凤十二年（1366 年）至明嘉靖二十六年（1547 年）共 182 年间，明代十位皇帝的诏令 507 篇。其中：太祖 72 篇，成祖 73 篇，仁宗 15 篇，宣宗 71 篇，英宗 95 篇，景帝 20 篇，宪宗 62 篇，孝宗 24 篇，武宗 22 篇，世宗 53 篇。孔贞运等辑《皇明诏制》崇祯七年重刻本③，收入明太祖洪武元年至明世宗嘉靖十八年间，明代十一位皇帝发布的代表性诏令 243 篇，其中太祖 74 篇，成祖 28 篇，仁宗 8 篇，宣宗 14 篇，英宗 22 篇，景帝 8 篇，宪宗 15 篇，孝宗 8 篇，武宗 7 篇，世宗 20 篇，穆宗 5 篇，神宗 15 篇，光宗 2 篇，熹宗 10 篇，思宗 7 篇。

---

① 万明：《明令新探——以诏令为中心》，收入杨一凡编《中国古代法律形式研究》，社会科学文献出版社，2011，第 416 ~ 444 页。

② 现知的该书善本，有美国国会图书馆藏《皇明诏令》21 卷明嘉靖刻本、《皇明诏令》27 卷明嘉靖刻本和中国国家图书馆藏《皇明诏令》21 卷明嘉靖二十七年刻本。此外，中国人民大学图书馆藏有该书明嘉靖二十七年本依明 1941 年抄本。美国国会图书馆藏此书 21 卷本，目录所记诏令篇名，止于嘉靖十八年（1539 年），而卷内诏令实收录止嘉靖二十八年（1549 年），其原刻续刻，尚难分辨。美国国会图书馆藏此书 27 卷本所辑诏令篇数、内容与中国国家图书馆该书 21 卷本不尽一致，且文字也较模糊。从 27 卷本辑录的太祖一朝（前 3 卷）诏令较中国国家图书馆本多续有 17 篇这一点可知，其校补印行时间当在嘉靖二十七年之后。三书比较，中国国家图书馆藏《皇明诏令》21 卷本，成书时间相对要早，印刷得也较为清晰。《中国珍稀法律典籍集成》（刘海年、杨一凡主编，科学出版社，1994）收入的杨一凡、田禾点校的《皇明诏令》，以中国国家图书馆藏本为底本。

③ 现存于世的还有嘉靖十八年霍韬刻《皇明诏制》本，共收入明代诏令 204 篇，其中太祖 74 篇，成祖 28 篇，仁宗 8 篇，宣宗 14 篇，英宗 22 篇，景帝 8 篇，宪宗 15 篇，孝宗 8 篇，武宗 7 篇，世宗 20 篇。其篇目与孔贞运等辑《皇明诏制》崇祯七年刻本相同。孔贞运辑本应是在霍韬刻本基础上形成的。

　　《皇明诏令》与《皇明诏制》所收诏令多有重复。与《唐大诏令集》、《宋大诏令集》欲集诏令之大成的情况不同，此两书是明朝代表性诏令的选编，内容多是有关国家重大事项的政令、军令。除极少数属于祭祀天地、遇灾异自省、慰谕公卿、告诫朝臣的诏、敕外，绝大多数是具有法律效力的命令文告，内容涉及军国大政、律例刑名、职官职掌、户婚钱粮、赋役税收、盐茶课程、祭祀礼仪、宗藩勋戚、科举学校、关津海禁、营造河防、军务征讨、外交事务、抚恤恩宥、赈灾安民等各个方面，均系明初至嘉靖年间有关重大朝政要事和法律、制度的决策性文献。正如嘉靖时都察院右副都御史黄臣写的《皇明诏书后序》所言："兹册肇于国初，以至近日，实备一代之全文"；"圣朝所立之法，力行罔遗"。① 黄臣的评价，固然有些言过其实，如傅氏所辑诏令，以"奉颂列祖列宗"、"书善不书恶"为选辑标准，专取"足为世师"的"温和之旨"，凡有损君主形象者就概未收录。然而，如果说明代嘉靖朝中期以前各朝皇帝发布的最重要的决策性诏令，大多已被收入其书，则并非夸张。

　　在明代君主发布的诏令中，也有不少是可在全国普遍适用的法令。以诏、敕等形式发布的诏令，是历代典、律、令等法律的重要来源。明代统治者对于这类诏令，或者是将其"著为令"，即"著为事例"，要求臣民遵行；或者是将其删整后编入《明会典》。诏令也是《明会典》事例的重要来源。《明会典》所载事例中，凡是在某事例前标有"诏"、"敕"、"榜谕"等字样者，皆指这些事例是修典时直接从诏令删整而来。这里，仅把正德《明会典》载洪武朝事例直接选自诏、敕、榜文的49件事例列表述后（见表5）。

表 5　正德《明会典》载太祖诏、敕、榜谕入典一览

目次	事例名目
吏部 （卷 2～15）	二年：　　诏府州县官考课（卷 14） 三年：　　诏蒙古色目人易名改正（卷 13） 十九年：　诏军民并吏胥人等不得更名易讳（卷 13） 二十三年：敕官员责任条例（卷 15）

① 杨一凡、田禾点校《皇明诏令》，书后附《皇明诏书后序》，收入《中国珍稀法律典籍集成》乙编第 3 册，科学出版社，1994，第 726 页。

目次	事例名目
户部	元年：　诏民年七十以上者许一丁侍养，免杂泛差役（卷22） 三年：　①榜谕天下军民未占籍而不应役者许自首（卷20） 　　　　②诏户部籍天下户口及置户帖（卷20） 四年：　诏河南、山东、陕西、山西、淮安等府屯田（卷19） 七年：　诏苏、松、嘉、湖等府田起科减半（卷19） 八年：　诏中书省造大明宝钞（卷34） 十三年：诏陕西等地民间田土开垦毋得起科（卷19） 十四年：诏天下府州县编赋役黄册（卷21） 二十三年：榜谕巡拦计所办额课收于司局按季交与官攒（卷32） 二十四年：榜谕各处商税衙门河泊所官吏不许勒要料钞（卷34） 二十五年：诏各处官民之家传诵《大诰》三编（卷22） 三十年：诏广西迁仁屯田所土兵免纳屯粮（卷19）
礼部 （卷42～105）	洪武初：诏中书省详定乡饮酒礼条式（卷78） 元年：　敕天下有司遇灾荒具实奏闻（卷95） 二年：　①诏天下府州县立学校（卷76） 　　　　②诏太庙祝文止称孝子皇帝不称臣（卷81） 　　　　③诏凡时物太常先荐宗庙然后进御（卷81） 　　　　④诏封占城国王（卷97） 　　　　⑤诏封安南国王（卷97） 三年：　①诏开科举（卷77） 　　　　②诏凡乡试中者取举人百名（卷77） 四年：　诏各行省连试三年（卷77） 六年：　诏科举暂且停罢（卷77） 七年：　诏西域安定王酉长立为四部各赐印（卷99） 八年：　诏有司立社学（卷76） 十一年：诏朝参文武官给领牙牌悬带出入（卷43） 十五年：诏天下通祀孔子颁释奠议（卷84） 二十二年：诏奉天殿常朝华盖殿奏事（卷43） 二十七年：榜示天下寺观（卷95） 洪武间：诏申明孝道（卷78）
兵部	二十年：　榜谕公侯等随从无符验者不得擅乘驿传船马（卷121） 二十七年：榜例：守卫皇城事宜（卷118） 洪武间：　①榜例：管马官员职专提调马匹不许别项差占（卷122） 　　　　　②榜例：管马官员时常下乡提督看验马匹（卷122） 　　　　　③榜例：倒失马匹从民议和或群长辏价购买（卷122）
刑部	二十三年：诏有司官犯过误者至三犯皆问罪复职（卷145） 二十八年：诏刑部将合用狱具依法较定（卷145）

目次	事例名目
工部	二十三年：诏浙江等处河泊所翎毛不系上产免征（卷 155） 二十六年：诏自今功臣坟茔葬具皆令自备（卷 162） 二十七年：敕谕勿妄兴工役（卷 158） 二十八年：诏罚役死者免罪家属补役（卷 154）
大理寺	十九年：　诏应死重囚俱令本寺覆奏听决（卷 167）
国子监	十八年：　敕师生廪膳该司年终通考原收岁支数目（卷 173）
神乐观	十三年：　诏诸武臣子弟习乐舞（卷 178）

表 5 中事例的名称，系笔者据《明会典》所载事例的首句或内容缩写，事例后面的卷数，系正德《明会典》的卷次。仅洪武朝诏令编入《明会典》的就如此之多，可知《明会典》中由各朝诏令删整而成的事例，数量当相当可观。

《明会典》收入的明代诏令，还只是当时发布诏令的很小一部分。明代君主发布的诏令，绝大多数属于针对特定事务或特定对象颁布的法令，因不具有普遍适用性，没有列入《明会典》，但这些诏令在国家政治、经济生活中仍然发挥了重大作用。

随着法律体系的变革和完善，明代令的称谓、内容和功能较前代确实发生了重大变化。传统的"明代无令"说只看到明代颁行的"常法"不再以"令"命名，而忽视了《大明令》始终未被废弃且程度不同地长期行用这一基本事实，也忽视了以诏令发布国家重大事项的做法始终未改。令虽然不再是明朝主要、基本的法律形式，但它作为一种法律形式仍然存在。"明代无令"说有悖于历史实际，因而不能成立。

明令新探

中国历史发展到唐代，已形成了完备的律令体系。明代是古代法律体系发生重大演变的时期，令的变化尤令人注目。关于明代法律的研究，中外学术界积累了丰厚的研究成果，然而长期以来，在中国法制史教科书中，鲜见提及明代诏令，更鲜见专门研究。① 这样一个重要的问题，却几乎是一个盲点，这说明对明代诏令的研究迄今未予以应有的重视，也没有将诏令作为重要的法律形式置于整个法律体系予以关注。近年来笔者一直在进行明代诏令文书的整理工作，对明代诏令从文书学的角度进行了初步探讨，也对明代诏令这一重要的法律形式从法制史的角度有了一些粗浅的认识，本文尝试对这一法律形式及其功能作一初步考察，以求抛砖引玉，更祈方家教正。

（一）问题的提出

"皇帝御宇，其言也神。渊嘿黼扆，而响盈四表，唯诏策乎。"② 在中国古代君主专制体制下，皇帝发布的诏令即"王言"，是王朝的最高决策。国家的意志由诏令体现出来，因此，诏令具有法令的性质和法律的效力，是我们研究法制史最重要也是最基本的史料之一。一般而言，皇帝处理国家政务，通常以颁布诏令的形式来立法，"因事立制，乘时创法"，而臣僚的主要职责就在于执行皇帝或以皇帝名义颁发的各项诏令。继蒙元帝国之后由汉族建立的明王朝，其统治具有鲜明的复兴传统文化的特征，这已成为中外学界的共识。有明一代诏令文书在继承历朝历代的基础上，有着自身的发展特点。明代诏令文书的形式多样，清修《明史》云："凡上之达下，曰诏，曰诰，曰制，曰册文，曰谕，曰书，曰符，曰令，曰檄。"③ 根据明代诏令文书的遗存可知，最为常用的是诏敕。《明史》中将"敕"

---

① 中国多部《中国法制史》在论述明代立法时，无一例外地没有将诏令作为专门法律形式来论述，恕在此不一一列举。
② 刘勰：《文心雕龙》卷四《诏策第十九》，《四部备要》本。
③ 张廷玉等：《明史》卷七二《职官志》一，中华书局，1974，第1732页。

遗漏，是一个严重的阙失。但以上罗列也可说明，诏令文书是包括诏、诰、制、敕、令等多种形式的法律文本，对诏令文书的研究不能依据后世的归纳，以明朝现实存在的文本为基础进行分析，庶几接近历史的真实。

突破"以刑为主"法史研究的传统模式，以诏令为一个关键的切入点，或者说从诏令出发的考察，应该纳入我们的视野给予特别关注，特别是将文书学研究与法制史研究相结合，给诏令以恰当的定位，是一个迄今尚待开展的课题。

对古代诏令文书的整理，宋代是一个高潮期。这一时期出现了著名的诏令文书汇编《两汉诏令》、诏令总集《唐大诏令集》和《宋大诏令集》。现代对于诏令文书的整理，主要集中于对后两部大型诏令集的补辑上。重要的有池田温先生编的《唐代诏敕目录》① 等。董克昌先生主编的《大金诏令释注》一书，是断代史的又一部大诏令集，由黑龙江人民出版社于1993年9月出版。清代档案的大量存世，使得清代诏令集的编辑明显不那么必要，而对档案存留不多的明代诏令文书的搜集、整理和编辑，在以前却从未提上日程，与其他断代比较，可以说是相对滞后的。明朝人编辑的当代诏令文书总集，主要有两种——《皇明诏令》和《皇明诏制》，都属于明代诏令选集的性质。② 明太祖的许多诏令文书没有被收入。而现存明代史籍中有大量散在的诏令文书，亟待收集、整理与研究。

中国学者关于明代诏令文书的专门研究，迄今专门主要集中在明大诰方面。③ 而在明令方面，中外学术界仅见关于《大明令》的研究，且相对

---

① 池田温编《唐代诏敕目录》，三秦出版社，1991。

② 例如《皇明诏令》（《四库全书存目丛书》本）仅收录明太祖诏令89通，《皇明诏制》（《四库全书存目丛书》本）仅收录明太祖诏令58通，实际上二者仅收录了重要诏敕，因此既不够全面，也不够系统，不能反映明代诏令文书的全貌。再以洪武朝外交诏令为例，《皇明诏令》中仅收录外交诏令3通，《皇明诏制》中也只收录外交诏令9通，根据笔者的已有研究，包括诏令敕诰等各类外交文书现已收集到170通。

③ 从法制史的视野最早开始研究的，是沈家本先生的《明大诰峻令考》，有民国刻本；论文方面是1936年邓嗣禹先生的《明大诰与明初之政治社会》，《燕京学报》1936年第20期。此后明大诰形成研究热点，自20世纪80年代以来更出现了研究热潮，主要论文有：黄彰健先生的《大明律诰考》，《中研院历史语言研究所集刊》第24本，1953；陈高华先生的《从明大诰看明初的专制政治》，《中国史研究》1981年第1期；杨一凡先生的《明大诰与朱元璋的重典治吏思想》，《学习与探索》1981年第2期。据不完全统计，近30年来涉及明大诰的论文至少有一百五十多篇，相关专著则主要有杨一凡先生的《明大诰研究》，江苏人民出版社，1988。

大诰的研究来说明显不足。^① 日本学者对汉唐诏令文书的研究相当深入，出版的论著很多，但是遗憾的是，迄今鲜见对明代诏令进行专门研究。在明史研究中，中外学者们大多引用诏令作为史料，可从法律形式的视角对诏令的专门研究，却几属阙如。诏令文书是研究明令的第一手资料，属于法律类文献，但是长期以来却基本上在法律史研究者的视野之外，没有得到应有的重视。

总之，中国历史上以皇帝为中心建立的国家体制中，皇帝的"王言"——诏令是古代国家立法治国的重要形式。以往的研究没有给予充分的重视，忽视了一个轴心问题。诏令作为法律形式无疑并不始于明初，但是作为明令的重要形式，在明代立法中占有突出的地位，伴随明朝相始终。有明一代自明太祖始，统治者就高度重视诏令的作用，至今存留了大量开创者亲撰的诏令类文书，可以作为分析文本。此后历朝都有大量诏令类文书存世。这些法制史的第一手资料，有助于我们从诏令出发，考察了解明代整个法律体系的全貌。

（二）明令的概念

令，即命令、法令，也是中国古代为政者颁行的法令、政令等的总称。诏令，指由皇帝或以皇帝名义制发的下行命令文书。在中国古代历史上，诏令文书的起源很早，《尚书》表明，根据不同的功用，古代有誓、诰、祝、命等形式的下行命令文书。自秦汉起，皇帝成为至高无上的权威，奠定了"以文书御天下"^② 的治理模式。秦始皇统一六国，建立起中

---

① 在西方，主要有美国学者范德（Edward L. Farmer）对大明令的专门研究：《大明令：对明代早期社会立法的考察》（The Great Ming Commandment：An Inquiry into Early-Ming Social Legislation, *Asia Major*, Princeton University, 1993）；日本学者主要有内藤乾吉的《大明令解说》，见氏所编《中国法制史考证》，东京：有装阁，1963；中国最近的专门研究成果有张凡的《〈大明令〉与明代的律令体系——明代"令"的作用与法律效力》，《殷都学刊》2009 年第 3 期；张凡的《略论明代法律形式的变革——〈大明令〉为中心》，《宁夏社会科学》2009 年第 5 期；霍存福、张靖翊、冯学伟的《以〈大明令〉为枢纽看中国古代律令制体系》，《法制与社会发展》（双月刊）2011 年第 5 期。

② 王充：《论衡》上册《别通篇》，大中书局，1933，第 235 页。

国第一个统一王朝以后，就宣布："命为制，令为诏，天子自称曰朕。"①
规定以"制"、"诏"作为皇帝所颁命令文书的专称。诏书即令，由此开
端。此后皇帝下颁的诏令文书历代相沿，是国家施政的权威文书，出现了
各种名目，后世统称为诏令，有《唐大诏令集》、《宋大诏令集》为证。

关于律与令的关系，先秦时期，管子曾云："夫法者，所以兴功惧暴
也。律者，所以定分止争也；令者，所以令人知事也。"② 西汉时期，杜
周云："前主所是著为律，后主所是疏为令。"③ 唐人颜师古注曰："著谓
明表也。疏谓分条也。"④ 魏晋以降，律是刑法的主体，令是规范人们行
为的法律条文。律、令对于维护国家政权均有着极为重大的作用。魏晋南
北朝时的北齐尚书台设置了比部，置比部郎中主管，专掌"诏书律令勾检
等事"，⑤ 即稽核皇帝和中央颁发的下行文书的执行情况，将皇帝的诏令
置于律令前，说明在当时人的思想中，诏令具有超越律令的至高无上的地
位。唐代法律形式有律、令、格、式，根据《唐六典》，律"以正刑定
罪"，令"以设范立制"，格"以禁违正邪"，式"以轨物程事"。⑥ 其中
的格颇为活跃，可以修正律、令、式，值得注意的是，这正是对以皇帝名
义发布的敕加以编纂的结果。发展到宋代，编敕以代律令的重要法律形式
出现，反映了古代法律形式的重大演变。对此戴建国先生有深入的研究，
他指出："在中国法律编纂史上，大量编集皇帝诏敕直接制定成法律文件，
对常法和成制加以修正和补充的立法活动十分频繁，延绵不绝，引人注
目，成为中华法系的一大特点。其中又以宋代最为典型……修纂编敕，是
宋代三百多年历史中最主要的立法活动。"⑦ 而关于宋代的令，戴建国先
生最早关注到迄今传世的著名的《天圣令》。⑧

---

① 司马迁：《史记》卷六《秦始皇本纪》，中华书局，1982，第236页。
② 《管子》卷一七《七臣七主》，《四部丛刊》本，第101页。
③ 《史记》卷一二二《酷吏列传》，中华书局，1959，第3153页；《汉书》卷六〇《杜周
　传》，中华书局，1962，第2659页。
④ 《汉书》卷六〇《杜周传》，中华书局，1962，第2660页。
⑤ 《隋书》之《百官》中，中华书局，1973，第753页。
⑥ 《大唐六典》卷六《刑部郎中员外郎》："凡文法之名有四，一曰律，二曰令，三曰格，
　四曰式。"三秦出版社，1991，第132页，139页。
⑦ 戴建国：《宋代编敕新探》，见氏著《宋代法制新探》，黑龙江人民出版社，2000，第3页。
⑧ 戴建国：《天一阁藏官品令考》，《历史研究》1999年第3期。

诏令，是皇帝专用的公布各项法令的公文形式——诏敕类文书的统称。诏令即国家重大政策与政令、法令的发布，是古代国家运行机制的一个显著特征。诏令以发布、执行上表现出的超越一切法律之上的效力著称于世，是中华法系的重要组成部分。而诏令作为基本法律形式，具有突出的法律效力，在明代凸显出典型性。

长期以来，法律史学界普遍认为《大明令》颁布以后，中国古代令的脉络便戛然而止，为"例"与"会典"所替代。① 这种论断看似有道理，然而笔者发现，明朝人却并不作如是观。正德《大明会典·凡例》云："事例出朝廷所降，则书曰诏，曰敕。臣下所奏，则书曰奏准，曰议准，曰奏定，曰议定。或总书曰令"。② 就此而言，在明朝人的观念中，"事例"的形成与诏敕有着直接的密不可分的关系，事例出自诏敕，会典主要是事例的汇编，因此统统可以包括在令的广谱的知识谱系之中。

（三）诏令作为法律形式的多样性

杨一凡先生认为，"历朝的法律、法规、法令都是运用一定的法律形式制定和颁布的。要全面地揭示古代法制的面貌，必须了解古代的法律体系和基本立法成果，而要做到这一点，又必须清楚各代法律形式的种类、内涵和作用"。③ 作为明代最基本法律形式的明令——明代诏令的种类、内涵和作用，值得我们下功夫加以探讨。

简言之，先秦以"誓"、"诰"、"祝"、"命"等为下行命令文书之名称。④ 秦始皇建立大一统王朝以后，宣布皇帝拥有专有命令之词："命曰制"，"令曰诏"。⑤ 汉代诏令分为策书、制书、诏书、戒书四大类。东汉蔡邕《独断》曰：

---

① 多部《中国法制史》均以此观点论述，恕在此不一一列举。
② 李东阳等：《正德大明会典凡例》，东京，汲古书院，1989。
③ 杨一凡：《注重法律形式和法律体系研究　全面揭示古代法制的面貌》，《法学研究》2009 年第 2 期。
④ 《尚书》有"誓"、"诰"、"命"多篇，见孙星衍《尚书今古文注疏》，中华书局，1985。
⑤ 《史记》卷六《秦始皇本纪》，中华书局，1982，第 236 页。

汉天子正号曰"皇帝",自称曰"朕",臣民称之曰"陛下",其言曰"制诏"……一曰"策书",二曰"制书",三曰"诏书",四曰"戒书"。①

南朝梁时刘勰在《文心雕龙·诏策》中,论述了汉代诏令及其名称特点:

秦并天下,改"命"曰"制"。汉初定仪则,则"命"有四品:一曰"策书",二曰"制书",三曰"诏书",四曰"戒敕"。"敕"戒州部,"诏"诰百官,"制"施赦命,"策"封王侯。

他对于名称的来源也有所述及,认为"策书"之名取自《诗》,"制书"之名取自《易》,"诏书"之名取自《礼》,而"戒敕"则取自《尚书》,是"并本经典以立名目"。② 此后,唐朝分为册书、制书、慰劳制书、发日敕、敕旨、论事敕书、敕牒七大类。③《宋大诏令集》收集有诏、制、敕、德音、册文、敕书、御札、批答等类。④ 北方民族建立的金朝,皇帝颁发的诏令文书有多种名目:诏、制、册、敕、谕、诰、令、旨、口宣、祝文、祭文、铁券文等。⑤ 有学者对元代诏敕做了专门研究,认为元代文书内容涵盖"诏书、圣旨、玺书、册文、宣命、制书、敕书等多种名目。它们大致上可以归属为四类:诏书、圣旨(或玺书)、册文、宣敕(或制敕)。其中,诏书与圣旨是元朝诏敕类文书中比较重要的两种形式"。⑥

虽然历代对诏令的种类有着不同规定,但最基本的形式诏、制、诰、敕、册、谕等,可以说是一脉相承。作为蒙古族建立的王朝,元代诏令的变化较大,直接影响到明朝。明朝诏令文书主要有诏、敕、制、诰、谕、册、祭、谥、手诏、榜文、令等,最为常用的是诏与敕。故上文已提及的

① 蔡邕:《独断》卷上,《四库全书》本。
② 刘勰:《文心雕龙》卷四《诏策第十九》,《四部备要》本。
③ 李林甫等:《唐六典》卷九《中书令》,中华书局,1992。
④ 参见《宋大诏令集》,中华书局,1962。
⑤ 参见董克昌主编《大金诏令释注》,黑龙江人民出版社,1993。
⑥ 张帆:《元朝诏敕制度研究》,《国学研究》第十卷,北京大学出版社,2002。

清修《明史》将"敕"遗漏，是一个严重的错误。明代诏令类文书统称为诏令或诏制，明人编《皇明诏令》和《皇明诏制》可为例证，二书均为明朝后期人所选辑的诏令集。

诏令文书是诏令类的原始政务文书，这些第一手资料涉及国家治理的方方面面。洪武朝是明朝开国创制的时期，是皇帝集权于一身的重要时期，不仅诏令文书数量繁多，而且大量诏令文书为皇帝所亲撰，极具特殊性，对有明一代产生了特殊而深远的影响。明内府刻本《明太祖御制文集》（下面简称《御制文集》）中的诏令文书，属于太祖亲撰，为明初人所编辑，反映了明初诏令文书的实际状态，也反映了明初人对于诏令文书的分类标准。这里将《御制文集》中的诏令部分列表，① 以便分析（见表1）。

表 1　《御制文集》中的诏令

《御制文集》卷数	内容	数目
卷一、卷二	诏	41
卷三	制、诰	制 2，诰 31
卷四	诰	22
卷五	书敕、敕	书敕 6，敕 20
卷六	敕	27
卷七	敕	28
卷八	敕	37
卷九	敕	23
卷十	敕命	18
		总计 255

表 1 说明：明内府刻本《御制文集》20 卷，其中首列诏令类 10 卷，占全书的 1/2。收录诏 41 通，诰 53 通（包括颁发给个人的有姓名的诰与

---

① 表 1 中一题名内有两三篇者，均计入数目。卷十八《杂著》中有《设礼部问日本国王》、《设礼部问日本国将军》二通，笔者认为可列入外交诏令，但是明人编辑分类时没有列入，姑从之。下文主要引用明内府本《明太祖御制文集》，凡出此，不再另注。

官职分类颁给的诰命），敕 141 通（包括书敕），敕命 18 通，总计 255 通。以诏、诰、敕为多，而以敕为最多。由此，清修《明史》关于明代诏令的概括之失彰显了出来。

实际上，《御制文集》所收的仅为太祖亲撰诏令，而且还不是全部，《明太祖御笔》、《明太祖钦录》已证明了这一点，更不要说还有大量翰林儒臣以及职掌诰敕书写的中书舍人等的制作了。下面以明太祖亲撰的诏令文书为主，以其他文物和文献为辅，对诏令这种法律形式的多种类型及其功能略加探讨。

1. 诏

诏，即诏书，是皇帝颁发的文告。一般来说，举凡王朝的重大事件发生，都要诏告天下。

明人吴讷论述了诏的渊源："按三代王言，见于《书》者有三：曰诰，曰誓，曰命。至秦改之曰诏，历代因之。"[1] 明人徐师曾则说诏就是文告："夫诏者，昭也，告也。"[2]

《皇明诏制》孔贞运《序》云：

> 我国家稽古考文，谕百官曰诏，曰诰，曰制，曰敕，曰册，曰谕，曰书，皆审署其体，循事而用，昭大制也。而其诞扬休命，敷告万邦，以昭一代之章程，垂万年之成宪，则无如诏。[3]

诏，以皇帝布告天下的法令文书形式出现。大一统王朝举凡重大事件发生，都要诏告天下，如《即位诏》、《封建诸王诏》、《平沙漠诏》等诏令，都不仅布告全国，而且曾发布到外国。同时颁诏是有仪式的，[4] 以示隆重和权威。仪式的象征性不言而喻，就是象征皇帝的权威。根据《明会典·开读仪》所记：

---

① 吴讷：《文章辨体序说·诏》，《文章辨体序说 文体明辨序说》，第 35 页。
② 徐师曾：《文体明辨序说·诏》，《文章辨体序说 文体明辨序说》，第 112 页。
③ 孔贞运：《皇明诏制序》，载《皇明诏制》，崇祯刻本。
④ 《诸司职掌》卷四《礼部职掌·颁诰》，载张卤刊《皇明制书》上册，东京，古典研究会，1966。

> 朝廷颁命四方，有诏书，有赦书，有敕符、丹符，有制谕、手诏。诏赦先于阙廷宣读，然后颁行。敕符等项，则使者赍付所授官员，秘不敢发。开读、迎接仪各不同。①

这里涉及皇帝诏令文书的名目有诏书、赦书、敕符、丹符、制谕、手诏，其中的诏书和赦书要在朝廷上当众宣读，然后颁行全国，由礼部差人到各地开读；而敕符、丹符、制谕、手诏等都是由使臣传达到具体衙门或人员，所谓"秘不敢发"，就是并不公开宣读，只是当事的衙门或人员知道并执行。

《御制文集》在卷一与卷二首列的是《诏》，共收有 41 通，说明了诏书在明朝诏令文书中的首要地位。

《御制文集》以《即位诏》开篇，特录之于下：

> 朕惟中国之君，自宋运既终，天命真人于沙漠，入中国为天下主，传及子孙，百有余年，今运亦终，海内土疆豪杰分争。朕本淮右庶民，荷上天眷顾祖宗之灵，遂乘逐鹿之秋，致英贤于左右，凡两淮、两浙、江东、江西、湖、湘、汉、沔、闽、广、山东及西南诸部蛮夷，各处寇攘，屡命大将军与诸将校奋扬威武，已皆戡定，民安田里。今文武大臣百司众庶，合辞劝进，尊朕为皇帝，以主黔黎，勉循舆情，于吴二年正月初四日，告祭天地于钟山之阳，即皇帝位于南郊，定有天下之号曰大明。以吴二年为洪武元年。是日诣太庙，追尊四代考妣为皇帝皇后，立大社大稷于京师。布告天下，咸使闻知。

这一诏书是明太祖建立明朝以后，发布的通告性诏书。皇帝宣告即位，并宣布建立大明王朝。对于一个新王朝来说，这种即位诏书是极其重要的合法性的表现，无疑具有重要法律效力。

明代诏令中最常用的是诏，按其内容有广义和狭义之分。在狭义上说，一般诏书是布告天下的，具有公告的法律性质，属于通行文告一类；

---

① 申时行等：《明会典》卷七四《礼部》三二《开读仪》，中华书局，1989。

而在广义上，诏有着诏谕、诏敕、诏制之意。在专门颁发给某个地方或某一特定机构部门，乃至颁发给个人情形下，也具有专门法令的性质。例如《免宁国府税粮诏》是专门颁发给宁国府一地的；《谕靖江王府文武官诏》是专门颁发给靖江王府官员的；而《谕山东承宣布政使吴印诏》则是颁发给山东布政使吴印个人的。这说明不能仅以公告的意义简单地理解"诏"。事实上，明初的诏，有不少是诏与谕的复合体，就此而言，诏书也可以理解为常用下行命令文书的一种通称。重要的是，将朝廷重大事件以诏令形式布告全国，也就是将朝廷政令通告全国，具有通行法令的功能。

在明太祖遗留下来的亲撰诏令中，以所处理的各项国事而言，属于通告全国的，有《即位诏》、《农桑学校诏》、《求言诏》、《赦宥诏》、《存恤诏》、《废丞相大夫罢中书诏》、《免天下税粮诏》、《免秋粮诏》、《平云南诏》、《免秋夏税粮》、《赦工役囚人》11 通。其中，3 通是蠲免税粮方面的诏书。

属于颁发给地方的，有《免北平燕南等处税粮诏》、《免宁国府税粮诏》、《再免应天太平等处税粮诏》、《免应天等府粮诏》、《免江西税粮诏》、《免两浙秋粮诏》、《免应天等五府秋粮诏》、《免河南等省税粮诏》、《免山西陕右二省税粮诏》、《免姑熟等六州四县秋粮诏》、《护持朵甘思乌思藏诏》、《谕西番罕东毕里等诏》、《谕靖江王府文武官诏》、《谕福建参政魏鉴瞿庄诏》、《谕云南诏》、《谕大理诏》、《免北平夏税秋粮诏》、《谕云南诏》、《谕云南诏》等 19 通。其中，11 通是蠲免地方税粮的诏书，由此可见明太祖对于地方治理的关注点所在。

属于颁发给个人的，有《赦汪束朵儿只诏》、《谕山东布政使吴印诏》、《谕山西布政使华克勤诏》、《谕元臣纳哈枢诏》、《谕元丞相哈剌章等诏》、《谕元丞相驴儿诏》6 通，其中 3 通是给予北元官员的。属于颁发给外国的，有《谕暹国王诏》、《谕安南国王诏》、《谕安国王陈炜伯叔明诏》、《谕高丽国王诏》、《谕日本国王诏》5 通。

收入《御制文集》卷二《诏》中的《赦工役囚人》是一通赦书，明人在此也列入了诏书类，可以说明诏书与赦书的关系。赦书直接涉及犯罪的赦免，是律令的重要补充，特列于下：

奉天承运皇帝制谕：尔故违宪章官吏人民，曩者命礼曹布令天下，朕仿古制，以礼导人。后以律至诸司，是绳不循轨度者，斯乃行刑也。且刑，圣人不得已而用者，为良善弗宁故也。今朕一寰宇而兆民众，如尔等官贪吏弊，民纵奸顽，诈良悔愚，若不律以条章，将必仿效着多，则世将何治。尔诸人所犯，若论以如律，人各尽本犯而后已，奈何工已久矣，构成楼阁以居大觉金仙，塔就而志公之神妥其下，因是将尔等最无轻重，一概宥之。于戏！君子非善，何以永世；志人非功，何以名书。释迦志公，已逝数千百年，犹能生尔等众，其善正之道，志者可无觉乎？故兹制谕。

以上说明诏书形式多样，用途广泛，并不只是狭义的昭告天下之义。实际上，诏书已成为明代皇帝下行命令文书的泛称，除布告天下之外，还有广义上的诏谕之义。重要的是，诏令具有高于律令的法律效力。

2. 制

唐代制书的功能是："行大赏罚，授大官爵，厘革旧政，赦宥降虏。"[1] 明初沿袭了制书这一文书类型及其功能，却已不像唐宋那样用法严格。显然制书的功能已发生了变化，并且应用不多。以《御制文集》为例，卷三收录《制》与《诰》，所收制书仅有两例：《答太师李善长等表请御正殿制》、《答太师李善长等表请上寿制》。

现以《答太师李善长等表请上寿制》为例：

父母劬劳之恩，昊天罔极。当生之日，思无上报，痛心无已。所以奉祀清晨，静居终日，毋敢歌欢。迩来卿等数云太平，以朕年高，固请称贺。今不违群情，许卿等依期来朝，毋致过奢，惟仪肃礼当。故兹诏谕。

从内容来看，这是皇帝对于李善长等大臣上表来朝贺寿的回答。由此可知，明代的制书仍然具有制礼作乐的法令功能。

————————————

① 《唐六典》卷九《中书令》。

3. 诰

诰，先秦就有"上以告下"之义。明初以古意颁布的《大诰》，是明代诏令中的特殊之例，也是中国古代前所未有的大型诰书。洪武十八年（1385 年）至二十年（1387 年），明太祖颁行《御制大诰》，分为《御制大诰》、《御制大诰续编》、《御制大诰三编》、《大诰武臣》4 篇，共 236 个条目。这是以诏令形式发布的，以案例、峻令、训诫三方面内容组成的特种法令汇编。自颁行之日起，就具有法律效力。洪武二十六年（1393 年）以后，《大诰》逐渐融于各种条例。由于《大诰》在明代法律体系中占有重要地位，以往研究成果很多，杨一凡先生的专著是研究《大诰》的经典之作，在此不再赘述。①

大诰以外，诰敕，是诰命和敕命的合称。明制：

> 凡在京官四品以上，试职实授，颁给诰命，取自上裁。已给诰命者，亦须一考满，方许封赠。五品以下官，初到任试职一年后考覈堪用者，与实授，仍具奏颁给诰敕。不堪用者黜降，其已给诰敕者，亦须一考，方许封赠。
>
> 凡在外官员，三年为一考，称职者颁给诰敕，再考称职，听请封赠。其有才能卓异之人出自特恩者，不拘此例。②

根据规定，一品至五品官员，作为任命文书，称为诰命；六品至九品官员，作为任命文书，称为敕命。妇人随夫品级。诰用制诰之宝，敕用敕命之宝，以文簿与诰敕，各编字号，用宝识之，文簿藏于内府。颁诰敕时，也有一定的仪式。③

从《御制文集》所收录来看，《御制文集》卷三收录《诰》31 通，卷四收录《诰》22 通。卷三的诰与卷四的诰分卷处理，说明二者有着区别，前者为诰，后者为诰命。

---

① 关于《明大诰》的研究很多，主要参见杨一凡《明大诰研究》，江苏人民出版社，1988。
② 《诸司职掌》卷三《吏部职掌》，载张卤《皇明制书》，东京：古典研究会，1966。
③ 《明会典》卷七四《礼部》三二《颁诰敕》、《开读仪》。

《御制文集》所收的《诰》，主要分为两大部分。

第一部分是以大臣个人为对象的，集中收录在卷三之中，共 31 通。给予对象上至公、侯，如《信国公汤和诰》、《西平侯沐英诰》，贵戚，如《驸马都尉李祺诰》，下至官员，既有文官，如《吏部尚书王敏诰》、《华盖殿大学士刘仲质诰文》，也有武将，如《飞熊卫指挥使司佥事郭洪诰》、《大都督府佥事陈方亮诰》，还有边地的设官，如《贵州宣慰宋诚》，并有封赐给官员亲属的，如《封康鉴母朱氏》。其中，有用于追封和追赠的诰文，如《追封陇西王李贞诰》、《追赠义惠侯刘继祖诰》，也有用以追赠亲眷的诰文，如《追赠义惠侯夫人娄氏诰》。

现举《驸马都尉李祺诰》之例如下：

> 夫妇之道，人之大伦，婚姻以时，礼之所重。帝女下嫁，必择勋旧为姻，此古今通义也。朕今命尔李祺为驸马都尉，尔当坚夫道，毋宠，毋慢，永肃其家。以亲亲之意，恪遵朕言，勿怠。

诰文表明，诰是一种任命文书，在任命的同时，清楚地显示出皇帝训诫的内容，具有法令的性质。

第二部分是以职官分类颁发的《诰命》，集中于卷四之中，共 22 通。这里分类的官员诰命，应是一种颁下的标准式。其中既包括中央官员，也包括地方官员，从官员名称来看，收录的颁发时间，是在洪武十三年（1380 年）废丞相、中书省、御史台与分大都督府之权为五之前。为了明了所颁全貌，特按原排列顺序列如下：《中书左右丞相诰》左右丞同，《左右都督诰》同知、佥事同，《御史左右大夫诰》中丞同，《太常卿诰》少卿诰丞敕并同，《户部尚书诰》侍郎同，《礼部尚书诰》侍郎同，《兵部尚书诰》侍郎同，《刑部尚书诰》侍郎同，《工部尚书诰》侍郎同，《钦天监令诰》少监同口监丞敕亦同，《翰林承旨诰》学士　侍讲　侍读　直学士　待制同　修撰　应奉　编修敕亦同，《国子祭酒诰》、《太仆寺卿诰》少卿同　丞敕同，《漕运使诰》同知　副使同　判官敕亦同，《尚宝卿诰》少卿同　丞敕亦同，《内外卫指挥司诰》使　同知佥事　千户　卫镇抚同　百户　所镇抚敕亦同，《功臣庶子诰》、《都指挥使诰》指挥使　同知佥事同，《承宣布政使诰》参政同，《王府武相武傅诰》、《提刑按察使诰》

副使　佥事同，《各处知府诰》同知　知州同。

综上所列，是明太祖亲自撰写的对文武各部门官员的任命文书，其中对各个官职的职掌所在，均予以较详细的规定与说明。诰文题名下的小字则说明同一部门的设官，其职掌相同，故任命的《诰命》内容相同。相对上述对个人的任命文书，这类文书显然已经成为任官制度化的重要部分。

由于明初丞相为大臣之首，故诰命之首，就是《中书左右丞相诰》，其下小字为"左丞　右丞同"，特录全文如下：

> 朕闻贤者辅君，则君德备倍焉。何哉？盖冢宰之职，出纳王命，若使出纳非宜，则君德亏矣；出纳合宜，则君德张矣。然何止出纳亡命而已矣，其进退庶职亦为重要，所以庶职为重要者，为分理天下之多务。若多务理，则民之乐苦晓然矣。既知民瘼之艰辛，必使之无艰辛矣。于斯之道，岂不君德备倍焉？
>
> 若为人臣，异此道而他强为，则众职臧否不分，事多繁而不律，则君德亏矣。然用人为易，惟得人为难，若欲必得其人，使见之于行事。
>
> 今尔其国之旧臣，设施诸事，已有年矣。今特命尔为中书某官，当夙夜奉公，上美皇天之昭鉴，下契黔黎之仰瞻，使阴和而四时序，均调玉烛，海内晏然，蛮貊来宾，朕与卿等同阅熙熙皥皥之年，岂不伟欤？今承朕命，当崇乃功、广乃业，为邦之柱石，亦尔嗣之阴？安得不贤智者欤？尔宜懋哉。

由此可见，《诰命》的内容由两部分组成，首先是训诫，重要的是要让所任命的官员明了任官的职掌所在，随后才是任命官职。

特别值得注意的是，从元代起，皇帝直接任命，也就是授官，在任命文书上不再需要其他官员的签署。这一点是大庭脩先生指出的，他同时认为："这一倾向暗示了不久到来的明代皇帝直接指挥六部的皇权的加强。"① 这是非常精辟的认识。

———————————

① 《秦汉法制史研究》，第9页。

这里还应该提到铁券，它是帝王赐给功臣世代保持优遇并予免罪免死的一种凭证。明代沿袭汉唐之制，皇帝向有功之臣颁发铁券文书，表示对功臣永世恩惠，并延及子孙，具有法律效力。明确规定："凡公侯伯初授封爵，合给铁券，从工部造完，送写诰文，转送银作局镌刻，以右一面颁给，左一面年终奏送古今通集库收贮。"① 明代铁券"形如覆瓦，面刻制词，底刻身及子孙免死次数，质如绿玉，不类凡铁，其字皆用金填，券有左右二通，一付本爵收贮，一付藏内府印绶监备照"。② 朱子彦先生认为"明代是铁券最为盛行的王朝"。③ 现存留于世最早的明代铁券，是收藏于青海省档案馆的明英宗天顺二年（1458 年）赐右军都督李文的铁券。④

任命级别低的官员，即五品以下用敕，也称诰敕。《御制文集》卷十专门收录了《敕命》共 18 通，现按照原文顺序列如下："考功监令敕丞同、中书舍人敕、东宫官敕　洗马　中舍、兵马指挥敕　副指挥同、翰林院典簿敕、翰林院典籍敕、国子助教敕、王相府长史敕、王相府审理正敕　副同、王府典宝正敕　副同、王府典仪正敕　副同、王府良医正敕副同、王府工正敕　副同、王府典膳敕、王府司醖敕、生药库大使敕　副使同、抄纸局大使敕　副使同、织染局官敕。"

敕命的内容与诰命是相同的，首先用于说明任官的职掌所在，然后是任命，其中必不可少具有训诫的内容，因此，也就具有了法令的性质。

4. 敕

上文述及，汉制，天子命令有四，其四曰戒书，即戒敕之诏令。顾炎武云："敕者，自上命下之辞。"⑤ 清人赵翼则考述敕在古时为上下通用，魏晋以后专为帝王之用，至唐定制，必经凤阁鸾台，始名为敕，规范了上对下的用法。⑥ 明代皇帝沿袭这种对下训诫的诏令文书，称敕谕。一般是针对具体事务，对中央和地方官员训诫时使用，由有关衙门遵行办理。也

---

① 《正德大明会典》卷一六七《中书舍人》。
② 沈德符：《万历野获编》卷六《左右券内外黄》，载《明代笔记小说大观》三，第 2067 页。
③ 朱子彦：《铁券制度与皇权政治》，《学术月刊》2006 年第 7 期。
④ 参见张寿年《馆藏珍品——明代金书铁券》，《中国档案》1998 年第 7 期。
⑤ 顾炎武：《金石文字记》卷一《西岳华山庙碑记》下，《四库全书》本。
⑥ 赵翼：《陔余丛考》卷二二《敕》，中华书局，1963，第 438～439 页。

有针对全国事务的。如以下《谕天下有司》，《御制文集》归类于《敕》，现录于下：

> 前者奸臣乱法，事觉伏诛。初，将以为中书御史台供用非人，是致上千五星紊度，下戾地气而节候乖常，既以明彰法律，扫除奸臣，想天下谙师有职掌者，必人各精审其事，与朕共治，升平安，黔黎乐，雍熙于市乡。故于二月初一日发丹符出验四方，令有司将连年秋、夏税粮课程从实具陈无隐，以奏目来闻。

从《御制文集》的收录情形来看，《御制文集》卷五，收录的是《敕》。其中，又分为《书敕》与《敕》两种。

《书敕》包括6通书，从题名可见全部是给北元君臣的。包括《与元幼主书》、《与元臣秃鲁书》、《与元臣乃儿不花书》、《谕元幼主书》、《与元臣秃鲁书》、《与驴儿书》。这里明确将皇帝的书信称为《书敕》，主要是表明有训示之意，属于下行命令文书之范畴。

自《御制文集》卷五后半部分开始至卷九，共收录《敕》135通（其中计有书敕和一题名中有两三通者）。从这些《敕》的内容来看，颇为庞杂，可谓包罗广泛。如果给予简单分类的话，大致可分为如下几类。

第一，政事类。如政务方面，有《谕太师李善长江夏侯周德兴江阴侯吴良等》、《谕元丞相驴儿》、《废丞相汪广洋》；军务方面，有《谕岐宁卫经历熊鼎知事杜寅西凉卫经历蔡秉彝甘肃经历张讷等》、《敕征虏将军曹国公李文忠副将军济宁侯顾时及诸侯等》。

第二，慰劳类。有给予各地武臣的慰劳文书，如《劳大同都尉指挥》、《劳海南卫指挥》等；有带有慰劳性质的赐敕，如《赐诚意伯刘基还乡》、《赐文学赵晋致仕》、《谕年幼承敕郎曹仪及给事中等省亲》；也有命官慰劳的敕书，如《命中书劳袭封衍圣公孔希学》。

第三，训诫类。如《谕群臣务公去私》、《谕天下有司》、《谕太学生》。

第四，祭祀类。如《命功臣祀岳镇海渎敕》、《命道士祭岳镇海渎》、《命使赍帛祭历代先圣》。

第五，任命类。如《命桂彦良职王傅》、《命太医院官代职》、《召前按察副使刘崧职礼部侍郎》。

第六，外交类。如《谕安南使臣阮士谔》、《谕占城国王阿答阿者》、《谕辽东都司发回高丽百姓敕》。

值得注意的是，明初王言继承前朝，又有所发展，将诫敕与谕告的功能相结合而形成的命令文书，就是"敕谕"，成为明代常用的诏令类型。值得注意的是，一些《敕》在题名上并没有"敕"的字样，而以"谕"、"命"、"赐"为句首，这类敕书中典型的特征，是在结尾处有"故兹敕谕"的字样。

还应该提到的是口谕。口谕是皇帝敕谕的一种，出于皇帝亲口，是口语传达的敕谕。其行用方式，往往是由臣下宣授皇帝的口头敕谕，也称为圣旨。明太祖出身布衣，加之元朝口语化诏敕的影响在明朝初年的延续，迄今保留了一些明太祖生动的口语敕谕，也可称作白话诏令，这是在处理日常事务中形成的，弥足珍贵。下面就是保存在《明太祖御笔》中明太祖对外事务中的口谕一例。

《谕安南国王》：

> 你中书省文书里，传着我的言语，说往安南去。前者，我教他那里三年来朝一遍，所贡之物，惟是表意矣已。若事大之心永坚，何在物之盛。今年某使至，仍前远赍丰物来朝。安南国王何不遵朕至意。朕想莫不是彼中紊纪乱纲，更王易位，有所疑猜而如是乎？然君臣之分本定，奈何。昔王荒昏于上，致令如斯，岂不天数也欤。朕又闻方今之王，亦族中人为之，或者可。吁，朕闻中国圣人有云：将欲取天下而为之，吾见其不得已。天下神器也，不可为也，为者败之，执者失之。今陈某夺位而为之，必畏天地而谨人神，恤及黔黎，庶膺王爵。倘或慢天地而虐庶民人神，又非久长之道。又说与安南，傲限山隔海，远在一隅。天造地设，各天一方，以主生民。中国有道之君，必不伐；尚强无知者必征。如朕统天下，惟渊民安而已，无那强凌弱之举，众暴寡之为。道与安南新王，自当高枕，无虑加兵。[①]

---

① 《明太祖御笔》下册，九、十。

值得注意的是，《御制文集》卷二的这段口谕，已经不再是口语化的，而已成为修饰过的让中书省颁下的官方正式文书形式了。由此，我们了解到由皇帝口谕到形成文书体的一个过程。

实际上，明太祖诏令文书的类型，不只有上述存留在《御制文集》中的这些。根据遗存于世的明太祖诏令，重要的还有册、手诏、榜文、令等，现分别简述于下。

5. 册

册，源于周代的策命。《周礼》云："凡命诸侯及公卿、大夫，则策命之。"① 发展至汉代，策书成为汉代天子所下四大诏令文书之一。根据明人吴讷所述，"汉承秦制，有曰'策书'，以封拜诸侯王公"；又曰，唐代王言有七，一曰"册书"，"立皇后、皇太子，封诸王则用之"。② 徐师曾进一步申述了册书的由来，引述《说文解字》云，"册，符命也"，说明本字作"策"，汉代"惟用木简，故其字作'策'"；到唐代以后，"逮下之制有六，其三曰册，字始作'册'"；阐明，"今制，郊祀、立后、立储、封王、封妃，亦皆用册；而玉、金、银、铜之制，各有等差，盖自古迄今，王言之所不可阙者也"。③ 他指出了明代册书的广泛应用，按照严格的等级颁发。明代在颁给册文的同时，还另颁有诏书，也无例外地包括训诫的内容，因此，也应纳入法令的范畴。

现将明太祖册封高丽国王的册文一例，举于下：

> 制曰：尔高丽地有三韩，生齿且庶。国祖朝鲜，七来遐矣。典章文物岂同诸夷。今者臣服六宾，愿遵声教，奏袭如前。然继世之道，列圣相承，薄海内外，凡诸有众德、被无疵，古先哲王所以嘉尚，由是茅土奠安，袭封累世。尔王裪自国王王颛逝后，幼守基邦，今几年矣。尔方束发，智可临民。朕命吏部如敕召中书精笔朕言，钦天命尔，尔弗感礼违，仍前高丽国王，世守三韩，命使赍擎，如国以授。

① 郑玄注：《周礼》，《四部丛刊》本。
② 吴讷：《文章辨体序说·册》，《文章辨体序说　文体明辨序说》，第35～36页。
③ 徐师曾：《文体明辨序说·册》，《文章辨体序说　文体明辨序说》，第115～116页。

尔岂仰观俯察必遂群情。呜呼！国无大小，授必土穹，当斯要任，岂不阙位，艰哉。自袭之后，毋逸豫以怠政，毋由猎以殃民。洁祀境内以格神明，精丞尝之若奉。尔祖考循朕之训，福寿三韩永矣。尔其敬哉。①

6. 手诏

手诏是皇帝诏令之重要一种，是帝王亲自手写的诏书。明人徐师曾云《御札》："按：字书'札，小简也'。天子之札称御札，尊之也。古无此体，至宋而后有之。"其后，他接着说："其文出于词臣之手，而体亦不同。大抵多用俪语，盖敕之变体也。"② 与宋代相比较，明代手诏与御札实已有很大区别，主要的不同之处，就在于手诏是皇帝之亲笔诏敕，而这种手诏完全不同于宋代皇帝的所谓手诏。③ 明太祖采用手诏处理各种事务，取得简便、直接的效果。在今存于台北故宫的《明太祖御笔》中保存有手诏《暹罗进贡事》：

> 使者至京，礼已毕矣。所损船只，修理完……，起程回还本国，使国王心悦。浙江布（政）司故意留难，作咨呈，有失怀柔远人之道。今差人前去取招，记罪一百。星夜发船起程。④

---

① 《高丽史》卷一三五《辛禑》三。这一通册文不见于《御制文集》，《明实录》也仅记事而无文。以往笔者在叙述外交诏令的分类时将册书误为制书，现修正之。

② 徐师曾：《文体明辨序说·御札》，《文章辨体序说　文体明辨序说》，第117页。

③ 关于宋代的御笔手诏，《宋史》卷四七二《蔡京传》记载："初，国制，凡诏令皆中书门下议，而后命学士为之。至熙宁间，有内降手诏不由中书门下共议，盖大臣有阴从中而为之者。至京则又患言者议己，故作御笔密进，而丐徽宗亲书以降，谓之御笔手诏。违者以违制坐之。事无巨细，皆托而行，至有不类帝札者，群下皆莫敢言。由是贵戚、近臣争相请求，至使中人杨球代书，号曰书杨。京复病之，而亦不能止矣。"日本学者德永洋介对宋代御笔手诏有专文研究，认为是明代内阁票拟制度的前身，参见《宋代的御笔手诏》，《东洋史研究》第57号第3期，1998。明初太祖手诏为其亲笔所写，绝不可能有如宋代徽宗时的情形出现。

④ 《明太祖御笔》上，四十一，朱书，题名前有阙，"修理完"后原缺数字，浙江布政司，原缺"政"字。

根据内容，我们可以了解到手诏具有临时处置的法令性质。

7. 榜文

明代皇帝的口谕形成文字，并且公布于世的，还有榜文。黄彰健曾说："研究明初法律，须从律、令、诰及榜文四方面研究。"① 他是最早关注榜文研究的学者，近年杨一凡先生特撰文以详考榜例。② 对于洪武三年（1370年）二月，明太祖"召江南富民赴阙，上口谕数千言刻布之，曰《教民榜》"，③ 杨一凡先生认为，"《教民榜》字数如此之多，可见它是若干榜文的汇集"。洪武朝初年的《教民榜》今已失传不得见，所见《教民榜文》是洪武二十一年（1388年）户部在奉天门早朝钦奉圣旨，于洪武三十一年（1398年）刊布的"再行申明"。④ 其中41条，对老人、里甲理断民讼和管理其他乡村事务作了详尽规定，同时也是一部民事诉讼法规。从《教民榜文》，我们可以了解到明朝皇帝诏令的法律效力。根据杨一凡先生研究，《南京刑部志》卷三《揭榜示以昭大法》收录了明太祖洪武年间发布的45榜榜文。最早的发布于洪武十九年（1386年）四月初七日，最晚的一榜发布于洪武三十一年（1398年）正月二十五日。现举例如下：

> 洪武二十三年四月二十二日，为藏匿文卷事，钦奉圣旨：若有将文卷簿籍不在衙门架阁，却行藏于本家，或寄顿他处，许诸人首发，官给赏钞一百锭。犯人处斩，家迁化外。⑤

值得注意的是，所有榜文中都以"奉圣旨"、"钦奉圣旨"的形式公布皇帝的旨意，由此我们可以了解到，明初圣旨是皇帝诏令的官称，而不仅是民间的称谓。以此，明代有许多圣旨碑留存至今。

值得注意的还有铁榜。为防止公侯及其家人行不法之事，明太祖于洪

---

① 黄彰健：《明洪武永乐朝的榜文峻令》，《明清史研究丛稿》第 237 页。

② 杨一凡：《明代榜例考》，《上海师范大学学报》2008 年第 5 期。

③ 谈迁：《国榷》卷四，中华书局，1988，第 408 页。

④ 张卤：《皇明制书》卷九，东京，古典研究会，1966。

⑤ 原载明曹栋《南京刑部志》，嘉靖刊本，引自杨一凡、田涛主编《中国珍稀法律典籍续编》第三册，黑龙江人民出版社，2002，第 512 页。

武五年（1372 年）六月还特别作铁榜申诫公侯。① 铁榜毋庸置疑地具有法律的效力。

8. 令

明人吴讷云："行于下者谓之令。"② 上引正德《大明会典》也以"令"为下行文书的总称，依此明代皇帝的诏令汗牛充栋。特别应该提到的是，早在吴元年（1367 年），时为吴王的朱元璋就重视立法，命令修定律令，这一年十二月初二律令成。《大明令》"凡为令一百四十五条：吏令二十、户令二十四、礼令十七、兵令十一、刑令七十一、工令二"。③洪武元年（1368 年）正月十八日，明太祖为颁行《大明令》特颁圣旨：

> 朕惟律令者，治天下之法也。令以教之于先，律以齐之于后。古者律、令至简，后世渐以繁多，甚至有不能通其义者，何以使人知法意而不犯哉。人既难知，是启吏之奸而陷民于法。朕甚悯之。今所定律令，芟繁就简，使之归一，直言其事，庶几人人易知而难犯。书曰：刑期于无刑天下。果能遵令而不蹈于律，刑措之效，亦不难致。兹命颁行四方，惟尔臣庶体予至意。钦此。④

由此可知，从"律令者，治天下之法"的观念出发，明太祖明辨律令的区别，"令以教之于先，律以齐之于后"，说明令是关于行为的规范，而律包括制裁的内容。"果能遵令"可以"不蹈于律"，即凡是能够遵守令的规定的，就不致触犯律条；反之，违反令的规范的行为，将会被依律给以惩治。令是国家制定的规范。例如《吏令》中的《致仕》"凡内外大小官员年七十者，听令致仕，其又特旨选用者，不拘此限"等，《大明令》中的一些具体规定，延续到明后期仍然有效。

以上对于明代诏令的形式及其功能，以明太祖亲撰诏令文书为中心，辅以其他文献作了分梳，大致可以分为 8 类：诏、制、诰、敕、

---

① 《明太祖实录》卷七四，洪武五年六月乙巳。
② 吴讷：《文章辨体序说》，《文章辨体序说　文体明辨序说》，第 11 页。
③ 《明太祖实录》卷二八上，吴元年十二月甲辰。
④ 《皇明制书》卷一《大明令》卷首。

册、手诏、榜文、令。这是所见明代诏令文书的主要类型，在文书的种类和格式上具有代表性，也可以说是明代诏令文书的荟萃。这些诏令的存世，使得我们考察明代诏令的内容和形式及其变化轨迹有了规律可循。关于明代诏令文书的类型，明末孙承泽归纳为 10 类："凡上所下，一曰诏，二曰诰，三曰制，四曰敕，五曰册文，六曰谕，七曰书，八曰符，九曰令，十曰檄。"① 就此而言，书、谕也可以单独列出，但考虑到实际上明初的玺书、诏谕已与其他如诏、敕等连用者多；丹符是皇帝的符信，与敕谕同往，在《明太祖御笔》中多有例证，恕不一一列举；而檄作为专门军事方面的类型所用并不多，故在此均未单列。重要的是，上述作为明代具有代表性的诏令文书，均为下行命令文书，都具有法令的效力。

自古以来的诏令文书在不断的演变过程中，至明代发生了不小的变化。明代诏令文书具有更多的变通，以上 8 种类型，有不少是综合变通的结果。如唐代重大事情颁布用制，而在明代则较少用制，诏与敕的行用多了起来，综合性的诏发展起来，吸收了制的内容，并以诏谕的形式出现。关于明代诏书，并不都是公布的，公开发布的诏书，有开读仪式，颁行于天下；而诏书与敕谕结合而成的诏谕，则往往只是传达到具体衙门和专人，并不需要公布，与一般诏告天下的诏书有了重大区别。所谓诏用的最多，就是基于诏谕连用，以及诏作为诏令统称的用途广泛的意义上说的。自明初开始，诏与敕形式的运用具有了越来越重要的作用，而其中文体混合运用的情形多见，反映了明代诏的概念使用已不严格，至此古代王言已经发生了很大变化。应该提到的是，虽然明初锐意复古，但是在诏令文书结构程式和书写格式上，明代直接承继于金元的简单化趋势，与中古以前的汉唐诏令文书渐行渐远。明代一般以皇帝名义发布的诏书，起首用语是"奉天承运皇帝诏曰"，这是明太祖的首创，影响所及 500 多年，直至帝制中国终结。此外，制在明代也已具有诏令统称之义，诰在明初的法律意义上有了极大发挥，而令在明代则始终具有法令的效力。

---

① 孙承泽：《春明梦余录》卷二十三《内阁》，北京古籍出版社，1992，上册，第 326 页。

（四）诏令与立法程序

从存在形态来看，诏令主要是针对重大事务乃至某事、某人发布的临时性的指令性文书。在唐宋时，要具有稳定的法律效力，必须经过一定的立法程序，加以删定整理，修纂成编，也就是法律化，才具有法律效力，由此产生了编敕，而编敕主要是补充律。① 在明代，有些诏令可直接形成事例，产生了"因事制法"的法律效果。

诏令的下达方式，归纳起来不外直接和间接两种类型，具体而言，主要有：一是皇帝的诏书或敕书在承天门公开颁布，然后派遣使臣携带诏敕前往全国各地与外国传达；二是皇帝直接颁给各级部门和官员的具体指导性政令；三是皇帝直接下达旨意给中书省或六部等，由中书省或六部等负责将圣旨传达到全国。命令中书省或六部等衙门，或其他各地官员移咨的文书，属于皇帝授权，其中不少诏敕明白宣布"奉皇帝圣旨"云云，因此也具有国家法令的效力。重要的是，在大臣的奏议上达以后，得到皇帝的批准，也就成为政令下达，这种方式也在诏令的范畴之列。

从性质来说，明代诏令可以分为通令性质和专门性质两大类别。作为通令，是布告天下的法令性的诏旨；作为专门诏令，是给予一部门、一地或处理一事的日常政务性的法令。后者有些被"著为令"，转换为制度化的法令。一般来说，诏书有权威性，本身具有法令的性质，与处理日常事务性质的敕谕有所不同，而处理日常政务的政令，也可能形成事例，成为相对稳定的行政法令。

事实上，从用途上分类，一类是用于发布国家大政法令，另一类是处理日常事务，无论是哪一种类，都有可能"著为令"，形成定例。

"著为令"是将临时性的针对一时一事的诏令定为稳定性较强的法令，长期遵守的制度。现将《明实录》记载的洪武年间"著为令"的情形列表如表2，以便分析。

---

① 参见戴建国《宋代编敕初探》，见氏著《宋代法制新探》，黑龙江人民出版社，2000。

表 2 洪武"著为令"表

时间	著为令的内容	资料来源:《明太祖实录》
洪武元年九月己卯	自今凡告谋反不实者抵罪	卷三十五
洪武二年正月乙巳	诏表当涂县民孙添母郑氏黎德旺妻陶氏其门曰贞节,复其家	卷三十八
洪武二年三月戊戌	翰林学士朱升等奉敕撰斋戒文	卷四十
洪武二年八月庚寅	礼部尚书崔亮奏周官天子五祀	卷四十四
洪武三年五月乙未	册妃孙氏为贵妃,严宫闱之政	卷五十二
洪武三年九月乙巳	诏翰林侍读学士魏观自今太庙祝文止称孝子皇帝,不称臣;凡遣太子行礼,止称命长子某,勿称皇太子	卷五十六
洪武三年十一月辛亥	核民数给以户帖,仍令有司岁计其户口之登耗类为籍册以进	卷五十八
洪武三年十二月辛酉	命军人月粮于每月初给之	卷五十九
洪武四年三月丁未	诏凡大小武官亡没,悉令嫡长子孙袭职	卷六十二
洪武四年九月乙亥	礼部奏历代祭祀斋戒日期不一	卷六十八
洪武四年十一月甲戌	国家设都卫节制方面所系甚重,于各卫指挥中遴择智谋出众,以任都指挥之职,或二三年五六年从朝廷升调,不许世袭	卷六十九
洪武四年十一月乙亥	大都督府奏内外卫所武臣不能约束军士,致逃亡者众,宜立条章以示惩戒。于是定例,诏从之	卷六十九
洪武四年十二月丁未	敕太常司自今岁除享太庙以其巳时行礼	卷七十
洪武五年七月丙子	礼部尚书陶凯等奏考历代天子祭祀事,请著为令,从之	卷七十五
洪武五年十二月己亥	给僧道度牒,礼部言前代度牒之给,皆计名鬻钱以资国用,号免丁钱。诏罢之	卷七十七
洪武六年十一月	僧道寺观禁女子不得为尼	卷八十六
洪武七年三月甲戌	播州宣慰司所有田税随其所入,不必复为定额以征其赋	卷八十八

续表

时间	著为令的内容	资料来源： 《明太祖实录》
洪武九年正月己未	诏太常皇陵朔望致祭用少牢品物	卷一百三
洪武九年五月癸亥	晋王妃谢氏薨，命礼部议丧服之制，议曰按唐制，制曰可	卷一百六
洪武九年五月辛丑	礼部言凡殿庭颁降诏书册命，宜从中道中门出等事，从之	卷一百六
洪武九年八月己卯	中书省言福建参政魏鉴罢庄笞一奸吏至死，上赐玺书劳之，欲使上官驭吏动必以礼，而严之以法	卷一百八
洪武十年正月甲辰	自今铨选之后，以品为差，皆与道里费，仍令有司给舟车送之	卷一百十一
洪武十年正月辛酉	自今凡军士死亡家贫不能举者，官为给棺葬之	卷一百十一
洪武十年正月丁卯	自今百司见任官员之家，有田土者输租税外，悉免其徭役	卷一百十一
洪武十一年四月丙子	敕工部定天下岁造军器之数甲胄之属	卷一百十八
洪武十二年正月丁亥	有官言天下有司官例以九年为满，福建汀漳二府等地瘴疠量减，从之	卷一百二十二
洪武十二年正月乙未	诏中书丁忧官俸事，养其廉	卷一百二十二
洪武十二年八月辛巳	自今内外官致仕还乡者，复其家终身无所与；庶民则以官礼谒见，敢有凌侮者，论如律	卷一百二十六
洪武十三年四月丁未	诏五军都督府：凡大小武臣有伯叔兄弟若姊妹之夫居行伍者，皆得给聚，及分禄赡之	卷一百三十一
洪武十三年十月癸丑	吏部奏重定功臣及常选官封赠等第，上曰自今文官封赠必待三考，其才能显著者方许给授，封赠爵职用敕符御宝毕，然后颁降	卷一百三十四

时间	著为令的内容	资料来源：《明太祖实录》
洪武十四年正月	命刑官听两造之辞，果有罪验正以五刑，议定然后入奏。既奏，录其所被之旨送四辅官、谏院官、给事中覆核无异，然后覆奏，行之有疑谳，则四辅官封驳之	卷一百三十五
洪武十四年三月癸卯	敕刑部自今官吏受赂者必求通贿之人并罪之，徙其家于边	卷一百三十六
洪武十四年九月丙午	礼部尚书李淑正言州县儒学训导多以贤良等科荐至京，致师范缺员，生徒费业，即禁之	卷一百三十九
洪武十五年正月己丑	谕工部臣曰：曩集天下工匠隶事京师，其中有以疾病致死者，遣人收其遗骸，函送其家，各以钞七锭给其妻子瘗之	卷一百四十一
洪武十五年闰二月甲申	命礼部定诸司文移式	卷一百四十三
洪武十五年十一月戊辰	命都察院以巡按事宜颁各处提刑按察司，俾各举其职	卷一百五十
洪武十七年五月壬子	定武臣袭职例	卷一百六十二
洪武十七年闰十月癸丑	云南布政使司言所属大小土官有世袭者，有选用者事，上命六部官会议，凡土官选用者有犯，依流官律定罪；世袭者所司不许擅问，先以干证之人推得其实，定议奏闻，杖以下则纪录在职，徒流则徙之北平	卷一百六十七
洪武十七年十二月庚戌	刑部尚书王惠迪言民间乞养义女事，请著为令，从之	卷一百六十九
洪武十八年三月壬戌	今内外文武群臣有亲没官所，路远不能归葬者，其令有司以舟车资送还乡	卷一百七十二
洪武十八年五月戊申	今定为三年一朝觐，其纪功图册文移藁簿赴部考核，吏典二人从其布政司，按察司官亦然	卷一百七十三

时间	著为令的内容	资料来源：《明太祖实录》
洪武十九年夏四月丙戌	定工匠轮班，初工部议而未行，工部侍郎秦逵复议举行，量地远近以为班次，且置籍为勘合付之，至期赍至工部，听拨免其家他役	卷一百七十七
洪武十九年十月乙巳	上谕兵部天下大小武臣皆以有功，故令子孙世袭事	卷一百七十九
洪武十九年十二月乙酉	诏自今诸司应死重囚，俱令大理寺覆奏听决	卷一百七十九
洪武二十一年五月戊寅	上谓户部等官天下将校军士月给俸粮议之，且令应天府将今岁民租先对一卫试行之，果便军民，则著为令	卷一百九十
洪武二十一年五月戊戌	南昌府丰城县民言农民佃官田一亩岁输租五斗，诚为太重，愿减额以惠小民。户部定议一亩输四斗。上曰两浙及京畿土壤饶沃者输四斗，江西群县地土颇硗瘠，止令输三斗	卷一百九十
洪武二十一年八月己酉	诏五军都督府凡天下武官擅调千百户军旗混乱队伍者，指挥千百户杖而罢职，总小旗从者罪同，若身自首告者升一等	卷一百九十三
洪武二十二年六月丁巳	诏凡指挥使升都指挥使不系世袭者，出职仍授本卫世袭指挥使等	卷一百九十六
洪武二十三年二月	命凡广东、四川、陕西、云南诸都司卫所军士差遣至京者，人给钞五锭；江西及山东各都司至者人三锭，以为道里费	卷二百
洪武二十三年三月庚午	命礼部定公侯卒葬辍朝礼，礼部议，从之	卷二百
洪武二十三年五月癸巳	仍诏今后在京官三年皆迁调	卷二百二

时间	著为令的内容	资料来源：《明太祖实录》
洪武二十三年九月乙未	自今凡开国功臣死后俱追封三代，其袭爵子孙非建立奇功者，生死止依本爵	卷二百四
洪武二十五年闰十二月辛巳	上谕礼部今王妃以下有所出者，皆称夫人	卷二百二十三
洪武二十五年闰十二月辛卯	更定巡检考课之法	卷二百二十三
洪武二十六年六月辛丑	命礼部申严公侯制度借侈之禁，敕将公侯食禄及服舍器用等著为定式	卷二百二十八
洪武二十六年七月庚辰	命吏部今后除授官员即与实授，勿令试职	卷二百二十九
洪武二十七年三月甲辰	诏武官子弟习骑射，自今武官子弟宜于间暇时令习弓马。当承袭者，五军阅试其骑射，娴习者方许，否则虽授职，止给半俸，候三年复试之，不能者谪为军	卷二百三十二
洪武二十七年十月庚辰	命各处都指挥使司自今凡武官到任，即验割付给禄，遣人覆奏还乃视事	卷二百三十五
洪武二十八年八月戊子	诏更定皇太子亲王等封爵册宝之制，如或有犯，宗人府取问明白，具实闻奏，轻则量罪降等，重则黜为庶人，但明赏罚，不加刑责	卷二百四十
洪武三十年四月丙申	以武官多私役军卒踰法制，命礼部考定其从人额数。礼部议，上以正军占役太多宜减其数，余如所议	卷二百五十二
洪武三十年五月甲寅	大明律诰成，上御午门谕群臣：朕有天下，仿古为治，明礼以导民，定律以绳顽，刊著为令，行之已久。命刑官取大诰条目，撮其要略附载于律，凡榜文禁例悉除之。今编次成书，刊布中外，令天下知所遵守。	卷二百五十三

根据以上《明实录》的不完全统计①，洪武年间总计 61 例"著为令"。其中关于刑法的有 5 例，行政典制方面的最多，达到 39 例，军政方面的有 16 例。由此也说明了令的性质主要是行政法规。

在汉代，《独断》曰："诏犹告也，告，教也"；再看明代，颁《大明令》已云："令以教为先"。诏与令虽然名称不同，在"教"的含义上是完全吻合的，也就是说具有相同的功能。

"著为令"，要经过一定的立法程序。从中我们可以清楚地了解明代的立法过程有如下形式。

第一种形式，是皇帝按照自己的意志直接命令"著于令"，如表 2 中洪武二十七年"诏武官子弟习骑射"等。

第二种形式，是臣僚上奏，皇帝认可，往往以"从之"来表述，如表 2 中洪武四年"大都督府奏内外卫所武臣不能约束军士，致逃亡者众，宜立条章以示惩戒。于是定例，诏从之"；或有臣僚直接言请"著为令"的，如表 2 中洪武十七年"刑部尚书王惠迪言民间乞养义女事，请著为令，从之"。

第三种形式，是皇帝令臣僚草拟制度，臣僚集议定议后上奏，皇帝批准，如表 2 中洪武二十三年"命礼部定公侯卒葬辍朝礼"，礼部议定，"从之"。

还有第四种形式，是皇帝提出一事令臣僚议之，不立即做出决策，而是令在一地试行以观效果，如果试点成功，就"著为令"，如上述"户部等官天下将校军士月给俸粮议之，且令应天府将今岁民租先对一卫试行之，果便军民，则著为令"，就是典型的一例。

发展到明后期，从范钦编辑的《嘉靖事例》来看，事例的形成多是上述立法的第二种形式，特举例如下：

> 复议宁夏抚臣条陈四事：看得兵部咨该巡抚宁夏都御史翟条陈，

---

① 《明太祖实录》三修，故所载已很不完全。如朱睦楔辑《圣典》卷三《尊道》（万历刻本）记衍圣公事"著为令"，即为实录失载的一例，现录于下："十七年正月，袭封衍圣公孔讷来朝，上命礼官以大乐导至太学。明日入谢，复赐袭衣，宴礼部。吏部拟诰用资善大夫阶，上曰：既爵公，勿事散官，但诰以织文玉轴为异耳。遂著为令，每岁入觐得给符乘传，班序文臣首。"

议采草以苏军困、宽追陪以便完纳、复盐马以济实用、处备御以责实
效四事，俱切时弊、益地方，合就议拟开立前件，伏乞圣裁。嘉靖九
年十一月十二日本部尚书梁等具题，十四日奉圣旨：是，准议行。①

这里清楚地表现出事例的来源。题本一经圣旨"是"了和"准奏"
了，就形成事例，具有法令的性质，也就是明朝人认识中的"令"。《大
明会典》中充满了事例，也就是充满了"令"的形式。

由此可见，事例是以诏令形成的，在大量形成事例以后，就产生了汇
编的需要。

上文已提到的正德《大明会典·凡例》，将诏令文书做了归纳，这里
为了具体分析，不妨再次征引于下："事例出朝廷所降，则书曰诏，曰敕。
臣下所奏，则书曰奏准，曰议准，曰奏定，曰议定。或总书曰令。"② 从
中我们可以区分明代诏令文书的三种形式：第一，是诏和敕，这是皇帝直
接下达的旨意，有着法律效力；第二，由臣下上奏的事宜，得到皇帝批准
的称奏准，又称奏定的下行文书，同样具有了法律效力；第三，科道、三
卿、九卿等会议讨论通过经皇帝钦准称为"议准"、"议定"的下行文书，
也同样具有法律效力。重要的是最后的归纳，说明以皇帝名义下行的诏令
文书可以统称为令，也就是说，即使是第二、第三种情形下形成的诏令，
同样是具有令的法律形式。《凡例》已证明，在明朝人看来，《大明会典》
中的事例是令的汇集，事例的汇集。

比较而言，日本学者大庭脩在对汉代制诏进行研究时，依据内容划分
为三种形式：一是"皇帝凭自己的意志下达命令"；二是"官僚在被委任
的权限内为执行自己的职务而提议和献策，皇帝加以认可，作为皇帝的命
令而发布"；三是"皇帝表明立法意志"与"官僚的答申采取奏请的形式
得到认可"相结合的复合体。③ 将汉代与明代的诏令形式两相比较，可知
明代诏令文书形成的三种形式及其运行机制基本上与汉代是相同的，明朝
继承汉代诏令制度由此可见一斑。

① 范钦编《嘉靖事例》，
② 李东阳等：《正德大明会典凡例》，东京，汲古书院，1989。
③ 大庭脩：《秦汉法制史研究》，林剑鸣等译，上海人民出版社，1991，第170～176页。

（五）作为法源的诏令

《皇明诏制》是明末人编辑的诏令集。名曰"诏制"，经过考察，实际上收录了诏与敕两种类型的诏令。孔贞运《序》云：

> 我国家稽古考文，谕百官曰诏，曰诰，曰制，曰敕，曰册，曰谕，曰书，皆审署其体，循事而用，昭大制也。而其诞扬休命，敷告万邦，以昭一代之章程，垂万年之成宪，则无如诏。恭惟高皇帝应天受命，制作一新；文皇帝丕承治统，谟烈重光。列圣相传，与时斟酌，深仁（氵岁）泽，沦浃肌肤，密纬纤纶，纲维群象，迄今二百八十余年，昌明宏远，直配天壤。①

其中，值得注意的是"以昭一代之章程，垂万年之成宪"一句，突出了明代诏敕与国家法典密不可分的关系。

杨一凡先生曾指出："令作为法律形式的一种，其内容包括令典之令、各种单行令和皇帝发布的各种诏令。"② 他阐述了诏令可以直接被视为法令的观点。笔者撰写此文也正是受此启发。笔者十分赞同这一观点，并认为杨先生所述的明令次序可以重新排列为：诏令、各种单行令、令典之令。诏令是后两种法律形式的法源。

之所以重新排列次序，是因为一般说来，典、律和其他国家"常法"具有相对稳定的效力，而诏令多是君主根据新的情况适时发布，属于"权宜之法"。诏令是事例的法源，也是单行令的法源。正是依据上述明人"令"即"事例"的观念，《大明会典》以事系年，相当部分是事例的汇

---

① 孔贞运辑《皇明诏制·序》，崇祯刻本，收入《四库禁毁书丛刊》。清修《四库全书》时，将《皇明诏制》列于禁毁书，八卷本《皇明诏制》仅列存目，云："是编载明代诏制，始洪武元年，终嘉靖十八年，大抵皆典礼具文，不足考一代之政令"。见《四库全书总目》卷五十六。由于是书为诏令选辑，不能反映全面，这是选辑存在的问题，但是其中所收均为明朝大政，称之为"大抵典礼具文"，实为贬低之词，仅举卷首《太祖传檄中原》在当时的影响和作用，就可揭穿清朝史官的虚妄之词。

② 杨一凡：《注重法律形式和法律体系研究　全面揭示古代法制的面貌》，《法学研究》2009 年第 2 期。

集，实际上也是令的整理汇编。

翻开《大明会典》（以下简称《会典》），大量的"××间定"、"××年令"、"奏准"、"题准"乃至"节该钦奉××皇帝圣旨"等语充斥其中，说明了这部"以六部为纲，以事则为目"的明代典章制度大全，实实在在主要是由诏令为源头形成的各种例所组成的，诏令与例的关系昭然。有学者曾指出："臣僚题本一经圣旨'是'了的，'准议'了的，'准拟'了的，都成了'题准'和'奏准'，在当时都奉以为'例'，它完全具有律令的性质。"① 这无疑是正确的。历史发展到明代，面对经济与社会的急剧变化，明朝统治者实际上必须随时修订法律，于是法律形式出现了新的变化。

有关《会典》，一般认为其中收集了大量的行政法，② 是一部行政法典。③ 而日本学者滋贺秀三提出："会典与唐代的律令、明清的律令等不同，称之为法典并不妥切。"④ 山根幸夫认为："我想事先指出会会典绝不是法令集，而是应称为某一王朝的国制总览的一种文献"。⑤ 他否定《会典》作为法令集，而从上引弘治年间《凡例》反映的明人观念而言，《会典》正是由祖宗成法和令组成的；他提出的"国制总览"的看法，却也提示了我们，《会典》是一部综合法典。⑥

根据弘治皇帝于弘治十年（1497 年）敕谕内阁的内容，⑦ 我们可以更清楚地了解编纂《会典》的缘起及其性质。虽然洪武年间创业定制，御制诸书"极大而精"，但是就当时而言，已是"随制随改，靡有宁岁"，"后

① 陈高华、陈智超等：《中国古代史史料学》，北京出版社，1983，第 362 页。
② 张晋藩、怀效锋主编《中国法制通史》第七卷《明》，法律出版社，1999，第 43 页。
③ 曾宪义主编《中国法制史》，北京大学出版社，2000，第 203 页，等等。
④ 滋贺秀三：《清代的法制》，载坂野正高、卫藤沈吉、田中正俊编《近代中国研究入门》，东京大学出版会，1974，第 281 页。滋贺先生认为这种文献可以上溯到《周礼》和《唐六典》，但是他忽略了《周礼》是理想而非实践，而与《唐六典》同时存在的有律、令、格、式等法律形式，特别是有令的存在，故此书在当时也没有实践意义。这与《明会典》完全不同，《明会典》以现行事例为主干，是当时行用的综合法典。
⑤ 山根幸夫撰《明代的会典》，熊远报译，《明史研究论丛》第六辑，2004，第 44 页。
⑥ 近来的一种观点认为《大明会典》不具有法典的性质，而只是明朝编纂的一部会典体史书，参见原瑞琴《大明会典性质考论》，《史学史研究》2009 年第 3 期。这仅是从史学史角度出发，而显然没有考虑到作为法规汇编所具有的"辑累朝之法令，定一代之章程"的法制史内涵。
⑦ 见《明会典》第 2 页，弘治十年三月十六日敕谕。

所施行，未尽更定"。至永乐年间，发生了"皆因时制宜，或损或益，盖有不得不然者"。其后历久，只因"顾其条贯，散见于简册卷牍之间，凡百有司，艰于考据。下至闾里，或未悉知"，所以产生了编纂会典的需要。此书虽说是"一以祖宗旧制为主"，实际上却是"而凡损益同异，具事系年，汇列于后，粹而为书"，事例、禁令皆入其中，记载明白。明代正是主要以日常处理庶务的诏敕为指归，寓律令之演变于事例之中，经过整理，以事系年，汇集而成《会典》。

再来看万历《御制重修明会典序》，可以使我们的认识更加清晰："朕惟自古帝王之兴，必创制立法，以贻万世。而继体守文之主，骏惠先业，润色太平，时或变通以适于治，故前主所是著为律，后主所是疏为令，虽各因时制宜，而与治同道，则较若画一焉"。其下所说更为明白："盖我孝宗皇帝，尝命儒臣纂述大明会典，集累朝之法令，定一代之章程"。统治者通过诏令治理国家庶务，形成事例，也即制度化，将整个国家治理都纳入了法律范围之内。历朝诏令的颁布"因时制宜"，随社会变化而作出相应变通性调整，同时也造成了"累朝典制，散见叠出，未曾会于一"的状况，① 以故在万历年间需要重修会典，并特此说明："惟是内外臣工，展采错事，务一禀于成宪。执此之政，坚如金石；行此之令，信如四时。"② 这里明确了会典具有的法律效力。

《大明会典》凡三修。万历重修后的《会典》，采取典、例不分的编纂体例，凸显出主要是以事例为贯穿线索编纂而成的特点。《重修凡例》说明，当时改变了正德《大明会典》典例分编的编排方式，不再出现洪武年间颁行的十多种法律的名称，这些法律，就是书前所列"纂辑诸书"：《诸司职掌》、《皇明祖训》、《大诰》、《大明令》、《大明集礼》、《洪武礼制》、《礼仪定式》、《稽古定制》、《孝慈录》、《教民榜文》《大明律》、《军法定律》、《宪纲》，虽然所有这些明朝初年编纂形成的有关制度的法律，都已汇集在《会典》之中，但是重修时已不再出现其名。此时都以"××年令"，"××年诰"的时间顺序编排，一准于职掌例，即事例；户

---

① 弘治：《御制明会典序》，弘治十五年十二月十一日，《明会典》，中华书局，1989，影印本，第1页。

② 万历《御制重修明会典序》，万历十五年二月十六日，《明会典》第2页。

口、赋税等项称则例。重要的是，凡旧籍没有的，都"以见行为准"。并特别举出"宗藩恤典各条例"，因"屡经酌议题准，今以近年题议者为主"。在律法方面，则指出《问刑条例》是补律所未备者，以律例总载于前，"例用近年议定题奉钦依者"。[①]《重修凡例》清楚地表明，这次《会典》的编制，主要是把累朝形成的事例贯穿起来，将以诏令随时调整法律关系的实态、因时制宜的各项诏令的条文化，整齐划一，"永为定例"地确定下来，形成了新的法律形式。

以《实录》与《会典》比较。如《明实录》洪武三年十一月记载了"核民数给以户帖，仍令有司岁计其户口之登耗类为籍册以进"之事，当时"著为令"。[②]《会典》则记录：洪武三年"又诏户部籍天下户口，及置户帖，各书户之乡贯丁口名岁，以字号编为勘合。用半印钤记。籍藏于部，帖给于民，令有司点闸比对。有不合者，发充军。官吏隐瞒者，处斩"。[③] 显然，《会典》中的诏令内容经过整理编辑，表述更为完善，值得注意的是，不仅是"教之为先"的令，而且也包括了刑律。因此，我们认为《会典》具有综合法典的性质。

（六）结语

从明朝人的观念出发，综上所述，我们可以归纳对于明令的如下认识。

第一，在广义的概念上，明代以文书治天下，诏令本身具有法令的意涵，是明令的重要形式。诏敕类文书都可包容在令的范畴之中，具体有诏、诰、敕、赦、谕、令等多种形式或者说类型，不仅《明大诰》、《大明令》可包括在其中，而且无论是皇帝自上而下颁发的诏敕，还是自下而上由臣下奏疏经皇帝钦准称为"奏准"、"奏定"或"议准"、"议定"，都可总称为令。所有的诏敕类文书都是广义的令，具有法源地位。

第二，就狭义的概念而言，皇帝的诏令，具有法令的性质，是明代法

---

① 申时行等：《明会典　重修凡例》，第 7 页。
② 《明太祖实录》卷五八，洪武三年十一月辛亥。
③ 申时行等：《明会典》卷一九《户部》六《户口》一，第 129 页。

律形式之一。诏令属于一种临时法或特别法的范畴，不一定都成为制度化的法令，除了《大明令》，诏敕类文书中特别"著为令"的部分，是确切地作为令的形式出现的法令。一系列的"著为令"形成制度化的定例，对立法治国起到了重要作用。

第三，总体而言，明令的价值，就在于以诏敕为中心，形成大量的定例，即成文法，其中刑例被整合为《问刑条例》，补充了《大明律》。发展到明后期，在吏、户、礼、兵、工诸例的基础上，最终形成了《会典》。《会典》事例部分是广义的令的汇编。《大明会典》由祖宗成法和景年事例组成，成为史无前例的综合法典。

总之，根据上述对于明令的初步考察，可见中国古代中华法系以律令为主体，到明代出现了演变，进入了例与典的时代。而在明代关于"整体治式"的明人理念之中，例产生于诏敕，总称为令，包含在广义的令的系统之中。事例即令，表面上是令的隐退，实质上是名异而实同。

以《大明令》为枢纽看中国古代律令制体系

读薛允升《读例存疑》，注意到他对清例两个来源的不厌其烦的说明：一是清例源于明例，"此条系前明《问刑条例》"的按语一再出现，共150余条，占《问刑条例》382条总数的约40%；二是清例源自明令，"此条系《明令》"的按语也反复出现，共24处，涉及明令20条，29款（因有的条文本身就包含许多款，有的则被清例拆成数款），占明令总条数145条的约14%，总款数162款的约18%，且采用字数占明令全部字数的10%强。前者不必论，清例沿用明例，理所当然；而后者就不同寻常，例而用令，值得考究，尽管在条数、比率和字数上比前者要少得多。

清例沿用明令的基本背景是：清代法律体系，有律、有例而无令。例沿袭令，意味着原属"令制"这一法律形式的规范，因此而转入"条例"这一法律形式。这一变化提醒我们：应当就此重新审视古代的律令制体系，①甚至有必要重新检视《大清律例》的特点以及我们过去的某些概括。比如，自汉晋唐宋至明朝的律令制法律体系，在古代中国法律部门的初始分化、法典编纂及内容分工上有何意义和作用？清代既无"令制"，其所采取的弥补方式的效果如何？②《大清律例》所呈现的"以刑为主，诸法合体"问题，究竟应该如何理解？诸如此类的问题，都值得进一步探讨。本专题仅就明令与清例相同或相近的内容做些比较，必要时上溯晋唐宋令及元条格，以显示"令"这种法律形式在古代法律体系中的发展及其地位、作用等问题。为方便行文，特将"令"这种法律形式称为"令制"，涉及的个别唐宋"式"文也包含其中。

---

① 沿用了唐代法律体系的古代日本，被日本学者称为"律令制"国家。这主要是就整个国家或社会的组织和管理而言的。我们这里称"律令制"，主要是从部门法视角看待律令分化、律令内容及其功能、意义的。

② 日本学者仁井田陞复原唐令，上溯晋令、下至明令，却未提到清令。参见仁井田陞《唐令拾遗》，栗劲、霍存福、王占通、郭延德编译，长春出版社，1989，《序论》，第838～839页，及诸条所附明令。按，注意到清例沿用明令者，薛允升为第一人。学界在此方面的认识尚是盲点。

（一）中国古代律令制体系与法典编纂之大略

中国古代律令制法律体系，自秦汉发端，至晋、唐已定型并成熟，五代、宋、金、明沿袭其制，有律、有令。到了清朝出现变化，无令而仅有律、例。其间的发展过程，总体上可以表述为：汉代出现形式上的律、令分化，"天子诏所增损，不在律上者为令"，① 后编为《令甲》、《令乙》、《令丙》三部，但从现代部门法角度看，律、令中均包含了刑法规范与非刑法规范，呈现混杂状态；至晋朝，律、令在内容上进一步分化，"律以正罪名，令以存事制"，② 律基本上纯化为刑法，令变成了刑法之外的行政法、诉讼法、民法等其他非惩罚性规范混杂一起的法律总名，③ 晋代律、令分化具有部门法分化的意义；唐代仍承其旧，"律以正刑定罪，令以设范立制"④；宋沿之，《刑统》之外，尚有"禁于未然之谓令"的令制。⑤ 虽然各朝还有其他法律形式，比如隋唐宋金有格、式，但律、令无疑是主体。元朝法律名称随事立名，但学者以为元代"断例"为律、"条格"为令，核心仍是律令制体系。⑥ 明代号称复古，律仿唐律，令仿唐令，但令的篇幅和条数已大大缩减，且编排体例已由原来的按内容定立篇名，转变为按吏、户、礼、兵、刑、工六部分篇。这是时代的变化，但从现存自晋至明各朝令制条文看，其间承袭关系仍是明显的。

到清代，令消失了，由于这不是刻意的创举，故而必然出现一种需求。这就是：明令中原来那些规范，必须在清代法律体系中有所反映才行；否则，在"清承明制"背景下，法律体系就不完备，法律内容也必然

---

① 《汉书·宣帝纪》注。又，《史记·酷吏列传》杜周曰："前主所是著为律，后主所是疏为令。"

② 李昉编《太平御览》卷六四一引杜预《律序》。

③ 按，《太平御览》卷三三五《兵部六六·烽燧》载："《晋令》曰：误举烽燧罚金一斤八两，故不举者弃市。"又，卷八六五《饮食部二三·盐》载："《晋令》曰：凡民不得私煮盐，犯者四岁刑，主吏二岁刑。"是令中也有个别惩罚性条款。

④ 《唐六典》卷六"刑部郎中员外郎"条。

⑤ 以上均参见李景文主编、霍存福副主编《中国法制度史》，吉林人民出版社，1989，第52、125～126、199页。

⑥ 《通制条格》，黄时鉴点校，浙江古籍出版社，1986，卷首《点校说明》第2页。

会有缺失。

我们注意到的情况是：明令的内容，部分地通过清例出现在《大清律例》中，因而问题得到了部分解决，至少对于被沿用的条文而言是如此。清代为何不制定令？或者说，在继承《大明律例》的同时，清代为何不沿《大明令》而制定《大清令》？这是个复杂问题，本文尚无力解决。① 对于清代不制定令的问题，薛允升似乎想不通。他注意到《大清律例·礼律·仪制》"服舍违式"门的 17 条清例，竟然有 9 条来自明令，说："此门所载各条，明令居其大半。今无令文矣，而见于《会典》者不少。现既重修《会典》，何不择其要者，分门别类，编为一集，命之曰《大清令》？与律相辅而行，亦简便之一法也。律内明载有'违令'及犯罪引律、令各条，而迄无令文，亦阙典也。司其事者，何以竟无人见及于此耶！"② 薛允升对"与刑名相关"或"有关于刑名"的条例③附于律后，没有意见；对于与刑名无关的"令制"入律，颇有看法。他的理想是恢复明代律令并行的体制，并附带解决律内存在"违令罪"，要求法官"断罪引律令"，却无令文法源的荒谬情形。但清朝自顺治时始，就不断吸收明令而定例，雍正、乾隆时尤多。因而明令的部分内容，通过"例"的形式得到转化，被附于律之下，成为律的附庸。在这种情况下，编定《大清令》的可能性就大大降低了，且不论《会典》中已经编入了多少条明令。

律后附例（包括变为例的令），《大清律例》的这种编纂形式在历史上不是没有过。唐宣宗时出现的《大中刑法统类》，就是以律为主，辅以敕、令、格、式并按律的内容顺序而编集的。此后后唐、后周、宋三部刑统，都是如此。律与令、格、式或律与例合为一体，也就是形成了所谓的"以刑为主，诸法合体"。因之，如果就这类法典编纂而言，说它"以刑为主，诸法合体"也并不错。不同的是，唐、后唐、后周、宋均是在保留

---

① 薛允升《读例存疑·自序》云："明初有《大明律》，又有《大明令》。中叶以后，部臣多言'条例'，罕言'令'者。"明中叶以后人们"罕言令"，本身就值得研究。按薛允升的说法，"其律所不能该载者，则又辅之以令。历代皆然，莫之或易"，这是律令分工给人们带来的印象。有律而无令，就与此相悖。

② 胡星桥、邓又天主编《读例存疑点注》，中国人民公安大学出版社，1994，第 310 页。

③ 《大明律》附录《重修〈问刑条例〉题稿》，怀效锋点校，法律出版社，1999，第 334、335 页。

律令制的前提下，编集《刑统》的，而清朝是在有律无令的情况下编集《大清律例》的。前者只是便于检索、方便适用的法律编纂形式，后者除了追求这种方便外，还有法源厘定的意义，借此补充缺乏的那些规范内容。

因此，就本质而言，明令之所以被转化为清例，是由于明令中具有的许多涉及社会生活诸多基本领域的规范，尚不能完全被忽略，无法将其拒于清代的法律体系之外，必须通过适当的形式将其启用起来。至于是用例的形式来启用它们，还是用其他形式来启用，不过是个方式问题。我们注意到的情况是：在清代前期，明令被逐渐地启用起来，高峰是雍正、乾隆时期；而启用的方式，是通过定例来实现转化。在《读律存疑》中，薛允升 29 次讲到清例"此补律之未备也"①。其中，涉及明《问刑条例》转化为清例的 11 处，清代自己编定例的 14 处，明令转化为清例的 4 处。尽管后边这个数字不大，但明令转为清例、"例以补律"的这一功能，正反映清代法律启用明令而对其所缺乏的规范的补足，是一个基本的事实。修例是其方式之一，而且是当时比较方便的方式之一。因为这不用另立格局，只需在现成的《大清律例》中增加一些必需的明令条款即可。这是我们应当注意的第一个问题。

第二个问题，仅有"例以补律"还不足以说明事情的全部性质，还需要从部门法角度看待明令到清例的这一演变。薛允升在《兵律·邮驿》"铺舍损坏"条的清例按语中指出："此条系明令。谨按：此本于元制，并无治罪之处。"我们谨以该例分析一下规范的属性。明令、清例的相应条文，及元制的断文，摘录比照如下：

元条格

《至正条格》卷五《断例·职制·整点急递铺》：仍令各铺，照依元行体例，并节续禁治条陈事理，安置时刻轮牌、灯檠、法烛、毡袋、油绢、夹板、铃攀等物，一切完备。②

---

① 胡星桥、邓又天主编《读例存疑点注》，中国人民公安大学出版社，1994，第 864 页。

② 韩国学中央研究院编《至正条格》（校注本），韩国，2007，第 215 页。薛允升称：明令、清例"本于元制"，未查到元代相应规定。此处应备什物断文，为明令所本。

明令

《大明令·兵令·急递铺兵》：凡急递铺，每一十五里设置一所，每铺设铺兵四名、铺司一名，于附近有丁力粮近一石五斗之上、二石之下者点充，须要少壮正身，与免杂泛差役。每铺置备下项什物：十二时辰轮子一个，红绰屑一座，并牌额；铺历二本（上司行下一本，各府申上一本），遇夜常明灯。铺兵每名合备什物：夹板一副，铃攀一副，缨枪一副，油绢三尺，软绢袍袱一条，箬帽、蓑衣各一件，红闷棍一条，回历一本（互见《职掌·兵部》）。①

清例

铺舍损坏（1）：急递铺，每一十五里设置一所，每铺设铺兵四名、铺司一名，于附近有丁力粮近一石之上、二石之下者点充，须要少壮正身，与免杂泛差役。每铺置备各项什物：十二时轮日晷牌子一个，红绰屑一座，并牌额；铺册二本（上司行下一本，各府申上一本），遇夜常明灯烛。铺兵每名合备什物：夹板一副，铃攀一副，缨枪一副，油绢三尺，软绢包袱一条，箬帽、蓑衣各一件，红闷棍一条，回册一本。②

"并无治罪之处"，这反映由元条格、明令转化而来的清例，属于无罚则项的非惩罚性条款；在规范类别上，它应属于行政法类条款，规定了急递铺的设置、兵员配置与点充要求、什物装备等，却不见任何罚则。那么，有"治罪之处"的规范是什么样子呢？

《大清律例·兵律·邮驿》"铺舍损坏"条律文是："凡急递铺舍损坏，不为修理；什物不完，铺兵数少，不为补置；及令老弱之人当役者，铺长笞五十，有司提调官吏各笞四十。"薛允升说："此仍明律。"律沿明律，例沿明令，这就是清代律例的部分特征。但我们将律令或律例对勘一下，就会发现它们咬合得非常紧密：弄不清令或例当中规定的急递铺额设铺兵的数量，就没法对"铺兵数少，不为补置"的行为定罪；不清楚令或

---

① 《大明律》，怀效锋点校，法律出版社，1999，第256页。
② 胡星桥、邓又天主编《读例存疑点注》，中国人民公安大学出版社，1994，第382页。

例当中规定的"每铺置备各项什物"、"铺兵每名合备什物"若干，就没法对"什物不完，不为补置"的行为量刑；不了解令或例当中规定的铺兵"须要少壮正身"的要求，就无法对"令老弱之人当役"的行为进行处罚。在这里，犯罪主体都是铺长（铺司）及有司提调官吏。就此而言，大清律在律后附例是必要的，因为明律、明令就是这样一种咬合关系。令或例的正面规定是律的惩罚性规范制定的前提、基础或依据。

此外，薛允升在谈到源于明《礼令》的8条"服舍违式"清例的按语中说："以上各条均不言治罪之法"，① 表明他注意到了它们与此处的"无治罪之处"规范的性质是相同的。因为在这之后，是一条言及"治罪之法"的例文，但也仅仅提及"依律治罪"，未见罚则。薛允升发现了编集在"律"中的某些"例"，竟然与定罪处刑的"律"不相干，也与其他条例多涉及罪罚不同。其实道理很简单，同样是因为这些规范也属于行政法类条款。

当然，事情尚并不止于此。相当于现代民法、诉讼法的条款，在唐宋明各代也是规定于令中的。故《明令·户令》的无子立嗣、夫亡守志、招婿、户绝财产、祖父母在析居、子孙承继、嫁娶主婚、指腹为亲等条文，属于现代婚姻、继承、财产权等纯粹民法范畴的规范，都由明令转化为清例；《明令·礼令》中的侍亲条及服色等内容，相当于现代行政法有关官员待遇规格的部分，也都由明令转化为清例；《明令·刑令》中的烧埋银两、警迹人、司狱、牢狱、坟茔不籍没、检尸告免诸条，部分相当于现代监狱行政法，部分相当于现代诉讼法的规范（有的具有实体规范性质），也都由明令转化为清例。这些不带有罚则项的非惩罚性条款，在法律成熟期的中国，是规定于令中的，属于令制；清代入例，乃一大变局。包括朱元璋都认识到"令以教之于先，律以齐之于后"，希望人们"遵令而不蹈于律"，② "教令"性规范是无罚则的，"齐一"性规范是有罚则的。故回溯明令以前令制的发展史，更容易看清事情的实质。

用分化细密的现代部门法视角来看，中国古代律令制所包含的部门法分化因素，可用图1作一个总体的展示。

① 胡星桥、邓又天主编《读例存疑点注》，中国人民公安大学出版社，1994，第310页。
② 《大明律》附录《颁行大明令诏》，怀效锋点校，法律出版社，1999，第229页。

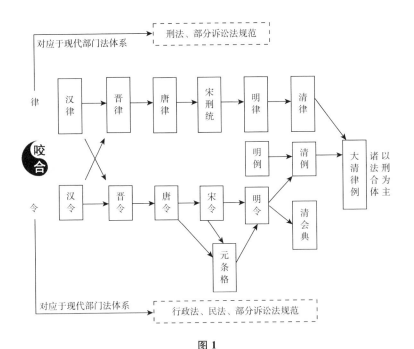

图 1

图 1 显示，自晋以后，律、令呈现各自独立的发展系统，代表着中国古代法律部门初始分化的成果或成就。可以理解为：刑法独立、行政法（广义）独立。这恰是中国古代公法文化在制度文化方面的突出反映和表现。至于作为私法的民法规范，也以国家管理民间事务的外貌入于行政类体系中。理解了这一点，就等于抓住了律令制的本质。

图 1 还显示，清例有两个源头，一是明《问刑条例》，二是明令。清例中与明令对应的条文，除上引的一条《兵令》外，主要集中在《户令》、《礼令》、《刑令》三令中。下面将分别探讨这三方面的令与清例的承袭关系。

（二）明《户令》与清例在内容上的对应关系

明《户令》共 24 条，清例中使用 10 条（其中 1 条被分为 2 条清例），转化比率较高。内容以明令中的立嗣、招婿、户绝财产、婚姻、出妻等家庭内部事务为范围，至于家庭应承担的差税方面的内容，清例未采用。今依清例顺序，仍按明令标题排列，毕竟明令标题比清例条名更能准确揭示规范的内容。晋唐宋令及元条格有相应条文者，一并附列对照。

1. 无子立嗣

晋令

《令》文：无子而养人子，以续亡者后，于事役复除无回避者，听之。不得过一人。

养人子男，后自有子男，及阉人非亲者，皆别为户。①

唐令

《唐令拾遗·户令》十四：诸无子者，听养同宗于昭穆相当者。②

宋令

谨按《令》曰：诸无子孙，听养同宗昭穆相当者为子孙。③

明令

《大明令·户令·无子立嗣》：凡无子者，许令同宗昭穆相当之侄承继，先尽同父周亲，次及大功、小功、缌麻。如俱无，方许择立远房及同姓为嗣。若立嗣之后，却生亲子，其家产与元立子均分。并不许乞养异姓为嗣，以乱宗族。立同姓者，亦不得尊卑失序，以乱昭穆。④

清例

立嫡子违法（1）：无子者，许令同宗昭穆相当之侄承继。先尽同父周亲，次及大功、小功、缌麻。如俱无，方许择立远房及同姓为嗣。若立嗣之后，却生子，其家产与原立子均分。⑤

---

① 《通典》卷六十九《嘉礼十四》"养兄弟子为后后自生子议（东晋）"，廷史陈序引"令文"。
② 仁井田陞：《唐令拾遗》，栗劲、霍存福、王占通、郭延德编译，长春出版社，1989，第141页。
③ 真德秀等撰《名公书判清明集》卷八《户婚门·立继类》"已立昭穆相当人而同宗妄诉"，中华书局，1987，上册第247页。
④ 《大明律》，怀效锋点校，法律出版社，1999，第241页。
⑤ 胡星桥、邓又天主编《读例存疑点注》，中国人民公安大学出版社，1994，第175页。

薛允升按语说:"此条系明令,乾隆五年删定。"清例沿用了明令前部的大部分文字,后部的强调可能被认为重复累赘而删去。"同宗"、"同姓"就排除了异姓,"昭穆相当"就不是尊卑失序,所以后面条文的强调,意义不大。就各该条文的主旨而言,晋令重视国家是否因此而损失劳役和户税,唐宋明令及清例皆重视立嗣的顺序;明令、清例尤详,承继顺序由亲而疏,自近而远,先同宗近亲,再至同宗远亲,再到非同宗的同姓。唐宋令全文今已不存,可能明令规定也沿自唐宋。

2. 夫亡守志

唐令

《唐令拾遗·户令》二十七:寡妻无男者,承夫分。若夫兄弟皆亡,同一子之分(有男者,不别得分,谓在夫家守志者。若改适,其见在部曲、奴婢、田宅,不得费用,皆应分人均分)。[1]

元条格

《通制条格》卷四《户令·亲属分财》:尚书省户部……本部议得:寡妇无子,合承夫分。[2]

同上《嫁娶》:今后应嫁妇人,不问生前离异、夫死寡居,但欲再适他人,其元随嫁妆奁、财产,并听前夫之家为主。[3]

明令

《大明令·户令·夫亡守志》:凡妇人夫亡无子,守志者,合承夫分,须凭族长择昭穆相当之人继嗣。其改嫁者,夫家财产及原有妆奁,并听前夫之家为主。[4]

清例

立嫡子违法(2):妇人夫亡无子守志者,合承夫分,须凭族长择

---

① 仁井田陞:《唐令拾遗》,栗劲、霍存福、王占通、郭延德编译,长春出版社,1989,第155页。

② 《通制条格》,黄时鉴点校,浙江古籍出版社,1986,第54页。

③ 《通制条格》,黄时鉴点校,浙江古籍出版社,1986,第49~50页。

④ 《大明律》,怀效锋点校,法律出版社,1999,第241页。

昭穆相当之人继嗣。其改嫁者，夫家财产及原有妆奁，并听前夫之家为主。①

　　薛允升说："此条系明令"，未指出清例定立的时间。唐令、元条格与明令、清例的规定，精神一致。且明令、清例与两条元条格的规定具有清晰的承继关系。不过，明令、清例皆注重立嗣，故有专门规定。

　　薛允升说，本条"守志则家业归之，改嫁则否。此条专为'合承夫分'而设，而亦及财产"。在注意到例文多处涉及财产处分问题时，薛允升发现了律、例之间的差别："《律》不言家产，而《例》特为补出，以图产争继者多，故于财产一层反复言之也。"比如，"立子本为承祀，原不重在家产，是以《户律》内并不言及，《例》则屡次言之矣。第一条言立嗣后生子，家产准其均分；第二条言孀妇守志者，合承夫分，仍凭族长继嗣"，如此等等。既然"无条不及财产，可知争继涉讼，无不由财产起见，科条安得不烦耶！"薛允升的发现确实是事实。律的任务是定罪量刑，自然不会太多地着意于财产处分；而例的"补出"财产问题，正是完成原本由明《户令》规定的内容。对清朝来说，这是立法上必须有的"补课"。至于由此造成的"科条烦"的问题，也是正常的。薛允升此处的批评，难说公允。

3. 祖父母在析居

唐令

　　《唐令拾遗·户令》十六：诸户欲析出口为户，及首附口为户者，非成丁，皆不合析。应分者，不用此令。②

元条格

　　《通制条格》卷三《户令·亲在分居》：旧例：祖父母父母不得令子孙别籍，其支析财产者听。③

---

① 胡星桥、邓又天主编《读例存疑点注》，中国人民公安大学出版社，1994，第176页。
② 仁井田陞：《唐令拾遗》，栗劲、霍存福、王占通、郭延德编译，长春出版社，1989，第144页。
③ 《通制条格》，黄时鉴点校，浙江古籍出版社，1986，第28页。

今后禁约：父母在堂之家，其兄弟诸人不许异居，著为定式。①

明令

《大明令·户令·祖父母在析居》：凡祖父母、父母在者，子孙不许分财异居。其父、祖许令分析者，听。②

清例

别籍异财（1）：祖父母、父母在者，子孙不许分财异居（此谓分财异居，尚未别立户籍者。有犯，亦坐满杖）。其父、母许令分析者，听。③

薛允升说："此条系明令，原例无小注，雍正三年增入。"是此例启用明令较早。古代提倡孝道，分财异居会造成对祖父母父母养赡不周。元《通制条格》就指出异居致使养赡出现种种问题，故禁止异居。唐令暗含允许成年子孙分立户籍，未成丁可以支析财产，与元明清制度有关联。另，《唐律疏议·户婚》"子孙别籍异财"条疏议："但云'别籍'，不云'令其异财'，令异财者，明其无罪。"明显是依据令文而定罪处刑的，只可惜相应的令文没有遗留下来。

4. 子孙承继

唐令

《唐令拾遗·户令》二十七：诸应分田宅及财物者，兄弟均分。……兄弟亡者，子承父分（继绝亦同）；兄弟俱亡，则诸子均分，其未娶妻者，别与聘财……④

元条格

《通制条格》卷四《户令·亲属分财》：检会旧例：诸应争田产及财物者，妻之子各肆分，妾之子各叁分，奸良人及幸婢子各壹分。⑤

---

① 《通制条格》，黄时鉴点校，浙江古籍出版社，1986，第28页。
② 《大明律》，怀效锋点校，法律出版社，1999，第243页。
③ 胡星桥、邓又天主编《读例存疑点注》，中国人民公安大学出版社，1994，第187页。
④ 仁井田陞：《唐令拾遗》，栗劲、霍存福、王占通、郭延德编译，长春出版社，1989，第155页。
⑤ 《通制条格》，黄时鉴点校，浙江古籍出版社，1986，第53页。

明令

《大明令·户令·子孙承继》：凡嫡庶子男，除有官荫袭，先尽嫡长子孙，其分析家财、田产，不问妻、妾、婢生，止依子数均分；奸生之子，依子数量与半分；如别无子，立应继之人为嗣，与奸生子均分；无应继之人，方许承绍全分。[①]

清例

卑幼私擅用财（1）：嫡庶子男，除有官荫袭，先尽嫡长子孙，其分析家财田产，不问妻、妾、婢生，止以子数均分；奸生之子，依子量与半分。如别无子，立应继之人为嗣，与奸生子均分。无应继之人，方许承继全分。[②]

薛允升说："此条系明令。"家产的分配原则，唐令采均分制，元条格始用比例制，妻、妾、婢、奸生子各不同，但在条格中，也存在儿子与养老女婿、兄弟之间"诸子均分"的事例，说明也不排除均分制；明令、清例中，妻、妾、婢子皆参与均分，基本上又回到了均分制，唯奸生子得半分，另有立嗣之人可与奸生子均分，而无应继之人，则奸生子可得全部。明清重立嗣，故大多数场合均会提到嗣子地位、财产问题。

5. 户绝财产

唐令

《唐令拾遗·丧葬令》二十一：诸身丧户绝者，所有部曲、客女、奴婢、店宅、资财，并令近亲（亲依本服，不以出降）转易货卖，将营葬事及量营功德之外，余财并与女（户虽同，资财先别者，亦准此）；无女，均入以次近亲；无亲戚者，官为检校。若亡人存日，自有遗嘱处分，证验分明者，不用此令。[③]

[①] 《大明律》，怀效锋点校，法律出版社，1999，第 241 页。
[②] 胡星桥、邓又天主编《读例存疑点注》，中国人民公安大学出版社，1994，第 187 页。
[③] 仁井田陞：《唐令拾遗》，栗劲、霍存福、王占通、郭延德编译，长春出版社，1989，第 770 页。

宋令

《宋天圣令·丧葬令》27：诸身丧户绝者，所有部曲、客女、奴婢、宅店、资财，令近亲（亲依本服，不以出降）转易货卖，将营葬事及量营功德之外，余财并与女（户虽同，资财先别者，亦准此）；无女，均入以次近亲。无亲戚者，官为检校。若亡人在日，自有遗嘱处分，证验分明者，不用此令。即别敕有制者，从别敕。[①]

元条格

《通制条格》卷三《户令·户绝财产》：随处若有身丧户绝、别无应继之人（谓子侄弟兄之类），其田宅、浮财、人口、头匹，尽数拘收入官，召人立租承佃，所获子粒等物，通行明置文簿，报本管上司转申中书省。[②]

明令

《大明令·户令·户绝财产》：凡户绝财产，果无同宗应继者，所生亲女承分。无女者，入官。[③]

清例

卑幼私擅用财（2）：户绝财产，果无同宗应继之人，所有亲女承受。无女者，听地方官详明上司，酌拨充公。[④]

薛允升说："此条系明令，乾隆五年改定。"相比之下，唐令、宋令为详，宋令抄自唐令。在处理上，女儿、以次近亲、官府，是财产获得的顺次，当然遗嘱优先。元条格不设财产给予女儿以及近亲的规定，直接拘收入官。其余有关"户绝"的规定则比较混乱，包含了"母寡子幼"情形，则已不是户绝。但其"拘收入官"立场，可能来自宋令。宋令对户绝财产，给女儿一定比例，其余部分没官。明令、清例顺序是嗣子、女儿、官

---

① 天一阁博物馆、中国社会科学院历史研究所天圣令整理课题组校证《天一阁藏明钞本天圣令校证：附唐令复原研究》，中华书局，2006，下册第357页。

② 《通制条格》，黄时鉴点校，浙江古籍出版社，1986，第29页。

③ 《大明律》，怀效锋点校，法律出版社，1999，第242页。

④ 胡星桥、邓又天主编《读例存疑点注》，中国人民公安大学出版社，1994，第187页。

府。但户绝含义，唐宋与元明清不同。唐宋以无亲子继承为户绝，元明清以无"同宗应继者"为户绝，预留了同宗立嗣空间。按照"无子立嗣"的规定，"同宗昭穆相当之侄"是"应继"者的首选。薛允升还说："义男、女婿均准承受家产，见立嫡子违法门。"此处"亲女承受"，与女婿承受约略相当。

6. 嫁娶主婚

唐令

《唐令拾遗·户令》二十九：依令，婚先由伯叔，伯叔若无，始及兄弟。[1]

宋令

谨按《令》……又曰：夫亡妻在，从其妻。[2]

元条格

《通制条格》卷三《户令·嫁娶所由》：至元六年十一月，左三部送法司拟：嫁女皆由祖父母、父母，父亡随母婚嫁。[3]

明令

《大明令·户令·嫁娶主婚》（1）：凡嫁娶皆由祖父母、父母主婚；祖父母、父母俱无者，从余亲主婚。若夫亡携女适人者，其女从母主婚。若已定婚未及成亲而男女或有身故者，不追财礼……[4]

清例

男女婚姻（1）：嫁娶皆由祖父母、父母主婚；祖父母、父母俱无者，从余亲主婚。其夫亡携女适人者，其女从母主婚。若已定婚未及

---

① 仁井田陞：《唐令拾遗》，栗劲、霍存福、王占通、郭延德编译，长春出版社，1989，第159页。
② 真德秀等撰《名公书判清明集》卷八《户婚门·立继类》"已立昭穆相当人而同宗妄诉"，中华书局，1987，上册第247页。
③ 《通制条格》，黄时鉴点校，浙江古籍出版社，1986，第43页。
④ 《大明律》，怀效锋点校，法律出版社，1999，第241页。

成亲，而男女或有身故者，不追财礼。①

唐令关于主婚的规定，仅有此遗文，相当于明令、清例的"祖父母、父母俱无者，从余亲主婚"的细则。虽然同是期亲，但伯叔优先、兄弟居后。从传承关系看，祖父母、父母主婚及父亡从母主婚两条，明令、清例皆源自元条格，但宋令已有"夫亡从妻主婚"的规定，当来自唐令，只惜唐令该条不存。自然，明令、清例所涉事项更多，主婚权外，更有男女方未婚身故不向女家追索财礼的规定。

7. 指腹为亲

元条格

《通制条格》卷四《户令·嫁娶》：至元六年四月，中书户部议得：男女婚姻或以指腹并割衫襟为亲，既无定物、婚书，难成亲礼，今后并行禁止。②

明令

《大明令·户令·指腹为亲》：凡男女婚姻，各有其时。或有指腹、割衫襟为亲者，并行禁止。③

清例

男女婚姻（2）：男女婚姻各有其时，或有指腹、割衫襟为亲者，并行禁止。④

关于该条，无论从规范看，还是从文字看，明令、清例皆源自元条格。只是元条格强调指腹、割衫有违下定、婚书的程序性要求，明令、清例看重婚姻当事人订婚、成婚的年龄问题。

---

① 胡星桥、邓又天主编《读例存疑点注》，中国人民公安大学出版社，1994，第208页。
② 《通制条格》，黄时鉴点校，浙江古籍出版社，1986，第49页。
③ 《大明律》，怀效锋点校，法律出版社，1999，第244页。
④ 胡星桥、邓又天主编《读例存疑点注》，中国人民公安大学出版社，1994，第208页。

8. 招婿

元条格

《通制条格》卷三《户令·婚姻礼制》：至元六年十二月，省部议得：今后但为婚姻，须立婚书，明白该写元议聘财；若招召女婿，指定养老或出舍年限。其主婚、保亲、媒妁人等画字，依理成亲，庶免争讼。①

《通制条格》卷四《户令·嫁娶》：至元八年七月，都省准拟于后：一，招召养老女婿，照依已定嫁娶聘财等第减半，须要明立媒妁婚书成亲。一，招召出舍年限女婿，各从所议明立媒妁婚书，或男或女，出备财钱，约量年限，照依已定嫁娶聘财等第，叁分中不过贰分。

至元九年七月，中书省议得：民间富实可以娶妻之家，止有一子，不许作赘；若贫穷止有一子，立年限出舍者听。②

明令

《大明令·户令·招婿》：凡招婿须凭媒妁，明立婚书，开写养老或出舍年限。止有一子者，不许出赘。如招养老女婿者，仍立同宗应继者一人，承奉祭祀，家产均分。如未立继身死，从族长依律议立。③

清例

男女婚姻（3）：招婿须凭媒妁明立婚书，开写养老或出舍年限。止有一子者，不许出赘。其招婿养老者，仍立同宗应继者一人，承奉祭祀，家产均分。如未立继身死，从族长依例议立。④

薛允升说："以上三条俱系明令。"明《户令》中的"嫁娶主婚"、"指腹为亲"、"招婿"，被清例分别编为"男女婚姻"条的三个条例。这从细节上反映了清例沿用明令的具体情形。

---

① 《通制条格》，黄时鉴点校，浙江古籍出版社，1986，第39页。
② 《通制条格》，黄时鉴点校，浙江古籍出版社，1986，第52～53页。
③ 《大明律》，怀效锋点校，法律出版社，1999，第241～242页。
④ 胡星桥、邓又天主编《读例存疑点注》，中国人民公安大学出版社，1994，第208页。

本条清例沿袭明令，文字几乎无差异。只是"依律议立"改为了"依例议立"。再检索元代在三个年份形成的条格，方知所谓明令、清例，皆源自元条格。诸如媒妁、婚书、年限、一子不出赘等，均属元制。招养老女婿同时又立嗣，为明令所创，元代尚不见此规定。明清重立嗣，前已述及。

9. 七出

唐令

《唐令拾遗·户令》三十五：诸弃妻须有七出之状，一无子，二淫泆，三不事舅姑，四口舌，五盗窃，六妒忌，七恶疾，皆夫手书弃之。男及父母伯姨舅，并女父母伯姨舅，东邻西邻，及见人皆署。若不解书，画指为记。虽有弃状，有三不去：一经持舅姑之丧，二娶时贱后贵，三有所受无所归。即犯义绝、淫泆、恶疾，不拘此令。[①]

元条格

《通制条格》卷四《户令·嫁娶》：至元八年四月，照得旧例：弃妻须有七出之状：一无子，二淫泆，三不事舅姑，四口舌，五盗窃，六妒嫉，七恶疾。虽有弃状，而有三不去之理：一经持舅姑之丧，二娶而贱后贵，三有所受无所归，即不得弃。其犯奸者，不用此律。[②]

明令

《大明令·户令·七出》：凡妻犯七出之状，有三不去之理，不得辄弃。犯奸者，不在此限。[③]

清例

出妻（1）：妻犯七出之状，有三不去之理，不得辄绝。犯奸者，不在此限。[④]

---

① 仁井田陞：《唐令拾遗》，栗劲、霍存福、王占通、郭延德编译，长春出版社，1989，第162~163页。
② 《通制条格》，黄时鉴点校，浙江古籍出版社，1986，第51~52页。
③ 《大明律》，怀效锋点校，法律出版社，1999，第242页。
④ 胡星桥、邓又天主编《读例存疑点注》，中国人民公安大学出版社，1994，第222页。

薛允升说："此条系明令。"其实唐令以来即存在。"七出"、"三不去"这两个古老的处理婚姻关系的规则，在唐、元、明、清四朝法律中沿袭关系明显。在清例中的本条，前款只是为"虽犯七出（无子、淫泆、不事舅姑、多言、盗窃、妒忌、恶疾），有三不去（与更三年丧，前贫贱后富贵，有所娶无所归）而出之者，减二等，追还完聚"的律文，作着理论上的说明和支撑；后款是对其中"淫泆"的例外规定。比较而言，唐令的例外规定比元明清更多，达到 3 项，还包括义绝和恶疾。

10. 别行改嫁

元条格

《通制条格》卷四《户令·嫁娶》：至元八年二月，中书省奏定民间婚姻聘财等事：一，为婚已定，若女年拾伍以上，无故伍年不成（故谓男女未及婚年甲或服制未阕之类；其间有故，以前后年月并计之），及夫逃亡伍年不还，并听离，不还聘财。[①]

明令

《大明令·户令·嫁娶主婚》（2）：……伍年无故不娶，及夫逃亡过三年不还者，并听经官告给执照，别行改嫁，亦不追财礼。[②]

清例

出妻（2）：期约已至五年，无过不娶，及夫逃亡三年不还者，并听经官告给执照，另行改嫁，亦不追财礼。[③]

薛允升说："此条系明令，雍正五年增修。"实际是明令"嫁娶主婚"条的后部，前部已单独转化为一条清例，中间部分删掉了。在元条格中，尚有"女年十五以上"的限定条件，明令、清例都无此限制；"夫逃亡伍年不还"也减为三年。清例更将"无故不娶"改为"无过不娶"，意义迥然不同，由客观原因变成了女子的过错。

---

① 《通制条格》，黄时鉴点校，浙江古籍出版社，1986，第 47 页。
② 《大明律》，怀效锋点校，法律出版社，1999，第 241 页。
③ 胡星桥、邓又天主编《读例存疑点注》，中国人民公安大学出版社，1994，第 222 页。

更大的问题在于清例的编排方面。本条的内容，本来是保护女子权利的。由于女子及女家无过错，故允许取消婚约，而且不必归还聘财。但清例却将其放置在"出妻"这一律条之后。其实，本条与"出妻"毫不相干。这是清例转化明令之后的放置位置不当问题，其结果可能是带来检索不便。因为不熟悉条文的人，是想不到本条会被置于"出妻"条下的。虽然通过这种转化办法，清代法制显得更全面些。

11. 店历

唐宋式

《宋刑统》卷十二《户婚·死商钱物》：准《主客式》：诸商旅身死，勘问无家人亲属者，所有财物，随便纳官，仍具状申省。在后有识认，勘当灼然是其父兄子弟等，依数却酬还。[①]

明令

《大明令·户令·店历》：凡客店，每月置店历一扇，在内付兵马司，在外付有司，署押讫，逐日附写到店客商姓名、人数、起程月日，月终各赴所司查照。如有客商病死，所遗财物，别无家人亲属者，告官为见数，行移招召父兄、子弟或已故之人嫡妻，识认给还。一年后无识认者，入官。[②]

清例

私充牙行埠头（1）：凡客店每月置店簿一本，在内赴兵马司，在外赴有司署押讫。逐日附写到店客商姓名人数，起程月日，各赴所司查照。如有客商病死，所遗财物，别无家人亲属者，官为见数，移招召其父兄子弟，或已故之人嫡妻识认给还。一年后无识认者，入官。[③]

薛允升说："此条系明令。原例'店簿一本'，系'店历一扇'，乾隆五年改定。"明《户令》转变为清例，并不奇怪，但对客商身死财物

---

① 《宋刑统》，吴翊如点校，中华书局，1984，第199页。
② 《大明律》，怀效锋点校，法律出版社，1999，第242页。
③ 胡星桥、邓又天主编《读例存疑点注》，中国人民公安大学出版社，1994，第286页。

由官府保管并等待其亲属认领的制度，在中国最早是规定于"式"中而不是"令"中的。自唐开始，除了唐式有规定外，频繁发布的敕文也一再对此类事项作出规定。见于《宋刑统》的就有唐代两道敕、后周一道敕文。只不过明令开始将其定为客店的申报责任，而唐宋时期则是官府责任。

（三）明《礼令》与清例在内容上的对应关系

清例沿用明《礼令》，除官员"侍亲"条外，沿袭最多的是"服舍违式"条，共有9条例文是从明《礼令·服色等第》条转化而来的（包括薛允升没有指出来源于明令的2条）；还有2条关于公侯、官员"帽顶、帽珠"的例文，虽未直接沿用明令本条，但参用痕迹仍较明显。明《礼令》的该条，原有15款，则一半以上的条款就此被清例转化。

有关礼的令文，主要规定古代社会的严格的等级制度。在唐令中，主要体现于《祠令》、《衣服令》、《仪制令》、《卤簿令》、《乐令》、《假宁令》、《营缮令》、《丧葬令》等可以与古礼中的吉、凶、宾、军、嘉五礼对应的篇章。[1]《大明令·礼令》共17条，所涉及内容也在此范围内。其中的《服色等第》条，包含了官民各阶层人房舍、车马、衣服、器皿的等第。它们上继唐令、元条格，下迄清例，在内容上有着清晰的传承关系。因明令大多属于同一条，无法使用其条名，故随事立名，分述如下。

1. 服色等第通例

唐令

《唐令拾遗·衣服令》六十六：诸王公以下及妇人服饰等级，上得兼下，下不得僭上。[2]

---

[1] 参见霍存福《礼令关系与唐令的复原——〈唐令拾遗〉编译墨余录》，《法学研究》1990年第4期。

[2] 仁井田陞：《唐令拾遗》，栗劲、霍存福、王占通、郭延德编译，长春出版社，1989，第399页。

元条格

《通制条格》卷九《衣服·服色》：一，诸职官致仕，与见任同。解降者依应得品级，不叙者与庶人同。一，父、祖有官既没年深，非犯除名不叙之限，其命妇及子孙与见任同……一，服色等第，上得兼下，下不得僭上。违者，职官解见任，期年后降壹等叙，余人决伍拾柒下。违禁之物，付告捉人充赏。有司禁治不严，从监察御史、肃政廉访司纠治。御赐之物，不在禁限。①

明令

《大明令·礼令·服色等第》：凡官民服色、冠带、房舍、鞍马，贵贱各有等第。上可以兼下，下不可以僭上。官员任满致仕，与见任同。其父、祖有官身没，非犯除名不叙，子孙许居父、祖房舍，衣服、车马，比父祖同。有官者，依品级。其御赐者及军官、军人服色，不在禁例。②

清例

服舍违式（2）：房舍、车马、衣服等物，贵贱各有等第。上可以兼下，下不可以僭上。其父、祖有官身没，曾经断罪者，除房舍仍许子孙居住，其余车马、衣服等物，父祖既与无罪者有别，则子孙概不得用。③

薛允升说："此条系明令，雍正三年改定。谨按：盖本于元制。"雍正三年改定清例，未必是首次启用明令的时间，此前可能已启用，此时只是改定。又，比较3条元条格与大明令的关系，可以清楚看到明令确实本于元制。只是元条格中包含惩罚性条款，这是它的特异性。在《至正条格》卷三《断例·职制》"服色等第"条，有至正四年对这一来源于延祐元年规定的重申，文字基本相同。④ 本条明令、清例属于总纲性的条款，规定了基本

---

① 《通制条格》，黄时鉴点校，浙江古籍出版社，1986，第136～137页。
② 《大明律》，怀效锋点校，法律出版社，1999，第250页。
③ 胡星桥、邓又天主编《读例存疑点注》，中国人民公安大学出版社，1994，第309页。
④ 见韩国学中央研究院编《至正条格》（校注本），韩国，2007，第190页。

规则。服色等第的核心思想就是贵贱分等次，不能僭越，上可以兼下，下不可以僭上，唐令、元条格、明令、清例中都有这一规定。《通制条格》卷八《仪制·贺谢迎送》"公服俱右衽"、"偏带俱系红鞓"下均注云"上得兼下，下不得僭上"，可见这是一个在一切场合均适用的规矩。另外，清例对明令的修改，主要是对犯罪者的子孙使用父祖车马、衣服的限制加严。

2. 屋舍等第

唐令

《唐令拾遗·营缮令》四：诸王公已下，舍屋不得施重栱、藻井。三品已上，堂舍不得过五间九架，厅厦两头，门屋不得过三间五架。五品已上，堂舍不得过五间七架，厅厦两头，门屋不得过三间两架，仍通作乌头大门。勋官各依本品。六品已下及庶人，堂舍不得过三间五架，门屋不得过一间两架。非常参官，不得造轴心舍，及施悬鱼对凤瓦兽通栿乳梁装饰。其祖、父舍宅门，荫子孙虽荫尽，听依仍旧居住。其士庶公私第宅，皆不得造楼阁，临视人家。[①]

宋令

《宋天圣令·营缮令》5：诸王公以下，舍屋不得施重栱、藻井。三品以上不得过九架，五品以上不得过七架，并厅厦两头。六品以下不得过五架。其门舍，三品以上不得过五架三间，五品以上不得过三间两厦，六品以下及庶人不得过一间两厦。五品以上仍连作乌头大门。父、祖舍宅及门，子孙虽荫尽，仍听依旧居住。[②]

明令

《大明令·礼令·服色等第》：一，房舍并不得施用重栱、重檐，楼房不在重檐之限。职官一品、二品，厅堂七间九架，屋脊许用花样兽吻，梁栋、斗拱、檐桷彩色绘饰；正门三间五架，门彩油及兽面铜

---

① 仁井田陞：《唐令拾遗》，栗劲、霍存福、王占通、郭延德编译，长春出版社，1989，第737页。

② 天一阁博物馆、中国社会科学院历史研究所天圣令整理课题组校证《天一阁藏明钞本天圣令校证：附唐令复原研究》，中华书局，2006，下册第344页。

环。三品至五品，厅堂五间七架，许用兽吻，梁栋、斗拱、檐桷青碧绘饰；正门三间三架，其门黑油兽面摆锡环。六品至九品，厅屋三间七架，梁栋止用土黄刷饰；正门一间三架，黑门铁环。庶民所居堂舍，不过三间五架，不用斗拱、彩色雕饰。①

清例

服舍违式（3）：房舍并不得施用重拱、重檐，楼房不在重檐之限。职官一品、二品，厅房七间九架，屋脊许用花样兽吻，梁栋、斗拱、檐桷彩色绘饰；正门三间五架，门用绿油兽面铜环。三品至五品，厅房五间七架，许用兽吻，梁栋、斗拱、檐桷，青碧绘饰；正门三间三架，门用黑油兽面摆锡环。六品至九品，厅房三间七架，梁栋止用土黄刷饰；正门一间三架，门用黑油铁环。庶民所居堂舍，不过三间五架，不用斗拱、彩色雕饰。②

薛允升说："此条系明令。谨按：言房舍按品建造，不得僭越也。"对各级官员及百姓屋宇等级，均有限定。先是建筑形制如重拱、藻井，后是厅堂及正门间架数量，及各类装饰质料、颜色等限制。明令、清例的继承关系，内容完全相同。与唐令、宋令相比，除了庶人堂舍三间五架相同外，明清对各级官员舍屋间架数有所放宽。

3. 庶民衣服等第

晋令

《晋令》曰：士卒、百工不得服越叠。③

《晋令》曰：士卒、百工履色无过绿、青、白，婢履色无过红、青。古侩卖者皆当着巾，帖额题所侩卖者及姓名，一足着黑履，一足着白履。④

---

① 《大明律》，怀效锋点校，法律出版社，1999，第250页。
② 胡星桥、邓又天主编《读例存疑点注》，中国人民公安大学出版社，1994，第309页。
③ 《太平御览》卷八二《布帛部七·白叠》。
④ 《太平御览》卷六九七《服章部十四·履》。

《晋令》曰：士卒、百工，不得服真珠、珰珥。①

《晋令》曰：百工不得服大绛、紫襈、假髻、真珠、珰珥、文犀、玳瑁、越叠以饰路张、乘犊车。②

元条格

《通制条格》卷九《衣服·服色》：一，庶人，除不得服赭黄，惟许服暗花纻丝、丝绸、绫罗、毛毳，帽笠不许饰用金玉，靴不得裁置花样。首饰许用翠花，并金钗錍各一事，惟耳环用金珠碧甸，余并用银。③

明令

《大明令·礼令·服色等第》：一，冠带。……庶民男女衣服，并不得僭用金绣，许用纻丝、绫罗、绸绢、素纱；金首饰一件，金耳环一对，余止用银翠；帽顶、帽珠，并不得用金玉、珊瑚、琥珀；靴不得制造花样金线妆饰。④

清例

服舍违式（4）：庶民男女衣服，并不得僭用金绣，许用纻丝、绫罗、绸绢、素纱，妇人金首饰一件，金耳环一对，余止用银翠。不得制造花样金线妆饰。⑤

薛允升说："此条系明令。谨按。言民间妇女服饰不得僭用也。"其中，关于颜色、质料、装饰等，皆有限制。薛允升没有讲明令也与元制有关联，但二者的承袭关系是明显的。包括衣服质料、首饰资料及数量、帽鞋装饰等，或相同或相近。晋令虽与后来制度距离较远，特为附列，以现沿革。

---

① 《太平御览》卷七一八《服用部二十·珰珥》。

② 《太平御览》卷七七五《车部四·犊车》。

③ 《通制条格》，黄时鉴点校，浙江古籍出版社，1986，第136页。另，黄时鉴辑点《元代法律资料辑存》载《大元通制》（节文）："官民服色：庶人男女，除不得用销金并赭黄，并笠帽不许用金玉，靴不得裁制花样，许服暗花纻丝、绸绫罗、毛毳。首饰用翠毛、金钗篦一事，耳环用金珠碧甸，余并用银"，浙江古籍出版社，1988，第73页。

④ 《大明律》，怀效锋点校，法律出版社，1999，第251页。

⑤ 胡星桥、邓又天主编《读例存疑点注》，中国人民公安大学出版社，1994，第309页。

4. 帐幔等第

晋令

《晋令》曰：锦帐为禁物。①

元条格

《通制条格》卷九《衣服·服色》：一，帐幕，除不得用赭黄龙凤文外，壹品至叁品，许用金花刺绣纱罗；肆品、伍品，用刺绣纱罗；陆品以下，用素纱罗。②

同上：一，庶人……帐幕用纱绢，不得赭黄。③

明令

《大明令·礼令·服色等第》：一，帐幔并不得用赭黄龙凤纹。职官一品至三品，许用金花刺绣纱罗；四品、五品，刺绣纱罗；六品以下，许用素纱罗。庶民用纱绢罗。④

清例

服舍违式（5）：帐幔并不许用赭黄龙凤纹。职官一品至三品，许用金花刺绣纱罗。四品、五品，刺绣纱罗。六品以下，许用素纱罗。庶民用纱绢。⑤

该条也涉及帐幕颜色、装饰图样、质料等项。薛允升说："此条系明令。谨按：言帐幔按品分等，不得僭越也。"清例明显沿用明令，薛允升没有讲明令也与元制有关，但从两条元条格看，明令完全抄自元格。另外，今存《大元通制》（节文）载："职官车舆等不用龙凤文，并帐幔不用赭黄外，一品、二品、三品间金妆饰、银螭头、绣带、青幔，鞍辔饰以金，器皿用金玉；四品、五品用刺绣纱罗帐幔，车舆素狮

---

① 《太平御览》卷六九九《服用部一·帐》。
② 《通制条格》，黄时鉴点校，浙江古籍出版社，1986，第135页。
③ 《通制条格》，黄时鉴点校，浙江古籍出版社，1986，第136页。
④ 《大明律》，怀效锋点校，法律出版社，1999，第251页。
⑤ 胡星桥、邓又天主编《读例存疑点注》，中国人民公安大学出版社，1994，第309页。

头、绣带、青幔，鞍辔饰以银，酒器台盏用金，余用银；六品以下用素纱罗帐幔，车舆素云头、素带、青幔，台盏镀金，余用银。"[1] 将车舆、帐幕、鞍辔等一同摘录，并不表明它们是被规定在一项条款中的。按《通制条格》，它们是被作为不同的条款而分别作规定的。鞍辔规定见下文。

5. 鞍辔等第

元条格

《通制条格》卷九《衣服·服色》：一，鞍辔，壹品许饰以金玉，贰品、叁品饰以金，肆品、伍品饰以银，陆品以下并饰以碙铜铁。[2]

明令

《大明令·礼令·服色等第》：一，鞍辔并不许用雕饰龙凤纹。职官一品、二品，用金妆饰；三品至五品，用银；六品以下，惟用碙减铁。庶民不得描金，惟用铜、铁妆饰。[3]

清例

服舍违式（6）：鞍辔并不许雕饰龙凤纹。[4]

本条清例，照录了明令标题，却没有具引其下有关装饰用料的内容。薛允升没有指出它们来源于明令，可能是他的疏忽。考之元条格，明令显然源自元制，稍作修改而成。

6. 器皿等第

元条格

《通制条格》卷九《衣服·服色》：一，器皿（谓茶酒器），除鈒造龙凤文不得使用外，壹品至叁品许用金玉，肆品、伍品惟台盏用

---

① 黄时鉴辑点：《元代法律资料辑存》，浙江古籍出版社，1988，第73页。
② 《通制条格》，黄时鉴点校，浙江古籍出版社，1986，第135页。
③ 《大明律》，怀效锋点校，法律出版社，1999，第257页。
④ 胡星桥、邓又天主编《读例存疑点注》，中国人民公安大学出版社，1994，第309页。

金，陆品以下台盏用镀金，余并用银。①

明令

《大明令·礼令·服色等第》：一，器皿不许造龙凤纹。职官一品、二品，许用金玉；三品至五品，惟酒盏用金；六品以下，酒盏用银；庶民惟酒盏用银，余并禁止。②

清例

服舍违式（7）：器皿不许造龙凤纹。③

本条清例，也照录了明令标题，却没有具引其下制造用料及装饰图案的内容。薛允升同样没有指出它们来源于明令，可能是他的疏忽。考之元条格，明令也显然源自元制，只是稍作修改。

7. 伞盖等第

唐令

《唐令拾遗·衣服令》六十一：伞即盖也，见唐《衣服令》也。④

《唐令拾遗·仪制令》二十：皇太子伞。○职事五品已上及散官三品已上、爵国公已上及县令，并用伞。⑤

明令

《大明令·礼令·服色等第》：一，伞盖。职官一品、二品，银葫芦，茶褐罗表、红里；三品、四品，红葫芦，茶褐罗表、红里，以上皆三檐。五品，红葫芦，青罗表、红里；六品以下，惟用青绢，皆重檐。雨伞通用油绢。庶民并不得用罗绢凉伞，许用油纸雨伞。⑥

---

① 《通制条格》，黄时鉴点校，浙江古籍出版社，1986，第135页。
② 《大明律》，怀效锋点校，法律出版社，1999，第257页。
③ 胡星桥、邓又天主编《读例存疑点注》，中国人民公安大学出版社，1994，第310页。
④ 仁井田陞：《唐令拾遗》，栗劲、霍存福、王占通、郭延德编译，长春出版社，1989，第391页。
⑤ 仁井田陞：《唐令拾遗》，栗劲、霍存福、王占通、郭延德编译，长春出版社，1989，第434页。
⑥ 《大明律》，怀效锋点校，法律出版社，1999，第252页。

清例

服舍违式（8）：伞盖。职官一品、二品，银葫芦，杏黄罗表、红里。三品、四品，红葫芦，杏黄罗表、红里，以上皆三檐。五品，红葫芦，蓝罗表、红里。六品以下，八品以上，惟用蓝绢，皆重檐。雨伞通油绢。庶民不得用罗绢凉伞，许用油纸雨伞。[①]

伞盖的装饰、表里颜色、形状、质料，不同级别官员以及百姓之间，皆有分别。薛允升说："此条系明令，雍正三年修改，道光十二年删定。谨按：言伞盖按品分张，不得僭越也。"唐代伞盖令文，只有断文，特为附列，以见沿革。清例基本沿袭明令，其改动是对伞盖的外层颜色，调整较大。

8. 坟茔等第

晋令

诸葬者，皆不得立祠堂、石碑、石表、石兽。[②]

唐令

《唐令拾遗·丧葬令》十八：诸百官葬，墓田一品方九十步，坟高一丈八尺；二品方八十步，坟高一丈六尺；三品方七十步，坟高一丈四尺；四品方六十步，坟高一丈二尺；五品方五十步，坟高一丈；六品以下方二十步，坟不得过八尺。其域及四隅，四品以上筑阙，五品以上立土堠，余皆封茔而已。[③]

《唐令拾遗·丧葬令》二十：诸碑碣，其文须实录，不得滥有褒饰。五品以上立碑，螭首龟趺，趺上高不得过九尺。七品以上立碣，圭首方趺，趺上高四尺。若隐沦道素、孝义著闻，虽不仕亦立碣。石人、石兽之类，三品以上六，五品以上四。[④]

① 胡星桥、邓又天主编《读例存疑点注》，中国人民公安大学出版社，1994，第310页。

② 《太平御览》卷五八九《文部五·碑》。

③ 仁井田陞：《唐令拾遗》，栗劲、霍存福、王占通、郭延德编译，长春出版社，1989，第764页。

④ 仁井田陞：《唐令拾遗》，栗劲、霍存福、王占通、郭延德编译，长春出版社，1989，第766～767页。

宋令

《宋天圣令·丧葬令》24：诸墓田，一品方九十步，坟高一丈八尺；二品方八十步，坟高一丈六尺；三品方七十步，坟高一丈四尺；四品方六十步，坟高一丈二尺；五品方五十步，坟高一丈；六品以下并方二十步，坟高不得过八尺。其葬地欲博买者，听之。①

《宋天圣令·丧葬令》26：诸碑碣（其文皆须实录，不得滥有褒饰），五品以上立碑，螭首龟趺，趺上高不得过九尺。七品以上立碣，趺上高四尺，圭首方趺。若隐沦道素、孝义著闻者，虽无官品，亦得立碣。其石兽，三品以上六，五品以上四。②

元条格

《大元通制》（节文）：1. 官民坟地禁限：一品，四面各三百步；二品，二百五十步；三品，二百步；四品、五品，一百五十步；六品以下，一百步。庶人及寺观各三十步。若地内安坑坟茔，并免税赋。

2. 品官葬仪：一品用石人四事，石柱二事，石虎、石羊各二事；二品、三品用石人、石柱、石虎、石羊各二事；四品、五品用石人、石虎、石羊各二事。③

明令

《大明令·礼令·服色等第》：一，坟茔石兽。职官一品，茔地九十步，坟高一丈八尺；二品，茔地八十步，坟高一丈四尺；三品，茔地七十步，坟高一丈二尺；以上石兽并六。四品，茔地六十步，五品，茔地五十步，坟高八尺，以上石兽并四。六品，茔地四十步，七品以下二十步，坟高六尺。以上去步皆从茔心各数至边。五品以上，许用碑，龟趺螭首；六品以下，许用碣，方趺圆首。庶人茔地九步，穿心一十八步，止用圹志。④

---

① 天一阁博物馆、中国社会科学院历史研究所天圣令整理课题组校证《天一阁藏明钞本天圣令校证：附唐令复原研究》，中华书局，2006，下册第356页。
② 天一阁博物馆、中国社会科学院历史研究所天圣令整理课题组校证《天一阁藏明钞本天圣令校证：附唐令复原研究》，中华书局，2006，下册第356页。
③ 黄时鉴辑点：《元代法律资料辑存》，浙江古籍出版社，1988，第74页。
④ 《大明律》，怀效锋点校，法律出版社，1999，第252~253页。

清例

服舍违式（9）：坟茔石兽。职官一品，茔地九十步，坟高一丈八尺。二品，茔地八十步，坟高一丈四尺。三品，茔地七十步，坟高一丈二尺。以上石兽并六。四品，茔地六十步。五品，茔地五十步，坟高八尺，以上石兽并四。六品，茔地四十步，七品以下二十步，坟高六尺。以上发步皆从茔心各数至边。五品以上，许用碑，龟趺螭首。六品以下，许用碣，方趺圆首。庶人茔地九步，穿心一十八步，止用圹志。①

薛允升云："此条系明令。谨按：言坟茔按品建造，不得僭越也。与唐律同。"实际上，唐律只是对违规的惩罚，具体规格是规定在令中的。宋令、元条格、明令、清例都是正面规定的规范，而无惩罚性条款。从规定看，清例全用明令，文字几无差异。又，历朝制度，晋令禁止立石碑、石表、石兽，唐以后允许立碑碣，各朝许立品级有差别；茔地、坟高互有不同。

9. 服色制造通例

明令

《大明令·礼令·服色等第》：一，品官服色、鞍辔等物，除官府及应用之家许令织造外，其私下与不应用之家制造者，工匠依律治罪。②

清例

服舍违式（10）：品官服色、鞍辔等物，除官府、应用之家许令织造外，其私下与不应用之家制造者，工匠依律治罪。③

薛允升云："此条系明令。谨按：言品官服色、鞍辔，不应用之家不得制造也。"这是有关各类物品制造的通例性规定。薛允升前款按语说：

---

① 胡星桥、邓又天主编《读例存疑点注》，中国人民公安大学出版社，1994，第310页。
② 《大明律》，怀效锋点校，法律出版社，1999，第253页。
③ 胡星桥、邓又天主编《读例存疑点注》，中国人民公安大学出版社，1994，第310页。

"以上各条均不言治罪之法"，是因为本条有"工匠依律治罪"的规定。但所谓的"依律治罪"，也只是提示性的说法，不是罚则，不能改变其行政法规范的性质。

10. 侍亲

元条格

《通制条格》卷六《选举·服阙求叙》：元贞二年八月，中书省吏部呈：今后见任已除官员，委因亲老，自愿弃职侍养者，宜准作缺，亲终服阕，方许求叙。若朝廷夺情起复者，不拘此例。都省准拟。①

明令

《大明令·礼令·侍亲》：凡官员，祖父母年及七十，果无以次人丁，自愿离职侍养者，听。亲终服满，方许求叙。②

清例

弃亲之任（1）：凡应补、应选人员有亲老情愿终养者，于本省起文时即具呈该地方官转详咨部，在籍终养。若现任官员，祖父母、父母年七十以上，家无次丁者，或有兄弟而笃疾不能侍养，及母老，虽有兄弟而同父异母者，其父母年至八十以上，虽家有次丁，愿请终养者，或出仕后兄弟忽遭事故，无人奉事者，或继父母已故，其本生父母老病，愿请终养者，均不拘历俸三年之限。该督抚查明该员仓谷钱粮并无亏空，任内并无违误，取具印结具题，俱准其回籍终养。俟亲终服满之日，该督抚给咨赴部铨补。如有捏报借名诡避者，发觉之日，将呈请终养之员按律究拟，并将出结各官一并参处。③

薛允升云："此例原系二条，一系前明令，雍正三年增改（按：律必亲年八十以上方准归养，例以年至七十愿归养者，听。亦曲顺人情之意也）。"明令较简，而清例较繁，设定情形复杂，较明令有较大增加。至于

---

① 《通制条格》，黄时鉴点校，浙江古籍出版社，1986，第98～99页。
② 《大明律》，怀效锋点校，法律出版社，1999，第243页。
③ 胡星桥、邓又天主编《读例存疑点注》，中国人民公安大学出版社，1994，第316页。

薛允升所言"律年八十、例年七十"的差异，律以处罚"弃亲之任"为界限，而例以孝亲为着眼点，二者自不同。比较明令与元条格，知明令源自元条格。

（四）明《刑令》与清例在内容上的对应关系

明《刑令》共71条，清例袭用者7条，其中有1条清例参用了2条明令。其转化不多，部分是由于明《刑令》大多为重复律文梗概，如属于《名例律》的五刑、十恶、八议、二罪俱发以重者论，自首免罪，属于《刑律》的诬告反坐等内容，律文俱有，没必要再将其变为例文。另外，清例转化为明令，都属于与各该条律文定罪量刑密切相关的条文，没有相关性或相关性不大的，则不在采用范围内。这是明令被启用的总体背景，也适用于《刑令》这个局部。

清例所涉及《刑令》的，包括坟茔不籍没、警迹年限、烧埋银、司狱、牢狱、检尸告免诸条，大略属于财产犯罪的没收禁制、危险犯的监管与使用、刑事附带民事赔偿、监狱管理者代囚申冤程序、监狱监禁规则、尸体检验的亲属申请免除等。兹依明令标题，按清例顺序，逐一比照如下。

1. 坟茔不籍没与籍没田产

明令

《大明令·刑令·坟茔不籍没》：凡籍没犯人家产、田地，内有祖先茔坟者，不在抄扎之限。[①]

《大明令·刑令·籍没田产》：凡犯籍没者，除反叛外，其余罪犯止没田产、孳畜。[②]

清例

隐瞒入官家产（4）：凡亏空入官房地内，如有坟地及坟园内房屋、看坟人口、祭祀田产，俱还给本人，免其入官变价。[③]

---

① 《大明律》，怀效锋点校，法律出版社，1999，第266页。
② 《大明律》，怀效锋点校，法律出版社，1999，第264页。
③ 胡星桥、邓又天主编《读例存疑点注》，中国人民公安大学出版社，1994，第262页。

对本条清例，薛允升按语云："此条系乾隆元年，刑部议覆侍读学士积德条奏定例。明令：凡籍没家产，除反叛外，其余罪犯止没田产、孳畜，田地内有祖先坟茔者，不在抄没之限。"① 薛允升引明令，显然是综合了上述两条明《刑令》的内容。清例局限于对亏空官员房地的没收，而明令是针对所有犯罪的籍没。但后起的清例，与两条明令之间，还是有清晰的承继关系。另外，清例列举财产更为详细。

2. 警迹年限

元制

《元典章》四十九刑部卷十一《警迹人·盗贼刺断充警迹人》：强盗不该死并切［窃］盗，除断本罪外，初犯者，于右臂上刺"强盗一度"字号；强盗再犯，处死；切［窃］盗再犯者，断罪外，项上刺字（虽会赦，亦刺字）。皆司、县籍记，充警迹人。令村坊常切检察，遇有出处经宿，或移他处，报邻佑知。若经五年不犯者，听主首与邻人保申除籍。如能告及捕获强盗一名，减二年；二名，除籍；切［窃］盗一名，减一年。其附籍后若有再犯，终身拘籍。应据警迹人，除缉捕外，官司不得追逐出入，妨碍营生。②

《警迹人获贼功赏》：凡所在官司籍记警迹贼人，除捕获强盗已有定例，今后如能自首告，及捕获切［窃］盗者，每一名减一半，伍名除籍，余有名数，作常人获贼例理赏。若所获贼数不及减、除者，令当该官司给据，以凭通理。若除籍后再犯者，终身拘籍。③

明令

《大明令·刑令·警迹年限》：凡窃盗已经断放，或徒年役满，并仰原籍官司收充警迹。其初犯刺臂者，二年无过，所在官司保勘，除籍，起去原刺字样。若系再犯刺臂者，须候三年无过，依上保勘。有能拿获强盗三名、窃盗五名者，不限年月，即与除籍、起刺。数多

---

① 胡星桥、邓又天主编《读例存疑点注》，中国人民公安大学出版社，1994，第262页。
② 《大元圣政国朝典章·刑部》，祖生利、李崇兴点校，山西古籍出版社，2004，第268页。
③ 《大元圣政国朝典章·刑部》，祖生利、李崇兴点校，山西古籍出版社，2004，第269页。

者，依常人一体给赏。①

清例

起除刺字（18）：一，窃盗刺字发落之后，责令充当巡警，如实能改悔，历二、三年无过，又经缉获强盗二名以上，或窃盗五名以上者，准其起除刺字，复为良民，该地方官编入保甲，听其各谋生理。若不系盗犯，不准滥行缉拿。②

查《通制条格》、《至正条格》皆缺乏警迹人规定，《元典章·刑部》有，故据以补充。很明显，明令系据元制而定。只不过警迹人范围减为窃盗，再犯年数由五年改为两年或三年，另在除销警迹人身份外，再增起除刺字。清例又据明令再作修改。薛允升说："此系以盗攻盗之意，且使此辈不致终身不齿，盖良法也。"律文禁止私自起除刺字，否则处罪。在做警迹人期间，若能捕盗到一定数量，官为起除刺字。

3. 烧埋银两

对被害之家的补偿，元代创烧埋银制度，明令沿之，清例部分承袭。

元制

《元典章》四十三刑部卷五《烧埋·杀人偿命仍征烧埋银》：至元二年二月，钦奉圣旨条画内一款：凡杀人者，虽偿命讫，仍出烧埋银五十两。若经赦原罪者，倍之。钦此。③

明令

《大明令·刑令·烧埋银两》：凡杀人偿命者，征烧埋银一十两；不偿者，征银二十两。应偿命而遇赦原者，亦追二十两。同谋、下手人，验数均征。给付死者家属。④

---

① 《大明律》，怀效锋点校，法律出版社，1999，第262～263页。
② 胡星桥、邓又天主编《读例存疑点注》，中国人民公安大学出版社，1994，第542页。
③ 《大元圣政国朝典章·刑部》，祖生利、李崇兴点校，山西古籍出版社，2004，第124～125页。
④ 《大明律》，怀效锋点校，法律出版社，1999，第265页。

清例

戏杀误杀过失杀伤人（1）：应该偿命罪囚，遇蒙赦宥，俱追银二十两，给付被杀家属。如果十分贫难者，量追一半。①

薛允升按语说："此条系明令，顺治三年删定。"是明《刑令》中最早被转化为清例者。明令区分偿命、不偿命，征银数量不同；清例不再区分，且只保留遇赦追银一项，范围大为缩减。不过，清代另有"收赎过失杀人绞罪，与被杀之家营葬，折银十二两四钱二分"，及"命案内死罪人犯有奏准赎罪者，追埋葬银四十两"等例，或来自明《问刑条例》，或是清朝自定，构成新的征收规则。

明令显然来自元制。薛允升说："征烧埋银起于元时，盖明律之所由昉也。"《通制条格》、《至元新格》均不见烧埋银之事，唯《元典章·刑部》有之，故据以附列。按，偿命征收相应银两，遇赦免时加倍，是元制；明令遇赦免时，与偿命相同，但不偿命与偿命相比，则是加了倍的。银数多少不同，是币制变化、社会经济情况变化的结果。元代烧埋银也因币制改变先后有变化。

4. 司狱

元条格

《至正条格》卷三十四《条格·狱官·司狱掌禁》：至元十五年九月，山东道提刑按察司照得：随路司狱专掌囚禁，无致差占。②

明令

《大明令·刑令·司狱》：凡各府司狱，专管囚禁。如有冤滥，许令检举申明。如有本府不准，直申宪司。各衙门不许差占……③

清例

狱囚衣粮（2）：凡司狱、吏目、典史专管囚禁，如犯人果有

---

① 胡星桥、邓又天主编《读例存疑点注》，中国人民公安大学出版社，1994，第592页。
② 韩国学中央研究院编《至正条格》（校注本），韩国，2007，第148页。
③ 《大明律》，怀效锋点校，法律出版社，1999，第261页。

冤滥，许管狱官据实申明，如府州县不准，许即直申宪司各衙门提讯。①

薛允升按语说："此条系明令，雍正三年删改，乾隆五年改定。"清例只是使用了明令的部分内容。明令中尚有府州县佐贰官提调牢狱、男女罪囚各另监禁、狱囚患病给药疗、死罪戴枷杻等内容。而按元制，明令的个别条款，来自元条格。只是明令、清例重心在司狱的申冤职能。本条是从司狱官负有代狱囚申诉冤情职责的角度做出的规定，并因此规定了相应的逐级申请报批程序，与现代法之直接规定犯人诉权不同。

5. 牢狱

晋令

《晋令》曰：狱屋皆当完固，厚其草蓐。家人饷馈，狱卒为温暖传致。去家远，无饷馈者，悉给禀，狱卒作食。寒者与衣，疾者给医药。②

《晋令》曰：死罪二械加拲手。③

《晋令》曰：徒着钳者，刑竟录输所送狱官。④

唐令

《唐令拾遗·狱官令》二十八：诸禁囚，死罪枷杻，妇人及流罪以下去杻，其杖罪散禁。年八十及十岁，并废疾、怀孕、侏儒之类，虽犯死罪，亦散禁。⑤

《唐令拾遗·狱官令》三十七：诸狱皆厚铺席荐，夏月置浆水，其囚每月一沐，其纸笔及酒、金刃、钱物、杵棒之类，并不得入。⑥

---

① 胡星桥、邓又天主编《读例存疑点注》，中国人民公安大学出版社，1994，第829页。
② 《太平御览》卷六四三《刑法部九·狱》。
③ 《太平御览》卷六四四《刑法部十·拲》。
④ 《太平御览》卷六四四《刑法部十·钳》。
⑤ 仁井田陞：《唐令拾遗》，栗劲、霍存福、王占通、郭延德编译，长春出版社，1989，第715页。
⑥ 仁井田陞：《唐令拾遗》，栗劲、霍存福、王占通、郭延德编译，长春出版社，1989，第724页。

《唐令拾遗·狱官令》三十八：诸狱囚有疾病，主司陈牒，长官亲验知实，给医药救疾；病重者，脱去枷、锁、杻，仍听家内一人入禁看侍。其有死者，若有他故，随状推断。①

宋令

《宋天圣令·狱官令》36：诸禁囚，死罪枷杻，妇人及流罪以下去杻，其杖罪散禁。若隐情拒讯者，从别敕。年八十以上、十岁以下及废疾、怀孕、侏儒之类，虽犯死罪，亦散禁。②

《宋天圣令·狱官令》51：诸狱皆厚铺席荐，夏月置浆水，其囚每月一沐。其纸笔及酒、金刃、钱物、杵棒之类，并不得入。③

《宋天圣令·狱官令》52：诸狱囚有疾病者，主司陈牒，长官亲验知实，给医药救疗。病重者，脱去枷、锁、杻，仍听家内一人入禁看侍。其有死者，亦即同检，若有它故，随状推科。④

元条格

《至正条格》卷三十四《条格·狱官·罪囚衣粮等》：狱囚有亲属者，并食私粮；无亲属者，官给，每日支米一升，于鼠耗内支破。⑤

同上《囚病亲人入侍》：检会到旧例：诸狱囚有患病疾，主司申提牢官验实，给医药救疗。若囚病重者，脱去枷、锁、杻，仍听家人看视……若有死者，提牢官与司狱检视，有故，随状推治；无他故者，不在覆治之限。⑥

明令

《大明令·刑令·牢狱》：凡牢狱禁系囚徒，年七十以上、十五以

---

① 仁井田陞：《唐令拾遗》，栗劲、霍存福、王占通、郭延德编译，长春出版社，1989，第724页。

② 天一阁博物馆、中国社会科学院历史研究所天圣令整理课题组校证《天一阁藏明钞本天圣令校证：附唐令复原研究》，中华书局，2006，下册第334页。

③ 天一阁博物馆、中国社会科学院历史研究所天圣令整理课题组校证《天一阁藏明钞本天圣令校证：附唐令复原研究》，中华书局，2006，下册第337页。

④ 天一阁博物馆、中国社会科学院历史研究所天圣令整理课题组校证《天一阁藏明钞本天圣令校证：附唐令复原研究》，中华书局，2006，下册第337页。

⑤ 韩国学中央研究院编《至正条格》（校注本），韩国，2007，第148页。

⑥ 韩国学中央研究院编《至正条格》（校注本），韩国，2007，第152页。

下，废疾，散收，轻重不许混杂。枷杻常须洗涤，席荐常须铺置。冬设暖匣，夏备凉浆。无家属者，日给食米一升，冬给絮衣一件，夜给灯油，病给医药，并于本处有司系官钱粮内支散，狱司预期申明关给，毋致缺误。有官者犯私罪，除死罪外，徒、流锁收，杖罪以下散禁。公罪自流以下皆散收。司狱官常切拘钤，狱卒不得苦楚囚人，提牢官不时点视。违者，禁子严行断罪，狱官申牒上司究治。①

清例

狱囚衣粮（3）：凡牢狱禁系囚徒，年七十以上、十五以下、废疾、散收，轻重不许混杂。锁杻常须洗涤，席荐常须铺置，冬设暖床，夏备凉浆。凡在禁囚犯，日给仓米一升，冬给絮衣一件，病给医药。看犯支更禁卒，夜给灯油，并令于本处有司在官钱粮内支放，狱官预期申明关给，毋致缺误。有官者犯私罪，除死罪外，徒、流锁收，杖以下散禁。公罪自流以下皆散收。②

薛允升说："此例原系二条，一系明令（按蔼乎仁人之言），雍正三年改枷杻为锁杻。一系康熙十三年例，乾隆五年删并，四十八年改定。"清例转化明令较早，应早于雍正三年。自然，清例只是截取了明令的前部，并有个别改动。从渊源看，明令、清例，显然综合了三条唐、宋《狱官令》而成；而唐令又经金令为元条格所沿袭，比如上引唐《狱官令》三十八条，就与《至正条格》卷三十四《条格·狱官》的"囚病亲人入侍"条略同。作为基本狱政制度，从各色人锁收（枷杻）、散禁的区别待遇，到席荐、暖匣、凉浆、灯油、医药的提供，再到囚犯衣粮供应，自晋令就已开其端，后世基本遵循。再者，本条明令的综合性特征，也显示得比较充分。在结尾部分，有关于"狱卒不得苦楚囚人"的条文，这本来应作另条规定，却被压缩在有关囚犯拘押、各色供应的条文中。

---

① 《大明律》，怀效锋点校，法律出版社，1999，第 268 页。
② 胡星桥、邓又天主编《读例存疑点注》，中国人民公安大学出版社，1994，第 829～830 页。

6. 检尸告免

明令

《大明令·刑令·检尸告免》：凡诸人自缢、溺水身死，别无他故，亲属情愿安葬，官司详审明白，准告免检。若事主被强盗杀死，苦主告免检者，官为相视伤损，将尸给亲埋葬。其狱囚患病，责保看治而死者，情无可疑，亦许亲属告免检复外，据杀伤而死者，亲属虽告，不听免检。[①]

清例

检验尸伤不以实（2）：诸人自缢、溺水身死，别无他故，亲属情愿安葬，官司详审明白，准告免检。若事主被强盗杀死，苦主自告免检者，官与相视伤损，将尸给亲埋葬。其狱囚患病，责保看治而死者，情无可疑，亦许亲属告免复检。若据杀伤而死者，亲属虽告，不听免检。[②]

明令与清例，除个别字句外，基本相同。薛允升说："此条系明令，洪武年间定。"其实，所谓家属请求免检，《元典章》刑部卷五"检验"门有"被盗杀死免检"条，[③] 或与明令、清例的第二项相关。此外，薛允升引《大清律辑注》说："此二条乃检验之通例，所以补律之未备也。"此句看似不经意，却道出了一个真谛：清例是在清代整体缺乏明令规范的情况下，撷拾明令来"补律之未备"的。本条检验通例的这一功能，也是全部清例的功能。

（五）简短的结论

通过仔细剖解明代《户令》、《礼令》、《兵令》、《刑令》与清例在内容上的对应关系，再大范围地对照晋令、唐令、宋令、元条格与明

---

① 《大明律》，怀效锋点校，法律出版社，1999，第 266 页。

② 胡星桥、邓又天主编《读例存疑点注》，中国人民公安大学出版社，1994，第 864 页。

③ 参见《大元圣政国朝典章·刑部》，祖生利、李崇兴点校，山西古籍出版社，2004，第 124 页。

令、清例之间的沿袭关系，可以清楚地看到：尽管晋令、唐令、宋令及元条格具有更大的规模，其中的唐令有 1500 多条，而明令只有区区 145 条，清例对明令的转化再度缩减，但一些基本的或核心的条文，在古代令制范围内，还是得到了有效传承的。比如，由"无子立嗣"、"招婿"、"户绝财产"、"夫亡守志"、"祖父母在析居"、"子孙承继"等条确立的家庭财产及门户的传继，由"嫁娶主婚"等确立的家长主婚权，"七出"条确立的离婚规则等婚姻事项，由"服色等第"而确立的贵贱等级制度，由"司狱"、"牢狱"等而确立的狱政、诉讼规则，都是当时民事、行政活动的基本规则。

在基本层面，明令往往是高度浓缩晋唐宋令乃至元条格的原规定，将多条压缩在一条之中，合并两条甚至三条为一条；在文字表述上，也力求简明扼要。朱元璋称，"古者律、令至简，后世渐以繁多，甚至有不能通其义者"，故他"所定律、令，芟繁就简，使之归一，直言其事，庶几人人易知而难犯"，[1] 应是明令条数少而且字数少的原因。不过，高度浓缩，也是明令条数虽少，却足乎使用的原因。文后附表可以从总体上看到这种一目了然的对应关系。当然，最明显的是清例对明令的承继，条文改动不大，存在明确的一一对应关系。甚至有什么修改，在哪年修改的，都可清楚地考证出来。

之所以要追溯到晋唐宋令，是为了追踪明令之远源；而较多地比照元条格，则是为了追踪明令的近源。明律、令仿唐立制，在律的方面较多、较浓，而令的方面，只是仿其精神。故明令未脱开元制，其许多条文直接脱胎于元条格，痕迹至为明显。且不说元人创制的烧埋银、警迹人、急递铺等特色制度及"割衫襟为亲"等形象语言，被明令所沿用，就是其他制度，也被沿袭。盖法律制度包括其术语，时代越近，越为时人所熟悉，远绍前朝会带来不便。自然，元制也不是凭空而来。元人所称"旧例"，往往是金宋制度，而金宋制度又来自唐，这就是我们看到的许多规定得以一脉相承的缘故。

清例采用明令，使得《大清律例》多少呈现出"法律大全"的性质。因为除了律文和部分例文属于刑事上定罪量刑层面的规范外，兼有的这部

---

① 《大明律》附录《颁行大明令诏》，怀效锋点校，法律出版社，1999，第 229 页。

分不带罚则的非惩罚性条款，即属于民事、行政、诉讼法律的条款，附赘于刑事规范之下。律文立制的基础和依据在"例"中，互相参看才能准确理解和适用。将《大清律例》与《宋刑统》比较，二者相似之处甚多（见表1）。

表 1　附：晋令、唐令、宋令、明令及元条格与清例对应

相关内容	晋令（268年）	唐令（开元前令719年）	宋令（天圣令1029年）	元条格（1323年、1346年）	明令（1367年）	清例（1740年）
无子立嗣	《通典》卷六九《嘉礼十四》东晋陈序引令	《唐令拾遗·户令》第十四条，养子	《名公书判清明集》卷八《户婚门·立继类》翁浩堂引令		《户令·无子立嗣》	立嫡子违法（1）
夫亡守志		《唐令拾遗·户令》第二十七条，分田宅及财物		《通制条格》卷四《户令·亲属分财》、《嫁娶》	《户令·夫亡守志》	立嫡子违法（2）
祖父母在析居		《唐令拾遗·户令》第十六条，欲析出口为户		《通制条格》卷三《户令·亲在分居》	《户令·祖父母在析居》	别籍异财（1）
子孙承继		《唐令拾遗·户令》第二十七条，分田宅及财物		《通制条格》卷四《户令·亲属分财》	《户令·子孙承继》	卑幼私擅用财（1）
户绝财产		《唐令拾遗·丧葬令》第二十一条，身丧户绝	《宋天圣令·丧葬令》第27条	《通制条格》卷三《户令·户绝财产》	《户令·户绝财产》	卑幼私擅用财（2）

相关内容	晋令（268年）	唐令（开元前令719年）	宋令（天圣令1029年）	元条格（1323年、1346年）	明令（1367年）	清例（1740年）
嫁娶主婚		《唐令拾遗·户令》第二十九条，伯叔及兄弟主婚	《名公书判清明集》卷八《户婚门·立继类》翁浩堂引令	《通制条格》卷三《户令·嫁娶所由》	《户令·嫁娶主婚》（1）	男女婚姻（1）
指腹为亲				《通制条格》卷四《户令·嫁娶》	《户令·指腹为亲》	男女婚姻（2）
招婿				《通制条格》卷三《户令·婚姻礼制》，卷四《户令·嫁娶》	《户令·招婿》	男女婚姻（3）
七出		《唐令拾遗·户令》第三十五条，弃妻须有七出之状		《通制条格》卷四《户令·嫁娶》	《户令·七出》	出妻（1）
别行改嫁				《通制条格》卷四《户令·嫁娶》	《户令·嫁娶主婚》（2）	出妻（2）
店历		《宋刑统》卷十二《户婚·死商钱物》引《主客式》			《户令·店历》	私充牙行埠头（1）

相关内容	晋令（268 年）	唐令（开元前令 719 年）	宋令（天圣令 1029 年）	元条格（1323 年、1346 年）	明令（1367 年）	清例（1740 年）
服色等第		《唐令拾遗·衣服令》第六十六条，服饰等级上得兼下		《通制条格》卷九《衣服·服色》	《礼令·服色等第》（1）	服舍违式（2）
房舍等第		《唐令拾遗·营缮令》第四条，王公已下舍屋	《宋天圣令·营缮令》第5条		《礼令·服色等第》（2）	服舍违式（3）
庶民衣服	《太平御览》卷八二、卷六九七、卷七一八、卷七七五引《晋令》			《通制条格》卷九《衣服·服色》	《礼令·服色等第》（3）	服舍违式（4）
帐幔等第	《太平御览》卷六九九引《晋令》			《通制条格》卷九《衣服·服色》	《礼令·服色等第》（4）	服舍违式（5）
鞍辔等第				《通制条格》卷九《衣服·服色》	《礼令·服色等第》（5）	服舍违式（6）
器皿等第				《通制条格》卷九《衣服·服色》	《礼令·服色等第》（6）	服舍违式（7）

相关内容	晋令（268 年）	唐令（开元前令 719 年）	宋令（天圣令 1029 年）	元条格（1323 年、1346 年）	明令（1367 年）	清例（1740 年）
伞盖等第		《唐令拾遗·衣服令》第六十一条，伞即盖；《仪制令》第二十条，皇太子以下伞			《礼令·服色等第》（7）	服舍违式（8）
坟茔等第	《太平御览》卷五八九引《晋令》	《唐令拾遗·丧葬令》第十八条，百官墓田；第二十条，品官碑碣	《宋天圣令·丧葬令》第24条、26条	《大元通制》（节文）：官民坟地禁限；品官葬仪	《礼令·服色等第》（8）	服舍违式（9）
品官服不许私造					《礼令·服色等第》（9）	服舍违式（10）
侍亲				《通制条格》卷六《选举·服阙求叙》	《礼令·侍亲》	弃亲之任（1）
急递铺兵				《至正条格》卷五《断例·职制·整点急递铺》	《兵令·急递铺兵》	铺舍损坏（1）
坟茔不籍没					《刑令·坟茔不籍没》、《籍没田产》	隐瞒入官家产（4）

续表

相关内容	晋令（268年）	唐令（开元前令719年）	宋令（天圣令1029年）	元条格（1323年、1346年）	明令（1367年）	清例（1740年）
警迹年限				《元典章》四十九刑部卷十一《警迹人》	《刑令·警迹年限》	起除刺字（18）
烧埋银				《元典章》四十三刑部卷五《烧埋》	《刑令·烧埋银两》	戏杀误杀过失杀伤人（1）
司狱				《至正条格》卷三四《条格·狱官·司狱掌禁》	《刑令·司狱》	狱囚衣粮（2）
牢狱	《太平御览》卷六四三、卷六四四引《晋令》3处	《唐令拾遗·狱官令》第二十八条，禁囚死罪枷杻；第三十七条，狱皆厚铺席荐；第三十八条，狱囚有疾病给医药	《宋天圣令·狱官令》第36条、51条、52条	《至正条格》卷三四《条格·狱官·罪囚衣粮等》、《囚病亲人入侍》	《刑令·牢狱》	狱囚衣粮（3）
检尸告免					《刑令·检尸告免》	检验尸伤不以实（2）

附录　中国古代令研究论文著作目录

（1932～2016 年）

论文目录

通　代

陈顾远:《中国法制史上之法与令》,《中华法学杂志》第 3 卷第 8 期, 1932 年。

堀敏一:《中国律令法典的形成——其概要及问题》, 李柏享译,《大陆杂志》1985 年第 1 期。

罗新本:《我国古代惩治官员赌博法令考述》,《现代法学》1990 年第 2 期。

池田温:《中国令と日本令——篇目と条文数をめぐって》, 载《周一良先生八十生日纪念论文集》编委会编《周一良先生八十生日纪念论文集》, 中国社会科学出版社, 1993。

谢天长:《我国古代工商法令的基本倾向及其对经济、政治结构的影响》,《浙江省政法管理干部学院学报》1994 年第 1 期。

吴怀民:《试论中国古代律令法及其在世界法制史上的地位》,《福建师范大学学报》(哲学社会科学版) 1997 年第 3 期。

张建国:《中国律令法体系概论》,《北京大学学报》(哲学社会科学版) 1998 年第 5 期。

李玉生：《略论中国古代令的发展及其特点》，《中州学刊》1998 年第
6 期。

陈彦友：《漫话历代惩贪律令》，《党风通讯》1999 年第 6 期。

默雷：《历史上禁断邪教的言论和法令撷拾》，《法音》1999 年第
9 期。

杨扬：《中国古代的十类惩腐律令》，《四川宣传》2001 年第 7 期。

王毓明：《封建禁赌法令价值及其效果匮乏之原因》，《法治论丛》
2002 年第 3 期。

池田温：《律令法》，徐世虹译，载杨一凡总主编《中国法制史考证》
丙编第 1 卷，中国社会科学出版社，2003。

汤莉莉：《从典章律令看中国古代收集证据和勘验》，《档案与建设》
2006 年第 1 期。

周子良：《中国古代的土地法令与户的产权》，载王继军主编《三晋
法学》第 5 辑，中国法制出版社，2010。

刘广安：《令在中国古代的作用》，《中外法学》2012 年第 2 期。

刘笃才：《律令法体系向律例法体系的转换》，《法学研究》2012 年第
6 期。

刘秋彤：《论中国历代档案律令的发展演变》，《兰台世界》2013 年第
13 期。

魏昕：《诏令文类的细化发展及其成因》，《兰台世界》2014 年第
4 期。

范忠信：《律令关系、礼刑关系与律令制法律体系演进——中华法系
特征的法律渊源角度考察》，《法律科学》2014 年第 4 期。

魏昕：《文体学视阈下的诏令形成》，《盐城工学院学报》（社会科学
版）2016 年第 1 期。

战国秦代

许庆发：《秦代的邮驿法令》，《集邮》1981 年第 7 期。

张炳武：《"燔诗书而明法令"辨疑》，《沈阳师范大学学报》（社会科
学版）1982 年第 1 期。

邢义田：《秦汉的律令学——兼论曹魏律博士的出现》，《中央研究院历史语言研究所集刊》第 54 本第 4 分册，1983。

张君：《谈楚令》，《江汉论坛》1989 年第 10 期。

沈长云：《从银雀山竹书〈守法〉、〈守令〉等十三篇论及战国时期的爰田制》，《中国社会经济史研究》1991 年第 2 期。

张建国：《秦令与睡虎地秦墓竹简相关问题略析》，《中外法学》1998 年第 6 期。

李力：《从银雀山汉简〈守法守令等十三篇〉看齐国法制》，载韩延龙主编《法律史论集》第 2 卷，法律出版社，1999。

桂齐逊：《秦汉律令关于"刑事责任能力"相关规范解析》，《华冈文科学报》2003 年第 26 期。

蔡万进、陈朝云：《里耶秦简秦令三则探析》，《许昌学院学报》2004 年第 6 期。

南玉泉：《秦令的演化及其在法律形式中的地位》，《考古与文物》2005 年第 2 期。

张军：《简牍所见秦律令》，《新西部》（下半月）2008 年第 8 期。

于振波：《秦律令中的"新黔首"与"新地吏"》，《中国史研究》2009 年第 3 期。

孙瑞：《西周、春秋时期颁布令书传播信息的方法和渠道》，《学习与探索》2011 年第 6 期。

徐世虹：《秦汉法律研究百年（二）——1920～1970 年代中期：律令体系研究的发展时期》，载中国政法大学法律古籍整理研究所编《中国古代法律文献研究》第 6 辑，社会科学文献出版社，2013。

广濑薰雄：《秦汉时代律令辨》，载中国政法大学法律古籍整理研究所编《中国古代法律文献研究》第 7 辑，社会科学文献出版社，2014。

欧扬：《岳麓秦简"毋夺田时令"探析》，《湖南大学学报》（社会科学版）2015 年第 3 期。

李俊强：《秦汉令制定考论》，《文史博览》（理论）2016 年第 1 期。

李勤通、周东平：《秦汉初期律令中的史官职业教育体系》，《现代大学教育》2016 年第 1 期。

丁太魁：《论大禹对中国古代诏令体式的建构》，《铜仁学院学报》

2016 年第 2 期。

周海锋：《秦律令之流布及随葬律令性质问题》，《华东政法大学学报》2016 年第 4 期。

孙瑞、王会斌：《西周、春秋直记君令管理令书的方法与目的》，《甘肃社会科学》2016 年第 4 期。

张韶光：《秦汉简牍报书中"它有律令"研究》，《通化师范学院学报》2016 年第 7 期。

汉代

初师宾：《居延简册〈甘露二年丞相御史律令〉考述》，《考古》1980 年第 2 期。

岳庆平：《主父偃献策推恩与汉武帝下推恩令应为元朔二年辨》，《北京大学学报》1985 年第 2 期。

李学勤：《论银雀山简〈守法〉、〈守令〉》，《文物》1989 年第 9 期。

大庭脩：《律令法系的演变与秦汉法典》，马小红译，《中外法学》1990 年第 1 期。

王健文：《西汉律令与国家正当性——以汉律中的"不道"为中心》，（台湾）《新史学》1992 年第 3 期。

李均明、刘军：《武威旱滩坡出土汉简考述——兼论"挈令"》，《文物》1993 年第 10 期。

张建国：《试析汉初"约法三章"的法律效力——兼谈"二年律令"与萧何的关系》，《法学研究》1996 年第 1 期。

邢义田：《月令与西汉政治——从尹湾集簿中的"以春令成户"说起》，（台湾）《新史学》1998 年第 1 期。

高恒：《汉简中所见令文辑考》，载杨振红、邬文玲主编《简帛研究》第 3 辑，广西教育出版社，1998 年。

徐世虹：《汉令甲、乙、丙辨正》，载杨振红、邬文玲主编《简帛研究》第 3 辑，广西教育出版社，1998 年。

罗鸿瑛：《汉简中的敬老养老法令析》，载陈金全、李鸣、杨玲主编《中国传统法律文化与现代法治》，《法律史论丛》第 7 辑，重庆出版社，2000。

李均明：《〈二年律令·具律〉中应分出〈囚律〉条款》，《郑州大学学报》（哲社版）2002 年第 3 期。

于振波：《从悬泉置壁书看〈月令〉对汉代法律的影响》，《湖南大学学报》2002 年第 5 期。

王子今、马振智：《张家山汉简〈二年律令·秩律〉所见巴蜀县道设置》，《四川文物》2002 年第 5 期。

王子今：《汉初查处官员非法收入的制度——张家山汉简〈二年律令〉研读札记》，《政法论坛》2002 年第 5 期。

徐世虹：《张家山二年律令简所见汉代的继承法》，《政法论坛》2002 年第 5 期。

南玉泉：《张家山汉简〈二年律令〉所见刑罚原则》，《政法论坛》2002 年第 5 期。

朱绍侯：《西汉初年军公爵制的等级划分——〈二年律令〉与军公爵制研究之一》，《河南大学学报》2002 年第 5 期。

高敏：《从〈二年律令〉看西汉前期的赐爵制度》，《文物》2002 年第 9 期。

高凯：《〈二年律令〉与汉代女性权益保护》，《光明日报》2002 年 11 月 5 日。

朱绍侯：《吕后二年赐田宅制度试探——〈二年律令〉与军功爵制研究之二》，《史学月刊》2002 年第 12 期。

高恒：《汉代壁书〈四时月令五十条〉论考》，载韩延龙主编《法律史论集》第 4 卷，法律出版社，2002。

周振鹤：《〈二年律令·秩律〉的历史地理意义》，《学术月刊》2003 年第 1 期。

陈伟：《张家山汉简〈津关令〉涉马诸令研究》，《考古学报》2003 年第 1 期。

王子今、刘华祝：《说张家山汉简〈二年律令·津关令〉所见五关》，《中国历史文物》2003 年第 1 期。

朱绍侯：《从〈二年律令〉看汉初二十级军功爵制研究之四》，《河南大学学报》2003 年第 2 期。

阎步克：《论张家山汉简〈二年律令〉中的"宦皇帝"》，《中国史研究》2003 年第 3 期。

高敏：《从张家山汉简〈二年律令〉看西汉前期的土地制度——读〈张家山汉墓竹简〉札记之三》，《中国经济史研究》2003 年第 3 期。

韩树峰：《秦汉律令中的完刑》，《中国史研究》2003 年第 4 期。

邢义田：《从张家山汉简〈二年律令〉论秦汉的刑期问题》，《台大历史学报》2003 年第 31 期。

徐世虹：《张家山二年律令简中的损害赔偿之规定》，载饶宗颐主编《华学》第 6 辑，紫禁城出版社，2003。

李均明：《张家山汉简〈二年律令〉概述》，载长沙市文物考古研究所编《长沙三国吴简暨百年来简帛发现与研究国际学术研讨会论文集》，湖南人民出版社，2003。

阎布克：《〈二年律令·秩律〉的中二千石秩级阙如问题》，《河北学刊》2003 年第 5 期。

高敏：《〈张家山汉墓竹简·二年律令〉中诸律的制作年代试探》，《史学月刊》2003 年第 9 期。

姜建设：《从〈二年律令〉看汉律对渎职罪的处罚》，《史学月刊》2004 年第 1 期。

王学雷：《〈二年律令·史律〉的性质及"史书"》，《中国书画》2004 年第 2 期。

陈战峰：《〈张家山汉墓竹简·二年律令〉中的教育问题和现代意义》，《长安大学学报》2004 年第 2 期。

王惠英：《从〈二年律令〉看汉初丞相与御史大夫的关系》，《徐州师范大学学报》（哲学社会科学版）2004 年第 3 期。

南玉泉：《论秦汉的律与令》，《内蒙古大学学报》（哲学社会科学版）2004 年第 3 期。

杨振红：《月令与秦汉政治再探讨——兼论月令源流》，《历史研究》2004 年第 3 期。

连劭名：《〈二年律令〉与汉初传驿制度》，《四川文物》2004 年第 4 期。

王纪潮：《张家山汉简〈具律〉的流变及"斩右趾"罪的弃市问

题——读江陵张家山〈二年律令·具律〉札记》，《东南文化》2004 年第 4 期。

许道胜：《张家山汉简〈二年律令·贼律〉补释》，《江汉考古》2004 年第 4 期。

王彦辉：《论张家山汉简中的军功名田宅制度》，《东北师大学报》2004 年第 4 期。

王瑷珲：《从〈二年律令〉看汉初的以法治吏》，《边疆经济与文化》2004 年第 5 期。

于振波：《从悬泉置壁书看〈月令〉在汉代的法律地位》，《绿叶》2004 年第 5 期。

高叶青：《汉代的罚金和赎刑——〈二年律令〉研读札记》，《南都学坛》2004 年第 6 期。

沈刚：《〈张家山汉简·二年律令〉所见汉初国家对基层社会的控制》，《学术月刊》2004 年第 10 期。

曹旅宁：《说张家山汉简〈二年律令〉中的"诸侯"》，载周天游主编《陕西历史博物馆馆刊》第 11 辑，三秦出版社，2004。

龚留柱：《论张家山汉简〈津关令〉之"禁马出关"——兼与陈伟先生商榷》，《史学月刊》2004 年第 11 期。

张积：《令甲、挈令、科辨义》，载中国政法大学法律古籍整理研究所编《中国古代法律文献研究》第 2 辑，中国政法大学出版社，2004。

臧知非：《秦汉"傅籍"制度与社会结构的变迁——以张家山汉简〈二年律令〉为中心》，《人文杂志》2005 年第 1 期。

张荣强：《〈二年律令〉与汉代课役身份》，《中国史研究》2005 年第 2 期。

朱红林：《张家山汉简〈贼律〉集释》，《古籍整理研究学刊》2005 年第 2 期。

陈战峰：《从〈张家山汉墓竹简·二年律令〉看两种货币与汉初社会》，《西安电子科技大学学报》（社会科学版）2005 年第 2 期。

杨振红：《从〈二年律令〉的性质看汉代法典的编纂修订与律令关系》，《中国史研究》2005 年第 4 期。

张鹤泉：《〈二年律令〉所见二十等爵对西汉初年国家统治秩序的影

响》，《吉林师范大学学报》（人文社科版）2005 年第 3 期。

王彦辉：《〈二年律令·置后律〉中的若干问题》，《古籍整理研究学刊》2005 年第 6 期。

万荣：《张家山汉简〈二年律令〉之"司寇""城旦舂"名分析》，《晋阳学刊》2005 年第 6 期。

杨振红：《秦汉律篇二级分类说：论〈二年律令〉二十七种律均属九章》，《历史研究》2005 年第 6 期。

刘敏：《从〈二年律令〉论汉代"孝亲"的法律化》，《南开大学学报》（哲学社会科学版）2006 年第 2 期。

刘欢：《关于〈二年律令〉颁行年代的探析》，《考古与文物》2006 年第 2 期。

王宁：《也谈张家山汉简〈二年律令〉的颁行年代》，《鲁东大学学报》（哲学社会科学版）2006 年第 3 期。

万荣：《浅析张家山汉简〈二年律令·贼律〉所见刑名的刑等》，《江汉考古》2006 年第 3 期。

王子今：《汉代的食品卫生法规——张家山汉简〈二年律令〉研读札记》，《考古与文物》2006 年第 3 期。

王兴华：《略论〈二年律令〉中刑罚的从重原则》，《长春师范学院学报》（人文社会科学版）2006 年第 4 期。

张淑一：《〈张家山汉简《二年律令》集释〉评价》，《中国史研究动态》2006 年第 6 期。

杨颉慧：《从张家山汉简〈二年律令〉看汉初法典的儒家化》，《学术论坛》2006 年第 10 期。

崔永东：《张家山汉简〈二年律令〉中的刑罚原则与刑罚体系》，载张中秋编《法律史学科发展国际学术研讨会文集》，中国政法大学出版社，2006。

王彦辉：《〈二年律令·户律〉与高祖五年诏书的关系》，《湖南大学学报》2007 年第 1 期。

顾丽华：《张家山汉简〈二年律令〉研究述评》，《南都学坛》2007 年第 2 期。

宋国华：《析〈二年律令·田律〉"诸马牛到所"条——兼与曹旅宁

先生商榷》，《法制与社会》2007 年第 2 期。

董平均：《〈二年律令〉所见"卿"与"卿侯"献疑》，《首都师范大学学报》（社会科学版）2007 年第 2 期。

周波：《读张家山汉简〈二年律令〉札记》，《古籍整理研究学刊》2007 年第 2 期。

朱红林：《张家山汉简〈盗律〉集释》，《江汉考古》2007 年第 2 期。

鲁家亮：《试论张家山汉简〈收律〉及其相关的几个问题》，《古籍整理研究学刊》2007 年第 2 期。

程政举：《〈二年律令〉所反映的汉代告诉制度》，《华东政法学院学报》2007 年第 3 期。

朱继平：《汉初捕律探研——张家山汉简〈二年律令·捕律〉研读拾零》，《江汉考古》2007 年第 3 期。

王子今：《张家山汉简〈二年律令·史律〉"学童"小议》，《文博》2007 年第 6 期。

李力：《张家山汉简所见"隶臣妾"身份再研究——以〈二年律令〉和〈奏谳书〉为根据》，《兴大历史学报》2007 年第 18 期。

邢义田：《从张家山汉简〈二年律令〉重论秦汉的刑期问题》，《台大历史学报》2003 年第 31 期；又载中国政法大学法律古籍整理研究所编《中国古代法律文献研究》第 3 辑，中国政法大学出版社，2007。

徐世虹：《近年来〈二年律令〉与秦汉法律体系研究述评》，载中国政法大学法律古籍整理研究所编《中国古代法律文献研究》第 3 辑，中国政法大学出版社，2007。

李力：《评朱红林〈张家山汉简《二年律令》集释〉》，（台湾）《新史学》2007 年第 4 期。

张兴林：《从〈二年律令〉看汉初核验与审计》，《重庆工学院学报》（社科版）2008 年第 1 期。

曾加：《〈二年律令·具律〉中的法律诉讼程序与法律思想》，《西北大学学报》（哲社版）2008 年第 1 期。

李孝林：《〈二年律令〉：汉承秦制而发展之》，《重庆工学院学报》（社会科学版）2008 年第 1 期。

曹旅宁：《〈二年律令〉与秦汉继承法》，《陕西师范大学学报》2008

年第 1 期。

贾鸿：《〈二年律令〉所见西汉"户赋"制度》，《重庆工学院学报》（社会科学版）2008 年第 1 期。

吴婷婷：《从〈二年律令〉看汉代初期的经济管理》，《重庆理工大学学报》（社会科学版）2008 年第 1 期。

梁莉：《〈二年律令〉中的工商业税和徭役史料研究》，《重庆工学院学报》（社会科学版）2008 年第 1 期。

王三峡：《〈二年律令〉中的并列结构》，《长江大学学报》（社会科学版）2008 年第 2 期。

金勇：《"亲亲相隐"法律化始于〈二年律令〉》，《天中学刊》2008 年第 3 期。

方原：《张家山汉简〈二年律令〉所见公法与陋俗之争》，《南都学坛》2008 年第 3 期。

张淑一：《张家山汉简所见汉代婚姻禁令》，《史学集刊》2008 年第 3 期。

曹小云：《试论张家山汉简〈二年律令〉的语料价值》，《古汉语研究》2008 年第 3 期。

张忠炜：《〈二年律令〉年代问题研究》，《历史研究》2008 年第 3 期。

晋文、李伟：《从〈二年律令·户律〉看汉初立户分户问题》，《中国农史》2008 年第 3 期。

刘国胜：《汉代官贵法律特权——〈二年律令〉主体身份地位解读》，《喀什师范学院学报》2008 年第 4 期。

孙琳：《张家山汉简〈二年律令〉中的女性政策》，《沧桑》2008 年第 4 期。

王彦辉、薛洪波、刘举：《对〈二年律令〉有关土地、田赋、继承制度中几则释文的思考》，《东北师大学报》（哲学社会科学版）2008 年第 4 期。

魏慈德：《从出土汉简来看〈说文〉所引汉律令》，《政大中文学报》2008 年第 9 期。

赵小平：《张家山汉简〈二年律令〉中的"城邑亭障"考证》，《新西部（下半月）》2008 年第 12 期。

魏文莉：《古今继承法——从现行法律看张家山汉简〈二年律令·置后律〉》，《法制与社会》2008 年第 28 期。

崔永东：《汉简〈二年律令〉研究二题——兼及汉律中的和谐价值观》，载曾宪义主编《法律文化研究》第 4 辑，中国人民大学出版社，2008。

李方：《张家山汉简〈二年律令〉有关汉代边防的法律》，《中国边疆史地研究》2009 年第 2 期。

冯勇：《简论〈盗律〉对〈二年律令〉的影响》，《西北大学学报》（哲学社会科学版）2009 年第 2 期。

张朝阳：《张家山〈二年律令〉与〈风俗通义〉中两则案例的对读》，《史林》2009 年第 4 期。

翟芳：《从二年律令对不孝罪的规定看汉初的以孝入律》，《理论界》2009 年第 11 期。

吴凡明：《从〈二年律令〉看汉初孝道伦理与法制的混融》，《求索》2009 年第 11 期。

周美华：《〈二年律令〉中的"置后"与"户后"继承制度》，《东吴中文学报》2009 年第 18 期。

徐世虹：《关于〈二年律令·具律〉部分条文的归属问题》，载陈金全、汪世荣主编《中国传统司法与司法传统》，陕西师范大学出版社，2009。

郭永秉：《张家山汉简〈二年律令〉和〈奏谳书〉释文校读记》，载《语言研究集刊》编委会编《语言研究集刊》，上海辞书出版社，2009。

夏增民：《从张家山汉简〈二年律令〉推论汉初女性社会地位》，《浙江学刊》2010 年第 1 期。

戴世君：《张家山汉简〈二年律令〉研读六则》，《杭州师范大学学报》（社会科学版）2010 年第 2 期。

李力：《发现最初的混合法：从睡虎地秦简到张家山汉简》，《河北法学》2010 年第 2 期。

阎盛国：《再论"击匈奴降者赏令"及其颁布时间》，《宁夏大学学报》（人文社会科学版）2010 年第 3 期。

丁光勋：《简析〈二年律令〉的史料价值》，《档案学通讯》2010 年第 3 期。

贾文丽：《关于〈二年律令·户律〉受田宅对象的探讨——兼与李恒全同志商榷》，《首都师范大学学报》（社会科学版）2010 年第 3 期。

郭浩：《汉文帝〈养老令〉考辨》，《合肥师范学院学报》2010 年第 4 期。

徐世虹：《出土秦汉法律文献整理研究的新成果——读〈二年律令与奏谳书——张家山二四七号汉墓出土法律文献释读〉》，《政法论坛》2010 年第 4 期。

支振锋：《张家山汉简〈二年律令〉中的"诸侯"：历史笺释与法律考辨》，《华东政法大学学报》2010 年第 4 期。

翟芳：《从〈二年律令〉看黥刑在汉初的运用》，《史学月刊》2010 年第 6 期。

崔永东：《〈二年律令〉中的家庭和谐观》，《人民法院报》2010 年 6 月 11 日。

黄怡君：《从张家山汉简〈二年律令·秩律〉谈汉初的尚书》，《史原》2010 年第 22 期。

黄怡君、游逸飞、李丞家、盈君、李协展：《张家山汉简〈二年律令·置吏律〉译注》，《史原》2010 年第 22 期。

连宏：《〈二年律令·贼律〉中的罪名及其法律问题研究》，《社会科学战线》2010 年第 11 期。

张忠炜：《秦汉律令关系试探》，《文史哲》2011 年第 6 期。

骈宇骞：《出土简牍法律文书述略》，《中国典籍与文化》2011 年第 4 期。

赵凯：《〈汉书·文帝纪〉"养老令"新考》，《南都学坛》2011 年第 6 期。

连宏：《〈二年律令·贼律〉中所见罪名及其法律精神研究》，载霍存福、吕丽主编《中国法律传统与法律精神——中国法律史学会成立 30 周年纪念大会暨 2009 年会论文集》，山东人民出版社，2010。

王伟：《张家山汉简〈二年律令〉札记三则》，载中国政法大学法律古籍整理研究所编《中国古代法律文献研究》第 4 辑，法律出版社，2010。

宫宅洁：《张家山汉简〈二年律令〉解题》，李力译，载曾宪义主编《法律文化研究》第 6 辑，中国人民大学出版社，2010。

冯申：《〈二年律令〉中所见的谋杀罪》，《黑龙江省政法管理干部学院学报》2011 年第 1 期。

朱圣明：《西汉初年"继母"与"亲母"法律地位的比较研究——以〈张家山汉简·二年律令〉为视角》，《中国社会经济史研究》2011 年第 2 期。

徐世虹：《百年回顾：出土法律文献与秦汉令研究》，《上海师范大学学报》（哲学社会科学版）2011 年第 5 期。

冯卓慧：《从〈四时月令〉诏令看汉代的农业经济立法》，《甘肃政法学院学报》2011 年第 3 期。

于洪涛：《近三年岳麓书院藏秦简研究综述》，《鲁东大学学报》（哲学社会科学版）2011 年第 6 期。

陈治国：《对张家山汉简〈二年律令·秩律〉一条律文的理解》，《中国国家博物馆馆刊》2011 年第 6 期。

张俊民：《悬泉汉简所见律令文与张家山〈二年律令〉》，《秦汉研究》2011 年第 00 期。

李冠廷、游逸飞：《张家山汉简〈二年律令·均输律〉译注》，《史原》2011 年第 23 期。

游逸飞：《汉代法制研究新取径——以〈二年律令〉与〈名公书判清明集〉的禁赌为例》，《史原》2011 年第 23 期。

薛洪波：《评〈张家山汉简《二年律令》与汉代社会研究〉》，《社会科学战线》2011 年第 11 期。

蒋海丰：《〈二年律令〉中的"先令"制度考述》，《成功》（教育版）2011 年第 12 期。

李昭毅：《试释〈二年律令·秩律〉所见卫尉五百将、卫尉士吏和卫官校长》，《早期中国史研究》2011 年第 2 期。

孙瑞、钟文荣：《从张家山汉简〈二年律令〉看汉代处罚文书犯罪的特点》，《法制与社会发展》2012 年第 1 期。

王彦辉：《关于〈二年律令〉年代及性质的几个问题》，《古代文明》

2012 年第 1 期。

曹旅宁：《张家山 336 号汉墓〈功令〉的几个问题》，《史学集刊》2012 年第 1 期。

康丽娜：《西汉统治者的农业思想——以西汉诏令为中心》，《农业考古》2012 年第 1 期。

张永堃：《〈二年律令〉所见汉初立户分户问题的再探讨》，《南京晓庄学院学报》2012 年第 2 期。

李晓菊：《〈西汉诏令〉的编纂及其得失》，《史学史研究》2012 年第 3 期。

周美华：《〈二年律令〉中"五大夫"的地位释析》，《东吴中文学报》2012 年第 23 期。

邱宇、刘秀慧：《汉初诏令与〈淮南子〉思想兼容性》，《长春理工大学学报》（社会科学版）2012 年第 6 期。

朱家栋：《近十年来张家山汉简〈二年律令〉中的刑罚研究述评》，《黑龙江省政法管理干部学院学报》2012 年第 4 期。

刘玉环：《读〈张家山汉墓竹简（二四七号墓）札记〉》，《宁夏大学学报》（人文社会科学版）2012 年第 4 期。

高震寰、蔡佩玲、张蓓、林益德、游逸飞：《张家山汉简〈二年律令·钱律〉译注》，《史原》2012 年第 24 期。

丁义娟：《张家山汉简〈二年律令〉第 90、91 简解》，《学术探索》2012 年第 10 期。

袁延胜、董明明：《〈二年律令·户律〉"田合籍"辨》，《南都学坛》2013 年第 1 期。

马孟龙：《张家山二四七号汉墓〈二年律令·秩律〉抄写年代研究——以汉初侯国建置为中心》，《江汉考古》2013 年第 2 期。

刘太祥：《简牍所见秦汉律令行政》，《南都学坛》2013 年第 4 期。

万尧绪：《〈二年律令·秩律〉职官拾零》，《语文教学通讯》（D 刊·学术刊）2013 年第 8 期。

黄琼仪、刘晓芸、游逸飞：《张家山汉简〈二年律令·传食律〉译注》，《史原》2013 年第 25 期。

陈乃瑜：《国家制度与国家控制——以汉初〈二年律令〉的继承制度

为中心》，《新北大史学》2013 年第 14 期。

纪丽兵：《从五年诏令和〈二年律令〉看汉初的土地政策》，《黑龙江史志》2013 年第 21 期。

郑宗贤：《汉初侯国与〈二年律令·秩律〉的空间分布》，《政治大学历史学报》2013 年第 40 期。

魏昕：《"罪己"并非悔过——由汉代诏令看"罪己诏"的界定》，《西南交通大学学报》（社会科学版）2014 年第 2 期。

陈丽霞：《从张家山汉简〈二年律令·贼律〉看汉代的立法特点》，《黄河科技大学学报》2014 年第 3 期。

魏昕：《由皇帝身份的三重性看诏令功能的多元化——以汉代诏令为例》，《天府新论》2014 年第 3 期。

余欣、周金泰：《从王化到民时：汉唐间敦煌地区的皇家〈月令〉与本土时令》，《史林》2014 年第 4 期。

吕利：《连坐、收及家父长制家庭的遗迹——〈二年律令·收律〉研究》，《枣庄学院学报》2014 年第 4 期。

符奎：《张家山汉简〈二年律令〉札记一则》，《中国农史》2014 年第 5 期。

李晓燕：《从律令看汉代对孝文化的推崇》，《中原文化研究》2014 年第 6 期。

王一茹：《〈二年律令〉中西汉时期妇女的地位补缀》，《兰台世界》2014 年第 20 期。

游逸飞：《如何"阅读"秦汉随葬法律？——以张家山汉简〈二年律令〉为例》，《法制史研究》2014 年第 26 期。

臧知非：《西汉授田制废止问题辨正——兼谈张家山汉简〈二年律令〉授田制的历史实践问题》，《人文杂志》2015 年第 1 期。

吕利：《〈二年律令〉所见汉代亲属制度》，《枣庄学院学报》2015 年第 1 期。

于洪涛：《论敦煌悬泉汉简中的"厩令"——兼谈汉代"诏"、"令"、"律"的转化》，《华东政法大学学报》2015 年第 4 期。

王彦辉：《赵国土地制度与〈二年律令·户律〉的关系》，《邯郸学院学报》2015 年第 4 期。

王传林：《西汉诏令的宗教情结与伦理向度探究》，《武陵学刊》2015年第 3 期。

刘鸣：《居延新简所见的一条律令目录》，《咸阳师范学院学报》2015年第 3 期。

王传林：《崇孝与尊老——西汉诏令中的"孝"伦理思想探究》，《湖北工程学院学报》2015 年第 4 期。

陈中龙：《从秦代官府年度律令校雠的制度论汉初〈二年律令〉的"二年"》，（台湾）《法制史研究》2015 年第 27 期。

邬文玲：《张家山汉简〈二年律令〉释文商榷》，《首都师范大学学报》（社会科学版）2015 年第 6 期。

张梦晗：《西汉诏令称引经传四题》，《史学月刊》2015 年第 12 期。

谢晟楠：《两汉儒学发展对两汉诏令经典引用的影响》，《边疆经济与文化》2015 年第 12 期。

胡玉缙、王仁俊：《清人〈说文解字〉引汉律令考辑校二种》，载中国政法大学法律古籍整理研究所编《中国古代法律文献研究》第 8 辑，社会科学文献出版社，2015。

魏昕：《汉代诏令的文学特征》，《石家庄学院学报》2016 年第 1 期。

朱家慧：《儒家及黄老思想对西汉诏令的影响》，《焦作大学学报》2016 年第 2 期。

王丹、高魏、张显成：《张家山汉简〈二年律令〉释文补正》，《鲁东大学学报》（哲学社会科学版）2016 年第 3 期。

符奎：《〈二年律令·户律〉分异制度与农耕技术的传播》，《鲁东大学学报》（哲学社会科学版）2016 年第 4 期。

张娜：《从出土〈田律〉看秦汉法制的变革——以睡虎地秦简与〈二年律令〉为中心》，《东方法学》2016 年第 4 期。

曹胜高、李申曦：《两汉诏令引〈诗〉体式考》，《广州大学学报》（社会科学版）2016 年第 7 期。

魏晋南北朝

赵俪生：《对北魏均田令的一些分析》，《中国社会经济史研究》1982

年第 2 期。

张尚谦：《释北魏均田令》，《云南民族学院学报》1983 年第 1 期。

张尚谦、李安世：《均田疏和北魏均田令颁布的年代》，《云南民族学院学报》1986 年第 1 期。

邓文宽：《北魏末年修改地、赋、户令内容的复原与研究——以西魏大统十三年计帐为线索》，载中国文化遗产研究院编《出土文献研究》续集，文物出版社，1989。

堀敏一：《晋泰始律令的形成》，《中国史研究动态》1990 年第 4 期。

武建国：《北魏均田令补遗》，《学术月刊》1990 年第 7 期。

张建国：《魏晋律令法典比较研究》，《中外法学》1995 年第 1 期。

李玉生：《魏晋律令分野的几个问》，《法学研究》2003 年第 5 期。

邓文宽：《北魏末年修改地、赋、户令内容的复原与研究》，载杨一凡总主编《中国法制史考证》甲编第 3 卷，中国社会科学出版社，2003。

堀敏一：《晋泰始律令的制定》，载杨一凡总主编《中国法制史考证》甲编第 3 卷，中国社会科学出版社，2003。

马韶青：《晋令的法典化研究》，载韩延龙主编《法律史论集》第 6 卷，法律出版社，2006。

吕志兴：《梁〈律〉〈令〉的修订及其历史地位》，《西南大学学报》2007 年第 5 期。

卢向前、王春红：《光极堂大选与品令》，《浙江大学学报》（人文社会科学版）2010 年第 4 期。

马韶青：《晋令在中国古代法律体系中的历史地位》，《安庆师范学院学报》（社会科学版）2011 年第 7 期。

李小山：《两晋帝王诏令作年考订札记》，《兰台世界》2011 年第 28 期。

杨鉴生：《曹丕诏令作年考》，《史学月刊》2012 年第 5 期。

楼劲北：《魏天兴"律令"的性质和形态》，《文史哲》2013 年第 2 期。

赵凯：《政令所见北魏旱灾及相关荒政考述》，《沧桑》2014 年第 1 期。

梁建：《魏官品令考》，《苏州大学学报》（法学版）2014 年第 3 期。

李健：《曹魏西晋的皇帝诏令与行政运作》，《阅江学刊》2014 年第 4 期。

李俊强：《魏晋令性质、地位及影响考论》，《法律科学》2016 年第 1 期。

李健：《曹魏西晋皇帝诏令的非程序化行政运作》，《萍乡学院学报》2016 年第 1 期。

隋唐两宋

王永兴：《唐田令研究——从田令和敦煌文书看唐代土地制度中几个问题》，载《纪念陈垣诞辰百周年史学论文集》，北京师范大学出版社，1981。

刘俊文：《天宝令式表与天宝法制——唐令格式写本残卷研究之一》，载北京大学中国中古史中心主编《敦煌吐鲁番文献研究论集》（一），中华书局，1982。

王珠文：《关于唐代定户等及户令中几个问题的研究》，《山西大学学报》（哲学社会科学版）1983 年第 2 期。

张中秋、金眉：《大唐律令与唐代经济繁荣关系之研究》，《南京大学学报》1990 年第 2 期。

顾利民：《等宋代的矿冶法令及政策》，《江海学刊》1990 年第 2 期。

霍存福：《令式分辨与唐令的复原——〈唐令拾遗〉编译墨余录》，《当代法学》1990 年第 3 期。

杨际平：《唐田令与"均田令"、"已受田"与"见营田"的关系》，《历史教学问题》1990 年第 5 期。

张中秋：《论大唐律令与唐代经济衰退之关系：〈以均田律令为中心〉》，《江海学刊》1991 年第 1 期。

高明士：《论唐武德到贞观律令制度的成立——唐朝立国政策的研究之二》，《汉学研究》1993 年第 1 期。

戴建国：《天一阁藏明抄本〈官品令〉考》，《历史研究》1993 年第 3 期。

赵云旗：《论隋代均田令的诸问题》，《中国史研究》1993 年第 4 期。

霍存福：《论礼令关系与唐令的复原——〈唐令拾遗〉编译墨余录》，《法学研究》1990 年第 4 期。

《池田温教授谈唐令与日本令》，李锦绣记录，黄正建整理，《中国史研究动态》1993 年第 8 期。

池田温：《唐令与日本令——〈唐令拾遗补〉编纂集议》，霍存福、丁相顺译，《比较法研究》1994 年第 1 期。

任士英：《试论唐朝均田令时代的移民政策》，《中国历史地理论丛》1997 年第 2 期。

陈宁英：《唐代律令中的奴婢略论》，《广西民族大学学报》（哲学社会科学版）1997 年第 4 期。

陈宁英：《唐代律令中的贱民略论》，《中南民族大学学报》（人文社会科学版）1998 年第 3 期。

黄纯艳：《论北宋初期的茶叶贸易法令》，《厦门大学学报》（哲学社会科学版）1999 年第 1 期。

郑显文、于鹏翔：《试论唐律对唐前期寺院经济的制约》，《中国经济史研究》1999 年第 3 期。

戴建国：《唐〈开元二十五年令·田令〉研究》，《历史研究》2000 年第 2 期。

戴建国：《天一阁藏〈天圣令·赋役令〉初探》，载《文史》编辑部编《文史》第 53 辑，中华书局，2000。

戴建国：《唐"天宝律令式说"献疑》，载韩延龙主编《法律史论集》第 3 辑，法律出版社，2001。

杨际平：《〈唐令·田令〉的完整复原与今后均田制的研究》，《中国史研究》2002 年第 2 期。

李玉生：《关于唐代律令格式的性质问题——与王立民教授商榷》，《金陵法律评论》2002 年第 2 期。

戴建国：《天一阁藏明抄本〈天圣令〉考》，载杨一凡总主编《中国法制史考证》甲编第 5 卷，中国社会科学出版社，2003。

傅礼白：《北宋皇帝临朝视事与诏令议决制度》，载陈鹏生、王立民、丁凌华主编《走向二十一世纪的中国法文化》（《法律史论丛》第 9 辑），上海社会科学院出版社，2002。

赵春娥：《汉唐期间奏章与诏令及其关系》，《青海社会科学》2003 年第 4 期。

戴建国：《唐〈捕亡令〉复原研究》，载云南大学历史系、云南中国经济史研究所编《李埏教授九十华诞纪念文集》，云南大学出版社，2003。

王永兴：《唐田令考》，载杨一凡总主编《中国法制史考证》甲编第 4 卷，中国社会科学出版社，2003。

戴建国：《唐〈开元二十五年令·田令〉考》，载杨一凡主编《中国法制史考证》甲编第 4 卷，中国社会科学出版社，2003。

土肥义和：《唐代考课令等写本断片（Д x. 06521）考释——兼论与开元二十五年所撰〈格式律令事类〉的关系》，（台湾）《敦煌学》2004 年第 25 期。

李玉生：《再论唐代律令格式的性质问题——"律令格式皆刑法"说质疑》，载韩延龙主编《法律史论集》第 5 卷，法律出版社，2004。

楼劲：《辨所谓"淳化令式"》，《敦煌学辑刊》2005 年第 2 期。

徐飚：《北宋工艺法令汇释》，《美苑》（鲁迅美术学院学报）2005 年第 4 期。

郑显文：《律令制下的唐代的民事诉讼制度研究》，载樊崇义主编《诉讼法学研究》第 8 卷，中国检察出版社，2005。

戴建国：《唐〈开元二十五年令·杂令〉复原研究》，载《文史》编辑部编《文史》第 76 辑，中华书局，2006。

李锦绣：《唐开元二十五年仓库令研究》，载荣新江编《唐研究》第 12 卷，北京大学出版社，2006。

李玉生：《唐令与礼的关系析论》，《西师大学报》2007 年第 2 期；又载杜文玉主编《唐史论丛》第 10 辑，三秦出版社，2008。

黄正建：《佚失千年 重见天日——北宋《天圣令》的发现整理及其重要价值》，《文史知识》2007 年第 3 期。

黄正建：《〈天圣令〉附〈唐令〉是开元二十五年令吗？》，《中国史研究》2007 年第 4 期。

洪惠瑜：《〈敦煌悬泉月令诏条〉及其相关问题之探讨》，《有凤初鸣》2007 年第 3 期。

李玉生：《论唐令与礼的关系》，载王立民主编《中国历史上的法律与社会发展》，吉林人民出版社，2007。

吴丽娱：《关于唐〈丧葬令〉复原的再检讨》，《文史哲》2008 年第 4 期。

耿元骊：《〈天圣令〉复原唐〈田令〉中的"私田"问题：与何东生商榷》，《文史哲》2008 年第 4 期。

牛来颖：《诏敕入令与唐令复原：以〈天圣令〉为切入点》，《文史哲》2008 年第 4 期。

唐雯：《唐职员令复原与研究：以北宋前期文献中新见佚文为中心》，《历史研究》2008 年第 5 期。

大津透：《北宋天圣令的公布出版及其意义——日唐律令比较研究的新阶段》，薛轲译，《中国史研究动态》2008 年第 9 期。

杨梅：《从〈天圣令〉看唐宋藏冰制度的变迁》，《中国社会科学院报》2008 年 9 月 4 日。

张雨：《"〈天圣令〉研究：唐宋礼法与社会"学术研讨会综述》，《中国史研究动态》2008 年第 12 期。

戴建国：《〈天圣令〉所附唐令为开元二十五年令考》，载荣新江主编《唐研究》第 14 卷，北京大学出版社，2008。

崔永东：《汉唐律中反映的和谐理念——以汉简〈二年律令〉与〈唐律〉为例》，《政法论坛》2009 年第 1 期。

张显运：《简论宋代官马管理和役使的律令措施》，《温州大学学报》（社会科学版）2009 年第 1 期。

赖亮郡：《栈法与宋〈天圣令·厩牧令〉"三栈羊"考释》，（台湾）《法制史研究》2009 年第 15 期。

罗彤华：《唐代反逆罪资财没官考论——兼论〈天圣令·狱官令〉"犯罪资财入官"条》，《台大历史学报》2009 年第 43 期。

张先昌、程柳：《从隋开皇〈田令〉的修订增补看昭制敕与制定法的关系》，《郑州大学学报》（哲学社会科学版）2009 年第 6 期。

董劭伟：《吏部尚书与唐代律令制定》，《兰台世界》2009 年第 9 期。

吴丽冠：《〈天圣令·杂令〉商榷》，《新北大史学》2009 年第 7 期。

高明士：《天圣令的发现及其历史意义》，（台湾）《法制史研究》2009 年第 16 期。

牛来颖：《〈天圣令〉复原研究中的几个问题》，（台湾）《法制史研究》2009 年第 16 期。

丸山裕美子：《唐日医疾令的复原与对比——对天圣令出现之再思考》，方国花译，（台湾）《法制史研究》2009 年第 16 期。

罗彤华：《唐代官人的父母丧制——以〈假宁令〉"诸丧解官"条为中心》，（台湾）《法制史研究》2010 年第 16 期。

陈俊强：《无冤的追求 ——〈天圣令·狱官令〉试论唐代死刑的执行》，（台湾）《法制史研究》2009 年第 16 期。

古濑奈津子：《日唐营缮令营造关系条文的检讨》，高丹丹、孙爱维译，（台湾）《法制史研究》2009 年第 16 期。

黄正建：《〈天圣令·杂令〉的比较研究》，（台湾）《法制史研究》2009 年第 16 期。

戴建国：《方兴未艾的〈天圣令〉研究》，《中国社会科学报》2009 年 12 月 3 日。

古怡青：《唐代监牧制度对阑畜的处理规定——以〈天圣令·厩牧令〉为中心》，中日文化交流史——唐日令比较研究研讨会，台湾 2009 年 11 月。

郑显文：《唐代〈狱官令〉篇目形成及其对古代东亚地区的影响》，载陈金全、汪世荣主编《中国传统司法与司法传统》，陕西师范大学出版社，2009。

黄正建：《〈天圣令〉所附唐令中有关社会生活的新资料（上）》，载杜文玉主编《唐史论丛》第 11 辑，三秦出版社，2009。

赖亮郡：《唐代特殊官人的告身给付——〈天圣令·杂令〉唐 13 条再释》，《台湾师大历史学报》2010 年第 43 期。

宋志军：《唐代律令与司法史料之证据规则掇英》，《国家检察官学院学报》2010 年第 6 期。

王智勇：《〈宋大诏令集〉佚文考（一）》，载四川大学宋代文化研究中心、四川大学古籍整理研究所编《宋代文化研究》第 18 辑，四川文艺出版社，2010。

张雨：《天圣〈狱官令〉宋 46 条形成试析：兼论唐开元〈狱官令〉两条唐令的复原研究》，社会·经济·观念史视野中的古代中国——国际青年学术会议暨第二届清华青年史学论坛会议，2010 年 1 月。

董劭伟、王建峰：《唐武德时期律令制定刍论》，《天水行政学院学报》2010 年第 1 期。

戴建国：《〈天圣令〉研究两题》，《上海师范大学学报》（哲学社会科学版）2010 年第 2 期。

梁建国：《〈天一阁藏明钞本天圣令校证〉标点勘误一则》，《中国史研究》2010 年第 3 期。

牛来颖：《新史料、新观点、新视角：天圣令国际学术研讨会综述》，《中国史研究动态》2010 年第 4 期。

吴丽娱：《关于〈丧葬令〉整理复原的几个问题——兼与稻田奈津子商榷》，载《唐史论丛》第 12 辑，三秦出版社，2010。

黄正建：《〈天圣令〉所附唐令中有关社会生活的新资料（下）》，载《唐史论丛第 12 辑》，三秦出版社，2010。

杨晓宜：《北宋缉捕者与逃亡者的法律问题——以〈天圣·捕亡令〉为中心》，《史耘》2010 年第 14 期。

中村裕一：《从武德二年制试论隋唐赋役令的渊源关系》，韩昇译，《学术研究》2010 年第 6 期。

董春林：《论唐宋僧道法之演变》，《江西社会科学》2010 年第 10 期。

牛来颖：《〈天圣令〉中的"别敕"》，载中国政法大学法律古籍整理研究所编《中国古代法律文献研究》第 4 辑，法律出版社，2010。

高明士：《天圣令的发现及其历史意义》，载中国政法大学法律古籍整理研究所编《中国古代法律文献研究》第 4 辑，法律出版社，2010。

冈野诚：《关于〈天圣令〉所依据唐令的年代》，载中国政法大学法律古籍整理研究所编《中国古代法律文献研究》第 4 辑，法律出版社，2010。

张先昌：《诏制敕与制定法的关系——以隋开皇〈田令〉的修订增补为考察对象》，载霍存福、吕丽编《中国法律传统与法律精神——中国法律史学会成立 30 周年纪念大会暨 2009 年会会议论文集》，山东人民出版社，2010。

戴建国：《从〈天圣令〉看唐和北宋的法典制作》，载《文史》编辑部编《文史》第 91 辑，中华书局，2010。

张十庆：《唐〈营缮令〉第宅禁限条文辨析与释读》，载王贵祥主编《中国建筑史论汇刊》第 3 辑，清华大学出版社，2010 年

于赓哲：《〈天圣令〉复原唐〈医疾令〉所见官民医学之分野》，《历史研究》2011 年第 1 期。

牛来颖：《〈天圣令·赋役令〉丁匠条释读举例—兼与〈营缮令〉比较》，载杜文玉主编《唐史论丛》第 13 辑，三秦出版社，2011。

桂齐逊：《〈天圣令〉复原唐令研究：以〈捕亡令〉为例》，《史学汇刊》2010 年第 25 期。

赵晶：《唐代律令用语的规范内涵——以"财没不追，地还本主"为考察对象》，《政法论坛》2011 年第 6 期。

桂齐逊：《〈天圣令〉复原唐令研究——以〈假宁令〉为例》，《史学汇刊》2011 年第 28 期。

卢超平：《日唐律令条文中的驿传马制度比较》，《首都师范大学学报》（社科版）2011 年增刊。

董煜宇：《从〈天圣令〉看北宋政府水旱灾害应对管理》，《科学与管理》2012 年第 4 期。

程义、郑红莉：《〈唐令丧葬令〉诸明器条复原的再探讨》，《中原文物》2012 年第 5 期。

杨慧侯、侯振兵：《从天圣〈厩牧令〉看唐代私马的使用和管理》，《史学月刊》2012 年第 9 期。

赵晶：《〈天圣令〉与唐宋史研究》，《南京大学法律评论》2012 年春季刊。

李昌宪：《北宋前期官品令复原研究》，《河南大学学报》（社会科学版）2012 年第 1 期。

吕志兴：《宋令的变化与律令法体系的完备》，《当代法学》2012 年第 2 期。

戴建国：《唐宋专卖法的实施与律令制的变化》，《文史哲》2012 年第 6 期。

李全德：《再谈天一阁藏明钞本〈天圣令·关市令〉之"副白"与"案记"》，《西域研究》2012 年第 3 期。

孙方圆：《北宋前期动物保护诏令中的政治文化意蕴——以〈宋大诏

令集〉为考察中心》，《史学月刊》2012 年第 6 期。

陈伟：《〈二年律令〉新研》，载中国政法大学法律古籍整理研究所编《中国古代法律文献研究》第 5 辑，社会科学文献出版社，2012。

川村康：《宋令演变考（上）》，赵晶译，载中国政法大学法律古籍整理研究所编《中国古代法律文献研究》第 5 辑，社会科学文献出版社，2012。

赵晶：《〈天圣令〉与唐宋法典研究》，载中国政法大学法律古籍整理研究所编《中国古代法律文献研究》第 5 辑，社会科学文献出版社，2012。

李文益：《〈天圣令·狱官令〉几条宋令的复原问题》，载中国社会科学院历史所隋唐宋辽金元史研究室编《隋唐辽宋金元史论丛》第 2 辑，上海古籍出版社，2012。

黄正建：《唐代法律用语中的"款"和"辩"——以〈天圣令〉与吐鲁番出土文书为中心》，《文史》2013 年第 1 期。

赵晶：《礼经文本抑或法典篇章？——唐宋〈时令〉再探》，（台湾）《法制史研究》2012 年第 22 期。

高明士：《"天圣令学"与唐宋变革》，《汉学研究》2013 年 1 期。

赵晶：《唐代〈道僧格〉再探——兼论〈天圣令·狱官令〉"僧道科法"条》，《华东政法大学学报》2013 年第 6 期。

杨清越：《唐〈仓库令〉与隋唐仓窖的粮食保存方法》，《中国国家博物馆馆刊》2013 年第 12 期。

川村康：《宋令演变考（下）》，赵晶译，载中国政法大学法律古籍整理研究所编《中国古代法律文献研究》第 6 辑，社会科学文献出版社，2013。

赵晶：《唐宋令篇目研究》，载中国政法大学法律古籍整理研究所编《中国古代法律文献研究》第 6 辑，社会科学文献出版社，2013。

中国社会科学院历史研究所《天圣令》读书班：《〈天圣令·赋役令〉译注稿》，载中国政法大学法律古籍整理研究所编《中国古代法律文献研究》第 6 辑，社会科学文献出版社，2013。

黄正建：《有关唐武德年间修定律令史事的若干问题——唐代律令编纂编年考证之一》，载《隋唐辽宋金元史论丛》第 3 辑，上海古籍出版社，2013。

牛来颖：《冲突与妥协：建筑环境中的唐宋城市——以〈营缮令〉第宅制度为中心》，载中国社会科学院历史所隋唐宋辽元史研究室编《隋唐辽宋金元史论丛》第 3 辑，上海古籍出版社，2013。

王智勇、张济：《〈宋大诏令集〉佚文考（续）》，载四川大学宋代文化研究中心、四川大学古籍整理研究所编《宋代文化研究》第 20 辑，四川文艺出版社，2013。

李英英：《唐律令制在日本的传播》，《黑龙江史志》2014 年第 1 期。

赵晶：《唐宋〈仓库令〉比较研究》，《中国经济史研究》2014 年第 2 期。

王森坚：《从〈天圣令〉看唐宋时期的司法文明——以〈狱官令〉为例》，《中南财经政法大学研究生学报》2014 年第 2 期。

赵璐璐：《从〈捕亡令〉看唐宋治安管理方式的转变》，《史学月刊》2014 年第 3 期。

彭炳金：《〈医疾令〉所见唐代医学教育及考试制度》，《天津师范大学学报》（社会科学版）2014 年第 1 期。

牛来颖：《天一阁藏〈天圣令〉刊布以来研究热点与空间拓展》，《中国史研究动态》2014 年第 5 期。

彭炳金：《〈医疾令〉所见唐代医疗立法》，《兰台世界》2014 年第 8 期。

杨怡悦：《唐律令五服制度与日本律令五等亲制辨异——一种社会功能角度的分析》，《中华民族优秀法律传统与当代中国法制建设研讨会论文集》2014 年。

高明士：《唐"永徽东宫诸府职员令残卷"名称商榷》，载中国政法大学法律古籍整理研究所编《中国古代法律文献研究》第 7 辑，社会科学文献出版社，2014。

李少林、万晋、王怡然、陈凌、王苗、徐畅、田卫卫、刘亚坪、霍斌、田卫卫、侯振兵、顾成瑞、吴丽娱、黄正建、牛来颖、赵晶：《〈天圣令·仓库令〉译注稿》，载中国政法大学法律古籍整理研究所编《中国古代法律文献研究》第 7 辑，社会科学文献出版社，2014。

黄正建：《贞观年间修定律令的若干问题——律令格式编年考证之

二》，载中国社会科学院历史所隋唐宋辽金元史研究室编《隋唐辽宋金元史论丛》第 4 辑，上海古籍出版社，2014。

牛来颖：《关司勘过与〈天圣关市令〉唐令复原——以宋 2、宋 3、宋 6 条为例》，载中国社会科学院历史所隋唐宋辽金元史研究室编《隋唐辽宋金元史论丛》第 4 辑，上海古籍出版社，2014。

张雨：《从〈天圣令〉食实封条看中古食封制向俸给形式的转变——以封物三分法废止为中心》，载《隋唐辽宋金元史论丛》第 4 辑，上海古籍出版社，2014。

牛来颖：《舟桥管理与令式关系——以〈水部式〉与〈天圣令〉为中心》，中国敦煌吐鲁番学会、首都师范大学历史学院、香港大学饶宗颐学术馆、北京大学东方学研究院合办《敦煌吐鲁番研究》2015 年第 1 期。

侯振兵：《唐〈厩牧令〉复原研究的再探讨》，载杜文玉主编《唐史论丛》第 20 辑，三秦出版社，2015。

赵璐璐：《里正职掌与唐宋间差科征发程序的变化——兼论〈天圣令·赋役令〉宋令第 9 条的复原》，《史学月刊》2015 年第 10 期。

李如钧：《评赵晶〈天圣令〉与唐宋法制考论》，《中国史研究动态》2015 年第 2 期。

霍斌：《〈天圣令·捕亡令〉所见"出玖"考辨》，《中国史研究》2015 年第 2 期。

李亚平：《论唐丝织品的输出与唐宋律令规定的变化及影响》，《西北师大学报》（社会科学版）2015 年第 3 期。

钱大群：《唐代法律体系正确理解的转捩点——辨〈新唐书〉"唐之刑书有四说"并复有关观点》，《北方法学》2015 年第 3 期。

薛妮、叶新发：《唐代律令中的"奴婢买卖契约"考证》，《兰台世界》2015 年第 3 期。

徐红：《从诏令看北宋时期君主的"畏天"之德》，《南京师大学报》（社科版）2015 年第 4 期。

王健：《诏敕律令对唐代体育发展的影响》，《兰台世界》2015 年第 6 期。

赵晶：《唐令复原所据史料检证——以令式分辨为线索》，《"中央研究院"历史语言研究所集刊》第 86 本第 2 分册，2015 年 6 月。

彭丽华：《唐〈营缮令〉形成史论》，（台湾）《法制史研究》2015 年第 28 期。

黄正建：《〈天圣令〉中宋令及〈养老令〉对唐令修改的比较》，载中国政法大学法律古籍整理研究所编《中国古代法律文献研究》第 8 辑，社会科学文献出版社，2015。

黄正建：《唐高宗至睿宗时的律令修定——律令格式编年考证之三》，载中国社会科学院历史所隋唐宋辽金元史研究室编《隋唐辽宋金元史论丛》第 5 辑，上海古籍出版社，2015。

郑显文、杨勇：《〈宋刑统〉所引〈建隆令〉之研究》，《北航法律评论》2015 年第 1 期。

廖靖靖：《〈天圣令〉所附唐令中的“丁”》，载杜文玉主编《唐史论丛》第 22 辑，三秦出版社，2016。

李勤通：《令、格、式何以称刑书——对〈新唐书〉“唐之刑书有四”的解读“丁”》，载杜文玉主编《唐史论丛》第 22 辑，三秦出版社，2016。

廖靖靖：《唐代令式订补几则》，载杜文玉主编《唐史论丛》第 23 辑，三秦出版社，2016。

顾成瑞、刘欣：《唐宋时期粮食年成奏报制度述论——从天圣〈赋役令〉宋 4 条不能复原为唐令说起》，《中国农史》2016 年第 2 期。

刘栋：《重论天一阁藏明钞本〈天圣令〉附〈唐令〉的制定年代及意义》，《琼州学院学报》2016 年第 3 期。

刘可维：《敦煌本〈十王图〉所见刑具刑罚考——以唐宋〈狱官令〉为基础史料》，《文史》2016 年第 3 期。

顾凌云：《从敦煌吐鲁番出土契约看唐代民间土地买卖禁令的实效》，《敦煌研究》2016 年第 3 期。

倪晨辉：《〈天圣令·乐令〉复原举隅——兼论唐〈乐令〉复原之检讨》，《音乐研究》2016 年第 4 期。

赵晶：《从“违令罪”看唐代律令关系》，《政法论坛》2016 年第 4 期。

刘栋：《论明钞本〈天圣令〉附〈唐令〉的制定年代及其意义》，《兰台世界》2016 年第 8 期。

王怡然、杨丁宇、李凤艳、吴杰华、戴均禄、朱丽娜、吕学良、吴丽娱、黄正建、牛来颖、赵晶：《〈天圣令·关市令〉译注稿》，载中国政法大学法律古籍整理研究所编《中国古代法律文献研究》第 9 辑，社会科学文献出版社，2016。

蓝贤明、霍斌、张维、吴丽娱、黄正建、牛来颖、赵晶：《〈天圣令·捕亡令〉译注稿》，载中国政法大学法律古籍整理研究所编《中国古代法律文献研究》第 9 辑，社会科学文献出版社，2016。

青木敦：《地方法的积聚及其法典化——以五代至宋的特别法为中心》，赵晶译，载中国政法大学法律古籍整理研究所编《中国古代法律文献研究》第 9 辑，社会科学文献出版社，2016。

西夏辽金元

吕振羽：《〈大元通制〉中的"禁令"考》，《中华法学杂志新编》1936 年第 2 期。

杨国宜：《从元朝的法令看当时的土地制度》，《安徽师大学报》（人文社会科学版）1984 年第 3 期。

史金波：《西夏〈天盛律令〉略论》，《宁夏社会科学》1993 年第 1 期。

韩小忙：《从〈天盛改旧新定律令〉看西夏妇女的法律地位》，《宁夏大学学报》（人文社会科学版）1997 年第 3 期。

韩小忙：《〈天盛改旧新定律令〉中所反映的西夏佛教》，《世界宗教研究》1997 年第 4 期。

聂鸿音：《西夏〈天盛律令〉成书年代辨析》，《寻根》1998 年第 6 期。

刘菊湘：《从〈天盛律令〉看西夏京畿地区的经济状况》，《宁夏社会科学》1998 年第 3 期。

聂鸿音：《俄藏 6965 号〈天盛律令〉残卷考》，《宁夏大学学报》（人文社会科学版）1998 年第 3 期。

邵方：《试论西夏的婚姻制度：〈天盛律令〉》，《民族研究》1998 年第 4 期。

李学江：《〈天盛律令〉所反映的西夏政区》，《宁夏社会科学》1998 年第 4 期。

刘菊湘：《关于〈天盛律令〉的成书年代》，《固原师专学报》（社会科学版）1998 年第 4 期。

韩小忙：《〈天盛律令〉与西夏婚姻制度》，《宁夏大学学报》（人文社会科学版）1999 年第 2 期。

王天顺：《〈天盛律令〉与西夏社会形态》，《中国史研究》1999 年第 4 期。

孙颖新、宋璐璐：《西夏〈天盛律令·亲节门〉辨正》，《民族语文》1999 年第 5 期。

张玉海：《从天盛律令看西夏榷禁制度》，《宁夏社会科学》2000 年第 1 期。

尚世东：《从〈天盛律令〉看西夏档案的类型和管理》，《档案》2001 年第 2 期。

陈旭：《儒家的"礼"与西夏〈天盛律令〉》，《西北第二民族学院学报》2002 年第 3 期。

姜歆：《论西夏法典中的狱政管理制度——兼与唐、宋律令的比较研究》，《宁夏大学学报》（人文社会科学版）2004 年第 5 期。

姜歆：《西夏〈天盛律令〉厩牧律考》，《宁夏社会科学》2005 年第 1 期。

杜建录：《论西夏〈天盛律令〉的特点》，《宁夏社会科学》2005 年第 1 期。

杜建录：《西夏〈天盛律令〉的历史文献价值》，《西北民族研究》2005 年第 1 期。

崔红芬：《〈天盛律令〉与西夏佛教》，《宗教学研究》2005 年第 2 期。

姜歆：《论西夏法律制度对中国传统法律文化的传承与创新——以西夏法典〈天盛律令〉为例》，《固原师专学报》（社会科学版）2006 年第 2 期。

姜歆：《论西夏法典〈天盛律令〉中的法医学》，《宁夏大学学报》（人文社会科学版）2006 年第 5 期。

姜歆：《西夏法典〈天盛律令〉盐铁法考》，《宁夏社会科学》2007 年第 2 期。

杨蕤：《〈天盛律令·司序行文门〉与西夏政区刍议》，《中国史研究》

2007 年第 4 期。

陈杰、刘国乾：《西夏法律与西夏社会：基于《天盛改旧新定律令》"畜物"条文的观察》，《学术探索》2008 年第 3 期。

姜莉：《从〈天盛律令〉看西夏的税法》，《贵州民族大学学报》（哲学社会科学版）2009 年第 2 期。

彭向前：《〈《天盛律令》与西夏法制研究〉评介》，《宁夏大学学报》（人文社会科学版）2009 年第 2 期。

黄震云：《辽代的文化转型和法令修订》，《东北史地》2009 年第 2 期。

张永萍：《唐与西夏婚姻制度之比较——以〈唐律〉和〈天盛改旧定新律令〉为中心》，《河北学刊》2009 年第 2 期。

姜歆：《西夏法典〈天盛律令〉佛道法考》，《宁夏师范学院学报》2009 年第 4 期。

许伟伟：《〈天盛律令·节亲门〉对译与考释》，载杜建录主编《西夏学》第 4 辑，宁夏人民出版社，2009。

李娜：《论西夏妇女的经济地位——以〈天盛律令〉为中心》，《忻州师范学院学报》2010 年第 1 期。

陈玮：《从〈天盛律令〉看西夏皇族》，《西夏研究》2010 年第 2 期。

董昊宇：《西夏法律中的盗窃罪及处罚原则——基于西夏〈天盛改旧新定律令〉的研究》，《西夏研究》2010 年第 4 期。

文志勇：《〈天盛律令〉卷一译释及西夏法律中的"十恶罪"》，《宁夏师范学院学报》2010 年第 5 期。

邵方：《西夏法典对中华法系的传承与创新——以〈天盛律令〉为视角》，《政法论坛》2011 年第 1 期。

董昊宇：《论西夏的"以赃断盗"——以〈天盛律令〉为中心》，载杜建录主编《西夏学》第 7 辑，上海古籍出版社，2011。

李娜：《略论西夏妇女的法律地位——基于〈天盛改旧新定律令〉分析》，《内蒙古农业大学学报》（社会科学版）2011 年第 2 期。

孙伯君：《〈天盛律令〉中的"契丹"和"女直"》，《东北史地》2011 年第 2 期。

佐藤贵保：《未刊俄藏西夏文〈天盛律令〉印本残片》，刘宏梅译，

《西夏研究》2011 年第 3 期。

董昊宇、董雅慧：《从天盛律令看西夏官库的收支》，《河北民族师范学院学报》2011 年第 4 期。

戴建国：《元〈至元杂令〉发覆》，《河北学刊》2012 年第 4 期。

董昊宇：《〈天盛律令〉中的比附制度——以〈天盛律令〉"盗窃法"为例》，《宁夏社会科学》2011 年第 5 期。

张玉海：《西夏官吏"禄食"标准管窥——以〈天盛律令〉为中心》，《宁夏社会科学》2012 年第 5 期。

崔红芬、文志勇：《西夏寺院依附人口初探——以〈天盛律令〉为中心》，《西夏研究》2013 年第 1 期。

E．H 克恰诺夫著：《〈天盛改旧新定律令—（1149—1169 年）〉——西夏法律文献〈天盛律令〉研究专著节选译文》，唐克秀译，《西夏研究》2013 年第 2 期。

姜歆：《从〈天盛律令〉看西夏的军事管理机构》，《西夏研究》2013 年第 4 期。

刘双怡：《西夏与宋盗法比较研究——以〈天盛改旧新定律令〉和〈庆元条法事类〉为例》，《首都师范大学学报》（社会科学版）2013 年第 5 期。

戴羽：《〈天盛律令〉的告赏立法探析》，《社会科学家》2013 年第 11 期。

李华瑞：《〈天盛律令〉修纂新探——〈天盛律令〉与〈庆元条法事类〉比较研究之一》，载杜建录主编《西夏学》第 9 辑，上海古籍出版社，2013。

魏淑霞：《〈天盛律令〉关于西夏官员贪赃问题的规定》，载杜建录主编《西夏学》第 9 辑，上海古籍出版社，2013。

张笑峰：《元代亦集乃路诸案成因及处理初探——以黑水城出土元代律令与词讼文书为中心》，载杜建录主编《西夏学》第 10 辑，上海古籍出版社，2013。

戴羽：《〈天盛律令〉杀人罪初探》，《西夏研究》2014 年第 4 期。

戴羽、母雅妮：《〈天盛律令〉中的反坐制度探析》，《学术探索》2014 年第 9 期。

陈如衡：《从〈天盛律令〉看西夏婚姻法》，《兰台世界》2014 年第 11 期。

戴羽：《〈天盛律令〉中的西夏体育法令研究》，《成都体育学院学报》2015 年第 4 期。

戴羽：《〈天盛律令〉的法律移植与本土化》，《西夏研究》2015 年第 1 期。

王晓萌：《从〈天盛律令〉看西夏法典的创新与作用》，《兰台世界》2015 年第 2 期。

谭黛丽、于光建：《从〈天盛律令〉看西夏的出工抵债问题——基于唐、宋、西夏律法的比较》，《宁夏大学学报》（人文社会科学版）2015 年第 3 期。

任红婷：《试论我国中古时期的成文宗教法——以西夏〈天盛律令·为僧道修寺庙门〉为中心》，《宁夏大学学报》（人文社会科学版）2015 年第 5 期。

骆详译：《从〈天盛律令〉看西夏水利法与中原法的制度渊源关系——兼论西夏计田出役的制度渊源》，《中国农史》2015 年第 5 期。

高仁：《一件英藏〈天盛律令〉印本残页译考》，载杜建录主编《西夏学》第 11 辑，上海古籍出版社，2015。

张笑峰：《西夏〈天盛律令〉中的头子考》，《宁夏师范学院学报》2016 年第 1 期。

戴羽、胡梦聿：《西夏赏赐制度述略——以律令为中心》，《西夏研究》2016 年第 1 期。

许生根：《英藏〈天盛律令〉残卷西夏制船条款考》，《宁夏社会科学》2016 年第 2 期。

骆详译、李天石：《从〈天盛律令〉看西夏转运司与地方财政制度》，《中国经济史研究》2016 年第 3 期。

明　清

黄彰健：《明洪武永乐朝的榜文峻令》，《"中央研究院"历史语言研究所集刊》1975 年第 46 本第 3 分册。

周桂林：《朱元璋诏、谕、令、旨经文人润色析》，《史学月刊》1985年第 2 期。

庄国土：《清初（1683—1727 年）海上贸易政策和南洋禁航令》，《海交史研究》1987 年第 1 期。

文立人：《清代肃贪廉政律令考》，《社会科学研究》1992 年第 4 期。

张富美：《清代台湾典买田宅律令之演变与台湾不动产交易的找价问题》，载陈秋坤编《台湾历史上的土地问题》，"中央研究院"台湾史田野研究室，1992。

林丽月：《明代禁奢令初探》，《台湾师范大学历史学报》1994 年第22 期。

内藤乾吉：《大明令解说》，姚荣涛、徐世虹译，载刘俊文主编《日本学者研究中国史论著选译》（八），中华书局，1993。

杨昶：《明朝政令对生态环境的负面效应》，《华中师范大学学报》（人文社会科学版）1998 年第 1 期。

高王凌：《清代有关农民抗租的法律和政府政令》，《清史研究》2000年第 4 期。

乔素玲：《清代外国科技人员管理法令探析》，《暨南学报》（哲学社会科学版）2004 年第 4 期。

夏云娇、才惠莲：《清朝政令的生态环境效应探讨》，《理论月刊》2006 年第 10 期。

王巨新、王欣：《清朝前期禁烟法令述考》，《理论学刊》2007 年第6 期。

张凡：《〈大明令〉与明代的律令体系——明代"令"的作用与法律效力》，《殷都学刊》2009 年第 3 期。

张凡：《略论明代法律形式的变革——以〈大明令〉为中心》，《宁夏社会科学》2009 年第 5 期。

李扬：《清初政令对生态环境的负面影响》，《沧桑》2010 年第 4 期。

万明：《明帝国的特性：以诏令为中心》，《学术月刊》2010 年第 6 期。

万明：《明代诏令文书研究——以洪武朝为中心的初步考察》，载中国社会科学院历史研究所明史研究室编《明史研究论丛》第 8 辑，紫禁城出版社，2010。

陈时龙：《明代诏令的类型及举例》，载中国社会科学院历史研究所明史研究室编《明史研究论丛》第 8 辑，紫禁城出版社，2010。

范德：《大明令——初社会立法的工具》，邓国亮译，载中国社会科学院历史研究所明史研究室编《明史研究论丛》第 8 辑，紫禁城出版社，2010。

霍存福、张靖翊、冯学伟：《以〈大明令〉为枢纽看中国古代律令制体系》，《法制与社会发展》2011 年第 5 期。

万明：《明令新探》，载杨一凡主编《中国古代法律形式研究》，社会科学文献出版社，2011。

万明：《明初政治新探——以诏令为中心》，载中国社会科学院历史研究所明史研究室编《明史研究论丛》第九辑，2011。

连启元：《明代禁杀牛只的相关法令与社会风气变迁》，《明代研究》2015 年第 24 期。

李新峰：《明代诏书文本差异考析——以五府分区方案为例》，《历史档案》2016 年第 2 期。

马伟华：《国家治理与君臣之谊：康熙颁布容教诏令的考量》，《世界宗教研究》2015 年第 5 期。

高志超：《浅议清初皇太极的"禁狗令"》，《历史档案》2016 年第 2 期。

博士论文

吴志铿：《清初法令与满洲本位政策互动关系之研究：以五大政令为中心》，博士学位论文，台湾师范大学历史学研究所，1993。

杨积堂：《法典中的西夏文化：西夏〈天盛改旧新定律令〉研究》，博士学位论文，中央民族大学民族学系，2003。

李玉生：《唐令基本问题研究》，博士学位论文，中国人民大学法律史专业，2005。

王旺祥：《西北出土汉简中汉代津令佚文分类整理研究》，博士学位论文，西北师范大学专门史专业，2009。

李俊强：《魏晋令制研究》，博士学位论文，吉林大学法律史专业，2014。

魏昕：《汉代诏令研究》，博士学位论文，东北师范大学中国古代文学专业，2015。

于凌：《秦汉律令学》，博士学位论文，东北师范大学中国古代史专业，2008。

硕士论文

李玉生：《唐令简论》，硕士学位论文，南京大学法律史专业，1990。

王俊梅：《两汉遗令研究》，硕士学位论文，河北师范大学中国古代史专业，2000。

马韶青：《晋令的法典化及其儒家化研究》，硕士学位论文，中国社会科学院法律史专业，2004。

赵晓磊：《汉令的颁布与编纂研究》，硕士学位论文，中国社会科学院研究生院法律史专业，2006。

刘玮：《唐代律令中的祭祀制度》，硕士学位论文，吉林大学法律史专业，2007。

李瑜萍：《宋令基本问题研究》，硕士学位论文，西南政法大学法律史专业，2008。

王捷：《从"律令格式"到"敕令格式"：唐宋之际的法典体系变革》，硕士学位论文，华东政法大学法律史专业，2008。

陈超玲：《汉令的构成及其法律地位》，硕士学位论文，中南财经政法大学法律史专业，2009。

谢婧：《唐宋"禁令"研究》，硕士学位论文，四川师范大学中国古代史专业，2010。

王泽亮：《〈天圣令·田令〉研究》，硕士学位论文，浙江大学中国古代史专业，2010。

付国良：《魏晋南朝草诏制令制度变化述略》，硕士学位论文，青海师范大学中国古代史专业，2011。

李秋方：《论中国古代"令"的变迁、性质及其地位》，硕士学位论文，苏州大学法律史专业，2011。

黄辉：《两汉诏令比较研究》，硕士学位论文，华中师范大学中国古代文学专业，2013。

张梦晗：《西汉诏令称引儒家经传研究》，硕士学位论文，山东大学中国古代史专业，2014。

胡琦琪：《金代"赎奴释奴"诏令考论》，硕士学位论文，云南财经大学法学专业，2015。

著作目录

仁井田陞：《唐令拾遗》，栗劲、王占通译，长春出版社，1989。

张建国：《帝制时代的中国法》，法律出版社，1999。

郑显文：《唐代律令制研究》，北京大学出版社，2004。

李玉生：《唐令与中华法系研究》，南京师范大学出版社，2005。

郑显文：《律令时代中国的法律与社会》，知识产权出版社，2007。

荣新江主编：《唐研究（第 14 卷）：〈天圣令〉及所反映的唐宋制度与社会研究专号》，北京大学出版社，2008。

赖亮郡：《唐宋律令法制考释：法令实施与制度变迁》，元照出版有限公司，2010。

中国社会科学院历史研究所明史研究室编《明史研究论丛第 8 辑》（明代诏令文书研究专辑），紫禁城出版社，2010。

戴建国：《唐宋变革时期的法律与社会》，上海古籍出版社，2010。

陈丰翔主编：《新史料·新观点·新视角：天圣令论集（上、下）》，元照出版公司，2011。

邢义田：《治国安邦：法制行政与军事》，中华书局，2011。

黄正建主编《〈天圣令〉与唐宋制度研究》，中国社会科学出版社，2011。

张中炜：《秦汉律令法系研究初编》，社会科学文献出版社，2012。

高明士：《律令法与天下法》，五南图书出版股份有限公司，2012。

骆明、王淑臣主编《历代孝亲敬老诏令律例》，光明日报出版社，2013。

韩毅：《政府治理与医学发展：宋代医事诏令研究》，中国科学技术出版社，2014。

赵晶：《〈天圣令〉与唐宋法制考论》，上海古籍出版社，2014。

图书在版编目（CIP）数据

历代令考：全二册 / 杨一凡，朱腾主编. -- 北京：
社会科学文献出版社，2017.8
ISBN 978 - 7 - 5201 - 0418 - 0

Ⅰ.①历… Ⅱ.①杨… ②朱… Ⅲ.①法律 - 研究 -
中国 - 古代 Ⅳ.①D929.2

中国版本图书馆 CIP 数据核字（2017）第 043355 号

历代令考（上、下）

主　　编 / 杨一凡　朱　腾

出 版 人 / 谢寿光
项目统筹 / 芮素平
责任编辑 / 芮素平　谢海燕　赵子光　张　延　尹雪燕

出　　版 / 社会科学文献出版社·社会政法分社（010）59367156
　　　　　　地址：北京市北三环中路甲 29 号院华龙大厦　邮编：100029
　　　　　　网址：www.ssap.com.cn
发　　行 / 市场营销中心（010）59367081　59367018
印　　装 / 三河市东方印刷有限公司

规　　格 / 开　本：787mm × 1092mm　1/16
　　　　　　印　张：73　字　数：1181 千字
版　　次 / 2017 年 8 月第 1 版　2017 年 8 月第 1 次印刷
书　　号 / ISBN 978 - 7 - 5201 - 0418 - 0
定　　价 / 498.00 元（上、下）